中国扫黄打非年鉴

Eliminating Pornography and Illegal Publications

—— 2009年卷 ——

全国"扫黄打非"办公室　主办

社会科学文献出版社
SOCIAL SCIENCES ACADEMIC PRESS (CHINA)

▲ 刘云山同志主持召开第二十二次全国"扫黄打非"工作电视电话会议

▲ 2009年4月22日，全国"扫黄打非"工作小组在全国举行"侵权盗版及各类非法出版物集中销毁活动"，此为北京主会场

▲ 2009年4月22日，新闻出版总署署长、国家版权局局长、全国"扫黄打非"工作小组副组长柳斌杰与参加"侵权盗版及各类非法出版物集中销毁活动北京主会场"活动的外国驻华使馆知识产权官员

▲ "扫黄打非·珠峰工程"座谈会在拉萨召开

▲ 2009 年 4 月 22 日，新闻出版总署副署长，全国"扫黄打非"工作小组副组长兼办公室主任蒋建国主持"侵权盗版及各类非法出版物集中销毁活动（北京主会场）"活动

◀ 2009 年 4 月 22 日，新闻出版总署署长、国家版权局局长、全国"扫黄打非"工作小组副组长柳斌杰在销毁光盘

▲ 2009 年 12 月 2 日，全国"扫黄打非"工作小组专职副组长李长江等领导在北京调研

▲　新闻出版总署副署长，全国"扫黄打非"工作小组副组长兼办公室主任蒋建国在拉萨调研印刷企业

▲　2009 年 5 月 26 日，全国"扫黄打非"工作小组办公室召开了以"净化社会文化环境，保护青少年健康成长"为主题的社会各界抵制低俗音像制品座谈会

北京市

▲ 2009 年 9 月 22 日，"扫黄打非·护城河工程"座谈会在北京召开

▲ 2009 年 12 月 17 日，召开文化市场监督员工作总结大会

▲ 2009 年 4 月 22 日，全国侵权盗版制品及各类非法出版物集中销毁活动北京主会场

▶ 2009 年 4 月 22 日，保护知识产权群众集体签名活动

◀ 2009 年 5 月 26 日，北京市抵制低俗音像制品倡议大会

▶ 2009年7月8日，北京市传达"全国音像出版复制发行工作座谈会"精神会议

◀ 2009年10月26日，北京市文化市场行政执法人员培训班

▲ 2009年4月25日，朝阳区甜水园图书批发市场开展知识产权宣传日活动

▲ 2009年6月2日，举报中心开展法制宣传进校园活动

SAOHUANGDAFEI GONGZUO TUPIAN

▲ 立信会计出版社向市文化市场行政执法总队办案人员赠送锦旗

▲ 2009 年 3 月 5 日，市委宣传部常务副部长陈启刚
两会期间检查文化市场

◀　2009年8月6日，市文化市场行政执法总队执法三队联合海淀公安部门在四季青查办博雅慧童盗版书案

◀　北京市文化与公安执法人员检查印刷企业

▶　2009年3月27日，执法人员检查货运站

天津市

◀ 2009 年 4 月 22 日，天津市 2009 年侵权盗版制品和各类非法出版物集中销毁活动现场

▲ 2009 年 8 月 8 日，全国"扫黄打非"办公室在津召开天津"6·03"批销盗版音像制品团伙网络案有功集体、有功个人表彰大会

▶ 净化文化市场，为庆祝新中国成立 60 周年营造良好氛围专项行动部署会议

◀ 天津市文化市场行政执法总队执法人员对印刷厂进行执法检查

▶ 天津市文化市场行政执法总队执法人员对印刷复制企业进行突击检查

▶ 天津市文化市场行政执法总队执法人员对报刊亭进行检查

▲ 天津市"扫黄打非"工作第一阶段集中行动部署会议

上海市

▲　上海市新闻出版、文化执法部门组织对出版物印刷企业开展检查

▲　上海市召开"5·14"案件协调会

▲ 多部门联合检查出版物市场

▶ 各区县"扫黄打非"部门组织对音像制品市场开展检查

▲ 全国集中销毁侵权盗版及非法出版物活动现场（上海分会场）

重庆市

▲ 2009年1月16日，全国"扫黄打非"电视电话会议重庆分会场

▲ 2009年3月5日，重庆市召开净化社会文化环境暨"扫黄打非"工作会议

◀ 2009 年 4 月 22 日，
销毁活动重庆分会场

▶ 2009 年 4 月 22 日，重庆市
"扫黄打非" 工作新闻发布会

▲ 2009 年 8 月 25 日，重庆市文化执法学习培训活动

◀ 2009 年 9 月 27 日，市"扫黄打非"成员单位会议

◀ 2009 年 12 月 23 日，市"扫黄打非"工作小组全体会议

▲ 2009 年 12 月 29 日，文化市场管理工作总结会

河北省

▲ 2009 年 1 月 16 日，第二十二次河北省"扫黄打非"工作电视电话会议召开

▲ 河北省"扫黄打非"工作领导小组表彰年度"扫黄打非"先进集体和先进个人

▲　2009 年全国侵权盗版制品及各类非法出版物集中销毁活动河北分会场

◀　省委常委、宣传部长、省"扫黄打非"领导小组组长聂辰席，省政府副省长、省"扫黄打非"领导小组第一副组长孙士彬等领导带头在"打击盗版，支持正版，保护知识产权"宣传条幅上签名

▲　现场销毁光盘

▲　省委宣传部秘书长、省"扫黄打非"领导小组副组长魏平检查图书市场

山西省

◄ 3月29日，省"扫黄打非"办给全省执法人员进行培训，图为在武警部队军训

► 3月29日，省"扫黄打非"办为全省部分执法人员进行培训

◄ 4月22日，省新闻出版局局长、省"扫黄打非"工作领导小组副组长李锐锋为宣传打击盗版签名

▲ 山西省表彰"扫黄打非"先进个人

◀ 山西省委常委、宣传部长、省"扫黄打非"工作领导小组组长胡苏平检查网吧

▶ 省"扫黄打非"稽查队在检查书店

内蒙古自治区

▲ 1月16日，内蒙古自治区第21次"扫黄打非"电视电话会议召开

▲ 第21次全区"扫黄打非"电视电话会议上，表彰上年度"扫黄打非"先进集体和个人

◀ 内蒙古自治区党委常委、宣传部长、"扫黄打非"工作领导小组组长乌兰同志出席"扫黄打非"工作会议

▶ "扫黄打非"执法人员
对出版物市场进行检查

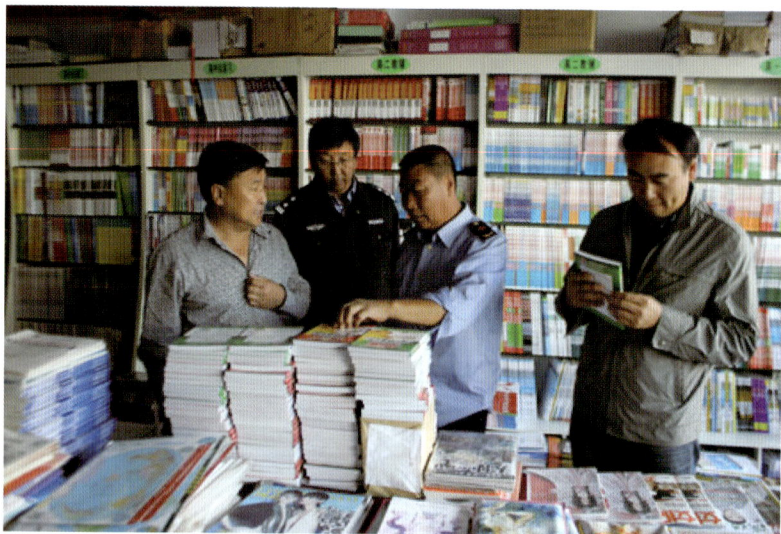

◀ 4月22日，2009年集中
销毁侵权盗版及非法出版物活
动在呼和浩特市举办，各界群
众积极参与

▶ 自治区"扫黄打非"
办在呼和浩特市繁华地段
组织开展"扫黄打非"宣
传教育

辽宁省

▲ 3 月 11 日，辽宁省召开全省"扫黄打非"办公室主任工作会议

◄ 4 月 22 日，集中销毁活动辽宁分会场"绿书签"活动现场

◀ 副省长滕卫平出席4月22日全国集中销毁活动辽宁分会场并讲话

▶ 辽宁省"扫黄打非"办公室组织鞍山市执法部门查办非法出版物《凝聚》案件现场

▲ 全国"扫黄打非"工作电视电话会议辽宁分会场

吉林省

▲　2009 年 1 月 16 日,吉林省"扫黄打非"工作领导小组召开全体(扩大)会议,图为吉林省"扫黄打非"工作领导小组组长、副省长陈晓光讲话

▲　2009 年 4 月 22 日上午 9 时,在吉林省长春市举行 2009 年侵权盗版及非法出版物集中销毁和"绿书签行动 2009"系列宣传活动,图为中小学生在活动现场

▲　2009 年 5 月 31 日，吉林省"扫黄打非"工作领导小组办公室召开专题会议，研究部署"扫黄打非"工作。图为吉林省"扫黄打非"工作领导小组副组长兼办公室主任董维仁同志讲话

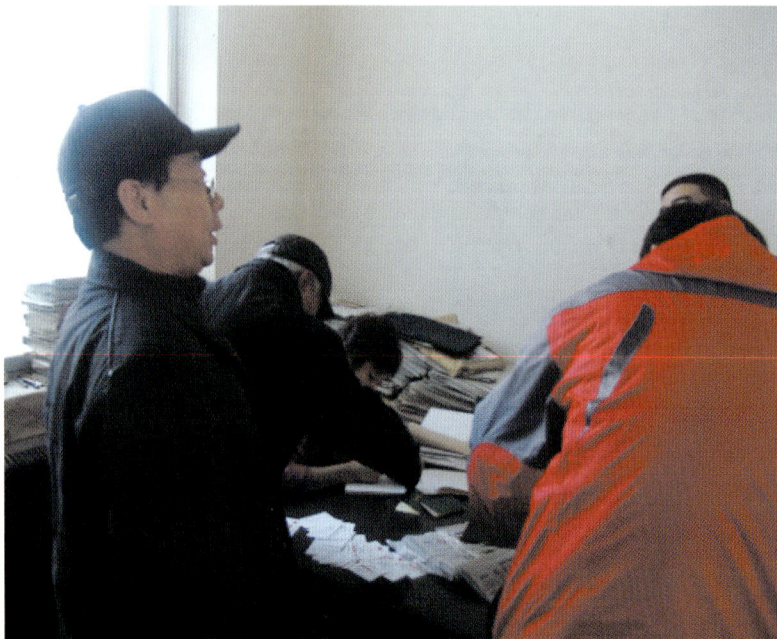

◀　2009 年 10 月 16 日，吉林省"扫黄打非"工作领导小组办公室组织出版物市场大检查。图为执法人员在现场取证

黑龙江省

◀ 2009 年 1 月 21 日，黑龙江省"扫黄打非"办公室组织有关部门检查"两节"出版物市场

▶ 2009 年 2 月 24 日，在全省中小学开学前夕，组织开展全省中小学教材教辅市场检查

▲ 2009 年 4 月 22 日，黑龙江省暨哈尔滨市领导出席集中销毁活动，图为业户代表发言

▲ 2009 年 8 月 25 日，全国"扫黄打非"办公室主任会议在哈尔滨市召开

▲ 2009 年 8 月 25 日，全国"扫黄打非"工作小组表彰哈尔滨"5·24"特大制售淫秽书刊案大会在哈尔滨召开

▲ 哈尔滨"5·24"特大制售淫秽书刊案表彰大会上，领导同志为办案有功集体和有功个人颁奖

◀ "4.26"绿书签行动中，社会各界
人士在"反盗版"条幅上签名

江苏省

◀　2009年江苏省"扫黄打非"工作电视电话会议

▶　全国"扫黄打非"工作小组表彰奖励徐州"3·03"制售非法报纸团伙网络案有功集体、有功个人大会

◀　江苏省"扫黄打非"工作汇报座谈会

► 全国"扫黄打非"办公室专职副主任、新闻出版总署反非法和违禁出版物司司长周慧琳为我省执法鉴定培训班学员授课

▲ 徐毅英同志主持全国侵权盗版制品及非法出版物集中销毁（江苏会场）活动并讲话

◀ 全国侵权盗版制品及各类非法出版物集中销毁活动江苏会场

▶ "打击盗版、支持正版、保护知识产权"签名及发放绿书签活动

▲ 江苏省纪念"扫黄打非"工作二十周年研讨会

▲ "扫黄打非"纳入精神文明建设考核体系，图为与省文明办联合检查

▲ 低俗音像制品清缴行动中检查出版物市场

浙江省

◀ 浙江省"扫黄打非"工作汇报会

◀ 全国"扫黄打非"工作小组专职副组长李长江视察淘宝网

▶ 全国"扫黄打非"工作小组专职副组长李长江视察浙江图书市场

▲ 2009年浙江省"扫黄打非"销毁活动新闻发布会

▲ 销毁活动现场

▲　浙江省"扫黄打非"工作领导小组组长、省委宣传部部长黄坤明出席全国
侵权盗版制品及各类非法出版物集中销毁活动浙江分会场并讲话

▲　浙江省"扫黄打非"工作领导小组办公室主任、省文化厅副厅长田宇原讲话

安徽省

▲ 2009 年 4 月 22 日，保护知识产权净化文化市场——安徽省暨合肥市集中销毁非法出版物现场

▶ 2009 年 4 月 22 日，青年学生在"拒绝盗版，从我做起"签名板上签名

▶ 2009 年 4 月 22 日，社会各界代表参加集中销毁非法出版物活动

▶ 2009 年 4 月 23 日，省、市、区联合检查音像市场

◀ 2009 年 4 月 22 日，省委常委、宣传部长臧世凯，省人大常委会副主任张俊在集中销毁现场为学生发放绿书签

福建省

▲ 2009 年 1 月 16 日，福建省"扫黄打非"领导小组召开全省第二十二次"扫黄打非"电视电话会议，省政协副主席、省"扫黄打非"领导小组副组长、省新闻出版局局长郭振家出席会议并讲话

▲ 2009 年 4 月 22 日，福建省举行 2009 年"扫黄打非"侵权盗版制品及各类非法出版物集中销毁活动

◀ 2009 年 7 月，全国"扫黄打非"办莅临福建检查贯彻全国音像出版发行工作座谈会情况，听取工作情况汇报

◄　2009 年 10 月 1 日，福建省"扫黄打非"领导小组办公室主任陈秋平率稽查人员检查福州市出版物批发零售企业

►　2009 年集中销毁活动现场

◄　福州市"扫黄打非"稽查人员开展音像制品发行情况检查

江西省

▲ 2007 年 1 月 16 日，省委常委、宣传部长刘上洋，省政府副省长孙刚出席江西省"扫黄打非"工作电视电话会议并讲话

▲ 2007 年 4 月 22 日，省委常委、宣传部长刘上洋，省人大常委会副主任蒋如铭，省人民政府副省长孙刚出席江西省集中销毁侵权盗版制品及各类非法出版物活动现场并讲话

▲ 2007 年 9 月 29 日，省政府副省长孙刚到南昌海关驻昌北国际机场
办事处，实地视察、指导"扫黄打非"工作

▲ 2007 年 4 月 21 日，省新闻出版局局长黄鹤在江西省"扫黄打非"
暨版权保护新闻发布会上讲话

山东省

◀ 2009 年 1 月 16 日，山东省召开全省"扫黄打非"工作电视电话会议，省委常委、宣传部长、省"扫黄打非"工作领导小组组长李群出席会议并讲话

▲ 山东省淄博市"扫黄打非"办公室召开有关部门联席会议，研究部署下一步"扫黄打非"工作

▲ 世界知识产权日来临之际，山东省各地组织开展集中销毁活动

▲ 执法人员对经营业户销售出版物进行检查

河南省

▲ 2009 年全国侵权盗版制品及各类非法出版物集中销毁活动郑州分会场

▲ 2009 年 4 月 21 日，群众在 "拒绝盗版从我做起" 条幅签名

▲ 2009 年 4 月 24 日，省委常委、宣传部长、省 "扫黄打非" 工作领导小组组长孔玉芳同志与各地 "扫黄打非" 工作领导小组组长签订责任书

▲　2009 年 4 月 24 日，全省"扫黄打非"工作会议召开

▲　2009 年 10 月 30 日，全省新闻媒体单位"扫黄打非"座谈会召开

◀ 2009 年 12 月 16 日，省"扫黄打非"办公室在三门峡检查出版物市场

▲ 2009 年 1 月 15 日，河南省组织收看全国"扫黄打非"电视电话会议

湖北省

◀ 2009 年 4 月 22 日，省政府副省长、省"扫黄打非"工作小组第一副组长张岱梨在全国集中销毁侵权盗版及非法出版物活动湖北省暨武汉市分会场上讲话

▲ 2009 年 4 月 22 日，省政府副省长、省"扫黄打非"工作小组第一副组长张岱梨参加保护知识产权签名活动

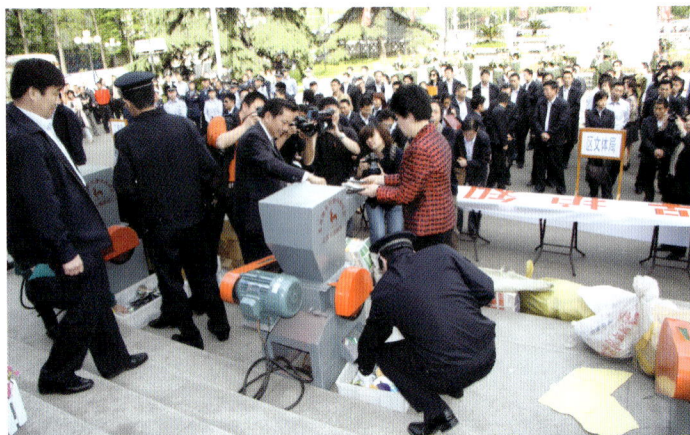

▶ 2009 年 4 月 21 日，湖北省召开"扫黄打非"新闻通气会

◄ 2009 年 2 月 21 日，省新闻出版局副局长、省"扫黄打非"办公室主任曾向阳带队检查武汉市夜市出版物市场

► 2009 年 9 月 21 日，召开武汉城市圈"扫黄打非"工作座谈会

◄ 2009 年 6 月 16 日，召开鄂西片"扫黄打非"座谈会

湖南省

▲　2009 年 1 月 16 日，第二十二次湖南省"扫黄打非"工作电视电话会议在长沙召开

◄　2009 年 5 月 26 日，省委常委宣传部长、省"扫黄打非"工作小组组长路建平（中）出席全国"扫黄打非"工作电视电话会议湖南分会场

▶　2009 年 4 月 22 日省"扫黄打非"工作小组在长沙市田汉大剧院前坪举行侵权盗版制品及各类非法出版物集中销毁活动

◄ 省"扫黄打非"工作领导小组领导同志亲切慰问战斗在"扫黄打非"工作第一线的公安干警

► 2009 年 9 月 15 日，召开了省"扫黄打非"工作小组成员单位联络员会议

◄ 2009 年 4 月 20 日，湖南省"扫黄打非"工作新闻发布会在长沙市通程国际大酒店举行

► 文化、公安、工商、城管等职能部门开展查缴整治低俗音像制品专项行动

广东省

▲　2009 年第二十二次全国"扫黄打非"工作电视电话会议广东分会场

▲　2009 年 1 月 20 日，广东省新闻出版（版权）暨文化市场工作分片会议

◀ 全国各省（区、市）"扫黄打非"办公室主任会议在广州召开

▶ 2009年4月29日，执法人员在华强北查处一个非法音像制品地下窝点

▲ 2009年全国侵权盗版制品及各类非法出版物集中销毁活动广东省分会场

广西壮族自治区

▲　2009 年 2 月 5 日，广西壮族自治区"扫黄打非"工作电视电话会议现场

◀　2009 年 8 月 28 日，传达贯彻全国"扫黄打非"办公室主任会议精神座谈会现场

▶　2009 年 4 月 22 日，广西壮族自治区人民政府副主席、自治区"扫黄打非"工作小组副组长李康同志出席广西分会场活动并宣布全区销毁活动开始

▶ 2009 年 12 月 16 日，全区进一步深入开展整治互联网和手机媒体淫秽色情及低俗信息工作会议现场

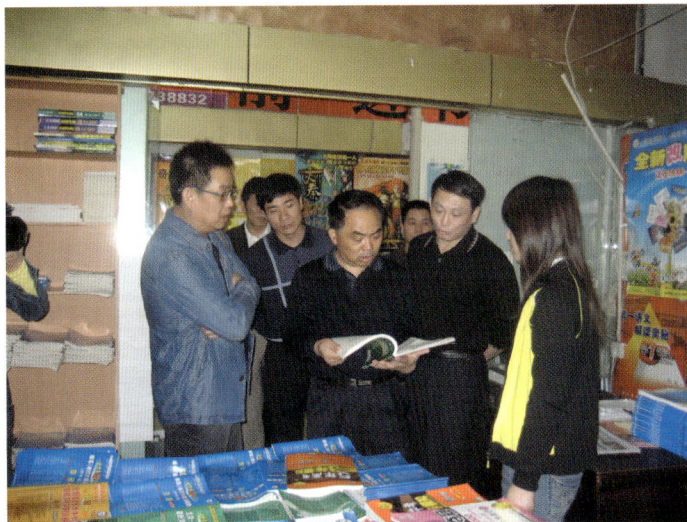

◀ 2009 年 3 月 26 日，自治区新闻出版局党组书记、局长邓纯东率领自治区新闻出版局督查组到桂林市督查净化社会文化环境工作

▶ 2009 年 4 月 16 日，自治区新闻出版局党组副书记、副局长黄健率领自治区新闻出版局净化社会文化环境调研组到玉林市调研

海南省

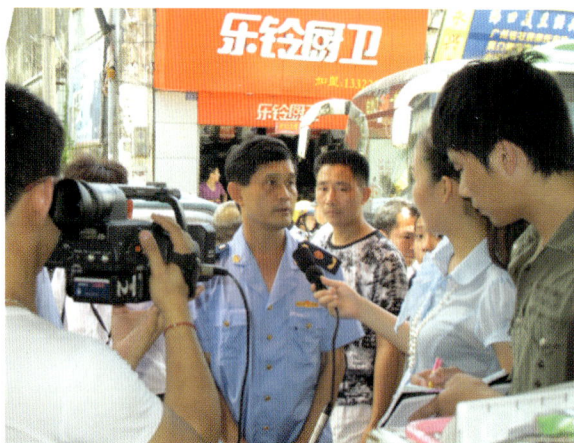

◀ 海南省工商、文化执法等部门联合检查出版物市场，省内主要新闻媒体跟踪宣传报道打击非法出版物、整治文化市场工作情况

▲ 海南省"扫黄打非"办公室组织举办2009年海南省"扫黄打非"执法人员培训班

◀ 在2009年全国侵权盗版制品及各类非法出版物集中销毁活动海南分会场，广大市民及青少年在条幅上签名

▲ 2009 年 12 月 16 日，海南省通信管理部门召开整治手机淫秽色情专项行动工作会议

◄ 海南省文化市场稽查总队联合海南省工商局执法人员突击检查海口市 DC 城软件市场，查获大批非法软件和电子出版物

◄ 海南省文化市场稽查总队、海口市文化市场执法人员在海口市查处街道图书摊点现场

四川省

▲　2009 年 2 月 5 日，四川省"扫黄打非"工作电视电话会议

▲　2009 年 2 月 18 日，第二十二次全国"扫黄打非"电视电话会议四川分会场

◀ 2009 年 4 月 23 日，四川在成都市举行集中销毁侵权盗版及非法出版物仪式，共销毁各类非法出版物 110 万余件

▶ 2009 年 9 月 28 日，四川省"扫黄打非"办公室主任会议在成都召开

◀ 2009 年 11 月 13 日，四川省召开打击"藏独"反动出版物及宣传品工作联席会议

贵州省

▲ 2009 年 4 月 22 日，贵州省"扫黄打非"办公室、贵阳市"扫黄打非"办公室联合在贵阳市人民广场举行集中销毁侵权盗版及非法出版物 120 万件活动。贵阳市人民政府副市长、市"扫黄打非"工作领导小组副组长季泓主持活动

▶ 贵州省人民政府副省长、省"扫黄打非"工作领导小组副组长谢庆生代表省委、省政府在集中销毁活动上讲话

◀ 贵阳地区学生代表在"保护知识产权，打击侵权盗版"条幅上签名

◀ 3月18日，铜仁地区"扫黄打非"工作部门组织开展清理低俗音像制品专项整治"百日行动"

▶ 6月15~25日，贵州省"扫黄打非"办公室举办全省"扫黄打非"执法干部培训活动

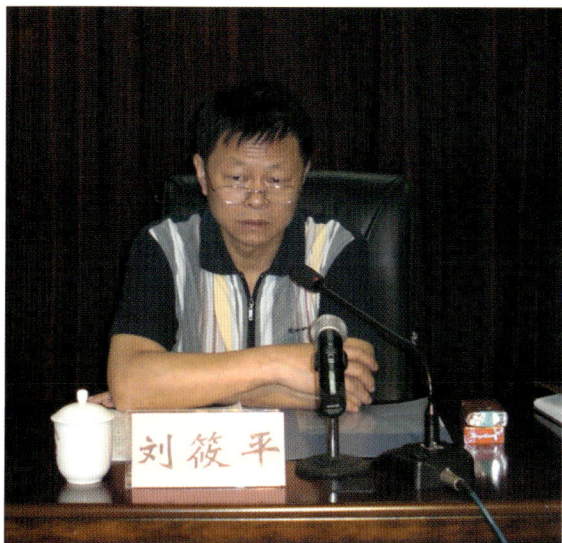

◀ 贵州省"扫黄打非"工作领导小组办公室副主任刘筱平为培训班学员授课

云南省

◀ 云南省委常委、宣传部长、省"扫黄打非"领导小组组长张田欣出席销毁活动

▲ 各界群众参加云南省昆明主会场销毁活动

西藏自治区

◄ 自治区"扫黄打非"办公室召开昌都"8·06"案件协调会议

► 自治区党委常委、宣传部长崔玉英，自治区政府副主席多托出席2009年第二十二次全国"扫黄打非"工作电视电话会议西藏分会场

► 蒋建国副署长视察西藏"扫黄打非"成果展

► 蒋建国副署长向西藏捐赠新闻出版、"扫黄打非"资金

▲ 全国"扫黄打非·珠峰工程"座谈会在拉萨召开

► 销毁盗版及非法出版物活动现场

陕西省

▲ 2009 年 1 月 16 日，陕西省委常委、宣传部部长、省"扫黄打非"工作领导小组组长胡悦出席第二十二次全国"扫黄打非"工作电视电话会议陕西分会场暨 2009 年全省"扫黄打非"工作电视电话会议

◀ 2009 年 1 月 16 日，在陕西省"扫黄打非"工作电视电话会议上隆重表彰了 2008 年度"扫黄打非"工作先进（有功）集体、先进（有功）个人

▶ 2009 年 4 月 20 日，陕西省委宣传部、省"扫黄打非"办举办全省侵权盗版制品及各类非法出版物集中销毁活动新闻发布会

▲ 2009 年 4 月 22 日，全国侵权盗版制品及各类非法出版物集中销毁活动陕西分会场

▶ 2009 年 12 月 18 日，陕西省"扫黄打非"工作领导小组办公室主任联席会议召开

◀ 2009 年 5 月 21 日，陕西省"扫黄打非"工作专题会议召开

◀ 2009 年 7 月 8 日，陕西省整治低俗音像制品工作座谈会召开

◀ 2009 年 10 月 13 日,陕西省"扫黄打非"办协调公安、工商等部门检查西安市劳动南路电子商城

▲ 2009 年 11 月 27 日，陕西省打击手机网站制作传播色情信息专项行动部署召开

甘肃省

◀ 2009 年 4 月 24 日，甘肃省非法出版物销毁现场

▶ 2009 年 5 月 13 日，兰州市文化执法部门在清点雷进朴案非法出版物

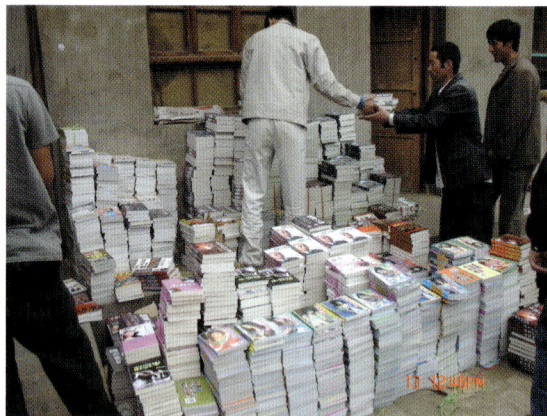

▶ 2009 年 7 月 18 日，兰州市"扫黄打非"执法人员在七里河查缴非法出版物

▶ 甘肃省"扫黄打非"办与公安机关查获一起非法期刊案件

◀ 甘肃省"扫黄打非"办常务副主任袁爱华在少数民族地区检查出版物市场

▲ 甘肃省委常委、宣传部长、省"扫黄打非"工作小组组长励小捷在全省打击淫秽色情出版物专项行动座谈会上讲话

青海省

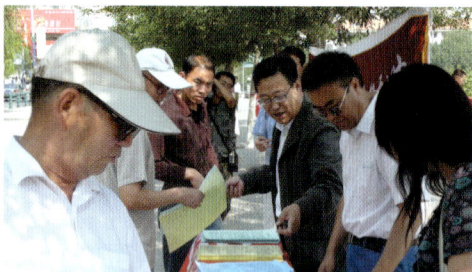

▲ 2009 年 4 月 26 日，保护知识产权宣传

▶ 2009 年 4 月 22 日，非法出版物集中销毁活动青海分会场

◀ 青海省"扫黄打非"办公室组织人员审读出版物

▲ 2009 年青海省"扫黄打非"20 年总结表彰大会在西宁召开

▲ 青海省"扫黄打非"领导小组组长、副省长吉狄马加在青海"扫黄打非"20 年总结表彰大会上讲话

宁夏回族自治区

▶ 宁夏 2009 年全区侵权盗版及各类非法出版物集中销毁活动新闻发布会

◀ 宁夏各新闻媒体参加新闻发布会现场

▶ 宁夏回族自治区新闻出版行政执法培训班

▲　青海省"扫黄打非"工作督查组赴海西地区督查工作

▶　青海省"扫黄打非"领导
小组专职副组长张承伟检查出
版物市场

▶　青海省委宣传部、省文化
新闻出版厅领导观看"扫黄打
非"宣传

新疆维吾尔自治区

◀ "扫黄打非·天山工程"座谈会
代表参观新疆非法出版物展览

▲ "扫黄打非·天山工程"
座谈会现场会

▲ 自治区党委常委、宣传部长李屹在"扫
黄打非·天山工程"座谈会上讲话

◀ 2009 年 11 月 21
日,"扫黄打非·天山
工程"座谈会在乌鲁
木齐市召开,时任新
闻出版总署党组副书
记、副署长、全国"扫
黄打非"工作小组副
组长兼办公室主任蒋
建国同志参加会议

▲ 乌鲁木齐市文化市场执法人员对音像店进行检查

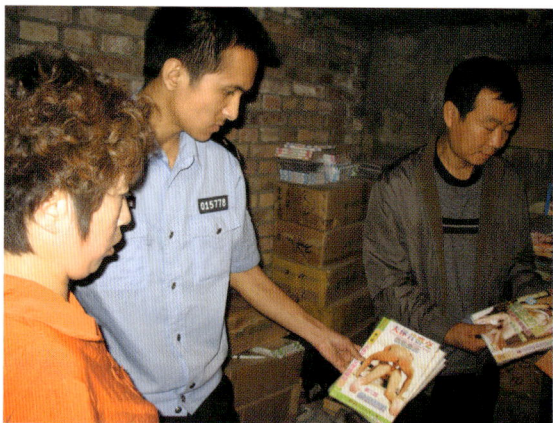

▲ 乌鲁木齐市执法人员捣毁一个贩卖淫秽光盘窝点

▶ 2009 年 6 月 4 日，通宝非法出版物案库房

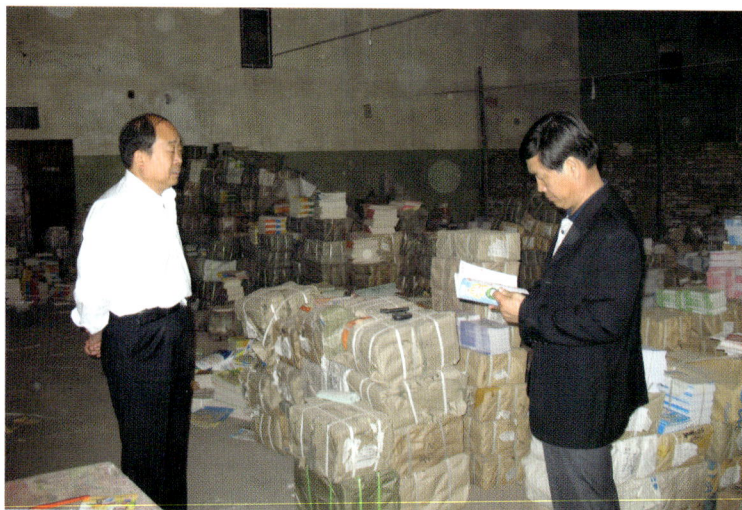

◀ 自治区党委宣传部副巡视员、自治区文化市场管理（扫黄打非）领导小组办公室专职副主任杨少全同志查看通宝非法出版物案库房现场

《中国扫黄打非年鉴》编辑委员会

毛小茂　新闻出版总署反非法和违禁出版物司副司长

杨梦东　新闻出版总署反非法和违禁出版物司副司长

于慈珂　国家版权局版权管理司司长

崔晓峰　中国民用航空局思想政治工作办公室主任

王国栋　国家邮政局普遍服务司副司长

姚计军　解放军总政宣传部新闻出版局副局长

王英偶　北京市文化市场行政执法总队总队长、北京市"扫黄打非"工作领导小组副组长兼办公室主任

钟鸿青　天津市文化市场行政执法总队总队长、天津市"扫黄打非"工作领导小组办公室主任

方世忠　上海市新闻出版局局长、上海市"扫黄打非"工作领导小组办公室主任

方来珊　重庆市文化市场行政执法总队总队长、重庆市"扫黄打非"工作领导小组办公室常务副主任

李晓明　河北省新闻出版局局长、河北省"扫黄打非"工作领导小组办公室主任

梁宝印　山西省新闻出版局副局长、山西省"扫黄打非"工作领导小组办公室主任

庞亚民　内蒙古自治区新闻出版局副局长、内蒙古自治区"扫黄打非"工作领导小组副组长兼办公室主任

高　健　辽宁省新闻出版局副局长、辽宁省"扫黄打非"工作领导小组办公室主任

董维仁　吉林省新闻出版局副局长、吉林省"扫黄打非"工作领导小组副组长兼办公室主任

赵勤义　黑龙江省新闻出版局局长、黑龙江省"扫黄打非"工作领导小组办公室主任

沈建国　江苏省新闻出版局副局长、江苏省"扫黄打非"工作领导小组办公室主任

田宇原　浙江省文化厅副厅长、浙江省"扫黄打非"工作领导小组办公室主任

李先锋　安徽省"扫黄打非"工作领导小组办公室主任

李闽榕　福建省新闻出版局党组书记、副局长，福建省"扫黄打非"工作领导小组办公室主任

刘　平　江西省新闻出版局副局长、江西省"扫黄打非"工作领导小组副组长兼办公室主任

洪焕金　山东省新闻出版局副局长、山东省"扫黄打非"工作领导小组办公室副主任

詹玉荣　河南省新闻出版局局长、河南省"扫黄打非"工作领导小组副组长兼办公室主任

曾向阳　湖北省新闻出版局副局长、湖北省"扫黄打非"工作领导小组办公室主任

黄赞佳　湖南省新闻出版局副局长、湖南省"扫黄打非"工作领导小组办公室主任

陆庆彪　广东省新闻出版局副局长、广东省"扫黄打非"工作领导小组办公室主任

龙　毅　广西壮族自治区新闻出版局副局长、广西壮族自治区"扫黄打非"工作领导小组办公室主任

陈亚冠　海南省"扫黄打非"工作领导小组办公室主任

周国良　四川省新闻出版局局长、四川省"扫黄打非"工作领导小组副组长兼办公室主任

刘援朝　贵州省新闻出版局局长、贵州省"扫黄打非"工作领导小组常务副主任

王　毅　云南省新闻出版局副局长，云南省"扫黄打非"工作领导小组办公室主任

王喜凯　西藏自治区新闻出版局副局长、西藏自治区"扫黄打非"工作领导小组办公室主任

陆柯仑　陕西省新闻出版局副局长、陕西省"扫黄打非"工作领导小组办公室主任

张余胜　甘肃省新闻出版局局长、甘肃省"扫黄打非"工作领导小组副组长兼办公室主任

张承伟 青海文化新闻出版厅副厅长、青海省"扫黄打非"工作领导小组专职副组长兼办公室主任

黄洪乾 宁夏回族自治区新闻出版局副局长、宁夏回族自治区"扫黄打非"工作领导小组办公室副主任

杨少全 新疆维吾尔自治区党委宣传部副巡视员、新疆维吾尔自治区"扫黄打非"工作领导小组办公室专职副主任

《中国扫黄打非年鉴》通讯员

北京市：刘绍伏

天津市：曹培刚

上海市：黄潇玮

重庆市：郭松峦

河北省：张 荣

山西省：吕治水

内蒙古自治区：解明奎

辽宁省：马 春

吉林省：刘 刚

黑龙江省：刘涛

江苏省：顾墩旺

浙江省：章建军

安徽省：张旭东

福建省：陈良胜

江西省：欧阳东来

山东省：刘金祥

河南省：云俊波

湖北省：李晓刚

湖南省：刘时军

广东省：陈　松

广西壮族自治区：秦红德

海南省：黄志山

四川省：胡　格

贵州省：李　翔

云南省：谢卫民

西藏自治区：周宇

陕西省：苏有军

甘肃省：赵富春

青海省：马　强

宁夏回族自治区：门军华

新疆维吾尔自治区：何江

中央政法委宣教室：翟惠敏

交通运输部：陈　述

国家邮政局：朱明芳

铁道部：郝文杰

中国民航局：杨　静

《中国扫黄打非年鉴》编辑部

主　　任：王　松

策划编辑：梁艳玲

责任编辑：薛铭洁

特约编辑：车壮丽　贺原平　刘艳宇　任志强　汤清淇　田绍垚　
　　　　　汪　强　徐家和　叶明堂

（按姓氏字母排序）

出版前言

《中国扫黄打非年鉴》（以下简称《年鉴》）从 2008 年出版 2006 年卷开始，已出版 3 卷。《年鉴》每一年卷均忠实记载了中国"扫黄打非"工作这一年的发展历程，为业内提供了富有参考价值的知识信息，也保存了大量的鲜活材料。《年鉴》2009 年卷由社会科学文献出版社编辑出版，征稿工作也由该社负责。

2009 年，恰逢新中国成立 60 周年，大事、喜事多，热点、敏感问题也相对突出，维护社会和谐稳定的任务非常繁重。全国"扫黄打非"战线坚决贯彻中央部署，高举保护知识产权旗帜，以净化文化市场和网络文化环境为主线，始终保持对各类非法出版物和网络有害信息制售传播等违法行为的高压态势，进一步强化日常监管，扎实开展了三个阶段集中行动和一系列专项行动，在打击各类非法出版物、清缴整治低俗音像制品、打击互联网和手机传播淫秽色情信息等方面取得了突出成绩，为庆祝新中国成立 60 周年营造了良好的文化舆论环境，为维护社会政治稳定作出了重要贡献。

当我们编辑《年鉴》2009 年卷的时候，眼前浮现出为"扫黄打非"工作付出辛勤汗水的同志们的身影，是他们的执著和不懈努力，确保了孩子们拥有着一个健康成长的良好文化环境，确保了我国意识形态和文化的安全。这里，特向他们表示崇高的敬意！《年鉴》2009 年卷沿用了 2008 年卷的整体体例风格，全面总结回顾了中央各有关部门和各省（区、市）全年的工作，载录了大量的信息，更注重年鉴的编辑规范，同时也发扬创新精神，在稿件选用上凸显易读性，侧重案件查办和工作经验总结方面。

另外，关于本年卷的编辑规范需要说明的有以下几条。

1. 关于栏目设置。除了"领导讲话"、"工作总结"、"案件综述"、"大事记"等栏目外，2009 年卷中明确设置了"创新经验"栏目，并加大栏目稿件的刊载量。

2. 关于领导的职务名称。2009 年卷编辑出版时正文内容涉及的一些领导干部职务目前已发生变化，但为秉持客观性，采用领导时任职务的表述。编委会名单涉及的领导职务发生变化的，以 2012 年 12 月 31 日前所任职务为准。

3. 关于稿件记事的完整性。为确保记事的完整和丰富，综合多种年鉴记事的方法，其中，大事记按月记事，案件综述按专类记事。按月记事以时间先后为序，每事记载简明。专类记事则选择重要案件，案情经过叙述稍详细，另有一些重要工作事项、重要讲话等进行了详细载录。

全国"扫黄打非"工作小组各成员单位、各省（区、市）"扫黄打非"办公室或新闻出版局，按编辑要求及时提供了稿件及统计数据。谨向所有为本年卷提供资料的同志和单位表示感谢！《年鉴》在文字加工和校对方面，难免存在一些错误，恳请广大读者来函、来电反馈具体批评意见。

《中国扫黄打非年鉴》编辑部

2013 年 9 月 30 日

目　　录

一、总　类 ………………………………………………………………… ／1

　　专论 …………………………………………………………………… ／1

　　　在第二十二次全国"扫黄打非"工作电视电话会议上的讲话（摘要）……… 刘云山／1

　　　在第二十二次全国"扫黄打非"工作电视电话会议上的讲话（摘要）……… 柳斌杰／3

　　　在第二十二次全国"扫黄打非"工作电视电话会议上的讲话（摘要）……… 陈冀平／5

　　　在第二十二次全国"扫黄打非"工作电视电话会议上的讲话（摘要）……… 张新枫／7

　　　在第二十二次全国"扫黄打非"工作电视电话会议上的讲话（摘要）……… 欧阳坚／8

　　　在2009年全国侵权盗版制品及各类非法出版物集中销毁活动北京主会场

　　　　上的讲话 …………………………………………………………… 蒋建国／9

　　　在全国音像出版复制发行工作座谈会上的讲话（摘要）……………… 柳斌杰／10

　　　在深入开展整治互联网淫秽色情及低俗信息专项行动全国电视电话会议上的讲话 … 蒋建国／15

　　全国"扫黄打非"工作综述 …………………………………………… ／18

　　　2009年"扫黄打非"工作综述 ……………………………………… ／18

　　2009年全国"扫黄打非"工作大事记 ……………………………… ／22

　　2009年"扫黄打非"重点案件 ……………………………………… ／25

二、全国"扫黄打非"工作小组有关成员单位工作 ……………………… ／27

　　中央外宣办2009年"扫黄打非"工作概述 ………………………… ／27

　　最高人民法院2009年"扫黄打非"工作概述 ……………………… ／28

　　公安部2009年"扫黄打非"工作概述 ……………………………… ／29

　　财政部2009年"扫黄打非"工作概述 ……………………………… ／30

　　民政部2009年"扫黄打非"工作概述 ……………………………… ／30

　　住房和城乡建设部2009年"扫黄打非"工作概述 ………………… ／31

　　交通运输部2009年"扫黄打非"工作概述 ………………………… ／32

　　铁道部2009年"扫黄打非"工作概述 ……………………………… ／33

　　文化部2009年"扫黄打非"工作概述 ……………………………… ／34

　　海关总署2009年"扫黄打非"工作概述 …………………………… ／35

　　国家工商行政管理总局2009年"扫黄打非"工作概述 …………… ／37

　　中国民用航空局2009年"扫黄打非"工作概述 …………………… ／39

　　国家邮政局2009年"扫黄打非"工作概述 ………………………… ／40

三、全国 31 个省、自治区、直辖市"扫黄打非"工作 ……………………… / 43

北京市

2009 年"扫黄打非"工作总结 ………………………………………… / 43

领导讲话

蔡赴朝在全市文化市场管理暨"扫黄打非"工作会议上的讲话 ………… / 45

陈启刚在传达"全国音像出版复制发行工作座谈会会议精神"大会上的讲话 ……… / 47

2009 年"扫黄打非"大案要案综述 ……………………………………… / 48

2009 年"扫黄打非"大事记 ……………………………………………… / 50

创新经验

加强"三三六"机制建设提高基层文化市场监管效能 ………………… / 52

天津市

2009 年"扫黄打非"工作总结 ………………………………………… / 54

领导讲话

肖怀远在天津市"扫黄打非"工作领导小组扩大会议上的讲话 ………… / 59

2009 年"扫黄打非"大案要案综述 ……………………………………… / 63

2009 年"扫黄打非"大事记 ……………………………………………… / 65

创新经验

加强基础建设　规范执法权力运行 ……………………………………… / 68

上海市

2009 年"扫黄打非"工作总结 ………………………………………… / 69

领导讲话

王仲伟在第二十二次全国"扫黄打非"工作电视电话会议上海分会场的讲话（摘要） …… / 72

王仲伟在 2009 年全国侵权盗版制品及各类非法出版物集中销毁活动上海市

分会场的讲话（摘要） ……………………………………………… / 74

2009 年"扫黄打非"大案要案综述 ……………………………………… / 74

2009 年"扫黄打非"大事记 ……………………………………………… / 76

重庆市

2009 年"扫黄打非"工作总结 ………………………………………… / 78

领导讲话

何事忠在市"扫黄打非"工作领导小组全体会议上的讲话 …………… / 80

2009 年"扫黄打非"大案要案综述 ……………………………………… / 82

2009 年"扫黄打非"大事记 ……………………………………………… / 84

创新经验

重庆"六招"破解网吧监管难题 ………………………………………… / 85

深化工作措施　扎实开展集中行动 ……………………………………… / 86

河北省

2009 年"扫黄打非"工作总结 ·························· / 87

领导讲话

孙士彬在第二十二次全省"扫黄打非"工作电视电话会议上的讲话 ·········· / 89

魏平在全省迎国庆"扫黄打非"工作会议上的讲话 ·········· / 92

2009 年"扫黄打非"大案要案综述 ·················· / 96

2009 年"扫黄打非"大事记 ·················· / 97

创新经验

石家庄：志愿者参与文化环保工程 ·················· / 100

石家庄市

2009 年"扫黄打非"工作总结 ·················· / 102

山西省

2009 年"扫黄打非"工作总结 ·················· / 105

领导讲话

胡苏平在 2009 年山西省"扫黄打非"工作动员会议上的讲话（摘要） / 108

胡苏平在山西省"扫黄打非"工作会议上的讲话 ·········· / 111

2009 年"扫黄打非"大案要案综述 ·················· / 114

2009 年"扫黄打非"大事记 ·················· / 116

创新经验

牢记"忠诚负责"坚守"三条底线"扎扎实实做好"扫黄打非"工作 ···· / 118

太原市

2009 年"扫黄打非"工作总结 ·················· / 121

内蒙古自治区

2009 年"扫黄打非"工作总结 ·················· / 123

领导讲话

乌兰在全区第二十一次"扫黄打非"工作电视电话会议上的讲话 ·········· / 125

杨红岩在全区第二十一次"扫黄打非"工作电视电话会议上的讲话 ·········· / 127

创新经验 ·················· / 129

2009 年"扫黄打非"大案要案综述 ·················· / 132

2009 年"扫黄打非"大事记 ·················· / 133

辽宁省

2009 年"扫黄打非"工作总结 ·················· / 134

领导讲话

张江在全省"扫黄打非"工作电视电话会议上的讲话 ·········· / 137

滕卫平在2009年全国侵权盗版制品及各类非法出版物集中销毁活动辽宁省分会场
　　仪式上的讲话 ·· / 139
孟繁华在全省"扫黄打非"办公室主任工作会议上的讲话 ······················· / 140
2009年"扫黄打非"大案要案综述 ··· / 142
2009年"扫黄打非"大事记 ··· / 144
创新经验
以"把有害少儿读物逐出店档"活动为载体,不断提升"扫黄打非"工作整体水平 ····· / 146
沈阳市
　　2009年"扫黄打非"工作总结 ·· / 148
大连市
　　2009年"扫黄打非"工作总结 ·· / 150

吉林省
　　2009年"扫黄打非"工作总结 ·· / 152
领导讲话
苟凤栖在2009年集中销毁侵权盗版及非法出版物活动仪式上的讲话 ··········· / 153
陈晓光在全省"扫黄打非"工作会议上的讲话 ····································· / 154
胡宪武在全省"扫黄打非"工作会议上的讲话 ····································· / 155
2009年"扫黄打非"大案要案综述 ··· / 157
2009年"扫黄打非"大事记 ··· / 158
创新经验
2009年吉林省"扫黄打非"工作创新经验 ··· / 158
长春市
　　2009年"扫黄打非"工作总结 ·· / 160

黑龙江省
　　2009年"扫黄打非"工作总结 ·· / 162
领导讲话
衣俊卿在第二十一次全省"扫黄打非"工作电视电话会议上的讲话 ············· / 164
程幼东在全国侵权盗版制品和各类非法出版物集中销毁活动黑龙江分会场的讲话 ······· / 165
2009年"扫黄打非"大案要案综述 ··· / 166
2009年"扫黄打非"大事记 ··· / 168
创新经验
关于赴江西湖南两省学习考察情况的报告 ··· / 169
关于手机网站制作传播淫秽色情信息情况的调查报告 ····························· / 171

江苏省

2009 年"扫黄打非"工作总结 ·································· / 173

领导讲话

杨新力在 2009 年全省"扫黄打非"工作电视电话会议上的讲话 ·············· / 175

曹卫星在全国"扫黄打非"工作小组表彰奖励徐州"3·03"制作非法报纸团伙
　网络案有功集体、有功个人大会上的讲话 ·································· / 176

徐毅英在江苏省纪念"扫黄打非"工作二十周年研讨会暨执法鉴定培训班结束时的讲话 ··· / 177

2009 年"扫黄打非"大案要案综述 ·································· / 180

徐州"3·03"刘庆启制售非法报纸网络团伙案查处情况调研报告 ·············· / 183

2009 年"扫黄打非"大事记 ·································· / 188

创新经验

项目化管理，具体化实施，"三抓"出成效 ·································· / 190

南京市

2009 年"扫黄打非"工作总结 ·································· / 193

浙江省

2009 年"扫黄打非"工作总结 ·································· / 196

领导讲话

黄坤明在浙江省 2009 年侵权盗版制品及各类非法出版物集中销毁活动仪式上的讲话 ····· / 202

黄坤明在全省文化市场管理（"扫黄打非"）工作领导小组办公室会议上的讲话 ········· / 203

黄坤明在浙江"扫黄打非"工作汇报会上的讲话 ·································· / 206

2009 年"扫黄打非"大事记 ·································· / 209

创新经验

关于认真做好 2009 年"两会"、春节期间"扫黄打非"和文化市场监管工作的紧急通知 ··· / 212

浙江省暨杭州市 2009 年侵权盗版及各类非法出版物活动集中销毁活动 ·············· / 213

安徽省

2009 年"扫黄打非"工作总结 ·································· / 214

创新经验

出台规范性文件要求党员干部不得从事非法出版活动 ·································· / 219

开展网上"扫黄打非"工作的经验做法 ·································· / 219

芜湖市文化市场行政执法大队"扫黄打非"先进事迹 ·································· / 221

福建省

2009 年"扫黄打非"工作总结 ·································· / 224

领导讲话

郭振家在第二十二次全国"扫黄打非"工作电视电话会议福建分会场上的讲话（摘要）····· / 226

唐国忠在福建省 2009 年侵权盗版制品及各类非法出版物集中销毁活动上的讲话 ········· / 228

2009 年"扫黄打非"大案要案综述 ·································· / 229

2009 年"扫黄打非"大事记 ·· / 232

福州市

　　2009 年"扫黄打非"工作总结 ·· / 234

厦门市

　　2009 年"扫黄打非"工作总结 ·· / 235

江西省

　　2009 年"扫黄打非"工作总结 ·· / 237

　　领导讲话

　　　刘上洋在江西省 2009 年"扫黄打非"工作电视电话会议上的讲话 ·········· / 239

　　　黄鹤在 2009 年全省"扫黄打非"工作培训班上的讲话 ···················· / 241

　　2009 年"扫黄打非"大案要案综述 ······································ / 243

　　2009 年"扫黄打非"大事记 ·· / 244

　　创新经验

　　　净化社会文化环境　促进未成年人健康成长 ·························· / 246

南昌市

　　2009 年"扫黄打非"工作总结 ·· / 248

山东省

　　2009 年"扫黄打非"工作总结 ·· / 250

　　领导讲话

　　　李群在全省"扫黄打非"办公室主任会议上的讲话 ···················· / 252

　　2009 年"扫黄打非"大案要案综述 ······································ / 253

　　2009 年"扫黄打非"大事记 ·· / 254

　　创新经验

　　　2009 年全省"扫黄打非"面临的新情况新问题及解决措施 ·············· / 256

　　　对近年来全省新闻出版和"扫黄打非"有关工作情况的调研报告 ·········· / 257

济南市

　　2009 年"扫黄打非"工作总结 ·· / 259

青岛市

　　2009 年"扫黄打非"工作总结 ·· / 261

河南省

　　2009 年"扫黄打非"工作总结 ·· / 263

　　领导讲话

　　　孔玉芳在 2009 年全省"扫黄打非"工作会议上的讲话 ·················· / 265

　　　孔玉芳在 2009 年全省"扫黄打非"工作电视电话会议上的讲话 ·········· / 268

　　　詹玉荣在河南省 2009 年"扫黄打非"工作会议上的讲话 ················ / 271

2009 年"扫黄打非"大案要案综述 ……………………………………………… / 273

2009 年"扫黄打非"大事记 ………………………………………………………… / 275

郑州市

2009 年"扫黄打非"工作总结 …………………………………………………… / 276

湖北省

2009 年"扫黄打非"工作总结 …………………………………………………… / 277

领导讲话

李春明在 2009 年全省"扫黄打非"工作电视电话会议上的讲话（摘要） ……… / 280

张儒芝在 2009 年全省"扫黄打非"工作电视电话会议上的讲话（摘要） ……… / 282

2009 年"扫黄打非"大案要案综述 ……………………………………………… / 284

2009 年"扫黄打非"大事记 ………………………………………………………… / 286

湖南省

2009 年"扫黄打非"工作总结 …………………………………………………… / 287

领导讲话

路建平在 2009 年全省侵权盗版制品及各类非法出版物集中销毁活动现场的讲话 ……… / 290

郭开朗在第二十二次全省"扫黄打非"工作电视电话会议上的讲话 ……………… / 290

朱建纲在全省"扫黄打非"工作会议上的讲话 ……………………………………… / 292

2009 年"扫黄打非"大案要案综述 ……………………………………………… / 293

2009 年"扫黄打非"大事记 ………………………………………………………… / 296

创新经验

湖南省"扫黄打非"工作情况调查 ………………………………………………… / 297

关于手机网站制作传播淫秽色情信息的调查报告 ………………………………… / 299

长沙市

2009 年"扫黄打非"工作总结 …………………………………………………… / 301

广东省

2009 年"扫黄打非"工作总结 …………………………………………………… / 303

领导讲话

雷于蓝在 2009 年全国"扫黄打非"电视电话会议广东分会场上的讲话 ………… / 309

雷于蓝在 2009 年全国侵权盗版制品及各类非法出版物集中销毁活动广东

分会场上的讲话 …………………………………………………………………… / 310

雷于蓝在广东省"扫黄打非"办公、办案设备颁发仪式上的讲话 ……………… / 311

2009 年"扫黄打非"大案要案综述 ……………………………………………… / 313

2009 年"扫黄打非"大事记 ………………………………………………………… / 316

创新经验

强化协管员队伍建设，充实一线"扫黄打非"力量 ……………………………… / 322

出台工作指引，强化法律管制 ……………………………………………………… / 323

  创新"扫黄打非"工作机制 增强行业守法自律意识 ……………………………… / 324

  佛山市开展"扫黄打非"工作创新经验 ……………………………………………… / 325

广州市

  2009 年"扫黄打非"工作总结 ……………………………………………… / 327

深圳市

  2009 年"扫黄打非"工作总结 ……………………………………………… / 329

广西壮族自治区

  2009 年"扫黄打非"工作总结 ……………………………………………… / 331

  领导讲话

    沈北海在广西进一步深入开展整治互联网和手机媒体淫秽色情及低俗信息专项行动

    工作会议上的讲话（摘要） ……………………………………………… / 334

    李康在 2009 年全国集中销毁侵权盗版制品及各类非法出版物活动广西分会场上的讲话 ……… / 335

    邓纯东在 2009 年广西"扫黄打非"工作电视电话会议上的讲话 ………………… / 337

    龙毅在全区净化社会文化环境工作汇报会上的讲话 …………………………… / 338

  2009 年"扫黄打非"大案要案综述 ……………………………………… / 340

  2009 年"扫黄打非"大事记 ………………………………………………… / 341

南宁市

  2009 年"扫黄打非"工作总结 ……………………………………………… / 343

海南省

  2009 年"扫黄打非"工作总结 ……………………………………………… / 344

  领导讲话

    周文彰在全省净化社会文化环境暨"扫黄打非"工作电视电话会议上的讲话（摘要） ……… / 347

    林方略在全国侵权盗版制品及各类非法出版物集中销毁活动海南省分会场上的讲话 … / 351

    范晓军在全省净化社会文化环境暨"扫黄打非"电视电话会议上的讲话 …………… / 352

    陈文宝在 2009 年海南省"扫黄打非"执法人员培训班上的讲话 ………………… / 353

  2009 年"扫黄打非"大案要案综述 ……………………………………… / 355

海口市

  2009 年"扫黄打非"工作总结 ……………………………………………… / 356

四川省

  2009 年"扫黄打非"工作总结 ……………………………………………… / 360

  领导讲话

    黄彦蓉在 2009 年四川省"扫黄打非"工作电视电话会议上的讲话（摘要） ………… / 361

    周国良：深化认识 履行职责 努力完成今年"扫黄打非"各项任务（摘要） ……… / 364

  2009 年"扫黄打非"大案要案综述 ……………………………………… / 366

2009 年"扫黄打非"大事记 ……………………………………………………… / 368

贵州省

2009 年"扫黄打非"工作总结 ………………………………………………… / 369

领导讲话

王富玉在第二十二次全省"扫黄打非"工作电视电话会议上的讲话 …………… / 373

谢庆生在 2009 年贵州分会场销毁侵权盗版及各类非法出版物活动上的讲话 ………… / 375

邓兆梅在第二十二次全省"扫黄打非"工作电视电话会议上的讲话 …………… / 376

林连华在第二十二次全省"扫黄打非"工作电视电话会议上的讲话 …………… / 378

第二十二次全省"扫黄打非"工作电视电话会议召开 ………………………… / 380

2009 年"扫黄打非"大案要案综述 ………………………………………… / 383

2009 年"扫黄打非"大事记 ………………………………………………… / 384

创新经验

试析"扫黄打非"工作在廉政文化建设中的积极作用 ………………………… / 388

贵阳市

2009 年"扫黄打非"工作总结 ………………………………………………… / 392

制定加强"扫黄打非"行政执法与司法有效衔接工作举措　出台《贵阳市"扫黄
打非"联合办案制度（试行)》 ………………………………………… / 394

贵阳市"扫黄打非"工作部门十措并举　有效净化全市社会文化环境 ………… / 395

贵阳海关缉私局采取多种措施和手段　扎实推进"扫黄打非"斗争的深入开展 ……… / 398

云南省

2009 年"扫黄打非"工作总结 ………………………………………………… / 398

领导讲话

张田欣在第二十二次全省"扫黄打非"工作电视电话会议上的讲话 …………… / 400

艾罕炳在 2009 年全省"扫黄打非"办公室主任会议上的讲话 ………………… / 403

西藏自治区

2009 年"扫黄打非"工作总结 ………………………………………………… / 405

领导讲话

崔玉英在第二十二次全国"扫黄打非"工作电视电话会议西藏分会场上的讲话 ……… / 408

崔玉英在全区"扫黄打非"工作电视电话会议上的讲话 ………………………… / 410

崔玉英在全国五省区"扫黄打非·珠峰工程"座谈会上的讲话 ………………… / 412

2009 年"扫黄打非"大事记 ………………………………………………… / 414

陕西省

2009 年"扫黄打非"工作总结 ………………………………………………… / 415

领导讲话

胡悦在 2009 年陕西省"扫黄打非"工作电视电话会议上的讲话 ……………… / 419

2009 年"扫黄打非"工作大事记 ··· / 421

西安市

　　2009 年"扫黄打非"工作总结 ··· / 423

甘肃省

　　2009 年"扫黄打非"工作总结 ··· / 426

　领导讲话

　　咸辉在 2009 年全省"扫黄打非"工作会议上的讲话（摘要）················· / 429

　　励小捷在全省"扫黄打非"工作小组成员单位工作座谈会上的讲话（摘要）····· / 430

　　2009 年"扫黄打非"大案要案综述 ··· / 432

　　2009 年"扫黄打非"大事记 ··· / 433

　创新经验

　　打击手机淫秽色情信息需从源头整治 ··· / 435

兰州市

　　2009 年"扫黄打非"工作总结 ··· / 437

青海省

　　2009 年"扫黄打非"工作总结 ··· / 439

　领导讲话

　　张承伟在第二十二次全国"扫黄打非"电视电话会议青海分会场上的讲话 ····· / 441

　　张承伟在全省净化社会文化环境工作会议上的讲话 ··························· / 442

　　曹萍在 2009 年全国集中销毁侵权盗版及非法出版物活动青海分会场的讲话····· / 444

　　吉狄马加在青海省"扫黄打非"工作 20 年总结表彰大会上的讲话（摘要）····· / 445

　　2009 年"扫黄打非"大事记 ··· / 447

西宁市

　　2009 年"扫黄打非"工作总结 ··· / 450

宁夏回族自治区

　　2009 年"扫黄打非"工作总结 ··· / 452

　领导讲话

　　海军在全区侵权盗版及各类非法出版物集中销毁活动新闻发布会上的讲话 ····· / 455

　　2009 年"扫黄打非"大案要案综述 ··· / 457

新疆维吾尔自治区

　　2009 年"扫黄打非"工作总结 ··· / 457

　领导讲话

　　李屹在"扫黄打非·天山工程"座谈会上的发言 ······························· / 460

　　铁力瓦尔迪·阿布都热西提在"扫黄打非·天山工程"座谈会上的致辞 ········· / 462

　　李屹在 2009 年全国集中销毁侵权盗版及非法出版物活动新疆分会场上的讲话········· / 463

2009 年"扫黄打非"大案要案综述 ………………………………………… / 464

2009 年"扫黄打非"大事记 ……………………………………………… / 465

创新经验

推进文化市场综合执法，建立"扫黄打非"长效机制 ………………… / 468

乌鲁木齐市

2009 年"扫黄打非"工作总结 ………………………………………… / 469

四、附　录 ………………………………………………………………… / 472

2009 年各省（自治区、直辖市）"扫黄打非"工作成果统计表 ………………… / 472

全国"扫黄打非"工作小组关于表彰 2009 年全国"扫黄打非"先进集体和先进

个人的决定 ……………………………………………………………… / 499

一、总　类

专　论

在第二十二次全国"扫黄打非"工作电视电话会议上的讲话（摘要）

中共中央政治局委员、中央书记处书记、中央宣传部部长、
全国"扫黄打非"工作小组组长
刘云山

刚刚过去的 2008 年，是党和国家发展进程中极不寻常、极不平凡的一年。我们迎来了改革开放 30 周年，成功举办了北京奥运会、残奥会，夺取了抗击历史罕见自然灾害的重大胜利，圆满完成了神舟七号载人航天飞行任务，沉着应对世界经济形势急剧变化造成的严重冲击。"扫黄打非"战线坚决贯彻中央决策部署，不间断地开展集中行动和专项治理，持续强化日常监管，举全战线之力，打了一连串的攻坚战，在查缴非法出版物、清除淫秽色情文化垃圾、打击侵权盗版活动、取缔非法报刊等方面取得了新的成绩，在关键时刻发挥了关键作用，有力地配合了党和国家全局工作。全年工作力度大、主动性强、覆盖面广、措施有力，文化市场秩序和社会文化环境得到明显改观，为维护改革发展稳定大局和促进文化健康发展作出了积极贡献。借此机会，向今天受到表彰的同志们表示热烈祝贺，向长期以来在"扫黄打非"战线上忠于职守、敬业奉献的同志们表示崇高敬意和衷心感谢！

下面，我讲四点意见。

第一，认清形势、统一思想，进一步提高对"扫黄打非"重要性紧迫性的认识。当前，我国总的形势很好，面对国际金融危机的严重冲击，我国经济发展的基本态势没有改变，社会大局保持稳定。在思想文化领域，社会主义核心价值体系建设扎实推进，主流意识形态不断巩固，文化事业生机盎然，文化产业繁荣发展，国家文化软实力不断提高，人们文化生活日益丰富。同时要清醒地看到，意识形态领域并不平静，敌对势力对我西化、分化的活动一刻也没有停止。今年是新中国成立 60 周年，是深入贯彻党的十七大精神、推进"十一五"规划顺利实施的关键一年，大事多，热点多，重要敏感时间节点也比较集中。我们既要应对国际金融危机严重冲击，确保经济平稳较快发展，也要做好应对境内外敌对势力可能制造事端的准备，确保社会和谐稳定。从文化市场状况看，尽管我们保持了较大的工作力度，取得了很大成绩，但依然存在着一些不容忽视的问题。面对新的复杂形势和严峻挑战，"扫黄打非"工作只能加强，不能削弱。

各地各部门要从服务党和国家工作全局，推进中国特色社会主义事业顺利发展，保持国家长治久安的战略高度，进一步加深对"扫黄打非"斗争重要性、长期性、艰巨性的认识，进一步增强责任感、紧迫感、使命感，切实把思想和行动统一到中央的决策部署上来，不动摇、不懈怠、不敷衍，努力开创"扫黄打非"工作新局面。

第二，围绕大局、突出重点，进一步增强工作的针对性、实效性。"扫黄打非"事关全局，涉及面广，工作头绪多。必须把"扫黄打非"工作放到党和国家工作全局中去谋划和推进，坚持用维护和实现广大人民群众根本利益来衡量工作成效。根据中央部署，当前"扫黄打非"工作要认真贯彻党的十七大和十七届三中全会精神，深入贯彻落实科学发展观，以净化文化市场环境为主线，以查缴非法出版物和清除网上有害信息为重要任务，坚持开展集中治理，切实加强日常监管，坚决保护知识产权，确保意识形态安全，维护社会和谐稳定，促进文化大发展大繁荣，为实现经济社会又好又快发展营造良好舆论氛围和文化环境。工作中，要突出四个重点。

一是始终保持打击非法出版物的高压态势。这是2009年工作的重中之重。要进一步完善快速反应和联合封堵机制，加强日常监管，开展集中行动，办理大案要案，提高打击效果。

二是深入开展网上"扫黄打非"行动。在现代信息技术迅猛发展的大背景下，互联网的数字化、大众化和媒体化趋势，已经使之成为意识形态领域较量的重要阵地，成为"扫黄打非"斗争的重要战场。要把网上"扫黄打非"行动摆到更加突出的位置，组织更大力量，采取更有力的措施，依法加强互联网管理，依法打击网上违法犯罪活动，坚决遏制利用互联网传播有害信息，坚决清理网上淫秽色情等文化垃圾，为广大人民群众特别是青少年营造文明健康的网络文化环境。

三是坚决打击各类侵权盗版行为。能否有效保护知识产权，不仅关系到民族创新力，也关系到文化安全和国家形象。高举保护知识产权旗帜，利用保护知识产权的工作平台开展"扫黄打非"，可以使我们的工作获得全社会的支持和国际社会的认同，赢得更大的主动。要持续开展文化市场清理工作，切实加强对印刷复制源头和运输环节的监管，集中查办大案要案，包括涉外侵权盗版案件，有效打击侵权盗版等违法犯罪活动。

四是进一步打击非法报刊。近年来，利用假报刊和假记者站非法牟利问题越来越突出，严重扰乱了文化市场秩序，损害了新闻出版业的公信力，社会各界意见很大。要按照中央关于进一步加强和改进报刊出版管理工作的要求，对报刊市场进行集中治理，坚决打击假报刊、假记者、假记者站，维护新闻出版正常秩序，促进报刊业繁荣健康发展。

第三，统筹兼顾、综合治理，进一步推动"扫黄打非"工作科学有效地开展。长期以来，我们在"扫黄打非"过程中，积累了许多成功经验和有益做法，要很好地进行总结和发扬。当前，要按照科学发展观的要求，准确把握党和国家对"扫黄打非"工作的新要求，认真研究经济社会和科技发展对文化市场管理提出的新课题，积极适应人民群众对健康向上精神文化生活的新期待，以改革创新精神推进"扫黄打非"工作更加科学地开展。

要坚持打击与预防、惩治与教育、治标与治本相结合，坚持行政管理、行业自律、群众参与相结合，综合运用经济、行政、法律和技术等手段，整合多种资源，构建立体化的工作格局。要坚持和完善"党委统一领导、党政群齐抓共管，各级'扫黄打非'办公室和党委宣传部门组织协调，相关部门各负其责，各地区联防协作，社会各方面积极参与"的领导体制和工作机制，并使之高效运转，切实发挥作用。要把"扫黄打非"工作与城市社区建设和社会主义新农村建设结合起来，作为文明创建、平安创建的一项重要内容来抓，努力扩大工作的覆盖面和影响力。要探索"扫黄打非"与文化市场综合执法有效衔接的运行机制，把"扫黄打非"作为文化市场综合执法的首要任务，用"扫黄打非"的工作成果来检验文化市场综合执法改革的成效。要适应形势发展的需要，高度重视运用现代科技手段，进一步提高"扫黄打非"工作水平和效能。要全方位、多角度地开展宣传教育，加强舆论监督，深刻揭露制黄贩黄、侵权盗版等非法出版的严重危害，动员社会各界广大群众积极支持和参与"扫黄打非"。要继续在高校和中小学开展"拒绝盗版、从我做起"的主题教育活动，引导广大青少年自觉抵制不良文化和侵权盗版产品。要广泛宣传各地加强文化市场管理的有力措施和打击侵权盗版行为的实际成效，树立我国保护知识产权的良好形象。

第四，加强领导、明确职责，进一步落实文化市场管理责任。今年"扫黄打非"工作任务艰巨、责任重大。各地区各部门要把"扫黄打非"工作列入重要议事日程，切实加强组织领导，完善保障措施，务必把《行动方案》确定的各项任务落到实处。要按照谁主管谁负责和属地管理的原则，进一步健全责任制，落实责任追究制度，做到守土有责、守土负责、守土尽责，坚决防止有分工不负责、有责任不到位。各级"扫黄打非"组长是"扫黄打非"工作第一责任人，要加强领导，靠前指挥，着力解决重点难点问题。各级

"扫黄打非"工作领导小组成员单位要各司其职、各负其责，相互配合、共同作战，各级"扫黄打非"办公室要大胆开展工作，加强组织、协调、指导和督促检查。

目前，"扫黄打非"工作重点在基层，难点在基层，薄弱环节也在基层。各地区相关部门要按照"扫黄打非"工作只能加强、不能削弱的原则，加强机构保障、投入保障和队伍保障，确保"扫黄打非"工作顺利开展。要坚持党委领导下的"扫黄打非"工作领导小组体制不变，确保各级"扫黄打非"办公室编制足额到位。要在进一步强化省、市两级"扫黄打非"工作机构的基础上，尽快健全县（市）级"扫黄打非"工作领导小组及其工作机构，并使之有效履行职能。要切实加强对乡镇和社区文化市场的管理，乡镇党委和街道党组织要真正负起责任，确保基层"扫黄打非"工作有人抓、有人管。要以提高思想政治素质和业务能力为重点，切实抓好"扫黄打非"队伍培训工作，从政治上、工作上、生活上关心从事"扫黄打非"工作的同志，帮助解决实际问题，充分调动他们的积极性、主动性、创造性。

2009 年 1 月 16 日

在第二十二次全国"扫黄打非"工作电视电话会议上的讲话（摘要）

新闻出版总署署长、国家版权局局长、全国"扫黄打非"工作小组副组长

柳斌杰

一、进一步加深对"扫黄打非"工作重要性的认识

"扫黄打非"是一项事关国家政治制度、事关意识形态安全、事关文化发展方向的重要工作。"扫黄打非"20 多年的实践证明，开展"扫黄打非"是一个战略性的决策，是以出版

物市场管理形式开展的意识形态较量。"扫黄打非"的本质是遏制非法传播、清除文化垃圾，因而它首先是"战场"然后才是市场，首先是"斗争"然后才是竞争，首先是"政治"然后才是文化。20 年来，特别是近五年来，"扫黄打非"成绩卓著，对非法出版物始终保持高压

态势，成为敌对势力对我进行渗透、颠覆不可逾越的一道坚固屏障。"扫黄打非"早已超越了部门的职责、任务，它是各级党委、政府高度重视、着力抓好的一件大事。各级新闻出版、版权行政部门的领导同志，务必要从政治高度进一步深化对"扫黄打非"的认识，更加自觉地担当起站岗、放哨、守阵地的光荣任务，在当地党委领导下，切实抓好本地的"扫黄打非"工作。

二、进一步完善"扫黄打非"的工作机制

20 多年的"扫黄打非"工作，形成了党委领导、"扫黄打非"机构统一协调、相关部门分工负责、上下联动左右联防的工作体制。目前，各省区市的工作组长都是省委领导，多数省区市工作办公室挂靠在新闻出版局。这种体制、机制有利于依法行政和工作落实。各级新闻出版、版权行政部门要义不容辞担当起政治责任，明确自身在"扫黄打非"工作中的双重角色。作为"扫黄打非"办公室要承担好当地党委、政府"扫黄打非"工作领导小组常设办事机构的责任，主动做好部署、指导、协调、督办工作，为成员单位服好务；作为当地"扫黄打非"工作领导小组成员单位，要认真履行自己的职责，支持"扫黄打非"办公室主动开展工作，把该抓的事情办好。各地新闻出版局主要领导无论是否担任当地"扫黄打非"办公室领导，都必须把"扫黄打非"工作当作重要任务。要把"扫黄打非"作为新闻出版、版权行政部门的主要工作，列入工作重点之中，列入领导责任制中，列入到工作的部署、总结中去，做到重大行动亲自部署、重要工作亲自指挥、大案要案亲自督办、重点问题亲自协调解决。要用当地出版物市场的状况来衡量"扫黄打非"工作和市场监管的成效。

三、进一步落实好今年的各项任务

云山同志的重要讲话和《2009 年"扫黄打非"行动方案》确定了今年"扫黄打非"工作的总体要求、工作重点和三项集中行动的具体时间、任务。各级新闻出版、版权行政部门担负着重要的职责。各地新闻出版局要把握好今年的复杂形势，切实履行职责，落实任务，发挥主动性、掌握主动权、打好主动仗。一是继续严密查堵非法出版物。无论是新闻出版行政部门，还是新闻出版单位，都有责任强化管理，管好自己的产品导向和流通市场，绝不给非法出版物提供传播渠道。出版物进出口单位要严格审读内容，坚决防止境外有害出版物通过正式渠道流入。二是及时整治利用信息网络传播的各类非法有害信息。目前网上传播非法出版物及有害信息大幅增加，新闻出版、版权行政部门不仅要坚决整治非法网络出版，还要密切关注网上舆情信息动向，及时通报和协调有关部门严密查堵有害出版物及淫秽色情等有害信息。三是大力扫除淫秽色情、凶杀暴力、封建迷信等文化垃圾。要重点扫除淫秽色情书刊、音像制品、卡片类印刷品及动漫游戏，重点清查学校周边的文化产品批发、零售、租赁摊店。四是坚决查缴各类侵权盗版出版物。要对印刷复制行业进行集中整治，深挖地下印刷复制窝点，严厉查处违法违规印制活动。对出版物市场及重点地区实施重点监控和反复巡查，严格取缔销售盗版及非法出版物的游商地摊和无证照经营者。打击非法预装、销售计算机软件行为，继续在重点企业推行通用软件正版化工作。五是查处取缔各种形式的非法报刊。首先要管好属地的报刊，不允许一号多刊、一号多报扰乱市场，坚决打击利用境外刊号或私自冒名出版的报刊。组织开展报刊出版单位集中检查，对以一号多刊或以承包、合作等方式出卖报号、出卖刊号出版的报刊，要限期收回，否则一律吊销报刊出版权。继续整治假报刊、假记者、假记者站、假新闻，严厉打击假冒记者身份制造假信息、招摇撞骗、敲诈勒索、聚敛钱财和扰乱新闻采访秩序的违法活动。六是新闻出版总署将 2009 年"扫黄打非"任务，按部门职责进行分工落实，并下发到各地新闻出版、版权行政部门认真贯彻。

2009 年 1 月 16 日

在第二十二次全国"扫黄打非"工作电视电话会议上的讲话（摘要）

中央综治委副主任、中央综治办主任、中央政法委副秘书长、
全国"扫黄打非"工作小组副组长
陈冀平

一、认清形势、提高认识，进一步增强"扫黄打非"工作的责任感和自觉性

2008年，各级政法委、综治委和各级政法机关配合宣传、新闻出版、文化、工商等有关部门，积极开展了查缴非法出版物、打击侵权盗版活动、扫除淫秽色情等文化垃圾、整治非法报刊和网上"扫黄打非"等重点工作，始终保持了对各种违法犯罪活动的高压态势；紧密结合工作实际，进一步突出工作重点，不断加大清查整治力度，破获了一批大案要案，端掉了一批犯罪窝点，整治了一批治安混乱地区，抓获了一批犯罪嫌疑人；及时受理"扫黄打非"案件，并组织精干力量快查快办，一批违法犯罪人员受到了法律的严惩；结合广泛开展的平安建设工作，坚持"打防结合、预防为主、专群结合、依靠群众"的工作方针，努力将"扫黄打非"工作向基层延伸，同时将"扫黄打非"工作纳入社会治安综合治理年度考核，有力推动了"扫黄打非"工作齐抓共管格局的形成，为奥运会成功举办和纪念改革开放30周年营造了良好的舆论文化环境，为维护社会和谐稳定做出了积极贡献。

2009年，我们将迎来新中国成立60周年，敏感时段相对集中，热点、敏感问题也相对突出，境内外影响国家安全与社会和谐稳定的因素交织在一起，经济安全与政治、文化、信息安全交织在一起，虚拟社会与现实社会交织在一起，严重影响我国政治稳定、社会安定，为此，维护社会和谐稳定的任务依然十分繁重，"扫黄打非"、净化文化市场工作面临的形势依然十分严峻，意识形态领域的斗争仍然尖锐复杂。

因此，各级党委政法委、综治委和各级政法机关要充分认清当前严峻复杂的形势，要从捍卫中国特色社会主义旗帜的政治高度，从建设社会主义核心价值体系的理论高度，从全面建设小康社会、构建社会主义和谐社会的全局高度，从维护党和国家长治久安的战略高度，充分认识"扫黄打非"工作的重要性。要按照全国政法工作会议精神和这次电视电话会议的要求，进一步提高对"扫黄打非"斗争重要性、长期性、艰巨性、复杂性的认识，进一步增强责任感、紧迫感、使命感，进一步强化领导、严密组织、明确任务，进一步加大整治和执法力度，务求实效。

二、周密部署、突出重点，进一步加大"扫黄打非"工作的力度

各级党委政法委、综治委和各级政法机关要按照《2009年"扫黄打非"行动方案》的部署和此次会议精神，周密部署，精心组织，配合有关部门，结合当地实际，采取切实有效的措施，狠抓各项工作落实。

一是严密封堵和查缴非法出版物。公安机关要积极配合新闻出版、文化、工商等部门，采取日常监管与集中统一行动相结合的方式，进一步加大对书报刊批发市场、音像市场、电子软件市场的清查力度，坚决打击兜售非法出版物和音像制品的违法犯罪活动。

二是进一步加大网上"扫黄打非"的力度。各级政法机关要进一步增强网上"扫黄打非"的意识，建立健全网上综合防控体系，密切关注网上信息动向，严密查堵有害出版物及淫秽色情等有害信息。公安机关要依法加强互联网安全监督管理和网络信息监控，密切关注网上舆情动向，

切实做到发现得早、控制得住、处置得快；要按照国务院新闻办等七部委开展全国整治互联网低俗之风专项行动的总体要求，严厉打击网上色情活动，扫除淫秽色情等文化垃圾，对利用互联网传播有害信息的网站要予以坚决关闭，对涉案的违法犯罪人员要予以坚决惩处；严厉查处利用移动通讯终端、声讯台、手机短信等传播文化垃圾、有害信息的行为，并寻根溯源，挖出犯罪窝点，严惩组织头目。继续加大对传播淫秽色情等有害信息网吧的整治力度，对黑网吧和违规经营的上网服务场所，要坚决予以取缔，依法严厉查处。

三是切实加强情报信息工作，查办大案要案。各级党委政法委要切实加大对案件的协调力度，特别是对大案要案和跨地区的案件，要落实责任，加强督查，确保立案、侦破、审理等环节的办案质量；要切实加强情报信息工作，建立健全情报信息网络，增强工作的针对性。要深挖犯罪线索，查找犯罪活动源头，坚决打掉从事走私、制作、印刷、复制、销售非法出版物活动的犯罪团伙，端掉其制作储藏窝点，切断其地下发行网络；各级公安机关要发挥"扫黄打非"主力军作用，强化对重大案件侦破的组织领导，完善工作机制，突出重点，主动出击，务求实效；对有关部门移送的刑事案件，要及时立案，依法查办；公安、法院、检察院要密切配合，用好用足现有法律，做好行政执法与刑事司法的衔接，充分运用刑事打击手段，严惩犯罪，形成强大的法律威慑力。各级检察、审判机关对经营非法出版物的犯罪行为，要充分运用相关法条，依法严惩，严厉惩处违法犯罪人员。要进一步加强跨部门跨区域联合办案，努力在打团伙、破大案、攻网络、抓主犯上下功夫。要严格依法办案，对有法不依、执法不严、以罚代刑、办人情案，充当保护伞，甚至与不法分子相互勾结，进行权钱交易的执法人员，要依法严厉查处，并追究有关领导的责任。

四是加强治安管理和防范工作。要加强对出版、发行单位和印刷、复制企业的日常监管和教育，依法严厉查处违法违规行为，从源头上保障出版物市场的正常秩序。要通过加强治安管理，深挖非法出版物制作、储运场所。坚决取缔无照经营、违法经营的企业，从严查处违法经营行为。要进一步加大治安整治的力度，对在城市繁华地区和公共场所兜售盗版图书、淫秽光盘的游商、摊商进行坚决治理。

三、群防群治、综合治理，进一步构建齐抓共管的工作格局

各级综治组织要按照《2009 年全国社会治安综合治理工作要点》的要求，切实加强组织领导，将"扫黄打非"工作与社会治安综合治理工作同部署、同落实、同检查。要认真落实工作责任，明确目标任务，确保"扫黄打非"工作在基层得到落实。各级综治办要积极与当地"扫黄打非"工作领导小组及其办公室协作配合、协调、指导综治成员单位共同做好"扫黄打非"工作，努力在形成齐抓共管工作格局上下功夫；要紧密结合当前开展的综合治理和平安建设工作，坚持"打防结合、预防为主，专群结合、依靠群众"的方针，不断提高工作层次、完善工作制度，努力在构建"扫黄打非"工作长效机制上下功夫；要进一步发动基层党政组织和居委会、治保会、调委会等自治组织参与"扫黄打非"工作，切实做到横向互动，纵向联动，努力在促进"扫黄打非"工作在基层落实上下功夫；要把"扫黄打非"工作与排查整治治安混乱地区和突出治安问题等专项行动结合起来，查处违法活动，净化文化环境，努力在增强"扫黄打非"工作针对性、实效性上下功夫；要充分发挥综治群防群治网络和治安信息员的作用，将"扫黄打非"工作的触角延伸到街道社区、乡镇村庄，延伸到社会每个角落，努力在形成"扫黄打非"严密防范网络上下功夫；要坚决扫除危害青少年身心健康的有害信息和出版物，采取多种形式，结合典型案例，加大宣传教育力度，努力在增强广大青少年自觉抵制和远离淫秽色情等有害信息能力上下功夫。

要认真落实中央办公厅、国务院办公厅转发的《中央社会治安综合治理委员会关于进一步加强流动人口服务和管理工作的意见》，切实加强对流动人口的服务和管理，要结合《意见》精神，进一步细化"扫黄打非"工作措施。要强化对出租房屋的管理，通过以房管人，及时发现违法犯罪活动和违法犯罪人员。要切实发挥主流报刊、杂志、影视、网络及宣传品的作用，进一步加大宣传教育力度，增强群众自觉防范、自我约束、自我控制的能力。同时，对典型案例进行曝光，教育群众，震慑犯罪。要大力提倡和表彰见义勇为精神，鼓励群众举报违法犯罪线索，调动群众参与"扫黄打非"工作的积极性，努力形成人人参与、全社会支持"扫黄打非"工作的良好局面。要坚持"属地管理"和"谁主管、谁负责"的原则，严格落实责任，健全工作制度，努力构建"扫黄打非"工作长效机制。

2009 年，中央社会治安综合治理委员会将进行四年一度的评先表彰活动，各地在推荐优秀地市、先进集体和先进个人活动中，要将"扫黄打非"工作作为参评的重要条件。要始终将"扫黄打非"工作纳入各级社会治安综合治理年度考核范围，并作为年度评先表彰的重要依据。要严格落实社会治安综合治理领导责任制和责任追究制度，对在"扫黄打非"工作中不力的地区和单位，及时下达警示通知书或黄牌警告，对在工作中失职、渎职、导致非法出版物泛滥、影响恶劣的地区和单位及其责任人，要严格追究其领导责任，该"一票否决"的，坚持实行"一票否决"，决不姑息迁就。

2009 年 1 月 16 日

在第二十二次全国"扫黄打非"工作电视电话会议上的讲话（摘要）

公安部副部长

张新枫

此次电视电话会议很重要，公安机关将认真贯彻落实云山同志的重要指示和会议的部署，进一步搞好"扫黄打非"工作。在此，我代表公安部就公安机关深入开展 2009 年"扫黄打非"行动，特别是加大执法办案力度的有关工作再强调几点意见。

一、正确分析形势，提高思想认识

2008 年，公安机关按照中央的部署，会同有关部门破获侵权盗版、制贩非法出版物案件 5119 起，查处涉案人员 8771 人，收缴非法出版物 1391.7 万余件，查获非法光盘生产线 8 条。通过大力查缴侵权盗版出版物，有效防止了侵权盗版问题在奥运期间成为社会炒作热点；通过大力封堵网络淫秽色情等有害信息，有效净化了网络环境。但是我们也清醒地认识到，"扫黄打非"工作面临的形势仍十分严峻。我们一定要正确把握"扫黄打非"工作面临的形势，将查

缴非法出版物、打击侵权盗版犯罪活动与维护国家政治稳定和社会安定、保护民族优秀文化和创新精神紧密结合起来，充分认识"扫黄打非"工作的重要性和艰巨性，将思想认识统一到中央的要求上来，加强组织领导，增强责任感和使命感，不断加大工作力度，始终保持高压态势，切实维护国家文化安全。

二、加强调查摸排，广辟案件线索来源

各地公安机关要多措并举，深入搜集、掌握非法出版、侵权盗版违法犯罪活动的线索。要结合日常治安管理，及时发现一批案件线索；要充分发挥群众举报的威力，通过完善举报奖励制度等措施，鼓励群众举报违法犯罪活动，从而掌握一批案件线索；要加强分析研判，对工作中发现的线索，要逐条进行梳理、甄别、排查，从中锁定重点线索，组织力量立案侦办，确保有线索必须核查、有核查必有结果。

三、强化案件督办，加强协调配合

公安部将继续会同全国"扫黄打非"办，选择一批群众反映强烈、社会广泛关注的大要案件进行挂牌督办，加大案件督办力度，以重大案件的侦办带动整体工作。各地公安机关也要选择一批在本地区有影响的案件挂牌督办。上级公安机关要随时掌握督办的大要案件侦办进展情况，对办案工作加强指导、督促，在警力配备、办案经费方面予以优先保障。要加强公安机关内部的协调沟通，牢固树立全警一盘棋、全国一盘棋的思想，在线索协查、证据调取、人员缉捕等方面相互支持配合，形成合力；要加强与相关部门的协调沟通，特别是对疑难、复杂案件，公安机关要及时主动与"扫黄打非"办、检察院、法院等部门进行沟通，必要时要召开案情分析会，共同剖析案情，研究确定案件突破口和办案方向，拟定侦办方案，确保案件侦办工作顺利进行。

四、加大追逃力度，形成强大声势

各地公安机关要进一步增强程序意识和证据意识，强化调查取证。对于犯罪事实清楚、证据确凿的涉案人员，要及时进行抓捕。对涉案在逃犯罪嫌疑人员，要采取发布通缉令、网上追逃等方式加大追捕力度，确保其及时归案。要大力开展宣传动员，鼓励群众检举揭发在逃涉案犯罪嫌疑人，形成全民参与的追逃声势，使其无处藏身。对已侦结的案件，各地公安机关要适时选择典型案件公开宣传，以震慑罪犯，教育群众。

2009年1月16日

在第二十二次全国"扫黄打非"工作电视电话会议上的讲话（摘要）

文化部党组副书记、副部长

欧阳坚

开展"扫黄打非"工作，加强文化市场监管，维护国家文化安全，是党中央作出的重要决策。多年来，全国文化战线围绕中心、服务大局，一手抓繁荣、一手抓管理，有力促进了文化市场健康繁荣发展。

2008年，文化部按照中央的统一部署，以迎接北京奥运会为主线，组织文化市场"奥运保障行动"，开展"扫黄打非"工作，坚决打击含有危害国家领土完整、影响民族团结稳定、宣扬色情淫秽等禁止内容的违法文化产品，严厉查处了21起大案要案，为北京奥运会的成功举办营造了良好社会文化环境。2008年全国文化市场秩序明显好于往年，成为历史最好时期。

2009年，是新中国成立60周年，也是全党深入贯彻落实科学发展观的重要一年，文化市场监管形势仍然十分严峻。全国文化战线一定要以科学发展观为统领，增强"扫黄打非"工作的责任感、使命感，进一步加大文化市场监管力度，深入推进文化市场平安建设。为此，我们将重点抓好以下几个方面的工作。

一是要深入贯彻落实中央文件精神，加快推进文化市场综合执法改革，为开展"扫黄打非"工作、加强文化市场监管提供坚实组织保障。深化文化体制改革，实行文化市场综合执法，是党中央从社会主义文化事业发展全局和战略的高度，做出的重大部署。实践证明，实行综合执法改革的地区，执法资源有效整合，执法力量明显加强，执法效率显著提高，执法保障大为改善，形成了齐抓共管、依法行政的良好工作局面。在综合执法改革的地区，"扫黄打非"工作和文化市场监管都取得积极进展。下一步，我们将按照中宣部的统一部署，加快文化市场综合执法改革的步伐，力争用 3 年左右的时间使所有地级城市均组建起文化市场综合执法机构。已组建综合执法机构的地区，一定要把"扫黄打非"工作作为文化市场监管的重要内容，让"扫黄打非"工作只能加强、不能削弱。

二是要坚决贯彻落实此次电视电话会议精神，切实完成各项专项治理任务，为迎接新中国成立 60 周年创造良好社会文化环境。以迎接新中国成立 60 周年为主线，以保护知识产权、维护未成年人合法权益、保障国家文化安全为重点，切实组织好各专项整治行动。我们将继续严厉打击侵权盗版活动，整治网吧违法接纳未成年人行为，坚决清理含有国家禁止内容尤其是含有色情、淫秽等内容问题的网络文化产品，在文化市场监管中切实把"扫黄打非"工作放在首位，确保今年文化市场秩序更加规范和稳定。各级文化市场综合执法机构要担负起统一协调、监督指导的职责，积极探索有效衔接、统一协调的工作机制，在综合执法中不断加大"扫黄打非"工作力度。2009 年，文化部将把"扫黄打非"工作作为一项重要指标纳入文化市场平安建设和年度执法考评中，对各地综合执法工作进行评议考核。

三是要加快推进网络文化市场技术监管体系建设，创新监管方式，提高文化市场监管及"扫黄打非"工作能力。目前，全国网络文化市场技术监控平台已初步建成，并与上海等地实现了对接，2009 年还将与 21 个省级监控平台实现对接。各级文化部门及综合执法机构要充分利用这个监控平台，运用科技手段，有效防范文化垃圾通过互联网传播，将有害信息封堵在网吧之外，保护广大人民群众尤其是未成年人的身心健康。

加强文化市场监管责任重大，开展"扫黄打非"工作任务艰巨。我们将按照云山同志讲话精神，在新的一年里，全力以赴，进一步把"扫黄打非"工作抓实、做好。

2009 年 1 月 16 日

在 2009 年全国侵权盗版制品及各类非法出版物集中销毁活动北京主会场上的讲话

新闻出版总署党组副书记、副署长，全国"扫黄打非"工作小组副组长兼办公室主任
蒋建国

根据全国"扫黄打非"工作小组的统一部署，2009 年 4 月 22 日，全国 31 个省、自治区、直辖市"扫黄打非"工作领导小组在同一时间举行 2009 年全国侵权盗版制品及各类非法出版物集中销毁活动。这次销毁活动力度大、规模大、声势大，全国销毁的盗版和走私音像制品、盗版软件电子出版物、盗版图书及非法报刊共计 4685 万件，其中在北京主会场销毁的达 200 万件。大规模销毁活动的意义在于，进一步表明我国政府打击侵权盗版、保护知识产权的坚定立场和坚强决心，展示打击侵权盗版工作的重大成果，震慑违法犯罪分子，动员更广大人民群众参与到打击侵权盗版、保护知识产权工作中来。

"扫黄打非"工作是关系中国特色社会主义事业全局的重要工作，是我国在新的历史条件下管理文化市场的成功模式，是确保国家文化安全的有效办法。坚决打击各类侵权盗版出版物始终是"扫黄打非"工作的重要任务。2009 年以来，在全国深入开展的"扫黄打非"第一阶段集中行动中，通过清市场、端窝点、打团伙、破网

络，查缴了一大批侵权盗版出版物，查处了一大批侵权盗版出版物案件。全国已收缴各类非法出版物 1656 万件，其中侵权盗版出版物 1546 万件，查处侵权盗版出版物案件 2024 起。从 2009 年 4 月 12 日开始的全国清缴整治低俗音像制品专项行动至今只有 10 天时间，已取得重要成效，收缴低俗、淫秽色情光盘和侵权盗版光盘近 300 万张，其中一部分是盗版境外的"三级片"。比这更重要的是，广大人民群众自觉拒绝抵制低俗音像制品，积极检举揭发制售低俗音像制品的违法行为，全社会呈现出群防群治的良好局面。

长期以来，我国政府认真履行对国际社会的承诺，高度重视打击侵权盗版、保护知识产权工作，并把这项工作作为国家战略来抓，逐步形成了较为完备的工作体系。这个体系包括制定完善"一法七条例"等法律法规、建立健全文化市场长效监管机制、组建成立基层文化市场综合执法队伍、始终保持打击侵权盗版活动的高压态势。同时，通过改革创新、加强管理、降低成本等措施，提高正版文化产品的市场竞争力，不断满足人民群众的文化需求。现在，打击侵权盗版已经是一个国际性问题，面对侵权盗版全球化、网络化、规模化日益严重的趋势，我们呼吁进一步加强国际间合作，共同打击侵权盗版犯罪活动。

今天，在全国集中销毁活动的各个现场，还启动了千万市民及青少年参加的"打击侵权盗版、保护知识产权"签名活动，发放倡导"拒绝盗版、从我做起"的绿书签。我们希望通过这一系列活动，让开展"扫黄打非"的意识更加深入人心，让参与"扫黄打非"的行动更加自觉主动。希望全国"扫黄打非"战线的同志们，进一步发挥主动性、掌握主动权、打好主动仗，坚定不移地推进"扫黄打非"工作向纵深发展，以"扫黄打非"和打击侵权盗版的新成绩向新中国成立 60 周年献礼！

2009 年 4 月 22 日

在全国音像出版复制发行工作座谈会上的讲话（摘要）

新闻出版总署署长、国家版权局局长、全国"扫黄打非"工作小组副组长
柳斌杰

一、统一思想、提高认识，切实增强抓好音像业发展和管理工作的责任感

音像出版复制发行业，是社会主义先进文化的重要阵地，是出版事业的重要组成部分，在繁荣出版物市场、满足人民群众精神文化需求方面作用重大。改革开放 30 年来，我国音像业不断发展壮大，已经从 1978 年前的 1 家音像出版单位，发展成为包括制作、出版、复制、进出口、批发、零售、出租、放映等门类齐全的产业体系。截至目前，全国共有音像出版单位 380 家，光盘复制单位 126 家。每年出版音像制品 3.3 万多种，出版产品 5.29 亿盒（张），发行总金额 30 多亿元。目前，我国只读类光盘年产能达到 35 亿片，可录类光盘年产能 41 亿片，是全球光盘总产量的四分之一。复制基地已经从最初构建的京、沪、粤三个基地向周边地区发展，形成了珠三角、长三角、环渤海的复制业发展格局。音像制品出版的总体质量也稳步提高，精品力作不断涌现，在宣传党和国家的路线方针政策、普及科学技术、丰富人民群众的精神文化生活方面作出了重要贡献。特别是近年来重点组织出版了一大批宣传党的十七大精神、服务北京奥运会和残奥会、纪念改革开放 30 周年和新中国成立 60 年的重点音像制品；出版了《魅力中国》、《20

世纪中华歌坛名人百集珍藏版》、《中国京剧音像精萃》、《新中国舞台影视艺术精品选》系列光盘、《蓝猫淘气3000问》、《神州踏歌六十年》等一批精品力作；配合全民阅读活动推出了百种优秀"有声读物"，并积极开展向青少年和广大农村推荐优秀音像制品活动；鼓励国内优秀音像企业积极"走出去"，积极组织"外向型"重点音像选题出版工作，扩大了中华文化的国际影响力。

在看到音像业取得显著成就的同时，也应该清醒地认识到，一段时间以来，音像行业出现一股低俗之风，特别是一些合法的音像出版、复制、发行单位受利益驱动，参与制售低俗甚至淫秽色情垃圾，危害未成年人健康成长，引起了人民群众的不满，也引起了中央领导的重视。低俗之风是一种慢性毒药，不仅毒害着社会特别是未成年人，也在摧毁着整个音像行业。为了净化社会文化环境，促进未成年人健康成长，促进音像业健康有序发展，从2009年4月12日起，在中央宣传部指导下，新闻出版总署、全国"扫黄打非"办在全国组织开展了清缴整治低俗音像制品专项行动，清缴含有低俗、淫秽色情内容的音像制品，整治违法违规的音像出版复制发行单位，以此坚决遏制音像行业低俗之风，建立健全对音像业监管的长效机制。经过两个多月的集中整治，已取得重要阶段性成果。全国共收缴了600多万张低俗音像制品，查办了100多起制售低俗、淫秽色情音像制品案件，分别对10家违法违规的音像出版复制发行单位作出吊销许可证处罚和警告处分，对其中严重违法的责任人已移送公安机关立案查办。专项行动的开展，震慑和打击了违法犯罪活动，查禁和处理了违规违纪行为，警示和教育了音像从业人员，有效遏制了音像行业的低俗之风，受到媒体和社会各界的广泛关注，得到了中央领导的充分肯定和广大群众的热烈欢迎。

我认为，这次专项行动还取得了一个更重要的成果，这就是发现和揭露出音像行业长期存在的一些深层次问题。一是体制机制障碍极大地制约音像业的发展。在计划经济条件下形成的按地区和部门配置音像出版权、分别建立出版复制发行单位的体制，在一定时期起到了调动积极性的作用，促进了音像业的繁荣发展，但这种体制早已不能适应社会主义市场经济的要求，导致了音像出版复制发行"小、散、滥"的局面，制约了音像业的健康发展，特别是一些音像出版单位已丧失基本生产能力，完全靠卖版号为生，逐步"空壳化"。二是音像出版业传统的经营管理模式已经不能适应新技术、新业态发展的需要。高容量、强兼容、低成本的压缩光盘的出现，导致传统音像制品的销售终端纷纷关闭。互联网和手机媒体的飞速发展，使得音像制品的消费方式发生很大变化，传统音像业已难以顺应数字化、网络化的发展趋势。三是盗版问题已成为阻碍音像业发展的顽疾。自20世纪90年代后期以来，音像出版复制领域的盗版问题越来越严重，形式越来越隐蔽，技术越来越先进，手段越来越狡猾，并逐步走向组织化、集团化、规模化，大量的非法音像制品流入市场，逐渐挤占和蚕食正版音像制品的市场空间，致使正版音像制品经营步履维艰。特别是近年来兴起的网络盗版更是严重冲击音像制品市场，对音像业的传统业务和新型业务均构成了严重威胁。四是音像出版复制发行管理工作中还存在许多薄弱环节。如对出版复制发行单位的社会责任、主管主办单位的管理责任落实不够到位，对买卖版号等违规行为和制售淫秽色情产品等违法行为查处不够有力，对音像制品市场监管不够常态等，造成整个音像行业竞争无序、发展乏力。

做好当前音像业发展和管理工作，责任重大，任务艰巨，关键是要统一思想，提高认识。针对上述存在的问题，全国音像出版行政管理部门、主管主办单位、出版复制发行单位和行业协会组织，要在解放思想中统一思想，充分认识当前推动音像业健康有序发展和做好音像业管理工作的重要性，进一步增强使命感和责任感。首先，要充分认识到，做好这项工作，是牢牢占领社会主义文化阵地的需要。音像行业特色鲜明，产品形象生动，社会影响力大。做好音像业发展和管理工作，对于坚持社会主义先进文化前进方向、建设社会主义核心价值体系、增强社会主义意识形态的吸引力和凝聚力具有重要作用。其次，要充分认识到，做好这项工作，是满足人民群众对精神文化产品新期待新要求的需要。音像制品集声像内容于一体，通俗易懂，对受众文化要求低，广大群众喜闻乐见。做好音像业发展和管理工作，对于保障人民群众基本文化权益、不断满足人民群众的精神文化需求、丰富社会文化生活等具有重要意义。第三，要充分认识到，做好这项工作，是推动社会主义文化大发展大繁荣的需要。当今时代，文化越来越成为民族凝聚力和创造力的重要源泉，越来越成为增强国家影响力和竞争力的重要因素。音像业是出版业的重要组成部分，没有音像业的大发展大繁荣，就没有出版业的大发展大繁荣，也势必影响文化大发展大繁荣。做好音像业发展和管理工作，就是为社会主义文化大发展大繁荣作贡献。第四，要充分认识到，做好这项工作，是抵制外来文化侵蚀、推动中华文化"走出去"的需要。只有做好音像业发展和管理工作，推出更多的精品力作，才能更好地满足广大人民群众的需求，抵御外来文化的影响，也才能更好地推动中华文化"走出去"，提高中华文化的国际影响力。

二、深化改革、调整结构，大力推动音像业又好又快发展

当前，音像业发展正处于变革转型时期，改革是推动音像业实现又好又快发展的必由之路。音像行业改革是新闻出版体制改革的重要组成部分，新闻出版体制改革正进入全面推进的攻坚阶段，推进音像行业改革势在必行。当前，要按照中央办公厅、国务院办公厅《关于深化中央各部门各单位出版社体制改革的意见》（中办发〔2009〕16 号）和新闻出版总署《关于进一步推进新闻出版体制改革的指导意见》（新出产业〔2009〕298 号）的精神，把音像行业改革纳入新闻出版改革的整体安排部署中加以推进。

一是加快转企改制步伐，大力培育市场主体。要按照中央和新闻出版总署有关新闻出版体制改革的指示精神和指导意见，积极稳妥地推进音像出版社转企改制。图书出版社改革的"路线图"和"时间表"同样适用于音像出版单位，中央各部门各单位音像出版社、大学音像出版社及地方音像出版社都要和图书出版社改革同步推进，在 2010 年底前全部完成转企改制任务。音像出版社要通过转企改制，按照《公司法》的要求，建立现代企业制度，完善法人治理结构，创新体制机制，彻底破除音像出版单位发展的体制性障碍，成为真正的市场主体，解放和发展文化生产力。

二是积极推进兼并重组，建立音像产业集团。要以市场配置资源为基础，以资本为纽带，鼓励音像出版单位之间以及音像出版、制作、复制、发行、演艺公司等纵向之间联合重组，组建音像产业集团公司，力争在 3 年内培育 2～3 家具有较大规模的综合性音像集团公司和 10～20 家具有鲜明特色的专业性音像公司。与此同时，积极推动音像出版与图书出版、报刊出版、网络出版等领域进行资源整合，鼓励大型国有出版集团、报业集团、影视集团兼并重组现有音像出版社。鼓励和支持国有大型企业参与音像企业的股份制改造。对不具备市场准入条件、改革中没有被联合重组和兼并重组的音像出版社，原则上不再保留，按要求逐步退出。要通过上述措施，实现中央提出的"做强做优一批、整合重组一批、停办退出一批"的"三个一批"要求，切实改变目前音像业"小、散、滥"的局面。

三是支持非公有资本进入音像业相关领域。允许国有音像出版企业在保证国有控股的前提下吸纳非公有资本，鼓励非公有文化机构在政策允许范围内与国有音像出版企业合作合资。要加强对非公有资本进入和与非公有文化机构合作的管理，要实行严格的审批、备案和年检制度，对有关从业人员要进行认真培训，并实行职业资格认定制度。

改革是动力，发展是目的。既要坚持以改革促发展，也要重视用发展的办法解决发展中的问题。各级新闻出版行政管理部门要加强调查研究，积极向党委政府和党委宣传部汇报，争取重视和支持音像业的发展，采取切实可行的措施，加大扶持力度，切实促进音像业的发展繁荣。

一是大力推进产业基地建设和产业集团建设，进一步提高音像产业集中度。运用市场机制，集中资源优势，通过政策扶持，提高产业集中度。建设好北京、上海、广东深圳3个国家音像产业创意基地（园区），发挥其在全国的示范作用。进一步提高"长三角"等光盘复制基地的辐射作用，促进光盘复制业进一步做强做大。加快音像出版复制发行企业的联合重组和兼并重组的步伐，组织和扶持一批综合性音像集团公司和专业性音像公司。

二是大力开展科技创新，促进传统音像业转型升级。要转变发展方式，积极推动音像企业向数字化转型，支持音像出版单位申请网络出版资质，鼓励音像公司与电信移动运营商、网络运营商及硬件制造商合作，开展以手机、互联网、数据库、集成电路卡等多种形式的发行，用新技术打造音像新企业。加强音像出版复制发行人才培养，努力打造适应音像业发展要求的技术人才和管理人才队伍，用优秀人才带动和振兴行业。

三是大力实施精品战略，积极鼓励原创企业和作品。积极推动国家重点音像出版规划、国家重点音像出版工程及公益性音像制品的出版工作。鼓励国产原创音像制品生产，促进民族音像产品的开发和创作，重点扶持国内原创音像企业，每两年评选奖励百部优秀原创音像作品，对重点原创企业和优秀原创作品给予政策优惠和资金支持，打造精品，形成品牌。

四是大力拓宽音像制品的销售渠道，进一步繁荣音像发行市场。在充分发挥新华书店等渠道作用的基础上，重点支持具有大型连锁功能的音像销售渠道建设，实现超市或便利店、大型综合商店、加油站、机场饭店、旅游点、文化用品店、报刊亭等场所音像销售的连锁化，统一配送，统一管理。不断开拓市场空间，将农家书屋工程建设和开展全民阅读活动与音像出版销售有效衔接，进一步深入开展"三农"优秀音像制品推荐活动和向青少年推荐百种音像制品活动，将优秀音像制品送到基层，送到广大群众手中。

五是大力促进音像制品"走出去"，不断扩大中华文化的影响力。实施"国产音像制品走出去工程"，鼓励和支持有条件的音像企业以独资、合资或合作的方式"走出去"。制定音像制品出口奖励办法，重点资助国内企业参加重要国际音像展会，并通过政策扶持和资金奖励支持外向型音像制品和出口外向型音像企业发展，大力拓展国际市场份额，实现经济和文化的双收益。

三、加强管理、落实责任，建立健全音像业监管的长效机制

加强管理的目标是为了保障音像业健康有序发展。一段时间以来的音像行业发展迟缓，说到底是因为管理工作薄弱，由于企业的社会责任、主管主办单位的管理责任、行业的自律责任、政府部门的行政责任落实不到位，致使低俗之风蔓延，市场秩序混乱。只有加强管理、落实责任，确保音像出版正确方向，维护好音像制品市场秩序，才能有效保障音像业的发展繁荣。

当前，加强管理的首要任务，是要继续深入开展清缴整治低俗音像制品专项行动，在巩固已有成果的基础上，进一步扩大清缴整治成果。新闻出版总署、全国"扫黄打非"办已决定将这次专项行动延至7月，各地要按照属地管理和谁主管谁负责的原则，落实工作部署，落实领导责任，严格实行责任追究制，做好对音像出版复制发行单位的检查和验收。要通过进一步深入开展清缴整治低俗音像制品专项行动，严厉打击少数违法违规活动，彻底肃清音像行业低俗之风。特别是通过清缴整治，发现问题，分析原因，查补漏洞，强化措施，建立健全对音像业加强管理的长效机制。建立健全长效机制，关键是要强化五个方面的责任。

一要强化企业的社会责任。市场经济从某种意义上也可以说是道德经济，强化企业社会责任就是要求企业要重道德、讲良心。特别是精神产品生产企业，其产品对人的心灵产生的影响将是长期的。音像出版复制发行单位在取得相关经营权的同时，必须要承担相应的社会责任。如果"讲金不讲心"，参与制售低俗音像制品，就丧失了企业应承担的社会责任，就是不道德的企业。因此，音像出版复制发行企业要不断提高政治意识、大局意识和责任意识，坚持正确出版方向，处理好社会效益与经济效益的关系，始终把社会效益放在首位。要把好音像制品内容审查关，切实履行内容三审制、岗位责任制、法人负责制，确保音像制品导向正确和内容健康。要严格执行选题报送制度、重大选题备案制度、委托书使用管理制度、样本缴送制度，严格禁止买卖版号，自觉维护好音像制品市场秩序。

二要强化主管主办部门的管理责任。我国对出版单位实行主管主办制度，目的在于利用组织管理体系，通过采取行政措施和经济措施，确保出版行为符合党的路线方针政策和国家的法律法规的要求。目前，相当一部分音像出版单位的主管主办单位没有尽到管理职责，有的主管主办单位把出版单位当成"摇钱树"，只收管理费，放弃管理责任；有的主管主办单位把出版单位当成"鸡肋"，弃之可惜，留之无用，任其自谋生路。音像出版单位的主管主办单位必须严格按照《关于出版单位的主办单位和主管单位职责的暂行规定》（新出政〔1993〕801 号）要求，加强对音像出版单位的领导、管理和监督，保证音像出版单位依照党的路线方针政策和国家的法律法规以及办社方针、宗旨、专业范围，做好出版工作及有关各项工作。要严格审核出版单位的选题计划，对重要的出版内容严格把关，对出版物发行与否行使决定权，保证出版的正确导向。要对出版单位的内部机构设置及其负责人严格审核，对各项经营活动尽到监督责任。

三要强化行业组织的自律责任。行业自律就是用行业内的行规行约制约成员的行为，通过对成员的监督和保护，推动本行业健康有序发展，保护音像出版复制发行单位的合法利益。为此，音像行业协会要积极倡导经营单位及其从业人员的自律责任，共同维护好出版物市场的正常经营秩序，促使经营单位在法律法规的框架内和社会责任的约束下，实现利益的最大化。要制定行业自律公约和从业人员行为规范，协调企业之间关系，矫正企业不良行为，对违反行规的给予通报直至撤销会员资格的惩戒处理。要积极受理人民群众对音像领域违法违规行为的举报投诉，协助政府管理部门和行政执法部门做好查处工作。要积极开展宣传教育活动，提高行业的守法经营意识和成员的维权意识。

四要强化政府部门的行政责任。在市场经济条件下，政府主管部门的主要职能，就是服务市场主体，并依法对市场主体的行为进行监督和管理，维护公平竞争的市场秩序，形成统一开放、竞争有序的现代市场体系。但是，面对音像行业长期存在的问题，一些地方的新闻出版行政部门视而不见，无所作为，甚至放弃管理，没有尽到政府主管部门的责任，极少数地方甚至存在着利用职权设租寻租现象。对这个问题，必须引起高度重视和警惕。作为政府主管部门，必须坚持一手抓繁荣、一手抓管理，忠实履行职责，切实发挥作用，大力加强对音像经营单位的监管，尤其要抓好以下三方面的监管：第一是加强对音像出版单位的选题和内容管理，严格执行选题报送、重大选题备案和样本缴送制度，对重大敏感选题切实负起责任，认真审核，严格把关，凡思想倾向不好、内容平庸低俗、题材重复和超出专业分工范围的选题一律撤销，对不按规定报送选题、缴送样本的要依据有关规定予以处罚。第二是依法规范复制企业的经营行为，严格执行复制委托书管理制度和 SID 码制度，对使用伪造、变造、过期、作废、复印、传真的委托书或无委托书，使用无 SID 码或仿冒、伪造 SID 码的定模镜面，从事复制生产的企业，以及蓄意损毁光盘 SID 码的行为，要依法严厉惩处。第三是加大对非法、盗版及低俗音像制品的清缴查处力度，清游商、挖窝点，破网络，打团伙，严厉打击违法犯罪活动，为音像行业的发展创造良好的市场环境。

五要强化责任追究制。建立严格的责任制和责任追究制，是促进企业依法经营、主管主办单位依法管理、政府部门依法行政的重要保证。音像出版复制发行单位要实行法人负责制和办事责任制，对因违法违规被处以停业整顿及以上行政处罚的音像单位，要由政府行政主管部门向其主管主办单位或上级单位提出追究法定代表人和主要责任人责任的行政建议；对因违法违规被处以吊销许可证行政处罚的音像单位，其法定代表人或主要责任人10年内不得担任本行业单位的法定代表人或主要负责人，触犯法律的要依法追究刑事责任。主管主办单位要实行严格的领导责任制，对所属出版单位在出版物内容等方面发生的严重错误和其他重大的问题，主办单位要承担直接领导责任，主管单位要承担领导责任，并由政府行政主管部门向其上级单位提出追究责任的行政建议。行政主管部门要履行严格的领导责任和办事责任，对因行政不作为、工作不得力造成音像行业管理混乱或严重不良影响的公务人员要坚决撤换；对包庇、纵容或者参与制售非法、盗版及低俗音像制品的，对发生向违法违规单位通风报信或收取不法利益等严重失职渎职的，要依法依纪追究有关领导和责任人的责任。

2009 年 6 月 25 日

在深入开展整治互联网淫秽色情及低俗信息专项行动全国电视电话会议上的讲话

新闻出版总署党组副书记、副署长，全国"扫黄打非"工作小组副组长兼办公室主任
蒋建国

一、全国"扫黄打非"工作小组关于开展打击手机网站传播淫秽色情专项行动的主要部署

为了落实全国未成年人思想道德建设经验交流会精神，贯彻中央领导同志关于严厉打击网络、手机网站传播淫秽色情信息的重要指示，全国"扫黄打非"工作小组于2009年12月6日召开会议，专题部署打击手机网站传播淫秽色情信息专项行动。中共中央政治局委员、中央书记处书记、中宣部部长、全国"扫黄打非"工作小组组长刘云山同志主持会议并作了重要讲话。

会议认为，网上淫秽色情信息是一大社会公害，各界群众反映十分强烈。随着手机网站的兴起，淫秽色情信息通过手机网站肆意传播，严重损害社会公德，严重危害青少年身心健康，引起社会公愤。如果不加以治理、任其发展，将贻害无穷。最近一个时期，根据中央的部署，各部门采取坚决措施对手机网站传播淫秽色情信息进行打击，取得初步成效，受到社会各界的普遍欢迎和支持。但问题远没有得到根本解决，整治任务仍然十分艰巨。会议决定，从现在开始在全国集中开展打击手机网站传播淫秽色情信息专项行动，广泛动员、迅速行动、多管齐下、标本兼治，力争在短时间内收到明显成效。会议部署要重点做好以下几项工作。

（1）迅速展开全面清理，集中查办一批大案要案。各有关部门要按照职责分工，周密安排部署，对涉及手机信息服务的网站网页、网络接入、增值服务、广告推广、代收费服务等各个环节，进行一次全面清理，摸清情况，有针对性地加以整治。对未备案或未获经营许可等违规开办的手机网站要一律关闭，对制作传播淫秽色情信息的手机网站要依法予以取缔，对存在问题的手机网站要限期整改，整改无效的停止其接入互联网。要集中查办大案要案，破获一批违法犯罪案件，特别是对那些问题严重、影响恶劣、屡教屡犯、顶风而上的，要依法加大惩治力度，公开曝光，起到打击犯罪、震慑违法分子的作用。

（2）封堵传播源头，切断利益链条。要按

15

照谁经营谁负责、谁接入谁负责、谁收费谁负责的原则，切实有效地加强手机网站制作传播信息的监管。要对手机网站实行严格的备案制度，提高备案信息的准确性；严格落实手机上网日志留存制度，为打击手机网站传播淫秽色情信息违法犯罪活动提供支持。要加强对代收费的管理，对那些为淫秽色情网站和淫秽色情信息传播提供代收费的基础电信服务商，对那些为淫秽色情网站提供建站和网络接入服务的企业，要依法追究法律责任。要强化网络广告代理商的管理责任，对所有加盟手机网站实施动态监控，对利用淫秽色情信息吸引用户访问的手机网站解除加盟关系。

（3）落实责任分工，加强协同配合。宣传部门要加强指导协调，发挥舆论监督作用，为专项整治行动营造良好舆论环境。外宣部门要负起互联网管理的牵头责任，将手机网站监管作为一项重要内容加以研究、指导、督促互联网行业主管部门和内容监管部门加强对网络文化信息服务的管理。工信部门要强化对互联网、移动通信的基础管理，落实网络运营商、通信服务商的教育监管责任，并采取相应技术措施构建防火墙，从源头把住网络净化关。公安部门要依法加大对手机网站传播淫秽色情信息违法犯罪的侦办力度，追根溯源、落地查人，涉嫌构成犯罪的要依法追究刑事责任。最高人民法院要做好有关法律的解释工作，为依法打击手机网络传播淫秽色情信息违法行为提供法律支撑。工商部门要加强对手机网站广告发布的监管，督促广告代理商严格审核加盟网站的资质，严格审查加盟网站的内容，对利用淫秽色情网站推广广告业务的广告代理商要依法查处。文化、广电、新闻出版部门要按照职责分工切实加强互联网监控，及时发现手机网站传播淫秽色情信息，并通报相关部门及时封堵、删除和查处。教育部门要督促各级各类学校教育引导青少年正确认识和使用手机上网，自觉抵制淫秽色情信息的诱惑。"扫黄打非"办公室要将专项行动作为当前的重点工作来抓，抓紧制定具体实施方案，充分发挥沟通协调作用，动员督促各相关部门集中力量狠抓落实，确保抓到底、抓

到位、抓出成效。2010 年春节后，要协调各相关部门组成联合检查组，对专项行动开展情况进行督促检查。

（4）加强对难点问题研究和技术攻关，建立防治手机网站传播淫秽色情信息的长效机制。要对手机网站信息传播进行深入研究，摸清其制作传播淫秽色情信息的方式、手段，摸清其背后的利益链条，制定行之有效的治理对策和措施。要加快立法进程，抓紧修改出台《手机媒体管理办法》。要加大网络技术研发力度，进一步完善智能搜索、内容监控等技术系统，切实增强对手机淫秽色情信息的辨别、处置能力。要研究制定针对手机网站的管理规范，明令禁止设置访问权限屏蔽来自互联网的访问，有效提高政府管理部门对手机网站传播淫秽色情信息监管能力。对服务器托管在境外的淫秽色情网站不能有效封堵的问题，要开展技术攻关，拿出有效解决办法。

（5）加大宣传力度，保持强大舆论压力。各级各类媒体要进一步加大宣传力度，加强报道深度，深入揭露利用手机网站传播淫秽色情信息的违法行为，用典型事例剖析手机网站传播淫秽色情信息的社会危害，充分反映社会各界和广大人民群众对打击手机网站传播淫秽色情信息的强烈呼声，充分展示党和政府打击手机网站传播淫秽色情信息的决心和成果。要进一步加大网络文化建设力度，广泛开展道德教育、法制教育，倡导文明办网、文明上网，在全社会形成抵制淫秽色情信息的良好风尚。

二、全国"扫黄打非"办公室前段开展打击手机网站传播淫秽色情信息的一些情况

2009 年 11 月 4 日，全国"扫黄打非"办公室向中央领导同志呈送了关于"手机网络'黄'、'非'问题严重，亟需加强联合治理"的《快报》，中央多位领导同志作出重要指示。全国"扫黄打非"办公室按照中央领导同志的重要指示，迅速调整近期工作部署，组织开展了一系列工作。

（1）深入调查研究，寻找问题症结。抽调精干人员，联合有关工作机构，组成专门的调研

组，很快查清了手机淫秽色情信息泛滥和危害的基本情况、背后利益链和有关责任方以及监管工作情况，提出了严厉打击手机网站传播淫秽色情信息的意见和措施，并将调查报告呈送中央领导同志，中央领导同志予以高度重视。

（2）发出专门通知，作出紧急部署。在调查研究的基础上，全国"扫黄打非"办公室于2009年11月16日下发《关于严厉打击手机网站传播淫秽色情信息活动的紧急通知》，要求各地"扫黄打非"部门立即采取有效措施，迅速组织开展打击手机网站传播淫秽色情信息行动，特别是协调有关部门对辖区内的手机网站进行一次全面清理，严厉查处传播淫秽色情信息的手机网站，情节严重的要依法予以取缔，涉嫌构成犯罪的立即移送公安机关立案查处，坚决遏制手机网站传播淫秽色情信息蔓延势头。

（3）加大舆论宣传，发动群众举报。为营造有利于开展打击手机网站传播淫秽色情信息的舆论氛围，全国"扫黄打非"办公室积极与中央新闻单位沟通，将专题调研情况、意见和措施，及时对外宣传。在中宣部的领导和协调下，中央各个媒体特别是主流媒体立即行动起来，揭露手机网站传播淫秽色情信息的危害，曝光手机网站传播淫秽色情信息的利益链和责任方，反映有关部门的态度和广大群众的呼声，解剖有关大案要案，展示党和政府打击手机网站传播淫秽色情信息的决心和成果。广大群众纷纷投诉手机网站传播淫秽色情信息的危害、举报手机淫秽色情网站，为打击手机淫秽色情网站献计献策，从而形成了有利于打击手机网站传播淫秽色情信息的舆论氛围。

（4）抓住关键环节，推动查办案件。坚持把查办案件作为打击手机网站传播淫秽色情信息的关键环节来抓，要求各地在清理手机网站、受理群众举报中发现线索、挖掘案源、追根溯源、彻查严处。福建省泉州市和厦门市在2009年11月下旬以来，已连续破获"很果成人社区网站"案、"醉亭智能网站"案、"呕盟小说网站"案等3起手机网站传播淫秽色情案，抓获犯罪嫌疑

人3名，查禁淫秽色情小说114部、图片668张、视频14部。最近，浙江省金华市在前段工作基础上，打掉了100多个传播淫秽色情的手机网站，43名案犯中已有29名被一审作出有罪判决，最高获刑十年零三个月，其他14名案犯正在审判中。

通过前段工作，手机网站传播淫秽色情信息问题已有很大改观，但情况仍然比较严重。

三、贯彻落实全国"扫黄打非"工作小组会议部署的几点要求

这次全国"扫黄打非"工作小组专题会议十分重要。各地各部门要以对党、对国家、对人民高度负责的态度贯彻落实好会议精神，切实增强做好打击手机网站传播淫秽色情信息工作的责任感、紧迫感，确保会议部署落到实处。

（1）要认真学习传达贯彻全国"扫黄打非"工作小组专题会议部署。全国"扫黄打非"办公室已用《简报》形式印发了全国"扫黄打非"工作小组专题会议作出的各项部署，各地各部门"扫黄打非"工作领导小组要立即组织学习传达贯彻，并将会议部署向党委、党组汇报。要通过学习传达贯彻，切实统一思想、提高认识，充分认识打击手机网站传播淫秽色情信息的极端重要性，进一步增强政治意识、大局意识、责任意识和忧患意识。要将打击手机网站传播淫秽色情信息作为当前"扫黄打非"工作的重要内容和2010年"扫黄打非"工作的重点任务。各地"扫黄打非"工作小组组长作为第一责任人，要切实负起领导责任，加强领导，精心指导打击手机网站传播淫秽色情信息专项行动深入开展。

（2）要紧密结合实际制定切实可行的具体实施方案。手机网站传播淫秽色情信息问题严重、情况复杂，各地"扫黄打非"办公室要在前段专项调研的基础上，进一步摸清手机网站传播淫秽色情信息的规律和特点，制定切实可行的专项行动实施方案。在实施方案中要特别强调：一是加强宣传教育，提高认识，统一思想，广泛发动群众，强化舆论监督；二是清理手机网站，对违法违规网站要教育一批、曝光一批、处罚一

批、关闭一批；三是深入查案办案，公开处理一批大案要案，以此打击违法者，震慑犯罪者，警醒跟风者，教育从业者；四是抓好源头治理，重点是打掉手机淫秽色情网站与基础运营商、网络接入服务提供商、广告代理商以及第三方支付平台企业结成的相互依存的利益链条；五是严格问责制度，要按照国家有关规定，切实明确基础运营商的社会责任和管理责任，实行责任追究制，并督促这些企业法人代表公开承担责任、公开认错道歉、公开作出承诺。

（3）充分利用"扫黄打非"工作平台组织协调各个部门齐抓共管。打击手机网站传播淫秽色情信息，是"扫黄打非"工作面临的新问题和新任务。各地各部门"扫黄打非"办公室要把在有形市场开展"扫黄打非"的成功经验延伸到互联网和手机媒体的管理上，像过去整治光盘生产线、整治音像制品市场一样，充分发挥好综合协调作用，协调组织各部门各负其责、恪尽职守、协同作战，形成打击手机网站传播淫秽色情信息的合力和齐抓共管的局面，把专项行动的各项任务抓到底、抓到位、抓落实。

（4）要通过加大宣传力度充分发动群众实行群防群治。各地要充分发挥主流媒体在舆论监督方面的作用，深刻揭露手机网站传播淫秽色情信息的社会危害，公开曝光一批违法违规企业和典型案例，跟踪报道专项行动的开展情况和取得的成果，积极营造有利于专项行动深入开展的舆论氛围。完善群众举报和奖励制度，发挥"扫黄打非"举报中心的作用，积极受理群众举报，认真核实举报内容，及时转办举报线索，如数兑现举报奖励，动员广大群众积极参与到打击手机网站传播淫秽色情信息工作中来，发动广大群众实行群防群治。

（5）要加强督促检查确保专项行动各项任务落到实处。各地"扫黄打非"办公室要联合各相关部门，加强对专项行动开展情况的督促检查。2010年春节前，各地要就手机网站清查、案件线索办理、长效管理机制建设等进行全面检查。对凡是工作不负责、行动不到位、任务不落实的，要督促进行整改，并追究相关责任人的责任。各地要将检查情况纳入社会治安综合治理和精神文明建设等各项工作考核之中，并坚决实行一票否决。全国"扫黄打非"办公室在2010年春节后，将协调各相关部门组成联合检查组，对打击手机网站传播淫秽色情信息专项行动情况进行一次全面督促检查。

2009年12月8日

全国"扫黄打非"工作综述

2009年"扫黄打非"工作综述

全国"扫黄打非"办公室

2009年，全国"扫黄打非"战线坚持以净化文化市场和网络文化环境为工作主线，扎实开展了三个阶段集中行动和一系列专项行动，在查堵非法出版物、清缴整治低俗音像制品、打击互联网和手机传播淫秽色情信息等方面取得了突出成绩，在建设联防协作机制、完善举报受理和举报奖励机制、健全案件督办机制等方面取得了重要进展，在将有形市场开展"扫黄打非"的成功经验延伸到互联网和手机媒体等方面进行了有益探索，为庆祝新中国成立60周年营造了良好的文化环境。全年共收缴各类非法出版物6595.8万件，其中淫秽色情出版物144.3万件，侵权盗版出版物 5684.4 万件；查缴非法光盘生产线 1 条；关闭未备案网站 13.6 万余个，关闭或屏蔽淫秽色情网站 1.5 万多个（其中含手机网站 1.1 万多个）；删除网上不良信息 150 余万条；查处各类案件 1.8 万多起。与 2008 年对比，收缴非法出版物总量大幅下降。经分析判断，各类非法出版活动进一步得到遏制，非法出版活动大量向互联网和手机媒体转移。

一、2009 年"扫黄打非"五项重点任务完成情况

（一）查缴非法出版物

在 2009 年大事多、难事多、重要敏感节点比较集中的复杂情况下，各地各有关部门坚持把查缴非法出版物作为重要任务，堵源头、清市场、防传播、抓大案，做到露头就打，始终保持高压、可控态势。全国"扫黄打非"办公室下发了 91 份工作部署文件和 81 个查缴通知，对非法出版物进行了查堵。在新中国成立 60 周年前夕，部署开展第三阶段集中行动，以打击侵权盗版和非法出版活动为切入点，全面清理出版物市场，进一步加大查缴非法出版物力度，为庆祝新中国成立 60 周年营造良好氛围。在全国"扫黄打非"办公室、公安部的挂牌督办下，一批非法出版物大案要案相继告破，一批违法犯罪分子被依法查处。

（二）及时屏蔽和删除利用信息网络传播的各类有害信息

针对互联网和手机媒体已经成为意识形态较量的重要战场，各地各有关部门把网上"扫黄打非"摆到更加突出的位置，采取更加有力的措施开展工作。全年共查办网络"扫黄打非"案件 860 起，其中网上非法出版案件 108 起、网上制售和传播有害信息案件 536 起、网络侵权盗版案件 216 起。针对群众反映强烈的手机网站传播淫秽色情信息这一公害，全国"扫黄打非"办公室及时通过《快报》向中央报告，根据中央多位领导同志的重要批示精神，迅即调整工作部署，组织开展了打击手机网站传播淫秽色情信息的工作。全国"扫黄打非"工作小组召开会

议，专题部署了打击手机网站传播淫秽色情信息专项行动，这项行动一直持续到 2010 年 5 月底。经过前段工作，手机网站传播淫秽色情信息蔓延态势得到了初步遏制，专项行动取得了明显成效。国家版权局、全国"扫黄打非"办公室还组织开展了打击网上侵权盗版工作。

（三）大力扫除淫秽色情、凶杀暴力、封建迷信等文化垃圾

按照中央的统一部署，各地各有关部门把净化社会文化环境作为"扫黄打非"工作的重点，大力扫除淫秽色情等文化垃圾，为未成年人健康成长营造良好的文化环境。2009 年共查办淫秽色情出版物案件 2508 起。在中宣部的领导和指导下，4 月 12 日至 7 月底，新闻出版总署、全国"扫黄打非"办公室联合在全国开展了清缴整治低俗音像制品专项行动。期间，全国共收缴低俗和非法音像制品 1400 多万张，查办制售低俗、淫秽色情光盘案件 120 多起，打掉 20 万张以上低俗和非法光盘窝点 21 个，音像制品低俗之风得到有效整治。新闻出版总署及广东省文化厅对 6 家严重违法违规的音像出版复制发行单位作出吊销许可证处罚，对 1 家给予警告处分，对 3 家进行了诫勉谈话，其中严重违法的 6 家单位被移送公安机关立案查办，震慑了违法犯罪分子，赢得了社会普遍好评。在全国"扫黄打非"办公室的指导下，各地破获了一批淫秽色情出版物大案要案。

（四）坚决查缴各类侵权盗版制品

各地各有关部门在"扫黄打非"中高举保护知识产权旗帜，以整治盗版教材教辅读物为重点，坚决查缴各类侵权盗版制品。2009 年共收缴侵权盗版出版物 5684.4 万件，其中盗版音像制品 4335.8 万件、盗版图书 1129.9 万件、盗版电子出版物 218.7 万件，查办侵权盗版出版物案件 9708 起。针对春节期间部分地区出现的侵权盗版出版物"反弹"势头，全国"扫黄打非"办公室组织进行了重点整治行动并启动第一阶段集中行动，"反弹"势头很快被遏制。4 月 22 日，组织全国 31 个省区市同时举行 2009 年全国侵权盗版制品

及各类非法出版物集中销毁活动，共销毁盗版及非法出版物4685万件。国庆前夕，重点对国庆献礼影片盗版音像制品进行了查缴。为使大中小学生免受盗版和非法出版教材教辅之害，坚持对盗版和非法出版教材教辅的整治常抓不懈，严厉打击制售、集中购买、使用盗版和非法出版教材教辅行为，2009年共收缴盗版教材教辅读物386.5万件。在第三阶段集中行动中，进一步加大了对盗版和非法出版教材教辅的整治力度。在全国"扫黄打非"办公室的指导和督办下，一些省区市先后破获了一批侵权盗版出版物大案要案。

（五）严肃查处取缔各种形式的非法报刊

全年共查办整治假报刊、假记者站、假记者、假新闻案件238起。在全国"扫黄打非"办公室的指导和督办下，一些省区市也相继破获、审结了一批非法报刊案件，对违法犯罪分子给予了法律制裁和经济处罚。

二、2009年各成员单位履行"扫黄打非"工作职责情况

2009年，全国"扫黄打非"工作小组又增加了中央外宣办、最高人民法院、最高人民检察院、国家安全部、国家邮政局、武警部队政治部等六家成员单位，成员单位总数达到28家。各成员单位切实履行职责并密切配合、积极协作，这是2009年"扫黄打非"工作取得丰硕成果的重要保证。中央宣传部切实加强领导，认真组织、协调、指导"扫黄打非"重点工作的开展，在宣传报道上予以精心指导和大力支持，并继续将"扫黄打非"工作作为创建文明城市（区）、文明村镇、文明单位的重要内容。中央政法委始终坚持将"扫黄打非"工作纳入社会治安综合治理考核范围，积极协调做好有关重点案件的查处工作。中央编办认真指导各地进一步加强"扫黄打非"工作机构建设。中央外宣办不断加大网络监管力度，深入开展整治网络低俗之风专项行动，牵头组织开展深入整治互联网和手机网站传播淫秽色情信息专项行动。国务院办公厅及时向国务院领导报告"扫黄打非"工作重要情况，主动协调"扫黄打非"工作中的重要事项。

最高人民法院成立了"扫黄打非"工作领导小组及办公室，抽调专门力量制定有关整治手机淫秽色情的新的司法解释，并切实指导各地加大对非法出版犯罪活动的审判力度。最高人民检察院指导各地进一步做好有关非法出版犯罪的公诉等工作。教育部扎实组织开展校园及其周边环境治理工作，积极配合查处涉及学校的盗版教材教辅案件。工业和信息化部深入开展整治互联网低俗之风和手机淫秽色情专项行动，对电信企业的业务推广渠道等五个手机涉黄关键环节进行了全面排查和清理。公安部多次下发通知部署加强打击非法出版物工作，会同全国"扫黄打非"办公室督办了一批大案要案，扎实开展打击互联网和手机淫秽色情专项行动。国家安全部积极参与"扫黄打非"工作。监察部对私自携带违禁出版物入境和参与、保护非法出版活动的人和事，加大了查处力度。民政部继续指导将"扫黄打非"纳入社区管理工作。财政部在全面收缩财政预算的情况下，保证了全国"扫黄打非"专项经费总量不变，指导各地加大了"扫黄打非"专项经费投入。住房和城乡建设部认真组织各地把"扫黄打非"与城市数字化管理结合起来，加强巡查，坚决取缔兜售非法、盗版出版物的游商地摊及无证照经营者。交通运输部严密封堵查缴水陆交通运输线上的各类非法出版物，检查客货站场3500余个，查获非法出版物51.7万件、淫秽刊物3.8万件、盗版光盘33万余件。铁道部通过加强领导、健全机制、严把关口等，强化监管工作，2009年收缴淫秽色情出版物3.7万余件。文化部部署开展10个专项整治行动，严厉打击网络淫秽色情及低俗信息，查处219款非法网络游戏，封堵各类非法网络游戏8708万次，有效阻止了非法网络游戏通过网吧等场所传播。海关总署综合运用行政执法、刑事执法和综合治理三种手段，加大现场监管和案件查处力度，坚决打击非法出版物入境。国家工商行政管理总局高度重视"扫黄打非"工作，一年来向系统下发部署"扫黄打非"工作的电报、通知60余份。各级工商机关积极行动，充分发挥职能作用，坚决

查缴各类非法出版物及含有不良内容的文化衫等，取得显著成效。国家广播电影电视总局查处违法违规视听节目网站 1721 家，建立起有害节目预防机制和特殊时期互联网视听节目安全保障制度，并指导系统内新闻宣传单位进一步做好"扫黄打非"舆论宣传工作。新闻出版总署坚决整治报刊低俗之风，查处及缓验违规报刊 399 种，查处报刊违规行为 451 项；大力整治互联网低俗之风，查处违法违规和低俗网络出版物 2326 种。加强对网络游戏出版和动态出版监管，依法整治各种未经审批擅自出版和出版后擅自添加不良内容的网络游戏。近 3 年来，先后查处非法出版的网络游戏 416 款、手机游戏 142 款，其中绝大多数含有淫秽色情和低俗内容。国家版权局深入打击网络侵权盗版行为，企业使用正版软件工作稳步推进。中国民用航空局部署进一步加强机场候机楼等场所境外出版物管理，强化对各类出版物空运业务的检查。国家邮政局先后下发 70 多份文件，进一步建立健全出版物寄递管理工作机制，督促邮政企业和快递企业加强收寄验视工作，督促邮政企业加强报刊征订、批发和零售环节的制度建设。北京市对重点部位严防死盯，对重点地区反复排查，对违法违规行为依法高限处罚，实施全天候监控，并启动"护城河"工程联防协作机制，有力地保证了首都文化市场的平稳有序。解放军总政治部宣传部多次下发通知对非法出版物进行封堵，对全国"扫黄打非"办公室移交的两起案件协调有关部门进行了严肃查处。武警部队政治部及时转发有关查堵非法出版物的通知，下发清理整顿营区出版物管理的电报 29 件，3 次组织对部队营院出租房屋以及出版物印刷、销售等场所进行清查，并通过多种形式教育部队官兵不得购买和传阅各类非法出版物。

三、2009 年"扫黄打非"工作主要体会

（一）坚决执行中央精神，深入贯彻了中央领导同志有关把"扫黄打非"贯穿到我国现代化建设全过程的指示

全国"扫黄打非"办公室认真贯彻了这些重要批示、指示精神，努力做到"事事抓落实、件件有回复"，并以此为契机和动力，不断将"扫黄打非"工作引向深入。在中央的正确领导下，各地党政领导充分认识"扫黄打非"的重要性，一些省区市主要领导亲自部署、指导、督办，"扫黄打非"工作得到进一步加强。

（二）组建联合举报中心，初步打通了随时掌握文化市场动态的重要途径

将原来分属于全国"扫黄打非"办公室、新闻出版总署和国家版权局的三个举报中心调整合并为联合举报中心，日常工作由全国"扫黄打非"办公室负责，按照集中接报、分头办理、归口督办、统一对外的整体工作思路，履行接报、转办、督办、查办结果反馈、汇总分析、表彰奖励等职责。2009 年 3 月中旬组建以来，联合举报中心实行 24 小时值班，共接听各类举报、咨询电话 2.4 万个，特别是开展打击手机网站传播淫秽色情信息以后，日接电话一度达到 600 余个，网上举报记录也达到 6.2 万条，已经成为全国"扫黄打非"办公室了解全国文化市场状况的"千里眼"、"顺风耳"。

（三）强化案件查办督办，从严惩处了一批违法犯罪分子

2009 年全国"扫黄打非"办公室联合公安部共同挂牌督办"扫黄打非"重点案件 17 起，召开专案协调会 30 余次，派出专人督办 20 余人次，确定由全国"扫黄打非"办公室挂牌、各省区市"扫黄打非"办公室督办的重点案件 40 起。对成功查办的重点督办案件，都及时予以表彰奖励。在各级"扫黄打非"办公室的协调下，警方多警种联合办案，检察、审判部门提前介入，有的地方已经形成公安、检察、审判部门无缝对接机制，案件查办、审判力度进一步加大，一大批重点案件的主犯受到严惩。

（四）细化重点任务分工，较好落实了谁主管谁负责的要求

全国"扫黄打非"办公室先后下发通知就各成员单位 2009 年"扫黄打非"工作任务分工，就新闻出版总署各司（厅、办）有关 2009 年"扫黄打非"工作、净化社会文化环境工作、

第三阶段集中行动的任务分工进行了明确，坚决防止有分工不负责、有责任不到位的现象，有力地促进了各项重点任务的落实。

（五）建设联防协作工程，有力推进了区域性封堵查缴非法出版物工作常态化

由全国"扫黄打非"办公室协调，经牵头及有关省区市"扫黄打非"工作领导小组共同努力，通过分别召开工作座谈会、下发会议纪要和实施方案，已经构建起"珠峰"、"护城河"、"天山"等联防协作工程的组织框架，并已全面启动运行，取得初步工作成效，中央领导同志给予了充分肯定。

（六）开展形式多样宣传，广泛赢得了社会各界的舆论支持

在中宣部的领导和指导下，全国"扫黄打非"办公室积极利用中央新闻单位、门户网站以及都市类媒体、手机媒体、境外媒体，有计划地组织开展了一系列宣传报道活动，广泛宣传了"扫黄打非"和保护知识产权工作成果，颂扬了先进人物的事迹，曝光了一批典型案件，在清缴整治低俗音像制品、举行集中销毁活动、打击手机网站传播淫秽色情信息等重点工作中掀起多个宣传高潮，较好地推动了社会各界积极参与"扫黄打非"工作。

（七）创新工作方式方法，积极推动了工作上新的水平

针对手机网站传播淫秽色情信息的新问题，积极探索把在有形市场开展"扫黄打非"的成功经验延伸到互联网和手机媒体的管理上，组织协调各部门各负其责、协同作战，努力形成工作合力和齐抓共管的局面。在开展清缴整治低俗音像制品专项行动的基础上，用发展的思路、改革的办法解决音像行业存在的深层次问题，促进音像行业健康繁荣发展。一些地方也在严禁党员干部参与非法出版活动、将"扫黄打非"纳入乡镇（街道）党政主要领导干部政绩考核、提高"扫黄打非"应用信息技术水平、开展"扫黄打非"和保护版权志愿者活动、建立健全三级"扫黄打非"工作机构、把"扫黄打非"向乡镇延伸等方面积极创新，取得了很好的经验。

（八）履行四项工作职责，充分发挥了综合协调优势

全国"扫黄打非"办公室切实履行综合、指导、协调、督办职责，精心组织策划各项工作，扎扎实实地抓好落实。会同中央有关部门先后在 2009 年春节、国庆等前后，分 9 批对 24 个重点城市进行了检查，对发现的问题立即责成有关地区进行了整改，获得的重要情况为领导决策提供了参考。认真做好信息上传下达工作，编发简快报 209 期。在全国稳步推进三个阶段的集中行动，明确集中行动要围绕抓宣传、清市场、追源头、打窝点、办大案、建机制等环节开展，进一步提高了集中行动的计划性、针对性。

2009 年全国"扫黄打非"工作大事记

全国"扫黄打非"办公室

2009 年 1 月 7 日，全国"扫黄打非"工作小组 2009 年第一次全体会议在京召开。会议总结了 2008 年"扫黄打非"工作，讨论通过了 2009 年"扫黄打非"行动方案、2008 年"扫黄打非"工作表彰决定和第二十二次全国"扫黄打非"工作电视电话会议议程等。中共中央政治局委员、中央书记处书记、中央宣传部部长、全国"扫黄打非"工作小组组长刘云山主持会议并作重要讲话。全国"扫黄打非"工作小组副组长、成员及办公室副主任、小组联络员出席会议。

1 月 16 日，全国"扫黄打非"工作小组在

国务院小礼堂召开第二十二次全国"扫黄打非"工作电视电话会议，总结2008年"扫黄打非"工作，部署2009年任务。会议宣读了2009年"扫黄打非"行动方案（要点），对2008年"扫黄打非"工作有功集体、先进集体和有功个人、先进个人进行了表彰。中共中央政治局委员、中央书记处书记、中央宣传部部长、全国"扫黄打非"工作小组组长刘云山出席会议并作重要讲话。全国"扫黄打非"工作小组副组长、小组各成员和中央有关部门负责同志等出席会议。各省、自治区、直辖市党委和政府分管领导、"扫黄打非"工作领导小组领导及各成员单位负责同志在分会场参加了会议。

2月15～16日，全国"扫黄打非"办公室在广州市召开全国各省（区、市）"扫黄打非"办公室主任会议。会议传达贯彻了刘云山同志在第二十二次全国"扫黄打非"工作电视电话会议上的重要讲话及有关文件精神，研究部署了2009年全国"扫黄打非"第一阶段专项行动。全国"扫黄打非"工作小组副组长兼办公室主任、新闻出版总署副署长蒋建国出席会议并讲话。各省、副省级城市、省会城市"扫黄打非"工作领导小组办公室主任，全国"扫黄打非"工作小组成员单位联络员等同志参加了会议。

3月2日，全国"扫黄打非"办公室、新闻出版总署在京召开全国省级新闻出版局分管副局长座谈会，专题研究部署净化未成年人出版物市场环境工作。

3月4日，全国"扫黄打非"工作小组发出《2009年"扫黄打非"第一阶段集中行动实施方案》，决定从2月21日至4月下旬在全国范围内开展"扫黄打非"第一阶段集中行动。

3月31日～4月9日，全国"扫黄打非"办公室、中央宣传部、公安部组成三个联合调查组，对汕头海洋音像出版社、江西文化音像出版社、北京文录激光科技有限公司、广东金图影音有限公司涉嫌出版、复制、发行低俗音像制品一案进行了调查。5月7日，新闻出版总署和广东省文化厅依法分别对广东汕头海洋音像出版社、江西文化音像出版社、北京文录激光科技有限公司和广东金图影音有限公司4家出版单位作出行政处罚。

4月12日，全国"扫黄打非"办公室发出《关于开展清缴整治低俗音像制品专项行动的紧急通知》。

4月22日，全国"扫黄打非"办公室发出《关于进一步加强低俗音像制品清缴整治工作的通知》。

4月22～28日，全国"扫黄打非"办公室、新闻出版总署组成四个调查组分别对贵州音像教材出版社、陕西文化音像出版社、中国人口音像出版社、河北大厂县彩虹光盘有限公司、广东肇庆国声镭射技术制作有限公司、广东金海湾文化传播有限公司、广东中凯文化发展有限公司涉嫌出版、复制、发行低俗音像制品进行了调查。5月23日，新闻出版总署依法对违规企业进行了行政处罚。

4月22日，全国"扫黄打非"工作小组举行侵权盗版制品及各类非法出版物集中销毁活动。全国销毁非法出版物总量4685万件。全国"扫黄打非"工作小组副组长、新闻出版总署署长、国家版权局局长柳斌杰出席活动并讲话。全国"扫黄打非"工作小组各成员单位、中央有关部门负责同志及驻华使馆文化参赞、知识产权保护官员、相关国际组织驻华机构代表、中外记者及各界群众等，参加了北京主会场活动。

4月27日，全国"扫黄打非"工作小组在南京召开案件表彰会，对查办徐州"3·03"制售非法报纸团伙网络案作出突出贡献的有功集体和有功个人予以表彰奖励。全国"扫黄打非"工作小组副组长兼办公室主任、新闻出版总署副署长蒋建国出席并讲话。

5月5日，全国"扫黄打非"办公室在京召开2009非法制售音像制品系列案件办案协调会。全国"扫黄打非"工作小组副组长兼办公室主任、新闻出版总署副署长蒋建国出席会议并讲话。

5月20～21日，"2009年'两岸四地'打击侵权盗版信息交流会"在安徽合肥召开。这次会议是"两岸四地"反盗版机构第一次在我国内地聚首交流，为完善"两岸四地"反盗版执法交流工作机制打下基础。

5 月 26 日，中央宣传部、新闻出版总署、全国"扫黄打非"办公室共同在京召开社会各界抵制低俗音像制品座谈会。

6 月 2 日，全国"扫黄打非"办公室发出《2009 年"扫黄打非"第二阶段集中行动实施方案》，要求自 5 月底至 7 月底，在全国统一开展"扫黄打非"第二阶段集中行动。

6 月 5 日，全国"扫黄打非"办公室发出《关于继续开展清缴整治低俗音像制品专项行动的通知》。

6 月 25 日，新闻出版总署、全国"扫黄打非"办公室在京召开全国音像出版、复制、发行工作座谈会。新闻出版总署署长、国家版权局局长、全国"扫黄打非"工作小组副组长柳斌杰出席会议并讲话。

7 月 22~28 日，新闻出版总署、全国"扫黄打非"办公室派出七个检查组，对部分省区市的音像出版、印刷、复制单位及出版物市场进行了重点检查。

8 月 8 日，全国"扫黄打非"工作小组在天津召开案件表彰会，对查办天津"6·03"批销盗版音像制品团伙网络案作出突出贡献的有功集体和有功个人予以表彰奖励。全国"扫黄打非"工作小组副组长兼办公室主任、新闻出版总署副署长蒋建国，天津市委常委、宣传部长、市"扫黄打非"工作领导小组组长肖怀远出席并讲话。

8 月 25 日，全国"扫黄打非"办公室主任暨哈尔滨"5·24"案件表彰会议在哈尔滨市召开。全国"扫黄打非"工作小组副组长兼办公室主任、新闻出版总署副署长蒋建国出席会议并讲话。

9 月 6 日，为推进四大联防协作工程的实施，全国"扫黄打非"办公室在西藏拉萨召开"扫黄打非·珠峰工程"座谈会。全国"扫黄打非"工作小组副组长兼办公室主任、新闻出版总署副署长蒋建国主持会议并讲话。

9 月 22 日，北京、河北、天津、山西、内蒙古、河南、辽宁、山东等八省（区、市）建立"扫黄打非·护城河工程"会议在北京召开。全国"扫黄打非"工作小组副组长兼办公室主任、新闻出版总署副署长蒋建国出席并讲话。

11 月 16 日，全国"扫黄打非"办发出《关于严厉打击手机网站制作、传播淫秽色情信息活动的紧急通知》。

11 月 21 日，全国"扫黄打非"办公室在新疆乌鲁木齐召开了新疆、青海、宁夏、甘肃、陕西五省区和新疆生产建设兵团"扫黄打非·天山工程"座谈会。全国"扫黄打非"工作小组副组长兼办公室主任、新闻出版总署副署长蒋建国主持会议并作重要讲话。

12 月 6 日，全国"扫黄打非"工作小组召开工作会议，专题部署打击手机网站传播淫秽色情信息专项行动。中共中央政治局委员、中央书记处书记、中央宣传部部长、全国"扫黄打非"工作小组组长刘云山主持会议并作重要讲话。全国"扫黄打非"工作小组副组长和部分小组成员出席会议。

12 月 8 日，中央外宣办、全国"扫黄打非"办、工业和信息化部、公安部等 9 部门联合召开进一步深入开展整治互联网淫秽色情及低俗信息专项行动全国电视电话会议。全国"扫黄打非"工作小组副组长兼办公室主任、新闻出版总署副署长蒋建国在会上作了重要讲话。

12 月 16 日，全国"扫黄打非"办公室和最高人民法院"扫黄打非"办公室联合召开了打击手机淫秽色情违法犯罪法律适用问题协调会。全国"扫黄打非"工作小组专职副组长李长江出席会议并讲话。最高人民检察院、工业和信息化部、公安部、司法部、文化部、国家工商总局、国家广电总局、新闻出版总署有关负责同志参加会议。

12 月 29 日，全国"扫黄打非"办公室召开全国"扫黄打非"工作小组办公室副主任和小组联络员会议。全国"扫黄打非"工作小组专职副组长李长江，全国"扫黄打非"工作小组副组长兼办公室主任、新闻出版总署副署长蒋建国主持会议并讲话。

2009 年"扫黄打非"重点案件

全国"扫黄打非"办公室

1. 山东青岛"12·17"销售盗版光盘案

2008 年 12 月 17 日，袁德宝伙同尹纪旺在青岛市四方区河西村农贸市场东门销售非法光盘时，被执法人员抓获，并收缴非法光盘 3268 张。2009 年 6 月 23 日，青岛市四方区人民法院以侵犯著作权罪判处袁德宝有期徒刑 2 年 6 个月，并处罚金人民币 1 万元；以侵犯著作权罪判处尹纪旺有期徒刑 1 年，并处罚金人民币 5000 元。

2. 山东青岛"2·01"销售盗版光盘案

2009 年 2 月以来，郭光杰从外地购入大量盗版光盘并先后在青岛市李沧区销售获利。2009 年 3 月 3 日，李沧区文化市场稽查队根据群众举报，在郭光杰租住的出租屋内查获盗版音像制品 5464 张。2009 年 5 月 27 日，青岛市李沧区人民法院以侵犯著作权罪判处郭光杰有期徒刑 1 年 6 个月，并处罚金人民币 1.5 万元。

3. 贵州贵阳"3·13"销售非法音像制品案

2009 年 8 月 4 日，贵阳市云岩区人民法院对"3·13"销售非法音像制品案主犯依法作出一审判决，以贩卖淫秽物品牟利罪判处宋帮琴有期徒刑 3 年，并处罚金 3000 元。经法院审理查明，被告人宋帮琴（女，35 岁，毕节市人，文盲，农民）于 2009 年 3 月 13 日在贵阳市市西路延西巷 d 栋 1 单元 3 楼贩卖淫秽音像制品、盗版音像制品给马某、宋某等人。贵阳市文化市场稽查支队执法人员现场查获该案犯并依法移交公安部门，现场收缴涉嫌非法音像制品 10 余万张，经清点鉴定，其中淫秽音像制品 6180 张、盗版音像制品 132158 张。3 月 19 日，宋帮琴因涉嫌贩卖淫秽物品牟利罪被贵阳市公安局刑事拘留，4 月 24 日贵阳市人民检察院批准逮捕，6 月 30 日移送起诉。云岩区人民法院根据公诉机关提交的事实、证据，以及被告人供述等确认被告人宋帮琴以牟利为目的的贩卖淫秽物品 6180 张，其行为已构成贩卖淫秽物品牟利罪，遂作出以上判决。

4. 江苏南京"3·04"批销盗版教材案

2009 年 3 月 4 日，根据高等教育出版社的举报，江苏省及南京市"扫黄打非"部门联合行动，对在南京市蓝天专修学院使用的教材进行检查，共检查各类在用教材 58 种 4293 册，经鉴定，其中 32 种涉嫌盗版，除高等教育出版社外，还涉及南京师范大学出版社、人民卫生出版社等多家出版单位。对此，南京市"扫黄打非"部门立即对供货商宋家胜依法进行询问，在强大的心理攻势和大量证据面前，宋某承认了从事盗版教材批销活动的事实。2009 年 3 月 6 日，宋某因涉嫌侵犯著作权罪被南京市公安局治安支队刑事拘留，同年 4 月 11 日由检察院批准逮捕。经审理查明，当事人宋家胜利用其妻出版发行员资质，在南京市注册了"南京五车书店"，并租赁下关区一单元房作为仓库进行盗版图书销售活动。其间，宋家胜先后向南京蓝天专修学院、南京市中华职业技术培训学校销售图书 2796 册，均未经著作权人授权及专有出版权人许可，系无合法来源、非法复制发行的侵权复制品，总码洋 74018.4 元。根据审理结果，南京市鼓楼区法院认为，宋家胜以营利为目的，未经著作权人许可和授权，复制发行他人享有著作权的文字作品，情节特别严重，其行为已构成侵犯著作权罪，依法判处有期徒刑 3 年缓刑 4 年并处罚金人民币 5 万元。

5. 广西北海"7·06"销售盗版、淫秽光盘案

2009 年 7 月 3 日晚，北海市"扫黄打非"办公室组织协调市公安、工商、文化、新闻出版、版权、城管等"扫黄打非"成员单位对该市长青路夜市进行突击检查，当场查获 4 个出售盗版淫秽光盘的摊点，收缴各类涉嫌盗版和淫秽

音像制品 2500 多张。根据线索，7 月 6 日晚在合浦县解放路伟程电器店查获盗版光盘 15 万多张、淫秽光盘 2000 多张以及其他光盘复制刻录设备，涉案嫌疑人许梅兰被依法刑事拘留。2010 年 1 月 8 日，许梅兰被判处有期徒刑 3 年，缓刑 3 年，并处罚金 1 万元。

6. 重庆"7·14"非法经营音像制品案

2009 年 7 月 14 日，根据群众举报和日常巡查中发现的线索，重庆市文化市场行政执法总队与九龙坡区公安分局及区文化执法大队联合行动，在九龙坡区石坪桥正街 38 号附 3 号查获一盗版音像制品销售窝点，现场扣押涉嫌盗版音像制品 419 个品种 19941 张。经鉴定，该批音像制品均系盗版。犯罪嫌疑人吴娟被九龙坡区公安机关刑事拘留，同年 8 月 17 日被检察院批准逮捕。2010 年 3 月 5 日，九龙坡区人民法院依照《中华人民共和国刑法》相关规定和《最高人民法院关于审理非法出版物刑事案件具体应用法律若干问题的解释》之规定，作出一审判决：被告人吴娟犯非法经营罪，判处有期徒刑 5 年，并处罚金人民币 2 万元。扣押在案的盗版光盘 19941 张予以没收。

7. 江苏苏州"10·23"网上销售盗版图书案

2009 年 10 月 23 日，根据全国"扫黄打非"办转办举报线索，苏州市"扫黄打非"办公室协调有关部门查处了不法书商谢某通过网络制售非法出版物案件。经查，谢某在淘宝网上开设了"诚信中国商家"、"沪宁书局"和"重新建家园"三家网店，公开销售标称"自行刻录"的盗版光盘，并专门配备电脑技术和客服人员进行非法出版物的制作销售。执法人员先后在其 5 处非法出版物存储仓库查获盗版图书 117 种 2 万余册、码洋 56 万余元、自行刻录光盘 1100 余张。2010 年 5 月 20 日，苏州市相城区人民法院以销售侵权复制品罪判处谢某有期徒刑 9 个月，并处罚金人民币 27 万元。

8. 山东泰安"4·28"制售盗版光盘案

2007 年 8 月～2008 年 4 月，赵树林（男，30 岁，山东省泰安市人）为非法牟利，大量刻录淫秽光盘及《天线宝宝》、《葫芦兄弟》等未经著作权人许可的非法音像制品。2008 年 4 月 28 日，公安机关将其抓获，在其租房处扣押淫秽光盘 6191 张、非法音像光盘 3663 张。根据赵树林的供述，公安机关抓获另一案犯赵林涛（协助赵树林为淫秽光盘粘贴光盘标签约 2000 张、为盗版光盘粘贴光盘标签约 1000 张）。同时，2008 年 4 月 28 日，公安机关抓获淫秽盗版案主犯马金磊（男，28 岁，泰安市人）。经查，为非法牟利，自 2007 年 10 月，马金磊采用与赵树林同样手段制作复制淫秽光盘及盗版光盘，其妻周芬（女，22 岁，泰安市人）帮助其为淫秽光盘及盗版光盘粘贴光盘标签，公安机关从其租住处扣押淫秽光盘 2462 盘，非法音像光盘 1871 张。2009 年 1 月 9 日，泰安市泰山区人民法院对上述两案依法进行了审理，以制作复制淫秽物品牟利罪和侵犯著作权罪分别判处赵树林有期徒刑 10 年，并处罚金 70000 元；判处马金磊有期徒刑 6 年，并处罚金 40000 元；判处赵林涛有期徒刑 3 年缓刑 5 年，并处罚金 20000 元；判处周芬有期徒刑 3 年缓刑 5 年，并处罚金 20000 元。

9. 天津"6·03"批销盗版音像制品团伙网络案

2008 年 6 月 3 日，根据线索，天津市"扫黄打非"办公室协调有关部门成立专案组，对多次逃脱打击的以付伟为首的批销盗版音像制品团伙进行查处。2008 年 9 月 27 日，在全国"扫黄打非"办公室和公安部协调下，天津专案组一举抓获付伟等 24 名主要犯罪嫌疑人，查获盗版光盘 30 万余张、淫秽光盘 1000 余张，以及汽车、电脑等一批犯罪工具。经查，该团伙非法经营盗版音像制品时间长、范围广、手段隐蔽，网罗人员多，主要涉案人员反侦查能力强，屡次逃避执法部门打击。该团伙还具备当前盗版音像制品犯罪活动的典型特点：一是家族式管理，组织严密；二是企业化经营，品牌运作；三是跨省市作案，影响广泛。2009 年 4 月 10 日，天津市西青区人民法院对该案作出判决：主犯付伟犯侵犯著作权罪、贩卖淫秽物品牟利罪，数罪并罚，判处有期徒刑 7 年，并处罚金 105000 元；范星毅等分别被判处 5～1 年不等有期徒刑，并处罚金。

二、全国"扫黄打非"工作小组有关成员单位工作

中央外宣办2009年"扫黄打非"工作概述

2009年,根据全国"扫黄打非"工作安排,中央外宣办深入开展整治互联网低俗之风专项行动,认真清理整治网上淫秽色情和低俗信息,严厉惩处网站违法违规行动。

一、清理网上各类淫秽色情和低俗信息

2009年1月5日以来,中央外宣办会同中央7部门在全国开展整治互联网低俗之风专项行动,对中央和地方重点新闻网站、主要商业网站、搜索引擎网站的清理整治作了全面部署,要求网站加强对论坛、博客、聊天室、即时通信工具等栏目的核查和实时监控,及时清理淫秽低俗信息,要求搜索引擎服务商做好淫秽色情关键词和相关联想词的屏蔽工作,防止淫秽色情信息通过搜索引擎传播。对谷歌、百度、新浪、搜狐等62家存在低俗内容的网站予以曝光,对"快车网"、"视讯中国"等境内淫秽色情网站予以查处,对"情色影院"、"11aabb综合成人站"等境外网站予以封堵。

二、整治手机媒体淫秽色情和低俗之风

2009年3月份以来,中央外宣办部署开展整治手机媒体淫秽色情和低俗之风专项行动,集中清理整治手机媒体淫秽色情和低俗信息,加强WAP网站接入管理,切断淫秽色情WAP网站利益链条,关闭了严重违法违规的WAP网站300

多家。

三、建立举报网上淫秽色情和低俗信息奖励制度

为充分调动社会各界打击网上淫秽色情和低俗信息的积极性、主动性,中央外宣办会同工信部、公安部、新闻出版总署等部门,研究制定了举报互联网和手机媒体淫秽色情及低俗信息奖励办法,鼓励公众举报有害信息,进一步完善公众举报信息处理和反馈机制,指定专人协助举报中心做好相关工作。安排举报中心制定了举报奖励实施办法和举报奖励专项资金管理办法,确保及时、有效地兑现奖励,充分发挥社会监督作用。

四、广泛开展社会宣传教育

为配合整治网络低俗之风专项行动的顺利展开,中央外宣办要求各地各网站充分利用网络优势,加大宣传引导力度。重点新闻网站和主要商业网站均在首页显著位置开设专题专栏,突出转载《打击淫秽色情网站关键在切断背后利益链》、《整治互联网低俗之风要打持久战》、《抵制低俗之风需要全面参与》、《网络反低俗决非小题大做》等稿件80多篇,形成了"抵制低俗之风共创网络文明"的强大舆论声势。

据统计,2009年,中央外宣办共协调关闭

淫秽色情和低俗网站 4000 多家，处罚整治违法违规企业 4256 家，过滤删除网上淫秽色情和低俗信息 3.1 亿条，网上低俗之风得到进一步遏制，网络文化环境得到有效改善。

最高人民法院 2009 年"扫黄打非"工作概述

2009 年，各级人民法院充分发挥审判职能作用，结合本地实际，认真落实全国"扫黄打非"办公室的工作部署，依法审理了一批大案要案，严厉打击"涉黄涉非"犯罪活动。

最高人民法院是全国"扫黄打非"工作小组成员单位。为了切实履行职责，加强对下指导，最高人民法院及时成立了"扫黄打非"工作领导小组，小组办公室设在刑三庭。

一、依法审判，公正高效地审理"涉黄涉非"犯罪案件

随着"扫黄打非"专项斗争的深入开展，一批"涉黄涉非"案件起诉至法院。人民法院认真贯彻宽严相济的刑事政策，严格依法审判，准确定罪量刑。对于共同犯罪的主犯及情节严重的犯罪分子，依法从严惩处；对于情节较轻的犯罪分子，依法从宽处罚；并正确适用缓刑、管制等非监禁刑，有效地打击、震慑犯罪，分化、瓦解犯罪分子。

根据刑法规定，"涉黄涉非"案件主要涉及走私淫秽物品罪，制作、复制、出版、贩卖、传播淫秽物品牟利罪，为他人提供书号出版淫秽书刊罪，传播淫秽物品罪，组织传播淫秽音像制品罪，侵犯著作权罪，销售侵权复制品罪，非法经营罪等罪名。除非法经营罪包涵的犯罪行为范围较大外，其他七个罪名的收案情况基本可以反映出打击"涉黄涉非"刑事犯罪的成果。据统计，2009 年，全国法院共受理"涉黄涉非"七类案件 1703 件，认定构成刑事犯罪并已审结的 1687 件、1822 人。判决已生效的 1822 人中，11 人免于刑事处罚，1811 人给予了刑事处罚，其中判处三年以上有期徒刑、无期徒刑 140 人，判处三年以下有期徒刑 600 人，判处拘役 336 人，判处缓刑 667 人，判处管制 52 人，单处罚金 15 人，单处附加刑 1 人。重刑率为 7.68%。

二、注重宣传，集中公开曝光大要案

为震慑违法犯罪分子、巩固专项斗争的成果，最高人民法院要求各地法院加大宣传力度，通过新闻媒体对一批"涉黄涉非"大要案件集中公开曝光，取得了良好的社会效果。如山东省对威海爱昵奔网络有限公司侵犯著作权案、被告人董明艳等贩卖盗版及淫秽光盘案等 10 起典型案件进行了公开曝光，对"涉黄涉非"违法犯罪活动形成了舆论压力，从而提高了人民群众保护知识产权的意识。

三、强化协作，积极配合相关部门工作

为配合"扫黄打非"工作领导小组部署的专项行动，最高人民法院要求各地人民法院根据需要，提前了解一些大要案的进展情况，进一步强化部门协作，形成与公安、检察机关的对接机制，实现部门联动和综合治理。对于"扫黄打非"工作中由行政执法部门直接作出罚款、没收违法所得等行政处罚行为的，人民法院积极依法予以配合。对于涉嫌构成犯罪的，严格依法追究犯罪分子的刑事责任，防止以罚代刑。

四、多措并举，依法惩处手机淫秽色情犯罪

随着手机淫秽色情网站的增多，打击手机淫秽色情网站成为"扫黄打非"工作的一项重要内容。根据中央专项整治手机淫秽色情协调会议的精神，最高人民法院积极采取措施加以应对。一是要求各级人民法院认真贯彻会议精神，按照专项行动工作方案，结合各地实际狠抓落实。二是开展专项调研，研究打击手机淫秽色情违法犯罪的法律适用问题，及时、慎重制定相关司法解释。三是依法审判手机淫秽色情犯罪，并要求各地法院对此类案件的审理情况定期报告。

公安部 2009 年"扫黄打非"工作概述

2009 年，全国公安机关按照全国"扫黄打非"工作小组的总体部署，紧紧围绕做好国庆 60 周年安全保卫工作这条主线，与有关部门密切配合，坚持"打主动仗"的指导思想，坚持公秘结合、专群结合，打击、防范、治理多管齐下，不断加大"扫黄打非"工作力度，取得了明显成效。

一、加强组织领导，建立健全工作制度

公安部治安局多次下发通知，就公安机关深入开展"扫黄打非"工作提出明确要求，并建立了"扫黄打非"工作逐季度考核通报制度，有力地促进了各地工作开展。各地公安机关高度重视"扫黄打非"工作，认真组织，周密部署。河北、山西、辽宁、上海、江西、河南、青海、宁夏、新疆、兵团等地召开专题会议，制定工作方案，研究部署工作。天津、重庆等地公安厅局成立了治安部门牵头，网监、出入境、国保等部门参加的公安机关"扫黄打非"工作小组，共同组织开展工作。吉林、江西等地将"扫黄打非"工作纳入全省治安综合考评。天津、山东、重庆、吉林等地建立完善了情况报告、通报协查、举报奖励等工作制度。

二、突出工作重点，大力查缴非法出版物

各级公安机关始终将大力查缴非法出版物、为国庆 60 周年营造良好的社会舆论氛围作为重点，严格按照部署，坚决封堵和查缴各类非法出版物。江苏等地在全省范围内组织开展了集中清查非法出版物统一行动。天津市公安机关会同有关部门对出版物市场和街道开展"拉网式"清查。北京市公安机关成功破获一起销售非法出版物案件，抓获犯罪嫌疑人 17 人，查获非法出版物 5.3 万余册，涉案价值 1400 余万元。

三、狠抓破案攻坚，严查大要案件

2009 年，公安部治安局多次会同全国"扫黄打非"办公室召开案件协调会、下发通知，对重点案件联合挂牌督办。各地治安部门按照部署，充分发挥主力军作用，不断加大案件侦办力度，成功破获了一批大要案件。3 月下旬，黑龙江省哈尔滨市公安局治安支队成功破获了"3·07"特大制贩非法出版物案件，抓获张丽杰、肖峰等 9 名主犯，收缴各类非法和淫秽出版物 63 万余册。5 月 22 日，广西公安机关治安部门成功破获一起储存、销售淫秽、盗版光盘案，查获涉嫌销售、储存淫秽、盗版光盘经营单位（仓库）17 家，查扣涉嫌盗版光盘 40 余万张，抓获涉案人员 22 人。8 月 19 日，四川省公安厅治安总队成功破获一起储运、销售盗版、淫秽光盘案件，现场查获涉嫌盗版光盘 51 万余张，抓获涉案人员 4 名，案件涉及省内外 30 余个地区。

四、严格日常管理，加强清查整治

各地公安机关结合日常治安管理工作，会同有关部门加大对印刷复制企业、出版物市场、游商地摊等的检查整治力度，始终保持高压态势。吉林、福建、浙江、湖南等地组织开展集中整治印刷复制企业专项行动，山东、江西等地建立印刷复制企业定期检查工作制度，辽宁等地在印刷复制企业实行印刷品《承印五项管理制度》，规范印刷复制企业生产和经营行为。天津、江苏、山西等地相关部门对印刷复制企业联合进行检查，努力堵住非法出版物生产源头。各地公安机关采取日常检查与突击检查相结合、自查与互查相结合等多种方式，切实加强对出版物市场、仓库、出租屋、货运等储运销重点部位的检查整治，加大清查收缴工作力度，努力切断流通渠道。北京市公安局治安部

门加强警情监测和分析研判，找准案件高发地区、高发点位和高发时段，实施精确打击。云南省公安机关针对游商地摊活跃的重点时段、重点区域，建立完善门前管理责任制和区域管理责任制，实施重点监控、反复清查、连片管理，游商地摊明显减少。

财政部 2009 年"扫黄打非"工作概述

"扫黄打非"工作是一项长期、复杂和艰巨的任务，是一项社会系统工程，对于维护我国的政治稳定、社会安定和文化安全，推动社会主义物质文明、政治文明和精神文明协调发展，营造有利于青少年健康成长的文化环境具有积极的促进作用。2009年，财政部作为全国"扫黄打非"工作小组成员单位，积极配合新闻出版总署等相关部门，切实履行职责，为"扫黄打非"各项工作的开展提供有力的经费支持。

一是在新闻出版总署部门预算中安排"扫黄打非"专项经费1000万元，专门用于"扫黄打非"各项工作的开展；安排反盗版举报奖励专项经费200万元，用于支持开展举报工作，充分调动鼓励参与打击侵权盗版的积极性，形成全社会携手打击新闻盗版的互动机制。

二是在中国外文局部门预算中安排违法和不良信息举报专项经费400万元，主要用于监看和分析网上舆情、直接参与网上舆论引导和斗争。

三是在文化部部门预算中安排文化市场行政执法专项经费500万元，主要用于开展文化市场专项治理活动、行政执法人员培训、重大案件管理和建立应急指挥及举报体系等方面。

四是在国家广电总局部门预算中安排专项经费2226万元，用于网络不良音视频监管、打击网络非法不良信息传播、营造健康网络环境。

民政部 2009 年"扫黄打非"工作概述

一、编制《关于加强和改进城市社区居民委员会建设工作的意见》，落实"扫黄打非"工作责任

将"扫黄打非"列入社区居民委员会协助城市基层人民政府或其派出机关开展工作的重要内容，明确社区居民委员会工作责任，构筑以社区居民委员会为载体，以社区楼栋长、居民小组长为核心，以党员、退休人员和志愿者为主体的社区"扫黄打非"工作组织体系。

二、贯彻《国务院关于加强和改进社区服务工作的意见》，打造"扫黄打非"工作阵地，推进社区文化、教育、体育服务

发展面向基层的公益性文化事业，逐步建设方便社区居民读书、阅报、健身、开展文艺活动的场所，加强对社区休闲广场、演艺厅、棋苑、网吧等文化场所的监督管理，促进社会主义精神文明建设。调动社区资源和力量支持和保障社区内中小学校开展素质教育和社会实践活动，为青少年健康成长创造良好的社区环境。

三、依托和谐社区创建活动，营造远离文化垃圾的良好氛围

结合和谐社区创建活动，指导各地依靠社区居民委员会干部、"扫黄打非"专职工作者和社区志愿者等多方力量，利用社区信息报、宣传栏、广播站等多个平台，采取警示展览、专题讲座、知识竞赛、文艺汇演等多种方式，大力开展全民"扫黄打非"宣传教育工作,使"扫黄打非"宣传教育进入社区,引导社区居民自觉树立拒绝非法出版物、远离文化垃圾的意识观念。

住房和城乡建设部2009年"扫黄打非"工作概述

一、做好工作部署

根据全国"扫黄打非"办公室要求,住房和城乡建设部积极指导各地城管部门配合当地"扫黄打非"工作领导小组做好对出版物市场的监管清查工作,把开展专项行动与加强日常执法工作结合起来,加强巡查,及时清理,坚决取缔兜售非法、盗版出版物的游商地摊,防止不法分子通过印制销售非法出版物牟利,同时将清理取缔贩卖非法、盗版物游商地摊工作与数字化城市管理结合起来,提升监管能力。

山西省城管部门多次组织研究部署专项整治工作,把封堵和查缴非法出版物作为配合开展"扫黄打非"的重点工作,加强同公安、工商、文化等部门的协调,指导各地针对实际情况,制定具体工作措施,以保护创新成果、促进文化繁荣、推动经济发展为出发点,坚决依法打击侵权盗版行为。

江苏、浙江、湖南、重庆等地城管部门专门成立了领导小组,设立了专项整治办公室,具体负责"扫黄打非"整治工作的开展,把整治任务逐项分解到各单位,明确年度工作重点、方法和步骤,层层落实责任。

上海市城管部门紧紧围绕"迎世博600天行动计划"的目标,制定并实施了《世博会筹备和举办期间加强上海城管执法勤务工作的实施意见》,针对上海特大型城市的特点和迎世博会的新形势、新任务,合理划定严禁区、严控区和控制区,采取差别化、精细化的执法勤务模式和工作措施,严厉打击兜售非法、盗版出版物的游商地摊及无证照经营者。

二、注重工作宣传

各地城管部门认真学习贯彻"扫黄打非"工作要求及会议精神,进一步提高对"扫黄打非"工作重要性、紧迫性的认识,研究部署迎接新中国成立60周年期间针对兜售非法、盗版出版物的游商地摊及无证照经营者的整治工作,在完善制度、严格考核的基础上,突出重点、强化执法,坚决打击兜售非法、盗版出版物行为,充分利用数字化城市管理新模式的快速反应机制,密切配合,保障社会稳定。

山西省城管部门向社会公布举报热线电话,通过各种渠道,向社会群众宣传盗版光碟、书刊的危害,增强市民抵制盗版、购买正版的文明理念。

江苏省城管部门为巩固专项行动治理成果,要求各地积极推进城管重心下移,实施"城管进社区",借助街道、社区的力量,加强舆论监督、社会监督和消费者监督,教育和引导群众自觉抵制盗版制品,形成打击侵权盗版的良好舆论氛围和工作环境。

三、认真组织落实

2009年,各地城管部门积极参与"扫黄打非"工作,取得了一定的成绩,有效打击了销售盗版、非法出版物的游商地摊及无证照经营行为。

山西等省城管部门积极与文化、公安、电信、教育等部门配合,把"扫黄打非"工作与日常市容监察紧密结合起来,加大巡查力度,及时把查获的非法盗版光碟和印刷品上缴当地"扫黄打非"办公室。

江苏省南京市城管部门重点对景区、繁华街道、车站、码头、广场、居民小区等人流量较大场所的非法音像制品兜售及占道经营行为进行整治,净化了出版物市场。自开展"扫黄打非"

专项整治活动以来，全市共出动城管执法人员2787余人次，车辆831台次，取缔非法出版物游商地摊和无证占道经营摊点245余处，暂扣非法光盘800余张、非法书籍718余册，行政处罚28起。

浙江省杭州市城管部门围绕打造"国内最清洁城市"的总体目标，以依法行政、从严管理为要求，强化日常巡查、监督，不断加大执法工作力度，积极配合文化稽查等相关职能部门联合开展非法、盗版音像制品的专项整治工作，1~6月，共查处流动兜售影碟、书籍等案件92起，暂扣非法音像制品4331件，教育和处罚从事违法销售人员200余人次，配合相关职能部门联合开展各类非法盗版音像制品整治活动41次，

出动执法人员1508人次，有效遏制了城区文化市场的非法经营行为。

上海市各级城管部门坚持疏堵结合，及时、有效地查处了各类无证摊点违法行为，得到了广大市民的好评。闸北、浦东、卢湾、虹口、奉贤等区依法取缔了400多处占道经营的无证摊点；浦东、闵行、青浦、嘉定等区城管执法部门针对辖区内建筑工地多的特点，重点加强了对建筑工地周边无证摊点整治力度；徐汇、虹口、杨浦、宝山、普陀等区重点加大了公交车站周边摊点整治力度，改善了市容市貌和公共秩序；黄埔、杨浦、金山等区开展了"校门清"摊点专项整治行动，净化了校园周边的文化市场。

交通运输部2009年"扫黄打非"工作概述

2009年，交通运输系统各部门、单位在部党组和各级党委政府统一领导下，按照全国"扫黄打非"办公室的统一要求，严密封堵和查缴水陆交通运输线上的各类非法出版物、淫秽色情出版物和"法轮功"等邪教组织宣传品，积极推进平安交通建设，促进了交通运输事业平稳较快发展。一年来，交通运输系统共查获各类非法出版物55.5万册（本）、盗版光盘33万余张，出动公安干警7600人次、运政人员19000人次，检查客货站场3500余个，捣毁卖淫窝点78个，抓获违法人员128人，发放各类宣传册500万份。

一、全行业高度重视"扫黄打非"工作，认真贯彻落实中央部署和要求

面对新形势、新情况、新任务，围绕新中国成立60周年，各级交通运输主管部门和港航单位，从讲政治的高度，不断深化对行业"扫黄打非"斗争重要性、长期性和艰巨性的认识，按照全国"扫黄打非"办公室《2009年"扫黄打非"行动方案》和《关于在交通运输系统深

入开展"扫黄打非"行动的通知》的部署和要求，明确责任，突出重点，把"扫黄打非"纳入到交通运输行业深入开展社会治安综合治理的重要工作中来，多措并举，积极协同文化、新闻出版、公安等部门大力开展"扫黄打非"工作，全力维护行业稳定和治安秩序。河北省交通运输厅积极探索"扫黄打非"工作的长效管理机制，在全省率先实行了"扫黄打非"目标责任管理制度和考核制度，透过层层落实，充分发挥交通运输部门在"扫黄打非"工作中的职能作用。

二、大力强化各项查堵措施，切实履行行业监管职能

按照全国"扫黄打非"办公室三阶段集中行动的统一要求，结合各阶段任务特点，交通运输系统各级主管部门和单位，认真制定工作方案，完善查堵措施，坚持把日常监管与专项行动有机结合，坚决封堵非法出版物的运输贩运渠道，确保全年"扫黄打非"工作目标顺利实现。一是发挥行业监管优势，严密水运交通线的查堵

工作。全行业各单位紧紧围绕新中国成立60周年等重要节点，不断强化水路、陆路运输稽查，重点打击和整治船舶、客货汽车、客运站、码头、高速公路服务区报刊销售点等重点场所和部位涉黄涉非活动，严密封堵非法出版物水上走私入境通道，严防非法出版物、盗版光盘流入境内。二是积极开展查堵专项行动，集中清缴各类涉黄涉非制品。全年共组织开展各类集中清缴和查堵非法出版物专项行动5000余次，通过与新闻出版、海关、公安、文化等部门的协作配合，互通信息，联合执法，形成合力，坚决阻断非法出版物的水陆运输贩运渠道，促进行业文化环境整治取得实效。三是广泛加强舆论宣传，营造"扫黄打非"斗争声势。各级交通运输主管部门和单位按照地方党委政府的统一部署和要求，结合各自实际，在水陆客货运输车、船、站等场所和部位，采取多样形式，积极开展"扫黄打非"舆论宣传，在全行业营造了良好的"扫黄打非"斗争氛围。浙江省道路运输部门将印有"请勿使用盗版"、"请您远离色情出版物"的45000余份宣传单，利用节假日在客运中转站、服务区向旅客、司机发放，及时传递健康、文明的行业发展要求。

三、认真部署各级交通公安机关，严打涉黄涉非违法犯罪活动

交通公安作为维护交通运输行业政治治安稳定的重要力量，在"扫黄打非"工作中发挥了积极作用。2009年，各级交通公安机关从强化日常工作入手，充分发挥公安业务专长，对辖区娱乐场所、码头、客运站、船舶、报刊销售点等易出现涉黄、涉非现象的场所、部位进行重点监控，积极开展专项行动，重点查堵非法出版物，严厉打击走私、贩运境外非法报刊和携带非法出版物入境的违法犯罪活动。全年，各级交通公安机关共办理涉黄涉非刑事案件136起，打击处理68人，查缴各类非法出版物4.7万册（本）、淫秽光盘2.1万张，有力打击了涉黄涉非违法犯罪活动。

铁道部2009年"扫黄打非"工作概述

2009年，铁路系统按照中央宣传部、中央政法委、全国"扫黄打非"工作小组办公室《2009年"扫黄打非"行动方案》的统一部署，以庆祝新中国成立六十周年宣传教育活动为主线，结合铁路工作实际，扎实开展"扫黄打非"集中行动和专项治理，切实把好铁路运输关口，确保铁路站车文化市场平稳有序。

一、加强领导，周密部署，确保"扫黄打非"工作扎实有序开展

坚持把"扫黄打非"工作作为铁路精神文明建设的重要内容长抓不懈，整体推进。铁道部领导多次对铁路系统"扫黄打非"工作做出重要指示，具体指导集中行动、专项治理、日常监管等工作的开展。铁道部"扫黄打非"办公室充分利用全路宣传工作会议、宣传部长座谈会、电报通知等形式，传达中央对"扫黄打非"工作的部署要求，明确重点任务，完善保障措施，指导全路各单位团结协作，扎实抓好"扫黄打非"各项工作，打好每一场战役。铁路系统各单位党政主要领导作为"扫黄打非"工作第一责任人，加强领导，靠前指挥，强化监督检查。铁路各级"扫黄打非"领导小组协调有关部门，在专项行动中密切配合、协同作战，坚持经常分析形势、研判舆情，有针对性地制定阶段性推进方案，建立健全"扫黄打非"工作应急预案，细化各项应急措施，确保"扫黄打非"工作领导到位，保障有力，各部门无缝衔接。

二、完善制度，建立机制，促进铁路站车文化市场平稳有序

一年来，铁道部就加强站车文化市场经营管理出台了一系列行之有效的管理办法。坚持同步开展站车文化市场整治与整合，逐步实现书刊销售统一进货、统一经营、统一标志，从源头抓好防范，严格审查把关。明确了图书期刊、免费宣传品进站上车的工作流程、具体标准、反馈渠道等。制定了列车期刊管理、影视剧及广告片拍摄播放、站车文化市场准入等方面的制度和措施，规范了管理范围、管理责任、审批程序、监督检查以及责任追究，促使"扫黄打非"工作规范化、制度化。按照谁主管谁负责和属地管理的原则，进一步理顺铁路系统"扫黄打非"工作管理体制，落实责任追究制度，规定违反"扫黄打非"相关规定的基层单位主要领导到路局交班，并对单位主管领导及相关责任人进行处罚，做到守土有责、守土负责、守土尽责。

三、严把关口，认真查堵，确保"扫黄打非"工作取得实效

将严把铁路运输关口作为"扫黄打非"工作的重中之重，时刻保持高度警惕和高压态势，不断加强查堵力度，坚决查堵清缴非法出版物、淫秽色情出版物及网上有害信息。在春节、"两会"、庆祝新中国成立六十周年等重要时间节点，铁道部提前下发通知，在全路有

针对性地组织开展"扫黄打非"集中行动和专项治理。各铁路局结合运输安全检查，以省会城市大客站、进京、进沪、进穗列车为重点，反复清查站车文化市场，全面清理各大车站及沿线销售非法出版物的游商小贩和无证照经营者，对非法出版物，一经发现，坚决查扣。按照《关于坚决打击利用交通运输渠道贩运非法出版物的通知》要求，确定了铁路系统"扫黄打非"工作的重点环节、重点区域，坚持集中检查、突击检查与日常检查相结合，明查与暗访相结合，做到了领导带头检查、敏感时期必查。18个铁路局与中铁快运股份有限公司、中铁特货运输有限责任公司等铁路专业运输公司通力合作，加大对行李货物的受理、验货、装车、交付等关键环节的检查力度，严把旅客携带书报进站关，严把旅客行李进站扫描检查关，严把旅客货物托运关，有效净化了铁路站车文化市场，为旅客创造了健康和谐的旅行文化环境。

据统计，2009年，铁路系统在集中行动和专项治理中共出动人员11万人次；收缴各类非法出版物4.5万余件，其中违禁出版物8千余件、淫秽色情出版物3.7万余件；检查店档、摊点1万余个，取缔关闭非法摊点40多个；行政处罚近50宗，有力配合了全国"扫黄打非"工作的开展，促进了铁路文化市场持续健康发展。

文化部2009年"扫黄打非"工作概述

2009年，文化部按照中办、国办下发的"扫黄打非"行动方案的统一要求，以"为新中国成立60周年创造良好的社会文化环境"为工作重心，积极推进文化市场综合执法改革，深入开展文化市场专项整治行动，加强技术监管体系建设，加大对违法文化产品的打击整治力度，有

效规范了文化市场秩序，圆满完成了各项"扫黄打非"工作。

一、加快推进文化市场综合执法改革，为开展"扫黄打非"和文化市场监管工作提供坚实保障

9月，中央宣传部、中央编办、文化部、广电总局、新闻出版总署正式联合印发《关

于加快推进文化市场综合执法改革工作的意见》，要求加快组建统一的文化市场综合执法机构，明确综合执法机构的职责、编制、人员和经费，标志着改革工作由试点阶段向全面启动、加快推进阶段迈进。为贯彻落实《意见》精神，文化部印发了《关于加强文化市场综合执法指导工作的通知》、《关于加强文化市场综合执法制度建设的意见》、《关于统一文化市场综合行政执法文书的通知》，明确指导综合执法的工作职责、总体目标及具体内容。综合执法改革工作的有序推进，为加强文化市场监管和"扫黄打非"工作提供了坚实的机制体制保障。

二、组织开展专项整治行动，为新中国成立60周年创造良好社会文化环境

文化部先后印发《文化部关于开展文化市场集中整治行动的通知》、《文化部办公厅关于开展2010年元旦、春节期间文化市场专项整治行动的通知》等文件，相继部署了净化社会文化环境、整治互联网低俗之风、整治网络淫秽色情、整治互联网和手机媒体淫秽色情及低俗信息、动漫市场整治等专项整治行动，针对不同时期、不同阶段文化市场监管和"扫黄打非"工作中存在的突出问题，组织开展治理整顿工作。2009年，全国文化行政部门和文化市场综合执法机构共出动执法人员8348789人次；责令经营单位改正297020家次；受理举报62702件，立案调查72774件，移交案件3689件，办结案件64970件；警告经营单位179642家次，罚款14344372.40元，责令停业整顿经营单位37695家次，吊销许可证6455家，没收违法所得2316123.00元，没收非法物品、工具器械等各类物品共46606349件。

三、推进网络文化市场技术监管体系建设，提高文化市场监管及"扫黄打非"工作能力

文化部将网络文化市场计算机监管平台建设列入2009年度重点督办事项，监管平台建设进度明显加快。截至2009年年底，文化部网络文化市场计算机监管平台已与22个省级监管平台实现互联互通，可对全国8.1万余家网吧内的465万余台计算机终端实行即时动态监控；各级文化部门和综合执法机构已通过技术监管平台封堵各类非法游戏共约8708万余次，其中封堵非法网络游戏506.6万余次，阻截非法单机游戏848.4万余次，屏蔽非法游戏网站7353.5万余次，有效阻止了非法网络游戏通过网吧等互联网上网服务营业场所传播；对在规定时间以外营业提出了202.8万余次报警信息，阻止重复登录640.1万余次。此外，全面开通全国文化系统视频会议系统，开发试点全国文化市场综合执法办公系统，进一步提高了文化市场监管及"扫黄打非"工作能力。

四、深入开展整治互联网淫秽色情和低俗信息专项行动

一方面，进一步加大对网络游戏等的内容审查和市场监管力度。文化部发布了第六批、第七批违法违规网络游戏运营单位及其网络游戏产品，部署集中查处进行格调低俗宣传以及宣扬低俗、赌博、暴力等内容的网络游戏产品，对219款非法网络游戏产品进行了重点查处。另一方面，严厉打击互联网和手机媒体淫秽色情及低俗信息。12月，文化部专门召开电视电话会议并下发紧急通知，部署对网络游戏、网吧、网络音乐等市场进行专项整治，要求重点查处、坚决封堵含有低俗、色情、赌博、暴力等内容的网络游戏产品，部署对15款色情手机游戏进行打击整治和技术封堵。

海关总署2009年"扫黄打非"工作概述

2009年，全国海关共监管进出境印刷品音像制品1.18亿件，与2008年同期相比（以下简称同比）下降5.5%。其中监管进境印刷品音像制品6241.6万件，同比下降17.1%；监管出境印刷品音像制品5546.5万件，同比增长12.4%；监管进出境印刷品1.13亿件，同比下降5.6%；音像制品431.万件，同比下降2.4%。2009年全国海关查获各类违禁印刷品音像制品263.4万件，同比下降18.6%。

2009年，是国庆六十周年，在中央领导下，全国海关认真贯彻全国"扫黄打非"工作精神，深入实践科学发展观。围绕大局，服务中心，按照海关"依法行政、为国把关、服务经济、促进发展"的工作方针，开拓思路、创新机制、探索办法，以政治把关为统领，以风险分析为抓手，以严密监管为核心，积极拓展反恐维稳海关职能。全国海关以高度的政治责任感，严把政治国门，确保了国庆安保等一系列重大国家活动的顺利举行，有力地维护了国家政治经济安全和社会稳定。

一、领导重视，确保措施到位

全国海关一把手高度重视印刷品音像制品监管工作，多次召开会议统一思想、提高认识，增强全员的政治敏感性，强化政治意识、责任意识和大局意识。在国庆安保期间，各关党组召开会议研究部署加强印刷品音像制品监管工作方案，作到精心谋划、周密组织、突出重点、狠抓落实，把作好印刷品音像制品监管工作作为拓展海关职能的切入点和着力点；各级领导根据中央和海关总署党组要求，并结合部门工作实际，开展时事政治学习，明确工作重点，提高监管工作的针对性。

二、加强法规建设，确保执法到位

全国海关根据海关总署的系列指示精神，进一步完善旅检、邮运、缉私等相关法律法规配套建设，建立健全相关预案，规范查缉流程，确保执法统一规范。2009年内制定了《违禁印刷品音像制品移交处理办法》、《查缉工作报送规定》、《印刷品音像制品监管岗位职位标准》等工作制度，对物品的审查、移送等形成了职责明确、流程规范、分工合理、制约有效的岗位操作规范。

加强岗位练兵，确保工作技能到位。全国海关结合实际，派员参加总署业务培训和帮忙跟班，采取"走出去、请进来"的方式，邀请相关专家开展讲座培训，积极与兄弟海关加强联系，互相学习，在内部广泛开展"传、帮、带、授"等不同形式的岗位练兵与培训活动，进一步提升现场关员和职能部门的执法能力和执法水平。

三、构筑风险分析布控和整体监管查缉"两大"体系，提高监管工作的针对性和有效性

（一）从细处着眼，构筑科学准确的风险分析布控体系

为应对2009年错综复杂的国际国内政治形势，全国海关监管战线全面深入地分析"扫黄打非"工作形势，从细处着眼，积极构筑风险分析布控体系。全国海关监管部门成立了关区国庆安保反恐风险分析部门，并积极开展政治类、宗教类等专题调研，旅检、货运、快件及邮运等重点监管现场成立风险分析小组，建立协调配合机制，加强风险分析工作；风险分析部门与"扫黄打非"办公室、新闻出版主管部门、公安、国安、610办公室等单位加强联系协作，建立协作合机制，形成多渠道、宽领域、多层面的便捷顺畅的情报信息收集、分析网络和风险预警体系，加强了对反华势力的信息搜集和风险布控。

（二）从大局着手，积极构筑坚强有力的整体监管查缉体系

全国海关将"扫黄打非"工作与国庆安保工作密切结合，从大局着手，积极构筑强有力的整体监管查缉体系。成立监管领导小组，制定专项行动方案及应急预案，实行一把手总负责、各级领导分抓落实的工作制度，领导靠前指挥的工作机制，及时发现和处理重、特、险、难问题。全国各海关将人力资源向旅检、邮递、快件等重点现场倾斜，最大限度地发挥机检设备等现代化科技手段，实施不间断查验作业。将奥运期间查缉经验进行固化，并不断完善充实。结合风险分析布控体系，加大对重点国家和地区进境货物、物

品及人员的重点布控，加强对各类书报刊、光盘、计算机存储介质等的查缉力度，实现对进口货物、物品重点机检，发现印刷品及音像制品重点开箱彻查的查验机制。加强与缉私等部门的通力合作，形成了快速反应、整体防控的工作格局。

国家工商行政管理总局2009年"扫黄打非"工作概述

2009年，全国工商机关以科学发展观为统领，从维护社会稳定和国家安全的高度，认真贯彻落实第二十二次全国"扫黄打非"工作电视电话会议精神，根据全国"扫黄打非"办的总体部署，结合工商机关的具体职能，有计划、按步骤、分阶段地开展"扫黄打非"专项整治行动，严厉打击非法出版活动，坚决扫除淫秽色情文化垃圾，坚定不移地保护知识产权，有效治理各类侵权盗版行为，为建立和谐向上的社会文化氛围、为庆祝新中国成立60周年，做了大量工作，"扫黄打非"取得了近些年来最为显著的成效。

一、领导重视，部署得当，成效显著

2009年既是新中国成立60周年，也是社会敏感日期比较集中的年份，"扫黄打非"工作面临空前严峻的局面。针对这种情况，国家工商总局周伯华局长要求各级工商机关"要进一步加强责任意识，积极配合，统筹兼顾，推动'扫黄打非'工作深入开展"。总局党组进一步加强指导，强化落实《2009年"扫黄打非"行动方案》，总局充分发挥工商行政管理职能合力，及时制定下发了《工商行政管理机关2009年"扫黄打非"行动方案》，要求全国工商系统以查处非法出版物为重点，高举知识产权保护的旗帜，积极开展各种专项行动，坚决查处涉及意识形态领域的非法经营行为，同时针对以往工作中发现的问题，部署查缴以未成年人为主要对象的"少儿版人民币"等。一年来，各级工商机关积极行动，认真履职，有力地打击了各类非法出版活动和侵权盗版行为，为平稳度过诸多敏感日期、和谐喜庆迎接新中国成立60周年作出了积极贡献。

二、严厉查处制售非法出版物及文化衫行

为，维护和谐向上社会文化氛围

非法出版物流毒广、危害大，必须严厉打击。各级工商机关始终把严厉打击非法出版物作为"扫黄打非"工作的重中之重。在专项战役中，精心组织，严格部门责任制、区域责任制、目标责任制，加强市场巡查频次和力度，对各类非法出版物坚决做到露头就打，追根溯源，一查到底。工商总局全部及时转发了全国"扫黄打非"工作小组办公室的通知，各级工商机关加大了查缴力度，其中内蒙古自治区工商机关收缴非法出版物350件，邪教宣传品33件，有力维护了民族地区文化市场的稳定；重庆、云南、甘肃等省均收缴了一批非法出版物，仅甘肃一省就收缴非法出版物36782册；四川、西藏、新疆等地工商机关把查缴违禁音像制品和非法出版物作为重点，有力维护了民族地区的文化市场秩序和社会和谐、民族团结。及时查处各种不良文化衫、防止和避免引发新的社会热点问题是工商机关2009年"扫黄打非"工作的又一特色。工商总局根据全国维稳办的部署，及时下发通知，对有关工作进行部署，各级工商机关立即展开全面市场检查，并对生产厂家进行了追根溯源，从源头上控制这类产品的生产。据统计，工商机关共收缴不良文化衫9万余件，占全国收缴总数的75%以上，工作受到全国维稳办的充分肯定。同时浙江、广东等省工商机关还对其他宣传社会消极因素的文化衫，进行了及时上报和收缴。

三、坚决查缴色情、低俗、恐怖等非法出版物及盗版教辅材料，保护知识产权，净化社会文化环境

国家工商总局转发了《关于开展清缴整治

低俗音像制品专项行动的紧急通知》，各地工商机关以《紧急通知》中列明的三批数百种低俗音像制品为线索，坚决查缴色情、低俗、恐怖等非法出版物及盗版教辅材料，保护知识产权，净化社会文化环境。四川、福建、河北、黑龙江、内蒙古、江苏、重庆、天津、安徽、云南、河南、甘肃、广东、北京、贵州、山西、湖北等地工商机关集中力量对图书、音像制品、电子出版物批发、零售场所，学校周边相关店铺、摊点，商贸文娱场所、繁华街区、旅游景点，以及印刷、复制企业等易发问题地区进行了普遍检查。其中，湖北省黄石市工商机关，在2009年3月对某知名品牌音像制品超市进行检查时，查获涉嫌低俗淫秽音像制品59盒，并将此案依法移送当地相关部门处理。云南省工商局在4～9月间，组织全系统开展三次清缴低俗、淫秽色情、暴力等音像制品的专项治理行动，对8类近700种音像制品进行拉网式清查，共收缴低俗音像制品68838盘，取得了良好效果。内蒙古自治区工商局经过缜密调查，一举查封了一个生产俄文版盗版光盘的窝点，现场查扣俄文盗版光盘3万余张，以及计算机、刻录机、彩色打印机、光盘封面切割机等一批用于生产盗版光盘的设备及原材料等。北京市工商机关通过开展联合执法、错时执法，切实加强8小时以外对音像制品经营者的监控，有力打击了无证无照贩卖盗版音像制品的违法行为。

四、净化校园周边环境，坚决取缔黑网吧

各级工商机关紧紧依靠当地党委政府，与有关部门密切配合，以城乡结合部、农村及校园周边黑网吧为整治重点，组织开展黑网吧整治，取得了显著成效。浙江省工商机关与省电信管理部门在查处"黑网吧"工作中密切配合，注重信息互联互通，及时将获取的黑网吧、色情低俗网站等信息进行交换和比对，快速确定查处目标，为从技术上控制黑网吧，对实现技术监控与现场检查相结合的执法方法进行了探索。2009年全省共查处取缔黑网吧3838家，没收专门用于无照经营的黑网吧电脑13396台，罚没金额394万

元，工商部门还向电信等企业抄告要求断网2767家。安徽省工商机关坚决露头就打，绝不姑息，对各种变相经营网吧的行为进行严厉处罚，全省共取缔黑网吧534家，罚没金额205.39万元，向有关部门通报违法经营36户。

五、加强广告管理，规范网络广告经营，查处手机传播淫秽色情及含有其他不良文化的广告

各级工商机关一直高度重视广告监测检查工作，依法履行监管职责，与有关部门密切配合，坚决查处淫秽色情等低俗广告。2009年以来，国家工商总局先后下发了《关于贯彻落实整治手机媒体低俗之风工作方案的通知》和《关于积极参与严厉打击手机网站制作、传播淫秽色情信息活动的紧急通知》等文件，依法查处通过手机传播非法"性药品"广告和性病治疗广告，清理整治通过手机传播淫秽色情和低俗广告，同时加强网上广告监测，进一步扩大网上广告监测的覆盖面。据不完全统计，全国工商机关监测了3000多家网站，监测网上广告近105条，责令停止发布25万多条次非法"性药品"广告，转请有关部门删除1.5万条，通知有关部门关闭非法网站300多家，查办网上广告案件200多件，查处网上淫秽色情广告近600条，配合公安机关查处为淫秽色情网站提供广告代理服务的网络广告商案件8起。

六、查处违法经营卫星地面接收设施行为，维护境外卫星电视传播秩序

查处违法经营卫星地面接收设施行为，维护境外卫星电视传播秩序，维护社会市场经济秩序，保障社会治安稳定，为社会主义精神文明建设营造良好的市场环境，是工商机关"扫黄打非"工作的一项重要内容。2009年，各地工商机关进一步加大对非法经营卫星地面接收设施行为的查处力度，共查处卫星地面接收设施17910套，接收器9823台，解码器11504台，高频头12171个，天线15946套，排除非法安装25649户。其中辽宁省工商局在省广播电影电视局、公安机关的配合下，一举查获一个非法存储、销售卫星电视接收设施的特大窝点，当场查扣卫星接

收天线 5000 面，接收机 900 余台，高频头 1400 个，支架等配套设备近 2000 套，有力打击震慑了违法行为。

七、充分发挥工商机关整体职能，查缴贩卖含有不良内容的儿童商品

"恶搞证件"、"口袋本"、不良游戏软件、图书、抽奖卡等宣传淫秽色情、凶杀暴力、封建迷信不良文化信息的商品，严重影响和损害青少年健康成长；贩卖所谓少儿版人民币、冥币人民币，有损人民币的权威性和严肃性，误导少年儿童。2009 年来，各级工商机关发挥整体合力，坚决查缴贩卖含有不良内容的儿童商品，取得良好成效。贵州省工商机关查缴暴力卡通卡片 4300 余张，少儿版人民币 14130 张，现金抽奖刮刮卡 181 盒；云南省工商机关查缴"恶搞证件"7467 张，少儿版人民币 47614 张，少儿八卦 6950 套；广东、福建、江苏等地工商机关在市场检查中，收缴了部分具有赌博、博彩性质的游戏机。

中国民用航空局 2009 年"扫黄打非"工作概述

2009 年，民航局党组全面贯彻党的十七大和十七届三中、四中全会精神，根据全国"扫黄打非"办公室要求，以保障新中国成立 60 周年等一系列重大活动为主线，以打击非法出版物为重点，在全行业积极开展"扫黄打非"工作，取得了较好成效。

一、按照全国"扫黄打非"办公室要求，认真部署全行业"扫黄打非"各项工作

2009 年 2 月 17 日，民航局向民航各地区管理局、各航空运输（集团）公司、各机场集团（管理）公司下发《关于做好 2009 年民航"扫黄打非"工作的通知》（民航文明委〔2009〕1 号），对民航行业全年"扫黄打非"工作作出部署，提出要求；及时将中央领导同志的重要批示精神和党中央、国务院的新要求迅速传达给民航"扫黄打非"战线的广大干部职工，鼓舞大家再接再厉，保持"扫黄打非"力度不减、工作不放松，确保打好保新疆稳定和迎接新中国成立 60 周年"两个硬仗"；根据全国"扫黄打非"办公室的工作部署，结合"扫黄打非"工作重点任务，民航局先后于 5 月 27 日、7 月 8 日、10 月 10 日、10 月 22 日、11 月 25 日、12 月 3 日，下发了一系列封堵查缴非法出版物的电报通知，有针对性地对民航"扫黄打非"工作进行部署，要求民航各

单位积极配合地方"扫黄打非"办公室以及海关、新闻出版、文化、公安、工商等部门开展工作。

二、层层落实责任，强化检查指导，确保"扫黄打非"专项行动各项要求落到实处

民航局领导对"扫黄打非"工作高度重视，李家祥局长、王昌顺副局长等领导多次对民航"扫黄打非"工作作出重要批示，多次召集办公室成员单位会议，深入研究"扫黄打非"工作，指导有关部门理顺工作机制，落实工作责任，共同做好民航"扫黄打非"工作。民航局领导和政工办、公安局等成员单位领导多次带队赴乌鲁木齐、广州、成都、西藏、西宁等机场检查指导"扫黄打非"工作，认真传达精神，听取工作汇报，并深入到货运站、候机楼内书报刊摆放销售摊点进行现场检查。

三、协同配合，落实责任，保持"扫黄打非"高压态势

根据全国"扫黄打非"形势的发展，为确保国庆期间和谐稳定的政治局面，民航局于 8 月底专门下发《关于开展 2009 年民航"扫黄打非"第三阶段集中行动的通知》，结合"扫黄打非"第三阶段集中行动中涉及民航的要求，对国庆期间"扫黄打非"工作进行部署，要求民航各单位

坚决贯彻"扫黄打非"工作"只能加强、不能削弱"的要求，进一步增强使命感、责任感、紧迫感，始终保持高压态势，为维护国庆期间和谐稳定作出贡献。强调各机场要加强对公共服务场所摆放、销售出版物活动的监管和巡查，进一步加大查缴力度；各航空公司要加强对各类出版物空运业务的检查，严格实行责任制，认真核对承运手续，检查图书音像制品运输许可证，对可疑的运输品实施开箱检查；边疆少数民族地区民航单位要特别注意查堵和查缴煽动民族分裂、宣扬宗教狂热的非法出版物及反动宣传品。

国家邮政局 2009 年 "扫黄打非" 工作概述

2009 年，国家邮政局坚持标本兼治的方针，始终把加强国家邮政局"扫黄打非"工作作为国家邮政局行业监管的重点，通过建立健全出版物寄递管理工作机制，督促邮政企业和快递企业加强收寄验视工作，积极会同有关部门加大对寄递环节的非法出版物监督检查力度，基本杜绝了非法出版物通过寄递渠道流通传播。

一、加强组织领导，明确职责分工，为"扫黄打非"工作提供组织保障

国家邮政局由主管副局长主抓国家邮政局"扫黄打非"工作，国家邮政局普遍服务司、市场监管司等相关部门具体落实"扫黄打非"各项工作任务。通过建立健全"扫黄打非"工作组织机构，明确各部门和有关人员的职责分工，为国家邮政局完成"扫黄打非"各项任务提供了组织保障。

二、加大宣传力度，不断深化从业人员对"扫黄打非"工作重要性的认识

（一）紧密结合《邮政法》中有关禁限寄物品的规定，向全社会广泛宣传"扫黄打非"工作的重要意义。国家邮政局结合《邮政法》第三十七条和第七十五条的规定，向全社会广泛宣传非法出版物属于禁止寄递的范围，在邮政营业场所和快递服务网点张贴有关禁限寄物品清单，在全社会广泛宣传"扫黄打非"工作的重要意义，使广大人民群众能够自觉遵守禁寄物品的有关规定。

（二）紧紧围绕全国"扫黄打非"工作的重点，在国家邮政局大力宣传"扫黄打非"工作的重要意义。国家邮政局按照全国"扫黄打非"办公室部署的重点工作，在全行业大力宣传"扫黄打非"工作的重要意义。要求邮政企业和快递企业在收寄邮件时严格执行收寄验视制度，广泛宣传执行好收寄验视工作对于保障寄递渠道防范非法出版物流入的重要意义。按照全国"扫黄打非"办公室不同阶段部署的重点工作，加大宣传工作力度，使国家邮政局全体从业人员提高对"扫黄打非"重要性的认识，认真配合有关部门做好"扫黄打非"工作。

三、扎实推进国家邮政局"扫黄打非"监管体系制度建设，严防非法出版物通过寄递渠道流通传播

（一）明确邮政企业"扫黄打非"工作责任追究制度，严防非法出版物通过邮政渠道流通传播

要求中国邮政集团公司建立"扫黄打非"工作组织机构和办事机构，明确下属企业"扫黄打非"工作职责，健全邮政企业"扫黄打非"责任追究制度，加强对所属邮政企业报刊征订、批发和零售环节的制度建设和监督检查，严防非法报刊通过邮政渠道发行传播。

（二）启动了快递业务经营许可工作，把好"扫黄打非"工作第一道关口

国家邮政局先后明确了快递业务经营许可工作两级实施的工作步骤，组织开发了快递业务经营许可管理信息系统。做好快递业务经营许可工

作,对于加强快递业务的监管、规范市场经营秩序、打击利用寄递渠道散发传播非法出版物活动具有十分重要的意义。

(三)制定和下发了一系列对寄递物品安全检查的规范性文件,规范邮政企业和快递企业的寄递行为

国家邮政局作为国务院邮政行业主管部门,先后发布了一系列规范性文件,明确要求邮政企业和快递企业要按照"谁经营,谁负责"的原则,建立健全并严格执行收寄物品安全查验等制度,努力维护寄递渠道的安全。

(四)落实快递企业寄递安全责任追究制度,建立起强有力的"扫黄打非"防控体系

为了切实维护寄递渠道安全,国家邮政局要求各省(区、市)邮政管理部门分别和当地有规模的快递企业签订安全责任书或安全承诺书,在安全责任书中明确规定快递企业"扫黄打非"责任,对于出现违反安全承诺的企业依法追究有关人员的责任。

四、加强"扫黄打非"工作监督检查,督促邮政企业和快递企业加大工作力度

(一)加强快递市场执法检查和管理工作。配合新《邮政法》的正式施行,全国市场检查工作以突出企业合法、合规经营为重点,全年共开展包括收寄验视制度执行情况的市场监督检查10656次,纠正和查处违法违规行为1343起。对于个别快递企业不执行收寄验视制度的有关规定"无证无照"经营等违法违规行为进行了处罚。各级邮政管理部门还加大对邮政报刊亭零售报纸刊物的监督检查,严防非法出版物通过邮政

报刊亭散发传播。

(二)继续实行快递市场检查月报和情况通报制度,2009年以来共编发《市场监管情况通报》12期。月报的按时发布,交流了各省(区、市)邮政管理局市场监督检查的工作经验,调动了各局的积极性,并结合不同时期的形势及时部署工作任务,有效推动了全国邮政市场监督检查工作的深入开展。

(三)开展新中国成立60周年邮路安保和维护稳定工作专项检查。国家邮政局积极采取有效措施,深入推进邮路安全保障机制建设,从根本上强化了全行业的安全管理措施,提高了重大活动期间邮路安保工作水平。对新中国成立60周年邮路安保工作进行了全面部署,确保国庆邮路安全。

五、主动联系,积极配合有关部门做好"扫黄打非"工作

2009年以来,各级邮政管理部门积极会同政府有关部门加大对邮递环节的非法出版物监督管理力度,督促邮政企业和快递企业加强收寄验视工作,积极配合有关部门查堵非法出版物。

六、围绕大局、突出重点,及时部署国家邮政局"扫黄打非"工作

2009年以来,按照全国"扫黄打非"工作小组办公室的统一要求,国家邮政局先后下发了70多份文件,对邮递、寄递渠道查堵非法出版物工作做出了详细的部署。

国家邮政局2009年"扫黄打非"工作经验

2009年,国家邮政局"扫黄打非"工作按照"谁主管谁负责,谁经营谁负责"的原则,做到守土有责、守土负责。切实做到将非法出版物封堵在寄递渠道之外,取得了较好的成效。其

中,有一些较为典型的经验。

一、针对国家邮政局行业主体的特点分别明确"扫黄打非"工作责任

整个国家邮政局的行业主体由邮政企业和快

递企业组成。国家邮政局针对行业主体的特点，明确规定由中国邮政集团公司具体负责邮政企业"扫黄打非"工作任务，各省（区、市）分别与规模以上快递企业签订安全生产责任，明确快递企业负责人作为"扫黄打非"工作第一责任人，负责本企业"扫黄打非"工作任务。

二、建立健全国家邮政局"扫黄打非"工作制度

通过制定国家邮政局收寄验视制度、禁限寄物品监管和寄递安全责任追究等一系列规范性文件，切实加强了国家邮政局"扫黄打非"工作，为国家邮政局监督管理提供了执法依据，有效加大了国家邮政局"扫黄打非"工作力度。

三、通过多种形式大力宣传"扫黄打非"工作的重要意义

通过结合新《邮政法》的宣传贯彻工作，国家邮政局加大对包括"扫黄打非"任务在内的安全监管工作宣传力度。通过大力宣传"扫黄打非"工作的重要意义，使国家邮政局所有从业者能够自觉执行收寄验视制度，将非法出版物排除在寄递渠道之外。使全行业所有从业人员都能够意识到做好"扫黄打非"工作对于构建社会主义和谐社会、维护国家和民族的团结和稳定的重要意义。

四、主动联系，积极配合有关部门做好"扫黄打非"工作

各级邮政管理部门积极会同有关部门，共同加大对邮递环节非法出版物的监督管理力度，督促邮政企业和快递企业加强收寄验视工作。要求邮政企业和快递企业积极配合国家安全、海关等部门做好对各类寄递物品的查验工作，为有关部门查堵非法出版物提供必要的协助，防止境外非法出版物流入境内，或在境内非法流通。

国家邮政局通过建立健全出版物寄递管理工作机制，督促邮政企业和快递企业加强收寄验视工作，督促邮政企业加强报刊征订、批发和零售环节的制度建设，加大监督检查工作力度，圆满完成了"扫黄打非"各项工作任务。

三、全国 31 个省、自治区、直辖市 "扫黄打非" 工作

北 京 市

2009 年 "扫黄打非" 工作总结

北京市 "扫黄打非" 办公室

2009 年，根据中央和北京市委、市政府的工作部署，为全力确保新中国成立 60 周年期间首都文化安全，北京市 "扫黄打非" 办公室围绕首都工作大局，积极应对金融危机下文化市场面临的新形势、新任务，统筹协调各有关部门、各区县主动采取有效措施，全面加强首都文化市场监管，全力推进文化市场管理与 "扫黄打非" 一系列专项整治行动深入开展，圆满完成了文化市场管理和 "扫黄打非" 各项工作任务，为 "平安北京" 建设营造了健康和谐的社会文化环境。

一、围绕 "一个中心"，切实维护首都文化市场安全稳定

2009 年是新中国成立 60 周年，北京市 "扫黄打非" 办公室严格按照中央有关部委和市委、市政府的部署要求，紧紧围绕新中国成立 60 周年首都文化市场安全工作这一中心，突出阶段性专项整治行动与日常长效监管相结合，确保了国庆期间首都文化市场的安全稳定。

（一）狠抓日常监管，市场秩序进一步净化

2009 年，北京市文化执法系统共受理举报 1076 件，立案调查 433 起，移交案件 14 起，已办结 315 起。全市各部门、各区县共收缴非法图书 113.27 万册，非法音像制品 49.13 万盘，电脑及附属设备 178 件，电子游戏主板 509 件，卫星地面接收设备 443 套，文物 13 件，其他物品 2 万余件，没收违法所得 8160 元，罚没款 107.94 万元，抓获违法犯罪嫌疑人 1542 人，切实有效地保障了首都文化市场的健康、平稳、有序。

（二）狠抓专项治理行动，联合防控进一步深化

充分发挥 "扫黄打非" 办公室的平台作用，组织协调各成员单位、各区县密切配合，上下联动。2009 年以来，北京市文化市场领域相继开展 13 项专项集中行动，各部门主要负责同志亲自抓落实，各区县主管领导亲临一线指导工作，形成协调配合、齐抓共管的工作局面。国庆期间，市 "扫黄打非" 各成员单位各司其职、各负其责、联合执法，对全市文化市场重点地区实施严密监控，严看死守，为迎接新中国成立 60 周年营造了良好的绿色人文环境。

（三）深入查办大案要案，"两法" 衔接进一步加强

为全力维护国庆期间首都文化安全，北京市 "扫黄打非" 办公室协调公安、安全、文化执法

等有部门先后查处了"5·13"杨某某出版、发行非法出版物案、"9·9"侵权盗版案、北京博雅汇童幼教科技有限公司非法出版案等8起大案要案，获得了中央有关部委及市委、市政府领导的充分肯定。此外，北京市"扫黄打非"办公室与法院、检察院等部门紧密联系，全力推进文化市场领域行政执法与刑事司法相衔接，进一步加大刑事打击力度。据统计，截至 2009 年 11 月，各级检察机关共批捕文化市场领域案件 381 件 436 人，提起公诉 291 件 395 人。各级法院共审结有关"涉黄涉非"案件 414 件 482 人。

二、突出"两个重点"，实现"国庆平安行动"工作目标

为全力确保国庆 60 周年期间首都文化市场和谐稳定，市"扫黄打非"办公室按照中央和市委、市政府的部署要求，协调市各有关部门、各区县在全市范围内深入开展"国庆平安行动"，重点突出"社会面控制与外围监控"，确保各项工作万无一失。

（一）积极推进文化市场综合执法扩面，重点加强社会面控制

按照李长春等中央领导同志的批示精神，2009 年，北京市已发展文化市场监督员近 2000 名，协助公安、工商、城管、邮政、文化执法、交通执法等部门全面加强对文化市场、经营场所、街头游商等社会面监控。

（二）严防非法出版物流入，重点强化外围监控

市"扫黄打非"办公室协调公安、工商、海关、铁路、文化执法、交通执法等部门在关键时间节点，加强对进京机场、火车站、长途客运站、货运站、检查站等交通运输关口执法检查力度，防止各类非法出版物和违禁印刷品流入北京市场。与此同时，各区县发挥文化市场监督员作用，加大巡查力度，保障问题隐患及时发现并得到妥善处置。

三、实施"三点切入"，提升防控能力和水平

（一）以维护首都政治稳定为切入，全力提升文化市场和"扫黄打非"领域防控水平

一是加强对货运站的检查力度，从源头上打击，缓解市场压力。二是加大对游商的清理，强

化社会面防控。三是加强出版物经营门店监管，防止非法出版物通过正规渠道传播。四是动员印刷复制企业开展自查，保证印刷环节不出纰漏。五是强化网吧、歌舞娱乐等场所日常检查，确保及时发现和解决问题。六是严查重点地区广播电视信号源，保障广电节目安全播出。

（二）以确保首都文化安全为切入，积极营造有利于未成年人健康成长的社会文化环境

首先，在全市范围内开展集中清缴整治低俗音像制品专项行动，各音像出版、复制、发行单位展开自查自纠，做到逐个单位检查，低俗音像制品不漏一盘；其次，开展寒暑期网吧场所专项整治行动，严查未成年人进入；第三，会同首都文明委、市教委开展校园周边文化环境治理，为未成年人健康成长营造健康和谐的社会文化环境；第四，开展网上"扫黄打非"行动，关闭非法传播淫秽色情、低俗内容网站 310 余家，删除涉及暴力、低俗和情色图片 4838 张。

（三）以防止出现重大安全事故为切入，有效提高文化经营场所安全生产管理水平

制作并向各文化经营场所发放安全守法经营宣传招贴；与各行业协会、各知名文化企业层层签订《安全生产守法经营责任书》，将责任具体到每个人；对企业加强政策法规宣传，及时发现并消除场所安全隐患。

四、强化"四位一体"，构建科学合理完备的首都文化市场监管体系

（一）体制与机制建设日趋完善，强化政府监管

2 月份，北京市组织召开全市文化市场管理暨"扫黄打非"工作会议，对奥运之年文化市场管理和"扫黄打非"工作体制、机制的创新做法、成功经验进行了总结，形成长效机制。坚持并完善市"扫黄打非"办公室主任单位工作例会制度和区县执法队长例会制度。组织修订了《北京市区（县）文化委员会行政执法队"扫黄打非"暨文化市场综合执法与监管工作考核评分办法》。组织召开了八省市"扫黄打非·护城河工程"座谈会，"扫黄打非·护城

河工程"得以深入推进。

（二）服务与引导相协调，强化行业自律

北京市"扫黄打非"办公室与各有关行业协会共同起草制定了抵制低俗自律公约。组织召开北京市抵制低俗音像制品倡议大会、音像制品企业代表会，并在媒体上广泛宣传，提升行业管理的规范化和制度化。

（三）宣传与影响相统一，强化社会监督

通过四项重点工作，强化社会各界对文化市场管理和"扫黄打非"工作的监督。一是进一步加强和完善文化市场监督员队伍建设。二是继续加强"12318"举报办理协作机制建设。三是完善人大代表政协委员的监督机制建设。四是加强媒体和舆论监督机制建设。

（四）信息化建设步伐进一步加快，强化技术监控

组织协调市文化执法总队完成了北京市网吧经营管理系统的信息系统工程建设竣工验收，实现了与文化部全国监管平台的对接，启动综合执法管理系统并完成试点装配。目前，正在研究制定无线执法终端系统、应急指挥平台和文化市场监控平台，努力打造一支全新、高效的信息化文化执法队伍。

领导讲话

在全市文化市场管理暨"扫黄打非"工作会议上的讲话

北京市委常委、宣传部长、副市长、市"扫黄打非"工作领导小组组长

蔡赴朝

这次会议的主要任务是贯彻落实全国"扫黄打非"工作会议精神，总结 2008 年的文化市场管理和"扫黄打非"工作，安排和部署 2009 年的工作。

2008 年，北京市文化市场管理和"扫黄打非"工作，紧紧围绕"平安奥运"这个主题，深入持久地开展了文化娱乐服务场所专项清理整治行动，对全市文化娱乐服务场所进行了摸底排查，首次建立了比较全面的台账，做到了心中有数；对各类企业法定代表人和经营人员进行了大规模的教育培训，提高了其守法经营意识；针对文化娱乐服务场所存在的问题，共组织开展了 11 次集中行动，打了一连串的攻坚战，有效地遏制了各类违法犯罪行为。实现了文化娱乐服务场所"大事不出，小事减少，管理严格，秩序良好"的"平安奥运"总体目标，实现了奥运举办期间文化娱乐服务场所"零事故"，为成功举办一届"有特色、高水平"的奥运会、残奥会创造了良好的文化市场环境。

一、准确把握当前面临的复杂形势，进一步提高对做好文化市场管理和"扫黄打非"工作重要性、紧迫性的认识

2009 年是新中国成立 60 周年，是应对国际国内环境重大挑战、推动党和国家事业实现新发展的关键一年，大事多、热点多。既要应对国际金融危机的严重冲击，确保经济平稳较快发展，也要做好应对境内外敌对势力通过文化传播渠道加剧渗透破坏的准备，确保社会政治稳定。奥运会后，首都文化市场经营秩序仍存在一些不容忽视的问题，目前已出现违法犯罪活动反弹的迹象，从最近查办的一些"扫黄打非"案件看，一些不法分子受利益驱使仍在地下甚至公开制售违禁物品。

各区县、各有关部门要进一步提高对文化市场管理和"扫黄打非"工作重要性的认识，要站在建设"人文北京、科技北京、绿色北京"的新起点上谋划文化市场管理和"扫黄打非"工作。要牢固树立首都意识、大局意识和忧患意识，切实增强使命感、责任感和紧迫感，始终保持清醒的头脑，坚决克服麻痹大意的思想，保持奥运之年的工作干劲、工作标准和工作力度，努力开创首都文化市场管理和"扫黄打非"工作的新局面。

二、紧紧围绕庆祝新中国成立60周年，积极营造安全健康有序的文化市场环境

各区县、各有关部门要坚决贯彻落实中央和市委市政府的决策部署，紧紧围绕庆祝新中国成立60周年这个主题，坚持日常监管和集中行动相结合，全力净化文化市场，维护首都文化安全，积极营造良好的社会文化环境。一是要严厉打击非法出版物。认真分析、研判非法出版物的来源和传播渠道，深挖地下网络和幕后黑手，尤其要加强对印刷复制企业的监管，坚决杜绝印刷、复制非法出版物。二是要狠抓各类文化场所的安全生产。要严格落实安全责任制，做到"真正落实、经常落实、处处落实"，严查安全隐患，确保全市网吧、歌舞厅、游戏厅、博物馆、影剧院等文化娱乐场所全年安全无事故。三是要深入开展网上"扫黄打非"。要坚决把网上"扫黄打非"摆到更加突出的位置，研究和掌握网上"扫黄打非"的内在规律，培养专业人才，完善执法手段，严厉打击网上违法行为，坚决遏制利用互联网传播有害信息，坚决清理网上淫秽色情等文化垃圾，努力构建和谐健康的网络文化环境。四是要进一步打击侵权盗版行为。要持续开展文化市场清理工作，切实加强对印刷复制源头和运输环节的监管，集中查办大案要案包括涉外侵权盗版案件，有效震慑侵权盗版等违法犯罪活动。五是要重视艺术园区的文化安全工作。要严格落实艺术品展出审查制度和文化安全巡查制度，充分发挥工商行政管理、税务等部门的监管作用，综合运用多种手段促进艺术园区的健康发展。

三、切实加强组织领导，进一步提高工作水平

各区县、有关部门要切实加强组织领导，从本地区、本行业实际出发，着力解决重点难点问题，创新工作方法，推动文化市场管理和"扫黄打非"工作上新水平。一是要完善领导体制和工作机制。要按照属地管理和"谁主管、谁负责"的原则，进一步落实文化市场管理责任。各级文化市场管理、"扫黄打非"工作领导小组组长是文化市场管理和"扫黄打非"工作的第一责任人，要加强领导，靠前指挥，做好督促检查。要发挥好市、区两级文化市场管理和"扫黄打非"工作领导小组办公室的协调、指导、服务和督促检查职能，保证整个工作机制高效运转，切实发挥作用。各有关部门要增强大局观念，主动配合，防止有分工不负责、有责任不落实，宁可重复交叉，也不能留工作死角。二是要提高应对突发事件能力。各区县、各有关部门要高度重视文化娱乐场所突发事件的应急处置工作，切实加强应急准备，提高应急处置能力。要健全应急指挥机制，完善应急预案，落实人力、物资、通信、装备、运输等方面的应急保障措施。要定期组织测试演练，检验监管部门和从业人员的应急反应能力和处置能力，及时发现漏洞，磨合防控工作机制，提高工作水平。三是要加大宣传教育力度。要充分利用各种传播手段，开展宣传教育，形成强大舆论声势，动员社会各界和广大市民积极参与和支持净化文化市场。要继续对广大经营业主开展教育培训，进一步提高他们的守法经营意识。要继续在高校和中小学开展"拒绝盗版、从我做起"的主题教育活动，引导广大青少年自觉抵制不良文化和侵权盗版产品。要广泛宣传文化市场监管的有力措施和工作成效，树立首都保护知识产权的良好形象。四是要提高执法能力和水平。各级领导要继续关心、指导和帮助文化执法队伍的建设，以改善办公条件和提高执法装备水平为重点，抓好文化执法队伍的硬件建设；以

提高执法人员的思想政治素质和业务能力为重点，抓好文化执法队伍的软件建设。要在政治上、工作上、生活上关心在一线执法的同志，

帮助解决实际问题，充分调动他们的积极性和主动性。

2009 年 2 月 19 日

在传达"全国音像出版复制发行工作座谈会会议精神"大会上的讲话

北京市委宣传部常务副部长、市"扫黄打非"工作领导小组副组长
陈启刚

这次大会的主题是贯彻落实全国音像出版复制发行工作座谈会会议精神，高举中国特色社会主义伟大旗帜，以邓小平理论和"三个代表"重要思想为指导，深入贯彻落实科学发展观，以进一步深化清缴整治低俗音像制品专项行动为契机，深化改革，加快发展，建立健全行业自律、主管主办单位管理和新闻出版行政部门监管的长效机制，确保音像出版正确方向，促进音像行业发展繁荣，更好地满足广大人民群众的精神文化需求。

根据中央和北京市委、市政府的统一部署，自 2009 年 3 月 18 日开始，在北京市范围内集中开展清缴整治低俗音像制品专项行动。各有关部门、各区县分别制定行动计划和工作方案，采取了行之有效的措施，强化市场监管，持续加大对低俗音像制品的整治力度。取缔无证经营音像制品摊点 51 个，查缴低俗音像制品 3916 张、淫秽音像制品 252 张，下架封存低俗音像制品 2061 张，查缴盗版音像制品 22000 张。专项整治行动取得显著成效。

一、提高认识，增强音像业发展和管理工作的责任感

音像出版复制发行业是社会主义先进文化的重要阵地，是出版事业的重要组成部分，在繁荣出版物市场、满足人民群众精神文化需求方面作用重大。坚持正确的出版导向无论什么时候都不能变。要牢牢把握社会主义思想文化阵地，努力为构建社会主义核心价值体系服务，始终把社会效益放在首位，实现社会效益和经济效益的有机统一。要认识到确保音像业健康、有序发展，是推动社会主义文化大发展大繁荣的需要；是满足广大人民群众对精神文化产品新期待新要求的需要；是抵制外来文化侵蚀、推动中华文化"走出去"的需要；更是音像出版业大发展大繁荣的需要。中央、市委、市政府历来是高度重视的。刘淇、赵朝同志多次对此做出指示、批示，并对具体案件专题听取汇报，研究部署。

二、音像出版单位要认真落实管理制度，自觉合法经营

依法管理、科学管理、建立长效监管机制是音像出版业健康有序发展的前提和保障。发展是目的，改革是途径，管理是保障，各音像出版单位要进一步提高认识，查找问题，把各项管理制度落到实处。要服从政府部门监管，主动配合行业协会的管理措施，接受社会各界的监督，牢固树立良好职业精神和职业道德，要始终把社会效益放在首位，不为各种低俗有害信息提供传播渠道。要不断提高从业人员对低俗音像制品极大危害性的认识，牢固树立社会责任感，坚决抵制非法音像制品，杜绝低俗出版物上架销售。

三、各行业协会要推动建立健全从业规范，加强行业自律

各行业协会要在建立从业规范、强化资格管理和开展自律监管等方面发挥重要作用，积极引导各会员单位不断增强社会责任感，讲公德、重道德，端正思想和行为，倡导文

明守法经营，鼓励合法、公平、有序竞争，积极响应北京市音像制品从业者《倡议书》，自觉遵守《北京音像行业抵制低俗音像制品自律公约》，增强守法意识，加强行业自律，做到不出版、不发行、不复制、不销售低俗音像制品。

四、各部门、各区县要强化出版物市场监管，形成工作合力

各部门、各区县要认真贯彻落实中央和北京市委、市政府的决策部署，进一步加强出版市场管理，强化日常监管，坚决遏制低俗产品的制作和传播。要继续严格执行审批制度，严厉查处买卖版号、一号多版、废号出版等违法违规行为。要密切配合，各司其职，坚决打击制作、发行、印刷和销售低俗音像制品的黑窝点，对有违法违规行为的复制单位和经营单位要依法给予行政处罚，对违法经营者要追究刑事责任。要大力支持行业协会开展工作，对各行业协会要给予必要的政策法规支持和资金帮助，充分发挥行业协会的积极作用，不断提升行业协会的主导地位，增强行业协会的凝聚力，推动其发展，使之真正成为实现行业自律、规范行业行为、开展行业服务、保障公平竞争的社会组织。

2009 年 7 月 8 日

2009 年"扫黄打非"大案要案综述

北京市"扫黄打非"办公室

2009 年，北京市"扫黄打非"办公室紧紧围绕迎接新中国成立 60 周年中心工作，保持高度的政治敏感性，严密查堵查缴非法出版物，从源头上深度打击违法违规行为。协调市公安、安全、文化执法等有关部门先后查处了"5·13"杨某某出版、发行非法出版物案、"9·9"《朱镕基答记者问》盗版案、"9·27"非法出版物案等 12 起大案要案。全市各部门、各区县共收缴各类非法出版物 163.75 万册，抓获违法犯罪嫌疑人 1542 人，切实有效地保障了首都文化市场的健康、平稳、有序，获得了中央有关部委及市委、市政府领导的充分肯定。现将其中比较有代表性的 6 起重点案件介绍如下。

1. "5·13"杨某某非法出版、发行非法出版物案

2009 年 4 月，北京市"扫黄打非"办公室根据全国"扫黄打非"工作小组办公室提供的线索，组织文化执法和公安部门成立联合专案组。5 月 13 日，专案组抓获了北京天英盛帅文化交流中心的法定代表人李某，在其租用的库房和住所内，查获非法出版物 159 套（每套三卷），每套定价 798 元。根据李某的交代，专案组先后共查获非法出版物 17669 套（共 53007 卷），码洋总计近 1410 万元，并抓获了主要涉案人员杨某某。5 月 15 日，专案组分别查处了该书的承印单位北京今日兴华印刷有限公司和装订单位北京盛兰兄弟印刷装订有限公司。上述单位自 2008 年 4~10 月共印刷、装订非法出版物 2.5 万套。两家印刷厂负责人也被公安机关拘留。至此，该书出版、印刷、发行的主要涉案人员全部归案。

2010 年 4 月 23 日，北京市朝阳区人民法院对该案做出判决，杨某某犯非法经营罪，判处有期徒刑二年，罚金 50 万元。

2. "9·9"《朱镕基答记者问》盗版案

根据人民出版社提供的线索，北京市"扫黄打非"办公室组织文化执法和公安部门成立联合专案组。9 月 9~11 日，专案组从销售环节入手，迅速部署，打掉了位于朝阳、丰台的四个批销窝点，同时深挖线索，从制作印刷盗版书的源头入手，最终将盗印窝点确定为北京才智印刷厂。10日晚至11日上午，专案组迅速组织进行查处，在该厂印刷车间内起获盗版《朱镕基答记者问》的PS版（金属模版），及包装好的盗版《朱镕基答记者问》图书共计1226册，同时将34名涉案人员查获；同时，在北京市顺芳百业印刷有限公司将涉嫌盗印《朱镕基答记者问》的康某等9人抓获，查缴《朱镕基答记者问》散页3000册及其他盗版图书8190册。在专案组的努力下，共抓获盗印、批发、贩卖盗版《朱镕基答记者问》的涉案人员42名，其中刑事拘留29人，批评教育13人；查缴盗版《朱镕基答记者问》4663册及其他盗版图书8万余册。涉案主犯姜某某犯非法经营罪，判处有期徒刑五年，并处罚金人民币一万元；康某、刘某犯非法经营罪，分别判处有期徒刑三年，缓刑三年，并处罚金人民币一万元。

3. 北京博雅汇童幼教科技有限公司非法出版案

2009年8月6日，北京市文化市场行政执法总队执法人员会同公安部门，对北京博雅汇童幼教科技有限公司及该公司的库房进行了检查。执法人员发现涉嫌非法出版的布朗儿童英语系列18020套、光盘113830张、成功素质系列2000套，后经北京市新闻出版局鉴定，上述出版物总计194200册、113830张均为非法出版物。根据线索，执法人员对为该公司印刷、装订非法出版物的北京兵工印刷厂、北京博雅鑫纸制品加工厂、北京鑫湘艺印刷有限公司进行了突击检查。上述企业在无合法印刷手续，甚至未经许可取得印刷经营资格的情况下，接受北京博雅汇童幼教科技有限公司委托，大量印刷非法出版物。执法人员共查获非法出版物214200册、光盘113830张、非法发行的出版物422346册。北京博雅汇童幼教科技有限公司、北京鑫湘艺印刷有限公司、北京兵工印刷厂、北京博雅鑫纸制品加工厂共4家单位犯非法经营罪，分别判处罚金人民币五十万元、三十万元、二十万元、二十万元。本

案主犯邓某、杨某、王某、郑某某、马某某犯非法经营罪，分别判处有期徒刑一年二个月，罚金人民币三万元；刘某某、罗某、吴某某犯非法经营罪，分别判处有期徒刑一年一个月，罚金人民币二万元。

4. "1·21"非法光盘刻录窝点案

2009年1月21日，根据举报线索，北京市海淀区文委执法队执法人员会同海淀公安分局苏家坨派出所干警对海淀区西北旺镇永丰屯242号院内展开突击检查，当场查获非法光盘生产活动，并将涉案嫌疑人左某某等4人抓获。同时，现场起获涉嫌非法复制刻录光盘设备打印机33台、11头刻录机6台、电脑6台、镀膜机（UV机）1台，以及用于复制刻录的母盘100余张，《赤壁》、《四季养生》、《高一年级寒假班配套光盘》等34个种类、17820张成品光盘和4万余张空白光盘。涉案嫌疑人左某某自2006年开始向海淀区中关村海龙大厦、鼎好商城等电子市场的商户提供订购复制刻录光盘及印刷贴面、打印光盘封面等一条龙业务服务。直至案发时，该非法光盘复制刻录窝点已雇用5名员工，生产能力为一天复制刻录3~5千张光盘。从现场查获的账册中反映，涉嫌非法经营额达40万元人民币以上。左某某承认，仅2008年12月至今，该窝点平均每天接收2个品种、每种不超过1千张的光盘复制刻录及相关业务订单，期间共复制100多个品种、2万余张光盘，收取加工费2万余元。经北京市新闻出版局鉴定中心核验鉴定，起获光盘确认均为非法出版物。左某某犯非法经营罪，判处有期徒刑二年。

5. 北京爱维克斯科技开发有限公司违规通过互联网链接、转播境外卫星电视节目案

2009年6月北京市文化市场行政执法总队接到国家广电总局下发的《关于调查处理北京爱维克斯科技开发公司销售"IXTV"网络电视客户端问题的函》（网发字〔2009〕48号）后，在市广电局、市工商局、市国家安全局、市公安

局治安管理总队的配合下迅速开展查处工作。经查，北京爱维克斯科技开发有限公司与台湾爱克斯数位通讯科技集团公司（IXDT）有合作关系，其业务范围包括负责台湾在大陆的"IXTV"网络电视代理业务，销售装载有可收看互联网内传输的境外卫星电视节目软件的"IXTV"U 盘，而设在台湾的爱克斯数位通讯科技集团公司负责电视频道集成和网上传输。该 U 盘通过计算机与互联网连接后可接收台湾地区、日本和欧美等 106 个境外卫星电视节目。共查获"IXTV"U 盘 49 个，客户端资料 51 件，客户开通单 84 份，该公司销售和赠送 U 盘范围涉及北京、上海、天津、广东、贵州等 12 个省市，共计 333 个。市文化执法总队依据《互联网视听节目服务管理规定》的相关规定，责令北京爱维克斯科技开发有限公司立即改正违法行为，并给予警告，罚款人民币 20000 元。

6. 北京千橡互联科技发展有限公司提供含有宣扬赌博、暴力或者教唆犯罪等内容的互联网文化产品案

根据《文化部文化市场司关于立即查处"黑帮"主题非法网络游戏的函》（市函〔2009〕61 号）的要求，2009 年 7 月下旬~8 月上旬，北京市文化市场行政执法总队对北京千橡互联科技发展有限公司违规经营"黑帮"主题非法网络游戏活动进行了查处。执法人员在检查中发现，北京千橡互联科技发展有限公司研发的网络游戏《江湖》、《教父》以及《古惑仔》，均含有宣扬赌博、暴力或者教唆犯罪等内容，属于以"黑帮"为主题的非法网络游戏。北京市文化市场行政执法总队依据《互联网文化管理暂行规定》的相关规定，对该公司给予罚款 26000 元的行政处罚。

2009 年"扫黄打非"大事记

北京市"扫黄打非"办公室

2009 年 1 月，北京市"扫黄打非"办公室在全市范围内开展"元旦、春节文化市场专项清理整治行动"。

2009 年 2 月 11~17 日，北京市"扫黄打非"办公室在全市范围内开展"文化娱乐场所安全生产集中执法检查周行动"。

2009 年 2 月 19 日，北京市文化市场管理工作领导小组（"扫黄打非"工作领导小组）办公室在北京新闻大厦召开 2009 年北京市"扫黄打非"暨文化市场管理工作会。北京市委常委、宣传部长、副市长蔡赴朝出席会议并讲话。市"扫黄打非"成员单位、各区县"扫黄打非"办公室负责人等 180 人参加会议。

2009 年 2 月 20 日，北京市"扫黄打非"办公室在全市范围内开展为期 30 天的"保'两会'净化首都文化市场环境专项行动"。协调全市公安、工商、城管、文化执法等部门执法人员对"两会"代表、委员住地及交通枢纽、繁华街区等开展不间断的执法检查，确保文化市场安全稳定。

2009 年 2 月 27 日，北京市文化市场行政执法总队会同海淀区文化、公安等部门对位于海淀区苏州街的 1 个书店进行突击检查，当场扣押涉嫌非法出版物 205 种共 4011 册、非法音像制品 700 盘。

2009 年 3 月 18 日，北京市"扫黄打非"办公室在全市范围内开展"整治低俗音像制品专项行动"。

2009 年 4 月 7 日，北京市"扫黄打非"办公室组织召开抵制低俗音像制品工作协调会议，分析低俗音像制品形成的主要原因和治理难点，

研讨制定低俗音像制品界定标准。市公安局、市工商局、市文化局、市新闻出版局及市音像制品分销协会等单位参加会议。

2009年4月22日，"全国侵权盗版制品及各类非法出版物集中销毁活动"北京市主会场活动在朝阳区王四营乡举行。活动销毁非法出版物200万件。全国"扫黄打非"工作小组副组长兼办公室主任、新闻出版总署署长、国家版权局局长柳斌杰同志出席北京主会场销毁活动并讲话。北京市委常委、宣传部长、副市长、市"扫黄打非"工作领导小组组长蔡赴朝，教育部副部长李卫红，国家工商总局副局长钟攸平，海关总署副署长吕滨等全国"扫黄打非"工作小组22个成员单位的部委负责人出席北京主会场的活动。北京市区两级"扫黄打非"工作领导小组领导和成员单位代表，驻华使馆文化参赞、知识产权保护官员及相关国际组织驻华机构代表，中央、市属有关媒体及群众代表共300余人参加。

2009年5月13日，北京市文化市场行政执法总队破获"5·13"杨某某非法出版发行案，先后在4处窝点收缴非法出版物17694套（53082卷/册），码洋1411万余元，抓获主要涉案人员2名。

2009年5月18日~6月30日，北京市"扫黄打非"办公室在全市范围内开展"依法整治非法接收传输境外卫星电视节目专项行动"。全市各区县成立了由区委常委、宣传部长、主管副区长牵头的专项整治工作小组，制定了专项行动工作方案，结合基层"平安创建活动"，全面开展专项整治行动。

2009年5月26日，北京市"扫黄打非"工作领导小组在北京会议中心召开"北京市抵制低俗音像制品倡议大会"。中宣部出版局副局长、巡视员周慧琳，新闻出版总署反非法和违禁出版物司副司长黄晓新，北京市委宣传部常务副部长、市"扫黄打非"工作领导小组副组长陈启刚出席会议并讲话。市音像分销行业协会、出版工作者协会、书刊发行协会、印刷协会代表当场签署了《北京音像行业抵制低俗音像制品自律公约》，并宣读了向全市音像制品从业者发出的《倡议书》。

2009年6月2日~10月底，北京市"扫黄打非"工作领导小组在全市范围内开展"国庆六十周年专项整治行动"。

2009年6月2日，北京市文化市场行政执法总队破获了北京爱维克斯科技开发有限公司通过互联网违规链接、转播境外电视节目案。

2009年6月25日，北京市文化市场行政执法总队组织开展首个"文化执法开放日"活动。市关心青少年教育协会人员及市属中小学校教师、学生代表参观了"12318"文化市场举报大厅、网吧监控系统和总队荣誉室，并就净化社会文化环境、促进未成年人健康成长等问题与总队领导进行了座谈交流。

2009年7月2日，北京市召开"扫黄打非"暨文化市场管理工作领导小组第二阶段工作会议，市"扫黄打非"暨文化市场管理工作各主任成员单位负责领导参加。

2009年7月下旬至8月中旬，按照中央领导同志批示精神，北京市文化市场行政执法总队开展打击"黑帮"主题非法网络游戏专项行动，对3家单位经营含有"淫秽、赌博、暴力内容"网络游戏的违法违规行为进行了查处，合计罚款5.6万元。

2009年7月20日~8月31日，北京市"扫黄打非"办公室在全市范围内开展"暑假网吧集中整治行动"。

2009年8月6日，北京市文化市场行政执法总队破获北京某幼教科技有限公司非法出版案，查扣非法出版物214200册、盗版光盘113830张、非法发行的出版物422346册。该公司以及印刷厂相关负责人被公安机关刑事拘留。

2009年9月9~12日，北京市文化市场行政执法总队破获盗版《朱镕基答记者问》案。

会同市公安局治安管理总队、朝阳区公安分局治安支队、王四营派出所等单位，联合出动执法人员95人，分别在朝阳、通州、大兴地区相关场所查缴盗版《朱镕基答记者问》4648册、其他盗版图书66380册，抓获犯罪嫌疑人39人。

2009年9月9~15日，北京市文化市场行政执法总队组成九个检查组分赴各区县进行执法检查，全面开展为新中国成立60周年安全生产"护航"行动。

2009年9月21日，北京、天津、河北、河南、山东、山西、内蒙古、辽宁等八省市召开"扫黄打非·护城河工程"会议。会议就建立舆情信息沟通机制、案件联合查处机制、突发事件应急处置机制等进行了研讨，并签署了"护城河工程"合作备忘录。

2009年9月27日，北京市文化市场行政执法总队会同市公安局治安管理总队、海淀分局和青龙桥派出所等部门在海淀区挂甲屯查获涉嫌非法出版物2030册，扣押涉案电脑1台。

2009年10月23日，北京市召开"扫黄打非"暨文化市场管理工作领导小组第三阶段工作会议，市"扫黄打非"暨文化市场管理工作各主任成员单位负责领导参加。

2009年10月29日，北京市、天津市"扫黄打非"办公室联合召开京津出版物市场监管联防协作座谈会。京、津两市文化执法总队围绕文化市场监管、联防协作、查办案件等议题进行了深入交流和研讨，并签署了《北京市、天津市"扫黄打非"工作领导小组办公室共同开展首都"扫黄打非""护城河"工程合作备忘录》。新闻出版总署反非法和违禁出版物司副司长毛小茂出席会议并讲话。北京市委宣传部领导，市"扫黄打非"主任成员单位主管领导、联络员和天津市"扫黄打非"办公室、天津市文化执法总队有关负责人参加会议。

2009年11月5日，北京市文化市场行政执法总队依法取缔2个非法音像制品批销窝点，收缴盗版光盘38000余张、淫秽光盘9700余张。

2009年12月1~2日，全国"扫黄打非"工作小组专职副组长李长江到北京市对手机互联网传播淫秽低俗内容信息问题进行专题调研。

2009年12月17日，北京市"扫黄打非"办公室在全市深入开展"整治互联网和手机网站传播淫秽色情及低俗信息专项行动"。专项整治行动持续至2010年5月底。

创新经验

加强"三三六"机制建设提高基层文化市场监管效能

北京市"扫黄打非"办公室

北京市顺义区拥有网吧、印刷复制企业、娱乐场所等文化经营单位868家，分布在1021平方公里辖区内。为有效解决文化市场规模大、分布分散，而专业监管执法力量严重不足的突出矛盾，顺义区"扫黄打非"办公室自2009年始，积极探索文化市场监管机制创新，逐渐完善推行"建三网、考三项、创六无"文化市场长效管理机制（简称"三三六"长效机制），取得了良好效果。

一、针对工作实际，积极构建"三三六"监管机制

适应文化市场发展形势，在深入调查研究的基础上，制定了"三三六"长效机制。

（一）依托区、镇（街道）、村（社区）行政机构，建立起三级监管网络

整合区、镇（街道）、村（社区）三级执法管理资源，形成区级监管、镇级管理、村级监督三级监管网络。在区级监管网络，由文化委、公安分局、工商分局、城管大队等17个成员单位组成，按照职责分工，落实监管责任；在镇（街道）级管理网络，辖区内25个镇（街道）以块为主，落实属地管理责任，实施综合管理；在村（社区）级监督网络，468个村（社区）以群众对市场监督为主，把触角延伸到最基层。

（二）摆正"扫黄打非"和文化市场管理工作位置，将其纳入到"三项"重要工作考核体系之中

采取区文管办、"扫黄打非"办公室考核镇（街道）和成员单位，镇文管办、"扫黄打非"办公室考核村和监督员的办法，将文化市场管理和"扫黄打非"工作纳入区精神文明创建、社会治安综合治理和文化工作三项考核体系，逐级进行考核，对工作成绩突出的单位和个人予以表彰，对出现严重问题的单位和地区，实施责任追究。

（三）细化考核工作标准，明确"六无"具体目标

以社区（村）为基本单位，以"无非法贩卖出版物、无非法印刷复制场所、无非法经营'黑网吧'、无非法经营'黑歌厅'、无非法销售安装'小耳朵'、无非法印制散发'小广告'"为基本内容，开展"六无"社区（村）创建达标活动，推动"三三六"长效机制的落实。

二、实行多措并举，着力推进长效机制的有效落实

为确保"三三六"长效机制有效运行，

他们采取了一系列行之有效的措施加以推进。

（一）进一步健全了组织机构

按照《北京市顺义区建立完善文化市场长效管理机制的意见》，整合了区"扫黄打非"执法资源，调整补充了区级文化市场管理成员单位，成立了区、镇两级文化市场管理和"扫黄打非"办公室，明确了各镇、街道办"扫黄打非"和文化市场管理职责及组织机构，充分发挥了区、镇"两办"的协调作用，形成了行业监管、属地管理、群众参与的文化市场管理新格局，实现了文化市场管理机制纵到底、横到边的无缝衔接。

（二）进一步加强了监督员队伍建设

按照"三三六"长效机制建设的要求，为加大监管力量，顺义区聘用了38名文化市场监督员，经过培训正式上岗。各村（社区）还聘用了近500名文化市场义务监督员，实现了每个村（社区）均有文化市场监督员的目标，形成了群众参与的监督网络，为文化市场监管奠定了坚实基础，为实施精确打击违法经营行为提供了信息保障。

（三）进一步完善了日常考核

按照"考三项"的工作要求，制定了《顺义区属地文化市场管理暨"扫黄打非"工作考核办法》及量化标准，采取执法分队对镇（街道）每月一考、镇（街道）对村（社区）每季一考的方法，制作LED显示板定期上墙公布，着重对镇、街文化市场管理组织机构是否健全、领导重视是否到位、管理制度是否完善、日常管理是否严格等内容进行考核，促进了文化市场管理工作的落实。

（四）进一步转变了监管职能

实现了四个转变：一是由区主管部门单独管理向多部门齐抓共管的转变；二是由区行业部门监管向行业部门指导镇、街属地管理的转变；三是由日常监督缺位向健全监督员队伍的转变；四是由区直接查处无证照经营行为向镇、街协调有关部门联合查处的转变。

天 津 市

2009年"扫黄打非"工作总结

天津市"扫黄打非"办公室

2009年以来，根据第二十二次全国"扫黄打非"工作电视电话会议和全国"扫黄打非"行动方案的统一部署，按照天津市"扫黄打非"工作领导小组扩大会议和《天津市2009年"扫黄打非"行动方案》的要求，在天津市委、市政府和市委宣传部的高度重视和正确领导下，市"扫黄打非"办公室组织协调各区县、市各有关部门，以为新中国成立60周年营造良好社会文化环境为重点，持续不断地开展了"扫黄打非"第一、第二、第三阶段集中行动，日常监管水平得到新提升，进境入市渠道被有效封堵，出版物印刷复制企业经营行为更加规范，出版物市场和网络文化环境进一步净化，工作机制制度更加健全完善，成功审结了"6·03"大案，积极稳妥地查办了"3·12"要案，天津市"扫黄打非"工作成绩显著，为进一步加快滨海新区开发开放、实现天津科学发展和谐发展率先发展营造了良好的社会文化环境。

据统计，截至2009年，共出动执法人员61246人次，检查出版物市场、店档摊点23959个次，取缔关闭非法店档、摊点1509个，收缴各类非法出版物649043件。

一、突出工作重点，采取切实措施，日常监管水平新提升

（一）进境入市渠道得到有效封堵

天津海关严把国门，严格查验通过货运、行邮、旅检渠道入境的出版物，特别是继2008年"3·14"事件和2009年"7·5"事件后，加大了对涉藏、涉疆内容非法出版物的查缉力度，查获了《西藏之乱——掩盖与扭曲的真相》、《西藏的故事》等非法出版物，据统计，2009年共查缴非法出版物1967件，"法轮功"邪教组织宣传品468件，非法宗教宣传品26266件。邮政、机场、铁路和交通部门加强对邮递渠道和铁路、公路、水路、航空等运输环节的监管和检查，确保不承运各类非法出版物，严防非法出版物流入天津市。机场、铁路、交通部门加强对客运站、火车站、机场候机楼等部位出版物销售点的管理，确保不卖非法出版物。同时，坚决取缔兜售非法出版物的流动摊贩。

（二）出版物市场更加净化

文化执法、新闻出版部门进一步加强对全市音像店、图书批发市场、书店、书报刊亭、计算机软件经营场所的执法检查，进一步规范正规渠道经营行为，严肃查处经营侵权盗版和非法出版物活动，坚决防止非法出版物通过正规渠道进入市场。在天津市"扫黄打非"办公室组织协调下，文化执法、公安、工商、综合执法等部门反复清查繁华街区、旅游景点、交通枢纽、宾馆饭店、集贸市场、电脑城以及涉外公共场所，坚决取缔销售非法出版物的游商地摊和无证照经营者，进一步净化了文化市场环境。

（三）印刷复制企业经营行为不断规范

文化执法、新闻出版部门在进一步强化对印刷复制企业监管的同时，多次组织执法人员对全市印刷复制企业进行"拉网式"检查，对曾经出过问题的印刷复制企业进行重点检查，确保印刷复制委托书制度严格落实，确保企业不承印承制非法出版物，同时严厉查处违法、违规印制盗版和非法出版物的企业和地下印刷复制窝点。据统计，2009年共检查印刷复制企业7509家次。

（四）网络文化环境进一步净化

网管办、通信、公安网监部门深入开展网上"扫黄打非"，密切关注网上舆情信息动态，严密封堵境外有害出版物和政治谣言等有害信息，坚决查处违法违规网站。

二、精心组织协调，开展集中行动，不断取得新战果

认真贯彻落实全国"扫黄打非"办公室各项工作安排部署，精心组织开展了第一、第二、第三阶段"扫黄打非"集中行动，这些行动重点突出、目标明确、措施有力、落实到位，有力维护了出版物市场的正常秩序。

（一）以遏制非法出版物和清除网上违法有害信息为重点，自2月上旬至4月下旬，开展了第一阶段集中行动

按照全国各省（区、市）"扫黄打非"办公室主任会议精神，天津市各有关部门、各区县围绕第一阶段集中行动主要任务，切实加强日常监管，坚持开展集中治理，严格查堵非法出版物、严肃查处各类非法报刊、严密封堵网上有害信息、严厉打击侵权盗版出版活动，取得了显著成果。天津海关共查缴非法出版物475件，"法轮功"等邪教组织宣传品158件，非法宗教类宣传品11909件；公安网监、通信管理部门坚决落实关键词过滤、24小时值班制度等防范措施，删除处置各类有害信息6879条；市文化执法、新闻出版、公安、工商、城市管理综合执法部门在市场清查中共出动执法检查人员9776人次，检查出版物市场和店档摊点4995家次，收缴各类非法出版物221632件。

（二）以整治印刷复制、运输环节为重点，自5月中旬至7月底，开展了第二阶段集中行动

按照全国"扫黄打非"办公室2009年第一次电视电话会议的统一部署，市"扫黄打非"办公室组织市各有关部门、各区县认真开展整治工作，全力查缴各类非法出版物，并坚持按照特别整治期进行管理，实行"扫黄打非"工作情况周报告制度。天津海关查获了全国"扫黄打非"办公室列名的非法出版物500余件；文化执法部门检查印刷、复制企业3263家次；文化执法、交通、机场、铁路部门对物流中心的配货站和机场、火车站、汽车站内的书报刊销售点进行拉网式检查，严厉查处贩运、经营非法出版物的企业和责任人；武清区、静海县还加大对高速公路服务区出版物经营店的检查力度，进一步规范了其经营行为。

（三）以整治侵权盗版和非法出版教材教辅活动为重点，自8月中旬至11月中旬，开展了第三阶段集中行动

按照全国"扫黄打非"办公室主任会议部署，天津市"扫黄打非"办公室组织协调各区县、各有关部门，切实采取"搞发动、清市场、挖线索、端窝点、办大案、抓长效"六项工作措施，严密封堵查缴非法出版物，严厉打击侵权盗版和非法出版活动，坚决整治盗版教材教辅读物，为庆祝新中国成立60周年营造了良好社会文化环境。教育部门进一步规范大中小学校使用教材教辅行为，文化执法、教育部门联合对18个区县的20多所中小学校进行抽查，重点检查中小学校征订使用教材教辅情况。文化执法部门加强对校园及其周边出版物经营场所的集中检查，大力净化了校园周边文化市场环境。

结合全国"扫黄打非"办公室的专项工作部署，还组织开展了清缴整治低俗音像制品、净化社会文化环境、净化"两节"、"两会"期间出版物市场等专项行动，有效解决了出版物市场中存在的突出问题。

1. 开展了清缴整治低俗音像制品专项行动

按照全国有关通知要求和音像出版复制发行工作座谈会部署，市"扫黄打非"办公室将出版、印刷、复制、发行单位自查和执法部门检查

相结合，组织开展了整治低俗音像制品专项行动。市、区两级文化执法、公安、工商、综合执法等部门对全市音像市场进行拉网式清查，特别对音像制品集中经营场所及批发、零售、出租单位进一步加大检查密度和力度，反复排查，不留死角，坚决清缴和整治低俗音像制品。据统计，专项行动期间，全市共出动执法人员1458人次，检查经营单位和场所452家次，清缴了一批涉嫌低俗音像制品。同时，充分运用"互联网技术监管平台系统"，加强对网上音像制品销售传播等环节的技术监管，防止低俗音像制品通过互联网传播。

2. 开展净化社会文化环境专项行动

按照中办发〔2009〕6号文件和全国净化社会文化环境工作会议精神，结合天津市文化市场实际，认真开展了净化社会文化环境专项行动。市、区两级文化执法部门加强对中小学校园周边的书店、报刊亭、音像店、文具用品店和网吧的检查，坚决查缴淫秽色情、凶杀暴力、封建迷信类书刊、音像制品、动漫游戏、印刷品和不良文化产品，坚决取缔游商地摊，坚决查处网吧违规接纳未成年人行为，切实净化校园周边文化出版物市场环境。据统计，全市共检查网吧14930家次，责令整改134家次，警告处罚447家次，罚款20余万元，停业整顿7家，配合工商、通信部门取缔"黑网吧"1341家，为未成年人健康成长营造了良好的文化市场环境。

3. 开展净化"两节"、"两会"期间出版物市场专项行动

根据市"扫黄打非"办公室的部署，市各有关部门、各区县严守进境入市渠道、严密清查市场、严防翻印复制非法出版物、严禁网络传播有害信息、严格落实工作责任制、严格实行值班制度，进一步加大工作力度，持续保持高压态势，大力净化了天津市出版物市场，为全国和天津市"两会"顺利召开，为广大群众欢度"两节"营造了良好文化环境。据统计，专项行动期间，天津海关部门收缴《晚年周恩来》、《真假毛泽东》等非法出版物、"法轮功"邪教组织宣传品共104件，收缴非法宗教宣传品814件；市各有关部门、各区县共出动检查人员3036人次，检查市场271家次，店档、摊点1440个，检查印刷复制企业163家，取缔、关闭店档、摊点118个，收缴各类非法出版物56946件。

三、深挖线索端窝点，认真查办大要案，有力震慑违法犯罪分子

按照"彻查彻究彻办"原则，天津市2009年成功查办了"3·12"要案，审结了全国"扫黄打非"办公室督办的"6·03"大案和徐州"3·03"案天津专案，受到了中央有关部门和市委主要领导同志的充分肯定和高度评价。

（一）查办了重要案件"3·12"案

刘云山、张高丽等中央领导同志高度重视，多次作出重要批示。云山同志在全国"扫黄打非"办公室案情报告上批示："天津市对此案的查处是及时有力的。全国'扫黄打非'办公室要做为要案，协调各地和各有关部门，坚决查缴，防止扩散，防止互联网传播。"云山同志在天津市上报结案报告上又一次批示："天津的工作做得好。"高丽同志批示："'扫黄打非'工作十分重要。近两年天津市按中央要求，连破两起要案，把握得比较好，工作比较扎实。希望认真总结经验，进一步加大工作力度，为全市改革发展稳定营造良好的社会文化环境。"天津市委常委、市委宣传部部长肖怀远同志亲自部署、直接指挥。公安、新闻出版、文化市场行政执法、工商、税务、网管等部门恪尽职守，密切配合，查处了"3·12"要案，取得了收缴涉案图书1946册（共印2000册）、电子光盘2张、储存该书电子文件硬盘6块、印刷软片（菲林）38张的重要战绩，并有效控制了涉案人员炒作的图谋，教育转化了编辑及非法印刷发行非法出版物的有关人员，取缔或重罚了相关涉案企业。全国"扫黄打非"办公室认为"此案的成功查办，为国内查办非法出版物案件提供了经验和范例"。

（二）审结了全国"扫黄打非"办公室、公安部重点督办的"6·03"批销盗版音像制品团伙网络案

此案的破获，打掉了天津市最大的批销音像制品网络，查获非法光盘30余万张，淫秽光盘1000余张及大量涉案物品，依法从严审判了11名犯罪分子。全国"扫黄打非"办公室专程来津表彰此案的查办工作，认为"此案的成功破获，不仅沉重打击了为害一方的盗版犯罪活动，促进了天津及周边出版物市场的健康有序发展，还为查处同类案件提供了经验和范例，对推动全国'扫黄打非'工作产生了积极影响"。

（三）成功审结了徐州"3·03"制售非法报纸团伙网络案天津专案

根据徐州"3·03"制售非法报纸团伙网络案提供的线索，天津市于2008年年底成功侦破了"3·03"贩卖非法报纸案，并于2009年年初以非法经营罪对此案依法宣判。

在查办大案要案的同时，市"扫黄打非"办公室和文化执法部门注重挖线索、端窝点，顺藤摸瓜、查办案件，2009年已连续查办各类非法出版物案件315起，成功打掉多个销售非法出版物黑批发窝点，铲除了危害非法出版物市场的祸根。

1. 查办了"9·16"销售非法光盘黑窝点案和河东区销售非法出版物黑窝点案

9月16日，市文化市场行政执法总队在西青区西姜井村查获一起向北京等地辐射批销非法音像制品窝点，收缴盗版光盘近10万张，淫秽音像制品近1000张。此案已由市文化市场行政执法总队立案调查，目前，正在对涉案非法光盘进行鉴定。9月28日，市"扫黄打非"办公室组织河东区"扫黄打非"办公室、文化、公安等部门，捣毁了一个深藏在某小区内的盗版光盘批发窝点，经清点和市新闻出版局鉴定，共查缴非法出版物1100余种、盗版光盘12700余张。以上两起案件正在进一步处理中。

2. 大力查办非法出版物行政案件

2009年年初，市"扫黄打非"办公室会同蓟县新闻出版局查处蓟县大唐印刷厂印制非法出版物案，没收非法出版物4990册，蓟县新闻出版局对该厂罚款人民币5万元；查处海力德集团等单位盗印天津人民美术出版社非法出版物案，没收非法出版物1万余册，对2个装订印刷企业分别罚款1万元和4000元；会同河东区新闻出版局查处一书店经营盗版教辅图书案，当场没收违规教辅3000余册，河东区新闻出版局已对该书店作出罚款6000元的行政处罚；会同西青区新闻出版局查处一书店经营非法图书案，西青区新闻出版局对该书店罚款1300元；会同津南区新闻出版局查处一正在装订非法出版物的装订厂，当场收缴2000余册非法图书，津南区新闻出版局已对该厂作出罚款1万元的行政处罚。

3. 打掉多个销售非法出版物黑窝点

2月，市"扫黄打非"办公室在南开区端掉2个销售非法教辅黑窝点，收缴盗版教辅图书和试卷类非法出版物3.2万余册。年初，和平区"扫黄打非"办公室组织有关部门打掉3个经营非法出版物黑窝点，收缴非法报刊6000余份、非法图书6200余册。市"扫黄打非"办公室会同武清区新闻出版局，打掉一个批发非法出版物黑窝点，收缴非法小报7000份、非法图书100册、非法光盘100张。同时，在全市加大宣传攻势的强大压力下，南开区一非法光盘黑窝点经营者主动向主管部门上交盗版教辅读物1460册。

四、努力探索思路，创新工作方法，不断拓展"扫黄打非"工作内容

（一）积极建设"扫黄打非·护城河工程"

天津市委书记张高丽同志高度重视做好首都"扫黄打非·护城河工程"，专门做出"认真贯彻落实，建设好'护城河'工程"的重要批示，市委常委、市委宣传部部长、市"扫黄打非"工作领导小组组长肖怀远同志提出明确要求，对市委办公厅、市政府办公厅转发的《天津市2009年"扫黄打非"行动方案》进行了专门部署。市"扫黄打非"办公

室在认真制定工作方案、精心组织实施、切实推动各项工作任务落实、确保首都文化安全的同时，进一步加强与北京市"扫黄打非"办公室的联系，联合组织召开了首都"扫黄打非·护城河工程"京津协作座谈会。会议就加强京、津两地地区间合作、防止非法出版物流入北京等议题进行了专题研究；签署了《北京市、天津市"扫黄打非"办公室共同开展首都"扫黄打非·护城河工程"合作备忘录》；建立了"扫黄打非"协作管理、信息通报、联合封堵等工作机制，决定在查处非法出版和侵权盗版案件中协调行动，进而实现跨区域联合办案，以开创快速高效、联防共管的工作新格局。市各有关部门、各区县组织执法人员，对进京各渠道严密监控，确保非法出版物不流入北京。据统计，护城河行动开展期间，全市共检查印刷、复制企业3000余家次，收缴侵权盗版制品24万余件，收缴非法报刊2245份。

（二）扎实推进网络侵权盗版监管平台建设

在2008年开展打击网络侵权盗版活动专项行动的基础上，继续发挥网络技术优势，积极搭建天津市网络侵权盗版监管平台，进一步加大对利用互联网和移动通信网络传播影视、音乐和图书等作品的监管力度，切断网上传播侵权盗版作品的通道。目前，通信网络音乐作品的监管平台基本建立，该平台通过对备案登记作品与正版库的对比，能及时搜索发现侵权盗版音乐作品，为迅速依法查处提供有力技术支撑。

（三）积极开展整治手机淫秽色情网站行动

按照全国"扫黄打非"办公室《关于严厉打击手机网站制作、传播淫秽色情信息活动的紧急通知》（〔2009〕新出明电34号）的部署，天津市"扫黄打非"办公室针对手机网站制作、传播淫秽色情等有害信息的情况，组织公安网监和通信管理部门开展专题调研，认真分析了手机网站制作、传播淫秽色情等有害信息存在的问题，提出了具体的解决对策。同时，积极配合公安部门做好此次专项行动，努力探索封堵和拦截新技术措施，切断色情网站的利益链条，减少手机色情网络不良文化信息的危害。

五、加强组织领导，完善工作机制，为"扫黄打非"斗争提供保障

（一）领导高度重视，切实加强指导

天津市委、市政府高度重视"扫黄打非"工作。2009年，市委书记张高丽对"扫黄打非"工作作出7条批示，为做好"扫黄打非"工作指明了正确方向。市委常委、市委宣传部部长、市"扫黄打非"工作领导小组组长肖怀远同志对"扫黄打非"工作高度关注，无论是全年的工作部署、阶段性的专项治理、还是重大案件的查办，他都亲自过问、亲自指挥。年初，怀远部长出席全市"扫黄打非"工作领导小组扩大会议，对做好全年工作进行安排部署，提出明确要求。他亲自审定《天津市2009年"扫黄打非"行动方案》，由市委、市政府两办转发。2009年，针对"扫黄打非"重点工作，他作出重要批示29次，对全年的"扫黄打非"工作给予有力指导，为解决重大疑难问题起到了关键性作用。

（二）完善法律法规，加大执法投入

一是为加快文化市场执法改革步伐，解决"扫黄打非"执法授权问题，市政府第37次常务会议上通过了《天津市文化市场相对集中行政处罚权规定》，于2009年12月1日已正式生效，为文化市场行政执法提供法律保障。二是为提高"扫黄打非"工作理论研究水平，更好地指导实际工作，市"扫黄打非"办公室和天津市社会科学院联合组建了"扫黄打非"犯罪问题调研基地。该基地以总结"扫黄打非"和文化市场执法工作经验、研究执法工作前沿课题、建立完善市场执法体系、深化文化市场综合执法改革等工作为重点，开展调查研究，为深入开展"扫黄打非"和文化市场行政执法工作提供理论支持。三是天津市认真贯彻落实全国"扫黄打非"办公室关于为执法人员购买人身意外伤害保险的有关要求，专门部署此项工作。市"扫黄打非"办公室（市文化市场行政执法总队）挤出经费，带头为执法人员购买了人身意外伤害保险，为推动此项工作起到示范作用。下一步，市"扫黄打非"办公室将把此项工作列入全市各区县考核的重要内容，并组织对此项工作的专项检查，确保落实到位。

（三）健全完善工作制度，发挥考评机制作用

2009 年，为进一步加强"扫黄打非"执法工作，市"扫黄打非"办公室建立了日常巡查、联席会议、抄告备案、应急管理、区域协作、重大行政处罚案件集体讨论、专家顾问、相对集中行政处罚权规定、案卷评查、举报受理、案件移送、岗位轮换、重大案件管理、行政执法责任、评议考核、表彰奖励、行政复议、廉政、培训考核、信息沟通等 7 个方面 20 项工作制度，通过建立健全各项管理制度，有效规范了日常工作，提高了办事效率，推动了"扫黄打非"工作全面提升到更高的水平。同时，充分发挥社会治安综合治理工作对"扫黄打非"考评和"扫黄打非"先进评选机制作用，充分调动各区县、市各有关部门工作积极性。日常，对查办"扫黄打非"大

案要案做出突出贡献的有功集体和个人进行表彰奖励。例如，2009 年，对查办"6·03"大案的公安西青分局给予办案经费 5 万元的奖励，对查办徐州"3·03"制售非法报刊团伙网络案天津专案的公安和平分局给予办案经费 1 万元的奖励。年终，结合市综治委办的考评，市"扫黄打非"办公室还将继续开展"扫黄打非"工作先进评选，对先进集体和个人给予物质和精神奖励。

（四）加强信息宣传，做好举报查处

共编发"扫黄打非"工作简报 30 期，文化市场执法工作简报 26 期，为领导决策提供第一手资料，为指导基层工作起到了示范导向作用。积极联系中央及天津市的电台、电视台、报纸等媒体，多次播发、刊载专题稿件，加大宣传报道工作力度，营造全社会支持参与"扫黄打非"和文化执法工作的氛围。举行了两次大规模销毁活动，共销毁盗版光盘 92 万余张，非法图书 5000 册，充分展示了天津市保护知识产权的决心和力度，震慑了违法犯罪分子。充分发挥 12318 举报电话作用，认真记录并有效查处每一起举报内容，共接到并查处各类有效举报 500 余次。

领导讲话

在天津市"扫黄打非"工作领导小组扩大会议上的讲话

天津市委常委、宣传部长、市"扫黄打非"工作领导小组组长
肖怀远

第二十二次全国"扫黄打非"工作电视电话会议全面总结 2008 年工作，精心部署 2009 年"扫黄打非"任务，表彰了一批先进集体和先进个人。特别是云山同志的重要讲话，对于深入扎实地推进 2009 年的"扫黄打非"工作具有重要指导意义，我们一定要认真学习、深刻领会，紧

密结合天津工作实际，切实抓好贯彻落实。下面，我就做好今年的"扫黄打非"工作讲三点意见：

一、认清形势，提高认识，进一步增强做好"扫黄打非"工作的责任感和使命感

2008 年，各区县、各有关部门在市委、市

政府的正确领导下，认真贯彻落实《天津市2008年"扫黄打非"行动方案》的各项要求，以为北京奥运会成功举办营造良好的文化环境为重点，突出"查堵非法出版物、打击侵权盗版活动、净化互联网环境、查处非法报刊"四个着力点，既发挥主动性、打好主动仗，又强化日常监管、开展专项治理，大案要案查办取得新进展，机构队伍建设实现新突破，监管水平得到新提升，文化市场呈现新面貌，"扫黄打非"工作取得了明显成绩，全市共收缴各类非法出版物75万余件，查办各类案件239起。同时，认真落实"护城河"工程的各项要求，实现了奥运期间文化市场"零事故"的目标，文化市场环境得到进一步净化，为实现天津市科学发展和谐发展率先发展营造了良好的社会文化环境。

天津市共有13个集体和8名个人受到全国"扫黄打非"工作小组的表彰，近期全国"扫黄打非"办公室还将在天津市召开天津"6·03"批销盗版音像制品团伙网络案总结表彰会，对查办此案的有功集体、有功个人专门进行表彰。这不仅是受表彰单位和同志的荣誉，也是对天津市"扫黄打非"工作的肯定，更是对天津市"扫黄打非"工作的鼓励和鞭策。

在肯定成绩的同时，也必须清醒地看到，国际国内政治形势纷繁复杂，意识形态领域的斗争依然十分尖锐。境内外敌对势力炮制传播非法出版物的活动始终没有停止，宣扬邪教和民族分裂的非法出版物有增多的趋势，淫秽色情及内容有害的文化垃圾屡打不绝，侵权盗版活动仍然猖獗，非法报刊屡禁不止，利用互联网、移动通信工具散布政治谣言、传播淫秽色情等有害信息的问题日趋严重，非法出版和传播活动网络化、专业化、高技术化的特点更加明显。"扫黄打非"工作是保证社会主义意识形态安全的有效手段，是新的历史条件下管理文化市场的成功模式。面对复杂形势和严峻挑战，"扫黄打非"工作只能加强，不能削弱。

2009年是新中国成立60周年，是全党深入贯彻落实科学发展观的重要一年，大事多，热点难点和敏感问题也多，西方反华势力一刻也没有停止对我国西化、分化的图谋，国内的一些噪音和杂音也要通过各种形式和渠道表现出来。深入开展"扫黄打非"斗争，抵制不良文化侵蚀，用社会主义核心价值体系引领社会思潮，最大限度增进社会认同，对于应对境内外敌对势力可能在敏感时间节点制造事端、确保社会政治稳定具有重大意义。

从天津市的发展形势看，2009年是应对国际国内环境重大挑战、实现市委"一二三四五六"奋斗目标第一阶段任务的关键一年。市委明确指出，2009年可能是进入新世纪以来经济发展面临困难最大、挑战最严峻的一年，是一个必须闯过的关口。认真贯彻落实市委九届五次全会提出的"保增长、渡难关、上水平"的总要求，战胜国际金融危机的冲击，保持天津经济社会又好又快发展，离不开良好的社会文化环境和健康向上的思想舆论氛围。

面对新形势、新任务、新要求，"扫黄打非"工作使命光荣、责任艰巨。各区县、各部门要从服务全党全国工作大局、推进中国特色社会主义事业顺利发展、维护社会稳定和国家长治久安的战略高度，进一步加深对"扫黄打非"斗争重要性、长期性、艰巨性、复杂性的认识，进一步增强责任感、紧迫感、使命感，切实把思想和行动统一到中央的决策和市委的部署上来，坚持"扫黄打非"工作不动摇、不懈怠、不敷衍，努力开创"扫黄打非"工作新局面。

二、突出重点，精心组织，切实增强"扫黄打非"工作的针对性和实效性

在第二十二次全国"扫黄打非"工作电视电话会议上，国家新闻出版总署、中央综治委、公安部、文化部等部门负责同志分别对2009年的"扫黄打非"工作进行了安排部署，各项任务已经明确，关键是要抓好落实。下一步，天津市"扫黄打非"办公室要根据《全国2009年"扫黄打非"行动方案》，紧密结合天津实际，制定好《天津市2009年"扫黄打非"行动方案》，成熟后由市委办公厅、市政府办公厅转发。各区县也要制定具体方案进行落实。下面，我强调一下全市 2009 年"扫黄打非"重点工作。

2009 年天津市"扫黄打非"工作的总体要求是：全面贯彻党的十七大和十七届三中全会精神，高举中国特色社会主义伟大旗帜，以邓小平理论和"三个代表"重要思想为指导，深入贯彻落实科学发展观，按照市第九次党代会的要求和市委九届五次全会的部署，高举保护知识产权旗帜，严密封堵非法出版物及网上有害信息，严厉打击侵权盗版活动，坚持开展集中治理，切实加强日常监管，维护意识形态安全，促进社会和谐稳定，推动文化大发展大繁荣，为保增长、渡难关、上水平，实现天津科学发展和谐发展率先发展营造良好的社会文化环境。

做好 2009 年"扫黄打非"工作，要明确一条主线，围绕三个阶段，把握六个重点，开展七项行动，确保做到三个"坚决防止"。

一条主线是：要以迎接新中国成立 60 周年为工作主线，更好地服从、服务于全党全市工作大局，为保增长、渡难关、上水平，实现天津科学发展和谐发展率先发展营造良好的舆论氛围和文化环境。

三个阶段是：第一阶段，1 月中旬至 4 月下旬，以整治印刷复制、运输环节为切入点，开展集中行动；第二阶段，5 月中旬至 7 月底，以整治出版环节为切入点，开展集中行动；第三阶段，8 月中旬至 11 月中旬，以整治销售、进口环节和信息网络为切入点，开展集中行动。

六个工作重点是：严密封堵和查缴非法出版物；及时屏蔽和删除利用信息网络传播的各类违法有害信息；大力扫除淫秽色情、凶杀暴力、封建迷信等文化垃圾；坚决查缴各类侵权盗版出版物；严肃查处取缔各种形式的非法报刊；严厉打击各类文化经营场所的违法违规行为。

按照三个阶段的安排，围绕上述六项工作重点，天津市要组织开展以下七个专项行动。

（一）查堵非法出版物专项行动

组织各区县、各部门在全国"两会"、"十一"等重要活动、重大节庆和敏感时期进行。一是加强对出版物进口的监管，防止境外有害出版物通过正式渠道流入；二是加强对进境印刷品、音像制品和其他文化产品的监管，对进境的重点人员和车辆做到过关必查，切实提高查验率；三是高密度检查出版物经营场所和繁华街区、旅游景点、交通枢纽、宾馆饭店等各类重点区域场所，发现非法出版物予以坚决查缴。

（二）整治印刷复制行业专项行动

在 2009 年春节后至 4 月下旬，对印刷复制企业进行集中整治。要加大对印刷复制企业经营者的培训、教育力度，增强守法经营、诚信经营的自觉性。要严格执行印刷复制委托书制度，依法从严查处正规企业生产盗版及非法出版物。要深挖地下印刷复制黑窝点，严厉打击非法印制活动，坚决取缔违法违规企业。

（三）整治运输环节专项行动

在 1 月下旬至 4 月下旬组织开展。要进一步健全工作机制，对铁路、公路、水路、航空、邮政等运输环节加大检查力度，坚决打击利用交通运输渠道贩运非法出版物。要加强对托运站、货运站的监管，健全制度，完善措施，决不允许其成为非法出版物的"交通站"、"转运站"。要规范高速公路服务区的出版物经营点，对经营非法出版物的企业法人和责任人依法严肃处理。

（四）打击侵权盗版专项行动

"4·26"世界知识产权日前后，组织开展专项行动，清查出版物市场，深挖批发盗版制品黑窝点，严厉打击销售侵权盗版出版物行为。在春、秋季开学前后，组织开展打击盗版教材及教辅读物的专项行动，严肃查处违法违规编辑、印刷、发行盗版教材及教辅读物的行为。

（五）规范报刊市场专项行动

在 5 月中旬至 7 月底组织开展。一是对天津市报刊出版单位进行检查，坚决纠正一号多刊或租赁、出卖刊号行为；二是继续整治假新闻、假报刊、假记者、假记者站，严厉打击以记者身份招摇撞骗、敲诈勒索、聚敛钱财和扰乱社会秩序的违法活动；三是清查报刊发行市场，着力规范邮局、报社自办发行、报刊亭等正规发行渠道经营行为，深挖非法报刊批发黑窝点，进一步净化报刊市场。

（六）净化互联网环境专项行动

要与整治互联网低俗之风专项行动紧密结合起来，密切关注网上舆情动向，深入开展网上"扫黄打非"，严密封堵境外有害出版物及淫秽色情等有害信息。要继续加大打击网络侵权盗版的力度，依法查处传播侵权盗版作品的违法网站，进一步规范互联网经营秩序，推动各网站文明办网，使互联网成为传播先进文化的重要阵地。

（七）净化未成年人成长环境专项行动

"六一"前后及寒、暑假期间，开展对淫秽色情、凶杀暴力、封建迷信类的书刊、音像制品、卡片类印刷品及动漫游戏的专项治理，大力净化学校周边的文化产品零售、租赁摊店及互联网上网服务经营场所，为青少年健康成长营造良好的文化环境。

通过开展七项专项治理，确保做到三个"坚决防止"：一是坚决防止严重危害政治安定和社会稳定的非法出版物、有害信息进入市场或滞留网上；二是坚决防止发生损害未成年人身心健康的淫秽色情等文化垃圾泛滥的重大事件；三是坚决防止出现损害国家整体利益、引起国际社会高度关注的侵权盗版重大案件查处不力的情况。

三、加强领导，明确责任，确保"扫黄打非"工作落到实处

（一）加强组织领导，加大投入力度。要继续坚持和完善各级党委、政府统一领导，各级"扫黄打非"办公室和党委宣传部门组织协调，各地区联防协作，各部门齐抓共管，社会各方面积极参与的领导体制和工作机制。各级党委、政府要将"扫黄打非"工作列入重

要议事日程，主要领导要亲自过问，分管领导要靠前指挥。各区县"扫黄打非"工作领导小组组长是本区县"扫黄打非"工作的第一责任人，"扫黄打非"工作领导小组成员是本单位"扫黄打非"工作的第一责任人，要做到重大行动亲自部署，重点工作亲自指挥，重大案件亲自督导，重大问题亲自协调解决，确保"扫黄打非"工作领导到位、责任到位、措施到位、落实到位。要将"扫黄打非"工作经费纳入本级财政预算，建立投入保障机制，确保所需工作经费。要不断提升"扫黄打非"工作机构的装备水平、技术能力和办公条件，为深入持久地开展"扫黄打非"斗争提供必要物质保障。

（二）落实工作责任，加强协调配合。要按照"属地管理"和"谁主管谁负责"的原则，层层落实责任制和责任追究制，做到守土有责、守土尽责。"扫黄打非"办公室要加强与有关部门的沟通联系，强化部署、协调、指导、督办的职能。各成员单位要各司其职、各负其责，充分发挥职能作用，切实履行工作职责；同时，还要相互支持、协同作战，做到属地管理与部门管理相衔接、主管部门与协管部门相配合。

（三）查办大案要案，打击违法犯罪。2008年，天津市成功查办了全国"扫黄打非"办公室、公安部挂牌督办的"6·03"批销盗版音像制品团伙网络案，受到了中央有关部门的充分肯定。2009年，要继续坚持彻查、彻究、彻办原则，以生产、储运、批销等环节为突破口，打团伙、破网络、抓幕后主犯、除恶务尽。要按照国家有关部门的要求，继续推进"扫黄打非"的行政执法与刑事司法无缝链接，文化市场行政执法部门对涉嫌犯罪的案件，要及时移送，不得以行政处罚代替刑事处罚；公安机关对移送的刑事案件，要及时立案、依法查处；检察、审判机关要依法高限量刑、严厉打击。

（四）加强队伍建设，提高执法水平。要

继续推动天津市文化市场综合执法队伍建设，进一步整合执法力量，增强执法合力，提高执法效能。要加强对"扫黄打非"工作执法人员的法律法规和业务知识培训，不断提高执法人员的思想政治水平、业务水平和工作能力，按照"政治强、业务精、纪律严、作风正"的要求，努力打造一支特别能吃苦、特别能战斗，敢打硬仗、能打硬仗、打赢硬仗的执法队伍，做到依法执法、科学执法、和谐执法、公正

执法。

2009年的"扫黄打非"工作任务艰巨、责任重大，希望大家认真贯彻落实中央的要求和市委的部署，以更加昂扬向上的精神状态和更加勤奋务实的工作作风，兢兢业业、扎扎实实做好"扫黄打非"工作，以优异的工作成绩迎接新中国成立60周年。

2009年1月16日

2009年"扫黄打非"大案要案综述

天津市"扫黄打非"办公室

2009年，天津市"扫黄打非"办公室充分发挥协调、组织职能，开展了多次专项整治行动，协调有关部门，相继查处了"赖子游戏中心"网站提供载有宣扬赌博内容的网络游戏文化产品案、天津风云网络技术有限公司和天津零距离网络科技有限公司运营未经文化部批准进口的互联网文化产品案等一批违规网络游戏案件，取得了明显整治成效。现将其中比较有代表性的重点案件综述如下。

1. "赖子游戏中心"网站提供违法网络游戏运营服务案

2009年7月15日，天津市文化市场行政执法总队接到群众举报称"赖子游戏中心"网站上利用"麻将"、"二八杠"等游戏设置赌局，如同在网络上开设赌场，骗取玩家钱财，社会影响很恶劣，特别是对青少年的危害很大，请求文化执法部门查处。总队根据举报立即对武汉拇指通科技有限公司开发并在我市租用服务器运营的"赖子游戏中心"网站进行了调查。经调查，武汉拇指通科技有限公司在天津市区域内开发并实际运营的"赖子游戏中心"网站及其相关在线网络棋牌类游戏提供经营的网络产品"二八杠"等游戏规则与现实赌博游戏规则相同，发行的"赖子金币"道具作为游戏筹码计胜负，而且须

以法定货币充值，实际与网络游戏虚拟货币名称重合，同时该游戏网站还存在对胜方收取每局3%~5%的佣金等违法游戏规则。根据《公安部、信息产业部、文化部、新闻出版总署关于规范网络游戏经营秩序查禁利用网络游戏赌博的通知》、《文化部、商务部关于加强网络游戏虚拟货币管理工作的通知》以及《互联网文化管理暂行规定》等文件的有关规定，认定武汉拇指通科技有限公司开发和运营的"赖子游戏中心"，提供了载有宣扬赌博内容的网络游戏文化产品，当事人的行为违反了《互联网文化管理暂行规定》（文化部令第32号）第十七条第七项的有关规定。由于该游戏网站经营时间较长且在全国网络游戏玩家中有一定知名度，违法经营行为社会影响较大，按照《互联网文化管理暂行规定》（文化部令第32号）第二十四条第一款之规定，认定该违法经营行为情节较为严重。经集体讨论研究决定，对当事人处以责令停止提供违法网络游戏服务、责令停业整顿的行政处罚，并要求自处罚生效之日起进行整改、整改后经文化部门验收合法后方可恢复经营。由于该公司运营的"赖子游戏中心"网站涉及全国多省，且经营时间较长，影响范围较广，在下达处罚决定后，天津市"扫黄打非"办公室协调天津市

通信管理部门责成服务企业采取措施停止武汉拇指通科技有限公司在天津市的运营服务，并屏蔽该"赖子游戏中心"网站域名解析及服务器 IP，同时还向文化部建议对该公司采取措施停止其在全国范围内的运营服务，进行整改。经听证告知程序，当事人未提出听证要求，且改正态度较好，并及时对其运营的"赖子游戏中心"网站进行了整改，及时在其公司网站上公布其接受有关行政处罚情况，并按要求进行了两次整改违规游戏规则。2009 年 9 月 24 日，经天津市文化市场行政执法总队审核，认为该公司已对违规行为进行了整改，同意其恢复运营，案件正式办结。

本案是天津首例依据《互联网文化管理暂行规定》对网络文化经营单位从事提供宣扬赌博、教唆犯罪内容网络游戏进行处罚的案件，同时也是天津市文化执法部门第一例跨省调查的网络案件，此案的成功查处是在全国大力净化社会文化环境、整顿网络文化市场、动漫市场专项行动的大背景下进行的。案件的查办被北方网、《每日新报》、搜狐网等国内多家主流媒体和网站相继报道，在全国产生了较大影响，为今后文化执法开拓了新思路、新领域，积累了新经验、新做法，同时也是对目前方兴未艾的网络文化市场提出了规范的要求，为网络文化经营者敲响了守法规范经营的警钟。

2. 天津风云网络技术有限公司和天津零距离网络科技有限公司擅自提供未经文化部批准进口的互联网游戏案

2009 年 10 月 27 日，天津市文化市场行政执法总队按照《文化部办公厅关于查处第七批违法游戏产品及经营活动的通知》要求对互联网游戏《英雄 2》和《RUSH - 冲锋》的运营商天津风云网络技术有限公司和天津零距离网络科技有限公司分别立案调查。

经调查，当事人天津风云网络技术有限公司和天津零距离网络科技有限公司分别自 2007 年 11 月和 2009 年 5 月至案发期间，从韩国进口网络游戏《英雄 2》和《RUSH - 冲锋》在国内运营，且上述两款网络游戏产品均未办理文化部有关进口审批手续。

两案当事人的行为均违反了《互联网文化管理暂行规定》第十六条的有关规定。经天津文化执法总队集体讨论，认为上述两案之当事人违法经营时间较长，社会影响较为恶劣，应认定为违法情节严重。根据《互联网文化管理暂行规定》第二十四条之规定，天津市文化行政执法总队于 2009 年 11 月 16 日和 19 日分别对天津风云网络技术有限公司和天津零距离网络科技有限公司处以责令停止提供违规网络游戏服务、责令停业整顿的行政处罚，责令当事企业报文化部进行内容审查并获得相关许可手续后方可恢复运营。

接到处罚决定后，经执法人员的法规和政策的宣讲，涉案当事企业负责人均表示服从处罚决定，不提出听证要求，并按要求停止了违规游戏的运营服务，办理有关文化部进口审批手续。鉴于该案涉案游戏服务器均设在外省市，天津市文化市场执法总队还将案件调查相关材料分别报送至文化部及天津市通信管理部门，请求协调服务器所在地区有关部门依法进行查处。

上述几起违规网络游戏案件的成功查处是在全国大力净化社会文化环境、整顿网络文化市场、动漫市场专项行动的大背景下进行的，更是天津市"扫黄打非"办公室、天津市文化市场行政执法总队学习实践科学发展观活动取得的具体成绩。作为文化市场行政执法部门，在案件的查办中，有以下四点工作体会。一是领导高度重视和有力支持，是案件成功办理的组织保障。在案件办理过程中，天津市"扫黄打非"办公室领导和有关部门领导高度重视、有力支持，多次对案件办理做出重要指示，要求办案人员要"办成铁案、示范案，打赢规范网络游戏市场第一仗"。当案件办理遇到困难或疑问时，天津市"扫黄打非"办公室领导亲自参与案件的讨论与研究，对案件办理提出实践意见，为案件的成功办结做了大量的指导工作。正是领导的高度重视和有力支持，才使得案件在仅仅两个月的时间内全部办结。二是办案人员的不畏困难和钻研精神，是案件成功办理的思想基础。作为刚刚成立一年的天津市文化市场行政执法总队就要面对网络游戏案件的查办，之前毫无经验可以借鉴，特别是像"赖子游戏中心"网站在全国都有着较大影响的案件，对于总队年轻的执法干部来说，无疑是一个不小的挑战。但是在各级领导的支持和鼓励下，办案人员不畏困难，全新的市场、全新的挑战反而激发队员更高的热情。凭着年轻人的钻研精神，克服了各种困难，成功地办结了网络游戏案件，其中"赖子游戏中心"案还获得了2009年文化部全国文化执法案件评比三等奖的优异成绩。三是周密的查办计划和明确的办案思路，是案件成功办理的前提条件。网络案件的查办不同于以往实体网络文化市场的执法，很多以往的所谓办案"程式"、"经验"都将不再适用。而且此次办理的几起网络游戏案件是天津文化执法总队成立以来第一次办理此类案件，案件

的成败直接关系到今后网络文化市场管理的成效，为了能够确保案件办理的效果，在案件查办之初，办案人员就在天津市"扫黄打非"办公室领导的直接指导下，多次研究和讨论，制定了周密的办案计划，确定了"充分了解、掌握证据、迅速查办"的方针，为案件的迅速、成功办理打下了坚实、良好的基础。四是采取适当的技术措施收集和固定网上证据，是案件成功办理的必要手段。网络游戏由于自身传播的载体和运营的特点，决定了对此类案件的取证不能仅仅满足于过去的"问问话、看看证、拍拍照"等传统单一的方式，要适应网络和信息技术特点，掌握案件的要害证据，才能抓住重点、成功办理案件，办成铁案、示范案。在此次几起网络游戏案件的办理过程中，办案人员采取了多种网络技术手段固定证据，打击涉案当事企业的要害。通过案件查办，队员们深深体会到采取必要技术手段收集和固定网上证据，对于网络案件的成功办理起到了积极作用。

2009年"扫黄打非"大事记

天津市"扫黄打非"办公室

1月8日，天津市4个集体3名个人分别获2008年全国"扫黄打非"有功集体和有功个人荣誉称号，4个集体5名个人分别获2008年全国"扫黄打非"先进集体和先进个人荣誉称号，受到表彰。

1月16日，全国"扫黄打非"工作小组在京召开第二十二次全国"扫黄打非"工作电视电话会议，天津市设分会场收听收看。会后，市"扫黄打非"工作领导小组召开扩大会议，总结2008年"扫黄打非"工作，部署2009年"扫黄打非"工作，市委常委、市委宣传部长、市"扫黄打非"工作领导小组组长肖怀远出席会议并就做好2009年"扫黄打非"工作提出三点意见。市委副秘书长、市"扫黄打非"工作领导

小组副组长叶礼敏主持会议。市"扫黄打非"工作领导小组成员单位及有关部门负责人、各区县"扫黄打非"工作领导小组组长参加会议。

1月20日，市"扫黄打非"办公室认真组织开展"两节"、"两会"期间出版物市场专项行动，各有关部门、各区县严守进境入市渠道、严密清查市场、严防翻印复制非法出版物、严禁网络传播有害信息、严格落实工作责任制、严格实行值班制度，大力净化天津市出版物市场，为"两节"、"两会"营造了良好的文化环境。专项行动期间共出动检查人员3036人次，收缴各类非法出版物56946件。

2月14~16日，市"扫黄打非"办公室负责同志参加全国各省（区、市）"扫黄打非"办

公室主任会议。会后，立即将会议有关情况向市"扫黄打非"工作领导小组进行汇报，市委常委、市委宣传部长、市"扫黄打非"工作领导小组组长肖怀远做出批示："认真贯彻会议精神，工作要抓实（即措施实、效果实）。"

2月18日，市"扫黄打非"办公室协调有关部门打掉南开区长治里一个批发盗版教材教辅读物的黑窝点，当场查扣涉嫌盗版教辅读物1590余册，查扣涉嫌非法试卷类出版物304包18240份。

2月20日，召开市"扫黄打非"工作第一阶段集中行动部署会议，传达全国各省（区、市）"扫黄打非"办公室主任会议精神，部署天津市2009年"扫黄打非"第一阶段集中行动。市"扫黄打非"办公室结合天津市实际，制定并下发了《天津市2009年"扫黄打非"第一阶段集中行动方案》。

2月21日至4月底，市"扫黄打非"办公室组织协调各区县、各有关部门扎实治理、强化监管，认真落实集中行动各项工作要求。据统计，集中行动期间，天津海关查缴非法出版物475件，"法轮功"等邪教组织品158件，非法宗教类宣传品11909件；公安网监、通信管理部门删除处置各类有害信息6879条；文化执法、城市管理综合执法、工商等部门收缴各类非法出版物221632件。

2月25日，市"扫黄打非"办公室协调有关部门捣毁了南开区长江道一个批发非法试卷类出版物和盗版教辅读物的黑窝点，查扣涉嫌非法试卷类出版物12420册。

3月14日，新闻出版总署反非法和违禁出版物司长、全国"扫黄打非"办公室专职副主任李宝中带领全国"扫黄打非"办公室一行4人来津暗访，检查天津市"扫黄打非"工作。检查组通报了暗访出版物市场有关情况，听取了2009年以来"扫黄打非"工作，特别是第一阶段集中行动开展情况的汇报，并就做好下一步"扫黄打非"工作提出了明确要求。李宝中等检查组同志高度评价了天津市2009年"扫黄打

非"工作，对天津市"扫黄打非"第一阶段集中行动给予充分肯定。

3月15日，市委办公厅、市政府办公厅联合转发《天津市2009年"扫黄打非"行动方案》。

3月16日，市"扫黄打非"办公室制定并下发《天津市落实"扫黄打非·护城河"工程行动方案》。

4月10日，经过市"扫黄打非"办公室多次召开审理协调会，天津市西青区人民法院对天津市成功破获的"6·03"批销盗版音像制品团伙网络案进行了一审宣判，在有效上诉期内被告人均未提起上诉，至此该案已经结案。

4月22日，按照全国"扫黄打非"工作小组统一部署，市"扫黄打非"办公室在天津礼堂广场举行了2009年侵权盗版制品及各类非法出版物集中销毁活动。市委常委、市委宣传部长、市"扫黄打非"工作领导小组组长肖怀远出席活动并宣布销毁令。在销毁活动前，天津市还组织了"打击侵权盗版、保护知识产权"签名活动和发放绿书签活动。当日共销毁侵权盗版制品及各类非法出版物62万余件，表明了天津市保护知识产权、打击侵权盗版活动的坚定立场和坚强决心。

5月11日，市"扫黄打非"办公室召开专题会议，对天津市进一步封堵查缴非法出版物工作进行全面安排部署，迅速启动了预警和联合查堵工作机制，强化各区县、各部门职责，并针对各环节、各渠道封堵查缴措施的落实提出具体要求。并于5月18日再次召开各有关部门、各区县"扫黄打非"办公室负责人会议，再次提出要求。

5月16日，为贯彻落实中共中央办公厅、国务院办公厅《关于进一步净化社会文化环境、促进未成年人健康成长的若干意见》和全国净化社会文化环境工作会议精神，加强对网吧违法违规行为的社会监督，推动网吧行业规范有序健康发展，为未成年人健康成长创造良好环境，市

文明办、市文化市场行政执法总队、市关工委、市文化广播影视局决定组建全市网吧义务监督员队伍。

5月中旬至7月底，开展以整治印刷复制、运输环节为重点的第二阶段集中行动，全力查缴各类非法出版物。集中行动期间，文化执法部门共检查印刷、复制企业3263家次，同时对物流中心的配货站、机场、火车站、高速公路服务区等重点部位的书报刊销售点、出版物经营店进行拉网式检查。

5月25日，全国"扫黄打非"办公室在京召开全国"扫黄打非"2009年第一次电视电话会议，天津市设立分会场收听收看。会后，市"扫黄打非"工作领导小组召开天津市"六·四"及迎接新中国成立60周年期间出版物市场专项整治工作部署会议。

6月30日，市"扫黄打非"办公室召开各区县"扫黄打非"办公室、市各有关部门负责人会议，传达全国音像出版复制发行工作座谈会精神，对天津市2009年"扫黄打非"第二阶段集中行动进行再动员、再部署，同时对获得全国和天津市2008年"扫黄打非"工作先进集体、先进个人，办案有功集体、有功个人，迎奥运治理非法卫星电视接收设施专项行动先进集体、先进个人进行表彰。

7月1日，市"扫黄打非"办公室组织召开了市新闻出版局市场处、出版处和天津市音像制品出版、复制、发行单位负责人参加的专门会议，对清缴整治低俗音像制品自查和检查工作进行再动员、再部署。

7月9日，为进一步加强"扫黄打非"和文化市场行政执法信息工作的科学化、制度化、规范化建设，市"扫黄打非"办公室印发了《天津市"扫黄打非"工作领导小组办公室信息工作管理办法（试行）》。

8月8~10日，全国"扫黄打非"工作小组副组长兼办公室主任、新闻出版总署党组副书记、副署长蒋建国同志一行来津，召开天津"6·03"批销盗版音像制品团伙网络案有功集体、有功个人表彰大会，并就"扫黄打非"和新闻出版工作进行调研。

8月18日~9月19日，组织全市网吧经营单位参加全民国防教育网络知识竞赛活动。

8月中旬至11月中旬，市"扫黄打非"办公室协调各区县、各有关部门组织开展了以整治侵权盗版和非法出版教材教辅活动为重点的第三阶段集中行动。集中行动期间，文化执法、教育部门联合对18个区县的20多所中小学进行抽查，并对校园及周边出版物经营场所进行集中检查，大力净化了校园周边文化市场环境。

9月9日，为认真贯彻落实全国"扫黄打非"办公室主任会议精神，市"扫黄打非"办公室、市文化广播影视局、市文化市场行政执法总队召开净化文化市场、为庆祝新中国成立60周年营造良好氛围专项行动部署会议，安排部署天津市"扫黄打非"第三阶段集中行动。

9月16日，市文化市场行政执法总队在西青区西姜井村查获一起向北京等地辐射批售非法音像制品窝点，收缴盗版光盘近10万张、淫秽音像制品近1000张。

9月28日，市"扫黄打非"办公室组织河东区"扫黄打非"办公室、文化、公安等部门，摧毁了一个深藏在某小区内的盗版光盘批发窝点，共查缴非法出版物1100余种、盗版光盘12700余张。

10月28~30日，为落实首都"扫黄打非·护城河"会议精神，北京市"扫黄打非"办公室及"扫黄打非"领导小组有关成员单位负责同志一行35人来津，与天津市"扫黄打非"办公室共同召开首都"扫黄打非·护城河"工程京、津协作座谈会，与会人员就"扫黄打非"工作、文化市场管理工作进行座谈，并签署首都"扫黄打非·护城河"工程合作备忘录。

10月29日，天津市人民政府颁布政府令（第23号），《天津市文化市场相对集中行政处罚权规定》于2009年10月22日经市人民政府第37次常务会议通过，予以公布，自2009年12

月1日起施行。相对集中行政处罚权规定的实施，解决了"扫黄打非"执法授权问题，为文化市场行政执法提供了法律保障。

2009年12月15日～2010年3月15日，市"扫黄打非"办公室、市文化市场行政执法总队开展2010年元旦、春节期间文化市场专项整治行动，重点解决文化市场存在的突出问题，促进网络游戏、网吧、网络音乐、营业性演出等市场的健康发展，加强文化市场监管，净化成年人成长环境，确保"两节"期间文化市场安全经营"零事故"。

创新经验

加强基础建设　规范执法权力运行

天津市"扫黄打非"办公室

2009年，在全国"扫黄打非"办公室的有力指导和大力支持下，天津市文化市场行政执法总队坚持"建一流队伍、创一流业绩、树一流形象"的建队目标和"依法执法、文明执法、和谐执法、公正执法"的执法工作目标，一手抓基础建设，一手抓工作带队伍，切实加强出版物市场日常监管工作。

一、加强队伍建设

一是抓好思想建设。围绕学习实践科学发展观活动，在总队全体党员干部中开展学习活动，提高执法人员对做好文化执法重要性、紧迫性认识，进一步增强大家政治意识、大局意识和责任意识。二是抓好组织建设。通过公开招考、军转安置、选调干部等方式，选配优秀干部到总队工作，目前已由26人扩展到38人。在工作中注重传帮带，通过抓工作、查办案件带队伍，一年来，已有80%以上干部得到提拔。三是抓好作风建设。教育执法人员要常修为政之德、常怀律己之心、常思贪欲之害，在执法中不徇私舞弊、不"吃拿卡要"，真正做到立党为公、执法为民。

二、加强制度建设

为文化执法工作提供法律、制度保障。一方面解决执法授权。在充分借鉴兄弟省市经验基础上，总队配合市政府法制办起草制定并由天津市人民政府颁布实施了《天津市文化市场相对集中行政处罚权规定》，为总队和天津市十六个区县文化市场行政执法大队提供了完备的执法依据。另一方面统一执法文书。根据文化部发布的文书式样，结合天津市的实际，统一了24种执法文书，下发至各区县大队，规范办案流程，提高办案质量。

三、加强业务培训

总队注重做好培训，练好内功，提高执法人员业务素质。一是组织了全市"扫黄打非"业务工作培训会，邀请有关领导和专家授课，全市各区县80余人参加培训。二是积极参加国家有关部门培训活动22人次，开阔了视野，学习了经验。三是主办了市、区两级文化执法人员培训活动，大力提高广大执法人员业务水平。四是培训新组建的区县文化执法大队人员。按照培训、考试、发证、亮剑的思路，总队组织了全市新申领文化市场综合执法证件的执法人员进行培训，经过市法制办的考核，参加培训的76人全部合格，领到执法证件。

四、加强基础建设

积极争取财政支持，将办公经费和事业费列入财政年度预算。不断加强装备建设，配备了办公家具、电脑、打印机、传真机、碎纸机等办公设备和数码摄像机、照相机等执法设备，为执法工作提供充足保障。总队从爱护广大执法人员角度出发，拨出专门经费，为全体执法队员购买了人身意外伤害保险，并将在各区县推广。按照《文化部关于加强文化市场综合执法指导工作的通知》（文市发〔2009〕37号）中关于统一执法规范、统一执法标志、穿着统一的工作服装、佩戴统一的工作标牌的要求，为总队执法人员制作了统一执法服装，为新购置执法车辆喷涂了统一执法标志，保证执法队伍的整齐划一、规范权威。

五、加强廉政教育

总队以"建设学习型党组织"为契机，强化学习氛围，坚持用马克思主义最新理论成果武装思想，特别是围绕市委干部会议精神和要求，围绕"四个注重"和高丽书记的讲话要求，结合实践展开学习，并进一步强化执法人员五种意识。一是切实把思想认识行动高度统一到市委、市政府决策部署上来的大局意识；二是清醒认识当前国内外严峻形势，切实保障国家文化安全的忧患意识；三是坚持以人为本，深入基层调查研究，关注民生和呼声，及时化解文化市场焦点和热点问题，增强市场规范的服务意识；四是努力培养奋发有为精神，增强社会管理能力和执法工作水平的自强意识；五是牢筑反腐倡廉思想战线，积极构建腐败风险防控体系，增强执法人员拒腐防变能力，树立执法权力干净运行的廉政意识。总队把反腐倡廉作为重中之重始终贯穿于文化执法工作全过程，指导文化执法工作实践活动。

六、加强作风建设

总队发扬艰苦奋斗精神，始终把勤俭节约作为工作与生活的重要准则，在日常工作与生活中带头厉行节约，降低费用支出，把建设节约型社会贯穿于日常的公务活动中，作出表率。领导班子成员始终坚持按照一名党员领导干部的标准严格要求自己，时刻保持如履薄冰的高度廉政警觉性，带头遵守廉政纪律，严格执行业务规定，坚决不签人情字、不参加各类奢侈享乐活动，在配车、外出考察、公务接待、办公用房上完全按照规定办事，把有限的经费更多地用于执法工作中，并实现了财务、业务公开，自觉接受群众监督。

总队在艰苦条件下，坚持"少花钱、办大事"、"不花钱、也办事"的态度，充分发挥"扫黄打非"、"文管办"等机构的组织领导和协调作用，认真负责，用人格魅力感染和调动成员单位的积极性，在无办案经费投入情况下，顺利完成"6·03"批销盗版音像制品团伙网络案、"3·12"查处非法违禁出版物案等大要案的侦办工作，一批违法犯罪分子得到了应有的惩处，为国内查办非法违禁出版物案件提供了经验和范例，受到中央部门的表彰奖励以及高丽书记的充分肯定。

七、加强社会监督

目前，我们建立了一支1500多人的社会义务监督员队伍。这支队伍除了对经营场所违规经营行为进行有效监督外，还对执法人员的执法行为进行反馈，形成了针对文化执法行为的社会监督网络。同时，通过12318举报专线、举报邮箱等，公开工作的内容、纪律、程序和服务措施，接受社会群众广泛监督，并有专人对群众反馈的执法问题进行采集汇总。

上 海 市

2009年"扫黄打非"工作总结

上海市"扫黄打非"办公室

2009年，根据中央和市委、市政府的统一部署和工作要求，上海市各区县、各部门围绕贯彻落实《2009年"扫黄打非"行动方案》以及中央和市委领导关于"扫黄打非"工作的一系列重要指示精神，紧密结合"迎世博600天行动"和为新中国成立60周年营造良好文化环境，全面加强了出版物市场监管工作，深入开展"扫黄打非"专项行动和集中整治行动，突出重点，齐抓共管，进一步规范了出版物市场秩序，取得了"扫黄打非"斗争新的成绩。全市共出动执法检查人员91066人次；检查出版物经营单位（场所）45205个（次）、印刷复制企业家21288次；查处各类"扫黄打非"案件1190件；取缔出版物游商地摊3651个（次），收缴各类非法出版物683万件。

一、思想高度重视，组织领导有力

上海市委、市政府高度重视"扫黄打非"工作。2009年，市委、市政府领导多次出席或主持召开"扫黄打非"工作会议，参加出版物集中销毁等"扫黄打非"宣传活动；全年就"扫黄打非"、出版物市场监管工作共22次作出重要批示。

各区县、各部门根据自身实际，注意发挥主动性、掌握主动权、打好主动仗，按照中央、市委的总体部署和要求，普遍加强了对"扫黄打非"工作的领导。各区县主要领导同志，特别是区县"扫黄打非"工作领导小组领导同志通过召开工作会议、到区县"扫黄打非"办公室调研、听取工作汇报、作出工作指示等形式，关心支持"扫黄打非"工作。第22次全国"扫黄打非"工作电视电话会议以后，全市各区县普遍召开"扫黄打非"工作会议，传达全国电视电话会议精神，部署区域"扫黄打非"工作。各级领导同志对"扫黄打非"工作的重视，有力推动了"扫黄打非"工作的深入开展。

上海市"扫黄打非"办公室充分发挥了组织协调作用，根据中央部门部署和上海"扫黄打非"工作实际先后部署了12个专项行动，组织协调文化执法、公安、工商、城管和知识产权部门多次开展了全市性的整治出版物市场联合执法行动，积极协调有关执法部门大力查处非法出版物地下储运、批发行为，协调公安、文化执法部门破获了上海"孙建荣发行非法报纸网络案"等多个大案要案，督促有关部门落实全国"扫黄打非"办公室批转的举报案件查处工作，认真编印"扫黄打非"工作简报，对全市"扫黄打非"工作起到了有力的推进作用。

二、突出工作重点，严查大案要案

一是严密封堵查缴境外有害出版物。上海各区县、各有关部门始终把封堵查缴境外有害出版物作为"扫黄打非"工作的重中之重，摆在突出位置。为了为新中国成立60周年创造良好环境，各区县、各部门以高度的政治责任感，狠抓工作落实，加大了出版物市场清查力度，对境外有害出版物做到了严密监控、露头就打、全数收缴。

二是全面清缴整治低俗音像制品。根据全国"扫黄打非"办公室部署，2009年4月份开始，上海认真组织开展了清缴整治低俗音像制品专项行动，并决定将上海4月份正在开展的"迎世博保护知识产权音像市场集中整治月"行动延长，与全国的专项行动保持同步。上海市"扫黄打非"办公室先后多次下发通知和查缴目录，加大宣传力度，切实抓好工作落实。在市场执法检查上，一方面全面加强市场清查，各区县"扫黄打非"办公室普遍采用联合执法的方式，组织文化执法、公安、工商、城管等部门，集中时间和力量对音像制品市场进行了拉网式清查，加强了对音像制品集中经营场所以及重点区域、市场和路段的反复排查，全面清缴低俗音像制品；另一方面继续对大型合法音像制品经营单位进行法制宣传和执法检查，上海市文化市场行政执法总队要求上海音像城、上海新华传媒连锁有限公司音像制品采配中心等大型音像经营单位加强内部管理，按照清缴目录逐一核对，主动清理、下架各类低俗音像制品。

三是认真加强印刷复制企业监管。围绕

"扫黄打非"第二阶段集中行动要求，上海市"扫黄打非"办公室组织市文化市场行政执法总队、市新闻出版局和市公安局治安总队，召开了全市印刷企业监管工作研究会，会议分析了本市印刷复制企业的现状，通报了前期完成的相关工作，专题研究了共同加强印刷企业监管的工作机制。为贯彻落实会议精神，上海两级"扫黄打非"机构组织文化执法、公安、工商等部门，以查处擅自兼营出版物印刷和印刷境外印刷品未按规定批准（备案）行为为重点，集中执法力量对全市印刷复制企业进行了全面检查，行动期间共对20余起违法违规印刷行为进行了立案处理。

四是积极开展网络"扫黄打非"。2009年，上海市文化市场行政执法总队认真加强互联网出版监管工作，积极探索网络出版监管新途径。全年共查处互联网出版类案件24起，立案处罚11起，其中包括全国"扫黄打非"办公室、新闻出版总署点名通报的违法经营案件7起，责令关闭违法网站13家，删除禁止内容互联网出版物信息约2万条。

五是严厉查处大案要案。各区县、各有关部门坚持清市场和打窝点有机结合，突出"扫黄打非"工作重点环节，严厉打击地下储运、批发非法出版物行为，查处万盘以上非法音像制品、五千册以上非法书刊违法经营大案123起，审结了"孙建荣发行非法报纸网络案"、"4·2销售侵权复制品案"，侦破了"上海'3·06'制作淫秽物品牟利及猥亵儿童案"、"上海'5·22'WAP网站传播淫秽物品案"、"上海'7·23'制作销售淫秽动漫画册团伙案"。

三、坚持齐抓共管，推进综合治理

近年来，上海各区县、各有关部门坚持抓日常监管与抓专项治理相结合，以集中行动解决突出问题，以日常监管巩固集中行动成果。在日常监管工作中，上海两级"扫黄打非"机构注重协调文化执法、公安、工商、城管等执法部门，坚持齐抓共管。各区县"扫黄打非"办公室也加大协调力度，组织各执法部门齐抓共管形成工作合力。

围绕净化出版物市场，上海市"扫黄打非"办公室指导、协调有关区县和部门注重对出版物问题较突出的地区、路段和场所进行综合治理，取得成效。

四、加强宣传教育，创新工作机制

2009年，各区县、各部门在"扫黄打非"工作中坚持教育先行，加强保护知识产权法制宣传，强化舆论监督，努力提高经营者守法经营意识，增强全社会抵制盗版自觉性。围绕"4·22"全国侵权盗版制品及各类非法出版物集中销毁活动，上海主要新闻媒体加强了"扫黄打非"工作的报道力度；围绕"4·26"世界知识产权日，上海市"扫黄打非"办公室会同市教委，组织部分学校青少年及市民开展了"打击侵权盗版、保护知识产权"签名活动，各区县"扫黄打非"办公室也会同教育局，组织部分街道、学校开展向青少年及市民发放绿色书签活动。

各区县、各部门通过邀请记者跟随执法、召开执法工作新闻恳谈会、举办法制培训班、召开经营者座谈会等多种形式广泛进行宣传发动，加强了法制宣传，增强了经营者守法经营意识。上海市文化市场行政执法总队每次"三五"集中执法行动时，都邀请记者跟随执法，反映市场问题，报道整治成果，取得了良好的宣传效果。

2009年，上海市"扫黄打非"办公室继续推进并完善了三项工作机制，一是坚持行政执法与刑事司法的衔接，继续加大"扫黄打非"工作的刑事司法打击力度；二是继续推进"正版音像制品经营示范店"和"正版音像制品经营示范街（地区）"创建活动；三是在打击储运、批发非法出版物违法行为方面，继续完善工作激励机制。

各区县也积极推进完善新的工作机制。嘉定区"扫黄打非"办公室根据全国"扫黄打非"办公室要求以及上海市"扫黄打非"办公室《关于进一步完善与外省市毗邻公路道口查堵非法出版物工作机制》的要求，认真加强了高速公路道口查堵非法出版物工作。一是加强相关信息的收集、研判工作，协调和调动镇（街道）综治办、派出所、联防队巡查排摸，及时发现问题；二是紧密文化执法机构与公安部门的联系，完善查堵工作环节，推进查堵工作联席会议和联合执法机制建设，形成高密度监管态势；三是进一步加强高速公路沿线废旧厂房、仓库等隐蔽部位的巡查。闵行、金山等区"扫黄打非"办公室健全并充分发挥街道（镇）"扫黄打非"机构作用，在各个"扫黄打非"集中整治行动中，通过加强街道（镇）的组织领导作用，落实了"属地管理"职责，明确各自重点地区和路段，确保了集中行动的深入开展。

领导讲话

在第二十二次全国"扫黄打非"工作电视电话会议上海分会场的讲话（摘要）

上海市委常委、宣传部长、市"扫黄打非"工作小组组长

王仲伟

刚才，我们大家参加了第二十二次全国"扫黄打非"工作电视电话会议，会议表彰了2008 年度全国"扫黄打非"有功集体、有功个人、先进集体和先进个人，部署了2009 年"扫黄打非"任务，中央政治局委员、书记处书记、中央宣传部部长、全国"扫黄打非"工作小组组长刘云山同志在会上作了重要讲话。这次会议的精神十分重要，各区县、各部门一定要认真传达学习，并结合实际切实抓好工作落实。我在这里强调几点意见。

一、认真传达全国电视电话会议精神，确保会议精神落实

一是要把认真学习胡锦涛总书记2008 年12 月18 日在纪念党的十一届三中全会召开30 周年大会上的讲话与认真学习贯彻中央领导关于"扫黄打非"的一系列重要指示有机结合，进一步提高对"扫黄打非"斗争长期性、重要性、艰巨性的认识；二是要全面掌握2009 年"扫黄打非"行动方案，特别是要很好地学习领会云山同志的重要讲话精神，总结二十年来"扫黄打非"斗争的经验、做法，正确认识新形势下"扫黄打非"斗争的特点，把握今年工作的重点；三是要根据本次会议精神，按照中央要求和市委的工作部署，结合本地区、本部门的实际，抓紧制定2009 年"扫黄打非"行动方案，明确目标任务，采取有效措施，确保工作落到实处。

二、认清形势特点，坚持不懈地开展"扫黄打非"斗争

2009 年，是新中国成立60 周年，是深入贯彻落实党的十七大精神、推进"十一五"规划顺利实施的关键一年。我们要应对国际金融危机严重冲击、确保经济平稳较快发展，同时也要做好应对境内外敌对势力通过文化传播制造事端的准备，确保社会政治稳定。胡锦涛总书记在党的十七届三中全会上深刻指出，同敌对势力在意识形态领域的斗争，在本质上是社会主义价值体系和资本主义价值体系的较量。各级党委、政府和有关部门要从服务党和国家工作大局的战略高度，进一步加深对"扫黄打非"斗争的重要性、长期性、艰巨性、复杂性的认识，进一步增强责任感、紧迫感、使命感，切实把思想和行动统一到中央和市委的决策部署上来，坚决贯彻"扫黄打非"工作"只能加强、不能削弱"的要求，不动摇、不懈怠、不敷衍，努

力开创"扫黄打非"工作新局面。

三、突出工作重点，全面落实"扫黄打非"工作任务

根据 2009 年"扫黄打非"行动方案，今年的"扫黄打非"工作有五个重点：即严密封堵和查缴非法出版物，及时屏蔽和删除利用信息网络传播的各类非法有害信息，大力扫除淫秽色情、凶杀暴力、封建迷信等文化垃圾，坚决查缴各类侵权盗版出版物，严肃查处取缔各种形式的非法报刊。围绕这些重点，全年将开展三个阶段的专项行动：1 月下旬至 4 月下旬为第一阶段，以整治印刷复制、运输环节为切入点开展集中行动；5 月中旬至 7 月底为第二阶段，以整治出版环节为切入点开展集中行动；8 月中旬至 11 月中旬为第三阶段，以整治销售、进口环节和信息网络为切入点开展集中行动。各区县、各部门一定要紧紧围绕"扫黄打非"工作重点和三个阶段的行动部署，结合上海实际情况，组织开展好各项专项治理行动，形成自己的工作特色。同时，我们还要根据上海出版物市场实际，坚持围绕中心、服务大局，有针对性地适时组织一些专项治理工作，依法严厉查处经营非法出版物案件，有效解决出版物市场的突出问题。

四、进一步完善"扫黄打非"工作机制，加强执法队伍建设

"扫黄打非"是关系中国特色社会主义事业全局的一项重要工作，是新的历史条件下管理意识形态和文化市场的成功模式和有效手段。各级党委、政府和有关部门一定要加强组织领导，切实担负起这一政治职责。要始终坚持和不断完善党委和政府统一领导、"扫黄打非"工作领导小组及其办公室组织协调、各地区和各成员单位齐抓共管、广大人民群众积极参与的"扫黄打非"领导体制和工作机制，推动"扫黄打非"斗争深入开展。要坚持落实"属地管理"和"谁主管谁负责"要求，各区县党委宣传部主要负责人是区县"扫黄打非"工作领导小组主要负责人，是党委负责"扫黄打非"工作的第一责任人，要切实履行职责，确保"扫黄打非"工作领导到位、任务到位、责任到位、措施到位。根据工作需要，最近我们将市"扫黄打非"办公室调整到市委宣传部。要充分发挥各级"扫黄打非"工作办公室的组织协调作用，尽快建立健全街道（镇）一级"扫黄打非"工作机构，层层落实工作责任制。要进一步明确工作分工，形成工作合力。要实行综合治理，各区县、各有关部门要加快建立"扫黄打非"考评联动机制，将"扫黄打非"纳入地区、部门工作目标考核体系，实现目标管理。对工作得力、文化市场管理成效明显的地区、作出突出贡献的集体和个人，要给予表彰和奖励；对因工作失职或渎职造成文化市场问题突出、秩序混乱和社会影响恶劣的，要追究有关领导和相关人员的责任；对"扫黄打非"存在严重问题的，在相关创建活动中实行"一票否决"制。要加强对党员干部和群众的教育管理，自觉远离、抵制非法出版物和各类文化垃圾。要进一步健全完善"扫黄打非"工作奖惩制度，认真做好 2009 年度"扫黄打非"先进集体、个人评比工作，要加强"扫黄打非"舆论宣传和政策研究工作，强化舆论监督作用，提高"扫黄打非"工作水平。

要高度重视基础保障和加强执法队伍建设。这几年随着文化领域综合执法体制的改革，进一步加强了"扫黄打非"行政执法力量。目前全市区县文化执法机构"三定"工作已经展开，党委、政府和部门领导一定要抓住时机，采取有力措施，为执法队伍的建设发展提供必要保障、创造有利条件。文化综合执法机构要把"扫黄打非"作为文化市场综合执法的主要任务，用"扫黄打非"工作成果检验文化市场综合执法改革的成效。

2009 年 1 月 16 日

在 2009 年全国侵权盗版制品及各类非法出版物集中销毁活动
上海市分会场的讲话（摘要）

上海市委常委、宣传部长、市"扫黄打非"工作小组组长
王仲伟

2008 年，按照中央和市委、市政府的统一部署和工作要求，围绕"保奥运服务大局"，本市各区县和有关部门以为北京奥运会营造良好文化环境为工作主线，以保护知识产权为平台，以打击非法出版及侵权盗版活动为重点，不间断地开展了第一次专项行动、第二次专项行动、奥运前 30 天专项行动等"扫黄打非"系列专项行动。今年 2 月份以来又集中开展了以整治出版环节为重点的"扫黄打非"第一阶段专项行动，取得了显著成效。自 2008 年至今年 3 月，全市共出动执法检查人员 14 万余人次，检查出版物经营场所及印刷复制企业 9 万多个（次），取缔出版物游商（地摊）6 千多个（次），收缴侵权盗版及各类非法出版物合计 860 万余件，刑事处罚了一批盗版犯罪分子，有效地规范了上海市文化市场秩序。上海市的"扫黄打非"工作得到了中央有关部门的肯定。

2009 年 4 月 22 日，根据全国"扫黄打非"工作小组的统一部署，上海与全国其他省（区、市）同时举行 2009 年侵权盗版制品及各类非法出版物集中销毁活动，这次活动是对我们保护知识产权、打击侵权盗版和非法出版物活动成果的展示，充分显示了我国各级政府保护知识产权的决心和能力。

2009 年，是新中国成立 60 周年，是应对国际国内环境重大挑战、推动党和国家事业实现新发展的关键一年，营造良好的文化市场环境十分重要。我们一定要根据中央和市委、市政府的统一部署，围绕"四个确保"工作目标，结合实施迎世博 600 天行动计划和开展净化社会文化环境，促进未成年人健康成长工作，广泛组织动员社会各方面的力量，加强法制宣传，组织执法行动，开展专项治理，加强日常监管，坚决打击盗版制品及各类非法出版物，大力推进保护知识产权工作，坚定维护社会和谐稳定，为推动社会主义文化大发展大繁荣和上海建设"四个中心"、实现"四个率先"目标，为 2010 年上海世博会的成功举办营造良好的文化环境作出新的贡献。

2009 年 4 月 22 日

2009 年"扫黄打非"大案要案综述

上海市"扫黄打非"办公室

上海"3·06"制作淫秽物品牟利及猥亵儿童案

2009 年 3 月 6 日，全国"扫黄打非"办公室接到举报，反映上海苏某涉嫌长期诱骗未成年男孩拍摄色情影片，制作成光盘出售，并引诱男孩从事色情服务。全国"扫黄打非"办公室将

此案作为重点督办案件，上海市委常委、宣传部长、市"扫黄打非"工作小组组长王仲伟同志亲任案件查办工作领导小组组长。上海市公安局迅速抽调精干警力成立专案组，连续奋战 28 个昼夜，于 2009 年 4 月 13 日将主要涉案人员苏某等人全部抓获，缴获用于制作淫秽视频、图片的

摄像机、照相机、电脑等作案工具以及淫秽视频文件 78 个、淫秽照片 574 张。经查，2008 年 8 月以来，苏某诱使来沪务工的男孩拍摄、制作变态淫秽照片、视频，在互联网上兜售，并组织儿童与邱某某、沈某某等人进行猥亵性交易活动，共获利人民币 16000 元。

2009 年 5 月 6 日，上海市闵行区人民法院以制作、贩卖淫秽物品牟利罪、猥亵儿童罪判处苏某有期徒刑四年，并处罚金人民币五千元；以猥亵儿童罪判处邱某某有期徒刑一年；以猥亵儿童罪判处沈某某有期徒刑二年。宣判后，邱某某提出一审判决认定的犯罪事实证据不足，随后向上海市第二中级人民法院提出上诉。上海市第二中级人民法院对上诉人邱某某及其辩护人提出的希望二审给予缓刑考察的意见，予以采纳，改判邱某某有期徒刑一年，缓刑一年六个月。

在此案的查办过程中，主要体现以下 3 个特点。

（1）领导重视、指挥得当。2009 年 3 月 5 日、6 日，新闻出版总署党组副书记、副署长、全国"扫黄打非"工作小组副组长兼办公室主任蒋建国同志就案件侦办工作做出重要批示，指出"这是过去从未发现过的案情，性质严重，务必引起高度重视"，原上海市委常委、宣传部长、市"扫黄打非"工作小组组长王仲伟同志第一时间就案件查办工作做出批示并亲任案件查办工作领导小组组长，多次召集治安总队、文化执法等部门听取案情汇报，研究查办对策，并提出工作指向；原总队党委书记、总队长周正同志更是高度重视此案，抽调总队精干警力组成专案组并自任专案组组长，多次组织专案研究，听取专案汇报，积极统筹协调，全面把握案件侦查方向。总队单雪伟副总队长始终在一线指挥，细化制定工作方案。各级领导的高度关注，确保了案件的成功侦破。

（2）连续作战，攻坚克难。专案组精心谋划、多策并举，善于发现、掌握该类新型犯罪活动的特点，及时调整侦查工作重点，扎实细致地开展侦查监控与摸排取证。专案组积极发扬连续作战、敢打硬仗的工作作风，远赴重庆、黑龙江

等地，协调落实异地查控。在各级领导的指导关心下，专案组不负重托，终于圆满完成了侦办任务。苏某案件是上海公安机关成功侦办的首例猥亵男童及利用男童拍摄制作淫秽物品牟利案件，具有十分鲜明的代表性意义。

（3）密切协作，形成合力。专案组与上海公安部门密切配合，借助技术力量，有序开展案件侦办；同时，与黑龙江省公安厅治安总队、重庆市公安局治安总队等外省市公安机关加强协调联动，形成工作合力，确保了"人员、证据"的及时到案。

上海"5·22"手机网站传播淫秽物品案

2009 年 4 月，上海市公安局信息安全部门发现，上海"搜蛙情涩网"、"蛙涩网址之家"等网站与数十个淫秽色情手机网站互为链接。经对网站源代码分析，发现其后台均指向名为"激情 WAP 综合门户"等 40 多个特大手机 WAP 淫秽网站。据初步统计，上述网站存有色情淫秽图片 5 万余张，淫秽色情文档 1 千余个，淫秽色情视频 1 万余个，月均访问其网站的手机用户达 200 余万人次。经进一步调查，发现上述网站均系上海某信息技术科技公司所有，公司负责人为盛某某。5 月 21 日，上海网安部门统一部署抓捕行动，抓获包括盛某某在内的涉案嫌疑人 7 名。经查，盛某某自 2005 年开始建立淫秽色情网站，并将网站流量销售给各网上广告联盟获利。为获取高额利润，盛某某注册多个公司作为掩护，先后开设了 40 多个大型淫秽网站，月均点击访问数达 1000 余万次，非法获取人民币达 60 余万元。

2010 年 4 月 21 日，上海市普陀区人民法院判处盛某某有期徒刑十一年六个月，并处罚金人民币十万元；程某有期徒刑六年六个月，并处罚金人民币二万元；解某某有期徒刑五年，并处罚金人民币一万元；解某有期徒刑三年六个月，并处罚金人民币八千元；万某有期徒刑五年九个月，并处罚金人民币一万五千元；杨某某有期徒刑三年六个月，并处罚金人民币二千元；刘某有期徒刑一年，并处罚金人民币一千元。

该案是以公司形式实施此类犯罪，其案件

规模之大、组织之完备在同类案件中尚属首例。办案民警不畏艰辛，敢打硬仗，善于把握网络犯罪活动新特点，探寻内在规律，扎实细致地开展线索挖掘与侦察取证，通过细致缜密的网侦方法，在前期工作中基本查清了全案脉络。当破案契机出现，迅即出动，长驱千里，仅用三十小时就将犯罪团伙一网打尽，充分体现了专案组民警坚韧果决的工作作风，为净化网络环境、维护社会治安、保卫和谐社会贡献了积极力量。

上海"7·23"制作销售淫秽动漫画册团伙案

2009年7月23日，上海市"扫黄打非"办公室协调市文化市场行政执法总队、市公安局治安总队对中心城区印刷复制企业进行联合执法。执法人员在对上海某纸品印刷厂检查中，发现工人正在装订《怎样活到100岁》等出版物，而这家企业不具备《上海市印刷经营许可证》，涉嫌违反《出版管理条例》。同时执法人员还在该厂发现印有淫秽内容的动漫画册残次品，画册上印有淘宝网销售网址。上海市"扫黄打非"办公室掌握有关情况后，立即协调市公安局闸北分局、大宁路派出所抽调精干警力成立专案组，要

求迅速对案件展开深入调查。

专案组立即对该印刷厂负责人方某某进行突击审讯。根据方某某的交代，公安干警在黄浦区南车站路某印刷厂内查获《最终幻想BOSS攻略系列》、《年兽》等淫秽动漫画册1700余册，并抓获印刷淫秽动漫画册的嫌疑人徐某某、陈某某。经对徐某某、陈某某两人审讯，公安干警连夜将制作并网络销售淫秽画册的嫌疑人马某、龚某及承接该项印刷业务的嫌疑人郭某某抓捕。

2009年12月8日，上海市闸北区人民法院判处马某有期徒刑三年，缓刑三年，并处罚金人民币三千元；郭某某有期徒刑二年，缓刑二年，并处罚金人民币二千元；徐某某有期徒刑一年，缓刑一年，并处罚金人民币一千元；方某某有期徒刑一年，缓刑一年，并处罚金人民币一千元。

通过此案的侦破可以看出，虽然每年在全国范围开展对印刷企业清查行动并取得了显著成绩，但由于印刷企业数量大、竞争激烈，仍有一些不法分子铤而走险从事非法印刷复制业务。在日常工作中，各级"扫黄打非"部门要进一步加大对印刷企业的监管与检查力度，通过宣传教育与立案处罚相结合的工作方式，促进整个印刷行业的进一步规范化，彻底净化印刷行业的文化环境。

2009年"扫黄打非"大事记

上海市"扫黄打非"办公室

1月16日，上海市委常委、宣传部长、市"扫黄打非"工作小组组长王仲伟同志出席第22次全国"扫黄打非"工作电视电话会议上海分会场会议并作重要讲话。

2月12日，上海市"扫黄打非"工作小组召开上海市文化市场专项整治工作会议，上海市委常委、宣传部长、市"扫黄打非"工作小组组长王仲伟同志出席会议并讲话强调：要切实加强文化市场监管工作，对有害制品要坚决打掉，做到露头就打；对群众反映强烈的问题要采取措

施，坚决加以遏制；对损害群众利益、危害市场经营秩序的行为要严肃查处。

2月上旬至4月下旬，根据全国"扫黄打非"办公室部署，上海市"扫黄打非"办公室结合上海市"扫黄打非"工作实际制定第一阶段集中行动方案，以整治出版环节为重点认真组织开展第一阶段集中行动。

3月6日，根据全国"扫黄打非"办公室批转的举报"上海一名叫苏某的人涉嫌长期诱骗未成年男孩拍摄色情影片，制作成光盘出售，并

引诱男孩从事色情服务"的线索和蒋建国副署长的重要批示,上海市委常委、宣传部长、市"扫黄打非"工作小组组长王仲伟同志多次作出重要批示,并亲自担任案件查办工作领导小组组长。上海市"扫黄打非"办公室迅速协调市公安局治安总队侦破了"上海'3·06'制作淫秽物品牟利及猥亵儿童案",抓获了犯罪分子苏某。

3月16日,新闻出版总署党组副书记、副署长、全国"扫黄打非"工作小组副组长兼办公室主任蒋建国同志在上海调研指导工作。

4月12日至7月底,根据全国"扫黄打非"办公室部署,上海市"扫黄打非"办公室认真组织开展清缴整治低俗音像制品专项行动。

4月22日,上海市委常委、宣传部长、市"扫黄打非"工作小组组长王仲伟同志出席2009年全国集中销毁侵权盗版及各类非法出版物活动上海分会场活动并作重要讲话。

5月,上海市文化市场行政执法总队查处了上海某学院擅自从事经营性互联网出版活动案,当事人在未取得版权的情况下,利用用户上传的禁止内容互联网出版物向上网用户非法收费,这是上海首次查处擅自从事经营性互联网出版活动案件。

5月中旬,根据全国"扫黄打非"办公室要求,上海市"扫黄打非"办公室两次召开专题会议,分析上海出版物市场形势,研究贯彻落实措施,决定迅速组织开展封堵查缴境外有害出版物专项行动,并召开各区县"扫黄打非"办公室主任会议进行专题部署。

5月22日,上海市公安局治安总队会同信息安全部门,成功侦破了公安部挂牌督办的"上海'5·22'手机网站传播淫秽物品案",抓获犯罪嫌疑人7名。

5月底至7月底,根据全国"扫黄打非"办公室的部署,上海市"扫黄打非"办公室制定了第二阶段集中行动实施方案,认真组织开展"扫黄打非"第二阶段集中行动。

6月5日,上海市"扫黄打非"办公室组织协调市、区两级文化执法机构分成25支执法分队,开展净化校园周边文化环境专项执法行动。

6月11日,上海市"扫黄打非"办公室组织市文化市场行政执法总队、市新闻出版局和市公安局治安总队,召开了全市印刷企业监管工作研究会,会议分析了本市印刷复制企业的现状,通报了前期完成的相关工作,专题研究了共同加强印刷企业监管的工作机制。

7月2日,上海市"扫黄打非"办公室、市文化市场行政执法总队与东方书报刊服务有限公司联合召开了"迎世博——进一步规范出版物市场经营秩序工作会议",就进一步加强协作,落实完善双方建立的工作例会制度、联合检查制度、信息通报制度、应急处理制度和考核总结制度提出了要求,为规范出版物市场秩序起到了积极作用。

7月13日、14日,上海市"扫黄打非"办公室、市文化市场行政执法总队召开了各区县"扫黄打非"办公室主任、文化执法大队大队长会议,回顾总结了前阶段工作,研究部署了第二阶段集中行动收尾工作,并对继续做好迎世博期间"扫黄打非"工作提出了要求。

7月23日,上海市"扫黄打非"办公室协调市文化市场行政执法总队、市公安局治安总队侦破了"上海'7·23'制作销售淫秽动漫画册团伙案",查获淫秽动漫画册1700余册,并抓获相关嫌疑人5名。

8月4日~6日,上海市"扫黄打非"办公室组织市区两级文化执法、公安等部门开展印刷复制企业专项执法行动。

8月下旬至11月中旬,根据全国"扫黄打非"办公室要求,上海市"扫黄打非"办公室结合上海出版物市场实际,研究贯彻落实措施,制定了第三阶段集中行动实施方案,认真组织开展了"扫黄打非"第三阶段集中行动。

9月1日,上海市"扫黄打非"办公室协调市文化市场行政执法总队和市公安局治安总队等部门，分5组对音像市场问题较突出的长宁区黄金城道、虹梅路等路段加大了监管力度，收缴非法音像制品2700余张，对5家场所予以立案处理。

9月3日、17日，上海市"扫黄打非"办公室、市文化市场行政执法总队两次召开区县"扫黄打非"办主任和文化执法大队大队长会议，认真传达学习全国各省（区、市）"扫黄打非"办主任会议特别是蒋建国同志的重要讲话精神，总结了2009年上海市"扫黄打非"第一、二阶段集中行动工作，对第三阶段集中行动进行了深入动员和部署，提出了工作要求。

9月19日，上海市闸北区人民法院对"孙某某发行非法报纸网络案"作出判决，判处被告单位北京某文化传播有限公司罚金十万元；判处被告人燕某某等6人四年至十一个月不等的有期徒刑，并处罚金人民币十万元至一万元不等。

11月19日，上海市"扫黄打非"办公室召开区县"扫黄打非"办公室主任会议，要求认真做好"扫黄打非"第三阶段集中行动总结工作，巩固成果，建立长效监管机制，会议同时对下一阶段文化市场监管工作作出了部署。

12月3日，全国"扫黄打非"工作小组专题调研组赴上海调研，检查开展打击手机网站制作、传播淫秽色情信息活动专项行动情况，市委常委、宣传部长杨振武同志出席工作汇报会并致辞。

重 庆 市

2009年"扫黄打非"工作总结

重庆市"扫黄打非"办公室

2009年是新中国成立60周年，也是"五四"运动90周年，大事多，热点多，重要敏感时间节点比较集中。重庆市"扫黄打非"办公室按照"一手抓市场监管，一手抓制度创新"的总体工作思路，坚持以净化社会文化环境和网络文化环境为主线，以遏制非法出版物和清除网上违法有害信息为重要任务，充分发挥体制优势，多方整合执法资源，强化工作责任，突出监管重点，开创了"扫黄打非"工作新局面，取得了较为突出的成绩。

一、上级关心，领导重视，全面落实"扫黄打非"工作

一是新闻出版总署党组副书记、副署长、全国"扫黄打非"工作小组组长兼办公室主任蒋建国，新闻出版总署反非法和违禁出版物司副司长毛小茂等领导多次到重庆视察调研"扫黄打非"工作，蒋署长对重庆市的"扫黄打非"工作给予高度评价和充分肯定：重庆市在市委的正确领导下，"扫黄打非"工作坚强有力，成效非常显著，经验具有特色值得学习推广，也望重庆市取得更大成效，创造更多经验。二是重庆各级党委、政府高度重视"扫黄打非"工作，市委、市政府就该项工作作出的批示达51件。市委常委、宣传部长何事忠、副市长谭栖伟多次亲临"扫黄打非"工作一线考察调研，针对重大案件及专项行动多次做出重要批示，要求在"6·4"等重要敏感时期，要采取坚决果断的措施，把查堵非法出版物作为当前"扫黄打非"工作的重中之重，加大市场和网络的查禁封堵力度，确保文化市场的安全稳定。三是全面部署"扫黄打非"工作。召开了全市"扫黄打非"工作会议，部署了2009年工作，明确了工作重点，要求各地各部门要围绕重点工作，结合实际制定本地区本部门的具体工作方案，精心组织，周密部署，狠抓落实，务求实效，确保文化市场繁荣健康有序。

二、创新机制，强化责任，全力保障"扫黄打非"工作

在实际工作中，我们采取打源头、端窝点、办大案的策略，同时，不断完善机制，使重庆市"扫黄打非"工作既高效，又有力。一是信息互通机制。建立了"扫黄打非"工作联络员会议制度。定期召开联络员会议，互通信息，制定联合行动方案，研究解决在开展"扫黄打非"工作中遇到的热点、难点问题，进一步增强了打击文化市场违法犯罪活动的合力。在开展净化社会文化环境和"扫黄打非"各阶段集中行动中，仅市级部门之间就开展联合执法18次，各区县的联合执法行动上百次，提高了工作效率，形成了齐抓共管的良好格局。二是综合治理机制。把"扫黄打非"工作和文化市场监管与文明城区创建、社会治安综合治理和市容环境管理有机结合起来，逐步建立"扫黄打非"层级管理网络。三是上下联动机制。对上，积极争取全国"扫黄打非"办公室、文化部、新闻出版总署等上级机关的支持，对下，延伸"扫黄打非"工作触角。市"扫黄打非"办公室按照"重心下移、属地管理"和"谁主管，谁负责"的原则，进一步明确了各成员单位的职责，充分调动了成员单位工作的积极性和主动性。市公安局建立了定期通报制度，将"扫黄打非"工作纳入区县公安机关年终考核项目，各区县公安机关在"扫黄打非"工作中的作用得以充分发挥。市邮政管理局将书刊批发市场调货配发到各区县局报刊亭和社会自办网点的书刊、期刊清单报送文化执法总队统一审核，从源头上防范非法出版物的销售。市市政部门督促各区县市政管理部门与133个居委会、社区，195个企事业单位、学校，502个商场、广场和责任单位签订了管理责任书，对游商地摊基本形成了日常管理、重点监控、举报投诉网络，有力提升了发现和查处不法行为的快速反应能力。四是共同打击机制。在市

"扫黄打非"办公室的协调下，相关成员单位联合打击非法出版物活动在行政处罚与刑事打击工作上的配合日益默契。渝中区还探索并完善了《重庆市渝中区关于加强文化市场行政执法工作联系、建立文化市场行政执法与刑事司法相衔接的工作机制》，增强了文化行政执法部门和司法机关共同打击文化市场违法经营活动的合力。

三、突出重点，强化监管，深入开展"扫黄打非"工作

（一）以专项行动为牵引，扎实开展"扫黄打非"集中行动

根据全国"扫黄打非"办公室的统一部署，重庆市以净化社会文化环境为工作主线，扎实开展"扫黄打非"集中行动。按照"思路要宽、办法要多、反应要快、出拳要重，严查重处出版物市场中存在的各种非法经营行为"的要求，将"扫黄打非"集中行动与净化社会文化环境工作相结合，采取分片包干、错时执法、责任到人的方式，严格查堵非法出版物，严厉打击各类侵权盗版行为，查缴淫秽色情、暴力迷信等低俗文化垃圾。今年，共组织了13次专项整治行动，发放3000份《低俗音像制品整治专项行动宣传资料》，收缴印有"6·4"、"89"字样的文化衫1000余件，收缴非法出版物652595件，确保了"6·4"、国庆六十周年等重要敏感时间节点出版物市场健康稳定，得到全国"扫黄打非"办公室暗访组的好评，重庆是唯一未被通报出版物市场有问题的城市。

（二）以净化网络文化环境为重点，积极开展网上"扫黄打非"工作

网络传播淫秽色情信息一直是一个社会公害，社会各界尤其是学生家长反映十分强烈，网上"扫黄打非"工作刻不容缓。重庆市组织开展了整治互联网低俗之风专项行动和严厉打击手机网站制作传播淫秽色情信息活动，实施网站清理，加强网络监控，进一步压缩非法网站的生存空间。全年共集中审查网站6000多家次，封堵非法网站32个，关停违法违规网站834个，屏蔽删除有害信息7646条，为青少年健康成长创造了良好的网络文化环境。

（三）以办案为抓手，确保出版物市场安全稳定

一是迅速查办"邪教印刷品案"。收缴非法出版物《蒙拯救必须进入的十项真理七十条细则》1319册和《无上如意大圆满》4700册，两名违法人员被公安机关劳教1年半，装订公司被处以3万元的行政处罚。二是成功办理非法拍摄案。组织文化、国安、公安、宣传、外事等部门联合行动，以未经许可程序违法为由，阻止了加拿大籍华人顾某父女俩拍摄涉及"六四"敏感题材影片的行为。三是彻查"7·5"事件违禁光盘。根据全国"扫黄打非"办公室下发的《关于严密查缴乌鲁木齐"7·5"事件现场视频光盘的紧急通知》的要求和市委的指示，迅速开展拉网式市场排查行动，未发现有《通知》中的光盘销售，确保了全市文化市场安全稳定。

（四）坚持打导结合，全力保护知识产权

以"让重庆成为保护知识产权的模范城市"为目标，全力推进打盗维权工作。一是加大知识产权工作宣传力度。通过重庆电台"阳光重庆"节目，向公众宣传网吧管理、出版物市场监管相关政策法规，并通过新华社、《人民日报》等各大中央媒体宣传知识产权保护知识，组织各部门参加了"全国首届专利执法暨'12330'知识产权援助知识竞赛"，下发了《关于加强图书馆著作权保护工作的通知》，知识产权保护工作领域得到进一步拓宽，意识得到进一步增强，力度得到进一步加大。二是加大联合办案和司法移送打击力度，办理了"1·14"盗版教辅案，"2·06"、"2·20"、"3·24"、"6·23"、"7·14"盗版光盘窝点案，"4·22"、"6·01"销售淫秽光盘窝点案，"10·14"生产销售非法音像制品窝点案以及菜园坝发行非法出版物等十大重点案件，移交公安机关刑事拘留34人，引起了社会的广泛反响。三是精心组织侵权盗版制品及非法出版物销毁活动。4月22日，在观音桥步行街举办了2009年全国侵权盗版制品及各类非法出版物集中销毁活动重庆销毁仪式，公开销毁非法出版物100万件，开展了反盗版万人签名活动，进一步扩大了"扫黄打非"工作的影响和知识产权保护工作的力度。

2009年，全市"扫黄打非"工作成效显著，一年来，全市共出动执法人员131882人（次），检查各类经营场所105360家（次）；收缴各类非法出版物652595件（其中违禁出版物38097件、淫秽出版物82958件），封堵非法网站32个，关停违法违规网站834个，屏蔽删除有害信息7646条，行政处罚案件（立案）1631件，罚款550余万，移送司法案件19件，刑事拘留34人。

领导讲话

在市"扫黄打非"工作领导小组全体会议上的讲话

重庆市委常委、宣传部长、市"扫黄打非"工作领导小组组长
何事忠

今年，重庆市"扫黄打非"工作在各成员单位、市和区县两级文化执法机构以及社会各界的密切配合下，取得了明显成效。在净化社会文化环境方面，"扫黄打非"查办的案件有150多件，其中大、要案就有10多件，受到全国"扫黄打非"办公室的充分肯定；在日常监管方面，市文化执法总队和"扫黄打非"办公室的工作力度很大，经受了全国"扫黄打非"办公室对重庆市多

次明查暗访的检验，说明重庆市"扫黄打非"工作是认真得力的，效果是明显的。但是，"扫黄打非"是一项长期性的工作，兜售非法出版物的现象随时可能反弹，要准备长期抗战，坚持斗争，不断加大力度，力争取得更好成绩。

从现在起，要把打击手机网站传播淫秽色情信息作为"扫黄打非"的一项重要工作去抓，要取得突破性的进展。

下面，围绕开展好打击手机网站传播淫秽色情信息专项行动，我讲几点意见。

一、认清形势，明确目标任务

手机网站传播淫秽色情信息比网络传播淫秽色情信息的范围更广、危害更大。现在全市手机用户有 1400 万，其中上网用户 760 万，也就是说 2 部手机中有 1 部多上网。自互联网进入我们生活以来，网络传播淫秽色情信息一直是一个社会公害，社会各界尤其是学生家长反映十分强烈。打击手机网站淫秽色情信息专项行动目标任务是很清楚的，中央有明确的"四大目标"，要通过专项斗争达到这样的目标，主要任务是采取开展全面清理、查办大案要案，同时探索堵住源头、技术防范等措施。

二、落实责任，形成工作合力

要把这项工作纳入净化网络文化环境和"扫黄打非"的重要工作，建立联席会议制度，研究形势，明确责任。宣传部门要加强指导协调，发挥监督作用，为专项行动营造良好的舆论环境。外宣部门要负起互联网管理的牵头责任，将手机网站监管作为重要内容来研究，指导督促互联网行业主管部门和内容监管部门加强对网络文化信息的管理，把打击手机网站涉黄专项行动作为净网的一项重要工作去抓。通信管理部门要强化对互联网移动通信的基础管理，落实网络运营商、通信服务商的教育监管责任，并采取相应技术措施构建"防火墙"，从源头上把住网络净化关。公安部门要依法加大对手机网站传播淫秽色情信息违法犯罪的侦办力度，追根溯源，落地查人，对涉嫌构成犯罪的要依法追究刑事责任。工商部门要加强对手机网站广告发布的监管，督

促广告代理商严格审核加盟网站的资质和内容，依法查处网上非法性药品、性病治疗以及淫秽色情广告。文化广电、新闻出版、文化执法机构要按照职责分工，切实加强互联网监控，及时发现手机网站传播淫秽色情信息，并及时通报相关部门封堵、删除和查处。教育部门要督促各类学校引导青少年养成良好的手机上网习惯，自觉抵制淫秽色情信息的诱惑，提高青少年自身素质，做到"近朱者赤，近墨者不黑"。市"扫黄打非"办公室要把专项行动作为当前的一项重要工作来抓，充分发挥沟通协调作用，动员督促各相关部门集中力量、狠抓落实，确保抓到底、抓到位、抓出成效，协调相关部门组成联合检查组，对专项行动开展情况进行督促检查。各部门既要做到恪尽职守、各司其职，也要做到协力配合、心齐劲足。

三、全面清理，查办典型案件

要开展一次全面清理，查办一批案件，按照属地管理和谁主管谁负责的原则，对于手机信息服务相关的网站、网页、网络接入、增值服务等各个环节进行全面清理，教育、曝光、处罚、关闭一批违规网站，对没有备案或没有经营许可的网站一律予以关闭。是否停止审批新设立手机网站，由通信管理部门根据上级要求提出意见，但在清理过程中要暂停一段时间，确保在规范的基础上再发展。对存在管理问题的网站，要明确要求限期整改，达到要求后再对外开放，没达到要求的不能接入互联网。在全面清理的基础上，集中侦破，快速审结一批典型案件，做到严查、快审，依法惩处一批犯罪分子。

四、封堵源头，加强有效监控

要按照谁经营谁负责、谁接入谁负责、谁收费谁负责的原则，有效加强手机网站监管，严格实行手机网站备案信息核查，整治业务推广渠道，规范代收费行为，清理服务器层层转租情况，明确广告代理商对其代理和发布广告的加盟网站负有审核、监控的责任，斩断手机网站基础运营商、接入服务商、广告代理商及第三方支付平台相互依存的利益链条。各互联

网相关监管部门要深入研究手机网站信息传播的规律和特点，掌握淫秽色情信息传播的方式和手段，加大网络技术研发，切实加强对手机网站淫秽色情信息的辨别处置能力，比如，通过设置关键字词来过滤淫秽色情信息，做到"魔高一尺，道高一丈"。

五、突出重点，加强宣传引导

与未成年人思想道德建设有关的所有责任单位都要加入进来，多方面加强对未成年人尤其是中小学生等易受毒害群体的正面宣传教育，增强他们的辨识能力，提升他们的思想素养，帮助他们在抵御有害信息方面练就刀枪不入的"金刚

之身"。同时，要把传播健康信息与监管手机网站传播信息结合起来抓，形成网络正面宣传强势。报刊、电台、电视台、主流网站都要通过各种方式加大对专项行动的宣传，加大对涉黄网站、典型案件查处以及惩处犯罪分子的曝光，形成打击手机网站传播淫秽色情信息的高压态势，营造开展专项行动的良好舆论氛围。

总之，希望各责任部门切实负担起责任，协作配合，把专项行动扎扎实实地开展好，坚持不懈地抓下去。

2009 年 12 月 23 日

2009 年"扫黄打非"大案要案综述

重庆市"扫黄打非"办公室

重庆市瑞琪印务有限公司违规装订非法宗教类出版物案

一、基本案情

2009 年 3 月 17 日中午 14 时，重庆市文化市场行政执法总队接群众举报，称重庆市渝中区瑞琪印务有限公司（渝中区李子坝正街 61 号）正在装订一批非法宗教类出版物。总队领导高度重视，立即组织精干执法人员并亲自带队火速赶到现场，随即对瑞琪印务有限公司几个印刷车间进行了排查，终于在该公司的装订车间发现标注为全能神教会出版涉嫌非法宗教类出版物《蒙拯救必须进入的十项真理七十条细则》。经过执法人员现场清点，成品书数量为 78 册，半成品书数量为 1241 册，共计 1319 册，执法人员对此批非法宗教类出版物现场予以扣押，出据了扣押决定书及清单、现场检查记录、抽样取证记录及通知书等法律文书，执法人员在现场为进一步核实情况，对当事人车间主管杜云清进行了调查取证，杜云清现场认可了以上事实。与此同时，要求瑞琪印务有限公司联系此项业务的车间主管杜云清，以印刷环节出

现问题为借口通知委托装订的嫌疑人到现场，执法人员将嫌疑人朱占荣、冯代兰当场控制并移交司法部门。

经查，瑞琪印务有限公司的经营范围为专项出版物、包装装潢印刷品、其他印刷品。其法定代表人杜宗俊，男，现年 63 岁，住重庆市渝北区经开大道 1111 号南湖郡 46－1 号，本业务承接人生产车间主管杜云清，女，现年 37 岁，身份证住所地：四川省绵阳市涪城区塘汛镇金广村 7 组。两人对以上违法违规事实认可。

印刷委托人朱占荣，女，汉族，地址：重庆市开县丰乐迎仙路 112 号；冯代兰，女，汉族，地址：重庆市涪陵区李渡真太乙门 4 组 88 号，两人对委托印刷事实认可。

二、处理结果

（1）公安机关对委托人朱占荣、冯代兰分别处以 1 年 6 个月强制劳教。

（2）市文化市场行政执法总队依照相关法律、法规规定和违法违规事实，对瑞琪印务有限公司作出了警告并罚款 30000 元的行政处罚。

三、案例分析

（1）重庆瑞琪印务有限公司法人和业务承接者对印刷业管理方面的法律法规知识不了解，守法意识淡薄，只要给钱什么印刷业务都敢承接。

（2）通过该案，暴露出重庆印刷业法律法规培训和日常监管方面还存在薄弱环节。

（3）本案从接到举报到查处结案，执法部门领导重视，行动迅速，处置方式方法适当，值得肯定。

重庆市渝中区"6·1"贩卖淫秽音像制品案

一、案件提要

本案是一起较为典型的经营载有宣扬淫秽色情内容的音像制品案。《音像制品管理条例》和《音像制品批发、零售、出租管理办法》都明令禁止经营载有宣扬淫秽色情内容的音像制品，《中华人民共和国刑法》也有明确的规定。因此在处理此类案件时，往往需要将这两个《条例》和《刑法》等相关法律法规相结合，形成完整的证据链，避免出现"以罚代刑"的现象。

二、基本案情

2009年5月中旬，重庆市渝中区上清寺派出所接群众举报称，重庆市高新区石桥铺一电脑城内贩卖色情淫秽光碟比较猖獗，"上家"来自渝中区，并且批发量比较大。渝中区上清寺派出所迅速向渝中区"扫黄打非"办公室汇报了此情况，区"扫黄打非"办公室领导高度重视，要求渝中区文化执法大队会同上清寺派出所立即组织专案组对该案进行侦破。区文化执法大队负责带领一个小组对辖区内的音像批发（零售）门店、电脑城、货送部等场所进行暗访，上清寺派出所负责带领一个小组对石桥铺电脑城和渝中区解放碑周边的居民区进行暗访，两个小组都将涉嫌贩卖淫秽光碟的人员进行了摸底调查，并将相关人员进行秘密摄像。在石桥铺电脑城内发现一妇女经常提着挎包连续多次出现在贩卖淫秽光碟的楼层，行迹十分可疑，专案组人员对其进行跟踪调查，发现该妇女总是在渝中区重医附二院附近一巷道内消失，一直未查找到她的落脚点，于是专案组在该区域的每个出入口设观察哨，进行秘密观察和守候。

通过半个多月蹲点守候和跟踪调查，摸清了涉案人员、周边地形、仓库等情况后，于2009年6月1日凌晨，专案组派出20余名警察和文化执法人员对渝中区戴家巷13号1~9出租屋进行了突击查处，当场查获色情淫秽光碟30286张，抓获犯罪嫌疑人2名。

2009年11月18日，犯罪嫌疑人胡某被渝中区法院判处有期徒刑三年，缓刑三年，并处罚金人民币2000元；犯罪嫌疑人徐某被渝中区法院判处有期徒刑三年，缓刑五年，并处罚金人民币2000元。

三、案件证据

本案所收集的主要证物：（1）物流公司分货清单；（2）货物运输委托合同协议书；（3）证人证言；（4）物证；（5）淫秽光碟鉴定委托书及鉴定结论报告书。

四、案件评析

本案的难点在于：上下家之间供货关系复杂化，供货渠道、进货渠道地下化，联系方式多样化，窝点不固定化，源头神秘化，指挥摇控化等特点，给这类案件的破获增加了难度。

（一）信息互通机制作用明显

"6·1"案件案情复杂，历时时间长，调查取证难。从最初接到举报，迅速展开收集线索，组织人员暗访摸底，到最终一举查处，区文化执法大队和上清寺派出所充分发挥信息互通机制，通力合作，对贩卖淫秽音像制品的下家、销售渠道、窝点情况了如指掌，对整个案件的破获起到了关键性的作用。

（二）行政执法和刑事司法打击衔接机制更加完善

"6·1"案件从掌握案件线索、开始立案，到制定行动预案、统一联合执法行动、抓捕涉案违法分子、清点非法音像制品以及把握案件的走向，都是由文化行政部门与公安机关共同研究、共同参与执行的，真正实现了行政执法与刑事司法执法的无缝衔接。成立了由文化、公安两部抽调专人组成的专案组，实现了案件的统一指挥、统一组织、统一分工，检察机关提前介入，到现场对案件调查取证进行指导，各部门各司其职、紧密合作、凝成合力，进一步完善了行政执法和刑事司法打击紧密衔接、高效运转的执法模式。更好地解决了以往执法工作中遇到的行政执法难、案件移送难、事实认定难、证据收集难、违法音像制品鉴定难等一系列问题，避免了"以罚代刑"的现象。

2009 年"扫黄打非"大事记

重庆市"扫黄打非"办公室

1月16日，组织参加第二十二次全国"扫黄打非"工作电视电话（重庆分会场）会议。

3月5日，召开全市"扫黄打非"工作会议。

3月16日，市委市政府两办下发《重庆市"扫黄打非"工作行动方案》。

3月17日，在渝中区瑞琪印务有限公司查获标注为全能神教会出版的非法出版物《蒙拯救必须进入的十项真理七十条细则》总计1319册，此案为该年"扫黄打非"第一阶段集中行动开展以来在重庆市查获的第一个邪教类非法出版物案件。

3月18日，在九龙坡区查处一家具有42台电脑的较大规模"黑网吧"。

3月19日，全国"扫黄打非"工作领导小组副组长兼办公室主任、新闻出版总署副署长蒋建国一行视察指导重庆"扫黄打非"工作。

4月2日，2008年"11·19"淫秽书籍批发窝点案当事人以贩卖淫秽物品牟利罪被判处7年有期徒刑，并处罚金5000元。

4月12日开始，开展清缴整治低俗音像制品专项行动。

4月22日，举行侵权盗版制品及各类非法出版物集中销毁仪式。

4月28日～5月12日，在渝中区、江津区、涪陵区、开县等4区县召开主城、渝西、渝东南、渝东北四大片区网吧和校园周边文化环境整治工作会。

5月上旬，在全市"五老"人员、青年志愿者中招募约3000名网吧义务监督员。

5月22日，市"扫黄打非"工作领导小组召开查缴、封堵非法出版物专题工作会议。

5月31日，召开全市区县"扫黄打非"办公室主任、文化市场行政执法大队长会议，全面部署封堵查缴非法出版物集中行动。

6月1日，市委宣传部长何事忠主持召开"扫黄打非"工作领导小组全体会议，专项研究部署"六·四"维稳工作。

6月1日，在渝中区端掉一淫秽音像制品批发窝点，收缴色情淫秽光碟30294张。

7月6日，2008年"11·26"菜园坝非法出版物批发窝点案当事人因非法经营罪被判处有期徒刑5年，并处没收财产10000元。

7月14日，查获一非法音像制品黑窝点，收缴盗版音像制品22000余张。

8月25～26日，举办全市"扫黄打非"文化执法骨干人员培训班。

8月27日，召开全市"扫黄打非"工作会议，贯彻落实全国"扫黄打非"办公室主任会议精神，部署"迎国庆、保平安"集中整治工作。

9月8日，召开主城区"扫黄打非"暨文化市场管理工作会。

9月27日，召开市"扫黄打非"成员单位联席会议。

10月14日，在渝中区端掉一非法音像制品生产销售窝点，查获非法音像制品11222张及用于生产的光碟刻录机4组共32个刻录光驱。

11月16～17日，国家新闻出版总署反非法和违禁出版物司副司长毛小茂、中宣部出版局研究处副处长蒋建民一行来渝调研"扫黄打非"工作。

11月20日～12月20日，开展严厉打击手机网站制作、传播淫秽色情信息专项行动。

创新经验

重庆"六招"破解网吧监管难题

重庆市"扫黄打非"办公室

网吧管理是各地文化市场监管的难题。重庆市现有网吧3285家，分布在全市40个区县8.24万平方公里的广大城乡。在网吧监管过程中，重庆市文化市场行政执法总队针对网吧违规反复性强、执法人员不足、"黑网吧"难发现、技术监控资源缺乏、乡镇网吧监管缺失等疑难问题，努力拓宽工作思路，认真挖掘执法资源，积极创新监管方式，切实加强了网吧市场监管，收到了明显效果。

一、错时执法，强化网吧日常巡查监管

以接纳未成年人为代表的网吧违规行为治理难度大，反复性强。在认真调查分析网吧违规规律的基础上，重庆市文化市场行政执法总队调整了监管策略，将中小学放学、放假期间作为重点时间段，将学校周边等未成年人活动区域作为重点地段，组织市和区县两执法队伍对网吧进行不定期的检查。特别是推行"错时执法"，采取"5＋2"、"白＋黑"、"晴＋雨"的办法，不仅加强白天巡查，也加强夜间检查，不仅在晴天出动，也加强雨天出击，使违规者掌握不了监管规律，始终不敢轻易违规，网吧经营秩序明显好转。

二、多方动员，加强对网吧的社会监督

目前重庆全市文化执法人员仅400余人，而文化经营场所达几万家，如果加上其他文化场所，监管的对象就更多，光靠市和区县两级文化执法队伍很难及时发现网吧违规行为。为此，总队拓宽工作思路，积极依靠社会力量加强网吧监管。总队启动了全市网吧义务监督员队伍组建工作，第一批在"五老"人员、青年志愿者中招募了2100名网吧义务监督员，在学校分管副校长、德育主任、保卫干事、班主任中确定了一批联络员，及时向执法部门沟通反映网吧违规情况。总队还发挥媒体记者社会责任感强、信息来源广的优势，在记者群体中聘请了一批特约监督员，根据记者信息查处了一批违规网吧和"黑网吧"，通过媒体及时报道一批侵害青少年身心健康的典型案例，引起各方关注和支持，形成了净化社会文化环境的良好氛围。

三、争取支持，利用电信技术手段精确核查"黑网吧"

"黑网吧"藏身城乡结合部、广大农村或居民楼内，社会危害大、发现难度大，仅靠传统监管手段很难实现取缔目标。为此，重庆市文化市场执法总队主动联系电信部门，争取技术支持，采取流量分析、IP锁定等办法，通过对特定时期流量大的非网吧客户端进行锁定，列出地址和名单，在此基础上进行一一核对排查，发现"黑网吧"，立即依法取缔，对5个区县30家疑似"黑网吧"逐一进行了甄别取缔。这一做法改变了以往查找"黑网吧"如"大海捞针"的局面，使"黑网吧"不再"隐形"，最终难逃被取缔的命运。

四、主动对接，联合工商部门取缔"黑网吧"

执法总队和各区县执法大队通过认真摸排，掌握了城乡结合部、居民楼、校园周边等重点地区"黑网吧"的分布情况，及时书面告知工商、公安等部门，并主动配合坚决予以取缔。截至5月底，全市共取缔"黑网吧"168家，其中远郊区县取缔"黑网吧"118家，主城各区取缔50家。有了多部门之间的密切配合，"黑网吧"取缔难的问题迎刃而解。

五、加强互动，与公安机关共享网络监控资源

执法总队主动协调公安部门，争取网络监控资源的共享。双方达成一致，由公安机关向文化执法部门提供IP地址和密码，区县文化执法大

队依托公安网络平台对网吧实行技术监管。目前，北碚、江津、渝中等 10 个区县已与当地公安机关对接了工作，实现了执法资源共享。这样一来，既有效解决了文化执法队伍监控资源不足的问题，又防止了监控平台的重复建设，还加强了部门间的配合，提高了文化执法工作效率。

六、向下延伸，聘请乡镇文化专干协管文化市场

从重庆大城市带大农村实际出发，针对执法力量不足、远郊乡镇鞭长莫及的情况，部分区县将乡镇文化专干聘为文化市场协管员，加强对所在地文化市场的日常监管，及时为执法部门提供违规经营情况。有的区县还给经培训合格的文化专干发放了行政执法证件，文化专干作为执法大队的执法人员，身兼二职，以区县文化执法大队的名义对乡镇基层文化市场实行监管，消除了农村乡镇文化市场的监管盲区，实现了执法力量对文化市场的全覆盖。

深化工作措施　扎实开展集中行动

重庆市"扫黄打非"办公室

重庆市委常委、宣传部长、市"扫黄打非"工作领导小组组长何事忠同志专门就"扫黄打非"集中行动作出批示："请文化市场执法总队牵头，认真组织实施，确保'扫黄打非'集中行动取得更大的成效。"根据何事忠同志批示精神，重庆市"扫黄打非"办公室提出了"扫黄打非"集中行动部署的"二五八五"项工作措施，即抓好"两大行动"，召开"五个会议"，采取"八条措施"，落实"五项保障"，全力保障出版物市场平稳有序，为国庆 60 周年营造良好的文化市场氛围。

一是全力抓好两大行动。按照全国统一部署，认真开展"扫黄打非"集中行动，同时开展净化社会文化环境工作专项行动。

二是精心召开五个会议。一是召开市"扫黄打非"工作领导小组成员单位负责人和联络员会议；二是召开主城区"扫黄打非"办公室主任和文化执法大队长会议；三是召开主城区文化市场各行业协会负责人会议；四是召开大中小学教师、家长、学生代表会议，听取盗版教辅教材和校园周边文化市场情况反映；五是召开党代表、人大代表、政协委员、义务监督员会议，听取"扫黄打非"工作意见建议。

三是认真采取八条措施。一是开展交叉执法。市文化执法总队执法队员联合远郊区县队员，对主城区和重点区县开展异地交叉执法检查。二是实行分片包干。把全市 41 个区县（含北部新区）划分为 4 个片区，由总队 4 位领导分片包干，开展明察暗访。三是定期通报情况。定期向市和区县两级"扫黄打非"工作小组领导反馈"扫黄打非"工作开展情况。四是量化考核标准。对区县大队和总队执法处室工作进行量化考核，严格落实部门分工责任制和"属地管理"职责，实行一票否决。五是着力查办案件。总队执法处室切实加大案件查办力度，尽量减少向区县大队移交案件数量，在执法办案中锻炼队伍检验能力。六是坚持严查重处。对严重违规、影响恶劣的案件依法从快从重处罚，直至吊销经营许可证，依法取缔其从业资格，并适时进行公开曝光。七是加大督查督办力度。对因工作精力不到位、执法保障不到位、随意挪用执法人员导致文化市场管理不善、问题频发的区县予以通报批评。八是注重刑事打击。加强出版物市场监管，端窝点，追源头，查办大案要案，依法追究犯罪分子的刑事责任，震慑违法犯罪分子。

四是全面落实五项保障。一是集中执法力量。市和区县两级文化执法队员做到全员上岗，深入市场一线检查办案，暂停公休假和一切外出活动。二是保持信息畅通。市和区县两级"扫黄打非"办公室坚持 24 小时值班。全体执法人员保持电话畅通。节假日和国庆节期间，总队和大队领导带头值班。三是搞好执法保障。一切以执法工作为中心，统筹安排执法车辆和办案设备，保证执法经费足额到位，切实搞好执法保障工作。四是每周汇总情况。实行执法数据周报制，执法总队和区县大队每周五中午前，分析汇总一周执法数据和执法动态情况。如遇到紧要情况，第一时间报告。五是每月报告工作。按月分析汇总全市"扫黄打非"工作情况，每月 5 日前向全国"扫黄打非"办公室和市"扫黄打非"工作领导小组报告。

河 北 省

2009 年"扫黄打非"工作总结

河北省"扫黄打非"办公室

2009 年，在河北省"扫黄打非"领导小组的正确领导下，河北省认真贯彻落实第二十二次全国"扫黄打非"工作电视电话会议精神，按照 2009 年全国"扫黄打非"行动方案的安排部署，结合河北省工作实际，周密部署，精心组织，确保了全省文化市场安全稳定，较好地完成了各项工作任务。全年全省共出动检查人员 9.6 万余人次，检查出版物市场、店档摊点、印刷复制企业 8.6 万多家（次），收缴各类非法出版物 71 万多件，查办各类案件 288 起。主要工作情况如下。

（1）组织收听收看全国电视电话会议，召开全省电视电话会议，迅速部署第一阶段工作。1 月 16 日，组织全省各级"扫黄打非"有关人员收听收看了第二十二次全国"扫黄打非"工作电视电话会议，为迅速贯彻落实会议精神，全国电视电话会议结束后，随即召开了全省"扫黄打非"工作电视电话会议。孙士彬副省长出席会议并作了重要讲话，全省各级"扫黄打非"领导小组组长、副组长、成员单位及有关单位负责人等共 1000 余人参加了会议。会后河北省"扫黄打非"办公室迅速部署全年"扫黄打非"工作，并以省委、省政府两办名义印发了《河

北省 2009 年"扫黄打非"行动方案》。同时，结合河北省"扫黄打非"工作实际，对 2009 年的工作任务进行了责任分解，做到任务清晰，责任明确，起草印发了《关于做好"扫黄打非"第一联阶段工作的通知》，对第一阶段工作进行了详细的具体安排，提出明确要求，督促各市抓紧研究布置，制订当地行动方案，开展行动，为净化春节和"两会"期间出版物市场环境，也为全年的"扫黄打非"工作开一个好头。

（2）组织开展了打击违禁出版物专项行动。2009 年是一个比较特殊的年份，重大事件多，热点问题多，重要敏感节点比较集中。按照全国"扫黄打非"工作小组和省"扫黄打非"领导小组的要求，在全省组织开展了封堵查缴违禁出版物专项行动，对出版物市场集中整治工作进行了全面部署，把封堵查缴违禁出版物作为集中行动重点，同时严防违禁出版物从境外流入省内。各地各部门组织精干执法力量，全面清查辖区出版物市场，对各类违禁出版物发现一本，查缴一本。各地对车站、码头、机场、涉外宾馆饭店、批发市场、电子城、庙会等重点部位实施重点监控，对违禁出版物保持了持续高压态势，确保了市场的稳定。

（3）加强市场监管，严厉打击各类非法出版

活动。按照工作部署，省"扫黄打非"办公室积极组织在全省范围内开展以整治印刷复制、运输环节为切入点的集中行动。同时，为确保"两节"期间出版物市场的繁荣有序，为节日营造良好的氛围，省"扫黄打非"办公室印发了《关于做好元旦、春节期间出版物市场监管工作的通知》，对"两节"期间出版物市场监管工作做出了安排部署，要求各级新闻出版部门制订《"两节"期间出版物市场检查安排表》和《"两节"期间值班安排表》。为确保出版物市场的安全稳定，按照全国"扫黄打非"办公室的工作要求，在全省范围内开展了打击整治违禁出版物活动，明确检查时间、内容和人员，落实到 24 小时值班制度，组织开展出版物市场大检查，把查封违禁出版物作为行动的重点，并以此为突破口，追根溯源，深挖非法印刷复制窝点，有效地净化了出版市场，确保了"两节"和特殊节点出版物市场的安全稳定。

（4）开展治理互联网低俗之风专项行动。根据中央七部委治理互联网低俗之风专项行动的要求，省"扫黄打非"办公室部署并展开一系列的预防和治理工作。一是根据全国专项行动的工作方案，结合河北的实际，制定了河北省《全省整治互联网低俗之风专项行动工作实施方案》，进一步明确了专项治理行动的主要任务、工作重点、任务分工和工作要求等，为做好治理工作打下了良好基础。二是认真做好清理自查工作。要求省内已批准的 2 家互联网出版机构及图书、音像电子出版单位对自己所办的网站进行自查。凡涉及低俗内容的要求坚决予以删除，并做出深刻检查。并要以此次专项治理为契机，切实采取有效措施，加强网站内容的审核把关，为弘扬社会主义先进文化作出贡献。三是面向社会，设立和公布举报电话，拓宽网民举报渠道，充分发挥社会力量，形成全社会广泛参与、群防群治的工作局面，对群众举报的线索认真落实，一经查实，严格按要求进行处理。四是突出重点，组织力量对以往查处过的网站或列入黑名单的网站进行重点检查，如涉及违规内容，屡教不改的，严肃处理。截至目前，河北省"扫黄打非"办公室协同通信和外宣部

门关停低俗、色情网站等违规网站 62 个，删除、封堵有害信息 33 条。相关电信企业关停非法激情聊天室 1 个，并已报公安部门，删除含有非法信息和低俗内容链接 25 个，关闭未备案网站 12 个。

（5）开展清缴整治低俗音像制品专项行动。按照全国"扫黄打非"办公室的要求，省"扫黄打非"办公室迅速组织全省各级"扫黄打非"工作部门开展了清缴整治低俗音像制品专项行动。成立了以河北省新闻出版局局长、省"扫黄打非"办公室主任李晓明为组长，局纪检组长、省"扫黄打非"办公室常务副主任王振卿为副组长的河北省开展清缴整治低俗音像制品专项行动领导小组。同时，迅速将开展清缴整治低俗音像制品专项行动的有关通知发到全省 11 个设区市及省"扫黄打非" 17 个成员单位，提出明确要求。各地接到通知后，迅速展开行动，由各级"扫黄打非"办公室牵头，组织新闻出版、文化、公安、工商、城管等部门联合对辖区内音像市场进行拉网式检查，同时全力清缴并取缔销售低俗音像制品的游商、地摊和无证照经营者。专项行动以来全省共查缴低俗音像制品 208 个品种，其中 109 种为新品种，生产销售低俗音像制品之风在河北省得到有效控制。

（6）组织开展全省集中销毁侵权盗版及非法出版物活动。按照全国"扫黄打非"工作小组统一安排部署，省"扫黄打非"办公室组织全省 11 个设区市于 4 月 22 日上午 10 点，举行了侵权盗版及非法出版物集中销毁活动。省"扫黄打非"领导小组和石家庄市"扫黄打非"领导小组共同在石家庄市文化广场举行了集中销毁活动。省、石家庄市两级"扫黄打非"办公室、"扫黄打非"领导小组成员单位负责人、出版物经营单位、"扫黄打非"、保护版权志愿者代表、河北人民广播电台、河北电视台、河北日报、燕赵都市报、河北青年报、石家庄人民广播电台、石家庄电视台、石家庄日报、燕赵晚报等新闻单位的记者及各界群众，共计 2000 余人参加了石家庄会场的销毁活动。活动现场发放了"扫黄打非"宣传资料并举行了"打击盗版、支持正版、保护知识产权"签名活动。当天全省

各地共销毁各类非法出版物120万册，各类非法音像制品、计算机软件70万张，其中石家庄市销毁非法出版物50多万册，非法音像制品、计算机软件30多万张。省委常委、宣传部长、省"扫黄打非"领导小组组长聂辰席，省政府副省长、省"扫黄打非"领导小组第一副组长孙士彬等领导出席了石家庄会场的销毁活动。

（7）组织"扫黄打非"第三阶段集中行动，开展国庆期间文化市场联合大检查。按照全国"扫黄打非"办公室统一部署，省"扫黄打非"办公室制定了《2009年河北省"扫黄打非"第三阶段集中行动实施方案》，结合国庆安保工作，围绕为庆祝新中国成立60周年营造良好氛围这个大局，组织对全省出版物市场实施大规模集中整治，同时按照上级领导有关批示精神，把治理盗版教材教辅列入此次行动之中。为把集中行动抓紧抓好，抓出成效，成立了以省"扫黄打非"领导小组副组长兼办公室主任、省新闻出版局局长李晓明为组长，省"扫黄打非"领导小组副组长、省委宣传部秘书长魏平为常务副组长，省"扫黄打非"办公室常务副主任、省新闻出版局纪检组长王振卿、省文化厅副厅长李建华、省教育工委副书记韩俊兰为副组长，省"扫黄打非"办公室、省委宣传部、省新闻出版局、省文化厅、省教育厅有关人员为成员的督导检查领导小组，督导检查组分四个小组，分别由4位厅级领导带队，对各地文化市场和制作、出版、印刷复制、储运、销售单位、网吧及大中小学校进行了明查暗访，发现问题，解决问题，并指导当地开展工作。国庆期间全省共出动检查人员1万余人（次），检查出版物市场、店档摊点、印刷复制企业5000余家（次），收缴淫秽色情和盗版图书、音像制品以及电子出版物、盗版教材教辅、非法报纸期刊等各类非法出版物4.4万多件。

（8）认真查办"扫黄打非"案件。按照集中力量办大案要案的工作要求，省"扫黄打非"办公室先后查处了邢台平乡一中盗印高中课本案、邯郸市劳教所盗版印刷装订《新华字典》《牛津英汉词典》案、张某等假冒教育类期刊名义诈骗案、韩某等特大制作贩卖淫秽光盘案、朱广轩无证经营教辅读物案、唐山聚星音像店批销盗版音像制品案、霍某等非法盗印《现代汉语词典》案等一大批重大案件，同时还对"3·27"案和《时代风采》案进行跟踪督导，积极协调，2009年4月28日，张某、姚某等六名涉案主犯一审分别被判处4~15年不等有期徒刑。各被告人提起上诉，6月29日，石家庄市中级人民法院依法做出裁定，认定原判事实清楚，证据确凿充分，依法驳回了各被告人的上诉，维持原判。《时代风采》案犯罪嫌疑人仇文虎被判处有期徒刑3年，缓刑4年。

（9）积极联系省"扫黄打非"领导小组各成员单位，开展工作。积极联系省综治委、省公安厅、省教育厅、省工商局、省通信管理局等"扫黄打非"成员单位，协调联动，齐抓共管，认真开展各项工作。2009年省"扫黄打非"办公室被评为河北省社会治安综合治理先进单位。

领导讲话

在第二十二次全省"扫黄打非"工作电视
电话会议上的讲话

河北省政府副省长、省"扫黄打非"领导小组副组长
孙士彬

2008年是很不平凡的一年。河北省"扫黄打非"战线广大干部坚持以科学发展观为指导，

认真贯彻落实"扫黄打非"行动方案，精心组织、周密部署，深入一线、积极防范，为确保全省文化市场安全稳定和北京奥运会的成功举办营造了良好的文化环境。

一是打击各类非法出版活动取得明显成效。组织开展打击违禁出版物专项行动，加强对制售非法出版物各个环节检查力度，深入开展网上"扫黄打非"，严厉打击各类非法演出，全省文化市场环境得到明显净化。二是奥运会期间"扫黄打非"集中行动力度大效果好。开展了"迎奥运、保稳定、促发展"文化市场集中整治行动、印刷复制业专项检查行动、奥运前30天文化市场集中清查行动，及时发现和解决问题，全国"扫黄打非"办公室给予了充分肯定，以简报形式推广了河北省的做法。三是查办大案要案取得了新的突破。共查处各类"扫黄打非"案件331起，对全国"扫黄打非"办公室督办的53起案件，做到了件件有落实，件件有回复。特别是一举侦破"3·27"重大制售非法出版物案，中央有关部门给予了充分肯定。四是"扫黄打非"工作长效机制初步建立。进一步理顺了"扫黄打非"领导体制，创新了"扫黄打非"工作机制，制定完善了"扫黄打非"工作考评办法、会议制度等8项规章制度，使"扫黄打非"工作进入了制度化轨道。

这些成绩的取得，是各级党委、政府高度重视、大力支持的结果，是各级"扫黄打非"部门各负其责、通力协作的结果，是奋斗在一线的"扫黄打非"工作者不懈努力、辛勤工作的结果。这当中，涌现了一大批先进集体和个人。在此，我代表省委、省政府和省"扫黄打非"领导小组，向在全国受到表彰的2008年度"扫黄打非"先进集体、先进个人、办案有功集体、有功个人和全省"迎、保、促"文化市场安保工作先进集体、先进个人表示热烈的祝贺！向辛勤工作在全省"扫黄打非"第一线的同志们表示亲切的问候和衷心的感谢！

下面，我就贯彻落实全国电视电话会议精神，做好河北省2009年的"扫黄打非"工作，讲三点意见。

一、统一思想，认清形势，进一步增强"扫黄打非"工作的责任感和使命感

在充分肯定成绩的同时，也要清醒地看到，意识形态领域的斗争仍然尖锐复杂，"扫黄打非"斗争面临的形势依然严峻，任务十分繁重。境外非法出版物对我进行思想文化渗透不断加剧，境内外敌对势力炮制传播违禁出版物的活动始终没有停止，宣扬邪教和民族分裂的非法出版物有增多趋势。从河北省情况看，淫秽色情等文化垃圾屡打不绝，侵权盗版行为屡禁不止，个别中小学校特别是民办学校购买使用盗版教材教辅现象比较严重，非法承印、印制和从事地下非法印刷现象有所抬头，利用互联网、移动通信终端、声讯台传播有害信息的问题比较突出等。对此，我们必须保持高度警惕和清醒头脑，充分认识"扫黄打非"斗争的长期性、艰巨性和复杂性，克服麻痹思想和厌战情绪，认清形势，正视问题，发扬成绩，再接再厉，把"扫黄打非"斗争坚持不懈地开展下去。

2009年仍将是不平凡的一年，热点难点问题多，重要敏感时间节点比较集中，社会舆论环境更为复杂，文化市场管理的任务更加繁重。各级党委、政府和有关部门要从服务党和国家工作大局的战略高度，进一步提高对"扫黄打非"工作重要性的认识，增强政治意识、大局意识、责任意识和忧患意识，发挥主动性、掌握主动权，打好主动仗，把思想和行动统一到中央和省委、省政府的决策部署上来，切实做到认识到位、领导到位、措施到位、落实到位，把"扫黄打非"斗争抓紧抓好。

二、突出重点，强化措施，确保"扫黄打非"工作任务落到实处

关于2009年"扫黄打非"工作，刚才全国会议已经做了总体部署。河北省的行动方案，会后以省委办公厅、省政府办公厅文件转发。各地各有关部门要按照部署，结合实际，突出重点，抓好落实。

一是继续把严密查堵违禁出版物作为2009年"扫黄打非"工作重点。违禁出版物是敌对势力对我国进行思想文化渗透和破坏我国社会政治稳定的主要手段。2009 年，我国重大政治活动多，河北地处京畿，地理位置特殊而重要。因此，我们要深刻认识肩负的重大责任和艰巨任务，把查堵违禁出版物作为全年"扫黄打非"工作的重中之重，贯穿于全年工作的始终。各级各有关部门要提早制订预案，调配精干力量，加强市场检查，切实堵塞漏洞，牢牢把握工作主动权。

二是从源头上打击盗版和非法出版活动。要对印刷复制企业进行集中整治，严厉查处违法违规印制活动，对生产盗版及非法出版物的企业从严处罚。要深挖地下印刷复制窝点，坚决打击，毫不手软。通过集中整治，处罚一批、关闭一批、取缔一批违法违规企业。要加强对出版单位的管理，严防违规违纪出版、买卖或变相买卖书号、刊号、版号现象发生。

三是大力清除淫秽色情等文化垃圾。宣扬淫秽色情、凶杀暴力、封建迷信等出版物危害青少年身心健康、败坏社会风气，必须坚决清除。要以学校周边的出版物零售、租赁摊点和网吧为重点，完善日常监管机制，严格规范其经营行为，切实解决好人民群众反映强烈的突出问题。公安、新闻出版和通信管理等部门要协同作战，密切配合，严厉打击利用互联网、声像播放、手机短信等手段传播淫秽色情等有害信息的行为，营造有益于青少年健康成长和社会文明的文化环境。

四是坚决打击侵权盗版行为。要从维护国家利益的高度，严厉打击侵权盗版行为。要进一步加强对书报刊、音像和计算机软件制品集中经营场所及批发、零售、出租、放映单位和印刷、复制、刻录等企业的日常监管，继续深挖非法生产线，打击网络侵权盗版，持续清理销售盗版及非法出版物的游商地摊和无证照经营者。

五是继续开展整治"四假"行动。要继续开展以整治假报刊、假记者、假记者站、假新闻为主要内容的整治"四假"行动。坚决查缴取缔各种形式的非法报刊，依法取缔非法设立的报刊社、编辑部、记者站、工作站等机构，严厉打击假冒记者身份招摇撞骗和扰乱社会秩序的行为。要建立完善报刊出版单位的长效监管机制，使报刊市场环境得到明显改善。

六是继续开展网上"扫黄打非"。要将净化网络文化经营秩序作为"扫黄打非"的重要内容，公安、新闻出版、通信管理部门要加强网络信息监控，强化网络公共服务终端管理，密切关注网上舆情动向，及时屏蔽和删除各类有害信息，特别是通过互联网、移动通信工具传播的政治谣言、淫秽色情信息和侵权盗版内容。

七是继续加大对歌舞、演出等文化娱乐市场的管理力度。各级文化行政管理部门要切实加强对娱乐场所、宾馆饭店、旅游景点等地点演出活动的管理，并加强对农村演出市场的监管。要严格审查演出节目，监控演出活动，严防淫秽色情等违法演出活动的发生，确保文化娱乐市场健康有序。

三、加强领导，健全机制，不断提高"扫黄打非"工作水平

"扫黄打非"工作是长期艰巨的政治任务，也是一项系统工程，需要各级党委政府高度重视、大力支持，需要各地区联防联治、通力协作，需要各有关部门密切配合、齐抓共管，需要全社会广泛关注、积极参与。

一是要完善领导体制，落实工作责任。各级党委、政府要高度重视"扫黄打非"工作，切实加强领导，将其列入重要议事日程，经常听取工作汇报，全面掌握市场动态，认真研究解决工作中的重大问题，努力形成党委统一领导、"扫黄打非"领导小组协调、各部门齐抓共管、社会各界广泛参与的领导体制和工作机制。要继续坚持"属地管理"和"谁主管，谁负责"的原则，层层健全责任制和责任追究制。要将"扫黄打非"纳入各地各部门工作目标考核体系，实行目标管理，并作为评选文明城市、文明单位以及考核社会治安综合治理工作的重要条件。

二是要改进工作方式，强化日常监管。在抓

好集中行动和专项治理的同时，要进一步加大日常监管力度。要抓好图书批发市场、电子软件及音像市场、繁华街区、旅游景点、宾馆饭店、学校周边等重点部位的监管。加强对印刷复制企业、出版物零售摊点、个体经营书店等重点对象的监管。要加强制度建设，完善信息预警机制，保证重大事项及时上报，对突发事件果断处置。

三是要加强队伍建设，提高执法水平。建设一支高素质的队伍，是做好"扫黄打非"工作的关键。各级党委、政府要采取积极有效措施，从人员、机构、办公设备等方面，给予大力支持。要加大资金投入，不断提升"扫黄打非"

工作机构的装备水平和技术能力。各地"扫黄打非"领导小组要加强"扫黄打非"队伍的思想建设和作风建设，加强业务知识、法律知识和现代科学技术培训，不断提高执法队伍的整体水平。

"扫黄打非"是党和政府的要求，是人民群众的愿望，是我们的职责。我们一定要认真贯彻党的十七大和省委七届四次全会精神，深入贯彻落实科学发展观，真抓实干，精抓细干，确保全省"扫黄打非"工作各项任务落到实处，为河北省文化大发展、大繁荣和实现富民强省做出新的更大的贡献！

在全省迎国庆"扫黄打非"
工作会议上的讲话

河北省委宣传部秘书长、省"扫黄打非"领导小组副组长
魏　平

这次会议，是省"扫黄打非"领导小组决定召开的一次重要会议，主要任务是总结 2009 年以来的"扫黄打非"工作，部署迎国庆"扫黄打非"工作。刚才，廊坊市、石家庄市汇报了今年以来的工作以及今后的工作打算，振卿同志通报了近期检查各设区市出版物市场的情况。下面我就抓好全省迎国庆"扫黄打非"工作，讲几点意见。

一、肯定成绩，分析形势，切实增强做好"扫黄打非"工作的责任感、紧迫感

2009 年以来，全省各级各有关部门在省委、省政府的正确领导下，在省"扫黄打非"领导小组的直接指挥下，认真贯彻落实全国、全省第二十二次"扫黄打非"工作电视电话会议精神，在封堵违禁出版物、扫除淫秽色情等有害文化垃圾、打击侵权盗版行为、查处非法报刊制售活动、清除互联网有害信息等方面取得了显著成绩，在开展专项治理、查处大案要案、营造舆论

氛围、完善部门联动机制等方面取得了新的进展，有力地维护了全省的出版物市场秩序。概括地讲，主要有以下几个特点。

一是各级领导高度重视，指导及时有力。2009 年以来，辰席部长、士彬副省长先后就"扫黄打非"工作作出 13 件批示。这充分表明了省委、省政府贯彻中央精神、深入开展"扫黄打非"斗争的决心。各市领导都很重视"扫黄打非"工作，相继召开了专门会议进行安排部署，结合本地实际，制订了切实可行的"扫黄打非"工作方案，明确了工作重点，组织协调比较有力。石家庄、廊坊、唐山市委、市政府分管领导同志，不仅多次对"扫黄打非"工作做出批示，还亲自带队检查市场，深入一线，推动了"扫黄打非"集中行动的深入开展。石家庄市加大对节假日出版物市场执法检查力度，廊坊市、唐山市重点治理整顿印刷业，着力查处违禁出版物，其他各市也都针对存在问题，突出重

点，加强监管，开展了有特色的整治活动，取得了明显成效。

二是各有关部门认真负责，工作富有成效。9月中旬，省"扫黄打非"办公室和省新闻出版局、文化厅、教育厅分4组对全省开展迎国庆"扫黄打非"工作情况进行了督导检查。就检查的情况看，省"扫黄打非"领导小组各成员单位各司其职，认真负责，4月份，省公安厅组织了全省依法打击网络淫秽色情专项行动，5月份，省建设厅组织了清理取缔销售盗版及非法出版物的游商地摊和无证经营的专项行动，省教育厅开展了清理学校使用盗版教材教辅专项行动，工商行政管理部门对电子集贸市场集中经营场所所销售的盗版制品进行了清理整顿，其他单位都结合自己工作职责进行了执法大检查。这些专项行动的开展，净化了社会环境，维护了社会秩序，得到了社会的一致好评。

三是查堵违禁出版物行动迅速，处置果断。2009年以来，全国"扫黄打非"办公室连续发出了72份密码电报，安排部署打击和封堵违禁出版物工作。省"扫黄打非"领导小组的领导同志及时作出批示，省"扫黄打非"办公室迅速做出反应，对每一封密电都在当天做出安排，在最短时间内通知有关部门，并在有效控制知情范围的前提下，组织力量清查市场，对各地车站、码头、机场、涉外宾馆饭店等重点部位实施重点监控，对各类违禁出版物发现一本，查缴一本，同时还追根溯源，挖掘上线，做到了件件有查处，案案有落实。

四是"两节"期间出版物市场专项治理组织严密，深入到位。为确保"两节"期间出版物市场的繁荣有序，为节日营造良好的氛围，省新闻出版局印发了《关于做好元旦、春节期间出版物市场监管工作的通知》，对"两节"期间出版物市场监管工作做出了部署，要求各级新闻出版部门拟订《"两节"期间出版物市场检查安排表》和《"两节"期间值班安排表》，明确检查时间、内容和人员，落实24小时值班制度，

组织开展出版物市场大检查。春节前，各级新闻出版管理部门对辖区出版物市场进行了拉网式清查，收缴盗版图书28000多册，非法软件11500张。"两节"期间，市县稽查人员放弃休息，对火车站、汽车站、批发市场、电子城、庙会等重点部位、重点区域实行重点巡查和盯防。邢台、衡水、保定、唐山等地的新闻出版部门按照居住地划分责任片区，加强监督检查，有情况及时通知稽查队。石家庄市新闻出版局联合其他有关部门开展检查的同时，组织图书经营单位，在文化广场开展春节书市活动，丰富群众春节期间的文化生活。

五是查处大案要案态度坚决，严肃认真。2009年以来，省"扫黄打非"办公室和各地、各有关部门把查处大案要案作为"扫黄打非"工作的重要举措，深挖线索，重拳出击，依法查处了邯郸6·01盗版案、衡水假冒期刊诈骗案等一批非法出版案件，对有关责任人进行了严肃处理。通过查处案件，有力地打击了违法出版活动，推动了全省"扫黄打非"工作的深入开展。

为营造"扫黄打非"工作的浓厚氛围，展示"扫黄打非"工作成果，4月22日，省"扫黄打非"领导小组按照全国"扫黄打非"办公室的部署，组织全省11个设区市同时举行了2009年"扫黄打非"盗版非法出版物集中销毁活动，共销毁非法出版物120万册，非法音像制品、计算机软件70万张，孙士彬副省长出席石家庄主会场销毁仪式并讲话，中央和省市新闻媒体都进行了集中报道，在社会上产生了积极反响，大大增强了全社会保护知识产权意识。

这些成绩的取得，是省委、省政府正确领导的结果，是省"扫黄打非"领导小组具体指导的结果，更凝聚着全省"扫黄打非"战线干部职工的心血和汗水。在此，我代表省"扫黄打非"领导小组向大家表示衷心的感谢！

在肯定成绩的同时，我们必须清醒地看到，

河北省迎国庆"扫黄打非"斗争面临的形势依然严峻，任务十分繁重。突出表现在：一些传播政治谣言、混淆视听的违禁出版物又有抬头迹象，仅2009年以来，我们就收到全国"扫黄打非"办公室发来的密码电报达72份之多；销售盗版畅销书、中小学教辅用书活动在部分地区仍然比较猖獗；非法出版活动越来越隐蔽，不法分子的反侦察能力增强，源头监管难度较大；个别地方对"扫黄打非"存在着重视不够、有案不查、立案不结、执法不严现象；基层"扫黄打非"工作还存在着经费短缺、力量不足、装备较差等问题。对这些问题，必须高度重视，认真解决。

二、围绕主线，突出重点，认真落实"扫黄打非"暑期战役的各项工作任务

按照全国"扫黄打非"办公室的通知要求，省"扫黄打非"领导小组决定从9月上旬，在全省范围内开展第三阶段"扫黄打非"集中行动。专项行动方案，已经印发各地。各级"扫黄打非"办公室和新闻出版部门要结合实际，本着"形成合力、提高水平、务求实效"的精神，认真抓好落实。这里，我着重强调一下暑期战役的几项重点工作。

（1）坚决查堵违禁出版物。违禁出版物或对党和国家领导人进行攻击，虚构渲染党和国家领导人的私生活细节，胡编乱凑，歪曲诽谤；或刻意夸大社会丑恶现象，对我国经济社会发展妄评妄测；或渲染官场权力之争、腐败现象，丑化领导干部，误导民众情绪。这些违禁出版物对舆论氛围、文化环境和社会政治稳定的危害不言而喻。查堵违禁出版物，是"扫黄打非"工作的重中之重，始终受到党和国家的高度重视。各地"扫黄打非"办公室、各有关部门"扫黄打非"战线的干部职工，要进一步提高政治敏锐性和政治责任感，始终以对国家、对人民高度负责的精神，从维护国家政治稳定和社会安定大局出发，保持高度警惕，采取有效措施，将查堵违禁出版物置于各项工作之首。要始终保持高压态势，做到露头就打，坚决封堵和查缴传播政治谣言、制

造思想混乱、误导群众情绪、破坏社会稳定、危害国家统一、煽动民族分裂、攻击党的领导、诬蔑社会主义制度的违禁出版物和"法轮功"等邪教组织宣传品。要严防境外敌对势力炮制的违禁出版物流入河北省，严禁境外违禁出版物在河北省非法印制、销售，严密封堵利用互联网传播违禁出版物及其相关信息。新闻出版部门一方面要加强对进口书报刊的审查和监督，防止违禁出版物通过正规渠道入境，一方面要坚决取缔无证照从事印刷、复制的窝点，加强对有证照的印刷复制企业的监管和稽查，对承印违禁出版物的企业，一经发现，要依法从严查处。对11个设区市的重点地区、重点部位，包括国家机关、校园周边、商贸文娱场所、旅游景点、机场、车站、码头等人员流动量较大的场所，进行高密度反复清查，坚决取缔兜售违禁出版物的游商、地摊，并追根溯源，严查彻究，追查翻印、复制、储运、批发的网络和窝点，追查委托印制、复制人和承印企业，追查底本、母盘的来源，构成犯罪的要依法追究其刑事责任。要加强对互联网信息的监控，对境外网站登载违禁出版物及其相关内容的要及时加以屏蔽和过滤，对境内网站登载违禁出版物及其相关内容的要责令其立即撤除或予以关闭。凡涉及违禁出版物的案件，要发现一起，查处一起，并将进展情况及查处结果及时上报省"扫黄打非"办公室，特别是对全国"扫黄打非"办公室部署查处的重大违禁出版物案件，有关市县区和部门要及时组织力量查办，不得贻误战机，切实做到件件有部署、件件有行动、件件有结果、件件有反馈。要严明工作纪律，对查处违禁出版物的有关情况，各地要严格控制知情范围，注意保守秘密，防止授人以柄，防止别有用心的人借机炒作。收缴的违禁出版物，要由省"扫黄打非"办公室集中封存，统一监销，不得流失。

（2）坚决清除污染社会环境的淫秽色情、凶杀暴力等非法出版物。国庆期间是淫秽色情恐怖凶杀暴力等非法出版物和非法出版活动的高发期。尽管我们每年都在不断地清扫淫秽色情、凶

杀暴力等出版物"口袋本"、有害卡通读物和不良游戏软件产品,但这类非法出版物在市场上依然存在,不仅污染社会环境,危害青少年身心健康,而且在出版、销售等方面呈现出品种多、数量大、方式更加隐蔽的特点,给我们的查处工作增加了难度。对此,我们决不能放任自流,任其发展,必须千方百计克服困难,采取有效措施,加大查缴宣扬淫秽色情、凶杀暴力、封建迷信及伪科学内容的音像制品、电子出版物、游戏软件和以未成年人为主要读者对象的各类有害出版物的力度,严厉打击通过互联网、网吧、声讯台、录像厅、手机短信等传播淫秽色情文化垃圾、有害信息的行为。严肃查处参与制售有害出版物的企业,坚决打掉非法制售文化垃圾、有害信息和侵权盗版出版物的窝点和网络。净化出版物批发场所、学校周边出版物零售摊点和网吧等,清查利用互联网、录像厅等手段传播淫秽色情等有害信息的行为,严厉打击制售、传播淫秽色情等文化垃圾和有害信息的违法犯罪活动。结合典型案例,加大宣传教育力度,动员全社会特别是教育中小学生自觉抵制淫秽色情等有害信息的侵蚀。

(3)坚决打击各类侵权盗版活动。侵权盗版非法出版活动的目的是获取非法高额利润。多年的"扫黄打非"实践证明,9月份是出版物交易量最大的季节,同时也是不法书商赚取暴利的最好季节,他们活动十分猖獗。针对这一特点,全省第三阶段"扫黄打非"工作,特别是国庆期间,尤其要加大对出版物集中经营场所及批发、零售、出租、放映单位执法检查力度,加大对盗版制品源头的治理力度,深挖盗版制品生产、仓储窝点,切断盗版制品的利益链条,严厉打击幕后组织策划分子。加强对口岸的检查和对有关进口货物的查验,深入打击光盘及其复制设备走私活动。全面清理并取缔销售盗版书刊、音像制品和计算机软件的无照经营者及游商、地摊。做好出版、印刷、复制、发行企业的审核登记工作,依法严肃查处参与侵权盗版活动的单位。坚决查处互联网侵权盗版和利用互联网经营侵权盗版出版物的活

动。进一步规范教材教辅读物市场秩序,严厉打击盗版教材教辅非法出版活动,加强对图书集中经营场所及印刷、发行单位的管理和检查,严肃查处学校购买、使用盗版教材教辅读物的行为,严肃查处违法违规编辑、印刷、发行教材教辅读物的行为。

三、加强领导,落实责任,务求国庆期间"扫黄打非"工作取得实实在在的效果

"扫黄打非"工作是一个系统工程,是一项长期的战略任务。抓好国庆期间"扫黄打非"工作意义重大,任务繁重,时间紧迫,必须强化工作措施,在狠抓落实上下功夫。

一是要加强组织领导,形成工作合力。各级"扫黄打非"领导小组主要负责同志要将全省国庆期间"扫黄打非"工作列入重要议事日程,研究新情况、解决新问题,要亲自指示、亲自部署、亲自指挥,推动"扫黄打非"工作不断向纵深发展。各级"扫黄打非"领导小组办公室作为"扫黄打非"领导小组的常设机构,要强化部署、指导、协调、督查职能,及时报告重大事项和工作情况。各级"扫黄打非"领导小组成员单位,都要切实履行职责,密切协作,形成合力。

二是要健全有关制度,狠抓工作落实。各级"扫黄打非"办公室、新闻出版部门要按照全省"扫黄打非"第三阶段专项行动方案要求,建立完善24小时值班制度、责任追究制度、信息上报制度、督导检查制度,做到对违禁出版物、污染社会的非法出版物和侵权盗版物,早发现、早查缴、早处置,完善情报预警、快速反应、联合封堵和案件查处等工作机制。

三是要创新工作思路,提高工作水平。各级"扫黄打非"办公室、新闻出版部门要结合本地出版物市场的发展实际,不断拓展"扫黄打非"工作的覆盖面。要细化、量化"扫黄打非"工作的各项任务指标,制订具体的考核验收标准并加以实施,确保专项治理行动和日常监督工作有机结合。要建立门前管理责任制和社区、学校、公园等场所的区域管理责任制,派驻督导员、聘

用社会督查员对市场进行监控，积极探索取缔无证照经营者、游商、地摊的治本之策。

四是要狠抓宣传报道，营造舆论氛围。各级"扫黄打非"办公室、新闻出版行政管理部门要发挥自身优势，充分利用报刊、广播、电视、互联网、移动通信等各类媒体，采取多种形式，大力宣传"扫黄打非"和保护知识产权的重大意义，深刻揭露非法出版活动和不良文化的社会危害性，组织报道出版物市场日常监管、专项治理行动和重大案件查处情况，引导社会公众积极参与"扫黄打非"斗争，自觉抵制腐朽文化和有害信息，为"扫黄打非"工作营造良好的舆论氛围。

迎国庆"扫黄打非"工作的号角已经吹响，任务艰巨，责任重大。希望大家按照行动方案的部署和要求，精心组织，周密安排，扎实工作，务求实效，努力营造繁荣、稳定、有序的出版物市场和积极、向上、和谐的思想舆论氛围，以优异的成绩迎接国庆 60 周年的到来！

2009 年 9 月 28 日

2009 年"扫黄打非"大案要案综述

河北省"扫黄打非"办公室

查办案件是"扫黄打非"工作的重要手段，2009 年，河北省"扫黄打非"办公室始终将查办案件，特别是查办大案要案列为工作重点。在组织开展专项行动中，河北省"扫黄打非"各成员单位及各级"扫黄打非"工作部门始终将查办大案要案工作摆在突出位置，通过抓源头、抓团伙、破网络、追根溯源，将全省"扫黄打非"工作不断推向深入。

一、石家庄"3·27"重大制售非法出版物案

2008 年年初，广州市"扫黄打非"办通过市场调查发现，广州天河有一销售非法出版物的团伙，其进货渠道来自河北省石家庄市。河北省及石家庄市领导高度重视，迅速成立"3·27"专案组，在全国"扫黄打非"办公室、公安部协调督办下，河北、广东两省公安、"扫黄打非"部门紧密配合，根据广州方面提供的线索，9 月 22 日，河北省公安、新闻出版部门查获了河北方面嫌疑人张某准备发出的非法出版物 1700 余册。11 月 4 日河北省公安、"扫黄打非"办公室彻底捣毁了以张某为首的集排版、制版、印刷、装订一条龙的非法出版窝点，将张某等 5 名犯罪成员抓获。共收缴非法出版物 14000 多册，淫秽光盘 500 余盘；查获作案用电脑 9 台、打印机一台，以及制版、印刷、装订设备等大量工具。11 月 5 日，广州市方面将涉案的另一主要犯罪嫌疑人姚某抓获。至此，该案 6 名主要犯罪嫌疑人全部抓捕归案。

2009 年 4 月 27 日，石家庄市新华区人民法院对该案 6 名被告人作出一审判决，判处张某有期徒刑 15 年，并处罚金 17 万元；姚某有期徒刑 14 年，并处罚金 17 万元；张某某有期徒刑 12 年，并处罚金 70 万元。其余 3 名案犯分别判处 10～4 年有期徒刑，并处以 5 万元～1.5 万元不等的罚金。

由于石家庄市公安局国保支队在办案过程中成绩突出，2009 年 1 月分别被全国"扫黄打非"工作小组和省"扫黄打非"领导小组授予办案有功集体。2009 年 6 月 2 日中央电视台《新闻联播》、6 月 4 日《中国新闻出版报》分别就该案的查处情况进行了报道。

二、衡水"3·27"非法出版期刊案

根据举报，有人冒用《教育评论》名义进行约稿、组稿并非法出版，诈取暴利，严重侵犯了正规出版单位的权益。经初步调查，嫌疑人所用的电话长期呼叫转移至一衡水手机号码，上网的 IP 地址为衡水号段，非法刊物寄出地在衡水市，据此河北省公安厅指定由衡水市公安局机关对此案立案侦办。2009年4月7日，衡水市成立以公安机关为主的"3·27"专案组，对张某A、张某B非法出版、诈骗案立案侦查。2009年4月29日，衡水市公安机关一举抓获张某等9名犯罪嫌疑人。同时查获了黑色奇瑞轿车1辆、电脑20台、打印机3台、假身份证3张、银行卡4张、假《基础教育》杂志社公章2枚、上海和福建服务业统一发票1部、快递公司账单1部、空白荣誉证书15张以及部分现金和印刷好的各种教育类假刊物23本。

经查，张某在其兄指点下于2008年10月份先后在北京、福州、上海等地制作假身份证、假公章，购买真样刊，用假身份证在工商银行办理银行账户，购买假发票、联系电话等。而后利用其2008年3月份在衡水市桃城区开办的"鼎城论文发表网"，假冒《中国教师》、《基础教育》等正规期刊名义面向全国进行约稿、组稿，要求作者将所谓"版面费"汇入指定银行账户，在确认收到汇款后，将汇款作者的论文交印刷厂排版、印刷，然后将伪造期刊通过快递方式寄送给作者。张某A、张某B、王某、张某C等人共非法印制《教育评论》、《基础教育》、《中国教师》、《现代中小学教育》等期刊共计25期2500余册。诈骗金额共计31余万元。

2009年6月5日，经检察机关批准，主要涉案人员张某等4人被依法执行逮捕，并于2009年8月4日由衡水市公安机关向检察机关移送起诉。2010年2月8日，衡水市中级人民法院以诈骗罪判处张某A有期徒刑13年，并处罚金20万元。

以诈骗罪判处张某B、王某各有期徒刑3年，缓刑4年，各处罚金5万元；以诈骗罪判处张某C有期徒刑2年，缓刑3年，并处罚金2.5万元。

三、邯郸"6·01"盗版、盗印工具书案

2009年6月1日，根据群众举报，全国"扫黄打非"办公室和河北省"扫黄打非"办公室的执法人员，在邯郸市"扫黄打非"办公室、新闻出版局、公安部门配合下，捣毁设在邯郸市劳教所内的非法印刷窝点1个，查获非法出版物储存窝点3个，查处参与非法印刷的厂家6个，共查扣印刷机1台、装订配套设备15台，查获收缴盗版《新华字典》、《现代汉语词典》、《牛津高阶英汉双解词典》等非法出版物成品11000余册，及大量的书皮、散装书页、包装箱和专用纸两余吨。邯郸市公安局抽调60余名办案人员奔赴山东、河南、上海、四川、浙江、云南、贵州、湖北、湖南、广东、重庆等地，行程四万余公里追回部分盗版书共计5100余册，抓获犯罪嫌疑人28人，其中刑事拘留24人（逮捕并起诉10人），采取其他强制措施4人。

邯郸市丛台区人民法院于2010年12月12日对"6·01"案10名涉案犯罪人做出终审判决：一、维持邯郸市丛台区人民法院（2010）丛刑处字第51号刑事判决的第一、二、三、五、六、七、八、九、十项。以侵犯著作权罪对曹守华等10人分别判处有期徒刑2~6年，并共处罚金人民币98.5万元。撤销邯郸市丛台区人民法院（2010）丛刑处字第51号刑事判决的第四项。改判：上诉人（原审被告人）宋某犯侵犯著作权罪，判处有期徒刑三年缓刑四年，并处罚金人民币10万元。

2009年"扫黄打非"大事记

河北省"扫黄打非"办公室

2008年12月26日至2009年1月16日，河北省各市认真开展出版物市场大清查行动。省、

市、区三级"扫黄打非"办公室、新闻出版局的执法人员重点对火车站、长途汽车站、图书批

发市场等重点场所进行清查。特别是石家庄市执法人员对火车站（北站）广场、长途汽车站、太和电子城、各公园、图书批发市场门前、省会文化广场、各超市附近及省市"两会"代表驻地等出版物经营单位进行拉网式清查，加大了对违禁、淫秽色情、封建迷信、盗版卡通类非法出版物的检查力度，专项行动期间，取缔无证书摊25家，收缴各类非法出版物和非法经营的出版物1000余册。

1月16日上午，河北在第二十二次全国"扫黄打非"工作电视电话会议后，河北省召开了"河北省第二十二次'扫黄打非'工作电视电话会议"。省政府副省长、省"扫黄打非"领导小组第一副组长孙士彬同志出席会议并做重要讲话。省"扫黄打非"各成员单位和省直各有关单位的负责人参加了会议。会议由省政府副秘书长李同亮同志主持。

2月18日，河北省"扫黄打非"工作领导小组副组长兼办公室主任、省新闻出版局局长李晓明主持召开会议，学习"全国'扫黄打非'办公室主任会议"精神，并结合河北实际，研究贯彻落实会议精神的意见。为进一步贯彻落实全国、全省"扫黄打非"工作会议精神，全省开展了"扫黄打非"集中行动。石家庄市于2月21日~3月20日在全市范围开展了"'扫黄打非'集中检查月"专项行动。

2月20日，河北省"扫黄打非"办公室印发《2009年"扫黄打非"第一阶段集中行动方案》。从2月至4月下旬，全省开展了第一阶段集中行动。

4月22日，河北省11个市同时举行集中销毁侵权盗版制品及各类非法出版物活动。集中销毁活动的启动仪式主会场设在石家庄市文化广场，各设区市设分会场，各类非法出版物被运送到指定地点统一销毁。省委常委、宣传部长、省"扫黄打非"领导小组组长聂辰席同志，省政府副省长、省"扫黄打非"领导小组第一副组长孙士彬同志出席主会场的销毁活动。省委办公厅、省政府办公厅、省委宣传部、省委政法委、

省"扫黄打非"领导小组成员单位的负责同志，石家庄市委、市政府、市"扫黄打非"领导小组成员单位的负责同志，及出版物经营单位代表、"扫黄打非"和版权保护志愿者代表2000余人参加了销毁活动。活动由省新闻出版局局长李晓明同志主持，聂辰席同志宣布集中销毁开始，孙士彬同志做重要讲话。此次活动全省共销毁非法出版物120万册，非法音像制品及计算机软件70万张。其中，石家庄主会场销毁非法出版物50多万册，非法音像制品及软件30余万张。

4月12日开始，河北省开展清缴整治低俗音像制品专项行动。截至5月10日，全省共出动执法人员1806人（次），检查音像制品经营单位、店档摊点2128家次，收缴低俗音像制品978片（盘）。此次行动截止到7月底。

4月27日，石家庄市新华区人民法院对"3·27"重大制售非法出版物案的6名被告人作出一审判决，判处张某有期徒刑15年，并处罚金17万元；姚某有期徒刑14年，并处罚金17万元；张某某有期徒刑12年，并处罚金70万元。其余3名案犯分别判处10~4年有期徒刑，并处以5万元~1.5万元不等的罚金。

4月29日，衡水市公安机关一举抓获张某A、张某B等9名犯罪嫌疑人。同时查获了黑色奇瑞轿车1辆、电脑20台、打印机3台、假身份证3张、银行卡4张、假《基础教育》杂志社公章2枚、上海和福建服务业务统一发票1部、快递公司账单1部、空白荣誉证书15张以及部分现金和印刷好的各种教育类假刊物23本。张某A、张某B等人共非法印制《教育评论》、《基础教育》、《中国教师》、《现代中小学教育》等7种期刊共计25期2500余册，涉案受害人达1100余人，涉及北京、上海、福建等27个省（区、市）。张某A诈骗金额288972元，张某B诈骗金额为21874元，张某C诈骗金额为44711元，王某诈骗金额为44711元，总诈骗金额为40余万元。

5月至7月，河北省开展第二阶段集中行动。各地加大清缴整治低俗音像制品力度；集中整治印刷复制企业，严厉查处违法违规的印制活

动；加强对出版物运输环节的监管，以高速公路收费站、服务区及车站、商场等场所为重点区域，严厉查处各类非法发行活动，坚决封堵和查缴非法出版物；集中检查各类出版物经营场所。据初步统计，全省共出动检查人员2800人（次），检查各类出版物经营单位、印刷装订企业2031家，登记封存各类非法出版物近10万册（张）。

6月1日，根据群众举报，全国"扫黄打非"办公室和河北省"扫黄打非"办公室执法人员，在邯郸市"扫黄打非"办公室、新闻出版局、公安部门配合下，捣毁设在邯郸市劳教所内的非法印刷窝点1个，查获非法出版物储存窝点3个，查处参与非法印刷的厂家6个，共查扣印刷机1台、装订配套设备15台，查获收缴盗版《新华字典》、《现代汉语词典》、《牛津高阶英汉双解词典》等非法出版物成品11000余册，及大量的书皮、散装书页、包装箱和专用纸两余吨。抓获犯罪嫌疑人28人，其中刑事拘留24人（逮捕并起诉10人），采取其他强制措施4人。2010年12月12日做出终审判决：以侵犯著作权罪对曹守华等10人分别判处有期徒刑2～6年，并共处罚金人民币98.5万元。

6月11日，石家庄市文化局联合长安区文体局、长安公安分局，一举捣毁位于石家庄市区南高营村仓储非法音像制品的仓库。当场登记封存非法音像制品8万余张。

7月20日～8月20日，河北省开展暑期"扫黄打非"集中整治行动。此次集中行动的重点是：以秦皇岛市和北京周边城市保定市、廊坊市、唐山市、张家口市、承德市及主干交通线周边为重点地区，以机场、车站、码头及重点商业区、旅游景点及其周边地区为重点区域，以图书、报刊、音像和网络整治为重点内容。7月17日，秦皇岛市"扫黄打非"领导小组召开了全市"保暑期迎国庆""扫黄打非"工作会议。7月23日省"扫黄打非"办公室印发《河北省暑期"扫黄打非"集中整治行动方案》。

8月5日，河北省11个设区市同时组织开展"迎国庆文化市场集中整治行动法制宣传日"

活动。省委宣传部秘书长魏平、省文化厅厅长冯韶慧、石家庄市政府副市长张妹芝等领导出席了在省会文化广场举办的主会场活动，各市有关市领导出席了分会场活动。

8月中下旬至11月中旬河北省开展"扫黄打非"第三阶段集中行动。9月10日，省"扫黄打非"办公室印发《2009年"扫黄打非"第三阶段集中行动实施方案》。主要任务是：高举保护知识产权旗帜，以反盗版为平台，严厉打击侵权盗版和非法出版活动，重点整治教材教辅的侵权盗版和非法出版行为，继续严密封堵查缴非法出版物和整治清缴低俗音像制品，为庆祝新中国成立60周年营造良好的文化环境和舆论氛围。

9月14～20日，四个由厅局长带队的督导检查组分别对河北省11个设区市"扫黄打非"第三阶段集中行动落实开展情况和国庆期间的文化市场安全与稳定情况进行督导检查。督导检查组对各地文化市场经营秩序、环境和安全情况；所辖区域有无违禁、盗版及淫秽色情等非法出版物；所辖区域有无游商地摊情况；所辖区域的印刷复制企业；所辖区域大、中、小学校教材教辅使用情况及学校周边图书、音像、网吧经营场所的情况进行了明查暗访。督导检查组由省"扫黄打非"领导小组副组长兼办公室主任、省新闻出版局局长李晓明，省"扫黄打非"领导小组副组长、省委宣传部秘书长魏平，省"扫黄打非"办公室常务副主任王振卿、省文化厅副厅长李建华、省教育工委副书记韩俊兰等同志带队。

9月22日，北京、河北、天津、山西、内蒙古、河南、辽宁、山东等八省（区、市）建立跨省（区、市）协作"扫黄打非"联防协作工程——"护城河"工程，以清缴查处非法出版物为重点，严厉打击非法出版和侵权盗版活动，确保北京及其周边地区的社会稳定和文化安全。

9月24日，河北省"扫黄打非"办公室制定下发《关于做好2009年国庆节前后文化市场稳定工作的通知》，要求全省各级"扫黄打非"职能部门进一步加大监管力度，对文化市场进行反复清查，坚决收缴各类非法图书、报刊、音像制品，坚决取缔销售非法出版物的游商、地摊，严厉查处承印各类非法出版物的印刷企业，从严从快打击违法犯罪分子。

9月27日，由河北省委宣传部秘书长魏平、省"扫黄打非"办公室常务副主任王振卿带队，对石家庄市的益友超市音像店、畅游网吧，图书批发交易市场的花山书店、春风书店、秋林书城，祥龙泰超市内的书店、音像店等文化市场经营单位进行了重点检查。

9月28日，河北省"扫黄打非"工作会议在石家庄召开，会议总结了2009年以来的"扫黄打非"工作，部署了今后一个阶段，特别是国庆前后的"扫黄打非"工作。会上，省"扫黄打非"办公室常务副主任王振卿通报了近期检查全省出版物市场情况，安排部署了国庆期间全省"扫黄打非"工作。省委宣传部有关领导做了讲话。各设区市新闻出版局主管副局长、出版科长参加了会议。

12月30日，河北省"扫黄打非"办公室发出《关于做好2010年元旦、春节文化市场稳定工作的通知》。

创新经验

石家庄：志愿者参与文化环保工程

河北省"扫黄打非"办公室

提起志愿者，也许人们脑海中联想最多的是身着蓝衣、脸上永远带着微笑的奥运志愿者。2009年3月4日，《中国新闻出版报》记者在河北省石家庄市却看到了另一群特殊的志愿者——"扫黄打非"、保护版权志愿者，他们共同的目标是：成为"扫黄打非"、保护版权事业的理解者、拥护者、宣传者、参与者、践行者和受益者。目前，石家庄市已组建7支志愿者服务支队，登记在册的志愿者已达万名。

组建志愿者队伍　开全国之先河

组建一支"扫黄打非"、保护版权志愿者队伍的创意发起人是石家庄市新闻出版局局长张炬。多年负责"扫黄打非"工作的张炬在接受采访时感慨道，石家庄市是河北省省会城市，书店多、印刷厂多，"扫黄打非"工作十分繁重。一个偶然的机会，张炬发现工商局有个打击传销志愿者队伍，这让一直在探索如何开拓"扫黄打非"工作思路的他茅塞顿开。张炬说："'扫黄打非'工作仅靠政府部门的力量还远远不够，如果建立一支'扫黄打非'、保护版权志愿者队伍，让普通群众都能自觉、自愿地参加，那力量就大了！"

在与相关部门协调后，由石家庄市"扫黄打非"办公室、石家庄市新闻出版局、石家庄市版权局、共青团石家庄市委、石家庄市志愿者协会等5家单位联合组织并制定了实施方案。张炬介绍说："由于这是全国首次组建'扫黄打非'、保护版权志愿者队伍，没有任何经验可供借鉴，只能摸着石头过河，于是我们决定分阶段进行。"经过认真调研，5家发起单位共同商定选择高校较多的新华区作为试点，先期招募200名志愿者，成立石家庄市新华区"扫黄打非"、保护版权志愿者服务队。2007年10月13日，首批200名志愿者庄严宣誓，从而拉开了石家庄市"扫黄打非"、保护版权志愿者活动的序幕。

志愿者权责分明　社会各界积极响应

"扫黄打非"、保护版权志愿者服务活动经多家媒体报道后，很快得到了社会各界的大力支持，许多市民纷纷打电话要求参加。据张炬介绍，只要是长期在石家庄生活、学习和工作，年龄一般在18周岁以上、身体健康、具有完全民事行为能力的，有志于社会公益事业，有较强的社会责任感和荣誉感，并且未曾参与过非法出版活动和侵权行为，并保证以后不参与非法出版活动和侵权行为的中国公民，经过申请、审核、培训、发证、备案5个程序，即可成为志愿者。

"扫黄打非"、保护版权志愿者除要履行相应义务外，还享有4种权利：第一，有接受教育、培训、建议和监督的权利；第二，在志愿者服务支队内有选举权、被选举权和表决权；第三，优先获得本服务队和其他志愿者提供的服务；第四，志愿者享有获得作品登记的优惠权利，有优先获得举报奖励的权利。同时，发起单位还明确了志愿者的6种职能：一是应对全市范围内各类出版活动和保护版权状况进行监督，及时向当地新闻出版（版权）管理部门反映相关信息，提供可靠线索；二是可应邀参加有关"扫黄打非"、保护版权的工作会议；三是可以协助案件的调查；四是可以协助新闻出版（版权）管理部门组织的出版物、版权市场检查；五是应加强和新闻出版（版权）管理部门的沟通，积极协助管理部门的日常管理和行政执法工作；六是应发挥管理部门和管理对象之间的桥梁作用，对管理部门的执法活动和出版物、版权市场进行监督，适时提出合理化建议。

志愿者从身边做起　小环境影响大气候

石家庄市新华区"扫黄打非"、保护版权志愿者服务队成立后，经过一个月的实践，效果良好。2007年11月13日，石家庄市新闻出版局组织召开了市内六区"扫黄打非"、保护版权志愿者活动推广会。张炬在会上要求，市内六区新闻出版局和团委要充分认识到动员社会力量参与"扫黄打非"、保护版权工作的重要性。为了将该活动进一步推广，各区新闻出版局局长作为第一责任人，要根据本地实际情况立即行动，制定方案，成立"扫黄打非"、保护版权志愿者服务队，积极开展工作。要加强对志愿者的培训，让

每名志愿者都熟练掌握与"扫黄打非"、保护版权相关的法规、政策、技能和业务知识。充分发挥和激发广大志愿者的热情，通过志愿者身体力行、率先垂范，宣传、发动、制约、改变家人、朋友、同学、同事，以健康优良的小环境去影响和改造大气候。

石家庄市桥东区文体局副局长张连英告诉记者，从前"扫黄打非"工作由于经费紧、人手少、工作量大，他们根本忙不过来。自从成立了志愿者服务队，他们会带学生志愿者利用休息日或课余时间一起检查零售书店和图书批发市场，现场教学生们如何区分正版和盗版图书，向商户讲解卖盗版图书的危害等。很多同学通过参与一线工作才真正体会到了执法人员平时工作的难处，同时，志愿者们也加深了对版权知识的理解。该区现在注册的志愿者已经达2500名。

建立志愿者信息库　登记在册者已达万人

对于石家庄市新闻出版局来说，如果2007年推出志愿者活动是牛刀小试，那么2008年就是大展宏图。

经过总结前期工作，石家庄市新闻出版局作为志愿者活动发起单位之一，详细地制定2008年志愿者服务活动实施方案：首先建立一个全面、系统的"扫黄打非"、保护版权志愿者信息库，将志愿者信息等具体情况登记造册，并由该市新闻出版（版权）局安排有经验的领导为各区志愿者分批进行"扫黄打非"、保护版权方面的法律、法规、规章制度的培训。

为了扩大社会影响，他们还在全市范围内开展了"扫黄打非"、保护版权志愿者有奖征文、知识竞赛活动。鉴于志愿者中较大一部分是大中专院校的在校生，所以又根据学生自身特点和学校教学需要，在全市大中专院校之间开展与"扫黄打非"、保护版权有关的辩论赛、模拟法庭等活动。同时，在条件允许的情况下，让志愿者协助参加全市开展的集中行动、专项行动、案件查办。随着各区志愿者服务支队的不断完善，石家庄市目前已组建了7支志愿者服务支队，下设大队、分队，登记在册的志愿者已达万名。

整合全市资源　使之成为全市性志愿活动

为了整合全市资源，调动方方面面的积极性，推动志愿者活动再上一个新台阶，2008 年 10 月，又成立了石家庄市"扫黄打非"保护版权志愿服务总队，主要由河北省会新闻媒体工作者、党政机关有关工作人员、法律工作者、版权执法人员和中介机构代表、出版物经营者、内部资料性出版物编辑、大中学校学生骨干及热心保护版权事业人士组成。

石家庄市新闻出版局表示，2009 年，为全面贯彻落实科学发展观，坚持在"扫黄打非"工作和保护版权工作中走群众路线，"扫黄打非"、保护版权志愿者活动将普及到周边 17 个县（市），使之成为一项人民群众参与、认可的全市性志愿者活动。市新闻出版（版权）局将进一步完善组织机构，健全组织体系，强化对志愿者的法律、法规及"扫黄打非"相关知识的培训，同时将"扫黄打非"、保护版权志愿者活动与全民读书活动、新农村书屋建设、"4·23"世界图书日、"4·26"世界知识产权日、全国非法出版物集中销毁活动、动漫节、版权保护工作会议等重大活动结合起来，充分发挥志愿者在"扫黄打非"和保护版权工作中的作用，并不断总结经验，把志愿者活动组织得更加扎实有效。

石家庄市

2009 年"扫黄打非"工作总结

石家庄市"扫黄打非"办公室

2009 年，在市委市政府的领导下，石家庄市"扫黄打非"办公室严格按照国家、省和市年度《"扫黄打非"行动方案》的要求，以净化文化市场为主线，以保护知识产权为工作平台，以遏制违禁出版物和清除网上有害信息为重点，坚持开展集中治理，切实加强日常监管，确保意识形态安全，维护社会和谐稳定，推动文化大发展大繁荣，为建设繁华舒适、现代一流的省会城市营造良好的舆论氛围和文化环境。

一、周密安排快速部署，推进"扫黄打非"工作落实

一是按照全国、全省电视电话会议精神全面部署。2009 年 1 月 16 日上午，全国、全省第二十二次"扫黄打非"工作电视电话会议后，及时与市委宣传部协调办组织召开了全市"扫黄打非"领导小组（扩大）会议。市"扫黄打非"领导小组及成员单位的负责同志参加了会议。市委常委、宣传部长、市"扫黄打非"领导小组组长孙万勇同志就如何贯彻全国、全省会议精神和加强石家庄市"扫黄打非"和文化市场监管工作，特别是春节前后的具体工作提出了要求。春节前夕，还积极参加了市"扫黄打非"办公室组织的由新闻出版局、文化局、公安局、城管局及工商局参加的春节前文化市场集中检查，石家庄日报、燕赵晚报、石家庄电视台、石家庄人民广播电台进行了跟踪报道。根据国家、省《2009 年"扫黄打非"行动方案》的精神和要求，结合石家庄市出版物市场实际，市新闻出版局及时起草了石家庄市《2009 年"扫黄打非"行动方案》报市委宣传部协调办，为石家庄市印发《2009 年"扫黄打非"行动方案》提供了依据。积极与市委宣传部协调办筹备了在全市宣传部长工作会议上市"扫黄打非"和文化市场管理工作领导小组组长与 24 个县（市）区"扫黄打非"领导小组组长签订了"扫黄打非"和文化市场管理责任状的相关工作。

二是贯彻全国各省（市、区）"扫黄打非"办公室主任会议精神并狠抓落实。按照市领导的指示精神和局党组的要求，结合石家庄市出版物市场的实际，对石家庄市第一阶段"扫黄打非"工作进行了安排部署。2 月 20 日上午，由市新闻出版局组织召开了"扫黄打非"工作办公室成员第一次主任例会（扩大会）。会议传达了全国各省（市、区）"扫黄打非"办公室主任会议精神。按照要求并结合我市出版物市场实际，在全市范围内开展了"扫黄打非"集中检查月工作。印发了《在全市开展"扫黄打非"集中检查月，确保全国两会期间出版物市场稳定的通知》和《开展全市"扫黄打非"集中检查月安排表》。明确了集中检查的指导思想、工作任务和清理重点，细化了检查时间、内容。要求市"扫黄打非"办公室成员单位和县（市）区新闻出版管理部门从 2 月 21 日起到 3 月 20 日，做到天天有检查、县县有行动。6 月 3 日，组织召开了"扫黄打非"办公室成员单位第二次主任例会，会议总结了第一阶段"扫黄打非"工作，对第二阶段"扫黄打非"工作进行了安排部署。

二、认真组织专项行动，确保出版物市场繁荣稳定

保"两节"和省市"两会"采取重点行动。春节前后和省市"两会"召开期间，在加强自身检查的同时，积极参加了由市"扫黄打非"办公室组织的各成员单位参加的集中行动，确保了石家庄市出版物市场健康发展。

保全国"两会"认真组织开展"扫黄打非"集中检查月。起草制定下发了《在全市开展"扫黄打非"集中检查月，确保全国两会期间出版物市场稳定的通知》和 2 月 21 日～3 月 20 日《开展全市"扫黄打非"集中检查月安排表》。《通知》和《安排表》中明确了集中检查的指导思想、工作任务和清理重点，细化了从 2 月 21

日至 3 月 20 日的市场检查时间、内容和任务。按照分工，我局联合桥西区新闻出版局对该辖区所有出版物经营单位进行了彻底清查。检查中采取单独检查与集中检查、日常检查与双休日加班检查、借用外单位交通工具检查相结合的方法。共检查图书、电子出版物经营单位 90 家，打字复印店 120 家，印刷厂 85 家（出版物印刷企业 21 家、包装装潢 30 家、一般厂 33 家、制版厂 1 家）。对 5 家出版物经营单位做出了行政处罚（印刷厂 2 家、包装厂 1 家、书店 2 家），定期编发检查情况通报。通过检查清理效果显著，确保了全国"两会"的召开期间我市出版物市场的繁荣稳定。期间我局还参加了省会文明办组织的净化省会文化环境集中行动。

认真组织开展清缴低俗音像制品专项行动。四月份，按照全国、省"扫黄打非"办公室要求，在全市范围内组织开展了清缴低俗音像制品专项行动，石家庄市认真组织各县（市）区开展工作，及时收集各县（市）区开展治理的信息，按要求坚持每日向省"扫黄打非"办公室汇报。专项行动期间，石家庄市共检查 500 余次，出动车辆 600 余车次，检查人员 1500 余人次，检查出版物经营单位 3500 余家，清缴各类非法出版物及音像制品 8500 余册（份、盘、张），其中低俗音像制品 69 盘。

扎实做好迎国庆期间"扫黄打非"和文化市场管理工作。按照国家、省"扫黄打非"第三阶段的统一安排和部署，市新闻出版局及时印发了第三阶段"扫黄打非"集中行动方案，明确了专项行动的指导思想及"扫黄打非"领导小组各成员单位的工作目标。9 月 17 日，市协调办组织市文化局、新闻出版局、市工商局、市城管局、市公安局对市区主要街区、重点部门的文化市场进行了联合执法检查。9 月 22～24 日，市协调办组织市文化局、市新闻出版局、市工商局、市城管局分别对市内六区开展了综合执法大检查，对检查出的问题现场整改。同时市新闻出版局按照全省、全市维护社会稳定工作会议要求，及时起草印发了《迎国庆出版物市场监管和"扫黄打非"工作实施方案》和 8 月 18 日～10 月 10 日《出版物市场检查安排表》。出版物市场稽查队执法人员积极参加了每天（包括公休日）的检查活动，对全市出版物经营单位进行全面清理。随着国庆节的临近，从 9 月 21 日开始，执法人员还参加了由局领导带队，对全市 24 个县（市）区开展的出版物市场监管和"扫黄打非"工作情况督导检查，确保了国庆期间全市文化市场的安全有序。国庆节期间，执法人员放弃休息，在该局领导的带领下，对市区内主要街道、重点部位进行了全方位清理，维护了国庆期间出版物市场稳定。

认真开展净化文化环境打击非法出版活动集中整治。为迎接中央文明委的检查，按照省文明办要求，根据省新闻出版局印发的《河北省净化文化环境打击非法出版活动集中整治方案》精神，结合石家庄市实际，市新闻出版局自 11 月 1～15 日在全市范围内开展了打击非法出版物活动集中整治。一是迅速转发了河北省新闻出版局通知精神，要求各县市区新闻出版局针对辖区出版物市场特点，认真开展专项治理。二是自 11 月 1 日开始，出版物市场稽查队放弃休息，开展了以净化校园周边环境为重点的出版物市场专项整治，及时查处有损未成年人身心健康的非法出版物。同时对全市出版物的集中经营场所、书报刊摊点和印刷复制企业进行拉网式的反复清查，大力清理非法小报、小刊，并追根溯源。截至目前，共组织检查 9 次，出动检查人员 45 人次，对全市 29 所中小学附近的 92 家出版物经营单位进行了详细的检查。通过高密度的清理检查，切实达到净化出版物市场和规范印刷复制行为的目的，为迎接中央文明委的检查作出积极贡献。

查办大案要案成效显著。成功侦破了以张某为首的重大制售非法出版物的案件，6 名犯罪责任人依法受到了严厉的惩处。2009 年 4 月 27 日，石家庄市新华区人民法院对该案 6 名被告人分别作出了判决，判处张某有期徒刑 15 年，并处罚金 17 万元；姚某有期徒刑 14 年，并处罚金 17 万元；张某某有期徒刑 12 年，并处罚金 70 万

元。其余 3 名案犯分别判处 10～4 年有期徒刑，并处以 5 万元～1.5 万元不等的罚金。该案的成功侦破和宣判，对宣传、教育广大群众，震慑不法分子，深入开展"扫黄打非"斗争，必将起到积极的作用。

加强日常监管，确保市场净化。2009 年以来，我局始终按照集中行动与日常监管相结合的原则，不断加大对出版物市场的监管力度和密度。据统计，截至目前，我局日常检查共 189 次，出动车辆 210 台次，出动检查人员 1200 人次，加班检查 20 次，检查各类出版物经营单位 3120 家（次），取缔无证地摊 142 家，处理行政案件 16 个，罚没款 56800 元。收缴各类非法出版物近 52000 余件。在加强市场检查的同时，还先后对市内五区及正定县、赵县、元氏县、高邑县、藁城市、晋州市、平山县、鹿泉市、行唐县、赞皇县等县（市）区开展出版物市场监管和"扫黄打非"工作督导检查。

三、加强宣传，营造良好的社会舆论环境

按照全国"扫黄打非"工作小组的统一部署，4 月 22 日上午 10 点，由省"扫黄打非"领导小组主办，市"扫黄打非"领导小组承办，市新闻出版局具体组织的 2009 年全国侵权盗版制品及各类非法出版物集中销毁活动在省会文化广场举行，此次集中销毁活动，共销毁 30 余万盘光碟、50 万余册非法出版物，充分展示了全省及省会打击侵权盗版和非法出版的决心与信心，对宣传、教育广大群众，震慑不法分子，深入开展"扫黄打非"斗争，必将起到积极的作用。

深入开展"扫黄打非"、保护版权志愿服务活动。一是石家庄市开展的"扫黄打非"、保护版权志愿服务活动受到了全国"扫黄打非"办公室、国家新闻出版总署柳斌杰、蒋建国、阎晓宏等领导的充分肯定。全国"扫黄打非"办公室 2009 年 3 月 5 日第 015 期简报和中国新闻出版报 3 月 31 日分别刊登和转发了石家庄市积极开展保护版权志愿活动、努力探索基层"扫黄打非"管理工作新途径的做法和志愿

者参与文化环保工程的长篇报道，对今后开展"扫黄打非"、保护版权志愿活动起到了更大的鼓舞作用。二是 4 月 15 日组织召开了由市"扫黄打非"办公室、市新闻出版（版权）局、共青团石家庄市委等部门参加的"扫黄打非"、保护版权志愿活动推进会。三是积极指导县市开展"扫黄打非"、保护版权志愿服务工作。4 月 27 日胡志国局长对辛集市开展"扫黄打非"、保护版权志愿服务活动进行了指导，并参加了该市"扫黄打非"、保护版权志愿服务支队成立仪式。四是与中国联通河北分公司沟通联系，拓展志愿活动新途径，积极探索扩大志愿者队伍的新路子。

在做好"扫黄打非"和文化市场监管工作的同时，市新闻出版局还十分重视"扫黄打非"的信息宣传工作，利用市新闻媒体，及时报道、宣传石家庄市在"扫黄打非"工作中的成果，对存在的问题予以曝光，做到了报纸见文、电视有声。据统计，截至目前，在各类媒体上刊登"扫黄打非"工作信息 31 篇（其中全国"扫黄打非"工作简报刊登信息 1 篇，中国新闻出版报刊登信息 1 篇，中国"扫黄打非"网刊登 19 篇），多次受到各级领导的好评。

2009 年 12 月 4 日

山　西　省

2009 年"扫黄打非"工作总结

山西省"扫黄打非"办公室

山西省 2009 年的"扫黄打非"工作，在全国"扫黄打非"办强有力的指导下，在相关部门的密切配合下，经过全体"扫黄打非"工作人员的艰苦努力，基本上完成了国家《2009 年"扫黄打非"行动方案》提出的工作目标和各次专项行动提出的任务要求。

一、关于总体要求和工作重点的落实情况

在完成"第一任务"方面，始终保持了对政治性非法出版物的高压态势。工作中我们做到了三个字：快、勤、清。

"快"既对全国"扫黄打非"办的部署、领导的指示要求传达快、贯彻快、行动快。每次全国"扫黄打非"办下发的关于查禁政治性非法出版物的通知到我办，均在 8 小时以内转发到各市和各成员单位。每次领导对打击政治性非法出版物的讲话、指示我们都在第一时间传达、贯彻到各市和成员单位。蒋建国副署长 2009 年 2 月

16 日在广州会议强调打击政治性非法出版物"第一任务"后，2 月 19 日，我办即向省委常委、宣传部长、省"扫黄打非"工作领导小组组长胡苏平进行了汇报；同日向省新闻出版局党组进行了专题汇报，并下发了《山西省 2009 年"扫黄打非"第一阶段集中行动实施方案》，并于 2 月 25 日召开了全省"扫黄打非"办主任会议，进行了传达贯彻，提出了工作要求。再如，2009 年 4 月 2 日 15 时 38 分，我办收到全国"扫黄打非"办关于紧急收缴某违禁图书的通知，通知通报了该书 3 月 4 日已发给山西大学和山西师范大学的线索。不到一小时，我们就完成了部署、出击、核实、收缴的工作，发给山西两校的违禁图书共 10 本被全部依法收缴。

"勤"即勤检查。2009 年省"扫黄打非"办、省"扫黄打非"稽查队针对政治性非法出版物的检查 11 次，检查范围涉及 11 个市、31 个

105

重点县（市、区），仅我办下基层检查政治性非法出版物封堵情况就达 31 天。

"清"即底子清。一是对省内炮制非法出版物的重点人底子较清。我办多年来和国安、公安国保部门保持了良好工作关系，经常召开联席会议，分析敌情、社情。近年我们共同破获了数个制售非法出版物的案件，2008 年公安国保部门又连续破获了非法印刷《学术交流》案，非法印刷邪教图书案等，尤其值得一提的是，2007 年破获的非法印制《×××的最后机会》案和 2008 年破获的非法印制《学术交流》案都是在印制环节破获的。二是品种清。在山西省不时出现的非法出版物主要有《高官与风水》、《高层政治恩怨》、《红墙内的重大事件》、《高层人物》等几个品种，出现的位置主要是旅游景点摊点，近年来，我们有针对性地加强了对旅游景点的治理，五台山景点、平遥古城等 21 个景点我们都进行了认真的清查，效果较好。

在及时屏蔽和删除利用信息网络传播有害信息方面，多部门联合作战取得了明显成效。2009 年，我们协调公安网监、新闻出版、通信等部门，加大对互联网和移动互联网的管理力度。按照《方案》要求，及时屏蔽和删除利用网络传播的有害信息。据统计，全年破获"酷爱社区"淫秽色情表演网站大案一起，关闭各类非法网站 227 家，删除、屏蔽有害信息 117266 条。据我们对省内通信运营商的检查和 2009 年打击手机网站传播淫秽色情信息对移动、电信、联通三家分公司的调研，我们认为，我省在互联网和移动互联网的管理上，还是下了很大功夫并取得了成效的。

在大力扫除淫秽色情、凶杀暴力、封建迷信等文化垃圾方面，保持了全省出版物市场的基本健康洁净。经过近几年的严厉打击报复，上述出版物，尤其是淫秽色情出版物品种数量已大为减少。2009 年 3 月，我们在市场检查中发现在小商品和学校周边市场有销售"少儿版人民币"、"少儿八卦玩具"、微型卡通画册的情况，感到情况紧急，在第一时间向全国"扫黄打非"办进行了报告，并紧急下发《关于查缴少儿版人民币""少儿八卦玩具"等不良印刷品的紧急通知》，遏制了其不断蔓延的势头。

在坚决查缴各类侵权盗版制品方面，作了大量的工作，但市场情况喜忧参半。喜的方面是，经过我们加强监管、加大打击力度，尤其是连续打掉两个制、售侵权盗版图书的大窝点后，书刊市场的面貌有了很大改观，尤其是教材、教辅市场。以教材教辅市场为例，省新华书店教材发行码洋一直保持在 7 个亿，学生使用教材的正版率达到了 99% 以上；新华书店教辅发行码洋 2006 年为 4 亿，2007 年为 4.5 亿，2008 年为 4.8 亿，2009 年在山西经济不景气的情况下，仍净增 1000 万，达到 4.9 亿，基本涵盖了山西的市场。忧的方面是，音像市场的盗版率比例在加大。由于音像制品市场的管理权迟迟未予移交，该接管的未接管，致使市场整体布局、审核办证划分责任等出现问题，下一步我们将协调有关部门尽快办清移交音像市场管理权问题。

在严肃处理取缔各种形式的非法报刊方面，我们遏制住了非法报刊蔓延的势头。这主要得益于全国"扫黄打非"办指挥协调打掉的几个制作发行非法报刊的大案，报刊市场面貌有了很明显的好转。在这种情况下，我们丝毫没有放松对报刊市场的日常监管。一方面加大市场监管力度，尤其是对夜市、早市的游商报摊，共取消非法报摊 116 个，收缴非法报刊 11532 份；一方面对省内报刊社的经营行为加强管理，全年共处理违规报刊社 7 家，缓验期刊社 5 家，注销内部资料性出版物 66 种。

据统计，2009 年全省各级执法部门共出动执法人员 62385 人次，检查出版物市场、店档摊点 12574 个（次），收缴各类非法出版物 1319315 件，收缴假记者证 310 个。

全年共查处各类案件 439 起，查办行政处罚案件 350 起，较大刑事处罚案件 8 起，列为全国"扫黄打非"办挂牌督办案件 1 起，判刑 11 人。

二、关于集中行动组织安排的落实情况

山西省按照《方案》的部署和全国"扫黄

打非"办的要求，认真组织开展了 2009 年"扫黄打非"三个集中行动和"净化文化市场环境"、"清缴低俗音像制品"、"打击手机网站传播淫秽色情信息"等专项行动。

在工作方式上我们坚持了"四多"的方针，具体指的是：

一是多宣传动员，以求增加队伍的凝聚力、战斗力。我们在全国"扫黄打非"办每个工作部署下来后，都及时召开全省"扫黄打非"办主任会议，传达贯彻，相互交流，商定措施，提出要求。仅全省办公室主任会议我们就召开了 5 次，目的就是要增加队伍的凝聚力、战斗力。另外，我们还把第二十二次全国"扫黄打非"工作电视电话会议连线到了各市，让基层"扫黄打非"的同志第一时间听到领导的声音、体会到领导的关心，第一时间知晓中央和省的部署和精神。

二是多采取大型集中统一行动。以求广造声势，震慑违法，稳定局面。2009 年我们组织全省性的"扫黄打非"集中行动 6 次，是历年来最多的一次，其目的是通过频繁的行动，宣传群众，震慑违法，解决任务重而执法力量薄弱的矛盾。

三是多进行现场检查督导，以求每次集中行动取得实效。2009 年我们组织的 6 次全省集中行动，每次都派员分赴 11 个市进行现场督导，现场了解行动的组织和开展情况，发现问题，及时报告、解决。2009 年 6 月 2 ~ 5 日，省局局长李锐锋任总指挥，全体党组成员和业务处长带队，局办公室、图书、报刊、音像电子网络、等抽调人员参加，组成 11 个组，对全省出版物市场进行了专项检查督导。8 月 3 ~ 28 日，我办和省"扫黄打非"稽查队分成四个小组，历时 25 天，对全省 11 个市的 94 个县（市、区）的 1054 个出版物市场销售摊点进行了暗访检查。

四是多培训，以求进一步提高队伍对"扫黄打非"特殊的任务要求的认识。针对我省文化体制改革"三局"合一、组建综合执法队伍

的情况，认真分析改革过程中队伍可能出现的思想波动。为进一步提高"扫黄打非"执法人员思想认识、执法水平和组织纪律观念，培养他们"特别能吃苦、特别能奉献、特别能战斗"的政治素质和雷厉风行的工作作风，全面提升"扫黄打非"执法人员的工作形象。我办和"扫黄打非"稽查队从 3 月 27 ~ 31 日，在山西武警训练基地进行了为期 5 天封闭式军事训练和业务技能培训，确保了在机构改革中心不散，人不懒，劲不松，工作标准不降低。

三、关于主要措施和工作要求的落实情况

（1）在强化市场监管方面，我们在 2009 年进一步建立健全了行业准入、退出机制。全省基本实行了出版单位和出版物批发零售企业承诺书制度。省印刷和报刊管理部门率先完善了违法违规经营者黑名单制度和书面警示制度。我办完善了假记者黑名单制度，在册的假记者黑名单已有 286 个；坚持了 24 小时接受举报制度，我办 2009 年收到群众举报 26 宗，全部办理完结，收到全国"扫黄打非"办转办案件 8 宗，已全部回复。全年撰写工作《要情快报》33 期；加强了对文化市场的动态分析和情况汇总，向全国提出建议 2 条，如建议清缴"儿童人民币"和"八卦玩具"等；省和 11 个市，都制定了《扫黄打非》工作应急预案。

（2）在建设联防协作工程方面。我省是北京"护城河"工程的组成省份之一，按照全国"扫黄打非"工作小组办公室和北京"护城河"工程领导小组的要求，按时参加了工作会议，认真完成了交办任务。为确实发挥好"护城河"的作用，有针对性地做好工作，我们专门部署了专题调研工作。我们和太原市"扫黄打非"办用了近两个月的时间，完成了省城出版单位、印刷复制单位、发行单位、运输单位的情况调查；完成了近年省城出版物货运量数据统计；完成了我省出版物与北京货运往来的情况调查；做到了心中有数，同时加大了对有出版物货运业务单位的检查力度。2009 年我们在货运单位检查 9 次，查获运送非法出版物案件 4 起，收缴非法出版物 16 万件。

（3）在提高网络"扫黄打非"能力方面。根据国家要求，我们作了一定的工作，能力也有所提高，但和飞速发展的互联网技术、不断变化的信息传输手段以及"扫黄打非"所需承担的任务相比，无论在认识上、装备上、技术上还是体制上还远远不适应。工作还都限于转发通知，参加会议，参与检查等，没有多大的创新和作为。此次手机网站不住传播淫秽色情信息，已为我们敲响了警钟。

（4）在加大宣传报道力度方面。我们经常主动与山西电视台、太原电视台以及省城的主要媒体联系，围绕"扫黄打非"的工作重点进行了持续不断的宣传报道，2009 年近省城媒体宣传"扫黄打非"工作就 40 余次，我们还在山西人民广播电台举办了两次行风政风热线节目，召集出版物经营业主进行了对话会，宣传"扫黄打非"工作，回答群众提问。

四、关于切实抓好工作落实的工作情况

（1）进一步完善了领导体制和工作机制。1）为加强对"扫黄打非"工作的领导，2009 年 7 月我省重新调整加强了山西省"扫黄打非"工作领导小组。2）根据全国"扫黄打非"办的要求和省委常委、宣传部长、省"扫黄打非"工作领导小组组长胡苏平的批示精神，我们转发了《实施传达贯彻中央领导同志关于在地方机构改革中防止弱化"扫黄打非"工作机构的重要批示》，督促各市贯彻落实。3）下发了《山西省"扫黄打非"义务督察员选聘办法》，在朔州市进行了试点，太原市已选聘义务监督员 800 名。

（2）在落实工作责任制方面。1）我们继续施行了《山西省"扫黄打非"工作责任制》，各市也建立了本级的责任制和责任追究制。2）第一责任人切实履行了领导责任。胡苏平部长 1～11 月对"扫黄打非"工作批示 4 件，参加专门会议 3 次，带队检查市场 1 次，其他省领导也有重要批示。省新闻出版局领导还亲自到一线指挥案件破获等。3）各级"扫黄打非"办和成员单位基本做到了各司其职、各负其责，相互配合，协同作战。如太原市公安局不仅多次配合省、市"扫黄打非"办工作，而且连续破获了 6 起重大案件；省工商局自行组织了两次清查在集贸市场中非法经营出版物的大行动，有效净化了出版物市场。

（3）在坚持实行综合治理方面。我省按照《山西省"扫黄打非"工作考核评分办法》，坚持了对各市的"扫黄打非"工作进行量化考核，并将考核评分、排名情况列入到综治考核和精神文明的考核中，实行一票否决。

总结全省 2009 年的"扫黄打非"工作，有成绩也有问题，我们将继续按照全国"扫黄打非"办要求，扎扎实实地做好各项工作。

领导讲话

在 2009 年山西省"扫黄打非"工作动员会议上的讲话（摘要）

山西省委常委、宣传部长、省"扫黄打非"工作领导小组组长
胡苏平

一、统一思想，认清形势，进一步增强做好"扫黄打非"工作的责任感

过去的一年，在山西省委、省政府的高度重视和正确领导下，全省"扫黄打非"战线高举邓小平理论伟大旗帜，以十七大和十七届三中全会精神为指导，围绕中心，服务大局，精心组

织，周密部署。宣传、新闻出版、文化、公安、工商、海关等有关部门既各司其职又密切配合，较好地完成了国家《2008年"扫黄打非"工作方案》下达的各项阶段性任务，取得了较好的成效，全省出版物市场保持了平稳、健康、繁荣、有序的态势，为全国、全省的工作大局作出了应有的贡献。山西省"扫黄打非"办公室连续第四年被评为全国"扫黄打非"工作先进集体。这些成绩的取得，离不开各级党委、政府的坚强领导和各有关部门的通力合作，更离不开广大"扫黄打非"工作者的辛勤劳动和无私奉献。

在肯定成绩的同时，我们还应清醒地认识到"扫黄打非"工作面临的形势依然严峻。从山西省情况看，全省近年来非法出版物虽然数量、品种有所下降，但是还没有绝迹；淫秽色情出版物尤其是淫秽色情光盘还在一些音像店秘密销售；非法出版活动依然猖獗；宗教类出版物疏于监管，未经批准的宗教类音像制品和图书有日益增多趋势；假记者的敲诈勒索活动仍有死灰复燃的迹象。另外，一些重点市场和重点地段的监管仍然存在漏洞；一些农村和城乡结合部管理力量薄弱；一些地方对"扫黄打非"工作的重要性认识不足，人员力量和工作经费得不到保障，影响了"扫黄打非"工作的深入开展，维护市场秩序，净化文化和出版物市场的任务仍然十分繁重。

2009年，是新中国成立60周年，是深入贯彻落实党的十七大精神、推进"十一五"规划顺利实施的关键一年。大事多，热点多，我们要应对国际金融危机严重冲击，确保经济平稳较快发展，同时也要做好应对境内外敌对势力通过文化渠道制造事端的准备工作，确保社会政治稳定。各级党委、政府和有关部门要从服务于全国和全省工作大局的战略高度，进一步加深对"扫黄打非"工作重要性、长期性、复杂性的认识，进一步增强责任感、紧迫感和使命感，将思想和行动统一到党中央和省委的决策部署上来，时刻保持清醒头脑，时刻保持高压态势，坚持不懈地做好"扫黄打非"各项工作。

二、突出重点，全面推进，切实做好2009年"扫黄打非"的各项工作

按照中央部署，特别是刘云山同志的讲话精神，结合山西省实际，2009年"扫黄打非"工作要突出以下几个重点。

（1）切实加强对非法出版物、淫秽色情出版物和"法轮功"类邪教宣传品的查禁力度。这是出版物市场清理工作的重中之重。对各种危及国家安全和社会稳定的非法出版物，进一步加大打击力度，始终保持高压态势。海关、铁路、交通等部门，要加强对入境物品、托运物品和托邮物品的检查力度，严把入口和流通关，力争将各类非法出版物拒之于国门省门之外；新闻出版、版权、工商等部门要加大市场查缴力度，对重点地段、重点区域实全天候监控，对经营各类非法出版物的游商、摊店要依法严查严管，新闻出版、版权、工商、公安等部门要加大对地下非法印刷窝点的打击力度，严防境外非法出版物在山西省翻印和复制；司法机关要充分利用刑事和行政处罚等法律手段，加大对制售非法出版物的打击力度。切断制作销售链、打掉保护伞，使各类非法出版物在山西省既没有生存的余地，也没有活动的空间。

（2）强化市场监管，严厉打击各种侵权盗版活动。各有关部门要根据自身的职责，切实加强对出版物市场的日常监管，严厉打击各种侵权盗版活动。各级"扫黄打非"办公室要建立完善24小时接受举报制度，及时向"扫黄打非"工作领导小组主要负责同志报告出版物市场重要动态，做好举报信息及案件的登记、查办落实和兑现举报奖励。版权部门要进一步加大对《著作权法》的宣传和执法力度，通过查办侵权盗版典型案件，震慑违法分子。要在出版、印刷、销售、使用等重点环节加强监管和执法力度，指导和健全行业协会组织加强行业自律，营造诚实守信、遵纪守法的氛围。在出版物的主要使用环节上，教育部门要督促好各类学校严防盗版出版物流入校园，并组织高校和中小学校广泛开展"拒绝盗版，从我做起"的主题教育活动，营造

保护知识产权的浓厚氛围。在出版物的选购和采用上，各级纪检监察部门要主动介入，认真查处选用和购买过程中的腐败行为。公安、工商、文化等有关部门都要按照自己的分工，做到"守土有责"、"守土尽责"。2009年要在打击盗版音像制品、盗版教材教辅读物和网络侵权盗版三个方面取得新突破，使盗版侵权现象得到进一步遏制，全民的著作权意识和保护知识产权意识明显增强。

（3）继续做好打击"四假"工作。2008年山西省整治"假报刊、假记者站、假记者、假新闻"工作，得到了全国"扫黄打非"办公室和有关部门的领导的肯定，一批非法报刊被查处，一些非法记者站、工作站和期刊社被取缔，一批假记者被绳之以法。李长春同志对我省破获的打击"四假"案件做出了"打得好"的重要批示。2009年我们要继续加大对"四假"的打击力度，绝不允许"四假"，特别是假报刊死灰复燃。各级新闻出版部门要组织对本辖区内的报刊出版单位进行检查，对以"一号多刊"或以承包、合作等形式租赁、出卖刊号出版的报刊，要限期整改。对拒不整改、严重扰乱市场经济秩序、产生恶劣影响的，要吊销其报刊出版许可证。要严肃查处非法夹带、邮寄入境的境外有害报刊。各级"扫黄打非"部门要会同新闻出版、公安等部门严厉打击以记者身份招摇撞骗、敲诈勒索、聚敛钱财和扰乱社会秩序的违法活动，对典型案例要公开曝光。逐步建立和完善加强新闻出版管理和整治"四假"的长效机制，出实招，见实效，确保"四假"问题的有效解决，维护新闻工作秩序。

（4）加强网上"扫黄打非"工作，大力净化未成年人成长的外部环境。目前，利用网络传播各类有害信息、从事淫秽色情活动、提供非法软件下载、销售非法出版物的活动必须引起我们的高度重视。要把网上"扫黄打非"摆上十分重要的位置。各级各类网络管理职能部门，要根据分工，加强网络监控，强化网络公共服务终端管理，密切关注网上舆情动向，做到早发现、早

处置。严密封堵境外有害出版物及政治谣言、淫秽色情等有害信息，整顿、关闭一批违法违规的互联网站，处罚一批不法分子。各级"扫黄打非"办公室、公安、通信管理、新闻出版等部门要协同配合，整合现有技术资源和力量，加大对网上书店、交易平台、搜索引擎、信息传输工具的监查力度，增强技术装备，提高技术防范能力。要认真落实加强网络文化建设和管理的有关规定，积极探索网上"扫黄打非"的有效途径，建立长效机制，进一步规范网络经营秩序，净化网络文化环境，切实为广大未成年人健康成长创造良好的文化氛围。

三、加强领导，强化监管，进一步完善"扫黄打非"工作机制

（1）要进一步加强组织领导。"扫黄打非"工作事关全局，我们要继续坚持行之有效的领导体制。各级党委、政府统一领导，各级"扫黄打非"办公室和党委宣传部门组织协调，各地区联防协作，各部门齐抓共管，社会各方面积极参与，这是"扫黄打非"工作20多年来建立的行之有效的领导体制，要毫不动摇地坚持下去。各级、各部门负责同志对"扫黄打非"工作要亲自过问，分管领导要靠前指挥，加强整体谋划，注意统筹协调，认真落实相关的工作部署，及时解决工作中遇到的实际问题。各级党委、政府要从政治上、工作上、生活上关心"扫黄打非"工作队伍，帮助他们解决实际问题，充分调动他们的积极性。各级政府要将"扫黄打非"经费纳入本级财政预算，研究制定具体措施，建立长期稳定的投入保障机制，确保经费逐步增加、足额落实，实行专款专用，不得实行"以收定支"。

（2）要进一步完善工作机制。随着"扫黄打非"工作领域的不断拓展，要特别注意发挥城市社区、街道、居委会和乡镇、村党组织的作用，把"扫黄打非"工作的任务和责任落实到基层，努力做到对非法出版活动的全民监控、立体防范、标本兼治、综合治理。各地各有关部门要加快建立"扫黄打非"考评联动机制，将

"扫黄打非"纳入本地区、本部门工作目标考核体系，实行目标管理。按照"属地管理"和"谁主管谁负责"的原则，把责任落实到各地区、各部门，落实到具体的责任人。在评选文明城市、文明村镇、文明单位以及考核社会治安综合治理工作中，要适当增加"扫黄打非"工作的分值，对于因工作失误造成严重后果的地区和部门，要坚决追究其责任人的责任。近年来，山西省在日常管理和制度建设上进行了一些有益的探索，陆续制定了多项工作制度，希望在工作实践中不断加以完善，逐步建立起系统的"扫黄打非"工作长效工作机制。

（3）要进一步加强队伍建设。随着"扫黄打非"工作的不断深入，山西省"扫黄打非"队伍建设和所承担的任务之间的矛盾日益显现。近日，全国"扫黄打非"办公室下发了通知，传达了中央领导同志关于在地方机构改革中防止弱化"扫黄打非"工作机构的重要批示，各地要认真学习领会。我们要借鉴其他试点地区的成功经验，根据山西省的实际情况，逐步理顺文化市场的管理体制，加强队伍建设，明确执法责任，提高执法水平。同时要重视对执法队伍的思想建设、组织建设和作风建设，重视对执法人员的选拔、录用和教育工作，不断提高执法队伍的整体水平和工作效率。努力造就一支特别讲政治、特别守纪律、特别能吃苦、特别能战斗的队伍。

做好2009年的"扫黄打非"工作，任务艰巨，责任重大。我们一定要紧紧围绕这次会议提出的各项任务，以高度的政治责任感、饱满的工作热情和良好的精神状态，努力开创全省"扫黄打非"工作的新局面，为山西省又好又快发展作出积极的贡献。

2009年1月16日

在山西省"扫黄打非"工作会议上的讲话

山西省委常委、宣传部长、省"扫黄打非"工作领导小组组长
胡苏平

今天的会议很重要，会议传达了中央领导的重要批示精神，部署了"扫黄打非"特别整治期的专项行动，提出了明确的任务和要求，为深入贯彻落实中央领导批示精神和会议精神，我强调以下几点意见。

一、统一思想，提高认识

2009年以来，山西省"扫黄打非"战线认真贯彻省委办公厅、省政府办公厅转发的《2009年"扫黄打非"行动方案》，组织开展了以净化"两节"、"两会"出版物市场和打击非法出版物为重点的"扫黄打非"专项行动、以营造未成年人健康成长环境为目标的净化社会文化环境专项行动和打击低俗音像制品等的专项行动，有效地净化了山西省的出版物市场，确保了全省出版物市场的平稳态势，取得了阶段性成果。但是，我们必须清醒地认识到，这种平稳态势，是在"扫黄打非"重锤高举、利剑高悬的高压态势下出现的，还不是出版物市场的常态，山西省出版物市场形势依然严峻。

今年我国大事多、热点多、难点多，尤其是世界性的经济危机带来的影响，使我国改革发展阶段的深层次矛盾和问题更加敏感。国内外敌对势力，必将变本加厉地使用他们惯用手法，即利用非法出版活动攻击我们的政治制度、司法制度、新闻出版制度，同我们争夺群众、争夺阵地、扰乱思想、干扰大局。据省"扫黄打非"办公室报告，全省出版物市场的非法出版物的品种、数量明显增多，仅4、5月份就相继收缴了

13 个种类。互联网介绍非法出版物及其作者的文章也明显增多。另外，山西省的出版物市场还存在着其他不可忽视的问题：一是影响未成年人健康成长的淫秽、色情、恐怖暴力的出版物还远没有扫除干净；二是销售侵权盗版出版物尤其是音像制品现象依然突出；三是利用互联网传播有害信息现象不时出现；四是"假报刊、假记者、假记者站、假新闻"现象依然存在。这些都说明，山西省"扫黄打非"、净化社会文化环境的任务仍然十分艰巨。全国"扫黄打非"工作小组今天召开这个会议，要求做好"扫黄打非"特别整治期的工作，意义十分重大。

各市各有关部门要从服务党和国家工作全局，全力维护社会稳定、政治安定，推进中国特色社会主义事业顺利发展的战略高度，进一步提高对做好"扫黄打非"工作的认识，增强政治意识、大局意识、责任意识，增强做好工作的使命感、紧迫感，扎扎实实地做好"扫黄打非"的各项工作。

二、突出重点，严防死守

今天的会议非常明确，打击非法出版物是"扫黄打非"特别整治期重中之重的任务。各市、各有关部门要按照自己的职责，牢记这个重点，突出这个重点。分头把关，严防死守，确保会议要求和中央领导批示精神的落实。

当前，非法出版物制售、传播途径比较复杂，我们要认真研究其制售传播特点，特别要把好六个关口。

一是出版关口。各级新闻出版行政管理部门，要加强对辖区内出版（包括网上出版）单位的监督检查，严禁省内出版单位出版非法出版物。严禁报刊、网络等媒体登载与非法出版物及其作者有关的信息。特别是要严禁买卖书号、刊号、版号，不得为非法出版物的出版、传播提供任何条件。

二是印刷复制关口。新闻出版、工商、公安部门要根据自己的法定职责，加强对印刷复制业的检查和整顿，加大对省内印刷复制业的监管力度，依法查处印制非法出版物的企业，坚决打掉无证无照的非法印制窝点，严禁不法分子在山西省印制非法出版物。山西省没有光盘生产线，但据报告，目前山西省的早市、夜市地摊上，有不少摊点在销售私自刻录的光盘，其中不少含有违禁内容，这个现象要引起有关部门的高度重视。

三是海关和进口公司关口。海关要加强对旅客携带、货运夹带、邮件收寄进境出版物的查验，切实提高查验率。对来自重点国家和地区的物品要重点查验，对有不良记录的重点人要过关必查。新闻出版行政管理部门要切实规范出版物进口单位的经营行为，严格出版物进口审查程序，严防境外非法出版物流入境内。

四是互联网传播关口。新闻出版、对外宣传、通信管理、公安等部门要密切配合，采取有力措施，强化网上监视，密切关注网上舆情信息动向，增加网络监控关键词，及时发现和屏蔽删除网上非法出版物及有害信息。广播电视部门要重点清查网上有害音频、视频信息，努力形成全方位的网上封堵格局。

五是运输关口。各市各部门要严格按照全国"扫黄打非"办公室、交通运输部、铁道部、公安部、海关总署、新闻出版总署、中国民用航空总局、国家邮政局联合下发的《关于坚决打击利用交通运输渠道贩运非法出版物的通知》要求，通过深入调查，研究掌握非法出版物贩运活动的基本规律、手段和特点，建立健全查堵工作机制和监管制度，并加大对出版物运输环节的执法检查力度，严格核查出版物发货、承运手续。对有不良记录的发货人和承运企业要重点监控，防止利用伪造证件、伪造品名、伪装托运等手段从事违法运输活动，有效切断政治性非法出版物及盗版制品的流通渠道。

六是市场销售关口。各级"扫黄打非"办公室要协调文化、新闻出版、城管、工商等部门，持续对书报刊及音像批发市场、集中经营场所、繁华街区、旅游景点、交通枢纽等人口流动量较大的区域和场所进行全面清查，始终保持高压打击态势。强化对重点地段、重点时段的检查，坚决取缔兜售非法出版物的游商、地摊。要深入追查翻印销售非法出版物的源头，坚决打掉制售非法出版物的违法犯罪团伙。各市要与图书、音像制品、电子出版物经营场所和经营业户签订守法经营责任书，确保市场销售环节不出问题。

三、加强领导，落实责任

做好"扫黄打非"特别整治期的各项工作，任务艰巨，责任重大，必会受到社会的广泛关注。各市、各有关部门要切实把做好此项工作列入重要议事日程，切实加强领导、明确责任、齐抓共管，务必取得实效。

各级党委政府要切实加强领导，全面及时地掌握工作动态，认真研究解决工作中的重大问题。各级"扫黄打非"工作小组组长是特别整治期工作的第一责任人，"扫黄打非"工作领导小组各位成员是各自单位的第一责任人。要加强领导，靠前指挥，坚持守土有责、守土尽责。要进一步完善工作责任制和责任追究制。要把做好"扫黄打非"特别整治期的工作作为精神文明建设和检验社会治安综合治理成果的重要指标，认真抓好落实。对因工作不力、失职渎职导致严重后果的地区和部门要严厉追究有关领导和责任人的责任，并在相关创建活动中一票否决。

各级"扫黄打非"办公室要大胆工作，充分发挥综合、协调、指导、督办的职能作用，按照"属地管理"和"谁主管谁负责"的原则，全面启动对非法出版物联合封堵机制，精心组织、周密部署、严格责任，力争万无一失。

各个职能部门既要按照各自的分工各负其责，把好自己的关口，还要相互协作，密切配合，努力形成齐抓共管、相互支持、快速反应、整体防控的工作格局。形成合力、形成氛围、形成以正压邪的强势。针对特别整治期的"扫黄打非"工作特点，要制定完善的应急预案，明确目标，突出重点，严格执法，不留死角，确保工作取得实效。

四、把握政策，严格纪律

"扫黄打非"特别整治期的工作，是一项政策性、政治性极强的工作，所以，我们要特别强调注意把握政策，严格纪律。

第一，我们要注意把握政策，讲求策略。坚持多用智慧、以人为本、稳定第一的原则。认真处理好严格执法和维护、促进社会和谐稳定的关系。工作中要特别注意区分不同性质的问题和矛盾。对明知出版物中载有煽动分裂国家、破坏国家统一或者煽动颠覆国家政权、推翻社会主义制度的内容，而予以出版、印刷、复制、发行、传播的要坚决依法严惩；对党政干部携带、购买、传播非法出版物或在互联网上传播有害信息的，要依法依纪给予党纪、政纪处分，直至追究法律责任；对违法情节轻微的小店、小摊，要坚持教育与依法惩治相结合的原则，责其停止违法行为，并积极提供线索，配合深挖源头。

第二，要严格纪律。既要严格工作纪律，又要严格宣传纪律。工作中要注意掌握内紧外松的原则，严格控制知情范围，防止授人以柄，防止别有用心的人恶意炒作。媒体宣传报道时，要先征得当地党委宣传部和"扫黄打非"部门的同意，不得擅自刊播。

五、统筹兼顾，全面推进

按照省委办公厅、省政府办公厅转发的《2009年"扫黄打非"行动方案》的部署，5月中旬至7月底全省要开展以整治印刷复制、运输环节为重点的"扫黄打非"集中行动。全省净化社会文化市场专项行动工作和清理低俗音像制品工作也在进行中。各市、各有关部门在部署工作时，要注意统筹兼顾。既要突出做好"扫黄打非"特别整治期工作这个重点，确保各项工作任务的完成，又要开展好"扫黄打非"第二阶段集中行动和净化社会文化市场专项行动工作和清理低俗音像制品工作。做到有机结合，全面推进。

下一阶段的"扫黄打非"工作，任务艰巨，使命光荣，我们一定要按照中央和省委的要求，

振奋精神，拼搏进取，不断推动"扫黄打非"斗争深入开展，切实净化文化市场环境，以优异

的成绩为建国 60 周年献礼。

2009 年 5 月 25 日

2009 年"扫黄打非"大案要案综述

山西省"扫黄打非"办公室

2009 年山西省"扫黄打非"工作在全国"扫黄打非"办公室的指导下，在省委省政府的直接领导下，在全省各地各有关部门的齐抓共管下，不断加大监管力度，坚持严管重罚的原则，注重从根本上解决侵权盗版制品屡禁不止等问题，在净化文化市场环境中取得了一系列新成果。2008 年，我们积极协调司法机关，加大刑事处罚力度，成功判决了包括临汾"刘优良等人非法印制假证照案"等重大案件在内的一批刑事案件，引起社会广泛反响。

1. 临汾"刘优良等人非法印制假证照案"

2008 年 6 月 15 日，临汾尧都区公安局破获一起非法印制假证照的案件。现场抓获制造假证的青年女子 3 名，缴获电脑、打印机、塑封机等多台设备，缴获用于制作假证的假钢印 500 多枚、假印章 360 枚，同时还缴获记者证、身份证、警官证等假证件 10000 余个，计 2000 多个种类。特别使人震惊的是，缴获物品中全国各大报社、省内各大媒体的印章印模一应俱全，几个已经制作好的记者证上，"新闻出版总署"的钢印模样清晰逼真，与真记者证上的印章相差无几。

2008 年年底，临汾市尧都区人民法院公开审理了刘优良（女，32 岁，湖南双峰县人）、贺赛红（女，30 岁，湖南双峰县人）制作假证照案。以伪造买卖国家机关证件、印章罪、伪造事业单位印章罪、伪造居民身份证罪分别判处两人有期徒刑各五年。

2. 太原"刘洪福等人非法印制销售假证照案"

2008 年 6 月 9 日，太原市坞城派出所民警获得一条线索，在辖区内有一男子每天都带着印好的假证件与下线交易，交易地点就在亲贤街某超市附近。根据这条线索，民警们分为两组，开始了跟踪侦查，直到 6 月 14 日，终将三名犯罪嫌疑人的制售黑窝点锁定。警方立即对黑窝点展开行动，当场收缴假公章 4.2 万多枚，假证 1.9 万余本。这些假章上至国家各部委、各大媒体，下至各省、市、县的各个部门几乎无所不包。这些假证几乎囊括了我国现行法律法规设定的所有行政许可的证件，制假的工具也一应俱全。这个非法制作窝点规模之大，涉及范围之广，制假数量之多实属罕见。

2009 年上半年，经小店区法院审判，刘洪福、贺光华、刘方益三人分别被判处有期徒刑各五年。此案得到省市"扫黄打非"办公室的密切关注，及时了解案情，掌握案子进展情况，提出建议，被评为当年省市办案有功集体。

3. 临汾张向东利用网上粘删帖子索贿案

2008 年 11 月上旬，山西省"扫黄打非"办公室在参与调查假记者和不良记者利用霍宝干河煤矿事故敲诈勒索事件中，发现张向东利用中国乡镇企业网粘删煤矿发生事故的帖子，从霍宝干河煤矿索取走人民币 38000 元。2008 年 12 月 6 日张向东以涉嫌敲诈勒索罪被警方逮捕。

2009 年 6 月 18 日，霍州市人民法院以涉嫌非国家工作人员受贿罪审理了张向东一案。

法庭审理查明，张向东，捕前系中国乡镇企业杂志社采编记者。2008 年 9 月下旬，霍宝干河煤矿有关人员在《中国乡镇企业网》上浏览到有关该矿发生矿难事故的报道，遂委托谢××想办法将该报道删掉。9 月 25 日谢与发表该稿的张向东相约在太原一咖啡屋相见

后，张向东以报道有误为由，通过乡镇企业杂志社网络部主任张××将该报道删除。2008年10月3日张向东以正面报道为由，通过谢××收取霍宝干河煤矿38000元，但未作任何报道。

法院认为，被告人张向东身为中国乡镇企业杂志社采编记者，利用职务之便，非法收受财物，为他人谋取利益，数额较大，其行为已构成非国家工作人员受贿罪，依法判处张向东有期徒刑九个月。

4. 临汾赵秀清利用网上粘删帖子索贿案

2008年11月上旬，山西省"扫黄打非"办公室在参与调查假记者和不良记者利用霍宝干河煤矿事故敲诈勒索事件中，发现赵秀清、相志灏、张长年利用中国煤炭网粘删干河煤矿发生事故的帖子，从霍宝干河煤矿索取走人民币15000元。

2008年12月23日、2008年12月30日、2009年3月28日警方分别以涉嫌敲诈勒索罪将张向东、相志灏、张长年三名犯罪嫌疑人抓获。

2009年8月4日，霍州市人民法院以涉嫌非国家工作人员受贿罪审理了赵秀清、相志灏、张长年一案。

法院认为，被告人赵秀清、相志灏、张长年利用赵秀清的职务之便，以删掉曝光干河煤矿事故的帖子为由收受该矿贿赂15000元，数额较大，为该矿谋取利益，其行为已构成非国家工作人员受贿罪，依法判处上述三人有期徒刑各九个月。

5. 临汾刘小兵假冒记者敲诈勒索案

2008年11月上旬，山西省"扫黄打非"办公室在参与调查假记者和不良记者利用霍宝干河煤矿事故敲诈勒索案件中发现一名叫刘小兵的人以《法制日报》记者的名义，伙同《法制日报》山西记者站工作人员李娟平索要该矿宣传费和宣传资料费39500元（支票34500元、现金5000元）。经查，《法制日报》及该报驻山西记者站均无此人，初步确定是一起假冒记者敲诈勒索案件，当即移交当地警方。2008年

11月1日，刘小兵被警方在北京市安定门宾馆236房间抓获。

2009年6月19日，霍州市人民法院以涉嫌敲诈勒索罪审理了刘小兵一案。

经查，刘小兵在太原市注册有"山西长兴文化传播有限公司"，自任董事长和总经理。刘在得知霍宝干河煤矿发生事故后，与《法制日报》山西记者站聘用人员李娟平合谋，以《法制日报》记者名义对该矿进行所谓的"采访"，并向矿方出示了所谓的曝光稿，以宣传费和宣传资料费的名义敲诈勒索该矿39500元。

6. 运城市郝维军销售非法出版物案

2008年9月18日，运城市"扫黄打非"办公室接到举报，反映垣曲中学五龙图书馆购进一批非法出版物。在垣曲中学五龙图书馆，办案人员发现内蒙古出版社《科学世界知识丛书》、海天出版社《世界巨人传说丛书》、人民日报出版社《散文精品》等出版物存在一号多书现象，办案人员对上述图书进行了证据登记保存，并要求供货商到运城市"扫黄打非"办公室接受处理。9月20日，对供货商江苏省宿迁广川文化发展有限公司业务经理郝维军做了询问调查，了解到，这批货是在垣曲县政府的招标会上中的标，以1.9折送到学校。上述图书存在一号多书现象，违反了新闻出版总署《关于重申禁止中国标准书号"一号多书"规定的通知》精神，属非法出版物，证据确凿、事实清楚。根据《出版物市场管理规定》第四十四条之规定，做出罚款3万元人民币的处理，分别于9月23日和9月26日对郝维军做出了行政处罚事先告知书和决定书。处罚已执行到位，当事人没有要求行政复议或行政诉讼。

7. 运城市查处盗版金钥匙系列丛书案

2009年5月18日接省"扫黄打非"办公室指示，称运城市区一董姓男子印刷试卷和《金钥匙丛书系列》教辅向社会发行。运城市"扫黄打非"办公室执法人员对十个县市（区）的18个书店进行了证据登记保存。其中有14个书

店供述《金钥匙丛书系列》是从盐湖区天海书社进的货，有2个书店承认是从侯马一书市（金钥匙书店）进的货。在对运城盐湖区天海书社检查中发现有《金钥匙丛书系列》图书，还有大量的宣传画册。根据线人提供的线索，对临猗飞云印刷有限公司、临猗峨嵋印刷有限公司进行了检查。

在对天海书社检查时，共收缴《金钥匙丛书系列》（高分卷王）548本等多品种盗版教辅。该书店法人承认从2009年下半年开始经销《金钥匙丛书系列》等非法出版物达一万一千多册。所销售的《金钥匙丛书系列》是从临猗飞云印刷有限公司进的货。在对临猗飞云印刷有限公司检查时，发现《金钥匙丛书系列》（高分考王）《期中质量评估测试卷》封面的PS版200张，成品50本，半成品1500张。在对该厂法人代表

董某某进行询问笔录时，董某某承认共印《新编小学习题解答》十二万余册、《一本全》三万余册、《期中质量评估测试卷》、《高分卷王》八万四千余册。这些非法出版物大多销往天海书社、侯马市金钥匙书店和各县（市、区）一些书店，其中"高分卷王"的书号和"内蒙古人民出版社"也是自己私自印制上去，未经出版社允许。

非法出版物《金钥匙丛书系列》大量收集各学校的考试命题，经整理后，重新印刷，供学生练习使用，数量不小，获利不大，但市场影响较大，根据有关部门关于出版物出版发行管理有关规定，运城市文化新闻出版局对临猗飞云印刷有限公司和盐湖区天海书社分别作出了罚款人民币3万元和吊销出版物发行许可证的行政处罚。

2009年"扫黄打非"大事记

山西省"扫黄打非"办公室

1月4日，山西省人民政府副省长、省"扫黄打非"工作领导小组副组长张平在山西省"扫黄打非"办公室报送的《关于2009年"两节"、"两会"期间加强出版物市场监管的通知》上做出重要批示："2008年省'扫黄打非'办成绩不俗，应予以肯定。希望2009年再接再厉"。

1月16日上午，山西省"扫黄打非"办公室组织收听收看了第二十二次全国"扫黄打非"工作电视电话会议后召开了全省"扫黄打非"工作动员大会。省新闻出版局局长、省"扫黄打非"工作领导小组副组长李锐锋主持会议，省委常委、宣传部长胡苏平出席会议并做动员讲话。

1月16日，省"扫黄打非"办公室被评为2008年全国"扫黄打非"工作先进集体，是山西省"扫黄打非"工作领导小组办公室连续第5

年获此殊荣。

1月16日晚，太原市"扫黄打非"办公室协调市公安局文保支队、市新闻出版局联合行动，在太原市都司街一居民院内查获盗版光盘18000余张，其中夹杂少量淫秽色情光盘。

2月11日，省委常委、宣传部长胡苏平到省新闻出版局调研，强调要进一步强化新闻出版的行政监管，加大打击"四假"力度，加大对非法网吧和网站监管力度，确保"扫黄打非"工作取得实效。

2月26日，省委常委、宣传部长胡苏平在全省新闻出版工作会议上强调要进一步落实全国净化社会文化环境工作会议精神，深入持久地开展"扫黄打非"工作。

3月31日，山西省首期"扫黄打非"执法骨干培训暨业务培训班圆满结业，此次培训共5天，集中了省、市、县三级110名"扫黄打非"

执法骨干。

4月22日，全省11个市同时举行2009年销毁侵权盗版及各类非法出版物活动，此次共销毁各类非法出版物64万件，其中盗版光盘23万余盘，盗版软件9万余件，盗版及非法书刊32万余册。

5月22日，省委常委、宣传部长胡苏平专门听取了省新闻出版局副局长、省"扫黄打非"办公室主任梁宝印关于"扫黄打非"近期工作的汇报，并在省"扫黄打非"办公室呈送的全国"扫黄打非"工作小组致各省（市、区）"扫黄打非"工作领导小组组长的通知上做出批示："请'扫黄打非'的有关部门，认真落实长春同志云山部长的重要批示，确保这次行动取得实实在在的成效，并请宝顺书记指示。"

5月25日，省委常委、宣传部长胡苏平在参加了全国2009年"扫黄打非"电视电话会议后，参加了山西省"扫黄打非"工作领导小组成员会议，并做重要讲话。

5月26~27日，山西省组织开展了2009年第5次"扫黄打非"集中行动，全省共出动执法人员1036人次，收缴各类非法出版物10330件，省委常委、宣传部长胡苏平亲自带队检查了太原市文化市场。

5月27日，为进一步贯彻落实好5月25日召开的全国"扫黄打非"电视电话会议精神和近期中央和省领导指示精神，山西省召开了"扫黄打非"办公室主任、副主任会议。

5月31日，山西省委书记张宝顺在省"扫黄打非"办公室呈报的《关于请求阅示全国"扫黄打非"工作小组〈关于贯彻落实中央指示精神严厉打击非法出版物的紧急通知〉的报告》上做出重要批示。

7月8日，山西省委组织部下发了《关于调整山西"扫黄打非"工作领导小组组成人员的通知》（晋组干字［2009］178号），对山西省"扫黄打非"工作领导小组组成人员进行了调整，省委常委、宣传部长胡苏平任组长。

9月1日，山西省"扫黄打非"办公室召开了全省各市各有关部门"扫黄打非"办公室主任会议，通报了对全省11个市94个县（市、区）1054个出版物销售摊点的暗访情况，传达了黑龙江会议精神并部署了2009年"扫黄打非"第三阶段集中行动的工作。

9月4日，山西省太原市小店区人民法院以伪造国家机关印章罪、伪造事业单位印章罪、伪造居民身份罪分别判处刘洪福、贺光华、刘方益有期徒刑各5年，此前，临汾市尧都区人民法院以同样的罪名分别判处刘优良、贺赛红有期徒刑各2年。至此，李长春同志于2008年7月27日在全国"扫黄打非"办公室呈报的第066期全国"扫黄打非"工作简报《山西破获两起非法制作假记者证等特大案件》一文上批示"打得好"的案件全部审结。

9月6日，山西省霍州市人民法院对2008年利用网站粘删帖子索要企业贿赂的张向东等两案四人做出一审判决：以非国家人员受贿罪判处《中国乡镇企业网》工作人员张向东有期徒刑9个月；以非国家人员受贿罪判处《中国煤炭新闻网华北频道》负责人赵秀清、同案犯相志灏、张长年各有期徒刑9个月。

9月28日，太原市公安局网警支队经过近5个月的艰苦工作，成功捣毁一个注册会员达137万余人的大型淫秽色情网站，8名犯罪嫌疑人被全部抓获。

10月上旬，山西省太原市公安局小店分局破获一起冒充上级机关人员非法销售出版物案，犯罪嫌疑人李晓军、高二梁等不法人员，冒充各类上级机关领导，要求所属下级单位或企事业单位订购业务书籍，自2005年以来，行骗单位5400余家，涉及全国28个省（市、区），涉案金额高达2300余万元。主要犯罪嫌疑人李晓军、高二梁、康曹军被依法逮捕，张某等7人被刑事拘留。

创新经验

牢记"忠诚负责"坚守"三条底线"扎扎实实做好"扫黄打非"工作

山西省"扫黄打非"办公室

这几年，山西省在探索建立"扫黄打非"工作机制等方面做了些工作，取得了一些成效。

我们的工作是按照"扫黄打非"方案和新闻出版总署领导"发挥主动性、掌握主动权、打好主动仗"、"确保三条底线"的要求，根据山西省出版物市场的实际情况，有针对性地采取了一些工作措施，总结、归纳有十二条，也可称为"市场管理十二策"。

一、不断巡查，以监促管

"监管"，顾名思义就是监视管理，监督管理，看到、掌握出版市场的真实状况，是管理的基础。这一条在2008年工作任务重，又恰逢山西省市县"三局合一"，组建文化市场综合执法队伍的形式下，尤为重要。因此，我们始终坚持了对全省出版物市场的不间断检查、暗访。2008年，山西省"扫黄打非"办公室主要负责同志在基层检查、暗访的时间达90余天。省"扫黄打非"稽查队从队长到队员几乎全年都在各市县检查、暗访。2008年8月，山西省"扫黄打非"办公室和省"扫黄打非"稽查队分四个小组，一次检查、暗访就安排了25天，检查了94个县（市、区）的1054个出版物销售摊点。把检查、暗访发现的问题形成材料，通报当地限期整改。由于我们坚持了对出版物市场不间断的检查暗访，对出版物市场的问题了熟于心，不仅为领导决策提供了依据，促进了基层的工作，而且对一些苗头性的问题及时发现、及时解决。

二、主动出击，防患未然

柳斌杰署长多次提出要完善信息预警机制，并要求对市场问题要"早发现、早知道、早交流、早通报，以便主动防范，及时处理"，这实际上是我们做好出版物市场监管工作的最有效措施。无论是一种新的非法出版活动形式出现，或是一个非法出版物集散地的形成，或是一种新的非法出版物品种上市，在开始阶段，总是少量的、小规模的、试探性的，这是我们主动出击、有效监管的最佳时机。任其发展，由于利益的诱因，很快就会呈泛滥之势，形成"尾大不掉"，给我们的工作造成被动。几年来，我们根据新闻出版总署领导和新闻出版总署市场监管局的要求，特别注重了主动出击、防患于未然这条措施的实施。如取缔非法记者站、打击假记者、整顿旅游景点出版物市场、打击手机下载淫秽视频等，都取得了较好的效果。

三、审时度势，重点突破

市场监管工作千头万绪，市场情况也在千变万化。我们必须在一个阶段，集中精力、集中力量解决一两个市场存在的重点问题，即影响出版物市场整体态势稳定的问题。山西省前些年因非法出版、发行中小学生教辅和销售非法出版物问题严重，一直是全国的重点地区，几乎每年被点名批评，其中有一年两个市同时被点名批评。总结那几年的工作，也是非常辛苦，但没有工作重点，效果一直不好。近几年来，我们注重了认真分析形势、判断形势，实施重点突破。在完成国家交办的任务的同时，每年重点突破一两个重点问题。如2001年重点打击仓储、销售非法出版物的问题，一年中数个仓储和销售的黑窝点被打掉，销售非法出版物的席××被判刑，出版物市场的面貌一下子有了很大改观；2002、2003年重点打击霍州非法印刷基地的问题，47个非法印刷黑窝点被捣毁，彻底摧毁了为害全省的非法印刷基地；2004年重点打击非法报刊社和假记者问题，一年中20多个非法报刊社、记者站被取缔，20多名假记者被抓获；2005年重点解决旅游景点出版物市场混乱问题，有效规范了旅游景点出版物的销售等。

四、勇于碰硬，勇抓大案

这里在抓大案前面，特别用到了一个"勇"字，特指勇敢无畏。确实，抓住、抓好一个大案的查处有着很多的困难。一是大案查处耗时费力，二是敢做大案的人，一般不是平常的对手，三是面临刑事处罚的时候，对手会动用他所有的社会关系来和你周旋，说情、利诱、威胁随之而来。但是抓大案却又是对市场监管起到事半功倍效果的有效抓手。因此，我们始终把抓大案作为突破口，主要采取两个办法，一是亲自抓，对影响全局的案件，我们都在第一时间到达现场，亲自蹲点、跟踪，如太原的谭某非法出版报纸案、临汾孟某非法印刷教辅案、2008年运城"8·28"销售盗版教辅案、太原《警视专刊》非法出版案等，并且每年都亲自抓几件大案；二是严格督办，如2008年太原市"8·6特大盗版教材教辅案"，我们进行了全程督办，直到从主犯白某到提供样书、纸张、到承印、仓储、发行的三十多个涉案人员全部到案。

五、应交尽交，应刑必刑

总结前些年山西省出版物市场监管的经验教训，"应交尽交"、"应刑必刑"是我们能否全面掌控市场态势的一个关键。前些年，尽管我们上下工作很努力、很辛苦，但市场总是问题不断，掌控不住局面。究其原因，就是没有很好利用刑事打击的武器。如临汾非法印刷问题成为祸害全国的重点地区，当时收缴的非法出版物数以亿计，不少人搞非法印刷发行发了横财，但却没有刑事处罚任何人，致使上百台印刷机在临汾周边转来转去，几年内难以取缔干净。近年来，我们特别注意了利用刑事打击的武器，不仅多次下通知，要求按规定移交案件，而且将移交案件作为一项重要的考核内容，并多次对该移交而未移交的案件的责任人进行问责，进行全程督办，使这一问题有所改观。我们也从中尝到了甜头：印刷

非法出版物《秦城冷月》的主犯黄某被判刑，我省已多年没有发生翻印非法出版物的案件；非法印刷学生教辅的孟某被判刑，为彻底打掉临汾非法印刷基地起了关键作用；贩卖非法出版物的席某被判刑，我省已多年未发生一次收缴非法出版物5本以上的案件；非法出版报纸的谭某被判刑，有效净化了全省的报纸市场等。随着2008年太原市人民法院对"情色六月天"利用网络传播淫秽色情物品的主犯陈某判处无期徒刑、剥夺政治权利终身，并判罚金10万元，我们相信，这对于利用互联网进行传播淫秽色情物品犯罪，将起到极大的震慑作用。

六、管好源头，把住通道

所谓"管好源头"，就是管住省内印刷厂和出版社。几年来，省新闻出版局一直保持了对印刷业的整顿力度，同时利用印刷从业人员培训、印刷企业换证等平台，引导印刷业规范经营，实现了对印刷企业的有效监管，印刷厂违规、违法现象呈逐年下降趋势。另外加强了对出版社的选题管理，强化了各种出版制度，严肃出版纪律，全省出版社几年来没有出过违规、违法图书。这些都减轻了市场监管的压力。所谓"把住通道"，就是加大对出版物运输渠道的监管。在航空、铁路、公路等有关部门的配合下，我们每年都不下于十次对运输环节的检查，仅2009年头四个月，我们就对公路物流进行了五次突击检查，收缴各类非法出版物10余万件，为净化市场起了很好的作用。

七、巧借外力，釜底抽薪

这是我们在打击非法学术类期刊时采取的一个措施。有一段时期，山西省教学类、医学类非法学术期刊相当猖獗，由于其散布面广，又极具隐蔽性，打击起来十分困难。我们经过分析认为，教师、医生在这些刊物上拿钱发表文章，无非是为了评职称，如负责职称评定的部门，严格把住论文关，问题不就好办了吗。于是我们加强了与教育和医疗职称评定部门的联系，及时通报非法刊物的名称、识别非法刊物的办法，并对他们提供的刊物进行鉴定。由

于职称评定部门严格把了论文关，对在非法期刊上刊登的学术论文一律不作为评定职称的依据，非法学术类期刊很快销声匿迹。

八、想方设法，打破平衡

这一措施主要是针对相对集中的出版物销售场所而言。山西省有几个较大的出版物集中经营场所，每个场所中有几十家销售店，尽管各自经营，但销售盗版赚钱容易的诱因，使之成为一个个共同的利益圈。要想对这类市场有效监管，就必须千方百计打破这个利益圈的平衡，变互相攀比为互相监督，变互相遮掩为互相举报。不然，就像一个堡垒，内部不发生变化，让执法者无机会可利用，这个市场就会很难得到有效监管。

九、寻求支援，加强协作

出版物市场监管也是一项全社会的工程，我们注意了充分利用有关部门的组织优势，来促进出版物市场的监管工作。如为治理报刊散滥问题，省局会同省纪委、省监委联合下发了《关于对党政部门报刊散滥和利用职权摊派行为党纪政纪处分的暂行规定》，为打击非法报刊奠定了良好的基础；为了遏制中小学校为学生购买盗版教辅的问题，省教育厅专门组织了教辅审定小组，规定学校如为学生选定教辅资料，必须是审定小组审定合格的教辅，并制定了对违规购买盗版教辅的责任人追究责任的相关规定，有效遏制了盗版教辅在校园蔓延的势头。

十、健全制度，认真考核

近年来，我们连续制定了一系列"扫黄打非"和出版物市场监管的制度。如《工作责任制》、《工作考核细则》、《大案要案上报、督察制度》、《联合执法制度》、《统计报表制度》、《联席会议制度》等，各市也陆续制定了聘请出版物市场督察员制度、为出版物规范经营店授牌制度、执法文书评比制度等，在出版物市场监管工作的规范化、科学化、制度化上做了一些有益的尝试。同时加强了对基层出版物市场监管工作的考核，对每年考核前 3 名的市，给予重奖。对排名后 3 名的市，通报批评，并报省精神文明办、省综治办，作为他们测评的依据。

十一、关心队伍，充分保障

市场监管任务非常繁重，而大量的任务在基层，作为省局，有责任也有义务为基层提供较为充分的各种保障。这一点，我局党组做了大量的工作，不仅在市一级文化局加挂新闻出版局的牌子，在增加市场监管力量上、关心基层骨干上做了很多工作，而且千方百计争取回市场监管经费。这几年，在给各市配备两台执法用车以及电脑、传真机、打印机的基础上，每年还划拨 3.5 万~7 万元不等的工作经费，保障了各市市场监管工作的正常进行。

十二、坚持"较真"，敢于报告

由于种种原因，出版物市场存在的问题，有时会难以一时解决，这时就要排除各种干扰，坚持"较真"，敢于向有关领导报告，求得领导的支持，促进问题的解决。我们有一个直呈省主要领导的《要情快报》，主要是反映一时难以解决的问题。如 2008 年我们遇到了两个棘手的问题：一是晋中市的原《榆次报》，在报刊治散治滥工作中已吊销报号，但由于是原榆次市的机关报，有一批人员，有固定资产，报号吊销后，人员又未及时分流，所以今天改个名字，明天又改个名字，一直在非法出报，山西省"扫黄打非"办公室对其查处后，暂时停了下来，之后又偷偷地出；二是吕梁离石区的出版物市场管理混乱问题，我们多次检查、督促，改进不大。我们根据上述两个问题，向省主要领导呈送了《晋中市工作不力，榆次报软磨硬抗，落实中央停办榆次报的要求历时三年仍进展艰难》、《有关领导不重视，监管队伍不作为，吕梁市离石区出版物市场混乱状况触目惊心》的快报，省领导很快作出了批示，促进了问题的解决。

虽然我们在市场监管方面，取得了一点成绩，但还存在着一些不容忽视的问题，如监管力量严重不足，队伍的政治素质和业务素质培训欠缺，执法水平有待进一步提高，市场还不时出现阵发性混乱等，这都是我们在今后工作中需要认真研究和改进的。

我们将树立高度的政治责任感，发挥主动性、掌握主动权、打好主动仗，把出版物市场的各项监管工作扎扎实实地做好。

太 原 市

2009 年"扫黄打非"工作总结

太原市"扫黄打非"办公室

2009 年太原市"扫黄打非"工作深入落实科学发展观，紧紧围绕迎接国庆 60 周年这个大局，把"扫黄打非"与净化社会文化环境结合，加强日常监管、开展专项行动、深挖大案要案，"扫黄打非"工作取得了明显成绩。据统计，2009 年全市组织大型集中销毁侵权盗版和非法出版物活动 1 次，组织召开了 3 次市有关部门及 10 县市区参加的"扫黄打非"会议，组织有关部门开展了 6 次大行动。2009 年全市共收缴盗版书报刊 15.5 万多册（份），盗版电子出版物 5.3 万余盘，盗版光盘 8.6 万盘（其中淫秽色情光盘 470 盘）；查处大要案 5 件，治安拘留 1 人，刑拘 17 人，判刑 1 人，圆满完成了全年"扫黄打非"的工作任务，为太原经济建设和率先发展做出了积极有益的贡献。

一、领导重视，为"扫黄打非"奠定坚实基础

太原市领导历来高度重视"扫黄打非"工作，从宏观管理到集中行动，市领导都亲自挂帅，身先士卒。2009 年 1 月 19 日上午，市委常委、宣传部长、市"扫黄打非"领导小组组长范世康带领市新闻出版局、市文化广播局等部门执法人员检查了文化市场。5 月 26 日，省委宣传部长胡苏平、省"扫黄打非"办公室主任梁宝印莅临太原市检查指导出版物市场，市领导范世康、张政也都参加了检查。张春根部长接任"扫黄打非"领导小组组长后，也非常重视"扫黄打非"工作，并多次作出了批示，及时指导太原市"扫黄打非"工作的开展。

3 月 12 日，太原市召开由 10 县（市、区）宣传部长、文体局长和市"扫黄打非"领导小组成员负责人参加的"扫黄打非"工作会议，贯彻落实国家和省"扫黄打非"工作部署。市领导张政主持会议，范世康做了重要讲话。4 月 21 日、5 月 21 日、9 月初市"扫黄打非"办公室又几次召开由市文化局、市新闻出版局和 10 县"扫黄打非"办主任参加的会议，研究贯彻落实国家和省有关工作部署，开展"扫黄打非"工作，净化未成年人的社会文化环境。通过这一系列工作，很快将全市"扫黄打非"行动推向了高潮。

二、同心协力，狠抓净化社会文化环境

在两会期间，为确保出版物市场的健康与平稳，全市多次组织对出版物市场的检查。1 月 17 日，市"扫黄打非"办公室和市公安局文保支队联手打掉了一个暗藏多年的销售盗版音像制品的黑窝点，收缴淫秽色情光盘 60 余盘，经营者被治安拘留。根据国家和省、市"扫黄打非"工作方案，结合净化社会文化环境工作，太原市开展了以整治学校周边地区为重点的整治低俗音像制品的专项行动。首先是加大对侵权盗版活动的打击力度。4 月 23 日，在滨河体育中心举行销毁盗版出版物活动，销毁各类非法出版物 17 万册（盘），起到了宣传和震慑并举的作用。其次是组织文化广播、新闻出版、公安、工商及县市区文体部门开展了三次集中行动检查。特别是针对尖草坪小商品批发市场多次出现非法卡通及恐怖出版物、画贴的问题，市区两级有关部门多次联合突查，收缴非法和低俗音像制品 3400 多盘，非法卡通及恐怖出版物、画贴 500 余册

（片）。市"扫黄打非"办公室和市文明办等部门将检查出来的问题提交到尖草坪区委、区政府，责成让他们给予解决，通过各种举措，逐步解决问题多的重点地方。再次是以市新闻出版局为主，检查整治印刷、复制市场和出版物市场；以市文化广播稽查总队为主，继续清理低俗音像制品，加强日常监管；以县市区文体局为主，对所属区域重点地方及校园周边进行反复检查。杏花岭区组织了由文化、公安、工商部门参加检查的大行动8次，中小型集中检查27次。其他县市区如小店区、万柏林区、迎泽区也都组织了多次文化市场的检查。

三、重拳出击，打窝点截源流破网络

2009年7月，小店公安分局根据举报，破获了李晓军、高二梁、曹康军等人冒充上级部门高额诈骗、推销非盗版法图书的案件，该团伙行骗单位5400余家，涉及全国28个省市，涉案金额达2300万元。此案一出，太原市"扫黄打非"办公室非常重视，立即向省"扫黄打非"办公室进行汇报，并责成小店区"扫黄打非"办公室参与介入，及时汇报进展情况。省"扫黄打非"办公室迅速下拨10万元作为办案补贴，有力地支援了该案的顺利进行。11月中旬，省、市"扫黄打非"执法部门联合行动，端掉了某医药公司印制的非法出版物5万册。查市场、打窝点固然能起到震慑作用，但还是治标不治本。为此太原市有关部门将打击关卡前移，从运输环节下手。全市音像市场75%以上的光盘来自广东，20%的光盘来自石家庄，剩下不到5%的光盘是刻录盘。图书是以北京来的居多，约占全市的45%，其余为湖北、广东等省市。每到春节、"五一"、"十一"前的一、两个月，为出版物流入高峰期，为此有关部门在此期间开展突查工作，加强了对货运站的检查。2009年3月13日，市文化市场稽查大队在建南汽车站查获了从广东运往太原的盗版音像制品，当场收缴各类盗版音像制品1.9万多盘。9月24日，市新闻出版局、市"扫黄打

非"办公室、市出版物市场稽查大队查获了迎泽物流货运场非法出版物9.6万册。11月28日，市"扫黄打非"办公室和市出版物市场稽查大队联合行动，查获了某物流公司库房里的非法刊物《高中英语，语法与书面表达》2200多册。

四、网上扫黄，常抓不懈取得成效

2009年太原市查办2起网上传播淫秽色情活动的案件，一起是在3月，黄海文开办的地下AV联盟网站传播淫秽物品牟利案，已判刑；另一起是9月份破获了以周某、何某、葛某为首的淫秽色情的表演网站，刑拘8人，正在等待判决。市公安局网络监察支队专案组从5月份开始工作，通过网上侦查、实施抓捕等步骤，足迹遍及上海、江苏、湖南、湖北、福建、浙江等6省15市，案情复杂，工作难度大。专案组排除万难，经过四个多月的奋战，终于破获了此案，将违法犯罪嫌疑人抓捕归案，为"扫黄打非"工作立了一功，打击和震慑了不法分子，为净化网络环境作出了贡献。在这次国家几部委开展"打击手机网站制作传播淫秽色情网站专项行动"中，太原市宣传、扫黄、公安等部门迅速行动，市"扫黄打非"办公室立即着手进行调查研究，并将调查报告及时通告市公安、市教育部门。对于破获案件的情况，在不泄密的情况下，市"扫黄打非"办公室第一时间在新闻媒体上给予公布，并给予办案有功人员表彰奖励。市委宣传部协调市公安网警支队，积极贯彻落实国家有关部委部署的严打手机淫秽网站的专项行动。市公安网警支队也积极主动作战，在前一阶段连续告破淫秽色情网站的基础上，按照上级部门的最新部署，立即安排警力开展了一系列侦查工作。

五、守土尽责，加强"扫黄打非"长效管理

"扫黄打非"事关政治、经济、文化、未成年人健康成长，是一项长期的任务，必须坚持不懈地开展工作，强化长效管理机制，才能从根本上杜绝各类非法及盗版出版物流入市场。一是调查研究，2009年市"扫黄打非"办公室深入全

市做调查研究，先后撰写了《进出太原市交通运输环节的出版物的情况调查报告》、《关于太原市手机网站制作传播淫秽色情网站的简要调查报告》，为市领导决策提供了依据。二是出台规章制度，建立长效管理机制。先后制定出台《太原市"扫黄打非"应急工作预案》、《交通运输环节和物流中心打击非法出版物办法》、《太原市预防非法报刊出版物进入正式渠道的办法》等多项规章制度，规范出版物市场和交通运输环节的监管。三是针对重点区域，坚持常

抓不懈，保持高压态势，如治理普国电子城、尖草坪批发市场，都是反复不断地整治，始终保持了高压的态势。四是培训执法人员，提高执法水平。对全市"扫黄打非"80余名工作者进行了培训，请国家新闻出版总署、省"扫黄打非"办公室、市委宣传部的领导授课，提升法律法规意识和执法能力。通过以上种种举措，太原市出版物市场多年来未发生影响国内的重大事件，始终是健康平稳地发展，为60周年大庆顺利进行起到了护城河的作用。

内蒙古自治区

2009 年"扫黄打非"工作总结

内蒙古自治区"扫黄打非"办公室

2009 年，内蒙古自治区"扫黄打非"工作严格按照全国"扫黄打非"集中行动方案和自治区制定的年度"扫黄打非"工作方案要求，圆满完成了全国和自治区"扫黄打非"工作领导小组各项工作任务，全国"扫黄打非"办公室对内蒙古自治区的工作给予了肯定，有3个集体、3名个人受到全国"扫黄打非"工作小组的表彰奖励。

一、2009 年自治区"扫黄打非"工作基本情况

（一）搞好统筹协调，理顺管理体制，"扫黄打非"年度工作有序部署

2009 年3月份，内蒙古自治区"扫黄打非"职能从文化厅调整到新闻出版局，将原自治区"扫黄打非"工作小组变更为自治区"扫黄打非"工作领导小组，将成员单位由原来的17个增加到29个。针对国内大事多、敏感节点集中，"扫黄打非"工作任务繁重、责任重大等实际，先后组织召开领导小组会议2次，全区电视电话会议1次，安排、部署了自治区2009年"扫黄打非"

工作重点和主要任务。在传达贯彻落实全国"扫黄打非"工作电视电话会议精神的同时，深刻分析了内蒙古自治区"扫黄打非"工作面临的严峻形势，对全区"扫黄打非"工作进行了部署，对各成员单位承担的职责进行了分工，进一步加强了组织领导，扩大了统筹协调范围，为扎实推进全区"扫黄打非"工作奠定了基础。

（二）认真履行职责，积极开展工作，"扫黄打非"日常工作有保障

2009 年是我国敏感节点较多的一年，新中国成立60周年、"五四"运动90周年、平息西藏武装暴乱50周年、"六四"风波20周年、揭批法轮功10周年，这些重大节日、敏感节点对"扫黄打非"工作提出了新的、更高、更严的要求。对此，内蒙古自治区一方面认真贯彻落实全国"扫黄打非"办公室的工作部署，先后接收并印发有关查缴非法出版物、低俗音像制品和侵权盗版密码电报41份、明电13份。另一方面严格按照上级要求和年度工作安排，深入开展查缴非法出版物、低俗音像

制品、侵权盗版等三个阶段专项活动，在领导支持、各地各部门的大力配合下，三个阶段工作任务都圆满完成。去年，内蒙古自治区根据总署、全国"扫黄打非"办公室、自治区文明委的有关会议、文件精神，制定了《关于印发内蒙古新闻出版局关于进一步净化社会文化环境促进未成年人健康成长的任务分工的通知》，并与相关部门密切配合，将净化社会文化环境工作列为"扫黄打非"的重要内容，周密部署、大力推进，取得了良好效果。同时，内蒙古自治区根据全国"扫黄打非"工作小组要求，积极参加"护城河"工程建设，并结合本区实际情况，认真组织开展"护城河"工程建设相关工作，研究制定了自治区承担的相关重点工作内容和相应的措施、方法，部署、落实了各项相关工作任务，圆满完成了"护城河"工程建设赋予内蒙古自治区"扫黄打非"工作的各项任务。

2009年，全区共查办"扫黄打非"案件320起，其中刑事处理案件3起，刑事审结案件2起，刑事处罚人数29名。期间，共出动执法人员183194人（次），检查出版物市场、店档摊点99259个（次），检查印刷复制企业16836家（次），取缔关闭出版物市场、店档摊点5492家，取缔关闭印刷复制企业549家，取缔关闭非法网站19个，收缴非法出版物605660件，有力打击了不法经营分子的嚣张气焰。

（三）强化职能，加大督办力度，查办案件有新突破

2009年，内蒙古自治区各级"扫黄打非"办公室认真履行职能、职责，积极协调、督促、监督、指导各成员单位认真开展专项查缴、集中治理、侦破、查处了一批案件，取得了阶段性成果。由自治区版权局与呼和浩特市文化市场办查获并移交自治区公安厅立案的"北京星线空间信息技术有限公司涉嫌侵犯影视著作权案件"，因其案情复杂、案值巨大、侦破技术要求高、调查取证难、工作量大，受到全国"扫黄打非"办公室的高度重视，被列为全国重点督办案件。此外，新闻出版局从内蒙古大学、内蒙古师范大学图书馆查缴的非法出版物、满洲里市工商局端

掉的俄文版盗版光盘生产黑窝点、呼市文化市场管理办公室成功查办的"9·29"仓储、销售非法出版物的案件及满洲里海关先后查获两起入境俄罗斯籍旅客利用笔记本电脑携带淫秽电子物品入境案件和自治区广播电影电视局对"乌海在线"等10家网站擅自从事互联网视听节目服务等案件的依法查处，强有力地震慑了违法经营者和犯罪分子，有效维护了自治区文化市场的繁荣稳定。

二、在具体工作中所采取的主要措施和办法

（一）建章立制，规范管理，加强领导小组办公室建设

"扫黄打非"职能调整后，我们一方面积极与自治区文化厅相关处室协调，求得配合，做好"扫黄打非"移交工作；一方面主动向全国"扫黄打非"办公室汇报请示，求得支持，积极开展工作。在具体实施中，我们围绕自治区新闻出版局党组提出的"道德建设年"、"素质提升年"这一主题，在加强"扫黄打非"办公室同志相关业务学习的同时，以内强素质、外树形象为立足点，从建章立制，规范管理，加强综合、协调等环节入手，加强"扫黄打非"办公室建设。我们在走访自治区保密局、维稳办等部门，借鉴其相关制度建设的基础上，认真研究制定了自治区"扫黄打非"《保密工作制度》、《工作人员守则》、《公文办理制度》、《纪律制度》、《学习制度》和《值班和通讯联络畅通制度》等项规章制度，并付诸实施。"扫黄打非"工作领导小组办公室的建立和运行，较好地保证了全区"扫黄打非"各项工作的顺利开展。

（二）协调配合，形成合力，建立完善"扫黄打非"工作协调联动机制

2009年，内蒙古自治区在组织开展"扫黄打非"工作中，充分发挥职能职责，在查堵非法出版物、打击淫秽色情和侵权盗版活动尤其是查办大案要案工作中，加强与有关部门的配合与协作，充分发挥各部门优势，形成强大的工作合力。在2009年11～12月整治手机、互联网传播淫秽色情信息专项行动中，自治区公

安厅、自治区工商局、呼和浩特市文化市场办公室等部门，各负其责、密切配合，联合行动，取得了良好的效果。通信、公安、工商等相关部门还分别结合各自工作实际，建立了治理手机淫秽色情长效机制。如内蒙古通信管理局成立了整治手机黄色信息工作领导小组，公布了举报电话。加强了管理力度，严格了网站接入资质的审查工作，对各电信运营企业提出明确要求，严格清查接入服务层层转包问题，全面排查所接入和传输的网站。同时，明确规定，对发现有明显属于淫秽色情等违法信息的，要立即停止传输，保存有关记录，向有关机关报告、查处。

（三）加强舆论宣传，提高公众对"扫黄打非"工作的认知度

2009年，内蒙古自治区借助电视、报纸、广播、网络等各种媒体，大力开展了"扫黄打非"工作的宣传动员，通过组织经营业户学习相关法律法规，开展与学校、社区的共建等多种渠道的宣传教育活动，营造浓厚的舆论氛围。在各类专项行动中，邀请记者全程跟踪报道，宣传与查缴、治理工作同步进行，形成了良好的舆论氛围。一手抓整治、一手抓宣传工作的有效实施，对非法从业者保持打击和舆论的双重高压态势，实现了惩治与防治的有机结合，确保工作取得良好效果。在2009年"4·26"世界知识产权宣传日，内蒙古自治区组织全区各盟市统一开展了侵权盗版制品和各类非法出版物的集中销毁活动，全区销毁总量达134万件，其中盗版图书23万册、盗版音像电子出版物98万张（盘）。这次集中销毁活动是近20年以来全区规模最大的一次销毁活动，自治区各大媒体都给予了充分报道。

领导讲话

在全区第二十一次"扫黄打非"工作电视电话会议上的讲话

内蒙古自治区党委常委、宣传部长、自治区"扫黄打非"工作领导小组组长
乌兰

"扫黄打非"工作是一项极其重要的工作，特别对于敏感节点集中度比较高的2009年，"扫黄打非"工作更具有特殊的重要地位。总体来看，今年内蒙古自治区的"扫黄打非"工作，进展有力，效果明显。2009年3月，自治区"扫黄打非"的工作职能及办公室，从文化厅调整到新闻出版局，实现了与全国"扫黄打非"办公室的归口对接。希望自治区新闻出版局和"扫黄打非"办公室，在以往工作的基础上，以科学发展观为统领，创新思路、大胆工作，圆满地完成"扫黄打非"各项工作任务，不断推动全区"扫黄打非"工作取得新成效，实现新进展。

一、当前"扫黄打非"工作面临的严峻形势

一直以来，在意识形态领域的斗争，西方国家对我西化、分化的企图和反西化、反分化的斗争一刻也没有停止过，特别是2009年"扫黄打非"工作面临着极其严峻的形势。

（一）全球金融危机对"扫黄打非"工作提出了新挑战

始于去年的全球金融危机对世界经济产生严重的影响，导致了世界经济的衰退，对我国的影响和破坏程度尚未见底，也难以预料。国内外敌对势力对中国的西化、分化和"唱衰中国"、

"捧杀中国"的活动日益活跃，既有媒体上的大肆鼓噪，也有出版形式的闻风而动，"扫黄打非"工作面临着严峻的形势。

（二）敏感节点多而集中对"扫黄打非"工作提出了新挑战

今年是我国政治敏感期相对集中的一年，形成了不同的社会思潮和舆论热点，使得"扫黄打非"工作面临着严峻的形势，对"扫黄打非"工作提出了更多、更高、更严的要求。

（三）我区区位和民族地区的特殊性，对"扫黄打非"工作提出了新的挑战

内蒙古自治区地跨"三北"，毗邻九省，是祖国向北开放的前沿阵地，地处保护首都北京文化安全的"护城河"地带。东北经济圈、环渤海经济圈的经济辐射，同时也带来了文化辐射，我们的对内对外文化交流，都会落脚到文化市场，都会影响到意识形态领域。内蒙古自治区是少数民族地区，历来就是国内外敌对势力对我西化、分化活动的重点地区。

（四）对"扫黄打非"工作的麻痹大意和轻视，增大了"扫黄打非"工作的难度

毋庸讳言，认为"扫黄打非"工作是意识形态工作，当前的主要任务是保增长、促稳定，保民生，对"扫黄打非"工作说起来重要，做起来不重要或次要的思想认识和做法还不同程度地存在。"扫黄打非"工作是党的工作，是意识形态领域前沿阵地的工作，是各级党委必须认真对待、高度重视、切实加强、务必抓好的重要工作，绝不能把它混同于一般性的工作。对于"扫黄打非"领导小组成员单位和从事"扫黄打非"工作的同志而言，更要高度重视，履好责、守好责，进一步加深对"扫黄打非"斗争重要性、紧迫性、艰巨性的认识，切实把思想和行动统一到中央和自治区的决策部署上来，不动摇、不懈怠、不敷衍，努力开创"扫黄打非"工作新局面。

二、当前，"扫黄打非"斗争的主要任务

结合内蒙古自治区的实际，下一阶段，内蒙古自治区的"扫黄打非"工作还要突出以下几个方面的重点：

（一）要把坚决打击非法出版物和网上有害信息作为"第一任务"落实到位

中央领导同志多次强调，打击非法出版物和网上有害信息是今年"扫黄打非"工作的第一任务，对此我们必须毫不含糊地抓好落实。一要在封堵上下功夫。非法出版物和网上有害信息，源头在内蒙古自治区的极少，内蒙古自治区主要以输入为主。要切断流入的传输渠道，不给非法出版物和网上有害信息提供任何传播的渠道和舞台。二要在构筑立体"防火墙"上下功夫。新闻出版部门要认真管好印刷环节，管好出版物流通市场；文化部门要管好文化经营场所；工商部门要管好重点企业；公安部门要严厉打击传播非法出版物和网上有害信息的违法犯罪行为；海关、交通等部门要净化运输线，守住国门和运输渠道。总之，各部门要有配合，形成工作合力。

（二）要把净化未成年人成长的社会文化环境摆在更加突出的位置，抓出成效

对于这项工作，我们已作了具体的安排和部署，各级有关部门要根据要求和各自承担的分解任务认真抓好落实工作。这里需要突出强调的是：一要继续抓好专项整治互联网有害信息工作，加强互联网的日常监督。二要继续加大网吧监管力度，坚决取缔黑网吧，严禁网吧违规接纳未成年人，整顿校园周边的出版物市场，营造良好的校园周边环境。三要进一步加强优秀出版物的出版工作，推出精品，开展多种形式的阅读活动，为未成年人提供内容丰富、充满时代气息、健康向上的出版物。

（三）要把集中行动作为重要抓手，抓紧抓好

目前，以整治出版环节为切入点的第一阶段的集中行动已经结束，第二阶段集中行动正在进行。"扫黄打非"工作进入第二阶段集中行动后，形势更加复杂，斗争更加尖锐，我们一定要在第一阶段工作的基础上，通过对"扫黄打非"领导组织和工作力量的充实和加强，进一步加大工作力度，落实责任制，全面完成第二、第三阶段集中行动的各项工作任务。

三、加强领导，创新机制，形成"扫黄打非"斗争标本兼治、综合治理的工作合力

（一）加强组织领导，完善工作机制

要坚持和完善"党委统一领导、党政群齐抓共管，各盟市'扫黄打非'办公室和当地党委宣传部门组织协调，有关部门各负其责，各地区联防，社会各方面积极参与"的领导体制和工作机制，并使之高效运行，切实发挥作用。要按照"谁主管谁负责"和"属地管理"的原则，进一步健全责任制，确保各项任务落到实处。要加大"扫黄打非"工作的经费投入，自治区财政要尽快安排落实"扫黄打非"的专项经费，并足额拨付到位。各盟市要把"扫黄打非"经费列入本级财政预算，除专项经费外，还要在基础设施建设、技术装备和队伍培训三方面给予经费的统筹安排。要建立长期稳定的投入保障机制，确保所需经费逐年增加、足额落实，实行专款专用。

（二）狠抓薄弱环节，推动"扫黄打非"工作向基层延伸

要结合政府机构改革，制定方案，进一步完善并强化盟市"扫黄打非"工作机构设置，尽快建立旗县（市）级"扫黄打非"工作领导小组及其工作机构，并使之有效履行职能。要切实加强对乡镇（苏木）和社区文化市场的管理，乡镇（苏木）党委和街道党组织要真正负起责任来，确保基层"扫黄打非"工作有人抓、有人管、见成效。

（三）创新工作思路，建立"扫黄打非"工作长效机制

一是要处理好打击与防范的关系。打击是有效遏制违法犯罪的首要环节，但打击不能从源头上减少和遏制违法犯罪的发生。没有防范的打击，只能是治标不治本，同样，只重防范，没有打击作为保障，各种防范措施也不可能真正落到实处，就会防不胜防。只有坚持打防结合，标本兼治，重在治本，才能切实促进文化市场健康发展，净化社会文化环境，维护社会和谐稳定。二是要处理好管理与服务的关系。管理和服务是一个问题的两个方面。"扫黄打非"工作的主要切入点是对文化市场监管和行政执法，但这种管理职能从本质上讲是为发展社会主义市场经济服务的。要不断提高服务水平和质量，既要做好"扫黄打非"工作，又要促进文化市场健康发展。

（四）密切协调配合，形成强大的工作合力

各级"扫黄打非"工作领导小组成员单位要各司其职、各负其责，相互配合，共同作战。要加强部门间的协调配合，健全工作机制，建立协同管理办法，完善工作流程，落实定期会议、情况通报、联合执法等工作制度，形成齐抓共管的局面。

在全区第二十一次"扫黄打非"工作电视电话会议上的讲话

内蒙古自治区新闻出版局党组书记、局长、自治区"扫黄打非"工作领导小组副组长

杨红岩

2009年3月，自治区编办正式印发文件将"扫黄打非"的工作职能由自治区文化厅划转到自治区新闻出版局，这是自治区新闻出版局的光荣职责，我们也将一如既往，在过去工作的基础上，全心全意地为自治区"扫黄打非"工作领导小组及各成员单位服好务，进一步加大工作力度，创新工作机制和工作手段，不断开创我区"扫黄打非"工作新局面。

一、今年以来内蒙古自治区"扫黄打非"工作的回顾与总结

内蒙古自治区今年以来的"扫黄打非"工作，呈现出以下特点。一是领导高度重视。自治区党委、政府高度重视"扫黄打非"工作，各级党委、政府也都把"扫黄打非"工作列入重要议事日程，加大了领导和推进的力度。自治区"扫黄打非"工作领导小组先后召开了领导小组全体会议、"扫黄打非"电视电话会议，今天再次召开全区电视电话会议，全面分析"扫黄打非"面临的严峻形势，回顾总结前段工作，安排部署下一步工作。为圆满完成"扫黄打非"工作任务提供了保证。二是工作重点突出。加大了对重点单位、重点地域、重点环节的全方位检查和执法力度。以查处案件为突破口，加强联合执法，形成了重点突出、行动迅速、成效明显的工作态势。三是工作合力推进。各部门各负其责，密切配合，联手行动，工作协调统一。构建了整体联动打整体战、分兵把口专项推进、分合有序的工作格局。

（一）突出工作重点，集中开展了对文化市场的专项整治行动和执法检查活动

一是集中开展了查缴各类非法出版物的专项行动。元旦、春节前及自治区和全国"两会"期间，各级"扫黄打非"办公室会同各有关部门，组成联合检查组，对辖区内出版物市场进行了多次集中专项治理行动。对繁华地段的书店、音像制品店、影碟行、印刷厂等经营场所和火车站、汽车站、物流中心、托运部等部位进行了重点检查。对街头兜售非法出版物的游商、地摊及无证照经营行为进行了有效清理。二是集中开展打击非法报刊的专项行动。抓源头，以报刊年检为切入点，加强对自治区报刊的规范管理。对未按时年检和存在问题的报刊列入缓验，对经营不善、疏于管理、违规违纪和不具备条件的报刊，实行退出机制。抓流通，会同有关部门对报刊市场、广告部、物流中心、火车站、报刊零售点等进行了重点排查、重点督察和专项检查行动。三是集中开展了净化社会文化环境、保护未成年人健康成长的专项行动。开展了以整治校园周边文化环境、查处网吧违规经营行为、取缔黑网吧为重点的集中治理行动。对全区音像市场的低俗音像制品开展了拉网式的清缴专项行动。坚持属地管理、监管重心下移的原则，实行条块结合、以块为主，充分发挥旗县区在文化市场管理工作中的作用，加强对农村牧区文化市场的监管。

（二）加强舆论宣传，营造了打击侵权盗版、保护知识产权的社会舆论氛围

一是加强对从业人员的职业道德教育，提高经营单位和经营户守法经营的自觉性。各地区各部门按照属地管理的原则，组织辖区内文化经营单位和从业人员，举办了法律法规培训班，各地还结合实际开展了形式多样的以守法经营、文明经营为内容的主题活动，增强了从业人员职业的荣誉感和社会的责任感。二是集中开展了"4·26"知识产权保护日的重大宣传活动。全区发放传单近 4 万张、张贴海报 100 万张、发放"绿树签" 3 万个、接待群众咨询 4000 余人（次），深入宣传保护知识产权的重大意义。声势强大的重大宣传活动，进一步加大了"扫黄打非"的工作力度，营造了良好的社会文化氛围。三是集中开展了 4.22 侵权盗版制品及各类非法出版物集中销毁活动。集中销毁活动的当天，仅呼和浩特销毁现场就有 16 家新闻媒体的 30 多名记者进行了全程报道。在集中销毁活动中，全区共销毁侵权盗版制品及各类非法出版物 134 万余件。

二、面对新形势，从新的高度和视角，深刻理解和把握"扫黄打非"工作的重要性、特殊性，用创新的方法推进"扫黄打非"工作

（一）要深刻理解和把握"扫黄打非"工作的内涵

一是"扫黄打非"工作不是一般性的行政工作。"扫黄打非"工作从根本上说是党的工作，是意识形态工作，是党对意识形态工作领导的一个重要抓手，是党中央和各级党委亲自负责、狠抓落实的工作。二是"扫黄打非"工作

不是一般性的行政事务。"扫黄打非"的根本任务是维护国家的安全，维护国家意识形态安全和文化安全，不能把"扫黄打非"工作混同于"一般性的行政事务"。三是"扫黄打非"工作不是一般性的行政执法。从执法的角度看，就是通过"扫黄打非"在更高层次上的综合协调，动员各方面的力量共同行动，综合执法，解决问题。因此，不能把"扫黄打非"工作混同于"一般性的行政执法"。

（二）要创新"扫黄打非"工作方法

（1）强化政治意识、落实工作责任制。要创新工作机制，即建立起领导小组领导协调、办公室高效运转、各部门分兵把口、密切配合的工作机制和运行机制，实现工作效益的最大化。要落实工作责任，最根本就是要落实"谁主管谁负责"和"属地管理"的责任制。围绕这个根本，努力创新，落好第一责任人、领导小组各成员单位、新闻出版局内部和"扫黄打非"专门机构内部的责任。形成层次分明、责任明确、纵横交错的责任体系，调动各方面的积极性，凝聚推进工作的强大合力。（2）强化措施手段，发挥中枢作用。目标与手段、过程与结果是辩证的统一，强有力的措施手段是实现目标的有效保证。面对错综复杂的形势和纷

繁复杂的工作任务，必须在实践中不断总结规律，强化工作措施，创新工作手段，注重工作的前瞻性、增强针对性、提高实效性。"扫黄打非"办公室是"扫黄打非"工作体系的中枢，必须发挥好中枢的作用，既要承担好"扫黄打非"工作常设机构的职责，又要主动做好综合、指导、协调、督办工作，为成员单位服好务。

（3）推进综合治理，建立长效机制。"扫黄打非"工作是一项长期的斗争，必须坚持标本兼治、综合治理的方针，建立起从源头上遏制"黄"、"非"的长效机制。要加大宣传动员和舆论监督的力度，动员社会各方面力量，把"扫黄打非"工作与社会建设、新农村新牧区建设，与精神文明创建和社会治安综合治理，与文化产业发展和民族文化大区建设结合起来，探索建立"扫黄打非"工作"一票否决"制度，在预防、群防、联防上下功夫，构筑起标本兼治，综合治理的立体"防火墙"。要把依法打击与教育结合起来，把行业自律与社会监督结合起来，把加强监管力量与提高技术防范能力结合起来，综合运用教育、行政、法律、技术等多种手段，实现"扫黄打非"的长效管理。

创新经验

工作人员守则

（1）认真学习马列主义、毛泽东思想、邓小平理论和"三个代表"重要思想以及科学发展观重要论述。学习党和国家的方针政策，学习法律、法规以及科学文化知识，努力钻研业务，不断提高思想、政策、业务水平和工作能力。

（2）以对党、国家和人民高度负责的精神，兢兢业业，谦虚谨慎，勤奋工作，全心全意做好本职工作。办事注意质量，讲究效率，认真、准

确、高效地完成全国"扫黄打非"办公室、自治区"扫黄打非"工作领导小组及有关领导布置、交办的各项任务。

（3）团结同志，坦诚待人，正确、积极地开展批评与自我批评，坚持民主集中制。在工作中相互支持，密切配合，及时补位，互相监督。

（4）遵纪守法，严格保密，廉洁自律。

（5）遵守各项工作制度，保持良好的工作

秩序。

公文办理制度

为了使公文办理程序规范化、制度化、科学化，提高公文办理工作的效率和公文质量，根据上级有关要求，结合自治区"扫黄打非"办公室的实际，制定如下制度。

一、关于盟市厅局文件的办理

（1）收到各盟市、满洲里、二连浩特市"扫黄打非"办公室和"扫黄打非"领导小组各成员单位的文件，需经领导阅批的，由专人送领导小组办公室主任。不需领导阅批的文件，由相关工作人员严格按照有关程序办理，办理完毕，将有关情况报相关领导。

（2）文件要及时办理，不得拖拉和延误。急件按相关要求时限办理，一般件不超过五天。

（3）对送有关领导和转送有关部门办理或征求意见的办件要及时催办，保证每个文件都有落实、有结果。

二、关于公文的审签与核发程序

（1）领导小组办公室发文件按照起草、审核、审签、印制的先后程序严格办理，不得程序颠倒或程序缺漏。

（2）领导小组办公室发公文的审签人是领导小组办公室主任，未经办领导小组办公室主任签发的，公文不能生效。文件要严格按照程序，经领导小组办公室主任审签后，才能制发送印。领导小组办公室主任在出差等不能审签的情况下，要提前指定领导小组办公室其他领导代为审签。

（3）领导小组办公室文件审核由指定的办公室副主任负责，审核包括政策性把关，要求内容充实、准确，格式规范，文字通顺流畅、简洁明了，避免文件冗长、空洞、虚浮。

（4）起草人草拟公文后要填写发文稿纸报送领导审核、审签。发文稿纸要用钢笔、碳素笔、毛笔等可存档的笔认真填写文号、密级、缓急、印制份数、承办人、日期、送文单位，不得漏添，凡是漏添的，领导不予审核、审签。

（5）领导审核、审签公文，应用钢笔、碳素笔、毛笔等可存档的笔明确签署意见，并签上姓名和时间。若圈阅或只签姓名，则示为同意，公文生效。

（6）文件的印制要根据实际情况采取印刷厂印刷、复印装订等方法。印制超过 50 份的，原则上由印刷厂印制。涉密的文件，必须由签定保密责任书的印刷厂承印。50 份以下的或涉及绝密、不适合印刷厂印制的，可以在单位内自行复印、装订，由专人办理，不得转交其他人，不得去其他地方复印。

三、主要发文形式

（1）《内蒙古自治区"扫黄打非"工作领导小组（）》（内"扫黄打非"组发［200］号）

（2）《内蒙古自治区"扫黄打非"工作领导小组办公室（）》（内"扫黄打非"办发［200］号）

（3）《内蒙古自治区"扫黄打非"工作领导小组办公室举报案件转送单（）》（内扫黄案督字［200］号）

（4）密码电报：急　密级　［200］内新出密电号

（5）明码电报：急　　［200］内新出明电号

（6）内蒙古自治区"扫黄打非"工作领导小组办公室工作简报　200　年　期（总　期）

四、文件的传阅

（1）领导小组和领导小组办公室领导的文件传阅与管理由专人负责，领导小组办公室内部文件的传阅和管理指定专人负责。

（2）送交领导小组、领导小组办公室领导传阅的机密以上的密级文件，指定专门机要人员送阅、收取，阅文领导不得将传阅文件随意带走或留存。

（3）送相关部门、单位文件的传阅，应及时、快捷地阅文，随收随阅，阅后签名退回。不能及时批阅的，应及时退文，避免影响他人阅读。送阅的密码电报及绝密文件要在当日下班前退还机要部门。

（4）领导小组办公室内部人员借阅有密级

文件要严格按照文件的管理规定，办理借阅手续，时间不得超过一天。机密以上密级别文件一般不得复印，如特殊情况需复印的，按照原件管理。

（5）带密级的文件在非办理期间，不得在桌面等地随意摆放，应随用随取，不用时锁放在文件柜，避免丢失。

（6）领导小组办公室内部形成的机密、绝密文件要逐份编号登记发放。

（7）同一文件需要报送两位以上领导同志阅批的，除特殊情况和领导同志另有要求的以外，应按照阅件自上而下、请示件自下而上的顺序呈送，即传阅件先呈送职务较高、排名在前的领导同志，请示件先送职务较低、排名靠后的领导同志，依次送阅送签。非紧急和特殊的情况，公文不得"倒签"。

五、其他

（1）内蒙古自治区"扫黄打非"工作领导小组及办公室印章由本办指定专人管理。印章应在文件柜上锁放置，要严格按照相关规定使用，如专人出差等情况需交由他人代管，应由办公室领导指定人选并监督交接。

（2）印章使用需经领导小组办公室领导签字备案，用印者登记签名。

学习制度

为了更好地适应工作的要求，不断提高领导小组办公室干部的整体素质，保证学习质量，规范学习活动，特制定如下学习制度。

一、总体要求

（1）要高度重视学习工作的重要性，认真学习马列主义、毛泽东思想、邓小平理论和"三个代表"以及科学发展观等重要思想，不断牢固树立正确的人生观、世界观，不断增强政治立场的坚定性。要认真开展工作业务学习，不断提高工作能力和工作效率。

（2）坚持集中学习与自学相结合的原则。领导小组办公室要定期开展集中学习，保证人员、时间、内容三个到位。严格学习纪律，不得无故缺席、迟到、早退。要鼓励、引导领导小组

办公室干部的自学热情，努力创造有利于学习的条件，营造浓厚的学习氛围。要定期检验学习效果，保证学习质量。

（3）要将学习情况列入干部评议考核内容。把学习效果与实际工作业绩密切结合起来，充分发挥理论联系实际的工作作风。

二、领导小组办公室学习制度

（1）集中学习由领导小组办公室分管领导负责组织安排。

（2）集中学习以政策理论学习、全国"扫黄打非"办公室相关文件、会议精神和业务知识为主要内容。分管领导要制定系统的学习计划。

（3）集中学习要把理论学习与研究、解决实际问题密切结合起来，以工作需求、业务研讨促进学习的热情和自觉性。

（4）集中学习每年不少于18次。

（5）领导小组办公室内部学习要作好学习记录和考勤登记，年终作为人员考核的依据。

三、其他学习形式

（1）根据上级安排，积极参加相关的培训。

（2）根据内蒙古自治区新闻出版局的培训、学习安排，积极参加新闻出版局组织的相关培训、学习。

（3）积极参加有关公务员的知识更新等学习、培训。

（4）根据上级要求和实际工作需要，参加、组织适当的考察学习。

纪律制度

为更好地适应"扫黄打非"的工作要求，进一步加强思想作风和工作作风的建设，在工作中做到思想统一、政令畅通、令行禁止，特制定本制度。

一、政治纪律

（1）必须坚持马列主义、毛泽东思想、邓小平理论和"三个代表"重要思想及科学发展观的重要论述不动摇，坚定不移地贯彻

执行中央和自治区党委关于"扫黄打非"工作的路线、方针、政策，在政治上、思想上、行动上同以胡锦涛总书记的党中央保持高度一致。

（2）要以共产党员的标准严格要求自己，保持坚定的政治立场，努力增强政治敏锐性和政治鉴别力。

（3）要加强学习教育，牢固树立正确的世界观、人生观和价值观。

二、组织纪律

（1）要坚定不移地落实完成全国"扫黄打非"办公室、自治区"扫黄打非"工作领导小组和有关领导布置的各项工作任务。

（2）要坚决执行办内会议作出的各项决定。在事项讨论阶段，可以提出自己的意见。当组织决定后，个人的不同意见必须保留，无条件服从组织的统一安排。

（3）领导小组办公室工作人员要严格遵守组织程序，上级布置的工作，下级要认真、按时完成，工作中要规范程序，重要决定、公文的印发和遇到重要、突发情况必须请示，特殊情况必须立刻处理的，要事后及时汇报有关情况。

（4）任何人不得有损害领导小组办公室团结统一和损害集体利益的言行，每位同志要自觉维护集体荣誉。

三、工作纪律

（1）认真落实、严格执行领导小组办公室制订的各项工作制度。领导干部要以身作则，发挥模范带头和表率作用。

（2）任何人未经批准不得向外单位和其他人提供涉及"扫黄打非"的工作情况和人员情况。

（3）领导小组办公室干部因事不能到岗必须请假，因公外出必须按时回归，节假日外出要提前向领导报告。

四、监督处分

（1）要把执行纪律和制度的情况作为领导小组办公室工作人员年度考核的一项重要内容，作为人员考核评定、提拔任用的重要依据。

（2）在执行纪律和制度过程中，领导小组办公室全体干部都有监督权，所有人都必须接受监督。领导小组办公室主要领导对全办工作人员执行纪律和制度情况负总责。

（3）对违反纪律、制度的，依照《中国共产党纪律处分条例》、《中华人民共和国公务员法》的相关规定进行处理。

2009年"扫黄打非"大案要案综述

内蒙古自治区"扫黄打非"办公室

"9·29"仓储、销售非法出版物案

9月29日14时，呼市文化市场管理办根据举报信息和日常执法检查工作中发现的线索，在赛罕区大学路文化商城内"高教书店"查获了一仓储、销售非法出版物窝点，经对涉案的出版物按性质、种类数量、价格、总额进行鉴定、分类、清点、计算、归档，最后确定涉案的非法出版物达10余种，共10291册，涉案码洋166222.8元。10月10日，根据对案件调查情况，结合涉案人的实际情况，专案组决定对涉案人处以行政处罚101200元、停业整顿15天的处理，并收缴全部涉案非法出版物。呼和浩特市新城检察院后期也进行了司法查处。

北京星线空间信息技术有限公司涉嫌侵犯影视著作权案

9月8日，根据上级通报和前期调查，自治区"扫黄打非"办公室协调自治区公安厅成立

了联合专案组,对北京星线空间信息技术有限公司涉嫌侵犯影视著作权案件立案查办。公安机关掌握材料显示,星线公司将影视节目存在两台存储器主机上,将节目通过卫星通道直接传输到全国各地的网吧终端上,网吧终端则将这些节目提供给网民。星线公司在全国 13 个省发展了 81 家代理商,共有 2000 余家网吧购买了这项服务,总涉案金额达到了 1000 余万元。公安机关掌握了星线公司大量犯罪事实,扣留了两个服务器,数台电脑,自治区"扫黄打非"办公室已将此案上报全国"扫黄打非"办公室,将进一步追究北京星线空间信息技术有限公司侵犯影视著作权犯罪活动刑事责任。

乌海市 5 家手机配件店下载传播淫秽色情电影案

11 月 23～25 日,乌海市"扫黄打非"办公室在对手机及手机配件、维修、铃声下载店(铺)执法检查中,发现瑞达通讯、埃立特通讯等 5 家手机配件商店,登陆互联网进入国外或国内非法淫秽色情网站,下载淫秽色情电影,再通过视频转换软件转换为手机通用的 3GP 或 AVI 格式,最后这些非法淫秽色情视频被业主以非法牟利,将这些被转换的淫秽色情手机视频通过手机内存卡等方式,以每次 10 元的价格传播到各手机用户。执法人员现场查缴传播淫秽视频的电脑主机 5 台、调试解调器 5 台。经初步调查,在这 5 台电脑主机里存有大量淫秽电影,并面向社会进行传播。由于此案涉及部门较多,涉嫌犯罪事实清楚,且传播范围较大,已及时移交当地公安部门立案处理。

"乌海在线"等 10 家网站擅自从事互联网视听节目服务案

12 月 7～10 日,自治区广播电影电视局对"乌海在线"等 10 家网站擅自从事互联网视听节目服务依法进行了查处。经查,"乌海在线"等 10 家网站未经批准或未履行备案,擅自从事互联网视听节目服务,其中极个别网站链接无《互联网传播视听节目许可证》网站的"激情电影"、"推荐影片",严重违反了有关规定,自治区"扫黄打非"办公室督导自治区广电局对 10 家网站停业整顿,停止擅自开办的视听节目服务。

2009 年"扫黄打非"大事记

内蒙古自治区"扫黄打非"办公室

3 月 12 日,根据全国"扫黄打非"办公室指示要求,内蒙古自治区"扫黄打非"办公室组织联合检查组,对自治区内蒙古大学、内蒙古师范大学图书馆进行了突击检查,现场发现并收缴非法出版物 10 本。

3 月 18 日,自治区新闻出版局根据国家新闻出版总署的"三定"方案,把握自治区机构改革的大好时机,积极争取,将自治区"扫黄打非"办公室工作职能正式由文化厅划转到新闻出版局。局党组高度重视,把"扫黄打非"工作作为全局年度工作重点,抽调人员充实、组建了"扫黄打非"办公室,并按照新闻出版总署和全国"扫黄打非"办公室的相关要求,对局机关各业务处室承担的"扫黄打非"工作任务、责任进行了分工。

4 月 17 日,自治区"扫黄打非"办公室协调满洲里市工商局端掉一个俄文版盗版光盘生产黑窝点,查扣用于生产盗版光盘计算机 1 台,12 头刻录设施 2 台,彩色打印机 4 台,光盘封面切割机 2 台,俄文版盗版光盘 3 万余张及大批半成品和其他原辅材料。

4 月 26 日,在"4·26"世界知识产权日当天,自治区"扫黄打非"工作领导小组办公室组织全区各盟市统一开展了侵权盗版制品和各类非法出版物的集中销毁活动，全区共销毁总量达134 万件，其中盗版图书 23 万册、盗版音像电子出版物 98 万张（盘），呼和浩特主会场销毁量达 13.4 万件，这次集中销毁活动是改革开放以来最大的一次销毁活动。

5 月 25 日，组织召开了第二十一次全区"扫黄打非"工作电视电话会议。会议上，自治区党委常委、宣传部长、"扫黄打非"工作领导小组组长乌兰同志和自治区新闻出版局党组书记、局长、自治区"扫黄打非"工作领导小组副组长杨红岩同志作了重要讲话，对前期"扫黄打非"工作进行了总结和肯定，对今后工作进行了重要部署并提出了明确要求。

5 月 19 日，自治区"扫黄打非"工作领导小组根据转制后工作需要，调整了自治区"扫黄打非"工作机构名称、领导小组及成员单位，将原内蒙古自治区"扫黄打非"工作小组更名为内蒙古自治区"扫黄打非"工作领导小组，设置组长 1 人，副组长 5 人，成员单位由原来的17 个增加到 29 个。

8 月 20 日，自治区"扫黄打非"办公室根据全国"扫黄打非"工作小组的指示要求，结合全区"扫黄打非"工作实际，健全了自治区"扫黄打非"工作领导小组办公室应急预案。

9 月 29 日，在自治区"扫黄打非"办公室的指导、监督、协调下，呼和浩特市"扫黄打非"办公室、文化市场管理办公室成功查办了"9·29"仓储、销售非法出版物案，这是近年来呼和浩特市查获的最大一起此类案件，涉案非法出版物达 10 余种，共 10291 册，涉案码洋166222.8 元。

10 月 7 日和 19 日，满洲里海关先后查获两起入境俄罗斯籍旅客利用笔记本电脑携带淫秽电子物品入境案件，共查获淫秽图片 2500 张，淫秽电影视频 43 部。

12 月，自治区广播电影电视局对"乌海在线"等 10 家网站擅自从事互联网视听节目服务依法进行了查处。经查，"乌海在线"等 10 家网站未经批准或未履行备案，擅自从事互联网视听节目服务，其中极个别网站链接无《互联网传播视听节目许可证》网站的"激情电影"、"推荐影片"，严重违反了有关规定，自治区"扫黄打非"办督导自治区广电局对 10 家网站停业整顿，停止擅自开办的视听节目服务。

2009 年 3 ~ 12 月，根据总署、全国"扫黄打非"办公室、自治区文明委的有关会议、文件精神，印发了《内蒙古新闻出版局关于进一步净化社会文化环境促进未成年人健康成长任务分工的通知》，自治区"扫黄打非"办公室与相关部门密切配合，将此工作作为"扫黄打非"的重点工作，周密部署、大力推进，取得了良好效果。

辽 宁 省

2009 年"扫黄打非"工作总结

辽宁省"扫黄打非"办公室

2009 年，辽宁省"扫黄打非"办公室认真贯彻第二十二次全国"扫黄打非"工作电视电话会议精神，在省委、省政府的高度重视和正确领导下，全面落实《辽宁省 2009 年"扫黄打非"行动方案》，重点组织开展了以整治印刷复制、运输环节、出版环节和销售、进口环节及信息网络为重点的三个阶段"扫黄打非"专项行动，有效地规范了全省出版物市场秩序，有力地维护了全省的政治安定和社会稳定，为全省保增长、保民生、保稳定的工作大局作出了突出贡献。

据统计，辽宁省共出动执法人员9.3万人次，检查各类出版物经营场所、摊点34512家次，行政处罚各类违法违规经营单位2335家，取缔无证照经营摊点及严重违法违规经营单位1762家，共收缴各类非法出版物151万件，其中非法书报刊64400册，非法音像制品、电子出版物98万张，淫秽色情出版物37770件；12名犯罪嫌疑人被依法追究刑事责任。

一、迅速落实全国"扫黄打非"工作电视电话会议精神，全面部署2009年全省"扫黄打非"行动

省"扫黄打非"办公室于2009年1月16日组织收视收听第二十二次全国"扫黄打非"工作电视电话会议，为迅速落实全国会议精神，立即组织召开了辽宁省2009年"扫黄打非"工作电视电话会议。会议部署了2009年辽宁省"扫黄打非"工作的总体要求和主要任务，并围绕工作任务，结合实际，提出了开展三个阶段的专项行动。辽宁省委常委、省委宣传部部长张江同志出席会议并做了重要讲话。

二、充分发挥督导检查职能，认真组织开展暗访检查，严肃通报各地存在的突出问题

为全面了解和掌握各市各部门开展出版物市场清查行动情况，查找在出版物市场监管工作中存在的问题，春节过后，辽宁省"扫黄打非"办公室组织了3个暗访检查组，利用一周的时间，对全省14个市的出版物市场进行了暗访检查。通过检查，对各地的情况有了全面的了解，掌握了大量第一手情况。

针对在检查中发现的问题，3月11日，省"扫黄打非"办公室组织召开了全省"扫黄打非"办公室主任工作会议。各市"扫黄打非"办公室主任、新闻出版局负责人参加了会议。省委宣传部副部长、省"扫黄打非"工作小组成员孟繁华同志出席会议并作重要讲话。省新闻出版局副局长、省"扫黄打非"办公室主任高健传达了全国"扫黄打非"办公室主任会议和全国净化社会文化环境工作会议精神，会议重点通报了暗访检查情况。针对辽宁省出版物市场存在的突出问题，会议决定从3月11日至4月30日在全省范围内开展一次为期50天的"扫黄打非""春季攻势"集中整治行动。各市结合第一阶段集中行动的任务和办公室主任会议的要求，进一步制定细化了本地"春季攻势"集中整治行动的工作方案，组织执法力量对通报的主要问题进行摸底排查。4月9日，省"扫黄打非"办组织在全省范围统一清查行动。通过主要新闻媒体进行公开报道，形成了"扫黄打非"的强大声势。

三、突出重点，切实加大对非法报刊和低俗音像制品的整治力度

辽宁省"扫黄打非"办公室组织开展了对各类非法出版、违法违规报刊的集中整治专项行动。省、市"扫黄打非"办公室、新闻出版局组成联合检查组，对所辖报刊出版单位进行检查，对以"一号多刊"形式非法出版的报刊进行严肃查处，重点查处、取缔伪造国内刊名、刊号或无刊名、刊号非法牟利的报刊，特别是利用广告印刷品非法出版的报刊。同时对各报刊批发单位、零售单位进行全面清查，对邮发、批发、夹带报刊的情况进行全面清理，全省报刊市场秩序明显好转。

为落实中央关于清缴低俗音像制品的通知精神，省"扫黄打非"办公室迅速制定并下发文件，部署在全省范围内开展清缴整治低俗音像制品专项行动。及时将全国"扫黄打非"办公室下发的三批共701种低俗音像制品目录传达各相关部门，要求各市各部门在专项行动期间要安排专人值班，保持信息畅通。同时，省"扫黄打非"办公室、省新闻出版局认真组织开展督导检查行动，由局领导带队结合农家书屋检查验收工作，赴各地检查整治低俗专项行动的落实情况。省"扫黄打非"办公室、省新闻出版局、沈阳市文化市场行动执法总队联合对沈阳三好街赛博数码广场、诚大科技大厦、百脑汇科技大厦、东软电脑城、辽大科技园、五爱市场音像经营单位等重点市场进行了重点检查，取得了良好的社会效果。

四、加大宣传力度，扩大"扫黄打非"的社会影响力，举行侵权盗版制品及非法出版物集中销毁活动

为迎接"4·26"世界知识产权日，集中宣传保护知识产权的重要意义和辽宁省打击侵权盗版活动取得的重要成果，推动全省"扫黄打非"斗争深入开展，按照全国"扫黄打非"工作小组的统一部署，4月22日上午10时，省"扫黄打非"工作小组在沈阳市三好街百脑汇大厦前广场举行了"2009年盗版制品及非法出版物集中销毁活动"，在销毁仪式现场，省政府副省长滕卫平代表省委省政府发表重要讲话并宣布销毁令。省委常委、省委宣传部部长张江等领导亲临现场，省"扫黄打非"工作小组22个成员单位的负责同志，沈阳市"扫黄打非"工作小组各成员单位的负责同志，沈阳海关、沈阳市新闻出版局、公安局、工商局、城市管理综合执法局、文化市场行政执法总队的负责同志及执法人员，沈阳市书报刊、音像、计算机软件经营业户代表、学生及群众一千二百余人参加了销毁活动。这次销毁活动集中销毁了全省各地各有关部门自去年开展"扫黄打非"专项行动以来收缴的各类盗版音像制品、计算机软件以及非法出版物等共计98万盘（册），盗版及非法书报刊10万册。集中销毁活动极大地打击和震慑了各类制售侵权盗版、非法出版的违法犯罪分子，进一步增强了社会各界和广大群众理解、支持、参与"扫黄打非"斗争的自觉性，再一次向全社会表明了

省委、省政府保护知识产权的坚定决心，有力地促进了辽宁省"扫黄打非"工作深入持久地开展。

在销毁活动现场，同时启动了市民及青少年"打击侵权盗版、保护知识产权"的签名和"绿书签"派发活动，省、市领导带头在写有"打击侵权盗版、保护知识产权"的条幅上郑重地签上了自己的名字，数百名市民和青少年也踊跃参加了此次签名和绿书签派发活动。省、市版权局等有关部门还在现场开展了版权法律法规宣传、咨询，知识产权鉴定，投诉案件受理，散发宣传品等活动。

五、全力开展第三阶段"扫黄打非"集中行动，为迎接新中国成立60周年营造良好文化环境

为迅速贯彻全国"扫黄打非"主任会议精神，9月4日，在沈阳召开全省"扫黄打非"办公室主任及联络员工作会议。会议传达了全国"扫黄打非"办公室主任会议精神，通报2009年以来辽宁省开展"扫黄打非"工作情况，全面部署了第三阶段全省"扫黄打非"集中行动。各市"扫黄打非"工作领导小组办公室主任，沈阳市新闻出版局负责同志，省"扫黄打非"工作小组各成员单位联络员，省"扫黄打非"工作小组办公室主任、副主任，省新闻出版局有关处室负责人参加了会议。省委宣传部副部长、省"扫黄打非"工作小组成员孟繁华同志作重要讲话。会议就国庆前后开展出版物市场集中清查行动作出部署。

9月27日，省"扫黄打非"办公室在全省范围内组织开展了出版物市场统一清查大行动。当天，由各地"扫黄打非"办公室统一组织协调新闻出版、文化、工商、公安和城管执法部门，根据事先摸排掌握的线索，对辖区内的车站码头、繁华街区、旅游景点、宾馆饭店、集贸市场、重要机关、大型图书和音像制品卖场、电脑城以及涉外公共场所，进行了一次集中清查，清理和取缔了一大批经营侵权盗版和非法出版物的游商、地摊。

作为实施首都"护城河"工程参与省份，在国庆前，省"扫黄打非"办公室组织各市文化市场执法人员与公安部门密切配合，着重加强了对各城市出入口以及入京高速公路、国道等重点部位的进京车辆、物品及人员的实施检查。

省委宣传部、省新闻出版局、省"扫黄打非"办公室还组织暗访检查组对各市出版物市场进行了明查暗访，确保了全省国庆期间出版物市场的平稳、健康、繁荣、有序。

六、充分发挥指挥协调职能，深入查办"扫黄打非"大要案件

2009 年以来，省"扫黄打非"办公室提出要把案件查办作为提高"扫黄打非"影响力的重要手段，同时，在省委宣传部的大力支持下，通过组织协调辽沈晚报、辽宁电视台等新闻媒体，对案件进行及时跟踪报道，有力地震慑了违法犯罪分子，有效地净化了市场环境。

领导讲话

在全省"扫黄打非"工作电视电话会议上的讲话

辽宁省委常委、宣传部部长、省"扫黄打非"工作领导小组组长

张　江

这次会议的主要任务是：认真贯彻落实刚才召开的第二十二次全国"扫黄打非"工作电视电话会议精神，总结工作，表彰先进，部署 2009 年全省"扫黄打非"工作。会上，马述君同志宣读了表彰决定和行动方案，各地、各有关部门要按照统一部署，认真抓好落实。

2009 年，在省委、省政府的正确领导下，全省各地、各有关部门加大"扫黄打非"工作力度，通过开展集中行动和专项治理，着力加强日常监管，创新体制机制，各项工作取得了新成绩。特别是在开展迎奥运保稳定以及打"四假"重大案件查办过程中取得了新的突破。非法出版物进入辽宁省的渠道被严密封堵，一批非法出版物被及时销毁，由全国"扫黄打非"办公室督办的《沿海时报》等大要案件被迅速侦破，一批违法犯罪分子被依法追究刑事责任。全年共检查各类出版物经营单位 9540 余家，印刷、复制企业 6500 余家，其中取缔、关闭无证无照和有严重违法违规行为的出版物经营店档摊点 2475 家，行政处罚违法、违规出版物经营单位和印刷企业 1247 家；共收缴各类非法出版物 257.3 万件，其中违禁出版物 9786 件，淫秽色情出版物 23.8 万件；共查处案值及社会影响较大的侵权盗版及制作、贩运、销售"黄""非"出版物案件 35 起，12 名犯罪嫌疑人被依法追究刑事责任。"扫黄打非"工作取得明显成效。

下面，我就贯彻全国会议精神和做好全省"扫黄打非"工作，讲三点意见。

一、从维护全省工作大局出发，进一步增强做好"扫黄打非"工作的责任感和使命感

2009 年是新中国成立 60 周年，也是贯彻中央和省委、省政府扩大内需、促进增长的部署，推进老工业基地全面振兴的攻坚之年。全省的"扫黄打非"工作必须紧紧围绕省委、省政府中心工作来开展。各级党委、政府及有关部门要把"扫黄打非"工作放在推进辽宁省老工业基地全面振兴，保增长，促发展的总体要求中去筹划，

放在维护改革发展稳定的大局中去思考，放在构建社会主义和谐社会的大目标中去推进，以高度的责任感和使命感，推动"扫黄打非"工作深入开展。

当前，全省上下深入学习实践科学发展观，坚持保增长、扩内需、调结构、促发展，全省经济社会平稳较快发展，民生问题显著改善，社会大局和谐稳定。在思想文化领域，社会主义核心价值体系进一步确立，人民群众精神文化需求日益旺盛，社会各界对文化建设的关注和参与度越来越高。从"扫黄打非"工作看，经过二十多年来持续不断地加大工作力度，探索形成了一套比较成熟的工作体制和机制，拥有了一支坚强有力的工作队伍。同时，这项工作也越来越得到社会的理解和人民群众的支持，这些都为我们做好今年乃至今后的工作奠定了很好的基础。

新形势新任务给我们的工作提出了新的更高的要求。各级党委、政府和有关部门要从全局的高度，进一步加深对"扫黄打非"工作重要性的认识，增强责任感、紧迫感，要更加积极主动地工作，切实把思想和行动统一到中央和省委、省政府的决策部署上来，努力开创"扫黄打非"工作新局面。

二、在重点工作和重点环节上寻求突破，努力实现出版物市场面貌的明显改观

根据2009年的客观形势和全国"扫黄打非"的工作部署，辽宁省"扫黄打非"工作要以迎接新中国成立60周年为工作主线，以保护知识产权为工作平台，进一步加强集中治理和日常监管，坚决扫除淫秽色情等文化垃圾，打击侵权盗版活动，查处取缔非法报刊，全力维护社会稳定和文化安全，推动文化大发展大繁荣，为促进全省经济社会又好又快发展，营造良好的舆论氛围和文化环境。

要把握好"扫黄打非"的打击重点。在做好经常性工作的基础上，今年要加大三个方面的打击力度。一是严厉打击各类违禁出版物。这是"扫黄打非"工作的重中之重，要贯穿于"扫黄打非"斗争的始终。二是坚决查缴非法报刊和暴力恐怖、淫秽色情出版物。特别是严肃查处利用固定形式印刷品广告进行非法出版活动以及未经批准的一号多刊或以承包、合作等方式租赁、出卖刊号出版的出版行为。同时，要对以未成年人为对象的淫秽色情"口袋本"图书、有害卡通读物和游戏软件等非法出版物继续保持高压态势。三是有效开展互联网"扫黄打非"斗争，特别是利用互联网传播违禁内容的有害信息和侵权盗版产品。要加快技术应用，提高网管能力，开展网上"扫黄打非"专项战役。

要实现上述目标，必须抓住关键环节。一要把住"关口"。这是"扫黄打非"工作取得成效的关键。海关是境外非法出版物流入境内的主要通道，各类书刊音像制品批发市场是出版物的重要集散地，互联网等是高新技术条件下传播非法出版物和不良信息的新的载体。各有关部门要认真履行职责，共同加强对口岸、市场和互联网网站等重要关口的监管，防止境外有害文化和信息的侵入。二要净化"窗口"。这是衡量"扫黄打非"工作成效的重要标志。城市繁华地段、人员流动性较大的公共场所以及校园周边和居民社区是"扫黄打非"的重要"窗口"，各有关部门要高度重视对"窗口"地段出版物市场的监管和治理，常抓不懈，要把文化环境的整治纳入社区建设的重要内容，最大限度地挤压非法出版物传播的空间，增强"扫黄打非"工作的针对性和实效性。三要堵住"源头"。这是有效遏制非法出版活动、掌握"扫黄打非"工作主动权的治本之策。各有关部门要继续开展对印刷复制业的治理，加大监管力度，进一步规范印刷复制行为，从源头上遏制违法印刷复制活动。四要查处大案。这是用法律的力量震慑犯罪分子和非法出版活动的有效途径。各有关部门要继续把查办大案要案作为一项重要工作来抓，进一步健全案件查办机制。要严厉查处制作、销售、传播淫秽色情、凶杀暴力、封建迷信和伪科学出版物等大案要案，坚决捣毁从事非法出版制售活动的经营窝点、团伙和网络。

三、进一步强化领导责任，扎实推进"扫黄打非"各项任务的落实

2009年工作的目标任务和方针原则十分明确，关键是狠抓落实。各地、各部门要以科学发展观为统领，围绕迎接新中国成立60周年和推动辽宁老工业基地全面振兴，进一步加大工作力度，切实把各项任务落到实处。

一是落实工作责任制。要强化领导体制，按照"扫黄打非"只能加强、不能削弱的原则，坚持和完善各级党委、政府统一领导，各级"扫黄打非"办公室和党委宣传部门组织协调，各地区联防协作，各部门齐抓共管，社会各方面积极参与的工作体制。各有关行政管理部门和执法机关要将"扫黄打非"纳入日常工作范畴。各地要按照行动方案的要求，结合实际，明确目标任务，制定具体措施，落实各项责任，保证人员到位、工作到位、措施到位、经费保障到位。各级"扫黄打非"办公室要进一步强化部署、协调、指导、督办的职能，加强对重大案件的协调、督办、查处和对重要情况的收集、汇总、报告。各有关部门要按照"谁主管、谁负责"的原则，组织实施好本部门承担的工作任务。对于不认真履行职责、不作为的要严肃批评，造成严重后果的要追究相关责任人的责任。

二是加大宣传力度。要营造舆论强势，调动各种宣传力量，充分发挥新闻媒体的作用，大力宣传"扫黄打非"和保护知识产权的重大意义，宣传先进经验和典型，揭露非法出版活动和不良文化给社会带来的危害，引导公众积极参与"扫黄打非"斗争。要发挥舆论监督作用，及时曝光有典型意义的案件和查处结果。

三是创新工作机制。要运用法律、行政、经济、文化等手段，综合开展"扫黄打非"工作。要把日常监管与建立健全长效动态监管机制结合起来，综合运用内容审读、舆情研判、案件查处、行业管理等措施和手段，强化出版物市场监管。要把严厉打击与动员全社会力量参与结合起来，形成整体合力。要继续加大宣传教育的力度，把"扫黄打非"延伸到机关、企业、学校和社区，引导全社会的力量积极参与。要不断探索"扫黄打非"工作的长效机制，继续扩大营口市"把有害少儿读物逐出店档"、锦州市"'扫黄打非'进社区"、鞍山市"把盗版教材赶出校园"的工作成果，积极探索"扫黄打非"工作新的途径和手段，真正提升"扫黄打非"工作的整体水平。

新的一年，改革发展和维护社会稳定的任务很重，"扫黄打非"的工作任务也很重。做好今年的工作，意义深远、责任重大。全省"扫黄打非"战线的同志们，要以更大的决心、更坚定的态度、更有效的措施，完成好中央和省委交给我们的任务，推动"扫黄打非"工作取得新成效，以优异的成绩迎接国庆60周年。

在2009年全国侵权盗版制品及各类非法出版物集中销毁活动辽宁省分会场仪式上的讲话

辽宁省副省长、省"扫黄打非"工作领导小组副组长
滕卫平

根据全国"扫黄打非"工作小组的统一部署，我们在这里今天，举行2009年集中销毁侵权盗版制品及各类非法出版物活动。这是以实际行动迎接"4·26"世界知识产权日的到来，充分展示辽宁省开展"扫黄打非"斗争，打击侵权盗版取得的丰硕成果，更表明辽宁省委省政府

保护知识产权的坚定立场和坚强决心，进一步动员和号召社会各界积极踊跃地参与到保护知识产权的行动中来。

打击侵权盗版、保护知识产权，净化社会文化环境，为未成年人健康成长创造良好文化环境，始终是全省"扫黄打非"工作的重要使命。多年来，全省新闻出版、文化、公安、工商等执法战线的同志们始终以高度的使命感、责任感奋战在打击侵权盗版、保护知识产权的第一线，通过开展"反盗版专项行动"、"打击非法出版活动"和净化节日期间出版物市场等整治行动，不断完善体制机制，切实加大工作力度。过去的一年，是全省"扫黄打非"斗争开展以来取得较大成绩的一年，以迎接为主线，以前所未有的工作力度，广泛深入地开展"扫黄打非"和保护知识产权的各项工作，严肃查处了《沿海时报》非法出版案等一批大案要案，有力地打击了侵权盗版和非法出版行为，切实规范了全省出版物市场经营秩序，为保护知识产权、净化社会文化环境、维护社会稳定作出了突出贡献。

侵权盗版是国际知识产权争端中的突出问题，更是版权产业乃至国家经济社会发展的一大障碍。中国政府始终高度重视保护知识产权、打击侵权盗版工作，并把它作为建设创新型国家的国家战略。这项工作也同样受到了省委、省政府的高度重视，近年来不断强化对保护知识产权、打击侵权盗版工作的领导。再过几天，我们就将迎来"4·26"世界知识产权日，随着建设创新型国家战略不断推进，打击侵权盗版、保护知识产权的各项工作也要更加深入，希望全省"扫黄打非"战线的同志们深刻理解打击侵权盗版、保护知识产权工作的重要性，锐意进取，开拓创新，真抓实干，坚决完成 2009 年"扫黄打非"各项工作任务，为净化文化市场环境、构建和谐辽宁作出新的更大的贡献。

在全省"扫黄打非"办公室主任工作会议上的讲话

辽宁省委宣传部副部长、省"扫黄打非"工作领导小组成员
孟繁华

今天的会议，是根据省"扫黄打非"工作领导小组意见召开的一次非常重要的会议。前不久，中央召开了全国净化社会文化环境工作会议，全国"扫黄打非"工作小组分别在广州和北京召开了全国"扫黄打非"办公室主任会议。深入开展"扫黄打非"斗争，是净化社会文化环境的基础工程，现在，全国"两会"正在召开，为落实好中央会议精神，确保今年全省"扫黄打非"任务的落实，下面，我讲几点意见。

一、认清形势、统一思想，进一步提高"扫黄打非"和净化社会文化环境重要性紧迫性的认识

当前，随着国际金融危机的蔓延，我国经济仍然保持平稳较快发展势头，社会大局稳定，在思想文化领域，社会主义核心价值体系建设扎实推进，主流意识形态不断巩固，文化事业生机盎然，文化产业繁荣发展，国家文化软实力不断提高，人们文化生活日益丰富。2009 年是新中国成立 60 周年，是深入贯彻党的十七大精神、推进"十一五"规划顺利实施的关键一年，我们要应对国际金融危机的严重冲击，确保经济平稳较快发展，确保社会和谐稳定。

为全面了解和掌握当前全省出版物市场状况，查找存在的突出问题，春节过后，省"扫黄打非"办公室组织对全省十四个城市的出版

物市场进行了一次暗访检查，重点对各市的火车站、长途客运站、书刊批发市场、音像、电子出版物经营场所，以及出版物经营店档摊点比较集中的街路、集市、商城、卖场等场所和部位进行了检查。从暗访检查的总体情况看，各市各有关部门按照省委部署和《2009年全省"扫黄打非"行动方案》要求，认真组织开展今年"扫黄打非"第一阶段集中行动，从源头和流通环节对非法出版活动予以打击，行动迅速、措施得力，当前全省出版物市场呈现平稳、健康、规范、有序的良好态势，一些曾出现问题和易出现问题的场所、部位的经营秩序和经营面貌有所改观。同时，此次暗访检查结果表明，尽管我们保持了较大的工作力度，取得了很大成绩，但依然存在着一些不容忽视的问题，个别地区问题还非常严重。面对新的复杂形势和严峻挑战，"扫黄打非"工作只能加强，不能削弱。

各市各部门要进一步增强责任感、紧迫感、使命感，切实把思想和行动统一到中央和省委决策部署上来，积极营造有利于未成年人健康成长的良好社会文化环境和氛围。

二、围绕大局、突出重点，进一步增强工作的针对性实效性

"扫黄打非"和净化社会文化环境事关全局，涉及面广，工作头绪多，必须把这项工作放到党和国家工作全局中去谋化和推进，坚持用维护和实现广大人民群众根本利益来衡量工作成效。

一是始终保持对违禁出版物的高压态势。这始终是"扫黄打非"工作的首要任务，也是今年工作的重中之重。要进一步完善应对违禁出版物的快速反应和联合封堵机制，加强日常监管，开展集中行动，查办大案要案，提高打击效果，坚决粉碎通过文化传播渠道对我进行渗透破坏的企图。

二是集中开展印刷、复制企业的专项行动。根据全国"扫黄打非"办公室的部署，从现在开始到3月底，在全省开展为期一个月的对印刷、复制企业和出版物市场进行的专项检

查行动。新闻出版总署和"扫黄打非"部门在专项行动期间组织由管理人员、技术人员参加的检查组，对辖区内重点出版物印刷企业、复制单位、出版物批发市场和集中经营场所进行检查。

三是大力查处危害未成年人健康成长的不良出版物。着力抓好校园周边出版物市场的日常巡查力度，组织开展集中检查行动，坚决收缴以青少年为主要受众的有害印刷品，依法追究有关单位特别是出版、印制单位的责任。

四是坚决打击各类非法报刊。各市各部门要按照全省"扫黄打非"行动方案的部署，结合报刊退出机制试点加大整治力度，坚决打击假报刊、假记者、假记者站，维护新闻出版正常秩序，促进全省报刊业繁荣健康发展。

三、加强领导、明确职责、狠抓落实，圆满完成今年"扫黄打非"各项任务

今年"扫黄打非"工作任务艰巨、责任重大，容不得丝毫的疏忽和懈怠，既不能满足现有的成绩，更不能忽视和回避存在的问题。各市各部门要把"扫黄打非"工作列入重要议事日程，切实加强组织领导，完善保障措施，同时，要将工作任务按照责任权限进行分解，务必把行动方案确定的各项任务落到实处。各市"扫黄打非"工作领导小组组长是"扫黄打非"工作第一责任人，要加强领导，靠前指挥，着力解决重点难点问题。各级"扫黄打非"工作领导小组成员单位要各司其职、各负其责，相互配合、共同作战，各级"扫黄打非"办公室要大胆工作，加强组织、协调、指导和督促检查。

目前，从辽宁省的情况看，"扫黄打非"工作重点在基层，难点在基层，薄弱环节也在基层，各市要按照"扫黄打非"只能加强、不能削弱的原则，加强机构保障、投入保障和队伍保障，确保"扫黄打非"工作顺利开展。在强化市级"扫黄打非"工作机构的基础上，尽快健全县（市）级"扫黄打非"工作机构，并使之有效履行职能，要切实加强

对乡镇和社区文化市场的管理，确保基层"扫黄打非"工作有人抓、有人管。要以提高思想政治素质和业务能力为重点，切实抓好"扫黄打非"队伍培训工作，坚决群防群治的工作方针，充分调动社会各界的积极性、主动性、创造性。

全国"两会"正在召开，各市、各有关部门必须进一步增强政治意识、大局意识、责任意识和阵地意识，充分认识新形势下开展"扫黄打非"斗争和做好出版物市场监管工作的极端重要性；认清形势，明确责任，查找差距，正视问题，坚决纠正克服麻痹思想和懈怠情绪，始终保持良好的精神状态和工作作风；要按照年初全省"扫黄打非"工作电视电话会议和《辽宁省2009年"扫黄打非"行动方案》确定的工作重点，通过加大对出版物的集中清理和日常监管力度，进一步巩固和扩大"扫黄打非"工作成果。以良好的精神状态和务实工作作风，扎实做好各项工作，夺取全省"扫黄打非"斗争的新胜利。

2009年"扫黄打非"大案要案综述

辽宁省"扫黄打非"办公室

沈阳市"1·16"经营非法出版物案

2009年1月16日，沈阳市文化执法总队直属执法二大队执法队员在全国和辽宁省"扫黄打非"工作电视电话会议召开之际，发扬实干精神，捣毁了一个批销盗版音像制品黑窝点，现场扣缴盗版音像制品近7万盘。

1月16日上午，沈阳市执法总队直属二大队接到群众举报，称有人在东陵区南塔电子市场附近居民小区的一民宅内经营盗版音像制品，且数量巨大。二大队执法人员立即组织力量前往，并在东陵区文富北路一居民楼2楼找到了经营盗版音像的黑窝点。

据举报人称，不法分子非常狡猾，从不给不认识的人开门，即使给熟悉的进货人开门后，也立即将门关上。为防止打草惊蛇，先派出两名人员，扮成楼上的居民，佯装上楼，查看地形状况。执法人员在经过二楼时，用余光发现在二楼的楼梯口的暖气管线上隐藏着一个小型摄像头，监视楼道口的情况。在掌握窝点周围的情况后，执法人员分为两组，第一组在2楼3楼之间的缓步台上守候，另一组按兵不动在小区内留守，一方面观察院内情况，及时把发现的上货人信息告诉在楼道内等待的小组，同时等待第一组成功进入房间的消息。当执法人员部署半个多小时后，守候在三楼的执法人员接到电话，说发现上货人正往黑窝点走去。第一组执法人员立即做好准备，当看到上货人敲门时，执法人员假装缓步下楼，但在快接近窝点时，上货人迅速进屋，大门随即关上。执法人员为防止惊动窝点内的人员，继续下楼，在院内待二十多分钟后，仍然扮作楼上居民返回三楼耐心等候。四十多分钟后，又接到电话，又有上货人来窝点上货，等候人员立即做好准备。在吸取上次的教训后，当听到楼下有人上楼的脚步声，执法人员提前缓步下楼，在来人进入窝点，正准备关闭房门时，一名执法人员一个箭步冲到门旁，死死地把住房门，随后的执法人立即冲进房内，亮明身份，控制住现场选碟的上货人和销售人员，同时通知院内的第二组人员前来支援。当执法人员进入到屋内，发现在这个三居室的普通居民房内，三个房间的墙边都摆放着放货的架子，在架子上摆满了盗版音像制品，地上也堆满了盗版音像制品，连客厅和厨房都堆满着盗版音像的还没有包装的光盘。执法人员对窝点内的盗版音像制品进行清点，这些盗版多是最新的盗版影视剧《走西口》、《硬汉》等。经初步清查，盗版音像制品共7万余盘。执法人员现场开具执法文书，扣缴窝点内的全部盗版音像制品。

本案是2009年沈阳市文化执法部门扣缴非法音像制品较多的案件之一。犯罪现场比较隐蔽，嫌疑人反侦察能力较强，给破案带来不少麻烦。此案的破获，有力地震慑了不法分子，对净化出版物市场起到了良好的效果。

沈阳市"6·8"经营非法教辅图书案

6月8日，在辽宁省"扫黄打非"办公室的配合下，沈阳市公安局巡警支队成功侦破了李某、孙某非法出版教辅图书案。在犯罪嫌疑人李某、孙某租用的库房内，共收缴小学一年级至六年级语文、数学、英语试卷以及课堂练习册等教辅类图书40余种，合计6.6万余册。7月9日，两名犯罪嫌疑人被刑事拘留。

11月30日，沈阳市和平区人民法院判处李某犯非法经营罪，判处有期徒刑五年，并处罚金十五万元，判处孙某犯非法经营罪，判处有期徒刑三年，缓刑五年，并处罚金十五万元。

大连市"7·22"销售违禁出版物案

大连作为东北亚地区重要的港口城市，每年进出境旅客和货物数量在全国口岸城市中位居前列，对进出境非法出版物和宣传品的监管任务也十分繁重。大连市"扫黄打非"工作小组办公室、大连海关、大连市公安局十分重视对进出境各类非法出版物的封堵和查缴工作，于2009年7月22日成功侦破一起从境外购进、在境内销售违禁出版物案件。

2009年7月22日，大连海关在对入境物品进行例行检查过程中，查获了来自香港的、收件人为"王欣"的两箱（94本）国家明令查禁的违禁非法图书后，一方面继续加强检查，对类似情况进行重点分析、研判，一方面感到此案有在境内销售传播的嫌疑，于是将情况迅速向大连市"扫黄打非"办公室进行了通报。市"扫黄打非"办公室经过分析研究，决定组织力量对此案进行深入调查，对此类违法行为坚决予以打击。于是市"扫黄打非"办公室召集大连海关、

大连市公安局国保支队一起进行案情研究，决定抽调执法人员，组成专案组对此案展开全面调查。

执法人员对寄自该地区的印刷音像制品进行了重点布控。7月29日，再次查获了寄自同一地区的箱号为"CP806429316HK"、收货人为"大连市中山区职工街100号2518室赖学民"的境外非法图书1箱（共32本）。这两次查获的3箱图书共计126本，都来自同一地区同一发货人，而收货人不同，主要内容又都是封堵查缴的违禁书籍。此次查获的书籍，从单次输入的数量以及内容看，是大连市海关查获此类案件历史上罕见的。

在掌握这些情况的基础上，执法人员立即采取措施，对这些非法图书的来源、去处、传播途径、涉案人员等有关情况进行了全面的调查和侦控。

经查，王欣，男，个体货运代理，现住大连市西岗区杏环街。1999年辞职干个体货运代理至今。据王欣居住地公安机关提供，没发现其有前科劣迹，本人离异多年，家境一般。2009年9月初，公安局民警公开与其正面接触，向其询问和了解有关情况。据王欣交代，那3箱图书，都是他从香港购买的，主要是出于盈利目的。多年来，他一直从事货运代理工作，由于没有文凭，只能当司机，收入一直不理想。2002年与妻子离婚后，自己带儿子，生活拮据。曾打算开一家饭店，但投资较大，而且各种麻烦较多，别的又做不了。今年年初，他在网上发现有人在网上买卖图书，觉得挺好，自己也爱好图书，就萌生了在网上开一个书店的想法。今年6月，王欣去香港，借办理货运代理业务之机，在香港西洋菜街的一家书店订购126本、总价款5000余元人民币的图书。考虑到数量较大，怕引起有关部门注意，就分两批次寄往大连，并变换了收货人。

对于王欣这种非法行为，公安机关对其进行了正面的宣传教育。根据这些图书被及时封堵、未流入社会造成不良影响和当事人认错态度较好

的实际情况，公安机关对当事人予以训诫，责令其写出悔过保证书，不再发生此类事情。至此，此案成功告破，及时消除了隐患和影响，有效地维护了大连市的文化市场秩序，维护了国家安全。

鞍山"11·2"北京东阳旭城文化传媒有限公司非法出版案

11 月 2 日，辽宁省"扫黄打非"办公室、省新闻出版局组织鞍山市新闻出版局、市文化市场综合行政执法队，一举查获北京东阳旭城文化传媒有限公司非法出版案，收缴已印制的《凝聚》非法出版物 580 余册，当场扣押用于编辑出版的电脑主机 20 台。

经初步调查，该刊物在鞍山存在已近两年时间，累计出版 20 余期。刊物以登载广告为名，刊登大量评论、专访、新闻等非广告内容，且未经工商管理部门注册登记，属非法期刊。该刊发行范围不仅包括鞍山市区及海城、台安、岫岩，还包括本溪、营口、盘锦、辽阳、丹东等市，造成的社会影响较大。

当日下午 2 时，省"扫黄打非"办公室、省新闻出版局与鞍山市文化市场综合行政执法队的执法人员赶到位于鞍山市铁东区二一九路 16 号国贸大厦西座 20 楼 2005 室，执法人员向该编辑部的负责人邵世宇明确指出了该刊物存在的问题，详细说明了《凝聚》一刊未经国家新闻出版行政部门批准，在未取得国家期刊出版刊号的情况下，擅自设立编辑部，非法出版《凝聚》刊物的行为严重违反了《出版管理条例》的相关规定，要求其配合执法调查。执法人员当场扣押了该机构用于编辑出版的电脑主机，收缴了《凝聚》非法出版物，并宣布依法取缔非法出版机构《凝聚》编辑部，停止继续出版《凝聚》。辽沈晚报、辽宁电视台新北方栏目对此案进行了报道。省委常委、宣传部部长张江对此案的成功查处予以充分肯定，并作出重要批示。

2009 年"扫黄打非"大事记

辽宁省"扫黄打非"办公室

1 月 16 日，辽宁省"扫黄打非"工作领导小组各成员单位及相关单位负责人在辽宁会馆 201 会议室收听收看第二十二次全国"扫黄打非"工作电视电话会议。

2 月 4 日，辽宁省"扫黄打非"办公室组成了由省委宣传部、省新闻出版局和省"扫黄打非"办公室等部门参加的两个暗访检查组，对全省 14 个市主要出版物市场进行了暗访检查。

2 月 20 日，辽宁省"扫黄打非"办公室、省新闻出版局、省版权局、沈阳市公安局文保分局联合行动，一举端掉了藏匿在沈阳市和平区三好街特伟大厦内的两个批销盗版音像制品的黑窝点。

3 月 11 日，辽宁省"扫黄打非"办公室在沈阳召开全省"扫黄打非"办公室主任会议。省新闻出版局副局长、省"扫黄打非"办公室主任高健传达了全国"扫黄打非"办公室主任会议精神，省委宣传部副部长孟繁华出席会议并作重要讲话。

3 月 27 日，全省社会治安综合治理表彰暨新一轮"争创"活动动员大会在沈阳召开，省委常委、政法委书记李峰宣读了《中共辽宁省委、辽宁省人民政府关于对 2005 ~ 2008 年度全省社会治安综合治理先进集体、先进工作者表彰的决定》，刘俊泉同志被授予 2005 ~ 2008 年度全省社会治安综合治理先进工作者荣誉称号。

3 月 30 日，辽宁省"扫黄打非"办公室、省新闻出版局联合下发了《关于印发辽宁省新闻出版局、省版权局各处室 2009 年"扫黄打非"工作任务分工的通知》和《关于印发辽宁省新闻出版局、省"扫黄打非"工作领导小组办公室〈关于进一步净化社会文化环境促进未成年人健康成长的若干意见〉相关任务分工方案的通知》。

4月9日，辽宁省"扫黄打非"办公室组织开展了统一时间、统一要求的"扫黄打非""春季攻势"集中清查大行动。

4月22日，全省侵权盗版制品及各类非法出版物集中销毁活动在沈阳三好街百脑汇科技大厦广场举行，省委常委、宣传部部长张江同志出席，省政府副省长滕卫平同志代表省"扫黄打非"工作领导小组发表讲话。

4月27日，辽宁省"扫黄打非"办公室下发了《关于加强五一节日期间出版物市场监管工作的通知》。

5月18日，辽宁省"扫黄打非"办公室组织召开了省"扫黄打非"工作领导小组成员单位联络员通气会，部署了在全省继续深入开展"扫黄打非"斗争，严厉打击制售传播非法出版物活动专项行动。

5月21日，省委书记、省人大常委会主任张文岳，省委副书记张成寅，省委常委、宣传部部长张江分别在全国"扫黄打非"工作小组下发的文件上批示，要求认真贯彻落实中央紧急通知精神，严厉打击违禁出版物。严密部署，精心组织，狠抓落实，圆满完成中央交办的任务，保证辽宁不出问题。

5月25日，辽宁省"扫黄打非"办公室组织各成员单位在省委宣传部10楼大会议室收听收看了全国"扫黄打非"2009年第一次工作电视电话会议。

6月8日，在辽宁省"扫黄打非"办公室的配合下，沈阳市公安局巡警支队成功侦破了李某、孙某非法出版教辅图书案，共收缴教辅类图书40余种，合计6.6万余册。

7月1日，辽宁省委副书记张成寅在省"扫黄打非"工作小组办公室报送的第0906号《送阅件》上批示："下半年要庆祝新中国成立60周年，召开十七届四中全会，要超前谋划，精心组织并打好新的战役。"

8月3日，《中国新闻出版报》第二版要闻栏目以《雇人编写盗用出版社名义出版——沈阳破获一起非法制售教辅图书案》为题，对李某、孙某制售非法教辅图书案作了详细报道。

8月18日，省新闻出版局副局长、省"扫黄打非"办公室主任高健参加在云南省昆明市举行的"第五届打盗维权工作座谈会"。

8月24日，辽宁省"扫黄打非"办公室副主任刘俊泉参加全国"扫黄打非"工作小组办公室在哈尔滨召开的各省市"扫黄打非"办公室主任会议。

9月4日，辽宁省"扫黄打非"办公室第二次主任工作会议在沈阳举行，省新闻出版局副局长、省"扫黄打非"办主任高健同志通报了年初以来开展"扫黄打非"工作情况，部署第三阶段"扫黄打非"任务。

9月12日，辽宁省"扫黄打非"办公室派出两个暗访检查组，分别对鞍山、锦州、辽阳、铁岭、朝阳、葫芦岛等市的出版物市场进行了暗访检查。

9月27日，辽宁省"扫黄打非"办公室在全省范围内组织开展了出版物市场统一清查大行动。

10月22日，辽宁省"扫黄打非"办公室、省新闻出版局在沈阳市公安局文保分局的配合下，经过周密部署，一举端掉窝藏在沈阳市沈北新区鑫欣小区内的非法新闻机构"中国商务报社东北联络处"。

10月28日，辽宁省"扫黄打非"办公室、省新闻出版局及时制定并印发了《关于落实我省新一轮"争创社会治安综合治理先进省"开展平安文化（出版物）市场创建活动的意见》。

11月2日，辽宁省"扫黄打非"办公室、省新闻出版局组织鞍山市新闻出版局、市文化市场综合行政执法队，依法查处了位于鞍山市铁东区的北京东阳旭城文化传媒有限公司非法出版案，收缴已印制的《凝聚》非法出版物80余册。

11月26日，辽宁省"扫黄打非"办公室协调组织鞍山市"扫黄打非"办公室、公安局、文化市场综合行政执法队联合行动，一举端掉海城西柳市场销售盗版光盘的黑窝点，收缴盗版光盘4万余张。

11月28日，辽宁省"扫黄打非"办公室协调沈阳市公安局经侦支队、查处一销售盗版音像制品的黑窝点，收缴盗版光盘7万余张。

12月2日，辽宁省"扫黄打非"办公室召开了部分成员单位联络员协调会，省"扫黄打非"办、省委宣传部、省公安厅、省通信管理局、省工商局、省新闻出版局等单位联络员参加了会议。

12月16日，辽宁省"扫黄打非"办公室、省新闻出版局依法取缔沈阳大连渔港餐饮有限公司非法出版《筷道》期刊，收缴非法出版物《筷道》刊物193册。

12月21～26日，由省政法委、省"扫黄打非"办公室组成第四暗访检查组，检查大连、鞍山、营口三市平安建设和文化市场情况。

创新经验

以"把有害少儿读物逐出店档"活动为载体，不断提升"扫黄打非"工作整体水平

辽宁省"扫黄打非"办公室

2009年年初，国家新闻出版总署把辽宁省营口市开展"把有害少儿读物逐出店档"（以下简称"逐出"活动）作为全国"扫黄打非""文化环保工程"的一项重点任务。今年以来，在省"扫黄打非"领导小组的精心指导下，在市委、市政府的高度重视下，在全市"扫黄打非"各成员单位的共同努力下，此项工作得到了扎实推进，取得了可喜的成果，得到了上级领导的全面肯定和高度评价。

一、领导重视，网络健全，是"逐出"活动有效开展的前提

少年兴则国家兴，少年衰则国家亡。用什么样的意识形态武装青少年头脑，用什么样的出版物引领青少年健康成长，是摆在我们面前的重要课题。营口市各级党委、政府和职能部门高度重视未成年人保护工作，认真贯彻落实中央关于"扫黄打非"工作和保护未成年人健康成长的一系列重要指示精神，积极开展"逐出"活动，建立和完善"扫黄打非"网络，采取有效措施，促进了全市"扫黄打非"工作整体水平的提高。

一是领导高度重视。领导重视是开展好"逐出"活动的首要条件。本着对国家负责、对社会稳定负责、对未成年人健康成长负责的态度，营口市各级党委、政府高度重视"扫黄打非"工作，把"逐出"活动作为"扫黄打非"工作一项新载体，不断丰富和完善"扫黄打非"内容和形式。一方面，市委、市政府成立了由市委副书记为组长，宣传部部长、政法委书记、副市长为副组长，文化（新闻出版）、教育、公安、工商等13个部门主要领导为成员的"逐出"活动工作领导小组，各市（县）区和各相关职能部门也相应成立了"逐出"活动工作领导机构，形成了"主要领导亲自抓，主管领导具体抓，分管部门认真抓"的良好工作态势。另一方面，在每年的全市"扫黄打非"工作会议上，市委、市政府领导亲自部署工作，对开展"逐出"活动提出具体要求。同时，为及时推进"逐出"活动向纵深发展，市委、市政府领导还及时召集"逐出"活动专题会议，研究制定工作方案，明确职责分工，部署落实目标任务，及时总结工作经验，有力地

推动了"逐出"活动的深入开展。

二是完善网络建设。完善网络建设，是开展好"逐出"活动的必要条件。营口市已形成了政府职能部门、市（县）区、社区（乡镇）、村"四级"工作网络，使"逐出"活动能够"横向到边，纵向到底"，实现了"扫黄打非"工作城乡一体化。目前，全市"扫黄打非"工作体系逐步完善，"逐出"活动"面上普及，点上开花"，提高了全市"扫黄打非"工作的整体水平。

二、部门联动，形成合力，是"逐出"活动取得实效的基础

开展好"逐出"活动，单靠一个部门是不能独立完成的，需要全社会参与，需要各级领导挂帅，需要各职能部门齐抓共管。

一是完善制度建设。营口市"扫黄打非"各级成员单位完善工作机制，建立健全工作制度，坚持"专项行动与宣传教育相结合、打击惩处与制度约束相结合、执法部门管理与经营场所自律相结合"的工作方针，先后建立和完善了属地管理、联席会议、部门通报、联合查处、市场监管、奖励举报、责任追究等相关制度，增强了责任感，保证了"逐出"活动的有效落实。

二是充分发挥职能部门联动作用。全市"扫黄打非"各成员单位充分发挥职能部门作用，以打击有害少儿读物为重点，把违禁出版物、淫秽色情"口袋书"、凶杀暴力、封建迷信、伪科学出版物和盗版教材、教辅读物以及淫秽色情"粗口歌"等不良音像制品列入清查对象，使"逐出"活动有针对性地全面展开，为未成年人健康成长打造了良好的文化环境。

文化（新闻出版）部门在开展"逐出"活动中，对本辖区文化和出版物市场进行了全面的清理检查，并结合"逐出"活动组织开展专项整治行动。教育部门在开展"逐出"活动中，认真落实组织领导、方案措施、宣传教育"三个到位"，建立了举报制度和监察员制度，加强对学校周边出版物市场的监察，营造了良好的校园周边文化环境。工商、公安、海关等部门积极配合"逐出"活动，充分发挥自身工作优势，

积极参加联合执法，为"扫黄打非"工作保驾护航。妇联、团委积极组织开展活动，加强对社区居民教育引导，组织离退休干部、教师等志愿者自觉抵制非法出版物和有害少儿读物。电视台、广播电台、日报社等新闻媒体积极配合"逐出"活动，系列跟踪报道全市"逐出"活动，并在媒体公布举报电话，为"逐出"活动的顺利开展营造了良好的舆论氛围。

三是积极开展"五出三进"活动。2009年以来，全市"扫黄打非"各成员单位组织开展了把有害读物逐出家庭、逐出社区、逐出学校、逐出店档、逐出乡村"五出"活动，与此同时，市文化（新闻出版）、教育、宣传、妇联、团市委等部门积极组织新华书店、个体书店开展了把正版图书送进家庭、送进社区、送进学校"三进"活动，提高了全社会"抵制盗版、弘扬正版"的意识。

三、抓住关键，整体推进，是"逐出"活动巩固成果的保证

未成年人思想道德建设任重而道远。随着我国对外交往和文化交流的不断扩大，出版物市场面临着许多新情况、新问题，监管的任务越来越繁重，需要我们不断巩固"逐出"活动，不断提升"扫黄打非"工作整体水平。

一是加强宣传教育。近年来，营口市坚持以"扫黄打非"宣传教育为主线，紧密联系"逐出"活动实际，组织开展了多种形式的主题宣传教育活动，促进了社会全员"扫黄打非"工作意识的不断提高。文化（新闻出版）部门利用反盗版音像制品宣传周和"4·26保护知识产权"宣传周契机，开展"抵制盗版、弘扬正版"宣传活动。教育部门把学校教育与家庭教育紧密结合起来，及时召开家长会，要求家长督促孩子不购买、不租借、不传阅有害少儿读物，并举办主题班会、演讲比赛等多种形式的宣传活动，引导学生把多读健康有益的书、拒绝盗版书、抵制有害读物成为自觉行动。文化、公安、妇联等部门人员深入社区、学校，宣讲"扫黄打非"有关政策，进行教育引导。报纸、广播、电视等新闻媒体充分发挥其宣

传主阵地的作用，发挥其网络覆盖面广、传播快的宣传优势，加强对"逐出"活动的宣传，使之成为服务于"扫黄打非"工作的信息平台。

二是加强执法队伍建设。开展好"逐出"活动，必须建设一支政治坚定、素质优良、业务精通、作风过硬的行政执法队伍。2009年以来，营口市各级党委、政府和相关单位把"扫黄打非"队伍建设作为一项重要工作来抓，各成员单位建立和完善了"扫黄打非"专兼职工作队伍，各市（县）区充实和完善了"扫黄打非"执法队伍，各街道、乡镇建立了"扫黄打非"兼职工作队伍，使营口市初步形成条块结合、责任明确、协调统一、群防群治的工作网络。同时，还开展了执法队伍法规培训和业务技能培训等活动，着力在解决依法行政的实际问题上下功夫，创新学习方式，丰富学习内容，队伍整体素质得到了有效提高，为"逐出"活动的顺利开展提供了保证。

三是强化经营业者培训。加强对经营业者的法律法规，提高经营业者的守法经营意识，是做好"扫黄打非"工作的基础。全市各级"扫黄打非"部门，根据各自职能，强化对经营业者的培训，经营业者守法经营意识有了明显提高。文化（新闻出版）部门积极开展音像、图书市场经营业者培训工作。通过强化对经营业者培训，经营业者守法经营意识得到了明显提高，对开展"逐出"活动起到了积极作用。

四是积极开展文明创建活动。开展文明创建活动，有利于用健康的文化产品占领精神文明阵地，有利于发挥行业自律作用和提高经营业者守法经营意识。全市各"扫黄打非"工作单位开展了多种形式的文明创建活动，引领了广大经营业者守法经营的良好风气。文化部门开展的新华书店乡村"爱心图书（音像）超市"和"农家书屋"建设工程，切实解决了当地农民买书难、看书难、买书贵的问题。开展的"十大诚信印刷企业"和"十家放心书店"评比活动，引领了诚信经营、守法经营的良好风气。开展的"绿色网吧"创建工作，为未成年人营造了良好的上网环境。教育部门在各学校开展的"倡导阅读健康书刊，抵制不健康有害出版物"、"精读一本革命传统书籍"、"争当新时代健康少年"主题班会等文明教育活动，引领了学生健康向上的良好风气。这些文明创建活动的开展，对全市"扫黄打非"工作的全面开展起到了积极作用，收到了良好效果。

2009年以来，营口市开展的"把有害少儿读物逐出店档"试点工作，已取得可喜的成效。同时，我们也清醒地认识到，这项工作的开展还需要进一步深化，还有许多工作需要我们去做。今后，营口市"扫黄打非"工作要继续以"逐出"活动为载体，以打击有害少儿读物为突破口，加大对重点地区和重点部位的监管力度，严厉打击非法出版物、淫秽色情出版物和非法盗版教材教辅读物，净化未成年人健康成长的文化环境。同时，要在逐步扩大试点范围的基础上，进一步扩大成果，力争积累出更多更有益的经验，全面提升全市"扫黄打非"工作整体水平。

沈 阳 市

2009年"扫黄打非"工作总结

沈阳市"扫黄打非"办公室

2009年，沈阳市"扫黄打非"办公室认真　贯彻第二十二次全国和全省"扫黄打非"工作电视电话会议精神，紧紧围绕贯彻落实科学发展观和构建社会主义和谐社会的总体要求，结合本市实际，以新中国成立六十周年安保为主线，切实加大"扫黄打非"工作力度，深入开展"扫黄打非"春季战役等一系列专项行动，使出版物市场经营秩序明显好转，为沈阳市完成五大任务，加快全面振兴营造了良好的社会文化环境。

一、组织开展系列专项整治行动，严厉打击非法出版活动

根据国家和省的统一部署，2009 年，沈阳市"扫黄打非"办公室在全市范围内相继开展了"扫黄打非"春季战役、查缴封堵非法出版物专项行动、低俗音像制品专项整治、盗版教材教辅专项整治行动，集中力量对出版物经营场所及印刷复制企业进行反复检查清理，严厉打击淫秽色情出版物、盗版音像制品和电子出版物。在此期间，市"扫黄打非"办公室根据国家和省的有关要求，及时制发了各专项战役和行动的工作方案，先后多次召开"扫黄打非"主要成员单位和各区、县（市）"扫黄打非"办公室主任工作调度会，及时对专项战役和整治行动进行有针对性的调度部署。通过开展专项战役和行动，有效遏制了非法出版活动的反弹，保持了出版物市场基本净化的局面。

二、强化对重点地区、重点部位的日常监管，防止非法出版活动反弹

2009 年以来，特别是国庆安保期间，市"扫黄打非"办公室切实强化了对全市重点区域、重点部位和重点场所的日常监管，各区、县（市）和各有关部门按照"扫黄打非"责任分工，逐级逐层落实管理责任，加强对中国沈阳书刊批发市场、五爱市场周边等地区的监管，强化对中街、太原街、长江街、吉祥市场等繁华街区无证游商的清理，使全市重点区域、重点部位和重点场所得到有效控制。为有效遏制重点地区盗版反弹，市"扫黄打非"办公室对三好街地区各大电子市场

实施全天候监控，严看死守，不留死角。为了加强对三好街地区的执法力量，将直属五大队与直属四大队合并，从而始终保持高压打击态势，使全市"扫黄打非"重点地区、部位和场所非法出版物数量明显减少，经营秩序得到根本性好转。

三、开展校园周边出版物市场经营场所专项整治，净化校园周边社会文化环境

为保护青少年的健康成长，沈阳市"扫黄打非"办公室不断加强对校园周边书刊、音像制品店摊的日常监管，进一步加大了执法检查力度和巡查密度，对校园周边非法出版物经营单位和文化用品经营摊点以及销售出版物的游商走贩进行多次反复清查，重点查缴非法色情"口袋书"、盗版教材教辅读物、非法音像制品、电子出版物等非法出版物，收缴了一批影响未成年人身心健康的淫秽色情"口袋书"、盗版教材、教辅读物以及格调低下的盗版音像制品，对违法经营的业户给予严厉处罚。通过对校园周边及校内出版物零售店档的严格整治，有效遏制了非法出版物流入校园的现象，为广大学生创造了一个绿色、文明、健康、洁净的学习环境。

四、狠抓大案要案侦破工作，有力震慑出版物市场违法犯罪分子的嚣张气焰

在进一步加大对全市出版物市场面上的监管力度的同时，市"扫黄打非"办公室还在狠抓大案要案侦破工作上下功夫。年初以来，与公安司法机关密切配合，切实加大对出版物市场违法犯罪行为的行政执法和刑事打击力度，连续破获 18 起非法出版数额较大案件，其中，移送公安机关追究刑事责任 6 起，7 名涉案犯罪嫌疑人被公安机关刑事拘留。11 月 27、28 日，市文化执法总队连续打掉东陵区文富北路 2 号和沈河区文艺路顺发巷 5 号等两个批销盗版音像制品黑窝点，共扣缴盗版音像制品 12 万余盘，取得了 2009 年以来全市"扫黄打非"工作的又一重大胜利。大要案件的接连侦破，极大震慑了出版

物市场违法犯罪分子的嚣张气焰，对维护出版物市场秩序、推动"扫黄打非"深入开展起到重要作用。

五、切实加强"扫黄打非"宣教工作，营造保护知识产权的良好氛围

一是开展了"保护知识产权宣传周"等一系列宣传教育活动，通过组织座谈、展览、咨询等方式的宣传教育，引导社会公众积极参与"扫黄打非"工作，进一步增强了广大市民自觉抵制非法出版物的意识，在全社会营造了保护知识产权的良好氛围。二是开展了 2 次非法出版物销毁行动，累计销毁非法音像制品、电子出版物 53 万余盘，销毁非法书刊 7 万余册，对盗版分子予以强大震慑。三是中央和省市新闻媒体报道全市"扫黄打非"工作达 100 余篇，取得了较好社会反响。

2009 年，全市文化执法系统共组织开展出版物市场执法检查行动 3600 余次，累计出动执法检查人员 2.2 万人（次）；收缴各种非法书刊 8 万余册，各类非法报纸 1.3 万份，各种非法音像制品、电子出版物 62 万余盘，其中涉嫌淫秽色情出版物 4268 余盘（册）。通过深入开展"扫黄打非"斗争，有力促进了本市出版物市场秩序的明显好转，有力地推动了文化产业的健康发展，促进了沈阳市的经济建设和社会进步。

大　连　市

2009 年"扫黄打非"工作总结

大连市"扫黄打非"办公室

一年来，在全国及省"扫黄打非"办公室的正确指导下，在市委市政府的高度重视下，大连市"扫黄打非"办公室高举旗帜，围绕中心，服务大局，积极进取，扎实工作，圆满完成了各项工作任务。全国"扫黄打非"工作简报、中国新闻出版报、辽宁"扫黄打非"工作简报等载体多次报道和肯定大连市的工作。我们的工作主要有以下几个特点：

一、高度重视，坚决贯彻落实中央和省委省政府的工作部署，将"扫黄打非"工作纳入党委和政府工作的重要日程，精心组织，周密安排

我们积极争取市委市政府对"扫黄打非"工作的支持，及时向市委市政府报告有关工作动态，将"扫黄打非"工作纳入党委政府工作的总体部署、纳入宣传思想工作和精神文明建设的总体部署，统筹安排。一是 2009 年年初，市委常委、政法委书记张中、市政府副市长朱程清两位市领导主持召开全市"扫黄打非"工作会议，对全年工作进行动员和部署。二是在专项行动期间，原市委书记张成寅，市委常委、宣传部长、市"扫黄打非"工作小组组长孙世超，市政府副市长、市"扫黄打非"工作小组副组长朱程清等领导多次对工作做出指示和批示，明确要求从大局角度，高度重视"扫黄打非"及反盗版工作，确保大连文化安全。三是市领导通过多种形式深入到文化市场一线进行检查指导。四是积极帮助解决工作中遇到的困难和问题。这些方面都充分体现了市委、市政府对"扫黄打非"工作的高度重视，为工作的开展提供了有力的组织保障。

二、做好迎接建国 60 周年和夏季"达沃斯"年会安保工作，营造良好的舆论氛围和文化环境

一是根据全国及全省的工作部署，对文化市场进行综合整治，组织执法人员对各类经营场所进行全面、反复的排查，清除各种隐患，对非法行为进行查处。二是对重点场所、重点环节、重点部位进行重点防范。对主要商业区、主要街区、旅游景区、车站、机场、码头以及书刊、音像、软件集中经营场所落实人员死看死守。工作中重点抓了出版物进出境环节、市场流通环节、互联网传输环节、编辑印制环节，做到守土有责、守土尽责。三是加强对入境出版物和宣传品的监管。加大对进出境出版物和印刷品的查验力度，提高查验率，对来自重点国家和地区邮件的查验率达到 100%。查处多起旅客携带、邮件夹藏非法宣传品、非法出版物案件，有效地防止了这些非法出版物流入境内。

三、充分利用创建全国文明城市这个载体开展"扫黄打非"

全国文明城市是精神文明建设的最高荣誉奖项，各级党委和政府对创建全国文明城市的重视程度超过一般单项工作。因此，在工作中，我们充分利用创建全国文明城市这个载体，积极与市委宣传部、市精神文明办等部门沟通和汇报，将"扫黄打非"工作的各项任务落实到创建全国文明城市的指标体系之中去，分解到各县（市）区、各街道、各社区、各部门的考核指标之中去，层层明确责任，做到"扫黄打非"工作与全国文明城市创建工作同部署、同检查、同考核，工作的广度、深度和力度是前所未有的。通过这种有机结合，收到了较好的效果，一是进一步突出了"扫黄打非"工作的地位和作用，被纳入到各级党委和政府一把手工程之中；二是促进了"扫黄打非"工作向基层、向社区、向常态的转变和延伸。

四、积极组织开展专项整治行动，打好三个阶段的战役，努力净化文化市场

根据不同时期的特点及上级有关精神，组织开展了系列专项行动，开展整治假报刊、假记者站、假记者、假新闻专项行动，整治低俗音像制品专项行动，治理盗版教材教辅专项行动，打击手机网站传播淫秽色情信息专项行动，开展春季攻势。参加全省"4·26"保护知识产权集中销毁行动。通过这些专项行动，对重点地区、重点部位、重点环节进行综合整治，有力地净化了文化市场。据不完全统计，全市共收缴各类非法出版物 60 万册（盘），其中违禁出版物 1 万册（份），淫秽色情书刊、光盘 4 万册（盘），盗版图书 5 万册，盗版光盘 48 万盘，其他非法出版物 2 万册（份）。

五、查处大案要案，在案件查处方面取得新突破

案件查办工作是"扫黄打非"工作中的一项重要内容，它对于打击制售、传播非法出版物和有害信息行为具有重要的惩罚作用和强大的震慑作用。为此，在全年工作布置和安排中，将查办案件工作列为工作的重点，在组织开展的专项行动中，始终将查办案件工作摆在突出位置，抓源头，抓团伙，破网络，追根究源，将"扫黄打非"不断引向深入。对工作中发现的较大案件，及时组织协调督促公安、文化、新闻出版、工商、电信等部门进行查处，对有价值的线索抓住不放，对案件查办中遇到的困难和问题及时帮助解决。查处了一批制售非法出版物案件，一批非法经营者被追究法律责任。特别是查处了一起从境外购买违禁出版物，在境内销售的案件，收缴违禁出版物 130 多册。这是大连市多年来所查处的第一起在境内销售违禁出版物案件。此外，还查处了一起贩卖淫秽色情书刊案件，当场查缴淫秽色情书刊 71 种 274 册，种类之多是多年来所查处的案件中较少见的。

六、加强制度建设，不断建立健全长效工作机制

实行属地管理责任制和有关部门分工负责制、"扫黄打非"工作责任追究制、重大事项报告制、联合执法检查制度；实行"扫黄打非"

奖励制度，对举报有功群众和"扫黄打非"先进集体及个人给予奖励，较好地调动了各方面的积极性，形成了各地区各部门齐抓共管、社会各界积极参与的良好局面。

七、加强宣传，努力营造良好的舆论氛围

充分发挥新闻媒体的宣传教育和舆论监督作用，通过报纸、广播电视等多种载体，加强对"扫黄打非"法律法规、重要意义、工作成果及"黄"、"非"出版物危害等的宣传报道，教育和引导广大群众自觉抵制非法出版物和不良信息。全年各新闻媒体对"扫黄打非"工作的宣传报道达120多篇。编发《"扫黄打非"工作简报》，及时向上级部门及领导报告工作动态，向下级部门通报工作。

这些成绩的取得，离不开全国及省"扫黄打非"办公室的关心、指导和帮助，离不开上级领导的高度重视和大力支持。在今后的工作中，我们将继续努力，深入持久地开展"扫黄打非"工作，高质量高标准地完成上级交给的各项任务。

吉　林　省

2009年"扫黄打非"工作总结

吉林省"扫黄打非"办公室

2009年吉林省各级"扫黄打非"工作部门和"扫黄打非"战线上的同志，以高度的政治责任感，牢记使命，不负重托，紧紧围绕全省工作大局，牢牢把握工作主题，以保证意识形态安全、维护社会稳定为主线，围绕坚决遏制各类非法出版活动、坚决清除淫秽色情等文化垃圾及网上有害信息、坚决打击各类侵权盗版活动等重点任务，开展了"清缴低俗音像制品"、"国庆前出版物市场整治"等专项行动，出动检查人员2.6万余人次，车辆2909台次，收缴非法出版物35万多张。举行公开销毁活动1次，查办案件168件，处罚、取缔关闭违规企业和经营摊点200多家。全年主要做了以下工作。

一、突出重点，全力查缴非法出版物

全省"扫黄打非"工作会议结束后，各地全面行动，调研谋划，制定方案，开会部署。吉林省"扫黄打非"工作领导小组的领导同志带领有关部门和单位负责人，到长春、吉林延边督导、检查封堵工作落实情况，先后实地察看了海关、书店、音像店、印刷厂、网吧等场所。在重大节日和重要活动前后，对省内重要区域指派专人死看死守，由专人负责。

二、认真开展反盗版专项行动

吉林省加大了对音像和计算机软件集中经营场所及批发、零售、出租、放映单位执法检查力度，深挖盗版制品生产、仓储窝点，切实保护正版出版物的合法权益。坚决查缴各类侵权盗版制品，特别是盗版音像制品、计算机软件、教材教辅读物、畅销书和常销书。延边州组成专案组，查处两起涉嫌侵犯权利人的合法权益案件，涉案人侵权行为非常严重，非法经营数额巨大，此案受到了国家版权局的高度重视。长春市主管领导同志亲自带队，先后对长春火车站、客运中心站、黄河路、长江路、春华地下商城等重点区域和重点部位的图书、音像、电子出版物市场进行了检查，盗版活动明显减少。

三、精心组织开展净化社会文化环境专项整治行动

全省围绕阶段性专项行动，大力扫除淫秽色情、凶杀暴力、封建迷信等文化垃圾，特别是淫秽色情书刊、音像制品、动漫游戏和各类印刷品。加强了对学校周边的出版物零售、租赁摊店的日常监督和管理。松原市"扫黄打非"工作领导小组组织文化、公安、工商等成员单位多次开展联合执法。吉林市组织执法人员对全市繁华地区、旅游景点、车站等重点场所进行反复清查，坚决收缴各类非法出版物、淫秽色情出版物和盗版出版物，坚决打击游商，严厉查处各种形式的非法出版和经营活动。四平市"扫黄打非"工作领导小组领导同志率领执法人员深入辖区内进行排查、暗访。严厉查处向中小学生销售有害"口袋本"读物、卡通片、游戏软件，以及内容低俗、格调低下的书刊、音像制品。切实加大对荧屏声频的净化工作，坚决查处和严厉打击各种有害信息和低俗文化经营活动。白山市"扫黄打非"工作领导小组领导同志亲自带队，组织执法人员蹲点、守候，对重点部位实施24小时全程监控。省文化厅制定下发了《吉林省文化厅关于净化社会文化环境行动实施方案》，并在吉林市召开了专题会议进行部署落实。重点开展了取缔"黑网吧"和整治网吧、电子游戏厅、歌舞娱乐场所违规接纳未成年人问题。

四、深入开展整治"假报刊、假记者站、假记者、假新闻"专项行动

根据全国"扫黄打非"工作小组办公室的要求，继续深入开展整治"四假"专项行动，切断了非法报刊征订、赠送和邮发等销售渠道。其中重点清查了依附于正规报刊批发网点周边的非法报刊集散地和投放点。同时，还打击非法编辑、出版、印制、发行报刊的行为。经过不懈努力，破获了一批有影响的案件，专项行动取得初步成效。吉林省"扫黄打非"工作领导小组办公室组织执法人员，对非法报刊《精品生活》采编机构进行查处，取缔了非法设立的采编机构。

五、加大网络文化市场的监管力度

随着网络文化市场的兴起，全省各级"扫黄打非"工作部门把网络文化市场监管纳入日常工作范围，针对出现的新情况、新问题，深入开展网上"扫黄打非"专项行动，有效净化网络出版环境，切实维护互联网出版秩序。通过报纸、网站等新闻媒体公开了举报电话，受理侵权盗版方面的投诉。

领导讲话

在2009年集中销毁侵权盗版及非法出版物活动仪式上的讲话

吉林省委常委、宣传部长

荀凤栖

在世界知识产权日即将到来之际，我们在这里公开举行集中销毁侵权盗版及非法出版物活动，目的就是要警示、震慑非法经营和违纪违法行为，高举保护知识产权旗帜，充分显示党和政府打击侵权盗版的决心和立场，集中展示"扫黄打非"工作成果，树立我国政府保护知识产权的良好形象，进一步加强和扩大"扫黄打非"工作的影响，不断争取社会各界和人民群众理解、支持和参与"扫黄打非"工作。

今年以来，各级政府，特别是各级"扫黄打非"工作部门和成员单位，在省委、省政府的领导下，在全国"扫黄打非"工作办公室的指导下，围绕中心，服务大局，精心谋划，认真组织，先后开展了两节两会集中行动、春季战役和"惊蛰"专项行动等一系列"扫黄打非"行动，"扫黄打非"工作取得了新的成效，为净化文化环境，维护文化安全，做出了积极贡献。

今年是新中国成立 60 周年，"扫黄打非"工作任务更加繁重、艰巨。我们一定要从维护国家政治安定、社会稳定和文化安全的战略高度，充分认识做好新形势下"扫黄打非"工作的重要性，把思想和行动统一到党的"十七大"精神和中央的决策部署上来，进一步增强政治意识、责任意识和忧患意识，时刻保持清醒头脑，坚持不懈地开展"扫黄打非"斗争。

各地、各部门要深入贯彻落实全省"扫黄打非"工作会议精神，按照《2009 年"扫黄打非"行动方案》的部署，深入持久地开展"扫黄打非"斗争，用实践检验"扫黄打非"工作，打出声威，打出成效，进一步营造良好的文化环境和舆论氛围，以优异的工作成绩让党和政府放心，让人民满意。

同志们，这次集中销毁活动既是对前段"扫黄打非"工作的总结和回顾，更是对下一阶段工作的再动员、再部署。我们要以这次集中销毁活动为新的起点，再接再厉，攻坚克难，推动全省"扫黄打非"工作不断取得新突破、新成绩，为全省政治、经济、文化和社会建设做出新的、更大的贡献！

2009 年 4 月 22 日

在全省"扫黄打非"工作会议上的讲话

吉林省副省长、省"扫黄打非"工作领导小组组长

陈晓光

在省委、省政府的领导下，各地区、各有关部门紧紧围绕中心，服务大局，精心组织，周密部署，扎实工作，"扫黄打非"工作取得了新的成效，为净化文化环境，维护文化安全，做出了积极贡献。在此，我代表省政府、省"扫黄打非"工作领导小组，向在全省"扫黄打非"战线工作的同志们表示衷心的感谢和亲切的问候！

下面，就做好我省今年"扫黄打非"工作，我讲几点意见。

一、认清形势，深入持久地开展"扫黄打非"斗争

我们一定要从实现中华民族伟大复兴的战略高度，从维护国家政治安定、社会稳定和文化安全的战略高度，充分认识做好新形势下"扫黄打非"工作的重要性。要把思想和行动统一到党的十七大精神和中央的决策部署上来，进一步增强政治意识、责任意识和忧患意识，时刻保持清醒头脑，保持高压态势，坚持不懈地开展

"扫黄打非"斗争。

二、突出重点，切实做好今年"扫黄打非"工作

一是全面开展网上"扫黄打非"，净化网络文化环境。要规范网络文化经营秩序，加强网络信息监控，强化网络公共服务终端管理，密切关注网上舆情的动向，做到及时发现、及时处置。对境外网站刊登的有害信息要进行有效封堵；对境内网站刊登、链接的有害信息要责令其立即删除，督促其完善技术过滤措施。坚决查处利用信息网络传播各类有害信息、从事淫秽色情活动、提供非法软件下载服务、销售非法出版物和侵犯知识产权的行为。

二是采取有力措施查处大案要案。对"扫黄打非"工作中发现的大案要案，不管涉及什么单位，不管涉及什么人，都要排除阻力，坚决查处，绝不允许包庇纵容。对不法分子要打痛打狠，使其不敢、也不能从事违法出版。要深刻剖析案件产生的根源，认真查找监督机制和监管工

作中的薄弱环节，制订完善措施，堵塞漏洞。

三、加强领导，确保"扫黄打非"工作的深入开展

切实加强组织领导。"扫黄打非"事关全局，中央强调要守土有责，下级对上级负责，我省要对中央负责，各市州要对省委、省政府负责，各级"扫黄打非"领导小组要对本级党委和政府负责。各地各部门主要负责同志要亲自过问，分管领导要靠前指挥，切实担负起领导责任。各级政府要积极为"扫黄打非"工作解决实际问题，各级"扫黄打非"工作办公室要认识到位、组织到位、措施到位、责任到位，精心组织，主动协调，积极做好督促、检查、指导工作。各有关部门要在"扫黄打非"领导小组办公室的协调下，各司其职，各负其责，协调行动，形成合力。

建立完善的工作机制。今年"扫黄打非"工作任务重，要求高，影响大，各地、各有关部门要增强政治意识和大局观念，加强整体谋划，注重统筹协调，按照属地管理和谁主管谁负责的原则，严格落实责任制，把总体目标与阶段性目标紧密结合起来，确保各项任务落到实处。要密切配合、协同作战，进一步完善上下一体、区域联动、部门互动的工作机制。省"扫黄打非"领导小组办公室要加强同各单位的沟通联系，做到上情下达、下情上达。要认真落实"扫黄打非"工作责任制，分解责任，落实到人。要建立行政执法部门和司法机关密切配合的工作机制，对需要依法追究刑事责任的犯罪分子，行政执法部门要严格依法移送，做到不枉不纵；司法机关要从快审理，依法惩处。要坚持集中行动和日常监管相结合的工作机制，实践证明，集中行动给日常监管创造了条件，相反，只有日常监管到位了，集中行动的成果才能巩固。

广泛发动社会力量参与。要以群众性精神文明创建活动、平安建设等为载体，把"扫黄打非"工作与正在开展的城市网格化管理试点、新农村建设工作、社会治安综合治理结合起来，把"扫黄打非"工作成效，作为评选文明城市、文明社区、文明单位和衡量社会治安综合治理成效的重要指标。加大对"扫黄打非"工作的宣传报道力度，各新闻媒体要充分发挥舆论的导向作用，积极配合"扫黄打非"工作。要定期向社会公布"扫黄打非"举报奖励制度和联系方式，动员广大群众积极投身到"扫黄打非"行动中，让不法分子没有藏身之地。

同志们，"扫黄打非"工作任务艰巨，希望大家以高度的政治责任感、饱满的工作热情和良好的精神状态，投入到"扫黄打非"工作中，发挥主动性、掌握主动权、打好主动仗，圆满完成工作任务，为维护我省团结稳定的社会环境，为促进经济社会又好又快发展，做出新的更大的贡献！

2009 年 4 月 22 日

在全省"扫黄打非"工作会议上的讲话

吉林省新闻出版局局长
胡宪武

今天我们在这里召开吉林省"扫黄打非"工作会议，主要是对 2008 年的工作进行总结，同时安排部署 2009 年的各项工作。全省"扫黄打非"战线上的同志以高度的政治责任感，牢记使命，不负重托，以确保社会稳定和文化安全为己任，自觉把工作重心寓于全省工作大局之中，坚决贯

彻省委、省政府决策部署。积极探索新形势下"扫黄打非"工作的新思路、新对策，集中开展了一系列专项治理行动，打了一连串有力的组合拳，取得了一个又一个新的成果。在封堵非法出版物、清除淫秽色情文化垃圾、打击侵权盗版活动、取缔非法报刊等方面取得了新的成绩，全省文化市场秩序和社会文化环境有了明显变化。

刚才，维仁同志代表省"扫黄打非"工作领导小组办公室作了报告，晓光副省长做重要讲话，我们要认真学习贯彻落实。下面，我就作好2009年全省"扫黄打非"工作，再讲几点意见。

一、认清形势，进一步加强"扫黄打非"工作

几年来，吉林省始终坚持一手抓繁荣、一手抓管理，"扫黄打非"工作持续有力的推进，取得积极进展，有效打击了非法出版物，有效遏制了淫秽色情信息的蔓延传播，有效惩治了组织制售侵权盗版出版物和计算机软件等行为，出版物市场健康发展。同时，也要清醒的看到"扫黄打非"面临的形势依然十分严峻，任务依然十分繁重。敌对势力对我现实西化分化的图谋没有改变，向我们渗透的手法和途径有了新的变化。随着互联网手机技术的快速发展，利用网上炮制出版传播有害信息的现象呈活跃之势。一些人片面追求经济效益，放弃社会责任感，走私盗版，治黄贩黄行为屡禁不止。因此，"扫黄打非"工作切不可放松，一定要有长期作战的思想准备。要保持清醒头脑，增强忧患意识，从党和国家战略全局的高度看待"扫黄打非"工作所肩负的责任。

二、精心谋划，认真谋划"扫黄打非"工作的举措

会后，请参会的同志立即向本部门、本单位主要领导同志汇报会议精神，并着手研究工作思路和落实措施，要根据各自职责，结合实际，研究制定"扫黄打非"工作方案和计划。各地、各部门要从省委、省政府工作大局的战略高度，进一步加深对"扫黄打非"斗争重要性、长期性、艰巨性、复杂性的认识，进一步增强责任感、紧迫感、使命感，切实把思想和行动统一到省委、省政府的决策部署上来，坚决贯彻"扫

黄打非"工作只能加强、不能削弱的要求，不动摇、不懈怠、不敷衍。各地、各部门要结合工作实际，按照省"扫黄打非"工作领导小组的要求，进一步完善领导协调机制、信息共享机制、联合封堵机制、共同监管机制、案件协查机制。周密部署，扎实工作，加大力度，不断开创我省"扫黄打非"工作的新局面。

三、迅速行动，全面做好 2009 年"扫黄打非"工作

2009 年是深入贯彻落实党的"十七大"精神、推进"十一五"规划顺利实施的关键一年，既要应对国际金融危机冲击、确保经济平稳较快发展，同时也要做好应对境内外敌对势力通过文化传播渠道制造事端的准备，确保社会政治稳定。因此，全省"扫黄打非"工作面临着更加严峻的形势和更加艰巨的任务。

一是坚持打击非法出版物。打击非法出版物始终是"扫黄打非"第一位的任务。要加大联合封堵力度，改进方式、严密监控、有效封堵，保持高度警惕，坚持露头就打。

二是坚持打击互联网和手机传播淫秽色情信息。要按照打基础、堵源头、切断利益链的要求，深入开展集中整治，强化网络运营商和服务商的社会责任、道德责任、法律责任，推动专项行动向纵深开展、取得新的更大成效。

三是坚持打击侵权盗版和非法报刊作为。要始终高举保护知识产权的旗帜，坚决打击和有效遏制侵权盗版活动，加强对重点场所的有效监控，全面收缴各类侵权盗版出版物。坚决打击假报刊、假记者、假记者站，维护新闻出版正常秩序。

四是坚持从源头治理。要加强对出版单位和互联网站的管理，不给错误观点和有害信息提供传播渠道；加强海关口岸监管和进口出版物的审读，严防境外有害出版物流入境内；加强对印刷复制企业的监管，深挖地下印刷窝点和光盘生产线；加强物流运输企业的监管，切断非法出版物储运网络。要结合一些重要时间节点，开展专项整治活动，查办一批大案要案，依法打击违法犯

罪行为。

四、认真做好春节和"两会"期间的各项工作

近期，全省要组织统一行动，集中开展专项治理，新闻出版、文化、工商、公安、海关等部门要组成联合检查组，对城市繁华地区、旅游景点、机场、车站、码头等重点场所的出版物市场进行反复清查，坚决收缴各类非法出版物、淫秽色情出版物和盗版出版物，坚决取缔销售各类非法出版物的无照经营者及游商、地摊，对重点区域、重点部位，要指派专人严防死守，实施严密监控，确保出版物市场健康、有序。

同志们，全省经济、文化、社会建设进入关键时期，各项工作已经全面展开，"扫黄打非"工作任重而道远。我们要更进一步围绕中心、服务大局，为保障社会文化安全，构建和谐吉林做出新的、更大的贡献。

2009 年 2 月 26 日

2009 年"扫黄打非"大案要案综述

吉林省"扫黄打非"办公室

"八方"广告联盟网站传播淫秽色情信息案

长春市公安局按照省、市"扫黄打非"工作领导小组的要求和部署，充分发挥公安部门在"扫黄打非"工作中的主力军作用，始终保持对网络淫秽色情违法犯罪活动的严打高压态势，持续开展了一系列专项打击整治行动，成功侦破了今年以来吉林省首个网络传播淫秽色情信息大案，有力打击了利用网络传播淫秽色情违法犯罪活动。2009 年 10 月，长春市公安局网警支队案件大队在工作中发现一个网址为"女孩精选"的网站，上面载有大量的淫秽图片、文字及视频，该网站维护和管理在长春，但服务器设置在境外。

网警支队支队长张观义对此案高度重视，多次同副支队长杨胥非、案件大队大队长王永军及办案同志研究案情，指挥部署侦查抓捕。经细致工作，民警确定该网站服务器设在二道区某小区居民楼内。王永军大队长带领侦查员李恒、李峙、李峰将经营网站的犯罪嫌疑人索某、王某抓获。

经查，索某、王某通过网络相识，2009 年 9 月，二人以每月 6 美元的价格租用一个境外服务器空间开设色情网站，同时该网站还加盟"八方"广告联盟提供广告网站链接，通过在网站内投放，"八方"广告联盟按每 1 千次点击率付 15 元的比例支付索某、王某利益报酬，两人从国外网站下载淫秽视频、图片及文字信息，再上传至网站，供人浏览、点击。运营以来点击率超过 30 万次，单日最高 1.5 万次，高点击率已然成为淫秽色情网站赖以生存的利益支柱。

为进一步铲除淫秽色情网站利益链条，案件大队大队长王永军组织精干警力先后两次远赴广东省梅州市对"八方"广告联盟开展深入细致的调查工作。经调查发现："女孩精选"淫秽色情网站系"八方"广告联盟的加盟网站之一，"八方"广告联盟网站下，链接有大批加盟的淫秽色情网站，含有大量色情电影、性用品、视频聊天室、淫秽图片等淫秽色情信息。而且这些网站大部分设在国外，管理员在国内。该公司对这些网站进行流量统计，根据流量支付资金。"八方"广告联盟的网站隶属于广东省梅州市某网络科技有限公司，公司法人为广东人罗某，管理员为郭某。

犯罪嫌疑人罗某、郭某、索某、王某因涉嫌传播淫秽物品牟利罪被长春市人民检察院批准逮捕。

2009年"扫黄打非"大事记

吉林省"扫黄打非"办公室

1月8日，"两节"、"两会"期间"扫黄打非"专项行动全面展开。

1月16日，召开吉林省"扫黄打非"工作领导小组全体（扩大）会议，吉林省"扫黄打非"工作领导小组组长、副省长陈晓光出席会议并做重要讲话。

1月16日，在长春设立分会场，收听收看第二十二次全国"扫黄打非"工作电视电话会议。

2月26日，组织召开了2009年全省"扫黄打非"工作会议，吉林省"扫黄打非"工作领导小组组长、副省长陈晓光出席会议并作重要讲话。

4月22日，举行2009年侵权盗版及非法出版物集中销毁和"绿书签行动2009"系列宣传活动，省委常委、宣传部长荀凤栖出席活动。

5月31日，吉林省"扫黄打非"工作领导小组办公室召开专题会议，传达全国"扫黄打非"2009年第一次电视电话会议和省"扫黄打非"工作领导小组全体会议精神，学习了中央和省委、

省政府领导同志的重要指示精神，分析形势，研究部署开展打击非法出版物的具体措施。

5~11月，组织开展打击假报刊、假新闻、假记者、假记者站专项行动。

6月15日~6月21日，对长春、吉林、白山、通化等地的出版物市场进行了明查暗访。

8月11日，省"扫黄打非"工作领导小组组长、副省长陈晓光和省"扫黄打非"工作领导小组副组长、省新闻出版局局长胡宪武及省新闻出版局副局长董维仁带领有关部门和单位负责人，到扶余县督导、检查出版物市场，调研、指导"扫黄打非"工作。

9月1日，启动国庆维稳专项行动。

10月29日，向省政协汇报"净化社会文化环境促进未成年人健康成长"工作情况。

11月12日，完成了省政府绩效考核计划验收。

12月20日，完成吉林省2009年全国"扫黄打非"先进集体、先进个人的推荐工作。

创新经验

2009年吉林省"扫黄打非"工作创新经验

吉林省"扫黄打非"办公室

2009年全省"扫黄打非"工作取得了很大成绩，呈现出良好的发展态势，得到了全国"扫黄打非"办公室和省委、省政府的充分肯定，也受到了人民群众和社会各界的赞许。各地、各部门大胆探索，不断积累"扫黄打非"工作经验，吉林省"扫黄打非"工作领导小组

办公室系统汇总、认真梳理、全面总结一年来的工作，特别是关于加强重点地区集中整治的做法和经验，具有很强的指导意义。

一、加强领导，高度重视集中整治工作

吉林省高度重视重点地区集中整治工作，切实加强组织领导，精心组织谋划，形成地区和部

门齐抓共管、协同作战的工作格局。吉林省"扫黄打非"工作领导小组副组长、省新闻出版局局长胡宪武同志向省委、省政府进行了专题汇报，省委常委、宣传部部长荀凤栖同志和省"扫黄打非"工作领导小组组长、副省长陈晓光同志对加强重点地区集中整治工作，分别作出重要批示，要求全省各地、各部门，特别是各级"扫黄打非"工作部门认真学习、深刻领会、全面落实中央的部署和要求，积极学习、借鉴兄弟省市的做法和经验，认真组织开展重点地区集中整治工作，并把上述要求体现到具体的工作中，做到有组织、有部署、有措施、有成效。

按照省领导的指示，吉林省"扫黄打非"工作领导小组副组长、省新闻出版局局长胡宪武同志主持召开局党组会议和局长办公会议，认真学习领会领导同志的讲话和指示精神，专题研究贯彻落实会议精神，根据全省"扫黄打非"工作形势和需要，综合考量全省政治、经济、文化和社会发展全局，确定了吉林市作为我省"扫黄打非"重点集中整治的地区，并责成吉林省"扫黄打非"工作领导小组办公室承担日常工作，负责制定工作方案和具体落实措施。

2009年4月12日，吉林省"扫黄打非"工作领导小组副组长兼办公室主任、省新闻出版局副局长董维仁同志主持召开了省"扫黄打非"工作领导小组办公室联席会议，会议讨论了如何加强主动监管和重点地区集中整治的工作思路，具体明确了任务目标、工作重点、推进步骤、工作措施、工作要求和考核办法，要求各地、各部门特别是作为重点地区的吉林市，迅速行动起来，紧密结合工作实际，因地制宜，有的放矢地开展重点地区集中整治工作。

二、突出重点，扎实推进集中整治工作

根据总体工作部署，吉林省"扫黄打非"工作领导小组办公室和吉林市"扫黄打非"工作领导小组办公室按照部门负责和属地管理的原则，把工作任务逐一细化，分别承担相应的工作，构成了条块结合的工作格局。同时，科学合理地划分工作任务，明确推进步骤，围绕吉林市出版物市场中存在的突出问题，确定集中整治的重点区域、重点部位、重点场所，有针对性地开展集中整治工作。

第一阶段，深入排查摸底。吉林省、吉林市"扫黄打非"工作部门组成了调研组，集中力量，深入到吉林市城市、街道、乡镇等地的出版物市场，通过实地调研和走访，认真听取有关方面和人员的意见建议，收集整理各方面的信息，掌握真实情况，为开展重点地区集中整治工作，奠定坚实的基础。

第二阶段，集中清理整治。在深入排查摸底的基础上，切实加强了对出版物市场的监管，加大对非法印制、销售不良出版物的监管和惩处力度，全面查堵淫秽色情、凶杀暴力、低俗庸俗、鬼怪灵异、封建迷信及伪科学等不良出版物，扫除各种污染社会环境、败坏社会风气的精神文化垃圾，确保吉林市的出版物市场经营秩序明显好转。

第三阶段，组织督导检查。吉林省、吉林市"扫黄打非"工作领导小组办公室组织公安、文化、新闻出版、工商等部门组成联合检查组，邀请人大代表、政协委员、新闻媒体和社会各界人士参加，对吉林市开展重点地区集中整治工作进行督导检查，把考核结果作为评价吉林市"扫黄打非"工作的重要依据。

三、落实责任，确保集中整治工作落到实处

开展重点地区集中整治工作，任务艰巨、责任重大。吉林省、吉林市"扫黄打非"工作领导小组办公室进一步健全了机制，坚持打击与预防、惩治与教育、治标与治本相结合的工作方针，进一步落实了工作责任，做到守土有责、守土尽责。办公室负责人作为第一责任人，靠前指挥，着力解决重点、难点问题。

吉林省"扫黄打非"工作领导小组副组长兼办公室主任董维仁同志和省"扫黄打非"工作领导小组办公室专职副主任李长江同志，在集中整治期间，多次带队到吉林市组织指导工作，在工作的关键时刻，长期驻守在吉林市，指挥、调度工作进展，与基层的同志们一起，巡查市场、查办案件。

吉林省新闻出版局坚持行政管理、行业自律相结合的原则，构建立体化的工作格局。对非法委托印制销售不良出版物的单位和个人，依法予以严惩，加强了出版物发行单位的日常监管，加大了对红色经典出版物的推介力度，先后组织开展了向青少年推荐百种优秀图书、音像制品、电子出版物活动；加强了对网络出版物和手机出版物的监管力度，完善网络出版物和手机出版物审查审读制度，加强互联网出版许可证的前置审批管理，加大对网络出版服务提供者的管理力度，加强对网络出版活动的动态监管。省新闻出版局还灵活运用资质年检、诫勉谈话、停业整顿、吊销执照等行政手段，深入推动集中整治工作。

吉林省"扫黄打非"工作领导小组办公室在集中整治期间，充分发挥总揽全局、协调各方的职能作用，最大限度地调动各成员单位的积极性，进一步完善了预警、应对、治理、查处等相关工作机制，形成了各负其责、上下联动、分级防控的工作局面。

四、建章立制，努力探索市场监管长效机制

根据集中整治的总体部署，吉林省"扫黄打非"工作领导小组办公室在工作中紧密结合

实际，在加大监管、打击和处罚力度的同时，还十分注重从体制机制上下工夫，努力探索符合吉林市实际的工作体制和运行机制，把工作重心前移，建立在源头上遏制、在市场上监管、在体制上理顺的长效机制，巩固集中整治工作成果。

2009年5月，吉林省"扫黄打非"工作领导小组办公室派出调研组到吉林市进行了为期一周的调研。调研组采取实地查看、巡查走访、听取汇报、召开座谈会等方式，认真听取了各地、特别是基层的工作汇报，广泛征求各方面、特别人民群众的意见和建议。根据调研情况，吉林省"扫黄打非"工作领导小组办公室会同吉林市"扫黄打非"工作领导小组办公室派出执法人员，对重点地区、重点部位、重点场所，进行了重点监管，特殊时期和敏感时点，指定专人24小时死看死守，消灭了监管的死角和盲区，做到全天候监管。严格督导检查和考核评价，科学运用督导检查和考核评价结果，对工作扎实、成效显著、业绩突出的单位和个人，给予表彰奖励；对工作被动、市场混乱、管理不力的单位和个人，严肃问责，严格依法、依规追究其责任。

长 春 市

2009年"扫黄打非"工作总结

长春市"扫黄打非"办公室

一、以集中行动和专项治理为重点，推动"扫黄打非"斗争不断深入

市委、市政府高度重视"扫黄打非"工作，各级主管领导全面掌握全年"扫黄打非"工作重点和主要任务，"扫黄打非"工作领导小组多次召开会议研究部署"扫黄打非"工作。3月6日，召开了全市"扫黄打非"工作会议，市委常委、副市长、市"扫黄打非"工作领导小组

组长郑文芝同志出席会议并做重要讲话。会议在总结长春市2008年"扫黄打非"工作的同时，对2009年"扫黄打非"工作进行了部署。长春市新闻出版局市场监管处、长春市公安局经侦支队九中队、长春市新闻出版稽查队、长春市公安局经侦支队二中队被长春市"扫黄打非"工作领导小组授予长春市"扫黄打非"有功集体称号。在这次会议上相关"扫黄打非"责任单位

还签订了 2009 年"扫黄打非"工作责任书，明确属地管理和守土有责，强化了政治责任和领导责任。

按照国家和省"扫黄打非"工作要求，制定了长春市"扫黄打非"工作方案，并以市委、市政府两办名义下发，明确了 2009 年"扫黄打非"工作重点。在实际工作中，我们以集中行动和专项行动为重点，始终保持对非法出版物和网上违法有害信息的高压态势，确保出版物市场健康有序。先后在全市开展了以整治印刷、发行业为重点的春季集中行动、以整治出版、流通环节为重点的夏季集中行动、以整治销售终端为重点的秋季集中行动三次大规模的"扫黄打非"集中行动，开展了全市净化社会文化环境、清理整顿低俗音像制品、整顿非法电子出版物重点集散商场、规范印刷复制企业等专项治理活动。查处各类案件 90 余起，收缴非法书报刊 10 万余册（张），非法音像制品和电子出版物 15 万余张（其中国家明令查缴的低俗音像制品 700 余张）。

通过集中行动和专项治理，进一步净化了文化市场和网络文化环境，确保出版物市场健康有序，为维护社会政治稳定、促进经济文化发展繁荣、服务全市工作大局做出了积极贡献。

二、加大对出版物市场日常管理力度，加强对重点地区、重点部位的监督管理

一是抓重点。集中执法力量，重点整治校园周边地区的书报刊、电子出版物零售、租赁场所，收缴以未成年人为主要观众的各类有害出版物，扫除各种污染未成年人身心健康、败坏社会风气的精神垃圾。

二是抓源头。组织人员先后多次对长春图书大厦、芙蓉路省图书批发市场等书报刊批发市场进行了清查。通过对重点地区、重点部位进行了反复检查，基本上做到了宣扬淫秽色情和封建迷信的出版物露头就打，一般性盗版出版物大幅度下降。

三是抓大案。先后查获了盗用山东人民出版社《精短文言文选读》案，冒用北京理工大学出版社名义出版的《先锋英语——中学英语语法》案，查获销售非法出版物重大案件两起，涉案码洋达 20 余万元。

四是抓审读。市场管理所严格履行图书批发上市相关规定，进一步完善了样本售前审读制度，努力把好"审读关"，2009 登记审读查验各类出版物 10 大类，1 万余种，对 300 余种出版物进行了异地调研核实，对百余种、万余册涉嫌非法出版物在上市前进行了查处封存，从源头上确保了我市出版物市场的净化。

三、切实加强网上监管，查处低俗网络出版物

根据国家和省相关文件及明码密码电报，协同市公安局网监支队检查市内网站，相继查缴了淫秽色情及低俗内容的网络图书、网络小说 500 余种，删除其相关低俗内容的网页链接上万条。

11 月，中央文明委督查组对我市开展净化社会文化环境活动进行了督查，并对我市出版物市场和校园周边环境进行了抽查和暗访，中央文明委督查组认为我市出版物市场规范，校园周边环境有序，对我市工作给予了积极肯定。

另外，"4·23"经营非法光盘案、"11·24"非法编印发"六合彩"码报《彩民知音》案宣判，10 名犯罪分子受到法律制裁。"4·23"经营非法光盘案现场查获非法电子出版物及音像制品 72980 张，其中电子出版物 38980 张，音像制品 34000 张，两名主犯 2009 年 4 月 16 日被宽城区人民法院以非法经营罪一审分别判处有期徒刑 7 年和 6 年，并处罚金 10 万元。"11·24"非法编印发"六合彩"码报《彩民知音》案涉案人员 8 人被逮捕，并于 2009 年 5 月 31 日被南关区人民法院以非法经营罪一审分别判处有期徒刑 2 年到 6 年不等，并处罚金 41000 元。这两起案件的宣判，极大地震慑了违法犯罪分子，对规范我市出版物市场经营秩序必将起到积极促进作用。

黑龙江省

2009 年"扫黄打非"工作总结

黑龙江省"扫黄打非"办公室

2009 年，我省各级"扫黄打非"工作部门在省委、省政府的领导下，以邓小平理论和"三个代表"重要思想为指导，深入贯彻落实科学发展观，按照全国"扫黄打非"工作部署，以净化文化市场和网络文化环境为工作主线，以遏制非法出版物和清除网上有害信息为重要任务，认真谋划、精心组织、突出重点、狠抓落实，在加强出版物市场日常监管的同时，不间断地开展专项治理和集中行动，严厉打击各类非法出版活动，较好地完成了各项工作任务，取得明显成绩和重要进展。2009 年，我省收缴盗版和非法出版物 38 万件，其中违禁出版物 7780 件，盗版音像制品和电子出版物 7.2 万件，其他各类非法出版物 30 万册（份）；实施行政处罚 65 起，取缔无证经营 217 家，移交司法机关 4 起，刑事处罚 13 人，严厉打击了违法犯罪活动，有效地维护了全省出版物市场正常秩序。

一、认真谋划，周密安排部署

我们根据第 24 届世界大学生冬季运动会在我省举办的实际情况，提早谋划，及时部署，在"两节"期间，专门制定下发了《维护大冬会出版物市场稳定工作方案》，对大冬会出版物市场稳定和全省"扫黄打非"工作进行安排。全国"扫黄打非"工作电视电话会议一结束，我省立即召开了全省"扫黄打非"工作电视电话会议，省委常委、宣传部长、省"扫黄打非"工作领导小组组长衣俊卿同志对全年和大冬会期间"扫黄打非"工作进行再动员、再部署。会后以省委、省政府"两办"文件将《2009 年全省"扫黄打非"行动方案》，印发全省各地。与此同时，各地认真贯彻落实全省"扫黄打非"工作的部署，有针对性地制定符合本地实际的工作方案，在组织领导、任务落实和督办检查等方面建立起了有效的"扫黄打非"工作部署和推进机制。

二、突出重点，抓好集中行动

在今年的工作中，我们坚持日常监管与专项整治相结合，围绕不同阶段的重点工作任务，有针对性地组织开展了三次大规模的集中行动。

从 1 月份开始，我们围绕大冬会和全国人大、政协"两会"期间出版物市场稳定工作任务，在全省组织开展了"扫黄打非"第一阶段集中行动，对出版物市场开展集中清查、整治非法报刊、清除网上有害信息。我们结合实际，组织全省各地开展了"我为大冬会做贡献、文明经营我争先"主题教育活动，加强教育，落实责任，主动防范，重点监控。1 月 18 日开始，在全省组织开展了为期 30 天的出版物市场集中清查行动，集中时间有针对性地、多手段地对各地繁华街区、交通枢纽、旅游景点、宾馆饭店、大型图书音像卖场、电脑城和运动员驻地进行拉网式检查，坚决取缔无证照经营和经营违禁、盗版及非法出版物行为，收缴了一大批盗版和非法出版物，使我省出版物市场比较稳定，经营秩序比较规范，没有发生影响稳定和全局的问题。

根据"扫黄打非"第二阶段任务安排，从 5 月到 7 月我们在全省组织开展了第二阶段集中行动，紧紧围绕查堵非法出版物、清缴整治低俗音像制品、整治印刷复制企业、查堵非法出版物运输渠道、净化校园周边环境五项重点工作任务，大力实施出版物市场整治工程。我们坚持教育引导与清缴整治并重的原则，清缴整治低俗音像制品，组织召开音像经营者大会，开展自查自纠，对社会和消费者作出承诺，保证不卖低俗音像制品。在开展宣传引导、加强教育的基础上，协调工商、公安、文化等部门开展联合行动，坚决清缴低俗音像制品。全省共检查音像销售网点4700余家，下架低俗音像制品4000余张，收缴低俗音像制品5865张（盘），淫秽音像制品426张（盘），盗版、非法音像制品134280余册（盘），取缔街头游商、无证经营业户82处（家），查处行政案件7起。

为组织做好国庆节期间出版物市场稳定工作，我们紧紧围绕为庆祝新中国成立60周年营造良好氛围这个大局，组织开展整治市场、进口环节为重点的集中行动，较好地维护了国庆节期间的市场稳定。

三、督促检查，加强市场监管

为贯彻落实"扫黄打非"工作的部署和安排，全面掌握我省出版物市场状况，及时发现问题，加强工作指导，今年，我们三次组成督查组，深入全省十三个市（地）对出版物市场进行暗访和调研。在加强工作检查指导的同时，我们还同各市（地）一起，总结、梳理多年来加强出版物市场监管的经验，共同研究健全和完善长效监管措施，把这些办法和措施进一步规范化、制度化，认真加以完善后在全省进行推广。省"扫黄打非"办公室与市（地）签订工作责任状，对市（地）"扫黄打非"工作实行责任目标考评；对出版物市场实行保证书和承诺书制度；配合新闻出版行政管理部门在全省组织开展诚信建设活动；进一步完善出版物市场特派员制度；建立了处理突发事件应急机制；等等，促进我省出版物市场监管工作逐步走上规范化、制度化的轨道。

四、加强督导，狠抓大案要案

我们始终坚持将查办案件作为打击震慑犯罪、深化"扫黄打非"工作的重要手段，组织专门力量查办典型案件。今年以来，我们在加强对"5·24"案件跟踪督办的基础上，组织协调

相关工作部门，加大工作力度，深入查处出版领域的违法犯罪案件。一是直接组织、协调查处重大案件。3月7日，在全国"扫黄打非"办公室的直接指挥下，我们协调有关部门通力合作，破获了一起特大销售非法出版物案件（简称"3·07"案件），抓获张丽杰、肖锋等犯罪嫌疑人10名，收缴盗版和非法出版物1086种、181230册，一举打掉了这个以合法门店为掩护、利用库房销售盗版和非法出版物的黑窝点。二是加强案件的监督。1月7日，牡丹江市"扫黄打非"办公室配合公安机关成功地破获了全玉坤利用网络传播淫秽物品案（简称"1·07"案件），抓获犯罪嫌疑人2名。9月18日，齐齐哈尔市"扫黄打非"办公室与公安部门合作，破获一起利用互联网销售非法出版物案件（简称"9·18"案件），抓获犯罪嫌疑人2名。三是加强督促协调，及时办结重点案件。在我办的督促下，1月19日，哈尔滨市中级人民法院对哈尔滨市"5·24"特大制售非法出版物及淫秽书刊案公开进行审理，2月6日，哈尔滨市香坊区人民法院依法判处杨洪志、王立军有期徒刑18年和11年，其他7名被告也分别被依法判处1~6年有期徒刑，受到法律的严惩。哈尔滨"7·15"印刷盗版音乐教材案、鹤岗市"4·13"非法印刷案、双鸭山"5·17"贩卖淫秽光碟案等一批重点案件得以审结，有效地发挥了案件对打击和威慑违法犯罪的作用。

五、深入宣传，营造良好氛围

为推动"扫黄打非"工作的深入，我们在工作中，采取多种形式，广泛宣传，大造声势。一是发挥新闻媒体优势，广泛进行"扫黄打非"工作宣传报道。与《黑龙江日报》、《生活报》、《黑龙江晨报》、省电台、电视台和东北网等媒体，建立了协调配合机制，围绕"扫黄打非"重点工作，组织专题采访，对"扫黄打非"典型案件进行公开曝光，以新闻发布会、答记者问的形式，大力宣传非法出版物、淫秽色情出版物和侵权盗版等活动对社会的危害，努力营造强大的舆论攻势和环境。据统计，今年以来全省各级

"扫黄打非"工作部门在省市新闻媒体刊载、播发"扫黄打非"新闻报道 300 余篇（次）。二是利用中央新闻媒体对重大案件的宣传报道工作。3 月 23 日，中央电视台"焦点访谈"节目以《铲除文化垃圾》为题，对我省破获哈尔滨"5·24"特大制售非法出版物及淫秽色情书刊大案作了专题报道。7 月 9 日，新华社新华网《新华纵横》栏目以《让非法出版物无处藏身》为题，对我省破获哈尔滨"3·07"销售盗版和非法出版物案进行了视频报道。通过对案件的宣传报道，扩大了我省"扫黄打非"工作在全国的影响。三是利用世界知识产权日开展宣传活动。在"4·26"世界知识产权日前，我们配合省版权局、教育厅在全省开展了"拒绝盗版，从我做起"主题教育活动，以召开座谈会、主题班会、演讲比赛、版权知识专题讲座、签名、参观图片展等形式开展版权宣传教育，全省近 500 万大、中、小学生参加了活动，收到了良好的社会效果。4 月 22 日，按照全国"扫黄打非"办公室的统一部署，我省在 13 个市（地）同时举行了黑龙江省侵权盗版及非法出版物集中销毁活动，销毁侵权盗版及各类非法出版物 124 万册（盘）。四是利用"扫黄打非"信息阵地广泛开展宣传。2009 年，向全国"扫黄打非"办公室报送各类信息 47 件，全国"扫黄打非"办公室《"扫黄打非"工作简报》采用 4 条，全国"扫黄打非"网站采用 42 条，新闻出版总署门户网站采用 7 条；在省新闻出版局门户网站登载"扫黄打非"工作信息 61 条，编发省"扫黄打非"工作简报 35 期。

领导讲话

在第二十一次全省"扫黄打非"工作电视电话会议上的讲话

黑龙江省省委常委、宣传部长、省"扫黄打非"工作领导小组组长
衣俊卿

刚刚召开的第二十二次全国"扫黄打非"工作电视电话会议全面部署了今年的"扫黄打非"工作，下面，我就抓好工作落实强调三点意见。

一、认清形势，进一步强化责任意识

各级党委、政府和有关部门要从讲大局和讲政治的高度，从维护和建设社会主义核心价值体系的高度，进一步加深对"扫黄打非"工作重要性、长期性、艰巨性、复杂性的认识，增强责任感和使命感，真正把思想行动统一到中央和省委的决策部署上来。要按照属地管理和"谁主管、谁负责"的原则，进一步落实责任制，切实把工作抓好。各成员单位要在"扫黄打非"办公室的组织协调下，各司其职、各负其责、密切配合、协同作战，形成强有力的工作合力，坚决防止出现分工不负责、有责任不承担、有任务不落实的现象。各有关部门和执法机关要加大执法力度，排除干扰，顶住"说情风"，杜绝"人情案"，坚决杜绝有案不查、执法不严等问题的发生。

二、突出重点，推动各项工作取得实效

一是加大市场清查力度，严厉打击各类非法出版物。在个别地方印制和销售非法出版物的问题仍然存在，我们一定要把措施制定得周密一些，把这个重点贯穿全年工作的始终，绝不能有半点松懈、半点疏忽。希望各地坚决彻底地查缴各类违禁及非法出版物、邪教组织宣传品、淫秽色情出版物。

二是继续加强对印刷复制企业和出版单位的监管，从源头上加大打击盗版和非法出版活动。

按照《印刷业管理条例》明确的责任分工和《关于进一步加强印刷复制业管理的意见》，继续加大对印刷复制业的管理力度，坚决取缔无证照经营、地下印刷复制窝点，严厉查处正规印刷企业印刷盗版和非法出版物。

三是继续封堵和查处互联网有害信息，进一步加强对出版物入境环节的监管。严厉打击利用互联网、移动通讯终端、声讯台传播淫秽色情等有害信息的行为，坚决取缔利用互联网贩卖非法出版物的行为，深入查处利用互联网传播侵权盗版作品的行为。

四是坚决查办大案要案，对违法犯罪分子形成强大震慑。各级政法部门要保持对非法出版活动的高压态势，法院、检察院在大案要案审理中要提前介入，以事实为依据，以法律为准绳，充分发挥法律的威慑作用。新闻出版、文化、工商等部门要密切配合，保证审理工作的顺利进行。

三、加强领导，确保各项工作全面落实

一要切实加强对"扫黄打非"工作的领导。

各级党委、政府及其有关部门要进一步增强政治意识和大局观念，把握规律，与时俱进，务实创新，攻坚克难，确保完成各项任务。

二要进一步健全和完善"扫黄打非"工作机制。按照上级要求，健全和完善文化市场综合执法机制；健全完善"扫黄打非"经费保障机制；健全完善重大案件移交督办机制；健全完善考核奖惩机制；健全完善全民参与机制。

三要进一步加强"扫黄打非"机构和队伍建设。认真贯彻中央关于"扫黄打非"工作只能加强、不能削弱的一贯方针，坚持现行的领导体制不变。进一步加强队伍建设，人员没有配齐的单位要尽快配齐。结合学习实践科学发展观活动，进一步提高思想素质、政治素质和业务素质，为提高工作质量、全面完成任务提供根本保证。

同志们，今年的"扫黄打非"工作已经全面展开。希望大家不负重托，不辱使命，扎实工作，再创佳绩，为党的宣传文化事业作出更大的贡献！

2009 年 1 月 16 日

在全国侵权盗版制品和各类非法出版物集中销毁活动黑龙江分会场的讲话

黑龙江省副省长、省"扫黄打非"工作领导小组副组长
程幼东

这次集中销毁活动，是在全国"扫黄打非"工作小组领导的统一安排和部署下进行的，全省各市（地）也在同一时间举行集中销毁活动。通过举办这次活动，公开销毁近一个时期以来查获的走私及盗版音像制品、盗版软件及电子出版物、盗版及非法书报刊，进一步展示我省打击侵权盗版和非法出版物所取得的重大成果，进一步推动净化社会文化环境工作，为改革发展和社会稳定营造良好的社会舆论氛围。这次销毁活动，对于大力宣传"扫黄打非"和保护知识产权，震慑、警示违法犯罪分子和非法经营者，揭露制

黄贩黄、侵权盗版等非法出版活动的社会危害，教育引导广大群众提高法制意识和抵制腐朽文化的能力，都具有十分重要的意义。

2008 年，我省"扫黄打非"工作在省委、省政府的正确领导下，紧紧围绕党和国家工作大局，认真组织，周密部署，突出重点，狠抓落实，在加强对出版物市场日常监管的同时，积极协调各个方面的力量，进行综合整治，清市场、端窝点、破网络、查大案，共收缴各类侵权盗版和非法出版物 32 万件，收缴各类危害青少年健康成长的非法出版物 9 万件，行政立案 242 起，

依法查处了哈尔滨"5·24"特大制售淫秽物品案等一批违法犯罪案件。有力地扫除了文化垃圾，净化了社会文化环境，为建设和谐黑龙江和促进我省经济又好又快发展作出了突出贡献。这次集中销毁的10余万册非法书刊、42余万张非法光盘，是省暨哈尔滨市有关部门近年来收缴的各类非法出版物的一部分，也是我们集中销毁非法出版物规模最大、数量最多的一次，充分表明了我们保护知识产权的立场和决心，显示了我们坚持不懈地开展"扫黄打非"斗争的工作力度，同时也标志着我省2009年"扫黄打非"行动取得了阶段性重要成果。

打击非法出版物和侵权盗版一直是"扫黄打非"的重点和主要任务，各地、各部门做了大量的工作，付出了艰辛的努力，取得了显著成效。然而，受利益诱惑和驱使，仍有不法分子铤而走险，我省制售各类侵权盗版、淫秽色情出版物和其他各类非法出版物的行为仍然存在，非法出版活动屡打不绝，严重扰乱了出版物市场秩序，严重污染了社会文化环境，严重影响了我国保护知识产权的形象，进而影响社会的和谐稳定。对此，我们必须予以严厉打击。党中央、国务院和省委、省政府历来高度重视"扫黄打非"，重视知识产权保护工作，强调在新的历史时期，"扫黄打非"工作只能加强，不能削弱。各地、各部门要将思想和行动统一到中央和省委、省政府的要求上来，进一步增强大局意识和责任意识，充分认识非法出版物的严重危害，深刻理解"扫黄打非"斗争的必要性和迫切性，切实加强领导，周密安排，各司其职，各负其责，协同作战，形成合力，始终保持良好的精神状态，保持高压打击态势，严厉打击各种走私、制售、盗版非法出版物的行为，有效遏制非法出版物泛滥的势头，努力开创"扫黄打非"工作的新局面。

2009年4月22日

2009年"扫黄打非"大案要案综述

黑龙江省"扫黄打非"办公室

2009年，我省认真贯彻全国"扫黄打非"工作的部署和要求，将查办案件作为"扫黄打非"工作的重要手段，不断推动"扫黄打非"工作上层次、上水平。省委、省政府主管领导高度重视案件工作，对案件查办给予坚强有力的领导，省委常委、宣传部长、省"扫黄打非"工作领导小组组长衣俊卿同志和副省长、省"扫黄打非"工作领导小组副组长程幼东同志就对"扫黄打非"案件工作批示8次之多。省委主管领导不仅担任重大案件工作领导小组组长，而且亲自协调解决案件查办过程中的有关问题。在省领导的大力支持下，我省重大案件查办工作进展顺利，成效明显。全国"扫黄打非"办公室对我省案件查办给予的经费支持起到了关键性作用。省"扫黄打非"办公室在加强对案件工作的指导和监督的同时，在查办重大典型案件上狠下功夫，投入大量的人力、物力和财力，但由于执法力量较弱、办案经费不足、技术手段落后等原因，我省一般性案件查处工作还有一定的差距。在今后的工作中，我们将进一步加大办案工作的力度，进一步推动"扫黄打非"工作向纵深发展。

哈尔滨"3·07"销售非法出版物案

2009年3月7日，黑龙江省"扫黄打非"办公室组织新闻出版、版权、公安和工商等部门采取联合行动，一举破获了以张丽杰为首的制售盗版和非法出版物团伙，收缴盗版和非法出版物1086种、181230册。经查，犯罪嫌疑人张丽杰，以哈尔滨市南极书城三味书屋作掩护，在道外滨江街 79 - 1 号院内租用一楼作为地下销售盗版和非法出版物的自选市场，在相邻的一栋楼房的 4 楼租用近 500 平方米的空房贮存大量各类盗版和非法出版物。2007 年 4 月至 2009 年 3 月案发，从北京、武汉等书商处购进违禁以及盗版和非法出版物 28 万余册，支付购书款 30 余万元，已经销售出 10 余万册。

哈尔滨"3·24"出版发行非法出版案

2009 年 3 月 24 日，哈尔滨市新闻出版局根据省"扫黄打非"办公室指示，对位于哈尔滨市南岗区新发小区 F18 栋的哈尔滨九国德众文化传播有限公司进行检查。经检查发现，该公司未经批准，擅自出版发行《理财世界·哈埠楼市》2008 年 7 月、9 月、10 月、11 月刊，共 4 期 2000 册（已发行 400 册），并经宁夏回族自治区新闻出版局认定，该刊物系盗用宁夏回族自治区《理财世界》刊号出版的非法出版物。目前，哈尔滨市新闻出版局已对哈尔滨九国德众文化传播有限公司给予责令停止违法行为、没收非法出版物《理财世界·哈埠楼市》1600 册、罚款 1 万元的行政处罚。

哈尔滨"6·4"发行非法出版物案

2009 年 6 月 4 日，哈尔滨市新闻出版局在对位于哈尔滨市道外区大方里小区 118 栋的黑龙江省天正泉书刊经销有限责任公司的库房进行检查时发现，该公司库房内存有大量标注为北京理工大学出版社出版的《夺分王》系列教辅图书，共计 35860 册，经黑龙江省新闻出版局鉴定为非法出版物。经查：黑龙江省天正泉书刊经销有限责任公司于 2007 年与长春书商张长民联系出版《夺分王》系列教辅图书共计 36000 册，被查处时已售出 140 册，销售金额 328.80 元。哈尔滨市新闻出版局对黑龙江省天正泉书刊经销有限责任公司给予没收非法出版物 35860 册、没收违法所得 328.80 元、罚款 1 万元的行政处罚。

大庆市"3·19"非法印刷案

2009 年 3 月 19 日，大庆市文化市场稽查支队在对红岗区三鑫印务有限公司检查时发现，现场有已经印刷装订完毕的出版物《大庆钻探工程公司惩治和预防腐败体系建设工作手册》约 160 册、《清风廉韵》7 册，涉嫌超范围印刷，执法人员当即扣留 167 册印刷品。

3 月 23 日上午，红岗区三鑫印务有限公司经理韩思成到大庆市文化市场稽查支队接受询问，承认了超范围印刷内部资料的违法事实，执法机关对其处以没收出版物、罚款 3 万元的行政处罚。

大庆市"3·24"非法印刷案

2009 年 3 月 24 日，大庆市文化市场稽查支队在对大庆市平方印刷有限公司检查时发现，该厂正在装订出版物半成品《修身练性》，涉嫌超范围印刷，执法人员当即对未装订散页 32 捆予以扣押。3 月 25 日，顺达利印务有限公司经理郭淳到文化市场稽查支队接受询问，他承认超范围印刷出版物的违法事实。执法机关对其处以没收出版物、罚款 1 万元的行政处罚。

鹤岗市"3·15"非法发行案

2009 年 3 月 15 日，鹤岗市文化市场管理处接群众举报，称鹤岗市龙信货站有人进来一批教辅资料。经查，这批教辅资料是游商赵文官为鹤岗市第一中学订购的，共计 2600 册。鹤岗市第一中学已付给赵文官定金人民币 1000 元。鹤岗市新闻出版（版权）局以未经批准，擅自从事出版物发行业务，给予赵文官没收违法所得人民币 1000 元、并处罚款 1 万元的行政处罚。

鹤岗市"3·19"非法发行案

2009 年 3 月 19 日，鹤岗市文化市场管理处接群众举报，称鹤岗市虎运货站收到一批鹤岗市第三中学订购的教辅材料。执法人员当即赶赴现场，经查，一个叫潘平的人从鹤岗市虎运货站提取了鹤岗市第三中学订购的由内蒙古人民出版社出版的《2009 年普通高等学校招生统一考试》系列教辅材料 450 套。又经进一步调查，这批教辅材料是潘平推销给鹤岗市第三中学的，鹤岗市新闻出版（版权）局给予潘平没收违法所得人民币 3000 元、并处罚款 1 万元的行政处罚。

双鸭山"1·10"非法发行案

2009 年 1 月 10 日，双鸭山市文化市场稽查支队接到举报，称双鸭山市集贤县中心校以牟利为目的，为学生统一征订非法出版物。经执法人员检查，发现该校 1~5 年级学生使用的寒假作业《阳光假日》是该校在一名游商处为学生统一征订，这批出版物经省新闻出版局鉴定为非法出版物。双鸭山市新闻出版局已依法对集贤县中心校处以没收非法所得 8000 元、罚款 2 万元的行政处罚。

2009 年"扫黄打非"大事记

黑龙江省"扫黄打非"办公室

2009 年 1 月 16 日，黑龙江省"扫黄打非"工作领导小组组织召开第二十一次全省"扫黄打非"工作电视电话会议，深入学习贯彻全国"扫黄打非"工作电视电话会议精神，部署和安排 2009 年全省"扫黄打非"工作。省委常委、宣传部长、省"扫黄打非"工作领导小组组长衣俊卿同志代表省委、省政府作了重要讲话。会上，还对 2008 年在全省"扫黄打非"工作中涌现出来的先进集体、先进个人和办案有功集体、有功个人进行了表彰。

2009 年 1 月 18 日~2 月 18 日，黑龙江省"扫黄打非"办公室在全省组织开展"大冬会"前 30 天出版物市场集中清查专项行动。这次行动的重点和工作目标，就是借鉴奥运会期间维护出版物市场稳定工作的经验，组织全省新闻出版、版权、公安、工商、文化、城管等部门，对本辖区内的出版物集中经营场所和出版物经营单位进行拉网式检查，对繁华街区、交通枢纽、旅游景点、集贸市场、宾馆饭店、大型图书音像卖场、电脑城等重点区域和场所实施重点监控和反复排查、确保大冬会期间全省出版物市场的稳定。

2009 年 2 月 13 日，为迎接世界大学生冬季运动会在哈尔滨举行，黑龙江省及哈尔滨市"扫黄打非"办公室组织有关成员单位组成联合督查组，对省内 5 个中心城市及哈尔滨市、尚志市、亚布力镇、帽儿山等比赛场馆和运动员村以及国内外记者入住的宾馆等地出版物经营场所的状况进行暗访检查，解决重点区域出版物市场存在的突出问题，全力净化"大冬会"期间全省出版物市场文化环境。

2009 年 3 月 20 日，继哈尔滨"5·24"特大制售违禁书刊案团伙主犯王立军等 9 人被哈尔滨市香坊区人民法院依法宣判后，另一同案犯邵春风通过不公开审理的形式，被香坊区人民法院以制作淫秽物品谋利罪判处有期徒刑三年，缓刑四年，并处罚金 5000 元。

2009 年 4 月 16 日，黑龙江省"扫黄打非"办公室对哈尔滨市"扫黄打非"办公室上报的《关于将"大通印刷厂涉嫌非法印刷出版物一案"列为省级挂牌督办案件的请示》作出答复，决定将此案列为 2009 年省"扫黄打非"重点督办案件，由省"扫黄打非"办公室挂牌督办，哈尔滨市"扫黄打非"办公室具体负责组织落实。

2009 年 4 月 22 日，黑龙江省"扫黄打非"在哈尔滨市道外区八区体育场举行黑龙江省侵权盗版制品及各类非法出版物集中销毁活动。这次共集中销毁全省各级"扫黄打非"工作部门一年来收缴的非法书报刊 10 余万册、非法光盘 42 余万张，是历年来集中销毁非法出版物规模最大、数量最多的一次，充分表明了我们保护知识产权的立场和决心，显示了我们坚持不懈地开展"扫黄打非"斗争的工作力度，同时也标志着我省 2009 年"扫黄打非"行动取得了阶段性重要成果。

2009 年 6 月 5 日，为全面了解和掌握黑龙江省各市（地）今年以来"扫黄打非"工作的开展情况，促进各市（地）加大工作力度，推动"扫黄打非"工作的深入，黑龙江省"扫黄打非"工作领导小组办公室组织有关成员单位对全省各市（地）及部分县（区）进行工作调研和专项工作检查。

2009 年 10 月 9 日，黑龙江省"扫黄打非"办公室对齐齐哈尔"9·18"利用互联网制售违禁出版物案件进行重点挂牌督办，要求齐齐哈尔市"扫黄打非"办公室要按照"彻查、彻究、彻办"的原则，坚持原则，排除干扰，积极协调相关部门，全力侦查锁定证据，依法控制相关人员，并追根溯源，打掉进销网络，尽快移交检法机关，依法审结。

2009 年 10 月 9 日，黑龙江省"扫黄打非"办公室下发了《关于赴外省学习考察的通知》，组织全省各级"扫黄打非"办公室主任和省"扫黄打非"工作领导小组有关成员单位负责同志赴湖南、江西考察学习，并在考察学习活动结束后，撰写了《关于赴湖南江西两省学习考察情况的报告》。

2009 年 10 月 12 日，黑龙江省"扫黄打非"办

公室就牡丹江"1·07"利用互联网传播淫秽物品牟利案判决情况提出督办意见，要求牡丹江市"扫黄打非"办公室在本案下一步审理过程中，向有关部门阐明黑龙江省"扫黄打非"办公室意见，依法严肃审理，使犯罪分子得到应有的法律制裁。

2009 年 12 月 14 日，黑龙江省"扫黄打非"办公室按照全国"扫黄打非"办公室的要求，组织全省各级"扫黄打非"部门和成员单位开展推荐 2009 年全国"扫黄打非"先进集体和先进个人工作。

2009 年 12 月 14 日，黑龙江省"扫黄打非"办公室会同黑龙江省新闻出版局联合下发了《关于召开行政执法责任制和"扫黄打非"责任目标考评汇报会的通知》，并于 12 月 17 日～18 日，对全省行政执法责任制和"扫黄打非"责任目标进行考核考评。

创新经验

关于赴江西湖南两省学习考察情况的报告

黑龙江省"扫黄打非"办公室

一、主要做法和基本经验

在学习考察中我们感到，虽然江西、湖南两省开展工作的做法、侧重点略有不同，但都把抓好长效工作措施的落实作为推动"扫黄打非"和出版物市场监管工作上台阶、上水平的重要手段。

（一）加强宣传，营造良好的社会文化氛围

江西、湖南两省在座谈中都强调宣传工作在开展"扫黄打非"工作中的重要作用，认为"扫黄打非"工作是一项系统工程，涉及政治、经济、文化等方方面面，仅仅依靠政府职能部门强力推动是不够的，必须动员社会各个方面的力量共同参与"扫黄打非"工作，因此，加强宣传显得尤为重要。

（二）加强培训，提高执法人员和从业人员的综合素质

湖南省自 2001 年开始，每年组织一期新闻出版局长和稽查队长培训班，着重讲解新闻出版和"扫黄打非"工作方针政策、法律法规知识，注重在执法人员的提高理论水平和执法能力上下功夫。江西省在县区新闻出版局挂牌后，重点开展了执法人员的业务培训，学习新闻出版法律法规和行政执法要领，收到较好的效果。

（三）加强监管，切实净化出版物市场环境

江西省针对"扫黄打非"工作点多、线长、面广的特点，坚持落实责任制为核心，突出重点、密切配合、通力协作，日常监管和专项整治相结合，最大限度地挤压非法出版物的传播空间。湖

南省十分注重监管网络建设，实现了由单一作战向整体作战转变、由重点突破向全面推进转变。

（四）查办案件，推动"扫黄打非"向纵深发展

江西、湖南两省把严厉打击制售盗版及非法出版物行为作为"扫黄打非"工作的重中之重。工作中，"扫黄打非"办公室充分发挥组织协调作用，发现重大线索，及时交办，对公安机关查处的非法出版活动案件主动靠上去协调、督办，都有力地推动了案件工作的深入。

（五）繁荣市场，不断挤压非法出版物生存空间

江西省始终坚持"一手抓管理、一手抓繁荣"的工作方针，在加强出版物市场监管的同时，采取必要措施繁荣市场，不断挤压非法出版物的生存空间。湖南省广泛开展"进农村、进学校、进社区"活动，坚持推动校园文化建设，积极启动"农家书屋"、"社区书屋"建设，构建基层文化服务体系，有效引导广大群众追求健康文明的文化生活，拒绝盗版及文化垃圾。

（六）健全制度，实现"扫黄打非"长效管理

江西、湖南两省通过建立"扫黄打非"工作长效机制，推动和促进了两省各级"扫黄打非"部门扎实有效地开展工作。

二、主要收获

（一）进一步增强了抓管理、促发展的出版物市场监管理念

江西和湖南两省在出版物市场监管工作中树立了明确的监管理念，不但在思想上充分认识管理和发展的辩证关系，而且具体落实到出版物市场监管工作中，跳出了重管理、轻发展的框框，坚持一手抓管理，一手促发展，以管理服务发展，以出版业大发展、大繁荣作为市场监管的目标。

（二）明确了争取领导、赢得重视是做好"扫黄打非"工作的前提条件

通过学习考察活动，使我们对争取领导问题有了更加清醒的认识，领导重视，工作就主动，

解决困难的办法也多，反之只能叫苦连天、束手无策。因此，积极主动地向当地党委、政府多请示、勤汇报，反映情况和问题，使当地党委、政府主要领导了解和熟悉"扫黄打非"工作，这样才能够为"扫黄打非"工作提供组织领导保证。

（三）明确了创新工作方式和工作措施是推动"扫黄打非"工作深入的重要手段

我们要树立创新的思维和理念，在"扫黄打非"工作的大背景下，积极研究新情况、新问题，多动脑筋、多想办法，积极探索在新形势下深化"扫黄打非"工作的办法和措施，努力提高我省"扫黄打非"工作的能力和水平。

（四）明确了搞好部门联动和区域协作是推进"扫黄打非"工作的重要环节

在我省东部、西部、中部区域建设联防体系，加强信息沟通，共同防范和打击非法出版活动。以各级"扫黄打非"办公室为核心，定期召开"扫黄打非"联席会议，加强与部门之间的协调，形成一套完整的出版物市场监管体系。

（五）明确了建立和完善市场监管的长效机制，是从根本上解决出版物市场稳定问题的关键

我们将结合实际、针对问题，加强对出版物市场长效监管机制的研究和探索，不断加以修改和完善，并切实抓好落实，使之成为"扫黄打非"工作的重要武器。

三、关于加强我省"扫黄打非"工作的几点建议

（一）进一步巩固和理顺"扫黄打非"工作的领导体制

向省委、省政府请示，积极协调有关部门，在市（地、县、区）组建文化广电新闻出版局，加挂"扫黄打非"工作领导小组办公室的牌子，并明确乡镇、街道党委要有人抓、有人管"扫黄打非"工作。

（二）要下大力气解决市（地）级以下"扫黄打非"机构无专职人员和专项经费问题

积极协调省财政部门联合下发文件，将各市（地）、县（市、区）"扫黄打非"经费列入本级

财政预算，以解决有牌子无专职人员，有牌子无专项经费的问题，力争形成有效的经费保障机制。

（三）要积极研究和探索文化市场综合执法体制下做好"扫黄打非"工作的工作思路、办法和措施

重点解决好"扫黄打非"办公室与文化市场综合执法机构关系、新闻出版行政管理部门与文化市场综合执法机构的关系等问题，总结和探索新形势下开展"扫黄打非"工作的思路、办法和措施，确保将"扫黄打非"工作任务落到实处。

（四）要加强制度建设，不断建立和完善出版物市场长效监管机制

健全和完善"扫黄打非"责任制和责任追究制度、联席会议制度、承诺书和保证书制度、举报奖励制度、信息宣传制度等规章制度，建立和健全联动协作机制、工作督办机制、经费保障机制、培训机制、奖惩机制、宣传监督机制和评估机制，建立起有序、规范的"扫黄打非"和出版物市场监管工作运行程序，确保我省出版物市场平稳、健康、有序发展。

关于手机网站制作传播淫秽色情信息情况的调查报告

黑龙江省"扫黄打非"办公室

近年来，用户利用手机无线上网普及程度越来越高。据统计，黑龙江省目前有手机用户超过1300万，其中手机网民达320万，手机网民年龄呈现偏低分布，且主要集中在10～29岁之间。而这些以未成年人和青少年集中的群体是手机淫秽色情信息影响最大、"毒害"最深的一个群体。因此，认识淫秽色情信息对未成年人的危害，摸清手机网站制作、传播淫秽色情等有害信息的方式、手段及其背后的利益链条，对开展专项治理，净化社会文化环境，保护未成年人的合法权益至关重要。

一、手机网站制作、传播淫秽色情信息的特点

（一）具有危害性

根据近期新闻媒体的报道，手机上网后，在谷歌、宜搜等搜索引擎中输入"成人"或者"美女"这些中性词汇，很轻易就能链接到大量的成人色情网站，各种各样淫秽不堪的性爱视频，应有尽有。从通信管理到公安部门公开查处的手机网站传播淫秽色情案件看，手机色情内容传播的广泛性，已经远远超过人们的想象。其传播之广泛、扩散之迅速，对辨别力和抵御力较弱的青少年来说，身心健

康势必遭受难以想象的毒害与摧残。

（二）具有隐蔽性

从传统互联网向手机网站转移，这是目前淫秽色情信息传播的新路径，具有一定的隐蔽性。一是淫秽色情信息的传播方式更加隐蔽，淫秽色情手机网站通过限制屏蔽来自互联网的访问，或设置两种不同内容的网站页面。二是大批手机淫秽色情网站服务器托管在境外，给查处和打击带来了较大的困难。三是运营商将手机WAP网站提供的色情信息服务伪装成游戏、铃声或歌曲下载的名义进行收费，欺骗、逃避相关部门的监管和打击。

（三）管控难度加大

从技术上讲，家用电脑终端上的反黄软件层出不穷，通过电脑上网已经有了相对成熟的监控过滤手段，但目前手机上网还无法利用软件实现淫秽色情信息的监控过滤。从监管措施上讲，无线互联网作为一种新生事物，随着3G手机的推出、技术的进步而得到迅猛发展，但数以万计的手机网站独立创建、独立运营，网站内容鱼龙混杂，而管理措施又相对滞后，这就让不法分子有了可乘之机。从实际生活上讲，手机

WAP上网使得随时随地上网成为可能，众多青少年，特别是未成年人一旦脱离了学校和家长的监督，时刻有被淫秽色情网站和信息侵害的可能。

二、产生的原因

利用手机网站制作、传播淫秽色情等有害信息，究其原因主要有三点：

（一）追求经济利益是其最根本原因

一方面，最近几年，手机的通信费用一降再降，大量的手机运营商都把未来的利润增值空间放在了手机的增值服务上，为了提高点击率，获取高额流量费，手机运营商便放弃对增值内容服务商的监管，使得增值服务商通过淫秽色情等有害信息获取利益的手机网站便应运而生。另一方面，当前3G技术应用的匮乏，使得各运营商除了语音和短信之外很难找到更好的"赚钱"利器，利用手机无线网络"贩黄毒"不仅可以增加流量和点击率，也可以获得丰厚的利润。因此，手机运营商、增值内容服务商和提供淫秽色情信息的网站之间形成了三位一体的利益关系。

（二）高速发展的移动通信技术为其提供了平台

近两年手机网站制作和传播淫秽色情信息之所以泛滥，从技术层面上讲是3G技术的发展为淫秽色情网站的发展提供了可能，3G技术相当于一条信息高速公路，它的下载速度跟过去GPRS的技术相比可以提高到3~5倍，那么视频、图片的快速下载成为极容易的事情，技术支持使淫秽色情信息传播成为可能。

（三）互联网严打使淫秽色情网站转移阵地

近年来，我国政府一直在严厉打击互联网传播淫秽色情活动，使得淫秽色情信息在互联网上被屏蔽，淫秽色情网站被关闭，营造了绿色健康的互联网环境。但移动运营商为追求部门经济利益，置社会利益于不顾，默许这些"黄毒"借尸还魂，大开手机WAP上网的方便之门，共同牟利。

三、制作过程及传播手段

简单来说，一条手机色情信息内容的发布，一般要经过三个环节：运营商、增值服务提供商和手机网站。一些不法手机增值业务提供商与各大基础运营商签订协议，架设含有淫秽色情内容服务器，限定为只有通过WAP网关才能访问的模式，将客户群锁定为手机上网用户，群发色情网站宣传短信，"鼓励"登录黄色网站，只要手机上网用户点击色情网站的链接，基础运营商就能收取GPRS流量费并代收费。基础运营商和经营色情WAP网站的不法增值服务提供商都能从中获利。

四、治理的对策和措施

（一）加强宣传和教育

广大青少年是淫秽色情信息"毒害"最深的群体，通过举办各种活动，加强对青少年的思想教育，远离"黄毒"，做好自我保护是最有效的防范措施。这些不良手机网站没有了受众群体，自然就自生自灭了。

（二）不间断地组织开展打击手机网站淫秽色情信息专项行动

始终保持高压态势，随时发现和惩处一批违规经营的非法网站，震慑违法行为。

（三）强化奖惩措施

可以设立举报奖励制度，动员全社会参与，积极向有关部门举报，便于管理部门采取措施，清除"垃圾"网站。

（四）严厉打击手机网站传播淫秽色情信息违法犯罪案件

对以牟利为目的，利用手机传播淫秽色情信息违法情节严重的，依法实行上限处罚。

（五）破解其利益链条

工作中我们发现，淫秽色情手机网站屡禁不绝，难以根除的最根本原因是其中隐秘而牢固的利益链条，网站、运营商、增值服务提供商是这个链条当中最主要的三个受益群体。相关部门充分发挥各自职能作用，予以承包到户，分别监管，各个击破，破解其存在的利益链条。

江 苏 省

2009 年"扫黄打非"工作总结

江苏省"扫黄打非"办公室

2009 年,在全国"扫黄打非"办公室和省"扫黄打非"工作领导小组的直接领导下,我办紧紧围绕五项重点工作任务,认真组织开展"扫黄打非"集中行动和专项治理。全年共收缴非法出版物 286.50 万件(其中淫秽色情出版物 3.11 万件、盗版出版物 266.39 万件、非法报刊 10 万份),出动检查 6.94 万人次,取缔关闭非法店档摊点 1862 个,查处行政违法案件 220 起,查处刑事案件 13 起。

一、围绕为提升"扫黄打非"工作整体水平,创优领导环境,加强协调指导

领导对"扫黄打非"工作更加重视。省委常委、宣传部长杨新力同志亲自部署 2009 年"扫黄打非"工作。副省长曹卫星同志对"扫黄打非"工作多次作出批示。全省"扫黄打非"重要会议和重大活动领导均出席并作讲话。领导小组副组长徐毅英同志,领导小组成员、办公室主任傅杰三同志协调各方狠抓落实,靠前指挥指导案件查办,受到全国"扫黄打非"工作小组办公室通报表扬。

"扫黄打非"成员单位的作用进一步增强。"扫黄打非"各成员单位根据任务分工各司其职、各负其责。省公安厅于 3 月、6 月、10 月三次在全省范围内组织开展集中清查非法出版物统一行动。南京海关严把进境关口,收缴非法出版物 489 件,查处一起走私淫秽出版物案,抓获犯罪嫌疑人 4 名。上海铁路局南京办事处在全国率先建立"扫黄打非"联络员网络,进一步明确"扫黄打非"责任。

基层"扫黄打非"力量进一步加强,工作更加深入。为大力推进"扫黄打非"工作向基层延伸,在全省开展创建 2009 年度"扫黄打非"先进县(市、区)活动。机构改革的 6 个市,明确了文化市场综合执法部门"扫黄打非"职能。苏州张家港市、无锡滨湖区、南京玄武区等县(市、区)建立健全"扫黄打非"乡镇、街道管理网络和工作目标责任制度,以及工作考核与经济报酬挂钩等一系列有效做法,成为各地学习的示范和先进典型。

二、围绕落实"扫黄打非"重点工作,精心部署,全力开展集中行动

制定方案及时部署。"扫黄打非"行动、专项治理、重要会议和重大活动制定周密的工作方案,对省"扫黄打非"工作领导小组各成员单位和省新闻出版(版权)局各处(室)年度任务进行了分工。省委、省政府办公厅在 1 月 18 日及时下发全省 2009 年度"扫黄打非"行动方案。全国"扫黄打非"电视电话会议后,接着召开全省"扫黄打非"电视电话会议贯彻部署。全国"扫黄打非"2009 年第一次电视电话会议后,接着就召开省"扫黄打非"工作领导小组成员会议。次日,在常州召开全省新闻出版局局长、"扫黄打非"办主任会议进行部署。

把握规律打主动仗。重大节庆和敏感时段,组织行动对出版物市场全面清查;"4·26"前后,组织侵权盗版及各类非法出版物集中销毁和"扫黄打非"宣传活动;学校开学前后,组织对校园周边出版物市场集中清理。市场检查采取明查与暗访相结合、随机抽查与重点检查相结合、日常巡查与专项检查相结合,对重点地区、重点环节、重点部位反复检查。

完善考核制度,促进基层工作。进一步完善

"扫黄打非"工作目标考核制度。修订年度工作目标考核内容和评分标准，增设"扫黄打非"集中行动阶段工作的考核内容，建立健全考核工作台账，实地检查，考核各地工作成效。

三、围绕保持对出版物市场高压、可控态势，突出工作重点，扎实完成专项治理任务

特别整治专项行动成效显著。迅速制定下发有关方案和通知，组织各地各有关部门加大对繁华路段、旅游景点、校园周边、车站码头、集市夜市等重点区域的巡查力度；加强对印刷复制、交通运输、网上出版等重点环节的监管，对重点地区出版物市场组织检查组明查暗访，及时发现问题，督促当地进行整改。各地各部门高度重视，特别整治专项行动中出动检查 2389 人次，检查各类出版物市场和经营点 2898 家次，查缴非法出版物 11 万件。

扎实开展清缴整治低俗音像制品专项治理。先后 3 次下发通知强调工作要求；会同有关处室组织音像企业和单位自查自纠；要求各地组织对音像单位和企业执行制度情况和经营的音像制品进行逐一检查，并组织两次检查督导，检查音像企业和单位 170 余家，全省清缴整治低俗音像制品专项治理期间，查处行政案件 30 起，收缴低俗音像制品 1490 种 9565 盘，其中新品种 1091 种 6229 盘。

重大节日、重要时段组织对出版物市场全面清查。"两节"、"两会"和国庆中秋前后，组织全省开展对出版物市场专项检查。2 月份全省 13 个市、106 个县（区）统一行动，两天内拉网式执法检查了 3552 处出版物市场和经营场所，查缴非法书刊 12 万册、光盘 40 万张。全国"扫黄打非"工作小组副组长兼办公室主任、新闻出版总署副署长蒋建国同志充分肯定我省的做法："江苏行动迅速、值得表扬，可编发一期专刊简报上报下发。"

四、围绕守住"扫黄打非"、"三条底线"的工作要求，加强案件备案工作的机制建设，积极指导、督办查办案件

进一步完善备案、督办工作机制。建立健全案件备案、督办联络员网络，明确责任和工作要求，畅通信息渠道。及时上报备案全省查办的"扫黄打非"重大案件和回告全国"扫黄打非"办转办案件的查处结果。全年，督办案件 55 起，其中上报备案案件 19 起，全国转办案件 14 起，批转举报案件 22 起。

加强对基层查办案件工作的指导。组织各地并会同有关地区办案单位对查办的典型案件进行调研，分析案件成因，总结案件查办经验；对正在查办的案件在协调督办工作中现场进行指导。各地通过培训和业务指导提高了办案能力。今年全省查处"扫黄打非"各类案件共计 211 起，其中刑事案件 16 起。

组织对大要案件协调督办。会同省公安厅治安局到南京市组织调查布控南京强某非法出版案，并于 11 月 27 日一举查获非法出版物 84 种 4422 册，拘留 6 名涉案人。苏州市"扫黄打非"办在省"扫黄打非"办指导下，会同公安部门对谢某等人通过互联网销售盗版教材的 5 个地下窝点联合行动，查获盗版光盘 103 种，1181 张；盗版图书 24 种，2835 本，刑事拘留谢某等 4 人。淮安"4·20"假记者案、南京"3·16"印制非法报纸案等重点督办的案件和常州、镇江、南通等地查办的 6 起刑事案件顺利审结。

五、围绕扩大"扫黄打非"的影响力，积极组织宣传，加大培训力度

围绕中心工作组织"扫黄打非"宣传活动。一是"4·26"世界知识产权日前后组织全省开展集中销毁侵权盗版及各类非法出版物、"打击盗版、支持正版、保护知识产权"签名、发放绿书签等活动。二是为激励广大群众积极参与"扫黄打非"，震慑违法犯罪分子，组织媒体对"扫黄打非"重大活动、典型案件进行报道。三是召开现场会推广张家港市"扫黄打非"工作向乡镇和街道延伸的经验做法，并通过媒体、会议、简报、网络进行了宣传。

积极运用媒体宣传"扫黄打非"工作。一是通过中央和地方电台、电视台对"扫黄打非"行动、重要会议和活动进行现场报道。徐州"3·03"制售非法报纸团伙网络案、苏州网络销售侵权盗版非法出版物案等典型案件还制作了专题节目。二是通过中央和地方的报刊对"扫黄打非"的成果经验进行深入报道，我办组织的就有19次19篇。三是通过江苏"扫黄打非"网及时报道全省"扫黄打非"动态。

组织"扫黄打非"工作培训。组织全省"扫黄打非"办主任和文化市场综合执法负责人培训班，邀请全国"扫黄打非"办负责同志和业务专家授课。派人到海关、铁路、邮政等成员单位，以及新成立的南京、淮安、南通等地文化市场综合执法部门上门授课，培训"扫黄打非"工作；组织全省开展纪念"扫黄打非"二十周年论文征集活动，各地各有关部门选送论文105篇，并进行了研讨交流。

领导讲话

在2009年全省"扫黄打非"工作电视电话会议上的讲话

江苏省委常委、宣传部部长、省"扫黄打非"工作领导小组组长
杨新力

2008年，我省各地各有关部门认真贯彻落实中央和省委安排部署，组织开展系列专项行动，工作扎实，有力度、有成绩。特别是省新闻出版局积极主动，与各地各部门协调配合，工作导向鲜明、把关很好、把度也很好。我代表省委，省"扫黄打非"工作领导小组向辛勤工作在一线的同志表示衷心感谢，向荣获2007~2008年度全省"扫黄打非"工作先进单位、先进个人和办案有功集体、有功个人表示热烈祝贺！

在刚刚结束的第二十二次全国"扫黄打非"工作电视电话会议上，中共中央政治局委员、书记处书记、中宣部部长、全国"扫黄打非"工作小组组长刘云山同志作了重要讲话，讲话充分肯定了去年工作，对新一年"扫黄打非"工作作了全面部署，提出4点明确要求，我们要认真学习领会，全面贯彻落实。贯彻落实，关键是认识到位、行动到位，只有认识到位，行动才能到位。特别是对今年"扫黄打非"工作打击的重点，要格外注意。

今年我省"扫黄打非"工作行动方案，已经省委批准，即将由省委办公厅、省政府办公厅转发。各地、各有关部门要从实际出发，制定行动方案，明确工作重点，把握重点时段，抓住重点环节，扎扎实实做好工作。今年重大节庆多、重要活动多、敏感时段多，文化市场是否健康有序平稳，是对我们政治意识、大局意识、责任意识和"扫黄打非"工作成效的重要检验。各级党委、政府要将"扫黄打非"工作列入重要议事日程，继续坚持"谁主管谁负责"和"属地管理"原则，层层建立健全责任制和问责制，理顺"扫黄打非"和文化市场综合执法的关系，确保"扫黄打非"工作领导到位、责任到位和措施到位。

各地各部门要发扬好的传统，保持良好精神状态，保持工作力度，落实落实再落实，更好地为全省保增长、促发展大局服务，为文化市场发展繁荣服务。

春节将至，给大家拜个早年。祝同志们和家人新春愉快，全家幸福，万事如意！

2009年1月16日

在全国"扫黄打非"工作小组表彰奖励徐州"3·03"制作 非法报纸团伙网络案有功集体、有功个人大会上的讲话

江苏省副省长

曹卫星

今天，全国"扫黄打非"工作小组在这里召开徐州"3·03"案件表彰奖励大会，表彰侦破"3·03"案件的有功单位和有功个人。首先，我代表江苏省政府向一贯支持江苏"扫黄打非"工作的全国"扫黄打非"工作小组和新闻出版总署领导表示衷心的感谢！向受到表彰的先进集体和先进个人表示热烈的祝贺！向长期战斗在"扫黄打非"工作第一线的同志们表示诚挚的慰问！

近年来，我省"扫黄打非"战线在全国"扫黄打非"工作小组和省委、省政府的正确领导下，深入贯彻落实科学发展观，以净化文化市场环境为主线，坚持专项行动与日常监管相结合，坚持查办案件与教育防范相结合，加强组织协调，形成工作合力，坚决打击制售含有违禁内容的非法出版物、淫秽色情出版物、侵权盗版出版物及互联网非法出版等违法违规行为，"扫黄打非"工作不断取得新成效。2008 年在执法力度不减的情况下，全省共查缴各类非法出版物 393.4 万件，同比下降 31%。特别是查办大案要案工作，捷报频传，战果丰硕，相继攻克"10·1"非法报纸出版案、"9·26"钟山非法出版案、徐州"3·03"非法报纸团伙网络案等数十起大案。省"扫黄打非"工作领导小组办公室、徐州市"扫黄打非"工作领导小组办公室等单位多次被评为全国"扫黄打非"工作先进集体和办案有功集体。2007 年 12 月 12 日，李长春同志对我省网上"扫黄打非"工作作出批示："江苏打击网络色情成效显著。可推广其经验"。随后中宣部组织 7 家中央主要新闻媒体来我省集中采访报道。2009 年 1 月 16 日，李长春同志在《全国"扫黄打非"工作快报》"迄今最大非法报纸团伙网络案徐州

'3·03'案宣判"一文上批示："此战打得好。"全国"扫黄打非"工作小组副组长、新闻出版总署署长、国家版权局局长柳斌杰同志，全国"扫黄打非"工作小组副组长兼办公室主任、新闻出版总署党组副书记、副署长蒋建国同志也多次对我省"扫黄打非"工作作出批示，给予鼓励。我们一定要以此为鞭策，更加努力工作，决不辜负上级领导对我们的殷切期望。

徐州"3·03"案件的成功侦破，得益于全国"扫黄打非"工作小组和新闻出版总署领导的有力指导、大力支持，离不开省内各级各相关部门的合力攻坚、协同作战，更是全体参战人员迎难而上、顽强奋斗的结果。认真总结好徐州"3·03"案件侦破的成功经验，对于我们做好新形势下的"扫黄打非"工作，具有十分重要的借鉴意义。

第一，做好新形势下的"扫黄打非"工作，强化学习、创新手段是基础。科技是把双刃剑。我们在享受科技成果的同时，随之而来的高科技、高智商犯罪也越来越多，出版领域同样如此。徐州"3·03"案件，犯罪分子就是把现代网络技术运用到了编辑、印刷、发行等环节。案件查处过程中，办案人员主动学习了解出版运行规则、经营模式、管理方式和技术运用，转变传统办案理念，在全面分析、拓宽思路中得出了异地印刷、异地分发的结论，明确了办案的目标方向，有针对性地运用技侦手段对不法分子进行监控，获取了比较完整的证据链，为案件侦破夯实了基础。我们要进一步加强对新形势下利用网络等高科技手段进行违法犯罪活动的研究，提高利用高科技手段开展"扫黄打非"工作的能力，牢牢把握"扫黄打非"工作的主动权。

第二，做好新形势下的"扫黄打非"工作，加强组织领导、各方齐抓共管是关键。徐州"3·03"案件从立案到破案，专案组坚持重要进展及时汇报、重大问题主动请示，自始至终得到全国"扫黄打非"工作小组、国家新闻出版总署、公安部和省领导的重视、指导和支持，省委领导亲自过问协调案件侦破工作，省"扫黄打非"工作领导小组相关领导深入一线、靠前指挥，及时解决办案过程的难题。在国家和省、市"扫黄打非"工作领导小组的统一协调下，各级相关部门步调一致、协同作战，形成了强大的攻坚合力。我们要进一步建立完善"扫黄打非"综合治理机制，在党委、政府的统一领导下，加强地区间联防协作，强化部门间齐抓共管，引导社会各方面积极参与，把行之有效的领导体制坚定不移地坚持下去。

第三，做好新形势下的"扫黄打非"工作，作风过硬、责任到位是保障。打硬仗需要硬作风。徐州"3·03"案件办案人员发扬特别能吃苦、特别能战斗的顽强作风，以高度的事业心和责任感，不辞劳苦、夜以继日，与犯罪分子斗智斗勇，成功破获这起案件。面对"扫黄打非"工作越来越繁重的形势，我们要进一步强化责任意识，坚持做到守土有责、守土负责、守土尽责，以扎扎实实的工作作风，狠抓各项工作措施的落实，确保"扫黄打非"工作的成效。

徐州"3·03"案件的成功侦破，是我省开展"扫黄打非"斗争的一项重要成果。面对复杂的国际国内环境，"扫黄打非"将是一项长期、复杂和艰巨的任务。全省"扫黄打非"战线要按照中央关于"扫黄打非"工作"只能加强、不能削弱"的要求，认真学习借鉴徐州"3·03"案件的成功经验，坚持"扫黄打非"不动摇、不懈怠、不敷衍，切实担负起站好岗、放好哨、守好阵地的光荣使命。当前要按照全国和省《2009年"扫黄打非"行动方案》的部署，继续严厉打击非法出版物，及时屏蔽和删除利用信息网络传播的各类违法有害信息，大力铲除淫秽色情、凶杀暴力、封建迷信等文化垃圾，坚决查缴各类侵权盗版出版物，严肃查处取缔各种形式的非法报刊；精心组织开展好以整治出版环节为切入点的集中行动，以整治印刷复制、运输环节为切入点的集中行动，以整治销售、进口环节和信息网络为切入点的集中行动。要继续加强大案要案查处工作，不放过任何有价值的线索，追源头、挖窝点，努力做到案件线索指向哪里，案件就查办到哪里，始终保持对违法犯罪分子的高压态势，确保我省出版物市场的健康有序，为全国文化市场的繁荣和发展作出新的积极贡献。

同志们，"扫黄打非"工作任务重、责任大。我们要在全国"扫黄打非"工作小组和省委、省政府的领导下，以高度的政治责任感和使命感，以更加饱满的热情、更加务实的作风、更加有力的举措，投入到"扫黄打非"新的斗争中去，以"扫黄打非"新的更大成绩，向新中国成立60周年献礼。谢谢大家！

2009年4月27日

在江苏省纪念"扫黄打非"工作二十周年研讨会暨执法鉴定培训班结束时的讲话

江苏省新闻出版局局长、党组书记、省"扫黄打非"工作领导小组
副组长兼办公室主任
徐毅英

今天上午，我们非常荣幸地邀请到了新闻出版总署反非法和违禁出版物司司长周慧琳同志、

省委宣传部部务委员刘德海同志出席我们的会议。让我们以热烈的掌声，向长期以来关心、支持江苏"扫黄打非"工作的新闻出版总署和省各有关部门领导，表示衷心的感谢！

刚才，慧琳同志向大家通报了全国"扫黄打非"工作情况，从维护意识形态安全、促进社会和谐稳定、推动文化大发展大繁荣的高度，深刻分析了当前出版物市场和文化市场面临的严峻形势，深刻阐述了当前和今后一个时期"扫黄打非"工作的目标任务、工作重点，让我们进一步认清了形势，开阔了视野，理清了思路；德海同志代表省委宣传部，充分肯定了多年来我省"扫黄打非"工作取得的成绩和经验，对进一步做好我省"扫黄打非"工作提出了新的更高的要求，具有很强的指导意义。对两位领导的讲话，我们一定要认真学习领会，全面抓好落实。下面，我就贯彻落实好本次会议精神，做好近期"扫黄打非"工作，强调几点意见。

一、充分运用研讨成果，推动"扫黄打非"工作在新起点上实现新跨越

今年是"扫黄打非"工作开展 20 周年。20 年来特别是近几年来，全省"扫黄打非"工作战线认真贯彻落实中央和省委、省政府关于"扫黄打非"工作的部署，持续开展集中行动，不断加强日常监管，"扫黄打非"工作取得显著成效，为维护党的意识形态安全和国家文化安全、服务党和政府工作大局作出了重要贡献。但我们也要清醒地看到，现阶段意识形态领域的斗争仍然尖锐复杂，"扫黄打非"工作面临的新情况、新问题层出不穷。怎样在 20 年工作的基础上，积极适应新形势新任务的要求，不断开创"扫黄打非"工作的新局面，是我们每位"扫黄打非"工作者应该思考的问题。为此，省"扫黄打非"工作领导小组决定在全省范围内开展"扫黄打非"20 年论文征集暨研讨活动，动员大家深刻总结经验，深入分析问题，思考未来发展。全省"扫黄打非"战线同志积极参与，提交了一批质量较高的研究论文。这些论文，有的是形势分析，有的是经验总结，有的是理论探讨，有的是实践心得，有的是对策建议，内容十分丰富。这些研究成果，对于推动"扫黄打非"工作在新的起点上跨上新的台阶，具有重要的指导和借鉴意义。

通过学习大家的论文，认真总结 20 年来"扫黄打非"工作的实践，我认为有这样几条经验必须加以坚持。一是必须始终坚持党对"扫黄打非"工作的领导，加强组织协调，实行综合治理，真正做到领导到位、齐抓共管、责任落实，这是确保"扫黄打非"工作成效的根本保障。二是必须坚持围绕中心、服务群众，着力维护党的意识形态安全和国家文化安全，着力规范市场秩序特别是为未成年人成长营造良好社会文化环境，这是"扫黄打非"工作的出发点和落脚点。三是必须坚持集中行动与日常监管相结合，既突出重点又全面推进，这是开展"扫黄打非"的重要工作方法。四是必须坚持与时俱进，善于以新思路、新办法、新技术推动"扫黄打非"工作，这是新形势新任务对"扫黄打非"工作的必然要求。五是必须坚持打防结合，既要严厉打击各类违法犯罪行为，又要加强宣传教育、促进行业自律，这是建立"扫黄打非"工作长效机制的必由之路。六是必须坚持抓队伍、强素质，充分调动广大"扫黄打非"工作者的积极性主动性和创造性，这是"扫黄打非"取得成效的关键所在。对这些经验，我们在今后的工作中一定要更好地进行运用、丰富和发展。

二、精心组织开展第三阶段集中行动，确保圆满完成今年"扫黄打非"工作任务

当前，全省各地正按照全国、全省统一部署，组织开展第三阶段集中行动。这次集中行动从 8 月下旬开展以来，各地各有关部门高度重视，精心组织，共出动检查 5000 余人次，检查出版物经营点 2400 多个，收缴各类非法出版物 26 万件，取缔游商 500 余个，取得重要的阶段性成果，有力保证了国庆中秋期间出版物市场的健康稳定，为庆祝新中国成立 60 周年创造了良好的文化市场环境。这次集中行动还剩下半个月的时间，我们不能有丝毫松懈。要继续保持高压态势，以严厉打击非法出版物为首要任务，以印刷复制企业、出版物批发零售市场、校园周边和窗口地区为重点检查部位，以地下印刷复制发行窝点和无证游商为重点查缴对象，进一步抓宣传、清市场、追源头、打窝点、办大案、建机制，大力净化出版物市场，以集中行动的新成效，确保全年"扫黄打非"工作任务的圆满完成。

三、扎实开展先进县（市、区）创建工作，推动"扫黄打非"整体工作上新台阶

"扫黄打非"工作重点在基层、难点在基层，薄弱环节也在基层。为推动县（市、区）加强"扫黄打非"领导体制和工作机制建设，进一步落实"属地管理"要求并有效履行职能，省"扫黄打非"工作领导小组今年初召开专门会议，推广张家港市"扫黄打非"工作经验。近一年来，全省各地认真学习借鉴张家港经验，推进"扫黄打非"工作向基层延伸，取得了积极成效。为树立典型、激励先进、推动工作，省"扫黄打非"工作领导小组决定今年底评选表彰一批"扫黄打非"工作先进县（市、区），并于上个月下发文件作了部署。各地要以评选为契机，认真组织开展创建活动，进一步把学习张家港经验推向深入。创建工作要努力在三个方面下功夫：一是要在健全完善领导体制和工作机制上下功夫，做到组织领导到位，机构队伍落实，经费保障有力，工作责任明确，向乡镇（街道）有效延伸。二是要在提高市场监管成效上下功夫，严格查办案件，加强日常监管，探索长效机制，确保市场规范有序。三是要在加强宣传教育上下功夫，动员群众大力支持，树立"扫黄打非"工作良好形象。要通过"扫黄打非"先进县（市、区）的创建工作，推动基层"扫黄打非"工作上新台阶，促进全省整体工作上新水平。

四、抓住文化市场综合执法改革契机，确保"扫黄打非"工作得到新加强

10月27日，省委、省政府召开全省市县政府暨乡镇机构改革电视电话会议，全面启动市、县政府机构改革。这意味着没有进行文化体制改革试点的市，也即将进行文化市场综合执法改革。从已经进行改革试点地区的情况看，改革后对于"扫黄打非"工作，无论是在管理体制、执法力量、经费保障方面，还是在行政效率、市场监管、工作成效方面，都得到了明显加强。各级新闻出版行政部门和"扫黄打非"部门要积极参与改革，已进行试点的市要进一步完善改革，在与有关部门共同推进文化市场综合执法改革中，使"扫黄打非"工作得到切实加强。按照中宣部、中编办等中央五部门下发的《关于加快推进文化市场综合执法改革工作的意见》和近日召开的全国文化市场综合执法改革经验交流会精神，在推进文化市场综合执法改革中，要切实把握三点要求：

一是要进一步完善"扫黄打非"工作体制。全国2009年行动方案中指出："各级党委和政府统一领导、各级'扫黄打非'工作领导小组办公室和党委宣传部门组织协调、各地区联防协作、各有关部门齐抓共管、社会各方面积极参与，是'扫黄打非'工作开展20多年来形成的行之有效的领导体制和工作机制，要毫不动摇地坚持下去。"在文化市场综合执法改革中，各级"扫黄打非"工作领导小组及其办公室，要坚持并用好"扫黄打非"工作领导体制和工作机制，及时将文化市场综合执法机构列为"扫黄打非"工作领导小组成员单位，加强与文化市场综合执法机构的协调，充分发挥其职能作用。

二是要进一步加强"扫黄打非"工作机构。中央文件和中央领导同志多次明确要求，"扫黄打非"工作"只能加强、不能削弱"。其中中办发〔2009〕7号文件规定："各地在机构改革过程中，要认真贯彻'扫黄打非'工作'只能加强、不能削弱'的要求，在坚持党委领导下的'扫黄打非'工作领导小组体制不变的前提下，确保'扫黄打非'工作机构进一步得到充实和加强，确保编制配足，严禁挪用、挤占编制。"各地要从讲政治的高度，认真落实中央精神，确保"扫黄打非"工作有领导主事、有人员做事、有经费办事、有机制成事。

三是要进一步落实"扫黄打非"工作任务。关于"扫黄打非"与文化市场综合执法的关系问题，中央文件和中央领导同志多次强调，"扫黄打非"工作是文化市场综合执法的首要任务，要用"扫黄打非"的工作成果来检验文化市场综合执法的成效。在文化市场综合执法改革过程中，各级"扫黄打非"工作领导小组要积极协调各成员单位落实"扫黄打非"任务，坚决守好"三条底线"。

同志们，参加这次会议的各位代表，是我省"扫黄打非"工作的骨干和中坚力量，你们长期奋斗在"扫黄打非"工作第一线，兢兢业业，扎实苦干，在本职岗位上创造了不平凡的业绩，为我省"扫黄打非"工作走在全国前列作出了重要贡献。我代表省"扫黄打非"工作领导小组和省新闻出版（版权）局，向同志们表示衷心的感谢和崇高的敬意！

站在新的起点上，"扫黄打非"工作任务依然很重、责任很大。我们要在全国"扫黄打非"工作小组和省委、省政府的领导下，以高度的政治责任感，以更加饱满的热情、更加务实的作风、更加有力的举措，投入到"扫黄打非"新的斗争中去，不断开创"扫黄打非"工作的新局面，为社会主义文化大发展大繁荣作出新的更大的贡献。

2009 年 10 月 31 日

2009 年"扫黄打非"大案要案综述

江苏省"扫黄打非"办公室

2009 年，我办按照行动方案总体部署，在全省开展了"扫黄打非"集中行动和四次专项治理，取得了明显成效，各地各部门在加强出版物市场日常监管的同时，强化了运用法律武器打击制黄贩黄、侵权盗版和非法出版违法犯罪活动的力度，共查处各类案件 225 起，其中刑事案件 24 起。现将相关案件查处情况整理如下。

（1）常州"5·15"侵犯著作权、贩卖淫秽物品牟利案：已审结。易春花犯侵犯著作权罪和贩卖淫秽物品牟利罪被判处有期徒刑三年，罚金 5 万元。牟盘坤犯侵犯著作权罪和贩卖淫秽物品牟利罪被判处有期徒刑二年，缓刑三年并处罚金 3 万元。

简要案情：2008 年 5 月 15 日下，常州市文化广电新闻出版局执法支队根据举报，查获了易春花销售的非法光盘 47319 张。2008 年 9 月 17 日，常州市人民检察院以易春花犯侵犯著作权罪

和贩卖淫秽物品牟利罪向常州市人民法院提起公诉，2009 年 2 月 10 日，常州市中级人民法院作出上述判决。

（2）镇江"9·25"侵犯著作权、贩卖淫秽物品牟利案：已审结。陈安强因犯侵犯著作权罪和贩卖淫秽物品牟利罪被判处有期徒刑四年，罚金 3.5 万元。陈安友犯侵犯著作权罪被判处有期徒刑二年，缓刑二年并处罚金 2.6 万元。邱忠阁犯侵犯著作权罪被判处有期徒刑一年，缓刑二年并处罚金 7800 元。

简要案情：2008 年 3 月 ~ 9 月期间，陈安友帮助陈安强租用镇江市京口区的一处民房，存放从广州购进的盗版和淫秽光盘，期间，两人多次向邱忠阁等人销售光盘。2008 年 9 月 25 日，镇江市公安局京口分局民警查处了这一盗版光盘窝点，共收缴盗版光盘 15124 张，淫秽光盘 382 张。2009 年 2 月 13 日，镇江市京口区人民检察院以陈

安强等三人犯侵犯著作权罪和贩卖淫秽物品牟利罪向镇江市京口区人民法院提起公诉，2009年3月12日，镇江市京口区人民法院作出上述判决。

（3）海安"4·19"侵犯著作权、贩卖淫秽物品牟利案：已审结。朱兆平因犯侵犯著作权罪和贩卖淫秽物品牟利罪被判处有期徒刑三年，罚金1.8万元。

简要案情：2007年初以来，朱兆平以营利为目的，购入盗版和淫秽光盘存放在仓库内。2008年4月19日，海安县文化局执法人员在其仓库内收缴到光盘2855张。2009年3月12日，海安县人民检察院以朱兆平犯侵犯著作权罪向海安县人民法院提起公诉，2009年6月4日，海安县人民法院作出上述判决。

（4）淮安"4·20"假记者案：已审结。王晓凌、贾东镇因犯敲诈勒索罪被判处有期徒刑一年两个月。

简要案情：2008年3月间，王晓凌、贾东镇等人以《决策内参》杂志社、《祖国》杂志社记者名义在灌南经济开发区、睢宁经济开发区、泗洪、泗阳、阜宁等地以曝光当地负面事件为由实施敲诈勒索，共强行索取1.2万人民币及烟酒等财物。2008年4月17日，王晓凌、贾东镇因犯敲诈勒索罪被淮安市公安局清浦分局监视居住。2009年1月12日，清浦区人民检察院提起公诉，2009年4月30日，淮安市清浦区人民法院作出上述判决。

（5）南京"3·16"非法经营案：已审结。南京广信印刷有限公司因犯非法经营罪被判罚金74.5万元，任德明因犯非法经营罪被判处有期徒刑三年缓刑四年并处罚金21.7万元。

简要案情：2007年下半年~2008年3月间，南京广信印刷有限公司由总经理任德明通过互联网，接收上家发来的拟印刷的各类报纸电子版，指使公司员工为上家刘庆启非法印刷报纸43种共计75万份，帮助其销往深圳、济南等地。2007年1月~9月期间，用同样的方式为上家林巧印刷《海陆空》、《环球新周刊》等15种共计220万份非法报纸。前后非法所得共计21.69万

元。2008年3月16日，任德明被南京市公安局雨花台分局刑事拘留，后又先后被取保候审、监视居住，11月28日被批捕。2009年6月22日，雨花台区人民检察院提起公诉，2009年7月29日，南京市雨花台区人民法院作出上述判决。

（6）南通"3·31"贩卖淫秽物品牟利案：已审结。周惠英犯贩卖淫秽物品牟利罪被判处拘役三个月缓刑六个月，罚金5千元。曹娟犯贩卖淫秽物品牟利罪被判处拘役两个月缓刑三个月，罚金3千元。

简要案情：2009年3月，曹娟在其店主周惠英同意下，为牟利从他人处购买淫秽光盘166张摆放在音像店内出售。2009年3月31日，南通市"扫黄打非"办工作人员将上述光盘查获。2009年6月26日，南通市通州区人民检察院以周惠英、曹娟犯贩卖淫秽物品牟利罪向通州市人民法院提起公诉，2009年7月2日，通州市人民法院作出上述判决。

（7）苏州"6·16"贩卖淫秽物品牟利案。已审结。胡良运犯贩卖淫秽物品牟利罪被判处有期徒刑十个月缓刑一年，并处罚金5千元。

简要案情：2009年6月16日，胡良运在苏州市平江区平河路与广济路交界口搭设的摊位上向他人贩卖淫秽光盘时，被公安人员抓获。后公安机关又从其摊位上查获260张淫秽光盘。2009年8月26日苏州市平江区人民检察院以胡良运犯贩卖淫秽物品牟利罪向平江区人民法院提起公诉，2009年9月14日，平江区人民法院作出上述判决。

（8）徐州"3·7"传播淫秽物品牟利案。已审结。晁锋犯传播淫秽物品牟利罪被判处有期徒刑十年，并处罚金1万元。刘东犯传播淫秽物品罪被判处有期徒刑一年。张久权犯传播淫秽物品罪被判处有期徒刑十个月。白志坚犯传播淫秽物品罪被判处有期徒刑十个月。韩生望犯传播淫秽物品罪被判处有期徒刑九个月。王辉犯传播淫秽物品罪被判处有期徒刑九个月，缓刑一年。陈永亮犯传播淫秽物品罪被判处有期徒刑九个月，缓刑一年。

简要案情：2006 年初，晁锋租用物理地址在美国的服务器建立了一个名为"mm778"的正规网站，自己担任管理员。后网站更名为"5aibt"，在此期间，由于刘东的积极参与，晁锋任命其为网站管理员，在共同管理网站过程中，该网站逐渐演变为淫秽网站，并于 2006 年年底更名为"狼客帝国"。2008 年度 11 月，网站再次更名为"逸香阁"（区域名：http：//yxg. howtt. com，服务器地址：67. 210. 123. 10）。晁锋、刘东于 2008 年 11 月~2009 年初相继任命了张久权、白志坚、韩生望、王辉、陈永亮分别为"逸香阁"网站管理员、总版主、版主。张久权、白志坚、韩生望、王辉、陈永亮明知该网站存在大量的淫秽电子信息，仍对该网站进行相应权限地管理，并提供淫秽视频文件、图片、文章的直接链接、下载及浏览。至案发时该网站提供的 7523 张图片、634 篇文章、90 部电影、85 部视频，经鉴定均属淫秽物品。2008 年 7 月起，晁锋通过代理并在"逸香阁"网站发布"性趣堡"广告牟利人民币 1000 余元。2009 年 9 月 27 日徐州市鼓楼区人民检察院以晁锋犯传播淫秽物品牟利罪，刘东、张久权、白志坚、韩生望、王辉、陈永亮犯传播淫秽物品罪向徐州市鼓楼区人民法院提起公诉，2009 年 12 月 1 日，徐州市鼓楼区人民法院作出上述判决。

（9）苏州"2·19"贩卖淫秽物品牟利案。已审结。裴建强犯贩卖淫秽物品牟利罪被判处有期徒刑七个月，并处罚金 3 千元，犯非法经营罪被判处有期徒刑九个月，并处罚金 140.8 元，决定执行有期徒刑一年，并处罚金 3140.8 元。

简要案情：2009 年 2 月 19 日上午，裴建强以牟利为目的，在苏州市钱万里桥小商品市场二区 15 号摊位向朱同林贩卖淫秽光盘 44 张，并在其摊位内查获淫秽光盘 200 张。经鉴定，上述光盘均为淫秽物品。裴建强在未取得《音像制品经营许可证》的情况下在上述摊位经营音像制品。2009 年 2 月 19 日上午，裴建强在上述地点向朱同林贩卖出售光盘 291 张，并在其摊位内查获光盘 708 张。经鉴定，上述光盘中共计 801 张为非法出版物。2009 年 7 月 30 日苏州市金阊区人民检察院以裴建强犯贩卖淫秽物品牟利罪、非法经营罪向苏州市金阊区人民法院提起公诉，2009 年 9 月 18 日，苏州市金阊区人民法院作出上述判决。

（10）苏州"8·15"、"番茄花园"侵犯著作权案。已审结。成都共软网络科技有限公司犯侵犯著作权罪被判处罚金人民币 8772861.27 元。孙显忠犯侵犯著作权罪被判处有期徒刑三年六个月，并处罚金人民币 100 万元。张天平犯侵犯著作权罪被判处有期徒刑二年六个月，并处罚金人民币 10 万元。洪磊犯侵犯著作权罪被判处有期徒刑三年六个月，并处罚金人民币 100 万元。梁焯勇犯侵犯著作权罪被判处有期徒刑二年，并处罚金人民币 10 万元。成都共软网络科技有限公司的违法所得计人民币 2924287.09 元予以没收。

简要案情：2006 年 12 月~2008 年 8 月期间，四川网联互动广告有限公司（另案处理）和成都共软网络科技有限公司为营利，由孙显忠指示张天平和洪磊、梁焯勇合作，未经微软公司的许可，复制微软 WindowsXP 计算机软件后制作多款"番茄花园"版软件，并以修改浏览器主页、默认搜索页面、捆绑其他公司软件等形式，在"番茄花园"版软件中分别加载百度时代网络技术（北京）有限公司、北京阿里巴巴信息技术有限公司、北京搜狗科技发展有限公司、网际快车信息技术有限公司等多家单位的商业插件，通过互联网在"番茄花园"网站、"热度"网站发布供公众下载累计 196909 次。成都共软网络科技有限公司从百度时代网络技术（北京）有限公司获取非法所得计人民币 935665.53 元、从北京阿里巴巴信息技术有限公司获取非法所得计人民币 1611996.46 元、从北京搜狗科技发展有限公司获取非法所得计人民币 69538.50 元、从网际快车信息技术有限公司获取非法所得计人民币 307086.6 元。2009 年 6 月 3 日苏州市虎丘区人民检察院以成都共软网络科技有限公司、孙显忠、张天平、洪磊、梁焯勇犯侵犯著作权罪向苏州市虎丘区人民法院提起公诉，2009 年 8 月 20 日，苏州市虎丘区人民法院作出上述判决。

（11）铜山"2·17"传播淫秽物品牟利案。已审结。王全成犯传播淫秽物品牟利罪被判处有期徒刑六年，并处罚金人民币5万元。应滔犯传播淫秽物品牟利罪被判处有期徒刑六年，并处罚金人民币5万元。章欢祥犯传播淫秽物品牟利罪被判处有期徒刑二年，并处罚金人民币2万元。李先锋传播淫秽物品牟利罪被判处有期徒刑二年，并处罚金人民币2万元。柳堤犯传播淫秽物品牟利罪被判处有期徒刑二年，并处罚金人民币2万元。朱虹宇犯传播淫秽物品牟利罪被判处有期徒刑一年六个月，并处罚金人民币1.5万元。韩锋犯传播淫秽物品牟利罪被判处有期徒刑七个月，并处罚金人民币1万元。

简要案情：网名admin、edishui等人为牟取非法利益，利用设在美国的服务器，建立"新情色海岸线"网站，开2007年8月开始在该网站内注入大量涉及淫秽内容的电子信息的帖子，通过VIP会员等手段收取钱财。王成全、应滔、柳堤、章欢祥、李先锋、韩峰、朱虹宇等人明知网名为admin、edishui等人利用该网站传播淫秽物品牟利，仍担任网站的管理员、总版主、版主、等职务管理该网站，维护该色情网站的正常运营。2009年8月6日铜山县人民检察院以王成全、应滔、柳堤、章欢祥、李先锋、韩峰、朱虹宇等人犯传播淫秽物品牟利罪向铜山县人民法院提起公诉，2009年9月12日，铜山县人民法院作出上述判决。

（12）苏州"6·19"贩卖淫秽物品牟利案。已审结。江青月犯贩卖淫秽物品牟利罪被判处有期徒刑六个月，并处罚金人民币5千元。

简要案情：2009年7月15日20时许，江青月在苏州市桃花坞大街摆设的摊位上，以人民币15元的价格向吴小金贩卖淫秽光盘4张，被公安人员抓获。后公安人员从其摊位上当场查获用于出售的疑似淫秽光盘261张。经鉴定，从江青月处查获的261张光盘中212张光盘系淫秽物品、从吴小金处查获的4张光盘均系淫秽物品。2009年9月17日苏州市平江区人民检察院以江青月犯贩卖淫秽物品牟利罪向苏州市平江区人民法院提起公诉，2009年9月27日，苏州市平江区人民法院作出上述判决。

（13）苏州"7·15"贩卖淫秽物品牟利案。已审结。季利标犯贩卖淫秽物品牟利罪被判处有期徒刑四年六个月，并处罚金人民币1.5万元。李小微犯贩卖淫秽物品牟利罪被判处有期徒刑三年，缓刑三年，并处罚金人民币1万元。

简要案情：季利标、李小微于2008年10月~2009年6月期间，经事先预谋，为牟取非法利益，采用低价购入高价卖出的方式，共同向他人贩卖各类淫秽光盘共计404张，2009年6月17日，公安机关在二人的暂住地苏州市水潭头21号将李小微抓获，并从该暂住地查获用于贩卖的疑似淫秽光盘3272张。2009年6月19日，季利标被公安机关抓获。经鉴定，在季利标、李小微暂住地查获的光盘中有2970张系淫秽光盘，贩卖给他人的404张光盘也均系淫秽光盘。2009年10月16日苏州市平江区人民检察院以季利标、李小微犯贩卖淫秽物品牟利罪向苏州市平江区人民法院提起公诉，2009年11月10日，苏州市平江区人民法院作出上述判决。

徐州"3·03"刘庆启制售非法报纸网络团伙案查处情况调研报告

江苏省"扫黄打非"办公室

多年来，我省先后侦办了"10·1"非法报　　纸出版案、"9·26"钟山非法出版案等数十起大案，江苏可以说得上是一个比较善于查办非法出版案件的省份，在全国产生了一定的影响。今年我省又成功地查获了徐州"3·03"刘庆启制售非法报纸网络团伙案（下称徐州"3·03"案）。较以往案件不同的是，这是一起从一条待核查线索追溯而起获的涉及全国二十余个省市的累计发行非法报刊达千万份的案件。在这起案件中，由于我们汲取了现代经营理念，依靠高科技手段与高智商犯罪较量并取得了最终胜利，同时也积累了在新形势下打击非法出版犯罪活动的有益经验。

一、从一条不起眼的线索发现了惊天的秘密

2008 年 2 月份，全国"扫黄打非"办转来兰州方面涉及我省的销售非法报纸的十余条线索，虽然类似线索在全国其他省市多达数百条，但是接到转来的线索后，我们按照一贯的传统，对有关线索进行了认真分析，以期筛选出有价值的线索。

"刘庆启"一个似曾相识的名字一下跳入省"扫黄打非"办工作人员的眼帘。他是一个曾经纳入执法部门视线的报贩，长期从事销售报刊业务，也曾因轻微违法受到过行政管理部门的查处，但由于其行动诡秘、若隐若现，一直未能取得其违法的关键证据。现在他居然再次出现，可能是一条潜得很深的大鱼。这次一定不能轻易放过。省"扫黄打非"办迅速交办徐州市"扫黄打非"办，要求将刘庆启列为重点线索，组织力量深挖细查。

徐州市"扫黄打非"部门有着办理大案要案的光荣传统，先后办理了"红河谷快乐王国网络淫秽信息电子案"等数十起刑事大案，"扫黄打非"办、新闻出版局和公安机关连续获得全国"扫黄打非"工作小组表彰。执法部门的同志特别能战斗，而且富有协作精神。接到任务后，徐州市新闻出版局执法人员高度负责，迅速对当地的所有报刊亭和运输渠道开展秘密调查，并很快确认了刘庆启向省内外很多地区批销大宗非法报纸的事实，且从未取得合法身份。

那么刘庆启究竟只是一个中间批销环节还是炮制非法报纸的地下源头？他的编辑机构、印刷据点、储运中心又在哪里？接下来的连续数日，执法人员兵分两路开展侦查。一路在其疑似窝点附近守候，另一路对徐州市周围的印刷企业加紧排查。然而连续的昼夜蹲守，办案人员既没有看到繁忙的分发场景，也未发现涉嫌的印刷厂家，只有一辆运货的面包车偶尔出没。

而这一阶段省"扫黄打非"办却不断得到无锡等地关于刘庆启销售非法报纸的大量信息。种种迹象表明，即使在管理部门严密的监视下，刘庆启也一直在猖狂活动，从未有任何的停顿。其规模和效率可能超乎我们的想象，如不及时控制后果不堪设想。特别令人担忧的是，刘庆启印制非法报纸不仅数量大、范围广，而且极为隐蔽。如果被境外敌对势力利用，或者含有淫秽色情违禁内容，必将产生严重的社会危害。

省"扫黄打非"办一方面对市场上发现的样报组织人员进行审读。这些"报纸"的消息来源绝大部分下载自国内的网站，未发现存在严重政治问题和淫秽色情的内容，但刊登了大量涉及敏感问题的军事类、时政类和法制类文章。不少内容肆意炒作、以偏概全，通过煽情的标题来吸引读者的眼光，对一些未经证实的消息大肆传播，以讹传讹，极易引起社会不安定。因此迅速破案刻不容缓。

另一方面，由于蹲点跟踪效果不大，省、市"扫黄打非"办迅速调整了侦察思路。市场上出现的大宗报纸，印制质量尚好，并且能迅速地扩散到全国各地，说明刘庆启极可能利用我们所不熟悉的途径，经营着一个庞大的"报业托拉斯"。通过向业内人士了解当前平面媒体的生产过程、流通规律和资金往来方式，我们分析刘庆启可能采用了异地印刷、异地分发的经营方式，躲过了执法部门的侦察。

省"扫黄打非"办将上述情况向省"扫黄打非"工作领导小组副组长、新闻出版局局长徐毅英同志汇报后，徐局长认可了我们的判断和建议，并带领省"扫黄打非"办的同志赶赴徐州指导办案。在当地党委和政法委负责同志高度关注下，公安机关的技术部门迅速介入并运用技侦手段全方位监控。十余天后便传来了令人振奋的消息。

监控结果证实了我们的预料，一个触目惊心的秘密也被揭开了面纱。刘庆启果然经营着一个潜伏已久的非法出版窝点，控制着一张分工明确、效率极高、高度隐蔽的地下制售网络。

在编辑环节，刘庆启纠集 5 名不法分子组成了一个所谓的"编辑部"，并雇佣两名未成年女孩每天在互联网下载文章，根据他们的需要编发政治、军事和时政等各类非法报纸，自 2007 年 6 月起的 9 个月内就编发此类报纸近 50 种。这个所谓的"编辑部"，就设在某铁路局的一个宿舍内。其所谓的"业务部"、"财务部"和仓库则分散隐蔽在某粮食局大院等处。外人根本看不出这是一个每天经营几十种非法报纸的地下窝点。

在印刷环节，刘庆启团伙主要依靠互联网将编排好的报纸通过 QQ 聊天软件传输给异地的印刷厂家。像这样的印刷厂家既有印制报纸的正规企业，也有非法设立的地下作坊。并且还根据市场的需要，在河北、江苏、四川、江西、北京等地联系有相对固定的分印网点。

在发行环节，则是有效地利用了一些正规印刷厂与铁路等发运部门长期合作的业务关系，每天随正规报刊向各地的销售点发放，在全国共发行了近三百万份非法报纸。此外，刘庆启团伙除了向各地批销自编报纸，也代发其他发行商的非法报纸，涉及的省份多达到 25 个。

随着案件侦查的进一步深入，一个由不法出版团伙、印刷企业和发行人员互为交织的、错综复杂的地下出版网络也逐渐在我们面前明晰起来。如何来对付这样一个隐蔽而庞大、看似松散却高效的地下网络？执法部门必须及时调整破案的组织形式和侦察手段。

二、探索刑事犯罪和行政违法相交织的跨地区案件有效的办案模式

刘庆启俨然建立了一个庞大的"地下报业集团"。这个集团涉及省内和省外出版、印刷、发行和运输等各个行业的近百个合作伙伴。既有不懂法律的印刷厂家，又有见利忘义的正规企业；既有蓄意犯罪的不法团伙，又有被动卷入的

年轻职工。其身份各不相同，违法的故意、情节和恶性程度也不一样。

要全面彻底地侦办这样一起经济刑事犯罪活动和新闻出版行政违法行为相交织的跨地区案件，必须在全国"扫黄打非"办和公安部的指导下，在省"扫黄打非"工作领导小组的领导下，建立起公安和新闻出版联合办案，省内、省外协同作战的工作机制。为此我省成立了由省"扫黄打非"工作领导小组领导为组长，省政法委、公安厅、新闻出版局的负责同志为成员的案件协调小组，统一指挥协调，还分别成立了有"扫黄打非"办、新闻出版局和公安机关组成的徐州"3·03"专案组和南京"3·16"专案组，对刘庆启团伙和其重要下家南京广信公司开展侦查，并通过案件协调会、联合办公等形式通报案情、协调动作、交换信息、讨论和解决疑点难点。

由于统一指挥、动作协调，执法部门避免了单方面的局部的贸然行动，防止了因办案时间差造成的涉案人员闻风逃逸等情况。一举抓捕了刘庆启的核心成员 17 名、批准逮捕 6 人，抓捕南京广信公司涉案人员 3 名、批准逮捕 1 人，并及时控制了关键的电脑数据、客户名册、货单账目，以及待发的《新周报》、《亮剑》、《天下武备》等非法报纸近十万份。在违法分子毫无察觉的情况下端掉了窝点，锁定了主要犯罪证据。

专案组组成单位根据业务分工，各自履行职责，并密切配合，取得了很高的工作效率。为审结徐州案件取得铁证，同时为追查省外的不法分子提供了有效线索。

省新闻出版局和省"扫黄打非"办及时传达了上级部门和各级领导对案件的查办要求和指导意见，在第一时间对非法报纸组织审读，还通过搜索境内外网站进行比对验证其来源，对刘庆启的犯罪性质提出了主导意见，从而确定了明确的侦办方向。与此同时，先后六次牵头召开案件协调会，统一执法思想，明晰办案原则，确定工作重点，并对检察院、法院的起诉审理提供了法律和政策咨询，对解决办案经费方面进行了有效

协调。

省公安厅及时指导督办了徐州和南京的案件，主持两市警方交换证据线索，督促和检查办案进度，协调解决案件移交方面的不同意见，并将涉及外省的 13 条不法团伙委托我省印刷非法报刊的线索和 20 多条与刘庆启合作的不法报贩的线索，及时传给有关省份的公安部门。

徐州市公安机关加强了对刘庆启等主要犯罪分子的审讯，迅速查清了制售非法报纸 48 种 270 余万份的主要犯罪事实，并远赴甘肃、河北、北京、济南等地调查取证，向省里和全国"扫黄打非"办移交了 25 个省（市）90 条发行线索。

徐州市新闻出版局和"扫黄打非"办对 67 种非法报纸作出了准确的鉴定意见，并会同公安部门对省内的发行单位开展了调查取证。南京市新闻出版局和"扫黄打非"办充分利用其业务专长，对上千条线索进行了认真梳理，同时及时协助公安机关调查取证，从浩繁的台账资料和电脑硬盘中，查实了南京广公司承印 900 万份非法报纸的犯罪事实。

由于办案部门采取了公安和新闻出版部门密切协作和省内省外"扫黄打非"部门跨地区联动的工作模式，不仅使徐州"3·03"案于 2008 年 12 月 19 日顺利审结，刘庆启等 6 名主要犯罪嫌疑人被判处 2~6 年有期徒刑，其余 12 名违法人员被处以相应行政处罚。更重要的是，办案同志又新发现了类似刘庆启的，源头分别隐藏在山东、北京、河南、安徽和广东 5 个省市的 13 张地下网络线索。这些网络互为渗透、互为交叉，出笼了数量惊人的非法报纸。我们把这线索及时转给相关省份，为彻底铲除隐藏在全国各地的地下非法报刊制售网络作出了应有的贡献。

三、查处高智商犯罪需要现代经营理念和高技术手段

刘庆启充分利用网络技术，充分利用合法运输渠道，充分利用正规厂家，借助市场化运作这只无形之手，足不出户控制着庞大的印刷厂家和发行摊点，具有明显的高智商犯罪特征。

组织形式上，刘庆启在徐州设立非法出版总部，在全国各地则联系有固定的印刷厂家和发行单位，并通过契约的方式牢牢操控。发行人员每发行一份报纸便能得到 7 分钱的提成，承印单位每月能按时甚至提前收到数十万元的账款。在内部管理上，他的业务联系、编辑排版、印刷托运以及批销分发活动都明确专人负责。各个下家也只能单线联系，互相并不知底。

刘庆启利用网络上丰富的信息资源，不断从网上下载文章，报纸印刷发行的有关信息也是利用网络传输到相应厂家。由于运用了便捷的高科技手段，他将这些信息通过编辑、加工变成专业版的报纸的速度非常快，仅 9 个月内就炮制了从政治类、军事类到生活类、娱乐类近五十种。

除了选择偏僻的河北农村印刷发货外，刘庆启将大部分业务委托给南京广信公司，利用这家正规企业作掩护，拉拢从业人员内外勾结，从而披上了合法外衣。南京广信公司见利忘义，不仅经常在夜间印刷为其印刷非法报纸，还利用在铁路系统的发货渠道，轻而易举地向外分发。

原本以为刘庆启等只是一帮乌合之众，但他们很会运用现代经营理念和高科技手段，已经超过了我们的估计，有的甚至走在了我们前面。加之作案时处处提防，几乎不留账目，还常常随即销毁凭账单据和电脑记录。在案发后又拒不交待、避重就轻、时常翻供。与这样的犯罪分子较量，要求办案同志创造性地开展工作。

在查处徐州"3·03"案的过程中，大家逐渐认识到，仅靠传统的办案思路和工作手段，难以追踪和破获具有高智商特征的犯罪团伙。必须学习新的知识来武装头脑，必须依靠科技手段来提高效率。同时逐步认识到，办案光凭吃苦耐劳、敢打敢拼也还不够，必须适时调整工作思路，与不法分子斗智斗勇。

向业内人士虚心学习、虚心讨教，了解现代报业的运行规律是摆脱习惯思维，找到克敌致胜钥匙的关键。办案同志解析出何以会出现在严密的监视下未见刘庆启大规模经营动作，但市场上仍然充斥其炮制的非法报纸这种现象的原因，发现了他利用执法部门不掌握的方法从事非法出版活动的特点，并从中找到了击中要害的方法。

一是犯罪分子再狡猾也不可能雁过无痕。办案同志通过审读发现刘庆启编印的所谓"报刊"绝大部分来源于网站，通过检查运作方式发现他经常利用网络聊天软件，料定必然在电脑和电信服务器上留下了相关记录。随后一举扣留并检查了刘庆启团伙所有的电脑硬盘，同时调阅了电信部门的档案，对刘庆启删除的记录也及时组织专业人员予以恢复，初步发现了非法报纸委印发行数量达 323 万份，从而锁定了较为准确的犯罪证据。

二是通过向业人人士请教，办案同志了解到在当前技术条件下，犯罪分子也能够利用远端传输技术通过数字方式发送报纸的版式、内容和发行对象等相关信息并由异地工厂代印代发，及时会同公安部门对其通信情况进行监控，从而发现了分布在不同省份的为其印刷非法报纸的 5 家印刷厂，并由此基本掌握了其网络的组织规模。

三是有大笔业务就有大笔资金，刘庆启决不可能提着麻袋付账。办案同志通过现场查获的银行卡调阅了银行的资金往来记录，查实承印厂家接受的款项达 114 万元，从而对其最重要的印刷基地南京广信公司、河北华夏公司进行了重点突击，并获得了涉案人员的众多犯罪信息，为审结此案固定了完整有效的证据链。

四是我省对报刊发行活动有着严格的管理规定，刘庆启等为何能突破严密的管理网络将非法报纸流向全国。办案同志分析，他一定利用了管理漏洞或者拉拢了部分缺乏职业道德的业内人员，为此办案同志把侦察方向也锁定在部分重点对象身上。南京市"扫黄打非"办就是根据省"扫黄打非"办提供的线索和要求，通过晚上蹲守到凌晨 2 点一举查获正在上机印刷的广信公司，现场收缴 7.8 万份非法报纸。此外办案同志还通过走访成本较低且具有大宗运输能力的铁路渠道和物流公司，锁定了刘庆启非法报刊的发行数量。

狐狸再狡猾也逃不过聪明的猎手。刘庆启无论如何也想不到，一条不起眼的线索会使他悉心经营的王国倾刻间分崩离析。他自以为聪明，但在大智大勇的"扫黄打非"战士面前，他所施展的也不过是雕虫小技而已，相信地下非法报纸出版网络上的其他不法团伙即将遭遇同样下场。

四、从徐州"3·03"案得到的几点启示

（一）必须运用新的理念指导办案

先进的经营理念和高科技手段推动着我国经济社会的蓬勃发展，但是不法分子也会利用这些理念和技术从事非法出版活动。如果执法部门固守传统的办案方式显然不能适应时代要求。必须及时学习和借鉴现代企业的运行规则、经营模式和管理方式，做到知己知彼，才能把握好办案方向，掌握办案时机，战而胜之。

（二）必须采取有效的组织形式联合办案

通过刑事和行政联合办案，积极发挥公安和新闻出版等部门的各自优势，统一协调、取长补短，不仅有利于严厉惩处非法出版的主犯，而且有利于教育和挽救一批违法的企业和个人。全国范围内省与省之间开展联合作战，才能把遍及全国的非法出版网络彻底打垮。否则一个刘庆启倒下去，会有更多的刘庆启冒出来。

（三）必须充分运用科技手段破案

高科技能使工作高效便捷，但对违法犯罪分子来说却是一把双刃剑。在提供了方便、缩短了距离、增加了隐蔽性的同时，也完整地留下了他们的作案痕迹。只要办案人员善于学习和掌握高科技手段并运用得当，就能够顺利破案，即使零口供也不足畏惧。在这起案件中，执法部门成功地运用技侦手段对不法分子实施监控，还从电脑数据和银行卡入手，获取了比较完整的证据链，使所有不法分子被绳之以法。

（四）必须积极争取领导的重视

领导的关注和支持是圆满办案的重要保障，特别是遇到阻力的时候，极大地鼓舞了一线同志的士气，解决了许多基层不能解决的实际困难。此案从立案到破案，一直受到了全国"扫黄打非"办和公安部的直接指导。省"扫黄打非"工作领导小组领导也始终密切关注案件进展，还在关键时刻帮助专案组解决了诸多难题。省委常

委、宣传部长杨新力同志、省新闻出版局局长徐毅英同志亲自过问和协调，副局长傅杰三、公安厅副厅长秦军多次出席案件协调会督办案件，最终保证了案件的顺利审结。

2009年"扫黄打非"大事记

江苏省"扫黄打非"办公室

1月16日，在收视第二十二次全国"扫黄打非"工作电视电话会议后，江苏省接着召开全省"扫黄打非"工作电视电话会议。省委常委、宣传部长、省"扫黄打非"工作领导小组组长杨新力同志对2009年"扫黄打非"行动进行动员部署。会议同时对我省2007～2008年度涌现出的59家先进集体和有功集体、53名先进个人和有功个人进行了表彰、奖励。1月18日，省委办公厅和省政府办公厅转发了由省委宣传部、省委政法委和省新闻出版局联合下发的《江苏省2009年"扫黄打非"行动方案》。

2月20～21日，省"扫黄打非"办组织开展省、市、县三级执法部门文化市场统一执法行动。全省13个市、106个县（区）统一行动，各级"扫黄打非"工作领导小组负责同志和"扫黄打非"办主任590人参加，抽调"扫黄打非"成员单位执法人员1900余人。全国"扫黄打非"工作小组副组长兼办公室主任、新闻出版总署副署长蒋建国同志充分肯定我省的做法，在省"扫黄打非"办《关于省市县三级联合执法行动，坚决打压非法出版活动"反弹"的工作情况汇报》上批示："江苏行动迅速、值得表扬，可编发一期专刊简报上报下发。"

3月13日，全省"扫黄打非"工作暨先进授奖会议在张家港市召开，会议传达了全国净化社会文化环境工作会议、新闻出版总署净化社会文化环境工作座谈会和全国"扫黄打非"办主任广州会议精神，听取了各地工作情况汇报，对进一步开展好第一阶段集中行动作出部署，同时对2008年受到全国表彰的先进单位和个人进行了授奖。会上，张家港市"扫黄打非"办作了题为"守土有贵、开拓进取，不断开创'扫黄打非'工作新局面"的专题发言。

4月中旬～7月底，全省开展清缴低俗音像制品专项行动。省"扫黄打非"办及时传达全国音像出版复制发行工作座谈会议精神，制订下发我省贯彻实施意见。各地各有关部门认真落实"扫黄打非"工作领导小组负责同志"不留死角，不漏一盘"的批示精神，积极开展市场检查。共出动检查1.1万人次，检查出版物经营点和印刷复制企业1.3万家次，收缴各类低俗和非法音像制品23.4万件（其中低俗音像制品2238种3.2万件），取缔关闭非法店档摊点439个，查办行政案件30起。各地音像、出版、复制发行单位根据要求认真自查自纠，进一步提高了依法经营的意识，强化了社会责任。

4月22日，省"扫黄打非"办联合省"扫黄打非"工作领导小组成员单位在南京举办了非法出版物集中销毁现场会。江苏省和南京市"扫黄打非"工作领导小组领导、各成员单位负责同志以及社会各界代表1200人出席现场会。同时开展了"打击盗版、支持正版、保护知识产权"签名、发放绿书签等活动。全省共销毁侵权盗版制品及各类非法出版物323.6万件，其中盗版、淫秽光盘240.1万张、盗版和非法书报刊83.5万件。

4月27日，全国"扫黄打非"工作小组表彰奖励徐州"3·03"制售非法报纸团伙网络案有功集体、有功个人大会和江苏省"扫黄打非"工作汇报座谈会在南京举行。全国"扫黄打非"工作小组副组长兼办公室主任、新闻出版总署党组副书记、副署长蒋建国，副省长曹卫星出席会议并作重要讲话。会议听取了省和南京、徐州市"扫黄打非"工作情况汇报，对查处徐州"3·03"制售非法报纸团伙网络案的3家有功集体和9名办案有功个人予以了表彰奖励。

5月6日，淮安市清浦区人民法院对淮安"4·20"假记者案作出一审判决，以敲诈勒索罪分别判处王某、贾某有期徒刑一年两个月。省"扫黄打非"工作领导小组负责同志高度重视此案查处工作。省委常委、宣传部长、省"扫黄打非"工作领导小组组长杨新力同志亲自过问，副组长、省新闻出版局局长徐毅英同志亲自协调。省"扫黄打非"办、省委宣传部、省委政法委、省公安厅多次前往淮安等地指导督办，有力保证了案件的顺利审结。

5月25日，收视全国"扫黄打非"2009年第一次电视电话会议后，我省紧接着于5月25日、26日分别在南京和常州召开省"扫黄打非"工作领导小组成员会议和全省新闻出版局局长、"扫黄打非"办主任会议，对贯彻全国电视电话会议精神，重点查缴含有违禁内容的非法出版物、开展好"扫黄打非"特别整治行动和迎接新中国成立60周年"出版物市场集中检查行动"进行了部署。省"扫黄打非"工作领导小组副组长、省新闻出版局局长徐毅英同志出席会议并讲话。全省各地各部门密切配合，积极行动，取得了阶段性成果。5月中旬～10月中旬，共出动检查5千人次，检查出版物经营点4千个，收缴含有违禁内容的非法出版物49件，其他非法出版物30万件。省委常委、宣传部部长杨新力同志批示："'扫黄打非'办公室工作一直不错，主动、细致，有力度，关键时候更要注意密切配合，严查、严堵、严打。"

10月30～31日，省"扫黄打非"工作领导小组在南京召开全省纪念"扫黄打非"工作二十周年研讨会暨执法鉴定培训班，就新形势下进一步加强我省"扫黄打非"工作开展研讨交流。新闻出版总署反非法和违禁出版物司司长周慧琳，江苏省新闻出版局局长徐毅英，江苏省委宣传部部务委员刘德海到会并讲话。会议同时对我省"扫黄打非"二十年论文征集活动获奖单位和作者进行了表彰奖励。

省"扫黄打非"办于11月18日在全省范围内组织开展打击手机网站传播淫秽色情信息专项行动。这项行动将至2010年5月底结束，年底已取得阶段性成果。省"扫黄打非"办于12月18日制定下发了《专项行动实施方案》明确了七条主要措施。各地各有关部门精心部署，迅速行动，已关闭含有淫秽色情低俗信息和未备案的网站8千多个，核实处理WAP网站1238个，清理无ISP资质的接入服务商3家，清理合作的违规SP单位5家。昆山、南京、无锡、常州破获4起手机网站传播淫秽色情信息牟利案件，被全国"扫黄打非"办列入重点案件挂牌督办。

12月份，省"扫黄打非"工作领导小组在全省开展2009年度省辖市"扫黄打非"工作目标考核和全省"扫黄打非"先进模范县（市、区）评选活动，并从中推荐先进集体和先进个人报全国参评。经省"扫黄打非"办量化考核和省"扫黄打非"办主任会议审议评定，徐州、淮安、南京等八市"扫黄打非"办考核成绩为优秀，连云港、常州、宿迁等五市"扫黄打非"办考核成绩为良好。南京市玄武区、苏州张家港市和南通海安县等20个县（市、区）被评为全省2009年"扫黄打非"先进模范县（市、区）。扬州市"扫黄打非"办等5个单位和郑泽云等6名同志被全国评为先进集体和先进个人。

12月24日～25日，中共中央委员、全国"扫黄打非"工作小组专职副组长李长江同志来我省视察，听取"扫黄打非"工作和打击手机网站制作、传播淫秽色情信息专项行动汇报，实地查看南京、镇江的重点出版物市场，对我省进一步开展好"扫黄打非"工作提出指导意见。省长罗志军，省委常委、宣传部长杨新力亲切会见了李长江同志一行，南京市委、镇江市委领导同志陪同考察。

创新经验

项目化管理，具体化实施，"三抓"出成效

——浅谈新形势下如何做好"扫黄打非"工作

江苏省"扫黄打非"办公室

今年以来，江苏省按照全国和省《2009 年"扫黄打非"行动方案》的总体部署，坚持"属地管理"和"谁主管谁负责"的原则，精心组织三个阶段"扫黄打非"集中行动和低俗音像制品集中整治、国庆中秋出版物市场检查等专项活动。截止 10 月份，全省共出动检查 6.4 万人次，收缴非法出版物 270 余万件（淫秽色情 3 万件、盗版出版物 250 余万件、非法报刊 10 万份），取缔关闭非法店档摊点 1800 个，查处行政、刑事案件 211 起。出版物市场得到有效净化、非法出版不法活动得到有力打击、"扫黄打非"工作机制体制建设逐步推进、"扫黄打非"的社会认知度和群众参与度不断提高。

一、具体措施和成效

在开展和推进今年"扫黄打非"工作过程中，我办在根据今年重点任务开展集中行动、加强日常监管的同时，结合我省实际，把"扫黄打非"工作具体化、项目化，着力突出"三抓"。

（一）抓基层推进

"扫黄打非"工作重点在基层、难点在基层，薄弱环节也在基层。为了贯彻落实中央关于"扫黄打非"工作"只能加强、不能削弱"和加快推进文化市场综合执法的有关指示精神，我们今年有计划分步骤地采取了一系列措施推动基层"扫黄打非"工作。首先是于年初选择在张家港市召开全省"扫黄打非"工作表彰奖励会，总结推广张家港"扫黄打非"工作经验，要求各地把学习效仿张家港经验作为切实开展基层

"扫黄打非"工作的实际行动。这次会议上，我们将会议对象扩展到县（市、区）"扫黄打非"办主任和文化市场稽查队负责同志。其次是加强对落实张家港会议精神、开展"扫黄打非"工作的督查，专门撰写调研报告和编发《工作简报》，召开工作研讨和经验交流会介绍南京市玄武区、无锡市滨湖区等相关县（市、区）"扫黄打非"工作进展，特别是对这些地区在争取领导重视、开展群防群治、办理大案要案、加强信息宣传工作等不同侧面的工作举措予以充分肯定，并给予相关县（市、区）一定专项工作经费。再次是开展"扫黄打非"工作先进县（市、区）创建活动，从面上推动县（市、区）进一步落实"属地管理"要求并有效履行职能。我办已于 9 月份已对此项活动进行部署，年底拟评选出 20 个"扫黄打非"工作先进县（市、区）并以省"扫黄打非"工作领导小组名义表彰奖励。从我办目前掌握的情况看，这项工作已取得了一定成效。目前全省 106 个县（市、区）有 102 个建立了"扫黄打非"工作领导小组及其工作机构，苏州张家港市、无锡滨湖区、南京玄武区等地有效将"扫黄打非"工作向乡镇、街道（社区）推进。

（二）抓部门协同

"扫黄打非"和出版物市场监管是一项系统工程，必须取得相关部门和社会各界的支持和配合。我们今年十分注重发挥各成员单位特别是省"扫黄打非"办主任单位的职能作用和协调作用。第一，认真制定《2009 年江苏省"扫黄打

非"集中行动方案》，并通过省委、省政府两办名义下发，再一次明确各成员单位的职责分工；与此同时，制定印发《江苏省新闻出版局江苏省"扫黄打非"办公室关于"进一步净化社会文化环境促进未成年人健康成长"相关任务分工》、《省新闻出版局、省版权局各处（室）2009年"扫黄打非"工作任务分工》和《2009年江苏省"扫黄打非"工作领导小组各成员单位任务分工》，将"扫黄打非"和净化社会文化环境的工作任务及时分解细化到成员单位和局相关处室。省公安厅、文化厅、新闻出版局、工商局、邮政局、通信管理局、南京铁路办、南京海关等部门先后开展了一系列"扫黄打非"专项行动，查缴了一批非法出版物、查处了一批制黄贩黄、侵权盗版不法分子。第二，通过定期召开省"扫黄打非"办主任会议，适时安排各位主任带队督查，经常邀请有关方面负责同志调研参会，及时研判"扫黄打非"工作形势，研究解决出版物市场突出问题。第三，进一步加强工作配合。及时出台《关于进一步做好打击利用铁路渠道贩运非法出版物的通知》等文件，并对海关、邮政等部门开展专项行动、查处大案要案给予工作指导，还主动为相关部门和行业进行"扫黄打非"培训授课，不断扩大"扫黄打非"的覆盖面和影响力。

（三）抓活动组织

一是组织好相关重大会议和行动。年内我们根据每个阶段的任务和要求，先后组织召开了全省"扫黄打非"工作电视电话会议和第一次电视电话会议、徐州"3·03"案件表彰会、省"扫黄打非"工作汇报座谈会，全省"扫黄打非"工作暨先进授奖会议，举办盗版及非法出版物集中销毁活动、全省文化市场统一执法行动、纪念"扫黄打非"二十周年征文评比和经验交流活动、"扫黄打非"执法鉴定培训班，参与了组织全省音像出版复制发行工作座谈会等会议和活动。在3月20和21日的省、市、县三级执法部门文化市场统一执法行动中，全省13个省辖市、106个县（区）的各级"扫黄打非"工

作领导小组负责同志和"扫黄打非"办主任、副主任亲自参与检查达590人次，各有关等部门共抽调1900名执法人员参与，对全省3552个市场和各类经营场所进行了拉网式执法检查。通过这些较大规模的具体工作实践，形成了较强的"扫黄打非"声势，也有效提高了执法队伍的实战能力。

二是组织好暗访检查。为了使各个阶段的集中行动取得预期成果，我们多次组织对出版物市场的暗访检查和"扫黄打非"工作督查。今年先后组织检查督查、抽查十余次，每次制定详细的方案预案。对发现的市场问题和工作不到位的情况，或当场指出或事后通报，及时责成当地管理部门限期整改。对市场净化成效明显、工作有突出成绩的地区和部门，也予以充分肯定。对一些倾向性、苗头性的问题，则提醒各地各有关部门予以警惕。比如在市场上发现格调低下的正规音像制品，及时撰写加强防范的审读意见。

三是组织好调查研究。认真开展好调研有利于提高"扫黄打非"工作的针对性和实效性。比如，当发现不法分子通过网络销售渠道和连锁经营等新的方式向特定消费人群销售非法出版物，我们专门剖析其规律特点并向各地通报，南京、南通据此先后查处两起类似案件。今年以来，我们先后对徐州查处"3·03"制售非法报纸网络案、淮安查处"4·20"假记者案和对基层"扫黄打非"工作情况进行调研，写出有质量的调研报告，还专门对《江南时报》等单位和铁路运输、海关等重点环节进行走访，探索进一步加强联合封堵的有效举措。不仅如此，我们也要求各地各有关部门通过开展广泛而深入的调研活动，进一步加强对"扫黄打非"规律的认识和把握。在今年的"扫黄打非"论文征集交流中，各地各有关部门抓住总结和推动"扫黄打非"工作这一主题，共选送论文105篇，其中有不少研究成果具有很好的指导和借鉴意义。经我们汇编成册和在《新

闻出版报》集中发表后，在业内引起了较大的反响。

二、几点体会和思考

在"扫黄打非"工作实践中我们认识到，坚持集中领导与分工负责相结合，开展专项行动与加强日常监管相结合，查办大案要案与加强源头治理相结合，强化法律手段与宣传教育相结合，加强监管力量与重视基础保障工作相结合，是深入开展"扫黄打非"工作的关键所在和有效方法。结合今年的重点工作和这次调研内容，我们的体会和思考主要有：

（一）必须积极争取领导的关心和支持

坚持党对"扫黄打非"工作的领导，加强组织协调，实行综合治理，真正做到领导到位、齐抓共管、责任落实，是确保"扫黄打非"工作成效的根本保障。为了引起各级党委和政府的进一步重视，我办今年拓宽了信息的报送渠道。一方面增设"情况专报"，不断就有关重要事项和重大事件迅速向全国"扫黄打非"办和省委省政府分管领导专题汇报；另一方面通过简报或写信的方式对各地领导重视和加强"扫黄打非"的有关情况进行专门通报，推动各地深化"属地管理"，收到了较好效果。今年以来，蒋建国副署长，杨新力部长、曹卫星副省长和周慧琳、章剑华、唐建、姚晓东、朱华仁、徐毅英等全国和省"扫黄打非"工作小组领导同志多次对我省"扫黄打非"工作作出指示批示，有的还亲自参加有关会议和活动。蒋署长充分肯定我省省、市、县三级联合执法行动："江苏行动迅速、值得表扬"。杨部长 8 月 27 日批示："扫黄打非办公室工作一直不错，主动、细致、有力度，关键时候更要注意密切配合，严查、严堵、严打"。曹省长也先后 3 次对有关工作作出批示。领导同志的关心和支持，为我们开展好新形势下的"扫黄打非"工作进一步指明了方向、提供了动力。

（二）必须重视和解决当前出版物市场和互联网存在的问题

随着经济全球化不断深入、国内改革发展进入关键时期，"扫黄打非"面临的内外形势越加复杂。加之互联网和数字出版等新技术的广泛运用，网络出版等新业态迅猛发展，各类信息资讯和文化产品的传播更为迅捷，在线阅读渐成主流，职能部门维护正常市场秩序的任务越加繁重，监管难度也在不断增加。反映在我省出版物市场的主要表现是："法轮功"等邪教组织通过各种渠道向我境内传播宣传品；淫秽色情及内容有害的文化垃圾屡打不绝，侵权盗版活动仍然猖獗；买卖书（刊）号、利用境外注册书（刊）号在境内出版、发行的书报刊也有发现；利用互联网、移动通信终端、声讯台传播有害信息的现象屡禁不止；非法出版物的印制、储运、销售呈现网络化、专业化、高技术化的趋势。而我们的工作机制、机构队伍、管理法规和执法手段有待进一步完善和加强。这些问题亟待引起我们的高度重视，要在进一步加强"扫黄打非"工作力度的同时，不断拓展工作领域、创新工作方法。特别是对互联网领域"扫黄打非"工作，有待于在网络信息立法，加强执法队伍建设，强化优秀网络文化产品的供给和对未成年人上网的引导，健全完善多维监督机制等方面进行进一步研究和探索。

（三）必须在文化市场综合执法改革中进一步加强"扫黄打非"工作

自 2007 年起，我省启动文化市场综合执法试点改革，目前已有常州、苏州、无锡、宿迁、淮安、南京等 6 个市成立了文化市场综合执法支队。总的看，改革后对于"扫黄打非"工作，无论是在管理体制、执法力量、经费保障方面，还是在行政效率、市场监管、工作成效方面，都得到了明显加强。比如常州市在文管小组挂牌"扫黄打非"工作领导小组，并将原有新闻出版、文化及广电等部门的执法力量整合，执法编制达 35 个。近两年的实践证明，该市整合了文化市场管理资源，解决了职能交叉、多头管理、行政执法力量分散等长期困扰文化市场管理的体制性问题。主要表现为强化了属地管理和执法，重点突出，力量集中，减少了管理和执法层次，促进了管理效率和执法水平的提高。但也有个别地区执行政策不到位，"扫黄打非"工作机构有职能无编制、缺经费，对怎样转变执法人员身份缺乏操作办法，影响了办公室综合协调作用的发挥、影响了队伍的稳定。今年10月我省全面启动市、县政府机构改革，这意味着没有进行文化体制改革试点的市，也即将进行文化市场综合执法改革。能否抓住契机妥善处理文化市场综合执法和"扫黄打非"的关系，进一步加强"扫黄打非"工作，这是对各地各有关部门的一次考验。我们认真学习传达了中宣部、中编办等中央五部门下发的《关于加快推进文化市场综合执法改革工作的意见》和全国文化市场综合执法改革经验交流会精神，要求各级新闻出版行政部门和"扫黄打非"部门积极参与改革，已进行试点的市要进一步完善改革。在此也建议上级部门在2010年《"扫黄打非"集中行动》方案或其他法定文件中，进一步强调"扫黄打非"工作"只能加强、不能削弱"的要求，进一步重视基层"扫黄打非"工作机构、队伍建设，解决好机构性质、人员身份问题，解决好经费保障问题。同时继续关注地方文化市场综合执法改革进展情况，对改革过程中出现的问题区别对待、分类指导，确保"扫黄打非"工作得到新加强。

南 京 市

2009 年"扫黄打非"工作总结

南京市"扫黄打非"办公室

2009 年，是南京市"扫黄打非"工作史上具有特殊意义的一年。南京市文化体制改革已经进入实质性阶段，市文、广、新三局合并挂牌。《南京市文化体制改革综合试点总体方案》明确，原市"扫黄打非"工作领导小组调整为市文化市场管理工作领导小组，重新组建市文化综合执法机构。"扫黄打非"机构及队伍面临着重新组合。

在这种情况下，2009 年，市"扫黄打非"办遵照市委、市政府和省"扫黄打非"办的有关指示，积极与相关执法部门通力协作，相互配合，加大对出版物市场的综合执法力度；积极开展思想工作，市"扫黄打非"办全体工作人员，坚守岗位，不折不扣地贯彻落实中央方针政策和省市工作部署，认真履行职责。不断总结"扫黄打非"工作经验，探索开展工作的有效途径，为确保出版物市场的安全繁荣与稳定做不懈努力。

截至 2009 年 12 月底，我办共组织协调市、区两极文化、公安、工商、市容等部门出动行政执法人员 1.1 万余人次，检查各类出版物经营摊点近万家（次），捣毁非法出版物批销窝点 30 余个，收缴各类非法出版物约 51.9 万册，其中非法书刊约 3.2 万册，盗版音像制品和非法电子出版物近 47.8 万张（盘），色情、淫秽出版物 7900 余张（册），办理大小行政处罚案件 9 起。

一、精心筹划，切实强化组织领导

为把全年的"扫黄打非"工作安排筹划好，市"扫黄打非"办多次召集全办处以上干部会议，研究制定我市年度行动方案。根据全国和省办行动方案的要求，我们对全市的出版物市场现状进行了认真分析，经反复修改讨论，根据中央、省 2009 年"扫黄打非"行动方案的总体部署，结合南京市的实际，拟定了《2009 年南京市"扫黄打非"行动方案》，并于 1 月中旬，组织召开了 2009 年全市"扫黄打非"工作会议，部署 2009 年"扫黄打非"工作和任务。

依据年初制定的"扫黄打非"行动方案，按照全国、省"扫黄打非"办各阶段的工作要求，结合我市出版物市场的实际情况，认真研究，制订严谨务实的计划，明确各级责任和各阶段重点目标和任务。要求有关成员单位和区、县"扫黄打非"部门，做到守土有责、守土负责、守土尽责。一年来，先后组织各有关部门开展了集中统一行动，印刷行业专项治理，集中清缴整治低俗音像制品等专项行动，均收到较好成效。

二、突出重点，加大出版物市场管理力度

为确保我市的文化安全和社会稳定，维护出版物市场的繁荣有序，我们结合不同时期的形势要求，针对性展开了一系列专项行动。

一是组织参加全国统一集中行动。根据中央和省"扫黄打非"工作领导小组关于开展出版物市场统一集中整治行动的紧急通知精神，结合我市的实际，研究制定了我市的具体行动方案，并下发各区、县及成员单位。2 月 20 日下午，省委宣传部、省新闻出版局、省"扫黄打非"办和南京市、区两级"扫黄打非"、文化、公安、工商、广电等部门召开现场动员大会，省、市、区联合检查组近百人，分多路对主城区内的部分书店、音像店、印刷复制企业进行了检查。期间，组织各区、县"扫黄打非"部门协调辖区公安、工商等部门展开行动，整个集中行动为期 2 天，全市累计出动执法人员 600 多人次，检查各类书店、音像店、出版物市场等 842 家，查缴非法书刊 6 千余件，非法光盘近 10 万张，另获案件线索 5 条。与此同时，我们注意加强舆论宣传，充分发挥新闻媒体的作用，积极开展宣传攻势，整个行动中，电视、报纸宣传近 10 条（篇）。

二是展开了为期 2 个月的全市印刷复制业整治行动。从 2 月中旬起，我们以出版物印刷企业和运输环节为重点，在普查的基础上，对近年来存在违法违规问题的印刷企业进行重点检查，以查处大案要案为突破，深入追查制售非法出版物及盗版制品源头，坚决取缔地下印刷复制窝点，严厉打击盗版盗印出版物，非法印刷出版物以及假包装、假标识、假商标、假票证、非法广告和其他违法违规行为。我们成立了两个检查组，分片包干展开工作，检查印刷复制企业 80 余家。

三是开展了集中清缴整治低俗音像制品专项行动。根据统一要求，4 月份，我们成立了"清缴整治低俗音像制品专项行动领导小组"，执法支队组成若干小组赴各区县指导督查此项工作，对全市范围内的音像销售进行拉网式清查，我市各相关部门共出动执法人员 1500 余人次，收缴、下架、清退低俗音像制品 6000 余张，查缴侵权盗版音像制品近 2 万张。目前，销售低俗音像制品的现象在我市正规音像销售渠道中已基本杜绝，治理行动成效明显。

四是开展了"扫黄打非"特别整治行动和国庆期间出版物市场专项检查行动。成立专项行动领导小组，市出版物市场综合执法支队分成五个小组，分别在各主城区全面开展执法检查。重点加强对车站、码头和部分印刷企业、旅游景点等窗口地区以及闹市区、农村集贸市场、校园周边等处进行检查，重点加强对印刷复制源头和出版物销售点的的监管。为了保证国庆长假期间出版物市场的繁荣稳定和健康有序。市"扫黄打非"办还制定了人员值班表。要求所有执法人员手机 24 小时开机，做到一旦发生情况，立即行动。10 月 6 日上午，根据举报，在南京农业大学校园内查获两家贩卖非法图书的摊点，当场收缴盗版图书 3000 余册。

三、重拳出击，查处了一批有影响的案件

一是查处了系列网络销售盗版案。2 月 17 日，我们接到一条举报信息，称我市有人利用互联网在淘宝网注册虚拟网店，从事盗版教材、教辅的销售。接报后，我们立即开展调查取证工作，从其网页上搜集有关信息。在获得其实际办公点的可能所在地后，我办出动大批执法人员进行现场检查，在该网店租用的实际办公地点内，共扣押《新托福考试》、《GMAT官方指南》、私自盗印的《SAT历年真题集》等2700余册，翻刻的配套光盘1400余张。经鉴定，所查书籍95%为盗版教材、教辅。在破获此案的同时，办案人员继续深挖细究，次日下午，再接再厉，又在南京新东方培训学校附近的居民区内查获两个类似批销窝点，收缴涉嫌盗版、非法印制的教材近万册，翻刻配套光盘近千张，扣留嫌疑人4名。从17日得到最初线索到3案全破，仅用了不到30个小时。

二是查处了蓝天专修学院使用盗版教材案。3月3日，国家教育部高等教育出版社派人专程来我办，举报南京蓝天专修学院正在使用盗版教材，包括该社出版的《高等数学》、《工程力学》、《毛泽东思想、邓小平理论和三个代表重要思想概论》等教材。接报后，我们立即与省"扫黄打非"办协同行动，于次日上午9时，组织市区公安部门、白下区文化局执法人员10余人对南京蓝天专修学院学生使用教材情况进行调查。检查各类正在使用的教材58种4293册。涉嫌盗版的除高教出版社外，还涉及南京师范大学出版社、人民卫生出版社等多家出版单位，计2418册，码洋达6.5万元。根据相关线索，执法人员放线钓鱼，将供货商宋某截获并予以控制。宋某交待已向该校供书三个学期，涉及码洋30多万元。此案是我市首次破获的盗版教材通过订货渠道进入正规院校的案件，案件的迅速告破，受到了高教出版社、南师大出版社等多家出版社的一致赞扬。

四、着眼长远，努力提高执法能力水平

一是认真开展法规和专业技能培训。5月底，我们举办了全市出版物鉴定及行政执法培训班。重点对图书制作与盗版鉴别，如何鉴定非法出版物和行政执法分析纠错等内容进行了培训。原市新闻出版（版权）局全体以及十三

个区（县）"扫黄打非"工作领导小组办公室的领导和业务骨干100多人参加了此次培训。11月底，组织开展了为期2天的"南京市文化综合执法培训班"，邀请了省文化厅、文物局、市纪委等部门领导授课，着重就当前形式下文化市场综合执法与管理进行了讲解，参训人员120余人。通过培训，有效提高了市、区各级执法队伍的办案能力和执法水平。

二是组织开展了南京市"扫黄打非"二十年征文活动。3月底，围绕总结"扫黄打非"二十年来的经验做法；分析出版物市场的新情况、新问题；研讨在新形势下开展"扫黄打非"工作的对策措施为命题，我们向区县、相关成员单位发出征文通知。各区县文化局、"扫黄打非"办和有关成员单位高度重视，广泛发动，领导同志带头，一线执法和管理人员认真思考，积极撰写。在此次研讨活动中，撰写人员结合工作实际和一线执法实践，积极创新内容、方法，紧紧抓住总结和推进"扫黄打非"工作这一主题，从体制机制建设、日常监管、市场检查、案件查处和宣传教育等方面入手开展研讨，上报论文20余篇。经征文工作小组与作者两轮的修改，最终形成了一批有较高学术水平的优秀论文，并汇编成册，下发全市各区、县"扫黄打非"一线的工作人员和各成员单位，起到对"扫黄打非"工作的积极推动作用。其中，12篇上报省"扫黄打非"办，超额完成了省"扫黄打非"办下达的4篇任务，12篇中我局顾小荣局长的《应充分重视并加强"扫黄打非"在文化市场执法中的地位和作用》荣获一等奖。

三是启动了出版物鉴定委员会工作。为规范出版物鉴定工作，实现出版物鉴定的科学、客观、独立与公正，为相关行政执法机关、司法部门办案提供可靠依据，在全省率先成立了出版物鉴定委员会，并出台了《南京市新闻出版局（版权）出版物鉴定暂行规则》。今年，出据出版物鉴定证书15份，鉴定光盘近万张534个品种，正版图书108种3千多册，侵权盗版图书

2798 册 32 个品种，期刊 12 册 12 个品种，非法出版物 1474 册 27 品种以及与省局共同鉴定的淫秽出版物 1100 册 66 个品种，给查处侵权盗版和非法出版案件提供了有力的证据。

浙 江 省

2009 年"扫黄打非"工作总结

浙江省"扫黄打非"办公室

在中央和省委、省政府的领导下，今年以来浙江省"扫黄打非"工作领导小组办公室认真贯彻中央"扫黄打非"工作要求和部署，紧紧围绕"国庆 60 周年保平安"这一主线，切实按照省委、省政府《关于做好 2009 年"扫黄打非"和文化市场监管工作的通知》（浙委办[2009] 45 号）文件要求和省领导的多次重要批示精神，始终坚持将打击非法出版物和侵权盗版作为工作重点，科学制定行动方案，完善"扫黄打非"工作机制，突出整治重点，加强舆论宣传，扎扎实实开展集中整治行动，取得了积极的工作成效。全年工作如下：

一、领导重视，全面贯彻，认真部署"扫黄打非"工作任务

2009 年年初，根据中央"两办"转发的《2009 年"扫黄打非"行动方案》和第二十二次全国"扫黄打非"工作电视电话会议精神，浙江省紧紧围绕全面建设"平安浙江"、"法治浙江"，建设文化大省的目标，深入贯彻科学发展观，以落实党的十七大精神为工作主线，以保护知识产权为工作平台，开展专项治理，加强日常监管，坚决封堵查缴非法出版物，坚决清除淫秽色情等文化垃圾，坚决打击各种侵权盗版和非法出版活动，全力维护社会政治稳定和文化安全，各地党委、政府加强领导，部门间密切协作，责任明确，为全面打击各类违法行为奠定了扎实基础，以实际行动为浙江省和全国"两会"的召开、迎接"国庆 60 周年"，营造了一个良好的社会文化环境。

1 月 16 日，全国"扫黄打非"第二十二次电视电话会议召开后，省"扫黄打非"工作领导小组办公室迅速代省委、省政府办公厅起草下发了《关于做好 2009 年"扫黄打非"和文化市场监管工作的通知》，对全年"扫黄打非"工作进行了具体部署。

2 月 18 日，浙江省文化厅、省广电局、省新闻出版局共同召开了 2009 年全省文化广电新闻出版局局长会议。省委常委、宣传部长、省"扫黄打非"工作领导小组组长黄坤明同志，省委常委、副省长、省"扫黄打非"工作领导小组副组长葛慧君同志出席会议并作了重要讲话。省"扫黄打非"工作领导小组办公室主任、省文化厅副厅长田宇原同志就贯彻落实全国"扫黄打非"办公室主任会议和黄坤明部长、葛慧君副省长重要讲话精神提出了明确要求，并具体部署了 2009 年三个阶段"扫黄打非"集中行动工作。

4 月 14 日、6 月 15 日，省"扫黄打非"办转发全国"扫黄打非"办公室《关于开展清缴整治低俗音像制品专项行动的通知》、《关于继续清缴整治低俗音像制品专项行动的通知》，浙江省"扫黄打非"工作领导小组办公室及相关部门高度重视，迅速行动，切实按照《通知》精神抓好落实。在整治期间省"扫黄打非"办多次检查督促各地工作开展情况，三次组织召开视频会议通报情况，提出要求。

8月27日，浙江省文化市场管理（"扫黄打非"）工作领导小组在杭州召开专题会议，研究部署全省"扫黄打非"第三阶段集中行动工作方案和措施。省委常委、宣传部长、省"扫黄打非"工作领导小组组长黄坤明同志到会并作重要讲话。省"扫黄打非"工作领导小组各成员单位，全省11个地市文广新局局长、市"扫黄打非"工作领导小组办公室主任、市文化市场管理处处长、市文化市场行政执法队长约60多人参加会议。省委常委、宣传部长、省"扫黄打非"工作领导小组组长黄坤明强调四点意见：一是要清醒认识当前面临的局势，进一步强化文化市场管理工作的责任感紧迫感；二是加强重点监管，进一步巩固和发展浙江省文化市场健康有序的良好局面；三是深入贯彻"一手抓管理、一手抓繁荣"的方针，进一步繁荣和发展浙江省文化市场；四是切实履行职责，进一步把"扫黄打非"工作任务落到实处，以良好的环境、良好的氛围，迎接建国60周年大庆。

9月28日，省文化市场管理（"扫黄打非"）工作领导小组办公室就关于加强国庆期间文化市场监管工作下发了紧急通知，要求各地、各部门要加强领导，以高度的责任感紧急动员起来，切实做好文化市场各项监管工作。紧急通知特别强调，各级文化市场管理（"扫黄打非"）工作领导小组办公室要积极协调文化、公安、工商、海关等相关职能部门建立健全假日期间联合办公和联合巡查制度，加大对违法演出、网吧、娱乐及出版物等文化市场违法经营行为的处罚力度，要集中力量对娱乐、网吧、书报刊、音像制品、计算机软件制品及电脑电子市场、车站、繁华街区、旅游景点、交通枢纽、宾馆饭店等场所的非法出版物进行集中清查行动。国庆期间，浙江省各级文化市场管理（"扫黄打非"）执法机构严格按照紧急通知要求，精心部署，严密组织，落实责任，加强市场监管，未发生一起安全生产责任事件。

二、工作成效和具体措施

（一）加强巡查，全面监管，有效净化了出版物市场

今年，我国重大活动多，"扫黄打非"任务重、要求高。全省各级文化市场行政执法部门认清形势，集中执法力量，突出以车站、码头、旅游景点、交通枢纽及批发市场、数码广场、报刊亭等出版物市场为重点，加大了检查的力度和频度，突出打击非法出版物、淫秽色情出版物、侵权盗版出版物等非法经营活动。在做好重点区域监管的同时，各执法部门还采取全方位、立体化的执法模式，做好对书店、报刊亭、电子出版物经营场所、印刷复制企业等的全面普查工作，切实规范正规出版物门店的日常经营活动，严厉打击出版物市场各类非法经营活动，有效净化了出版物市场。宁波市全市文化市场执法部门广泛动员，落实"三个责任"，即各级"扫黄打非"办的组织协调责任，各县（市）、区的属地管理责任，经营单位的遵纪守法责任。创新工作方法，将常规巡查与错时检查相结合、全面清查与重点复查相结合、集中检查与突击检查相结合，通过加强日常巡查、开展县（市）区交叉执法检查、组织实施集中清查、领导赴县（市）区进行督查等"四查"方法，维护社会和谐稳定。杭州市、区（县）两级"扫黄打非"办和各成员单位深刻认识专项行动的严肃性和紧迫性，统一思想，加大宣传力度，明确工作重点，划定重点区域，联合工商、公安等部门展开拉网式大排查，同时对镇街夜市、集贸市场无证照音像制品经营摊点进行集中清理。

（二）突出重点，精心组织，扎实开展专项整治行动

一是认真组织开展"三个阶段"集中行动。2~4月下旬，省"扫黄打非"办认真贯彻落实第22次全国"扫黄打非"工作小组电视电话会议精神，围绕封堵和查缴非法出版物、屏蔽和删除利用信息网络传播有害信息、查处非法报刊以及查缴各类侵权盗版出版物等工作重点，积极开展第一阶段集中整治行动。5月中旬~7月底，

省"扫黄打非"办牵头协调，全省各地各部门按照要求，精心组织，以严厉整治出版物市场，集中整治印刷复制行业，深入开展校园周边文化环境整治，全面检查出版物运输环节，加强互联网上网服务营业场所监管，严厉打击网络淫秽色情等专项行动为重点，积极开展"扫黄打非"第二阶段集中行动。8月中旬~11月中旬，全省各级"扫黄打非"机构积极协调，认真"扫黄打非"第三阶段集中行动，加强督查，严厉打击各类违法活动，期间组织了查缴盗版《迈克尔·杰克逊专辑》音像制品行动、查缴文化市场违禁物品集中整治行动、开展校园周边文化市场专项整治行动、迎国庆保平安文化市场"扫黄打非"专项检查行动、动漫市场专项整治行动、严厉打击手机网站制作、传播淫秽色情信息活动等，成效明显。

二是严厉查缴"少儿版人民币"。3月11日，接全国"扫黄打非"办《关于调查义乌商品市场销售违法印刷品及不良玩具的函》，省"扫黄打非"办立即成立专案调查组，开展查处工作。3月16日，义乌市文化市场行政执法大队在对义乌国际商贸城检查时，发现了涉嫌经营疑似"少儿版人民币"、"现金王"卡片共102张、"游戏好运大转盘"2盒，执法人员依法采取了暂扣措施。4月1日，温州市"扫黄打非"办会同公安、文化等部门根据有关线索，在苍南县灵溪镇屿湖村查获一家地下"少儿版人民币"、"开门大惊喜"、"福彩天天乐"等有奖卡片加工点，缴获各类非法印刷品成品有奖卡片87箱共计191.4万张，半成品10万余版（约1000万张"少儿版人民币"等有奖卡片），另有外包装空盒43460个。4月20日，中国人民银行苍南县支行依据相关法律对当事人曾云玄非法使用人民币图样行为下达行政处罚意见告知书，作出责令改正，并销毁非法使用人民币图样，没收违法所得6600元，并处人民币2000元罚款的行政处罚。

三是积极开展清缴整治低俗音像制品专项行动。4月中旬~6月底，省"扫黄打非"办认真贯彻《关于开展清缴整治低俗音像制品专项行动的紧急通知》及《关于继续清缴整治低俗音像制品专项行动的通知》精神，围绕八个重点内容，积极开展清缴和整治专项行动，及时部署，重点突出，全面整治，严厉查缴，取得了较好的成效。据统计，行动开展以来，全省共出动检查12000多人次，检查经营场所7540家，收缴低俗音像制品7795余件，取缔非法经营场所205家。

四是积极开展特别整治期专项行动。6月9日上午，为贯彻落全国"扫黄打非"办给各省（自治区、直辖市）"扫黄打非"办主任一封信的要求，省"扫黄打非"办迅速召集省文化厅、省新闻出版局、省公安厅和省工商局等职能部门召开专题协调会，立即成立四个特别行动组，由省"扫黄打非"办、省新闻出版局、省公安厅和省工商局抽调同志。6月11~7月28日，行动组开展了专项检查行动。重点检查非法出版物并着重摸排浙江省重点部位、高危地区地下非法制作、发行窝点和非法出版物销售经营情况。四个特别行动组分别由省文化厅副厅长田宇原、省新闻出版局副局长范春梅等相关职能部门领导亲自带队。

五是省"扫黄打非"办领导深入海关口岸一线调研。7月23日，省"扫黄打非"工作领导小组办公室主任、省文化厅副厅长田宇原率调研组到杭州海关相关口岸单位调研封堵违禁出版物及"扫黄打非"工作。调研组专程到杭州海关驻邮局办事处机检现场、杭州萧山机场海关快件处理现场、杭州萧山机场出入境旅客检查通道现场调研，实地查看了各类出入境邮件及各类出版物开包检验等工作场所并召开了相关人员的座谈会。调研组与海关口岸工作人员就如何进一步做好对境外违禁出版物的封堵工作，切实落实全国"扫黄打非"办和省委、省政府领导关于做好敏感时期维护社会稳定工作的文件和指示精神，积极开展"扫黄打非"集中行动，如何履行"为国把关"职能，确保国家政治稳定和社会安定等有关问题进行了广泛交流和探讨。调研期间，田宇原主任充分肯定了近二年来杭州海关将关区作为"扫黄打非"工作主战场，严密封堵和查缴各类非法出版物和盗版音像制品，对所有行李、物件、随身携带的包裹实行100%机检，发现出版物采取100%开箱（包）检验，发现非法出版物采取100%劝阻入境的"三个100%"做法。

六是抓住重点，落实责任，深入开展督查行动。集中行动期间，全省各级"扫黄打非"机构都组织了交叉执法检查和工作督查，9月7日~9月24日，省"扫黄打非"办专门成立了三个检查组，对全省开展迎国庆保平安"扫黄打非"和文化市场监管工作进行了专项检查。省文化厅副厅长、省"扫黄打非"工作领导小组办公室主任田宇原、省广播电影电视局副局长、省"扫黄打非"工作领导小组办公室副主任铁国强、省新闻出版局副局长、省"扫黄打非"工作领导小组办公室副主任范春梅，分别带队深入市场一线参加检查。成员单位省文化厅、省广电局、省新闻出版局、省工商局、省公安厅、省教育厅、省通信管理局、团省委、杭州海关等单位积极配合，均派员参加。检查重点明确，方式灵活，效果明显。

七是开展整治互联网低俗之风专项整治行动。为进一步净化网络环境，营造良好网上舆论氛围，结合全国整治互联网低俗之风专项行动，开展互联网上"扫黄打非"工作整治，全省各地积极开展专项整治工作，密切配合协调相关部门，严格执法，敢于碰硬，取得了明显的成效。杭州加大对网络游戏服务及网络动漫的监管，清理网吧、网络游戏服务及网络动漫的低俗内容；加强对网络视听节目、视频网站和手机视频的执法检查，大力清除网络视听节目、网络出版、网络文学、手机文学中的低俗内容。宁波市共拦截违规游戏22万余次，查找到有价值的线索25条，将11个涉嫌含有不健康内容的网站移交市公安部门查处。还会同宁海县执法大队，成功侦破了一起未经许可擅自从事互联网视听节目服务案件，给予了当事人某电脑

公司20000元的行政处罚，并对其开设的某某电影网予以了关闭。

八是省文化厅组织全省文化市场统一集中检查大行动。9月22日，省文化厅在湖州市举行了全省文化市场集中检查行动启动仪式，省文化厅副厅长、省"扫黄打非"办主任田宇原出席启动仪式并讲话，全省各地组织共1000余名执法人员通过全省文化市场视频会议系统收看了启动仪式。仪式结束后，全省文化市场行政执法人员全部参加集中检查，极大地推动了市场的平安建设。

九是省广电局组织开展打击互联网传播淫秽色情专项行动。省广电局对全省利用互联网开展视听节目业务的网站进行梳理，摸清底数，建立数据库，经初步核查，目前，全省共有702家非法传播视听网站。通过对全省126家影响力较大，点击率较高的视频网站进行监看，截至11月底，已向全省11个地市下发了三期互联网监测报告，案件核查单9份，共查处非法视听网站49家（行政处罚4家，关闭网站45家）。

十是省新闻出版局牵头督查全省《浙江省文化市场综合行政执法管理办法》贯彻执行情况。10月20日~11月20日，由新闻出版局与省文化厅、省广电局分别带队，组织对11个市级执法机构及义乌市贯彻落实《浙江省文化市场综合行政执法管理办法》工作情况进行检查，检查的主要内容是：执法主体的合法性（委托文件、委托事项、委托权限）；具体行政行为的合法性含案卷抽查中程序规范情况，案卷质量及行政相对人走访；执法人员履行行政行为基本情况，主要是指包括依法行政、廉洁从政的情况；执法机构经费是否列入同级财政预算情况。

（三）严厉打击，查办大案，"扫黄打非"工作成果显著

浙江省高度重视"扫黄打非"案件的查处工作，今年，相关职能部门在加强日常监管、积极开展集中整治的同时，主动找线索、挖窝点，清理了一批重点市场、深入查处了一批重点案件、彻底摧毁了一批地下窝点、依法惩治了一批

犯罪分子、集中销毁了一批盗版制品，对涉嫌构成犯罪的及时移送司法机关处理，对各类违法经营行为采取高压态势，已形成较好的长效监管打击机制。

全省文化市场综合行政执法机构共出动检查人员 9 万余人次，检查出版物市场经营摊位 8 万余家，检查印刷复印企业 1 万 3 千余家，收缴非法出版物 94 万余件，（其中音像制品 686385 余件，非法书报刊 232826 册，电子出版物 18264 件），行政处罚案件 559 起，刑事处罚 13 件，取缔无证经营摊点 4000 余个。

省新闻出版局对"3G 娱乐网"（www.3G007.com）未取得许可从事互联网出版的行为进行立案查处，作出没收从事非法出版活动的电脑服务器一台，并处一万元罚款的处罚。

省公安部门深入开展"扫黄打非"行动，大力整治出版市场秩序，查缴各类政治性出版物，打击各类侵权盗版，破获了一批违法犯罪案件，收缴了一批违禁物品，有力地打击了文化市场中的违法违规活动，震慑了不法分子。2009 年 1～11 月全省公安机关共出动警力 9 万余人次，收缴淫秽、盗版音像制品 7.4 万余件，收缴各类非法出版物书报刊 5 万余件；特别是在第三季度，共查处各类涉黄涉非案件 1000 余起，处罚违法犯罪人员 1713 名，查处违法违规企业单位 698 家。

省通信管理部门每月召开网站备案工作情况通报会，监督指导浙江省重点互联网接入服务单位贯彻落实网站备案管理的工作目标。截至今年 10 月底，网站主体所在地为浙江的已备案网站 302092 个，居全国第 3 位。由浙江接入商提供接入的网站数量为 220879 个，其中已备案网站 219352 个，备案率为 99.31%。截至 10 月底，配合相关部门关闭网站 246 家，注销网站备案 66 个。

省工商行政管理部门认真贯彻落实省"扫黄打非"办的工作部署，充分发挥职能作用，结合本地实际制定工作方案，深入开展

专项行动，全年共查缴各类非法出版物 691 册，音像制品共 1873 件（盘），取缔黑网吧 3838 户，没收专用电脑 13396 台，罚没款 400 余万元。

杭州海关加强领导，严格落实三个"百分百"措施，全面开展关区"扫黄打非"工作，1～11 月，在进出境渠道共查缴违禁印刷品和音像制品 24805 件，其中反动类 766 件，邪教类宣传品 76 件，散发性宗教宣传品 16580 件，淫秽低俗出版物 1164 件，以及其他类出版物 6219 件，有力地遏制了境外不法分子向境内渗透的势头。

杭州文化市场执法总队于 1 月 20 日一举捣毁了颐高数码广场 3001 号和 3002 号二处非法音像制品批销窝点，当场查获涉嫌非法音像制品 13204 张。2 月 3 日，查获宗教类涉嫌非法音像制品 4076 张。2 月 17 日，查获了位于九莲社区和文一路 55 号两家非法音像批销窝点，当场抓获违法嫌疑人员 3 名，查封非法音像制品仓库 2 个，收缴各类涉嫌非法音像制品 15000 余张。4 月上旬，市总队和市公安局联合执法，一举捣毁了位于杭州市凯巨电脑市场四楼的三处非法音像制品经销窝点，当场查获涉嫌非法音像制品 6517 盒。7 月杭州市总队联合区文化和公安部门联合捣毁了一个特大地下非法音像制品批发窝点，缴获各类非法光碟 3 万多盒（张），其中涉嫌淫秽内容的有 171 余张。宁波市力破非法经营大案要案。以抓"办案"为突破口，各级文化市场执法机构与公安、海关等部门密切配合，按照"彻查、彻究、彻办"的原则，重拳出击，挖窝点、打团伙、破网络，深入查办大案要案，强力震慑了违法犯罪分子。全市立案查处各类违法违规案件 410 起，摧毁犯罪团伙 5 个，打击处理违法犯罪嫌疑人 1208 名。宁波北仑海关货运现场查获非法音像制品出口案件、非法印刷品出口案件各 4 起，查扣非法音像制品 6 万余盒、非法印刷品 59 万份、非法书籍 3 千余册，其中淫秽色情光盘 1.3 万余张、淫秽色情图片 59 万张。宁波海关旅检现场共查获各类非法出版物、反动

宣传品和淫秽物品 659 份。7 月 7 日，宁波市文化市场行政执法总队联合市公安局治安大队、江东区、江北区和海曙区文化市场行政执法大队等相关部门，周密部署，联合查获建筑类非法出版物 8500 余册，该案已移交公安机关。11 月，宁波市总队在网上查获辖区内未经许可，擅自从事互联网视听节目服务网站 1 家。温州市于 1 月 13 日，市、区两级文化、公安机关联合破获一非法出版物地下批销窝点，现场查获《欲望江湖》、《鬼故事》等涉嫌非法出版物 13448 本（册），当事人被公安部门依法刑拘。2 月 19 日，市文化市场行政执法支队再次联合瓯海区大队，捣毁了位于瓯海区一销售非法音像制品窝点，现场查获涉嫌非法音像制品 3705 张（盒），其中淫秽音像制品 147 张，此案移送公安部门调查处理。4 月份，市文化市场行政执法机构对涉嫌经营淫秽手机游戏和擅自从事互联网出版活动的"3G 娱乐网"网站立案查处；一举取缔三个从事非法推广盛大公司《传奇》网络游戏网站。5 月 25 日，乐清市公安、文化联合行动，在乐清虹桥飞虹南路 386 弄 16 号查获一个从事盗版音像制品制作、复制、批发窝点，现场缴获假冒安徽文化音像出版社、内蒙古文化音像出版社等出版社的非法音像制品 4381 张、刻录光盘 4750 张、刻录机 1 台、打印机 1 台以及大量塑料包装小袋，案件依法移送公安机关，现处于检察院审查起诉阶段。7 月 2 日，市文化市场行政执法支队会同双屿镇派出所查获位于鹿城双屿郑桥路 20 号对面一非法音像制品窝点，查获 DVD 光盘 6742 张（盒），其中淫秽音像制品 242 张（盒），当事人移送公安机关。7 月 11 日，市文化市场行政执法支队牵头文化、工商、公安、国安等部门联合破获瑞安市塘下镇一特大卫星地面接收设施接收、解码、销售系列案件，收缴各类卫星电视接收设施 9000 余件。10 月 17 日，温州市文化市场行政执法支队根据举报在鹿城区双屿镇中央街 28 号捣毁一家非法音像制品地下销售窝点，现场查获涉嫌非法音像制品《李小龙传奇》、《悄悄爱上你》等，共计 7058 张（盒）（其中涉嫌淫秽音像制品 126 张），此案已移交公安部门处理。嘉兴市认真开展三个阶段"扫黄打非"集中整治行动。全市共出动执法人员 3252 人次，检查出版物经营单位 366 家，取缔无证 24 家，收缴非法音像制品 38255 张、非法书刊 21156 册，全面整顿和规范了出版物市场经营秩序。湖州市严查非法网站取得成效。3 月 24 日，湖州市支队在市公安部门和杭州执法总队的协助下，成功查获俞某无证开设 www.kk3800.com 网站，链接《1724 妓房动乱事件》等 1558 部电影，执法人员依法关闭此网站。3 月 28 日，市支队联合安吉县，开展突击检查，当场查获一网吧涉嫌开设 www.001sk.cn 网站链接非法的视听节目网站内容，并从网吧机房内暂扣封存了该网站服务器硬盘。7 月 27 日，查办一起杭州某科技有限公司作出责令停止侵权行为，并处以 15000 元的罚款。

三、存在的问题及下步工作思路

当前，"扫黄打非"工作形势依然十分严峻。一方面，部分地区一些无证经营特别是流动摊贩还比较多，有证经营单位暗地经营非法出版物的现象也时有发生，非法出版物、淫秽色情出版物等还时有查获；另一方面，在目前社会经营状况和条件下，相当部分的消费者仍然较认同使用盗版产品，"使用正版、拒绝盗版"的概念还没有完全确立，"扫黄打非"工作任重而道远。因此，为了增强"扫黄打非"工作力度，我们建议中央及有关部门可结合综合执法体制改革，将各地"扫黄打非"的机构、编制、经费及人员的保障工作列入考评工作成绩的范围。同时进一步出台相关政策，加强各省"扫黄打非"工作队伍建设和业务的培训与指导，健全各级"扫黄打非"的工作机构、编制，并做好经费及人员的保障工作。

四、下一步"扫黄打非"工作重点

第一，贯彻落实全国"扫黄打非"办和省委、省政府 2010 年"扫黄打非"工作方案及各阶段专项整治的工作方案，不断强化和突出工作重点，始终把打击非法出版物、淫秽色情出版物、侵权盗版出版物作为"扫黄打非"斗争的中心工作来开展，始终保持对非法出版物的高压态势在实际工作中确保第一要务的地位。

第二，要加大对出版物和音像市场的检查力度，全面清查出版物批发单位和集中经营场所，重点检查社科类、综合类等零售门店；要重点排查出版物印刷复制企业和相关打字复印店，坚决取缔兜售非法出版物的游商地摊和地下非法印刷点。

第三，要继续深入整治假报刊、假新闻，清查报刊发行市场，坚决收缴各类非法小报小刊，依法取缔非法报刊社、编辑部、记者站、工作站等机构。

第四，要开展严厉打击整治互联网和手机媒体淫秽色情及低俗信息专项行动，按照全国"扫黄打非"办的要求，积极行动，制定计划，加强协调，密切关注网上舆情动向，及时封堵和删除传播政治谣言及相关有害信息的网站和网页，探索建立网上"扫黄打非"工作机制。

第五，要加大对网吧、电子游戏机和歌舞娱乐场所的监管，严查网吧接纳未成年人进入、电子游戏赌博行为及城乡结合部非法演出行为，加强娱乐场所消防安全教育和检查。

领导讲话

在浙江省2009年侵权盗版制品及各类非法出版物集中销毁活动仪式上的讲话

浙江省委常委、宣传部长、省"扫黄打非"工作领导小组组长
黄坤明

根据全国"扫黄打非"工作小组的统一部署，今天，我们在这里举行浙江省2009年侵权盗版制品及各类非法出版物集中销毁活动。借此机会，我代表省委、省政府向工作在我省"扫黄打非"战线上的同志们表示亲切的问候！

在中央和省委、省政府的领导下，2008年我省各级"扫黄打非"执法部门积极加大"扫黄打非"工作力度，整顿、规范与培育、引导并举，各地各有关部门认真围绕省委、省政府的中心工作，增强大局意识、政治意识、责任意识和忧患意识，高举知识产权保护旗帜，连续组织开展了一系列"扫黄打非"专项行动，特别是围绕举办北京奥运会、残奥会，对文化市场进行了持续的集中整治，有效地遏制了非法出版物、淫秽色情出版物及相关有害信息的传播，有力地打击了各类侵权盗版活动，文化市场日常监管得到明显加强，"扫黄打非"工作机制不断完善和创新。特别是今年一季度以来，各地、各部门认真贯彻落实第二十二次全国"扫黄打非"工作电视电话会议精神，积极部署以出版物市场为重点的文化市场第一阶段专项治理行动，至2009年3月底，全省各级文化、公安、工商、新闻出版和广电等行政执法部门共出动执法检查人员7万多人次，检查各类出版物经营单位5.4万多家，查缴盗版及非法出版物20万多件，取缔关闭严重违规的经营场所700多个，取得了阶段性成果。

2009年是新中国成立60周年，是应对国际国内环境重大挑战、推动党和国家事业实现新发展的关键一年，大事多、热点多、重要敏感日期比较集中，"扫黄打非"任务十分艰巨。

今天的统一销毁活动意义重大，是近年来我省开展"扫黄打非"斗争销毁规模较大、一次性销毁各类侵权盗版制品及各类非法出版物数量最多一次集中销毁活动。我们将通过集中销毁活动向社会各界展示我国政府高举保护知识产权旗帜、打击侵权盗版和非法出版物的决心和取得重要成果，继续对侵权盗版犯罪活动和违法犯罪分子保持严厉打击的高压态势，震慑和警示各类违法犯罪分子和非法经营者。相信通过这项活动必将进一步唤起广大人民群众理解和参与"扫黄打非"斗争的积极性和意识，同时也将有力地促进我省文化市场的规范有序和繁荣发展。

省、市各新闻宣传媒体要高度重视此次销毁活动的宣传报道工作，要按照《浙江省2009年侵权盗版制品及各类非法出版物集中销毁活动宣传报道方案》的要求做出精心安排和部署，围绕纪念"4·26"世界知识产权日重点报道强化市场监管、净化市场环境和经营场所正版销售率上升等有关工作成果，并从不同的角度对我省认真开展"扫黄打非"工作做好相关的后续报道工作，以扩大"扫黄打非"的社会影响力。

2009 年 4 月 22 日

在全省文化市场管理（"扫黄打非"）工作领导小组办公室会议上的讲话

浙江省委常委、宣传部长、省"扫黄打非"工作领导小组组长
黄坤明

在新中国成立60周年来临之际，全省文化市场管理（"扫黄打非"）工作领导小组办公室专门召开会议，总结今年以来工作，对今后一个时期文化市场管理和"扫黄打非"工作进行部署，很及时，也很必要。深入开展国庆60周年期间文化市场管理和"扫黄打非"工作，是当前一项重要的政治任务，各地各有关部门要高度重视，全力抓好，确保文化市场健康稳定。

今年以来，各地各有关部门认真贯彻中央和省委的决策部署，以高度的政治责任感和使命感，组织开展了一系列专项行动，扎实推进文化市场管理各项工作，在遏制非法出版物制售、打击各类侵权盗版、推进文化市场综合执法改革、创新文化市场管理体制机制等方面取得了明显成绩，我省文化市场保持繁荣发展的良好态势。积极推进文化市场管理立法工作，颁布实施了《浙江省文化市场综合行政执法管理办法》，这是全国第一个综合执法地方性法规，文化市场管理依法行政迈出重要步伐；集中组织查处非法出版物、截断网络有害信息传播和收缴侵权盗版出版物等专项行动，始终保持对文化市场重点领域监管的高压态势；深入开展出版物市场、广播电视传播、音像、网吧市场等专项整治，重点查处了一批大案要案。特别是面对国际金融危机对文化建设带来的影响，全省文化市场监管部门一手抓管理、一手抓发展，着力营造健康有序的文化市场环境，有力助推我省文化产业的快速发展，文化产品和服务贸易呈现逆势上扬的良好势头。如涉外演出方面，半年引进了境外团体216年终奖，演出900多场；艺术品市场交易方面，仅拍卖一项成效额4亿多元；动漫产业发展势头较好，8部原创动漫作品、5个创作团队（个人）被列入文化部"原创动漫扶持计划"，2009义乌文博会、第五届国际动漫节成功举办，等等。总之，今年以来，我省文化市场管理和"扫黄打非"工作是扎实的，措施是得力的，成绩是明

203

显的。这凝聚着各地各有关部门的精诚合作，凝聚着文化市场管理工作广大同志的辛勤努力。借此机会，我代表省委、省政府对全省文化市场管理战线的同志们表示衷心的感谢！

这里，我就做好下一阶段特别是庆祝新中国成立 60 周年期间文化市场管理和"扫黄打非"工作，讲四点意见。

一、清醒认识当前面临的形势任务，进一步增强做好文化市场和"扫黄打非"工作的责任感、紧迫感

文化市场管理和"扫黄打非"工作与国内外形势密切相关，与经济社会发展大局紧密相连。当前，国际国内形势发生深刻复杂变化，文化市场管理和"扫黄打非"工作面临的挑战很多，任务更重、难度更大。从党和国家工作大局看，2009 年下半年，我们党将召开十七届四中全会，全国人民将迎来新中国成立 60 周年重大庆典。每逢重大节庆、重大活动、重要事件，意识形态和思想理论领域就会更加活跃，境内外敌对势力也会抓紧进行渗透破坏活动，各种噪声、杂音往往会增多，宣扬民族分裂和民族矛盾的非法出版物等打击监管任务更加繁重。这迫切需要我们始终紧绷维护文化市场和谐稳定和文化安全这根弦，采取更加有力的举措、更加有效的手段，大力加强文化市场管理，深入开展"扫黄打非"斗争，为新中国成立 60 周年营造良好的文化市场环境。从我省经济社会发展大局看，面对国际金融危机带来的冲击，我省认真贯彻落实中央扩内需促增长的"一揽子计划"和政策，采取"标本兼治、保稳促调"的一系列举措，经济呈现企稳回升、总体向好的发展态势。但不稳定、不确定的因素还很多，经济保持平稳较快发展的形势依然严峻，特别是解决就业、改善民生等社会问题将进一步突出，公共突发事件时有发生，维护社会稳定任务很重。经济社会生活的新变化在文化传播领域也会有所反映，给文化市场管理工作提出新的更高要求。比如，在经济发展困难时期，人民群众需要更多的文化慰藉，对精神文化需求也会增强，这个时候淫秽色情等有

害文化产品便会趁虚而入，侵权盗版活动便会更加猖獗。在社会矛盾多发期，利用互联网、移动通信工具散布政治谣言、攻击党和政府的议论等有害信息问题日趋严重，文化市场管理和"扫黄打非"工作任务更加艰巨。从文化市场监管自身看，文化市场管理还存在一些不适应的地方，需要进一步改革创新。比如，文化市场领域的非法出版和传播活动网络化、专业化、高技术化的特点更加凸显，要求我们不断利用新技术等手段，加强对文化市场新领域、新阵地的管理。面对文化市场管理和"扫黄打非"工作的新挑战新任务，中央和省委对此高度重视，李长春、刘云山等中央领导同志先后作出重要批示，提出明确要求。最近，省委书记赵洪祝同志也作出批示，要求我们认真贯彻落实长春、云山同志重要批示，保持"扫黄打非"力度不减，工作不松，确保以优良的环境迎接新中国成立 60 周年。我们一定要认真学习贯彻中央和省委领导同志的重要批示精神，深刻认识新形势下文化市场管理和"扫黄打非"工作的极端重要性和现实紧迫性，增强政治意识、大局意识、责任意识和忧患意识，思想上不能有丝毫的松懈，行动上不能有半点的松劲，坚持不懈地把文化市场管理和"扫黄打非"工作抓紧、抓好。

二、着力加强重点监管，进一步巩固和发展我省文化市场健康有序的良好局面

当前，文化市场管理和"扫黄打非"工作涉及文化产品和服务的生产、流通、消费全过程，渗透到社会生产生活的各个领域。我们一定要围绕中央和省委的工作大局，突出重点领域，把握关键环节，强化监管力度，带动全面防范，切实解决我省文化市场管理中易发多发的突出问题，确保我省文化市场健康稳定和安全。一方面，要抓重点。要突出重点领域的监管，把非法出版物、利用互联网传播各类有害信息、各种形式的非法报刊、文化娱乐经营单位、营业性演出活动、网吧以及淫秽色情、凶杀暴力、封建迷信等文化垃圾作为查处打击的重点，牢牢抓住，一查到底；要突出重点区域的监管，在继续加大对

大中城市文化市场管理的同时，把管理工作向城市社区和农村集镇延伸，特别要重点抓好文化产品交易市场、小商品市场、印刷品生产基地等区域的日常管理；要突出重点环节的监管，着重把好文化产品和服务市场准入关、出版物入境关、出版物运输关等，抓龙头、堵源头，从根本上切断非法出版物等的市场流通。另一方面，要重点抓。通过加强日常巡查和集中行动，针对重大节庆、重要活动和敏感时段，对文化市场进行重点整治。国庆60周年期间，全省各级文化市场管理和"扫黄打非"工作部门要开展一次集中行动，特别要重点开展国庆期间文化市场安全检查，严格防范文化市场安全事故发生，坚决杜绝因管理检查不到位导致的失职、渎职事故。要狠抓侵犯知识产权、传播违法有害信息和走私、制售非法出版物等大案要案，依法严厉打击违法犯罪，形成强大的文化市场管理威慑力。

三、深入贯彻"一手抓管理，一手抓繁荣"的方针，进一步繁荣和发展我省文化市场

加强文化市场管理和"扫黄打非"工作，其出发点和落脚点在于满足人民群众日益增长的精神文化需求，维护人民群众的文化消费权益。要坚持以管理促服务、以管理促发展，通过加强文化市场管理，规范文化市场秩序，促进优秀精神文化产业的生产和传播，满足人民群众多层次、多方面的精神文化需求，为庆祝新中国成立60周年营造浓厚的文化氛围。要在丰富文化市场供应上下功夫。通过开展依法有效管理，引导文化市场主体面向群众依法进行文化经营活动，组织丰富多彩的文化商品供应，为人民群众进行文化消费提供良好的市场保障。尤其要高度重视未成年人的文化供应，引导市场多提供健康向上、生动活泼、适合未成年人需要的文化产品，加强针对未成年人文化消费的执法检查，大力净化未成年人社会文化环境，促进未成年人健康成长；要高度重视农村群众的文化供应，加快推进农村文化市场建设和管理，积极扶持发展农村文化企业和民营演出团体，繁荣农村文化市场，活跃农村文化舞台；要高度重视外来务工人员的文化供应，加强对外来务工人员相对集中地方的文化产品和服务的监督和管理，引导有关文化单位组织开展积极向上的文化活动，拓展外来务工人员文化消费的空间和渠道。要在繁荣发展社会主义优秀文化上见成效。加强知识产权保护，鼓励广大文化工作者大力创作生产优秀精神文化产品和服务，进一步畅通优秀精神文化产品传播渠道，用更多更好的文化产品和服务占领市场、赢得群众。要在培育健康有序的文化市场体系上求突破。主动适应文化市场发展规律，不断提高执法和管理水平，加强和改进文化市场规划，优化文化产业结构和市场结构，促进文化市场要素集聚，为我省文化产业的又好又快发展夯实基础、涵养后劲。

四、切实履行职责，进一步把文化市场管理和"扫黄打非"工作任务落到实处

做好国庆60周年期间的文化市场管理和"扫黄打非"工作，责任重大。各地各有关部门要高度重视、精心组织、狠抓落实。要进一步加强组织领导。把文化市场管理和"扫黄打非"工作作为各级党委、政府的一项重要政治性任务，摆上重要议事日程。按照"属地管理"和"谁主管谁负责"的原则，层层健全责任制度和责任追究制度，根据中央和省委的要求以及这次会议的部署，进一步明确任务、突出重点、细化举措，强化监督检查，确保完成各项任务，真正做到思想到位、措施到位、落实到位。要进一步形成工作合力。各级文化市场管理（"扫黄打非"）工作领导小组办公室要加强与有关部门的沟通联系，强化部署、协调、指导、督办的职能。各有关部门要各司其职、各负其责，相互配合、协同作战，形成齐抓共管的良好工作局面。文化部门要进一步加大对各类文化娱乐经营单位、营业性演出活动和网吧的执法检查；新闻出版（版权）部门要重点开展对出版、印刷、复制、书报刊发行单位的执法检查和行政处罚，加强对出版物进口单位的管理；广电部门要重点清查传播有害视听节目的行为；公安部门要重点加大对各类非法出版活动和网上传播淫秽物品等网

络犯罪的打击力度，依法加强互联网安全监督管理；海关、公安边防部门要依法严厉打击走私、贩运非法出版物活动；工商部门要重点开展对无证照从事出版物印刷、批发、零售业务及展销活动的执法检查和行政处罚，查处取缔"黑网吧"；建设和城管部门要清理取缔销售盗版及非法出版物的游商地摊；铁路、交通、民航部门要进一步加大对出版物运输环节的查验力度；省网管办、电信监管部门要加强对互联网、声讯台和手机短信市场的监管，及时封堵境外网上有害信息。其他各成员单位要切实履行好自身职责、密切配合，做到属地管理与部门管理相衔接、主管部门与协管部门相配合。要加强部门间的横向沟通、地区间的上下联动，特别是重大案件、突发事件发生时，一定要立足大局，齐心协力，不分彼此，把出现的问题迅速、彻底、妥善地解决

好。要进一步完善工作机制。深入分析当前文化市场管理和"扫黄打非"工作的新情况新特点，建立健全信息通报、应急防范和监督检查、责任追究等工作机制，定期组织成员单位对文化市场动态进行研判，加强舆情分析，牢牢掌握工作主动。针对新中国成立60周年重大节庆，要制订周密的工作预案，细化各项预警措施，一旦发生突发事件，立即启动应急机制，防止事态扩大。

同志们，文化市场管理和"扫黄打非"工作事关党和国家工作的全局，事关经济社会发展的大局。我们一定要按照中央和省委的部署和要求，以高度负责的精神和求真务实的作风，扎实做好各项工作，为加快建设文化大省、推动我省文化大发展大繁荣作出应有贡献，以优异成绩迎接新中国成立60周年。

2009 年 8 月 28 日

在浙江"扫黄打非"工作汇报会上的讲话

浙江省委常委、宣传部长、省"扫黄打非"工作领导小组组长

黄坤明

首先我代表浙江省委、省政府欢迎长江同志一行莅临我省视察工作。

今年以来，各地各有关部门认真贯彻中央和省委的决策部署，以高度的政治责任感和使命感，组织开展了一系列专项行动，扎实推进文化市场和"扫黄打非"各项工作，在遏制非法出版物制售、打击各类侵权盗版、推进文化市场综合执法改革、创新文化市场管理体制机制等方面取得了明显成绩，我省文化市场保持繁荣发展的良好态势。积极推进文化市场管理立法工作，颁布实施了《浙江省文化市场综合行政执法管理办法》，这是全国第一个综合执法地方性法规，文化市场管理依法行政迈出重要步伐；集中组织查处非法出版物、截断网络有害信息传播和收缴侵权盗版出版物及开

展了打击整治互联网和手机媒体淫秽色情及低俗信息等专项行动，始终保持对文化市场重点领域监管的高压态势；深入开展出版物市场、广播电视传播、音像、网吧市场等专项整治，重点查处了一批大案要案。特别是面对国际金融危机对文化建设带来的影响，全省文化市场监管部门一手抓管理、一手抓发展，着力营造健康有序的文化市场环境，有力助推我省文化产业的快速发展，文化产品和服务贸易呈现逆势上扬的良好势头。如涉外演出方面，引进了境外团体216批次，演出900多场；艺术品市场交易方面，仅拍卖一项成交额4亿多元；动漫产业发展势头较好，8部原创动漫作品、5个创作团队（个人）被列入文化部"原创动漫扶持计划"，2009义乌文博会、第五届国际

动漫节成功举办，等等。总之，今年以来，我省文化市场管理和"扫黄打非"工作是扎实的，措施是得力的，成绩是明显的。

这里，结合我省特别是围绕开展国庆60周年保平安这条主线，做好"扫黄打非"工作，讲几点情况。

一、清醒认识当前面临的形势任务，进一步增强做好文化市场和"扫黄打非"工作的责任感、紧迫感

文化市场管理和"扫黄打非"工作与国内外形势密切相关，与经济社会发展大局紧密相连。当前，国际国内形势发生深刻复杂变化，文化市场管理和"扫黄打非"工作面临的挑战很多，任务更重、难度更大。从党和国家工作大局看，今年以来，我们党召开了十七届四中全会，全国人民迎来新中国成立60周年等重大庆典。因此，每逢重大节庆、重大活动、重要事件，意识形态和思想理论领域就会更加活跃，境内外敌对势力也会抓紧进行渗透破坏活动，各种噪声、杂音往往会增多，宣扬民族分裂和民族矛盾的非法出版物等打击监管任务更加繁重。所以，全省各地各部门始终紧绷维护文化市场和谐稳定和文化安全这根弦，切实采取更加有力的举措、更加有效的手段，大力加强文化市场管理，深入开展"扫黄打非"斗争，为新中国成立60周年营造了良好的文化市场环境。从我省经济社会发展大局看，面对国际金融危机带来的冲击，我省认真贯彻落实中央扩内需促增长的"一揽子计划"和政策，采取"标本兼治、保稳促调"的一系列举措，经济呈现企稳回升、总体向好的发展态势。但现在看来一些不稳定、不确定的因素还很多，经济保持平稳较快发展的形势依然严峻，特别是解决就业、改善民生等社会问题将进一步突出，公共突发事件时有发生，维护社会稳定任务很重。经济社会生活的新变化在文化传播领域也会有所反映，给文化市场管理工作提出新的更高要求。比如，在经济发展困难时期，人民群众需要更多的文化慰藉，对精神文化需求也会增强，这个时候淫秽色情等有害文化产品便会趁虚而入，

侵权盗版活动便会更加猖獗。在社会矛盾多发期，利用互联网、移动通信工具散布政治谣言、攻击党和政府的议论等有害信息问题日趋严重，文化市场管理和"扫黄打非"工作任务更加艰巨。从文化市场监管自身看，文化市场管理还存在一些不适应的地方，需要进一步改革创新。比如，文化市场领域的非法出版和传播活动网络化、专业化、高技术华的特点更加凸显，要求我们不断利用新技术等手段，加强对文化市场新领域、新阵地的管理。面对文化市场管理和"扫黄打非"工作的新挑战新任务，今年以来中央和省委对此高度重视，李长春、刘云山等中央领导同志先后作出重要批示，提出明确要求。省委书记赵洪祝同志也多次作出批示，要求我们认真贯彻落实长春、云山同志重要批示，保持"扫黄打非"力度不减，工作不松，确保以优良的环境迎接新中国成立60周年。全省各地各地部门都能认真学习贯彻中央和省委领导同志的重要批示精神，深刻认识新形势下文化市场管理和"扫黄打非"工作的极端重要性和现实紧迫性，增强政治意识、大局意识、责任意识和忧患意识，思想上没有丝毫的松懈，行动上没有半点的松劲，始终将文化市场管理和"扫黄打非"工作抓紧抓好。

二、着力加强重点监管，进一步巩固和发展我省文化市场健康有序的良好局面

2009年我们围绕中央和省委的工作大局，突出重点领域，把握关键环节，强化监管力度，全面防范，切实解决我省文化市场管理中易发多发的突出问题，确保我省文化市场健康稳定和安全。一方面，我们抓重点。突出重点领域的监管，把非法出版物、利用互联网传播各类有害信息、各种形式的非法报刊、文化娱乐经营单位、营业性演出活动、网吧以及淫秽色情、凶杀暴力、封建迷信等文化垃圾作为查处打击的重点，牢牢抓住，一查到底；在继续加大对大中城市文化市场管理的同时，把管理工作向城市社区和农村集镇延伸，特别是重点抓好文化产品交易市场、小商品市场、印刷品生产基地等区域的日常管理；着重把好文化产品和服务市场准入关、出

版物入境关、出版物运输关等，抓龙头、堵源头，从根本上切断非法出版物等的市场流通。另一方面，我们突出了重点抓。重点做了十项工作，即一是扎实开展"扫黄打非"三个阶段集中专项行动，二是严厉查缴"少儿版人民币"，三是积极开展清缴和整治低俗音像制品专项行动，四是开展特别整治期专项行动，五是省"扫黄打非"办领导深入海关口岸一线调研，六是深入开展国庆 60 周年保平安省交叉执法检查和工作督查，七是开展整治互联网低俗之风专项整治行动，八是省文化厅组织全省文化市场统一集中检查大行动，九是省广电局组织开展打击互联网传播淫秽色情专项行动，十是省新闻出版局牵头督查全省《浙江省文化市场综合行政执法管理办法》贯彻执行情况，通过加强日常巡查和集中行动，针对重大节庆、重要活动和敏感时段，对文化市场进行重点整治。重点开展国庆期间文化市场安全检查，严格防范文化市场安全事故发生，坚决杜绝因管理检查不到位导致的失职、渎职事故，狠抓侵犯知识产权、传播违法有害信息和走私、制售非法出版物等大案要案，依法严厉打击违法犯罪，形成强大的文化市场管理威慑力，取得了阶段性成效。

三、深入贯彻"一手抓管理，一手抓繁荣"的方针，进一步繁荣和发展我省文化市场

加强文化市场管理和"扫黄打非"工作，其出发点和落脚点在于满足人民群众日益增长的精神文化需求，维护人民群众的文化消费权益。我们始终坚持以管理促服务、以管理促发展，通过加强文化市场管理，规范文化市场秩序，促进优秀精神文化产业的生产和传播，满足人民群众多层次、多方面的精神文化需求，营造浓厚的文化氛围。通过开展依法有效管理，引导文化市场主体面向群众依法进行文化经营活动，组织丰富多彩的文化商品供应，为人民群众进行文化消费提供良好的市场保障。高度重视未成年人的文化供应，引导市场多提供健康向上、生动活泼、适合未成年人需要的文化产品，加强针对未成年人文化消费的执法检查，大力净化未成年人社会文化环境，促进未成年人健康成长；高度重视农村群众的文化供应，加快推进农村文化市场建设和管理，积极扶持发展农村文化企业和民营演出团体，繁荣农村文化市场，活跃农村文化舞台；高度重视外来务工人员的文化供应，加强对外来务工人员相对集中地方的文化产品和服务的监督和管理，引导有关文化单位组织开展积极向上的文化活动，拓展外来务工人员文化消费的空间和渠道。加强知识产权保护，鼓励广大文化工作者大力创作生产优秀精神文化产品和服务，进一步畅通优秀精神文化产品传播渠道，用更多更好的文化产品和服务占领市场、赢得群众。主动适应文化市场发展规律，不断提高执法和管理水平，加强和改进文化市场规划，优化文化产业结构和市场结构，促进文化市场要素集聚，为我省文化产业的又好又快发展夯实基础、涵养后劲。

四、切实履行职责，进一步把文化市场管理和"扫黄打非"工作任务落到实处

各地各有关部门高度重视文化市场管理和"扫黄打非"工作，始终把文化市场管理和"扫黄打非"工作作为各级党委、政府的一项重要政治性任务，摆上重要议事日程。按照"属地管理"和"谁主管谁负责"的原则，层层健全责任制度和责任追究制度，突出重点、细化举措，强化监督检查，确保完成各项任务，真正做到思想到位、措施到位、落实到位。努力形成工作合力，各级文化市场管理（"扫黄打非"）工作领导小组办公室积极加强与有关部门的沟通联系，强化部署、协调、指导、督办的职能。各有关部门也能各司其职、各负其责，相互配合、协同作战，形成齐抓共管的良好工作局面。文化部门进一步加大对了各类文化娱乐经营单位、营业性演出活动和网吧的执法检查；新闻出版（版权）部门重点开展了对出版、印刷、复制、书报刊发行单位的执法检查和行政处罚，加强对出版物进口单位的管理；广电部门重点清查传播有害视听节目的行为；公安部门重点加大对各类非法出版活动和网上传播淫秽物品等网络犯罪的打击力度，依法加强互联网安全监督管理；海关、公安边防部门依法严厉打击走私、贩运非法出版物活动；工商部门重点开展对无证照从事出版物印刷、批发、零售业务及展销活动的执法检查和行政处罚，查处取缔"黑网吧"；建设和城管部门清理取缔销售盗版及非法出版物的游商地摊；铁路、交通、民航部门进一步加大对出版物运输环节的查验力度；省网管办、电信监管部门加强了对互联网、声讯台和手机短信市场的监管，及时封堵境外网上有害信息。他各成员单位也能切实履行好自身职责、密切配合，做到属地管理与部门管理相衔接、主管部门与协管部门相配合。加强部门间的横向沟通、地区间的上下联动，特别是重大案件、突发事件发生时，都能立足大局，齐心协力，不分彼此，把出现的问题迅速、彻底、妥善地解决好。进一步完善了工作机制。深入分析当前文化市场管理和"扫黄打非"工作的新情况新特点，建立健全信息通报、应急防范和监督检查、责任追究等工作机制，定期组织成员单位对文化市场动态进行研判，加强舆情分析，牢牢掌握工作主动。

同志们，文化市场管理和"扫黄打非"工作事关党和国家工作的全局，事关经济社会发展的大局。我们下阶段一定要按照中央和省委的部署和要求，以高度负责的精神和求真务实的作风，继续扎实做好各项工作，为加快建设文化大省、推动我省文化大发展大繁荣作出应有贡献，为社会稳定和谐创造良好的社会文化环境。

最后对长江同志一行莅临我省视察指导工作表示感谢！

2009 年 12 月 8 日

2009 年"扫黄打非"大事记

浙江省"扫黄打非"办公室

2009 年，省"扫黄打非"工作领导小组办公室认真贯彻中央"扫黄打非"工作要求和部署，紧紧围绕"国庆 60 周年保平安"这一主线，切实按照省委、省政府《关于做好 2009 年"扫黄打非"和文化市场监管工作的通知》（浙委办［2009］45 号）文件要求和省领导的多次重要批示精神，始终坚持将打击非法出版物和侵权盗版作为工作重点，其整体监管力量得到了较大的加强，"扫黄打非"工作取得了显著的实效。

一、"扫黄打非"工作部署方面

2009 年 1 月，根据中央"两办"转发的《2009 年"扫黄打非"行动方案》和第 22 次全国"扫黄打非"工作电视电话会议精神，浙江省紧紧围绕全面建设"平安浙江"、"法治浙江"，深入贯彻科学发展观，以落实党的十七大精神为工作主线，以保护知识产权为工作平台，开展专项治理，加强日常监管，坚决封堵查缴非法出版物，坚决扫除淫秽色情等文化垃圾，坚决打击各种侵权盗版和非法出版活动，全力维护社会政治稳定和文化安全，各地党委、政府加强领导，部门间密切协作，责任明确，为全面打击各类违法行为奠定了扎实基础，以实际行动为浙江省和全国"两会"的召开、迎接"国庆 60 周年"，营造了一个良好的社会文化环境。

2 月 18 日，浙江省文化厅、省广电局、省新闻出版局共同召开了 2009 年全省文化广电新闻出版局局长会议。省委常委、宣传部长、省"扫黄打非"工作领导小组组长黄坤明同志，省委常委、副省长、省"扫黄打非"工作领导小组副组长葛慧君同志出席会议并作了重要讲话。省"扫黄打非"工作领导小组办公主任、省文化厅副厅长田宇原同志就贯彻落实全国"扫黄打非"办公室主任会议和黄坤明部长、葛慧君副省长重要讲话精神提出了明确要求，并具体部署了 2009 年三个阶段"扫黄打非"集中行动工作。

4 月 14 日、6 月 15 日，省"扫黄打非"办转发全国"扫黄打非"工作小组办公室《关于开展清缴整治低俗音像制品专项行动的通知》、《关于继续清缴整治低俗音像制品专项行动的通知》，浙江省"扫黄打非"工作领导小组办公室及相关部门高度重视，迅速行动，切实按照《通知》精神抓好落实。在整治期间省"扫黄打非"办多次检查督促各地工作开展情况，三次组织召开视频会议通报情况，提出要求。

8 月 27 日，浙江省文化市场管理（"扫黄打非"）工作领导小组在杭州召开专题会议，研究部署全省"扫黄打非"第三阶段集中行动工作方案和措施。省委常委、宣传部长、省"扫黄打非"工作领导小组组长黄坤明同志到会并作重要讲话。省"扫黄打非"工作领导小组各成员单位，全省 11 个地市文广新局局长、市"扫黄打非"工作领导小组办公室主任、市文化市场管理处处长、市文化市场行政执法队长约 60 多人参加会议。省委常委、宣传部长、省"扫黄打非"工作领导小组组长黄坤明就做好"扫黄打非"第三阶段集中行动工作提出了要求。

9 月 28 日，省文化市场管理（"扫黄打非"）工作领导小组办公室就关于加强国庆期间文化市场监管工作下发了紧急通知，通知特别强调，各级文化市场管理（"扫黄打非"）工作领导小组办公室要积极协调文化、公安、工商、海关等相关职能部门建立健全假日期间联合办公和联合巡查制度，加大对违法演出、网吧、娱乐及出版物等文化市场违法经营行为的处罚力度，要集中力量对娱乐、网吧、书报刊、音像制品、计算机软件制品及电脑电子市场、车站、繁华街区、旅游景点、交通枢纽、宾馆饭店等场所的非法出版物进行集中清查行动。国庆期间，浙江省各级文化市场管理（"扫黄打非"）执法机构严格按照紧急通知要求，精心部署，严密组织，落实责任，加强市场监管，未发生一起安全生产责任事件。

二、开展"扫黄打非"专项行动方面

2~4 月下旬，省"扫黄打非"办认真贯彻落实第 22 次全国"扫黄打非"工作电视电话会议精神，围绕封堵和查缴非法出版物、屏蔽和删除利用信息网络传播有害信息、查处非法报刊以及查缴各类侵权盗版出版物等工作重点，积极开展第一阶段集中整治行动。5 月中旬~7 月底，省"扫黄打非"办牵头协调，全省各地各部门按照要求，集中整治印刷复制行业，深入开展校园周边文化环境整治，全面检查出版物运输环节，加强互联网上网服务营业场所监管，严厉打击网络淫秽色情等专项行动为重点，积极开展"扫黄打非"第二阶段集中行动。8 月中旬~11 月中旬，全省各级"扫黄打非"机构积极协调，认真"扫黄打非"第三阶段集中行动，严厉打击各类违法活动，期间组织了查缴盗版《迈克尔·杰克逊专辑》音像制品行动、查缴文化市场违禁物品集中整治行动、开展校园周边文化市场专项整治行动、迎国庆保平安文化市场"扫黄打非"专项检查行动、动漫市场专项整治行动、严厉打击手机网站制作、传播淫秽色情信息活动等，成效明显。3 月 11 日，接全国"扫黄打非"办《关于调查义乌商品市场销售违法印刷品及不良玩具的函》，省"扫黄打非"办立即成立专案调查组，开展查处工作。

3 月 16 日，义乌市文化市场行政执法大队在对义乌国际商贸城检查时，发现了涉嫌经营疑似"少儿版人民币"、"现金王"卡片共 102 张，"游戏好运大转盘"2 盒，执法人员依法采取了暂扣措施。4 月 1 日，温州市"扫黄打非"办会同公安、文化等部门根据有关线索，在苍南县灵溪镇屿湖村查获一地下"少儿版人民币"、"开门大惊喜"、"福彩天天乐"等有奖卡片加工点，缴获各类非法印刷品成品有奖卡片 87 箱共计 191.4 万张，半成品 10 万余版（约 1000 万张"少儿版人民币"等有奖卡片），另有外包装空盒 43460 个。4 月 20 日，中国人民银行苍南县支行依据相关法律对当事人非法使用人民币图样行为下达行政处罚意见告知书，作出责令改正，并销毁非法使用人民币图样，没收违法所得 6600 元，并处人民币 2000 元罚款的行政处罚。

4 月中旬~6 月底，省"扫黄打非"办认真贯彻《关于开展清缴整治低俗音像制品专项行动的紧急通知》及《关于继续清缴整治低俗音像制品专项行动的通知》精神，围绕八个重点内容，积极开展清缴和整治专项行动，取得了较好的成效。据统计，行动开展以来，全省共出动检查 12000 多人次，检查经营场所 7540 家，收缴低俗音像制品 7795 余件，取缔非法经营场所 205 家。

6 月 9 日上午，为贯彻落实全国"扫黄打非"办给各省（自治区、直辖市）"扫黄打非"办主任一封信要求，省"扫黄打非"办迅速召集省文化厅、省新闻出版局、省公安厅和省工商局等职能部门召开专题协调会，立即成立四个特别行动组，由省"扫黄打非"办、省新闻出版局、省公安厅和省工商局抽调同志。6 月 11 ~7 月 28 日，行动组开展了专项检查行动。重点检查非法出版物并着重摸排浙江省重点部位、高危地区地下非法制作、发行窝点和非法出版物销售经营情况。

7 月 23 日，省"扫黄打非"工作领导小组办公室主任、省文化厅副厅长田宇原率调研组到杭州海关相关口岸单位调研封堵违禁出版物及"扫黄打非"工作。调研组专程到杭州海关驻邮局办事处机检现场、杭州萧山机场海关快件处理现场、杭州萧山机场出境旅客检查通道现场调研，实地查看了各类出入境邮件及各类出版物开包检验等工作场所，并召开了相关人员的座谈会。调研期间，田宇原主任充分肯定了近二年来杭州海关将关区作为"扫黄打非"工作主战场，严密封堵和查缴各类非法出版物和盗版音像制品，对所有行李、物件、随身携带的包裹实行 100% 机检，发现出版物采取 100% 开箱（包）检验，发现非法出版物采取 100% 劝阻入境的"三个 100%"做法。

9 月 7 日~9 月 24 日，省"扫黄打非"办专门成立了三个检查组，对全省开展迎国庆保平安"扫黄打非"和文化市场监管工作进行了专项检查。省文化厅副厅长、省"扫黄打非"工作领导小组办公室主任田宇原、省广播电影电视局副局长、省"扫黄打非"工作领导小组办公室副主任铁国强、省新闻出版局副局长、省"扫黄打非"工作领导小组办公室副主任范春梅，分别带队深入市场一线参加检查。成员单位省文化厅、省广电局、省新闻出版局、省工商局、省公安厅、省教育厅、省通信管理局、团省委、杭州海关等单位积极配合，均派员参加。检查重点明确，方式灵活，效果明显。

9 月 28 日，省文化市场管理（"扫黄打非"）工作领导小组办公室就关于加强国庆期间文化市场监管工作下发了紧急通知，要求各地、各部门要加强领导，以高度的责任感紧急动员起来，切实做好文化市场各项监管工作。文化、公安、工商、海关等相关职能部门建立健全假日期间联合办公和联合巡查制度，加大对违法演出、网吧、娱乐及出版物等文化市场违法经营行为的处罚力度，要集中力量对娱乐、网吧、书报刊、音像制品、计算机软件制品及电脑电子市场、车站、繁华街区、旅游景点、交通枢纽、宾馆饭店等场所的非法出版物进行集中清查行动。国庆期间，浙江省各级文化市场管理（"扫黄打非"）执法机构严格按照紧急通知要求，精心部署，严密组织，落实责任，加强市场监管，未发生一起安全生产责任事件。

10 月 20 日~11 月 20 日，由新闻出版局与省文化厅、省广电局分别带队，组织对 11 个市级执法机构及义乌市贯彻落实《浙江省文化市场综合行政执法管理办法》工作情况进行检查，检查的主要内容是：执法主体的合法性（委托文件、委托事项、委托权限）；具体行政行为的合法性含案卷抽查中程序规范情况，案卷质量及行政相对人走访；执法人员履行行政行为基本情况，主要是指包括依法行政、廉洁从政的情况；执法机构经费是否列入同级财政预算情况。

创新经验

关于认真做好 2009 年"两会"、春节期间"扫黄打非"和文化市场监管工作的紧急通知

浙江省"扫黄打非"办公室

为了确保全国"两会"以及春节期间文化市场健康繁荣、平稳有序，根据第二十二次全国"扫黄打非"工作电话电视会议精神和省委、省政府关于加强"扫黄打非"和文化市场监管的指示精神，现就做好"扫黄打非"和文化市场监管工作有关事项通知如下。

一、围绕中心，服务大局，全面加强"扫黄打非"和文化市场监管的组织领导

各地、各部门要按照中央和省委、省政府的部署，结合实际，突出重点，加强协调，以打击非法出版物作为工作的重中之重，坚决遏制非法出版物和各类非法出版活动，以饱满的热情和务实的工作作风，切实抓好"扫黄打非"和文化市场日常监管的各项任务，切实维护社会政治稳定。各级成员单位要在领导小组办公室的统一协调下，密切协作，恪尽职守，服务大局，集中精力，加强组织领导，确保"两会"、春节期间文化市场健康、繁荣、平稳、有序。

二、落实责任，各尽职责，建立有序的"扫黄打非"和文化市场监管合作机制

各地、各有关部门要认真落实工作责任制，进一步健全监督检查、协调配合、预警防范、应急处置、责任追究等工作制度。文化广电新闻出版等部门要加强对影剧院、歌舞厅、电子游戏经营场所（游艺厅）、演艺厅、网吧、音像制品经营场所等人员密集场所日常监管和检查，加大执法力度，严厉查处各类非法接纳未成年人进入等违法违规行为；要将查处非法出版物和各类非法出版经营活动作为工作的重点，要加强对印刷、复制企业的监管，坚决取缔非法从事印刷、复制业务的企业，严格执行印刷委托书和准印证制度，严厉查处和打击承印承制各类非法出版物的行为；要加强对利用互联网、地面卫星、有线电视、手机等非法传播有害信息和境外广播电视节目的监控，加强境外卫星接收设施管理，建立和完善境外卫星接收设施生产、销售、安装和使用的长效管理工作机制，对非法经营的网站刊载、链接有害信息及其相关内容的要责令其立即删除或予以关闭；公安部门要加强对娱乐、演艺、电子游戏、网吧等经营场所的消防、治安管理。对在经营场所内进行卖淫嫖娼、赌博、吸贩毒品、贩卖、传播淫秽物品的，或者进行淫秽、色情表演以及封建迷信活动等的，要依法严厉惩处，并追究有关经营者的行政或刑事责任，同时加大对利用互联网制作传播有害信息，危害信息网络安全行为的打击力度，认真开展网上"扫黄打非"行动；工商行政管理部门要依照《无照经营查处取缔办法》，认真查处各类无照经营行为。特别对各类从事非法经营的地下黑网吧、黑游戏机房要坚决依法取缔；海关要将非法出版物及宗教散发性印刷品作为重点查缉对象。切实增强对进境行李物品、包裹邮件查验的针对性和有效性；铁路、交通、民航等部门要对所属运输企业提出明确要求，同时加强对出版物运输渠道的监管，严禁各运输企业承运淫秽色情、侵权盗版等非法出版物，坚决打掉非法出版物贩运通道。

三、加强引导，繁荣市场，满足人民群众日益多样的精神文化需求

全国"两会"和春节期间，各地要认真组

织安排好文艺演出、电影放映、文化娱乐、正版图书、网络文化以及文化产品博览会、展销会等活动，努力营造欢乐、祥和、文明的社会环境。各地、各部门要从基层和人民群众的实际需要出发，通过政府主导、社会参与、市场运作的方式，创新运行机制，加强优秀精神文化产品的创作生产和传播，将各种健康向上、群众喜闻乐见、丰富多彩的文化产品投放市场，大力弘扬社会主义核心价值体系，为基层和群众提供更多更好的精神食粮，满足人民群众不同层次的文化消费需求。

各级文化市场管理（"扫黄打非"）工作领导小组办公室接到通知后，要及时根据省里的统一部署，制定工作预案，建立健全值班和巡查制度，确保12318举报电话24小时开通并及时处理各类投诉举报。同时各级文化市场管理和"扫黄打非"工作机构要建立重大突发情况报告程序和责任制度，确保各项工作落实到位。对《通知》提出的各项工作落实情况，要以书面形式逐级报告备案。

2009 年 1 月 19 日

浙江省暨杭州市 2009 年侵权盗版及各类非法出版物活动集中销毁活动

浙江省"扫黄打非"办公室

根据中央"两办"《2009 年"扫黄打非"行动方案》的要求，为迎接"4·26"世界知识产权日，充分展示我国政府保护知识产权，打击侵权盗版的坚定立场和省、市"扫黄打非"取得的重大成果，震慑和警示各类违法犯罪分子和非法经营活动，进一步唤起全社会保护知识产权的意识，根据全国"扫黄打非"工作小组的统一部署，浙江省 2009 年侵权盗版制品及各类非法出版物集中销毁活动仪式于 4 月 22 日上午在杭州和宁波两地举行。

浙江省委常委、宣传部长，省"扫黄打非"工作领导小组组长黄坤明，杭州市委常委、宣传部长、市"扫黄打非"工作领导小组副组长翁卫军等省、市领导同志出席活动并讲话。销毁活动由浙江省文化厅副厅长、省"扫黄打非"办主任田字原主持。参加销毁活动现场的还有省政府办公厅、省委宣传部、省公安厅、省工商局、省文化厅、省广电局、省新闻出版局等省、市"扫黄打非"工作领导小组的部分成员单位的领导同志。

过去的一年，在中央和省委、省政府的领导下，浙江省各级"扫黄打非"执法部门积极加大"扫黄打非"工作力度，整顿、规范与培育、引导并举，各地各有关部门认真围绕省委、省政府的中心工作，增强大局意识、政治意识、责任意识和忧患意识，高举知识产权保护旗帜，连续组织开展了一系列"扫黄打非"专项行动，特别是围绕举办北京奥运会、残奥会，对文化市场进行了持续的集中整治，有效地遏制了非法出版物、淫秽色情出版物及相关有害信息的传播，有力地打击了各类侵权盗版活动，文化市场日常监管得到明显加强，"扫黄打非"工作机制不断完善和创新。今年一季度以来，各地、各部门认真贯彻落实第二十二次全国"扫黄打非"工作电视电话会议精神，积极部署以出版物市场为重点的文化市场第一阶段专项治理行动，至 3 月底，全省各级文化、公安、工商、新闻出版和城管执法部门共出动执法检查人员 6 万多人次，检查各类出版物经营单位 4.4 万多家，查缴盗版及非法出版物 20 万多件，取缔关闭严重违规的经营场所 700 多个，取得了阶段性成果。

2009 年是新中国成立 60 周年，是推动党和国家事业实现新发展的关键一年，"扫黄打非"任务十分艰巨，今天的全国统一销毁活动意义重大，现场将销毁各类走私及盗版音像制品，盗版软件及电子出版物，盗版及非法图书报纸期刊，非法经营的游戏机等总量达536265件，全省销毁总量达1045499件。是近年来浙江省开展"扫黄打非"斗争销毁规模较大，一次性销毁各类侵权盗版制品及各类非法出版物数量最大的集中销毁活动。我们将通过集中销毁活动向社会各界展示我国政府高举保护知识产权旗帜、打击盗版和非法出版物的决心和取得重要成果，继续对侵权盗版犯罪活动和违法犯罪分子保持严厉打击的高压态势，震慑和警示各类违法犯罪分子和非法经营者，相信通过这项活动必将进一步唤起广大人民群众理解和参与"扫黄打非"斗争的积极性和意识，同时也将有力地促进浙江省文化市场的规范有序和繁荣发展。

集中销毁活动结束后，省、市"扫黄打非"工作领导小组有关负责人将就浙江省2008年以来"扫黄打非"所取得的成绩、市场状况和下一步工作重点等有关问题接受记者提问。省"扫黄打非"工作领导小组办公室将组织有关部门在全省开展万名市民及青少年"打击侵权盗版、保护知识产权"签名活动和发放绿书签活动。

安 徽 省

2009年"扫黄打非"工作总结

安徽省"扫黄打非"办公室

在省委、省政府和省"扫黄打非"领导小组的坚强领导下，在全国"扫黄打非"工作小组办公室的悉心指导下，2009年度，全省"扫黄打非"工作以查缴违禁非法出版物、淫秽色情出版物和查缴各类盗版非法出版物为重点，掌握主动权，打好主动仗，强力开展"扫黄打非"工作，取得了显著成果。据统计，全省1～12月份，检查文化出版市场7.8万人次，共查缴各类非法出版物108.3万件，其中，违禁非法出版物503件，淫秽色情出版物9267件，盗版图书、报刊18.6万件，盗版音像制品、电子软件28.9万张（件），查办案件455件，有力打击和震慑了不法分子，促进了全省政治安定、社会稳定和经济发展。

一、领导高度重视，"扫黄打非"工作摆上重要位置

在全国第二十二次"扫黄打非"电视电话会议召开时，安徽省认真组织收听收看，受省委常委、宣传部长臧世凯委托，省"扫黄打非"领导小组第一副组长、省政府副省长谢广祥亲自与会，并在随后召开的贯彻会议上作重要讲话，对贯彻落实全国"扫黄打非"电视电话会议精神提出明确要求。2009年全国"扫黄打非"行动方案下发后，安徽省认真贯彻落实，在调查研究的基础上，结合工作实际，制定了《2009年安徽省"扫黄打非"行动方案》，省委办公厅、省政府办公厅以文件下发各市、各成员单位贯彻执行。省委常委、宣传部长、省"扫黄打非"领导小组组长臧世凯，省政府分管"扫黄打非"工作的副省长谢广祥，对全年每次集中行动都亲自过问，重大活动亲自参加，并多次作出指示、批示，及时帮助解决"扫黄打非"工作中的重大问题。省委宣传部副部长、省"扫黄打非"领导小组副组长车敦安对"扫黄打非"集中行动和大要案的查处，始终给予具体的指导帮助。

各市"扫黄打非"领导小组对全国和省里部署的重大行动，都及时组织，认真落实。分管领导及时作出批示，并多次主持召开会议进行研究布置；淮南、滁州、铜陵、阜阳、黄山、宿州等市分管领导不仅亲自过问，对行动开展提出具体要求，并亲临集中行动现场，进行指导。全省17个市均把"扫黄打非"工作纳入市精神文明创建总体部署中，在评比时予以增加分值。合肥、安庆、淮南等市还将"扫黄打非"工作纳入全市宣传思想工作中，年初布置、年中检查、年末评比。安庆市为"扫黄打非"工作人员购买人身意外保险，进一步调动了"扫黄打非"工作人员积极性，促进了"扫黄打非"工作深入开展。

省直新闻出版、文化、工商、公安、通信管理、邮政、编办、海关、民航等部门和上海铁路局蚌埠办事处等单位领导对"扫黄打非"工作高度重视，不仅制定了全年工作方案，而且狠抓落实，成效显著。

二、全力守好底线，坚决封堵查缴违禁非法出版物

守好底线，维护发展稳定政治局面，一直是安徽省"扫黄打非"工作的第一任务和最重要工作。全国、省"两会"召开前，安徽省"扫黄打非"办公室数次专门下发了关于严厉查缴违禁非法出版物的《通知》，对查缴违禁非法出版物作专门部署。全省共组织了8批有厅、处级领导带队的"扫黄打非"工作检查组，对各市查堵情况进行督查。黄山市制定了查缴违禁非法出版物"三无"目标责任制（无违禁非法出版物流入渠道，无兜售违禁非法出版物游商、地摊，无仓储违禁非法出版物窝点）；宣城市制定了"重大节日重点查、重要场所反复查、日常监管不断查"的工作措施；淮南市提出了"不放过一本违禁非法出版物、不给违禁非法出版物留有传播空间"的工作要求。为堵住违禁非法出版物在安徽省印制的源头，省"扫黄打非"

办、省公安厅、省新出版局、省文化厅、省工商局等"扫黄打非"相关部门多次联手，对全省印刷、复制企业进行检查，严查彻堵印刷违禁非法出版物。同时，省各相关部门多次下发对全省印刷复制企业检查的通知，要求各市对印刷复制企业进行全面检查。各市、省"扫黄打非"成员单位认真落实，对所辖区内印刷、复制企业进行逐一检查，成效十分显著。

三、注重突出特点，全面落实"扫黄打非"工作部署

2009年全省组织开展了"扫黄打非"三大战役，即以整治出版环节为重点的集中行动；以整治印刷复制、运输环节为重点的集中行动和以整治文化、出版市场违法违规经营行为，打击盗印、发行非法教材教辅为重点的集中行动，狠抓五项工作落实。

一抓清缴整治低俗音像制品。全省从4月至8月，开展了清缴整治低俗音像制品专项行动。为形成工作合力，省"扫黄打非"办、省新闻出版局和省文化厅三家抽调专人，成立了安徽省清缴低俗音像制品办公室，合署办公，由省"扫黄打非"办主要负责人担任主任。省文化、公安、新闻出版、教育、工商等部门均结合各自业务特点作了周密部署。各市也均成立清缴整治低俗音像制品专项行动办公室开展工作。各市对音像制品市场进行拉网式清查，做到不留死角，不漏一盘（张）。滁州、宿州等市对所辖县（区）实施音像制品交叉大检查，发现凡属低俗、淫秽色情音像制品，一律下架，并进行收缴和销毁。滁州市清缴低俗音制品5400余盘，取缔无证照音像店3家。宿州在清缴低俗音像制的同时，取缔音像店4家。蚌埠市一次性查缴淫秽色情光盘5000余盘；阜阳查获一起复制、经营淫秽光盘案，查缴淫秽光盘259件，均当场对当事人依法刑拘。5、6月间，省"扫黄打非"成员单位组成4个暗访组，赴全省各地检查清缴整治低俗音像制品工作，巩固成果，扩大战果。在整治低俗音像制品专项行动中，全省共出动执法人员3.62万人次，车辆1.6万余次，查缴低俗

音像制品共5.78万盘。

二抓网吧和网游市场整治。组织媒体参加网吧治理检查，对发现的问题，公开曝光，对违规经营业主进行守法经营教育，对严格守法经营的业主及时宣传表扬。文化、教育、团委、"扫黄打非"办等多部门共同开展"中小学生远离网吧"主题教育活动，并发出《致全省中小学生家长的公开信》，强化家长、学校和社会在未成年人监管上的责任。省工商、文化、公安、"扫黄打非"办公室等部门，不间断开展打击"黑网吧"行动。在6月~9月的联合取缔"黑网吧"专项行动中，查处取缔"黑网吧"331家。合肥市在查处取缔"黑网吧"专项整治行动中，先后查处取缔"黑网吧"21家，依法没收电脑等违法经营专用设备551台（套）。六安取缔"黑网吧"41家，没收无照经营电脑157台，罚款7.38万元。

三抓网上"扫黄打非"斗争。一是创新管理机制。网吧管理在全省网吧于2008年已全部安装视频监控的基础上，2009年各网络管理相关部门多次深入市县，积极指导全省联网启动网吧视频监控、二代身份证刷卡上网系统，提高了网上"扫黄打非"的科技监管能力。二是查办案件。查封网上销售非法出版物案。根据全国"扫黄打非"办的部署，安徽省及时抓好非法杂志及其网站相关信息的删除、封堵和查处工作；及时关闭假冒安徽省备案号、接入地为外省的非法网页。查处违法网站接入案。省通信管理局建立网站实名制管理。年初，通过对全省网站拉网式检查和清理，查获并取缔了2公司违法网站接入。全年已关闭违规网站1107个，频道、栏目352个，屏蔽不良信息3.2万余次，拦截不良游戏3.8万次，为净化网络社会文化环境夯实了基础。

四抓严厉打击盗版教材教辅读物。结合全国"扫黄打非"办统一部署，开展以打击盗版教材教辅为重点的全省"扫黄打非"第三阶段集中行动。在行动中，各地"扫黄打非"办、教育、新闻出版联手，严格落实责任，重拳频出。"扫黄打非"执法人员进学校入书店，严查不法书商购进劣质盗版教辅，自行推销，获取高额利润行为。省公安厅、省新闻出版局组织查办了合肥振翼文化传播有限公司涉嫌批销盗版教辅案。亳州市、铜陵市严查少儿版"人民币"，少儿"八卦"玩具，微型少儿"卡通画册"等有害信息的笔记本、印刷品和不良玩具。亳州市对违规使用盗版教辅的学校进行了处罚，公开处理一批违规征订教辅材料的教职工，同时在报纸上公布。阜阳市还出台了《2009年秋季教学用书市场专项治理实施方案》，采取死看硬守、封堵托运部、错时检查等办法，开展专项治理行动。

五抓校园周边文化环境治理。省"扫黄打非"办制定下发了《开展校园周边环境整治工作的通知》、《加强大中专学校打击侵权盗版和非法出版物销售活动的通知》等文件。各地、各部门都按照《通知》要求，制订了实施细则，在整治校园周边文化环境专项行动中，齐抓共管、形成合力，确保各项工作的落实，使净化校园文化环境的相关工作增强"钢性"，进一步制度化、规范化。教育部门进一步加强了校内文化环境治理，完善值班制度，取缔校园内非法网吧，建立网络图书室的防火墙，开展了"请家长向我举报、让未成年人远离网吧、让低俗读物走开"的"一请二让"等活动；文化、新闻出版部门加大巡查力度，取缔非法流动书摊、游商小贩，清缴淫秽色情"口袋本"图书、有害卡通画册、淫秽色情光盘及盗版音像制品等有害未成年人身心健康读物；公安部门通过办法制宣传栏、发放法制宣传卡片，给中小学生、上法制宣传课等形式，增强学生的法制意识。合肥市在校园周边环境治理中，对"精通书店"、"文丛书店"涉嫌经营侵犯人民卫生出版社医学类版权教辅图书进行查处，收缴涉嫌侵权盗版教辅图书200册。淮北市对市区一些小学校门口的文具店、书店进行了突击检查，查收"儿童钞票"等非法出版物500余张，全国"扫黄打非"网和全国"扫黄打非"工作《简报》均刊登了此条信息。全国"扫黄打非"简报采用此信息时，还加了按语，肯定了安徽省校园周边环境治理工作。

四、强化宣传培训，营造"扫黄打非"浓郁社会氛围

通过坚持不懈的宣传，安徽省"扫黄打非"工作得到社会的广泛认同，人民群众的积极参与，为顺利开展"扫黄打非"工作营造了良好社会环境和舆论氛围。

（一）媒体宣传

2009年省"扫黄打非"办多次召开省直媒体参加的新闻发布会，介绍全省"扫黄打非"专项行动的意义、步骤、内容、要求和成果。全省各媒体都在不同的时间段，按照"扫黄打非"领导小组统一部署派记者深入一线采访，并刊播相关新闻，登出举报电话。芜湖、宣城、铜陵、淮北等市"扫黄打非"领导小组负责人还在市报、电台、电视台参加专栏和热线宣讲活动，营造了上下联动的舆论氛围。

（二）办班培训

2009年6月，省委党校首次开设了领导干部"扫黄打非"课程。省文化厅副厅长李修松就网吧管理进行了讲座。省"扫黄打非"办主任简五一就"扫黄打非"领导小组组长的职责与任务作了交流讲座。8月份，省"扫黄打非"办举行了全省"扫黄打非"办主任工作培训班，全省"扫黄打非"办主任和部分市、县"扫黄打非"领导小组成员、省直"扫黄打非"领导小组成员单位联络员共60余人，进行了6天业务培训。省新闻出版局在安庆、阜阳分别举办了两次100余人参加的全省发行单位负责人培训班，省文化厅在巢湖市举办了近百人的执法人员培训班。对各级领导干部的"扫黄打非"业务培训，既扩大了工作影响力，也增强了他们抓好"扫黄打非"工作的自觉性。

（三）会议交流

2009年5月，安徽省承办了"两岸四地""扫黄打非"工作交流会。大陆、香港、澳门、台湾反盗版机构和美国电影协会共聚合肥，第一次在大陆上坐在一起，相互介绍目前音像、图书、网络侵权盗版的特点，相互交流反盗版工作的组织模式和成功经验，就各方合作，深入打击盗版进行了务实的研究。省"扫黄打非"办还组织部分市的"扫黄打非"工作负责人与陕西省"扫黄打非"部门进行了以城市文化体制改革与"扫黄打非"工作为主题的共同研讨活动，加深了对在文化体制改革中进一步做好"扫黄打非"工作的认识，学到了对方的新思考和新举措，推动了工作的深入。

（四）公益活动

省"扫黄打非"办、省文化厅、省新闻出版局、省公安厅、省工商局等"扫黄打非"领导小组成员单位以及各市相关部门，在媒体支持下，公布举报电话，根据不同阶段工作任务，省、市新闻媒体刊播"扫黄打非"公益广告。省"扫黄打非"办还组织全省17个市统一举行侵权盗版制品及各类非法出版物销毁活动，并首次发布了"扫黄打非"行动口号，发放了抵制盗版绿书签。全省约百万人民群众参加了拒绝盗版签名活动，共销毁各类盗版、非法出版物108.9万件。在活动期间，宿州、淮北、马鞍山、亳州、滁州等市在街头拉"扫黄打非"宣传横幅，重要交通路口设置"扫黄打非"标语牌，在有关场所张贴"扫黄打非"宣传画。阜阳、池州等市在繁华街道、过往天桥等人群密集处，设立网吧治理、反盗版宣传讲台，散发法律法规宣传单。

（五）做好《简报》编发和信息交流

截止12月10日，人民日报、中央电视台、中央人民广播电台、新华社等中央新闻媒体刊播安徽省"扫黄打非"消息15条，全国"扫黄打非"工作《简报》、《快报》登载安徽省"扫黄打非"工作成果、经验等信息29条，全国"扫黄打非"网刊用信息57条。安徽省"扫黄打非"办共编发"扫黄打非"工作《简报》26期，处理群众来信来电和领导交办来访件42件。

五、开拓工作思路，推进"扫黄打非"与文化出版市场建设并举

（一）积极探索用高科技手段开展"扫黄打非"工作

在2009年"扫黄打非"工作中，安徽省就如何采用高科技手段进行网吧、网络管理进行了调研，力推多用高科技手段开展"扫黄打非"工作。目前，全省近 5000 家网吧，37 万台终端得到有效监控，网吧信息单台监管率由 2009 年的 15% 提升到今年的 80% 以上，省级监控中心已建成，形成了省、市、县三级监管机制，建立了人防与技防联动的监管网络，大大提高了网吧"扫黄打非"监管水平。

（二）积极探索"扫黄打非"长效机制建设

2009 年，安徽省"扫黄打非"办出台了《关于党员干部不得从事非法出版活动的通知》、《关于加强网吧影视产品使用管理工作的通知》，修订完善了《安徽省"扫黄打非"重大案件备报办法》等指导全省"扫黄打非"工作的制度文件，充实调整了省"扫黄打非"领导小组成员单位。省、市"扫黄打非"领导小组都充实了"扫黄打非"工作内容。其中，《关于党员干部不得从事非法出版活动的通知》，被全国"扫黄打非"办转发，并作为快报，报中央政治局常委。

（三）评先奖优，激励"扫黄打非"工作热情

2009 年，安徽省"扫黄打非"办公室对各市、省各成员单位"扫黄打非"工作进行了考评，对在 2009 年度"扫黄打非"工作中认真谋划、精心安排，清市场、打仓储，特别是在封堵和查缴违禁非法出版物、淫秽色情版物、低俗音像品行动中取得显著成绩的集体和个人，已进行了评先工作，将进行表彰和奖励。对黄山孔乙己书店数十年如一日经营正版图书、儒林图书物流配送中心经营正版等一批在"扫黄打非"战线上经营正版、弘扬奉献精神、示范带动的先进典型进行了表彰和集中宣传。

（四）"打"、"扶"结合，促进文化产业繁荣

2009 年初，由省"扫黄打非"办、省文化厅、省新闻出版局、省商务厅四部门，联合出台了《关于大力推进正版图书、音像制品进超市的通知》，要求各地认真规划，各部门密切配合，落到实处。各相关部门积极协调，按照《通知》要求，对各类超市经营规模进行摸底规划，在城市大型超市、县城超市、乡镇超市由点

带面，逐步推进。目前，全省苏果、百大、合家福等连锁经营超市在合肥、芜湖、马鞍山、巢湖等地都开设了跨区域的图书、音像制品超市连锁店。这项工作受到全国"扫黄打非"办公室的充分肯定，要求安徽认真总结相关经验，加以推广。

按照臧世凯同志关于"网吧能不能抓好一批、做强一批"的要求，为发展网吧和网络文化民营产业，省"扫黄打非"办多次深入调研，在此基础上确定合肥阿里巴巴、战略高手、凌点网友俱乐部等网吧为重点扶持联系点，经常帮助解决经营难题，并邀请省"扫黄打非"领导小组负责同志及成员单位领导前去检查指导。目前，阿里巴巴、战略高手、凌点网友俱乐部等拓展了电子竞技和网吧营销模式，将电子竞技、网吧与 IT 产业等相关产业有机结合，走共同发展共赢之路，经营规模也上了一个新台阶，并发展了多家连锁经营店。

合肥市地方戏曲音像一条街是安徽省经营正版音像制品的典范，自 2005 年正式运营以来，中央有关部门、省及合肥市领导均多次前去检查指导，对合肥市地方音像一条街以正版取胜、灵活经营的模式给予高度评价，全国"扫黄打非"办公室也作为典型向全国进行了推介。由于租赁期已到，面临搬迁。省"扫黄打非"办公室派员多次深入现场调研，就选址地点、规模和音像制品经营入驻条件等提出意见和建议，并协调相关单位解决迁址中遇到的具体问题，使新的地方戏音像制品一条街在合肥市白马大厦三期四楼重新落地，目前，已有 10 家音像经营户正式开业。

但是，在 2009 年度的"扫黄打非"中，省"扫黄打非"工作也存在不少不足。一是对印刷行业监管力度不够，省内印刷企业盗印、违规现象时有举报，实际监管、检查不到位；二是对基层反映强烈的"扫黄打非"管理体制、队伍建设、财政保障等政策性问题和工作中的实际困难，没有拿出切合实际的对策，处于等待状况；三是全国"扫黄打非"领导小组部署的给"扫黄打非"工作人员购买意外伤害保险工作落实得不够好。

创新经验

出台规范性文件要求党员干部
不得从事非法出版活动

安徽省"扫黄打非"办公室

为更好地保护知识产权，维护文化出版物市场经营秩序，加强意识形态领域的管理，根据中央等有关部门制定的《2009年"扫黄打非"行动方案》要求，安徽省"扫黄打非"领导小组在调研、征求意见的基础上，制定出台了《党员干部不得从事非法出版活动的若干规定》。

由安徽省纪委、宣传部、政法委、监察厅、新闻出版局、"扫黄打非"领导小组办公室七部门联合制定出台党员干部不得从事非法出版活动的规范性文件，教育广大党员干部要带头遵纪守法，在执法过程中，应当严格按照国家有关法律法规和规章办事，不得以保护地方利益的名义，

对制售非法出版物的行为执法不严、违法不究或者以罚代刑。在国内从事出版、印制、发行活动应当严格遵守国家的有关法律法规，公开发行的图书、报刊、音像制品、电子出版物应当经国家批准的出版单位出版，非经组织同意，不得在境外刊物、互联网网站上或者利用境外书号、刊号发表时政类作品和新闻；不得买卖书号、刊号、版号违法出版图书、报刊、音像制品和电子出版物；不得私自携带任何形式的违禁出版物、含有违禁内容的印刷品、音像制品出入境；对违反上述规定的党员干部，视情节轻重，给予党纪、政纪处分。造成严重后果，涉嫌犯罪的，将依法追究相关刑事责任。

开展网上"扫黄打非"工作的经验做法

安徽省"扫黄打非"办公室

近年来，安徽省认真贯彻落实党的十七大、十七届四中全会和胡锦涛总书记关于加强网络建设管理的重要讲话精神，以科学发展观为指导，以"依法管理、科学管理、有效管理"为工作原则，以实施"扫黄打非"为重要内容，狠抓网络和网吧管理，严打网上非法经营行为，扎实有效开展净化网上文化环境。全年已关闭违规网站1107个，频道、栏目352个，屏蔽不良信息3.2万次，拦截不良游戏3.8万次，破获制作、贩卖、传淫秽物品刑事案件29起，刑事拘留25人，治安案件73起，取缔"黑网吧"534家，

网上"扫黄打非"工作取得了明显成效，为庆祝建国60周年文化安全保障，维护安徽省文化和意识形态安全，同时给广大青少年健康成长营造良好网络环境，作出了应有贡献。

2009年5月份，全国"扫黄打非"工作小组副组长兼办公室主任蒋建国赴皖考察、指导，对安徽省"扫黄打非"工作给予高度评价，指出安徽的"扫黄打非"工作值得全国借鉴、深思，值得推广。

一、领导高度重视，切实理顺关系

安徽省高度重视网上"扫黄打非"工作，省

委书记王金山，省委副书记王明方，省委常委、宣传部长臧世凯等省领导对网上"扫黄打非"工作多次作出指示、批示，并亲自赴网络宣传管理办公室、省通信管理局等网络管理部门检查指导网上"扫黄打非"工作。安徽省每年都把网上"扫黄打非"工作纳入《安徽省"扫黄打非"行动方案》。成立了全省网络文化建设和管理工作领导小组，臧世凯部长任组长，下设办公室，负责统筹和协调，将深入开展网上"扫黄打非"、净化网络文化环境纳入全省"扫黄打非"工作总盘子。

按照"属地管理"和"分级管理"的原则，安徽省明确互联网行业主管部门、内容管理部门和安全检查管理部门应承担的职责和主要工作任务，理顺工作关系。各级文化部门负责防止网吧接纳未成年人和零时后经营的管理，公安门负责网吧安全和网上有害信息的监控；工商部门负责对"黑网吧"的打击和取缔，教育部门负责校园内网络终端的正常使用和安全保证，共青团、妇联、学校负责开展青少年正确认识和使用上网的教育；电信管理部门负责管理中的技术保障，"扫黄打非"办负责专项集中治理行动和网络私服外挂、影视作品侵权的查处。明晰的工作职责，顺畅的工作关系，使得各相关部门充分发挥职能作用，并形成合力，为做好网上"扫黄打非"工作提供了良好前提。

二、强化制度建设，创新工作机制

针对网上"扫黄打非"工作中出现的新情况、新问题，为依法管理、科学管理，安徽省先后出台了《安徽省网上"扫黄打非"联席会议制度》、《安徽省网络服务终端管理职责分工》、《安徽省经营性互联网场所管理责任和责任追究制》、《对非法经营网吧惩治办法》、《安徽省开展网络游戏市场管理的意见》、《关于加强网吧影视产品使用管理工作的通知》、《关于对网吧经营网络文化产品进行资质审核备案的通知》等文件，强化对网络和网吧管理的指导，形成了网上管理的一系列规章制度，初步建立起全省网上管理的长效机制。

同时，安徽省还以加强互联网内容管理、净化网络文化环境为主旨，积极建立和创新网上

"扫黄打非"相关机制。比如，由安徽省"扫黄打非"办公室牵头，相关部门参加的日常联系和协调机制、舆情汇集和研判机制、重大事件敏感问题快速反应机制等。安徽省扫黄办作为全省的"扫黄打非"牵头协调单位，加强与公安、文化、新闻出版、电信、工商等部门之间的联系与协作，确保了在重大问题上沟通及时、步调一致。

三、实行"管"、"打"并举，着力净化网上环境

一是抓专项行动，严打违规经营。专项行动是开展网上"扫黄打非"的重要抓手。年初，安徽省开展了整治互联网低俗之风专项行动，经过周密部署和密切配合，取得了重要的阶段性成果。通过对全省5万多家网站进行拉网式排查和清理，曝光、处罚、关闭了一批严重违规的网站。据统计，在专项整治行动中关闭违法违规网站1107个，整改网站102家，关闭频道、栏目352个，清理各类违规信息3.2万余条，侦破两起利用互联网传播淫秽色情信息案件，抓捕犯罪嫌疑人3人。

6~9月份，安徽省开展了由工商部门牵头，"扫黄打非"相关部门参加的取缔"黑网吧"专项行动。在此期间，安徽省还将专项整治与取缔无照经营相结合，加大了对"黑网吧"打击力度。省工商局、省文明办、省扫黄办、省文化厅、省通信管理局等部门还抽调人员组成4个工作组，由相关厅、处级领导带队对全省各市开展治理情况进行明查暗访，对已掌握的群众举报的"黑网吧"，了解对其处理结果；对专项整治工作存在严重问题的市县，责令重新排查整治，确保专项整治工作落到实处。专项行动中，出动执法人员1.8万多人次，对已登记的5216家网吧进行全面检查，取缔"黑网吧"534家，查扣电脑等设备4315台（套），罚款205.39万元。

2009年11月份，根据全国"扫黄打非"办公室统一部署，安徽省将严厉打击手机网站制作、传播淫秽色情信息活动纳入专项行动来部署，坚决打击为色情网站提供链接、代收服务以及利用手机媒体传播淫秽色情信息等行为。查处了两家WAP网站违规链接行为，严肃处理了××网为

9158 多人视频空间含有大量淫秽色情内容提供接入服务的行为。目前，该网站已被停业整顿。通过近一时期的整治，全省手机信息网络环境得到明显改善，手机传播不良信息得到有效遏制。

二是抓日常监管，确保网络安全。加强日常监管是做好网上"扫黄打非"的基础性工作。自开展网上"扫黄打非"以来，安徽省一直坚持 24 小时值班制度，对互联网内容实施全天候监控。首先是通过对全省网站的清查和摸底，建立了重点监看网站目录，并划分了监看等级和监看频次，成立监看小组对重点网站实行"严防死守"。其次是建立互联网舆情自动监测和分析系统，利用现代互联网技术和信息处理技术，对网站内容进行 24 小时不间断的抓取和分析，同时设置敏感关键字进行预警。再次是全力推进全省网络文化市场监管平台建设。目前全省近 5000 家网吧，37 万台终端已得到有效监控，网吧信息单台监管率由去年的 15% 提升到 2009 年的 80% 以上，省级监控中心已建成，形成了省、市、县三级监管机制，建立了人防与技防联动的监管网络，大大提高了网吧"扫黄打非"监管水平。

三是严把接入关口，加强源头治理。实施网站接入环节管理责任，建立互联网接入服务单位台账，掌握每个互联网接入服务单位基本情况，要求各基础电信运营企业、互联网接入服务企业进一步细化落实"谁接入、谁负责"原则，明确互联网接入服务的信息安全管理责任。严厉打击非法从事互联网接入服务活动，对为淫秽色情等违法和不良网站提供接入的互联网接入服务商依法严惩，坚决遏制非法网站死灰复燃。严禁"黑网吧"、被要求终止接入的网吧和互联网信息服务单位变换名址重新开通接入服务。严禁借

电脑培训、农村信息化服务为名开展网吧服务。

四、强化宣传培训，开创工作新局

2009 年安徽省委党校首次开设了"扫黄打非"课程。省文化厅副厅长李修松就加强网吧管理、省"扫黄打非"办公室主任简五一就"扫黄打非"领导小组组长在网上"扫黄打非"中的职责作了讲课、交流；省"扫黄打非"办公室对市"扫黄打非"办公室主任、部分市、县"扫黄打非"领导小组成员，省直"扫黄打非"领导小组成员单位联络员进行了 6 天以网络管理为重点内容的业务培训。省文化厅在巢湖市对全省 100 余人网吧管理执法人员进行了执法培训。

媒体宣传是网上"扫黄打非"工作重要组成部分。安徽省充分重视媒体作用，广泛宣传网上"扫黄打非"的意义和取得的成效，增强人们对网上"扫黄打非"的认知度和认同感。组织省内媒体报道开展净化网络文化环境的进展情况和取得的成绩，同时，对违法违规行为进行公开曝光。要求新闻媒体及时转载中央重点新闻网站刊发的新闻稿件和全国违法和不良信息举报中心曝光的违规网站名单。同时在省内较有影响力的论坛开设专栏进行宣传、讨论，并组织省内网评员撰写帖文进行宣传、阐述，开展舆论引导。合肥论坛在全省民办网站中率先建立网络信息安全小组，倡导开展"网络文明风"——创新网络文化建设活动，呼吁网络经营企业、网吧业主和网民遵守网络道德、共创和谐文明。11 下旬和 12 月上旬，中央文明委净化社会文化环境检查组、中宣部暨全国"扫黄打非"办公室调研检查组在检查了安徽网上管理的现状后，一致肯定安徽的网络和网吧管理有工作机构、有人员编制，科技管理手段先进、监控能力强，成效突出。

芜湖市文化市场行政执法大队"扫黄打非"先进事迹

安徽省"扫黄打非"办公室

芜湖市文化市场行政执法大队组建于 2006 年　　8 月，负责全市文化市场和出版物市场的日常管

理和服务。在长期管理工作中，本着维护文化市场和出版物市场的经营秩序，保护未成年人的身心健康，确保社会的繁荣、稳定为宗旨，始终坚持依法行政、廉洁自律、高效务实的工作作风，树立了良好的社会形象。2009年以来，该大队在市委、市政府高度重视和统一领导下，深入贯彻全国第二十二次"扫黄打非"工作电视电话会议和省市相关文件精神，以"迎接建国60周年，加强文化产品和服务内容监管，净化社会文化环境"为目标、以"打击违禁出版物、盗版制品、净化互联网上网环境"为重点，不断加强自身建设，努力提高依法行政水平，认真履行各项工作职能，开拓进取，团结拼搏，真抓实干，积极开展网吧、音像、出版物、印刷市场等专项治理行动，较好的完成"扫黄打非"各项任务，有力地净化了芜湖市文化出版物市场健康开展。

一、强化执法能力建设，提高队伍素质

为了积极稳妥地推进芜湖市文化体制改革工作，按照"扫黄打非"工作只能加强、不能削弱的原则，芜湖市文化委员会、新闻出版（版权）局等相关部门抢抓机遇，于2006年8月份筹建了文化、新闻出版、版权、广电综合行政执法队伍，采取了对外公开招聘的方法引进新鲜血液，面向社会择优招录了具有大专学历以上的执法人员。该大队成立后，围绕"政治强、业务精、作风正、纪律严、形象好"的目标，先后组织100余人次参加了省级举办的各类执法培训，并邀请资深执法人员、专家教授等进行传经授道，每周安排半天时间集中学习讨论，不断加强行政执法队伍规范化建设，内强素质，外树形象，使行政执法体系建设和"扫黄打非"工作迈上了一个新的台阶。特别是在近几年的"扫黄打非"工作中，该大队坚持以法律法规为准则，以整顿市场打击违规经营行为为目标，以稳定、繁荣市场为目的，开拓创新，锐意进取，依法立案查处文化市场各类违法违规案件106起，移交司法机关追究刑事责任4起，吊销网络文化经营许可证5家，收缴盗版图书13000余册、违法违规游戏机600余台，收缴盗版音像制品等电子类出版物67万余件，荣

获2007年度安徽省"扫黄打非"办案有功集体和执法先进单位、2008年度安徽省"扫黄打非"工作先进集体、2008年度全省文化市场行政执法先进单位等多项荣誉称号，其2007年查处的"9·18"案件被文化部列为当年全国保护知识产权10大案件之一，选送的"4·21非法音像制品案"卷宗被文化部评为当年全国优秀执法卷宗。

二、加强执法制度建设，落实行政执法责任制

（一）完善内部管理制度

按照"废、改、立"的原则，建立完善30多项内部管理制度和工作制度，规范行政执法行为，并通过广播、电视、网络等媒体向社会公布，强化行政执法监督，全面实行规范化管理，努力形成岗位职责明确、制度保障有力的管理机制，促进廉洁、公正，做到用规章规范行政过程，用制度约束执法行为。同时，狠抓制度的落实，坚持把岗位职责分解落实到具体行政执法人员身上，明确执法标准和要求，严格评议和考核，并把评议、考核的结果作为行政执法人员考核等次及年度考核等次的重要依据，提高了行政执法人员做好工作的责任感和紧迫感。

（二）界定执法权限

将相关法律、法规、规章和其他规范性文件进行全面整理、汇编成册，并对照相关法律、法规、规章，认真核查、归纳，确认执法权限、职责、义务和责任，供全市文化市场执法人员学习掌握，做到职责具体、准确、有法可依。

（三）规范执法文书

制定了统一的执法文本，规范执法操作行为，做到持证上岗，同时不定期的组织开展案卷评比活动，按照依法行政程序要求，对受理举报、检查、立案、调查、听证、处罚、结案、案卷归档等各环节严格把关，做到依法办案，依程序办案，处罚适当，适用法律准确。

三、强化市场监管，充分发挥执法队伍职能

（一）突出重点，稳步推进印刷复制业专项整治行动

按照"扫黄打非"行动方案的部署安排，芜湖市文化市场行政执法大队联合新闻出版、公

安、工商等"扫黄打非"相关成员单位，采取普遍检查和重点检查相结合的方式，加大对全市印刷复制业的治理，严厉打击盗版盗印、超范围经营等各类违法违规印刷行为。一方面，该大队以"落实印刷品承印五项制度"为切入点，对全市190余家印刷、复制企业开展地毯式普查行动；另一方面，在普查的基础上，对近年来存在违法违规问题的印刷企业进行重点检查，以查处大要案为突破点，严厉打击印制含有违禁、淫秽、迷信内容的非法出版物和盗版盗印教材教辅等非法经营行为。深入追查制售非法出版物及盗版制品的源头，深挖地下印刷复制窝点。今年专项整治期间，该大队查处了2起非法印刷案件，不仅有效地规范了全市印刷企业经营秩序，还进一步净化了校园周边环境。

（二）严查严防，加强对出版物市场清理整顿

根据安徽省"扫黄打非"办公室统一部署，结合芜湖市"扫黄打非"各阶段重点工作，一方面该大队执法人员加大对辖区合法出版物批发零售单位的日常巡查次数，坚持对出版物市场每日不少于半天时间的巡查，查缴各类非法出版物；另一方面及时调整执法时间，坚持利用下班后、周日、节假日的休息时间联合起来开展集中整治，对非法经营出版物游商摊点集中地带进行突击检查，并对检查中发现的非法出版物予以及时收缴，游商、地摊予以坚决取缔，有效打击了该市游商、地摊及无证照经营者的非法销售活动，进一步优化未成年人成长环境。

（三）常抓不懈，巩固音像市场治理成果

打击非法盗版、提高音像市场的正版占有率，一直是芜湖市"扫黄打非"工作的重点。2009年以来，结合全国全省对低俗音像制品专项治理行动的统一部署，该大队利用"4·22"全省非法出版物集中销毁活动和"4·26"世界知识产权日的契机，组织开展以"从我做起，远离盗版，拒绝有害出版物，保护知识产权"为主题的宣传活动，深入社区、街道、学校宣讲国家有关法律、法规政策，耐心解答音像、书刊、电子出版物经营的相关规定，提高群众

特别是青少年防范、抵制有害出版物侵害的意识和能力。进一步加大对音像市场的管理和稽查力度，一方面，按照"从严、从实、从细"的原则，针对先后下发的《低俗音像制品目录》，每个执法人员人手一份，要求在检查过程中逐点细检、不枉不纵，严肃查缴各类低俗音像制品，做到非法音像制品露头就打，防止违法违规经营现象死灰复燃；另一方面，执法人员注重以群众举报投诉为线索，对辖区内隐患区域、多发地点进行突击检查，做到发现一起，处理一起，有投诉就有处理。其中，7月19日根据群众举报，该大队联合公安部门，查封了一家音像店位于二街新安花园的仓库，查获了一批非法音像制品，巩固了前期低俗音像制品的治理成果，进一步规范了我市音像市场的发行秩序。

（四）严管重罚，加大互联网经营场所的查处力度

结合"净化社会文化环境，促进未成年人健康成长"以及文明城市创建行动，该大队加大对网吧监管力度，严管重罚，严查"网吧接纳未成年人上网、超时经营、无证经营"等违法违规经营行为。尤其是暑假期间，针对中心城区网吧违法行为较严重区域，该大队相应改变稽查手段，采用普遍检查和重点稽查相结合，交叉检查和联合检查相结合，定时检查和突击检查相结合的方式，先后连续开展了"零点"、"假日"等突击行动，并将行动结果及时通报。另一方面积极探索网吧管理长效机制，坚持加强对网吧业主的宣传教育，在查处的基础上召开网吧业主会议，将前期查处的典型案件制作成幻灯片，在会上组织业主学习观看，给广大业主形成了强烈的思想震撼，促使广大业主自觉守法经营。

据统计自2009年以来，该大队共出动执法人员1.5万余人次，开展联合执法、集中行动10余次，检查印刷复制企业、音像、出版物批零单位、网吧等各类市场、门店4000余家，查处各类案件24起，吊销网吧经营许可证3家，

收缴各类非法出版物2.6万余盘（册），各类媒体报道专项行动信息20余次，有效地净化了我市社会文化环境。

四、强化案件督办，提高稽查质量

2009年以来，芜湖市文化市场综合执法大队强化了对全市各地违规案件的督办力度，这些案件包括：①该队在明查暗访中发现的违规单位并移交给所属辖区文化局的案件；②省、市有关部门督办的案件；③各类社会举报的案件，包括群众来电来访。保证有举报就有受理和查处结果，并将结果及时反馈。

五、加强执法信息报送，推进依法行政

为进一步深化和巩固文化市场的专项整治工作，强化对文化市场依法行政的监督和实施，根据省里要求，芜湖市文化市场综合执法大队指定专人负责统计执法数据，并按时按质按量报送

《"扫黄打非"工作成果月统计表》、《全市文化市场行政执法数据季度汇总表》。在2009年低俗音像整治期间，该队还认真按照省级要求，准确及时地完成了每日一报工作。同时还确定文化市场行政执法信息员，专门负责及时向省市相关领导部门报送辖区内文化市场的重大案件和重要工作，确保省局及时了解我队工作情况并给予监督指导。

六、加强宣传，营造氛围

为扩大"扫黄打非"工作的社会影响，大队把强化宣传贯穿于整个"扫黄打非"工作的始终，利用《芜湖日报》、《大江晚报》、芜湖电视台等主流媒体以新闻、专访、专题报道等新闻报道的形式，实时报道大队文化市场监管工作的重大行动、工作进展以及取得的成效，同时积极主动地将查处的典型案件在媒体上曝光，起到了查处一案、教育一片、以案说法的作用。

福 建 省

2009年"扫黄打非"工作总结

福建省"扫黄打非"办公室

2009年，福建省"扫黄打非"工作在省委、省政府正确领导和全国"扫黄打非"办的有力指导下，认真贯彻落实第二十二次全国"扫黄打非"工作电视电话会议精神，以净化文化市场和网络文化环境为主线，以封堵查缴非法出版物和清除网上违法有害信息为重点，以大要案查处为突破口，持续开展出版物市场集中治理，先后开展了三个阶段集中行动，为确保"两节"、"两会"期间良好的舆论氛围和文化环境，确保新中国成立六十周年庆典前后社会稳定和海西建设做出了积极贡献。据统计，全省全年共出动检查人员13.7万余人次，破获各类案件164起；查缴各类非法出版物64.4万余件；检查出版物市场、店

档摊点5.1万余家（次），检查印刷复制企业1.1万余家（次），查处违规店档摊点1899家。

一、加强领导，精心部署

全省各级党政领导高度重视"扫黄打非"工作，不仅将"扫黄打非"工作列入重要议事日程，进行重点安排部署，而且靠前指挥、及时批示、直接过问和指导具体工作。省委省政府领导多次就"扫黄打非"工作作出重要批示，全年共作出批示38次，密度大，次数多，为历年之最，有力推动了各项工作的开展和落实。省新闻出版局领导多次带队调研"扫黄打非"机构和队伍建设情况，察看印刷发行企业，检查出版物市场。重大节日和敏感时期，厦门、

福州、泉州等地领导亲自带队，深入一线检查市场。省"扫黄打非"领导小组办公室认真履职，精心组织，及时督检，全力确保各项工作落到实处、取得实效。一是加强协调沟通，完善行业管理与部门管理相结合的工作机制；二是进一步健全省、市、县三级"扫黄打非"办案联动机制，做到快速反应，整体防控；三是建立"扫黄打非"进社区、进街道的工作平台，确保基层"扫黄打非"工作有人抓、有人管；四是加强全省"扫黄打非"行政执法培训的针对性和实效性，提高"扫黄打非"和版权队伍执法水平。

二、全面清查，持续整治

全省各级"扫黄打非"部门克服高密度、高强度、高要求带来的影响，发扬连续作战精神，扎实开展三个阶段"扫黄打非"集中行动和打击手机网站制作、传播淫秽色情信息活动等专项行动，全面清查市场，始终保持高压态势。一是全力封堵查缴非法出版物。各地各部门按照"滴水不漏、万无一失"的要求，严把入口关、生产关、运输关、市场关、网络关"五个关口"。各地新闻出版（文化与出版）稽查队、城市管理执法部门、工商部门调整检查时间，利用下班、周末、节假日等，对繁华街区、车站码头、过街天桥、夜市、小商品批发市场、高速公路服务区等进行高密度、多批次巡回检查，有效遏制了地摊游商传播非法出版物活动。二是严厉打击互联网和手机媒体淫秽色情及低俗信息。先后开展了整治互联网低俗之风专项行动、"09亮剑"打击淫秽色情网站专项行动、打击整治网络淫秽色情专项行动和打击手机网站制作、传播淫秽色情信息专项行动，取得显著成效，有效净化了网络文化环境。全省共关闭淫秽色情及低俗网站448个，删除网络各类违法有害信息5721条，查破淫秽色情网站犯罪案件42起（公安部挂牌督办重特大刑事案件1起），抓获犯罪嫌疑人67名，没收大量计算机、服务器等网络设备。三是积极开展清缴整治低俗音像制品专项行动。全省各级"扫黄打非"办坚持彻查严打原则，

采取针对关键人员多宣传教育、多发时段多检查、重点地段多巡查暗访的举措，开展对低俗音像制品拉网式清查。省交通厅专门成立了"扫黄打非"清缴整治专项行动领导小组及办公室，制定行动方案，明确责任目标。福州市召开"扫黄打非"联席会议，明确责任，形成合力，确保专项行动取得实效。据不完全统计，专项行动期间，全省共出动执法人员1164人次，检查音像制品经营单位、店档摊点1091家次，收缴低俗音像制品1130片（盘）。

三、三级联动，协同作战

我省积极运用"扫黄打非"工作平台，组织协调公安、文化、新闻出版等多部门密切协作，省、市、县三级执法力量上下联动、并肩作战，查处了一批大案要案，取得了可喜战果。其中，福州市查获的盗版闽剧光盘交易案是近年来福建省破获的盗版剧种和数量最多、盗版行为实施时间最长、隐蔽性最强的盗版闽剧音像制品案件，也是省"扫黄打非"办充分发挥协调指导作用，省、市、区三级联动，文化、新闻出版、公安等多部门密切协作的又一成功案例。省"扫黄打非"办与福州市公安局国保支队联合行动，破获的一起非法印刷宗教类出版物案，是近几年来全省破获的最大一起非法印刷、散播宗教类出版物案件，现场共查获《圣经》灵修本、《福音疑难解答》、《游子吟》等非法宗教书籍成品、半成品及宗教宣传品共计10.3万余件。泉州市各级"扫黄打非"部门密切配合、互通信息、联合执法，先后组织力量侦破了丰泽区泉秀沉洲淫秽低俗网站案件等8起刑事案件，判决3起，刑事处罚11人。全省各级人民法院组织力量，及时判决了一批非法出版案件，有力地打击了违法犯罪分子。

四、深入调研，勇于创新

针对"扫黄打非"工作中出现的新情况、新特点、新问题，在深入调查研究的基础上提出加强和改进"扫黄打非"工作的新方法、新思路和新举措，较好地掌握了工作主动权，打好主动仗。一是面对新领域，重视加强学习调研。针对手机网站这一全新的"扫黄打非"领域，省"扫黄打

非"办深入开展调查研究，走访了公安、通信管理等网络监管部门，并审看了一批手机网站内容，基本摸清了手机网站的类型，特征、淫秽色情手机网站的赢利模式和主要传播对象，以及目前手机网站的监管状况，提出了治理对策和措施。同时，通过积极协调，建立了适时掌握打击淫秽色情手机网站的最新情况的工作机制。二是举一反三，及时封堵管理漏洞。对封堵查缴非法出版物工作，在迅速查处案件的同时，注意分析案件所反映出的管理问题和隐患，及时采取措施加以防控。在查处厦门一所大学图书馆内捐赠图书有严重问题的案件中，省"扫黄打非"办举一反三，与省教育厅、省文化厅协调沟通，制定规范，下发通知，加强管理，有效防范了此类问题再次发生。三是精心组织协调，智破典型案件。在查处有人冒用《教育评论》杂志名义在网上发布约稿、组稿信息，骗取急于发表论文评定职称的教职员工钱财的典型案件中，省"扫黄打非"办在不打草惊蛇的前提下，深挖案件线索，及时转变办案思路，将案情上报全国"扫黄打非"办，借助全国"扫黄打非"办力量成功破获这起涉及 27 个省（市、自治区）、诈骗金额达 100 余万元的典型案件，抓获张某等 8 名犯罪嫌疑人。

五、加强宣传，营造氛围

全省各级"扫黄打非"部门加大力度，组织开展了一系列宣传报道活动，有力地配合了重点工作，取得了良好的社会效果。福建电视台、福建人民广播电台、《福建日报》、《法制今报》、《海峡都市报》、福州电视台等省市主要新闻媒体，及时报道了 4 月 22 日侵权盗版制品及各类非法出版物集中销毁活动，组织开展了包括首届福建版权创意精品展、版权保护与产业发展高峰论坛、向第三批 25 家全省版权保护重点企业授牌等保护知识产权系列宣传活动。厦门市在《厦门日报》开辟专版，向社会报道了厦门市近年来在保护知识产权、维护文化市场秩序、打击侵权盗版及非法出版活动中的典型案例，并结合"08.5.22"盗版地图案判决，组织人员编印了宣传材料，进行有关法律知识的宣传。

2009 年，全省"扫黄打非"工作取得了一定的成绩，但也存在一些问题，主要有：一是对互联网特别是手机网站传播淫秽色情活动的监控还很薄弱环节，缺乏手段、设备和人才；二是出版物市场特别是音像市场还不够规范；三是游商、地摊还不时地出现，扰乱出版物正常秩序。

福建省"扫黄打非"工作将坚持以邓小平理论、"三个代表"重要思想为指导，深入贯彻落实科学发展观，认真贯彻落实好全国"扫黄打非"行动方案和电视电话会议精神，坚持把封堵查缴非法出版物作为首要任务，进一步加强对利用互联网传播各类有害信息的监控，加大打击整治手机网站传播淫秽色情活动的力度，扎实开展各项"扫黄打非"集中行动，努力为福建科学发展、跨越发展提供良好的文化舆论环境。

领导讲话

在第二十二次全国"扫黄打非"工作电视电话会议福建分会场上的讲话（摘要）

福建省政协副主席、省"扫黄打非"领导小组副组长、省新闻出版局局长
郭振家

刚刚召开的第二十二次全国"扫黄打非"   工作电视电话会议，总结了 2008 年全国"扫黄

打非"工作，表彰了在"扫黄打非"工作中做出突出贡献的集体和个人，对2009年全国"扫黄打非"工作进行了部署。下面，就学习贯彻刘云山同志重要讲话精神和会议的工作部署，做好2009年"扫黄打非"工作讲三点意见：

一、统一思想，认清形势，增强紧迫感

2008年，全省"扫黄打非"工作在省委、省政府正确领导和全国"扫黄打非"办的有力指导下，以邓小平理论、"三个代表"重要思想为指导，学习实践科学发展观，认真贯彻落实第二十一次全国"扫黄打非"工作电视电话会议精神，紧紧围绕迎接北京奥运会，维护出版物市场稳定这一主题，先后开展了四个阶段专项行动，在封堵查缴非法出版物，扫除淫秽色情等文化垃圾，整顿规范印刷复制和出版物运输环节经营秩序，打击侵权盗版及非法出版活动，创新工作机制等方面都取得了明显成效，确保了奥运前后出版物市场的繁荣稳定，为服务全党全国工作大局和海峡西岸经济区建设做出了积极贡献。一是精心组织、周密部署，专项行动成果显著。先后组织开展了以打击非法出版物为重点的第一阶段专项行动，以整治印刷、复制和运输环节为重点的第二阶段专项行动，以清理出版物市场为重点的第三阶段专项行动和奥运前30天出版物市场集中清查行动，严厉打击非法报刊专项行动，使文化市场秩序明显改观。二是密切协作、严打严判，大、要案查处成绩突出。全省各级"扫黄打非"领导小组成员单位在案件查处方面密切协作，实现了行政执法与刑事司法的有效衔接，破获、判决了一批在全国有重大影响的案件。其中泉州"7·22"违禁印刷品案、厦门"久久女儿情"淫秽色情网站案、福州"天浴娱乐"网站传播淫秽物品牟利案等7起案件登上《全国"扫黄打非"工作快报》。三是解放思想、掌握主动，机制创新成效明显。福建省在全国率先出台了封堵查缴非法出版物工作预案，受到全国"扫黄打非"办充分肯定；省市县三级联动机制初步建立，形成"扫黄打非"工作合力；开展了评先评优，奖励先进活动，调动了成员单

位和各地的积极性，加强了部门间的沟通了解。

在看到成绩的同时，我们更应冷静分析"扫黄打非"斗争面临的严峻形势。从国际看，我们将长期面对西方敌对势力对我实施西化、分化战略的严峻斗争；"法轮功"等邪教组织宣传品通过各种渠道向境内传播。从国内看，境内外敌对势力相互勾结渗透，淫秽色情及内容有害的文化垃圾屡打不绝，侵权盗版活动仍然猖獗，非法报刊屡禁不止，利用互联网、移动通信工具传播政治谣言、传播淫秽色情信息的问题日趋严重，非法出版和传播活动网络化、专业化、高技术化的特点更加明显。

2009年是新中国成立60周年、澳门回归10周年，也是全党深入贯彻落实科学发展观的重要一年。我们要应对国际金融危机的严重冲击、确保经济平稳较快发展。同时也要防止境内外敌对势力可能利用重要敏感时段制造事端。各地各部门对此一定要有清醒的认识，要从服务党和国家工作大局、维护社会稳定和国家长治久安、推进海峡西岸"两个先行区"建设的高度，进一步增强政治意识、责任意识和大局意识，把"扫黄打非"斗争深入持久地开展下去。

二、突出重点，明确目标，务求取得实效

2009年"扫黄打非"工作的总体要求是：以迎接新中国成立60周年为工作主线，以保护知识产权为工作平台，以封堵查缴非法出版物和屏蔽删除网上有害信息为首要任务，进一步加强集中治理和日常监管，努力保障意识形态安全、维护社会和谐稳定，推动文化大发展大繁荣。

（1）严密封堵查缴非法出版物，仍然是"扫黄打非"工作重中之重。福建地处海峡西岸，毗邻台湾，随着两岸"三通"的基本实现，给封堵查缴非法出版物工作提出了新课题。各级海关、民航、邮政等部门，要加强对入境人员、物品、邮件的检查，严密防止非法出版物。新闻出版、文化部门要加强对出版物进口经营单位的监管和进口书报刊、音像制品的内容审查，防止违禁内容出版物通过正式渠道入境。各级"扫黄打非"办公室要协调文化、新闻出版、建设城管、工商等部门，坚决取缔兜售各类非法出版

物的地摊游商和无证照经营者，坚决查缴已流入境内的含有违禁内容的非法出版物。

（2）及时屏蔽和删除利用互联网络传播的各类违法有害信息。要加强对网站、网吧、声讯台、手机短信的管理，严厉打击通过互联网、移动通信网、互联网上网服务经营场所传播政治性、淫秽色情有害信息和侵权盗版内容的行为，使互联网成为传播先进文化的新阵地。

（3）大力扫除淫秽色情等文化垃圾。要加大对电子科技市场、电脑软件市场、音像租售摊点、校园周边地带、互联网上网服务经营场所的检查力度，严厉打击淫秽色情、凶杀暴力、封建迷信等文化垃圾，特别是淫秽色情书刊、音像制品、卡片类印刷品及动漫游戏，净化未成年人成长环境。

（4）坚决查缴侵权盗版出版物。要高举保护知识产权旗帜，以大要案查办为突破口，重点打击盗版音像制品、计算机软件、教材教辅、畅销书和常销书。要加强对印刷复制企业的监管，防止其参与侵权盗版活动。同时要继续加大保护知识产权的宣传力度，引导广大群众特别是青少年积极参与知识产权保护，努力营造"拒绝盗版，从我做起"的良好社会氛围。

（5）严肃查处取缔各种形式的非法报刊。要组织对辖区内的报刊出版单位进行检查，重点要严查非法夹带、邮寄入境的境外反动报刊、利用境外注册刊号在境内出版的非法报刊及以一号多刊等形式出版的非法报刊。

三、加强领导，落实责任，创新工作机制

"扫黄打非"工作是一项政治性、政策性、综合性很强的工作，需要各级党委政府的高度重视、大力支持，需要各地区联防联治、通力协作，需要各有关部门密切配合、齐抓共管，需要全社会的广泛关注、积极参与。

（一）加强组织领导

各级党委政府要切实加强对"扫黄打非"工作的领导，把"扫黄打非"工作摆上重要议事日程，将其纳入整顿和规范市场经济秩序、社会治安综合治理、精神文明创建的总体部署，作为评选文明城市、文明社区、文明单位和检验社会治安综合治理及平安建设成果的重要指标。同时，要帮助解决基层"扫黄打非"工作人员紧张、手段落后和经费困难等问题。

（二）落实工作责任

要按照属地管理、分级负责和谁主管谁负责的原则，层层落实"扫黄打非"责任制和责任追究制，做到守土有责、守土负责、守土尽责，坚决防止分工不负责、责任不到位的情况出现。对非法出版活动猖獗、多次治理无明显成效的地区，要限期整改。效果不明显的，在综合治理考核中实行一票否决，并追究有关领导的责任。

（三）创新工作机制

要针对新情况、新特点和新问题，提出加强和改进"扫黄打非"工作的新方法、新思路和新举措；要加强"扫黄打非"的制度化、系统化建设，努力探索出版物市场长效监管新机制；要在依靠传统监管方式的同时，进一步加大科技投入，把现代信息技术运用于"扫黄打非"工作和出版物市场监管中，不断提高"扫黄打非"工作成效。

2009年1月16日

在福建省2009年侵权盗版制品及各类非法出版物集中销毁活动上的讲话

福建省委常委、宣传部长、省"扫黄打非"领导小组组长
唐国忠

根据全国"扫黄打非"工作小组统一部署，　　今天我们省与全国同步举行2009年侵权盗版制

品及各类非法出版物集中销毁活动。举办这样大型的公开销毁活动，目的就是要向全省、全社会展示我们坚持"扫黄打非"行动和取得的重要成果，展示我们打击侵权盗版、保护知识产权、净化社会文化环境的坚强决心，大力宣传"扫黄打非"工作和保护知识产权的重要意义，进一步唤起广大群众理解、支持和参与"扫黄打非"斗争的意识和积极性，始终保持对侵权盗版犯罪活动和违法犯罪分子严厉打击的高压态势。

"扫黄打非"是一项事关意识形态安全、事关文化发展方向、事关精神文明建设的重要工作，省委、省政府历来高度重视，强调"扫黄打非"工作只能加强不能削弱，必须常抓不懈、部门联动、露头就打。在过去的一年，我们各地各有关部门围绕迎接北京奥运会，维护出版物市场稳定这一主题，深入开展"扫黄打非"专项行动，在封堵查缴违禁内容出版物、扫除淫秽色情等文化垃圾、整顿规范印刷复制和出版物运输环节经营秩序、打击侵权盗版及非法出版活动等方面做了大量工作，取得了明显成效。去年全省共查缴各类非法出版物110万余件，破获了莆田"1·3"特大盗版音像制品批销案、泉州"7·22"违禁印刷品案、福州"天浴娱乐"网站传播淫秽物品牟利案等十多起在全省乃至全国有影响的案件，有力打击了不法分子的嚣张气焰，确保了全省出版物市场的繁荣稳定。

同志们，我们也清楚地看到，侵权盗版和制黄贩黄及其他非法出版活动在全省屡禁不止，而且随着打击力度的不断加大，不法分子的手段更加多样，违法活动更加隐蔽，呈现出团伙化、规模化、网络化、专业化的发展趋势。今年重大活动多，敏感节点多，特别是福建地处改革开放的前沿，对台工作的前线，历来是敌对势力利用出版物渠道渗透破坏的重点地区，我们一定要增强政治意识、大局意识、责任意识，牢固树立常抓不懈、敢打硬仗的思想，把"扫黄打非"斗争深入持久的开展下去。"扫黄打非"的本质是遏制非法传播、清除文化垃圾，各地各部门要把思想统一到中央和省委、省政府的部署和决策上来，认真落实《福建省2009年"扫黄打非"行动方案》，加强领导，精心组织，强化责任，协同作战，突出重点，集中整治。要严守三条底线：一是坚决遏制违反宪法、破坏社会安定、危害国家安全、煽动民族分裂的非法出版物和各类非法出版活动；二是坚决清除淫秽色情等有害出版物及网上有害信息；三是坚决打击各类侵权盗版活动，保护民族自主创新能力。要按照谁主管谁负责的原则，层层健全责任制度，落实责任追究制度，确保领导到位、工作到位、责任到位，做到守土有责、守土负责、守土尽责，努力构建公平竞争、有序发展的文化市场环境。要加强舆论引导，及时报道集中整治活动的开展情况，重大案件查处结果，大力宣传有关著作权保护的法律法规，努力形成坚决打击盗版、保护知识产权的强大社会舆论氛围。

同志们，"扫黄打非"是一项长期而艰巨的任务，希望全省"扫黄打非"战线的同志们继续发扬特别讲政治、特别能吃苦、特别能战斗、特别能奉献的精神，不断推动"扫黄打非"工作向纵深发展，为净化社会文化环境、保护知识产权、加快推进海峡西岸两个先行区建设做出更大的贡献，以优异的成绩迎接新中国成立六十周年。

2009 年 4 月 22 日

2009 年"扫黄打非"大案要案综述

福建省"扫黄打非"办公室

2009 年，全省各级主动运用"扫黄打非"工作平台，组织协调公安、文化、新闻出版等多部门密切协作，省、市、县三级执法力量上下联动，共破获各类案件 164 起，其中刑事案件 58 起（包含网络淫秽色情案件 40 起，手机网站传播淫秽色情案件 5 起），有力地震慑了违法分子。

一、龙海"2·04"销售非法六合彩图书案

2 月 4 日，龙海市公安局榜山派出所根据群众举报，在龙海市榜山镇坂头高速公路口截获一辆小车，当场查获《六合精选》等六合彩图书 1444 本。经漳州市文化与出版局鉴定，该批图书均属非法出版物。经查，2008 年 10 月至 2009 年 2 月间，犯罪嫌疑人陈某贵从广东省购进非法出版的《六合精选》、《白小姐传密》等六合彩图书 4800 本，先后分期分批运至龙海市贩卖给周某辉、陈某成。周某辉、陈某成又将购进的"六合彩"图书出售牟利。2009 年 7 月 8 日，漳州龙海市人民法院对龙海市公安部门破获的"2·04"销售非法六合彩图书案作出判决，以赌博罪判处被告人陈某贵有期徒刑 1 年并处罚金，判处周某辉、陈某成有期徒刑 9 个月并处罚金。

二、莆田"2·20"贩卖淫秽光盘窝点案

2 月 20 日上午，莆田市公安局治安支队根据掌握的线索，在前期缜密侦查的基础上，对位于荔城区黄石镇和平村进行突击检查，当场查扣盗版光盘 47320 片，抓获涉案盗版光盘人员陈某钦。随后，又对其周边一民居进行搜查，当场查获淫秽光盘 7776 片。据涉案人员陈某钦交代，该贩黄窝点系其哥哥陈某敏和广东人"阿亮"共同经营，由上线广东人"阿亮"提供货源，到莆田后由陈某敏联系销售事宜。此案被福建省"扫黄打非"办列入大要案督办案件。2009 年 12 月 7 日，莆田荔城区法院对该案作出判决：被告人陈某敏犯贩卖淫秽物品牟利罪（未遂），判处有期徒刑 4 年 6 个月，并处罚金人民币 4000 元；被告人陈某钦犯贩卖淫秽物品牟利罪（未遂），判处有期徒刑 3 年，缓刑 3 年，并处罚金人民币 1000 元。

三、泉州"3·19"非法出版物批销窝点案

3 月 19 日，泉州市新闻出版局联合丰泽区文体局在市区灯星社区的一所民宅内查获一非法出版物批销窝点，收缴非法图书、杂志 14486

本，非法音像制品 2481 片，总码洋 30.6 万余元，现场发现并控制 2 名违法嫌疑人。经初步调查，涉案当事人杨某为江西人，租住民房从事非法出版物批销活动已近半年。鉴于涉案非法出版物数量、金额巨大，已涉嫌构成犯罪，此案交由丰泽区公安分局立案查处。2009 年 8 月，丰泽区法院以贩卖淫秽物品牟利罪判处犯罪嫌疑人杨某有期徒刑 6 年，并处罚金人民币 1 万元。

四、厦门"3·27""情色六月"色情网站案

3 月 27 日晚，厦门市公安局网安处根据事先掌握的准确情况，专案组果断出击，在厦门市思明区香港广场中环抓获正在上网维护"情色六月"网站的犯罪嫌疑人张某，现场缴获作案电脑 2 台，银行卡 6 张。经查，2008 年 2 月份以来，犯罪嫌疑人张某为了牟利，通过中国万网申请了域名（www. dz**. cn），并通过网友"美国空间"申请了网站空间（服务器属美国），建立了"情色六月"淫秽色情网站，先后上传了 1018 个淫秽视频文件、2201 张淫秽图片，通过发展会员并向会员收费的方式进行牟利，非法牟利达 5000 余元。2009 年 11 月 19 日，厦门市思明区人民法院对厦门市"3·27"网上传播淫秽物品案作出宣判，被告张某因犯传播淫秽物品牟利罪被判处有期徒刑 11 年，并处罚金人民币 1.1 万元。此案是公安部挂牌督办案件。

五、福州"5·05"非法印刷、散播宗教类出版物案

5 月 5 日晚，福州市公安局国保支队在技侦、经侦支队和仓山、晋安分局以及闽侯公安局的配合下，捣毁了位于仓山区城门下洋村周宅的非法宗教类出版物印制窝点，并在仓山、晋安和闽侯青口镇等地成功抓获涉嫌参与印刷并向全国散播非法宗教类出版物的林某宇、卓某艳、林某榕、赵某等 4 人（其中 3 人已刑事拘留，1 人取保候审）。据统计，现场共查获《圣经》灵修本、《福音疑难解答》、《游子吟》等非法宗教书籍成品、半成品及宗教宣传品共计 10.3 万余件。现场封存印刷机、包本机、晒版机等印刷设备 11 台。

经审查，2007 年 1 月林某宇在福州市注册永颂纸品包装有限公司，由该公司筹备制作非法基督教宣传品的外壳包装封皮。2008年6月，林某宇投资10余万元购买印刷设备，林某榕在仓山区城门镇某仓库内开办未经任何部门批准的地下印刷厂并负责经营，其丈夫赵某协助印刷物品的对外发货。林某宇负责联系宗教出版物印刷业务，具体安排由其助手卓某艳负责。卓某艳通过网络下载编排印刷材料，负责联系制片并将制作好的片交给印刷厂。书籍印好后，赵某根据卓某艳要求化名"陈海"，通过天地华宇等多家物流公司以运送食品等名义发往全国20多个省（区、市），涉及收货人100多名。2008年6月至今，林某宇等人共印刷并向全国各地散发《游子吟》、《福音疑难解答》、《上好的福份》、《圣经》等非法宗教类出版物700余箱，价值30余万元，从中获利10余万元。

该案是近几年来福建省破获的最大一起非法印刷、散播宗教类出版物案件。8月4日，公安机关已将上述四名犯罪嫌疑人移送福州检察院检查起诉。12月17日，被告人林某宇因非法经营罪被福州市仓山区人民法院判处有期徒刑3年，缓刑4年，并处罚金3万元。被告人卓某艳、林某榕、赵某因非法经营罪分别被判处有期徒刑一年，缓刑2年，并处罚金1万元。

六、晋江"6·12"非法出版物地下窝点案

6月12日下午，晋江市"扫黄打非"办公室、版权局协同晋江池店镇派出所等有关部门在池店镇一民房内查获一非法出版物批发窝点，当场收缴盗版光碟21117盘，其中淫秽光碟50盘；非法图书及杂志5880册，其中淫秽杂志483本，抓获犯罪嫌疑人黎某娥（女）、杨某（男）。2010年1月28日，晋江市人民法院以贩卖淫秽物品牟利罪判处黎某娥有期徒刑2年，并处罚金人民币5000元。

七、泰宁"8·11"色情网站案

8月6日，泰宁县公安局治安大队根据线索，对网名叫"不着边际"超级版主进行摸排，初步确认了重要嫌疑人。8月11日上午，在上级网安部门的大力支持和统一部署下，治安大队民警与市公安局网安支队的民警将犯罪嫌疑人余某抓获，同时查扣了嫌疑人使用的电脑，并收集掌握了犯罪嫌疑人与论坛管理人员的联系QQ聊天内容和论坛版块的维护记录等重要证据。通过审讯，犯罪嫌疑人余某供认了2008年2月以来，长期在"迪卡＊"色情网站联盟下属的"3S空间"网站以昵称为"不着边际"的网名上网，浏览淫秽色情内容，后在这一网站站长的邀请下，参与了该网站一个版块的维护，作为网站管理人员上传了淫秽色情小说、视频、图片供网友观看、下载的犯罪事实。经侦查，查明犯罪嫌疑人余某上传的属于淫秽图片、视频、小说共有94篇主题帖，其中图片1497张、视频49个、小说11篇，到案发为止浏览量达到67127次，其中图片浏览量39625次、视频浏览量19096次、小说8406次。目前犯罪嫌疑人余某已被法院判刑一年，缓期执行一年半。

八、福州"9·17"盗版闽剧音像制品案

2009年9月17日，福建省"扫黄打非"办组织协调省、市、区文化、新闻出版、公安等部门联合行动，在福州火车站金辉大酒店当场抓获正在进行盗版闽剧光盘交易的犯罪嫌疑人黄某。随后，执法人员在黄某位于仓山区建新镇的窝点查获闽剧、京剧等8类剧种盗版光盘8362片，收缴电脑、刻录设备3套，以及喷墨打印机、播放器等一批作案设备。

经查，犯罪嫌疑人黄某长期从事闽剧光盘盗版刻录、销售活动，系2007年"6·21"盗版闽剧案的漏网分子，作案隐蔽，行动狡猾，具有较强的反侦查意识。该案跟踪布控达三个月之久，期间共派出执法人员300多人次，出动汽车、摩托车、自行车等各种交通工具上百辆次。办案人员冒着酷暑，全程跟踪犯罪嫌疑人从福州至福清、长乐等地的销售活动，日夜交替监控盗版窝点，逐步摸清了其作案规律。9月17日，执法人员抓获了正在进行交易的黄某，并端掉了位于仓山区建新镇的窝点。

九、泉州"11·23"手机淫秽色情信息案

11月23日，泉州市公安局网安处在泉州市

丰泽区抓获犯罪嫌疑人龙某。经查，犯罪嫌疑人龙某于今年 9 月起管理维护手机 WAP 站 wap. ztznw. cn（醉亭智能网），并在该网站论坛上设置"成人中心"模块，里面分设了"影视中心"、"美图中心"、"小说中心"三个栏目，供注册会员上传、浏览淫秽图片、视频和小说。该网站存有淫秽视频 14 部，淫秽图片约 307 幅，淫秽小说 78 部，注册会员 310 人。2010 年 4 月 28 日，丰泽区人民法院以传播淫秽物品牟利罪判处龙阳有期徒刑 6 个月。该案为全国"扫黄打非"重点督办案件。

十、厦门"11·30"手机淫秽色情信息案

根据全国"扫黄打非"办通知要求和公安部的统一部署，厦门市公安局网安支队积极开展网上侦查。11 月 30 日 19 时许，该支队根据事先掌握的线索，会同湖里区公安分局禾山派出所，在湖里区安兜 730 号 201 室抓获正在维护色情网站的犯罪嫌疑人张某勇，现场缴获用于作案的电脑一套及 19 篇电子版淫秽小说。经查，自今年 9 月以来，张某勇在湖里区安兜住处，利用电脑先后上传 19 篇淫秽小说至自己创建的手机网站"呕盟小说网"（wap. camxs. cn），供他人通过手机进行浏览，获取非法利益。因此案涉案淫秽色情小说量未达到传播淫秽物品案件刑事责任追究标准，厦门市公安局网安支队依法对嫌疑人张某勇处以 15 日的行政拘留处罚（由厦门市公安局湖里分局出具处罚决定书）。该案被列为全国"扫黄打非"办重点督办案件。

2009 年"扫黄打非"大事记

福建省"扫黄打非"办公室

1 月 13 日，泉州市丰泽区警方破获"书客网"淫秽色情网站案，当场抓获犯罪嫌疑人张某，在网站电脑内查获大量淫秽色情小说及图片。

1 月 15 日，晋江市公安局网安科在晋江市内坑镇砌坑村破获一起传播淫秽物品案件，当场抓获犯罪嫌疑人 2 名。

1 月 16 日，福建省 2009 年"扫黄打非"工作电视电话会议召开。省政协副主席、省"扫黄打非"领导小组副组长、省新闻出版局局长郭振家同志出席会议并作重要讲话。省政府副秘书长李强同志在会上宣读了 2008 年受到全国"扫黄打非"工作小组和省"扫黄打非"领导小组表彰的单位和个人名单。省新闻出版局党组书记、省"扫黄打非"领导小组办公室主任陈秋平同志主持会议。省"扫黄打非"领导小组成员单位及有关单位领导共 60 余人参加了会议。

2 月 4 日，龙海市公安局榜山派出所根据群众举报，在龙海市榜山镇坂头高速公路口截获一辆小车，当场查获《六合精选》等六合彩图书 1444 本，抓获嫌疑人 4 名。

2 月 20 日上午，莆田市公安局治安支队根据掌握的线索，在前期缜密侦查的基础上，对位于荔城区黄石镇和平村沟边自然村 45 号进行突击检查，当场查扣盗版光盘 47320 片，抓获涉案盗版光盘人员陈某钦。随后，又对其周边一民居进行搜查，当场查获淫秽光盘 7776 片，抓获贩黄窝点主人陈某敏。

3 月 19 日，泉州市新闻出版局联合丰泽区文体局在市区灯星社区的一所民宅内查获一非法出版物批销窝点，收缴非法图书、杂志 14486 本，非法音像制品 2481 片，总码洋 30.6 万余元，现场发现并控制 2 名违法嫌疑人。

3 月 27 日晚，厦门市公安局网安处根据事先掌握的准确情况，专案组果断出击，在厦门市思明区香港广场中环某室内抓获正在上网维护"情色六月"网站的犯罪嫌疑人张某，现场缴获作案电脑 2 台，银行卡 6 张。此案是公安部挂牌督办案件。

3 月 30 日，晋江市公安局网安科在晋江市陈隶镇洋隶村大广路 14 号民宅中破获一起传播淫秽物品案件,现场抓获犯罪嫌疑人林某森。

4 月 1 日,漳州南靖县文体局联合县公安部门在靖城镇靖城大桥头同时查获两个非法音像制品经营摊点,共收缴音像制品 4616 张(盘),其中非法音像制品 4472 张(盘),淫秽音像制品 46 张(盘)。

4 月 3 日,根据上级通报,莆田市公安局城厢分局在莆田南门时空战线网吧抓获嫌疑人郑某珊,缴获作案电脑 1 台。

4 月 7 日,泉州市丰泽区公安分局治安大队联合乌屿边防所在丰泽区城东街道庄任社区查获一贩卖淫秽出版物摊点,当场收缴淫秽光盘 226 张,淫秽图书 5 本,非法杂志 70 册;抓获涉案嫌疑人丁某辉、桂某琴夫妇 2 人。

4 月 15 日 10 时,泉州市公安局网安处在鲤城公安分局网安科、鲤城治安大队的配合下,抓获维护淫秽视频点播网站的犯罪嫌疑人庄某。

4 月 22 日上午 10 时,根据全国"扫黄打非"工作小组统一部署,福建省 2009 年侵权盗版制品及各类非法出版物集中销毁活动举行。活动当天,全省共销毁侵权盗版制品和各类非法出版物 135 万余件,其中福州会场销毁的侵权盗版制品和各类非法出版物计 66 万余件。

4 月 22 日,厦门市公安局网安处、治安行动大队会同市文化市场稽查队派出精干人员,前往北京成功抓捕利用"搜一次"网站传播大量淫秽电影的犯罪嫌疑人王某龙。

4 月 22 日,福州市仓山区下渡派出所根据群众举报,在一民宅内查获一家个体小型六合彩印制点,当场查获六合彩类非法出版物 3000 册,并将涉案人员刑拘。

5 月 5 日晚,福州市公安局国保支队在技侦、经侦支队和仓山、晋安分局、闽侯公安局的配合下,捣毁了位于仓山区城门下洋村周宅的非法宗教类出版物印制窝点,并在仓山、晋安和闽侯青口镇等地成功抓获涉嫌参与印刷并向全国散播非法宗教类出版物的林某宇、卓某艳、林某榕、赵某等 4 人。

6 月 10 日,泉州市"扫黄打非"办公室联合丰泽区文体局、治安大队等部门在丰泽区泉秀街道浦西灯星村查获一非法音像制品批销窝点,当场收缴《关东情》、《千王群英会》等非法盗版光盘 28179 张,其中淫秽光盘 37 张,犯罪嫌疑人黄某林被刑拘。在丰泽区泉秀街道乌洲村查获一非法出版物批销窝点,当场收缴《玉女传奇》、《武侠故事》等盗版图书 4342 册,其中淫秽书刊 433 册,犯罪嫌疑人任某荣被刑拘。

6 月 12 日下午,晋江市"扫黄打非"办公室、版权局协同晋江池店镇派出所等有关部门在池店镇钱头村一民房内查获一非法出版物批发窝点,当场收缴盗版光碟 21117 盘,其中淫秽光碟 50 盘;非法图书及杂志 5880 册,其中淫秽杂志 483 本,并将犯罪嫌疑人黎某娥(女)、杨某(男)刑拘。

6 月 18 日,龙海市"扫黄打非"办联合公安、工商等部门,在龙海市九湖镇百花村查获一非法音像制品地下仓库,当场收缴涉嫌盗版光碟 20000 多盘。

7 月 16 日,厦门市文化市场稽查队会同市公安局治安支队治安行动大队端掉了一地下批销淫秽色情、盗版音像制品等非法音像制品的窝点,抓获涉案人员 5 名,收缴各类非法音像制品 11304 盘,其中涉嫌淫秽色情光盘 1491 盘。该案被列为全国"扫黄打非"办公室重点督办案件。

8 月 11 日上午,在上级网安部门的大力支持和统一部署下,泰宁县公安局治安大队民警与市公安局网安支队的民警联合行动,抓获网名叫"不着边际"超级版主余某,同时查扣了嫌疑人使用的电脑,并收集掌握了犯罪嫌疑人与论坛管理人员的联系 QQ 聊天内容和论坛版块的维护记录等重要证据。

9 月 1 日,根据群众举报,省"扫黄打非"稽查队对福州同馨缘彩印包装有限公司进行突击检查,当场查获非法印制的宗教宣传手册半成品 3 万册,非法医疗宣传品 62400 本,非法教辅读物半成品 2000 本。

9 月 17 日,福建省"扫黄打非"办组织协调省、市、区文化、新闻出版、公安等部门联合行动,在福州火车站金辉大酒店当场抓获正在进行盗版闽剧光盘交易的犯罪嫌疑人黄某。随后，执法人员在黄某位于仓山区建新镇的窝点查获闽剧、京剧等8类剧种的盗版光盘8362片，收缴电脑、刻录设备3套，以及喷墨打印机、播放器等一批作案设备。

11月22日中午，泉州市公安局网安处综合运用各种网侦技术手段，在泉州市安溪县剑斗镇抓获租用美国服务器建立手机淫秽色情网站wap. henguo. Com的犯罪嫌疑人黄某，当场查扣用于维护手机淫秽色情网站的电脑一台。同时，侦查员通过审讯深挖，巡线追踪，分别于11月25日、12月2日在厦门集美和广东东莞抓获犯罪嫌疑人陈某沐、郭某华。

11月23日晚，泉州市公安局网安处在泉州市丰泽区抓获利用手机WAP站wap. ztznw. cn（醉亭智能网）传播淫秽物品的犯罪嫌疑人龙某。该案被列为全国"扫黄打非"办重点督办案件。

11月30日19时许，厦门市公安局网安支队根据事先掌握的线索，会同湖里区公安分局禾山派出所，在湖里区安兜730号抓获正在维护色情网站的犯罪嫌疑人张某勇，现场缴获用于作案的电脑一套及19篇电子版淫秽小说。该案被列为全国"扫黄打非"办重点督办案件。

12月1日上午11时许，厦门市文化市场稽查队和市公安局治安支队治安行动大队联合行动，在位于大同路的批销窝点当场抓获正在批销涉嫌淫秽色情影碟的许某建和前来购碟的黄某某等3人，现场收缴大量涉嫌非法影碟及刻录光盘。

福 州 市

2009年"扫黄打非"工作总结

福州市"扫黄打非"办公室

2009年，全市"扫黄打非"工作在市委、市政府的正确的领导下，在全国、省"扫黄打非"办公室的大力支持和有力指导下，根据中宣部、中央政法委、全国"扫黄打非"办制定下发的《2009年全国"扫黄打非"行动方案》和省委宣传部、省委政法委、省"扫黄打非"办制定下发的《2009年全省"扫黄打非"行动方案》，进一步加大"扫黄打非"工作力度，始终保持高压态势，取得了较好成效。据统计，全市全年共出动执法人员5300多人次，检查音像、图书、印刷企业2000多家，取缔地摊游商421个，查获各种非法出版物30万件（册）。

一、突出重点，扎实开展专项行动

坚持把非法出版物、淫秽色情出版物等作为打击重点，紧抓不放。按照中宣部和全国"扫黄打非"办公室部署，扎实开展打击低俗音像制品专项行动；按照省"扫黄打非"办公室部署，积极开展打击"少儿版人民币"的专项行动；根据市委、市政府关于进一步净化社会文化环境、促进未成年人健康成长的指示精神，深入开展校园周边出版物市场专项整治行动。4月12日，市新闻出版稽查大队在医科大学交通路校区查获一游商贩卖大量非法出版物，现场查缴各种非法出版物5000余册。五一期间，对全市中小学周边音像店开展拉网式检查，查获低俗音像制品136张。

二、克服困难，狠抓各项工作落实

针对年度"扫黄打非"工作特别是第一阶段工作任务重、时间紧、要求高的实际，各县（市、区）"扫黄打非"办和市"扫黄打非"领导小组各成员单位都能克服人员少、机构调整人心不稳等实际困难，坚决贯彻落实《福州市2009年"扫黄打非"行动方案》和《中共福州市委办公厅，市人民政府办公厅关于进一步净化社会文化环境促进未成年人健康成长的实施意见》以及各专项行动要求，始终以科学发展观为指导，抓好各项工作落实。今年以来，市新闻出版局稽查大队不辞辛苦，连续在出版物流通领域破获大案，查扣了3批从北京发往福州的非法出版物312件2万余册，从源头上拦截了非法出版物流向福州市的渠道。

三、加强管理，始终保持对出版物市场的高压态势

全市各级"扫黄打非"部门认真履行职责，加强对出版物市场的管理，严厉打击各种侵权盗版和非法出版活动，取缔了一大批地摊游商，收缴了一大批盗版和非法出版物以及低俗音像制品，处罚了一大批经营者，极大净化了全市社会文化环境，特别是校园周边出版物市场环境。全市违禁出版物基本绝迹，黄色淫秽出版物得到了强力打击，地摊游商贩卖非法出版物现象得到有效的遏制，早夜市地摊贩卖非法出版物现象得到有效的管理，图书和音像零售店出租出售盗版出版物现象得到极大的改善。4月22日，福州市作为全省2009年非法出版物集中销毁活动主会场，现场销毁各类非法出版物40余万册，极大地震慑了不法分子。

全市"扫黄打非"工作虽然取得了一些战果，但仍存在不少问题。一是如何从源头上打击非法出版物研究不足，打击的力度和广度不够。二是地摊游商贩卖非法出版物现象仍时有发生，特别是对游商贩卖非法出版物也从闹市区主干道转移到二级地段乃至背街小巷和一些公园和风景区的现象应对不够及时有力。三是校园周边出版物市场虽经各级"扫黄打非"部门大力整顿，但各中小学周边的食杂店贩卖少儿版人民币、恐怖类非法出版物、盗版教辅材料等非法出版物仍时有发现。四是小报小刊和六合彩类非法出版物有所回潮。五是各区县（市、区）扫黄办和文体局对信息报送和反馈工作重视不够，信息报送不及时。这些问题需要在下一步工作中认真研究和改进。

厦 门 市

2009年"扫黄打非"工作总结

厦门市"扫黄打非"办公室

2009年，厦门市"扫黄打非"工作在全国、省"扫黄打非"办的关心和指导下，在市委、市政府的正确领导下，始终服务工作大局，着眼保护知识产权、提高创新能力、维护社会稳定，以深入学习实践科学发展观为契机，以净化文化市场和网络文化环境为工作主线，以遏制非法出版物和清除网上违法有害信息为重要任务，组织开展了"两节"、"两会"专项检查行动、三个阶段集中整治行动、清缴低俗音像制品专项整治行动等，切实加强出版物市场监管，确保了意识形态领域安全和文化安全，为全国、省、市"两会"的顺利召开，为新中国60周年国庆营造了良好舆论氛围和社会文化环境。据统计，全市共出动执法检查人员8667人次，检查出版物市场和游商地摊点6818个，查缴非法出版物15.6万余件，取缔无证摊点707个。现将2009

年工作情况总结如下。

一、领导高度重视，精心组织部署，确保"扫黄打非"各项工作得到落实

一直以来，厦门市各级党委、政府高度重视和支持"扫黄打非"工作，将"扫黄打非"工作列入重要议事日程，纳入社会治安综合治理、精神文明创建活动、净化社会文化环境、预防青少年违法犯罪的总体部署，统一规划，统一行动，统一考评。市"扫黄打非"工作领导小组组长、副组长亲自抓，对全市"扫黄打非"工作给予强有力的组织领导。市"扫黄打非"领导小组办公室充分发挥职能，认真做好指挥、组织、协调、督促检查等工作。各区"扫黄打非"领导小组及办公室结合自身的特点和实际，按照任务要求，认真开展好"扫黄打非"工作。

二、积极开展集中、专项整治行动，确保文化市场健康繁荣发展

认真贯彻落实全国、省、市"扫黄打非"工作部署，积极开展各项集中、专项整治行动，进一步加大出版物市场监管和检查工作力度，持续保持高压态势。一是把封堵查缴非法出版物作为重中之重，贯穿于全年"扫黄打非"工作之中。先后组织开展了打击非法出版物集中行动；组织对全市主要街道、旅游景点、书店等场所开展联合检查行动；结合第三阶段集中行动再次组织开展全市性的封堵查缴非法出版物行动。全年全市共查堵非法出版物1065件、"法轮功"等邪教组织及非法宗教宣传品4159件。二是针对学校周边地区、城乡结合部存在非法出版物摊点和游商的现象，开展以查缴"少儿版人民币"、"少儿八卦玩具"及卡通类非法出版物为重点的集中清查专项行动，查缴各类"少儿版人民币"12个品种24206张、卡通类非法出版物1300余件；开展清缴整治低俗音像制品专项行动，查缴低俗音像制品1823片，非法出版物5324件；开展整治互联网低俗之风专项行动，共删除网上传播的有害信息23657条，关闭不良网站内容页面和链接897个，破获网络淫秽色情网站案件3起。三是组织开展了"迎国庆，保稳定"专项集中检查行动，对容易出现销售非法出版物的部位进行定期、不定期的拉网式检查，并将监管工作延伸到城乡集贸市场、各旅游景点和宾馆饭店周边。专项行动期间，全市共出动执法检查人员2495人次，检查市场3700家次，依法取缔非法摊点119个，收缴各类非法出版物总数21399件。

三、加强日常监管，强化行业自律，坚决打击各类侵权盗版活动

持续开展打击假报刊、假记者、假记者站、假新闻的行动，全市共收缴非法报刊1782份。开展对印刷、复制企业进行专项检查行动，共检查印刷企业487家次，查处无《印刷经营许可证》的印刷企业8家。开展对教辅教材的专项检查行动，通过不间断的检查，有效保证了全市无盗版教辅教材问题出现。开展侵权盗版制品及非法出版物集中销毁行动，共销毁盗版光盘、软件、电子出版物、非法书报刊20万件。

四、严查大案要案，严惩违法行为，"扫黄打非"查处工作取得新成果

坚持把查处大案要案作为全市"扫黄打非"工作的重点，把侦办"制黄"、"贩黄"大要案作为抓好"扫黄打非"工作的突破口，着力净化文化市场环境。据不完全统计，今年来，全市共查处"扫黄打非"刑事案件20起。其中，陈某洲侵犯著作权案是福建省首例以侵犯著作权罪判处的盗版地图批销案，被国家版权局评为二等奖。

五、完善社会监督，扩大舆论宣传，营造良好出版物市场环境

结合"4·23"世界读书日、"4·26"世界知识产权日，组织开展第四届大学生网游策划大赛、"读书与创作"版权保护主题讲座等形式多样的版权宣传教育系列活动。市"扫黄打非"办与市文化市场稽查队联合在《厦门日报》用1/3的版面报道陈某洲批销盗版地图案的查处情况及盗版地图的危害，在《厦门日报》开辟专版向社会公布了全市近年来在保护公众文化权益、维护文化市场秩序、打击非法出版物斗争中的五起典型案例。结合全民阅读月活动，举办厦门市"扫黄打非"成果展，通过典型案例报道和"扫黄打非"成果展示，进一步增强人民群众自觉保护知识产权，抵制侵盗版行为的意识，促进了形成尊重知识、尊重劳动、维护公平正义的良好社会氛围。

江 西 省

2009 年"扫黄打非"工作总结

江西省"扫黄打非"办公室

2009 年，江西省"扫黄打非"工作按照全国和全省"扫黄打非"工作的统一部署，围绕五项重点工作任务，先后组织开展了三个阶段集中行动以及清缴整治低俗音像制品、封堵查缴非法出版物和打击手机网站制作传播淫秽色情信息等各阶段专项行动，切实加强了出版物市场监管。据统计，2009 年全省共出动执法人员 5.66 万人次，检查出版物经营单位 6.46 万家次，取缔无证照游动摊点 808 个，查处"扫黄打非"案件 107 起，刑事处罚 8 人，查缴各类非法出版物 73.72 万件。

一、领导高度重视，为"扫黄打非"工作深入开展提供了坚强的领导和组织保障

（1）省领导多次批示"扫黄打非"工作。今年以来，省委书记苏荣，省委常委、宣传部长刘上洋，省政府副省长孙刚分别对我省"扫黄打非"工作作出重要批示 23 件。

（2）进一步完善"扫黄打非"组织机构。根据"扫黄打非"形势和任务需要，以及省"扫黄打非"工作领导小组部分成员单位领导变动等情况，我省在现有 24 个成员单位基础上，增加了省委外宣办（省政府新闻办）、省高级人民法院等为成员单位，调整后的省"扫黄打非"工作领导小组增加到 30 个成员单位，为我省"扫黄打非"工作开展提供了坚强的组织保证。

（3）加强基层队伍建设。今年 6 月，省"扫黄打非"办在南昌举办了为期 3 天的全省"扫黄打非"工作培训班。全省 11 个设区市和 53 个县（市、区）的新闻出版局负责同志、"扫黄打非"办主任、稽查队长共 100 多人参加了培训。这是继 2008 年底全省圆满完成县级挂牌工作后举行的第二期培训班。

二、以"六结合，六个严"为标准，全面贯彻落实"扫黄打非"各阶段集中行动

（1）日常监管与敏感时期防控相结合，严密封堵和查缴非法出版物。针对今年大事多、热点多，重要敏感时间节点多的实际，我省始终把严密封堵和查缴非法出版物作为第一任务，注重把监管工作贯穿到每一个重点时期，确保重点时期不发生问题。在全国"两会"和省里"两会"期间，建国 60 周年国庆日期间，省"扫黄打非"办根据全国和省委、省政府领导要求，作出了周密部署，确保了多个敏感时期全省出版物市场平稳有序，未出现任何波动。

（2）净化校园周边环境与保护未成年人健康成长相结合，严厉打击侵权盗版和非法出版教材教辅活动。3 月初，省"扫黄打非"办首先开展深入调查研究，全面掌握我省校园周边出版物市场的第一手资料。召开了各设区市"扫黄打非"办、新闻出版局长座谈会，传达贯彻"2·16"广州会议和"3·2"北京会议精神，分析了目前的形势与任务，提出了做好净化工作的意见和措施，并及时下发了《省新闻出版局、省"扫黄打非"办公室关于落实净化社会文化环境促进未成年人健康成长相关任务分工方案的通知》。各设区市"扫黄打非"办重点对中心城区大中专院校、中小学校周边的出版物市场进行了认真清查，对发现的盗版侵权教辅读物坚决予以收缴。

（3）清理整顿市场与督办重点案件相结合，严格开展清缴整治低俗音像制品专项行动。清缴整治低俗音像制品专项行动期间，省"扫黄打非"办及全省 11 个设区市"扫黄打非"办自《紧急通知》下达之日起，均建立了日报、周报机制，安排专人值班，建立起了一条信息"绿色通道"，切实做到了专项行动期间无迟报、漏报、瞒报情况；对市场清缴中发现的重要线索，追根溯源，深入查处，得到了全国"扫黄打非"办的肯定。

（4）坚持常态监控与实施动态监管相结合，严查重点场所和重点部位。8 月底，省"扫黄打非"办召开专题工作会议，要求全省各地、各部门在继续做好第二阶段"扫黄打非"工作任务的同时，深入开展以打击非法出版物、全面清理出版物市场、整治侵权盗版和使用非法教材教辅工作为重点的"扫黄打非"第三阶段集中行动。

（5）发挥成员单位作用与提高基层监管力量相结合，严织"扫黄打非"工作网络。我省坚持"扫黄打非"工作领导小组办公室组织协调、各有关部门各负其责、各地区联防协作、社会各方面积极参与的领导体制和工作机制，全省上下已构筑起"扫黄打非"横向到边、纵向到底的工作网络，确保出版物市场监管工作不留死角。

（6）开展督导检查与深入调查调研相结合，严把集中行动"落实"关。今年我省根据《江西省 2009 年"扫黄打非"行动方案》的安排和部署，分别对全省三个阶段集中行动开展情况进行了督导调研。3 月 9～12 日，由省"扫黄打非"办牵头，从省公安厅、南昌海关、省新闻出版局抽调人员组成 4 个巡查组，采取明查暗访和听汇报、反馈意见等形式，对我省 11 个设区市和 30 个县（市、区）开展出版物市场集中清理行动和第一阶段集中行动情况进行督导检查。

三、加大对大案要案的查办力度，严厉打击非法出版活动

在出版物市场日常工作中，我省始终把打击非法出版物的工作重点立足于端窝点、打团伙、深挖彻究，即注重从传统的有形出版物市场发现重要线索，又积极从现代的虚拟的网络空间寻找战机，不断加大对重点场所的检查和网上搜索力度，有效地切断了非法出版物的流通渠道。2009 年我省查办的大案要案有：一是查办了江西南昌"2·02"销售非法出版物案；二是查处江西鹰潭"3·23"网上购销非法出版物案；三是查处全国"5·05"非法制售音像制品系列案件；四是查处了江西鹰潭"6·30"网络侵权案；五是查办了江西宜春"8·13"制售非法出版物案件。

今年，省"扫黄打非"办共接到各类举报 18 起，其中全国"扫黄打非"办转交案件 1 起。对各类举报根据不同的情况，按照"属地管理"的原则，及时转交相应的设区市办理，并对案件的进展情况予以跟踪，做到"件件有落实、事事有回音"。

四、发挥信息宣传重要作用，推动"扫黄打非"深入开展

一是在"4·26"世界知识产权保护日期间，采取一系列宣传攻势，营造版权保护氛围。通过召开新闻发布会和组织集中销毁活动等形式进一步增强社会各界和广大群众参与"扫黄打非"斗争的自觉性，再一次向全社会表明了我国政府保护知识产权和净化社会文化环境，促进未成年人健康成长的坚强决心。

二是注重信息宣传工作，充分发挥新闻媒体舆论监督作用。今年，省"扫黄打非"办采取广播有声音、电视有影像、报纸有文章、网站有宣传等措施，全方位、多角度地进行宣传报道，共编辑江西"扫黄打非"工作简报 23 期，被全国"扫黄打非"工作简报采用 16 条，被中国"扫黄打非"网"经验交流"栏目采用 3 条、被

"市场监管"栏目采用 25 条，被《中国新闻出版报》采用 4 篇。

2009 年江西省"扫黄打非"工作虽然取得了新的成绩，但是仍存在着一些问题和薄弱环节，主要是：各地"扫黄打非"工作发展不平衡，特别是县一级"扫黄打非"工作执法部门存在经费不足、装备落后，难以应对新形势下的"扫黄打非"工作任务。"扫黄打非"是一项长期而艰巨的工作，我们要继续以邓小平理论和"三个代表"重要思想为指导，全面贯彻落实科学发展观，深入学习贯彻党的十七届四中全会精神，进一步加强队伍建设，进一步创新工作机制，进一步提高市场监管能力，全面推进"扫黄打非"斗争，全力维护社会稳定和文化安全，为推动文化大发展大繁荣作出新的贡献。

领导讲话

在江西省 2009 年"扫黄打非"工作电视电话会议上的讲话

江西省委常委、宣传部长、省"扫黄打非"工作领导小组组长
刘上洋

这次全省"扫黄打非"工作电视电话会议，目的就是迅速贯彻落实全国"扫黄打非"工作电视电话会议精神，全面部署 2009 年的全省"扫黄打非"工作。中共中央政治局委员、中宣部部长、全国"扫黄打非"工作小组组长刘云山同志在全国"扫黄打非"工作会议作了非常重要的讲话，深刻阐明了"扫黄打非"工作的重要地位和作用，进一步明确了今年"扫黄打非"工作的指导思想、基本要求和主要任务。各地各有关部门要认真学习领会，切实抓好落实。下面，我就做好今年的全省"扫黄打非"工作讲几点意见。

一、认清形势，提高认识，进一步做好新形势下"扫黄打非"工作

2008 年，在省委、省政府的正确领导下，各地、各有关部门认真贯彻落实省委、省政府主要领导对"扫黄打非"工作的批示，按照《江西省 2008 年"扫黄打非"行动方案》的要求，围绕五项主要任务，分阶段组织开展了以查堵非法出版物为重点的专项行动、以清理出版物市场为重点的专项行动和以开展奥运前 30 天出版物

市场集中清查为重点的三次专项行动，切实加强了出版物市场监管。"扫黄打非"工作保持了良好的势头，为成功举办北京奥运会和残奥会，纪念改革开放 30 周年，全面建设小康社会，营造了良好的舆论氛围和社会文化环境。这些成绩的取得，是全省广大"扫黄打非"工作者的辛勤劳动和无私奉献的结果。在此，我代表省委、省政府和省"扫黄打非"工作领导小组向全省"扫黄打非"战线的同志们表示崇高的敬意和亲切的问候。

二、突出工作重点，全面完成今年的各项"扫黄打非"工作任务

2009 年的"扫黄打非"工作，要围绕迎接新中国成立 60 周年的工作主线来开展，全面贯彻落实党的十七大和十七届三中全会精神，以科学发展观为统领，以净化文化市场环境为工作主线，以保护知识产权为工作平台，以遏制非法出版物和清除网上有害信息为重要任务，坚持开展集中治理，切实加强日常监管，确保意识形态安全，维护社会和谐稳定，推动文化大发展大繁荣，为实现经济社会又好又快发展营造良好舆论

氛围和文化环境。关于今年工作的具体安排，我省制定了《江西省2009年"扫黄打非"行动方案》，会后将印发，各地区、各有关部门要按照《行动方案》的总体要求和工作部署，认真抓好贯彻落实。

围绕今年的重点工作，要开展好"三次专项行动"。一是1月下旬~4月下旬，以整治印刷复制、运输环节为切入点开展集中行动。二是5月中旬至7月底，以整治报刊出版环节为切入点开展集中行动。三是8月中旬~11月中旬，以整治销售、进口环节和信息网络为切入点开展集中行动。除以上专项集中行动外，各地、各有关部门可根据实际情况，有针对性地组织开展区域性、行业性专项行动。

三、切实加强领导，确保今年"扫黄打非"工作取得实效

"扫黄打非"工作是社会综合治理的重要内容，涉及宣传、政法、新闻出版、公安、工商、海关、通信等二十几个部门，牵动着地方、企业等方方面面，情况复杂，难度很大。各级领导一定要把思想统一到这次会议的精神上来，切实加强领导，采取有力措施努力把"扫黄打非"工作抓紧抓实抓好。

第一，加强组织领导，细化预警应急措施。"扫黄打非"工作涉及面广，影响大，没有强有力的领导，"扫黄打非"工作不可能取得全面胜利。因此要坚持和完善各级党委、政府统一领导，各级"扫黄打非"工作领导小组办公室和党委宣传部门组织协调，各地区联防协作，各部门齐抓共管，社会各方面积极参与的工作体制。各级"扫黄打非"工作领导小组办公室作为"扫黄打非"工作领导小组常设工作机构，人员编制要单列，有条件的地方要适当增加。

要强化"扫黄打非"和出版物市场监管，各县（市、区）在增挂新闻出版（版权）局牌子后，要明确一位分管领导和一个责任部门专抓此项工作，尽快调整和健全"扫黄打非"工作领导小组及其工作机构，进一步细化责任，并有效履行职能，在县（市、区）"扫黄打非"和出版物市场监管工作中切实发挥积极作用。要加强对乡镇和社区文化市场的管理，乡镇、街道党委要切实负起责任，确保基层"扫黄打非"工作有人抓、有人管。

第二，统一规划部署，实行综合治理。各级党委、政府要落实"属地管理"和"谁主管谁负责"的原则，将"扫黄打非"工作列入重要议事日程。各级"扫黄打非"工作领导小组组长是当地"扫黄打非"工作的第一责任人，要及时研究落实中央和省委的决策部署，解决"扫黄打非"工作中遇到的新情况、新问题，做到重大行动亲自部署，重点工作亲自指挥，重大案件亲自督导，重要问题亲自协调解决。各地、各有关部门要将"扫黄打非"工作纳入地区、部门工作目标考核体系，实行目标管理，将"扫黄打非"工作与精神文明创建、社会治安综合治理、未成年人思想道德建设、社会主义新农村建设、城市网格化管理等工作有机地结合在一起，作为评选文明城市、文明社区、文明村镇、文明单位以及考核社会治安综合治理成果的重要指标，实行"一票否决"。

建立督查制度。省"扫黄打非"工作小组办公室要不定期地对各地区开展专项行动、日常监管、查处案件等情况进行检查督导，确保各项重点工作落到实处。各地也要建立相应的督导检查制度，适时针对重点时段、重点部位、重点环节开展检查，确保各项工作落到实处。

第三，依法查办案件，严厉打击违法犯罪。各地、各有关部门要依法加大对走私、制售非法出版物和传播有害信息的打击力度，形成强大的法律威慑力。有关部门要认真执行《行政执法机关移送涉嫌犯罪案件的规定》，及时将涉嫌犯罪案件移送公安机关，不得以行政处罚代替刑事处罚。公安机关对需要追究刑事责任的移送案件，要及时立案，依法追究。查办案件要坚持"彻查彻究彻办"的原则，按照打团伙、破网络、抓幕后主犯的要求查办大案要案。

第四，重视基础保障工作，提高队伍素质。各级党委、政府要从政治上、工作上、生活上关心"扫黄打非"工作人员，多帮助解决实际问题，充分调动他们的积极性。各级政府要将"扫黄打非"工作经费纳入本级财政预算，研究制定具体措施，建立长期稳定的投入保障机制，确保所需经费逐年增加、足额落实，实行专款专用。要注意提高"扫黄打非"执法队伍的装备水平、技术能力和办公条件，以适应"扫黄打非"工作任务日益繁重的需要。

第五，加大宣传报道力度，扩大社会影响。各地要充分发挥报刊、广播、电视、互联网、移动通信终端等各类媒体的作用，利用多种形式，全方位、多角度、多形式开展"扫黄打非"宣传报道工作，深刻揭露制黄贩黄、侵权盗版等非法出版活动的危害性，广泛宣传"扫黄打非"和保护知识产权的政策法规和重大意义，重点反映各地开展集中行动、加强日常监管等工作的进展、举措和成效，曝光一批非法出版典型案件，进一步增强公众自觉抵制非法及盗版产品的良好意识。

同志们，做好2009年的"扫黄打非"工作责任重大，使命光荣。我们要认真贯彻落实党的十七大精神，按照全国"扫黄打非"工作电视电话会议的部署，紧紧围绕这次会议提出的各项任务，开拓创新，扎实工作，为推动我省文化大发展大繁荣作出新的更大的贡献。

在2009年全省"扫黄打非"工作培训班上的讲话

江西省新闻出版局局长、省"扫黄打非"工作领导小组副组长
黄　鹤

根据省"扫黄打非"工作领导小组的安排，从今天开始，我们将利用3天的时间举办全省11个设区市、53个县（市、区）"扫黄打非"办主任、稽查队长100多人参加的培训班。举办这次培训班，主要目的是为了适应我省县区新闻出版局挂牌形势发展的需要，切实加强全省"扫黄打非"行政管理队伍建设，特别是提高一线执法人员依法行政的能力，切实提升全省"扫黄打非"工作的质量与水平，进一步增强"扫黄打非"工作的规范性和权威性。下面，我根据培训工作的安排讲几点意见：

一、正确把握形势，切实提高认识，增强做好"扫黄打非"工作的使命感和责任感

近年来，我省"扫黄打非"工作在各级领导的重视和相关部门的努力下，取得了显著的成绩，得到了中央和省里领导的充分肯定，引起了社会广泛关注。按照全国和我省"扫黄打非"工作的统一部署，切实抓好了"扫黄打非"各项工作的落实，仅去年一年，就先后组织开展了以查堵非法出版物为重点的专项行动、开展以整治印刷复制和运输环节为重点的专项行动、开展以清理出版物市场为重点的专项行动以及开展奥运前30天出版物市场集中清查行动等各阶段的专项行动，切实加强了出版物市场监管。但是，随着国际风云的变幻和我国改革开放的不断深入及经济文化的迅猛发展，出版物市场的管理环境发生了深刻变化，"扫黄打非"工作面临不少新情况、新问题。

一是出版物市场对外开放，"扫黄打非"面临复杂的内外环境。加入世贸组织后，我国逐步放开书报刊分销和音像、软件分销，出版物市场融入经济、文化全球化大潮。这对于推动文化交流、促进文化传播是一个重要机遇。但由于世界文化发展和传播的不平衡和不平等性，发达国家的媒体在传播其先进的市场理念和文明成果的同时，也会带来西方的价值观念和腐朽文化，入世后中西方之间的文化冲突将会增加，出版物市场管理和"扫黄打非"工作面临更加复杂的内外环境，受到严峻挑战。

二是出版媒体和流通业态多样化，使"扫黄打非"工作的难度加大。随着信息技术的发展，新型出版媒体和出版物流通业态不断出现。人们几年前还在为电子出版物带来的出版革命而叹为观止，现在网络作为新的出版媒体又涌现出来。打击电子出版领域的制黄、贩黄和侵权盗版活动已属不易，网络媒体因其打破了地区和国家的界限，可控程度更低了。在出版物发行领域，信息技术的发展不仅提高了物流配送、连锁经营的现代化程度，而且推出了电子营销、网上书店等新型经营业态。这些新媒体、新业态相对于传统的出版、发行而言，具有以信息技术为支撑、科技含量很高的先进性，但同时使监管难度增加。网络时代的"扫黄打非"工作，需要高素质的管理人才、先进的监控手段，还要有完备的法律制度予以支撑，而这些要求目前尚不到位。

上述的新情况、新问题是目前出版物市场客观存在的突出问题，必须引起我们的高度重视。我们要从提高党的执政能力、巩固党的执政地位的高度，从落实科学发展观、构建和谐社会、推动社会主义文化大发展大繁荣的战略高度，充分认识做好"扫黄打非"工作的重要意义。面对复杂形势和繁重任务，"扫黄打非"工作只能加大力度，不能有丝毫松懈。

二、适应新的形势，努力探索创新，不断增强"扫黄打非"工作的效能

"扫黄打非"是长期、艰巨的任务，搞好这项工作，要有必要的机构和队伍。随着形势的发展和文化市场的变化，行政执法工作的任务不断加重，对执法能力和执法水平提出了新的更高的要求，开展执法人员培训工作显得十分重要、十分紧迫。这是改善党对意识形态领域领导的迫切需要，是提高依法行政能力和水平的迫切需要，是执法工作上水平、上台阶的迫切需要，是加强执法队伍自身素质建设的迫切需要，是加快文化体制改革，推进综合执法工作的迫切需要。

去年在省、市两级新闻出版管理部门的积极推动和各级党委、政府及有关部门的大力支持下，我省地、县（市、区）级新闻出版管理机构、队伍建设取得了进展，已形成了省新闻出版局、市新闻出版局和县新闻出版（文化）局三级行政管理架构，这为加强和改进新闻出版管理工作提供了重要的组织保证。使我们的"扫黄打非"工作在基层得到了延伸，也使得地方机构建设得到了加强。但在实践中，这三级行政管理架构的权限和职责划分还不够清晰，有些关系还没有真正理顺。要尽快理顺关系，明确工作重点，切实解放思想，创新工作方法，掌握政策法规，提高执法水平，密切协同配合，形成工作合力。

三、加强队伍建设，提高队伍素质，为提升"扫黄打非"工作提供坚强的组织保证

加强"扫黄打非"工作队伍建设，必须按照"政治强、业务精、作风正、纪律严"的要求，加强教育和培训，通过不断的教育和培训，把"扫黄打非"工作队伍建设成为一支学习型、创新型、奉献型的过硬队伍。政治强是基础和保证。行政执法队员首先要政治合格，品德高尚，认识到位。我们的执法行为是国家法律赋予的权力，是代表政府行使"扫黄打非"工作的具体活动，这就要求我们执法人员要具有较高的政治素质。要认真学习贯彻党的路线、方针、政策。通过学习，树立正确的世界观、人生观、价值观，培养崇高的理想信念。业务精是文明执法的前提。一支高素质的行政执法队伍必须熟练掌握新闻出版市场管理的法律法规，掌握相关的业务知识。这次集中培训，时间短、内容多，只能算是初步学习，这与我们具体行使执法任务的要求相比，是远远不够的。更多的还要我们利用业余时间进行学习，以及在执法实践中边学边干，边干边学。通过学习，一要掌握新闻出版和版权专业方面的业务知识，二要熟悉相关的行政管理法律、法规，如《行政处罚法》、《行政复议法》等，增强法制意识，提高运用法律、法规解决实际问题的能力。三要了解相关方面的业务知识，尤其是新闻出版与版权管理方面的行政许可、行政管理等相关内容和程序，做到一专多能。作风正是良好形象的体现。

为保证这次培训取得良好的效果，请大家做到以下几点：一是端正学习态度。这次培训，省局领导和几位专家将针对版权知识、扫黄打非业务知识等问题给大家讲课。大家应该看到，这次培训的师资层次很高，内容十分丰富，机会十分难得。省局党组为此下了很大的决心，花费了很多心思，希望大家一定要珍惜这次学习机会，全身心地投入到学习中去，真正把培训的内容掌握好。二是讲究学习方法。学习的目的在于应用。希望大家要发扬理论联系实际的学风，紧密联系

工作实际去学习，带着问题去学习。要把握学习重点，真正做到学以致用、指导工作。三是加强学习交流。大家在学习过程中，要结合所学知识和工作实际，积极发表自己的见解和认识，相互讨论交流，相互学习借鉴，共同进步提高。四是遵守学习纪律。要自觉遵守培训班的纪律和要求，严格按时间安排参加学习，专心致志地听课，没有特殊情况不要请假。最后，预祝培训取得圆满成功。

2009 年"扫黄打非"大案要案综述

对出版物市场日常监管工作中，江西省始终把打击非法出版活动的重点立足于"端窝点、打团伙、深挖彻究"，即注重从传统的有形出版物市场发现重要线索，又积极从现代的网络空间寻找战机，不断加大对重点场所的检查和网上搜索力度，查处了一批大案要案，有效地切断了非法出版物的流通渠道。

一、南昌"2·02"销售非法出版物案

2009 年春节期间，江西省"扫黄打非"办工作人员在南昌火车站广场发现游商兜售非法出版物，其中有部分是香港出版物的翻印本。江西省"扫黄打非"办对此情况高度重视，立即进行部署，成立专案组，要求抓住幕后主犯，彻底打掉销售非法出版物的窝点。

2009 年 2 月 2 日，由江西省"扫黄打非"办牵头，组织公安、新闻出版等部门联合成立了查办江西南昌"2·02"销售非法出版物专案组。并立即召开会议，对案情进行了全面分析，制定详细侦破方案，采取多种措施，全面展开了侦破工作。2 月 5 日，专案组掌握了 2 名在南昌火车站广场销售非法出版物游商的基本情况和社会关系。2 月 19 日下午，专案组得到可靠线索，迅速对南昌市金润广场的出版物经营户进行地毯式搜查，在南昌创新书店查到 20 余本香港出版物的翻印本。执法人员连夜对创新书店法人代表张某进行询问，据张某交代，这批非法出版物共 700 本，

是 2008 年 10 月从河南郑州一个姓刘的书商那里购进的，每本进价 5 元。她与刘某从未见过面，主要通过电话联系。每次进货是由刘某从郑州通过物流发到南昌升阳托运部，货到南昌后，张某将书款付给南昌升阳托运部后将货提出，再销售给几个游商。在查清违法事实后，南昌市新闻出版局出版物稽查大队依法对南昌创新书店处 2 万元罚款并吊销出版物经营许可证的行政处罚。对游商进行批评教育并给予相应的罚款处理。

在此案中，违法书商十分狡猾，有意安排多名年龄较大的老年人充当游商在街头销售，企图逃避打击。南昌市出版物稽查大队为避免类似情况出现，针对这些因生活困难充当游商的老年人，通过与当地街办、社区的同志一道上门做细致的工作，耐心宣讲国家法律、法规，并在生活上给予一定的关心、关照，从源头上进行治理日常监管中的顽症，取得了一定成效。

二、鹰潭"3·23"网络非法销售出版物案件

2009 年 3 月，江西省的公安部门在案件侦查过程中发现，贵溪市的俞某利用互联网购销香港出版的书籍，并向省"扫黄打非"办进行了通报。江西省"扫黄打非"办高度重视，立即成立了江西鹰潭"3·23"网络非法销售出版物专案组。经过办案人员的缜密侦查，查明贵溪市俞某于 2003 年 5 月，在孔夫子旧书网上注册了一个"幸运书屋"，以销售文学、历史、小说等为主。但在 2007 年底开始，

俞某根据客户的需求，通过香港代购网站购进相关香港出版的书籍，然后每本书加 30～60 元的利润进行销售。从 2007 年年底至案发，俞某擅自销售香港出版的书籍 300 多本，非法经营额达 4 万元。江西省新闻出版局依据《出版管理条例》的规定，对当事人处以 3 万元罚款的行政处罚。

在此案查办中，办案人员发现中国旧书网、孔夫子旧书网规模比较大，孔夫子旧书网目前就有 4000 余家书店，店主分布在全国各地，有的甚至还在在香港和台湾等地，店主不需要经过行政管理部门审批，只需在网站上简单注册后就可以开设网上书店。虽说是旧书网，新书照样卖，而且擅自销售境外出版物的情况严重。如在中国旧书网、孔夫子旧书网上输入"港版"等词汇后，便可搜出一大批香港出版的书目，购买非常方便。由于互联网发展迅猛，通过网络出售出版物已非常普及，并得到消费者的认可。但行政管理部门对网络监管手段还比较缺乏，无法有效阻止利用互联网进行非法出版活动。

三、宜春"8·13"销售非法出版物案件

2009 年 8 月 10 日，江西省"扫黄打非"办、省新闻出版及公安部门在宜春市上高县成功破获一起利用非法小报广告和手机短信联络客户，通过邮政速递方式制售非法音像制品和画册的案件。

2009 年 6 月，江西省"扫黄打非"办接到群众举报，上高县有不法分子通过邮寄的方式销售非法音像制品。省新闻出版局联合公安部门的执法人员前往上高县进行调查。经过 2 个月的缜密调查，掌握了案件的基本情况。8 月 10 日，江西省新闻出版及公安部门联合行动，一举将藏在上高县一民宅的地下窝点捣毁，当场控制了不法分子胡某，查获非法音像制品 2000 余张，内容低俗的画册 400 余册，刻录机 2 台。经依法调查，当事人胡某于 2005 年 4 月，在广州市白云路音像批发市场购进了《名模明星写真集》、《猛男写真集》等内容低俗的画册 2000 余本，以及《性爱招数》等光盘 100 余张，回到上高县后，利用刻录机先后复制非法音像制品 4000 余张。胡某再通过广州一非法小报刊登了非法信息，并利用手机短信联络客户，采取邮寄的方式进行销售。至案发止，胡某共销售非法光盘 2000 张，内容低俗的画册 1600 余本。胡某上述行为已构成制作、发行非法出版物，江西省新闻出版局根据《出版管理条例》的规定，对胡某处 15 万元罚款的行政处罚。

2009 年"扫黄打非"大事记

江西省"扫黄打非"办公室

1 月 16 日，全国第二十二次"扫黄打非"工作电视电话会议召开。省委常委、宣传部长、省"扫黄打非"工作领导小组组长刘上洋，省政府副省长、省"扫黄打非"工作领导小组第一副组长孙刚，省新闻出版局局长、省"扫黄打非"工作领导小组副组长黄鹤，省新闻出版局副局长、省"扫黄打非"工作领导小组副组长兼办公室主任刘平出席了会议。之后召开了全省"扫黄打非"工作电视电话会议，总结了 2008 年全省"扫黄打非"工作，部署 2009 年"扫黄打非"工作任务。

2 月 17 日，省委常委、宣传部长刘上洋在《关于开展查处南昌火车站广场销售非法出版物情况的报告》上批示：对南昌火车站广场销售非法出版物的违法行为，省新闻出版局见事早、行动快，所采取的措施得力，从而有效地打击了公开销售非法出版物的行为，为维护社会稳定、净化文化环境做出了新的贡献。

2 月 17 日，省政府副省长孙刚在《关于转发〈关于下发春节期间对部分城市出版物市场暗访情况通报的通知〉的通知》上批示：今年春节期间，全国"扫黄打非"办对我省南昌市出版物市场进行暗访，没有发现问题，这是全省"扫黄打非"战线的同志打主动仗，把工作做在前头，早发现、早查处的结果。这种高度的政治责任感和事业心值得表扬。希望认真总结经验，继续高度重视，保持高压态势，防止出现反弹，确保全省出版物市场稳定有序。

2月18日，为贯彻落实全国各省（区、市）"扫黄打非"办公室主任会议精神，严厉打击各类非法出版活动，省"扫黄打非"办及时制定下发了《江西省2009年"扫黄打非"第一阶段集中行动方案》，要求各地迅速组织开展第一阶段集中行动。

3月9～11日，黄鹤局长在九江调研并参加九江市新闻出版（版权）局长暨"扫黄打非"办公室主任会议。

3月9日～12日，由省"扫黄打非"办牵头，从省公安厅、南昌海关、省新闻出版局抽调人员组成4个巡查组，采取明查暗访和听汇报、反馈意见等形式，对我省11个设区市和30个县（市、区）开展出版物市场集中清理行动和第一阶段集中行动情况进行督导检查。

3月13日，省"扫黄打非"办、省新闻出版局版权处于"3·15"消费者权益日期间，联合在江西新闻出版职业技术学院开展了"扫黄打非"暨版权知识进校园活动。省"扫黄打非"办和省新闻出版局版权处的负责同志分别作了有关"扫黄打非"知识及版权知识的专题讲座。省新闻出版职业技术学院领导及在校师生100余人参加了讲座。

3月19日，省新闻出版局、省"扫黄打非"办在南昌召开各设区市新闻出版局长座谈会。

4月11日，江西省"扫黄打非"工作领导小组办公室下发了《关于进一步做好〈江西省"扫黄打非"工作成果月报统计表〉报送工作的通知》。

4月13日，江西省"扫黄打非"工作领导小组办公室下发了《关于转发〈关于开展清缴整治低俗音像制品专项行动的紧急通知〉的通知》。

全国"扫黄打非"办在清缴整治低俗音像制品专项行动情况通报的第11期——《江西清缴整治行动成效显著》上，对我省开展专项行动情况进行了表扬："4月12日开展清缴整治低俗音像制品专项行动以来，江西省'扫黄打非'办认真落实全国'扫黄打非'办各项要求，做好动员、部署工作，扎实开展各项清缴整治行动，取得了突出成效。"

4月21日，省"扫黄打非"工作领导小组办公室、省新闻出版局（省版权局）、省人民政府新闻办公室联合举行江西省"扫黄打非"暨版权保护新闻发布会。

4月22日，江西省集中销毁侵权盗版制品及各类非法出版物活动在南昌市红谷滩世纪广场举行。省委常委、宣传部长、省"扫黄打非"工作领导小组组长刘上洋，省人大常委会副主任蒋如铭，省人民政府副省长、省"扫黄打非"工作领导小组第一副组长孙刚出席了销毁活动仪式。

4月30日，省"扫黄打非"办组织省新闻出版局相关职能处室召开专题会议，研究部署全省清缴整治专项行动。会后，制定下发了《关于开展低俗音像制品清理自查工作的通知》。

5月15日，新闻出版总署副署长、全国"扫黄打非"工作小组副组长兼办公室主任蒋建国在全国"扫黄打非"办下发的清缴整治低俗音像制品专项行动情况通报第18期《江西省委领导高度重视非法制售音像制品案件》上批示：这期通报要呈送苏荣书记、上洋部长、孙刚副省长，对他们的高度重视、坚强领导和大力支持致以崇高敬意。

5月15日，省政府副省长孙刚在《关于贯彻落实中央指示精神严厉打击非法出版物的紧急通知》上批示：认真学习，坚决贯彻中央领导同志的重要批示，结合我省实际，把严厉打击非法出版物工作推向深入。

6月3日，省、市"扫黄打非"办组织新闻出版、版权、公安、工商、文化、城管等部门联合开展了"扫黄打非"集中行动。

6月19日，江西省"扫黄打非"工作领导小组办公室下发了《江西省"扫黄打非"工作先进集体和先进个人、办案有功集体和有功个人评选奖励办法》。

6月30日～7月2日，省"扫黄打非"办举办了全省"扫黄打非"工作培训班。全省 11 个设区市和 53 个县（市、区）新闻出版（版权）局负责同志、"扫黄打非"办主任、出版物市场稽查队长共 100 多人参加了培训班。

9 月 20～24 日、11 月中旬，省"扫黄打非"办、省新闻出版局、省版权局抽调人员组成 3 个督查组，对各设区市今年"扫黄打非"第三阶段集中行动开展情况进行督导检查。四次督导中，检查组对在督查中发现的问题及时向当地"扫黄打非"办进行反馈，各地均能在第一时间迅速组织整治，并将整改情况报省"扫黄打非"办。

9 月 29 日，省政府副省长、省"扫黄打非"工作领导小组第一副组长孙刚到省"扫黄打非"工作重点地区、重点部位的南昌海关驻昌北国际机场办事处和民航江西机场集团公司进行了实地视察指导。

9 月 30 日，江西省"扫黄打非"工作领导小组办公室下发了《关于进一步加强国庆期间"扫黄打非"和出版物市场监管工作的通知》。

11 月 17 日，江西省"扫黄打非"工作领导小组办公室下发了《关于转发〈关于严厉打击手机网站制作、传播淫秽色情信息活动的紧急通知〉的紧急通知》。

12 月 2～4 日，省"扫黄打非"办抽调省公安厅、南昌海关、省新闻出版局等成员单位人员组成四个考评组，按照《江西省"扫黄打非"工作考评办法》量化的考核内容，对各设区市"扫黄打非"工作进行全面的考评。

创新经验

净化社会文化环境　促进未成年人健康成长

江西省"扫黄打非"办公室

净化社会文化环境，促进未成年人健康成长，是从党和国家事业长远发展出发作出的重大决策部署。党的十六大以来特别是《中共中央国务院关于进一步加强和改进未成年人思想道德建设的若干意见》下发以来，各地各部门认真贯彻中央决策部署，组织开展专项行动，并取得了明显成效。但现在情况依然不容乐观，迫切需要进一步加大工作力度，采取有效措施，积极营造有利于未成年人健康成长的良好社会文化环境和氛围。

一、校园周边出版物市场的基本现状

江西省现有大中小各类学校 25201 所，在校人数 946.57 万人，巨大的学生消费人群，直接刺激和带动校园周边出版物市场的繁荣和发展。截至 2008 年年底，全省共有集、个体书店近 2500 家，其中开设在学校周边的近 2000 家，占总数的 80% 左右，尤其是县、区城乡结合部的学校周边更是聚集着大量以学生为主要销售对象的个体书店。另外，在各学校附近还零星分布着近 1000 余家图书（音像）出租店，甚至有些学校门前的文具、玩具店也间杂租售部分出版物。此外，在教辅市场上还活跃着一些无证经营的游商，这些人没有固定的经营场所和经营范围，长期打一枪换一个地方。

从我们对南昌市东湖区、西湖区、青云谱区和高新开发区部分书店进行实地查看，以及各设区市新闻出版局报送来的情况，有四种情况值得注意：一是集个体书店绝大多数是合法经营，所售出版物也大多是正规出版物。但也有一部分书店受经济利益的驱使，暗地里仍存在着向学生兜售盗版教材、教辅读物以及含有淫秽色情、渲染凶杀暴力的网络奇幻小说、音像制品和含有传播封建迷信内容的图书等非法出版物。二是图书（音像）出租店所租售的出版物绝大部分是盗版的，主要内容为日本非法

卡通画册、言情、武打、网络小说和各种影视光盘，其中有许多夹杂着色情、暴力、凶杀、低俗等不利于青少年健康成长的一些内容。三是学校门前的文具、玩具店根本就没有出版物经营许可证，但这些店却在学生上学或放学的时候，出售教辅读物，而出售的出版物中也有很多是盗版的。

二、存在问题的主要原因

近年来，我省始终对校园周边出版物市场采取了一系列的措施进行集中整治，取得了显著成绩，但面对不断变化的复杂局面，仍然存在不少问题。通过调研，我们发现主要有以下几个方面的原因：

（一）知识产权保护意识还有待进一步增强

盗版出版物和正版出版物最有利的竞争工具就是价格。盗版出版物多为小型印刷厂或地下印刷厂用低档设备印制复制而成，是由一些小盗版书商，零敲碎打、游击作战所制作的，不用申请书号、审批内容、设计排版、校对质检，更不用交版税，因此所需成本相对于正规出版物而言要低许多，比如一本正版的大字精装《现代汉语词典》卖到128元，而盗版的只卖16～20元。

当前，广大群众的知识产权保护意识与时代要求还不太适应，没有真正认识到盗版出版物的社会危害性。有些大中小学生为图"便宜"，依然购买盗版图书，种类涉及自考、考研、公务员等考试类用书以及畅销书，为校园周边出版物市场整治带来不利影响。

（二）淫秽色情、凶杀暴力等有害出版物尚未完全根除

由于盗版出版物具有的价格优势，一些出版物经营户受利益驱使，在校园周边的文具店、小商品店以及报刊亭等部位时有非法兜售盗版教辅读物和含有色情淫秽、凶杀暴力、封建迷信等内容的有害出版物的情况，虽然所售非法出版物数量不大，但隐蔽性强，危害性大。目前在暴利的驱使下，盗版者内部已经形成了产、供、运、销一体的利益链条，盗版出版物的巨大利润使盗版者铤而走险，虽然经过多年"扫黄打非"和专项整治工作，但仍然屡打不绝、时有反弹。有些在校大学生或者已毕业但没有就业的大学生，甚至以"勤工俭学"（拥有学校颁发的勤工俭学证书）的名义在校园内销售盗版图书，流动性强，给整治工作带来了很大的难度。

三、进一步净化校园周边出版物市场的措施

未成年人是党和国家的未来，是中华民族的希望。用什么样的文化产品满足未成年人的精神文化需求，用什么样的世界观、人生观、价值观引导未成年人成长，关系到建设中国特色社会主义事业是否后继有人，关系到中华民族的兴衰。针对当前校园周边出版物市场所存在的问题，我们建议应抓好以下几个方面的工作。

（一）加强领导，落实责任

净化社会文化环境是党中央提出的一项重大战略任务，是全党全社会的共同责任。各级党委、政府和各职能部门要从培养中国特色社会主义事业合格建设者和可靠接班人的高度，从对社会、家庭和广大未成年人切实负责的高度，充分认识净化社会文化环境工作的重要性和紧迫性，巩固已有成果，加大工作力度，创新方法手段，把净化学校及周边出版物市场环境工作纳入到重要议事日程，严格按照"属地管理、守土有责"和"谁主管谁负责、谁审批谁负责"的原则，抓好学校及周边出版物市场的监管工作，统一部署、周密安排、各司其职、齐抓共管，确保组织到位、责任到位、措施到位、处罚到位。

（二）强化宣传，营造氛围

强化宣传是开展校园周边整治工作的重要基础工作。一要坚持日常宣传与集中宣传相结合，不断开拓宣传思路，拓宽宣传渠道，紧紧抓住"3·15"消费者权益保护日、"4·26"世界知识产权保护日、"12·4"全国普法日以及社会治安综合治理宣传月等重大活动的有利时机，抓住广大青少年与学习、生活密切相关的问题，运用典型案例，深入浅出地向他们宣传相关法律法规知识，向他们传授辨别盗版、非法出版物等有关知识，增强青少年的鉴别能力，提高广大青少年的知识产权保护和自我维权意识。

（三）依法严管，标本兼治

不良文化现象有着复杂的社会根源，易反复、

难根除。净化出版物市场环境是一项长期的任务，是一项社会系统工程。必须依法严管、标本兼治、打防并重、综合治理。一是把依法打击与教育引导结合起来。净化校园及周边出版物市场环境，必须高度重视法律法规的重要作用，坚持依法管理、依法打击，加大执法力度，落实执法责任，严厉查处和打击违法违规行为，不让违法分子逍遥法外。同时，要发挥系统的优势，充分发挥"三结合"教育网络在净化校园及周边出版物市场环境中的作用，社会各部门、各级各类学校、广大学生家长都要负起责任，实现对未成年人的全方位教育引导。二是进一步发动社会参与，形成严密的市场监管网络。广泛发动社会各界力量参与到校园及周边出版物市场的集中整治行动中。新闻出版、工商、公安、教育、文化等部门要密切配合，建立信息共享、快速处理机制，及时主动联系，形成整治合力，使青少年维权工作由"季节性"变为"长期性"，形成"部门、学校、社会齐抓共管"的维权氛围。

（四）繁荣市场，满足需求

净化出版物市场环境，必须坚持疏堵并举、重在建设的原则，坚持"一手抓管理，一手抓繁荣"的工作方针，采取多种措施繁荣出版物市场，不断满足广大青少年的精神文化需求。一是大力弘扬主旋律，抓好精品出版物的创作生产，努力提供更多更好适合未成年人的精神文化产品。要加大少儿题材在书刊和音像制品出版规划中的比重，支持优秀少儿歌曲、动漫、网络游戏、出版物的生产。二是要向未成年人大力推介优秀出版物，特别是加大对红色经典出版物的推广力度，使广大未成年人更多地受到革命传统教育。采取多种方式向社会推荐优秀、红色经典出版物，组织开展优秀、红色经典出版物进校园活动等。三是要抓新兴媒体，努力推动适合未成年人的优秀文化产品数字化、网络化传播。要大力实施网络文化精品战略，深入研究网络文化创作、生产、传播、消费的特点和规律，增强网络文化原创能力，把优秀的中华文化作为网络文化建设的重要源泉，推动网上图书馆、网上博物馆、网上展览馆建设，构建面向广大未成年人的网络精神家园。

南 昌 市

2009 年"扫黄打非"工作总结

南昌市"扫黄打非"办公室

2009 年以来，在南昌市委、市政府和省"扫黄打非"工作领导小组的正确领导下，在江西省"扫黄打非"办的精心指导下，在南昌市各级"扫黄打非"部门和成员单位的共同努力下，南昌市"扫黄打非"办以为北京奥运会、残奥会和创建全国文明城市创造良好的社会文化环境为主线，继续深入开展"扫黄打非"斗争，圆满完成了各项工作任务。2009 年以来，南昌市"扫黄打非"办不断加大出版物市场监管力度，共出动执法人员 10000 余人次，检查出版物经营单位 5000 余家次，查缴各类非法出版物 10 万余件，取缔无证照游动摊点 200 余个，有效遏制了非法出版活动和侵权盗版活动的猖獗势头。

一、精心部署，整体推进

2009 年以来，南昌市委、市政府领导始终高度重视"扫黄打非"工作，对"扫黄打非"工作给予了极大的关心与支持。南昌市委、市政府领导多次主持召开"扫黄打非"专题会议，听取"扫黄打非"工作汇报,了解"扫黄打非"工作进展,部署各阶段工作,解决有关"扫黄打非"工作问题。为传达贯彻上级"扫黄打非"工作精神,全面部署"扫黄打非"各项工作任务,有效推进各项"扫黄打非"工作的开展,2009年3月12日,南昌市"扫黄打非"办组织召开全市"扫黄打非"工作会、全面总结2008年"扫黄打非"工作,同时,南昌市委办公厅、市政府办公厅联合下发了《2009年南昌市"扫黄打非"行动方案》,理清了工作思路,明确了2009年"扫黄打非"工作重点、工作任务和工作目标,落实了工作责任确,建立了"一级抓一级,层层抓落实"的工作机制。

二、宣传到位,氛围浓厚

2009年以来,南昌市"扫黄打非"办充分利用"3·15"消费者权益保护日、"4·26"世界知识产权日等重大节日或重大活动,广泛宣传"扫黄打非"工作方针政策及有关国家法律法规,不断提高"扫黄打非"的社会知晓度,赢得社会各界对"扫黄打非"工作的关心、理解、支持与积极参与。全市共散发宣传单4000余份,张贴标语300余条,制作宣传栏150余个。

三、突出重点,清查市场

2009年,南昌市"扫黄打非"办继续强化市场监管,重点开展了"扫黄打非"三个阶段专项行动、清缴低俗音像制品专项行动、净化文化环境专项行动、清除不法游商专项行动等8次专项行动,全面清理整顿出版物市场,规范出版物市场经营秩序。在此基础上,南昌市"扫黄打非"办多次组织开展"扫黄打非"集中统一行动,对不法分子进行集中打击,2月21日,南昌市"扫黄打非"办组织开展全市"扫黄打非"集中统一行动,共出动执法人员194余人次,车辆41台次,收缴各类非法出版物1.6万件。在不断加强出版物市场监管的同时,南昌市"扫黄打非"办切实履行工作职责,在"两节"、"两会"、创建全国文明城市和新中国成立60周年国庆期间,对东方电脑城、新华群、金润市场等重点部位派驻1~2名执法人员进行实时监管,切实将"隐患"消除在萌芽状态。西湖区等

县区"扫黄打非"办充分发挥"扫黄打非"工作三级管理网络作用,调动各乡镇、街道办事处等基层力量,对辖区内出版物市场进行监管,发现问题及时报告,实现市场监管"无盲点"的目标,构筑"纵向到底,横向到边"的立体防线。

在"扫黄打非"案件查处方面有了新突破,重点查处了"5·28"非法复制光盘案、"6·13"非法贩卖淫秽光盘案、"7·20"非法光盘案等案件,对不法分子予以严惩,推动了"扫黄打非"工作向纵深发展。

四、开展培训,提高素质

2009年,南昌市"扫黄打非"办继续举办多种形式的经营从业人员培训班及"扫黄打非"执法人员培训班,培训经营从业人员1000余人次,培训执法人员100余人次。2009年6月26日,西湖区"扫黄打非"办举办西湖区新闻出版行业经营单位培训班,对全区出版物经营单位从业人员共160余人进行了集中培训;2009年8月26日,青山湖"扫黄打非"办举办青山湖新闻出版行业经营从业人员培训班,对全局出版物从业人员120余人进行了集中培训。

五、开拓思路,繁荣市场

2009年以来,南昌市"扫黄打非"办在"扫黄打非"工作中,始终坚持"一手抓管理,一手抓繁荣"的工作方针,在加强出版物市场管理的同时,采取措施繁荣市场。以农家书屋工程建设为平台,丰富农村青少年文化生活,繁荣农村出版物市场,目前已在全市建设137家农家书屋,统一为农家书屋配置优质图书,受到了广大农村群众的欢迎,丰富了农村文化生活,挤压了非法出版物在农村的生存空间;以"图书节"为平台,推出精品出版物,繁荣出版物市场,2009年9月26日,南昌市新闻出版局成功举办了"2009洪城书香节"暨庆祝新中国成立60周年优秀出版物成果展,推出了精品图书,开展了形式多样的读书活动,切实满足了广大市民的精神文化需求,进一步繁荣了出版物市场。

山 东 省

2009年"扫黄打非"工作总结

山东省"扫黄打非"办公室

2009年，在省委、省政府和各级党委、政府的高度重视支持下，在全国"扫黄打非"办公室的有力指导下，山东省各级"扫黄打非"工作部门，深入贯彻落实科学发展观，以净化出版物市场和网络文化环境为工作主线，以封堵查缴违禁非法出版物和清除网上有害信息为首要任务，切实加强日常监管，坚持集中治理，始终保持主动进攻的高压态势，深入扎实开展"扫黄打非"斗争，取得明显成效，全省出版物市场健康平稳，为庆祝新中国成立60周年和第十九届全国书博会、第十一届全运会的成功举办营造了和谐的社会文化环境。

一、领导高度重视支持，及时周密作出安排部署

省委、省政府领导同志一直高度重视和密切关注"扫黄打非"工作，把它放在全局工作上来考虑，特别强调，要从讲政治、讲大局、讲稳定的高度，深刻认识搞好"扫黄打非"工作的特殊意义，把"扫黄打非"工作作为社会治安综合治理和建设平安山东、文明山东、和谐山东的重点工作来抓。省委常委、宣传部长、省"扫黄打非"工作领导小组组长李群，副省长、省"扫黄打非"工作领导小组副组长黄胜多次主持召开相关会议，作批示、提要求，并经常过问有关情况，督导工作的开展。今年1月16日，第二十二次全国"扫黄打非"工作电视电话会议之后，李群部长接着主持召开了电视电话会议，按照全国统一部署要求，结合山东实际，对今年的"扫黄打非"工作进行了全面部署。2月、5月，有关省领导先后主持召开全省"扫黄

打非"办公室主任和省"扫黄打非"工作领导小组会议，对进一步加强出版物市场监管、深入开展"扫黄打非"斗争进行专题研究，提出明确要求。李群部长在上报的有关情况报告上先后作出10多次重要批示，及时给予强有力的指导，为深入开展"扫黄打非"斗争提供了可靠的组织领导保证。按照省委省、政府领导同志的要求，3月初，省委办公厅、省政府办公厅转发了《山东省"扫黄打非"工作领导小组关于2009年全省"扫黄打非"行动方案》。省"扫黄打非"办及时将全国"扫黄打非"办有关通知转发各市及有关部门，并结合山东实际，相继制定下发了"扫黄打非"第一、第二、第三阶段集中行动实施方案、出版物市场环境集中整治方案、山东省迎国庆迎全运净化出版物市场专项行动实施方案和省"扫黄打非"工作领导小组各成员单位、省新闻出版局各处室关于2009年"扫黄打非"及进一步净化文化市场环境相关任务分工方案，先后4次召开全省"扫黄打非"办主任会议、两次召开各市新闻出版局分管局长会议，明确各阶段集中行动和相关专项治理的工作重点和主要任务措施。各地也层层转发有关通知，制定可操作性的具体行动方案，召开专题会议，及时对"扫黄打非"工作作出安排部署。

二、层层加强暗访督查，认真落实相关监管措施

省和各市继续把暗访督查作为掌控市场动态、解决苗头性、倾向性问题的有效措施来抓，组织力量，不间断地对出版物市场进行暗访检查，及时发现和解决存在的问题。省新闻出版

局、省"扫黄打非"办先后组派 30 多个暗访组，由有关负责同志带队，采取不打招呼、一杆子插到底的办法，直接到出版物市场和印刷发行单位，特别是易发生影响社会稳定问题的重点场所、重点部位进行暗访检查，共检查出版物集中经营场所 170 多处次，出版物经营业户 1400 多个次，印刷企业 180 多家次。对暗访检查发现的问题，及时通报给有关市，指导督促其迅速采取措施进行解决。为使"扫黄打非"工作取得实效，省和各地明确任务责任，狠抓相关措施的落实。省"扫黄打非"办根据各阶段集中行动的工作重点和要求，将组织市场清理、明察暗访、案件查处、信息沟通等主要任务分解落实到人，确保措施到位。通过强化暗访督查，落实相关措施，有效控制了出版物市场动态变化，使出版物市场存在的一些事故隐患及时消除在萌芽状态，一些重点场所、重点部位的问题得到较好解决。

三、连续开展集中行动，全面检查清理整治市场

按照全国统一部署，结合山东实际，先后在全省组织开展了"扫黄打非"第一、第二、第三阶段集中行动，期间，穿插开展了净化"两节"、"两会"期间出版物市场、清缴整治低俗音像制品、封堵查缴违禁非法出版物和迎国庆迎全运净化出版物市场等专项行动。工作中，全省上下精心组织，周密安排，统筹衔接，形成了环环相扣、协调一致、扎实推进的工作格局。各地组织力量，以查缴违禁非法出版物和淫秽色情出版物为重点，对出版物集中经营场所及批发、零售、出租、放映单位，城市繁华街区、交通枢纽、旅游景点、集贸市场、宾馆饭店等重点场所、重点部位进行高密度的反复清查。尤其是在庆祝新中国成立 60 周年和第十一届全运会期间，全省掀起了集中清查市场的高潮，出动人员之多，清查力度之大，前所未有。全省各级"扫黄打非"工作部门全力以赴，发扬连续作战的作风，始终保持主动进攻的高压态势，实行"五加二"、"白加黑"工作制，采取白天检查与夜间巡查相结

合，工作日全面检查与双休日个别抽查相结合，错时、延时、交叉执法相结合和强化早、中、晚重点时段执法的办法，对国庆重要活动场所，全运会相关场馆和各代表团、运动员、记者驻地及城区主要街道、重要景区、旅游热线的出版物经营摊点，实行全天候、全方位监控，昼查夜访，严看死守，不留空白、不留死角，为庆祝新中国 60 华诞和第十一届全运会的成功举办营造了良好的社会文化环境。据统计，2009 年以来，全省共出动执法检查人员 18.5 万多人次，检查经营出版物店档摊点 6.8 万多个次，检查印刷企业 2.8 万多家次，查缴各类非法盗版出版物 128 万余册（盘），清理取缔无证照经营者和游商地摊 2300 多个。

四、加大案件查处力度，严厉惩处违法犯罪分子

全省各级"扫黄打非"工作部门密切配合，从断源截流入手，进一步加大查处打击力度，根据清查市场、明察暗访和群众举报掌握的线索，追根源，挖窝点，查案件，打团伙，着力从源头上解决问题。全省共查办各类违规违法案件 810 余起，打掉地下非法印刷、发行、藏匿窝点 46 个。尤其是各地进一步加大对制售非法出版活动的打击力度，切实加强行政执法与刑事司法的有效衔接，一批侵权盗版大案要案相继审结宣判，全省共判决非法出版物刑事案件 20 起，26 名违法犯罪分子被判处 1 年~10 年不等有期徒刑，有效地震慑了违法犯罪分子，教育鼓舞了广大群众，在社会上引起了强烈反响。通过加大案件查处力度，严厉惩处违法犯罪分子，从源头上消除了"扫黄打非"隐患。

五、注重舆论宣传教育，努力营造良好社会氛围

省和各地围绕抓宣传、抓教育，广造舆论，扩大影响，努力营造有利于"扫黄打非"的浓厚氛围。省新闻出版局（版权局）、省"扫黄打非"办通过电台、电视台、报刊等新闻媒体，先后就全年及各阶段工作重点、主要任务、目标

要求及取得的阶段性成果进行了多次宣传报道；会同青岛市、协调淄博、威海等市举行了侵权盗版制品及各类非法出版物集中销毁活动，对查缴的80余万件盗版书刊、音像制品、计算机软件和电子出版物进行了公开销毁；从去年以来审结宣判的非法出版物刑事案件和版权案件中，选择18起典型案件进行了公开曝光；组织各市在市民及青少年中开展了"打击侵权盗版、保护知识产权"签名活动，发放绿书签2万余张；广泛

动员全省青少年，积极参加"全国青少年版权保护读书暨版权保护知识竞赛"活动；通过山东人民广播电台"阳光政务"热线，宣传"扫黄打非"成果及有关法律法规，受理举报，解答咨询。各地也采取举行抵制盗版签名、张贴宣传标语、曝光典型案件、举办法规培训、开办法律讲座、传授鉴别知识等办法，努力营造强势舆论氛围。

领导讲话

在全省"扫黄打非"办公室主任会议上的讲话

山东省委常委、宣传部长、省"扫黄打非"工作领导小组组长
李 群

一、2009年全省"扫黄打非"工作取得明显成效

2009年，各地各有关部门认真贯彻落实中央和省委、省政府的部署，围绕中心，服务大局，始终保持高压态势，在查缴非法出版物、清除淫秽色情等文化垃圾、打击侵权盗版活动、查处取缔非法报刊、封堵删除网上有害信息等方面都取得了明显成效。全年共查缴各类非法盗版出版物83万余册（盘），捣毁地下印刷、发行、藏匿窝点41个，清理取缔无证照经营者和游商地摊950余个，查办各类违法违规案件640余起，其中判决非法出版物刑事案件13起，16名违法犯罪分子被判处有期徒刑。通过卓有成效的工作，有力地促进了出版物市场的健康发展，为维护全省政治安定、社会稳定和文化安全发挥了重要作用，为成功举办第十一届全运会营造了和谐的文化环境，为促进经济文化强省建设作出了积极贡献。

二、狠抓"扫黄打非"工作各项任务的落实

各地要紧紧围绕六个重点开展工作，争取在这六个方面取得新的进展。当前，文化市场综合执法改革已进入关键时期。加快推进文化市场综

合执法改革，为深入开展"扫黄打非"斗争创造了前所未有的有利条件。各地要抓住机遇，乘势而上，在推进文化市场综合执法改革中进一步完善"扫黄打非"工作机制，进一步加强"扫黄打非"工作机构，进一步落实"扫黄打非"工作任务。就当前来说，要着力强化以下几项措施：一是强化暗访督查。加大暗访督查力度，进一步增强工作的主动性、前瞻性和针对性，及时发现和解决存在的问题，把各种隐患消除在萌芽状态；二是强化集中整治。按照这次会议的部署要求，迅速展开出版物市场清查行动和集中经营场所整治工作，充分运用行政处罚和刑事打击两种手段，严厉打击各类非法出版活动和侵权盗版行为；三是强化案件查处。坚持"彻查、彻究、彻办"原则，以生产、储运、批销等中间环节为突破口，向上追源头，向下挖窝点，集中力量侦破一批大案要案；四是强化行业管理。依照现行法律法规，研究加强行业管理的具体措施，坚持科学管理，关口前移，进一步完善市场准入、退出机制，引导经营单位守法经营。要通过落实"扫黄打非"各项任务，坚守"三条底线"，即坚决防止引起社会广泛

议论，危害政治安全和社会稳定的非法出版物进入市场；坚决防止引起社会强烈不满，危害青少年身心健康的淫秽色情等有害文化泛滥的恶性事件出现；坚决防止引起国际社会关注，损害国家利益的侵权盗版等知识产权方面的重大案件查处不力。

2009 年 10 月 28 日

2009 年"扫黄打非"大案要案综述

山东省"扫黄打非"办公室

2009 年，全省各级"扫黄打非"部门，认真贯彻落实中央和省委、省政府的指示精神，深入开展"扫黄打非"斗争，严厉打击侵权盗版活动，全省共查处各类违规违法案件 1010 起，收缴盗版非法出版物 160 余万件。尤其是相关部门切实加强行政执法与刑事司法的有效衔接，加大大案要案查办力度，审结判决制黄贩黄、侵权盗版刑事案件 40 起，48 名违法犯罪分子受到严厉惩处。在判决的刑事案件中，比较典型的有以下 10 起。

王某等贩卖淫秽物品牟利案。自 2008 年 9 月起，王某为谋取非法利益从广州购进淫秽光盘进行贩卖。同年 11 月 14 日，在潍坊市潍城区仓南街人民商城物流园欲将 1000 张淫秽光盘通过物流车发送给广饶市的孙某时，被公安机关当场查获，王某侥幸逃脱。2009 年 2、3 月间，王某租赁临沂市兰山区一平房作为收发淫秽光盘的窝点，安排宋某负责收货单、管账和保管货款，安排伊某负责接货和发货，向山东省各地发售淫秽光盘。期间，王某等人通过该窝点先后 4 次向张某出售淫秽光盘 3780 张。截至 2009 年 3 月 20 日公安机关查获时，该窝点仍存有淫秽光盘 63240 张。此外，张某本人还先后两次从广州购买淫秽光盘 3000 张进行贩卖。案发后，公安机关在其仓库内查获尚未售出的淫秽光盘 2095 张。2009 年 12 月 28 日，潍坊市奎文区人民法院以贩卖淫秽物品牟利罪分别判处王某有期徒刑 13 年、并处罚金人民币 10 万元；判处张某有期徒刑 10 年、并处罚金人民币 7 万元；判处伊某、宋某有期徒刑各 5 年、并各处罚金人民币 5 万元。

杨某利用互联网传播淫秽色情信息案。2008 年 6 月，杨某以牟利为目的，建立经营网址"bbs. qingdaoyou. com"、名称为"青岛夜店网"的网站，并在网站内设立多个板块登载传播淫秽色情信息。至案发时，该网站载有的 150 张网络图片、55 篇网络小说为淫秽物品。2009 年 9 月 22 日，青岛市市南区人民法院以犯传播淫秽物品牟利罪判处杨某有期徒刑 1 年，缓刑 2 年，并处罚金人民币 2 万元。

马某贩卖淫秽物品牟利案。2009 年 3 月 13 日，马某在济南市槐荫区昆仑街北口附近将 1200 张淫秽 VCD 光盘卖给陈某，获赃款 790 元。在交易完后马某即被公安机关抓获，并在其主动供述和带领下，从其仓库中将尚未卖出的 13500 张淫秽 VCD 光盘查获。2009 年 8 月 14 日，济南市槐荫区人民法院以贩卖淫秽物品牟利罪判处马某有期徒刑 5 年，并处罚金人民币 3 万元。

马某某复制贩卖淫秽物品牟利案。2009 年 1 月份，马某某在自己经营的红叶科技店通过互联网下载淫秽影像 100 部，之后以牟利为目的，向前来购买淫秽影像的人提供下载安装服务。同年 1 月 17 日上午，向费县费城镇岩坡村的聂龙贩卖影像 100 部。2009 年 8 月 14 日，临沂市费县人民法院以犯复制、贩卖淫秽物品牟利罪判处马某某有期徒刑 2 年，缓刑 3 年，并处罚金人民币 3000 元。

李某、魏某贩卖淫秽物品牟利案。2008 年 5 月~2009 年 1 月间，李某在烟台市芝罘区三站电脑市场以营利为目的，多次贩卖给魏某等人淫秽光盘 260 余张。2009 年 1 月 15 日，公安人员将李某抓获，并从其店内查获淫秽光盘 342 张。2008 年 11 月，魏某在烟台市珠玑村市场一无名保健品店内，对外贩卖淫秽光盘时被公安人员当场抓获，后从其店内查获淫秽光盘 224 张。2009 年 7 月 10 日，烟台市芝罘区人民法院以贩卖淫秽物品牟利罪分别判处李某、魏某有期徒刑 1 年缓刑 1 年，并处罚金人民币 1 万元和 3000 元。

于某贩卖淫秽物品牟利案。2008 年 7 月份以来，于某从外地购买淫秽光盘在胶州市出售牟利。2009 年 1 月 7 日，胶州市"扫黄打非"办根据群众举报，协调有关部门在其胶州市租住的民房内查获淫秽光盘 4828 盘。2009 年 3 月 24 日，胶州市人民法院以贩卖淫秽物品牟利罪判处于某有期徒刑 10 年，并处罚金人民币 8000 元。

马某、周某制作复制淫秽盗版光盘案。2007 年 10 月份起，马某为非法牟利，在其泰安市泰山区宁家结庄村租房处，大量制作复制淫秽盗版光盘，其妻周某协同为淫秽盗版光盘粘贴标签。2008 年 4 月 28 日，公安机关将二人抓获，从其租住处查获淫秽光盘 2462 盘，非法音像光盘 1871 张。2009 年 1 月 9 日，泰安市泰山区人民法院以犯制作、复制淫秽物品牟利罪和侵犯著作权罪分别判处马某有期徒刑 6 年，并处罚金人民币 4 万元；判处周某有期徒刑 3 年，缓刑 5 年，并处罚金人民币 2 万元。

袁某、尹某侵犯著作权案。2008 年 12 月 17 日，袁某伙同尹某在青岛市四方区河西村农贸市场东门销售非法光盘时，被执法人员抓获，并收缴非法光盘 3268 张。2009 年 6 月 23 日，青岛市四方区人民法院以侵犯著作权罪判处袁某有期徒刑 2 年 6 个月，并处罚金人民币 1 万元，且不得假释；以侵犯著作权罪判处尹某有期徒刑 1 年，并处罚金人民币 5000 元。

郭某侵犯著作权案。2009 年 2 月以来，郭某从外地购入大量盗版光盘并先后在青岛市李沧区内销售获利。2009 年 3 月 3 日，李沧区文化市场稽查队根据群众举报，在郭某租住的出租屋内查获盗版音像制品 5464 张。2009 年 5 月 27 日，青岛市李沧区人民法院以侵犯著作权罪判处郭某有期徒刑 1 年 6 个月，并处罚金人民币 1.5 万元。

孔某、陈某侵犯著作权案。2008 年 9 月以来，陈某、孔某从外地购买大量盗版淫秽光盘后，至青岛市李沧区李村河底集贸市场设点摆摊销售，从中获取利益。2008 年 11 月 4 日，二人再次在河底集贸市场摆摊销售时，被公安人员抓获，并从孔某衣服内及购买者身上查获淫秽光盘 42 张，从其二人所摆摊点及暂住处查获非法光盘 8612 张。2009 年 2 月 27 日，青岛市李沧区人民法院以犯侵犯著作权罪分别判处孔某、陈某有期徒刑 1 年 6 个月和有期徒刑 3 年缓刑 3 年。

2009 年"扫黄打非"大事记

山东省"扫黄打非"办公室

1 月 9 日，省"扫黄打非"办公室对 2008 年第四季度群众举报案件的受理查处情况进行通报。

1 月 16 日，在收听收看了全国"扫黄打非"工作电视电话会议之后，山东接着召开全省"扫黄打非"工作电视电话会议，总结去年工作，部署今年任务。省委常委、宣传部长、省

"扫黄打非"工作领导小组组长李群出席会议并讲话，省政府副秘书长司安民主持会议。省"扫黄打非"工作领导小组成员单位和省直有关部门负责同志在省主会场出席了会议，各市党委、政府分管负责同志，市"扫黄打非"工作领导小组成员单位和市直有关部门负责同志在各

市分会场参加了会议。

1月19～23日，全国、全省"扫黄打非"工作电视电话会议之后，济南、日照、青岛、临沂市立即召开全市"扫黄打非"工作电视电话会议，根据全国、全省统一部署，结合本地实际，对全年的"扫黄打非"工作作出安排部署。

2月3～6日，济南铁路局在春运期间加大对站、车出版物市场的监管清查力度，组织有关部门，对济南、青岛、泰安、兖州等旅游城市的11个车站和"进京、进沪、进穗"旅客列车进行了检查。

2月10日，泰安市判决两起制作复制淫秽盗版光盘案件，赵某等4人分别判处3年～10年不等有期徒刑。

2月10～13日，济宁、泰安、滨州市在省"两会"前加大出版物市场清查力度，为省"两会"召开营造良好社会文化环境。

2月23日，省"扫黄打非"工作领导小组召开会议，传达学习全国"扫黄打非"办公室主任会议精神，安排部署今年"扫黄打非"第一阶段集中行动，有关省领导出席会议并讲话，各市"扫黄打非"办公室主任、新闻出版局局长和省"扫黄打非"工作领导小组有关成员单位负责同志参加了会议。

3月10日，省委常委、宣传部长、省"扫黄打非"工作领导小组组长李群在省"扫黄打非"办公室报送的有关情况报告上作出重要批示，对前段工作给予充分肯定，对下一步工作提出明确要求。

3月11～13日，为确保全国"两会"期间出版物市场的健康有序，济宁市"扫黄打非"办公室从有关部门抽调力量，组成督导检查组，分4批对城区出版物市场进行了督导检查。

4月1日，省"扫黄打非"办对今年第一季度群众举报案件受理查处情况进行通报。1～3月份，省"扫黄打非"办共受理群众举报案件15起，全部查实结案。

4月22日，为震慑犯罪分子，增强全社会版权保护意识，省"扫黄打非"办公室通过电台、电视台，报纸等新闻媒体，对10起侵权盗版大案要案进行了公开曝光。

5月7日，按照全省的统一部署，全省公安机关治安部门迅速行动，深入扎实开展"扫黄打非"第一阶段集中行动，全省共取缔无证经营摊点2100余家，收缴盗版淫秽音像制品19万余盘、盗版书刊4万余册。

5月13日，威海市加大对网络领域侵权盗版活动的查处打击力度，依法对一起外籍人员在我国境内设立网站，利用网络非法传播外国电影作品的案件进行了判决，金某等3名当事人受到严厉处罚。

7月1日，省"扫黄打非"办、省新闻出版局联合发出通知，要求各地各部门单位在前段工作的基础上，继续加大力度，强化措施，进一步深入开展清缴整治低俗音像制品专项行动。

7月6～10日，省"扫黄打非"办加大暗访检查力度，组派暗访检查组，对全省17市出版物市场进行了集中暗访检查。这次暗访共检查出版物集中经营场所12处，出版物经营业户830多个，印刷企业64家。

8月4日，济南海关强化措施，严把"扫黄打非"第一道防线，上半年共查扣各类非法出版物4200余件。

8月14日，省"扫黄打非"工作领导小组发出通知，确定从8月中旬～11月中旬，集中3个月的时间，在全省范围内组织开展迎国庆迎全运净化出版物市场专项行动。

8月25日，青岛市强化日常监管，注重打防结合，在加大刑事打击力度方面成效明显，共判决侵权盗版刑事案件10起，13人被判处有期徒刑。

9月21日，为确保新中国60华诞和第十一届全运会期间出版物市场健康平稳，省新闻出版局党组召开会议，对当前"扫黄打非"工作进行了专题研究。

9月24日，济南市"扫黄打非"办公室组织召开各县（市）区新闻出版、文化部门负责人专题会议，对新中国成立60周年、第十一届全国运动会和第七届中国（济南）国际园林花卉博览会期间出版物市场净化工作作出安排部署。

9 月 28～30 日，济宁、滨州、莱芜市按照省里的统一部署，在国庆节前夕集中开展出版物市场检查清理行动。

10 月 12 日，省"扫黄打非"办对今年第三季度群众举报受理查处的 17 起案件进行通报。

10 月 30 日，省"扫黄打非"工作领导小组召开全省"扫黄打非"办公室主任紧急会议，通报今年以来全省"扫黄打非"工作基本情况，对进一步做好下一步工作作出安排部署。省委宣传部常务副部长姜铁军，省"扫黄打非"办公室专职副主任洪焕金出席会议并讲话，全省 17 市"扫黄打非"办公室主任参加了会议。

11 月 10 日，省新闻出版局党组召开会议，对当前"扫黄打非"工作进行了专题研究，确定从 11 月 11 日开始，利用 10 天左右的时间，由局领导带队，分 7 路对全省 17 市"扫黄打非"有关工作进行督查调研。

11 月 24 日，省委常委、宣传部长、省"扫黄打非"工作领导小组组长李群在省"扫黄打非"办报送的相关材料上，对严厉打击手机网站制作、传播淫秽色情信息活动作出重要批示。

创新经验

2009 年全省"扫黄打非"面临的新情况新问题及解决措施

山东省"扫黄打非"办公室

按照有关要求，省"扫黄打非"办公室组织力量，采取召开会议、暗访市场、与业户座谈、发放调查问卷等形式，对当前世界金融危机形势下"扫黄打非"面临的形势和存在的问题进行了调研，并就如何强化出版物市场监管、深入"扫黄打非"、维护市场稳定等提出了解决对策。

一、当前全省"扫黄打非"面临的形势

当前，从总体上看，全省出版物市场繁荣健康有序。但是，受国际国内形势深刻变化的影响，维护国家文化安全和社会和谐稳定、净化社会文化环境的压力明显增大，"扫黄打非"斗争面临的形势更加复杂，任务更加艰巨。从 2008 年全省收缴非法出版物情况看，全年共收缴各类非法出版物 188 万余件，比 2007 年增加 10%，查办各类违法违规案件 740 余起，比 2007 年增加 7%。从国内外形势分析，国际金融危机和国内经济发展面临困难，对社会稳定和文化安全也不可避免地带来影响和冲击。一些企业经营出现困难，个别人可能心理失衡，滋生对社会不满情绪，易诱发非法出版物和其他有害文化信息的制作、传播和扩散。淫秽色情等内容有害的印刷品、出版物、音像制品和动漫游戏新品种不断产生，侵权盗版活动时有发生，非法报刊和买卖刊号、一号多刊（报）现象屡打不绝。

二、当前全省"扫黄打非"存在的问题

从全省来看，出版物市场虽然总体上保持了健康发展的良好态势，但也必须清醒地看到，目前"扫黄打非"工作的良好局面，是在不断清理打击的高压态势下取得的，仍然存在不少问题和隐患，稍有松懈，就可能出现反弹。一是非法印刷、盗版盗印活动在一些地方还没有得到有效解决，违法违规案件时有发生，编印、发行、使用盗版教材教辅读物问题还比较突出。二是制售非法报刊和买卖刊号、一号多刊（报）行为屡打不绝，严重扰乱了正常的出版秩序，对出版物市场管理提出严峻挑战。三是"扫黄打非"工

作的机制、方式、手段与新形势新任务的要求还有许多不适应的地方，市场监管不到位、工作措施不落实的问题还不同程度的存在。四是互联网等新兴媒体的快速发展，给"扫黄打非"工作提出了许多新课题、新挑战。五是非法出版和传播活动网络化、专业化、高技术化的特点更加明显，查处打击的难度进一步加大。

三、工作重点及存在问题的解决措施

针对当前出版物市场和"扫黄打非"存在的问题，做好下一步的"扫黄打非"工作，要以党的十七大和十七届三中全会精神为指引，以科学发展观为统领，以净化文化市场环境为工作主线，以保护知识产权为工作平台，以遏制性非法出版物和清除网上有害信息为首要任务，坚持开展集中治理，切实加强日常监管，保障意识形态安全、维护社会和谐稳定，推动文化大发展大繁荣，为促进全省经济社会又好又快发展，营造良好舆论氛围和文化环境。

要抓好四个重点。一是及时屏蔽和删除利用信息网络传播的各类非法有害信息，特别是通过互联网、移动通信工具传播的政治性谣言、淫秽色情信息和侵权盗版内容；二是大力扫除淫秽色情、凶杀暴力、封建迷信等文化垃圾，特别是淫秽色情书刊、音像制品、卡片类印刷品级动漫游戏软件；三是坚决查缴各类侵权盗版出版物，特别是盗版音像制品、计算机软件、教材教辅、畅销书和常销书；四是严肃查处取缔各种形式的非法报刊，特别是非法夹带、邮寄入境的境外有害报刊、利用境外注册刊号在境内出版的非法报刊及一号多刊等形式出版的非法报刊。

要重点抓好以下工作措施。一是强化市场监管。要健全出版单位和出版物批发零售企业承诺书制度，完善违法违规企业经营者黑名单制度和书面警示制度，严格行业准入退出机制。加强对文化市场的日常监管，治理正规企业非法出版物和文化垃圾问题，整治兜售非法及盗版出版物的游商。二是提高网络"扫黄打非"能力。有关部门要协同配合，整合现有技术资源和力量，加大对网上书店、交易平台、搜索引擎、信息传输工具的检查力度，实行信息共享。要加大资金投入，完善技术措施，增强技术装备，提高技术防范能力，争取用两年左右的时间基本建成全省联网的"扫黄打非"平台。三是严厉打击违法犯罪。要依法加大对走私、制售非法出版物和传播有害信息活动的打击力度，形成强大的法律威慑力。有关部门要及时将涉嫌犯罪案件移送公安机关，不得以行政处罚代替刑事处罚。公安机关对移送的刑事案件，要及时立案，依法查办。检察、审判机关对经营政治性非法出版物构成犯罪的行为，要充分运用相关法条，依法高限量刑、严厉打击。查办案件要坚持"彻查彻究彻办"的原则，进一步推进跨部门跨区域联合办案，努力实现，打团伙、破网络、抓幕后主犯。四是加大宣传报道力度。要组织新闻单位对"扫黄打非"工作进行宣传报道，把对内宣传与对外宣传统筹起来，多形式、多角度地开展"扫黄打非"工作宣传报道。要深刻揭露制黄贩黄、侵权盗版等非法出版活动的危害性，广泛宣传"扫黄打非"的重大意义和各地工作进展成效，增强公众自觉抵制非法及盗版产品的良好意识。要持续宣传我政府保护知识产权的决心和举措，进一步树立我国保护知识产权的良好形象。

对近年来全省新闻出版和"扫黄打非"有关工作情况的调研报告

山东省"扫黄打非"办公室

党的十七大以来，全省新闻出版和"扫黄　　打非"战线按照"高举旗帜、围绕大局、服务

人民、改革创新"的总要求，坚持以邓小平理论和"三个代表"重要思想为指导，贯彻落实科学发展观，正确把握舆论导向，全面提升"文明山东"建设水平，保持了积极健康向上的工作态势。

新闻出版工作作为党的意识形态领域的重要阵地，与整个宣传思想工作一样，在围绕中心，服务大局，积极推进新闻出版改革发展和技术创新，促进新闻出版综合实力不断增强等方面，做出了积极探索，积累了多方面的经验。一是始终坚持全面履行新闻出版行政职能。全省新闻出版系统充分认识文化建设在全省工作大局中的地位和作用，进一步增强做好新闻出版工作、促进新闻出版产业发展的责任感、使命感和紧迫感。在工作的指导思想上，切实把加强管理与促进发展、加强公共服务建设有机统一起来，形成了"管理、发展、建设"三位一体的工作思路，以推进改革为动力，以促进发展为目的，突出重点，狠抓落实，全力推进全省新闻出版业繁荣发展。二是始终坚持牢牢把握正确的新闻出版导向。坚持依法行政，强化有效监管，认真履行政府管理职能，保障全省出版物市场健康稳定有序发展，为改革开放和现代化建设提供了强有力的精神动力和文化条件。三是始终坚持把促进新闻出版业发展作为工作的出发点和落脚点。树立新的文化发展理念，统筹传统媒体与新兴媒体建设，推动国有出版发行单位和民营企业共同发展，积极搭建发展平台，为促进全省新闻出版业繁荣发展创造良好的环境和条件。

当前，世界和国内形势发生了深刻变化，新闻出版管理工作和新闻出版改革发展面临着一些新情况新问题。一是面对中央提出的贯彻落实科学发展观、构建社会主义核心价值体系的新要求，新闻出版战线在思想认识和理论准备等方面还很不适应，还没有推出一批思想性强、理论性强、可读性强的理论成果和品牌作品。二是面对改革开放不断扩大、现代科学技术和传播手段迅猛发展、广泛应用的新形势，全省新闻出版业在思想观念、创新意识等方面还存在许多不适应的

地方，一些长期制约新闻出版业发展的体制机制性障碍还没有得到根本消除。已经进行体制改革的经营性出版发行单位，尽管在形式上完成了转企改制，但在建立现代企业制度、完善法人治理结构，形成适应市场竞争要求的经营理念和管理方式等方面，还有很大差距，需要进一步加大改革力度，解决深层次问题。三是出版物市场中出现许多情况新问题，存在一些薄弱环节。虽然经过十几年的"扫黄打非"斗争，市场上非法出版物、淫秽色情出版物得到了有效治理，但由于受利益的驱动，盗版盗印现象仍非常突出，有的印刷厂印制盗版出版物，有的出版物集中经营场所的业户仍在暗中或公开销售盗版出版物，有的地方编印非法报刊或盗用刊号非法出版报刊的问题还比较严重，在全国造成了不好的影响。对于这些情况，传统的管理方式已明显不适应，必须认真研究对策，以高度的责任感、使命感，寻求解决的最佳路径。

面对新的形势和任务，按照中央和省委、省政府的要求，明年全省新闻出版工作的基本思路是，全面贯彻党的十七大和十七届四中全会精神，按照省委省政府建设经济文化强省的决策部署，继续遵循"管理、发展、建设"三位一体的工作思路，从以下几个方面做好工作。

一是继续坚持围绕中心、服务大局，确保新闻出版正确舆论导向。明年，是全面贯彻落实科学发展观、构建社会主义核心价值体系的重要一年，是完成"十一五"规划、制定"十二五"规划的关键一年，也是推动新闻出版体制改革和新闻出版产业向纵深发展的关键年。全省新闻出版工作必须紧紧围绕这个大局，始终以中国特色社会主义理论为指导，以树立社会主义核心价值观为重点，坚持社会主义先进文化的前进方向，把全省新闻出版工作置于党和国家的工作大局之中去考量，按照广大人民群众的实际需要，推动新闻出版发展方式、体制机制和内容形式的转变，及时解决关系人民群众切身文化利益的热点问题，促进党和国家新闻出版惠民政策措施的贯彻落实。积极推出一批以科学发展观和社会主义

核心价值体系为主要内容的重点品牌出版物，发挥新闻出版在整个宣传思想工作中的重要作用。

二是全力促进新闻出版产业发展。按照科学发展观的要求，制定发展规划，明确发展重点，转变发展方式，实现跨越式发展。在出版方面，围绕培育骨干企业和战略投资者，积极推进跨媒体、跨行业、跨地区、跨所有制进行联合重组，推动山东出版集团和青岛出版集团做大做强，推动济南出版社、泰山出版社做精做特，推动高校出版社做深做精。在数字出版方面，鼓励传统出版企业积极采用数字、网络等高新技术和现代生产方式，改造传统的创作、生产和传播模式，大力发展数字出版。在印刷方面，围绕山东半岛蓝色经济区规划，积极推进以青岛为龙头辐射烟台、威海、日照、潍坊等市的山东半岛包装装潢印刷基地建设和以济南为中心辐射临沂、泰安、莱芜、济宁、淄博等市的出版物印刷基地建设。在国有发行业方面，发挥省新华书店集团现有优势，加强跨地区连锁经营、信息化管理和现代物流为特征的大型物流企业建设，整合发行渠道，建设成为主业突出、辐射力强的大型国有控股新闻出版物流通企业集团。在民营书业方面，组织实施以济南为主体，以淄博、潍坊、滨州为北翼，以济宁、临沂为南翼的山东民营书业"一体两翼"格局，发挥现有集聚优势，鼓励与国有出版企业的联合，形成实力强劲、特色鲜明、效益明显的山东民营书业集

群。在报刊业方面，在对经营性报刊实行转企改制的基础上，加强资源整合和战略重组，积极打造品牌报刊，创建新型报刊市场主体。

三是加强改进新闻出版管理，为经济社会发展创造良好的文化氛围和舆论环境。加大"扫黄打非"工作力度，从服务全党工作大局和保障新闻出版业繁荣发展出发，进一步提高对"扫黄打非"工作的认识，克服盲目乐观、麻痹松懈情绪，进一步研究出版物市场出现新情况新问题，把握内在规律，增强工作的自觉性、主动性和有效性。要充分发挥已经形成的"扫黄打非"领导机制和工作机制优势，发挥文化市场综合执法在"扫黄打非"工作中的重要作用，不断完善"扫黄打非"领导小组及其办公室的组织协调机制、各组成部门的分工负责机制、出版物市场信息舆情的掌控机制、明察暗访工作机制、行政处罚与刑事处罚衔接机制以及突发事件处置机制等，建立健全"扫黄打非"工作长效机制，把"扫黄打非"工作建立在扎实巩固的基础性建设之上。强化新闻出版日常监管，严格选题审批，完善审读制度，提高掌控出版物生产、印制和发行市场动态的能力。以企业准入、产品准入、岗位准入和职业准入制度建设为基础，创新新闻出版行业管理体系，建立新闻出版退出机制，进一步优化全省新闻出版产业结构和布局，为全省新闻出版业的繁荣发展创造良好的政务环境和社会环境。

济 南 市

2009 年"扫黄打非"工作总结

济南市"扫黄打非"办公室

一、2009 年以来工作情况

2009 年，在市委、市政府和省"扫黄打非"

办公室领导下，市"扫黄打非"工作领导小组办公室充分发挥组织、协调、指导、督促的作用，会同各成员单位、县（市）区"扫黄打非"

组织开展了严厉打击非法出版物等专项行动，全市"扫黄打非"工作取得一定成效。

（1）狠抓了基础工作的开展。一是基本建立起联络员队伍，多数成员单位和县（市）区"扫黄打非"办公室确定了一名素质高、业务精的信息联络员，为加强沟通和联系、及时传达上级有关要求提供了方便。二是举办了县（市）区"扫黄打非"办公室骨干人员培训班。上半年，市"扫黄打非"办公室在平阴组织举办了县（市）区"扫黄打非"办公室分管领导和工作人员培训班，省"扫黄打非"办公室专职副主任洪焕金就"扫黄打非"面临的形势任务、"扫黄打非"办公室的职能定位及工作方法作了专题报告。

（2）狠抓了工作部署的落实。2009年，按照中央和省市"扫黄打非"工作部署，市"扫黄打非"工作领导小组各成员单位各司其责、全力配合，积极开展各项活动。

一是制定了行动方案。按照上级的统一部署，组织召开了全市"扫黄打非"工作电视电话会议的基础上，总结了2008年度全市"扫黄打非"工作，部署了2009年"扫黄打非"工作任务。经各成员单位修改会签后，市委办公厅、市政府办公厅下文转发了《2009年济南市"扫黄打非"工作行动方案》。

二是承办了山东省暨济南市2009年侵权盗版及非法出版物集中销毁活动。4月26日，与省"扫黄打非"办公室联合在泉城广场承办了集中销毁活动，现场销毁各类侵权盗版及非法出版物13万余册（盘），组织开展了"拒绝盗版，做诚信公民"签名活动，现场派发绿书签4000余枚。分管副省长和市委常委、宣传部长谭延伟等领导同志参加了活动。此次活动在市公安局、市教育局、市文化局、市新闻出版局等成员单位的大力支持和配合下收到预期效果，受到省市领导和省"扫黄打非"领导小组负责同志的好评。

三是组织开展了专项行动。先后组织开展严厉打击侵权盗版和假冒伪劣商品、严厉打击非法出版物、严厉查处盗版教材教辅等"扫黄打非"

专项查缴行动13次，及时向省"扫黄打非"办公室报送"扫黄打非"月报和专项行动报告近30次。据统计，全市共出动检查人员1.2万余人次，查缴非法和盗版出版物约6万册（盘），查办"扫黄打非"案件48件，屏蔽或删除不良信息900余条，取缔游商和无证摊点125个。

（3）狠抓了重点案件的督办。市委、市政府领导对"扫黄打非"案件办理工作高度重视，市领导多次对案件查处工作作出批示。多次召开协调会，研究部署案件查处工作。市"扫黄打非"领导小组办公室根据市领导要求，协调成立了案件查处专案组。市文化局、市新闻出版局、市公安局积极配合，安排执法人员进行查处和取证，及时研究分析案情，及时查处上级下发的相关查禁出版物。

二、下一步重点工作

（1）进一步加强协调，完善协作机制。会同法院、检察、公安、文化执法进一步研究分析上级有关"扫黄打非"案件查处法律法规依据，明确"扫黄打非"案件立案处罚标准，健全和完善案件查处协作和联动机制。尽快完成省"扫黄打非"办公室重点督办的案件查处工作。

（2）进一步强化属地管理。督促县（市）区完善基层"扫黄打非"机构和协作机制，增强基层参与"扫黄打非"案件查处工作的积极性和主动性。

（3）组织召开成员单位和县（市）区"扫黄打非"工作联络员座谈会，全面梳理今年工作，交流经验，查找不足，谋划好明年的工作。

三、几点建议

（1）进一步加大信息沟通力度。建议各成员单位进一步明确工作职责，确保"扫黄打非"专项行动阶段性报告、总结报告、"扫黄打非"月报以及重点案件办理情况及时、准确反馈给市"扫黄打非"办公室，汇总后统一上报。特别是上级主管部门督办案件的查处和办理情况，应按时限及时上报。

（2）进一步完善案件移交衔接机制。建议

法院、检察院、公安局、文化执法局进一步研究制定"扫黄打非"案件移交办法和标准,建立案件同级移交制度和属地管理制度,明确负责案件移交的分管领导和部门,确保案件的办理实效。

(3)进一步建立案件查处联动机制。"扫黄打非"工作涉及面越来越广,其案件查处工作需要成员单位联动配合。建议市公安局、市文化执法局进一步完善案件查处联动机制,建立由公安机关多警种参与的联动队伍,确保案件查处工作及时快捷有效,确保现有重点案件年底前圆满完成。

(4)进一步加大财政投入。建议参照外地做法,逐步增加"扫黄打非"专项经费、举报奖励和重点案件办理经费,将信息网络建设和维护经费列入财政预算,确保各项工作的顺利开展。

青 岛 市

2009 年"扫黄打非"工作总结

青岛市"扫黄打非"办公室

2009 年,在全国和省"扫黄打非"办的指导下,在市委、市政府和市"扫黄打非"工作领导小组的领导下,全市"扫黄打非"工作以党的十七大和十七届三中、四中全会精神为指导,深入贯彻落实科学发展观,紧紧围绕为迎接新中国 60 周年华诞和十一届全运会顺利举办营造良好环境这一工作主线,切实加强组织领导,不断强化工作措施,深入搞好宣传教育,不断筑牢"扫黄打非"工作防线,全市出版物市场秩序得到进一步规范,为确保全市意识形态领域和政治文化安全做出了积极贡献。全年共查缴各类非法出版物 314527 册(盘),其中非法图书期刊 110182 册,非法电子出版物和音像制品 204345 盘;捣毁地下印刷、发行、藏匿窝点 11 个,取缔无证照经营摊点和游商地摊 478 个;全年判处"扫黄打非"刑事案件 17起,22 人被判处有期徒刑;受理并查处群众举报 29 起,举报查处率 100%。7 月 28 日的《人民日报》内参和省委政研室《调查与研究》第11 期分别刊发了《青岛有效遏制涉"黄"、涉"非"违法犯罪》和《完善体制机制深入扎实开展"扫黄打非"斗争》的经验。全市"扫黄打非"工作连续五年在全省考核中名列第一,连续五年被评为全国"扫黄打非"工作先进单位。

一、加强组织领导,工作合力进一步增强

各级党委宣传部门注重搞好宏观协调,及时制订工作方案,研究解决工作中出现的突出问题。新闻出版管理部门切实抓好出版物发行市场和印刷企业的管理,开展了报刊审读、规范党政机关内部资料性出版物、涉嫌非法出版物鉴定和印刷企业年度检查核验工作。公检法部门全面加强综合整治力度,先后破获制作、运输、复制、出售、出租淫秽物品案件 68 起,抓获违法人员 71 人,捣毁窝点 8 个,收缴淫秽物品 8896 件,查获各类盗版光盘 21809 盘;破获网络淫秽色情案件 16起,抓获各类违法犯罪嫌疑人 53 名,扣押涉案服务器和计算机 50 余台,捣毁境外特大型色情网站2 个;全年判处"扫黄打非"刑事案件 17 起 22人。工商部门抓住规范印刷、出版、音像行业经营行为这一关键环节,严格做好申请登记注册的音像经营、印刷、复制和出版企业的前置申批,认真搞好企业营业执照年检，严厉打击各类非法出版物。城管部门突出特定时间和重点区域的整治，加大执法巡查力度，最大限度减少无证经营业户和游商地摊违法经营活动。海关缉私局坚决查处进出口渠道走私淫秽物品、非法出版物等违法活动，共查获反动宣传品 1236 件、淫秽出版物 3527 件、邪教类宣传品 919 件、卫星电视接收设备 13 件。通信管理部门充分发挥自身技术优势，积极配合公安、新闻出版、版权部门开展网上"扫黄打非"工作，推进互联网行业自律。邮政、公路、铁路等部门加大对我市运输行业中涉"黄"、涉"非"违法行为的整治力度，规范道路运输市场秩序，保护企业和消费者的合法权益。教育部门将"扫黄打非"工作纳入创建平安校园暨学校安全工作目标责任体系，依法清理校园内盗版教材、教辅读物。报社、广电部门发挥各媒体的作用，加强宣传报道，为"扫黄打非"工作营造了良好的社会舆论环境。

二、突出工作重点，扎实有效开展专项治理行动

按照全国、省"扫黄打非"办统一部署和我市《2009 年全市"扫黄打非"行动方案》，全年连续不断地开展专项治理行动，取得明显成效。一是从 1 月中旬至 3 月底开展了以打击非法报刊为抓手、以整治出版环节为切入点的第一阶段集中行动。行动期间，全市出动稽查车辆 1006 车次，出动执法人员 3728 人次，收缴非法出版物 81322 盘（册），其中非法图书 25737 册、非法音像制品 55585 盘，抓获犯罪嫌疑人 10 名，取缔非法游商地摊 83 个。二是从 4 月下旬至 7 月底开展了以打击淫秽色情和侵权盗版出版物为抓手、以整治印刷复制、运输环节为切入点的第二阶段集中行动。行动期间，全市出动稽查车辆 1044 车次，出动执法人员 3290 人次，收缴非法出版物 77548 盘（册），其中非法图书 16770 册、非法音像制品 60778 盘，取缔非法游商地摊 80 个。三是从 9 月上旬至 11 月中旬开展了以迎国庆迎全运净化出版物市场为重点的第三阶段集中行动。行动期间，全市出动稽查车辆 1500 余车次，出动执法

人员 4000 余人次，收缴非法出版物 46083 盘（册），其中非法图书 26975 册、非法音像制品 19288 盘。

三、注重制度建设，不断完善"扫黄打非"工作机制

在"扫黄打非"工作中，坚持把集中打击、专项治理与不断健全完善长效工作机制结合起来。一是深化"扫黄打非"行政执法与刑事司法的有效衔接。经常组织召开非法出版物案件分析会和行政管理部门与公检法部门沟通研讨会，实行依法行政，依法处理，为"扫黄打非"工作的深入开展奠定了坚实基础。通过加强行政执法与刑事司法的衔接，逐步形成了行政执法部门及时查处、公安机关及时受理、检察机关及时起诉、法院及时判决的良性工作机制，"扫黄打非"刑事打击力度不断加大。二是深化"扫黄打非"工作目标量化考核。今年"扫黄打非"量化考核工作首次纳入市委、市政府对各区市的专项考核，并列入市综治办对各区市"平安青岛"考核。在深入调研、集中研究、征求意见的基础上，在 7 月 9 日召开的市"扫黄打非"工作小组会议上通过了新的"扫黄打非"量化考核办法。三是深化"扫黄打非"工作四级网络建设。在出台文件、召开现场会的基础上，在全市范围内不断完善"扫黄打非"四级网络建设，实现了市和区（市）、街道（镇）、居委会（村）全覆盖，进一步增强了"扫黄打非"工作的针对性和实效性。在出台《青岛市"扫黄打非"重大突发事件应急预案》的基础上，又制定了《青岛市"扫黄打非"重大突发事件应急预案演练方案》，进一步加强了应急预案演练、队伍培训等基础工作，不断完善应急处置体系。五是积极探索建立网上"扫黄打非"工作机制。根据网上"扫黄打非"面临的新形势、新特点、新情况，市"扫黄打非"办、市公安局、市通信管理局等部门在认真研究论证的基础上，提出了《关于加强网上"扫黄打非"工作的意见》，并积极向市委、市政府提出建议，为今后加强我市网上"扫黄打非"工作平台建设做好了前期准备工作。

四、深入宣传教育，营造全社会参与"扫黄打非"的良好氛围

市和区市两级"扫黄打非"部门不断创新工作方式，拓展宣传渠道，搞好宣传教育，营造良好氛围，全社会参与"扫黄打非"工作的自觉性进一步增强。充分利用各类媒体加大对"扫黄打非"知识和工作的宣传力度，《人民日报》、《中国新闻出版报》、《青岛日报》、《青岛财经日报》、中国"扫黄打非"网等报刊和网站先后刊登我市"扫黄打非"工作成果 30 多次。3 月份，在平安青岛建设集中宣传日期间，组织专人参加宣传活动，发放宣传材料 1000 余份，接受咨询 200 多人次。4 月 22 日，山东省暨青岛市 2009 年侵权盗版制品及各类非法出版物集中销毁活动在我市市北区昌乐路文化街举行，共销毁侵权盗版制品及非法出版物 60 余万件，起到了较好的社会宣传作用。4.26 世界知识产权的宣传周期间，借助全国第十九届书博会青岛会场举办"正版青岛"展，开展了万人签名活动，参展人数超过 20 万，打击侵权盗版、保护知识产权越来越引起社会各界的关注和重视。

河 南 省

2009 年"扫黄打非"工作总结

河南省"扫黄打非"办公室

2009 年，河南省"扫黄打非"工作在省委、省政府的领导下，认真贯彻落实党的十七大和十七届四中全会精神，按照中央办公厅、国务院办公厅转发《中央宣传部、中央政法委、全国"扫黄打非"工作小组办公室关于 2009 年"扫黄打非"行动方案》的部署和第二十二次全国"扫黄打非"工作电视电话会议要求，以净化社会文化环境为主线，认真组织开展"扫黄打非"集中行动，始终保持对非法出版物的高压态势，清除淫秽色情等文化垃圾和网络有害信息，治理各类侵权盗版行为，维护了我省社会政治稳定和文化市场秩序，为全国"两会"召开、建国 60 年大庆营造了良好的文化环境和舆论氛围，较好地服务了党和国家及全省工作大局。

一、领导高度重视，始终把"扫黄打非"工作作为重要任务来抓

省委、省政府领导对"扫黄打非"工作始终高度重视，给予强有力的指导。省委书记徐光春今年先后 15 次对出版物市场监管和"扫黄打非"工作做出重要批示，内容主要包括五个方面：一是要求加强组织领导，进一步强化各级对治理社会文化环境和开展"扫黄打非"工作的政治责任；二是要求"扫黄打非"和治理社会文化环境工作时刻不能放松，既要开展集中行动，又要建立长效机制，确保取得实效；三是要求从维护改革发展稳定大局的高度，坚决依法查处案件，消除恶劣的政治和社会影响；四是要求态度坚决，行动迅速，对非法出版物和低俗音像制品要严查严禁；五是对工作中取得的成效及时给予肯定，鼓励和引导各级"扫黄打非"部门把治理社会文化环境的工作不断推向深入。省委副书记、省长郭庚茂在省政府安排重点工作中都强调抓好"扫黄打非"、净化文化市场，特别是在经费安排上保证"扫黄打非"、净化文化市场工作的顺利开展。省委常委、宣传部长、副省长孔玉芳作为主管"扫黄打非"工作的领导，始

终靠前指挥，亲力亲为。每次安排全省"扫黄打非"和治理社会文化环境工作，都要与有关部门的同志一块研究，亲自讲话和部署；每次集中整治行动结束后，都要亲自听取汇报，并对下步工作提出明确要求；而且对"扫黄打非"工作遇到的困难和问题，亲自协调解决，对省"扫黄"办上报的各种简报和工作情况汇报，及时作出批示，给予有力指导。

省"扫黄打非"办、省新闻出版局多次组织召开"扫黄打非"和报刊图书出版发行单位座谈会，传达贯彻全国净化社会文化环境工作会议精神和省委领导的重要批示精神，部署出版物市场监管和专项行动任务，要求报纸、期刊、图书、音像制品、电子出版物等出版发行单位，始终把握正确的舆论导向和出版方向，多出精品力作，为青少年健康成长提供丰富的精神食粮；要求各级行政管理部门严格落实"扫黄打非"工作责任制，不失时机地开展集中行动，加强市场监管，严密清缴各类非法出版物和淫秽色情、恐怖暴力等影响青少年身心健康的文化垃圾。集中整治印刷复制、运输环节，查缴各类侵权盗版制品和低俗音像制品，最大限度地净化社会文化环境。各地认真贯彻全省"扫黄打非"工作会议和全国、全省净化社会文化环境工作会议精神，加强组织领导，及时安排部署工作，签订"扫黄打非"工作责任书，制定"扫黄打非"工作行动方案，健全"扫黄打非"案件查办、信息沟通等工作机制和应急预案，确保了"扫黄打非"工作的开展。

二、突出工作重点，开展集中整治行动，净化社会文化环境

为贯彻好全国"扫黄打非"电视电话会议精神和全国、全省净化社会文化环境工作会议精神，全省各地按照统一部署和安排，认真组织和部署集中行动，加强出版物市场监管和整治，加强对重点部位、重点环节、重点内容的清理检查，认真查处非法出版物和出版活动，确保专项整治集中行动真正落到实处和出版物市场健康有序发展。

一是保持高压态势，严密查堵有害非法出版物。2009年，省"扫黄打非"办先后下发查缴通知，主要对50多种非法出版物和网络非法出版物及少儿卡通类非法出版物进行严密的查缴工作。特别在敏感期，安排部署了查缴一批有害非法物的集中行动，提出按照"严禁境内出版、严禁地下印刷、严禁市场销售、严禁境外流入、严禁网上传播、严禁媒体炒作"的"六个严禁"的要求，切实堵住源头，彻底清查市场、强化网上监管、深入查办案件。各地"扫黄打非"工作部门协调新闻出版、文化、工商、公安、通信、铁路、海关、民航等部门对打击非法出版物工作进行了认真部署，实施了严格清查，有效地防止了此类非法出版物在我省的传播。

二是开展对"两节"、"两会"期间出版市场进行集中整治行动。全省各地按照省"扫黄打非"工作领导小组办公室统一部署和要求，制定行动方案，采取有力措施，开展了"扫黄打非"集中整治行动。各地"扫黄打非"办积极协调文化、新闻出版、公安、工商等部门采取了联合检查、暗访检查等方式加大对繁华街区、旅游景区、学校周边、集贸市场、图书报刊音像批发零售场所等重点区域和部位的巡查力度，将查堵非法出版物和网上有害信息作为首要任务，加强对印刷复制企业的监管，加强对出版物市场环境的治理，为广大人民群众欢度春节，创造了一个祥和、健康、向上的社会文化环境，为全国、全省"两会"的顺利召开创造了良好文化氛围。

三是加强对校园周边环境治理。为认真贯彻全国"扫黄打非"和净化社会文化环境工作会议，省新闻出版局制定了整治出版物市场专项行动工作方案，其工作重点是抓好校园周边出版物市场和文化环境治理，扫除淫秽色情等文化垃圾。省通信管理局严厉查处互联网未备案非法接入违规企业，处罚了未经备案非法接入违规企业的网站，对接入服务单位未备案网站和相关企业工作责任不落实和接入未备案网站整改不及时等情况给予了通报批评。

四是组织开展了清缴整治低俗音像制品专项行动。根据全国的统一部署，河南省迅速安排部署开展清缴整治低俗音像制品专项行动，各地高度重视，及时制定了行动方案，明确工作重点，针对全国"扫黄打非"办下发的3批701种低俗音像制品目录，加大了对音像制品的市场清查力度，多次组织暗访检查和夜间集中行动，加强对音像门店和夜市地摊的清查，并坚持回头看和反复查，市场面貌明显改观。省"扫黄打非"办、省新闻出版局组织四个检查组由副局长带队分赴全省进行以暗访为主的督导检查，促进了各地清缴整治工作的深入开展。组织召开了全国音像出版复制发行座谈会精神，传达了全省音像出版复制发行工作座谈会，总结我省前一阶段清缴整治低俗音像制品专项行动工作开展情况，安排部署清缴整治专项行动下一阶段工作，部署了建立健全企业自律、主管主办单位管理和新闻出版行政部门监管的长效机制。

五是组织开展了国庆节前后出版物市场和印刷复制单位治理整顿。9月25日~30日，省"扫黄打非"工作领导小组办公室派出5个检查组，分别由厅局级领导带队分赴全省各地进行暗访督查，并对当地出版物市场存在的问题当即进行反馈，并下发通报，提出整改要求，责令限期改正。

三、认真查办案件，严厉打击违法犯罪活动

全省各地比较重视案件查办工作，查处了一批非法印刷、销售和侵权盗版案件，惩治了违法犯罪活动。在案件查处工作中，各地坚持严格执法，有案必查，查案必结，积极做好与司法工作的有效衔接。省"扫黄打非"办加强对重点案件督办和协调，与各有关部门互通情报，主动配合，形成合力，确保了案件查办工作的有效开展。

四、各成员单位密切配合，齐抓共管，推动了"扫黄打非"工作的深入开展

省"扫黄打非"工作领导小组各成员单位按照省"扫黄打非"办的统一部署，充分发挥职作用，深入开展"扫黄打非"斗争，注重发挥各自的工作优势和整体功能，建立健全整体联动工作机制，保持了"扫黄打非"工作的高压态势和高效运转的动态机制。

五、加强宣传教育，营造良好舆论氛围

2009年以来，全省各级"扫黄打非"工作部门利用各种媒体组织开展了多种形式宣传教育活动。一是开展了非法出版物集中销毁行动。按照全国扫黄办的统一部署，4月22日，我省在郑州文博广场隆重举行集中销毁侵权盗版及非法出版物活动。二是加强了信息报送和宣传工作。省"扫黄打非"办向全国"扫黄打非"办报送《"扫黄打非"工作简报》40期，要情简报18期，中国"扫黄打非"网40期，专题报送信息26件。《全国"扫黄打非"工作简报》和《全国"扫黄打非"工作快报》9次、"中国'扫黄打非'网"35次登载了我省"扫黄打非"的工作动态，《中国新闻出版报》、《河南日报》、《大河报》以及河南人民广播电台、河南电视台等新闻媒体先后206次刊登和报道了河南省"扫黄打非"案件查处、市场监管、出版物发行的信息。

领导讲话

在2009年全省"扫黄打非"工作会议上的讲话

河南省委常委、宣传部长、副省长、省"扫黄打非"工作领导小组组长

孔玉芳

这次全省"扫黄打非"工作会议是一次很重要的会议，主要任务是贯彻落实全国净化社

文化环境工作会议和第22次全国"扫黄打非"电视电话会议精神，对我省当前和今后一个时期的工作进行安排部署。刚才，玉荣同志总结了2008年工作，对今年工作做了具体安排；少宇同志宣读了《2009年全省"扫黄打非"行动方案》；省公安厅、文化厅、通信管理局的负责同志结合实际做了很好的发言。会上还表彰了全省"扫黄打非"工作先进集体和先进个人，签署了2009年度"扫黄打非"工作责任书。在此，我代表省委、省政府，向受到表彰的单位和个人表示热烈祝贺！向长期以来在"扫黄打非"战线上忠于职守、敬业奉献的同志们表示崇高敬意和衷心感谢！

过去的一年，全省各级"扫黄打非"工作部门紧紧围绕中央和省委、省政府的决策部署，以科学发展观为统领，以"扫黄打非"、净化社会文化环境为工作主线，坚持开展集中行动和专项治理，切实抓好日常监管，在封堵和查缴政治性非法出版物、清除淫秽色情文化垃圾、打击侵权盗版活动、取缔非法报刊和网上违法有害信息等方面取得了新的成绩。全年的工作力度大、任务明确、主动性强、措施有力，为维护改革发展稳定大局和促进文化健康发展做出了积极贡献。

党中央、国务院对"扫黄打非"工作高度重视。2月20~21日，中央文明委在北京召开了全国净化社会文化环境工作会议，中共中央政治局常委、中央文明委主任李长春同志就净化社会文化环境、促进未成年人健康成长作出重要批示；中共中央政治局委员、书记处书记、中央宣传部部长、全国"扫黄打非"工作小组组长刘云山同志，中共中央政治局委员、国务委员、中央文明委副主任刘延东同志出席了会议并发表了重要讲话。在此之前，1月16日，全国"扫黄打非"工作小组在北京召开了第22次全国"扫黄打非"电视电话会议，刘云山同志出席会议并发表了重要讲话。我们一定要深入学习、认真贯彻李长春同志的重要批示和刘云山、刘延东同志的重要讲话精神，认真学习领会《中共中央办公厅、国务院办公厅关于进一步净化社会文化环境促进未成年人健康成长的若干意见》和《中共中央办公厅、国务院办公厅转发〈中央宣传部、中央政法委、全国"扫黄打非"工作小组办公室关于2009年"扫黄打非"行动方案〉的通知》，努力把"扫黄打非"、净化社会文化环境工作抓紧抓好，抓出成效。下面，根据中央的精神，结合我省实际，我就做好今年的"扫黄打非"工作讲几点意见。

一、认清形势，统一思想，进一步提高对"扫黄打非"工作重要性和紧迫性的认识

今年是新中国成立60周年，是深入贯彻党的十七大精神、推进"十一五"规划顺利实施的关键一年，也是"五四"运动90周年、西藏实行民主改革50周年，大事多、热点多，敏感期也较多。当前，尽管我们的经济受到国际金融危机冲击，但经济发展的基本态势没有改变，社会大局保持稳定。在思想文化领域，社会主义核心价值体系建设扎实推进，主流意识形态不断巩固，国家的文化软实力稳步提高。但我们也要清醒地看到，意识形态领域并不平静，敌对势力对我西化、分化的活动一刻也没有停止。他们利用各种文化传播渠道对我进行渗透，不断炮制新的非法出版物，攻击我国的社会政治制度和我国的新闻出版、人权和民族宗教等政策，妄图制造社会思想混乱，否定改革开放成就，蛊惑人心。同时，西方部分政治团体为转移其国内矛盾，一些媒体对2009年我国政治经济、社会形势妄加预测，"中国衰退论"等言论重新抬头。就我省来说，一些地方非法印刷、销售盗版图书、音像制品的问题仍然存在；个别地方游商、地摊售盗版及非法出版物的现象时有出现；互联网有害信息、文化垃圾屡禁不止，侵权盗版及非法出版的问题尚未得到有效治理。面对复杂形势和严峻挑战，我们既要应对国际金融危机冲击、确保经济平稳较快发展，也要做好应对境内外敌对势力通过各种文化传播渠道制造事端的准备，确保社会和谐稳定。各级党委、政府和有关部门要从服务党和国家工作全局、保持国家长治久安、推进我省经济又好又快发展的高度，进一步提高对"扫黄打非"斗争重要性、长期性、艰巨性的认识，增强做好"扫黄打非"工作的责任感、紧迫感和使命感，把思想和行动统一到中央和省委、省政府的决策部署上来，努力开创"扫黄打非"工作新局面。

二、围绕大局，突出重点，切实增强"扫黄打非"工作的针对性和实效性

根据中央部署和我省实际，"扫黄打非"工作要认真贯彻党的十七大和十七届三中全会精神，深入贯彻落实科学发展观，以遏制政治性非法出版物和清除网上有害信息为重要任务，坚持开展集中治理，切实加强日常监管，坚决保护知识产权，确保意识形态安全，维护社会和谐稳定，促进文化大发展大繁荣，为实现我省经济社会又好又快发展营造良好舆论氛围和文化环境。工作中，要突出以下三个重点。

一是始终保持对非法出版物的高压态势。严厉打击各类非法出版物，始终是"扫黄打非"工作的首要任务，也是今年工作的重中之重。保持高压态势，必须做到态度坚决，行动有力，工作到位。要严密封堵和查缴违禁出版物，重点打击制售违禁出版物活动。全省"扫黄打非"各有关部门要密切配合，通力协作，采取集中统一行动、专项整治与日常监管相结合的方式，做到严密监控、立体防范，防止违禁非法出版物在我省印刷、扩散、传播。

二是大力清除网上淫秽色情等文化垃圾。进一步净化社会文化环境，是社会主义精神文明建设以及加强和改进未成年人思想道德建设的基础工程，是实现亿万家庭最大希望和切身利益的民心工程，是确保中国特色社会主义事业后继有人的希望工程。抓好这"三项工程"，要坚持以邓小平理论和"三个代表"重要思想为指导，深入贯彻落实科学发展观，以建设社会主义核心价值体系为根本，以促进未成年人健康成长为目标，以净化网络、网吧、荧屏声频和校园周边环境为重点，坚决遏制淫秽色情等违法有害信息的传播，积极营造有利于未成年人健康成长的良好社会文化环境和氛围。全国"扫黄打非"办已经把净化社会文化环境作为今年"扫黄打非"工作的重点，全省各级"扫黄打非"部门要进一步增强网上"扫黄打非"的意识，综合运用教育、法律、行政、技术和经济等手段，实现对社会文化环境的有效管理，形成有利于未成年人健康成长的良好环境。我们要以更坚定的决心、更主动的态度、更有效的措施、更扎实的工作，把网上"扫黄打非"摆到更加突出的位置，不断加大对互联网淫秽色情出版物、低俗出版物及有害信息的打击力度，确保取得明显成效。

三是集中打击各类侵权盗版行为。能不能有效地保护知识产权，不仅关系到民族的创新力，也关系到文化安全和国家形象。我省是出版大省、发行大省，盗版、盗印问题比较突出。要加大工作力度，切实加强对印刷复制企业、出版物集散地及运输环节的日常监管，进一步搞好对盗版盗印教材教辅和重大题材出版物的专项治理，集中查办一批侵权盗版案件，有效震慑侵权盗版等违法犯罪活动。要进一步抓好校园周边出版物市场环境治理，坚决收缴以未成年人为主要受众的有害印刷复制品。各地要结合典型案例，加大宣传教育力度，动员全社会特别是青少年自觉抵制淫秽色情等文化垃圾。同时，采取切实有效措施，深入开展打击非法报刊专项行动，维护新闻出版正常秩序，促进报刊业繁荣健康发展。对利用假报刊、假记者、假记者站、假新闻非法牟利等问题，要按照中央要求，严肃查处，决不姑息。

三、加强领导，落实责任，推动"扫黄打非"工作深入开展

今年"扫黄打非"工作任务艰巨、责任重大。各地各部门要把"扫黄打非"工作放到重要位置，切实加强组织领导，坚持综合治理，完善保障措施，认真抓好各项任务的落实，推动"扫黄打非"斗争深入开展。

一要加强组织领导，严格落实责任制。各地、各部门要按照属地管理和"谁主管，谁负责"的原则，认真履行职责，积极主动做好工作。各级"扫黄打非"工作领导小组组长作为第一责任人，要切实担负起领导责任，加强领导，靠前指挥，确保"扫黄打非"工作领导到位、任务到位、责任到位、措施到位。要继续建立和完善"扫黄打非"责任制和责任追究制，严格落实行政绩效考核制度、行政过错追究制度等规章制度。要注意查处典型，对有法不依、执法不严、滥用职权、徇私舞弊的单位和个人抓住不放，一查到底，严肃处理，确保工作有效开展。

二要坚持综合治理，动员社会各界积极参与。要坚持和完善"党委统一领导，党、政、群齐抓共管，各级'扫黄打非'工作领导小组办公室和党委宣传部门组织协调，有关部门各负其责，各地区联防协作，社会各方面积极参与"的领导体制和工作机制，并使之高效运转，切实发挥作用。要把"扫黄打非"工作与城市社区建设和社会主义新农村建设结合起来，作为文明创建、平安创建的一项重要内容来抓，努力扩大工作的覆盖面和影响力。

三要加强日常监管，查处大案要案。要组织开展对出版物市场、文化市场的暗访和督导检查，加强对重点区域、重点环节、重点部位、重点对象的监管，严查审批中的失职渎职问题，从源头上堵塞漏洞。要集中查处一批大案要案，深挖从事制作、印刷、复制、批销非法出版物的窝点和犯罪团伙，加大对制售非法出版物违法犯罪的打击力度。

四要完善组织机构，加强队伍建设。"扫黄打非"工作重点在基层，难点在基层，薄弱环节也在基层。各地各有关部门要为"扫黄打非"工作提供支持和保障，确保"扫黄打非"工作顺利开展。要坚持党委领导下的"扫黄打非"工作领导小组体制不变，健全县级"扫黄打非"工作领导小组及其工作机构，并使之有效履行职能。要切实加强对乡镇和社区文化市场的管理，乡镇党委和街道党组织要切实负起责任，做到基层"扫黄打非"工作有人抓、有人管。要注重提高"扫黄打非"工作队伍的思想政治素质和业务能力，帮助解决实际问题，充分调动他们的积极性、主动性、创造性。

同志们，"扫黄打非"任务艰巨，责任重大。我们要按照中央和省委、省政府的统一部署，以良好的精神状态和务实的工作作风，扎实做好"扫黄打非"各项工作，为维护社会稳定和经济发展做出新的贡献。

2009 年 2 月 24 日

在 2009 年全省"扫黄打非"工作电视电话会议上的讲话

河南省委常委、宣传部长、副省长、省"扫黄打非"工作领导小组组长

孔玉芳

刚才，大家一起收听收看了第二十二次全国"扫黄打非"工作电视电话会议。下面，就贯彻落实全国"扫黄打非"工作电视电话会议精神，开展好 2009 年河南省"扫黄打非"斗争讲三点意见。

一、正确评估形势，不断提高认识，进一步增强做好"扫黄打非"工作的政治责任感

2008 年，是极不平凡的一年，我们在经历冰雪灾害、拉萨暴乱事件、汶川大地震、北京奥运会、北京残运会、世界金融危机等自然灾害和重大事件的情况下，河南省各级"扫黄打非"工作部门紧紧围绕中共中央、国务院和省委、省政府的决策部署，以迎奥运、维护出版物市场稳定为工作重点，以"反盗版天天行动"为平台，认真落实 2008 年"扫黄打非"行动方案和全国会议的有关要求，严格落实"扫黄打非"工作责任制，为维护政治安定、社会稳定和出版物市场秩序做出了应有贡献。在 2008 年河南省"扫黄打非"斗争中，涌现了不少先进集体和个人，

在今天的会上受到全国"扫黄打非"工作小组的表彰。我代表省委、省政府、省"扫黄打非"工作领导小组向你们表示衷心的祝贺和感谢！

当前，"扫黄打非"斗争面临的形势依然十分严峻，敌对势力利用文化传播渠道对我渗透活动一直没有停止。河南省"扫黄打非"的任务仍很艰巨，各地出版物市场管理发展还很不平衡，河南省"扫黄打非"斗争形势依然严峻，不容乐观，我们必须保持清醒的认识。

2009年我国将迎来建国60周年、西藏民主改革50周年、"五四"运动90周年，也是平息"六四"风波20周年、取缔打击"法轮功"邪教组织10周年。受世界金融危机的影响，2009年不可预测因素和社会矛盾也会增多，近期，西方部分政治团体，为转移其国内矛盾，多家媒体对2009年我国政治经济、社会形势妄加预测，中国衰退论、中国崩溃论的言论重新抬头，制造思想混乱，进而搞乱我们意识形态的图谋极为明显。2009年春节即将到来，全国"两会"也将召开。邪教、宗教、疆独、藏独等各种势力会借机滋事，风险依然存在。他们会炮制新的政治性非法出版物，传播政治谣言，攻击党的领导和我国政治制度和我国的新闻出版、人权、民族、宗教等政策，制造社会思想混乱，否定改革开放成就，蛊惑人心，制造对立面。面对复杂形势和重大任务，各级党委、政府和有关部门要进一步提高对"扫黄打非"斗争重要性、长期性、紧迫性的认识。一定要从提高我党执政能力的高度，从构建和谐社会的高度，从加强意识形态工作的高度，从维护河南形象的高度，正确认识形势，增强忧患意识，增强做好"扫黄打非"工作的责任感、使命感和紧迫感，全力以赴地开展好2009年的"扫黄打非"工作。

二、保持高压态势，突出工作重点，认真落实全年"扫黄打非"工作任务

刘云山同志的讲话和柳斌杰同志的讲话，强调了今年"扫黄打非"要突出抓好的重点工作，我们要联系各地实际抓好落实。根据这次全国电视电话会议精神，2009年我省的"扫黄打非"工作要突出抓好以下几点：

一是坚决查缴非法出版物及"法轮功"等邪教组织宣传品，维护社会安定、政治稳定。各地、各有关部门要保持高压态势，围绕建国60周年纪念活动和政治敏感期开展集中行动，全面清查市场，加大对非法出版物及"法轮功"等邪教组织宣传品的查缴力度，加强入境重点对象查验，加强对运输环节和印刷复制企业的监管检查，加强互联网的监管，防止境内外非法出版物在我省印刷、扩散、传播。做到严密监控、立体防范，露头就打。

二是大力清除淫秽色情等文化垃圾，营造有利于青少年健康成长的文化环境。各地要以学校周边出版物零售、摊点和网吧为重点目标，开展校园周边专项治理行动，清查利用互联网、声像播放等手段传播淫秽色情等有害信息的行为，严厉打击制售、传播淫秽色情等文化垃圾和有害信息的违法犯罪活动，严肃查处参与制售青少年有害读物的企业，坚决查缴宣扬淫秽色情、凶杀暴力、封建迷信等有害读物和电子出版物，净化出版物市场和学校周边环境。

三是集中打击各类侵权盗版行为，树立保护知识产权的良好形象。我省是出版大省，交通便利，盗版、盗印的问题比较突出，今年要加强对印刷复制企业和出版物集散地的日常监管，加大对盗版盗印教材教辅、重大题材出版物和知名品牌等行为的专项治理，集中打击各类侵权盗版和非法出版活动。春节前后，各地要加大市场监管力度，集中清查书报刊、音像制品、计算机软件市场，治理游商、地摊，净化文化出版市场。

四是认真开展互联网领域的"扫黄打非"工作，净化网络文化环境。随着科技的发展，互联网已经成为各种信息的重要媒体和舆论阵地，各地"扫黄打非"工作部门要把网上"扫黄打非"摆到重要位置，要积极探索网上"扫黄打非"工作规律，建立联合封堵机制，加强网络信息监控和网站管理，密切关注网上舆情动向，对网上有害信息及时、有效处置。

五是坚决查处大案要案，严厉打击违法犯罪

活动。各地、各有关部门要深挖从事制作、印刷、复制、批销非法出版物的窝点和犯罪团伙，加大对制售非法出版物违法犯罪案件的查办力度，集中查处一批大案要案。对在全省有影响的重大案件，省"扫黄打非"工作领导小组办公室要加强协调和督办，进一步完善案件案情通报和督办制度。对为盗版及非法出版活动提供条件的出版、印刷、复制、发行单位和人员要依法严厉查处，坚决打掉犯罪分子的后台和保护伞。

三、加强组织领导，强化工作措施，不断提高"扫黄打非"工作水平

今年"扫黄打非"工作的目标、任务和要求，全国电视电话会议已经作了明确部署，各地各部门要进一步增强政治意识、责任意识，谋划好全年的"扫黄打非"工作，加强对"扫黄打非"工作的组织领导，以求真务实的工作作风，认真抓好各项任务的落实，不断提高工作水平。

一要严格落实"扫黄打非"责任制。各地、各部门要按照属地管理和"谁主管，谁负责"的原则，认真履行职责，积极主动做好工作。各级"扫黄打非"工作领导小组长作为第一责任人要切实担负起领导责任，确保"扫黄打非"工作领导到位、任务到位、责任到位、措施到位，推动"扫黄打非"斗争扎扎实实地取得成效。各地要结合本地实际，继续建立和完善"扫黄打非"责任制和责任追究制，严格落实行政绩效考核制度、行政过错追究制度等规章制度。省"扫黄"办要注意发现典型，对那些有法不依、执法不严、滥用职权、徇私舞弊的单位和个人抓住不放，一查到底，严肃处理，确保工作的有效开展。

二要切实加强出版物市场日常监管。各省辖市"扫黄打非"工作领导小组要组织、指导有关部门加强对出版物市场和文化市场暗访和督导检查，加强对重点区域、重点环节、重点部位、重点对象的监管，特别要加强对印刷复制单位的管理，严禁违法、违规承制出版物，严查审批中的失职渎职问题，从源头上堵塞漏洞，严防违禁的非法出版物、邪教类宣传品、淫秽色情出版物及其他非法出版物在我省的印制和传播。要建立

完善的信息沟通机制，及时将案件线索和查处情况向有关部门通报，对于发现的重大政治性非法出版物、破获的重大非法出版案件和遇到的重大问题，要按程序向省委省政府报告。

三要切实加强各成员单位分工协作。"扫黄打非"各成员单位要按照职责分工，加强本行业的监督管理。海关部门要加强对重点地区人员、货物的入境检查，交通、铁路、民航部门要加强对公路、铁路、航空、运输、站车、机场的检查密度，公安、城管、文化、工商、新闻出版、版权部门要加强对游商的检查治理，公安、通信管理部门要加强对互联网的监控，要及时删除互联网登载相关信息和出版物，工商、新闻出版要加强对广告、商标行业的管理，杜绝宣传媒体、印刷品广告登载非法信息，严厉查处制假和非法出版活动。新闻宣传部门要加强舆论宣传，扩大"扫黄打非"工作的社会影响力。各地"扫黄打非"工作领导小组办公室要加强对这项工作的宏观指导，做好总体协调和检查督导工作，各相关部门要加强配合协作，及时通报信息，形成工作合力，加大执法检查力度，切实把各项工作落到实处。

四要进一步加强"扫黄打非"工作队伍和机构建设。各地、各有关部门要认真贯彻中央确立的"扫黄打非"只能加强、不能削弱的一贯方针，在地方机构改革中防止弱化"扫黄打非"工作。根据中央机构改革"三定方案"的要求，各级"扫黄打非"工作领导小组办公室机构设置不变，人员编制单列，并配备足够工作需要的编制。各级党委、政府要按照中央的要求，在"扫黄打非"工作机构、人员编制、经费、装备方面给予坚强有力的保障。

同志们，今年的"扫黄打非"工作，任务艰巨，使命光荣，我们一定要坚决按照全国电视电话会议的统一部署和要求，在省委、省政府的领导下，扎实工作，务求实效，推动"扫黄打非"斗争深入开展，为维护社会政治稳定和经济发展做出贡献。

2009年1月16日

在河南省 2009 年"扫黄打非"工作会议上的讲话

河南省"扫黄打非"工作领导小组副组长兼办公室主任、省新闻出版局局长

詹玉荣

今天，我们在这里召开全省"扫黄打非"工作会议，省委常委、宣传部长、副省长、省"扫黄打非"工作领导小组组长孔玉芳同志将作重要讲话，亲自部署 2009 年的"扫黄打非"工作。根据会议安排，我向大会报告 2008 年"扫黄打非"主要工作并就落实好 2009 年"扫黄打非"工作任务讲几点意见。

一、2008 年"扫黄打非"工作开展情况

2008 年，河南省的"扫黄打非"工作在省委、省政府领导下，认真贯彻全国"扫黄打非"工作行动部署和会议精神，以反盗版天天行动为平台，认真组织开展"扫黄打非"集中行动和专项治理，为抗震救灾、北京奥运会的成功举办和纪念改革开放 30 周年营造了良好的舆论文化环境，为维护我省文化安全、市场秩序、社会稳定做出了重要贡献。

（一）领导高度重视，对各个时期的"扫黄打非"工作给予有力指导

2008 年，省委书记徐光春同志先后对"扫黄打非"工作做出 6 次重要批示，亲自安排部署全省扫黄打非工作，为我省深入开展"扫黄打非"斗争提供了坚强领导和强力指导。4 月 1 日，徐光春同志在省"扫黄打非"办《关于进一步做好当前"扫黄打非"案件查办工作的通知》上批示："玉芳并玉荣同志，河南在这方面不能出任何问题，必须有措施加以确保。"4 月 7 日，孔玉芳同志批示："玉荣同志：望落实光春书记批示。望'扫黄打非'办公室抓紧督办。望公安厅予以支持，将此案办实、办好，使不法分子受到应有惩罚。"省委领导对"扫黄打非"工作做出的多次重要指示、批示和重要部署为"扫黄打非"斗争指明了方向，省

"扫黄打非"领导小组办公室认真贯彻，抓好落实。

（二）落实责任制，推动"扫黄打非"工作深入开展

2008 年省"扫黄打非"办对《河南省"扫黄打非"工作责任书》进行了补充完善，进一步明确了各省辖市"扫黄打非"工作领导小组的任务、职责和省"扫黄打非"主要工作部门的责任及考核奖惩标准。将"扫黄打非"工作纳入社会治安综合治理、精神文明创建活动等多项工作考核指标体系，实行"扫黄打非"工作失职渎职"一票否决"。孔玉芳同志与各省辖市"扫黄打非"工作领导小组组长签订了《河南省"扫黄打非"工作责任书》，促进了"扫黄打非"各项任务的落实。

（三）全面部署任务，抓好工作落实

根据全国"扫黄打非"办的统一部署，河南省先后召开了全省"扫黄打非"工作电视电话会议和全省"扫黄打非"工作会议。分别对全省 2008 年"扫黄打非"工作和"两节两会"期间专项行动及奥运会前我省"扫黄打非"重点任务进行安排部署，各地及时贯彻全国和全省"扫黄打非"工作会议精神和工作部署，行动迅速，措施到位，确保了专项行动的有效开展。

（四）开展专项行动，加强重点整治

根据 2008 年全国"扫黄打非"工作部署，我省各地、各部门认真组织和部署集中行动，加强出版物市场监管和整治，确保了出版物市场健康发展。

一是保持高压态势，严密查堵非法出版物。各地"扫黄打非"工作部门协调新闻出版、文化、工商、公安、通信、铁路、海关、

民航等部门对打击非法出版物工作进行了认真部署，实施了严格清查，有效地防止了此类非法出版物在我省的传播。二是开展"两节"、"两会"期间出版市场进行集中整治。春节期间，詹玉荣同志带领省"扫黄打非"办同志深入省会郑州出版物市场进行检查。三是组织开展印刷复制企业专项检查行动和出版物交通运输渠道的治理整顿。四是集中打击各种侵权盗版活动。全省各地按照"扫黄打非"工作部署，认真组织开展反盗版天天行动，取得了重要成果。五是开展奥运前30天出版物市场集中清查行动。按照全国"扫黄打非"办的统一部署，全省各地开展了声势浩大的迎奥运、维护出版物市场稳定"扫黄打非"工作专项清查行动。六是深入开展打击非法报刊专项行动。省"扫黄打非"办加强了对重点地区、重点部位、重点时段的暗访检查。有效地遏制了非法报刊经营活动，得到了全国"扫黄打非"办检查组的充分肯定。

（五）部门齐抓共管，形成工作合力

省"扫黄打非"工作领导小组各成员单位注重发挥各自的工作优势和整体功能，建立健全了整体联动的工作机制，始终保持了"扫黄打非"工作的高压态势和高效运转的动态机制。

（六）加强案件查办，打击违法犯罪活动

2008 年，各地、各有关部门充分运用法律手段，加强了行政执法与刑事司法的有效衔接，加大了对违法犯罪行为的刑事打击力度，审结了一批重大案件，震慑了违法犯罪分子。通过查办案件，有效地打击了非法印刷、出版活动，净化了我省出版环境。

（七）加大舆论宣传，营造良好氛围

2008 年，各地、各部门按照全国和全省"扫黄打非"的工作部署和要求，注重利用新闻媒体和各种形式宣传开展"扫黄打非"斗争和保护知识产权的重大意义，对"扫黄打非"集中行动和专项治理工作成果、重大案件查处情况、政策法规适时进行宣传报道，促进全社会对开展"扫黄打非"工作复杂性、长期性、必要性和重要性的认识和了解。

回顾 2008 年的工作，我们感到，各级党委、政府和有关部门高度重视"扫黄打非"工作，对"扫黄打非"工作的认识进一步提高，"扫黄打非"的覆盖面进一步拓展，工作内容、手段更加丰富，工作措施更加有力；"扫黄打非"的影响力进一步扩大，群众支持、参与更加广泛。今年我们在"扫黄打非"工作还存在以下问题：一是"扫黄打非"工作机制和体制方面还不健全，经费保障、人员和装备还不能够完全到位，一定程度上也牵制了"扫黄打非"斗争的深入开展。二是市场监管任务还很艰巨，一些地方制售盗版图书、音像制品和计算机软件问题依然突出，城市繁华地段、都市村庄、风景旅游区和机场、车站附近地摊游商销售非法出版物的现象还时有出现，地下印刷窝点在个别地方还没有得到根治。三是执法人员的办案能力和水平有待进一步提高。

二、做好 2009 年"扫黄打非"工作的几点意见

（一）进一步加深对"扫黄打非"工作重要性的认识

"扫黄打非"是事关国家政治制度、事关意识形态安全、事关文化发展方向的重要工作。各级"扫黄打非"和新闻出版行政部门以及成员单位的领导同志，务必要从讲政治的高度进一步深化对"扫黄打非"重要性的认识，认清形势，牢记使命，更加自觉地担当起站岗、放哨、守阵地的光荣任务，在当地党委领导下，切实抓好本地区、本行业的"扫黄打非"工作。

（二）进一步完善"扫黄打非"的工作机制

各级"扫黄打非"办公室、各成员单位要义不容辞担当起政治责任，明确自身在"扫黄打非"工作中的重要角色。各地"扫黄打非"办公室要承担好当地党委、政府"扫黄打非"工作领导小组常设办事机构的责任，主动做好部署、指导、协调、督办工作。

（三）进一步落实好今年的各项任务

一是继续严密封堵和查缴非法出版物。二是及时屏蔽和删除利用信息网络传播的各类非法有害信息。三是大力扫除淫秽色情、凶杀暴力、封建迷信等文化垃圾。四是查处取缔各种非法报刊。

（四）进一步落实职责分工和督导检查制度

为确保2009年"扫黄打非"各项任务落到实处，省"扫黄打非"办公室将对《2009年"扫黄打非"行动方案》进行分解，明确各成员单位所承担任务和职责，并按照职责分工抓好工作落实。

同志们，让我们在省委、省政府的正确领导下，按照这次会议上孔部长的重要讲话精神和《2009年"扫黄打非"行动方案》安排部署，以改革创新精神抓好工作落实，努力完成2009年"扫黄打非"工作任务，以实际行动为全省工作大局服务，以"扫黄打非"的新成绩向国庆60周年献礼。

2000年2月24日

2009年"扫黄打非"大案要案综述

河南省"扫黄打非"办公室

郑州三和印务有限公司印刷非法出版物案

一、起因

2008年3月25日，根据群众举报，在全国"扫黄打非"办指导下，河南省与郑州市"扫黄打非"办组织郑州市出版物市场稽查大队和中原公安分局查处了从事印刷非法出版物的郑州市三和印务有限公司。执法人员在该公司印刷车间内查封、扣押涉嫌非法印刷的《内科学》、《妇产科学》等10种50420册，总码洋622980元，在该公司北面图书仓库内查封、扣押涉嫌非法出版物27种20239册，总码洋757049.9元。

二、领导重视，查办迅速

2008年3月31日，省"扫黄打非"工作领导小组副组长兼办公室主任、省新闻出版局（省版权局）局长詹玉荣同志批示：该案件是全国"扫黄"办亲自派处长现场督办的案件，省"扫黄"办特别是郑州市出版物市场稽查大队密切配合，初战告捷，目前的关键问题是抓紧将案件进入司法程序，尽快侦破，打击非法盗版，保护知识产权。当天，郑州市委常委、宣传部长、市"扫黄打非"工作领导小组组长丁世显同志批示：此案是全国"扫黄"办重点督办的案件，请政法委牵头，协调公安等有关部门，抓紧立案查处，及早结案上

报，以免产生不良影响。4月1日，郑州市委常委、政法委书记高建慧批示：请公安局钟局长落实丁部长批示，严格查处，早日结案。4月2日，郑州市公安局副局长钟志才落实市领导有关指示精神和要求，批转郑州市公安局中原公安分局：请武清局长安排，依法严厉打击，立案侦查。

鉴于郑州三和印务有限公司多次从事非法出版物印刷、复制活动，盗印他人图书数量巨大，情节严重，郑州市"扫黄打非"工作领导小组对案件进行专题研究分析，责成市新闻出版局及出版物市场稽查大队做好行政执法案件移送司法机关追究法律责任的有关准备工作。4月2日~4月11日，郑州市"扫黄打非"办、郑州市新闻出版局与郑州市公安局中原公安分局就郑州三和印务有限公司印刷非法出版物一案经过四次认真细致的沟通，对新闻出版行政执法机关需要向公安机关移送的鉴定结果、扣押物品清单、行政执法文书等有关材料进行了补充和完善。4月11日，郑州市新闻出版局及市出版物市场稽查大队和郑州市公安局中原公安分局正式办理了涉嫌犯罪案件移送手续，将案件调查的详细情况、新闻出版行政执法文书、鉴定机关出具的鉴定结果等相关材料移交中原公安分局。

三、加强协调，形成合力

6月9日，郑州市"扫黄打非"办以书面形式向郑州市"扫黄打非"工作领导小组上报了《关于郑州三和印务有限公司印刷非法出版物案件的情况汇报》。丁世显同志再次批示：同意召开案情汇报会，请建慧书记参加，共同商议查办事宜，严肃认真处理此案。郑州市委常委、政法委书记高建慧批示：请桂林书记负责召开案件协调会，从严从快，依法公正办理此案。6月21日，市政法委召集案件案情汇报、分析会议，会议决定，郑州市立即成立由市领导挂帅，市政法委、市"扫黄打非"办负责人牵头督办，有郑州市、中原区两级公安、检察、法院有关办案负责人和市新闻出版局有关办案负责人组成"6·21专案组"。会议要求，专案组各组成单位要展开两级论证，加强协调和衔接，完善法律程序、补足补强证据，尽快开展抓捕行动。6月22日，郑州市中原区人民检察院经认真审查并向郑州市检察院侦监处汇报后，依法对犯罪嫌疑人韦志强、丁华军作出批准逮捕决定。郑州市公安局中原公安分局迅速落实市政法委"6·21"会议精神和要求，6月23日，将犯罪嫌疑人丁华军抓获。6月24日，全国"扫黄打非"办就郑州市三和印务有限公司盗版盗印案在北京召开了专题督办会议。河南省、郑州市"扫黄打非"办负责人及专案组有关人员参加了会议。全国"扫黄打非"办专职副主任、新闻出版总署出版物市场监管局局长李宝中对本案做出了明确指示：郑州三和印务有限公司盗版盗印案具有很强的典型性，该公司有违法违规前科，性质恶劣，要依据最新的司法解释，按照上限处理，本案要彻查、彻办、彻究，要及时向全国"扫黄打非"办报送本案的结果。会后，市"扫黄打非"办立即起草了《全国"扫黄打非"办对郑州三和印务有限公司盗版盗印案督办会纪要》，及时将会议情况向市"扫黄打非"工作领导小组进行了汇报。

四、依法严惩，打击犯罪

2009年4月24日，郑州市中原区人民法院对郑州三和印务有限公司盗版案盗印案进行了审理。经法院查明：被告人韦志强：曾用名魏德强，男，1973年6月17日出生于河南省原阳县，汉族，高中文化，系郑州市三和印务有限公司法定代表人，因涉嫌犯侵犯著作权罪于2008年5月1日被郑州市公安局中原分局刑事拘留，同年5月27日因被郑州市中原区人民检察院认为不构成犯罪，不批准逮捕，于2008年5月28日被释放，2008年6月22日经郑州市中原区人民检察院批准，于同年7月4日被执行逮捕。现羁押于郑州市第二看守所。被告人王卫军：男，1972年12月22日出生于河南省太康县，汉族，大专文化，因涉嫌犯侵犯著作权罪于2008年9月2日被郑州市公安局中原分局刑事拘留，同年9月12日被逮捕。现羁押于郑州市第二看守所。被告人许志勇：别名许涛，男，1971年4月8日出生于河南省镇平县，汉族，初中文化，个体工商户，因涉嫌犯侵犯著作权罪于2008年7月6日被郑州市公安局中原分局刑事拘留，同年7月30日被逮捕，现羁押于郑州市第二看守所。2008年3月25日，郑州市新闻出版局工作人员根据线索，在位于郑州市三和印务有限公司的印刷车间，查获被告人韦志强、王卫军印刷装订的《内科学》（1100册、定价79元）、《妇产科学》（4500册、定价43元）、《建筑工程管理与实务》（1100册、定价60元）等出版物。其中，《妇产科学》2000册系被告人韦志强、王卫军在明知被告人许志勇没有印刷、出版许可手续的情况下，为被告人许志勇印刷、装订的医学书籍。经河南省新闻出版局鉴定，《内科学》、《妇产科学》、《建筑工程管理与实务》均为侵犯他人著作权的非法出版物。被告人韦志强、王卫军、许志勇以营利为目的，未经著作权人许可，复制发行其文字作品，其行为均已构成侵犯著作权罪，且系共同犯罪，被告人韦志强、王卫军的行为属情节特别严重，被告人许志勇的行为属情节严重，均应予惩处。判决如下：

被告人韦志强犯侵犯著作权罪，判处有期徒刑三年零六个月，并处罚金15万元人民币。

被告人王卫军犯侵犯著作权罪，判处有期徒刑三年零六个月，并处罚金 15 万元人民币。

被告人许志勇犯侵犯著作权罪，判处有期徒刑二年零六个月，缓刑三年，并处罚金 8 万元人民币。

2009 年"扫黄打非"大事记

河南省"扫黄打非"办公室

1 月 26 日（农历 2009 年大年初一），省"扫黄打非"工作领导小组副组长兼办公室主任、省新闻出版局（省版权局）局长詹玉荣同志和副局长杜国清同志率领省"扫黄打非"办、省新闻出版局有关部门负责人深入郑州市出版物市场进行检查和暗访，并看望了战斗在第一线的行政执法人员。

2 月 10 日，省委书记徐光春同志对省委办公厅《每日汇报》（专报第 11 期）《鲜为人知的"灾难村"》（该书稿重点记述了各级政府"不作为"和救治艾滋病患者过程的混乱情况等负面消息，大肆诋毁政府相关政策和工作措施）批示："请玉荣同志请示出版总署提出处理意见"；2 月 13 日，对《重译世界》（该出版物混淆人们的人生观、价值观，政治言论错误）再次批示："请玉荣同志采取措施，防止传播。"

2 月 15 日，省委常委、宣传部长、副省长、省"扫黄打非"工作领导小组组长孔玉芳同志批示："玉荣并新闻出版局：望认真落实徐书记批示，关注此事，采取措施，防止传播。"

2 月 24 日，2009 年河南省"扫黄打非"工作会议在郑州召开。河南省委常委、宣传部长、副省长、河南省"扫黄打非"工作领导小组组长孔玉芳到会作了重要讲话，并同全省 18 个省辖市签订了"扫黄打非"工作责任书。

4 月 12 日，按照全国"扫黄打非"办的部署，省"扫黄打非"办组织全省开展收缴整治低俗音像制品专项行动，加大了对音像制品市场的清查力度，多次组织暗访检查和夜间集中行动，加强对音像门店和夜市地摊的清查，坚持不懈开展回头看和反复查。

4 月 22 日，河南省集中销毁侵权盗版及非法出版物活动在郑州市文博广场隆重举行。省、郑州市"扫黄打非"工作领导小组成员单位的负责同志、城市执法人员代表和社会各界群众 600 多人参加了活动仪式，销毁活动仪式后又举行了签名活动和现场发放"绿书签"活动。

4 月 30 日，徐光春书记在省"扫黄打非"办《关于进一步加强低俗音像制品整治工作的通知》上批示："玉荣同志：不知我省这项工作进展如何，要加大工作力度，扩大战果。"

5 月 7 日，徐光春书记在省"扫黄打非"办《关于我省开展清缴整治低俗音像制品专项行动的情况报告》上批示："玉芳并玉荣同志：开展扫黄打非专项行动很有必要，希望认真部署，精心组织，务求实效。"

5 月 4 日，省委常委、宣传部长、副省长、省"扫黄打非"工作领导小组组长孔玉芳同志在省"扫黄打非"办《关于进一步加强低俗音像制品整治工作的通知》上批示："望加大工作力度，积极做好'扫黄打非'工作。"

5 月 8 日，孔玉芳部长作出批示："望省扫黄办按徐书记要求认真抓好落实。"

6 月 6 日，河南省政府办公厅印发《河南省新闻出版局（河南省版权局）主要职责内设机构和人员编制规定》，根据《中共河南省委河南省人民政府关于印发河南省人民政府机构改革实施意见的通知》（豫文〔2009〕18 号），设立河南省新闻出版局（河南省版权局），为省政府直属机构。设立反非法和违禁出版物处（省"扫黄打非"工作领导小组办公室）。

9 月 26 日~30 日，根据省"扫黄打非"办

《关于组织开展对出版物市场集中整治的通知》、《关于开展对印刷复制业专项治理检查的通知》精神，省"扫黄打非"办派出5个检查组，分别由厅局级领导干部带队对全省出版物市场进行了暗访检查。

10月27日，为应对河南省辖区内可能突发的"扫黄打非"事件，减少由于突发事件对社会带来的不利影响，确保广大人民群众生活安定，进一步发挥"扫黄打非"工作在维护全省政治安定和社会稳定中的重要作用，省"扫黄打非"工作领导小组办公室印发了《河南省"扫黄打非"突发事件应急预案》。

10月30日，省"扫黄打非"办召开了全省出版物经营单位"扫黄打非"工作座谈会。

11月3日，省"扫黄打非"办召开报纸、期刊"扫黄打非"工作座谈会和新闻媒体"扫黄打非"工作座谈会，《大河报》、《河南商报》、《妇女生活》、《名人传记》、《小小说》等14家报纸、期刊代表和《中国新闻出版报》驻河南记者站、河南电视台民生大参考、《河南法制报》等20家新闻媒体的记者分别参加了座谈会。

12月1日，省"扫黄打非"办在全省组织开展为期一个月的打击手机网站制作、传播淫秽色情信息活动专项行动。

12月11日，河南省委宣传部、河南省"扫黄打非"工作领导小组办公室、河南省通信管理局、河南省公安厅、河南省文化厅、河南省国有资产监督管理委员会、河南省工商管理局、河南省广播电影电视局、河南省新闻出版局等九厅（局）联合召开电视电话会议，就深入整治互联网和手机媒体淫秽色情及低俗信息专项行动进行周密部署，坚决打好整治和净化社会网络文化环境这一重大战役。

12月18日，省委书记卢展工在相关电报上批示：玉芳同志：落实好相关要求。12月22日，省委常委、宣传部长、副省长、省"扫黄打非"工作领导小组组长孔玉芳批示：玉荣同志，望扫黄办周密部署，加强协调，严密查缴封堵，确保万无一失。为省委负责，为人民群众负责。

12月29日～30日，2009年全省"扫黄打非"工作座谈会和"扫黄打非"工作领导小组办公室扩大会议在郑州召开。全省十八个省辖市主管"扫黄打非"工作的负责同志和省"扫黄打非"工作领导小组办公室成员单位负责同志分别参加了会议。

郑 州 市

2009年"扫黄打非"工作总结

郑州市"扫黄打非"办公室

一、筹办召开"扫黄打非"工作会议，全面安排全市"扫黄打非"工作

3月11日，郑州市"扫黄打非"办组织召开了2009年全市"扫黄打非"工作领导小组第一次会议，总结汇报了2008年郑州市"扫黄打非"工作开展情况，印发了《关于调整郑州市"扫黄打非"工作领导小组的通知》、《郑州市2009年"扫黄打非"行动方案》。

二、开展"扫黄打非"集中行动，严厉打击各类违法犯罪行为

郑州市严格按照市委办公厅、市政府办公厅转发的《2009年"扫黄打非"行动方案》的部署，开展三个阶段的集中行动。

三、组织开展公开销毁行动，震慑不法分子

4月22日，按照全国"扫黄打非"办的统一部署，2009河南郑州全国侵权盗版及各类非法出版物集中销毁活动在市文博广场隆重举行。

四、认真组织开展郑州市印刷复制业专项检查行动

市"扫黄打非"办下发了《郑州市印刷复制业专项检查行动方案》。于3月10日～31日在全市范围内组织开展开展对印刷、复制企业，出版物市场进行专项检查，立案处理7家，收缴非法印刷品23700册（张）。

五、开展清缴整治低俗音像制品专项行动

4月12日开展了清缴整治低俗音像制品专项行动，共查缴低俗音像制品200多盘，查处出售低俗音像制品的店档摊点13家。

六、认真查办大案要案

2009年1月10日、11日，根据举报，郑州市新闻出版局稽查大队，协同中原区公安分局连续端掉了位于小京水村、柿园村、后仓村等6个盗版图书仓库，查获涉嫌盗版人民卫生出版社等21家出版单位出版的图书共计100多个品种、10万余册，总码洋292多万元。该案已经中原区人民法院审结，案犯刘庆江被法院依法以销售侵权复制品罪判处有期徒刑1年，缓刑2年，并处罚金7万元。

七、重点整治战果丰硕

8月份，市"扫黄打非"办安排二七区"扫黄打非"工作领导小组负责，针对郑州古玩城组织开展为期1个月的专项整治行动。

9月19～20日，在市"扫黄打非"办的组织下，市内五区和火车站地区"扫黄打非"办主动协调公安、工商、文化等有关部门对辖区内出版物市场进行全面检查，先后出动人员430多人次，车辆68余台次，收缴各类非法出版物14500多册（张、盘）。

八、加强日常监管，出版物市场检查力度加大

一是强化源头治理。对非法印刷案件常发地区、印刷厂点集中地区、非法印刷隐患地区进行反复检查，加大对印刷企业的日常监管力度。二是加强日常监管力度，10月9～18日，市"扫黄打非"办组织出版物市场稽查大队及各县市区"扫黄打非"办，开展了出版物市场集中整治检查行动，共出动执法车辆246台次，执法人员930人次，检查各类出版物市场、店档摊点、印刷企业630余家，查封违规出版物销售商店五家、非法盗版音像店6家，查处违规印刷企业一家，责令整改出版物销售商店、音像店21家，暂扣、收缴非法出版物11000多册（张）。

今年，全市各级"扫黄打非"和新闻出版工作部门共出动执法人员15934人次，检查出版物市场、经营单位7972余家次，查缴各类非法出版物1102178册（张、盘），关闭违法出版物市场和店档摊点186家，查办案件37起，经过治理，侵权盗版行为得到有效遏制，有害出版物明显减少，全市出版物市场得到了健康有序发展。

湖 北 省

2009年"扫黄打非"工作总结

湖北省"扫黄打非"办公室

2009年，在全国"扫黄打非"办和省委省政府的领导下，全省先后开展了"扫黄打非"三个

阶段集中行动，部署开展了违法违规网站专项整治行动、全省报刊出版发行单位和记者站专项检查、整治低俗音像制品专项行动和封堵非法出版物专项行动，有效地净化了社会文化环境。全省共出动检查人员 6.8 万人次，检查店档摊点 4.2 万个、印刷复制企业 1.2 万家，收缴非法、盗版出版物 111 万册，查办案件 512 起，其中刑事处罚 16 起。

一、周密部署年度"扫黄打非"工作

1 月 16 日，召开全省"扫黄打非"工作电视电话会议，省委常委、宣传部长、省"扫黄打非"工作小组组长李春明，省政府副省长、省"扫黄打非"工作小组第一副组长张岱梨出席会议，对"扫黄打非"工作提出明确要求并作周密部署。3 月 20 日，省委、省政府以"两办"名义转发了《2009 年湖北省"扫黄打非"工作方案》，对全省"扫黄打非"工作的总体要求、工作重点、集中行动安排和责任落实进行了全面部署。省委书记罗清泉，省委常委、宣传部长、省"扫黄打非"工作小组组长李春明，副省长、省"扫黄打非"工作小组副组长张岱梨，省委宣传部常务副部长、省"扫黄打非"工作小组副组长李以章先后作出重要批示 11 次，要求认真贯彻中央领导重要批示精神和有关通知要求，精心组织，周密部署，严格责任，确保万无一失。

根据阶段性工作任务和工作重点，先后组织召开省"扫黄打非"成员单位联络员会议 2 次、鄂西片区"扫黄打非"工作座谈会和"1 + 8"武汉城市圈"扫黄打非"办主任会议等，并赴广东学习考察先进经验和做法。

二、统一开展出版物市场集中检查行动

2 月 21 日，按照全国"扫黄打非"办的统一部署，全省 17 个市（州）公安、文化、工商、城管、电信、交通、新闻出版、版权等部门在同一时间，分白天和夜市两个时段，对各地出版物经营场所、繁华街区、学校周边、旅游景点、集贸市场、车站码头等重点场所进行了统一集中执法检查。

为确保国庆期间全省出版物市场健康繁荣，推动"扫黄打非"第三阶段集中行动部署的落实，9 月 25 日～30 日，省"扫黄打非"办派出 6 个督查组，对武汉、襄樊、宜昌、荆门、孝感、黄冈、黄石、鄂州、咸宁、荆州、十堰、随州等 12 个城市进行暗访检查，对暗访检查中发现的问题进行了通报，要求各地限期整改，确保全省出版物市场健康稳定。

三、开展全省报刊出版发行单位、记者站专项检查

3 月上旬，省"扫黄打非"办会同省新闻出版局印发了《关于对全省报刊出版发行单位、记者站进行专项检查的通知》，全面清查报刊发行市场，坚决查缴各类非法报刊，严厉打击非法采编活动，清理纠正报刊出版单位违规出版等行为。3 月中下旬，全省 400 余家报刊出版发行单位、记者站认真开展自查，并上交自查报告。省"扫黄打非"办、省新闻出版局组成联合检查组，对武汉市、孝感市等部分报刊出版发行单位进行了抽查。通过自查与抽查，全省报刊出版、发行秩序进一步规范。

四、开展违法违规网站、网吧和低俗音像制品专项整治行动

认真开展互联网低俗之风专项整治工作。省内网络出版单位进行了认真自查。省新闻出版局充分发挥网络监管系统作用，对各出版网站进行 24 小时实时监管，删除 100 多部淫秽色情网络小说、手机小说和 350 余部网络低俗小说；省广电局加强对互联网视听节目网站和博客的监管，发现并删除 6 家含有格调低俗的视听节目，对天堂影视网和盼盼免费电影网擅自从事传播、链接《新金瓶梅》、《十面埋伏》、《坏小子》、《日本毛片》和《情欲生活》、《美女服务生》、《比基尼乳油艳舞》等淫秽色情节目进行了处理。

4 月 13 日，根据全国"扫黄打非"办统一部署，全省各地开展了整治低俗音像制品专项行动。截止 5 月底，各地共清缴低俗音像制品 3845 盘，专项整治工作得到全国"扫黄打非"办的充分肯定。

五、开展封堵查缴非法出版物专项行动

根据全国"扫黄打非"办部署和要求，省"扫黄打非"办第一时间在全省部署开展封堵查缴非法出版物工作。各地各有关部门高度重视，精心组织，严格责任，迅速行动，切实加强对非法出版物的封堵查缴工作，实行 24 小时值班制度，坚持每周五零报告制度。

六、开展校园周边治理和整顿教材教辅发行秩序

省"扫黄打非"办会同省新闻出版局、省版权局、省工商局、省教育厅联合下发了《关于加强中小学校和高等院校校园及周边出版物市场管理工作的通知》，对严厉打击非法出版和侵权盗版活动，切实规范全省中小学校和高等院校校园及周边出版物市场秩序的有关工作进行了部署。9月17日，省"扫黄打非"办、省新闻出版局、省教育厅联合下发了《关于严禁编印订购销售盗版教材教辅的通知》，要求全省各地对教材教辅编印、征订、销售情况进行全面清查。依法严肃查处编印、征订、销售盗版教材教辅行为。加强对校园内及校园周边的各类书店的监管，督促守法经营。

七、加强宣传工作，努力营造"扫黄打非"氛围

3月，省委宣传部、省"扫黄打非"办联合下发了《2009年湖北省"扫黄打非"工作宣传方案》，要求省直和各地新闻媒体要紧密配合有关部门工作，积极反映全省及各地各有关部门开展"扫黄打非"工作的有力措施和重要成果，深刻揭露制黄贩黄、侵权盗版等非法出版活动的危害性，宣传"扫黄打非"的重大意义和政策法规知识，增强公众自觉抵制非法及盗版产品的意识，曝光一批非法出版和侵权盗版重点案件。

4月22日，根据全国"扫黄打非"办的统一部署，湖北省暨武汉市在武汉剧院门前广场隆重举行侵权盗版制品及各类非法出版物集中销毁活动，共销毁侵权盗版制品和非法出版物130万件。副省长、省"扫黄打非"工作小组第一副组长张岱梨出席活动并讲话；之前，全省还举行了"打击侵权盗版，保护知识产权"签名活动，张贴了"绿书签"行动宣传海报，向广大市民发放了"绿书签"。襄樊、鄂州、仙桃、潜江等

地也在同一天举行了集中销毁活动，销毁活动有声势、有影响、有效果；召开了新闻通气会，省委宣传部常务副部长、省"扫黄打非"工作小组副组长李以章出席并讲话，要求各新闻媒体加大宣传力度，开展经常性、不间断的宣传报道，拿出足够时段、版面进行宣传。

八、严查大案要案，震慑违法犯罪

通过积极发动群众举报、执法人员化装侦查等多种手段，先后查获了一批较有影响的案件。武汉市采取措施分别于3月5日、4月28日、5月7日、6月10日先后查获了4个非法盗版音像制品窝点，收缴非法盗版音像制品16万余张。"3·5"案件主犯王涛和王会早分别被判处有期徒刑8年6个月和5年6个月；十堰市分别于2月21日、4月1日查获2起经营非法音像制品案，共查获2300余张盗版淫秽色情音像制品，分别移交公安机关依法追究刑事责任；咸宁通城县于3月23日查获一非法出版物案件，收缴《白小姐传奇》8400册，当事人彭某、许某被刑事拘留。

九、重点加强"扫黄打非"的基础性工作

省"扫黄打非"办下发《关于建立各地"扫黄打非"工作档案的通知》，对各地"扫黄打非"工作分别建立工作档案，明确规定各地档案的数量和质量情况将作为"扫黄打非"综治考核、专项资金拨付和评奖评先的重要依据。同时，积极争取省财政支持专门设立"扫黄打非"专项资金200万元。

全省"扫黄打非"工作的薄弱环节和不足：一是思想认识有差距。一些地方对"扫黄打非"工作重要性、艰巨性的认识不到位，特别是对打击侵权盗版工作的重视不够，存在松懈、懈怠、敷衍等问题；二是工作落实不够。巡查和监管工作存在盲区和死角，少数地方工作不按要求抓落实，一些地方旅游景点仍有销售非法出版物的问题，一些地方音像制品摊点有出租、出售淫秽色情光碟问题，等等；三是执法不严。有的地方对查获的案件不深入，只注重收缴，不追根溯源、深挖上线，没有对相关责任人进行法律追究；

四是基础工作不扎实。一些地方对信息的收集整理、报表的统计、案件的报备等基础工作不重视，未能按要求及时报送。

领导讲话

在 2009 年全省"扫黄打非"工作电视电话会议上的讲话（摘要）

湖北省委常委、宣传部长、省"扫黄打非"工作小组组长
李春明

一、进一步提高思想认识

把握形势、提高认识是做好"扫黄打非"工作的前提。对 2009 年"扫黄打非"工作形势，同志们要把握三个关键词，即"三性"、"三多"、"三不"。

第一个关键词是"三性"，即"扫黄打非"斗争的重要性、长期性和艰巨性。云山同志指出，我们同各种敌对势力在意识形态领域的斗争，本质上是社会主义价值体系和资本主义价值体系的较量。当前，意识形态领域并不平静，敌对势力对我西化、分化的活动一刻也没有停止；2008 年"扫黄打非"工作力度大、主动性强、覆盖面广、措施有力，文化市场秩序和社会文化环境明显改观，但依然存在着一些不容忽视的问题，"扫黄打非"斗争形势依然严峻，工作任务依然很重。

第二个关键词是"三多"，即大事多、热点难点问题多、敏感问题节点多。2009 年是深入贯彻党的十七大精神、推进"十一五"规划顺利实施的关键一年，是新中国成立 60 周年、"五四"运动 90 周年、西藏民主改革 50 周年、平息"六四"风波 20 年、取缔打击"法轮功"邪教组织 10 年。我们既要应对国际金融危机严重冲击，确保经济平稳较快发展，也要做好应对境内外敌对势力可能制造事端的准备。"扫黄打非"工作维护意识形态安全，促进社会和谐稳定，推动社会主义文化大发展大繁荣的任务很重、难度很大。

第三个关键词是"三不"，即不动摇、不懈怠、不敷衍。不动摇，就是要坚定"扫黄打非"的决心和信心，牢牢抓住"扫黄打非"这个确保意识形态安全的有效途径和管理文化市场的成功办法不放松；不懈怠，就是要长期坚持不懈地开展"扫黄打非"斗争，咬定目标不放松；不敷衍，就是要把"扫黄打非"工作纳入各地各有关部门的重要工作日程，有计划、有部署、有落实，真正做到言行一致、有始有终，不能讲起来重要、做起来次要，不能虎头蛇尾、有始无终。

全省各地各部门要从服务党和国家工作全局、推进中国特色社会主义事业顺利发展、保持国家长治久安的战略高度，进一步加深对"扫黄打非"斗争重要性、长期性、艰巨性的认识，进一步增强责任感、紧迫感、使命感，切实把思想和行动统一到中央的决策部署上来，坚决贯彻"扫黄打非"工作"只能加强、不能削弱"的要求，努力开创全省"扫黄打非"工作新局面。

二、进一步突出工作重点

云山同志指出，"扫黄打非"事关全局，涉及面广，工作头绪多。我们必须把"扫黄打非"工作放到党和国家工作全局中去谋划和推进，坚持用维护和实现广大人民群众根本利益来衡量工作成效。2009 年全省"扫黄打非"工作任务非常繁重，中宣部、中央政法委、全国"扫黄打非"工作小组办公室制定了 2009 年全国"扫黄打非"行动方案。我省也制定了"扫黄打非"

工作方案，儒芝同志刚才也作了部署。可以说，这项工作既有"路线图"，也有"时间表"，希望同志们按照中央和省里的部署切实抓好落实。要做好2009年"扫黄打非"工作，一定要胸怀大局、积极主动，冷静清醒、坚定信心，对面临的复杂形势要心中有数；要坚持净化与繁荣并重，坚持专项治理与日常监管结合，坚持预防为主、教育与打击并重，不断探索标本兼治的长效机制，努力把"扫黄打非"工作提高到新水平。工作中，要突出如下四个重点。

一是严厉打击非法出版物制售活动，始终保持对非法出版物的高压态势。这是今年工作中的重中之重。2009年大事多、热点难点问题多、敏感问题节点多，敌对势力必然要利用这些问题和节点大做文章，千方百计向境内传播非法出版物。非法出版物一旦流入市场，政治影响非常恶劣。我们要按照刚才云山同志提出的"进一步完善应对非法出版物的快速反应和联合封堵机制"的要求，坚决封堵和查缴传播政治谣言、制造思想混乱、煽动民族分裂、攻击党的领导、诬蔑社会主义制度的非法出版物和"法轮功"等邪教组织宣传品，做到快速反应，迅速查缴，决不手软。

二是全面开展网上"扫黄打非"，净化网络文化环境。在现代信息技术迅猛发展的大背景下，互联网的数字化、大众化和媒体化趋势，已经使之成为意识形态领域较量的重要阵地，成为"扫黄打非"斗争的重要战场。目前，全国网民有2.98亿，一个网站就是一个媒体，一个博客就是一个媒体，网上媒体监管任务很重、难度很大。敌对势力把互联网等现代媒体作为制造和扩散反华舆论、进行意识形态渗透的重要渠道，散布大量有害信息，极力抹黑中国、丑化中国、妖魔化中国。网上从事淫秽色情活动、销售非法出版物等现象也比较严重。近年来，我省加强网络信息监控，坚决查处利用信息网络传播各类有害信息、从事淫秽色情活动、销售非法出版物和侵犯知识产权的行为，取得阶段性成果，受到各级领导和人民群众的欢迎。当前，开展网上"扫黄打非"工作，除了重视外，还必须要有手段、有技术、有人才。

三是高举保护知识产权旗帜，坚决打击侵权盗版活动。近年来，侵权盗版行为一直是西方敌对势力攻击我国社会主义制度和知识产权制度的主要话题，严重影响了我国的国际形象。坚决查缴各类侵权盗版出版物，有利于形成创新的良好环境，有利于民族创新力和文化产业的健康发展。2008年我省以保护知识产权为工作平台，开展了以整治印刷复制和运输环节为重点的专项行动。每年"4·26"世界知识产权日前后，全国"扫黄打非"工作小组都统一组织开展全国性集中销毁盗版及非法出版物活动。2009年我省要高举保护知识产权旗帜，加大查缴各类侵权盗版出版物的力度，坚决维护知识创造者的合法利益，维护我国的良好国际形象。

四是严肃查处非法报刊制售活动，维护报刊出版发行秩序。非法报刊制售活动是文化市场比较突出的问题，严重干扰了报刊出版发行秩序，对新闻出版事业的发展造成不利影响。各级"扫黄打非"部门要将日常监管和专项行动结合起来，分别从制、售两个环节开展严厉打击。要重点查处、取缔各种形式的非法报刊，特别是非法夹带、邮寄入境的境外反动报刊，利用境外注册刊号在境内出版的非法报刊，以及以一号多刊等形式出版的非法报刊，切实维护全省报刊出版发行秩序。

三、进一步抓好工作落实

"扫黄打非"工作关键在落实，必须加强领导，强化责任，狠抓落实，确保实效。

第一，要理顺体制。这个体制就是各级党委、政府统一领导，各级"扫黄打非"工作小组办公室和党委宣传部门组织协调，各地区联防协作，各部门齐抓共管，社会各方积极参与的行之有效的领导体制，要坚定不移地坚持下去。关于机构问题，前不久，云山同志作出重要批示，要"防止在机构改革中弱化'扫黄打非'工作机构"，刚才在讲话中又进一步作了强调，要求做到"三个保障"：机构保障、队伍保障、投入保障。希望各成员单位、各市州县认真检查一下，切实按中央要求抓好落实。

第二，要强化工作责任。各级党委、政府和各有关部门要切实贯彻谁主管谁负责和属地管理的原则，做到守土有责、守土尽责。各级党委和政府的分管领导要亲自带头抓，"扫黄打非"工作小组组长是"扫黄打非"第一责任人，要靠前指挥，各成员单位负责人要切实负起领导责任。各地各部门要抓好责任分解、责任考核、责任追究等环节，把"扫黄打非"工作纳入领导班子、领导干部目标责任考核，纳入文明城市、文明社区、文明单位和社会治安综合治理考评的重要内容。

第三，要加强组织协调。各级"扫黄打非"工作小组办公室要切实履行好组织协调职责，要注意加强与各市县、各部门的沟通联系，宣传、政法、新闻出版、公安、文化、工商、海关、铁路、民航、交通等部门要各司其职、各负其责、相互配合、协同作战，做到全面覆盖、无缝对接、横向互动、纵向联动，形成"扫黄打非"工作的强大合力。要加快推进文化市场综合执法改革步伐，进一步整合执法资源，不断强化依法治理、依法监管的合力。

第四，要加强督办。各级"扫黄打非"工作小组办公室要会同有关部门，加强对"扫黄打非"工作的检查和督导，及时掌握各项工作进展及完成情况，要通过各种形式加强对重点地区、重点部位、重点环节的督促检查，及时发现和解决问题。对检查督导中发现的突出问题、对群众反映强烈的突出问题，要在认真核实的基础上，向有关地区党委、政府乃至全省通报。必要时派出工作组驻点督办，确保各项重点工作落到实处。对非法出版活动猖獗、多次治理无明显成效的地区，要限期整改。

同志们，"扫黄打非"工作责任重大，使命光荣。面对当前国际国内形势的复杂变化，面对党和人民对"扫黄打非"工作的厚望重托，我们一定要以坚定清醒的政治意识、奋发有为的进取精神、务实高效的工作作风，扎实做好2009年"扫黄打非"工作，为省委、省政府工作大局服务，为促进全省经济社会又好又快发展作出新的更大贡献。

2009年1月16日

在2009年全省"扫黄打非"工作电视电话会议上的讲话（摘要）

湖北省新闻出版局局长、省"扫黄打非"工作小组副组长
张儒芝

一、认清形势，坚持不懈推进"扫黄打非"斗争

2008年，我省"扫黄打非"工作以查缴非法出版物、打击侵权盗版活动、开展网上"扫黄打非"、查处非法报刊销售活动为重点，收缴了一批非法出版物、取缔了一批非法经营单位、查处了一批大案要案、打击了一批违法犯罪分子，出版物市场进一步净化、公众版权保护意识明显增强、工作机制进一步健全，"扫黄打非"工作取得了显著成效。各级新闻出版、工商、文化、公安等部门通力合作，严厉打击制作、传播非法出版物的行为，强化文化市场监管；海关等部门在奥运会、残奥会期间，对旅客行李物品、邮件、快件严密查验；全省交通系统严把非法出版物运输流通关口；通信部门对利用互联网从事侵权盗版活动的非法网站进行严厉查处；各电信运营企业积极配合版权部门调查取证，依法关停从事侵权盗版活动的非法网站。我省迎北京奥运会残奥会、全面清理出版物市场专项行动受到全国"扫黄打非"工作小组办公室奖励。全省共出动检查人员6.8万多人次，收缴非法出版物127万册，处罚违规经营门店574个、印刷复制企业172家、网站9家，取缔关闭经营门店278个、印刷复制企业13家、非法网站3家。共查办案件368起，

其中行政处罚 358 起，刑事案件 10 起。

我省"扫黄打非"工作虽然取得了明显成效，但当前我省"扫黄打非"工作面临的形势仍然严峻：主要是非法出版物时有发现，网上"扫黄打非"任务艰巨，侵权盗版活动较为严重，淫秽色情等文化垃圾屡禁不止，盗版音像制品比较普遍，一些地方出版物市场日常管理薄弱，一些管理制度没有落到实处，地方及部门保护现象还不同程度地存在，执法不严、以罚代刑现象时有发生，有的地方一些公务人员甚至与不法分子通风报信、相互勾结，等等，严重影响了"扫黄打非"工作的有效开展。2009 年，我国大事多，热点难点多，敏感问题多，我们既要应对国际金融危机的冲击，又要应对敌对势力在意识形态领域的斗争，"扫黄打非"工作任务十分艰巨。我们务必保持清醒的头脑，切实增强忧患意识、大局意识和政治敏感性，总结经验，查找薄弱环节，毫不松懈地推进"扫黄打非"斗争。

二、2009 年全省"扫黄打非"的工作重点和行动安排

（1）工作重点：一是严密封堵和查缴非法出版物，特别是诋毁我国政治制度，歪曲党史、国史、军事，诬蔑党和国家领导人，攻击平息"六四"风波，宣扬"法轮功"邪教，鼓吹"藏独"、"疆独"等民族分裂的出版物。各地要始终把打击制售非法出版物作为"扫黄打非"工作的重中之重，坚持彻查、彻究、彻办，决不姑息、手软。二是要严密监视网上舆情，防范并及时清除互联网、移动通信网政治性、淫秽色情等有害信息和侵权盗版内容。三是大力扫除淫秽色情、暴力凶杀、封建迷信书刊、音像制品、卡片类印刷品及动漫游戏。四是要坚决查处未经权利人许可，擅自印制、发行音像制品、计算机软件、教材教辅、畅销书和常销书等各类侵权盗版活动，特别是对知名品牌书报刊、音像制品、计算机软件要实施重点保护。五是要严肃查处并取缔各种形式的非法报刊，特别是非法夹带、邮寄入境的境外反动报刊、利用境外注册刊号在境内出版的非法报刊及以一号多刊等形式出版的非法报刊。

（2）行动安排：一是 2 月上旬至 4 月下旬，以整治出版环节为重点开展集中行动。要对报刊出版单位进行认真检查，严肃查处一号多刊或以承包、合作等方式租赁、出卖刊号出版报刊的行为。继续整治假报刊、假记者、假记者站、假新闻，严厉打击以记者身份招摇撞骗、敲诈勒索、聚敛钱财和扰乱社会秩序的违法活动，典型案例要公开曝光。

二是 5 月中旬~7 月底，以整治印刷复制、运输环节为重点开展集中行动。各地要对印刷复制行业进行一次集中整治，严厉查处违法违规印制活动，深挖地下印刷复制窝点。加大对铁路、公路、水路、航空、邮政等运输环节出版物的检查力度，加强高速公路服务区出版物经营点的管理，依法查处贩运、经营非法出版物的企业法人和责任人。

三是 8 月中旬~11 月中旬，以整治市场、进口环节为重点开展集中行动。各地要高密度检查书报刊、音像电子出版物、互联网上网服务等经营场所，对繁华街区、学校周边、旅游景点、交通枢纽、宾馆饭店、重要机关、集贸市场、大型电子软件卖场、电脑城等场所重点监控、反复巡查。加大出版物进口监管力度，防止境外有害出版物通过正式渠道流入境内。海关等部门要加强对入境印刷品、音像制品及软件制品的查验，对进境的重点人员和车辆做到过关必查。要密切监控网上舆情信息，严密封堵境外有害出版物及政治谣言、淫秽色情等有害信息，整顿、关闭一批违法违规的互联网站。要特别关注国庆前后新闻出版和文化市场动向，严加防范。

三、周密部署，强化措施，狠抓"扫黄打非"各项工作落实

各级"扫黄打非"领导小组要加强领导，及时研究、解决"扫黄打非"工作中遇到的新情况、新问题。各级"扫黄打非"领导小组办公室及各成员单位，要认真履行职责，根据中央和省统一安排，结合各自实际，周密部署全年及每个阶段的工作任务，认真组织实施每一阶段的工作，做到有目标、有措施，有部署、有行动，有督办、有检查，确保落到实处。

要贯彻"属地管理"、"谁主管谁负责"原

则，层层建立健全责任制和责任追究制；切实落实各项管理制度，强化日常监管，加大重点地区、重点环节、重点时段的巡查力度，完善市场预警机制、举报奖励机制和应急快速反应机制；严查大案要案，打团伙，端窝点，破网络，推动"扫黄打非"工作深入开展；要加大宣传力度，营造良好导向和氛围。

2009 年 1 月 16 日

2009 年"扫黄打非"大案要案综述

湖北省"扫黄打非"办公室

2009 年，全省加大"扫黄打非"案件查处工作力度，共查办各类案件 512 件，其中刑事处罚案件 16 件，有力打击了出版发行领域的违法犯罪。主要案件情况如下。

1. 武汉"9·05"侵犯著作权案

2008 年 8 月，湖北省版权局向公安机关移送了武汉市翔宇书刊发行有限公司涉嫌侵犯著作权案。同年 9 月 5 日，武汉市公安局根据省公安厅要求正式受理并进行调查。该案涉及盗版书籍 48 种、118547 册。经过一年多时间的侦查，公安机关于 2009 年 9 月 22 日将武汉翔宇书刊发行有限公司法人董在敏抓获。同年 10 月 14 日，又将另一犯罪嫌疑人武汉市林大科普教育印刷厂厂长林爱平抓获。经审查，犯罪嫌疑人董在敏、林爱平对其侵犯著作权犯罪行为供认不讳。此案于 2009 年 12 月移送检察机关审查起诉。

2. 荆州"1·12"销售盗版图书案

2009 年 1 月 12 日，荆州市版权局根据湖北世纪英才文化发展有限公司举报，对"严记书店"大量销售盗版《英才教程》系列教辅图书进行调查，在该书店仓库及店内扣押涉嫌盗版《英才教程》系列图书 12 种 7081 册。经鉴定，均为盗版图书，合计码洋 10 万余元。因当事人严某涉嫌犯罪，荆州市版权局依照相关规定将此案移送公安机关。

3. 咸宁"2·20"销售非法光盘案

2009 年 2 月 20 日，根据举报线索，咸宁市"扫黄"办、市文化局、市公安局执法人员从一辆湖南临湘开往咸宁的客车上查获一批非法音像制品共 1236 盘，其中涉嫌淫秽光盘 520 盘。经查，该批货是从湖南临湘大市场一家音像店发往咸宁，业主宋智吾。该市文化、公安部门经过半个多月的侦查，于 3 月 9 日在湖南临湘将宋智吾抓获并依法刑事拘留。据宋智吾交代，其所经营的非法音像制品全部是从湖南邵东购进，批发到湖南临湘及湖北咸宁咸安、赤壁、通城、崇阳等地，共计 3 万余盘。

4. 十堰"2·21"销售非法光盘案

2009 年 2 月 21 日下午，十堰市文化市场稽查队执法人员在火车站小商品批发市场东方红批发部查出了大量非法音像制品，共 1273 张，其中盗版音像制品 716 张、淫秽色情音像制品 557 张。十堰市新闻出版局于 3 月 19 日将此案移交公安机关。

5. 武汉"3·05"制售盗版光盘案

2009 年 3 月 5 日，武汉市洪山区文体局接到庙山检查站报告，一陈姓鄂州人车上带有盗版光盘。区文体局会同公安机关连夜突审，顺藤摸瓜，在民意三路地下室查获盗版光盘 8 万余盘（套），其中涉嫌淫秽光盘 500 余件 3932 张，抓获犯罪嫌疑人王涛、王会早。6 月，主犯王涛被判有期徒刑 8 年零 6 个月，同案犯王会早被判有期徒刑 5 年零 6 个月。

6. 咸宁贩卖"六合彩"非法出版物案

2009 年 3 月 24 日，湖南岳阳市人许文魁（在咸宁通城县长期租住人员）与上线周某取得联系，从周某处购进地下"六合彩"码书 2700 册。次日凌晨当"六合彩"码书从武汉运往通城时，被通城县新闻出版局、通城县公安机关查获，公安机关当即立案并报检察院批捕。7 月 13 日，通城县法院对许文魁下达了（2009）通刑初字第 62 号刑事判决书。

7. 随州"4·23"销售非法出版物案

2009 年 4 月 23 日，根据举报，随州市新闻出版局组织执法人员对该市卫生局利用从业人员报考执业医师和助理执业医师报名之机，向报名者出售《执业医师》、《助理执业医师》等涉嫌非法辅导用书 743 册。根据相关法规，对随州市卫生局作出责令改正、没收 743 册非法出版物、并处罚款人民币 10 万元的行政处罚。

8. 恩施"5·11"销售盗版教辅案

2009 年 5 月 11 日，恩施州利川市新闻出版局、文化市场稽查队根据举报，查获由中国教研网业务人员孙某前往利川销售盗版出版物《中国状元学习法》169 套，涉案金额 10 万余元。犯罪嫌疑人刘某被刑拘，主犯孙某在河南被抓获归案。

9. 黄石"11·25"使用盗版软件案

2009 年 5 月，世界知名软件企业 Corel 公司就黄石市部分广告、印刷企业使用盗版软件向省版权局投诉，省版权局将此投诉转黄石市版权局办理。黄石市版权局对涉嫌使用盗版 CorelDraw 软件的 12 家广告、印刷单位逐一进行检查，查明 12 家企业共安装 46 套盗版 coreldraw 软件。11 月 25 日，黄石市版权局依据《著作权法》、《著作权法实施条例》相关法规，对华康印务、康翔广告等 8 家单位作出责令停止侵权行为，分别处罚款 1000～6000 元的行政处罚。

10. 武汉"6·10"销售盗版光盘案

2009 年 6 月 10 日，武汉市执法人员发现肖蒙在珞珈电脑城 4107 室批发盗版音像制品，当场查获盗版音像制品 3 万余张，其中涉嫌淫秽光碟 301 盘。11 月，经依法审判，当事人肖蒙被判处拘役 5 个月，并处罚金人民币 1 万元。

11. 咸宁"7·22"非法印制"六合彩"非法出版物案

2009 年 7 月 22 日凌晨 2 时，咸宁崇阳县新闻出版局根据县公安局监管大队掌握的线索，会同该大队民警，在天城镇北门田家葛某私房内查获一地下印刷"六合彩"码报窝点，现场收缴复印机 3 台、电脑 1 台、打印机 1 台和当期码报 4850 份，抓获雇用人员 3 名。

12. 潜江"133 音乐网"侵权案

2009 年 8 月，国际唱片业协会向湖北省版权局投诉"133 音乐网"未经权利人许可擅自通过信息网络向公众传播其音乐作品。在省版权局指导下，潜江市新闻出版局依法扣缴"133 音乐网"的服务器，关闭了"133 音乐网"，并处罚款 5 万元。

13. 襄樊"9·04"销售盗版教材案

2009 年 9 月 4 日，襄樊市版权局根据湖北少儿出版社举报，会同襄樊市公安局组成专案小组，行程跨越湖北、河南、山东、江苏、安徽五省，查明宜城书刊社征订发行盗版教材 12690 册的事实。依法对 12690 册盗版教材全部收缴，并对宜城书刊社作出了行政处罚决定。公安机关于同年 9 月 17 日、10 月 10 日分别对 3 名犯罪嫌疑人实施刑事拘留。

14. 黄石"10·15"网络游戏私服侵权案

2009 年 10 月 15 日，黄石市公安局网监支队破获一起涉案金额近千万元的网络侵犯著作权案件，取缔了"www.3000ok.com"、"www.3000ok.net"两家侵权网站，打掉了汪雄兵侵犯著作权犯罪团伙，逮捕了汪雄兵、潘建等犯罪嫌疑人，收缴银行卡 15 张，作案用电脑 5 台，维护了上海盛大网络公司等企业的合法权益。

15. 襄樊"10·16"侵犯工业产品著作权案

2009 年 10 月 16 日，湖北万洲电气集团有限公司向襄樊市版权局投诉湖北华誉电气制造有限公司侵犯该公司享有版权的 WP 型静止式进相器、WYQ 型液体电阻起动器产品说明书、线路图、产品外观模型的工业产品版权。襄樊市版权局会同襄樊市公安局樊城分局组成联合办案小组，经查实：湖北华誉电气制造有限公司复制侵权产品说明书 3432 份，销售侵权产品获利 130 万余元，造成万洲公司经济损失达 944 万余元，涉嫌侵权犯罪。11 月 9 日，涉案人员王某、张某、欧某被刑事拘留。

16. 武汉"12·18"销售盗版光盘案

2009 年 12 月 18 日，武汉市公安局江汉分局经侦大队查破杨莲英非法经营案，当场收缴盗版音像制品 4.5 万余张。经查，自 2008 年 8 月以来，杨莲英在楚宝街 1～5 号销售盗版及非法音像制品 50 余万盘，获利 5 万余元。

2009年"扫黄打非"大事记

湖北省"扫黄打非"办公室

2009年，湖北省以净化文化市场和网络文化环境为主线，先后开展了三个阶段八个方面的专项行动，包括出版物市场集中整治、全省报刊出版发行单位和记者站整治、违法违规网站网吧整治、低俗音像制品整治、校园及周边文化市场整治、打击侵权盗版教材教辅、净化文化环境喜迎国庆六十周年、打击手机网站制作传播淫秽色情信息等，重点突出，环环相扣，互相促进，成效明显。全省共出动检查人员6.8万人次，检查店档摊点4.2万个、印刷复制企业1.2万家，收缴非法、盗版出版物111万册，查办案件512起，其中刑事处罚16起。

一月

1月16日，第二十二次全国暨2009年湖北省"扫黄打非"电视电话会议在武汉商务会议中心举行。会议总结了2008年工作，部署了2009年工作。省委常委、宣传部长、省"扫黄打非"工作小组组长李春明出席并讲话。省政府副省长、省"扫黄打非"工作小组第一副组长张岱梨及省"扫黄打非"工作小组领导李以章、鲁志宏、张儒芝等出席会议。会议由省政府副秘书长李元江主持。

湖北省广电局查处一批违法违规网站。湖北省整治网络低俗之风，查禁淫秽色情网站的网上"扫黄打非"行动拉开序幕。

1月23日，武汉市捣毁一盗版音像制品窝点，查获盗版音像制品三万余张。

二月

2月6日，全省7家单位和7名个人荣获2008年度全国"扫黄打非"工作先进集体、先进个人荣誉称号。

2月10日，根据全国"扫黄打非"办的暗访通报，武汉市及全省各地认真开展整改。

2月21日，全省各地分白天和夜晚两个时段统一开展了集中检查行动，取得明显成效。

2月27日，召开全省"扫黄打非"办公室主任会议，传达全国"扫黄打非"办主任会议精神，安排第一阶段集中行动，对成员单位2009年"扫黄打非"任务进行分工。

三月

3月底，全省以打击非法出版物为重点的专项行动结束。

3月3日，黄冈市收缴一批"少儿版人民币"。

3月23日，咸宁通城县查处一非法出版物案件，收缴《白小姐传奇》8400册，当事人彭某、许某被刑事拘留。

四月

开展清缴整治低俗音像制品专项行动、报刊出版发行单位和记者站违规出版发行专项整治、违法违规网站和网吧专项整治行动。

4月21日，举行全省"扫黄打非"工作新闻通气会。

4月22日，举行湖北省暨武汉市侵权盗版制品及各类非法出版物集中销毁活动，销毁非法出版物130万张（册）。

五月

5月22日，省委书记罗清泉，省委常委、宣传部长、省"扫黄打非"工作小组组长李春明，省政府副省长、省"扫黄打非"工作小组第一副组长张岱梨等分别对"扫黄打非"工作作出批示。

5月25日，省"扫黄打非"工作小组成员单位会议在省委宣传部召开，会议收听收看了全国"扫黄打非"2009年第一次电视电话会议，研究部署了下一阶段重点工作。

5月11日~5月28日，连续4次向全省各地发出密码电报，对封堵非法出版物专项行动进行了安排部署，实行24小时值班制度和重要信息随时上报制度。

5月中下旬，组织开展校园及周边出版物市场专项整治行动，会同省工商行政管理局、省教育厅下发《关于加强中小学校和高等院校及周边出版物市场管理工作地通知》。

六月

6月16日，召开了鄂西片区"扫黄打非"工作座谈会，总结上半年工作，部署了下半年任务，并对与会人员进行了出版物鉴定知识培训。

七月

7月，全省开展印刷复制企业第二阶段专项检查，结合净化社会文化环境工作对重点地区和重点印刷复制企业进行集中检查。

7月中旬，对校园及周边出版物经营点、各种文化品批发零售租赁场所集中执法检查，重点查缴以未成年人为销售对象的有害印刷、复制品。

7月20日，武汉市江汉区人民法院依法判处"3·5"涉"黄"、涉"非"案当事人王涛有期徒刑八年、王会早有期徒刑五年六个月，并各处罚金人民币一万元。

八月

贯彻全国"扫黄打非"办主任会议精神，部署湖北省"扫黄打非"第三阶段行动。

九月

9月16日，全国"扫黄打非"办对武汉等城市出版物市场暗访检查。

9月17日，省"扫黄打非"办联合省新闻出版局、省教育厅下发《关于严禁编印订购销售盗版教材教辅的通知》，依法严肃查处编印、征订、销售盗版教材教辅行为。

9月22日，省"扫黄打非"办组织召开"1+8"武汉城市圈"扫黄打非"办主任会议。与会代表专程赴广东学习考察。

9月25~30日，省"扫黄打非"办组织省"扫黄打非"工作小组成员单位分6个检查组，对全省12个市州出版物市场进行暗访，确保了国庆期间出版物市场健康繁荣。

十月

10月30日，经武汉市检察院批准，武汉市"8·11"侵犯著作权案主要犯罪嫌疑人董在敏、林爱平依法逮捕。

十一月

省"扫黄打非"办就网络"扫黄打非"问题到省通信管理局、武汉热线、荆楚网等单位开展专题调研。

迎接中宣部、全国"扫黄打非"办调研检查组有关工作检查调研。

苏州市"扫黄打非"办一行10余人来湖北省考察交流。

十二月

荆州市公安网监等部门破获一起特大网上传播淫秽色情信息团伙案，打掉淫秽表演视频网站23个、淫秽色情网站186个、"涉黄"广告联盟12个，抓获犯罪嫌疑人23人。

湖 南 省

2009年"扫黄打非"工作总结

湖南省"扫黄打非"办公室

2009年，湖南省各级"扫黄打非"工作部门按照"行动方案"的部署和目标，扎实开展集中行动和专项治理，严密封堵违禁内容非法出版物，全面清缴淫秽色情等文化垃圾，持续积极组织"反盗版天天行动"，严厉打击侵权盗版行为，大力清除互联网上的有害信息，保持了出版物市场的平稳、健康和有序。全省共出动检查人员9.7万余人次，查缴非法出版物167.5万多册（张），立案查处"扫黄打非"案件1812起，取缔或关闭非法出版物店档摊点1973个、印刷复制企业72家、网站348个。

一、领导靠前指挥，层层步线行针

湖南省委、省政府领导对"扫黄打非"工作高度重视，省委常委、宣传部长、省"扫黄打非"工作小组组长路建平先后12次作出重要批示，省人民政府副省长、省"扫黄打非"工作小组副组长郭开朗作出重要批示2次。省新闻出版局局长、省"扫黄打非"工作小组副组长朱建纲先后多次就"扫黄打非"工作作出批示，并带队深入市场暗访和督查。各市州和各成员单位的领导也高度关注"扫黄打非"工作，或亲自率队对市场进行执法检查，或就"扫黄打非"工作提出具体要求。在各级领导的高度重视和亲自指挥下，全省"扫黄打非"工作的组织协调得到切实加强，工作成效日益显现。

二、集中行动不断，多种手段并行

各级"扫黄打非"工作部门严格按照《2009年全国"扫黄打非"行动方案》，以封堵违禁内容非法出版物、清缴淫秽色情出版物和清除互联网上有害信息为重点，扎实组织开展了2009年"扫黄打非"第一、二、三阶段集中行动以及整治互联网低俗之风专项行动，"两节"、"两会"期间出版物市场集中清查专项行动，印刷企业专项检查行动，清缴整治低俗音像制品专项行动，以及国庆期间出版物市场集中清查行动等。行动期间，各级"扫黄打非"工作部门采取了集中行动、专项检查、暗访抽查、错时检查等手段，在公休日、傍晚等重点时段，对出版物集中交易场所、车站码头、书报刊零售点、繁华街区、旅游景区、学校及其周边等重点地段进行

反复清查，对各类违禁内容非法出版物、淫秽色情出版物和侵权盗版出版物，做到露头就打、一查到底。特别是全国净化社会文化环境工作会议结束后，按照新闻出版总署召开的省级新闻出版局分管副局长会议的统一安排，省"扫黄打非"办组织开展了清缴整治低俗音像制品专项行动。各地各部门切实担负起净化社会文化环境的重任，严格实行了日报告和周报告制度，各负其责、各司其职、密切配合、扎实工作，共清缴各类低俗音像制品4.5万余张（盘），有效地净化了出版物市场，为未成年人健康成长营造了良好社会文化氛围。湖南省第二阶段集中行动得到了全国"扫黄打非"办的充分肯定，全国"扫黄打非"工作简报第71期专门刊载了《湖南省推进"扫黄打非"第二阶段集中行动基本做法》一文，路建平部长也就此作出批示："第二阶段'扫黄打非'很有成效，希望继续努力巩固和发扬下去。"

三、各方协调联动，部门合力倍增

各级"扫黄打非"成员单位切实履行职责，充分发挥职能作用，积极推动全省"扫黄打非"工作的纵深开展。省教育厅坚持把"扫黄打非"纳入学校及周边治安综合治理集中整治、纳入教育系统反邪教警示教育、纳入省直高校综治考核、纳入"湖南省安全文明校园"申报评估的"四纳入"举措，切实加大对大中小学校教材教辅读物的规范管理，有效治理了教育系统的非法出版发行行为。全省文化部门切实加强了对非法音像制品的打击力度，全年共检查各类文化市场46万余家次，其中检查网吧30余万家次，停业整顿违法经营场所1300余家，取缔27家。长沙海关切实加大检查密度和频率，严把入境关口，加大对赴港、台回境人员等重点人群的查验力度，及时收缴各类违禁内容出版物430多册。省通信管理局切实加强对互联网上有害信息的监控，及时删除、屏蔽网络有害信息12000余条，依法关闭非法网站335家。此外，公安、检察、法院等部门进一步加大了对非法出版案件的查处力度。工商、

建设、城管部门加强了对游商地摊的整治力度，新闻出版部门加大了对印刷复制企业的专项检查。5月11日，省文明办、省新闻出版局以及长沙市委宣传部、市新闻出版局等单位组成联合检查组，对长沙市岳麓区的出版物市场及学校周边社会文化环境开展实地检查，先后检查了新民小学、湖南师大、湖南大学、师大附中等学校周边的4家书店和5家报刊亭，有效推动了全省"扫黄打非"集中清查行动，在社会上产生了良好反响。在开展学校及周边等出版物市场集中清查行动期间，全省共收缴盗版教材教辅9.5万多册，淫秽色情出版物1.7万多册，低俗音像制品4.5万余张。

四、力查大案要案，严控非法活动

一年来，成功查办了一批颇有影响的重要案件。如衡山县新闻出版局破获的"10·28非法图书案"。2008年10月28日经群众举报，2009年3月，衡阳市专门成立"湖南衡山'10·28'非法图书案"专案组，由市"扫黄打非"办领导直接坐镇协调、指挥，专案组三次前往山西省太原等地进行调查取证。历时8个多月，成功摧毁了由山西某报编辑、当地两家印刷厂承印、山西当地某教育图书公司发行的非法经营网络体系。并依法对山西英格教育书报刊发行有限公司发行非法出版物《大赢家·中学英语听力考前冲刺》的违法行为给予罚款120万元的行政处罚；对游商王卫兵发行该非法出版物的违法行为给予刑事处理，并罚款10万元。非法承印单位山西太原众一彩印公司移交给山西省新闻出版局处理。岳阳县新闻出版局破获的《婚爱》等八种非法期刊案。2009年5月，岳阳县新闻出版局稽查队员在对书报刊市场例行检查中发现《婚爱》、《生意经》等8种期刊涉嫌非法出版，经鉴定均为伪造国内统一连续出版物号擅自出版发行的非法出版物。据此，执法人员重点对非法期刊《生意经》进行追根溯源，先后在岳阳、长沙、西安等省市对其出版、印刷、发行等环节开展了为期两个月的调查取证。6月11日，岳阳县新闻出版局依法将此案移交岳阳县公安局办

理。涉案人"苏湘"已被移交公安部门刑事拘留，非法所得30万元被没收，《生意经》期刊传媒有限公司被注销，并没收销毁了所有《生意经》期刊。郴州市临武县查处的蔡淦坤销售盗版图书案。该县文化市场执法人员在县一中依法扣押无证销售的涉嫌盗版图书4267册、运输车辆1台，经鉴定大部分为盗版图书。通过进一步查证，2008年10月～2009年3月，当事人蔡淦坤借用团省委学校部组织开展"好书进校园"书展活动的名义，共举办5折售书活动43次，销售收入24万元，非法盈利3.8万元。临武县新闻出版局依法没收了全部非法出版物，并处罚款4万元。

五、强化宣传舆论，营造良好氛围

全省各地积极开展系列宣传活动，共在各级新闻媒体刊载各类"扫黄打非"宣传报道600余篇。4月20日，省政府新闻办就湖南省"扫黄打非"工作举行了新闻发布会，通报了全省开展"扫黄打非"专项行动，严厉打击侵权盗版、淫秽色情等非法出版物的情况，并回答了有关记者提问。4月22日，省"扫黄打非"工作小组在长沙市举行了侵权盗版制品及各类非法出版物集中销毁活动，由省委副秘书长钟万民主持，省"扫黄打非"工作小组各成员单位负责人，长沙市部分成员单位执法人员及部分出版物经营单位代表参加。省委常委、宣传部长、省"扫黄打非"工作小组组长路建平出席并讲话。《湖南日报》、湖南人民广播电台、湖南卫视、红网等新闻媒体对这两次活动作了公开报道。销毁活动当天，省、市、区三级新闻出版部门在销毁活动现场和长沙市区主要出版物集中交易场所分发"拒绝盗版、从我做起""绿书签"1万个，张贴"绿书签"活动海报100份，收到了较好的宣传效果。同时，各市州"扫黄打非"部门也以此为契机，举办相关宣传活动，扩大了社会影响。此外，全国"扫黄打非"简报先后15次刊载湖南省有关信息，并推荐了湖南省构建"扫黄打非"长效机制的有关经验。

领导讲话

在 2009 年全省侵权盗版制品及各类非法出版物集中销毁活动现场的讲话

湖南省委常委、宣传部长、省"扫黄打非"工作小组组长

路建平

在"4·26"世界知识产权日到来之际，省"扫黄打非"工作小组今天在长沙举行 2009 年湖南省侵权盗版制品及各类非法出版物集中销毁活动，公开销毁 60 万册非法书报刊、52 万张非法音像制品和电子出版物。这是全国"扫黄打非"办统一部署的集中销毁行动，也是今年我省开展的第一次集中销毁非法出版物行动。这次集中销毁行动，充分展示了我省打击侵权盗版的成绩，再次表明了省委、省政府贯彻科教兴国战略、推动文化强省，保护知识产权、推动文化创新的一贯立场和坚定决心。

打击侵权盗版、保护知识产权是"扫黄打非"工作的重要任务之一。这些年来，在各级党委、政府的领导下，全省各级"扫黄打非"工作部门的同志们以高度的使命感、责任感奋战在一线，严厉打击各类侵权盗版活动，依法保护权利人的合法权益，取得了令人瞩目的成绩。

胡锦涛总书记指出，文化是最需要创新的领域。知识产权是自主创新的源泉和市场竞争的重要手段。当前，侵权盗版问题已经成为国际知识产权争端中的突出问题，更是版权产业乃至国家经济社会发展的重要障碍。保护知识产权、打击侵权盗版，不仅关系到贯彻落实科学发展观、建设社会主义和谐社会，还关系到维护国家安全和我国的国际形象。全省各级党委和政府对此务必高度重视，切实把思想和认识统一到中央和省委的要求、部署上来，深入开展"扫黄打非"斗争，坚定不移地打击侵权盗版活动。

今年是新中国成立 60 周年，也是我们应对国际金融危机重大挑战、推动事业科学发展跨越的关键一年，大事喜事多，热点问题和敏感节点多，"扫黄打非"的形势更加严峻、任务更加繁重、责任更加重大。全省各级"扫黄打非"工作小组办公室及其成员单位，要严格按照《湖南省 2009 年"扫黄打非"行动方案》的要求，始终保持"扫黄打非"的高压态势，坚持"天天反盗版，天天有行动"，着力清理一批重点市场，查处一批重点案件，摧毁一批网络窝点，惩治一批犯罪分子，在全省营造打击侵权盗版、保护知识产权的浓厚氛围，为推动我省科学跨越、富民强省作出新的贡献！

2009 年 4 月 12 日

在第二十二次全省"扫黄打非"工作电视电话会议上的讲话

湖南省副省长、省"扫黄打非"工作小组副组长

郭开朗

这次会议的主要任务是，贯彻落实第二十二次全国"扫黄打非"工作电视电话会议精神，总

结2008年全省"扫黄打非"工作，表彰先进单位和先进个人，部署2009年的工作。刚才，收看了全国"扫黄打非"工作电视电话会议，各级各有关部门一定要认真抓好会议精神的贯彻落实，严格按照全国"扫黄打非"工作小组及其办公室的统一安排部署，切实做好以下三个方面的工作：

一、突出抓好今年"扫黄打非"工作的重点

（1）严密封堵违禁内容非法出版物。查堵违禁内容非法出版物始终是"扫黄打非"工作的重中之重。要从严守入境渠道入手，严防违禁内容非法出版物流入我省、在境内翻印、在省内和网上传播，做到露头就打，除恶务尽，使之在我省既没有生存的土壤，又没有流通的空间。

（2）坚决打击各类侵权盗版行为。打击侵权盗版不仅是经济发展的要求，更是政治要求。各级各部门要高举保护知识产权的旗帜，大力开展严厉打击侵权盗版出版物集中行动，坚持不懈地开展"反盗版天天行动"，切实做到"三个管住"：即强化对出版单位和印刷复制企业的监管，管住源头；加强对出版物储运环节的管理，管住流通；反复清理出版集中交易场所，管住市场。

（3）大力扫除淫秽色情等文化垃圾。要大力扫除淫秽色情、凶杀暴力、封建迷信等文化垃圾，特别是淫秽色情书刊、音像制品、卡片类印刷品、动漫及网络游戏，坚决打击危害未成年人身心健康的违法犯罪活动。通信、文化、工商、公安、版权、新闻出版等部门要针对网吧、电子邮件、手机短信和群发通信传播有害信息等问题，加大对互联网站、手机短信、游戏软件的清查力度，坚决查禁那些散布反动信息、渲染凶杀暴力、淫秽色情和封建迷信的网站网页和网吧。新闻出版部门要继续会同教育等部门针对校园周边仍存在兜售淫秽口袋书、黄色卡通画、恐怖故事书和低俗卡片等现象，深入查缴以未成年人为读者对象的有害出版物。

（4）切实加大案件查处力度。要把查办大案要案作为深化"扫黄打非"工作的有效手段和考核"扫黄打非"工作的重要指标，集中人力、物力、财力，追根溯源，彻查一批有较大社会影响的非法出版案件，有效遏制非法出版活动的团伙化、网络化、专业化、规模化趋势。对涉及违禁内容的案子，要及时上报，彻底查清，依法严惩。要防止因工作不及时、不得力、不到位，让犯罪分子有制黄贩非的可乘之机，危害市场、危害社会。

二、着力探索"扫黄打非"工作的长效机制

深入开展"扫黄打非"，是一项长期的系统工作，必须着力探索建立长效工作机制。

（1）切实抓好日常监管。要在落实"三查"制度的基础上，突出抓好对出版物交易市场、电子软件市场等"重点部位"，印刷业主、出版物零售店摊等"重点对象"，以及节假日、大中小学校放假等"重点时段"的监管。要加强管理制度化建设，对在实践中形成的行之有效的工作方式和方法，进行总结提升，形成制度，增强工作的主动性、前瞻性。

（2）严格落实工作职责。关键是要做到责任明晰化，严格实行"扫黄打非"工作的责任制和责任追究制，把责任落实到具体的地区和部门，把任务分解到具体单位和个人，层层签订"扫黄打非"责任状，对因失职渎职造成重大损失的，要依法依纪追究责任。

（3）着力营造舆论氛围。要充分发挥党报、党刊、电视电台、网站等媒体作用，运用多种形式和渠道，宣传"扫黄打非"工作，深刻揭露非法出版活动的社会危害性，调动和发挥社会各方力量参与"扫黄打非"，最大限度地拓展工作平台，延伸工作触角，减少出版物市场监管空间上的空档、时间上的空隙，力求收到事半功倍的效果。要有针对性地加大对外宣传力度，树立我省保护知识产权的良好形象。

三、切实加强对"扫黄打非"工作的领导

做好"扫黄打非"工作，必须要按照中央和省委省政府的要求，全面落实各项领导责任和措施。

（1）把"扫黄打非"工作摆到重要位置。各级政府要把"扫黄打非"工作摆上重要议事日程，纳入整顿和规范市场经济秩序、社会治安综合治理、精神文明创建和纠正行业不正之风的总体部署，作为评选文明城市、文明社区、文明单位和检验社会治安综合治理及平安建设成果的重要指标。

（2）加大对"扫黄打非"工作的投入力度。各级政府要为"扫黄打非"工作的正常开展提供必要的经费和物质保障，加大财政投入力度，规范资金管理，支持"扫黄打非"工作部门改善装备水平，努力使之与工作需要相适应。

（3）加强"扫黄打非"工作队伍建设。加强执法队伍的思想、组织和作风建设，努力建设一支政治坚定、业务精通、作风优良、执法公正的执法队伍。要加强对执法人员的法律法规和业务知识的培训，着力提高执法能力和工作水平，切实解决不执法、滥执法等问题。

"扫黄打非"工作责任重大，使命光荣。让我们在全国"扫黄打非"工作小组和省委、省政府的正确领导下，扎实做好"扫黄打非"工作，为推动我省出版物市场健康发展，实现富民强省新跨越作出新的更大的贡献！

2009 年 1 月 16 日

在全省"扫黄打非"工作会议上的讲话

湖南省新闻出版局党组书记、局长、省"扫黄打非"工作小组副组长

朱建纲

这次会议很重要，既是对今年"扫黄打非"工作的总结部署，又是对如何深入开展"扫黄打非"斗争的研究与探索。昨天，三平同志作了个很全面的工作报告，希望大家切实抓好各项工作的落实。同时大家就有关"扫黄打非"工作开展了讨论，对如何提升我省"扫黄打非"工作成效提出了许多具有建设性的意见和建议，请省"扫黄打非"办认真归纳总结，把大家的意见和建议纳入有关文件，更好地指导全省"扫黄打非"工作。下面，我再讲几点意见。

一、全面落实好年内的"扫黄打非"工作任务

全面落实好年内的"扫黄打非"工作任务，必须在以下几方面下工夫。

（一）明确责任分工

全国"扫黄打非"办就集中清查行动进行了多次安排部署，有集中的、有专项的，有长期的、也有短期的，查堵文件一个接一个，清查措施一环扣一环。由此可见，中央领导同志对"扫黄打非"工作是高度关注的，全国"扫黄打非"办对这项工作是部署有力的。就我们而言，关键是结合各自的工作实际，认真抓好落实，防止分工不负责、责任不到位。各地各部门务必按照全国、全省的统一部署，坚持守土有责、守土尽责，把有关工作任务进一步分解，落实到相关部门，落实到个人，切实做到有统筹安排、有责任分工、有专人负责、有及时惩处。

（二）突出工作重点

一是抓重点地区，就是那些"扫黄打非"工作基础较差，非法出版活动较活跃，容易出问题的地方。二是抓重点部位，如出版物集中交易市场、机场口岸、车站码头、繁华街区、旅游景点、学校周边、网站网页等。其中最关键的是市场，堵住了市场，就可以减少非法出版物的流通力度、传播速度和影响范围。三是抓重点环节，主要是出版、流通、销售三个环节。既要防止非法出版物在省内出版、印刷或复制，又要防止从省外进入省内传播。四是抓重点对象，即企业和经营户，特别是以前有过违规违法等不良记录的印刷企业和经营业主，要再次进行排查摸底，反

复开展执法检查，力争少出问题、不出问题。

（三）强化协调督办

一方面，各级"扫黄打非"办公室要切实担负起职责，主动做好综合、指导、协调、督办工作，有效增强省市之间、市州与市州之间、成员单位之间的工作交流和合作，有效增强"扫黄打非"工作的合力和成效。另一方面，各级"扫黄打非"办公室及成员单位要针对不同时期工作重点，开展工作督查。尤其要严格落实好属地管理和谁主管谁负责的原则，切实抓好非法出版案件的督办，积极协调有关地区或部门配合做好案件查处工作，务必按照"彻查、彻究、彻办"的要求，做到有案必查，一查到底。要强化办案纪律，严守秘密，及时做好案件移送工作，避免出现有案不查，查办不彻底，办人情案，重经济处罚，以罚代刑等现象的发生。

（四）建立长效机制

要坚持"标本兼治、综合治理"的方针，着力建立"扫黄打非"长效机制，把依法打击与教育引导结合起来，把落实行业自律与强化社会监管结合起来，把加强监管力量与提高技术防范能力结合起来，综合运用教育、行政、法律、技术等手段，实现对出版物市场的长效管理。今年，全国"扫黄打非"办拟推出工作创新奖，以此来推进"扫黄打非"的工作创新和长效管理。

二、切实加强对"扫黄打非"工作的组织领导

中央有关领导同志多次强调，"扫黄打非"工作只能加强、不能削弱。各级各部门要按照这一要求，切实加强组织领导，积极协调各方面力量，充分发挥各方面积极性，努力推进我省的"扫黄打非"工作。

（一）强化领导职责

要严格实行领导干部靠前指挥、上一线制度，各级"扫黄打非"工作小组的领导和部门的分管领导，要切实担负起领导责任，带队开展执法检查和市场巡查，确保"扫黄打非"工作领导到位、任务到位、责任到位、措施到位。领导干部要经常过问"扫黄打非"工作，认真帮助解决工作中的困难和问题，安排专门经费、专业人员从事"扫黄打非"工作，确保"扫黄打非"工作有人抓、有人管，见成效。

（二）实行综合治理

要将"扫黄打非"工作与文明创建活动、社会治安综合治理、整顿和规范市场经济秩序有机结合起来，作为评选文明城市、文明社区、文明单位和检验平安建设、社会治安综合治理成果的重要指标，统一部署、统一行动、统一考评。对在专项行动和年终考核中成绩突出的单位和个人，要给予表彰和奖励；对工作不力、导致严重后果的地区和部门，要追究有关领导和责任人责任，实行"一票否决"。

（三）加强队伍建设

要加强"扫黄打非"队伍的思想、组织和作风建设，加强对执法人员的法律法规和业务知识的培训，努力造就一支政治坚定、作风优良、业务精通、执法公正的执法队伍。要按照中央的要求，在深化文化体制改革的过程中，进一步加强"扫黄打非"组织机构建设和干部队伍建设，把"扫黄打非"工作成效作为检验文化市场综合执法改革的重要内容。

2009 年"扫黄打非"大案要案综述

湖南省"扫黄打非"办公室

一、衡山"10·28"《大赢家》非法出版发行案

2008 年 10 月 28 日，衡山县新闻出版局接到

群众举报，得知一书商在该县开云实验中学推销的《大赢家·中学英语听力考前冲刺》一书，

当即到该校进行调查。经了解该书商在县岳云中学、杨家湾中学、观湘中学等都有发行行为，执法人员立即抽样取证并经鉴定系盗印的非法出版物。县新闻出版局迅速立案调查。经查当事人王卫兵 2004 年到衡阳市从事《学英语》报和《科技新报》的发行业务，2006 年开始发行教辅读物《大赢家·中学英语听力考前冲刺》。自 2006 年至 2008 年在该县共发行此书 4000 多册，在衡阳地区发行 17000 多册。2009 年 4 月 14 日由公安、新闻出版部门组成专案组，开展查处工作。

经查实，当事人王卫兵为山西英格教育书报刊发行有限公司（以下简称英格公司）在衡阳市范围内公开发行非法图书《大赢家》23213 本，涉案金额 232130 元。湖南省"扫黄打非"办公室将该案列为省重点督办案件，并对办案工作提出了指导性意见。5 月下旬，专案组在郴州、邵阳、长沙、株洲、岳阳、娄底、常德七市州开展了有重点、有针对性地深入调查取证工作。并到相关公路货运站、铁路托运站了解信息，从有关蛛丝马迹中掌握了运书情况。为彻查案情，专案组追根溯源，查上线、端窝点，三上山西太原，进行执法取证。最终查实山西太原《学英语》报社编辑，科林印刷有限公司、山西太原众一彩印有限公司、英格公司发行侵权非法出版物的非法行为。

在向上级有关部门汇报并经同意后，衡山县新闻出版局、公安局分别依法对当事人英格公司处以罚款 120 万元，对当事人王卫兵进行行政拘留并罚款 10 万元，并依法将非法出版、印刷单位移交给山西省当地新闻出版部门进行处理，一举摧毁了由山西《学英语》报社编辑、众一印刷厂印刷、英格公司发行的遍布全国、运行多年的庞大的非法出版物经营体系。

二、岳阳市《婚爱》等八种非法期刊案

2009 年 5 月，岳阳县新闻出版局稽查队员在对书报刊市场例行检查中发现《婚爱》、《生意经》等 8 种期刊涉嫌非法出版，经湖南省新闻出版局鉴定均为伪造出版物号、擅自出版发行的非法出版物。该案被列为湖南省"扫黄打非"

办公室重点督办案件。6 月 11 日，岳阳县新闻出版局依法将此案移交岳阳县公安局。岳阳县公安局专案民警三人先后在长沙、岳阳等地图书市场进行初查。调查发现《生意经》向长沙定王台图书城国闻书局赵清理发行了 14000 册、青年书社陈小伟发行了 1200 册、岳阳市图书城尚和书社发行了 3900 册；国闻书局、青年书社将期刊发往岳阳市邮政报刊零售公司等书商约 2000 册。《生意经》在岳阳市图书市场的销量达到 5900 册。根据《刑法》第 225 条之规定，《生意经》期刊的经营行为已构成非法经营罪，经报请市公安局和市治安支队批准，同意案件由岳阳县公安局立案查处。7 月 7 日，在陕西西安警方的配合下，对制作非法期刊《生意经》的窝点进行搜查，抓获当事人苏湘（陈伟），查缴到"汇款账簿"等证据。经查，《生意经》期刊系"陕西《生意经》期刊传媒有限公司"出版，地址位于西安市明德门华园大厦 7 层 E 座，公司法人"苏湘"实名陈伟（男，38 岁，原籍江苏海安，定居西安从事出版与酒业生意）。2005 年以化名"苏湘"注册成立陕西生意经期刊传媒有限公司，起初是与陕西乡镇企业局下属的某技术服务站内部刊物《陕西乡镇企业》合作，以每期 2000～4000 元不等的价格在刊物上刊登致富信息与产品推销。2006 年，陈伟想扩张业务就向《陕西乡镇企业》主编刘昱提出要求，是否可以为该刊申请国内统一刊号，面向全国发行。刘昱通过某种手段从北京财经杂志社魏韬处搞到《生意经期刊许可证》，陈伟在没有验明真伪的情况下，注册成立了公司，开始出版发行《生意经》。其非法印刷单位为西安市的灞桥、旗舰地下印刷厂。陈伟自 2008 年元月以来，共编辑发行非法期刊《生意经》15 期，每期 5200 册；《快乐创业》7 期，每期 1500 册，累计 7.8 万册，非法所得三十万元。执法机关依法对当事人陈伟予以刑事拘留，没收其非法所得三十万元，注销生意经期刊传媒有限公司，没收并销毁所有《生意经》和《快乐创业》期刊。

三、岳阳县"11·1"经营非法刊物案

2009 年 5 月，岳阳县新闻出版局稽查队员在对书报刊市场例行检查中发现《旧事》、《青春小说》等涉嫌非法期刊，经抽样报送省新闻出版局鉴定，均认定为伪造国内统一连续出版物号的非法出版物。省"扫黄打非"办先后下达了督办通知，同意将非法期刊《旧事》、《青春小说》列为湖南省"扫黄打非"办公室重点督办案件，命名为"湖南岳阳县"11·1"经营非法刊物案"。岳阳县新闻出版局完成了大量的调查取证工作后将之移送公安机关。

2009 年 7 月 16 日，岳阳县警方经过四次赴成都调查取证与布控，在成都警方的大力配合下，将当事人杨晓丽抓获，对其予以刑事拘留，并取缔了其位于成都市红星路一段 9 号庆龄楼 515 室的《旧事》期刊办公场所，且通过对杨晓丽的审查与在成都的调查，掌握了《旧事》期刊印刷渠道的相关线索。经查，2005 年 9 月，杨晓丽（女，1972 年 11 月 15 日出生，住四川省成都市金牛区解放路一段 61 号）注册成立成都扬天文化传媒有限公司，通过中间人介绍，购买《雪域文化》、《西部文学》、《健康必读》杂志社的刊号，自己或聘请部分员工编辑出版非法期刊《旧事》总计 39 期，20 余万册，并通过各省代理书商销往北京、湖南、湖北、广东等地，其中湖南的总代理商为长沙定王台书市青年读者服务部业主陈小伟，在湖南的发行量为 7500 册。陈小伟又通过邮政报刊图书零售公司和各市书店发往湖南省各市、县。执法机关依法对当事人杨晓丽刑事拘留，没收其非法经营出版物非法所得 20 万元。8 月 6 日，杨晓丽非法经营出版物非法所得 20 万元被没收。当事人杨晓丽刑事拘留后，因健康原因被取保候审。

四、娄底市"星星影院"网络侵权案

2009 年 9 月 2 日，娄底市新闻出版局版权科接到举报电话，反映观看"星星影院"提供的影片有模糊不清现象，希望管一管。执法人员马

上搜索到影院的网页，发现影院网站里有《机器侠》、《非常完美》等一些最新上映的电影、电视剧，有的甚至是和电影院、电视台同步上映、更新。李平军副局长要求不放过每一条线索，展开前期调查，特别是抢先将相关网页锁定，作为"预证据"，同时与星星影院负责人取得联系，了解情况。于是将星星影院的所有网页锁定，并用彩色打印机输出了一整套达 20 多页。

经调查，星星影院创办于 2006 年 3 月，取得了《网络文化经营许可证》，负责人吴志峰是市内华达机械厂的下岗职工。于当年底开始收取注册费用，90 元/年，半年费用为 50 元，在娄底已经发展注册会员 30 多人。影院隶属于中国商翼网，网络服务器放置在浙江温州。吴志峰承认，影院网站中有 10% 的电影、电视剧没有取得网络传播授权书。初步判断星星影院网站构成网络侵权。鉴于市版权局是首次查办网络侵权案，为把案子办好、办顺、办铁，决定立即成立专案组，正式立案查处。经过多次与当事人交锋，吴志峰终于认识到了自己的违法违规行为，表示虚心接受处罚，并自觉改正，只是请求版权部门考虑自己是下岗职工的实际情况，从轻予以处罚。最终市版权局依照《中华人民共和国著作权法》第四十七条第一项以及《著作权法实施条例》第三十六条、《信息网络传播权保护条例》第十八条第一项的规定，对星星影院网站处以没收违法所得并处罚款 1.2 万元的行政处罚。

五、长沙彩印厂印刷非法出版物案

10 月 14 日，长沙市新闻出版局依据全国"扫黄打非"办转交的举报信息和省"扫黄打非"办的督办要求，对长沙彩印厂进行了突击检查，发现《少年金田探案集》（上、下）图书封面共 375 张、已印过的 PS 版 12 块，《豆花特辑》恩爱版 1 册，《我们已初见百年》306 册，《迷糊王爷进化论》677 册，《王爷是怎样炼成的》310 册，《麻雀搞定花美男》474 册，席慕蓉、林清玄、毕淑敏等三种散文集内芯散夹各 1000 张。执法人员将已鉴定为非法出版物的《少年金田探案集》（上、下）封面、已印过的 PS 版，《豆花特辑》

予以现场收缴，其他进行了取样并封存。经省局鉴定，上述图书均为非法出版物。10 月 19 日，长沙市局对当事人进行询问调查，当事人承认：2009 年 9 月 20 日至 10 月 12 日印制《少年金田探案集》（上、下）（来料加工）内芯 3600 套并装订成册（该书封面由别处送来）；将《豆花特辑》恩爱版书、碟配套装 5650 袋；《我们已初见百年》、《迷糊王爷进化论》、《王爷是怎样炼成的》、《麻雀搞定花美男》4 种书受委托装袋；印制席慕蓉、林清玄、毕淑敏等三种散文集内芯散夹（来料加工）各 1000 张。当事人对上述出版物不能提供合法印刷委托书，没有交待有关委托人。长沙市新闻出版局依法收缴

了非法出版物，并处 3 万元罚款。

六、蔡淦坤销售盗版图书案

3 月 7 日，郴州市临武县稽查大队根据群众举报，在临武县一中依法扣押无证销售的涉嫌盗版图书 4267 册、运输车辆 1 台，经省新闻出版局鉴定，大部分为盗版图书。通过进一步调查，2008 年 10 月～2009 年 3 月，当事人蔡淦坤借用团省委学校部组织开展"好书进校园"书展活动的名义，共举办 5 折售书活动 43 次，销售收入 24 万元，非法盈利 3.8 万元。临武县新闻出版局依法没收了全部非法出版物，并处罚款 4 万元。

2009 年"扫黄打非"大事记

湖南省"扫黄打非"办公室

1 月 16 日，省"扫黄打非"办组织相关单位收看了第二十二次全国"扫黄打非"工作电视电话会议，并在全国会议结束后接着召开了第二十二次全省"扫黄打非"工作电视电话会议。省人民政府副省长、省"扫黄打非"工作小组副组长郭开朗出席会议并作重要讲话。省新闻出版局局长、省"扫黄打非"工作小组副组长朱建纲在会上宣读了《湖南省"扫黄打非"工作小组关于表彰 2008 年度湖南省"扫黄打非"工作先进集体和办案有功集体、有功个人的决定》。省政府副秘书长姜儒振，省委宣传部副部长魏委，省新闻出版局副局长、省"扫黄打非"办主任朱三平及省"扫黄打非"工作小组各成员单位，省直有关单位和局机关各处室相关负责同志参加了会议。

1 月 22～24 日，朱建纲局长、朱三平副局长带队，省新闻出版局出版物市场管理处和省"扫黄打非"办工作人员分赴长沙、株洲、湘潭、邵阳等地暗访出版物市场，督查各地 2009 年"扫黄打非"第一阶段专项行动以及净化"两节"、"两会"期间全省出版物市场情况。

3 月 12～13 日，朱三平副局长在衡阳市调研新闻出版和"扫黄打非"工作。

3 月 16～27 日，省"扫黄打非"办会同印刷处对全省出版物市场和印刷企业进行了暗访、明查。各暗访检查组及时向当地新闻出版和"扫黄打非"办进行了交流，就发现的问题提出了相应的整改意见。暗访结束后，省"扫黄打非"办还向各市州下发了情况通报。

3 月 18～19 日，朱三平副局长、张树清副巡视员带领工作小组赴娄底市调研新闻出版和"扫黄打非"工作。

4 月 20 日，省"扫黄打非"办会同省政府新闻办公室在长沙市通程国际大酒店举行了"扫黄打非"工作新闻发布会，向社会各界发布了全省近期"扫黄打非"工作情况。朱建纲局长、朱三平副局长参加了发布会，并就相关问题回答了记者提问。

4 月 22 日，省"扫黄打非"工作小组在长沙市田汉大剧院前坪举行侵权盗版制品及各类非法出版物集中销毁活动。省委常委、宣传部长、

省"扫黄打非"工作小组组长路建平出席并作重要讲话，还接受了部分媒体采访。

4月23日，省新闻出版局副局长、省"扫黄打非"办主任朱三平出席株洲市2009年"扫黄打非"集中销毁活动并作重要讲话。

4月24~28日，省"扫黄打非"办组织全省各市州"扫黄打非"办负责同志赴济南参加全国图书交易博览会，并调研山东省及部分地市"扫黄打非"工作。

5月25日，省"扫黄打非"办组织各成员单位负责人和局机关业务处室主要负责人在省委宣传部收看了2009年第一次全国"扫黄打非"工作电视电话会议。省委常委、宣传部长、省"扫黄打非"工作小组组长路建平，省委宣传部副部长魏委，省新闻出版局副局长、省"扫黄打非"办主任朱三平参加了会议。路建平部长就我省如何贯彻落实会议精神提出了具体要求。

5月26~27日，省"扫黄打非"工作小组在岳阳组织召开全省"扫黄打非"工作会议，省新闻出版局局长、省"扫黄打非"工作小组副组长朱建纲，省新闻出版局副局长、省"扫黄打非"办主任朱三平等领导出席会议并作重要讲话。省"扫黄打非"工作小组成员单位负责人、各市州"扫黄打非"办主任及业务科长以及省新闻出版局业务处室主要负责人参加会议。

9月15日，省"扫黄打非"办组织召开了省"扫黄打非"工作小组成员单位联络员会议，朱三平副局长出席并作讲话。

9月15日，省委常委、宣传部长、省"扫黄打非"工作小组组长路建平，省委宣传部副部长魏委一行莅临我局考察指导工作，并听取了"扫黄打非"工作专题汇报。汇报会由朱建纲局长主持，朱三平副局长作工作汇报。路建平部长在听取汇报后作了重要讲话，对我省第二阶段"扫黄打非"工作给予了充分肯定，并就下阶段工作提出了具体要求。

9月22~24日，省"扫黄打非"办分三个工作小组，在朱三平副局长的带领下，对长沙、株洲、湘潭、娄底、邵阳、衡阳、郴州等地出版物市场进行了暗访检查。

10月30日，黑龙江省新闻出版局副局长张松滨一行14人来湖南省"扫黄打非"办调研工作。朱建纲局长、朱三平副局长出席座谈会，并就我省"扫黄打非"工作情况进行了交流。

12月22日，省"扫黄打非"办组织召开成员单位联络员会议，朱三平副局长出席。会议研究了2009年"扫黄打非"工作先进集体和办案有功集体、有功个人名单，部署了打击手机网站传播淫秽色情信息专项行动。

创新经验

湖南省"扫黄打非"工作情况调查

湖南省"扫黄打非"办公室

一、近几年"扫黄打非"工作基本情况

近年来，湖南省"扫黄打非"工作在省委省政府、省"扫黄打非"工作小组的领导下，始终保持高压态势，持续推动出版物市场健康、平稳、有序发展，为"扫黄打非"和出版物市场监管工作长效机制建设奠定了较好的基础。

（一）体制机制逐渐理顺，"扫黄打非"保障明显加强

全省各市州县相继成立了相应的工作机构，人员、经费、工作体制机制以及各方面的保障逐

步加强。一是领导体制和工作机制基本建立。全省逐步建立健全党委统一领导、"扫黄打非"工作小组牵头协调、部门齐抓共管、社会各界广泛参与的领导体制和工作机制，建立了"扫黄打非"成员单位联系协调工作制度、受理举报值班制度、举报奖励制度，积极探索建立预警、快速反应、重大案件查处等机制。二是保障条件得到加强。省"扫黄打非"办目前在编工作人员 4人，省级"扫黄打非"工作经费纳入了年度财政预算。14 个市州"扫黄打非"办现有工作人员 60 余人，工作经费基本上纳入了财政预算。三是管理制度基本健全。先后制定并实施了《湖南省"扫黄打非"工作责任制》、《湖南省"扫黄打非"工作考核评分办法》等制度，全省"扫黄打非"工作逐渐进入长效管理轨道。

（二）工作责任逐步落实，"扫黄打非"合力进一步提升

各级"扫黄打非"办公室切实担负起了组织、指导、协调、督查的职责，各成员单位扎实履行市场监管职责，形成了"扫黄打非"工作的强大合力。一是严格实行问责制。邵阳市把"扫黄打非"工作列入全市文明创建和社会治安综合治理的考核范围，引入并启动纪检监察机制追究责任，近年来共有 7 人受到党纪政纪处分。长沙、常德、怀化都制定了一系列责任制度，对日常监管、案件查处、专项行动不力的单位，建立谈话制度和通报制度。二是加大案件责任追查力度。2006 年查处的"3·13"邵东、赣州侵权盗版案，2007 年查处的长沙"1·28"贮存盗版图书案以及 2008 年查处的岳阳"11·1"非法出版经营案，极大地打击和震慑了违法犯罪分子，有效净化了出版物市场。

（三）监管网络更加健全，"扫黄打非"履盖面不断拓展

省市县三级"扫黄打非"办良性互动，实现了由单一作战向整体作战转变，由重点突破向全面推进转变，由被动应对向主动出击转变。一是实行日常巡查、暗访督查、举报实查制度。按属地划分责任区，落实专人负责，实行工作日与

节假日、明查与暗访、日常巡查与专项整治相结合的方式对出版物市场进行稽查。二是注重突出对重点部位、重点对象和重点时段的监管。对书报刊集中交易市场、音像市场、电子软件市场、繁华街区、旅游景点等人员流动较大的公共场所和学校及其周边地区等重点部位，印刷业主、出版物零售店摊和不法游商等重点对象，节假日和大中专、中小学开学期间等重点时段，加强监管力度，取得了事半功倍的效果。三是广泛开展"进农村、进学校、进社区"活动。坚持推动校园文化建设，积极启动"农家书屋"、"社区书屋"建设，构建基层文化服务体系。

（四）社会宣传不断深入，"扫黄打非"影响力逐步增强

充分利用电视、报刊、宣传车、手机短信等宣传手段，不断加大"扫黄打非"工作的宣传力度，在社会上营造了"保护知识产权、打击侵权盗版"的有利舆论环境。从 2007 年起，省政府新闻办每年组织召开一次"扫黄打非"新闻发布会，公布全年工作进展情况、重大案件查处情况以及保护知识产权、打击侵权盗版工作成效。随着宣传工作的力度不断加大，"扫黄打非"工作对广大群众的正面影响逐渐增强，反盗版、反侵权的意识逐渐深入人心，为"扫黄打非"工作的有效开展奠定了坚实的群众基础。

二、目前仍然存在的主要问题

（一）人员经费不足，工作保障难到位

大部分市县两级"扫黄打非"办没有明确的编制，工作人员多是兼职，工作经费缺乏，往往是靠关系、凭感情向当地财政"要一点"。如常德市年工作经费为 10 万元，仅够每年召开一次工作会议和一台执法车的用油、修理费用，9个县市区有 6 个县区没有专职的"扫黄打非"人员、3 个县区没有专项经费、5 个县区没有执法车辆。

（二）机构设置不专，工作协调难到位

各市州县"扫黄打非"办有的挂靠在文化局，有的挂靠在新闻出版局，县市区一般抽调

1~2人负责这项工作，由于没有专门的机构，有时只好依靠个人感情或人脉关系进行协调。在查处大要案件时，由于各级党委、政府领导重视还好一些，但日常监管方面的协调难度很大。特别是在异地打击和源头治理上，更是力不从心。

（三）引导群众正确消费不够，社会认同度低

调查发现，我省消费者还没有形成"侵权可耻"的消费观念，通过调查问卷统计，有43.6%的被调查者认为"盗版对读者有利，对出版者不利"，31.2%的认为"盗版对读者和出版者都有利"。一些非法出版物具有绝对的价格优势，普遍低于正版的40%~60%，有的甚至低90%，对消费者具有很强的吸引力。调查问卷中问及购买盗版制品的原因时，80%的表示是"价格便宜"，16.6%的认为是"品种丰富"。一些读者甚至说，"书籍和音像制品看后就作废品处理，我们花一样的钱可以买好几本（张），谁愿意去买那么贵的正版？"

三、新情况新形势下的工作目标与任务

（1）健全领导体制和工作机制。各级"扫黄打非"工作小组的领导要坚持靠前指挥，切实加强对"扫黄打非"工作的领导，把"扫黄打非"工作摆上重要议事日程。要定期组织开展市场检查和调研，积极帮助解决有关困难和问题。

（2）认真落实责任制和责任追究制。把"扫黄打非"工作纳入建设"文化强省"、领导工作绩效考核、文明创建、社会治安综合治理的工作内容，逐步建立和落实"扫黄打非"工作领导责任制和责任追究制。

（3）严格日常监管。要进一步落实好日常巡查、暗访督查、举报实查制度，突出加强对节假日等重点时段、学校周边等重点部位的日常监管，最大限度地减少非法出版发行行为。

（4）加强部门配合。建立成员单位内部联席会议、信息通报、情况交流、业务培训等制度，制定完善"扫黄打非"相关法律法规，明确各执法主体的职责范围，加强协调配合，形成执法合力。

（5）抓好宣传教育。强化政治意识和阵地意识，在主要新闻媒体开辟专栏、专题，宣传"扫黄打非"集中行动，宣传正面典型、曝光反面案例，宣传知识产权的保护，努力在全省形成"扫黄打非"的强势氛围，动员社会各界力量参与"扫黄打非"工作，切实增强工作成效。

2009 年 12 月 4 日

关于手机网站制作传播淫秽色情信息的调查报告

湖南省"扫黄打非"办公室

根据新闻出版总署、全国"扫黄打非"办《关于严厉打击手机网站制作、传播淫秽色情信息活动的紧急通知》精神，湖南省"扫黄打非"办立即组织各市州"扫黄打非"办和部分成员单位对手机网站制作、传播淫秽色情信息的情况进行综合调研，并派员到省通信管理局了解相关情况。全省各级"扫黄打非"工作部门积极协调电信、移动、工商、公安、广电等单位，采取实地考察、召开座谈会等多种方式，基本掌握了手机网站制作、传播淫秽色情等有害信息的相关情况。

一、湖南省手机网站基本情况

（一）手机网站的分类

随着手机的全面普及和手机上网技术的日新月异，形形色色的手机网站如雨后春笋般冒了出来。目前的手机网站主要分为两大类：一种是由手机服务提供商自营的，一般比较正规，主要是手机服务提供商为宣传业务、方便用户

开设的网站，如移动梦网（wap. monternet. com），此类网站一般不制作、传播淫秽色情等有害信息；另一种是由其他单位或个人自行开办的，这些网站鱼龙混杂，合法的、非法的都有。

（二）手机网站接入服务运营商的基本情况

据调查，湖南省目前为手机网站提供无线上网接入服务的有电信、移动、联通三大运营商，他们都有提供无线网络接入服务的技术和设备，同时也负责对手机网站制作、传播淫秽色情等有害信息进行监控。目前，在我省的三大接入服务运营商中，电信提供网络接入服务的业务量占三家总和的 90% 以上。

（三）手机网站服务形式

现阶段主要是以 WAP 网站形式进行信息浏览，网民使用手机上网时需支付流量费和信息费，均由手机服务提供商代收，网站和手机服务提供商对流量费按相应的比例进行分成；手机网站上充斥的广告链接是手机网站收入的一个主要来源，一般也由手机服务提供商代收；另外还有一部分手机网站提供会员式的服务，这部分的费用将由专业的支付平台代收（具体运营模式见下图）。

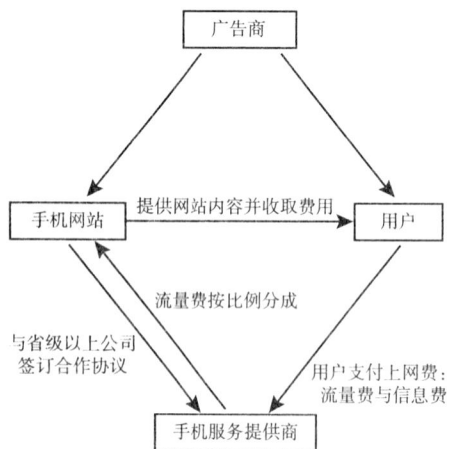

（四）对手机网站的监管情况

目前，湖南省主要由"扫黄打非"部门综合协调，通信管理部门和公安网监部门具体负责对接入服务运营商进行监管，接入服务运营商对各手机网站的内容进行监督，并及时配合执行通信管理等部门作出的决定。省新闻出版局正在申请开设数字出版管理处，以便于进一步加强对网络出版、手机出版等新兴出版产业的监管。

二、当前手机网站监管存在的问题

（一）对手机网站制作、传播淫秽色情等有害信息的危害认识不够

由于目前我省手机上网尚未全面普及，人们使用手机上网的意识不强，对手机网站制作、传播淫秽色情信息的危害认识不够，相关职能部门的机构建设和举报制度也有待进一步完善。

（二）片面追求经济利益的现象广泛存在

部分手机服务提供商片面追求经济效益，未采用屏蔽过滤系统，致使手机用户可以轻易浏览并下载淫秽色情信息，造成手机用户信息传播秩序混乱。一些接入运营商将电信、移动的部分线路买断，再将这些线路分租给其他用户，收取一定费用，而未对其进行监督，造成了管理漏洞。一旦租赁者开办的有害网站被关闭，他们还可以将号段资源重复投放市场再次获利。

（三）传播的方式和手段多样

据中国科学院有关专家介绍，目前，我国主要依靠电脑模拟手机上网，来对 WAP 网站进行监管，但是这些淫秽色情网站，通过极其简单的技术处理，如制作网页时设置 IP 控制，就可以轻易逃避监管，又能让手机用户正常访问。另外，一些色情网站的网址往往通过垃圾短信等方式来传播，青少年比较好奇，一旦点击手机短信中的链接，就会直接登录到淫秽色情网站，被诱导去下载各种各样不健康的东西。如性爱图片、淫秽电影、一些低俗的游戏等。

（四）监管机制不健全，监管难度较大

手机网站由于其隐蔽性，本身就存在监管难、取证难等特点。同时，多个部门都能对手机网站进行监管，但在现实中却是绝大多数监管部门由于自身技术条件限制，未能实施有效监管。

公安部门和通信管理部门能够对网站服务器进行定期的严格审查，但对于公众互联网主机托管不在辖区内的移动、电信、联通的网站的监管，却是"无可奈何"。省新闻出版局尚未成立数字出版管理处，具体监管很难到位，只能通过省"扫黄打非"办综合协调。此外，作为有服务运营商背景的通信管理部门，由于难与市场经济利益切割，难免就有"既为裁判员，又当运动员"之嫌。所以，目前对手机网站的监管实难到位。

三、打击手机网站制作、传播淫秽色情等有害信息的对策和措施

（一）加强宣传，建立健全相关举报制度

利用各大新闻媒体，对手机网站制作、传播淫秽色情等有害信息的危害性进行广泛宣传，向社会公布各职能部门的举报电话，形成"职能部门监管，社会广泛监督"的长效管理机制。

（二）构建各部门齐抓共管的联合监管机制

（1）协调通信管理部门、公安网监部门和新闻出版部门派专人对手机网站信息进行监控，发现制作、传播淫秽色情等有害信息的行为，立即查处。

（2）会同通信管理部门定期和不定期对辖区内的自营 WAP 网站进行检查，确保网站运营的健康有序。

（3）要求通信运营商对所有合作业务进行逐一排查，包括合作 SP 的资质、业务内容的规范性等，并积极配合整治传播淫秽色情和低俗内容的违法 WAP 网站，发现一个查处一个。

（4）严查手机服务提供商等为淫秽色情等违法违规网站提供代收费的行为。

（5）坚持信息上报机制。省"扫黄打非"办要求各部门将每周开展打击手机网站制作、传播淫秽色情信息活动情况进行汇总上报。

长 沙 市

2009 年"扫黄打非"工作总结

长沙市"扫黄打非"办公室

2009 年，长沙市深入组织开展"扫黄打非"专项行动，较好地履行了市场监管职责，有效封堵了各类违禁内容非法出版物，切实打击了各类侵权盗版行为，保持了全市出版物市场的平稳、有序。据统计，全市共出动检查人员 4.3 万余人次，检查出版物市场、店档摊点 1.7 万个个次；收缴非法出版物 28.56 万多册（张），其中查缴盗版图书 7.77 万多册、盗版音像制品 19.57 万多张、非法电子出版物 12.2 万余张；非法报纸期刊 8300 余份；查办"扫黄打非"案件 260 起，取缔关闭非法出版物、店档摊点 1200 个、印刷复制企业 15 家，为长沙市创建人民满意城市营造了较好的文化氛围。

一、各级领导高度关注，突出抓住重中之重

长沙市委、市政府的主要领导高度重视"扫黄打非"工作，市委常委、宣传部长、市"扫黄打非"领导小组组长陈泽珲，对年内"扫黄打非"工作十分关注，多次强调务必把查缴、封堵违禁内容非法出版物作为重中之重，贯穿于全年"扫黄打非"工作之中。市人民政府副市

长、市"扫黄打非"领导小组副组长何寄华，对"扫黄打非"工作也多次作出重要批示。市委宣传部副部长、市新闻出版局（党组）书记、市"扫黄打非"领导小组副组长赵柏林，市新闻出版局局长、市"扫黄打非"领导小组副组长王体泽，对每一阶段专项行动亲自参加制定方案，认真组织部署，狠抓督查落实。芙蓉区、天心区、长沙县、浏阳市、宁乡县等各区、县（市）宣传部长，经常听取本单位"扫黄打非"办公室的工作汇报，及时对下阶段工作作出安排。市"扫黄打非"领导小组始终坚持将查堵违禁内容非法出版物作为全市"扫黄打非"工作的重中之重，时刻保持高度警惕和高压态势，严防境外违禁内容非法出版物流入辖区和在市内翻印、销售和传播，严禁任何单位和个人编印发违禁内容非法出版物和宗教类非法出版物，严密封堵利用互联网传播违禁内容非法出版物及其相关信息，做到露头就打、不留死角，为确保全市政治安全和社会稳定作出了贡献。

二、整治低俗音像制品，专项行动成效显著

4月中下旬至7月底，集中开展了清缴整治低俗音像制品专项行动。市"扫黄打非"办组织召开了有各区、县（市）"扫黄打非"领导小组组长、副组长、稽查队长，市"扫黄打非"主要成员单位分管负责"扫黄打非"工作的领导参加的专题会议，就专项行动进行了全面部署，并先后三次对全市专项行动进行检查督促。各县（市、区）"扫黄打非"办、市"扫黄打非"各成员单位认真落实会议精神，扎实地开展专项整治行动，对市场进行"拉网式"全面清查，全面清缴淫秽色情等文化垃圾，大力清除互联网上有害信息。市新闻出版局按照整治方案结合长沙市创建人民满意城市的要求，由局党组成员带队分五个检查小组，对市内五区"三亭一边"（邮政亭、信息亭、党报亭、学校周边）出版物市场督查，共检查报刊亭200余个、信息亭及党报亭80余个。市公安局在专项行动中出

动检查人员400余人次，检查出版物市场、店档摊点150余家，收缴"法轮功"邪教组织宣传品24件，关闭非法网站12个，删除屏蔽有害信息100余条。

三、打击盗版教材教辅，整治学校周边环境

于春、秋两季全市中小学开学之际，长沙市"扫黄打非"办下发了《关于开展打击盗版教材教辅读物的专项行动的通知》和《关于开展打击取缔学校周边租赁非法盗版出版物的通知》，要求各区、县（市）"扫黄打非"部门组织开展对中小学购买、使用教材教辅读物情况进行全面清查，严查学校购买、使用盗版教材教辅的行为，严查违法违规出版、印刷、发行教材教辅读物的行为。重点对学校教材教辅出版、印刷复制、批发、零售等各个环节进行全面检查。全市共出动检查人员500余人次，检查学校周边租赁屋及摊点300余个，收缴盗版书刊800余册、盗版音像制品440余张，确保了大、中小学学生不受侵权盗版和非法出版物教材教辅的侵害，为未成年人的健康成长创造了良好的文化环境。

四、各部门协同作战，监管成效不断显现

市"扫黄打非"各成员单位切实履行监管职责，全面落实了日常巡查、暗访督查、举报实查三项制度，真正做到日日巡查、反复清查、举报核查。

市新闻出版局全年进行了6次集中行动，出动检查人员300余人次，检查出版物门店2300余家，收缴非法图书10000余册、盗版电子出版物6000余张，实施行政处罚12起。市公安局加大监管和整治违法源头，重点加强了对出租房屋内制黄、贩黄和非法出版物印刷、储运的监管；不断强化网络监管，扎实开展网上"扫黄打非"工作，取得了很好成效。市文化局加大查处盗版音像制品的力度，2009年1月4日，在晓园市场现场查获非法盗版音像制品183件共5万余张，其中包括宣扬法轮功内容的非法音像制品81张，

淫秽非法音像制品 39 张，现场抓获犯罪嫌疑人 2 人。市城管局组织各区执法大队对辖区繁华街区、交通枢纽、集贸市场、中小学和各大高校周边等敏感地段销售盗版音像制品、非法和盗版书刊杂志的游商和地摊进行多次集中整治，共出动执法人员 1500 余人次，车辆 300 余台次，取缔游商 160 处，收缴盗版音像制品、书报刊 2000 余张（册）。市工商局将日常监督与重点检查相结合，加大对图书、音像制品批发零售场所证照的检查，共出动检查人员 1000 余人次，取缔无证经营摊点 10 家。市邮政局加强了日常邮寄物品的验查，尤其是配合开展集中专项行动，取得了很好的工作实效。

广 东 省

2009 年"扫黄打非"工作总结

广东省"扫黄打非"办公室

2009 年，我省各级"扫黄打非"部门坚决贯彻中央的部署，在省委、省政府的正确领导下，以净化文化市场和网络文化环境为工作主线，以打击非法出版物和清除网上违法有害信息为重要任务，精心策划开展"扫黄打非"集中行动和专项行动，切实加强日常监管，取得了较好的成绩，为维护我省政治安定、社会稳定和文化安全作出了积极贡献。据统计，今年 1～11 月，我省共出动执法人员 77.9 万人次，检查店档摊点 19.8 万个次，检查印刷复制企业 5.9 万家次，查获 1 条地下光盘生产线，收缴非法出版物 2200.8 万件（其中盗版出版物 2133.6 万张/册），查办案件 1130 宗，行政处罚案件 4012 宗，刑事审结案件 56 宗，刑事处罚 171 人。现将 2009 年我省工作情况报告如下。

一、加强领导，周密部署，靠前指挥

广东省委、省政府高度重视和关心"扫黄打非"工作，省委常委、宣传部长、省"扫黄打非"工作领导小组组长林雄，副省长、省"扫黄打非"工作领导小组副组长雷于蓝今年先后 42 次在我办报送的报告和请示上作出批示，对每次专项行动和重大案件的查办都提出明确

要求。在省委、省政府领导的关心、重视和领导下，2009 年我省"扫黄打非"工作动手快、力度大、成效好。1 月初，在全国部署开展"扫黄打非"第一阶段集中行动前，省"扫黄打非"办已提前组织开展了"打击非法出版活动专项行动"。8 月初，省"扫黄打非"办又提前部署开展"国庆前出版物市场集中清查行动"，组织海关、公安、新闻出版、文化、工商、交通等部门高密度地清查出版物市场，大力开展宣传教育活动，有效净化了出版物市场环境，确保了国庆节期间文化市场平稳有序。9 月初，省"扫黄打非"办又与省教育厅、省新闻出版局（版权局）联合开展打击侵权盗版特别是盗版教材教辅专项行动，集中力量打击制售和使用盗版教材、教辅读物猖獗的势头。今年以来，省"扫黄打非"办先后 8 次召开全省各地级以上市"扫黄打非"办主任、文化市场综合执法队长专题会议，传达贯彻中央和省领导关于"扫黄打非"工作的重要指示精神，及时查找工作中存在的差距和不足，周密、细致地部署专项整治行动。

我省各地市党委政府也高度重视"扫黄打

非"工作，党政"一把手"亲自过问"扫黄打非"工作，分管领导同志靠前指挥，深入文化市场第一线调查研究，狠抓落实，有力地推动了各项工作深入开展。广州市委常委、宣传部长、市"扫黄打非"工作领导小组组长王晓玲，副市长、市"扫黄打非"工作领导小组副组长徐志彪多次主持召开会议，督促落实"扫黄打非"任务。深圳市市委书记刘玉浦6月5日专门对"扫黄打非"工作作出批示。深圳市人大会议还将"加强文化市场管理，加大'扫黄打非'力度"写入《政府工作报告》。中山市、肇庆市、湛江市委、市政府领导同志多次在"扫黄打非"办报送的文件上作批示，督促落实专项行动的开展，并提出明确要求。江门市市长王南健同志亲自暗访出版物市场。惠州市"扫黄打非"工作领导小组主要领导牵头组成督查组分片展开"扫黄打非"督查工作，谢端副市长还亲自督促指导"3·03"案件的查办工作。

二、团结配合，齐抓共管，各项工作再上新台阶

我省各级"扫黄打非"办充分发挥组织协调作用，与各职能部门密切配合、团结协作，形成了统一指挥、调控有力、分工明确、齐抓共管的"扫黄打非"工作局面。省公安厅一是采取多种举措，加大对非法出版物案件查办力度。二是加大对侵权盗版案件的刑事执法力度，相继查办了珠海市"3·15"储存非法光碟窝点案、肇庆市"4·03"特大非法音像制品仓储窝点案等重大案件。今年全年，我省公安部门共检查文化经营单位10.9万家次，缴获非法音像制品464.9万张，侦破相关刑事案件78起，刑事拘留331人，处理相关治安案件1114起。三是积极开展网上"扫黄打非"工作，组织"09亮剑"专项行动，坚决查处网上淫秽色情信息。我省公安部门全年共清除各类有害信息140多万条，查处关闭有害网站、栏目2万余个，侦破传播淫秽色情刑事案件150宗，办理行政案件64宗。四是建设互联网数据中心安全管理系统，上网场所管理系统，并推广使用图片自动监测系统创新技术手段加强

网络监管。

省通信管理局持续加强对网络文化环境的整治力度，也取得明显成效：（1）加强互联网接入服务管理，强力推行互联网站"先备案、后接入"原则，禁止接入服务商为未经备案或许可的网站提供接入服务。1～10月份，共撤销违规备案网站85207个，根据相关部门情况通报对2988个网站采取了停止接入服务措施，配合有关部门协查网站信息近2.5万条。各企业主动发现并关闭违法网站16535个，其中关闭涉嫌传播低俗信息或淫秽色情网站895个。目前省内未备案先接入的情形已成为零星个案，网站实名备案信息准确率有了很大提高。（2）督促接入服务单位和网站建立信息内容安全监测系统，对网络中传播的违法不良信息实施过滤和拦截，并把这一技术要求作为市场准入的先决条件。今年以来，省内各电信企业通过技术和人工方式共清除网上有害不良信息23.7万条，其中清除淫秽色情信息4361条。（3）加强对手机违法不良信息和垃圾短信的治理。制订了《广东省网间垃圾短信联动处置办法》，采取暂停短信服务或停止通信服务等强制措施，阻断手机违法短信传播。1～9月，省内电信企业共对54万多个手机号码采取了暂停短信服务功能，对近10万个手机号码采取了停止通信服务措施。（4）加强对手机WAP业务的管理。广东移动研发了"智能图片扫描系统"，对违法WAP网站及淫秽色情信息进行拦截，准确率达95%。

海关广东分署组织协调省内海关不断完善工作机制，切实加强日常监管和专项查缉，堵截非法出版物，认真开展各项集中行动。全年共查缴各类非法出版物129万份。

省工商行政管理局充分发挥职能作用，积极配合开展一系列专项行动，严厉打击出版物市场各类违法违规经营行为。据统计，全省工商部门共出动执法人员11.4万人次，出动执法车辆1.5万车次，检查书店、报摊等相关经营单位9.0万户，取缔无证照经营单位1006户，收缴非法音像制品32.2万张，非法书报刊4.3

万本、低俗音像制品 4457 张，六合彩印刷品 2.7 万份。

省教育厅在开展打击侵权盗版特别是盗版教材教辅专项行动期间，与高等学校、省直属中等学校签订了《广东省高等学校（直属中等学校）拒绝使用侵权盗版教材教辅读物责任书》，并指导和督促各市、县（市、区）教育局与所辖学校签订责任书，在学校内部实行正版材料保证金制度，并加强教材供应、发放各环节的监控，强化教材管理，加强宣传教育。同时把教育系统打击侵权盗版教材教辅读物专项行动及"扫黄打非"工作纳入学校周边环境综合治理，积极配合文化执法部门在校园周边积极开展查缴非法出版物行动，收缴少儿版人民币、少儿版八卦玩具等有害物品。

省文化厅认真组织协调各级文化行政部门及其执法机构开展"扫黄打非"工作，持续开展文化市场专项整治行动，规范文化市场秩序，全年办结案件 2614 宗，责令停业整顿 614 家次，吊销经营许可证 42 家，罚没人民币 974.5 万元，没收各类非法制品、设备等 1758.1 万件（册、张），依法取缔各类无证照文化市场经营场所 1.3 万家。

省妇联在省外宣办、省文明办的支持下，开展了"净化网络、护卫孩子——万名母亲网络护卫行动"，发动广大母亲和家庭成员积极行动起来，为净化网络、保护孩子献计出力。全省广大母亲和网友纷纷响应，积极参与，形成了强大的声势。李长春同志专门作出批示："调动各方力量参与整治互联网低俗之风。广东经验很好，把妇女的力量动员起来，把五老动员起来，使低俗网站成为过街老鼠，人人喊打。"

广铁集团精心组织开展站车文化市场系列清查行动，将 1000 种盗版出版物目录、700 多种低俗音像制品目录等印发至各单位，加大查缴力度。分别从宣传、公安、客运、路风等单位和部门抽派骨干，不定期开展综合检查，对管内各文化经营场所进行地毯式清查；加强对列车文化市场的监管力度；加强集装箱运输管理，与委托单位签订"扫黄打非"责任状；加强客运、货运、

中铁快运等部门的配合查验工作，对货运站所发送、到达行包快运专列中的印刷物品依照有关法规认真进行检查，防止淫秽、色情等非法出版物通过铁路流向社会。

广州市"扫黄打非"办协调市公安局、工商局、知识产权局、城管局、市文化执法总队等部门，抽调人员组建联合执法行动组，采取"三错开"的工作方式，在全市范围内重点查处取缔无证照印刷厂，清查地下批发非法报刊的"天光墟"等违法行为。云浮市制发了《云浮市文化市场管理协调联动工作制度》，充分发挥市"扫黄打非"办和各职能部门的协调作用。市"扫黄打非"办办召集市公安局、市工商局、市文广新局、市城市管理局等部门分管副局长召开协调会议，联合制发了《云浮市迎国庆文化市场综合整治工作方案》，部署开展迎国庆文化市场综合整治行动。江门市"扫黄打非"办协调市公安局、市工商局、市文广新局和市城管局四部门在江门市堤西路开展了为期 1 个月的全天 24 小时联合轮值巡查，严厉打击堤西路非法销售盗版音像制品、盗版书报刊和非法六合彩的地摊游商，取缔非法经营摊档 32 个，有效地遏制了堤西路一带非法经营活动。

三、彻查彻究，穷追猛打，查办大要案取得新突破

今年，我省各级"扫黄打非"部门，继续将查办大要案作为突破口和主攻方向，不断加大办案力度，彻查彻究，深挖源头窝点，严打违法经营团伙。今年我省共查办 1130 宗案件，有 48 宗属于大要案，其中"5·05"低俗音像制品系列案、广州中童文化传播有限公司制售非法音像制品案等被全国"扫黄打非"办定为重点督办案件的。为加大案件的查办力度，林雄、雷于蓝同志亲自担任重大案件专案组的组长，亲自指导案件的查办工作，省"扫黄打非"办共先后组织召开 9 次案件协调会，督促案件的查办工作。5 月 26 日，全国"扫黄打非"办还来函表扬我省在查办青苹果影音有限公司经营低俗音像制品

案查办有力、贡献突出。

在今年查办案件工作中，我省广州、深圳、珠海、佛山、揭阳等市都取得了较好成绩。其中，广州市全年办理涉嫌刑事重大案件25宗，收缴盗版光碟及非法音像制品1036万张。深圳市办理出版物刑事案件46宗，拘留、逮捕、起诉或判决犯罪嫌疑人82名，先后共端掉41个非法出版物窝点，收缴非法出版物150余万张（份）。佛山市先后查处地下批销非法出版物窝点仓库35个，其中博彩类非法出版物窝点仓库15个，非法音像制品窝点仓库20个，共收缴非法出版物220.5万册。珠海市先后打掉非法音像制品地下窝点39个，2月14～16日连续查处了5处储存、批发、贩卖非法、色情淫秽光碟的窝点，共收缴非法光碟37万张。揭阳市查获一条非法光盘生产线。

今年我省查办的重大案件如下：3月3日，惠州市破获1个涉嫌包装生产盗版、淫秽色情等非法音像制品窝点，查获收缴涉嫌非法音像制品近80万张。3月18日，广州市突击检查白云区小坪工业区粤通货运场，查获《猫和老鼠》、《九阴真经》等非法音像制品27403张、涉嫌淫秽光盘3.2万张，现场控制4名涉案嫌疑人。4月3日，肇庆市在鼎湖区桂城居委会民营工业区和端州区黄岗镇原大冲收费站南侧分别查获了两个非法音像制品仓库，现场收缴非法音像制品167.436万张（盒），涉嫌淫秽色情音像制品8135张。在桂城办事处水坑二居委会凤凰路口查获一非法音像制品仓库，收缴非法音像制品55万张。4月27日，广州市在白云区松鹤南街38号查获两个存放涉嫌非法图书的窝点，该窝点主要存放有《政治学概论》、《社会学概论》、《大学英语自学教程》、《物流数学》等大学教材教辅图书，共计100多个品种10.3万册。5月4日，广州市检查天河区广汕路天源路粤景停车场裕丰物流速递公司，现场查获《甜歌精品屋》、《龙珠GT完整版TV版》、《我的丑娘》等品种的无码音像制品13万张，《西方残酷虐待特辑》、《女子做

爱记特辑系列》等涉嫌淫秽音像制品5万张。5月11日，广州市突击检查了广州青苹果影音有限公司，现场查获低俗音像制品151651张，共401个品种，低俗音像制品封面119689张。6月1日，广州市突击检查了园夏村龙腾工业园区，在7栋4楼查获非法音像制品631391张，共有1112个品种。6月8日，广州市在嘉禾街望岗粤旺工业园区E栋4楼和该园区7号仓库，一举查获非法音像制品109万张，其中涉嫌淫秽音像制品35万张。7月17日，佛山市捣毁了位于南海区大沥黄歧教表永红村46号侧、56号对面的两个博彩类非法出版物批销窝点，收缴博彩类非法出版物28.5万册。7月21日，揭阳市对普宁市南径镇庵脚村罗某某塑料厂进行突击检查，现场查获一条非法光盘生产线，查扣光盘生产线主机（UVDRYER）1台、空白光盘生产设备（DISCJet600）7台，其他配套设备6台（套）；光盘半成品8.7万张，其中淫秽光盘2.2万张、其他光盘6.5万张。8月6日，广州市在广州市海珠区恒俊印刷厂内查获涉嫌盗版《幼儿园活动整合课程》图书约34万册，散页10万余张，码洋约为200万元；在海珠区金毅印刷厂内查获《幼儿园活动整合课程（中班）》封面、内页及PS板，印刷散页20000张。9月7日，广州市查获了位于海珠区赤岗西路244号俊华学校内一出租仓库的盗版光盘包装窝点，查获盗版光盘达31万多张。9月28日，广州市在天河区员村三横路查处了广州市雅创文化传播有限公司假冒出版社名称出版发行盗版教辅出版物案件，执法人员现场依法登记保存《高中同步学案（人教版）化学必修1》《课堂同步与自主学习（人教版）数学》等盗版教辅出版物11万册，经鉴定均为非法出版物。

四、与时俱进，开拓进取，不断创新工作举措

面对日趋复杂的"扫黄打非"新形势、新问题，我省各级"扫黄打非"部门坚持与时俱进，不断改革创新工作举措和工作方式，推动各

项工作深入开展。今年，省"扫黄打非"办在省新闻出版局政府网站上开设"扫黄打非"宣传展览馆，充分利用互联网传播快、辐射面广的优势，加大"扫黄打非"和保护知识产权工作的宣传力度，全面展示政府部门在"扫黄打非"工作中取得的成果。海关广东分署为了解决长期以来查缴和处理非法出版物中存在的法律问题，避免不必要的法律纠纷，规范省内海关查缴、处理非法出版物的执法标准，在经过充分调研并吸取海关工作经验的基础上，制定了《广东海关违禁出版物查处工作指引》，并明确了非法出版物的鉴定程序，为一线海关的执法提供了明确的工作指引，有效解决了违禁出版物查处过程中长期存在的执法程序模糊、执法标准不统一等问题。广州市"扫黄打非"部门充分利用文化市场各类案件的线索信息，追根溯源，逐步建立案件线索反查的工作机制。市"扫黄打非"办专门印发了《关于深入开展文化市场案件线索反查工作的通知》，要求市文化执法总队及各区（县级市）"扫黄打非"办、执法队认真对本地案件线索进行反查，特别是对出版、复制、销售非法出版物数量较大的案件信息进行扩线办案，深入追查。此举收到了较好成效，广州市文化执法部门先后于4月23日，在广东外语外贸大学继续教育学院查获《标准日语中级教程》等价值160万元的涉嫌盗版图书10万册；于4月27日白云区松鹤南街38号两间仓库，查获涉嫌盗版《政治学概论》等非法图书2421个品种共10.03万册；于6月查获广州纵艺和广州矩星两个音像发行公司假冒出版社名义发行非法音像制品的违法事实。深圳市各级"扫黄打非"部门积极创新工作举措，努力解决工作中存在的难点问题。例如，为解决历史造成的报刊亭开办部门较多、管理难以到位的问题，市"扫黄打非"办在调查研究基础上，提出将所有报刊亭纳入新闻出版部门审批管理、行业管理和主管部门管理相结合的基本思路，并决定在福田区先行试点。深圳海关制定印发工作指引，从而提高了海关关员现场执法效率。同时，深圳海关还对水客少

量、多次走私印刷品、音像制品入境或者存在多次同类走私行为的，只要累计数额达到起刑点，一律以走私普通货物物品罪追究刑事责任，大大提高了打击出版物走私活动的力度。深圳市福田区"扫黄打非"办明确以街道为牵头单位，建立了领导责任制、情况通报制、检查督办制三项制度性措施。区"扫黄打非"办不定期派人对各街道市场情况进行暗访，将存在的问题拍摄成暗访视频并制成光盘送交相关街道，直到各街道对问题进行彻底整改才予销号。经过近两个月的探索，该项工作举措收到了较好的实际效果。佛山市南海区创新执法机制，一是将执法业务骨干下沉到镇（街），依靠、指导镇（街）文化市场管理力量，基本上实现了现有执法力量对全区文化市场的覆盖。同时建立全区文化市场管理信息交流平台，及时反映各镇、街文化执法工作动态。二是提高对举报非法出版物储存窝点的奖励标准，充分发挥社会监督力量。三是加强对执法工作的宣传，投入一部分经费录制公益宣传片。四是加强内部管理，自主研发南海区文化市场综合管理系统，极大地促进了执法工作有效开展。

五、加强督查检查，确保工作落到实处

为保障每次集中行动和专项行动的各项举措真正落到实处，省"扫黄打非"办组织了四次对全省的督察检查。1月12~16日，省"扫黄打非"办组织省委宣传部、省委政法委、省公安厅、省新闻出版局、省文化厅、省工商行政管理局、海关广东分署等部门组成四个联合检查组，对全省21个地级以上市开展"两节""两会"期间文化市场专项整治情况进行了专项检查。3~4月，省新闻出版局副局长、省"扫黄打非"办主任韩安贵两次带队赴湛江、茂名、河源、梅州、惠州等地检查指导第一阶段集中行动工作。为确保国庆前我省出版物市场平稳有序，9月14~18日，省"扫黄打非"办派出两个检查组分别对深圳、珠海、惠州、东莞、中山等8个市进行了暗访检查，对发现的问题立即督促整改，并将情况报告林雄、雷于蓝同志。

各地市也加强对县（区）的检查督导力度。东莞市建立督查制度，一方面采用由市督查组进行片区督导方式，加强对镇（街）执法督导，另一方面采用落实"三查"（违法经营档案检查、包干责任检查、举报奖励检查）方式，确保整治效果。肇庆市文广新局牵头组织市公安局、工商局分成两个检查组，于5月7～11日对7个县（市、区）的文化市场日常执法工作情况进行了专项检查，全面深入了解各地整治网吧和低俗音像制品专项行动开展情况以及文化市场管理现状。云浮市"扫黄打非"办于9月3～25日组织市文化市场综合执法大队与各县（市、区）文化市场综合执法队组成五个检查组开展了对各地文化市场交叉执法检查，共抽查了音像、出版物经营单位等文化经营场所共70多家，调阅文化市场执法案件卷宗以及行政许可共40多宗，调查中小学校使用教材教辅读物情况4家，派发并填写《中小学校使用教材教辅读物调查问卷》40多份。

六、加强队伍建设，不断提高战斗力

为继续加强文化市场综合执法队伍建设，经省"扫黄打非"工作领导小组批准，省财政拨款拨出200万专款，给15个地级市和84个县（市、区）的文化执法队购置电脑、摄像机、照相机、传真机等办公、办案设备。这是自2006年以来，省财政已连续三年拨款改善文化执法队伍装备，充分体现了省委、省政府对文化执法队伍建设的高度重视。在加强执法队伍建设的同时，今年我省着重抓好"扫黄打非"人员的政治思想素质和业务能力培训，努力提高"扫黄打非"队伍的战斗力。8月13日，省"扫黄打非"办在深圳市举办全省文化市场综合执法队长培训班，各地级以上市文化市场综合执法大（总）队队长、副队长，文管办主任共60多人参加了培训，广州市和深圳市的同志分别在培训班上讲授了查办案件工作的经验和体会。此外，我省各地各有关部门也举办了形式多样的培训活动，如深圳海关缉私局

举办了"深圳海关'扫黄打非'联络员培训班"，全关各单位50名"扫黄打非"联络员参加了培训。深圳市文化市场行政执法总队举办"数字时代电影版权面临的挑战与对策"专题培训会议，市、区文化执法部门共约80人参加了培训。惠州市于11月上旬开展了文化市场综合执法人员业务技能交流暨执法案卷评审活动，进行了非法出版物的识别与鉴定等方面知识的学习，邀请广州市文化行政执法总队的同志就网络文化市场的管理与执法、打击网络侵权盗版等方面进行了专题授课，就文化市场方面的典型案例进行了交流互动。

七、继续做好"扫黄打非"宣传工作

在推动"扫黄打非"工作不断深入的同时，我省各地还加大了保护知识产权、打击侵权盗版的宣传力度。4月22日上午，根据全国"扫黄打非"工作小组的统一部署，广东省"扫黄打非"工作领导小组、广州市人民政府在广州市白云国际会议中心举行2009年集中销毁侵权盗版及非法出版物活动，共销毁盗版光盘、软件、电子出版物、非法书报刊等共1000万张（册）。我省各地市也采取多种形式，加大"扫黄打非"和保护知识产权工作宣传力度。例如，春节前后，广州市在文化公园举办了广州市文化市场"扫黄打非"成果展。深圳市在"4·26"世界知识产权日期间，协调深圳商报利用一个版面集中报道2008年"扫黄打非"成绩，深圳市"扫黄打非"办还在街道社区"社区灯箱广告系统"和"楼宇电子媒体广告平台"张贴、播放"扫黄打非"公益广告，也取得明显社会效益。惠州市在市区商业步行街举办了"扫黄打非"、保护知识产权现场咨询活动，并组织宣传车实行巡回广播。云浮市在宣传周活动期间，通过移动、联通、电信等通信企业向广大用户发送宣传短信，通过云浮文化网滚动播出十多条有关开展"扫黄打非"，保护知识产权等宣传标语，营造了良好的"扫黄打非"舆论氛围。

领导讲话

在 2009 年全国"扫黄打非"电视电话会议广东分会场上的讲话

广东省副省长、省"扫黄打非"工作领导小组副组长
雷于蓝

今年以来，在省委、省政府高度重视和正确领导下，我省各级"扫黄打非"部门以打击非法出版物为重点，大力清理整治出版物市场秩序，净化社会文化环境，取得了较好的工作成效。主要体现在：一是以超强措施、超强力度坚决压制非法出版物"反弹"，二是认真开展收缴低俗音像制品工作，三是有关职能部门统一步调、协同作战，四是着力打源头、挖窝点、查办大要案。今年 1～4 月份，全省收缴非法出版物总数达 872.6 万件，其中盗版出版物 845 万张（册）、淫秽色情出版物 11.23 万张、非法报纸期刊 12.7 万份，查办案件 422 宗，行政处罚案件 1224 宗，刑事审结案件 18 宗，刑事处罚 44 人。广州、深圳、珠海、佛山、惠州、肇庆、中山、茂名等市都相继查获一批大要案。在肯定成绩的同时，我们必须清醒认识到，目前出版物市场客观上仍然存在着较严重的问题，我们决不能自满自足，沾沾自喜，要继续保持清醒的头脑，继续保持昂扬的斗志，继续保持对市场的高压态势。

刚才，在全国"扫黄打非"电视电话会议上，蒋建国同志传达了中央领导的指示精神，并对下一阶段工作进行了部署。2009 年大事多、热点多，重要敏感节点比较集中，封堵查缴非法出版物的任务极其艰巨。各级党委、政府和有关部门一定要从服务党和国家工作全局、维护社会稳定和国家长治久安的战略高度，加深对"扫黄打非"斗争重要性、长期性、艰巨性、复杂性的认识，切实把思想和行动统一到中央的决策部署上来，扎扎实实做好今年的工作，让中央放心，让省委省政府放心，让人民群众满意。下面，我对下一阶段的工作提三点要求。

一、迅速传达贯彻全国"扫黄打非"电视电话会议精神

各地各部门要立即将此次会议精神向"扫黄打非"工作领导小组和部门主要负责人报告，迅速召开工作会议，专题研究封堵查缴非法出版物工作，通报情况，分析形势，做出部署，抓好落实，不得让非法出版物有任何立足之地。要进一步加大联合查堵工作力度，净化文化市场和网络文化环境，加强对出版物市场的暗访检查，及时发现问题、查处问题。

二、周密部署、精心组织实施

各级"扫黄打非"办要充分发挥组织、协调、指导、督办的职能作用，按照属地管理和谁主管谁负责的原则，全面启动联合封堵查缴机制，做到精心部署、精心组织、精心实施，严格责任，万无一失。要结合广东复杂的实际情况，精心研究制定具体工作措施，保证中央决策得到全面贯彻执行。同时，对于每一项工作都力求做到精心组织、精心实施，不折不扣地完成中央交办的工作任务，确保中宣部、全国"扫黄打非"办各项措施具体落实到位。

三、各负其责，扎实工作

面对今年的严峻形势，各地各有关部门要把

思想和行动统一到中央精神上来，在工作部署上做到出手快，在查办大案要案上做到出拳重，在工作策略上做到措施准，在具体任务上做到工作实。各级新闻出版部门要迅速采取行动，严禁出版、印刷、复制、发行非法出版物，严禁报刊、网络等媒体登载非法出版物有害信息，对违法违规单位要依法从严查处，坚决按照彻查、彻究、彻办的原则，重拳打击，决不手软。对外宣传、通信管理、公安、新闻出版等部门要密切关注网上舆情信息动向，及时发现问题，采取有效措施迅速屏蔽删除，形成全方位的网络封堵格局。海关部门要加强对旅客携带、货运夹带、邮件收寄进境出版物的查验，严厉打击走私出版物活动。

同志们，"扫黄打非"工作是中央交给我们的艰巨任务，是我们的神圣职责。我们一定要再接再厉，进一步提高认识，结合广东实际，认真贯彻全国会议精神，把"扫黄打非"工作作为中央关于净化社会文化环境总体部署的重要工作内容，高度重视，强化责任，狠抓落实，务求实效，为我省推动科学发展、促进社会和谐作出贡献！

在2009年全国侵权盗版制品及各类非法出版物集中销毁活动广东分会场上的讲话

广东省副省长、省"扫黄打非"工作领导小组副组长
雷于蓝

按照全国"扫黄打非"工作小组的统一部署，今天我们在这里举行侵权盗版制品及各类非法出版物集中销毁活动，共销毁盗版光盘、软件、电子出版物、非法书报刊等1000万张（册）。这是近阶段我省"扫黄打非"成果的一次集中展示，再次表明我省各级党委、政府保护知识产权、严厉打击侵权盗版的一贯立场和坚定决心，同时这也是一次很有意义的宣传教育活动，通过营造声势、广泛发动，进一步培养全社会尊重知识、尊重创造、自觉保护知识产权的良好意识和社会氛围，共同推进我省"扫黄打非"和知识产权保护工作新发展。

广东省委、省政府历来高度重视"扫黄打非"和保护知识产权工作，始终坚持两手抓、两手都要硬，始终坚持与时俱进、开拓创新，始终坚持为"扫黄打非"提供强有力保障。多年来，在省委、省政府的正确领导下，我省各地、各部门密切配合、协同作战，在深挖非法光盘生产线、打击盗版光盘走私、查处大案要案等方面作出了突出贡献，

创造出多项全国"第一"，各项成绩一直位居全国前列。2008年我省又查获6条地下光盘生产线、收缴侵权盗版等各类非法出版物3034万本（张）、办理行政处罚案件5046起、移送司法机关追究刑事责任案件93起、刑事处罚131人。2008年，我省在打击网络侵权盗版方面也取得了突破，广州市天河区人民法院以侵犯著作权罪分别对"成功商贸网"、"宏志软件网"经营盗版光盘、电脑软件的犯罪分子进行了宣判，极大地震慑了犯罪活动。经过坚持不懈地艰苦努力，目前我省境内大规模走私、制售、储运、销售侵权盗版等非法出版物的违法经营活动得到有效遏制，正版出版物的市场占有率不断提高，出版物市场秩序和经营环境得到很大程度改观，特别是2008年北京奥运会期间，出版物市场面貌是多年来最好时期，得到中央有关部门和社会各界的高度评价。

在看到成绩的同时，我们必须清醒地认识到，当前我省"扫黄打非"、保护知识产权的形势依然十分严峻，侵权盗版与反侵权盗版的较量

从未停止过，盗版音像制品、电子出版物、教材教辅读物在市场上仍占有一定的比例，盗版经营活动团伙化作案趋势明显、手法更加隐蔽，利用互联网从事侵权盗版和非法出版活动的问题也越来越突出，因此我们必须坚决贯彻中央的部署，继续加大工作力度，进一步净化文化市场环境，不断提高全民知识产权保护意识，推动我省"扫黄打非"工作向纵深发展。

一要继续大力清查整治出版物市场。高举保护知识产权旗帜，始终保持对侵权盗版等非法出版物的高压打击态势，继续开展出版物市场集中整治行动，规范经营秩序，严厉查处各种违法违规经营活动。要加大对利用互联网从事侵权盗版活动的打击力度，借助技术手段，提高互联网文化执法能力，强化网络监管力度，净化网络文化环境。

二要加大对游商贩卖非法出版物的整治力度。研究制定有效措施，花大力气清理整治大中城市游商贩卖侵权盗版等非法出版物的问题，将这项工作纳入社会治安综合治理工作范畴，组织足够力量，以城市繁华街区、过街天桥、校园周边为重点，开展全面清扫行动，冒头一个，取缔一个，力求根治这一社会痼疾，让人民群众满意。

三要进一步加大对非法出版物经营活动的刑事打击力度。继续以查办大案要案为突破口，建立健全行政处罚与刑事司法相衔接的工作机制。行政主管部门和综合执法机构要紧密配合公安司法机关切实加强重大案件立案、侦破、审理、判决工作，充分运用法律手段，依法加大对从事走私、制售侵权盗版出版物等非法活动的刑事打击

力度，形成强大的法律威慑力。

四要坚决管住出版物生产复制源头。加强对印刷复制企业的依法管理，既是"扫黄打非"工作的关键环节，又是印刷复制产业有序健康发展的重要保障。各地、各部门要坚决纠正重发展轻管理、重经济效益轻社会效益、重局部利益轻国家利益的错误思想，坚决破除地方保护主义，在深入开展印刷复制业治理整顿的基础上，进一步加大对印刷复制企业、音像出版单位的监管力度，全面核查和依法查处发生在源头的非法经营活动，对非法经营情节特别严重、性质特别恶劣的印刷复制企业，要坚决依法处理，该停业整顿的停业整顿，该吊销营业执照的吊销营业执照。同时，要切实解决责任不落实、监管不到位的问题，着力建立健全长效监管机制。

五要加强对运输非法出版物的堵截工作。我省是出版物的重要集散地和物流中心，为有效防止非法出版物和侵权盗版制品传播扩散，各地公安部门、文化市场综合执法机构要会同交通、铁路、民航等部门，认真研究切实可行的措施，重点加强对公路运输环节的监控，坚决堵死非法出版物的各种运输传递渠道。

同志们，保护知识产权、打击侵权盗版是我国政府的一贯立场，是保护民族创新精神、完善社会主义市场经济体系、建设创新型国家的迫切需要，我们要按照中央和省委、省政府的统一部署，齐心协力，扎实工作，不断推动"扫黄打非"工作迈上新台阶，为净化文化市场环境，建设文化大省、和谐广东作出新的更大的贡献。

在广东省"扫黄打非"办公、办案设备颁发仪式上的讲话

广东省副省长、省"扫黄打非"工作领导小组副组长
雷于蓝

今天，我们在这里举行"扫黄打非"办

公、办案设备颁发仪式，给汕头、韶关等15个

地级市和 84 个县（市、区）文化市场综合执法队颁发电脑、摄像机、传真机等一批办公、办案设备，价值 200 万元。2006 年以来，省财政已拨专款 1180 万元，为经济欠发达的市、县（区）文化市场综合执法部门购置执法和办公设备，充分体现了省委、省政府对"扫黄打非"工作的高度重视和对文化市场执法队伍的极大关心。

我省地处改革开放前沿，社会开放度高、市场化程度高、人员流动性强，文化市场情况极为复杂，"扫黄打非"任务极为艰巨。省委、省政府历来高度重视"扫黄打非"工作，始终坚持"两手抓、两手都要硬"，始终坚持与时俱进、改革创新，始终坚持为"扫黄打非"工作提供强有力的保障。近几年来，我省各级文化市场综合执法队伍与公安、工商、海关等部门密切配合、协同作战，扎实深入开展"扫黄打非"工作，不断加强对文化市场的日常监管，始终保持对各类非法出版活动的高压打击态势，为维护社会政治稳定、促进经济文化繁荣发展作出了突出贡献，受到中央有关部门的充分肯定。2008 年，我省有 19 个单位及 17 名个人受到全国"扫黄打非"领导小组的表彰，是全国受表彰数量最多的省份。借此机会，我代表省"扫黄打非"工作领导小组向战斗在"扫黄打非"战线的全体同志表示诚挚的感谢和亲切的问候。

在肯定成绩的同时，我们也要清醒地认识到，随着我省改革开放的不断深入和经济社会的快速发展，包括出版物市场在内的整个文化市场出现了许多新情况和新问题，思想文化领域面临的形势更加复杂，这对我们的管理工作提出了新的要求。对此，我们要始终保持政治上的清醒和坚定，充分认识加强文化市场监管和"扫黄打非"斗争事关党和国家工作全局、事关中国特色社会主义事业发展、事关社会大局稳定和国家长治久安。我们要进一步增强政治意识、大局意识、责任意识和忧患意识，把思想和行动统一到中央和省委、省政府的决策

部署上来，不断深入开展"扫黄打非"斗争，大力净化社会文化环境，为党和国家工作大局服务。

一、突出重点，继续加大"扫黄打非"工作力度

各级党委、政府要充分认识"扫黄打非"是新的历史条件下管理意识形态和文化市场的成功模式和有效手段，坚决贯彻中央确立的"扫黄打非"工作"只能加强、不能削弱"的一贯方针和刘云山同志关于防止在机构改革中弱化"扫黄打非"工作机构的重要批示精神，把"扫黄打非"作为文化市场综合执法的重要任务，用"扫黄打非"工作成果检验文化市场综合执法改革的成效，积极探索"扫黄打非"与文化市场综合执法有效衔接的工作机制。

二、加强管理，全面提高文化市场综合执法能力

各地要进一步加强文化市场综合执法队伍管理，一是要通过加强对执法人员的思想、作风和勤政、廉政教育，建设一支作风过硬、纪律严明、士气高昂、顶得住诱惑、经得起考验的文化市场综合执法队伍；二是要通过开展法律法规培训，提高执法人员的业务能力，规范执法行为；三是要抓好队伍的制度建设，确立"用制度管人管事、按程序严格执法"的工作原则；四要完善技术措施，培训执法人员，不断提高执法水平和执法能力。

三、深查彻究，严厉打击文化市场违法犯罪团伙

深入查办大案要案是震慑犯罪分子、遏制文化市场违法经营活动的有效手段，也是我省文化市场管理多年来积累的成功经验。各文化市场综合执法部门要按照"属地管理"和"谁主管谁负责"的原则，坚持依法行政、严格执法，强化办案意识，以查办案件为突破口，深查彻究，穷追猛打，努力实现打团伙、破网络、抓幕后主犯、除恶务尽的工作目标。要及时将涉嫌犯罪案件移送公安机关，追究犯罪嫌疑人的刑事责任，以震慑犯罪、教育群众。

四、加强领导，切实解决执法队伍的实际困难

"扫黄打非"工作问题在基层，难点在基层，薄弱环节也在基层。我省文化市场综合执法机构组建时间较短、基础设施严重不足，加上文化市场综合执法工作范围广、任务重、政策性强、技术要求高，各级党委、政府一定要重视和支持文化市场综合执法队伍建设，加强对文化市场综合执法工作的领导，切实解决文化执法队伍经费不足、装备缺乏、办公设施落后等实际困难，确保执法工作正常开展。

同志们，文化市场综合执法工作肩负着维护文化安全和社会稳定的重任，关系到社会主义和谐社会的构建。我们要全面落实科学发展观，牢固树立执法为民的思想，增强使命感和责任感，不断提高执法工作水平，全面提升文化市场综合执法效能，推动"扫黄打非"和文化市场管理工作再上新台阶。

2009 年"扫黄打非"大案要案综述

广东省"扫黄打非"办公室

一、非法光盘生产线案

揭阳市查获一条非法光盘生产线。2009 年 7 月，揭阳市"扫黄打非"办根据群众举报线索，经过近十个昼夜的秘密摸查，于 7 月 21 日突击检查揭阳市普宁南径镇偏僻乡村一塑料厂，现场查获 1 条光盘生产线（双头）、相关生产设备及半成品光盘 87000 张（其中淫秽光盘 2.2 万张）。

二、非法音像制品案件

（1）佛山市"2·24"非法音像制品案。2009 年 2 月 24 日，佛山市南海区大沥镇文化、公安、工商等部门，在大沥豪美市场及凤鸣东路 4 号查获 2 个盗版光盘仓库，分别收缴盗版音像制品 3.8 万张（盒）和 4.5 万张（盒）。

（2）惠州市"3·03"涉嫌包装盗版、淫秽色情音像制品窝点案。2009 年 2 月 16 日至 3 月 2 日，惠州市文化市场综合执法大队根据群众举报，对惠州市河南岸办事处冰塘村小塘组 189 号三层半住宅楼连续进行十多天的暗访侦查，基本确认该住宅楼涉嫌包装、存放非法音像制品，且经常是凌晨 2 时运送货物。3 月 3 日 13 时，惠州市文化市场综合执法大队会同公安机关等组成 60 多人的联合检查组，对该住宅楼进行突击检查，现场查获盗版音像制品近 80 万张（其中淫秽色情音像制品 16000 多张）。

（3）珠海市"3·15"储存非法光碟窝点案。3 月 14~16 日，珠海市文化执法、公安部门连续查获 6 个储存、批发、贩卖盗版、淫秽色情光盘的窝点，共收缴非法光碟 42.48 万张，其中淫秽色情光盘 5083 张，抓获犯罪嫌疑人 2 人。

（4）广州市"3·18"非法音像制品案。2009 年 3 月 18 日，广州市文化市场行政执法总队突击检查白云区小坪工业区粤通货运场，查获《猫和老鼠》、《九阴真经》等非法音像制品 27403 张、涉嫌淫秽光盘 3.2 万张，现场控制 4 名涉案嫌疑人。

（5）中山市"4·1"非法音像制品案。2009 年 4 月 1 日，中山市文化市场综合执法大队对西区咏仪音像制品商行进行检查，发现该商行涉嫌大量销售非法音像制品，经清点、鉴定，共有近 9 万张（盒）。5 月 4 日，中山市文化广电新闻出版局吊销了咏仪商行的《音像制品经营许可证》。

（6）肇庆市"4·03"特大非法音像制品仓储窝点案。2009 年 4 月 3 日，肇庆市"扫黄打非"办组织市文化市场综合执法大队、端州区和鼎湖区文化市场综合执法队及公安部门，在全国"扫黄打非"办、省"扫黄打非"办和省公安厅的直接指挥下，一日内连续打掉位于鼎湖区桂城居委会民营工业区和端州区黄岗镇原大冲收费站南侧的两个特大非法音像制品仓储窝点，现场共查获盗版音像制品167.436万张（盒）、淫秽色情音像制品8153张（盒）。其中，鼎湖仓库96.936万张（盒），涉嫌淫秽色情音像制品2037张（盒），端州仓库70.5万张（盒），涉嫌淫秽色情音像制品6116张（盒）。此案是肇庆市有史以来查获的最大一起非法音像制品仓储案件，被文化部办公厅列为"2009年全国文化市场十大案件"，肇庆市文化广电新闻出版局被评为"2009年全国文化市场办案有功集体"。

（7）广州市"5·04"运输非法音像制品案。2009年5月4日，广州市文化市场行政执法总队检查天河区广汕路天源路粤景停车场裕丰物流速递公司，现场查获《甜歌精品屋》、《龙珠GT完整版TV版》、《我的丑娘》等品种的无码音像制品13万张，《西方残酷虐待特辑》、《女子做爱记特辑系列》等涉嫌淫秽音像制品5万张。

（8）"5·05"低俗音像制品系列案。2009年5月11日，广州市文化市场行政执法总队突击检查了广州青苹果影音有限公司，现场查获低俗音像制品151651张，共401个品种、低俗音像制品封面119689张。此案被全国"扫黄打非"办定为重点督办案件。5月26日，全国"扫黄打非"办致函表扬我省在查办"青苹果"影音有限公司经营低俗音响制品案件中，查办有力、贡献突出。

（9）广州市"6·01"非法音像制品案。2009年6月1日，广州市文化市场行政执法总队突击检查园夏村龙腾工业园区7栋4楼，查获非法音像制品631391张，共有1112个品种。

（10）广州市"6·08"非法音像制品案。2009年6月8日，广州市文化市场行政执法总队在嘉禾街望岗粤旺工业园区E栋4楼和该园区7号仓库，一举查获非法音像制品109万张，其中涉嫌淫秽音像制品35万张。

（11）佛山市"7·29"非法音像制品案。2009年7月29日，根据前期掌握的线索，佛山市南海区文化执法队联合区公安分局等部门，对狮山松夏工业科技西路的宇航贸易公司进行突击检查，收缴非法音像制品763550张（盒）。

（12）广州中童文化传播有限公司制售非法音像制品案。2009年7月15日，广州市"扫黄打非"办组织有关部门，突击检查了位于白云区棠景街棠下东三街19号三楼的广东中童文化传播有限公司仓库，现场发现大量歌曲CD、VCD和DVD光盘共计1499个品种625874张，其中133个版号涉嫌一个版号生产多种光盘，经广州市出版物鉴定委员会鉴定，该1499种音像制品中有1382个品种共574745张为非法出版物。8月12日，全国"扫黄打非"办将此案列为全国"扫黄打非"挂牌督办案件。为此，广东省成立了由副省长、省"扫黄打非"工作领导小组副组长雷于蓝担任组长的"中童"案领导小组，协调指导有关部门开展案件查办工作。随后，广州市白云区人民法院以非法经营罪判处相关人员李宗文有期徒刑3年，缓刑4年，并处罚金5万元；判处赵峰有期徒刑2.6年，缓刑3年，并处罚金4万元。

（13）深圳市"11·05"非法经营音像制品案。2009年11月5日，深圳市龙岗区文化、公安部门在龙岗区布吉街道新三村某出租屋查获一个非法音像制品地下窝点，收缴淫秽音像制品2405张、盗版音像制品43730张，抓获被告人许某某。2010年7月1日，龙岗区人民法院作出判决，以非法经营罪和贩卖淫秽物品牟利罪判处被告人许某某有期徒刑三年，缓刑四年，并处罚金四千元。

三、非法教材、报刊、图书案件

（1）佛山市"1·08"非法出版物案。2009年1月8日，根据群众举报，佛山市文化市场综合执法大队联合南海区队、大沥文化站等部门，成功捣毁南海区大沥镇黄岐教表村的两个淫秽博彩类非法出版物批发仓库，收缴博彩类非法出版物20.5万册（份）。

（2）惠州市"3·18"批发盗版、淫秽色情书籍非法窝点案。2009年2月9日至3月17日，惠州市文化市场综合执法大队根据群众举报，对惠州市河南岸办事处灯光夜市、龙丰市场灯光夜市等经营涉嫌盗版书籍游商地摊的进货源头进行追踪侦查，发现涉嫌盗版书籍大多数由湖南籍的梁某从惠州河南岸汽车站接货后，先运往某窝点藏匿，再批发给灯光夜市的游商地摊。根据此线索，市执法大队将人员分三个小组，对河南岸汽车站进行全天候蹲点，发现梁某通常于晚上21～22时、清晨6时在河南岸汽车站接货。经对梁某进行跟踪，最终发现市桥东花园前街16号一幢出租屋首层为其批发盗版、淫秽色情书籍的窝点。3月18日14时，惠州市文化执法大队会同公安机关等组成40多人的联合行动组，对该涉嫌批发盗版、淫秽色情书籍窝点进行突击搜查行动，现场查获涉嫌盗版、淫秽色情书刊15000多册（其中淫秽色情书籍1300多册）。

（3）中山市"4·14"《红旗周刊》非法出版物案。4月份，完美（中国）日用品有限公司向中山市"扫黄打非"办紧急投诉，请求中山市"扫黄打非"办组织查处涉嫌销售《红旗周刊》等非法出版物的"成功书店"（东区小平文具店）。中山市"扫黄打非"办接到投诉后，迅速协调市公安局、市工商局、市文广新局及市文化市场综合执法大队成立专案组，调取相关证据材料，对"成功书店"进行布控和调查。4月14日，市"扫黄打非"专案组对东区小平文具店进行突击检查，现场抓获涉案当事人刘小平、王小菊，查获涉嫌非法书刊3376册（其中《红旗周刊》16本），非法光盘8337盘。经中山市出版物鉴定委员会鉴定，均为非法出版物。

（4）佛山市"6·05"地下印刷厂案。2009年6月5日晚7点45分，佛山市"扫黄打非"办接到广州市文化市场综合执法总队的案件线索通报，称大沥镇盐步东秀高村C座首层之3一家无证印刷厂正在印刷"广州新阳光门诊部之《青苹果》2009－6月刊"等非法刊物的封面。佛山市文化市场综合执法大队、南海区文化市场综合

执法队立即出动，第一时间赶赴现场调查取证，并联同当地工商、公安部门一举取缔了这间无证地下印刷厂。行动中没收印刷成品5万张，印刷机1台，冲版机1台，随后由南海区工商行政管理局大沥分局作出罚款3万元的行政处罚决定。

（5）深圳市"6·21"经营非法博彩类报刊案。2009年6月21日，深圳市公安局南山区分局招商派出所经过一个月的精心侦查，打掉一个特大非法经营"六合彩"报的犯罪团伙，缴获"六合彩"报3万张，涉案金额人民币10万多元。7名犯罪人员全部被南山区人民法院依法判处有期徒刑。

（6）佛山市"7·17"非法出版物案。2009年7月17日，佛山市、区两级文化市场执法队伍联合南海区黄岐派出所等部门，成功捣毁了位于南海区大沥镇黄岐永红村的两个非法博彩类出版物批销窝点，收缴非法出版物28.5万册（份）。

（7）广州市"8·06"盗版幼儿图书案。2009年8月6日，广州市文化市场行政执法总队在广州市海珠区恒俊印刷厂内查获涉嫌盗版《幼儿园活动整合课程》图书约34万册，散页10万余张，码洋约为200万元；在海珠区金毅印刷厂内查获《幼儿园活动整合课程（中班）》封面、内页及PS板，印刷散页20000张。

（8）广州市"9·08"盗版教辅案。2009年9月28日，广州市文化市场行政执法总队在天河区员村三横路查处了广州市雅创文化传播有限公司假冒出版社名称出版发行盗版教辅出版物案件，执法人员现场依法登记保存《高中同步学案（人教版）化学必修1》《课堂同步与自主学习（人教版）数学》等盗版教辅出版物11万册，经鉴定均为非法出版物。

四、非法销售、安装卫星电视地面接收设施案件

深圳市"3·25"非法安装使用卫星电视地面接收设施案。2009年3月25日，深圳市文化市场行政执法总队在前期调查取证、掌握证据的基础上，联合龙岗区公安分局宝岗派出所在坂田街道禾坪岗村成功查获一起专门利用手机

短信发布非法安装卫星地面接收设施信息的案件，查获地面卫星接收天线 7 个，接收机 20 台，高频头 10 个，群发器 16 个，群发短信息用手提电脑 3 台，调试电视效果设备 3 台，小汽车 1 辆及作案工具、物品等一批。7 月 13 日，法院以非法经营罪判处被告人冯某有期徒刑一年，并处罚金 3 万元；没收违法工具 2 部、赃款 2700 元。

五、网上销售非法出版物案件

深圳市"4·02"非法网上销售图书案。

2009 年 4 月 2 日，根据上级有关部门通报的线索，深圳市"扫黄打非"办协调市、区文化执法和公安部门开展联合行动，在南山区一举查获一个利用互联网发布、销售非法出版物的地下窝点，收缴非法图书 23708 册、非法期刊 2009 册、非法音像光盘 12200 张及作案专用电脑 1 台。之后，非法经营者张某被以非法经营罪判处拘役 3 个月 15 天，并处罚金 5000 元，没收违法经营物品。此案为深圳市查处的首宗利用互联网销售非法出版物的刑事案件。

2009 年"扫黄打非"大事记

广东省"扫黄打非"办公室

1 月初至 2 月 20 日，省"扫黄打非"办组织开展了以打击非法出版活动为重点的元旦、春节期间文化市场专项整治检查行动。

1 月 8 日，佛山市文化市场综合执法大队联合南海区队、大沥文化站等部门，成功捣毁南海区大沥镇黄岐教表村的两个淫秽博彩类非法出版物批发仓库，收缴博彩类非法出版物 20.5 万册（份）。

1 月 12～16 日，省"扫黄打非"办联合省委宣传部、省委政法委、省公安厅、省新闻出版局、省文化厅、省工商行政管理局、海关广东分署等部门，组织 4 个联合检查组，对全省 21 个地级以上市开展"两节""两会"期间文化市场专项整治情况进行了专项检查。

1 月 13 日，宝安区人民法院作出（2009）深宝法刑初字第 503 号判决，以非法经营罪判处陈义彬有期徒刑一年，缓刑二年，并处罚金二万元。陈义彬系深圳"1·17"地下光盘生产线案的主犯，该案于 2008 年 1 月 17 日由深圳市文化执法和公安部门根据群众举报线索，在宝安区石岩街道龙腾路 11 号光明纸行后面一铁皮厂房中，现场查获两条正在生产作业的地下光盘生产线及其它辅助设备一批，抓获涉案人员 11 人。随后，深圳市成立了由市公安局治安管理分局、宝安区

公安分局经侦大队和市文化市场行政执法总队组成的"1·17"专案组，迅速从抓获的犯罪嫌疑人身上打开突破口，确定了此案的主犯，并随即展开抓逃工作。由于主犯陈义彬具有较强的反侦察意识，行踪诡秘。为此，专案组采取了外松内紧的办法，一方面加快了该案从犯的起诉、审判工作，制造出该案已结案的假象，另一方面通过公安网对陈义彬进行网上追逃。2008 年 9 月 17 日晚，宝安区公安分局经侦大队接获宝安共乐派出所报称，陈义彬在宝安西乡街道盐田村的一家酒店登记住房，宝安公安分局立即组织警员前往布控，将陈义彬抓获。至此，"1·17 地下光盘生产线专案"全面告破，其他 7 名从犯分别被判处 7～8 个月有期徒刑并处罚金。

1 月 16 日，省"扫黄打非"办组织省"扫黄打非"工作领导小组成员收看收听了第二十二次全国"扫黄打非"工作电视电话会议。会后，套开了广东省"扫黄打非"工作电视电话会议，副省长、省"扫黄打非"工作领导小组副组长雷于蓝主持会议，省委常委、宣传部长、省"扫黄打非"工作领导小组组长林雄对 2009 年全省"扫黄打非"工作进行了部署，会议还向获得 2008 年广东省"扫黄打非"先进集体和

先进个人称号的 20 名代表颁发了奖牌、证书。各市、县（市、区）"扫黄打非"工作领导小组及成员单位负责同志在本地收看收听了全国和省的电视电话会议。

1 月 17 日，茂名市在河西汽车站附近成功破获一起由湖南邵东运往茂名、湛江销售的非法出版物案件，当场收缴非法出版物 6 万多册。

2 月 15、16 日，全国"扫黄打非"办在广州市召开全国各省（区、市）"扫黄打非"办公室主任会议，全国"扫黄打非"工作领导小组副组长兼办公室主任、新闻出版总署副署长蒋建国作重要讲话。全国"扫黄打非"办专职副主任、新闻出版总署反非法和违禁出版物司司长李宝中，中宣部出版局副局长、全国"扫黄打非"工作小组联络员周慧琳出席会议，全国各省（区、市）"扫黄打非"工作领导小组办公室主任、全国"扫黄打非"工作小组各成员单位联络员、新闻出版总署有关司（厅、办）负责同志、广东省和广州市"扫黄打非"工作领导小组主要负责同志和主要成员单位负责同志共 150 多人参加了会议。会议分析了"扫黄打非"工作面临的形势，明确了 2009 年"扫黄打非"工作重点和重要措施。2 月 15 日下午，全国"扫黄打非"工作小组组长兼办公室主任、新闻出版总署副署长蒋建国同志等总署领导，以及全国各省（区、市）"扫黄打非"办公室主任在徐志彪副市长、赵南先副秘书长的陪同下到广州市文化公园参观了广州文化市场"扫黄打非"成果展。蒋建国副署长高度评价了广州市"扫黄打非"成果展，认为内容丰富、形式新颖，全面展示了广州 20 年来"扫黄打非"工作所取得的成绩。

2 月 18 日，全国"扫黄打非"办在深圳市五洲宾馆召开深圳市"扫黄打非"工作汇报会，深圳市委常委、宣传部长、市"扫黄打非"工作领导小组组长王京生，副市长、市"扫黄打非"领导小组副组长闫小培参加会议。

2 月 19 日上午，省"扫黄打非"办召开主任会议，传达贯彻全国各省（区、市）"扫黄打非"办主任会议精神，研究部署我省今年第一阶段"扫黄打非"集中行动。省新闻出版局副局长、省"扫黄打非"办主任韩安贵，省委宣传部、省委政法委、省公安厅、省工商局、省文化厅、省广电局、海关广东分署等部门的省"扫黄打非"办兼职副主任参加了会议。韩安贵同志传达了全国"扫黄打非"工作小组副组长兼办公室主任、新闻出版总署副署长蒋建国同志在全国"扫黄打非"办主任会议上的讲话，以及蒋副署长在深圳、珠海检查工作时作出的重要指示；通报了中宣部、全国"扫黄打非"办检查组春节期间对广州、深圳、珠海三市暗访时发现的问题；部署了今年第一阶段"扫黄打非"集中行动的各项任务。会议强调，2009 年"扫黄打非"要重点做好 5 方面工作：一是有针对性地打击非法出版活动，做到定点打击、准确打击，对已发现的问题紧抓不放，反复检查，直至彻底根治；二是各地要确定 1～2 个重点案件，重点督办，同时，省"扫黄打非"办要加强对各地的暗访检查和督促指导；三是要加大市场检查力度，通过查市场发现线索，追查源头；四是要严格信息报告制度，专项行动期间每星期报告一次情况；五是组织开展好"扫黄打非"、保护知识产权宣传活动。

同日下午，广州市召开"扫黄打非"工作暨新闻出版广播电视版权工作会议，广州市副市长徐志彪、广东省新闻出版局局长朱仲南、广东省广播电影电视局副局长何日丹、广州市政府副秘书长赵南先、广州市委宣传部副部长陆志强等 250 人参加了会议。会议表彰了广州市 2008 年"扫黄打非"先进集体和先进个人。

2 月 24 日，佛山市南海区大沥镇文化、公安、工商等部门，在大沥豪美市场及凤鸣东路 4 号查处盗版光盘仓库两间，分别收缴盗版光盘 3.8 万张（盒）和 4.5 万张（盒）。

2 月 27 日，省"扫黄打非"办召开全省各地级以上市文管办主任、执法队会议，传达全国"扫黄打非"工作小组副组长兼办公室主任、新闻出版总署副署长蒋建国同志在全国各省（区、市）"扫黄打非"办公室主任会议上的讲话精神，部署广东省 2009 年"扫黄打非"第一阶段专项行动。

2月下旬至4月底，中山市"扫黄打非"办在全市范围内开展了"扫黄打非"第一阶段专项行动。其中，在3月3日，中山海关查获一起台湾旅客走私淫秽光盘入境案件，共查获104张淫秽色情光碟。

3月3日，惠州市文广新局会同公安机关连续奋战十几个小时，一举成功破获1个涉嫌包装生产盗版、淫秽色情等非法音像制品窝点，查获收缴涉嫌非法音像制品近80万张。

3月9~12日，深圳市福田区"扫黄打非"办联合八卦岭派出所一举查获7个非法音像制品摊档，抓获犯罪嫌疑人7名，收缴非法音像制品4952张。每个摊档涉案数量最多的1100张，最少的也有540张。上述涉案人员全部被依法追究刑事责任。此举大大警示了违法经营人员：经营盗版不仅违法，情节严重的还要定罪判刑。

同日，佛山市南海区端掉一盗版图书仓库，收缴非法出版物2万册。

3月11日，深圳市文化执法部门在南山区南光村100号201室查获一个非法经营盗版音像制品的窝点，收缴非法音像制品52805张，抓获犯罪嫌疑人2名。

同日，佛山市南海区端掉两个非法博彩类出版物仓库，一个位于黄岐罗村，收缴"六合彩"书报刊2.8万册；另一个位于黄岐西围，收缴"六合彩"书报刊2.2万册。

3月13日，深圳市福田区召开落实"南岭"工程部署会，下发了《福田区 2009 年"南岭"工程实施方案》，明确以街道为牵头单位，其他有关部门积极参与，并提出三项措施确保落实到位：一是建立领导责任制；二是建立工作台帐和信息报送制；三是建立检查督办制。

3月14~16日，珠海市文化执法、公安部门连续查获6个储存、批发、贩卖盗版、淫秽色情光盘的窝点，共收缴非法光碟42.48万张，其中淫秽色情光盘5083张，抓获犯罪嫌疑人2人。

3月18日，惠州市文广新局同公安机关等组成40多人的联合行动组，对市桥东花园前街16号一幢出租屋首层涉嫌批发盗版、淫秽色情书籍的窝点进行突击搜查行动。经近4个小时的连续奋战，现场查获涉嫌盗版、淫秽色情书刊15000多册（其中淫秽色情书籍1300多册）。

同日，广州市突击检查白云区小坪工业区粤通货运场，查获《猫和老鼠》、《九阴真经》等非法音像制品27403张、涉嫌淫秽光盘3.2万张，现场控制4名涉案嫌疑人。

3月21日，珠海市文化执法、公安部门在拱北侨光花园查获一涉嫌藏匿淫秽色情光盘及非法出版物的窝点，查获淫秽色情光碟207张、非法出版物4000余本。

3月29日，肇庆市"扫黄打非"办根据群众电话举报，组织怀集县"扫黄打非"办、县文广新局、县公安部门在该县梁村镇闸岗路口截获一批教辅，共计3269册，货值近4万元。

4月2日根据上级有关部门通报的线索，深圳市"扫黄打非"办协调市、区文化执法和公安部门开展联合行动，一举查获一个利用互联网发布、销售非法出版物的地下窝点，收缴非法图书23708册、非法期刊2009册、非法光盘12200张以及作案专用电脑1台。此案为深圳市查处的首宗利用互联网销售非法出版物的刑事案件。

4月3日，在全国"扫黄打非"办、省"扫黄打非"办和省公安厅的直接指挥下，肇庆市"扫黄打非"办组织市文化市场综合执法大队、端州区和鼎湖区文化市场综合执法队及公安部门，一日内连续打掉位于鼎湖区桂城居委会民营工业区和端州区黄岗镇原大冲收费站南侧的两个特大非法音像制品仓储窝点，现场共查获盗版音像制品167.436万张（盒）、淫秽色情音像制品8153张（盒）。此案为肇庆市有史以来查获的最大一起非法音像制品仓储案件，被文化部办公厅列为"2009年全国文化市场十大案件"，肇庆市文化广电新闻出版局被评为"2009年全国文化市场办案有功集体"。

4~7月，根据省"扫黄打非"办的统一部

署，全省文化执法、公安、工商、城管等部门按照各自职能迅速行动，在全省范围内开展清缴整治低俗音像制品专项整治行动。

4月8日，广州市文化行政执法总队对广东金图影音有限公司从事非法出版活动进行调查，收缴低俗光碟4.8万张。

4月10日，深圳市文化执法部门在龙华街道捣毁两个盗版光盘窝点，共收缴盗版光盘48886张、淫秽色情光盘3800张。

4月10日至6月30日惠州市举办中国移动"达人堂"阳光网游第一届大赛，旨在弘扬健康向上、阳光益智的网络游戏文化，抵制低俗低媚的有害信息，丰富广大人民群众文化生活，营造绿色网络文化环境。

4月22日上午，根据全国"扫黄打非"工作小组的统一部署，广东省"扫黄打非"工作领导小组、广州市人民政府在广州市白云国际会议中心举行2009年集中销毁侵权盗版及非法出版物活动，共销毁盗版光盘、软件、电子出版物、非法书报刊等共1000万张（册）集中销毁。副省长、省"扫黄打非"工作领导小组副组长雷于蓝，广州市委常委、宣传部长、市"扫黄打非"工作领导小组组长王晓玲分别在仪式上作了讲话。雷于蓝、王晓玲等省、市领导同志向群众代表派发了宣传打击侵权盗版、保护知识产权的"绿书签"，带头在写有"打击侵权盗版保护知识产权"的条幅上签名，并启动了销毁非法出版物的粉碎机。为了加大"扫黄打非"和保护知识产权工作的宣传力度，全面展示"扫黄打非"工作所取得的丰硕成果，省"扫黄打非"办还在省新闻出版局政府网站上开设"扫黄打非"宣传展览馆。

同日，深圳市"扫黄打非"办在宝安区再生公司牛湖回收站举行了盗版书报刊移交和销毁仪式。市"扫黄打非"办第一副主任、市文化局局长陈威代表市"扫黄打非"办接收了市文化执法总队、宝安区和龙岗区"扫黄打非"办移交的26万册非法书报刊，被移交的书报刊被当场用水浸泡后销毁。4月26日"世界知识产

权日"前后，深圳市共组织两次集中销毁活动，合计销毁非法出版物94.24万张（册）。

4月24日深圳市"扫黄打非"办会同市知识产权局举办了"开展'扫黄打非'保护知识产权"专家座谈会。市出版业协会、出版发行集团、报刊发行局和公安部光盘源鉴定中心等20个部门的专家学者就近年来如何利用"扫黄打非"这个平台保护知识产权深入交换了意见。

4月25日深圳市福田区文化局、福田区知识产权局、福田区教育局、共青团福田区委、福田区音像制品零售行业协会联合在深圳购书中心广场开展了声势浩大的宣传活动，现场进行了"福田区保护知识产权宣传志愿队"授旗仪式、"正版音像制品配送基地"授牌仪式、拒绝盗版万人签名、打击盗版图片展、盗版换正版、法律咨询、有奖问答、文艺表演等十二项系列宣传活动。200名在校中学生在深圳购书中心广场庄严宣誓加入"福田区保护知识产权宣传志愿队"，每人每年负责发展10名新的志愿者，影响10个家庭积极支持使用正版音像制品，全市首支青少年保护知识产权宣传志愿队在福田正式宣告诞生。

4月26日，惠州市举办文化市场法律法规现场咨询活动和惠州市销毁非法出版物现场会，对查缴的盗版、淫秽色情等非法出版物进行公开销毁。

同日，中山市组织开展了违法音像制品公开销毁活动，共销毁非法音像制品共48万多张。

4月27日，广州市文化行政执法总队在白云区查获两个存放涉嫌非法图书的窝点，该窝点主要存放有《政治学概论》、《社会学概论》、《大学英语自学教程》、《物流数学》等大学教材教辅图书，共计100多个品种，10.3万册。

4月29日，珠海市文化执法大队根据群众举报，派出两组执法队员连续三天在珠海市香洲区体育中心西门口蹲点守候，终于现场抓获批销非法彩报的两名犯罪嫌疑人，现场查扣"六合彩"报等非法报刊近万份。

同日，广州市荔湾区破获一个非法电子出版

物仓库1个，现场收缴非法电子出版物61533张，抓获涉案嫌疑人3人。

4月，为遏制音像制品的低俗之风，佛山市"扫黄打非"工作领导小组办公室多措并举，组织全市各相关部门联合出动执法人员1337人次，收缴《人体艺术》、《性爱与内衣》等低俗音像制品9852盘（张），对4家售卖盗版的违规单位作出了罚款3000元和责令立即整改的处罚。

5月4日，广州市检查天河区广汕路天源路粤景停车场裕丰物流速递公司，现场查获《甜歌精品屋》、《龙珠GT完整版TV版》、《我的丑娘》等品种的无码音像制品13万张，《西方残酷虐待特辑》、《女子做爱记特辑系列》等涉嫌淫秽音像制品5万张。

5月11日，广州市突击检查了广州青苹果影音有限公司，现场查获低俗音像制品151651张，共401个品种、低俗音像制品封面119689张。此案被全国"扫黄打非"办定为重点督办案件。

5月11～18日深圳市文化市场行政执法总队按照分片包干的原则，对"文博会"前后市、区文化执法部门的巡查责任予以具体落实，并开展出版物市场集中检查行动。

5月11日，广州市文化行政执法总队清查了位于三元里松柏中街43号210房的广州青苹果影音有限公司，现场查获77个品种共15.2万张低俗音像制品及封面纸12万张。

5月12日，全国"扫黄打非"办致函深圳市"扫黄打非"工作领导小组，通报表扬深圳市"扫黄打非"办、市文化市场行政执法总队、市公安局三个单位在"全国首例非法销售电子版ISO标准"案和"深监管理认证中心有限公司盗版国家标准"案中做出突出成绩。

同日，郑州市新闻出版局副局长张文书一行15人来穗，就如何建立健全案件查办、督办制度，物证管理中心运行管理机制情况以及网络"扫黄打非"工作等方面进行调研。

5月22日，省"扫黄打非"办组织省"扫黄打非"工作领导小组成员单位有关负责同志收看收听了全国2009年"扫黄打非"专题电视电话会议，副省长、省"扫黄打非"工作领导小组副组长雷于蓝出席会议并讲话。

5月26日，全国"扫黄打非"办致函表扬我省在查办"青苹果"影音有限公司经营低俗音响制品案件中，查办有力、贡献突出。

6月1日，广州市文化行政执法总队突击检查白云区龙腾工业园区，查获非法音像制品631391张，共有1112个品种。

6月5日，佛山市文化市场综合执法大队在大沥镇盐步东秀高村C座首层之3成功查获一个地下印刷厂，收缴印刷成品5万张、印刷机1台、冲版机1台。

6月8日，广州市文化行政执法总队在嘉禾街望岗粤旺工业园区查获非法音像制品109万张，其中涉嫌淫秽音像制品35万张。同日，还端掉了位于福宁路的一个非法音像制品批发窝点，现场查获30000多张盗版光盘，其中涉嫌淫秽色情光盘约6000多张。

6月16日，中山市公安网监部门在中山市坦洲镇查获17个通过网络传播淫秽信息的站点，抓获犯罪嫌疑人37名。

6月21日深圳市公安局南山区分局招商派出所经过一个月的精心侦查，打掉一个特大非法经营"六合彩"报的犯罪团伙，抓获嫌疑人10名，缴获"六合彩"报3万张，涉案金额人民币10万多元。有关嫌疑人全部被依法追究刑事责任。

6月22日，为认真贯彻落实蒋建国副署长关于开展打击非法音像制品反查工作的指示要求，针对广州作为全国音像制品集散地这一特点，广州市文化市场行政执法总队会同花都区文广新局、花都区文化执法队到广州白云机场公安局就联合开展口岸堵截非法音像制品进行工作交流，制定了机场口岸管理和堵截非法出版物工作机制。

6月24日，中山市文化市场综合执法大队在西区智高书店内查获一个非法出版物仓库，共收缴非法出版物10374本。

6~7月，惠州市文广新局组织开展了文化市场法律法规宣传教育月专题活动，通过采取多种形式，让文化市场法律法规实现"五个进"，即进街道、进社区、进学校、进企业、进门店，进一步强化文化法规宣传力度，增强经营单位业主和从业人员守法依规经营的自觉性和主动性，自觉抵制各种违法违规行为，营造良好的执法环境和社会舆论氛围。

7月1日，惠州市文广新局在惠州慈云图书馆举办惠州市书报刊经营单位守法自律监管员培训班，市直、惠城区200多名拟任守法自律监管员参加了培训。

7月8日，佛山市文化市场综合执法大队联合有关部门，成功捣毁了位于南海区大沥盐步中大、南国小商品市场内的3个非法音像制品批销窝点，收缴非法音像制品8.8万张（盒）。

7月15日，广州市"扫黄打非"办组织有关部门，突击检查了位于白云区棠景街棠下东三街19号三楼的广东中童文化传播有限公司仓库，现场发现大量歌曲CD、VCD和DVD光盘共计1499个品种625874张，其中133个版号涉嫌一个版号生产多种光盘，经广州市出版物鉴定委员会鉴定，该1499种音像制品中有1382个品种共574745张为非法出版物。此案被列为全国"扫黄打非"挂牌督办案件。

7月17日，佛山市、区两级文化市场执法队伍联合南海区黄岐派出所等部门，成功捣毁了位于南海区大沥镇黄岐教表永红村的两个非法博彩类出版物批销窝点，收缴非法出版物28.5万册（份）。

7月21日，揭阳市"扫黄打非"办根据群众举报线索，经过近十个昼夜的秘密摸查，终于在揭阳市普宁南径镇偏僻乡村一塑料厂内，现场查获1条光盘生产线（双头）、相关生产设备及半成品光盘87000张（其中淫秽光盘2.2万张）。

7月29日，南海区文化执法队联合区公安分局等部门，对狮山松夏工业科技西路的宇航贸易公司进行突击检查，收缴非法音像制品763550张（盒）。

8月6日，广州市在广州市海珠区恒俊印刷厂内查获涉嫌盗版《幼儿园活动整合课程》图书约34万册，散页10万余张，码洋约为200万元；在海珠区金毅印刷厂内查获《幼儿园活动整合课程（中班）》封面、内页及PS板、印刷散页20000张。

8月20日至10月15日，佛山市"扫黄打非"办组织市文化市场综合执法大队堵渠道、端窝点、清市场，采取日常检查与突击检查相结合的方式整治出版物市场，共出动执法人员3425人次，检查出版物经营单位2258家次，收缴非法书报刊9.3册（份），收缴非法音像制品11.8万张（盒）。

9月7日，广州市查获了位于海珠区赤岗西路244号俊华学校内一个盗版光盘包装窝点，查获盗版光盘达31万多张。

9月22日，湖北省新闻出版局副局长、省"扫黄打非"办主任曾向阳率湖北省9市"扫黄打非"办负责同志一行10人，来广东调研文化市场管理工作。

9月28日，广州市在天河区员村三横路查处了广州市雅创文化传播有限公司假冒出版社名称出版发行盗版教辅出版物案件，现场依法登记保存《高中同步学案（人教版）化学必修1》《课堂同步与自主学习（人教版）数学》等盗版教辅出版物11万册，经鉴定均为非法出版物。

9~11月中旬，省"扫黄打非"办组织开展打击盗版教材教辅读物专项行动，一方面加大对保护知识产权、打击侵权盗版的宣传力度；另一方面组织文化执法部门和教育行政部门联合对教材教辅发行商、图书批发单位、印刷企业、出版物零售单位、校园周边出版物市场进行清查和整治，并深入到学校查阅订书通知和采购合同，随机抽查在校学生的教材教辅。

9月至国庆前，为确保国庆前夕出版物市场平稳有序，省"扫黄打非"办组织开展印刷复制企业和出版物市场检查行动。

9月24日，佛山市文化市场综合执法大队联合佛山电台开设了"WGX"举报热线信息平台，设立全天候值班电话13600312318，建立和打造群众广泛参与、媒体有效监督的执法工作机制。

11月5日深圳市龙岗区文化、公安部门在龙岗区布吉街道新三村某出租屋查获一个非法音像制品地下窝点，收缴淫秽音像制品2405张、非法音像制品43730张。之后，涉案人员许某某被龙岗区人民法院以非法经营罪和贩卖淫秽物品牟利罪判处有期徒刑三年，缓刑四年，并处罚金四千元。

11月17日，省"扫黄打非"工作领导小组举行"扫黄打非"办公、办案设备颁发仪式，共向15个地级市和84个县（市、区）"扫黄打非"办、文化市场综合执法队颁发电脑、摄像机、传真机等一批办公、办案设备，价值200万元。副省长、省"扫黄打非"工作领导小组副组长雷于蓝出席仪式并讲话。

11月18日，佛山市文化市场综合执法大队举办了"2009年佛山市文化市场综合执法技能培训班"，共培训市、区、镇（街）三级文化市场执法人员84人。

12月24、25日，佛山市文化、公安部门联合开展元旦前出版物市场专项检查行动。期间，全市共出动388人次，检查各类场所141家，共发出整改通知书4份，取缔无证书报摊3家，收缴非法出版物2301张（份）。

创新经验

强化协管员队伍建设，充实一线"扫黄打非"力量

深圳市"扫黄打非"办公室

在我市市、区两级，文化执法队伍人数偏少的情况是普遍存在的。在宝安区文化市场行政执法大队，正式在编的文化执法人员仅9名，却监管着全区10个街道2000余家持证文化经营场所和部分无证文化经营场所，执法领域涉及音像、书报刊、网吧、娱乐、营业性演出、出版、印刷和广电、文物等诸多领域，点多、面广、线长。该区城管、安监、工商、环保、交通、卫生、劳动、消防、建设、公路、房屋租赁等执法部门均设有街道一级的执法队伍，而文化则没有。经多方争取，从2004年开始，陆续聘用协管员，目前有协管员29名，其中有辅助雇员8名、临聘人员21名，切实加强了"扫黄打非"的力量。协管员的主要职责是，在大队正式在编执法人员的带领下，配合开展日常执法巡查工作。经过几年实践，协管员制度日趋完善。

一、公开招聘，把好入口关

为了适应新形势对文化执法工作的需求，2007年10月，区文化市场行政执法大队按照公开、公平、公正的原则，采取公开招聘的方式，择优录用了一批文化素质较高的协管员，为队伍输入新鲜血液，提高了协管员队伍的整体素质。

二、采用2+6执法结构，提高执法效率

协管员中除了8名辅助雇员有执法证外，其余临聘人员没有执法证，不具备执法资格。为避免执法主体不合法带来的问题，该区文化市场行政执法大队将其作为执法行动的辅助力量使用。协管员主要从事后勤和保障工作。开展一线巡查时，主要负责收集线索和开展配合。在执法行动中，则采取2名正式在编执法人员带6名左右协管员的形式。实践证明，这支队伍对促进工作，在缓解力量不足的方面发挥了较好作用。

三、健全管理制度，提升整体战斗力

由于执法工作的特殊性，协管员队伍必须从严管理才能适应执法工作需要。首先，建立健全队伍管理制度。协管员日常管理实行准军事化管理模式。自2007年开始，先后制定了《内务管理制度》、《学习制度》、《巡查操作规程》、《作风建设四项要求》等一系列规章制度，并拟于今年制定《协管员绩效考核办法》，建立健全考核机制和奖惩制度，明确考核目标、奖勤罚懒，提高协管员工作责任性和积极性。

四、加强教育和培训，提高人员素质

一是以法律法规知识为主要内容，开展学习培训。大队制定了学习制度，规定每周以中队为单位组织学习一次，每个季度大队集中学习一次，使学习和培训做到经常化、制度化。在培训方式上，除了参加市总队组织的培训、请有关专业人员讲课培训外，还在内部采用业务尖子讲课的形式，促进业务尖子进一步提高、业务一般的共同提高。二是开展文明礼仪素质讲座，提高协管员日常生活和工作的文明礼仪意识，改变少数协管员身上的不良习惯，提高整个队伍形象。三是以发生在执法队伍或公职人员身上的典型反面事例进行教育引导，增强协管员的纪律性、责任性，使每个队员都做到"知其然"和"知其所以然"，自觉约束自己的言行。通过经常性的学习培训，协管员队伍的整体素质得到了明显提高。

出台工作指引，强化法律管制

深圳市"扫黄打非"办公室

深圳毗邻港澳，是"扫黄打非"的前哨阵地。在2009年2月18日召开的深圳市"扫黄打非"工作汇报会上，国家新闻出版总署党组副书记、副署长、全国"扫黄打非"工作小组副组长兼办公室主任蒋建国就我市如何强化出版物市场监管措施，提出了新课题。作为落实蒋建国同志讲话精神的重大举措，近日，深圳海关制定印发工作指引，明确细化对进出境印刷品、音像制品的依法管制措施，在保障国家政治文化安全和社会稳定，尤其是做好建国六十周年的安保和维稳工作迈出了扎实的一步。

该指引具有以下几个特点。

一、明确了进出境违法行为的四种处理模式

该指引结合深圳关区多年来处理印刷品、音像制品进出境违法行为中形成的成熟模式以及当前面临的执法疑难问题，对海关查获的印刷品、音像制品规定了"走私"、"违规"、"收缴"和"自动放弃"四种处理模式，明确了每种处理模式的适用情形和取证标准，给一线执法人员提供了统一规范的法律指引，避免了因海关验放尺度、处理标准不一致引发的异议，提高了查验效率，加大了查处力度。

二、着重从体制上解决了鉴定方面存在的障碍

关于进出境印刷品、音像制品的属性判别，一直是海关在处理此类案件过程中与执法相对人发生争议的焦点，也是造成现场关员在严查严堵方面有畏难情绪的原因之一。该指引依据现有法律、法规和规章，进一步明确海关关员具有依法对印刷品、音像制品的属性予以审查和判断的执法权力。同时规定：对不能现场认定与判断的，由行邮监管职能部门提交海关总署印刷品音像制品监控办公室鉴定，进一步理顺了鉴定方面存在的体制问题。

三、强调运用刑事手段制裁走私印刷品、音像制品的违法行为

该指引不仅明确规定了按照"走私行为"处理的适用情形和证据规格，而且突破传统执法

思维的禁锢，从两个方面提出充分运用刑事手段制裁走私印刷品、音像制品的违法行为。一是对海上、货运渠道走私大宗印刷品、音像制品且偷逃税款达到起刑点的，依照刑法以走私普通货物物品罪追究刑事责任；二是对有组织的通过水客少量、多次携带印刷品、音像制品入境或者存在多次同类走私行为未经处理的，合并、累计偷逃税款并依照刑法以走私普通货物物品罪追究刑事责任。这一工作思路，对当前关区内各口岸新出现的组织水客分批携带印刷品、音像制品入境牟

利的违法活动给予较大的法律震慑，表明了海关深入开展"扫黄打非"工作的坚强决心。

四、进一步强化部门协作机制，实现部门联动和综合治理

该指引还建立了缉私职能部门牵头的对外联络机制。对印刷品、音像制品进出境涉嫌其他刑事犯罪或者其他违法行为的，积极协调地方公安、国安、文化、工商等执法部门依法调查处理，加强对印刷品、音像制品的综合治理。

创新"扫黄打非"工作机制 增强行业守法自律意识

惠州市"扫黄打非"办公室

2009 年，惠州市"扫黄打非"办在市委、市政府的高度重视和正确领导下，按照中央、省、市"扫黄打非"领导小组的统一部署，紧紧围绕全年的"扫黄打非"工作重点，进一步加强日常监管，大胆探索管理新模式，不断创新"扫黄打非"工作机制，进一步增强行业守法自律意识，有效规范了我市出版物市场的经营秩序，对维护社会政治稳定，确保文化安全作出了积极的贡献。

一、创新行业管理模式，增强行业自律意识

为建立和完善文化市场长效管理机制，不断探索行政依法管理和行业内部自律管理双管齐下的新思路、新方法，拓宽文化市场的监管手段和途径，逐步提升我市电子音像业自律能力和监管水平，惠州市文化广电新闻出版局于 3 月 31 日及 7 月 1 日在惠州慈云图书馆分别举办惠州市电子音像业和书报刊经营单位守法自律监管员培训班，两期培训班共培训 200 多名拟任守法自律监管员。培训班主要内容是学习《音像制品管理条例》、《音像制品批发、零售、出租管理办法》、《音像制品进口管理办法》、《出版管理条例》、《出版物市场管理规定》、《中华人民共和国行政处罚法》等法律法规，

进一步提升文化经营守法自律能力，增强自觉抵制违法违规经营行为的意识，促进行业自我管理。同时，有效提升市场监管能力，逐步实现文化市场执法监管由临时断续状态向长效管理状态转变、由事后查处为主向事前预防为主的转变，为扎实深入地开展"扫黄打非"工作奠定了坚实的基础。

二、创新网络文化活动形式，弘扬健康网络文化

为丰富广大群众的精神文化生活，弘扬健康阳光的网络文化，倡导网民遵守网络道德，参与创建网络文明、净化网络环境，营造文明健康、积极向上的网络氛围，营造共建共享的精神家园，惠州市委宣传部、市文明办、市文化广电新闻出版局、团市委、中国移动惠州分公司等部门单位，联合举办了惠州市"迎国庆、迎省运、讲文明、树新风"、"网络文明行"系列活动暨中国移动"达人堂"阳光网游第一届大赛，该活动是以净化社会文化市场环境为目标，以倡导阳光网络游戏文化、营造绿色网络文化环境为活动主题，面向全市 18 周岁以上的中国移动客户或网民开展的一次网络游戏大赛活动，也是我市第一次举办的面向广大群众和网民的阳光网游活

动，无论是活动形式、活动内容、活动立意上都是一次创新的举措。经过了近3个月的激烈决逐，完成了各阶段的赛程，有力弘扬了健康、文明的网络文化，为进一步丰富广大人民群众的精神文化生活，促进网络文化市场的健康繁荣发展起到了良好地促进作用。

三、创新法规宣传教育形式，净化社会文化市场环境

为进一步加大文化市场法律法规的宣传教育力度，让社会各界和广大人民群众深入了解"扫黄打非"的法规政策，增强经营单位业主和从业人员守法依规经营的自觉性和主动性，树立法律意识和增强法制观念，自觉抵制各种违法违规行为，营造良好的执法环境和社会舆论氛围，促进我市文化市场的健康有序发展，惠州市文化广电新闻出版局于6、7月开展了

文化市场法律法规宣传教育月专题活动，通过采取多种形式，让文化市场法律法规实现"五个进"，即进街道、进社区、进学校、进企业、进门店，让文化法规知识深入人心，取得了明显成效。于7月9日，市东湖花园6号小区隆重举行了"营造良好舆论氛围，净化社会文化境"——文化法规进社区专题文艺演出。此次活动是我市文化市场法律法规宣传教育月活动实现"五个进"的一个重要组成部分。此次活动实现文化法规宣传活动与文艺演出的有机结合，是进一步深化"扫黄打非"，净化社会文化环境，丰富基层群众文化生活，促进文化市场科学管理、长效管理的一项创新举措，为推动文化市场的健康繁荣发展，建设科学发展"惠民之州"起到了良好的促进作用。

佛山市开展"扫黄打非"工作创新经验

佛山市"扫黄打非"办公室

2009年，我市"扫黄打非"工作在省"扫黄打非"工作领导小组办公室及市委、市政府的正确领导和指导下，深入贯彻落实党的十七大精神和第二十二次全国"扫黄打非"工作电视电话会议精神，紧紧围绕科学发展观和构建社会主义和谐社会的要求，以欢庆建国六十周年营造和谐氛围为主线，以"创建平安文化市场，促进社会和谐稳定"为总体目标，坚持属地管理、分级负责，各司其职、协调配合的工作原则，深入开展调查、分析和掌握全市文化市场管理（"扫黄打非"）和综合行政执法工作情况及动态，主动组织、协调、指导和检查全市"扫黄打非"集中行动和专项整治。总结全年创新工作经验为"三个有"。

一、领导机制有新改善

我市不断完善由党委、政府统一领导，文化市场管理工作领导小组及办公室组织协调，各部门齐抓共管，广大人民群众积极参与的文化市场

管理工作机制，同时坚持"属地管理"和"谁主管谁负责"的原则，健全市、区、镇三级监管机制，构建属地管理与部门管理相衔接、主管部门与协管部门相配合、各负其责、团结协作、快速反应、整体防控的工作格局。今年，我市"扫黄打非"工作领导小组进行了再次调整，增补了佛山海关、市邮政局、佛山传媒集团三个成员单位，进一步充实了我市文化市场管理力量，26个成员单位切实承担起应尽职责，严格实行工作责任制和责任追究制，充分发挥各职能作用，形成强大的工作合力，确保了我市文化市场管理工作的顺利开展。

二、市场督查有新举措

市"扫黄打非"工作办公室认真履行职责，加强协调，注重引导，依法打击，联合行动，对全市今年组织开展的各个专项行动，整治力度不减，始终坚持打防结合，疏堵并举，守一方净土，

保一方平安。为营造健康有序的文化市场环境，结合"扫黄打非"工作要求，结合中央、省、市净化社会文化环境工作部署，开展出版物市场专项行动、清缴低俗音像制品专项行动、净化社会文化环境专项行动等各类专项整治行动。

我市在文化市场监管工作中做到坚持查处三大重点：非法出版物、经营重点场所、无证经营行为；严厉打击四种行为：出版物经营场所各类违法经营行为、歌舞娱乐场所违法侵权行为、互联网上网服务营业场所各类违法经营行为、安全生产隐患经营行为；坚持做到四个结合：全面排查与重点检查相结合、明查与暗访相结合、发动群众与受理举报相结合、宣传教育与行业自律相结合。

通过文化市场监管新举措的实施，佛山市文化市场 2009 年整体运行保持健康向上发展的势头。

三、队伍建设有新方式

为了正确履行执法职责，切实提高执法效率，2009 年，佛山市文化市场综合执法大队在规范执法、完善制度、强化训练、创新机制上下功夫，努力引领佛山文化市场综合执法工作上台阶、上水平。

（1）强化业务技能培训。队伍建设和业务素质是确保各项工作任务完成的基本保证，为进一步提高文化市场执法人员的整体素质，提升文化行政执法水平，今年，全市共安排执法队员 38 人次参加了上级组织的文化市场行政执法培训，内容涉及著作权行政执法与诉讼事务、基层版权执法、歌舞娱乐场所曲库的安装与检查等。其中，大队安排了 8 人次参加 5 期省外学习培训，参加市、局组织的学习培训 10 次以上；大队自身每月安排一次专门的政治理论、法律法规、专业技能、执法实践的集中学习和交流，集训学习时间全年达 78 小时。通过系统的学习培训，队员们开阔了视野，提高了依法行政的能力，为今后更好地开展执法工作夯实了基础。

（2）规范队伍管理制度。为锻造一支政治强、业务精、作风硬、纪律严、形象好的执法队伍，大队提出了向管理要凝聚力、要执行力的口号，在做好日常执法工作的同时，特别注重加强制度建设和内部管理，不断创新工作方法，规范各类行为。重点开展以下工作：一是进一步完善规章制度。根据《文化部关于加强文化市场综合执法制度建设的通知》（文市发〔2009〕38 号）精神，大队对现有的《佛山市文化市场综合执法手册》进行了进一步的丰富和完善，重点建立完善 4 个门类 18 项基本制度。使大队在日常办公、人员管理、值班执勤、业务工作、协作协调、激励约束等方面都有章可依，初步形成了一套分工明晰、权责明确、行为规范、监督有效、保障有力的文化市场综合执法大队工作运行机制。二是继续抓好制度落实。从大队的重点工作和薄弱环节着手，克服工作的随意性、维护制度的权威性，主要抓了以下制度落实：落实执法工作研究、计划、讲评制度。坚持做到每周一次大队长办公会、每月一次大队工作会、每季一次执法队长交流会，加强对执法工作的研究、谋划、布置和讲评；落实《执法检查日志》登记制度，详细记录每次队员外出检查时间、人员，被检查单位名称和检查情况。落实执法数据统计制度，做到每周、每月、每季都及时统计市场执法数据并向上级部门上报，通过对数据的整理对比，及时反馈市场现状，研究市场趋势，计划下步工作；落实执法队员值班、执勤、办公考勤登记制度，建立人员工作业绩档案作为奖优罚劣的依据。通过各项工作制度的建立健全与落实，有力推动了大队的专业化、规范化和信息化建设水平。

（3）创新执法工作机制。开通"WGX"举报热线信息平台，充分发挥佛山电台"83398339"新闻举报热线贴近群众、贴近市场的优势，建立和打造群众广泛参与、媒体有效监督的文化市场执法工作机制。举报信息平台的开通使群众有了更多的举报渠道，对各类违法违规行为起到了有效的震慑；对文化市场综合执法工作也起到了很好的监督作用，使执法工作能够更加透明、公开，为文化市场执法工作实现联防联治、群防群治的工作机制和格局提供了有益的探索和宝贵的经验。

2009年，全市共出动执法人员53180人次，检查持证文化经营场所28694间次，检查无证经营店档3420间次，收缴非法音像制品、非法电子出版物和非法书报刊合计326.26万张（册/份）。受理群众举报466起，对持证单位作出行政处罚294宗，其中警告持证违规经营单位201家、停业整顿8家、罚款78家（75.55万元）、吊销营业许可证7家（娱乐3家，音像2家，书报刊2家）；取缔（或关闭）无证经营店/档

2430间，其中取缔地下印刷厂5间，取缔无证兼营娱乐场所（含游艺场所）92间，取缔无证音像经营店/档（含"黑影吧"）185间，取缔无证经营书报刊店113间；捣毁地下批销非法出版物窝点、仓库38个（其中非法音像制品窝点、仓库20个，非法出版物窝点、仓库18个），合计收缴非法出版物229.26万张/册（份）；销毁非法音像制品190.54万张（盒），销毁非法书报刊31.29万（册/份）；删除屏蔽网络有害信息20.1万条。

广 州 市

2009年"扫黄打非"工作总结

广州市"扫黄打非"办公室

2009年，在市委市政府和市"扫黄打非"工作领导小组的领导下，全市各级各部门认真贯彻落实《广州市2009年"扫黄打非"行动方案》工作部署，紧紧围绕创建全国文明城市、净化社会文化环境和亚运城市行动计划工作大局，坚持以科学发展观为统领，以保护知识产权为工作平台，坚决查缴非法出版物，扫除淫秽色情等文化垃圾，严厉打击侵权盗版活动，大力净化社会文化环境，查办了一批重点案件，取得了显著成效。全年共出动执法人员86696人（次），巡查有证网吧17956间（次），查处取缔"黑网吧"551家，收缴电脑设备7324套，巡查网站2623家次，收缴盗版光碟及非法音像制品1036万张，盗版书刊107万册，非法报刊21万份，非法卫星地面接收器50个。

一、及时制定《广州市2009年"扫黄打非"行动方案》，全面、持续、扎实、深入推进"扫黄打非"工作

根据全国和省"扫黄打非"行动方案及全国"扫黄打非"电视电话会议精神，于2月23

日印发了《广州市2009年"扫黄打非"行动方案》。副市长、市"扫黄打非"工作领导小组副组长徐志彪同志出席会议并讲话。全市各级各部门，尤其是各区（县级市）文广新局和"扫黄打非"办立即行动，精心组织，狠抓各项工作落实。

（1）第一季度，全市以整治出版环节和打击无证印刷厂为切入点开展集中行动，坚决查处取缔了一批无证地下印刷厂。

（2）第二季度，以整治正规印刷复制单位和仓储运输环节为切入点开展集中行动，全力清缴整治低俗音像制品，取得重大成果。

（3）开展联合执法行动。为确保全国"两会"期间广州文化市场的安全稳定，市"扫黄打非"办及时协调市公安局、工商局、知识产权局、城管局、市文化执法总队等部门，抽调人员组建联合执法行动组，自3月7日至6月30日，采取"三错开"的工作方式，在全市范围内重点查处取缔"黑网吧"和无证照印刷厂，打击未经许可擅自从事文化娱乐经营活动，清查

地下批发非法报刊的"天光墟"，成为文化市场管理的重要生力军。

（4）开展了打击侵权盗版教辅教材专项行动。在暑期和秋季入学期间开展了打击侵权盗版教辅教材专项行动，全面清查图书批发市场、各图书经营店，联合教育部门对中小学教材使用情况进行了检查，对高校教材使用情况进行了专项检查。

（5）开展了迎接新中国成立60周年，确保国庆期间文化市场规范健康执法清查专项行动。

（6）开展"扫黄打非"第三阶段集中行动。

（7）开展全市网吧市场专项整治行动。按照我市净化社会文化环境，促进未成年人健康成长工作部署，与市文明办联合开展了网吧市场整治行动月活动，印发了《深入开展全市网吧市场专项整治行动方案》及实施细则，市委常委、宣传部长、市"扫黄打非"工作领导小组组长王晓玲同志，副市长、市"扫黄打非"工作领导小组副组长徐志彪同志亲自召开协调会、总结会，与各区、（县级）市签订责任书，建立和完善"联合行动、部门执法、综合治理"长效工作机制。

二、彻底查办大案要案，严厉打击违法犯罪活动，着力净化广州文化环境

根据全国和省"扫黄打非"办的统一部署，结合广州创建全国文明城市、净化社会文化环境和亚运城市行动，全市各级各部门坚持"两手抓"的工作方针，一手抓案件查办，一手抓综合治理，形成追根溯源、净化市场的有利工作局面。全年共办理"扫黄打非"重大案件25起。其中全国"扫黄打非"办督办案件有4起。一是"5·05"低俗音像制品系列案。涉案的广州青苹果影音有限公司主要嫌疑人杨建平、聂道玲2人，已于2009年8月28日批准逮捕并进入诉讼阶段；涉案的广东金海湾文化传播有限公司的主要嫌疑人黄伟国已于2009年9月1日批准逮捕并进入诉讼阶段。涉案的广东金图影音有限公

司正在积极寻找在逃人员及相关证据，力求完整侦破此案。广东汕头海洋音像出版社涉嫌与广东金海湾文化传播有限公司、广东金图影音有限公司存在买卖版号关系。目前正在调查取证中。陕西文化音像出版社涉嫌与广州青苹果影音有限公司存在买卖出版手续关系。目前正在落实主要违法犯罪事实。二是广东"中童"音像制品案。2009年9月28日由广州市公安局经侦支队立案侦查，专案组已于2009年11月4日前往四川省釜山数码科技文化发展有限公司调查取证。基本上掌握了广东中童文化传播有限公司以一个版号制作多个品种假正版的相关证据。三是易翠英、刘永生涉嫌非法经营罪案。2009年9月9日，市文化执法总队根据商务印书馆举报，在海珠区海联路一地下仓库查获《牛津高阶英汉双解词典》等49种共4658册图书及5种共1548盒录音带，经鉴定均为非法出版物。该案主要嫌疑人易翠英、刘永生未经许可，擅自发行非法出版物情节严重，事实清楚，证据充分，已构成非法经营罪。四是缪伟强等涉嫌侵犯著作权犯罪案。2009年8月6日，市文化执法总队根据南京师范大学出版社举报，在华州路恒俊印刷厂内查获涉嫌盗版《幼儿园活动整合课程》系列图书约34万册，价值170万元，其他涉嫌盗版图书约20万册，价值约130万元。经鉴定均为非法出版物。目前公安部门已全面介入侦查并进入网上追逃阶段。

通过办理"扫黄打非"重大案件，惩处了一批违法犯罪分子，有力地震慑了违法违规经营者，警醒和教育了音像、图书从业人员，净化了广州文化市场，为未成年人营造了良好的社会文化环境，赢得广大群众的衷心拥护和广泛支持。

三、坚持严管重罚的工作思路，加大对网吧和娱乐场所的监管力度，坚决取缔"黑网吧"

全市各级"扫黄打非"办主动牵头、主动出击、主动作为，坚持严管重罚的工作思路，重点查处网吧违规接纳未成年人、未按规定进行有效身份证件登记、未按规定悬挂《网络文化经营许可证》、超时经营等违规行为。同时，配合

广州市"人屋车场"和重点场所专项整治行动，会同公安、工商、文化、卫生等部门对重点场所进行检查，坚决取缔"黑网吧"、各类无证音像制品经营场所、无证出版物经营场所，严肃查处超范围经营卡拉 OK 等娱乐场所，积极探索利用技术手段排查锁定"黑网吧"，各项工作取得明显成效

四、深入开展互联网低俗之风专项整治行动，严厉查处网上传播淫秽色情等不良信息，净化网络文化市场

各级各部门制定详细巡查计划，及时屏蔽和删除利用信息网络传播各类有害信息，特别是通过互联网、移动通讯工具传播政治谣言、淫秽色情信息和侵权盗版内容。市执法总队重点清查了广州属地的各类型网站，包括新闻网站、社区论坛、视频网站、游戏网站、WAP 网站、博客、交友网站等，共计巡查网站 2623 家次，其中发现"医网中国"网站传播不良视频、"3GP"提供不良手机视频和电影下载、"POCO 论坛"提供色情网站链接；查获"三菱在线"、"99 在线网"和"海珠论坛" 3 个网站传播淫秽色情视听节目，并协调有关部门关闭上述 3 家网站；在网络巡查时发现"快乐影院" （www. linyikl. cn）、"7 天影像馆" （www. dv1234567. com）未经许可擅自从事互联网传播视听节目业务，均及时进行处理。

五、创新形式，加大宣传力度，努力营造保护正版，拒绝盗版的良好社会氛围

各级各部门通过新闻动态报道、组织大型图片和实物展览、集中销毁活动、设置公益广告等形式大力开展宣传教育活动，积极引导广大人民群众保护正版、拒绝盗版。春节期间，市文管办组织各成员单位和各区（县级市）文管办在市文化公园举办了为期一个月的"扫黄打非"成果展，社会反响很好；"4·26"世界知识产权日前夕，又在白云国际会议中心举办了全国侵权盗版制品及各类非法出版物集中销毁广东分会场活动，集中销毁盗版光盘、电子出版物、非法书报刊 1000 万张（册），省、市领导向群众代表发放"绿书签"，带头在"打击侵权盗版，保护知识产权"的条幅上签名，亲自启动销毁设备，受到市民的拥护和支持。全市通过一系列宣传活动，进一步提高了广大市民依法保护知识产权、自觉抵制侵权盗版的良好意识。

深 圳 市

2009 年"扫黄打非"工作总结

深圳市"扫黄打非"办公室

2009 年在全国、省"扫黄打非"办和市委市政府领导下，深圳市"扫黄打非"部门以查缴非法出版物为主线，不断提高认识，全面落实责任，深入强化措施，分三个阶段开展"扫黄打非"集中行动，深入清缴整治低俗音像制品及有害出版物，为庆祝建国 60 周年营造了良好的舆论氛围。据统计，全市共出动 206764 人次，检查出版物经营单位（包括游商、地摊）65970 家次，收缴各类非法出版物 2206428 件、低俗音像制品 598 种 3869 张，破获出版物刑事案件 46 宗，刑拘、批捕和起诉犯罪嫌疑人 82 名，受到上级有关部门的高度肯定。

一、加强领导，周密部署

深圳毗领港澳，是改革开放的前沿，也是

"扫黄打非"斗争的前沿，市委、市政府对此高度重视，广东省委副书记、深圳市委书记刘玉浦，市委常委、宣传部长、市"扫黄打非"工作领导小组组长王京生均作出重要指示。在 2 月 23～27 日召开的深圳市四届人大六次会议上，深圳市将"加强文化市场管理，加大'扫黄打非'力度"写入《政府工作报告》中。

我市、区"扫黄打非"办公室和主要成员单位将成立机构、制定方案和召开动员会议作为部署"扫黄打非"工作的三个规定动作保质保量完成。共印发年度工作方案 1 次，阶段性专项行动工作方案 8 次；召开全市性的年度部署会议 2 次，阶段性部署会议 7 次。每次开展专项行动，市、区"扫黄打非"办都设有领导小组，由分管"扫黄打非"的市、区委宣传部长任组长，实现"扫黄打非"领导小组负责人亲自抓和靠前指挥。

二、两法衔接，严字当头

各有关部门积极贯彻落实有关部署，继续以市公检法三家会签的《关于办理出版物刑事案件若干问题的指导意见》为指导，打源头，端窝点，破网络，将刑事打击作为顺利推进"南岭工程"的重要抓手。共办理出版物刑事案件 46 宗，拘留、逮捕、起诉或判决犯罪嫌疑人 82 名。

一是办理新型出版物案件闯出新路。4 月 2 日，根据新闻出版总署通报的线索，深圳市"扫黄打非"办协调市、区文化执法和公安部门开展联合行动，一举查获一个利用互联网发布、销售非法出版物的地下窝点，收缴非法图书 23708 册、非法期刊 2009 册和非法光碟 12200 张及作案专用电脑 1 台。非法经营者张某被以非法经营罪判处拘役 3 个月 15 天，并处罚金 5000 元，没收违法经营物品。

二是查处地下窝点深入开展。全市共端掉地下窝点 41 个，收缴非法出版物 150 余万件，抓获违法经营人员 64 人。由于近几年实施"两法衔接"力度较大，全市大规模存储经营非法音像制品的情形已比较少见，绝大多数地下窝点音像制品数量均在 5 万张以下。

三是用"两法衔接"整治街头兜售取得突破。福田区将"两法衔接"积极运用于整治街头摆卖盗版行为，大大提高了执法威慑力，在短时间内促成重点地域出版物市场状况好转。仅在 3 月 9～12 日，福田区"扫黄打非"办联合八卦岭派出所就查获非法音像制品摊档 7 个，抓获犯罪嫌疑人 7 名，收缴非法音像制品 4952 张。每个摊档涉案数量最多的 1100 张，最少的也有 540 张。上述涉案人员全部被刑事拘留。此举大大警示了违法经营人员：经营盗版不仅违法，情节严重的还要定罪判刑。

四是在"扫黄打非"新领域取得新进展。3 月 25 日，市文化市场行政执法总队在前期调查取证、掌握证据的基础上，联合龙岗公安分局宝岗派出所在坂田街道禾坪岗村成功查获一起专门利用手机短信发布非法安装卫星地面接收设施案件，查获地面卫星接收天线 7 面，接收机 20 台，高频头 10 个，群发器 16 个，群发短信用手提电脑 3 台，调试电视效果设备 3 台，小汽车 1 辆等及作案工具、物品一批。7 月 13 日，法院以非法经营罪判处被告人冯某有期徒刑一年，并处罚金三万元；没收违法工具 2 部、赃款 2700 元。

正是由于深入推进"两法衔接"工作，加大了震慑力度，近两年来在我市没有发现运输、储存和大量兜售违禁出版物的现象。

三、深入调研，强化措施

有关部门把制度创新作为"扫黄打非"工作的重点工作来抓。深圳海关一是制定工作指引，进一步明确海关关员对印刷品、音像制品等具有依法审查和判断的执法权力，理顺了鉴定方面存在的体制问题。二是对海上、货运渠道走私大宗印刷品、音像制品，有组织地通过水客少量、多次携带走私印刷品、音像制品入境，或存在多次同类走私行为未经处理的，只要累计数额达到起刑点，一律以走私普通货物物品罪追究刑事责任。三是进一步强化部门协作机制，实现部门联动和综合治理。福田区"扫黄打非"办在实施"南岭工程"过程中，明确以街道为牵头单位，提出领导责任制、台账制度与信息报送制、检查督办制三项制度性措施。经过近两个月的探索，该办又建立了拍摄暗访视频、定期通报和销号制度。在 7 月底深圳市"扫黄打非"办组织的暗访检查中，该区街道办事处作为实施"南岭工程"牵头单位，以长效机制建设为抓手逐步实现精细化管理的基本格局。

四、强化宣传，开展培训

一是与深圳电视台等主流媒体建立热线联系，凡有重大活动、重要案件，都及时联系报道。全市新闻媒体共40余次报道"扫黄打非"工作情况。二是在召开全市2009年"扫黄打非"工作会议当天，协调《深圳商报》利用一个版面集中报道2008年"扫黄打非"成绩。三是根据"扫黄打非"新形势、新任务，创刊《深圳"扫黄打非"工作简报》，向所有成员单位和各区"扫黄打非"办印发，全国"扫黄打非"办根据我办简报内容编发了5期工作快报、简报，专门介绍深圳情况。四是在"4·26"前开展"保护知识产权宣传周"系列活动，内容丰富，形式多样。其中，与市知识产权局共同举办的"开展扫黄打非，保护知识产权"专家座谈会和福田区"扫黄打非"办举行的"保护知识产权宣传志愿队"授旗仪式尤具特色。五是要求各"扫黄打非"部门增加"扫黄打非"公益广告的投入。"社区灯箱广告系统"和"楼宇电子媒体广告平台"公益广告深入街道社区，已取得明显的社会效益。

搞好"扫黄打非"工作关键在人。全市各成员单位和各区"扫黄打非"办始终将人员素质建设作为长效机制来抓。7月16日下午，深圳海关缉私局举办了"深圳海关'扫黄打非'联络员培训班"。全关各单位50名"扫黄打非"联络员参加了培训。7月17日上午，市文化市场行政执法总队举办"数字时代电影版权面临的挑战与对策"专题培训会议，市、区文化执法部门共约80人参加了培训。这些培训均取得较好效果。

五、存在的问题

第一，夜市摆卖非法出版物的问题。由于深圳流动人口比例大，情况复杂，查处此问题往往需要街道办组织多部门开展联合执法，加大了执法成本和工作难度。

第二，城中村无证报刊台问题。目前，由于历史原因，深圳市绝大部分报刊台没有经过新闻出版部门审批，此外，一些无证报刊台屡打不止，部分城中村杂货店也存在摆卖报刊的行为，给管理工作造成困难。

第三，网上"扫黄打非"问题。网上"黄"和"非"的东西越来越多，超出了传统"扫黄打非"范畴。而执法人员普遍缺乏查处经验，部门间配合机制也有待于深化完善。

广西壮族自治区

2009年"扫黄打非"工作总结

广西壮族自治区"扫黄打非"办公室

2009年，广西各级"扫黄打非"工作部门在自治区党委、政府、自治区"扫黄打非"工作小组和全国"扫黄打非"办领导下，贯彻落实中央领导有关"扫黄打非"工作的一系列指示精神，落实第二十二次全国"扫黄打非"工作电视电话会议部署，根据《2009年广西"扫黄打非"行动方案》，深入开展"扫黄打非"集中行动和专项治理，加强对出版物市场的监管，净化社会文化环境工作，查办大案要案，有效地维护了全区社会稳定和文化安全。

据不完全统计，全年共出动"扫黄打非"执法检查人员116893人次，检查出版物市场、摊点 107967 家次，检查印刷复制企业 25843 家次，取缔或关闭出版物市场（摊点）1591 个、印刷企业（复印店）68 家、非法网站 57 家，收缴各类非法出版物和侵权盗版制品 325 多万件，查处各类非法出版和侵权盗版案件 874 件。其中行政处罚 640 件，移送司法机关案件 14 件，刑事处罚 7 人，为促进广西建设社会主义先进文化省（区）作出了积极贡献。

一、自治区党委、政府领导高度重视，各级"扫黄打非"工作机构组织部署、协调及时有力

（1）自治区主要领导亲自部署，加强"扫黄打非"工作的领导。5 月 22 日，自治区党委接到全国"扫黄打非"办有关文件，自治区党委书记郭声琨同志立即作出批示："请北海同志认真组织有关部门学习贯彻长春、云山同志两位中央领导的指示精神。广西地区边疆'扫黄打非'任务繁重，一定要在原有工作成效的基础上，加大工作力度，采取非常措施来'扫黄打非'，保持广西良好的舆论环境。"当天下午，自治区党委常委、宣传部长、自治区"扫黄打非"工作小组组长沈北海同志迅速召集各有关部门领导专题研究落实中央指示精神，部署打击非法出版物的有关工作。

（2）总署领导作出指示，为全区开展好"扫黄打非"工作指明了方向。国家新闻出版总署党组副书记、副署长，全国"扫黄打非"工作小组副组长兼办公室主任蒋建国同志于 4 月 16 ~ 19 日在广西调研时，专项检查指导广西"扫黄打非"工作，亲自过问"南宁市某印刷厂涉嫌盗印出版物案"等查办情况，5 月 6 日和 11 日两次批示，高度肯定广西工作。

（3）全国电视电话会议结束后，自治区"扫黄打非"工作小组于 2 月 5 日召开全区"扫黄打非"工作电视电话会议，贯彻落实全国会议精神，部署广西工作。沈北海同志、李康同志出席会议并作重要讲话。随后自治区党委办公厅、自治区政府办公厅联合转发了《2009 年广西"扫黄打非"行动方案》，有力地部署了全年"扫黄打非"各项工作。

（4）周密组织实施。2 月 5 日，南宁、柳州、桂林、玉林、贵港、河池、崇左等十四个市"扫黄打非"办组织收看 2009 年全区"扫黄打非"工作电视电话会议。3 月 23 日，贺州市召开"扫黄打非"暨新闻出版（版权）工作会议，会上市"扫黄打非"办还与各县（区、管理区）、各成员单位签订了 2009 年"扫黄打非"工作目标管理责任状，形成了全区各市上下齐抓共管"扫黄打非"工作的良好氛围。

二、有计划、按步骤开展的"扫黄打非"第一至三阶段专项行动，取得良好的效果

（一）以高度的政治责任感，严密防控和打击非法出版物

（1）自治区"扫黄打非"办对全国"扫黄打非"办部署查缴非法出版物的任务，都及时转发并督促检查落实。全国"扫黄打非"办要求查处的 20 多种非法出版物在广西境内基本没有发现。

（2）5 月 22 日，根据全国"扫黄打非"办要求，自治区"扫黄打非"办立即制定了《关于深入开展非法出版物封堵查缴行动方案》，明确各市、各部门职责，对封堵和查缴工作做出具体部署，建立 24 小时值班制度。

（3）5 月 25 日，自治区"扫黄打非"办召开全区各市"扫黄打非"办主任会议，通报全区各市"扫黄打非"工作情况，对此项工作再次做具体部署。同时，自治区"扫黄打非"办还对各市进行暗访，及时掌握出版物市场情况。

（4）9 月，根据全国"扫黄打非"办电话通报，桂林全州县人王某帮助重庆原右派分子编辑自传，拟于国庆节在境外出版，要求广西转化其工作。广西"扫黄打非"办以高度的政治责任感迅即开展行动，李康副主席亲自给桂林市市长布置任务，自治区"扫黄打非"办主任前往桂林与市委多位常委研究具体行动，并先后五次派人前往全州县做王某的工作，终于使其停止编辑工作，并将余稿退还给作者，消除了一个重大隐患。

（二）查缴整治低俗音像制品，规范音像出版复制发行正常秩序

（1）4 月 14 日，根据全国"扫黄打非"办

下发的查缴整治低俗音像制品专项行动通知要求，自治区"扫黄打非"工作小组领导专题研究部署全区清缴整治低俗音像制品专项行动工作。专项行动期间，全区共出动执法人员34890人次，清缴各类非法及低俗音像制品634096张，其中低俗音像制品17391张，取缔无证经营推店172个，下达整改通知书315份，专项行动取得明显成效。

（2）6月10日，根据全国"扫黄打非"办的统一部署，全区将清缴整治的重点作了调整。一是组织辖区内9家音像电子出版单位、3家音像复制单位、18家音像批发单位、音像复制和发行企业开展自查；二是组织新闻出版、文化等部门对音像出版、复制、发行单位进行了核查；三是积极动员企业参与，通过与企业签订目标管理工作责任状，从思想上达到统一认识，行动上达到步调一致。

（三）开展净化社会文化环境专项治理工作，保护未成人健康成长

根据全国"扫黄打非"办要求，从3月初至6月底，组织全区开展净化社会文化环境专项治理行动。一是加强出版物市场监管，营造未成年人健康成长的文化氛围，加大校园周边的出版物市场环境的日常巡查力度；二是加强网络游戏监管，净化未成年人健康成长的网络环境，特别是加强网络游戏防沉迷系统的检查；三是加强印刷复制企业监管，把好出版物印刷复制源头关；四是净化校园周边出版物市场，开展对校园周边专项检查行动，大力查处危害未成年人健康成长的不良出版物。

（四）加强网络监控，删除、屏蔽网络有害信息、取缔非法网站

一是组织开展以促进未成年人为目标，以净化校园周边文化环境为重点，查处网络淫秽色情等有害信息，坚决遏制淫秽色情出版物和有害信息在网上传播。二是各级"扫黄打非"办组织打击黑网吧等的专项行动，查处网存在色情影片、图片和接纳未成年人进入网吧行为。据公安部门统计，全年删除、屏蔽境外网站登载的有害

信息1229条，其中淫秽色情信息94条、政治性非法信息279条，取缔非法网站40家。

三、各部门通力协作，查处了一系列的大案要案，有力地推动"扫黄打非"工作深入开展

2009年全区各级"扫黄打非"部门高度重视查办大案要案查办工作，一是加强协作，联合办案。今年自治区"扫黄打非"办多次协调自治区及南宁市公安部门，联合行动，查办案件；二是加大督办力度，进一步推进大案要案的及时查处。全年共查处各类制黄贩黄、非法出版和侵权盗版案件874件，移送司法机关案件14件，刑事处罚7人。

四、迅速行动，重拳出击，深入开展严厉打击互联网和手机媒体淫秽色情及不良信息专项行动

11月17日，根据全国"扫黄打非"办的部署，联合通信等有关部门开展对手机、互联网传播淫秽色情及低俗信息情况的调研并组织开展查堵行动，12月16日召开全区进一步深入开展整治互联网和手机媒体淫秽色情及低俗信息专项行动工作会议，沈北海、李康同志出席会议并作重要讲话，部署广西开展专项行动。会后及时出台《广西进一步深入开展整治互联网和手机媒体淫秽色情及低俗信息专项行动方案》落实各项任务。

五、加大对"扫黄打非"工作的宣传，为深入开展"扫黄打非"营造良好的舆论氛围

（1）4月22日，广西"扫黄打非"工作小组在南宁市设主会场，全区其它十三个地级市设分会场，举行2009年广西"扫黄打非"集中销毁侵权盗版制品及非法出版物活动，公开销毁192万件侵权盗版和非法出版物。李康副主席和自治区、南宁市"扫黄打非"工作小组各成员单位领导出席活动；海关等部门和学生代表约700余人以及驻邕越南、柬埔寨和泰国领事馆官员参加活动，现场签名和发放"绿书签"，现场销毁侵权盗版制品及各类非法出版物20余万件。

（2）编发《广西"扫黄打非"工作简报》共22期、出版"扫黄打非"版报6期；在人民日报、中国新闻出版报、广西日报、南宁日报等

报刊登宣传文章（照片）40多篇；在广西电视台等播发"扫黄打非"工作消息40多条近300多条次，有效宣传报道"扫黄打非"重大成果、专项集中行动情况，为深入开展"扫黄打非"斗争营造了舆论氛围。

六、加强对全区"扫黄打非"执法人员的培训，建设一支高素质的干部队伍

5月，组织2009年全区新闻出版、版权及"扫黄打非"行政执法培训班。全区14个市、县和南宁铁路局"扫黄打非"办执法人员近200人参训。邀请自治区"扫黄打非"办主任、自治区新闻出版局副局长黄健，自治区公安厅网监部门领导等授课，得到各市"扫黄打非"人员的好评。

自治区"扫黄打非"办公室还编印《"扫黄打非"法律法规选编》3000册发往各地、各部门。

领导讲话

在广西进一步深入开展整治互联网和手机媒体淫秽色情及低俗信息专项行动工作会议上的讲话（摘要）

广西壮族自治区党委常委、宣传部长、自治区"扫黄打非"工作小组组长
沈北海

为落实全国未成年人思想道德建设经验交流会精神，贯彻中央同志关于严厉打击网络、手机媒体传播淫秽色情信息的重要指示，就全区整治互联网和手机媒体淫秽色情及低俗信息专项行动工作讲几点意见。

一、各地各部门要以对党、对国家、对人民高度负责的态度，切实增强做好工作的责任感、使命感和紧迫感，确保将会议部署落到实处

互联网和手机媒体上大量传播淫秽色情和低俗信息，已经成为一大社会公害，广大人民群众反应强烈，社会各界纷纷要求政府有关部门进一步深入开展清理整治行动。

各地、各部门一定要按照党的十七大提出的"切实加强网络文化建设和管理，营造良好网络环境"的要求，从贯彻落实科学发展观的战略高度，充分认识网上和手机淫秽色情及低俗信息的严重性和危害性，充分认识进一步深入开展整治互联网和手机媒体淫秽色情及低俗信息专项行动的重要性和必要性，把思想认识统一到中央和自治区党委的决策部署上来，以高度的政治责任感和使命感，采取坚决有力的措施，抓好这项工作。

二、各地、各部门要加强组织领导，形成打击手机网站传播淫秽色情信息的合力和齐抓共管的局面

此次专项行动时间紧、任务重、涉及面广、难度大，这就要求各地、各部门要加强组织领导，建立高效的协调沟通机制，形成工作合力，努力形成齐抓共管的局面。通信管理部门要强化对互联网、移动通信的基础管理，落实网络运营商、通信服务商的教育监管责任，从源头把住网络净化关。

工商部门要加强对网络广告代理商的监管，对非法经营和利用淫秽色情网站推广广告业务的网络广告代理商，依法严厉查处；公安部门要进一步加大对手机网站制作、传播淫秽色情犯罪活动的打击力度，追根溯源，严查彻究；文化、广电、新闻出版部门发现手机网站传播淫秽色情信息，要通报相关部门及时封堵、删除和查处。

三、相关部门要加强对手机网站传播淫秽色情信息特点和规律性的研究，做到心中有数，确保行动取得实效

目前，互联网监管部门大多没有专人和设备对手机网站进行监管，普遍采取人工手机上网方式进行检查。由于手机上网速度慢，网监部门无法对手机WAP网站进行快速浏览，加大了常态化监控的难度。必须要采取有效的技术措施，进一步加大对手机WAP网站的监控力度，实现对淫秽色情内容的及时发现和及时查处；要加强对当前互联网和手机媒体淫秽色情及低俗信息现象的特点和规律性的研究，摸清其制作传播淫秽色情信息的方式、手段，摸清其背后的利益链条，制定行之有效的治理对策和措施求，做到心中有数，能更好、更有效地开展工作。

四、坚持常抓不懈，建立健全长效管理机制

互联网的管理工作因互联网的互联互通、传播快捷、覆盖面广、内容海量等特点而成为一个浩大的工程。要确保互联网的内容健康积极向上，需要我们做出不懈的努力，我们要常抓不懈，必须建立清理整治低俗信息的长效机制。清理整治网络低俗信息，要把日常管理和集中行动结合起来，立足当前，着眼长远，抓好互联网基础管理；要加大网络技术研发力度，进一步完善智能搜索、内容监控等技术系统，切实增强对手机淫秽色情信息的辨别、识别和处置能力；要研究制定针对WAP网站的管理规范，明令禁止设置访问权限屏蔽来自互联网的访问，有效提高政府管理部门对手机网站传播淫秽色情信息监管的能力，从根本上清除手机淫秽色情网站生存的空间。

五、要通过加大宣传力度，营造舆论声势，充分发挥舆论监督的作用，跟踪报道专项行动的开展情况和取得的成果

各地各部门要利用这次专项行动，组织媒体跟踪报道专项行动的开展情况和取得的成果，通过媒体的报道，批评和揭露一些不良不法的运营商、服务商和网站的恶劣行径，对一些重大案件要及时报道；各级各类媒体要加大宣传力度，加强报道深度，深入揭露利用手机网站传播淫秽色情信息的违法行为，用典型事例剖析手机网站传播淫秽色情信息的社会危害同时，要宣传介绍一些遵纪守法、富有社会责任感和良好商业道德的企业，要宣传介绍一些做得好的单位，以及在行动中涌现出的先进典型。通过扎实有效的宣传，在社会上形成坚决铲除互联网和手机媒体淫秽色情信息，全面净化互联网和手机媒体环境，努力建立良好的网络文明风尚的良好的氛围，确保本次专项行动的顺利开展。

同志们，整治互联网和手机媒体淫秽色情及低俗信息，净化互联网和手机媒体环境，既是一项迫切的现实工作，又是一项长期的重要任务。我们必须以对党、对国家、对人民高度负责的态度，以高度的政治责任感和使命感，充分认识此项工作是贯彻落实中央精神的重大举措，关系未成年人的健康成长，关系到良好社会风气的形成，进一步增强做好打击互联网和手机媒体淫秽色情及低俗信息专项行动工作的责任感紧迫感，采取坚决有力的措施，抓好这项工作。

2009 年 12 月 6 日

在 2009 年全国集中销毁侵权盗版制品及各类非法出版物活动广西分会场上的讲话

广西壮族自治区政府副主席、自治区"扫黄打非"工作小组副组长

李　康

在"4·26"世界知识产权日即将到来的今天，广西"扫黄打非"工作小组根据全国的统

一部署，在自治区首府南宁设立主会场，同时在全区其他14个市设立分会场，举行集中销毁侵权盗版制品及其他各类非法出版物活动，对2008年以来广西收缴的192万件侵权盗版制品和其他各类非法出版物进行公开销毁。这一活动对保护知识产权，维护和巩固出版物市场正常经营秩序，不断净化社会文化环境，具有特别重要的意义。它向全社会宣传和展示广西在全面建设小康社会的进程中，重视保护知识产权和民族创新能力，坚持不懈地开展"扫黄打非"、打击侵权盗版的坚强决心、有效措施和重大成果，进一步树立我国政府在加入世贸组织以后坚决保护知识产权的良好国际形象。由此也唤起广大人民群众理解并参与"扫黄打非"斗争的社会意识和责任意识，增强全社会公众对保护知识产权的认同感，在全社会逐步形成打击侵权盗版、培育和支持正版的良好风气。

2009年以来，广西"扫黄打非"的各级部门在自治区党委、政府的正确领导下，根据全国"扫黄打非"工作小组的统一部署，认真贯彻党的十七大文件精神，全面落实科学发展观，组织动员全社会各方面的力量，深入开展"扫黄打非"各类专项行动，严厉查办制黄贩黄、侵权盗版和非法出版的大案要案，从清理下游的市场，到堵截生产制作的源头，再到整治储运加工的中间环节；从打击盗版音像制品，到打击盗版图书教材教辅，再到治理网上有害信息；从"反盗版百日行动"到"反盗版天天行动"；从奥运前30天出版物市场集中大清查到书报刊专项治理；从出版物市场交叉执法检查到净化社会文化环境，这一系列的"扫黄打非"行动取得了显著的成效，为维护我区社会稳定和国家安全、构建和谐社会以及营造积极健康的舆论氛围和文化环境作出了突出的贡献。在此，我代表自治区人民政府向战斗在"扫黄打非"斗争第一线的全体同志表示诚挚的问候和崇高的敬意！

当前，广西总体的形势很好，面对国际金融危机的严重冲击，全区经济发展的基本态势没有改变，社会大局保持稳定。在思想文化领域，社会主义核心价值体系建设扎实推进，主流意识形态不断巩固，文化事业生机盎然，文化产业繁荣发展，文化软实力不断提高，人们文化生活日益丰富。同时也要清醒地看到，意识形态领域并不平静，敌对势力对我西化、分化的活动一刻也没有停止，从全区来看，从境外、省外流入我区的非法出版物时有发现，淫秽色情出版物屡禁不止，侵权盗版行为特别是互联网上的侵权盗版行为还没得到有效遏制，"扫黄打非"斗争的形势依然复杂和严峻。同时，2009年是新中国成立60周年，是深入贯彻党的十七大精神、推进"十一五"规划顺利实施的关键一年，也是百色起义胜利80周年，大事多，热点多，重要敏感时间节点也比较集中，"扫黄打非"斗争的任务依然繁重。面对新的复杂形势和严峻挑战，各级"扫黄打非"部门要居安思危，从维护国家政治稳定、社会安定和文化安全的高度，从保护创新精神、振兴民族文化和发展先进文化的高度，从服务自治区党委和政府工作全局、推进中国特色社会主义事业顺利发展的战略高度，认识"扫黄打非"和保护知识产权工作的重要性，不断增强政治意识、责任意识和大局意识，坚持不懈地开展"扫黄打非"斗争。下一步，全区"扫黄打非"各级部门要根据《2009年广西"扫黄打非"行动方案》，重点做好以下五项工作：一是严密封堵和查缴非法出版物，特别是诋毁我国政治制度，歪曲党史、国史、军史、诬蔑党和国家领导人，宣扬"法轮功"等邪教，鼓吹"藏独"、"疆独"等民族分裂的非法出版物和印刷品。二是及时屏蔽和删除利用信息网络传播的各类有害信息，特别是通过互联网、移动通信工具传播的政治谣言、淫秽色情信息和侵权盗版内容。三是大力扫除淫秽色情、凶杀暴力、封建迷信等文化垃圾，特别是淫秽色情书刊、音像制品、动漫游戏和各类印刷品。四是坚决查缴各类侵权盗版制品，特别是盗版音像制品、计算机软件、教材教辅、畅销书和常销书。五是严肃查处取缔各种形式的非法报刊，特别是非法夹带、邮寄入境的境外有害报刊、利用境外注册刊号在境内出版的非法报刊以及以"一号多刊"等形式出版的非法报刊。

同志们，再过几天，就迎来了"4·26"世界知识产权日了。欣喜地看到，当前无论是机关、企业、学校、社区还是普通老百姓，打击侵权盗版、保护知识产权的观念正在深入人心，这是搞好"扫黄打非"工作最坚实的群众基础。希望"扫黄打非"战线的同志们继续发扬特别讲政治、特别能吃苦、特别能战斗、特别能奉献的精神，不断推动"扫黄打非"工作向纵深发展，为净化文化市场环境、保护知识产权，建设富裕、文明、和谐新广西作出新的更大的贡献。

2009 年 4 月 22 日

在 2009 年广西"扫黄打非"工作电视电话会议上的讲话

广西壮族自治区新闻出版局局长、自治区"扫黄打非"工作小组副组长
邓纯东

根据会议的安排，就 2008 年全区"扫黄打非"工作执行情况和新闻出版、版权部门如何贯彻落实《2009 年广西"扫黄打非"行动方案》讲三点意见。

一、2008 年全区"扫黄打非"工作成绩显著

2008 年，全区各级"扫黄打非"部门在自治区党委政府、全国"扫黄打非"工作小组办公室和自治区"扫黄打非"工作小组的领导下，深入开展集中行动和专项治理，加强对出版物市场的日常监管，严厉查处大案要案，全区"扫黄打非"工作取得了显著成绩。第一，根据《2008 年广西"扫黄打非"方案》的部署和重大活动期间出版物市场的特点，深入开展了以查堵非法出版物为重点的第一阶段专项行动，集中进行了以整治印刷复制和运输环节为重点的第二阶段专项行动，围绕北京奥运会，自治区"两会一节"和自治区成立 50 周年大庆等重大活动，相继进行了奥运会前 30 天出版物市场集中清理行动和打击非法报刊专项行动，取得了令人满意的效果。通过一系列专项行动，近年来存在的某些重点、难点、热点等问题在去年得到了根本性的解决或较好的解决。第二，出版物市场日常监督进一步加强。自治区"扫黄"办于 2008 年分别组织两次出版物市场交叉执法检查，各地市

"扫黄打非"部门也开展对本地区的检查执法活动，形成了上下联动、相互协作、分片包干、各负其责的良好格局，"属地管理"和"谁主管谁负责"的要求在我区得到了较好的落实。全年收缴各类非法出版物及侵权盗版制品 340 多万件，同比 2007 年下降 12% 左右，这是多年来收缴的非法出版物及侵权盗版制品首次出现下降趋势，也可以说明出版物市场环境在逐步改善。第三，深入查办大案要案。2008 年，重点查处来宾市查获的象州县中学进校盗版图书案等重大案件。第四，队伍建设、保障能力得到加强。自治区"扫黄打非"办组织了两次区、市、县"扫黄打非"工作人员执法培训班，各市"扫黄"办也相应采取组织岗前培训、交叉执法、案件研究等各种不同的形式来提高各级人员的执法水平。在保障能力上，各级各部门尤其是地市一级党委政府对"扫黄打非"工作更加重视，在人力、物力、财力上给予了力所能及的支持，交通工具、办案设备、经费保障等方面正在逐步加强。

二、2008 年"扫黄打非"工作的基本做法

广西的"扫黄打非"工作能够取得以上的成绩，是自治区党委、政府正确领导的结果，是"扫黄打非"工作小组各成员单位、各市县"扫黄打非"部门共同努力的结果，也是"扫黄打非"工

作小组采取正确工作方法的结果。主要方法：一是坚持以科学发展观为指导，自觉服从和服务于经济建设和全党全国工作大局。始终把它放在推进社会主义文化大发展大繁荣的全局中来谋划对策、思考工作、改进措施，始终把打击政治性非法出版物作为"扫黄打非"工作的重中之重，始终根据国际国内形势的变化和全党工作大局的调整开展专项治理和集中打击；二是形成党委领导、"扫黄打非"机构统一协调、相关部门分工负责、上下联动左右联防的工作体制。全区从区、市、县到乡镇的"扫黄打非"工作组长都是当地党委的领导，工作办公室挂靠在新闻出版局或文化体育局，这种体制、机制有利于依法行政和落实工作。自治区和各地市"扫黄打非"工作小组成员单位就有 20 多个，工作分解到各职能部门，既分工负责，又形成了一个整体的合力；三是有效运用行政执法和刑事司法两种手段开展"扫黄打非"工作。我们将查办案件作为推动"扫黄打非"工作深入开展的重要手段，不断加大案件查办力度。先后在桂林、梧州、贺州等地召开案件协调会，作出部署，提出要求，，协调公检法机关，加大对违法犯罪分子的刑事打击力度；四是建立健全各项制度，先后颁布实施了《广西"扫黄打非"工作责任制》等 15 项制度和 9 个办法，有效地规范和推动了全区"扫黄打非"工作的深入开展。

三、全面落实 2009 年各项工作任务

《2009 年广西"扫黄打非"行动方案》确定了今年"扫黄打非"工作的总体要求，工作重点和三项集中行动的具体时间、任务。一是继续严密封堵和查缴非法出版物。无论是新闻出版行政部门，还是新闻出版单位包括出版单位和印刷发行企业，都有责任强化管理，管好自己的产品导向和流通市场，绝不给敌对势力提供传播渠道。二是及时屏蔽和删除利用信息网络传播的各类非法有害信息。新闻出版、版权行政部门不仅要坚决整治网络的非法出版，还要密切关注网上舆情信息动向，及时通报和协助外宣、公安、信息部门严密封堵境外有害出版物及政治谣言、淫秽色情等有害信息。三是大力扫除淫秽色情、凶杀暴力、封建迷信等文化垃圾。要重点扫除淫秽色情书刊、音像制品及动漫游戏，重点清查学校周边环境。四是坚决查缴各类侵权盗版出版物。对印刷复制行业进行集中整治，深挖地下印刷复制窝点，严厉查处违法违规印刷活动。五是查处取缔各种形式的非法报刊。不允许一号多刊、一号多报扰乱市场，坚决打击利用境外刊号或私自冒名出版的报刊，继续整治"四假"。要把集中打击与日常监管结合起来，要把日常监管当作集中整治的基础，加强巡查，加强对各类信息的主动了解，加强到各类市场一线的调查工作，加强对所发现的问题及时处理。

同志们，面对新情况、新挑战、新任务，我们责任重大。希望全区新闻出版、版权战线的各级领导和同志们要认真学好全国"扫黄打非"电视电话会议精神，学好自治区党委常委、自治区"扫黄打非"工作领导小组组长沈部长重要讲话精神。落实行动方案具体部署，以高度的责任感、务实的工作作风，认真履行自己的职责，扎扎实实地实现"扫黄打非"的各项任务，为维护社会政治稳定和净化文化市场环境作出新的贡献。

2009 年 2 月 5 日

在全区净化社会文化环境工作汇报会上的讲话

广西壮族自治区新闻出版局副局长

龙　毅

2009 年以来，自治区新闻出版局、自治区　　"扫黄打非"办贯彻落实中央部署以及自治区文

明委《关于印发〈全区净化社会文化环境集中整治行动工作方案〉的通知》和《2009 年广西"扫黄打非"行动方案》要求,组织开展全区各级"扫黄打非"部门开展"扫黄打非"专项治理集中行动、净化社会文化环境工作,查办大案要案,有效地维护了全区社会稳定和文化安全,为维护广西出版物市场正常秩序、扫除淫秽色情等有害出版物、保护未成年人健康成长、净化社会文化环境作出积极的贡献。

一、基本情况

广西各级新闻出版部门和"扫黄打非"工作机构,一直以来把净化社会文化环境、扫除淫秽色情等有害出版物、保护未成年人健康成长当作一项重要任务抓。2009 年以来,根据新闻出版总署、全国"扫黄打非"办和自治区文明委统一部署,一方面在大力开展集中行动的同时加大日常监管的力度,另一方面加强对各市各部门工作的督促力度,为配合集中行动的深入开展,全年共进行了 4 次大规模的督查行动。组织各市、各有关部门开展一系列净化社会文化环境、清理整治出版物市场、整治网络淫秽色情等违法有害信息专项治理。

(1) 全面清查出版物市场,特别加大对校园周边出版物市场日常巡查力度,坚决查缴政治性非法出版物,收缴影响未成年人健康成长的淫秽色情出版物;取缔游商、地摊和违规书店;

(2) 全面开展网上"扫黄打非",及时封堵和删除传播有害信息的网站和网页,严查网络侵权盗版行为;

(3) 深挖非法出版和侵权盗版的源头,查缴各类侵权盗版制品,特别是盗版音像制品、计算机软件、教材教辅读物、畅销书和常销书,取缔参与非法出版和侵权盗版的印刷、复制企业;

(4) 进一步加大对铁路、公路、水路、航空、邮政等运输环节出版物的查禁力度,有效截断盗版和非法出版物的流通渠道;

(5) 各部门通力协助,查办大案要案,有力打击了犯罪分子的嚣张气焰,推动"扫黄打非"工作深入开展。

据不完全统计,1～10 月份全区共出动"扫黄打非"执法检查人员 100896 人次,检查出版物企业、摊点 88936 家/次,检查印刷复制企业 12159 家/次,取缔或关闭出版物市场(摊点)1480 个、印刷企业(复印店)68 家、非法网站 40 家,收缴各类非法出版物和侵权盗版制品 308 多万件,查处各类制黄贩黄、非法出版和侵权盗版案件 806 件。其中行政处罚 598 件,移送司法机关案件 14 件,刑事处罚 7 人。

二、市场存在的问题

一是从境外、省外流入我区的非法出版物、"法轮功"类出版物时有发现,且品种有所增多。

二是淫秽色情出版物屡禁不止,严重危害未成年人的身心健康。

三是侵权盗版行为仍然十分严重。市场上盗版教材教辅、盗版文学畅销书、盗版光盘和计算机软件仍占有一定比例,严重损害中小学生的合法利益。

四是非法小报小刊屡禁不绝,印刷、销售"六合彩"赌博资料的现象十分严重,损害未成年人的身心健康。诱发的一系列犯罪严重扰乱人民群众正常的生活秩序,进而影响到整个社会安定。

五是通过互联网、手机传递淫秽图片和其他有害信息。

三、意见和建议

(1) 建议进一步重视这项工作,把这项工作摆上重要的议事日程;

(2) 建议从中央到地方,组织各部门实施年度"扫黄打非"目标考核管理责任制,落实市场监管责任,确保市场监督管理到位;

(3) 建议加强地市县一级"扫黄打非"工作机构建设,增加人员编制、经费设备,确保继续深入持久开展"扫黄打非"斗争;

(4) 建议进一步完善公安、工商、海关、版权等部门联动工作机制,封堵各类违禁出版物。

2009 年 11 月 19 日

2009年"扫黄打非"大案要案综述

广西壮族自治区"扫黄打非"办公室

2009年，自治区各级"扫黄打非"部门高度重视查办大案要案查办工作，一是加强协作，联合办案，今年自治区"扫黄打非"办多次协调自治区及南宁市公安部门，联合行动，查办案件；二是加大督办力度，进一步推进大案要案的及时查处，取得了较好的成效，严厉地打击了犯罪分子的嚣张气焰。

一、柳州市查处"1·9""六合彩"资料窝点案

1月9日，柳州市新闻出版局、市公安局经侦支队、天马派出所、鱼峰区"扫黄打非"办、鱼峰区执法局等五部门40多人组成联合执法队，端掉了位于岩村路66号、岩村路东二巷1-1、屏山大道南等三处仓库和一处门面，查获"六合彩"资料近10万张（册），嫌疑人吴某某被当场抓获。犯罪嫌疑人吴某某非法销售、储存非法出版物的数量巨大、影响恶劣，6月11日该案经柳州市鱼峰区人民法院一审宣判，案犯吴某某被判处有期徒刑6年，罚没财产1万元。

二、钦州市查处"1·20"复制、贩卖淫秽物品牟利案

1月20日，钦州市"扫黄打非"办协调市公安局治安支队、新闻出版局的稽查人员联合行动，在灵山县檀圩镇粮所旧宿舍查获了劳某某用来制作、刻录盗版光碟和淫秽光碟的LG1-8刻录机一台，电脑一台，打印机一台，以及音响等制作工具和已非法制作、复制的音像成品碟共3623张，其中刻录的涉黄淫秽光碟257张，从他处购入的涉黄淫秽光碟249张，歌曲、钦州采茶剧、故事片等3117多张；空白光碟、光盘标签、PP双面袋等套包装3600套。劳某某因制售淫秽物品牟利罪被灵山县人民法院一审判处有期徒刑3年6个月。此案作为全国净化音像市场，严查大案要案典型案例，被刊登在2009年7月2日的《中国新闻出版报》上。

三、南宁市查处"1·22"盗印出版物案

1月21日，根据群众电话举报，自治区"扫黄打非"办公室、自治区公安厅、南宁市新闻出版局、公安局在南宁市联合查处了"南宁市某某印刷厂涉嫌盗印出版物案"。经清点，确认南宁市某某印刷厂涉嫌盗印4家出版社等出版单位出版物322806册，散页501份，半成品10000册。4月18日，自治区"扫黄打非"办、自治区公安厅将"南宁1·22盗印出版物案"列为广西2009年第一批督办案件。2010年4月13日，梁某某因犯侵犯著作权罪被南宁市西乡塘区人民法院判处有期徒刑4年6个月，并处罚金50万元。

四、钦州市查处"4·13"利用境外网站传播淫秽物品案件

4月初，据群众举报"爱城"网站传播淫秽电影和图片，钦州网警支队通过调查发现钦州市有人利用该境外网站传播淫秽物品。经过周密部署，4月13日将正在家里上网的陈某抓获，当场发现在陈某计算机的收藏夹里有"爱城"、"拯救天使"等境外色情网站的网址，电脑硬盘里发现了大量的淫秽电影和图片，陈某承认了其是境外"爱城"网站的版主"我是猪太苯"网警支队办案民警当场扣押作案用的计算机等工具。陈某供认已向"爱城"网站和"拯救天使"色情网站上传淫秽色情电影共15部，点击率共82143次，陈某的行为已涉嫌构成传播淫秽物品罪。公安机关将案件移交检察机关审查起诉，检察机关认为当事人属未成年人，不宜追究刑事责任。公安机关于是给予当事人没收计算机等设备的行政处罚。

五、桂林查处"4·16"非法复制淫秽色情和盗版光盘案

4月16日，全国"扫黄"办转来有关某某公司涉嫌非法复制淫秽色情光盘《赤裸惊情》的材料。正在广西督查工作的蒋建国副署长指示广西要速查、彻查。自治区"扫黄打非"办公室、自治区新闻出版局迅即派出工作组会同桂林市对某某公司进行了详细调查，发现该公司确实存在材料中所述的违规事实。4月29日，自治区"扫黄打非"办将调查结果上报全国"扫黄打非"办和蒋建国副署长，并根据事实清楚、证据确凿、处罚适当的原则提出依法对某某公司作出警告、没收非法所得、以及罚款15000元的处罚建议。5月18日，桂林市新闻出版局已对某某公司进行行政处罚。

六、南宁市查处上英印刷有限责任公司涉嫌盗印案

2009年4月10日，根据举报，自治区新闻出版局、南宁市新闻出版局对南宁市上英印刷有限责任公司检查时，发现该公司有涉嫌盗印《理论学习2009》等出版物等违规行为。经查，南宁市上英印刷有限责任公司在未验证有关手续的情况下，接受他人委托印刷署名广西师范大学出版社的《理论学习2009》、署名中国农业出版社的《新型农药安全施用技术》、《农产品市场与农户经营》等属盗印行为，违反了《中华人民共和国著作权法》和《著作权行政处罚实施办法》的有关规定。南宁市新闻出版局对南宁市上英印刷有限责任公司做出罚款人民币五万元，没收《理论学习2009》等出版物7100册的行政处罚。

2009年"扫黄打非"大事记

广西壮族自治区"扫黄打非"办公室

1月8日，全国"扫黄打非"工作小组关于表彰2008年"扫黄打非"有功集体和个人、先进集体和个人的决定，授予广西桂林市公安局治安巡逻警察支队、广西崇左市龙州县公安局国内安全保卫大队、广西梧州岑溪市文化和体育局、广西贺州市公安局八步分局经侦大队、广西来宾市版权局5个单位为全国"扫黄打非"有功集体称号；授予广西文化稽查总队、广西南宁市"扫黄打非"工作小组办公室、东兴海关旅检科、广西柳州市"扫黄打非"工作小组办公室等4个单位为全国"扫黄打非"先进集体称号。授予左雄、李厚全、李永志3位同志为全国"扫黄打非"有功个人称号；谢胜桃、湛培莲、刘益华、许忠生、张福海5位同志全国"扫黄打非"先进个人称号。

2月5日，广西"扫黄打非"工作小组在南宁市（主会场）召开"全区'扫黄打非'工作电视电话会议"，贯彻落实全国"扫黄打非"电视电话会议精神，部署广西工作。沈北海同志、李康同志出席会议并作重要讲话。自治区"扫黄打非"工作小组各成员单位领导参加主会场会议，各市、县"扫黄打非"工作小组领导和各成员单位领导在各市、县分会场参加会议。

2月18日，广西"扫黄打非"工作小组办公室下发通知，部署全区自2月21日至4月开展以打击非法出版物为重点的第一阶段专项行动。

3月4日，为贯彻落实全国净化社会文化环境工作会议和新闻出版总署、全国"扫黄打非"工作小组办公室关于净化未成年人出版物市场环境工作座谈会议精神，自治区新闻出版局、自治区"扫黄打非"办联合召开全区净化未成年人出版物市场环境工作座谈会议，部署全区工作。同时部署全区净化社会文化环境第一阶段专项行动。

3月24日，自治区新闻出版局党组书记、局长、自治区"扫黄打非"工作小组副组长邓纯东同志率队到桂林市、柳州市开展出版物市场检查指导各地净化未成年人出版物市场环境工作。

3月27日，自治区党委办公厅、自治区政府办公厅联合转发《自治区党委宣传部、自治区党委政法委、自治区"扫黄打非"工作小组办公室〈2009年广西"扫黄打非"行动方案〉》，有力地部署了全年"扫黄打非"各项工作。

4月16日，接全国"扫黄打非"办转来举报，自治区"扫黄打非"办迅即派出工作组会同桂林市某公司进行详细调查，发现该公司确实存在非法复制淫秽色情光盘违规事实，4月29日，根据事实清楚、证据确凿、处罚适当的原则提出依法对桂林某公司作出警告、没收非法所得以及罚款一万五千元的处罚建议，5月18日桂林市新闻出版局已对该公司进行行政处罚。

4月16~19日，中央文化体制改革第八督查组到广西调研，自治区"扫黄打非"工作小组召开会议，向中央文化体制改革督查组组长、国家新闻出版总署党组副书记、副署长、全国"扫黄打非"工作小组副组长兼办公室主任蒋建国等督查组汇报广西"扫黄打非"工作，自治区"扫黄打非"工作小组各成员单位和各市"扫黄打非"办主任参加会议，蒋建国署长在会上作重要指示。会后还亲自过问"南宁市某印刷厂涉嫌盗印出版物案"等查办情况。5月，蒋署长先后两次作出批示，高度肯定广西"扫黄打非"工作。

4月22日，广西"扫黄打非"工作小组根据全国的统一部署，在广西首府南宁举行集中销毁侵权盗版制品及各类非法出版物活动，各市设立广西分会场，公开销毁192万件侵权盗版和非法出版物，自治区"扫黄打非"工作小组副组长、自治区政府副主席李康同志出席南宁主会场仪式。

5月22日，自治区党委接到全国"扫黄打非"办有关文件，自治区党委书记郭声琨同志立即作出批示："请北海同志认真组织有关部门学习贯彻长春、云山同志两位中央领导的指示精神。广西地区边疆'扫黄打非'任务繁重，一定要在原有工作成效的基础上，加大工作力度，采取非常措施来'扫黄打非'，保持广西良好的舆论环境。"当天下午，自治区党委常委、宣传部长、自治区"扫黄打非"工作小组组长沈北海同志迅速召集各有关部门领导专题研究落实中央指示精神，部署打击非法出版物的有关工作。

5月22日，根据全国"扫黄打非"办转来线索，自治区"扫黄打非"办、公安厅和南宁市"扫黄打非"办、新闻出版局共组织140多名公安干警、100多名"扫黄打非"执法人员同时采取行动，对南宁民族商场，进行全面突击检查，发现民族商场库房储存大量盗版、淫秽光盘，共查缴各类非法音像制品414791件。

5月25日，为贯彻落实全国"扫黄打非"工作小组《关于贯彻落实中央指示精神严厉打击政治性非法出版物的紧急通知》、全国"扫黄打非"办2009年第一次主任会议精神，自治区"扫黄打非"办召开全区"扫黄打非"工作小组办公室主任会议，贯彻落实全国会议精神，部署全区开展专项行动。

6月5日，自治区"扫黄打非"办公室转发全国"扫黄打非"办第二阶段集中行动实施方案，自5月底至7月底在全区继续开展深入打击非法出版物，清缴低俗音像制品为重点的第二阶段专项行动。

9月，根据全国"扫黄打非"办电话要求，桂林全州县人王某帮助重庆原右派分子编辑自传，拟于国庆节在境外出版，要求广西转化其工作。广西"扫黄打非"办以高度的政治责任感迅即开展行动，李康副主席亲自给桂林市市长布置任务，自治区"扫黄打非"办主任前往桂林与市委多位常委研究具体行动并先后五次派人前往全州县做王某的工作，终于使其停止编辑工作，并将余稿退还，消除了一个重大隐患。

9月10日，自治区"扫黄打非"办公室下发通知，开展全区"扫黄打非"第三阶段集中行动检查督导工作，定于9月下旬和10月下旬在全区范围内开展检查督导工作。

11月6~21日，自治区"扫黄打非"办组织全区14个市和南宁铁路局"扫黄打非"办对全区出版物市场进行交叉执法检查。

11、12月，组织开展评选2009年全区"扫黄打非"先进集体和先进个人、有功集体和有功个人活动和自治区综治考评工作。

南 宁 市

2009年"扫黄打非"工作总结

南宁市"扫黄打非"办公室

2009年，南宁市各级"扫黄打非"部门在市委、市政府领导和自治区"扫黄打非"办的指导下，认真组织开展"扫黄打非"行动，切实加大对出版物市场、互联网信息的监管力度，严密查处违禁出版物、侵权盗版制品及各类非法出版物，各项工作取得显著成效。据统计，2009年，全市"扫黄打非"各级各部门共出动执法人员15378人次，检查出版物经营单位16329家次，收缴各类非法出版物1031114件，取缔店档摊点223个、印刷复制企业13家，查处盗印、发行非法出版物大要案2起，刑事拘留5人（2人已被判刑），行政拘留5人。

一、加强领导，明确职责，推动"扫黄打非"工作全面开展

南宁市各级党委、政府高度重视"扫黄打非"工作。一是认真贯彻落实全国、自治区的各项工作部署。二是明确工作目标，制定工作方案。市委、市政府下发《南宁市2009年"扫黄打非"行动方案》，及时作出工作部署。三是进行部门工作任务分解，明确工作职责。四是各级领导率先垂范，加强督促检查市，推动了各县区、各部门日常监管工作的深入开展。

二、精心组织，扎实开展"扫黄打非"各阶段集中行动

（一）开展封堵查缴非法出版物专项行动

南宁市始终将封堵和查缴非法出版物作为"扫黄打非"工作的重中之重，在"两会"等重要节点期间，组织高密度的市场检查，采取网络封、道路堵、市场查，全方位防止非法出版物流入市场。除在广西大学图书馆查获非法出版物5册，未再发现其他非法出版物在市场上发行和传播的问题。

（二）开展出版物市场集中整治行动

南宁市切实强化出版物市场监管力度，加强对图书批发市场、电子出版物及计算机软件交易市场、书店、报刊亭等出版物经营场所，以及繁华街区、商场超市、车站码头、集贸市场等场所的执法检查，严密封堵和查缴非法出版物，大力扫除淫秽色情垃圾，坚决查缴各类侵权盗版制品，严肃查处各种非法报刊。

（三）开展净化社会文化环境集中行动

3~6月，南宁市各有关部门落实2009年全国净化社会文化环境工作会议精神，认真开展净化社会文化环境集中行动：一是针对校园周边出版物市场存在的主要问题，开展对全市各大中小学校园周边进行了一次全面检查，坚决查缴淫秽色情"口袋本"及有害卡通画册。二是按照自治区"扫黄打非"办的通知要求，对中小学校园周边书店、报刊亭以及文具店等经营场所进行全面检查，严厉查缴"少儿版人民币"、"少儿八卦玩具"以及卡通类非法出版物。

（四）开展整治互联网低俗之风专项行动

4~6月，南宁市文化部门认真开展整治互

联网低俗之风专项行动，按照《南宁市整治互联网低俗之风专项行动工作方案》的要求，要求各业主自觉依法经营面。一经发现色情、暴力和不道德的网页要及时清除。通过专项行动，改善和净化了网络环境，遏制网上低俗之风，推动文明办网、文明上网落到实处。

（五）开展对印刷复制企业专项检查行动

3月，部署开展对印刷复制企业专项检查行动。全市各级新闻出版行政管理部门制定工作方案，对印刷复制企业执行"五项登记制度"的情况进行全面检查，共查处盗印出版物大要案1起，取缔地下印刷窝点2个，有力地打击盗版盗印非法活动。

（六）开展清缴整治低俗音像制品专项行动

4~7月，开展清缴整治低俗音像制品专项行动，一是及时召开全市"扫黄打非"办公室主任会议，传达上级精神，作出工作部署。二是对音像市场进行拉网式清查，取缔销售音像制品的游商、地摊和无证照经营者。据统计，全市共出动稽查人员3200人次，检查店档摊点1634家次，破获特大储存销售淫秽盗版光盘窝点案一起。

（七）开展进校书刊专项检查

9月，会同市教育、市纠风、市监察等部门联合开展秋季学期中小学使用教材教辅情况和收费专项检查。重点检查各学校是否存在组织学生统一征订教辅材料的行为，检查组共检查全市各类中小学校80余家，没有发现学校使用盗版教材教辅的情况。

三、彻查彻究，坚决查处大案要案

全年共收到群众举报案件线索61件，其中来信来函8件，来访2件，来电51件。南宁市始终把查办案件当作"扫黄打非"工作的重中之重，对群众的来信来访来电，做到件件有着落，事事有回音。

四、广泛开展主题宣传活动，努力弘扬版权保护意识

（一）举行侵权盗版制品及非法出版物集中销毁行动

按照全国、自治区"扫黄打非"工作小组的统一部署，4月22日在南宁五象广场联合主办"2009年全国侵权盗版制品及各类非法出版物集中销毁行动广西分会场活动"。经过周密部署，精心筹备，销毁活动取得圆满成功。自治区政府副主席、自治区"扫黄打非"工作小组副组长李康同志，南宁市委常委、宣传部长、副市长、市"扫黄打非"工作小组组长肖莺子同志，公安等部门、学生代表等约700余人参加了活动。

（二）开展青少年版权保护主题教育活动

6月15日，由自治区版权局、共青团广西区委、自治区教育厅和南宁版权局举办，"拒绝盗版，从我做起——广西青少年版权保护主题教育活动"在南宁市青秀区埌东小学隆重举行。活动内容主要有学生赠送图书和有关版权宣传物品、组织学生进行"拒绝盗版，从我做起"宣誓和签名等活动，埌东小学全体师生961人参加了活动。

2010年1月11日

海 南 省

2009年"扫黄打非"工作总结

海南省"扫黄打非"办公室

2009年，海南省"扫黄打非"各部门在省　　"扫黄打非"领导小组的领导下，紧紧围绕全国第

二十二次"扫黄打非"工作电视电话会议精神和2009年"扫黄打非"行动方案部署的重点任务，紧密配合，各司其职，开展了一系列"扫黄打非"专项行动，严厉打击各类非法出版活动，完成了全年"扫黄打非"工作任务，成效显著。

一、基本情况

在全国和海南省"两会"、"博鳌亚洲论坛"年会、"4·26"保护知识产权日、"国庆"60周年等各个重大节日期间，海南省文化出版、公安、工商、工信、海关、教育、建设等"扫黄打非"成员单位各司其职、密切合作，多次集中力量，重点开展查堵违禁非法出版物和淫秽色情、打击盗版、净化校园周边文化环境等专项行动，成效显著，顺利完成了2009年三个阶段"扫黄打非"各项工作任务，确保了我省各个敏感时期文化市场的安全有序。据统计，全省共出动执法检查人员2.36万人次，检查出版物经营单位及店档摊点1.53万家（次），行政处罚和取缔出版物非法经营点1443家（个），共收缴各类非法出版物及印刷品近90万件，其中非法音像制品28万多件、淫秽色情出版物2.32万件、非法书报刊及盗版计算机软件近9万多册（件）、盗版教材教辅8万册、违禁出版物800多件、非法印刷品近40万张，查处案件524宗。

二、完成的主要工作和成果

（一）精心部署，狠抓落实

第二十二次全国"扫黄打非"工作电视电话会议召开后，海南省"扫黄打非"领导小组对2009年全省"扫黄打非"工作做出了整体部署和要求。海南省"扫黄打非"办公室根据全国行动方案并结合海南的实际情况，及时制定出《2009年海南省"扫黄打非"行动方案》，以省委、省政府两办名义转发实施。3月9日，海南省精神文明办与海南省"扫黄打非"办公室联合召开了《海南省净化社会文化环境暨"扫黄打非"工作电视电话会议》，省委常委、宣传部长、省"扫黄打非"领导小组组长周文彰同志作了讲话，省文体厅、省公安厅、省工商局、省通信管理局、省教育厅和省工信厅主要领导做了发言，

还就进一步开展净化我省社会文化环境暨"扫黄打非"行动做了动员和部署。各市、县"扫黄打非"办公室根据《省2009年"扫黄打非"行动方案》和三个阶段集中行动方案及时制订出具体行动方案，扎实有效地开展了封堵违禁非法出版物、扫除淫秽色情文化垃圾、净化学校周边和打击侵权盗版保护知识产权的各项专项整治行动。

（二）突出重点，全力开展专项整治行动，确保了我省文化领域安全稳定

为确保"国庆"60周年庆典活动和文化市场安全有序，营造健康、和谐的文化氛围，各单位根据中央和我省的一系列工作部署，明确行动的指导思想、工作任务和工作目标，按照属地管理和"谁主管、谁负责"的原则，各司其职、各负其责、协同作战。各市县、各单位还细化了各阶段的行动方案，制定具体措施，强化日常监管，在重点时段、重点区域开展了查堵违禁非法出版专项行动。同时，开展全方位的反复清查收缴淫秽色情等低俗音像制品专项行动。据统计，在2009年前10个月行动中，共收缴违禁非法出版物及违禁物品800余件，色情淫秽等低俗音像制品2万多张（册）。

（三）加强知识产权保护，威慑违法犯罪分子

根据全国"扫黄打非"办公室《关于2009年全国侵权盗版制品及各类非法出版物集中销毁活动的通知》，海南省"扫黄打非"办公室于4月22日与全国同时组织举办了全省集中销毁盗版及各类非法出版物活动，此次活动共销毁各类非法出版物26万多件，展示了省委、省政府保护知识产权的决心和形象。副省长、省"扫黄打非"领导小组副组长林方略出席活动并作了讲话，销毁活动由省"扫黄打非"领导小组副组长、省文化广电出版体育厅厅长范晓军主持，各市、县"扫黄打非"办公室负责同志，成员单位有关负责同志，经营业主及学生代表近千人参加了此次销毁活动。同时，在开展销毁活动期间，海南日报、海南电视台、南国都市报等新闻媒体进行广泛宣传，展示了一批文化执法部门打击侵权盗版的案例，达到震慑违法犯罪分子的效果。

（四）各市、县贯彻落实工作部署，开展行动见成效

海南省"扫黄打非"办公室各部门积极开展了净化文化市场、查堵违禁非法出版物、整治低俗音像制品和打击盗版等专项行动，采取了多种措施，创新工作方法，始终把打团伙、破网络、端窝点作为打击重点，查获了一系列非法出版物经营案件。2009年2月21日，省文化市场稽查总队、海口市文体局和稽查队率先打响了今年"扫黄打非"第一阶段集中行动的第一仗，分别在海口市解放路、海府路、明珠广场和DC电脑城查获了各种非法音像制品、盗版软件23100张，其中色情淫秽光盘152张。2009年1月12日，在经过三个多月深入细致的侦查后，海南省文化市场稽查总队联合海口市公安局网络监察处、刑侦五大队一举破获了一个以非法杂志《中国教育通讯》为名通过互联网征集论文骗取版面费的诈骗团伙。当场抓获涉案人员麦某等4人，缴获《中国教育通讯》非法杂志20多本、电脑3台、伪造公章2枚、银行账户20多个及相关证据一批。据初步调查，该案受骗人估计有6000多人，涉案金额100万元以上。2009年7月13日，省文化市场稽查总队与琼山文体局联合查处了位于海口府城镇一个音像制品地下窝点，共收缴非法光盘82500张，其中淫秽色情光盘6500张。执法人员在清点中发现，其光盘分为热播电视剧、流行音乐、少儿教育片、琼剧等盗版品种和各类淫秽色情光盘，还发现了最近网上流传的菲律宾"艳碟门"事件的淫秽光碟，其内容不堪入目。在开展第三阶段集中行动中，省文化市场稽查总队于2009年11月15日在文昌市查获了一个地下非法印刷厂，现场收缴各类非法印刷私采小报188种共36万多张。目前，此案已列为非法印刷的重点案件移交公安部门，做为刑事案件处理。

海南省"扫黄打非"领导小组成员单位认真贯彻落实工作部署，开展封堵违禁非法出版物和清缴整治低俗音像专项行动，成效显著。海口海关各关口严格按照关于封堵违禁非法出版物入境的工作部署，实行"海上堵、空中截、陆上追"的工作原则，对入关物品认真检查，共查缴了违禁非法出版物18册，成功封堵了非法出版物的传播。海南省工商系统切实履行职责，加强对非法出版物的清缴工作，全系统共出动执法检查人员2300多人次，检查出版物市场及印刷复制企业1660家（次），收缴非法出版物近4000件，其中违禁出版物800多件、淫秽色情出版物197件、侵权盗版音像制品2382件，删除、屏蔽网络有害信息23条，行政处罚案件6起。海南省公安厅根据确定的工作重点，继续深化"扫黄打非"行动，采取定期和不定期的抽查方式，重点对印刷行业和音像制品店进行检查，共出动警力944人（次），出动警用车176辆（次），检查火车站、旅游景点、印刷厂、音像制品摊点405个，有效维护我省文化市场秩序。

为贯彻落实中央领导同志关于重拳打击盗版教材教辅的指示和全国"扫黄打非"办公室主任会议精神，海南省"扫黄打非"各部门积极开展了第三阶段集中行动。9月中旬，由省"扫黄打非"办牵头，省文体厅、省公安厅、省教育厅、省文化市场稽查总队、海南出版社、省新华书店、儋州市文体局等单位人员组成联合检查小组，对各市、县教材教辅市场进行了全面检查，重点查处盗版教材教辅的印刷、发行及销售活动，严格规范大中小学校使用教材教辅行为。在暗访检查中，发现儋州市部分学校大量使用盗版教辅材料行为，问题严重。对此，联合检查组立即协调当地公安部门将学校大量使用盗版教辅材料行为做为一刑事案件立案侦查，深挖印刷和发行盗版教辅材料的犯罪分子。10月中旬，警方在儋州和海口抓获了1名发行商及一印刷厂负责人，据印刷厂负责人供述，前后供非法印刷教辅材料8万多本。目前，该案正在深挖审理中。

（五）增强大局意识，提高执法水平

为确保我省意识形态安全和文化市场的有效监管，以应对当前意识形态领域的尖锐复杂局面。根据全国"扫黄打非"办的指示精神和《海南省

2009 年"扫黄打非"行动方案》的部署，海南省"扫黄打非"办于 2009 年 10 月 29 日举办了一期全省"扫黄打非"执法工作人员培训班，各市、县"扫黄打非"办主任、文化市场稽查队队员及省公安厅、海口海关等部门负责人参加了培训学习。在培训班上，学员们就执法人员存在政治意识和责任意识较弱、市场监管不到位、执法水平和队伍建设有待提高等一些问题认真展开了研讨，并就如何很好地运用"扫黄打非"联合工作机制，提高日常监管和执法水平，避免查办案件以罚代刑等工作提出了很好的建议。

海南省"扫黄打非"办还专门邀请了深圳市福田区"扫黄打非"办赖仁服副主任来海南出席培训活动，为培训班作了《创新文化综合执法工作思路，树立基层文化执法的六种意识》专题讲授。并就如何与公安部门配合查办刑事案件进行了广泛交流，使此次培训活动达到了交流学习和提高的预期目的。

多年来，我省大部分市县没有专职"扫黄打非"工作机构和专职人员，没有专项经费，缺少设备，执法力度薄弱。此外，还存在着监管方式手段与当前文化市场发展不相适应，没有充分动用刑事手段打击违法犯罪行为，达不到威慑犯罪分子的作用，造成执法不力等问题，这些因素一定程度上影响着"扫黄打非"工作的有效开展。针对上述问题，我们在以后的工作中将进一步贯彻落实科学发展观，发挥主动性与创造性，在机构和队伍建设上积极争取上级领导和有关部门的支持；在监管方式上要勇于探索，积极改进；在工作中加强与各职能部门的协作与配合，特别是与公安、工商、海关、工信、通信管理等部门密切配合，严厉打击违法犯罪行为；在工作策略上继续坚持"周密防范、打击迅速、查处坚决"的方针，始终保持"扫黄打非"的高压态势，确保"扫黄打非"工作的深入开展，维护我省文化市场的繁荣稳定。

领导讲话

在全省净化社会文化环境暨"扫黄打非"工作电视电话会议上的讲话（摘要）

海南省委常委、宣传部长、省"扫黄打非"领导小组组长
周文彰

今天召开全省净化社会文化环境暨"扫黄打非"工作电视电话会议，传达贯彻中央文明委召开的全国净化社会文化环境工作会议以及第二十二次全国"扫黄打非"电视电话会议精神，进一步动员全省力量，切实把我省净化社会文化环境工作抓实抓好，为我省经济社会又好又快发展提供良好的社会文化环境，促进我省未成年人思想道德建设工作开创新局面。会议印发了全国净化社会文化环境工作会议材料和全国"扫黄打非"电视电话会议传达提纲，8 个单位领导作了很好发言，请同志们认真学习领会。下面，我讲三点意见。

一、充分认识净化社会文化环境工作的重要性和紧迫性

中央对净化社会文化环境、促进未成年人健康成长高度重视，做出了一系列重大决策和部署。胡锦涛总书记多次作出重要指示，强调关心未成年人的成长，为他们身心健康发展创造良好的条件和社会环境，是党和国家义不容辞的职责。2004 年，中央关于进一步加强和改进未成

年人思想道德建设的若干意见，明确把净化未成年人的成长环境作为重要任务。2009年1月，李长春同志专门对净化社会文化环境工作作了重要批示，他指出，进一步净化社会文化环境，是社会主义精神文明建设以及加强和改进未成年人思想道德建设的基础工程，是实现亿万家庭最大希望和切身利益的民心工程，是确保中国特色社会主义事业后继有人的希望工程，要以对党负责、对人民负责、对子孙后代负责的精神，把净化社会文化环境工作抓紧抓实、抓出成效。今年2月20、21日，中央文明委召开了有各省市常委、宣传部长和11个部局主要领导参加的全国净化社会文化环境工作会议，专门研究部署净化社会文化环境工作，充分显示了党中央、国务院对净化社会文化环境工作的高度重视。

几年来，我省按照中央的部署，先后制定下发了《海南省关于进一步加强和改进未成年人思想道德建设工作方案》和《关于当前推进未成年人思想道德建设的重点专项工作方案》，提出了覆盖社会教育、学校教育和家庭教育，覆盖未成年人生活学习各个环节的38条措施，并建立了联席会议制度。各市县、省直有关部门认真贯彻落实中央和省委关于加强和改进未成年人思想道德建设的决策部署，大力净化社会文化环境，取得了明显成效。网吧经营秩序进一步规范，网络淫秽色情等有害信息蔓延势头得到遏制，荧屏声频明显净化，校园周边环境大为改观。但也要清醒地看到，我省净化社会文化环境工作任务依然十分艰巨。网吧下载、保存低俗内容，网络淫秽色情等违法有害信息仍然存在；在校园周边、城乡结合部和乡镇农村，黑网吧和黑游戏厅屡打不绝，死灰复燃；网吧、歌舞厅、电子游艺厅违规接纳未成年人现象时有发生；出售盗版教辅读物和渲染色情暴力的"口袋本"读物现象仍然存在；校园周边还存在隐蔽彩票销售点，等等。这充分表明，净化社会文化环境工作，成果巩固难、问题易反复，不可能一劳永逸。我省文化环境久治不"净"，原因是多方面的：一是科学技术的发展，客观上为净化社会环

境造成了造成了许多技术难题，特别是互联网日益发达以后，通过数码相机拍摄和上传图片变得非常容易，网络视频不仅可以随时观看录像，还可以实现即时互动，网络与手机结合起来可以进行"点对点"、"点对面"的传播。网络传播的多变性、隐蔽性、迅捷性使得有效监控网络文明变得更加困难。二是高质量的适合未成年人的读物、歌曲、影视、游戏缺乏，不能满足未成年人的需求。许多儿童节目"成人化"，成人节目"庸俗化"。图书馆、纪念馆、展览馆等作用功能没有很好发挥。三是学生"减负"了，空闲下来的孩子们找不到好去处，如何及时用先进的文化占领他们的时空，这方面的力度还远远不够。四是缺乏科学长效的监管机制。我们的整治虽有很大成绩，但多少还有些"运动式"，这就造成了"风声紧一阵，社会净一阵"的现象。五是各级领导还要进一步提高认识。云山部长多次讲过，每个家长包括领导干部在家里都围着孩子转，对孩子特别厚爱，可是在社会上对未成年人的事却不管不问，这说明领导干部在思想上还不够重视。目前，我省还有一半市县没挂"扫黄打非办"牌子，没编制没经费，没专职人员；7个市县的文化市场稽查队未能吃上"皇粮"，这就很难把触角深入到基层，很难将工作落到实处。由此可见，净化社会文化环境工作任重道远，要从建设社会主义精神文明、培养中国特色社会主义事业合格建设者和可靠接班人的高度，从对社会、家庭和广大未成人切实负责的高度，树立长期作战的思想、不动摇、不松劲，为未成人的健康成长创造良好的社会文化环境。

二、抓好重点工作，着力解决群众反映强烈的突出问题

净化社会文化环境工作涉及面广、任务繁重，必须突出重点，着力解决群众反映强烈的突出问题。根据中办国办6号文件精神，我省将制定《实施方案》，各地、各部门要认真贯彻落实。当前，净化社会文化环境工作要重点抓好互联网、网吧、荧屏声频和校园周边环境治理等工作，争取短期内取得明显

成效。

一是迅速开展网络文化低俗之风专项行动。现在网络存在的问题，也是群众反映最强烈的，就是网上内容淫秽色情和低俗。各市县、各职能部门要按照中央和省里的要求，密切配合、重拳出击，组织更大力量，采取更有力措施，定期开展打击网上淫秽色情和整治互联网低俗之风专项行动，做到关闭淫秽色情网站不动摇、依法打击网络犯罪不手软。要规范网站广告经营行为，严厉处罚为淫秽色情网站提供广告、链接等推介服务的单位和企业。要依法加强网络管理，落实网站实名登记制度，建立违规网站黑名单制度，强化网络接入服务商的监管责任。同时，外宣等部门要充分调动各方面力量，大力宣传倡导文明办网、文明上网、抵制网络不文明行为，净化网络环境；要建立完善互联网违法和不良信息举报中心，及时处理公众举报；加强对网络管理、编辑人员的教育培训，提高他们的政治业务素质。要通过全社会的努力，坚决遏制利用网络传播有害信息，坚决清理网上淫秽色情等文化垃圾，为广大群众特别是未成年人营造文明健康的网络文化环境。这项工作由省委外宣办牵头、负总责，省公安厅、省工商局、省通信管理局协助。

二是深入开展网吧专项整治，坚决取缔"黑网吧"，严禁网吧违规接纳未成年人。近年来，在各有关部门的共同努力下，我省的网吧管理和经营秩序明显好转，但黑网吧仍然不断出现，网吧违规接纳未成年人的现象时有发生，对此群众意见很大，网吧管理必须进一步加强。要认真贯彻我省《实施方案》精神，推动网吧连锁化、规模化经营，提升网吧服务水平。要强化日常管理，对黑网吧坚持露头就打、绝不姑息，同时要严防黑网吧向农村地区扩散。严格执行网吧现场检查记录制度、网吧日常检查频度最低标准制度，严厉查处网吧违规接纳未成年人的行为，对违规接纳未成年人、超时营业、未实名登记的网吧，按规定严管重罚，情节严重的要取消其营业资格。继续完善网吧义务监督员制度，对网吧实行社会监督，随时举报违规违法行为。近期，要集中开展一次网吧专项整治，重点解决纵容淫秽色情等有害信息传播、放任未成年人进入等行为。这项工作由省文体厅牵头、负总责，公安、工商、卫生、团委、妇联、关工委协助。

三是着力净化荧屏声频。要切实加强我省广播电视节目的审查把关，确保不适合未成年人的节目不在广播电视上播出。组织全省播出机构开展抵制虚假新闻检查工作，对广播电视节目中存在的典型性、苗头性的低俗问题及时遏止和纠正。加强广播电视节目的监听监看监管，对各类节目进行全方位的监督评价，发现问题及时通报，限期整改。要大力整治不良广告，特别是违法违规刊播的性病治疗广告、性药品广告和不适合未成年人的成人语言广告。要建立健全广告刊播审查制度，依法发布广告。这项工作由省文体厅牵头、负总责，工商部门协助。

四是持续开展"扫黄打非"斗争，加强文化市场监管，坚决查处淫秽、色情、凶杀、暴力、封建迷信和伪科学的出版物，把查处色情口袋书、黄色卡通画和暴力游戏软件、流氓玩具等列入文化市场日常管理的重要内容。清理整顿文化娱乐场所，净化中小学校园周边的文化环境。严格执行中小学校周边200米内不得开设歌舞厅、游戏厅、网吧等经营性娱乐场所的规定。加强包括网络游戏在内的文化产品的内容审查，坚决查处传播淫秽、色情、暴力等各类未成年人读物和视听产品。这项工作由省文体厅、省"扫黄打非"办负总责，各"扫黄打非"领导小组成员单位协助。

这里我提出来，对文化市场的管理，一定要保持高压态势，对那些非法违规的社会文化场所，采取一次性死亡的做法；文化市场稽查总队、公安部门、工商部门，无论哪一家发现违规社会文化场所，可就地即时予以取缔，然后再完善手续。

五是努力提供更多更好适合未成年人的文

化产品和文化服务。要认真做好未成年人的精神文化产品生产创作和传播推介工作。鼓励我省作家、艺术工作者深入生活，创作一批优秀的有利于未成年人健康成长的文艺作品。由政府出资购买思想性、艺术性和观赏性俱佳的优秀儿童剧目著作权，无偿推荐给基层院团演出。加强对少儿广播电视节目质量的督查，支持少儿广播电视频道、栏目、节目的发展。鼓励和引导社会力量兴办少儿文化设施和场所，资助公益性少儿文化活动。最近我到澄迈调研，看了澄迈的青少年活动中心，感觉很好。这个中心是教育部门出资180万元，然后县政府配套800多万元，各类活动配套设施基本齐全。我了解了一下，现在各市县基本上都有了一个中心，文昌、澄迈用得最好，希望省教育厅继续把这项工作抓好。要充分利用国家法定节假日、传统节日和各种纪念日等，广泛开展面向未成年人的文化生活。今年是新中国成立60周年，要紧密结合"迎国庆、讲文明、树新风"活动，在未成年中广泛开展"我和我的祖国"主题读书活动、文明和谐校园创建活动、"做一个有道德的人"活动。要以建设使用好爱国主义教育基地为重点，落实爱国主义教育基地等文化场馆对未成年人免费开放。要提高展览质量，增强展览陈列的趣味性和吸引力。这项工作由省教育厅、省文明办牵头，省文体厅、团省委、省妇联、省文联等单位协助。

三、切实加强对净化社会文化环境工作的领导

净化社会文化环境工作责任重、难度大，涉及部门多、牵扯领域广，必须加强组织领导，坚持齐抓共管，并动员社会各方面力量共同参与。

第一，各级党委、政府要担负起责任，把净化社会文化环境工作摆上重要日程，切实加强组织领导。省里决定成立净化社会文化环境工作协调小组，由省文明委主任、副主任分别担任组长、副组长；成员由省委宣传部、省委外宣办、省文明办、省文化广电出版体育厅、省教育厅、

省公安厅、省工业经济与信息产业局、省通信管理局、省工商局、团省委、省妇联、省文联、省关工委等单位的主要领导组成。各市县要成立相应的协调小组，负责做好有关工作。各级净化社会环境工作协调小组要积极开展工作，定期召开会议，组织协调专项整治行动。各级政府要按照中央有关精神，在机构改革中，不但不能弱化"扫黄打非"机构，而且要进一步加强，没挂牌的一定要挂上；市县稽查队没有编制，还没吃"皇粮"的要尽快解决。财政部门要对专项活动给予必要的经费支持。今年下半年，省文明委将抽调有关部门人员组成督察组，对各市县进行专项督查。

第二，建立健全净化社会文化环境工作激励机制。要把净化社会文化环境工作纳入创建文明城市、文明村镇、文明单位等群众性精神文明创建活动之中，纳入创建未成年人思想道德建设工作先进城市、先进单位之中，作为评比考核的主要内容；要把网站纳入评选表彰文明单位的范围，组织开展文明网站评选表彰工作；要把未成年人纳入普法范围，增强广大未成年人的法制观念；要强化群众监督，建立举报机制，对举报有功人员进行奖励。

第三，狠抓工作落实。净化社会文化环境的目标任务和工作要求已十分明确，关键是见行动、抓落实。省文体厅负责净化社会文化环境工作组织实施，其他成员单位要各司其职、各负其责，相互配合，共同作战，把《实施方案》确定的各项任务落到实处。各市县、各有关部门要对群众反映比较集中的问题进行梳理，制定整治方案，在净化网络、网吧、荧屏声频、出版物市场和校园周边环境四个方面下功夫。同时，必须一项一项地抓，从具体事情抓起，有实招，有措施，有结果。

同志们，净化社会文化环境和"扫黄打非"工作是利在当代、功在千秋的大事，也是一项系统工程，各有关部门一定要通力合作，齐抓共管，务求取得实实在在的效果。

2009 年 3 月 9 日

在全国侵权盗版制品及各类非法出版物集中销毁活动海南省分会场上的讲话

海南省副省长、省"扫黄打非"领导小组副组长
林方略

今天，我们在这里举行 2009 年全国集中销毁侵权盗版制品及各类非法出版物活动海南分会场集中销毁活动。我省举办这次大型公开集中销毁活动，就是以实际行动迎接"4·26"世界知识产权日的到来，同时以强有力的事实，展示全省"扫黄打非"工作所取得的重大成果，再次表明我省保护知识产权、严厉打击侵权盗版活动的一贯立场和坚定决心。希望借此活动，在全社会倡导打击盗版、支持正版、共同培育和打造正版市场的良好风气。

2009 年是新中国成立 60 周年，是应对国际国内环境重大挑战、推动党和国家事业实现新发展的关键一年，大事多、热点多、重要敏感时期比较集中，"扫黄打非"任务艰巨，举行统一集中销毁活动意义重大。当前，我省文化事业和文化产业正处在改革发展的新时期，各项文化建设在不断加快，文化市场日益繁荣，人民群众的精神文化生活越来越丰富多彩。但是，全省"扫黄打非"斗争面临的形势依然严峻，任务十分繁重。出版物市场存在一些不容忽视的现象，非法出版物特别是违禁非法出版物时有发现，制黄贩黄屡禁不绝，私彩、彩经等非法印刷在一些地区比较突出。打击侵权盗版、保护知识产权始终是我省"扫黄打非"的重要任务之一，它不仅仅是一个地区一个部门的事情，还需要各部门各地区间携起手来，加强协作，共同行动。

目前，我省"扫黄打非"工作正在深入开展。各市县，各有关部门要进一步增强"扫黄打非"工作的责任感和使命感，要从维护国家文化安全、社会稳定的高度，进一步提高对"扫黄打非"工作重要性、长期性、艰巨性和紧迫性的认识。认真落实"属地管理"和"谁主管、谁负责"的原则，切实落实"扫黄打非"工作责任制，做到任务、人员、措施、工作四到位。进一步加大对出版活动和出版物市场的监管力度，严密查堵各类非法出版物，依法打击各种侵权盗版活动，全面开展网上"扫黄打非"，严肃查处非法报刊制售活动，建立健全长效监管机制，从源头上防范非法出版和"制黄贩黄"问题。

同志们，再过几天，我们就迎来"4·26"世界知识产权日。打击侵权盗版，保护知识产权的意识将更加深入人心，这是我们做好"扫黄打非"工作最坚实的群众基础。希望"扫黄打非"战线的同志们，锐意进取，开拓创新，真抓实干，不断推动"扫黄打非"工作上新的台阶，不断推动"扫黄打非"工作向纵深发展，为进一步净化我省文化市场环境、保护知识产权、构建和谐海南作出新的贡献。

2009 年 4 月 22 日

在全省净化社会文化环境暨"扫黄打非"电视电话会议上的讲话

海南省文化广电出版体育厅厅长、省"扫黄打非"领导小组副组长
范晓军

作为净化社会文化环境的责任单位之一，我厅坚持守土有责、守土负责、守土尽责，切实加强对网吧、网络游戏、广播影视、动漫、新闻出版、互联网和手机视听节目等行业的管理，依法行政、严格执法，严厉打击危害未成年人身心健康的非法文化产品和行为。仅2008年，厅系统就出动文化执法人员约2.5万人次，开展检查行动约11000次，检查文化市场经营场所、单位约2.37万家（次），查缴各类非法书报刊1.6万份、盗版音像制品56.8万盒（张）、非法软件13000件、其他印刷品2.5万份，有力地推动了社会文化环境的净化，保障了未成年人的健康成长。

下一步，我厅将继续履行好部门职责，积极配合省文明办和兄弟部门，从以下四个方面推进中办、国办《关于进一步净化社会文化环境，促进未成年人健康成长的若干意见》的贯彻落实。

一、文化市场监管方面

（一）加大对黑网吧和违规接纳未成年人的执法力度

以农村、城乡结合部和学校周边为重点，加强网吧市场执法，重点取缔黑网吧，严厉打击网吧违规接纳未成年人、超时经营、赌博等违法经营行为。建设全省网络文化市场监管平台，提高网络的监控能力。将有害信息封堵在网吧之外，保护未成年人的身心健康。严把审批关，切实控制网吧总量。坚持整建并举，在打击黑网吧和违规网吧的同时，积极推进"文明诚信"网吧建设。加强互联网出版监管，不断净化未成年人健康成长的网络环境。

（二）加强净化社会文化环境整治联合执法和市场综合执法

当前，我们要联系公安、工商等部门实施整治社会文化环境联合执法，加强文化广电出版市场综合执法，加大执法力度，净化海南文化环境。

（三）加强歌舞及游艺娱乐场所的管理

实施歌舞娱乐场所"阳光工程"，倡导阳光经营、阳光服务、阳光管理，拒绝毒品、拒绝未成年人、拒绝安全隐患，打造阳光娱乐场所。强化对网络游戏和动漫市场的监管，开展专项治理，打击非法网络游戏，坚决查处色情、淫秽、暴力等违禁动漫产品。

二、广播影视方面

（一）严格节目的制作播出管理

广播电视行政管理部门和各级播出机构，都要坚持把社会效益放在首位，把广播影视节目真正做成导向正确、内容健康、格调高雅、风格清新、形式新颖，集思想性、艺术性、观赏性高度统一，有益儿童健康成长的艺术作品。节目播出要坚持分级编审和重播重审制度，完善选题管理、播出管理、收听收看、监督审查、责任追究和奖励惩罚制度。加强对购买节目、交换节目、合拍节目、引进节目的审查把关。严格实行制片人、总编主任、值班台长三级审查制度规定，坚决杜绝低俗不健康及涉及未成年人早恋、性行为等内容的节目、语言、声音、画面和情节播出，切实把好节目关口，净化荧屏声频。

（二）规范广告播出管理，坚决杜绝低俗广告

3月5日，省文化广电出版体育厅召开了由海南广播电视台和全省各市县电视台台长参加的"全省广播电视播出机构抵制低俗之风规范广告播出管理工作会议"，会上传达了中宣部、国家广电总局有关会议精神，通报了全省各播出机构违规播出涉性下流节目和当前广告播出监测情

况，与各广播电视台台长签订了广告规范播出责任书。我们要强化各播出机构的阵地意识，强化社会责任和岗位责任，强化守土有责、守土负责、守土尽责，进一步规范广告内容、播出的审查管理，坚决防止内容低俗广告播放。

（三）完善监听监看系统，确保监管到位

一是要着力完善提升省广播电视互联网监察监测中心监测功能并向下延伸，使省监测中心真正成为"顺风耳、千里眼"；二是对聘请的社会监听监看员进行必要的业务培训；三是强化监听监看，并加强与各部门的协调，接受社会的监督；四是坚持制度创新，建立健全警示、公示和有害节目、栏目关停制度。

（四）严格落实责任追究，切实提高执行力

播出机构是党和政府的喉舌，导向问题事关全局，必顺严格政治纪律，宣传纪律，启动惩处、问责、退出机制，坚决做到令行禁止。对有禁不止、监管不力、整改不力的，要追究播出机构相关领导的责任。要发现一起，处理一起，决不姑息。要通过严格的责任追究来提高执行力，有效防止涉性下流淫秽节目死灰复燃，以确保广播电视宣传导向正确，确保海南荧屏声频干净。

三、新闻出版方面

新闻出版单位要努力为未成年人健康成长提供优秀的新闻出版产品和服务。在组织实施省重点出版规划中，大力推动未成年人题材出版物，特别是原创优秀未成年人读物的出版，坚决杜绝出版物内容低俗倾向。

四、"扫黄打非"方面

坚决查处危害未成年人健康成长的不良出版物。要把净化社会文化环境作为我省今年"扫黄打非"工作的重点，严厉打击淫秽色情出版物、侵权盗版和制售盗版教材教辅读物以及图书的生产、运输、销售等非法活动，重点抓好校园周边出版物市场环境治理，清理凶杀暴力、低俗庸俗、鬼怪灵异、封建迷信以及伪科学内容的"口袋本"图书、卡通画册和音像制品、游戏软件等危害未成年人身心健康的有害出版物。

省文化广电出版体育厅将坚决贯彻落实中央两办文件要求和这次会议的部署，以科学发展观为统领，忠实履行职责，切实发挥作用，大力丰富文化产品和服务，大力净化文化市场环境，为未成年人健康成长撑起一片洁净的蓝天。

2009 年 3 月 9 日

在 2009 年海南省"扫黄打非"执法人员培训班上的讲话

海南省文化广电出版体育厅副巡视员

陈文宝

近年来，全省"扫黄打非"各单位按照中央和海南省"扫黄打非"工作的总体部署，落实省委、省政府领导同志的重要批示，在省"扫黄打非"领导小组的统一指挥下，开展了一系列专项整治行动，清除了大量低俗、色情淫秽等非法出版物，打掉一批经营非法出版物地下窝点和判决一批违法犯罪分子，杜绝了违禁非法出版物案件的发生，确保了我省文化市场繁荣有序和敏感时期文化领域的安全。"扫黄打非"各单位坚持属地管理和"谁主管、谁负责"的原则，齐抓共管、密切协作，始终保持对非法出版物的高压态势，取得了丰硕成果，希望各单位要继续保持和发扬下去。为确保今后"扫黄打非"工作的深入开展，借此机会，我着重强调以下几点。

一、认清当前形势，增强大局意识

当前，在新的历史条件下"扫黄打非"工作已成为确保意识形态安全的有效手段和管理文化市场的成功模式，同时也是净化文化市场，保护青少年健康成长，促进社会发展和繁荣的一项重要工作，因此，"扫黄打非"越来越显示其重要性。在近年工作中，我们所取得的成绩仅是阶段性的，主要在开展专项治理、查处大案要案、营造舆论氛围，尤其是始终保持了封堵违禁非法出版物的高压态势，有效地杜绝了违禁非法出版物在我省的传播，有力地维护了我省的社会政治稳定。

我国改革开放 30 多年的今天，正是国家政治、经济、文化领域等方面高速发展的重要阶段，更加需要一个民族团结和政治安定的局面。历史经验告诉我们，凡是我党、我国历史发展重要时期，必将进一步激发人们的爱国热情，同时也是境内外敌对势力借机造谣滋事，蛊惑人心，大肆诋毁我们伟大事业的高峰期，这已成为一个规律。因此，"扫黄打非"斗争面临的形势依然严峻，有效抵御西方文化渗透、维护国家意识形态安全和文化市场健康有序任务十分艰巨，加大打击侵权盗版力度、维护国家利益和民族创新能力任重道远。网上"扫黄打非"任务更加复杂。非法出版物的印制、贮运、批发、销售活动向团伙化、网络化发展，手段更加隐蔽，打击难度更大，面对这些问题，"扫黄打非"工作力度必须进一步加大。各有关部门要进一步提高对"扫黄打非"斗争重要性的认识，进一步增强政治意识、大局意识、责任意识和忧患意识，切实把思想和行动统一到中央的决策部署和省里的具体安排要求上来，务必使"扫黄打非"工作掌握主动权、打好主动仗、维护国家发展大局。

二、提高执法水平，深入开展"扫黄打非"斗争

在"扫黄打非"工作中，文化执法队伍肩负着维护社会安定、文化安全，保护知识产权，促进市场经济健康发展的重任。因此，文化执法始终要以市场监管作为"扫黄打非"的前沿阵地，加强文化执法队伍建设，提高行政执法能力，在新形势下应对新的挑战。近年来，各地文化执法队伍的建设发展较快，执法力度明显增强，查处了一批大案要案，查缴了大量非法出版物，成效显著，市场发展总体状况平稳有序。但从整体情况来看，我们有些地方的文化执法水平仍然存在着落差，表现在执法行为不够规范以及工作质量有失水准，文化执法总体水平还需要进一步提高。执法队伍的能力强不强，完全取决于执法主体是否具备较高的综合素质，反映在行动上，就是能否依法管好市场，能否有力地打击违法犯罪活动，能否按时完成好上级领导和部门交给的各项任务。执法无论是鉴别盗版制品、调查取证，还是依法处理以及专业设备的使用等，缺乏应有的素质都难于胜任好工作。在这方面，我们要认真总结以往的经验，吸取曾经因为某一方面的欠缺，导致工作被动或失误的教训。

应该看到，维护国家文化安全、国家利益和民族创新能力任务十分艰巨。如境外敌对势力千方百计通过文化渗透，利用携带入境和网上传播各类有害信息、淫秽色情等非法出版物，毒害青少年，破坏我国政治安定的局面；境内非法出版物的印制、贮运、批发、销售活动向团伙化、网络化发展，手段更加隐蔽，技术手段高，不易察觉，增加了打击的难度等。我们如果看不到这些严峻的事实和形势，仍抱着因循守旧的观念，执法手段一成不变，那么，市场监管就难于应对，斗争就会处于被动，如此下去，出版市场也就无法在有序的环境下健康发展，将给社会带来不安定的因素。由此可见，提高行政执法水平，对开展好"扫黄打非"工作极为重要。

我们要充分认识到新形势对执法者的要求越来越高，文化执法队伍能否适应形势发展的需要，始终保持强有力的打击，关键在于抓好执法队伍的组织建设、作风建设，要注重"两个提高"和"一个加强"。一是注重提高执法队伍的整体素质，这是基础，练就一支纪律严明、业务精通、高效廉洁、执法严谨的战斗集体。二是注重提高稽查队员的政治敏感性，强化思想建设，注意培养良好的职业道德，加强文化和专业素质，练就出过硬的执法本领。三是加强职业道德和廉政教育，建立廉政制度，坚持高标准、严要求，规范工作行为。任何时候都要把执法纪律放在最重要的位置，始终保持清醒的头脑，抵御各种诱惑，切实做到廉正执法、公正执法。只有实现上述目标，文化执法才能在"扫黄打非"行动中发挥更大的作用。

三、加强协调，严格执法

当今"扫黄打非"工作任务重、责任大、要求高。各市县、各有关部门要进一步增强大局观念和责任意识，加强组织领导，充分协调，联防协作。"扫黄打非"工作事关全局，主要负责同志要亲自过问，分管领导要靠前指挥，切实担负起领导责任。相关部门各负其责、相互配合、快速反应，形成整体防控的工作格局，动员广大群众积极参与，以更加有力的措施、更加扎实的工作，确保各项任务落到实处。要根据中央和我省的工作部署，按照属地管理和"谁主管、谁负责"的原则，结合本地本部门实际，细化措施、完善机制、强化监督检查，确保各项任务落实到位，防止分工不负责，有责任不落实。各市、县"扫黄打非"领导小组办公室要发挥优势，加强组织协调和督促检查，推动各单位的相互配合，密切协作，形成整体工作合力。同时，要注意研究新情况新问题，掌握非法出版物活动

的特点，增强"扫黄打非"的针对性，严格按照最高法院和最高人民检察院的司法解释，充分运用法律武器，严厉打击违法犯罪活动，避免以罚代刑的行为。要加强综合治理，以群众性精神文明创建活动、平安建设为载体，把"扫黄打非"工作与社会治安综合治理工作结合起来，坚持把"扫黄打非"工作成效，作为评选文明社区、文明单位和衡量社会治安治理成效的重要指标。综合运用社会宣传、专题培训、学校教育等形式，提高社会公众保护知识产权、参与"扫黄打非"的积极性，推动行业协会发挥自律和服务作用。加大对"扫黄打非"的宣传报道力度，宣传各级党委政府采取有效措施，反映社会各界和干部群众的广泛支持，推广各类企业自觉守法经营的先进典型，同时加强舆论监督，及时曝光不法行为，揭露各种形式的非法出版活动。

同志们，"扫黄打非"任务十分繁重，政治责任重大，是一项功在当代、利在千秋的崇高事业。我们都是从事文化发展和文化管理的工作者，希望大家把握好此次培训机会，就如何有效地提升和发挥执政能力，更好地把文化管理工作做好做实，认真交流学习，并在今后的工作实践中，进一步共同研究探索，为文化事业的发展和繁荣尽一份力量。

2009 年 10 月 29 日

2009 年"扫黄打非"大案要案综述

海南省"扫黄打非"办公室

2009 年，海南省"扫黄打非"各部门各司其职、密切合作，以开展集中行动，以净化社会文化环境为主线，以查办大案要案为主要抓手，重点开展查堵违禁非法出版物和淫秽色情、打击盗版、净化校园周边文化环境等专项行动，成效显著。全年共查办案件 524 宗，收缴各类非法出版物及印刷品近 90 万件，为确保"博鳌亚洲论

坛"年会、"4·26"保护知识产权日、"国庆"60 周年等各个重大节日期间文化市场的安全有序作出了突出贡献。

一、"1·12"非法杂志《中国教育通讯》诈骗案

1 月 12 日，根据举报线索，在海南省"扫黄打非"办的协调指挥下，海南省文化市场稽

查总队、海口市公安局网络监察处、刑侦五大队执法人员联合组成专案小组，在经过三个多月深入细致的侦查后，一举破获了一个以非法杂志《中国教育通讯》为名通过互联网征集论文骗取版面费的诈骗团伙。当场抓获涉案人员麦某等4人，缴获《中国教育通讯》非法杂志20多本、电脑3台、伪造公章2枚、银行帐户20多个及相关证据一批。据初步调查，该案受骗人达6000多人，涉案金额上100万元。该案件移交海口市公安局立案处理。

二、非法出版物经营案件

2月21日，海南省文化市场稽查总队、海口市文体局和海口市文化市场稽查大队率先打响了今年"扫黄打非"第一阶段集中行动的第一仗，分别在海口市解放路、海府路、明珠广场和DC电脑城查获了各种非法音像制品、盗版软件共2.31万张，其中色情淫秽光盘152张。

3月11日，海南省文化市场稽查总队执法人员突击检查了海口市隆书店、新民书店，共查获非法图书5.60万册，其中盗版图书1.80万册，盗版教辅读物3万册，非法口袋本图书8000多册。此案由海南省文化市场稽查总队作出行政处罚处理。

7月13日，海南省文化市场稽查总队与琼山文体局联合行动，经过二十多天的蹲点侦查，终于查获了海口市府城镇一个音像制品地下窝点，共收缴非法光盘8.25万张，其中淫秽色情光盘6500张。执法人员在清点收缴物品中发现，有热播电视剧、流行音乐、少儿教育片、琼剧等盗版光盘和各类淫秽色情光盘，还发现了最近网上流传的菲律宾"艳碟门"事件的淫秽光碟，其内容不堪入目。

11月15日，文昌市文化市场稽查队查获了一个地下非法印刷厂，现场收缴各类非法印刷私采小报188种共36万多张。此案已列为非法印刷的重点案件移交公安部门，作为刑事案件处理。

三、儋州市"10·13"盗版教辅材料发行案

9月16日，根据海南省2009年"扫黄打非"行动方案的部署，由海南省"扫黄打非"办牵头，省文体厅、省公安厅、省教育厅、省文化市场稽查总队，海南出版社，省新华书店，儋州市文体局等单位人员组成联合检查小组，对各市、县教材教辅市场进行了全面检查，重点查处盗版教材教辅的印刷、发行及销售活动，严格规范大中小学校使用教材教辅行为。在暗访检查中，发现儋州市13所学校大量使用盗版教辅材料行为，问题严重。对此，联合检查组立即协调儋州市公安局将学校大量使用盗版教辅材料行为做为一刑事案件立案侦查，深挖印刷和发行盗版教辅材料的犯罪分子。10月13日，警方在儋州市和海口市抓获了1名发行商及1名一印刷厂负责人，据印刷厂负责人供述，前后供非法印刷教辅材料8万多本。此案2名犯罪嫌疑人被儋州市公安局立案刑事拘留。

海 口 市

2009年"扫黄打非"工作总结

海口市"扫黄打非"办公室

2009年，在市"扫黄打非"领导小组的领导下，我市"扫黄打非"工作紧紧围绕《2009年全国"扫黄打非"行动方案》和省、市"扫黄打非"工作的总体要求和部署，认真贯彻市委、市政府领导的重要批示精神，坚持监管与繁荣并举的方针，各成员单位齐抓共管、共同努力、密切合作、标本兼治，以"扫黄打非"工作为统领，广泛开展"扫黄打非"宣传教育活动，深入开展"扫黄打非"斗争，在封堵违禁非法出版物、扫除淫秽色情等文化垃圾、打击侵权盗版行为、取缔非法报刊、清除互联网有害信息等方面取得了显著成效，在开展专项治理、查处大案要案、营造舆论氛围、完善部门联动机制方面，取得了新的进展。始终保持了"扫黄打非"的高压态势，有效地控制了违禁非法出版物的传播范围，有力地维护了我市文化安全和社会政治稳定；加大打击盗版、盗印的力度，为保护知识产权，振奋民族精神，实施科教兴国战略服务，取得了阶段性的成果，为我市精神文明建设作出了新的贡献。全年共收缴各类非法出版物233686件，其中侵权盗版出版物211356件，淫秽色情出版物2724件，非法报刊19606份，处罚违规店档摊点126个，处罚违规印刷复制企业6家，取缔关闭店档摊点38个，查处各类案件118起（其中淫秽色情出版物案件23起，侵权盗版案件95起），行政处罚案件96起。

一、主要做法

（一）统一思想、提高认识，坚持不懈地开展"扫黄打非"斗争

"扫黄打非"工作是一项长期而艰巨的工作，需要全体领导小组成员单位的密切配合和共同努力，海口市委、市政府及有关方面的领导高度重视"扫黄打非"工作。市委常委、宣传部长、市"扫黄打非"领导小组组长刘庆声，市政府副市长朱寒松等领导同志多次召开会议，听取"扫黄打非"工作汇报，了解工作进展情况，协调解决有关问题。各成员单位根据市"扫黄打非"工作方案的要求，召开本单位的"扫黄打非"工作会议，制定工作方案，对本单位"扫黄打非"工作做出了明确的部署。市工商局实行市局、分局、工商所三级监管责任制，形成了一级抓一级，层层抓落实的工作格局；海口港航控股有限公司多次组织召开港航单位、船舶运输部门和港务公安等单位的联席会议，抽调了一批责任心强的民警组织了专项行动领导小组，专

门负责港区范围内的专项行动。海口市教育局针对我市学校周边的"扫黄打非"工作态势，多次召开党组会进行了专题研究。美兰区、琼山区成立联合稽查队伍，明确了工作职责，并设立了报告制度、通报制度、举报奖励制度和日常检查记录制度。

（二）始终保持高压态势，坚决遏制违禁非法出版物和各类非法出版活动，切实维护社会稳定

今年以来，我市"扫黄打非"领导小组成员单位把打击违禁非法出版物，作为全年工作的重中之重。对境内外违禁非法出版物，始终保持高压态势，做到露头就打，坚决封堵和查缴传播谣言、制造思想混乱、误导群众情绪、破坏社会稳定的非法出版物。在"两会"、"博鳌亚洲论坛"年会、"4·26"保护知识产权日、建国60周年庆典期间，分别组织了查缴专项行动，全力严防非法出版物流入我市并在我市进行非法印刷、销售，严密封堵利用互联网传播违禁非法出版物内容及其有害信息，严厉打击各类非法出版活动。

海口市工商局在今年"扫黄打非"专项整治行动中，共出动执法人员2566人次，检查出版物市场、印刷复制企业、娱乐场所、音像制品店等各类经营户2805家次，立案查处违法违规案件34宗，罚没款7.33万元，查处取缔黑网吧58家，无照经营电子游戏厅（室）42家，查扣电脑主机504台，查缴非法出版物2257件，盗版光碟763张，"刮刮乐"有奖卡13918张，不健康彩图68张。

海南港航控股有限公司有组织、有计划、有步骤地开展了清缴低俗音像制品和查堵违禁非法出版物工作，加强了对"扫黄打非"工作的领导，全年共组织港务公安机关参与清查收缴行动5次，出动警力327人次，检查出版物经营场所148处次，检查运输船舶292艘次、车辆39645辆次，收缴淫秽光碟2289张，查缴非法出版物958本、私彩图纸3456张，有效地净化了港区文化环境，保障了港航政治治安的持续稳定。

海口市邮政局根据市"扫黄打非"工作领

导小组的工作安排，坚持把"扫黄打非"作为维稳工作的重要内容，组织开展了一系列邮政系统"扫黄打非"专项行动。牢固树立政治意识、责任意识、大局意识，从维护政治稳定、社会稳定和文化安全的高度出发，把"扫黄打非"工作作为贯彻落实科学发展观的具体实践，积极配合相关单位查缴了一批违禁非法出版物以及宣扬淫秽色情、凶杀暴力、封建迷信及伪科学内容的音像制品、出版物、图书、卡通画册。

海口市各区文体局主要领导高度重视"扫黄打非"工作，把长途汽车站、机场、码头、水果市场、菜市场、大型商场等人员密集场所列入"扫黄打非"重点区域，领导亲自带队进行督促检查，查处了一大批流动书摊，规范了报刊、书店的经营行为。

（三）实施"文化环保工程"，清除淫秽色情等文化垃圾及网上有害信息，营造有益于青少年健康成长的文化环境

严管"网吧"市场以解决群众反映的热点问题。根据文化部等三部委《关于网吧管理工作有关问题的通知》精神，继续认真做好网吧的清理整治。通过多种渠道和多种方式，解决接纳未成年人和超时营业等群众反映的热点问题。加大对市场的执法力度，严厉查处违法经营的场所。在加大执法力度的同时，积极与共青团、学校等部门协调联合，共同担负起关心未成年人的责任。主要做了以下工作。

第一，抓住重点，有效防止未成年人进入网吧。网吧的违规行为，最大的问题是接纳未成年人进入。问题存在不仅有网吧经营业主法律意识谈薄、唯利是图、铤而走险的因素，还与我们管理措施不到位，管理人员责任性不强，工作中满足于一般性的检查有关。为此，我市文体局、公安局、工商局联合集中开展了为期100天的网吧专项整治行动和桂林洋高校区周边文化市场整治行动，共查处违规网吧46家，取缔黑网吧6家。

第二，进一步加强法制宣传教育。针对网吧业主的法律意识谈薄，海口市"扫黄打非"办联合市网吧协会组织对网吧业主及其管理人员开展相关法律、法规的宣传教育，通过这一形式约束其经营行为，增强其守法经营的能力。

第三，长效管理，为未成年健康成长创造良好的社会环境。在进一步加强日常检查执法的同时，为巩固网吧等互联网上网服务营业场所专项整治成果，维护未成年人健康的成长环境，我市各级文化市场管理部门紧密结合，逐步建立了网吧管理的长效机制：一是基本形成了全方位、立体化的严密监控网络；二是管理责任制和经营管理技术并举，领导督查制度得到进一步完善；三是分时段、有重点适时地开展专项治理行动；四是在全市互联网上网服务营业场所中大力倡导连锁化、主题化、品牌化。

通过全市"扫黄打非"各成员单位的努力，为我市营造了一个文明、健康、和谐的社会文化环境，确保了我市在"两会"、"博鳌亚洲论坛"年会、"4·26"保护知识产权日、建国60周年庆典等多项重大工作的顺利完成。2009年，我市共收缴各类非法出版物233686件，其中侵权盗版出版物211356件，淫秽色情出版物2724件，非法报刊19606份，处罚违规店档摊点126个，处罚违规印刷复制企业6家，取缔关闭店档摊点38个，查处各类案件118起（其中淫秽色情出版物案件23起，侵权盗版案件95起），行政处罚案件96起。

二、主要经验和体会

（一）增强政治意识，不断深化"扫黄打非"工作

2009年，我市"扫黄打非"领导小组多次召开工作会议，认真听取各部门各成员单位工作汇报，及时研究解决存在问题，并经常深入基层调查研究，指导工作。强化对"扫黄打非"工作重要性、长期性和复杂性的认识，把思想统一到全国、省"扫黄打非"总体方案上来。市"扫黄打非"领导小组根据上级的部署和要求，对我市2009年"扫黄打非"工作做了全面具体的部署，进一步明确了工作的总任务、总目标、工作的重点，以及应采取的措施和具体要求，进一步增强做好"扫黄打非"工作的紧迫感、责

任感和使命感。并按照行动方案的要求认真抓落实，使我市"扫黄打非"工作得以扎扎实实，卓有成效地开展。

（二）加强舆论宣传和社会监督，动员全社会力量参与"扫黄打非"斗争

按照《海口市2009年"扫黄打非"行动方案》的要求，我们充分利用多种形式扩大舆论宣传和社会监督，动员全社会力量开展"扫黄打非"工作，取得了明显效果。一是强化集中学习教育。市文体局组织全市文化经营项目的业主，传达学习有关通知、规定。统一思想，提高认识，确保"扫黄打非"工作深入人心，并通过反复细致的思想教育，提高业主依法经营的能力。二是结合执法检查做好宣传教育，在组织对市场的检查过程中，对业主进行政策法规的宣传教育。三是通过出动宣传车、张挂标语、闭路电视、出版宣传栏，印发宣传资料，举办法规学习班，设立宣传岗等多种形式，多渠道地宣传"扫黄打非"工作的重要意义，特别是重点宣传《音像制品管理条例》、《出版管理条例》、《印刷业管理条例》，使人民群众以及从事文化经营的业主掌握辨别、预防、抗击"黄""非"的有关知识，不断提高全民"扫黄打非"思想意识，提高群众自我抵御"黄""非"能力，在全市范围内形成一个良好的"扫黄打非"氛围。

（三）开展全面整治是"扫黄打非"工作取得成效的根本手段

狠抓重点部位整治，严厉打击不法活动。对今年"扫黄打非"集中行动方案中确定的重点整治部位和重点监控部位，市"扫黄打非"办向各区发出了限期整改通知，对各区整改情况进行监督检查。为切实解决我市近年来贩卖非法音像制品较突出的问题，市"扫黄打非"办将其列为全市整治重点。同时，根据文化市场发展快、涉及面广的特点，我们把城镇与乡村治理结合起来，对各乡镇文化市场也采取了相应的整治行动。积极组织人力深入乡镇，开展宣传教育，查处各类非法出版物，特别是违禁非法出版物和黄色、淫秽出版物，清理整顿学校周边的文化经营场所，严厉打击各种违法经营活动，使农村文化市场同样得到净化，深受农村人民群众的好评。通过持续不断的专项行动，"扫黄打非"工作收到了较好的成效，主要体现在：一是广大市民及文化经营企业对"扫黄打非"的思想认识和抵御"黄""非"的能力得到了进一步的提高；二是在全社会形成了一个良好的"扫黄打非"工作氛围；三是"黄""非"犯罪活动得到了有效的遏制；四是文化市场得到了进一步的净化，呈现了新的健康繁荣的局面；五是文化市场的管理进一步制度化、规范化。

（四）完善长效机制是"扫黄打非"工作的基本目标

如何完善行之有效的长效机制，使"扫黄打非"工作有条不紊的开展，使"黄""非"犯罪活动得到根本遏制，是"扫黄打非"工作的迫切愿望，同时也是"扫黄打非"工作的基本目标。为此我们进行了积极的探索。一是建立定期会议制度。市"扫黄打非"领导小组坚持每季度召开一次工作会议，听取工作汇报，分析形势，研究对策，部署新的工作任务。二是建立健全"扫黄打非"领导责任制和责任追究制，明确工作职责，把任务落实到人，层层抓落实。三是建立健全检查和汇报制度。市"扫黄打非"领导小组定期或不定期对各有关单位的"扫黄打非"工作进行检查、指导，各成员单位定期（每月一次）向市"扫黄打非"领导小组报告工作情况。四是建立相互沟通和联系。各成员单位在"扫黄打非"工作中保持经常性的联系，互通情况，交流经验，共同参与、齐抓共管。

下一步，海口市"扫黄打非"工作将按照省委、省政府和市委、市政府的统一部署，进一步加强文化市场管理，继续以打击违禁非法出版物和侵权盗版制品作为"扫黄打非"工作重点，组织开展"扫黄打非"各专项整治行动，维护意识形态领域安全，促进社会和谐进步，推动社会主义文化大发展大繁荣，为海口市经济社会服务。

四 川 省

2009 年"扫黄打非"工作总结

四川省"扫黄打非"办公室

2009 年，全省"扫黄打非"工作在省委、省政府的领导下，按照全国统一部署，以净化文化市场环境为核心，以查缴非法出版物为重点，切实加强日常监管力度，扎实开展了整治清理低俗音像制品、打击手机网站制作传播淫秽色情信息等专项行动，全面完成了"扫黄打非"各项任务，为庆祝建国六十周年和推动全省加快建设灾后美好新家园、加快建设西部经济发展高地营造了良好的社会文化氛围。全省出动检查人员 22 万人次，检查市场、店摊、印刷复制企业 21.9 万余家次，取缔非法经营 1044 家，查办案件 1310 余起，查缴各类非法出版物 387 万余件。

一、领导重视，及时部署"扫黄打非"工作

省委、省政府高度重视"扫黄打非"工作。2009 年 2 月 5 日，及时召开了全省"扫黄打非"工作电视电话会议，全面贯彻落实第二十二次全国"扫黄打非"工作电视电话会议精神，对 2009 年全省"扫黄打非"工作进行了安排部署。省政府副省长、省"扫黄打非"工作领导小组组长黄彦蓉出席会议并作了重要讲话。会后，省委办公厅、省政府办公厅随即转发了《2009 年"扫黄打非"行动方案工作安排》。省长蒋巨峰、副省长黄彦蓉多次对专项行动和重点案件查办工作作出重要批示，要求各级各部门认真贯彻落实中央部署，强化协调配合，健全工作机制，严密封堵各种非法出版物及有害信息，奋力推动"扫黄打非"工作再上新台阶。在省委、省政府的坚强领导和全国"扫黄打非"办的有力指导下，全省"扫黄打非"工作全面推进，有序开展。

二、突出重点，深化各项专项行动

2009 年以来，全省组织开展了封堵查缴非法出版物、清缴整治低俗音像制品、打击手机网站制作传播淫秽色情信息等一系列"扫黄打非"专项行动，有力净化了出版物市场环境。在封堵查缴非法出版物专项行动中，围绕打击侵权盗版和非法出版行为，全省 16 个市（州）于 4 月 22 日举行了集中销毁侵权盗版及非法出版物和保护知识产权签名活动，销毁侵权盗版及非法出版物共计 230 万余件。在清缴整治低俗音像制品专项行动中，查缴淫秽色情音像制品 21.9 万余件，遏制了低俗音像制品在省内渗透蔓延。围绕庆祝新中国成立 60 周年，全省集中开展了打击手机网站制作传播淫秽色情信息专项行动，关闭非法网站 1 万余个、淫秽色情网站 476 个，其中手机网站 19 个，删除有害信息 1 万余条。

三、加大力度，深入查办大案要案

2009 年，全省查办案件 1310 起，其中重点案件 20 余起，捣毁地下窝点 10 余个，查缴非法出版物 384 万件，极大地震慑了违法犯罪分子。成功破获了凉山州"3·12"喜德县中学使用盗版教辅图书案，查缴盗版教辅图书《川行中考》1320 册；成都市"6·2"特大批销盗版、淫秽音像制品案，捣毁窝点 1 个，查缴光盘 20 余万张；南充市涉徐州"3·3"制售非法报刊网络案，查缴《环球军事博览》、《军事 361》、《法制视点》等非法报刊 14000 余份；成都市"6·11"盗版非法音像制品案，查缴盗版及淫秽音像制品 35.46 万张，其中盗版音像制品 19.47 万张，淫秽音像制品 15.99 万张；成都市"7·3"

盗版音像制品批销案，捣毁了 2 个非法音像制品批销窝点，查缴盗版及淫秽音像制品 10 万余张；成都市 "8·19" 特大盗版非法音像制品案查获非法音像制品 48 万余张，其中淫秽色情光盘 3500 余张。

四、强化举措，切实推进"珠峰工程"建设

以"珠峰工程"建设为重点，切实强化藏区出版物市场监管。按照全国会议要求和省领导批示精神，于 2009 年 11 月 13 日召开了打击"藏独"反宣品工作联席会议，要求各地充分认识藏区"扫黄打非"斗争面临的严峻形势，深刻领会"反藏独、反分裂、反渗透"的战略意义，深入开展"珠峰工程"建设，切实维护藏区文化安全和社会稳定。12 月初，省"扫黄打非"工作领导小组印发了"扫黄打非·珠峰工程"实施方案，由甘孜州、阿坝州、凉山州、绵阳市、雅安市、成都市等 6 个市（州）以及省新闻出版局、省民委、省宗教局、成都海关组成"珠峰工程"领导小组，设立办公室，标志着我省"扫黄打非·珠峰工程"正式启动。

五、健全机制，积极营造良好社会氛围

2009 年，我省结合保护未成年人保护、社会综合治理等工作，不断健全"扫黄打非"工作机制。在成都、自贡、攀枝花、泸州等城市的 140 余个社区开展"扫黄打非"进社区试点工作取得经验的基础上，将 18 个市（州）的 98 个社区纳入试点范围，使全省"扫黄打非"试点社区扩大到 238 个。同时，切实加强"扫黄打非"信息宣传工作，全年印发《信息专报》30 期、《四川"扫黄打非"》4 期，向全国"扫黄打非"办、中国扫黄打非网、中国新闻出版报、四川日报供稿 50 余件，营造了良好的宣传舆论氛围。

领导讲话

在 2009 年四川省"扫黄打非"工作电视电话会议上的讲话（摘要）

四川省人民政府副省长、省"扫黄打非"工作领导小组组长
黄彦蓉

一、认真贯彻全国会议和刘云山同志重要讲话精神，总结经验，弘扬成绩，不断增添工作新动力

1 月 16 日，第二十二次全国"扫黄打非"工作电视电话会议在北京召开，中共中央政治局委员、书记处书记、中宣部长、全国"扫黄打非"工作小组组长刘云山同志出席会议并作了重要讲话。刘云山同志充分肯定了 2008 年"扫黄打非"取得的成绩，深刻分析了当前面临的形势，进一步明确了今年的总体要求和工作重点，并对做好今年"扫黄打非"各项工作提出了明确要求。我们一定要认真学习和深刻领会刘云山同志的重要讲话精神，按照第二十二次全国"扫黄打非"工作电视电话会议的部署，切实履职尽责，抓好今年我省"扫黄打非"工作，不断巩固和扩大已经取得的成果，以优异的成绩迎接建国六十周年。

2008 年，是我省极不平凡极不寻常的一年。面对年初严重低温雨雪灾害、"5·12"汶川特大地震和"8·30"攀枝花地震等自然灾害，面对国际金融危机的影响，省委、省政府坚持以邓小平理论和"三个代表"重要思想为指导，深入贯彻落实科学发展观，团结带领全省广大干部群众，一手坚持不懈地抓抗震救灾，一手坚定不移地抓经济社会发展，抗震救灾取得重大胜利，

经济平稳较快增长，人民生活不断改善，社会政治保持稳定。全省"扫黄打非"战线坚决贯彻省委、省政府的决策部署，齐心协力，共克时艰，持续强化市场监管，重拳查处大案要案，在封堵非法出版物，清除淫秽色情文化垃圾，打击侵权盗版活动，取缔非法报刊，建立长效机制等方面做了大量卓有成效的工作。据统计，全年共查缴各类非法出版物 387 万余件，出动检查人员 22.1 万人次，检查市场、店摊、印刷复制企业 21.9 万余家，处罚违法违规企业 4629 家，取缔非法经营 1044 家，查办案件 1310 余起。全省"扫黄打非"战线在关键时刻发挥了关键作用，维护了出版物市场的稳定，有力地配合了党和政府全局工作，为全省抗震救灾、北京奥运会的成功举办和推进我省"两个加快"发展营造了良好文化环境和舆论氛围。借此机会，我代表省人民政府和省"扫黄打非"工作领导小组，向今天受到表彰的先进集体和个人表示热烈祝贺！向全省长期以来在"扫黄打非"战线上忠于职守、敬业奉献、顽强拼搏的同志们表示崇高敬意和衷心感谢！

二、认清形势，坚定信心，增强做好"扫黄打非"工作责任感和紧迫感

当前，面对国际金融危机的严重冲击，全国、全省经济发展的态势没有改变，社会大局保持稳定。在思想文化领域，社会主义核心价值体系建设扎实推进，主流意识形态不断巩固，文化事业生机盎然，文化产业繁荣发展，国家的文化软实力不断增强提高，人们文化生活日益丰富。同时我们也要清醒地看到，意识形态领域并不平静，敌对势力对我西化、分化的活动一直没有停止。今年是新中国成立六十周年，是深入贯彻党的十七大精神，落实省第九次党代会和省委九届四次全会部署，深入推进全省加快灾后重建和建设西部经济发展高地关键性的一年，大事多、热点多，重要敏感的时间节点也比较多，我们既要应对国际金融危机给我们带来的冲击，确保经济平稳较快发展，又要应对境外敌对势力可能制造事端的准备，确保社会和谐

稳定。从文化市场的状况看，尽管我们保持了较大的工作力度，取得了很大的成绩，但依然存在着不容忽视的问题。面对新的复杂形势和严峻挑战，各地各部门要认真贯彻落实中央和刘云山同志关于"'扫黄打非'工作只能加强，不能削弱"的指示精神，从党和国家工作大局、推进中国特色社会主义事业顺利发展、保持国家长治久安的高度，进一步加深对"扫黄打非"斗争重要性、长期性、艰巨性的认识，进一步增强责任感、紧迫感，切实把思想和行动统一到中央的决策部署上来，坚定信心，迎接挑战，奋力攻坚克难。

三、突出重点，开拓进取，努力开创"扫黄打非"工作新局面

（一）围绕大局，突出重点，进一步增强工作的针对性和实效性

"扫黄打非"事关全局，涉及面广，工作头绪多，必须把"扫黄打非"工作放到党和政府工作全局中去谋划和去推进，坚持用维护和实现广大人民群众根本利益来检验工作的成效。根据第二十二次全国"扫黄打非"工作电视电话会议的部署，今年"扫黄打非"工作，要认真贯彻党的十七大和十七届三中全会精神，深入贯彻落实科学发展观，按照省第九次党代会、省委九届四次全会的部署，以净化文化市场环境为主线，以遏制非法出版物和清除网上有害信息为重要任务，坚持开展集中治理，切实加强日常监管，坚决保护知识产权，确保意识形态安全，维护社会和谐稳定，促进文化大发展、大繁荣，为推进全省加快灾后重建和建设西部经济发展高地营造良好的舆论氛围和文化环境。工作中要突出以下四个重点。

一是始终保持对非法出版物的高压态势。这是"扫黄打非"工作的首要任务，也是今年工作的重中之重。要进一步完善应对非法出版物快速反应和联合封堵机制，加强日常监管，开展集中行动，查办大案要案，提高打击效果，坚决粉碎敌对势力通过文化传播渠道对我进行渗透破坏的企图。

二是深入开展网上"扫黄打非"。在现代信息技术迅猛发展的大背景下，互联网的数字化、大众化、媒体化的趋势，使之成为意识形态领域较量的重要阵地，成为"扫黄打非"斗争的重要战场。要把网上的"扫黄打非"摆到更加突出的位置，组织更大的力量，采取更有力的措施，依法加强互联网的管理，依法打击网上违法犯罪活动，坚决遏制互联网传播有害信息，坚决清理网上淫秽色情等文化垃圾，为广大人民群众、特别是青少年营造文明健康的网络文化环境。

三是坚决打击各类侵权盗版行为。能否有效保护知识产权，不仅关系到民族的创新问题，也关系到文化的安全和国家的形象，要高举保护知识产权的旗帜，利用保护知识产权的工作平台来开展"扫黄打非"，可以使我们的工作获得全社会的支持和国际社会的认同，赢得更大的主动。要持续开展文化市场的清理工作，切实加强对印刷复制源头环节的监管，集中查办大案要案，包括涉外侵权盗版案件，有效震慑侵权盗版等违法犯罪活动。

四是进一步打击非法报刊。近年来利用假报刊、假记者站非法牟利的问题越来越突出，严重扰乱了文化市场秩序，损害了新闻出版的公信力，社会各界意见很大。要按照中央关于加强和改进报刊出版管理工作的要求，组织对报刊市场集中治理，坚决打击"假报刊、假记者、假记者站、假新闻"，维护新闻出版的正常秩序，促进报刊业的繁荣和健康发展。

各地、各部门在工作中，要注意针对重大节庆、重要活动和敏感时段，制定工作预案、细化各项预警措施，落实各项工作任务，有效提高打击能力。会后，各地、各部门要依据全国、全省"扫黄打非"行动方案，结合本地、本部门的实际情况，作出具体安排，切实抓好贯彻落实。

（二）统筹兼顾，综合治理，推动"扫黄打非"科学有效开展

长期以来，我们在"扫黄打非"工作的过程中，积累了许多成功的经验和有益的做法，要很好地总结和发扬。当前要按照科学发展观的要求，准确把握党和国家"扫黄打非"的新要求，认真研究经济社会和科技发展对文化市场管理提出的新课题，积极适应人民群众对积极健康精神文化生活的新期待，以改革创新的精神，推进"扫黄打非"工作更加科学有效地开展。

一是要坚持打击与预防、惩治和教育、治本与治标相结合，坚持行政管理、行业自律、群众参与相结合，综合运用经济、行政、法律和技术等手段，整合多种资源，构建立体化的工作格局。

二是要坚持和完善党委统一领导，党政群齐抓共管，以各级"扫黄打非"工作领导小组办公室和党委宣传部门组织协调，有关部门各负其责，各地区联防协作，社会各方面积极参与的领导体制和工作机制，高效运转，切实发挥作用。要探索"扫黄打非"与文化市场综合执法有效衔接的机制，把"扫黄打非"作为文化市场综合执法的首要任务，用"扫黄打非"的工作成果来检验文化市场综合执法改革的成效。

三是要创新工作方法，把"扫黄打非"工作与城市社区建设和社会主义新农村建设结合起来，作为文明创建、平安创建的一项重要内容来抓，使"扫黄打非"深入社区和乡村，努力扩大工作的覆盖面和影响力。要适应形势的发展需要，高度重视利用现代科技手段，进一步提高"扫黄打非"工作水平和效率。

四是要营造良好的社会氛围，全方位、多角度开展教育，加强舆论监督，深刻揭露制黄贩黄、侵权盗版等非法出版的严重危害，动员社会各界广大群众积极支持和参与"扫黄打非"。要继续在高校和中小学开展"拒绝盗版、从我做起"的主题教育活动，引导广大青少年自觉抵制不良文化和侵权盗版的产品。要广泛宣传各地加强文化市场管理的有效措施和打击侵权盗版行为的实际成效，树立我国保护知识产权的良好形象。

（三）加强领导，明确职责，进一步落实文化市场管理责任

今年的"扫黄打非"任务艰巨，责任重大。

各地区、各部门要把"扫黄打非"工作列入重要议事日程，切实加强组织领导，完善保障措施，务必把行动方案确定的各项任务落到实处。要按照"谁主管谁负责"和属地管理的原则，进一步健全责任制，落实责任追究制度，做到守土有责、守土负责、守土尽责。坚决防止有分工不负责、有责任不到位的情况发生。各级"扫黄打非"工作领导小组组长是"扫黄打非"工作的第一责任人，要加强领导，靠前指挥，着力解决重点、难点问题。各级"扫黄打非"成员单位要各司其职，各负其责，相互配合，协同作战。各级"扫黄打非"领导小组办公室要加强组织、协调、指导和督促检查，大胆开展工作。目前"扫黄打非"工作的重点在基层，难点在基层，薄弱环节也在基层。各地区各部门要按照"扫黄打非"工作只能加强，不能削弱的原则，加强基层队伍建设，加强机构保障、投入保障和队伍保障，确保"扫黄打非"工作能够顺利地开展。要在进一步强化省级"扫黄打非"工作机构的基础上，尽快落实市（州）县（区）"扫黄打非"工作机构的编制、人员、经费和装备，并能有效地履行职责。要认真总结试点经验，积极推进"扫黄打非"进社区、进乡村，切实加强乡镇和社区文化市场的管理，乡镇党委和街道党组织要真正负起责任，确保基层的"扫黄打非"工作有人抓、有人管。要以提高思想政治素质和业务能力为重点，切实抓好"扫黄打非"队伍培训工作，从政治上、工作上、生活上支持和关心从事"扫黄打非"工作的同志，帮助他们解决工作和生活上的实际困难，充分调动他们的积极性、主动性和创造性。

同志们，我省目前处在加快恢复重建和扩大内需、促进增长的关键时期，任务极其繁重而艰巨。我们要继续弘扬伟大的抗震救灾精神，顽强拼搏，攻坚克难，以良好的精神状态和务实的工作作风，扎实做好各项工作，夺取"扫黄打非"斗争的新胜利，为推动全省文化大发展大繁荣、加快灾后重建和建设西部经济发展高地作出新的更大贡献。

2009 年 2 月 5 日

深化认识　履行职责
努力完成今年"扫黄打非"各项任务（摘要）

四川省新闻出版（版权）局局长
省"扫黄打非"工作领导小组副组长兼办公室主任
周国良

这次全省"扫黄打非"工作电视电话会议，是以党的十七大和十七届三中全会精神为指导，全面贯彻落实第二十二次全国"扫黄打非"工作电视电话会议精神，总结安排我省"扫黄打非"工作的重要会议。省人民政府副省长、省"扫黄打非"工作领导小组组长黄彦蓉同志将在会上作重要讲话，部署我省今年"扫黄打非"工作并提出明确要求。全省新闻出版、版权战线和各地"扫黄打非"工作机构的领导和同志们，

要认真学习贯彻彦蓉同志重要讲话和这次电视电话会议精神，积极落实好将要印发的中央和省委、省政府"两办"转发的《2009 年"扫黄打非"行动方案》，履行好自己的职责，坚定不移地推进"扫黄打非"斗争，为捍卫国家意识形态安全、维护社会政治稳定和净化文化环境、推进全省加快灾后重建、扩大内需、促进增长、建设西部经济发展高地作出新的贡献。下面我讲三点意见：

一、进一步深化认识，更加积极主动开展"扫黄打非"斗争

"扫黄打非"是一项事关国家政治制度、事关意识形态安全、事关文化发展方向的重要工作。20年来特别是近五年来，"扫黄打非"工作坚持对非法出版物保持高压态势，取得了显著成绩。"扫黄打非"早已超越了一个部门的职责和任务，它已成为各级党委、政府高度重视、着力抓好的一件大事。为此，各级新闻出版、版权行政部门、"扫黄打非"机构的领导和同志，务必从维护社会政治稳定和国家文化安全的高度，进一步深化对"扫黄打非"的认识，增强责任感和紧迫感，把思想和行动统一到中央和省上的决策部署上来，更加自觉地担当起站岗、放哨、守阵地的光荣任务，保卫好、维护好主流意识形态主渠道和主流文化的主阵地。

二、进一步明确责任，不断完善"扫黄打非"工作机制

20年的"扫黄打非"工作，形成了党委、政府领导，"扫黄打非"机构统一协调，相关部门分工负责、上下联防联动的工作体制，以及"扫黄打非"办事机构设在新闻出版部门，与出版物市场日常监管紧密结合的工作机制。目前这种体制和工作机制，有利于依法行政和工作任务的落实。各级新闻出版、版权行政部门要义不容辞担当起这个政治责任，明确自身在"扫黄打非"工作中的双重角色。作为"扫黄打非"工作办事机构的办公室要承担好当地党委、政府"扫黄打非"工作领导小组常设办事机构的责任，认真履行好自己的职责，主动做好部署、指导、协调、督办工作，为成员单位服好务。各地新闻出版局的主要领导无论是否担任"扫黄打非"办公室领导，都必须把"扫黄打非"工作当作重要任务，把"扫黄打非"作为新闻出版、版权行政部门的主要工作，列入工作重点之中，列入领导责任制之中，列入到工作部署安排和总结考核中去，切实加强组织领导，做到重大行动亲自部署，重

要工作亲自指挥，大案要案亲自督办，重点问题亲自协调解决。要及时研究解决工作中存在的困难和问题，创造必要的工作条件，做到任务、人员、措施、保障四到位，用当地出版物市场的状况来衡量"扫黄打非"工作和市场监管的成效。

三、进一步履行职责，努力完成今年各项工作任务

彦蓉副省长的重要讲话和将要印发的《2009年"扫黄打非"行动方案》，明确了今年"扫黄打非"工作的总体要求、工作重点和集中行动的部署和安排，各级新闻出版、版权行政部门担负着极其重要的任务。各地新闻出版、版权行政部门要切实履行职责，落实任务，发挥主动性、掌握主动权、打好主动仗。

一是继续严密封堵和查缴非法出版物。非法出版物主要是纸质载体的图书、期刊、光盘、电子和网络出版物，无论是新闻出版行政部门，还是新闻出版单位，都有责任强化管理，管好自己的产品导向和流通市场，绝不给非法出版物提供传播渠道。

二是及时屏蔽和删除利用信息网络传播的各类非法有害信息。目前网上传播非法出版物及有害信息大幅增加，新闻出版、版权行政部门不仅要坚决整治网络的非法出版，还要密切关注网上舆情信息动向，及时通报和协调相关管理部门严密封堵境外有害出版物及政治谣言、淫秽色情等有害信息。

三是大力扫除淫秽色情、凶杀暴力、封建迷信等文化垃圾。要重点扫除淫秽色情书刊、音像制品、卡片类印刷品及动漫游戏，重点清查学校周边的文化产品批发、零售、租赁店摊，净化市场，为青少年健康成长营造良好环境。

四是坚决查缴各类侵权盗版出版物。要对印刷复制行业进行规范管理，对违规企业进行整治，深挖地下印刷复制窝点，严厉查处违法违规印制活动。对出版物市场及重点地区实施重点监控和反复巡查，坚决取缔销售盗版及非法出版物

的游商地摊和无证照经营者，打击非法预装、销售计算机软件行为，继续在重点企业推行通用软件正版化工作。

五是查处取缔各种形式的非法报刊。首先要管好属地的报刊，决不允许一号多刊、一号多报扰乱市场，坚决打击利用境外刊号或私自冒名出版的报刊。组织开展报刊出版单位集中检查，对以一号多刊或以承包、合作等方式租赁、出卖刊号出版的报刊，要限期收回，对违反规定的报刊吊销报刊出版权。继续整治假报刊、假记者、假记者站、假新闻，严厉打击假冒记者身份招摇撞骗、敲诈勒索、聚敛钱财和扰乱新闻采访秩序的

违法活动。

六是继续探索和建立长效机制。要坚持和完善开展"扫黄打非"多年来形成的有效方法，一是建立巡查暗访机制，及时掌握市场动态；二是坚持日常监管和集中行动相结合，始终保持高压态势；三是积极推进"扫黄打非"进社区，把工作落实到基层；四是依靠和发动群众，建立举报奖励机制；五是深挖快查大案要案，震慑犯罪分子；六是实行部门责任制，建立联动联防工作机制等。

2009年2月5日

2009年"扫黄打非"大案要案综述

四川省"扫黄打非"办公室

一、"3·12"喜德县中学使用盗版教辅图书案

据群众举报，反映喜德县中学于2008年底向书商李某订购了教辅图书《川行中考》1320册，总码洋52569元；3月5日，经校长吴某签字确认，喜德县中学向李某支付了全部书款，李某将书款总额的20%（10513.8元）作为回扣返还给喜德县中学。3月12日，省"扫黄打非"办组织省出版物市场稽查总队、凉山州新闻出版局就喜德县中学使用教辅图书《川行中考》情况开展调查。经鉴定，喜德县中学使用的教辅图书《川行中考》系盗版出版物。按照属地管理原则，凉山州新闻出版局作出了没收盗版出版物《川行中考》1320册及非法所得10513元，并处罚款262845元的行政处罚。与此同时，凉山州喜德县纪委分别给予了涉案当事人校长吴某党内严重警告处分，副校长安某党内警告处分，教务主任吴某撤职处分。

由于利益驱使，近年来销售使用盗版教辅图书现象时有发生。要杜绝销售使用盗版教辅图书，需要新闻出版、教育、司法等部门多管齐

下、强化监管，彻底斩断制售盗版教辅图书的黑色利益链条。

本案的查处严厉打击了使用盗版教辅图书行为，震慑了违法犯罪分子。

二、成都市"6·02"特大批销盗版、淫秽音像制品案

省"扫黄打非"办接群众举报，成都市金牛区肖家村四巷八号存在从事盗版及淫秽音像制品生产制作、批发贩运窝点。省"扫黄打非"办高度重视，积极协调省公安厅和省出版物市场稽查总队，对案件展开了为期2个月的暗访调查，制定了周密的行动方案。2009年6月2日，省"扫黄打非"办、省出版物市场稽查总队和省公安厅开展突击行动，迅速制服了正在制售盗版及淫秽音像制品的不法人员，一举捣毁了位于成都市金牛区肖家村四巷八号民居内的非法音像制品批销窝点，现场查缴盗版、淫秽音像制品20余万张。

此案是近年来我省破获的利用民居进行非法音像制品生产制作、批发销售的典型案件。涉案窝点极其隐蔽、涉案音像制品品种数量多、案件查处难度大。该案的成功侦破，有力震慑了违法

犯罪分子，有效遏制了非法音像制品在我省的蔓延传播。

三、南充市涉徐州"3·03"制售非法报刊网络案

2008年10月下旬，全国"扫黄打非"办召开会议，就徐州"3·03"制售非法报刊网络案侦办工作进行了专项部署。鉴于此案涉及我省成都、绵阳、南充和达川等市（州），且案情复杂，省"扫黄打非"办多次组织召开有关地区和部门协调会，深入研究案情，安排部署协查工作。为确切掌握案件线索，南充市成立了由市"扫黄打非"办、新闻出版局、公安局、出版物市场稽查支队组成的"3·03"专案组，在渠县、蓬安县、南部县、西充县、营山县、顺庆区、嘉陵区等地开展了为期1个月的摸底调查。11月26日，"3·03"专案组对犯罪嫌疑人赵某的"利萍报刊亭"开展突击检查，查获《环球军事博览》、《军事361》）、《法制视点》等非法报刊40余种、3000余份。11月27日，南充市公安局依法对赵某刑事拘留。2009年1月1日，经南充市人民检察院批准对赵某实施逮捕。同年5月4日，南充市顺庆区人民检察院以赵某涉嫌非法经营罪向顺庆区人民法院提起公诉。经法院审理，2007年9月至2008年11月间，赵某经营的"利萍报刊亭"累计销售非法报刊14676份，其行为扰乱了市场秩序，情节严重，已构成非法经营罪。依照《中华人民共和国刑法》第二百二十五条、第七十二条和最高人民法院《关于审理非法出版物刑事案件具体应用法律若干问题的解释》第十一条、第十二条之规定，判处被告人赵某有期徒刑三年缓刑五年，并处罚金10000元。

这是我省首例销售非法报刊定罪判刑案例。查破此案历时2年，涉及范围广，取证难度大。案件查处过程中，各有关部门攻坚克难，乘胜追击，先后查获非法报刊14000余份，挡获涉案人员1名，有力震慑了违法犯罪分子，规范了出版物市场经营秩序。

四、成都市"6·11"盗版非法音像制品案

6月10日，成都市成华区"扫黄打非"办接到群众举报，反映一批从广州发往四川的盗版及淫秽光盘即将运抵成都，并将于次日清晨在驷马桥街某货运仓库卸货。鉴于案情重大，省、市公安部门迅速成立了"6·11"专案组，庚即联合展开调查，及时掌握贩运非法音像制品车辆的抵达时间、承运数量和卸货方式等情况。6月11日早上8点，成华区"扫黄打非"办联合公安分局对驷马桥路12号院内的广州诚信货运仓库实施突击检查，成功拦截号牌为晋M41949货车，当场查获盗版及淫秽音像制品35.46万张，其中盗版音像制品19.47万张，淫秽音像制品15.99万张。

五、成都市"7·3"盗版音像制品批销案

据群众举报，反映成都市五块石某居民住宅区内存在2个非法音像制品批销窝点。根据这一线索，省出版物市场稽查总队当即召开了案情分析会，通报了案件线索并制定了行动方案。7月3日，省出版物市场稽查总队会同金牛区公安分局对非法窝点展开突击检查，迅速控制现场，查获盗版及淫秽音像制品10余万张，挡获涉案嫌疑人1名。

六、成都市"8·19"特大盗版非法音像制品案

2009年8月以来，省和成都市"扫黄打非"办加强了对群众举报的受理和查处，通过追踪线索、严密调查，位于成都市金牛区北站东二路5号和城隍庙商筑大厦内的5个非法音像制品批销地下窝点终于浮出水面。8月19日，省出版物市场稽查总队会同省公安厅治安管理总队行动支队、成都市公安局治安管理处和金牛区公安分局治安大队对不法窝点实施突击检查，现场查获非法音像制品48万余张，其中淫秽色情光盘3500余张，挡获涉案人员3名。8月20日，省"扫黄打非"办组织召开案件协调会，省公安厅治安管理总队、成都市公安局治安管理处、金牛区公安分局相关负责人参会。会议决定将此案作为全省督办要案，交由金牛区公安分局立案侦办。8月22日，根据涉案人员交代，执法人员再捣毁非法地下窝点1个，查获200种、3万张非法音像制品。8月24日，另外2名涉案嫌疑人蒋某和高

某被缉拿归案，同日，金牛区公安分局对5名犯罪嫌疑人实施刑事拘留。9月，成都市金牛区人民检察院批准对5名犯罪嫌疑人实施逮捕。

"8·19"特大盗版非法音像制品案是近年来我省查获侵权盗版音像制品数量最多的一起案件，严厉打击了批销侵权盗版和淫秽色情音像制品活动，对积极营造健康、有序的出版物市场环境具有重要意义。

2009年"扫黄打非"大事记

四川省"扫黄打非"办公室

1月16日，第二十二次全国"扫黄打非"电视电话会议在北京召开，省"扫黄打非"工作领导小组副组长、省政府副秘书长陈保明，副组长、省委宣传部副部长邹吉祥，副组长兼办公室主任、省新闻出版局局长周国良，副组长、省文化厅厅长郑晓幸，副组长、省委政法委副书记王萍以及省委省政府有关部门负责人，领导小组成员单位有关领导在四川分会场参加了会议。

2月5日，2009年四川省"扫黄打非"工作电视电话会议在成都召开，就贯彻第二十二次全国"扫黄打非"工作电视电话会议和刘云山同志重要讲话精神，表彰先进等工作作了安排部署。省政府副省长、省"扫黄打非"工作领导小组组长黄彦蓉出席会议并作重要讲话。领导小组各成员单位和省级有关部门负责同志，部分受表彰集体和个人代表，文化出版部分行业协会及有关单位参加了成都主会场的会议。各市、州党委、政府分管领导，"扫黄打非"工作领导小组成员单位，有关部门的负责人在分会场参加会议。

3月12日，省"扫黄打非"办联合省出版物市场稽查总队、凉山州新闻出版局，对凉山州喜德县中学涉嫌使用盗版教辅图书《川行中考》案进行了调查处理。按照属地管理原则，由凉山州新闻出版局对其作出了没收盗版出版物《川行中考》1320册及非法所得10513元，并处罚款262845元的行政处罚。与此同时，凉山州喜德县纪委分别予以涉案当事人校长吴某党内严重警告处分，副校长安某党内警告处分，教务主任吴某撤职处分。

4月23日，2009年四川省暨成都市现场销毁活动在成都市武侯区八一家具城精品广场隆重举行。省政府副省长、省"扫黄打非"工作领导小组组长黄彦蓉出席，销毁活动仪式由成都市副市长、市"扫黄打非"工作领导小组组长王忠林主持。省和成都市文化新闻界的代表500余人参加了销毁活动。与此同时，绵阳等市州也分别设立销毁现场。全省共销毁侵权盗版等非法出版物110余万件。

6月2日，省"扫黄打非"办联合省出版物市场稽查总队、省公安厅一举捣毁了位于成都市金牛区肖家村四巷八号民居内的盗版及淫秽音像制品批销窝点，现场查缴盗版及淫秽色情光盘20余万张，5名涉案嫌疑人被依法移送公安机关。

6月4日，南充市顺庆区人民法院依法对全国"扫黄打非"办交四川省并南充市协查的徐州"3·3"制售非法报刊网络案进行宣判，依法判处被告人赵某有期徒刑三年，缓刑五年，并处罚金10000元。自2008年3月始，历时1年零3个月的徐州"3·03"制售非法报刊网络案得以圆满告破。

6月11日，由省、市公安部门组成的"6·11"案专案组对驷马桥路12号院内的广州诚信货运仓库开展突击检查，查获盗版及淫秽音像制品35.46万张，其中盗版音像制品19.47万张，淫秽音像制品15.99万张。

7月3日，省出版物市场稽查总队会同成都市金牛区新闻出版、公安部门，捣毁了藏匿于成都市五块石某居民住宅区内的2个非法音像制品批销窝点，查获盗版及淫秽音像制品10万余张，挡获涉案嫌疑人1名。

8月19日，省出版物市场稽查总队会同省公安厅治安管理总队行动支队、成都市公安局治安管理处和金牛区公安分局治安大队对不法窝点实施突击检查，现场查获非法音像制品48万余张，其中淫秽色情光盘3500余张，挡获涉案人员3名。

9月23日，省"扫黄打非"办组织召开"6·11"和"8·19"专案组联席会议，通报案件进展情况，研究制定相关措施。

9月28日，全省"扫黄打非"办主任会议在成都召开。会议传达、贯彻了全国"扫黄打非"办主任会议精神，部署了下一阶段"扫黄打非"工作。

11月13日，四川省打击"藏独"反动出版物及宣传品工作联席会议在雅安市召开。甘孜、阿坝、凉山、成都、雅安、绵阳等市州"扫黄打非"工作领导小组及办公室负责同志，省公安厅、省国安厅、省民委、省宗教局、省新闻出版局等单位有关负责同志参加了会议。会议传达了全国"珠峰工程"座谈会精神，通报了我省开展打击和封堵"藏独"反动出版物及宣传品工作的情况，研究和讨论了我省实施"珠峰工程"的组织架构和工作机制。

贵　州　省

2009 年"扫黄打非"工作总结

贵州省"扫黄打非"办公室

2009 年，贵州省"扫黄打非"工作，以党的十七大及十七届三中、四中全会精神和科学发展观为指导，在省委、省政府和省"扫黄打非"工作领导小组的坚强领导下，全省"扫黄打非"战线高举保护知识产权的旗帜，严格遵照中央、省《关于 2009 年"扫黄打非"行动方案》的总体部署和工作要求，以迎接新中国成立 60 周年为工作主线，始终保持"扫黄打非"高压态势，紧紧围绕"扫黄打非"工作"三条底线"不放松、不敷衍、不怠慢。联系区域工作实际，突出工作重点、把握工作难点，周密计划、精心组织、相互配合、协同作战，不断细化分解各项任务指标，积极探究工作的长效机制，采取多种措施和强力手段，以有效净化社会文化环境为抓手，严厉打击各种非法出版活动，着力在提高

"扫黄打非"工作质量和水平上下功夫，注重各专项行动和三个阶段集中行动有效衔接和成果转换，逐步形成"扫黄打非"工作齐抓共管、打防并举、群防群治的良好局面，较好地完成了全年"扫黄打非"工作任务。

全年共出动执法人员 45748 人次，执法车辆 6361 台次，开展一系列"扫黄打非"专项行动，检查文化及出版物经营单位 8276 个次，检查店、档、摊点 23719 个，检查印刷复制企业 1965 家次。共收缴各类非法出版物 1802537 件。其中：收缴盗版音像制品 1321869 张，淫秽色情等低俗音像制品 93347 张，盗版图书 144601 册，盗版电子出版物 20913 张，非法报刊 39787 份，非法印刷宣传品 74580 张。取缔"黑网吧"473 个，依法对 832 家接纳未成年人的违规网吧经营单位

和经营业主予以行政处罚，捣毁销售盗版音像制品的地下窝点57个，行政处罚案件1765起，刑事审判案件5起，刑事拘留6人，行政拘留21人，取缔无证经营出版物的游商地摊2895个，依法对53个违规印刷复制企业予以取缔，查缴网吧经营设备电脑主机及显示器1639台，销毁各类博彩游戏机725台。

一、认真贯彻落实中央精神，周密部署年度"扫黄打非"工作

1月1日，贵州省"扫黄打非"办公室按照中央相关通知要求，迅即下发了《关于切实加强2009年"两节""两会"期间出版物市场监管的通知》，要求全省各级"扫黄打非"工作部门，对照目标，细化任务，狠抓落实。同时，把做好"两节"、"两会"出版物市场监管工作作为第一阶段"扫黄打非"集中行动的重点内容。2月20日，省"扫黄打非"办公室根据全国"扫黄打非"办公室主任工作会议精神，及时对第一阶段"扫黄打非"专项行动工作方案进行了调整、补充、完善，迅即研制下发了《关于切实做好第一阶段"扫黄打非"专项行动各项工作的紧急通知》，进一步明确了阶段性工作重点。2月23日，省"扫黄打非"工作领导小组组织召开了全省第二十二次"扫黄打非"工作电视电话会议，传达了中央相关工作会议精神，全面部署和安排年度"扫黄打非"工作。省委副书记、省"扫黄打非"工作领导小组组长王富玉，省委常委、宣传部长、省"扫黄打非"工作领导小组副组长兼办公室主任谌贻琴，省人民政府副省长、省"扫黄打非"工作领导小组副组长谢庆生出席会议。

二、精心组织开展"扫黄打非"三个阶段集中行动及专项整治工作

（一）认真抓好以"两节"、"两会"出版物市场监管为重点的第一阶段"扫黄打非"集中行动

一是省及全国"两节"、"两会"期间，省新闻出版（版权）局局长、省"扫黄打非"工作领导小组办公室常务副主任刘援朝高度重视此项工作，春节前夕，召集省"扫黄打非"办公室相关负责人，就如何以科学发展观为指导，解决好工作中的难题和重点问题进行专题分析和研究，要求全省各级"扫黄打非"工作机构，要不断整合全省执法资源，采取交叉检查、联合执法等方法，在解决重点问题上下功夫，确保工作取得实效。

二是全国"两节"、"两会"期间，全省各级"扫黄打非"工作部门还根据省的统一安排部署，结合区域实际，组织开展"两节"、"两会"期间和阶段集中行动。贵阳市"扫黄打非"办公室迅速发出通知要求，全市各级"扫黄打非"工作部门结合贵阳市"严打'两抢一盗'，保卫百姓平安"文化和出版物市场整治两年"六个成效显著"的工作目标，切实加大文化出版物市场监管工作力度，认真组织开展"清市场、端窝点、打团伙、破网络"系列专项整治行动。遵义市各级"扫黄打非"办公室协调组织相关单位，采取明查暗访、技术监控、突击检查等手段，重点加大对全市各县（区）的中小学及幼儿园周围的网吧、音像制品经营店、图书销售经营单位、歌舞娱乐场所、电子游戏厅室、台球室等文化经营地域的监管和打击力度，通过"重点查、突击查、反复查、回头查、驻场查、联合查"等方式，保证了工作质量和效果。安顺市"扫黄打非"工作部门，进一步健全工作机制，明确工作重点，增强工作的针对性，实行24小时值班制度，集中整治利用互联网传播有害信息及各种侵权盗版行为，巩固"四假"专项行动成果，有效遏制非法出版物"反弹"势头。黔南州"扫黄打非"工作部门，切实加强对"贵州南大门"交通运输环节出版物的执法检查工作，加大对通过高速公路贩运非法出版物过境或流入贵州市场的日常监管，以及规范对高速公路服务区出版物经营点的管理，逐步健全整治交通运输渠道贩运非法出版物的工作机制。黔东南州各级"扫黄打非"部门加大对文化及出版物市场、重点行业的重点部位、辖区重点地域的监管巡查力度，采取不定时间、不定检查对

象、不定执法人员的方法，开展市场监管执法检查。铜仁地区"扫黄打非"办公室协调组织"扫黄打非"成员单位，联合开展"扫黄打非"专项行动，强化对"贵州东大门"、玉屏火车站、玉三高速公路、铜仁市城区出版物发行单位的重点防范，建立相应协作工作机制，逐步形成齐抓共管格局。

（二）认真组织开展以净化社会文化环境专项整治"百日行动"为重点的第二阶段"扫黄打非"集中行动

5月31日，根据全国"扫黄打非"2009年第一次电视电话会议精神，省"扫黄打非"办公室就组织全省开展"扫黄打非"第二阶段集中行动及加强出版物市场监管工作，向全省各级"扫黄打非"工作部门发出了《关于开展"扫黄打非"第二阶段集中行动及加强出版物市场监管工作的通知》，要在加强源头封堵、彻底清查市场、强化网上监控、深入查办案件、抓好区域重点五个方面下功夫，切实加强领导、落实责任、细化措施、协调行动、讲究策略、严格纪律，对印刷行业进行一次集中整治，严厉查处违法违规印制活动。在铁路、公路、水路、航空、邮政等运输环节，要加大对出版物的检查力度。学校暑假前后，要集中检查各类文化产品，批发、零售、租赁场所，重点查缴以未成年人为销售对象的有害印刷复制品。要公开曝光被查处的反面典型，对违法违纪者，在给予行政处罚的同时，将其涉嫌犯罪活动移交公安机关作刑事处理，严格有关单位和行政管理部门负责人的责任。要进一步深入调查研究，建立健全"扫黄打非"出版物市场长效监管机制，加强预防、群防、联防和技术防控工作，看好自己的市场、守好自己的阵地，切实维护全省出版物市场的平稳健康有序和社会的和谐稳定。同时，按照全国净化社会文化环境、促进未成年人健康成长工作会议精神，以及中央、省有关领导同志的重要批示，省"扫黄打非"办公室围绕第二阶段集中行动各项工作，在搞好结合上下工夫，及时下发了《关于组织开展净化社会文化环境专项整治

"百日行动"工作的通知》，要求各级各部门把阶段性专项行动与专项整治有机地结合起来，重点解决好社会反映强烈、人民群众关注、千万家庭关心的热点和难点问题，严厉查处向中小学生销售有害"口袋"读物、卡通片、游戏软件，以及内容低俗、格调低下的书刊、音像制品。切实加大对荧屏声频的净化工作，坚决查处和严厉打击各种有害信息和低俗文化经营活动，取缔"黑网吧"。将"百日行动"专项整治的各项工作转换为"扫黄打非"日常工作，并纳入年度"扫黄打非"绩效目标考核内容。

（三）全力组织开展清缴和整治低俗音像制品专项行动，有效铲除严重侵蚀人们心灵健康的"文化垃圾"

4月15日至6月30日，全省共出动执法检查人员6007人（次），开展执法检查行动815次，检查音像制品经营店1752家（次），查缴低俗音像制品319种33348张、各种盗版光碟及游戏机软件54753张，取缔无证经营出版物的游商地摊387个，依法对29个违规印刷复制企业进行了相应的行政处罚。并对1人实施了行政拘留，对3人予以刑事拘留。

（四）认真组织开展以查缴盗版教材教辅为重点的第三阶段"扫黄打非"集中行动

为认真贯彻落实8月25日全国"扫黄打非"办公室主任会议精神，根据全国"扫黄打非"工作小组办公室工作要求，省"扫黄打非"办公室迅即对全省第三阶段"扫黄打非"集中行动工作做出全面部署，并制定出相应工作方案下发全省各地及省"扫黄打非"工作领导小组各成员单位。要求全省各级"扫黄打非"工作部门，继续以"反盗版天天行动"和"实施绿色文化环保工程"为工作平台，采取强力措施及有效手段，要全面清理出版物市场，大力收缴和取缔侵权盗版和非法出版的图书、报纸、期刊、音像制品、电子出版物、网络出版物、计算机软件以及嵌入出版物内容的其他电子产品；重点整治侵权盗版和非法出版教材教辅活动，确保大中小学校学生不受侵权盗版和非法出版教材教辅产品的侵害。同

时，还要对低俗音像制品予以继续清缴整治，抓紧办理和审结有关案件，切实巩固第一、二阶段"扫黄打非"集中行动工作成果。要将第三阶段集中行动的各项工作延伸到辖区所有街道、社区、乡镇和村寨，切实做到层层有人抓工作，并以出版经营单位、教材教辅编写审定机构和大中小学校为重点，广泛开展宣传发动工作，正确引导社会各界自觉抵制侵权盗版和非法出版物，积极参与、配合"扫黄打非"工作部门打击各种非法出版活动。对交通枢纽、繁华街区、旅游景点、宾馆饭店、集贸市场、重要机关、出版物集中经营场所、电脑软件批销市场要实行重点监控和不间断巡查，坚决取缔经营出版物的游商地摊。

三、切实加大对"扫黄打非"案件的查处力度

全省各级"扫黄打非"部门依据国家现有的"一法七条例"，依法严肃查处"扫黄打非"案件，坚决打击各种非法出版和非法经营的违法犯罪活动。加大对"扫黄打非"案件的有效查处，在重点抓好以宣传教育培训"预防"的同时，突出抓好与社区建设、新农村建设、平安创建、精神文明创建等相结合的"联防"，注重解决好社会各界参与的"群防"，有力地震慑了出版领域的各种违法犯罪活动。借鉴贵阳市"反盗版、端窝点、追根打源"专案组的成功经验，在办理"扫黄打非"案件上下工夫；要仿效黔东南州凯里市人民法院审理"扫黄打非"案件的工作方法，加强与当地检察院、人民法院的协调，努力做好行政处罚与刑事打击有机结合工作，抓紧审结"扫黄打非"案件。同时，针对出版物市场买卖书号、一号多书和联合出版等违法违规行为，要坚决予以严查，并逐步建立规范此类问题的出版物市场长效监管机制。要严格按照《最高人民法院、最高人民检察院关于办理侵犯知识产权刑事案件具体应用法律若干问题的解释（二）》等法律法规依法办案。

四、充分发挥宣传信息在"扫黄打非"工作中的重要作用

一是全省各级"扫黄打非"办公室把"扫黄打非"信息宣传工作作为重点，充分发挥宣传信息在"扫黄打非"工作中地位和作用，紧密联系工作实际，及时报道和反映全省"扫黄打非"战线开展工作亮点，扎实推动各项工作的有效开展。制定了 2009 年"扫黄打非"信息宣传工作方案，在抓好信息宣传数量的同时，更讲求信息宣传的质量，较好实现了信息宣传报道工作与日常各项专项行动的有机结合，不断拓展延伸宣传工作形式，挖掘工作中的鲜活典型事例和反面教训，予以强势宣传报道，并注重宣传工作的时效性、真实性、实效性。切实加强与省的各级新闻单位的交流沟通，认真听取各级新闻单位的意见和建议，充分借助新闻媒体的宣传优势，取得了全省"扫黄打非"信息宣传工作的新成绩。全年省"扫黄打非"办公室共编辑贵州"扫黄打非"工作信息 39 期，向中国"扫黄打非"网上报贵州"扫黄打非"工作信息 101 条。省"扫黄打非"办公室还配合全省所开展的"扫黄打非"各专项行动，收集、整理、编辑全省"扫黄打非"工作图片 5 期，及时反映全省"扫黄打非"战线工作动态。此外，各级主要新闻媒体播放、登载、广播、显示、发送全省各级"扫黄打非"工作部门开展第一阶段专项行动工作信息 1879 条，对于扎实推进贵州"扫黄打非"斗争的深入进行起到了积极作用。

二是认真搞好侵权盗版及各类非法出版物公开销毁活动。4 月 22 日，在第 9 个"世界知识产权日"到来之际，按照全国"扫黄打非"工作小组的统一部署和安排，省及贵阳市"扫黄打非"工作领导小组共同在贵阳市人民广场举行集中销毁侵权盗版及各类非法出版物活动，公开销毁 2008 年及 2009 年第一阶段，省及贵阳市"扫黄打非"工作部门在开展"扫黄打非"日常监管和专项整治行动中查缴的盗版音像制品、盗版软件，以及非法书报刊、电子出版物等，总量达到 120 万件。省人民政府副省长谢庆生出席活动并代表省委、省政府，以及省"扫黄打非"工作领导小组在销毁活动上讲话。在"4·23"世界读书日和第 9 个"4·26"世界知识产权日期间，全省各级"扫黄打非"工作部门积极组织和开展各种形式的销毁及宣传教育活动，共公开销毁侵权盗版及各类非法出版物 1803815 件，受理社会各界群众咨询 61036 人（次），散发各种宣传资料 239000 份，制作宣传展版 219 块，进一步增大"扫黄打非"工作的支持率、参与量和公信力。

领导讲话

在第二十二次全省"扫黄打非"工作电视电话会议上的讲话

贵州省委副书记、省"扫黄打非"工作领导小组组长

王富玉

这次电视电话会议的主要任务是，贯彻第二十二次全国"扫黄打非"工作电视电话会议精神，全面部署全省 2009 年"扫黄打非"工作。刚才，庆生同志对年度"扫黄打非"工作进行了部署，兆梅同志、连华同志就做好有关工作进行了具体安排，我完全同意。

2008 年，全省各地各有关部门认真贯彻中央和省委的要求，开展了一系列"扫黄打非"集中行动和专项治理活动，在封堵违禁内容非法出版物、清除淫秽色情文化垃圾、打击侵权盗版活动、取缔非法报刊等方面取得了新的成绩，为加快经济社会发展提供了思想舆论保证。全年共收缴各类非法出版物 210.7 万件，查处各类案件 122 起。全省 11 个先进集体、先进个人和有功集体、有功个人受到全国表彰。在此，向受到全国表彰的集体和个人表示热烈祝贺，向全省"扫黄打非"战线的同志们表示崇高的敬意和衷心的感谢！

下面，讲四点意见。

一、认清形势，切实提高对"扫黄打非"重要性和紧迫性的认识

当前，贵州同全国一样，总的形势很好，尽管面对国际金融危机的严重冲击，但仍保持了良好的经济发展态势，政治稳定，社会和谐。从贵州文化市场看，一是利用运输渠道贩运非法出版物的问题尚未从根本上得到解决，"扫黄打非"工作仍是全省出版物市场监管的重要任务；二是乡镇、社区文化市场管理体制机制尚未建立健全，"扫黄打非"工作向基层延伸的问题亟待解决；三是"扫黄打非"大要案件的查处需进一步加大力度。对这些问题，全省"扫黄打非"战线要引起高度重视。要从服务党和国家工作全局、推进中国特色社会主义事业顺利发展、保持国家长治久安的战略高度，进一步加深对"扫黄打非"工作重要性、长期性、艰巨性的认识，切实增强责任感、紧迫感、使命感，把思想和行动统一到中央和省委的工作大局和决策部署上来，不动摇、不懈怠、不敷衍，认真解决工作中存在的突出问题，切实把"扫黄打非"各项工作推向深入。

二、突出重点，切实增强"扫黄打非"工作的针对性和实效性

按照中央精神，结合贵州实际，重点抓好四项工作：

一是始终保持对违禁内容非法出版物的高压态势。打击违禁内容非法出版物，始终是"扫黄打非"工作的首要任务，也是 2009 年全省"扫黄打非"工作的重中之重。要结合工作实际，完善应对非法出版物的快速反应和联合封堵机制，加大境外、省际间出版物流入环节的日常监管，开展集中行动，办理大案要案，增强打击

效果，有效截堵违禁内容非法出版物进入贵州出版物市场。

二是深入开展网上"扫黄打非"专项整治行动。在现代信息技术迅猛发展的大背景下，互联网已成为意识形态领域较量的重要阵地，成为"扫黄打非"斗争的重要战场。其中，利用互联网传播淫秽色情等信息成为一种普遍现象，而且愈演愈烈，已经成为一种社会公害，对于辨别力和自制力不强的青少年的健康成长危害极大。各级"扫黄打非"工作机构、各有关部门要把网上"扫黄打非"摆到更加突出的位置，针对网上出现的问题，组织力量，采取措施，依法加强互联网管理，依法打击网上违法犯罪活动，坚决遏制利用互联网传播有害信息，坚决清理网上淫秽色情等文化垃圾，为广大人民群众特别是青少年营造文明健康的网络文化环境。

三是坚决打击各类侵权盗版行为。能否有效保护知识产权，不仅关系到民族创新力，也关系到文化安全和国家形象。要继续高举保护知识产权旗帜，利用保护知识产权的工作平台开展"扫黄打非"。当前，要针对贵州销售盗版、非法出版物经营活动较突出的问题，不断整合执法资源，加大打击力度，持续开展文化市场清理工作，切实加强对印刷复制源头和运输环节的监管，通过查办大案要案，有效震慑侵权盗版等违法犯罪活动。要继续在高校和中小学中开展"拒绝盗版、从我做起"的主题教育活动，引导广大青少年自觉抵制不良文化和侵权盗版产品。

四是进一步打击非法报刊。近年来，在贵州境内利用假报刊和假记者站非法牟利的问题时有发生，严重扰乱了文化市场秩序，损害了新闻出版业的公信力，社会各界意见很大。要按照中央关于进一步加强和改进报刊出版管理工作要求，组织对区域内报刊市场进行集中治理，坚决打击假报刊、假记者、假记者站，维护新闻出版正常秩序，促进全省报刊业繁荣健康发展。

三、抓住关键，有效地推动"扫黄打非"工作深入开展

要准确把握党和国家对"扫黄打非"工作的新要求，认真研究经济社会和科技发展对文化市场管理提出的新课题，积极适应人民群众对健康向上精神文化生活的新期待，以改革创新精神推进"扫黄打非"工作更加科学地开展。

一是要抓好宣传教育。要全方位、多角度地开展宣传教育，加强舆论监督，深刻揭露制黄贩黄、侵权盗版等非法出版物的严重危害，动员社会各界、广大群众积极支持和参与"扫黄打非"。把"扫黄打非"工作与城市社区建设和社会主义新农村建设结合起来，作为文明创建、平安创建的一项重要内容来抓，努力扩大工作的覆盖面和影响力，筑牢"扫黄打非"工作的第一防线。同时，要广泛宣传各地加强文化市场管理的有力措施和打击侵权盗版行为的实际成效，树立贵州省保护知识产权的良好形象。

二是完善体制机制。要坚持和完善"党委统一领导、党政群齐抓共管，各级'扫黄打非'工作领导小组办公室和党委宣传部门组织协调，有关部门各负其责，各地区联防协作，社会各方面积极参与"的领导体制和工作机制。坚持打击与预防、惩治与教育、治标与治本相结合，坚持行政管理、行业自律、群众参与相结合，综合运用经济、行政、法律和技术等手段，整合多种资源，构建立体化的工作格局。要积极探索"扫黄打非"与文化市场综合执法有效衔接的运行机制，把"扫黄打非"作为文化市场综合执法的首要任务，用"扫黄打非"的工作成果来检验文化市场综合执法改革的成效。

三是抓好集中打击。要根据"扫黄打非"行动方案要求，针对不同的打击重点和领域，在调查了解的基础上，确定出击时间，选准打击目标，有重点、有步骤地安排、部署专项打击行动。打击要果断，该收缴的要收缴，该关闭的要关闭，该取缔的要取缔，该处罚的要处罚，该移送司法机关处理的要移送司法机关，坚决打击不法分子的嚣张气焰，以达到震慑罪犯、教育群众、净化市场的目的。要适应形势发展的需要，高度重视运用现代科技手段，进一步提高"扫黄打非"的工作水平和效能。

四、强化领导，为"扫黄打非"提供有力保证

各级党委政府要把"扫黄打非"工作列入重要议事日程，按照"扫黄打非"工作只能加强、不能削弱的原则，加强机构保障、投入保障和队伍保障，确保"扫黄打非"工作顺利开展。要坚持党委领导下的"扫黄打非"工作领导小组体制不变，确保各级"扫黄打非"工作领导小组办公室编制到位。把行动方案确定的各项任务落到实处。要按照谁主管谁负责和属地管理的原则，进一步健全责任制，落实责任追究制度，坚决防止有分工不负责、有责任不到位的现象。各级"扫黄打非"工作领导小组组长是"扫黄打非"工作第一责任人，要加强领导，靠前指挥，着力解决重点难点问题。领导小组成员单位要各司其职、各负其责、相互配合、共同作战，领导小组办公室要大胆开展工作，加强组织、协调、指导和督促检查。

"扫黄打非"工作重点在基层，难点在基层，薄弱环节也在基层。要在进一步强化地、县两级"扫黄打非"工作机构的基础上，通过调查研究，探讨解决"扫黄打非"工作延伸到乡镇、社区的问题，以切实加强对乡镇和社区文化市场的管理。乡镇党委和街道党组织要真正负起责任，确保基层"扫黄打非"工作有人抓、有人管。要以提高思想政治素质和业务能力为重点，切实抓好"扫黄打非"队伍培训工作，从政治上、工作上、生活上关心从事"扫黄打非"工作的同志，帮助解决实际问题，充分调动他们的积极性、主动性和创造性。

同志们，"扫黄打非"工作是一项功在当代、利在千秋的崇高事业。全省"扫黄打非"战线要高举旗帜、围绕大局、服务人民、改革创新，以良好精神状态和务实工作作风，扎实做好各项工作，夺取全省"扫黄打非"斗争的新胜利，以优异成绩迎接新中国成立60周年。

2009 年 2 月 23 日

在2009年贵州分会场销毁侵权盗版及各类非法出版物活动上的讲话

贵州省副省长、省"扫黄打非"工作领导小组副组长
谢庆生

在"4·26"世界知识产权日到来之际，按照全国"扫黄打非"工作小组的统一部署和安排，贵州省、贵阳市"扫黄打非"工作领导小组共同在此举行集中销毁侵权盗版及各类非法出版物活动。此次销毁活动，是迄今贵州省举行的规模最大、数量最多的公开销毁活动，其意义是用实际行动和实际成果迎接"4·26"世界知识产权日的到来，动员和争取社会各界及广大人民群众积极参与到保护知识产权的行动中来，在全省上下树立起保护知识产权、建设创新型国家的鲜明旗帜，营造反对侵权盗版及各类非法出版物、净化社会文化环境的健康意识和良好社会氛围。

贵州省"扫黄打非"走过了二十多年的光辉历程，打击侵权盗版，保护知识产权始终是全省"扫黄打非"的重要任务之一。2008年，全省共查缴了盗版音像制品及各类非法出版物达210.7万件，各地、各有关部门通过开展"反盗版天天行动"和"文化环保工程"，确保了平安"奥运"、纪念改革开放30年等重大活动顺利完成，进一步完善了"扫黄打非"工作体制机制，切实加大了工作力度。2008年全省共有11个单

位，集体和个人分别获得了全国"扫黄打非"工作小组的先进集体，有功集体及有功个人的殊荣，在此，再次向荣获表彰的单位、集体和个人表示诚挚和崇高的敬意! 向战斗和工作在"扫黄打非"保护知识产权、打击侵权盗版战线上的全体同志以及给予我们工作以热忱支持和参与的社会各界及广大群众表示诚挚的感谢!

在肯定成绩的同时，还要清楚地认识到，全省出版物市场，侵权盗版物及各类非法出版物的经营活动仍较为猖獗，对此决不能掉以轻心。2008 年，国务院常务会议审议并通过了《国家知识产权战略纲要》，中国政府已把保护知识产权、打击侵权盗版工作列为建设创新型国家的国家战略，作为我国推进创新型国家建设的重要举措，这对坚定保护知识产权具有深远战略意义。2009 年 2 月，中央召开了净化社会文化环境、促进未成年人健康成长的工作会议，对净化社会文化环境提出了明确要求并作出了具体工作部署。

净化社会文化环境有利于未成年人健康成长，是党和国家事业的重大战略部署，是涉及亿万家庭心愿的民心工程。净化社会文化环境的一项重要工作，就是要努力为未成年人净化健康成长的出版物市场环境以及整治校园周边黑网吧。各地、各有关部门要认真落实省委、省政府两办下发 2009 年"扫黄打非"行动方案要求，按照省精神文明建设委员会《关于净化

社会文化环境，促进未成年人健康成长工作实施方案》和省文明委"全省净化社会文化环境集中统一行动电视电话会议"的工作要求，把开展"扫黄打非"工作、打击侵权盗版及各类非法出版物与促进未成年人健康成长紧密结合起来，为促进未成年人健康成长创造良好的社会文化环境。

各地、各部门要加强领导，建立健全组织协调机制，把该项工作摆上重要议事日程，切实做到守土有责、守土尽责，把净化社会文化环境工作抓紧抓好。要在工作措施上抓落实，既要各负其责，又要紧密配合。要一手抓专项整治，一手抓体系建设。不仅要通过集中整治行动使社会文化环境在短期内得到有效净化，还要努力构建一套科学化、规范化的长效机制。

同志们，再过四天，将迎来"4·26"世界知识产权日，各地、各部门将要举办多种形式的宣传活动，以此推进建设创新型国家战略的深入实施，使"扫黄打非"、打击侵权盗版及各类非法出版物的意识更加深入人心。希望全省"扫黄打非"战线的同志们结合科学发展观学习实践活动，开拓创新，真抓实干，不断推动"扫黄打非"工作迈上新的台阶，用更加优异的成绩，迎接新中国成立 60 周年。

2009 年 4 月 22 日

在第二十二次全省
"扫黄打非"工作电视电话会议上的讲话

贵州省新闻出版（版权）局副局长
邓兆梅

2008 年"扫黄打非"工作，在省委、省政府的统一领导和省委宣传部的指导下，全省各级新闻出版、版权部门认识到位、措施到位、

工作到位，在打击非法出版、清除淫秽色情文化垃圾、保护知识产权、开展网上"扫黄打非"、查办大案要案等方面，都取得了突出成

绩。2008年，全省有3个集体在北京奥运期间被全国"扫黄打非"工作小组评为先进单位；4个集体和4名个人被全国"扫黄打非"工作小组分别评为先进集体、先进个人；有功集体、有功个人。

刚才，谢庆生副省长宣读了全省"扫黄打非"行动方案，省委副书记、省"扫黄打非"工作领导小组组长王富玉同志将在会上作重要讲话。全省各级新闻出版（版权）部门一定要认真学习贯彻富玉书记重要讲话精神，按照会议的部署和要求，以科学发展观为统领，始终保持高昂斗志，不懈地开展"扫黄打非"工作，为贵州经济社会发展创造良好的文化环境。下面，讲几点意见。

一、进一步加深对"扫黄打非"工作重要性的认识

"扫黄打非"是意识形态领域内的政治斗争，是一项事关国家政治制度，事关社会主义现代化建设，事关我国文化安全和社会稳定的重要工作。中央和省每年都将"扫黄打非"列入工作重点，足以说明这项工作的极端重要性。全省各级新闻出版部门一定要从服务党和国家工作全局、推进中国特色社会主义事业顺利发展、保持国家长治久安的战略高度，充分认识这项工作的重要性、长期性和艰巨性，决不能松懈和掉以轻心。

2009年，是特殊敏感的一年，全省各级新闻出版、版权部门一定要继续保持清醒认识，增强责任感和使命感，进一步把思想和行动统一到中央、省的决策部署上来。要创新工作思路，探索新的办法，更加扎实有效地推动"扫黄打非"工作。要加强出版物市场的日常监管，最大限度地压缩非法出版物和文化垃圾的市场空间，让盗版、非法、低俗的文化产品无市场、无土壤，要进一步做好"扫黄打非"的全面协调工作，加强与其他部门的合作，健全和完善各项工作体制及长效机制，整合资源，强化手段，城乡区域上下联动，形成合力。要结合中央、省的工作部署和要求，有针对性地制定本区域"扫黄打非"行动方案，切实解决本地存在的重点问题和突出

问题。

二、进一步完善"扫黄打非"的工作机制

全省由省到县都已建立了党委领导任组长的"扫黄打非"工作领导小组，形成了党委领导、"扫黄打非"机构统一协调、相关部门分工负责、上下联防联动的工作机构。各级新闻出版、版权行政部门要切实履行好"扫黄打非"工作领导小组常设办事机构的责任，主动做好部署、指导、协调、督办工作，为"扫黄打非"各成员单位做好服务。各级新闻出版、版权行政部门要把"扫黄打非"作为首要政治任务，列入工作重点和领导责任之中。新闻出版局主要领导，无论是否担任"扫黄打非"办公室领导，都要把"扫黄打非"看成主要工作，支持"扫黄打非"办公室主动开展工作，做到重大行动亲自部署、重要工作亲自指挥、大案要案亲自督办、重点问题亲自协调解决。

三、把握重点、注重实效，落实2009年各项任务

各级新闻出版、版权行政部门要结合实际，研究和制定具体的工作方案，关键抓好以下工作：一是始终把封堵和查缴违禁内容非法出版物作为出版物市场监管的首要任务。二是加强网上"扫黄打非"，利用技术手段，封堵网络传播的非法有害信息，特别是通过互联网、手机传播政治谣言、淫秽色情信息和侵权盗版内容。三是大力扫除文化垃圾，清扫淫秽色情的书刊、音像制品、卡片、动漫游戏等有害出版物，积极打造贵州"绿色文化"生态环境。四是以保护知识产权为平台，坚决查缴各类侵权盗版出版物，特别是盗版音像制品、计算机软件、教材教辅、畅销书和常销书。五是加大报刊治理整顿，严厉查处、取缔各种形式的非法报刊，特别是对非法夹带、邮寄入境的境外有害报刊，利用境外注册刊号在境内出版的非法报刊，以及"一号多刊"出版的非法报刊，一旦出现，坚决予以严肃查处。

各级新闻出版、版权行政部门，要围绕上述

五项重点工作，按照 2009 年"扫黄打非"工作要求，积极担当并发挥"扫黄打非"主力军的作用。在今年三个阶段的"扫黄打非"工作中，要结合各地实际，科学谋划、合理部署、精心组织、狠抓落实。把日常监管与专项行动相结合，把开展具体工作与解决突出问题相联系，坚决防止危害国家政治安定和社会稳定的出版物，以及危害未成年人身心健康的淫秽色情等文化垃圾流入贵州境内。

2009 年 2 月 23 日

在第二十二次全省"扫黄打非"工作电视电话会议上的讲话

贵州省委政法委副书记、省综合治理办公室主任、省"扫黄打非"工作领导小组成员
林连华

按照会议安排，就全省政法、综治部门贯彻落实第二十二次全省"扫黄打非"工作会议精神，深入开展"扫黄打非"工作讲三点意见。

一、认清形势，提高认识，进一步增强"扫黄打非"工作的紧迫感、责任感和使命感

2008 年，各级政法委、综治委和政法各机关密切配合宣传、新闻出版、文化、工商等有关部门，积极开展了查缴违禁内容非法出版物、打击侵权盗版活动、扫除淫秽色情等文化垃圾、整治非法报刊和网上"扫黄打非"等重点工作，始终保持了对各种违法犯罪活动的高压态势；紧密结合工作实际，突出工作重点，进一步加大清查整治力度，破获了一批大案要案，端掉了一批犯罪窝点，整治了一批治安混乱地区，抓获了一批犯罪嫌疑人；及时受理"扫黄打非"案件，组织精干力量快查快办、快捕快诉、快审快判，依法严惩了一批违法犯罪嫌疑人，结合广泛开展的平安建设，坚持"打防结合、预防为主，专群结合、依靠群众"的工作方针，努力将"扫黄打非"工作向基层延伸，同时把"扫黄打非"工作纳入社会治安综合治理年度考核内容，有力地推动了"扫黄打非"工作齐抓共管格局的形成，为建设"平安贵州"和构建"和谐贵州"营造了良好的社会舆论文化环境，为维护社会和谐稳定作出了积极贡献。

2009 年即将迎来新中国成立 60 周年，维护社会和谐稳定的任务依然十分艰巨和繁重，"扫黄打非"以及净化文化和出版物市场工作斗争面临的形势依然十分严峻。对此，必须深刻领会全国第二十二次"扫黄打非"工作电视电话会议精神，切实增强工作主动性，牢牢把握工作主动权，全力以赴做好"扫黄打非"工作。

各级党委政法委、综治委和政法各机关要从捍卫中国特色社会主义旗帜的政治高度，从建设社会主义核心价值体系的理论高度，从全面建设小康社会、构建社会主义和谐社会的全局高度，从维护党和国家长治久安的战略高度，充分认识"扫黄打非"工作的极端重要性。要按照全国、全省政法工作会议，全国及全省第二十二次"扫黄打非"工作电视电话会议精神，进一步提高对"扫黄打非"斗争重要性、长期性、艰巨性、复杂性的认识，进一步增强紧迫感、责任感、使命感，进一步强化领导，严密组织，明确任务，进一步加大整治和执法力度，务求实效。

二、认真部署、突出重点，进一步加大"扫黄打非"工作的力度

各级党委政法委、综治委和政法部门要按照 2009 年"扫黄打非"工作部署和此次会议精神，以坚定的信心和高昂的斗志投入"扫黄打非"工作，认真部署，精心组织，配合有关部门，结合当地实际，采取切实有效的措施，狠抓各项工作落实情况。

一是严密封堵和查缴违禁内容非法出版物。

突出打击制售违禁内容非法出版物活动，各级公安、司法机关要积极配合新闻出版、文化、工商等部门，采取日常监管与集中统一行动相结合的方式，进一步加大对书报刊批发市场、音像市场、电子软件市场的清查力度，坚决打击兜售非法出版物和音像制品的违法犯罪活动。

二是加大网上"扫黄打非"的力度。各级政法部门要切实增强网上"扫黄打非"的意识，建立健全网上综合防控体系，密切关注网上信息动向，严密封堵境外有害出版物及政治谣言、淫秽色情等有害信息；公安机关要依法加强互联网安全监督管理和网络信息监控，密切关注网上舆情动向，切实做到发现得早、控制得住、处置得快；要按照全国整治互联网低俗之风专项行动的总体要求，严厉打击网上色情活动，扫除淫秽色情等文化垃圾，对利用互联网传播有害信息的网站要坚决予以关闭，对涉案的违法犯罪人员要坚决予以惩处；严厉查处利用移动通讯终端、声讯台、手机短信等传播文化垃圾、有害信息的行为，并寻根溯源，挖出犯罪窝点，严惩组织头目。继续加大对传播淫秽色情等有害信息网吧的整治力度，对黑网吧和违规经营的上网服务场所，要坚决予以取缔，依法严厉查处。

三是认真查办大案要案，加强情报信息工作。各级党委政法委要切实加大对案件的协调力度，特别是对大案要案和跨地区的案件，要落实责任，加强督查，确保立案、侦破、审理等环节的办案质量；要切实加强情报信息工作，建立健全情报信息网络，增强工作的针对性。要深挖犯罪线索，查找犯罪活动源头，坚决打掉从事走私、制作、印刷、复制、销售非法出版物活动的犯罪团伙，端掉其制作储藏窝点，切断其地下发行网络；各级公安机关要发挥"扫黄打非"主力军作用，强化对重大案件侦破的组织领导，完善工作机制，突出重点，主动出击，务求实效。对有关部门移送的刑事案件，要及时立案，依法查办；公安、法院、检察院要密切配合，做好行政执法与刑事司法的衔接，充分运用刑事打击手段，严惩犯罪，形成强大的法律威慑力。各级检

察、审判机关对经营政治性非法出版物的犯罪行为，要充分运用相关法律，严厉惩处违法犯罪人员。要进一步加强跨部门跨区域联合办案，努力在打团伙、破大案、攻网络、抓主犯上下功夫。要严格依法办案，对有法不依、执法不严、以罚代刑，办人情案，充当保护伞，甚至与不法分子相互勾结，进行权钱交易的执法人员，要依法严厉查处，并追究有关领导的责任。

四是加强治安管理和防范工作。要加强对出版、发行单位和印刷、复制企业的日常监管和教育，依法严厉查处违法违规行为，从源头上保障出版物市场的正常秩序。要通过加强治安管理，深挖非法出版活动制作、储运场所。坚决取缔无照经营、违法经营的企业，从严查处违法经营行为。要进一步加大治安整治的力度，对在城市繁华地区和公共场所兜售盗版图书、淫秽光盘的游商、摊商进行坚决治理。

三、专群结合，综合治理，进一步构建齐抓共管的工作格局

各级综治部门要按照《2009年全省社会治安综合治理工作要点》的要求，切实加强组织领导，将"扫黄打非"工作与社会治安综合治理工作同部署、同落实、同检查。要认真落实工作责任，明确目标任务，确保"扫黄打非"工作在基层得到落实。各级综治办要积极与当地"扫黄打非"工作领导小组及其办公室协作配合，协调、指导综治委成员单位共同做好"扫黄打非"工作，努力在形成齐抓共管工作格局上下功夫；要紧密结合当前开展的综合治理和平安建设工作，不断提高工作层次、完善工作制度，努力在构建"扫黄打非"工作长效机制上下功夫；要进一步发动基层党政组织和居委会、治保会、调委会等自治组织参与"扫黄打非"工作，切实做到横向互动，纵向联动，努力在促进"扫黄打非"工作在基层落实上下功夫；要把"扫黄打非"工作与排查整治治安混乱地区和突出治安问题等专项行动结合起来，查处违法活动，净化文化环境，努力在增强"扫黄打非"工作针对性、实效性上下功夫；要充分发挥综治群防群治网络和治安信息

员的作用，将"扫黄打非"工作的触角延伸到街道社区、乡镇村庄，延伸到社会每个角落，努力在形成"扫黄打非"严密防范网络上下功夫；要坚决扫除危害青少年身心健康的有害信息和出版物，采取多种形式，结合典型案例，加大宣传教育力度，努力在增强广大青少年自觉抵制和远离淫秽色情等有害信息能力上下功夫。

要进一步细化"扫黄打非"工作措施。要强化对出租房屋的管理，通过以房管人，及时发现违法犯罪活动和违法犯罪人员。要切实发挥主流报刊、杂志、影视、网络及宣传品的作用，进一步加大宣传教育力度，增强群众自觉防范、自我约束、自我控制的能力。同时，对典型案例进行曝光，教育群众，震慑犯罪。要大力提倡和表彰见义勇为行为，弘扬社会正气，鼓励群众举报违

法犯罪线索，调动群众参与"扫黄打非"工作的积极性，努力形成人人参与、全社会支持"扫黄打非"工作的良好局面。要坚持"属地管理"和"谁主管、谁负责"的原则，严格落实责任，健全工作制度，努力构建"扫黄打非"工作长效机制。要始终将"扫黄打非"工作纳入各级社会治安综合治理年度考核范围，并作为年度评先表彰的重要依据。要严格落实社会治安综合治理领导责任制和责任追究制度，对在"扫黄打非"工作中不力的地区和单位，及时下达警示通知书或黄牌警告，对在工作中失职、渎职，导致非法出版物泛滥、影响恶劣的地区和单位及其责任人，要严肃追究其领导责任，该"一票否决"的，坚决实行"一票否决"，决不姑息迁就。

2009 年 2 月 23 日

第二十二次全省"扫黄打非"工作电视电话会议召开

贵州省"扫黄打非"办公室

2009 年 2 月 23 日，贵州省召开了第二十二次"扫黄打非"工作电视电话会议。省委副书记、省"扫黄打非"工作领导小组组长王富玉，省委常委、宣传部长、省"扫黄打非"工作领导小组副组长谌贻琴，副省长谢庆生以及省"扫黄打非"工作领导小组成员单位领导同志和省相关部门负责同志出席了主会场会议。全省 9 个市（州、地）及 88 个县（市、区、特区）党委、政府分管"扫黄打非"工作的主要领导及"扫黄打非"工作领导小组办公室和成员单位领导、相关部门负责人在省的 9 个市（州、地）分会场参加了会议。

会议由省委常委、宣传部长、省"扫黄打非"工作领导小组副组长兼办公室主任谌贻琴同志主持，副省长谢庆生同志宣读了《贵州省2009 年"扫黄打非"行动方案》，省新闻出版（版权）局副局长邓兆梅，省委政法委副书记林

连华分别代表新闻出版（版权）和政法、综治部门作了贯彻意见讲话。

会上，省委副书记、省"扫黄打非"工作领导小组组长王富玉同志作了重要讲话。王富玉副书记按照中央精神，结合贵州"扫黄打非"工作实际，就如何做好 2009 年工作讲了四点意见。

王富玉指出，全省"扫黄打非"战线要认清形势，切实提高对"扫黄打非"重要性和紧迫性的认识。当前，我省同全国一样，总的形势很好，尽管面对国际金融危机的严重冲击，但仍保持了良好的经济发展态势，政治稳定、社会和谐。在思想文化领域，社会主义核心价值体系建设扎实推进，主流意识形态不断加强和巩固，文化事业、文化产业繁荣发展，广大人民群众的文化生活日益丰富。今年是新中国成立 60 周年，是深入贯彻党的十七大精神、扎实推进"十一五"规划顺利实施的关键之年，大事多、热点

多，重要敏感时间节点也比较集中。我们既要应对国际金融危机的严重冲击，确保全省经济平稳较快发展，又要做好应对各种挑战的准备，确保社会和谐稳定。当前，从贵州文化市场看，一是利用运输渠道贩运非法出版物的问题尚未从根本上得到解决，"扫黄打非"工作仍是全省出版物市场监管的重要任务；二是乡镇、社区文化市场管理体制机制尚未建立健全，"扫黄打非"工作向基层延伸的问题亟待解决；三是"扫黄打非"大要案的查处需进一步加大力度。对这些问题，我们要引起高度重视。要从服务党和国家工作全局、推进中国特色社会主义事业顺利发展、保持国家长治久安的战略高度，进一步加深对"扫黄打非"工作重要性、长期性、艰巨性的认识，切实增强责任感、紧迫感、使命感，把思想和行动统一到中央和省委的工作决策部署上来，不动摇、不懈怠、不敷衍，认真解决工作中存在的突出问题，把"扫黄打非"各项工作推向深入。

王富玉要求，全省各级"扫黄打非"工作部门要突出重点，切实增强"扫黄打非"工作的针对性和实效性。重点从四个方面下功夫：一是始终保持对违禁内容非法出版物的高压态势。非法出版物的基本特点就是歪曲历史、攻击社会主义制度，挑拨党和人民群众的关系，动摇党在意识形态领域的主导地位，直接危害国家利益。打击违禁内容非法出版物，始终是"扫黄打非"工作的首要任务，也是今年全省"扫黄打非"工作的重中之重。要结合我省实际，完善应对违禁内容非法出版物的快速反应和联合封堵机制，加大境外、省际间出版物流入环节的日常监管，开展集中行动，办理大案要案，增强打击效果，有效截堵违禁内容非法出版物进入我省出版物市场。二是深入开展网上"扫黄打非"工作。在现代信息技术迅猛发展的大背景下，互联网已成为意识形态领域较量的重要阵地，成为"扫黄打非"斗争的重要战场。其中，利用互联网传播淫秽色情等信息成为一种普遍现象，而且愈演愈烈，已经成为一种社会公害，对辨别力和自制力不强的青少年的健康成长危害极大。各级

"扫黄打非"工作机构、各有关部门要把网上"扫黄打非"摆到更加突出的位置，针对网上出现的问题，组织力量，采取措施，依法加强互联网管理，依法打击网上违法犯罪活动，坚决遏制利用互联网传播有害信息，坚决清理网上淫秽色情等文化垃圾，为广大人民群众特别是青少年营造文明健康的网络文化环境。三是坚决打击各类侵权盗版行为。能否有效保护知识产权，不仅关系到民族创新力，也关系到文化安全和国家形象。要继续高举保护知识产权旗帜，利用保护知识产权的工作平台开展"扫黄打非"。当前，要针对我省销售盗版、非法出版物经营活动较突出的问题，不断整合执法资源，加大打击力度，持续开展文化市场清理工作，切实加强对印刷复制源头和运输环节的监管，通过查办大案要案，有效震慑侵权盗版等违法犯罪活动。要继续在高校和中小学中开展"拒绝盗版、从我做起"的主题教育活动，引导广大青少年自觉抵制不良文化和侵权盗版产品。四是进一步打击非法报刊。近年来，在我省利用假报刊和假记者站非法牟利的问题时有发生，严重扰乱了文化市场秩序，损害了新闻出版业的公信力，社会各界意见很大。要按照中央关于进一步加强和改进报刊出版管理工作要求，组织对区域内报刊市场进行集中治理，坚决打击假报刊、假记者、假记者站，维护新闻出版正常秩序，促进我省报刊业繁荣健康发展。

王富玉强调指出，要讲究工作方法，抓住关键，有效地推动"扫黄打非"工作深入开展。要准确把握党和国家对"扫黄打非"工作的新要求，认真研究经济社会和科技发展对文化市场管理提出的新课题，积极适应人民群众对健康向上精神文化生活的新期待，以改革创新精神推进"扫黄打非"工作更加科学地开展。主要在四个环节上见成效。一是要抓好宣传教育。要全方位、多角度地开展宣传教育，加强舆论监督，深刻揭露制黄贩黄、侵权盗版等非法出版物的严重危害，动员社会各界、广大群众积极支持和参与"扫黄打非"。

把"扫黄打非"工作与城市社区建设和社会主义新农村建设结合起来，作为文明创建、平安创建的一项重要内容来抓，努力扩大工作的覆盖面和影响力，筑牢"扫黄打非"工作的第一防线。同时，要广泛宣传各地加强文化市场管理的有力措施和打击侵权盗版行为的实际成效，树立我省保护知识产权的良好形象。二是完善体制机制。要坚持和完善"党委统一领导、党政群齐抓共管，各级'扫黄打非'工作领导小组办公室和党委宣传部门组织协调，有关部门各负其责，各地区联防协作，社会各方面积极参与"的领导体制和工作机制。坚持打击与预防、惩治与教育、治标与治本相结合，坚持行政管理、行业自律、群众参与相结合，综合运用经济、行政、法律和技术等手段，整合多种资源，构建立体化的工作格局。要积极探索"扫黄打非"与文化市场综合执法有效衔接的运行机制，把"扫黄打非"作为文化市场综合执法的首要任务，用"扫黄打非"的工作成果来检验文化市场综合执法改革的成效。三是抓好集中打击。要根据《贵州省2009年"扫黄打非"行动方案》的部署，针对不同的打击重点和领域，在调查了解的基础上，确定出击时间，选准打击目标，有重点、有步骤地安排、部署专项打击行动。打击要果断，该收缴的要收缴，该关闭的要关闭，该取缔的要取缔，该处罚的要处罚，该移送司法机关处理的要移送司法机关，坚决打击不法分子的嚣张气焰，以达到震慑罪犯、教育群众、净化市场的目的。要适应形势发展的需要，高度重视运用现代科技手段，进一步提高"扫黄打非"工作水平和效能。

王富玉要求，全省各级党委政府要强化领导，为"扫黄打非"提供有力保证。各级党委政府要把"扫黄打非"工作列入重要议事日程，按照"扫黄打非"工作只能加强、不能削弱的原则，加强机构保障、投入保障和队伍保障，确保"扫黄打非"工作顺利开展。要坚持党委领导下的"扫黄打非"工作领导小组体制不变，确保各级"扫黄打非"工作领导小组办公室编制到位。把《贵州省2009年"扫黄打非"行动方案》确定的各项任务落到实处。要按照谁主管谁负责和属地管理的原则，进一步健全责任制，落实责任追究制度，做到守土有责、守土负责、守土尽责，坚决防止有分工不负责、有责任不到位的现象。各级"扫黄打非"工作领导小组组长是"扫黄打非"工作第一责任人，要加强领导，靠前指挥，着力解决重点难点问题。领导小组成员单位要各司其职、各负其责，相互配合、共同作战，领导小组办公室要大胆开展工作，加强组织、协调、指导和督促检查。"扫黄打非"工作重点在基层，难点在基层，薄弱环节也在基层。要在进一步强化地、县两级"扫黄打非"工作机构的基础上，通过调查研究，探讨解决"扫黄打非"工作延伸到乡镇、社区的问题，以切实加强对乡镇和社区文化市场的管理。乡镇党委和街道党组织要真正负起责任，确保基层"扫黄打非"工作有人抓、有人管。要以提高思想政治素质和业务能力为重点，切实抓好"扫黄打非"队伍培训工作，从政治上、工作上、生活上关心从事"扫黄打非"工作的同志，帮助解决实际问题，充分调动他们的积极性、主动性创造性。要高举旗帜、围绕大局、服务人民、改革创新，以良好精神状态和务实工作作风，扎实做好各项工作，夺取全省"扫黄打非"斗争的新胜利。

省委常委、宣传部长、省"扫黄打非"工作领导小组副组长谌贻琴同志要求，会议结束后，省委、省政府将以两办的名义及时转发《贵州省2009年"扫黄打非"行动方案》。各地要按照今年的行动方案，结合各自实际，科学谋划，精心组织，要加大宣传力度，营造良好氛围，形成强大声势，广泛动员全社会及广大人民群众支持参与"扫黄打非"工作，迅速掀起"扫黄打非"专项斗争的新高潮，要树立长期作战的思想，始终保持良好的精神状态，深入持久地开展工作，要切实履行属地管理和部门管理职责，加强协同配合，完善工作机制，创新方法手段，不断提高"扫黄打非"工作的针对性和实效性，为推动贵州科学发展、和谐发展作出新的贡献。

2009 年"扫黄打非"大案要案综述

贵州省"扫黄打非"办公室

2009 年，贵州省各级"扫黄打非"工作部门依据国家现有的"一法七条例"，依法严肃查处"扫黄打非"案件，坚决打击各种非法出版和非法经营的违法犯罪活动。切实加大对"扫黄打非"案件的有效查处，在重点抓好以宣传教育培训"预防"的同时，突出抓好与社区建设、新农村建设、平安创建、精神文明创建等相结合的"联防"，注重解决好社会各界参与的"群防"，有力地震慑了出版领域的各种违法犯罪活动。全年共查办"扫黄打非"刑事案件 13 起 17 人，审结 13 起 17 人。主要案件如下：

（1）安顺非法销售盗版音像制品案。2009 年 3 月 23 日，安顺市"扫黄打非"办公室根据群众举报，协调市相关部门，组织执法力量，依法对位于安顺市西秀区沙子坝制售淫秽盗版光盘及非法刻录"山歌碟"地下窝点进行突击执法检查，一举捣毁了非法制售盗版及淫秽音像制品的地下窝点。执法人员在该窝点的 3 间仓库和 1 处光盘制作生产场所现场，共收缴盗版光盘 13273 张，淫秽光盘 4059 张，暂扣刻录机 5 台、电脑 1 台，以及非法制作相关设备 6 件，有 1 人被公安机关行政拘留 15 天。

（2）付凯销售淫秽音像制品案。2009 年 3 月 26 日，贵阳市南明区人民法院以贩卖淫秽物品牟利罪对 2008 年贵阳市遵义路 32 号"环宇音像店"销售盗版及淫秽光碟的"9·18"案件主要当事人予以判决。判处被告人付凯有期徒刑 2 年，缓刑 2 年，并处罚金人民币 4000 元整。同时，依法没收所经营的全部非法出版物。

（3）贵阳市南明区批销非法音像制品案。2009 年 4 月 2 日，贵阳市南明区文化市场稽查大队，在辖区遵义路展览馆附近东方音像公司内的"至酷"音像店 2 层仓库内收缴大量盗版音像制品，其中还有少量涉嫌淫秽色情内容的光碟，执法人员立即控制了该经营点。共收缴盗版音像制品 30 余万张，淫秽色情类音像制品 3000 余张，当事人负案在逃，该案已移交公安机关处理。

（4）贵阳市云岩区批销非法音像制品案。2009 年 4 月 3 日，贵阳市云岩区"扫黄打非"办公室联合区文体局、头桥派出所，在辖区的黄金路居民楼内端掉一个批发盗版光碟的"黑窝点"。查获盗版音像制品 11 万张，其中 227 张淫秽色情类音像制品。此案当事人在执法人员到来之前已不知去向，当地公安部门正全力缉拿涉案人员。

（5）谷小龙贩卖淫秽光盘案。2009 年 7 月 16 日，安顺市西秀区人民法院依法以贩卖淫秽物品牟利罪对 2008 年"6·11"案件予以判决。依法判处被告人谷小龙有期徒刑 3 年，缓刑 4 年，并处罚金人民币 10000 万元整。

（6）马某制售非法报刊案。2009 年 7 月 22 日，贵阳市"扫黄打非"办公室接群众举报，反映在贵阳市以假冒《当代教育研究》等报刊，采用收取版面费和刊登费等形式，骗取全国各地急欲发表论文的教师钱财的情况，其社会影响极坏。贵阳市"扫黄打非"办公室迅速给贵阳市公安局治安支队下发了督办通知书，要求将此案作为严厉打击"四假"行动的典型个案进行查处。贵阳市公安局治安支队接到督办通知后，立即指派专人负责此案，经过连续几天的蹲点、摸排、调查，执法人员掌握了确切的证据，于 8 月 4 日，在位于贵阳市南明区朝阳洞路 107 号的非法报刊制售窝点，将刚露面的主要涉案嫌疑人马某抓获，并当场收缴《教育艺术》刊物25份、《当代教育》6份、《当代教育研究》22份。

（7）宋帮琴贩卖淫秽音像制品案。2009年8月4日，在贵阳市"扫黄打非"办公室的协调和督办下，贵阳市云岩区人民法院运用法律手段和相关工作机制，依法对"3·13"销售非法音像制品案主犯宋帮琴作出一审判决，以贩卖淫秽物品牟利罪判处宋帮琴有期徒刑3年，并处罚金3000元整，有力震慑了违法犯罪分子。

（8）贵阳市非法销售非法音像制品案。2009年8月5日，贵阳市云岩区"扫黄打非"办公室为切实解决好人民群众反映强烈的重点地域低俗及盗版音像制品较为严重的问题，联合省"扫黄打非"办公室、省出版物市场稽查队、贵阳市公安局治安支队、云岩区城管局、云岩区工商局、云岩区文化市场稽查大队，以及贵州电视台法制频道等部门集中对辖区客车站地下通道和贵州西南电脑城等28家出版物经营门店进行检查。共收缴各种非法音像制品32762张。其中，盗版音像制品32510张、低俗音像制品252张。收缴盗版书刊595册，依法将1名违法经营者移交公安机关处理。

（9）清镇市李某批销非法音像制品案。2009年8月14日，贵阳清镇市工商局执法科根据该市检察院提供的线索，在卫城镇西门村一个无照经营的音像制品窝点内查获涉嫌非法音像制品15715张，其中涉嫌含有淫秽内容的音像制品513张。当事人李某已移交当地公安部门查办。

（10）袁泽芬贩卖淫秽光碟案。2009年8月24日，贵阳市清镇市人民法院以贩卖淫秽物品牟利罪，对2009年6月11日在清镇市王庄街上贩卖淫秽光碟135盘的当事人予以判决，依法判处被告人袁泽芬有期徒刑1年，缓刑2年，并处罚金人民币1000元。

（11）安顺市非法销售盗版光碟案。2009年9月7日，根据群众举报，安顺市文化市场稽查支队会同西秀区公安分局，在安顺市小商品批发市场内捣毁一个销售盗版音像制品及非法刻录"山歌碟"窝点，执法人员现场查扣盗版音像制品62157张。其中，盗版光盘56629张，盗版山歌盘5528张，从事非法活动的刻录机3台，不法经营者已移交公安机关查处。

（12）常亚奇网上传播淫秽物品案。2009年9月25日，贵阳市南明区人民法院以传播淫秽物品罪，依法对通过互联网"红磨坊娱乐网"上传淫秽图片573张，点击量高达333551次的被告人常亚奇予以判决。判处被告人常亚奇拘役4个月，并没收作案工具电脑主机及显示器各1台。

2009年"扫黄打非"大事记

贵州省"扫黄打非"办公室

1月4日，贵州省"扫黄打非"办公室根据群众举报，迅即派出省出版物市场稽查队执法人员对举报线索进行摸排，掌握确切证据后，在辖区公安机关配合下，同时对"贵阳天韵音乐书店"非法出版物储存仓库和经营门店进行执法检查，一举捣毁该非法出版物窝点。

1月26～31日，贵阳市文化市场稽查支队对属地出版物市场实施不间断巡查，保证了监管工作质量和效果，及时制定了《加强春节出版物市场检查工作方案》，将全体执法人员进行了合理搭配编组，要求各组执法检查人员在春节期间，每天到市区主要街面及各大电脑城进行巡查两次以上，对发现的违规情况要及时处理。

2月14日，为认真落实全国"扫黄打非"

工作小组副组长兼办公室主任、新闻出版总署党组副书记、副署长蒋建国同志有关"新形势下开展'扫黄打非'斗争要讲究思想和工作方法，在突出重点的同时，点面结合、以点带面"工作要求，贵州省新闻出版（版权）局局长、省"扫黄打非"工作领导小组办公室常务副主任刘援朝高度重视此项工作，亲自部署了对重点地域出版物市场监管工作方案，对贵州省图书批发市场和贵阳市遵义路口地下通道进行突击执法检查。

2月20~24日，贵州省"扫黄打非"办公室遵照中央会议精神，紧密联系年度及第一阶段"扫黄打非"专项行动工作实际，迅速作出工作部署。要求各地要把治理网络、网吧、荧屏声频、校园周边出版物市场等纳入阶段性工作重点内容，严厉查处淫秽色情等违法有害信息，以及损害未成年人身心健康成长的低俗文化产品。

2月23日，贵州省召开了第二十二次"扫黄打非"工作电视电话会议。省委副书记、省"扫黄打非"工作领导小组组长王富玉，省委常委、宣传部长、省"扫黄打非"工作领导小组副组长谌贻琴，副省长谢庆生以及省"扫黄打非"工作领导小组成员单位领导同志和省相关部门负责同志出席了主会场会议。

3月2日，贵阳市云岩区"扫黄打非"办公室会同云岩区文化市场稽查队、大营派出所、贵州电视台"百姓关注"栏目组，针对人民群众反映强烈的地段进行了集中清理整治，共同对大营坡地下通道销售非法出版物的游商地摊进行集中整治。贵州电视台"百姓关注"栏目跟踪报道后，受到了社会各界及广大群众一致好评。

3月12日，铜仁地区"扫黄打非"办公室会同地区新闻出版（版权）局、共青团铜仁地委等部门，在铜仁市锦江广场隆重举行"绿色家园、你我共建"青年志愿者行动启动仪式。倡议人人行动起来，争做"绿色家园"的志愿者、宣传者和监督者，守护好大家共同拥有的精神家园，为未成年人健康成长营造良好的网络和社会文化环境。

3月17日，贵州省"扫黄打非"工作领导小组办公室将净化全省社会文化环境整治纳入年度"扫黄打非"重点工作。同时，向全省各级"扫黄打非"工作部门和相关单位发出《关于组织开展净化社会文化环境专项整治"百日行动"工作的通知》，决定从3月15日至6月30日，以阶段性"扫黄打非"专项行动为平台，在全省组织开展净化社会文化环境专项整治"百日行动"。

3月31日，为检查贯彻落实全省净化社会文化环境统一集中行动电视电话会议情况，省委常委、宣传部长、省"扫黄打非"工作领导小组副组长谌贻琴，副省长谢庆生亲自带队，组织省委宣传部、省公安厅、省文化厅、省新闻出版（版权）局、省工商局、省通信管理局等部门负责人对贵阳市两城区网吧经营场所进行了暗查。

4月1日，按照贵阳市"扫黄打非"办公室第一阶段工作安排，以及贵州省净化社会文化环境专项整治"百日行动"的具体工作要求，贵阳市网吧管理义务监督工作在乌当区新添商业步行街举行启动仪式。此举，对于进一步净化网络文化环境，自觉抵制网络"文化垃圾"的侵蚀，促进未成年人的健康成长起到积极的推动作用。

4月15日，贵州省"扫黄打非"办公室组织执法人员，对贵州省的三家音像制品出版单位，一家光盘复制企业，以及13家音像制品销售单位进行了检查。收缴了《人体艺术》送审盘8张、样盘17张，查缴110种1280盘低俗音像制品。执法中还查缴了新发现低俗音像制品107种。

4月18日，贵州省"扫黄打非"办公室派出业务骨干，配合全国"扫黄打非"办公室案件督办组对贵州音像教材出版社进行调查取证。即日贵州音像教材出版社被新闻出版总署依法予以撤销。

4月22日，在第9个世界知识产权日到来之际，按照全国"扫黄打非"工作小组的统一部署和安排，贵州省及贵阳市"扫黄打非"工作领导小组共同在贵阳市人民广场举行集中销毁侵权盗版及各类非法出版物活动。公开销毁盗版音像制品、盗版软件，以及非法书报刊、电子出版物等总量达到 120 万件。

5 月 15 日，贵阳市教育局为巩固净化社会文化环境专项整治"百日行动"工作成果，及时转化已取得的促进未成年人健康成长专项整治工作成效，进一步贯彻落实中央《关于进一步净化社会文化环境促进未成年人健康成长的若干意见》精神，结合本地工作实际，细化各项工作内容和工作标准，从五个方面研制下发了《净化社会文化环境促进未成年人健康成长实施意见》。

5 月 11～17 日，贵阳市南明区"扫黄打非"办公室为巩固工作战果，防止各类违法违规经营活动的"回潮"、"反弹"，牵头组织区公安、文化、工商、城管等成员单位，对辖区文化及出版物市场的重点部位和重点区域开展联合执法检查行动。对属地的次南门、花溪大道、解放路、花果园、二戈寨、八公里、神奇路、兴关路、新华路等地段的文化及出版物经营户进行检查，收到了良好工作效果。

6 月 1～10 日，遵义市正安县"扫黄打非"办公室为扎实推进净化社会环境专项整治"百日行动"各项工作，坚决清缴腐蚀未成年人身心健康的各种"文化垃圾"，牵头组织县"扫黄打非"成员单位，在全县高（中）考期间，开展净化社会文化环境集中清查联合整治专项行动，确保全县广大考生在高（中）考期间有一个努力向上、轻松愉悦的文化环境。

6 月 15～26 日，贵州省"扫黄打非"办公室和省新闻出版局共同组织，先后在黔东南州凯里市和安顺市西秀区两地举办了每期 4 天的全省"扫黄打非"执法人员培训班。全省 9 个市（州、地）和 88 个县（市、区、特区）"扫黄打非"办公室负责人、新闻出版科科长、文化市场稽查队长及执法业务骨干共 335 人参加了培训。

7 月 6～17 日，按照全国"扫黄打非"办公室工作要求和贵州省"扫黄打非"办公室常务副主任、省新闻出版（版权）局局长刘援朝在《关于对全省开展清缴整治低俗音像制品专项行动工作情况进行检查的请示》工作批示，贵州省"扫黄打非"办公室抽调人员组成工作检查组，对遵义、铜仁、黔东南、黔南和毕节、六盘水、黔西南、安顺 8 个市（州、地）的 19 个县（市、区）的 7 家音像批发市场、63 个音像制品经营店的经营情况进行了检查。

7 月 9 日，贵阳市南明区"扫黄打非"办公室为进一步规范贵阳市南明区音像制品市场经营秩序，坚决抵制和严厉打击低俗音像制品，不断净化全区社会文化环境，根据《音像制品管理条例》、《音像制品批发零售出租管理办法》等相关法规，以及贵阳市"扫黄打非"办公室《关于继续开展清缴整治低俗音像制品专项行动的通知》要求，组织辖区内的 28 家音像制品经营户签订了《音像制品零售（出租）单位承诺书》。

7 月 31 日，南明区"扫黄打非"办公室和版权局为提高广大青少年对保护知识产权意义的认识，了解和掌握版权保护的基本法律知识，从小树立保护知识产权意识，争当版权保护的小卫士；根据贵阳市"扫黄打非"办公室、版权局《关于参加"全国青少年版权保护读书活动暨版权保护知识竞赛"的通知》要求，共同在贵阳市第十八中学启动全区"青少年版权保护读书活动暨版权保护知识竞赛"工作。

8 月 4 日，贵阳市云岩区人民法院对"3·13"销售非法音像制品案主犯依法作出一审判决，以贩卖淫秽物品牟利罪判处宋帮琴有期徒刑 3 年，并处罚金 3000 元。

8 月 5 日，贵阳市云岩区"扫黄打非"办公室为巩固清缴整治低俗音像制品专项行动成果，防止音像市场出现"反弹"，切实解决好人民群众反映强烈的重点地域低俗及盗版音像制品较为严重的问题，牵头协调组织，联合省"扫黄打非"办公室、省出版物市场稽查队、贵阳市公安局治安支队、云岩区城管局、云岩区工商局、云岩区文化市场稽查大队，以及贵州电视台法制频道等部门开展突击检查行动，贵州电视台法制频道对此联合执法行动进行了全程报道。

8月19日，根据贵州省"扫黄打非"办公室领导要求，由省"扫黄打非"办公室组织牵头，联合市、区"扫黄打非"办公室在贵阳市的云岩、南明两城区，开展了查缴"新"字头违法违规报纸的集中行动。对贵阳市云岩、南明两城区的遵义路、火车站、达高桥、延安路、中华路、瑞金路、客车站等重点地段上的35个书报刊经营点进行检查，查处非法销售报刊摊点13个，取缔非法报刊经营点3家，收缴各种非法报刊4278份、淫秽和封建迷信书刊106册，在贵阳市玉厂路贵州图书批发市场外成功端掉一个非法批发报刊的窝点。

9月15日，中央电视台《新闻联播》对遵义市正安县"扫黄打非"工作情况进行了报道。为巩固第一、二阶段"扫黄打非"集中行动已有的工作成绩，进一步净化文化市场环境，营造欢乐祥和、文明喜庆的国庆节假日社会文化环境，9月26日至10月8日，正安县"扫黄打非"办公室会同县新闻出版（版权）、公安、工商、文化等执法部门，结合第三阶段工作部署，再次在全县范围内联合开展了一次"扫黄打非"集中清缴整治专项行动，收到了明显的工作成效。

10月14日，贵阳市文化市场稽查支队接群众举报：贵州省交通技术学院内有三个"黑网吧"。根据掌握的情况，支队领导非常重视，迅速派出执法人员介入调查。在当天的行动中，执法人员共查获"黑网吧"三个，共查扣经营设备电脑主机及显示器398台。按照执法权限分工，贵阳市文化市场稽查支队向乌当区工商分局通报了打掉三个"黑网吧"的情况，并将这三个"黑网吧"移交给工商行政管理部门进行处理。通过对"黑网吧"的严厉打击，切实维护了青年学生合法权益，受到了社会各界好评，有效净化了校园网络文化环境。

11月5～8日，贵阳市云岩区"扫黄打非"办公室根据《贵阳晚报》报道的辖区内头桥地段游商地摊销售非法出版物"死灰复燃"问题，迅速对整治工作做出具体安排。针对该地段人员成分多样、流动性大、地形结构复杂等特点，制定了切实可行的行动方案，组织开展了集中整治行动，收到了良好社会反响。

11月19日，按照中央和贵州省"扫黄打非"工作小组办公室的通知要求，铜仁地区"扫黄打非"办公室向全区"扫黄打非"战线发出了相关紧急通知。重点在抓宣传、抓清理、抓防范上下功夫。要求各级"扫黄打非"办公室认真抓好工作成果的转化，将此项工作与第三阶段"扫黄打非"集中行动有效衔接，进一步有效净化社会文化环境，切实维护青少年身心健康。

11月27日，为确保中央及省"扫黄打非"办公室《关于认真开展打击手机网站制作、传播淫秽色情信息活动的紧急通知》所部署的各项工作落到实处，取得成效，贵州省通信管理局始终以净化社会文化环境，促进未成年人健康成长为目标，切实加大对手机信息服务的监管工作力度，着力解决社会各界关注、人民群众反映强烈的利用手机网络上网传播淫秽色情等低俗文化问题，迅即向电信贵州公司、移动贵州公司、联通贵州分公司发出了《关于专项清理整治手机淫秽色情和低俗信息的通知》。要求三家公司在认真搞好行业自律、文明经营、依法经商的基础上，抓好工作落实。

12月5日，贵州省"扫黄打非"办公室按照全国"扫黄打非"办公室和贵州省"扫黄打非"工作领导小组成员单位的任务分工要求，把"扫黄打非"工作列入社会治安综合治理考评范畴。拟制了《2009年贵州省社会治安综合治理"扫黄打非"工作考评细则（试行）》。考评范围包括"扫黄打非"工作落实、社会治安综合治理中涉及"扫黄打非"工作、"扫黄打非"综合治理案件查办、"扫黄打非"工作纳入社会治安综合治理教育活动四个方面内容。

12月10日，贵州省"扫黄打非"工作领导小组综合2009年整体工作情况，经过各级"扫黄打非"工作领导小组层层推荐，以及贵州省

"扫黄打非"办公室初审初评，推荐贵州省新闻出版局出版物市场"扫黄打非"办公室，贵阳市中级人民法院刑事审判一庭，贵阳市工商行政管理局为参评全国"扫黄打非"先进集体；推荐贵州省新闻出版局出版物市场稽查队主任科员

刘平，遵义市正安县新闻出版局文化市场稽查大队队长张吕芳，贵阳市新闻出版局长、市"扫黄打非"办公室主任王春雷为参评全国"扫黄打非"先进个人。

创新经验

试析"扫黄打非"工作在廉政文化建设中的积极作用

贵州省"扫黄打非"办公室

廉政文化是文化建设和廉政建设相结合的产物，是随着经济社会发展催生出的一种新型的文化现象。胡锦涛总书记强调指出："要把廉政文化建设作为建设社会主义先进文化的重要内容，并进一步完善反腐倡廉教育的工作机制，形成反腐倡廉教育的整体合力。"从本质上和内容上对廉政文化建设提出了新的要求。全面了解和把握"扫黄打非"工作与廉政文化建设内在的、本质的、必然的联系，积极探索反腐倡廉教育面向"扫黄打非"工作的新路子，充分发挥廉政文化在反腐倡廉工作中的基础性作用，是每位"扫黄打非"工作者值得深入研究、探索和实践的一个新课题。本文拟就正确理解"扫黄打非"工作与廉政文化建设的关系，深刻认识"扫黄打非"工作与社会主义廉政文化建设的重大现实意义，如何有效强化两者间的有机结合，以及发挥"扫黄打非"工作在廉政文化建设中的积极作用，谈几点肤浅的看法，以期得到专家指正。

一、正确理解"扫黄打非"工作与廉政文化建设的关系

胡锦涛总书记在党的十七大报告中指出："坚持深化改革和创新体制，加强廉政文化建设，形成拒腐防变教育长效机制、反腐倡廉制度体系、权利运行监控机制。"廉政文化建设被写

入党的代表大会报告，标志着我们党对廉政文化建设的认识和要求达到了新的高度。

廉政文化建设，是廉政建设和文化建设相结合的产物，其核心是崇廉尚廉，反对腐败。包括反对经济腐败，如贪污贿赂、损公肥私、挥霍浪费、欺诈敲诈、制假售假等；反对道德堕落，如包二奶、性骚扰、官不讲官德、民不讲职业操守等；反对政治腐败，如以权谋私、滥用职权、专制独裁等；反对作风腐败，如党风、政风、学风、民风的败坏等；还包括反对体制性、制度性腐败，如法制不健全、现行规章制度的漏洞与弊端等影响社会经济发展的各个方面不健康的内容。因此，加强廉政文化建设是一项长期的、艰苦的、全方位的、战略性的重要任务。

"扫黄打非"工作是社会主义精神文明建设的重要组成部分，是社会主义先进文化建设的有效措施，同时也是廉政文化建设不可缺少的重要内容之一。"扫黄打非"工作与廉政文化建设同属于意识形态领域的范畴，是新形势下开展反腐倡廉工作的一个有效载体，而廉政文化建设又是是提高"扫黄打非"战线执法队伍整体素质的有效途径，是深入推进反腐倡廉工作的迫切需要。

20 多年的实践证明，"扫黄打非"工作一直居于思想文化战线的最前沿，出版物市场的

监管最根本、最直接、最主要的就是以"扫黄打非"工作为纽带，同时，"扫黄打非"工作也是廉政文化的一个重要的组成部分。一方面，通过对色情淫秽出版物、非法出版物等各种违法出版物的收缴和对出版物市场的整治，不仅净化了市场环境，也净化了读者的阅读内容。同时，对那些诸如厚黑学一类的腐朽官场文化出版物的清理和荡涤，也为优秀廉政文化出版物的出版发行扫清了道路。另一方面，我们也看到，非法出版物之所以得以出笼，最直接的原因就是一些不法书商与出版社内部人员相互勾结，大肆行贿受贿，买卖书号，凡是出版物大案要案的背后几乎都存在着这样那样的权钱交易。因此，通过大力加强出版队伍的廉政文化建设，树立正确的荣辱观，是从源头上杜绝黄色和非法出版物产生的重要举措。

因此，正确理解"扫黄打非"工作与廉政文化建设的关系，对于在新形势下深入开展"扫黄打非"工作具有重要意义。如果说"扫黄打非"工作是利剑出鞘，那么廉政文化建设就是夯实地基，广泛开展廉政文化对于"扫黄打非"工作来说，是基础性的工作，是治本之策。大力加强出版队伍的廉政文化建设，将大大减少出版单位职工尤其是握有书号权的领导与不法书商进行权钱交易的几率。在全社会普及廉政文化，能够动员更广泛的群众投身于"扫黄打非"工作，形成自觉抵制黄色和非法出版物的良好的社会风气。所以，从某种意义上也可以说，加强廉政文化建设也正是另一条战线进行的"扫黄打非"工作。

对于从事"扫黄打非"工作的同志来说，一定要提高对于廉政文化建设重要性的认识，自觉做廉政文化建设的参与者和建设者，从而为社会主义先进文化建设的发展，深入持久地开展"扫黄打非"斗争作出新的更大的贡献。

二、抓好"扫黄打非"工作与廉政文化建设的有机结合，促进出版业又好又快发展

随着我国经济社会的迅猛发展，"扫黄打非"工作不仅成为出版业的新兴领域和重要组成部分，更成为我国开展"扫黄打非"斗争的主要战场。在全国"扫黄打非"工作小组办公室的指导下，贵州"扫黄打非"战线，按照省"扫黄打非"工作领导小组及其办公室的具体工作部署和工作安排，立足本职，牢记使命，认真履行工作职能，较好地完成了党和人民赋予的各项任务。据不完全统计，20年来，全省"扫黄打非"战线，认真抓好"扫黄打非"工作与纪检监察工作、反腐倡廉教育等廉政文化建设的有机结合，不断推动廉政文化建设发展。期间，全省"扫黄打非"战线上的工作者没有发生一起违法案件和违纪行为，共收缴各类非法出版物3000多万件，审结"扫黄打非"大案要案37宗，既严厉打击了各种非法出版活动，又震慑了违法犯罪分子。由于"扫黄打非"斗争的开展，在很大程度上促进了我省出版业的又好又快发展。以2008年为例，全省图书业不含税销售收入为40.93亿元，上缴国家税款5.96亿元，其间接产值就达到100多亿元。全省出版业从业人员，也从20年前的279人，增加到29915人，出版、印刷、发行单位也从20年前的20多家发展到2000多家，而间接带动物流、印刷、教育、邮政等行业的从业人员则更多，其波动效应也相当强。所以说，通过开展"扫黄打非"工作，既确保了出版物市场的平稳健康有序，又促进了我省出版业的发展，"扫黄打非"工作在廉政文化建设中确实发挥了应有的作用，不但有现实的经济意义，还有很重要的社会意义。

站在新的起点上，要进一步发挥"扫黄打非"在廉政文化建设中的作用，推进出版业更好更快发展，还需从以下三个方面狠下功夫。

（一）在内容上，通过加强廉政文化建设，不断提高"扫黄打非"队伍整体素质

一是必须把坚定理想信念、增强宗旨观念作为"扫黄打非"工作的核心内容。按照"扫黄打非"工作的职能要求，在"扫黄打非"战线广泛开展"党内各种反面腐败典型警示教育活动"，"当好党和人民文化卫士"系

列教育活动，以及严守"扫黄打非"工作"三条底线"及"实施文化环保工程"等主题教育，正确引导全省"扫黄打非"战线广大党员干部和职工，牢固树立正确的人生观、权力观和名利观，增强宗旨观念，使"扫黄打非"战线上的广大党员干部自觉做到权为民所用、利为民所谋、情为民所系。二是必须把提高党员干部的思想道德观念作为"扫黄打非"工作的重点内容。举办学习《中国共产党党内监督条例》和《中国共产党纪律处分条例》培训班，开展"争做优秀党员"、"争做文化卫士"系列教育活动。利用工作之机，为党员干部和执法人员宣讲，开展反腐败形势教育、党性党风党纪条规教育、先进典型示范教育和反面案例警示教育，不断增强党员干部的监督意识和纪律观念。增强党员干部加强文化修养，升华自己的人格，强化廉洁自律意识，自觉抵御拜金主义、享乐主义、极端个人主义等腐朽思想的侵袭，时刻经得住权利、金钱、美色的考验。三是必须把提高党员干部的廉政文化素养作为"扫黄打非"的基础内容。在开展廉政文化建设中，坚持用科学的理论来武装人，用先进文化的力量培育人，通过开展读书思廉活动、举行"讲正气、树清廉、做好'扫黄打非'工作"演讲比赛、廉政文艺节目演出、廉政文化座谈会、形势报告会，以及"扫黄打非"基础理论和业务知识培训等形式，让执法者在分析对比中得出正确的判断，在亲身体验中接受廉政文化洗涤，从而提高执法者的思想政治素质和科学文化素质。

（二）在形式上，切实创新载体，增强"扫黄打非"教育的感染力和渗透力

不断创新"扫黄打非"廉政文化教育的工作形式，统筹谋划，因地制宜，确保教育在活动、在作品、在新型传媒等载体中得到充分体现。一是应积极组织开展"扫黄打非"和廉政文化活动。利用每年的"4·26"世界知识产权日、阶段性重点工作、各专项行动，以及国家重大敏感时段及重要节点的出版物集中

清查行动期间，举办形式多样的"扫黄打非"宣传活动，以大型移动展板，发放宣传资料，"打击侵权盗版、保护知识产权"咨询、合唱、歌曲、小品、相声、快板等形式，为广大人民群众奉献高质量的"扫黄打非"及廉政文艺演出，使广大人民群众在艺术欣赏中接受教育，心灵得到净化。二是应努力创作"扫黄打非"廉政文化作品。依托传统文化资源和现实反腐败题材，精心组织廉政文化作品创作，把一个个感人肺腑的"扫黄打非"事例，展现在社会各界群众面前，让"扫黄打非"战线上的广大执法者依法文明行政，使出版物经营者树立"守法经营、文明经营"的经营理念，自觉参与到"扫黄打非"工作中，在接受优秀文化熏陶中逐步树立诚实守信的意识。三是应着力构建"扫黄打非"廉政文化网络宣教平台。发挥全省各级新闻媒体舆论宣传作用，不断拓展"扫黄打非"工作在廉政文化建设中的空间，设立法纪条规、优秀廉政文章、廉政知识测试、廉政书屋、廉政小词典、廉政漫画、反腐倡廉影视作品等栏目，融思想性、艺术性、知识性、趣味性为一体，扩大覆盖面，提高影响力，使廉政文化深入人心。

（三）在方法上，不断拓宽领域，扩大"扫黄打非"工作的辐射面

配合"扫黄打非"各项工作任务，及时总结全省"扫黄打非"工作经验和成绩，不断延伸拓展"扫黄打非"廉政文化教育的渠道，形成全民受到教育的工作格局。一是各级"扫黄打非"办公室应把"扫黄打非"进社区工作与创建文明社区、平安小区、人文社区等工作紧密结合起来，在社区推出"扫黄打非"公益广告，树立大型"扫黄打非"宣传画、建立"扫黄打非"宣传一条街，烘托浓厚的"扫黄打非"廉政文化环境。二是各级"扫黄打非"办公室应把"扫黄打非"廉政文化纳入广大学生德育课程，纳入到学校各种培训、研讨班教学中，纳入到抵制"低俗文化侵蚀"

行动中，让学生在掌握文化知识同时，接受"扫黄打非"廉政文化教育。三是各级"扫黄打非"办公室应把"扫黄打非"战线开展党风廉政方面内容，传达到出版领域的各个行业管理部门，各行业协会要及时把有关廉政方面的规定，纳入到整个出版行业规章制度中，做到倡导诚信经营、合法营销，为出版业发展打下基础。四是各级"扫黄打非"办公室应把"扫黄打非"廉政文化作为加强农村基层党支部党风廉政建设的一个重要抓手，借在农村开展"扫黄打非"工作之机，将党风廉政方面的书籍、资料、报刊和电教片送到农民手中，利用"农家书屋"建设工程，不断增强农村"扫黄打非"廉政文化的社会效应，利用镇乡、村文化站的文艺团体，编排"扫黄打非"廉政文艺节目，在群众聚集的广场举办廉政文艺会演，以宣传党风廉政。五是各级"扫黄打非"办公室应把"扫黄打非"廉政文化活动作为机关廉政建设的重要内容之一，充分发挥广大公务人员和各级领导干部的模范带头和示范引路作用。积极打造反腐倡廉的人文环境，促进机关工作人员廉洁自律，筑牢拒腐防变的思想道德防线，形成以廉为荣、以贪为耻的工作氛围。

三、发挥"扫黄打非"工作在廉政文化建设中的积极作用

为保证廉政文化建设总体目标的实现，"扫黄打非"工作在廉政文化建设中，应从实际出发，具体情况具体分析，围绕廉政文化建设的总体目标内涵，重点抓好以下四个方面工作。

第一，不断增加"扫黄打非"工作的文化含量。各级"扫黄打非"办公室应当把廉政教育纳入到各项教育活动中，纳入到执法队伍建设中，纳入到各阶段集中行动和各个专项行动，以及日常监管工作中。以报告会、知识测试、电化教育、读书修德等形式有重点地解决党员干部思想上存在的问题；以身边的"扫黄打非"廉政典型和"扫黄打非"廉政事迹，教育引导广大

党员干部；编辑、出版一批有一定影响的"扫黄打非"廉政图书，作为"扫黄打非"战线上党员干部廉政教育的教材。通过各种形式的教育活动，使廉洁自律成为"扫黄打非"战线党员领导干部的道德修养、自觉行动和生活方式。近几年，贵州"扫黄打非"战线大力推进廉政文化建设活动，开展廉政执法活动，依法行政、文明执法，把反腐倡廉斗争与"扫黄打非"斗争有机结合起来，既是工作的执行者，又是工作的实践者，涌现出以祝迎生、王志权等为代表的一批先进典型。

第二，积极拓展"扫黄打非"工作的宣传阵地。各级"扫黄打非"办公室应加大对"扫黄打非"廉政文化的宣传力度。充分利用大众媒体覆盖面广、群众关注程度高的特点，在报刊、电视台、电台开设栏目，讨论党风廉政建设和反腐败斗争在"扫黄打非"工作中的热点、难点问题，增强反腐倡廉宣传的声势和效果；有效加强文化市场监管，对传播反动、色情、封建等不健康思想的阵地和作品要坚决取缔和严厉打击，铲除滋生腐败文化的土壤和环境。从2008年起，各级"扫黄打非"办公室以守住"扫黄打非"的"三条底线"为工作的出发点和落脚点，加强与当地主要媒体的法制栏目的合作，把对市场的日常监管和案件查处工作情况制作成视频，安排在相关法制节目中，并请有关专家对节目中的法律和廉政问题进行解答，唤起社会各界的广泛关注。

第三，着力整合"扫黄打非"工作的社会资源。各级"扫黄打非"办公室应根据属地实际，有选择地举办一至两项文学艺术大赛（展），吸引文学艺术爱好者参与，扩大当地文化名片的社会影响力；聘请国内外知名专家、学者创作"扫黄打非"廉政文化精品或对创作给予指导；利用影剧院、美术馆、展览馆、图书馆、文化宫、广场舞台等文化设施，通过举办展览、举行讲座、放映影视作品、提供图书资料等形式，提高廉政文化活动的开放度和群众参与度；挖掘各地文化中蕴含丰富的廉政文化内涵，

高质量地规划、建设几个廉政文化景观，大力弘扬当地廉政文化。2006年开始，全省各级"扫黄打非"工作部门根据民俗、民风、民习等实际，以"扫黄打非"工作中廉洁自律、克己奉公的先进个案为原形，以"多彩贵州"文化名片为平台，编排成文艺节目，在省内外文艺舞台上演出，进一步扩大"扫黄打非"中廉政文化的影响力。

第四，切实加快"扫黄打非"工作的"五进"步伐。各级"扫黄打非"办公室应努力加快"扫黄打非"廉政文化进社区、进学校、进行业、进农村、进机关的工作步伐。进一步扩大教育对象和覆盖面，增强廉政文化的亲和力、渗透力和感染力，使清廉之风吹进社会的每个角落，使廉政文化渗透到日常生活的各个方面，使廉洁的观念深入人心，在全社会形成人人崇廉、人人颂廉、人人清廉的良好风尚。在实际工作中，贵州各级"扫黄打非"工作机构注重抓好三大项工作：一是应突出各级领导的参与度。各级领导以身作则，不断激发广大干部参与"扫黄打非"廉政文化活动的热情。二是应紧紧围绕群众关注、关心的"门难进、脸难看、话难说、事难办"及"吃、拿、卡、要"等焦点问题，在摸索"扫黄打非"廉政文化工作机制上做文章。三是应赢得社会各界的广泛支持。从教化入手，着眼于监督，树立样板，启发良知，唤起正义感、荣誉感，发挥廉政文化对人的潜移默化功能。

总之，"扫黄打非"工作与廉政文化建设关系密切，意义深远，发挥好"扫黄打非"工作在廉政文化建设中的积极作用，在市场经济发展时期显得尤为重要，"扫黄打非"工作与廉政文化建设一样，既是一项实活细活，又是一项"润物细无声"的工作，具有阶段性、长期性和艰巨性的特征。要真正解决"扫黄打非"工作在廉政文化建设中存在的各种疑难问题，需要"扫黄打非"战线上的广大工作者，站在国家大局的高度，深刻认识"扫黄打非"工作在廉政文化建设中的重大现实意义，抓好"扫黄打非"工作与廉政文化建设的有机结合，从各级"扫黄打非"工作的实际情况出发，细化分解"扫黄打非"工作在廉政文化建设中的各项目标任务，既要高起点提出工作的努力方向，又要注意区分工作的轻重缓急；既尽力而为，又以点带面，确保制定的措施和规划的项目做得到、行得通、办得成；既要造声势、聚人气，又要抓落实、出成效，保证"扫黄打非"工作在廉政文化建设中取得实实在在的效果，发挥应有的作用。

贵 阳 市

2009年"扫黄打非"工作总结

贵阳市"扫黄打非"办公室

2009年，贵阳市"扫黄打非"工作牢牢把握"扫黄打非"形势，紧紧围绕年度"扫黄打非"总的要求和工作重点，以科学发展观为统领，以净化文化市场环境为主线，以保护知识产权为工作平台，坚持开展集中治理，切实加强日常监管，严密封堵和查缴违禁非法出版物，及时屏蔽和删除利用信息网络传播的各类有害信息，坚决查处各种侵权行为和查缴各类侵权盗版出版物，严肃查处取缔各种形式的非法报刊，大力查缴各类低俗音像制品，抵制网络低俗文化、净化网吧经营环境，确保全市出版物市场平稳有序、健康发展和社会稳定、政治稳定，为新中国成立六十周年大庆营造良好的舆论氛围和社会文化环境。全市共出动检查人员13305人（次），开展集中行动300余次，检查出版物市场、店档摊点8075家（次）、印刷企业及复印打印单位2065家（次），取缔出版物市场、店档摊点482个；收缴各类非法出版物103.93万件，其中盗版图书1.29万册、非法报刊1.35万份、盗版音像制品98.93万张、淫秽色情出版物1.79万件、盗版电子出版物0.57万张；查办"扫黄打非"案件8起，抓获犯罪嫌疑人6人，刑事审结案件4起，判刑4人。

一、领导重视，机构健全，经费落实，人员到位

一是领导重视。针对今年是一个大事多、热点多、敏感节点多的不平凡之年，贵阳市委、市政府领导高度重视"扫黄打非"工作。年初已将"扫黄打非"纳入到对各区（市、县）党委、政府工作目标考核体系。市委常委、宣传部长、市"扫黄打非"工作领导小组组长蒋星恒三次对贵阳市"扫黄打非"工作作出批示，两次出席"扫黄打非"工作会议提要求，统一思想，提高认识。市政府副市长季泓两次主持召开"扫黄打非"工作会议。二是健全机构。贵阳市继续坚持和完善"党委领导、政府管理、部门负责、社会参与"这一行之有效的"扫黄打非"工作领导体制和工作机制。充分发挥领导、组织、协调、监督等职能，推动全市"扫黄打非"向纵深发展。贵阳市"扫黄打非"办公室积极向市编办争取单独编制，贵阳市编办已答复在即将进行的机构改革中解决市"扫黄打非"办的机构编制问题。三是人员到位。市及各区（市、县）在以往的文化市场专职执法队伍的基础上，进一步强化了人员到位。为弥补文化市场执法人员的不足，贵阳市及各区（市、县）"扫黄打非"办公室积极整合工商、城管、公安等部门的执法力量，加强对出

版物市场的执法检查工作。四是保障到位。贵阳市及各区（市、县）财政基本落实了"扫黄打非"专项工作经费，市级为40万元。贵州省新闻出版局为贵阳市及所属各区（市、县）划拨了市5万、区（市、县）2万的"扫黄打非"专项工作经费。贵阳市文化市场稽查支队为全体执法人员购买人身意外伤害保险等。

二、明确重点，创新机制，强化措施

一是明确工作重点。按照中央和省关于2009年"扫黄打非"工作的部署和要求，贵阳市以市委办公厅、市政府办公厅名义转发了全市"扫黄打非"工作计划，明确了全市"扫黄打非"工作重点。二是创新机制，强化措施。出台《贵阳市"扫黄打非"联合办案制度（试行）》。同时，完善网吧监管技术设施，升级改造"先锋网吧监管系统"，对网吧实施远程实时监控；聘请网吧义务监督员监督管理；实施网吧挂牌监督制度，接受、查处群众举报等，不断创新手段以推进网吧管理。实施执法人员弹性工作制，避免特殊时间文化市场监管缺位；探索乡镇执法新机制，延伸文化市场执法范围；加大追根打源，封堵源头，斩断非法出版物市场经营链；加强工作督察，加大举报投诉的查处力度；全市各级政法、综治部门多措并举推进"扫黄打非"工作；培训与教育、处罚与教育并举，疏堵结合，加强对文化市场经营业主的引导；十措并举有效净化社会文化环境；加强"扫黄打非"办公自动化系统建设。

三、开展行动，狠抓落实

贵阳市"扫黄打非"办公室牵头组织全市"扫黄打非"工作部门，先后开展了春节前出版物市场专项整治；春节期间出版物市场专项检查；全国"两会"期间出版物市场专项检查行动；净化社会文化环境集中整治"百日行动"；印刷企业专项检查；集中清缴整治低俗音像制品专项行动；查缴"少儿版人民币"、"少儿八卦玩具"及卡通类非法出版物行动；"扫黄打非"第二阶段集中行动；"扫黄打非"第三阶段集中行动；打击非法报刊专项行动；企业软件正版化

专项检查。有效净化了全市社会文化环境，确保了全市出版物市场平稳、健康、有序。

四、注重宣传强意识

贵阳市"扫黄打非"办公室充分认识宣传工作在"扫黄打非"工作中占有重要的地位和作用，通过有效宣传动员群众积极参与、震慑违法犯罪、提升政府形象、提高公众意识。采取对内宣传与对外宣传相结合，不断完善上下互通、左右相连的信息网络，多形式、多角度、有重点地开展"扫黄打非"工作宣传报道，构筑立体化的"扫黄打非"宣传格局。在执法行动中，还积极邀请新闻媒体参与进行宣传和监督。今年以来，共编发"扫黄打非"简报 71 期，上报省"扫黄打非"办信息 166 条。据统计，全市各级"扫黄打非"工作部门在《贵州"扫黄打非"工作信息》、《贵阳政讯》等内部信息载体上登载信息 95 条；在《中国新闻出版报》、《贵州日报》、《贵阳日报》、《贵州都市报》、《贵州商报》、《贵阳晚报》、贵州电视台、贵阳市电视台、贵州人民广播电台、贵阳人民广播电台、中国"扫黄打非"网、金黔在线、中国·贵阳、林城贵阳、金阳时讯等新闻媒体上发布信息 300 余条（次），其中中国"扫黄打非"网采用 48 条。

制定加强"扫黄打非"行政执法与司法有效衔接工作举措 出台《贵阳市"扫黄打非"联合办案制度（试行）》

贵阳市"扫黄打非"办公室

3 月 31 日，贵阳市"扫黄打非"办公室根据中央和省、市年度工作要求，为严厉打击出版物市场各种违法犯罪活动，按照"彻查、彻究、彻办"的原则，有效强化全市公安、检察、法院等司法机关与新闻出版、版权、工商、城管等行政执法机关在查处"扫黄打非"案件方面的协作与配合，探索建立行政执法与刑事司法相衔接的有效工作机制，经过多方征求意见，制定并出台了《贵阳市"扫黄打非"联合办案制度（试行）》，就"扫黄打非"工作中加强行政执法与司法衔接工作作出了具体规定，建立了联席会议、案件通报、信息共享、案件移送、办案监督、责任追究六大制度，明确了行政执法机关与司法机关职责分工，严格了联合办案工作程序。

《贵阳市"扫黄打非"联合办案制度（试行）》明确了在贵阳市及市属各区（市、县）"扫黄打非"工作领导小组的领导和组织协调下，由行政机关与司法机关按照各自的职责权限共同组织实施。《贵阳市"扫黄打非"联合办案制度

（试行）》规定，"扫黄打非"联合办案的范围为：贵阳市及市属各区（市、县）辖区内出版物市场经营活动中涉及刑事责任追究的各种违法犯罪行为；司法机关与行政机关应建立联席会议、案件通报、信息共享、案件移送、提前介入、办案监督、协调配合、责任追究等工作机制。

——联席会议制度。由市"扫黄打非"办牵头，联席会议原则上每季度召开一次，司法机关与行政机关通过联席会议加强沟通、研究问题、议定事项。如遇重大、紧急情况可临时召开。各相关单位明确联络员，由市"扫黄打非"办负责日常联络工作。

——案件通报制度。行政机关要及时向市"扫黄打非"办通报查处、移送出版物市场案件情况；司法机关要定期向市"扫黄打非"办通报初查、侦查、立案、立案监督、批捕、起诉、审结出版物市场案件情况。一般案件在每季度联席会议上通报，重大案件随时上报。

——信息共享制度。司法机关查办的案件，

除涉及国家机密、重大经济安全或个人隐私外，应及时将相关信息反馈给市"扫黄打非"办，市"扫黄打非"办以《简报》形式转发给"扫黄打非"工作领导小组成员单位。

——案件移送制度。行政机关在执法过程中，发现涉嫌犯罪案件线索，应及时向同级公安机关通报。行政机关在查处"扫黄打非"案件时，发现涉嫌犯罪的，应按照国务院《行政执法机关移送涉嫌犯罪案件的规定》及时移送公安机关。

——办案监督制度。对行政机关不移送涉嫌犯罪案件，或行政执法机关认为依法应由公安机关立案而公安机关不予立案的案件，检察机关应进行立案监督。同时检察机关应按照国家法规规定对审判机关审判的"扫黄打非"刑事案件进行监督。

——责任追究制度。行政机关和司法机关违反国家法律法规和有关规定的，由本级或者上级"扫黄打非"工作领导小组责令改正，给予通报，构成犯罪的，依法追究刑事责任。

贵阳市"扫黄打非"工作部门十措并举
有效净化全市社会文化环境

贵阳市"扫黄打非"办公室

按照贵州省净化社会文化环境专项整治"百日行动"的工作部署和要求，以及贵阳市"扫黄打非"办公室《关于开展净化社会文化环境集中统一行动的方案》的具体任务和责任分工，贵阳市各级"扫黄打非"工作部门，坚持标本兼治、打防并重、综合治理，运用宣传、教育、法律、行政和技术等多种手段，一手抓监管，一手抓繁荣，加强对文化出版物市场的管理，疏堵并重，十措并举，有效净化社会文化环境。全市网吧违规接纳未成年人的现象得到进一步遏制，校园周边文化环境得到明显改善，文化市场经营秩序得到进一步规范。

一是高度重视，周密部署。贵阳市历来高度重视"净化社会文化环境，促进未成年人健康成长"工作，每年都把开展校园及周边文化市场环境整治作为文化市场和"扫黄打非"工作的重点内容，并牵头组织开展专项行动，把查缴色情淫秽、封建迷信、恐怖暴力等非法出版物作为重中之重。3月，按照贵州省"扫黄打非"办公室《关于组织开展净化社会文化环境专项整治"百日行动"工作的通知》和全市净化社会文化环境集中统一行动工作会议的要求，贵阳市"扫黄打非"办公室迅速组织召开全市"扫黄打非"办公室主任（扩大）会议，制定下发了集中统一行动工作实施方案，对净化社会文化环境工作进行了周密安排和部署，明确了工作指导思想、行动时间，确定了工作重点，明确了责任分工，提出了工作要求。

二是联合行动，形成合力。净化社会文化环境，是一项综合性的系统工程，仅靠一个部门是难以抓好的，需要各方协同，齐抓共管。按照集中统一行动安排部署，贵阳市及各区（市、县）文化部门召开了工作部署会，并迅速联合工商、城管、公安等部门开展了联合行动。3月19日，全市大规模的集中统一联合行动正式拉开。在贵阳市"扫黄打非"工作领导小组的领导下，贵阳市"扫黄打非"办公室组织市文化、新闻出版、版权、公安、工商、城管等部门和各区（市、县）共出动检查人员149人、车辆33辆，检查文化市场经营户172个，收缴盗版音像制品23500余张、涉嫌含有淫秽内容的音像制品400余张、非法报刊26份、非法卡通图书29册、儿童玩具人民币931张、儿童玩具存折13本、少儿卡通抽奖卡455张、印有人民币图案的橡皮擦29块；取缔游商地摊30个，查处违规网吧9家、违规印刷企业2家；取缔无证经营游戏机室2家，现场销毁游戏机7台；刑事拘留涉嫌贩卖淫秽音像制品的当事人2人。通过联合执法行动，形成了合力，打出了声势，震慑了违法犯罪人员。

三是大力宣传，营造氛围。按照集中统一行动关于加强宣传的工作部署，贵阳市积极与省、市新闻媒体联系，通过邀请新闻媒体记者参与执法等方式对工作进行宣传报道，大力营造净化社会文化环境，促进未成年人健康成长的氛围。据不完全统计，自行动开展以来，贵阳市及各区（市、县）文化部门在各类新闻媒体组织宣传报道50余次。同时还开展大规模的宣传活动。4月1日，在乌当区新添商业步行街举行了"抵制低俗文化净化网络环境促进青少年健康成长"启动仪式。4月17日，在市人民广场举行了"贵阳市'五老'监督员'净网吧、促成长'关爱未成年人专项行动"启动仪式。4月22日，市"扫黄打非"办与省"扫黄打非"办在市人民广场承办了"全国统一集中销毁侵权盗版制品及各类非法出版物贵州分会场"销毁活动，公开销毁侵权盗版制品及各类非法出版物120万件，组织出席活动的领导、相关部门执法人员、中学生、经营业主以及过往市民在"打击侵权盗版、保护知识产权"的大型条幅上签名，向市民发放"拒绝盗版从我做起"绿书签10000张，并制作了32块"扫黄打非"宣传展板在现场宣传展出，有力地警示、震慑违法犯罪分子和非法经营者，营造了净化社会文化环境的良好氛围。4月26日，市版权局在市人民广场开展"4·26"世界知识产权日宣传，现场发放宣传资料500份，并开展版权知识现场有奖征答，吸引市民了解版权知识。

四是弹性工作，错时检查。贵阳市要求全市文化市场执法部门在联合执法、交叉执法等基础上，根据侵权盗版等非法出版物经营者的经营时间调整工作时间，采取错时检查的弹性工作制度对街面进行检查，提高对销售侵权盗版等非法出版物游商地摊的打击效果。贵阳市文化市场稽查支队的工作时间调整为上午十点至晚上十点；贵阳市小河区文化市场稽查队针对网吧的监管，深入持久地开展"十二点行动"、"十八点行动"和"零点行动"，并充分利用夜市时间大力清理取缔销售盗版音像制品的游商地摊和无证照经营者；其余区（市、县）也根据游商地摊的出没时间调整了市场检查时间。

五是创新手段，净化网吧。在网吧监管方面，贵阳市主要采取三方面的措施：一是完善网吧监管技术设施，升级改造"先锋网吧监管系统"，对网吧实施远程实时监控。二是聘请"五老"义务监督员，义务监督网吧。4月1日，在乌当区启动了网吧义务监督员试点工作，聘请了38名网吧义务监督员。4月17日，启动了全市"五老"监督员"净网吧、促成长"关爱未成年人专项行动，聘用了100名老干部、老战士、老专家、老教师、老模范等"五老"人员担当网吧义务监督员，把义务监督作为行政执法的延伸，积极发挥社会力量参与网吧管理的作用。三是实施网吧挂牌监督制度，接受、查处群众举报。

六是整治低俗，净化市场。在集中统一行动中，贵阳市还将清缴整治低俗音像制品，查缴"少儿版人民币"、"少儿八卦玩具"及卡通类非法出版物等工作一并纳入进行安排部署。行动以来，全市共收缴低俗音像制品172种637张、淫秽色情音像制品13493张、"少儿版人民币"2051张、卡通类非法出版物658册、卡通抽奖卡907张、儿童玩具存折13本、印有人民币图案的橡皮擦29块。

七是追根打源，封堵源头。市面上的非法出版物绝大部分来自地下渠道和窝点，因此，追根打源，封堵源头，加大对地下渠道和窝点的打击力度，对于斩断市场经营链条具有重要作用。3月13日，贵阳市文化市场稽查支队根据长期跟踪调查，组织精干力量在延安巷某居民楼内查获一个非法音像制品批销窝点，收缴盗版音像制品21万多张、淫秽光碟6300余张。4月2日，贵阳市南明区文化市场稽查队在对出版物市场进行检查的过程中，在遵义路展览馆附近端掉一个非法音像制品储藏窝点，查获盗版音像制品30余万张、淫秽色情类音像制品3000余张。4月3日，贵阳市云岩区"扫黄"办联合云岩区文体局、头桥派出所在黄金路端掉一非法音像制品储藏窝点，查获非法音像制品10万余张，其中含有200余张淫秽色情类音像制品。同时，为加强"扫黄打非"行政执法与司法有效衔接，严厉打击侵权盗版等违法犯罪活动，3月31日，贵阳市"扫黄打非"办还制定出台了《贵阳市"扫黄打非"联合办案制度（试行）》。4月9日，贵阳市"扫黄打非"办召集贵阳市公安局、检察院、法院、工商局、文化市场稽查支队以及云岩区、南明区"扫黄打非"办有关人员召开了首次会议，就上述案件进行了认真研讨，并对下一步工作进行了部署。

八是重点问题，重点督办。针对重点地区、重点路段、重点部位容易出现问题的情况，贵阳市"扫黄打非"办加大暗访力度，并进行重点督办。3月30日，贵阳市"扫黄打非"办针对南明区新路口地下通道大量销售盗版音像制品的现象，向南明区下发了督办通知书。根据督办通知要求，南明区文体局于3月31日上午对新路口地下通道进行了突击检查，对正在营业的红杜鹃音像店、红杜鹃连锁音像店、好丽音像店进行了查处，收缴盗版音像制品10000余张。同时，根据群众举报、媒体曝光的问题，贵阳市"扫黄打非"办即时受理、即时督办。5月4日，贵阳市"扫黄打非"办接群众举报线索，万江小区有销售非法音像制品的游商地摊，立即批转云岩区文化市场稽查队进行了查处：取缔2个销售非法音像制品的游商地摊，收缴盗版音像制品

500余张、涉嫌含有淫秽内容的音像制品100余张。

九是疏堵结合，加强引导。处罚是手段，引导经营业主依法守法经营才是目的。贵阳市一方面通过召开法规培训会，对文化市场经营业主进行法规培训，提高他们的依法守法经营意识。集中行动期间，贵阳市小河区文广局组织网吧业主学习了《互联网上网服务营业场所管理条例》等法规；息烽县对全县所有网吧业主、网管人员进行为期一周的集中学习培训；贵阳市金阳新区社会事务局组织召开网吧业主会议，传达净化社会文化环境有关精神，并提出依法经营要求。另一方面，执法人员在执法检查过程中，还采取处罚与教育并重的措施：一是加大对违法违规经营户的处罚力度，通过处罚手段纠正经营户的违法违规经营行为；二是对于轻微违法违规的经营户，对其进行法规宣传和教育，引导他们依法经营、守法经营、诚信经营，树立良好的经营形象。

十是加强建设，满足需求。不良文化现象的出现有着复杂的社会根源，在短时间内难以根除，同时也容易反复出现。社会文化重在监管，也重在建设。贵阳市各部门根据自身的职责权限，坚持标本兼治，一手抓管理、一手抓繁荣，努力为未成年人提供更多更好的精神文化产品，形成促进未成年人健康成长的长效机制。积极引导书店、图书馆设立青少年读物专馆、专区、专柜，提供适合青少年口味的图书等精神文化产品，用优秀健康的文化产品不断满足未成年人日益增长的精神文化需求。贵阳市新华书店、贵州书城、西西弗、西南风、五之堂等主要书店均设有青少年图书专馆或专区或专柜。市图书馆设有专门的青少年阅览室。同时，大力推进农家书屋工程建设，力争今年完成全市1168个行政村农家书屋的建设，以满足农村群众尤其是农村青少年日益增长的精神文化需求。

贵阳海关缉私局采取多种措施和手段
扎实推进"扫黄打非"斗争的深入开展

贵阳海关缉私局

2009年，贵阳海关缉私局按照中央及省的年度"扫黄打非"行动方案，以及海关总署有关海关缉私部门开展"扫黄打非"工作的具体要求，细化分解工作任务，加强与海关各相关部门之间的密切协作，采取多种措施和手段，从关口各个环节入手，全力查缴入境的各种非法出版物和违禁内容宣传品，确保了"扫黄打非"斗争取得实效。

一是领导高度重视，责任落实到位。贵阳海关领导对做好"扫黄打非"工作高度重视，关领导多次召集各职能部门负责人召开专题会议，对本系统开展"扫黄打非"工作进行认真研究和部署。同时，关领导还明确了由海关缉私局牵头组织，联合机场办事处和现场业务处，加大对航空旅检通道、铁路货运渠道的监管查缴力度，在查验现场增派警力参与，做到有情况及时发现、快速反应、果断处置。

二是措施执行有力，口岸验放有序。贵阳海关缉私局在结合关区自身特点的基础上，主要采取了以下四个方面的举措：（1）向机场办事处派遣警力，协助旅检现场的查验工作，做到所有涉外航班均有警员在场参与验放、所有旅客行李物品全部过机检查、所有疑似印刷品全部开箱查验。（2）强化风险布控和情报收集工作，充分发挥风险分析手段在查缉工作中的指导作用，对所有入境人员、货物进行风险评估，增强查缉工作的针对性和有效性，在保证通关效率的同时又杜绝了漏网之鱼。（3）进一步畅通信息流转渠道，做到口岸现场情况能够在第一时间内上报关领导并通报给相关部门。（4）坚持"内紧外松"的原则，依法正确把握好工作尺度，讲究工作方法，在执法过程中，对携带违禁内容印刷品和各类非法出版物的旅客进行耐心说服、批评、教育，争取执法对象的理解和主动配合，努力营造和谐、友好的旅客通关环境，树立贵州的良好"窗口"形象。

三是查缴成绩明显，监管机制健全。截止目前，贵阳海关缉私局已查获各种非法图书、非法报刊、违禁印刷品、淫秽色情及低俗音像制品等非法出版物5891件。有效封堵查缴了通过航空运输渠道入境的各类非法出版物和宣传品。贵阳海关缉私局在健全"关警联动、协同执法"监管工作机制中，把缉私工作与海关常规业务有机结合起来，为贵阳海关"大监管"格局的构建做出了有益尝试。

云 南 省

2009年"扫黄打非"工作总结

云南省"扫黄打非"办公室

2009年，云南省各级党委政府和成员单位认真　　贯彻落实全国、全省《2009年"扫黄打非"行动方案》和第二十二次全国暨全省"扫黄打非"电视电话会议精神，持续开展了一系列的"扫黄打非"专项斗争，进一步加强日常监管，保持了全省文化市场的平稳，确保了我国建国 60 周年的政治安定、社会稳定和文化安全。全省共出动执法人员 11.7 万人次，检查出版物店铺摊点 10.6 万个（次），共收缴非法出版物 148.7 万册（盘），其中非法宗教宣传品等违禁出版物 2.5 万册（盘）、淫秽低俗音像制品 9.1 万册（盘），取缔关闭店档摊点 3059 个，查处非法网站 40 个，删除各类违法有害信息 8421 条。查办各类案件 569 件，行政处罚 554 件，刑事处罚 15 件。销毁各类非法出版物 113.6 万册（盘、盒）。

一、查缴非法出版物有新突破

为确保全省意识形态和文化安全，边疆稳定，市场繁荣，按照全国"扫黄打非"办的统一部署，在全国"两会"期间和迎接新中国建国 60 周年及各敏感节点，全省组织开展了一系列封堵和查缴非法出版物的活动，进一步加大了对各类非法出版物的查缴的力度。查获了一大批非法出版物，破获了一批非法出版、印制、发行非法出版物的案件，有力地维护了党和国家意识形态的安全和边疆的稳定。

二、净化社会文化环境取得新成绩

一是把贯彻中央和省委、省政府关于净化社会文化环境促进未成年人健康成长的工作要求，纳入省委、省政府转发的《2009 年全省"扫黄打非"行动方案》进行全面部署。二是召开了全省"扫黄打非"办公室主任会议，对进一步净化社会文化环境，促进未成年人健康成长的工作进行了具体部署。三是省"扫黄打非"办公室对大理州、临沧市净化社会文化工作进行调研，认真总结了临沧市委、市政府高度重视"扫黄打非"工作，进一步净化社会文化环境，促进未成年人健康成长的工作经验，在全省进行了交流和推广。在集中整治社会文化和校园周边文化环境的工作中，昆明市五华区文化市场稽查队联合公安、工商等部门展开整治行动，一举打掉两个"黑网吧"，现场收缴用于非法营业的电脑 10 台。怒江州开展校园周边环境集中整治行动 15 次，收缴淫秽光盘 200 多张。临沧市查缴淫秽色情音像制品 3015 张、非法出版及内容不健康报刊 961 本（册），处置网上淫秽色情、低俗等有害信息 932 条，关闭黄色网站 13 个，行政处罚违规违法网吧 42 家。保山市全力开展清缴整治低俗音像制品专项行动，共查处销售淫秽色情和低俗音像制品经营户 5 户、立案 1 户，收缴低俗音像制品 1337 张。

三、清缴整治低俗音像制品专项行动有成效

一是全省各级新闻出版、文化、公安、工商等部门，严格对照新闻出版总署下发的 701 种低俗音像制品目录，进行了清缴，共清缴各类低俗音像制品 8.7 万张（盘、盒）。二是及时组织我省的 6 家音像出版单位、1 家光盘复制厂等音像出版、复制单位开展了自查自纠活动。三是以清缴整治低俗音像制品为契机，推动我省音像出版单位的改革，进一步建立建全了行业自律、主管主办单位管理、新闻出版行政部门监管的长效机制，确保了音像出版正确导向。

四、打击手机网站制作、传播淫秽色情信息扎实推进

一是按照《关于严厉打击手机网站制作、传播淫秽色情信息活动的紧急通知》精神，省"扫黄打非"办对全省开展严厉打击手机网站制作、传播淫秽色情信息活动进行了周密部署。省"扫黄打非"办召集省委外宣办、省公安厅、省工信委、省通信管理局、省新闻出版局等 9 家相关成员单位座谈，深入调查研究我省手机网站制作、传播各类信息活动的情况，对扎实搞好专项行动提出具体要求。二是各州市及相关成员单位积极行动、狠抓落实，对全省登记备案网站 32100 个进行清查整治，检查移动营运商 30 家、接入服务单位 53 家、第三方支付企业 12 家。三是加大宣传力度，积极组织主流媒体和互联网宣传违法网站和典型案件，迅速在全省形成严厉打击手机网站制作、传播淫秽色情信息活动的的强大舆论声势。

五、查办大案要案有了新的突破

按照"堵源头、清市场、防传播、抓大案"

的精神，全省各行政执法单位，坚持日常监管与"打团伙、破网络"相结合，不断推动"扫黄打非"工作向纵深开展。一是"11·23"非法出版活动案，查缴非法出版物846 册。二是"5·29"销售非法光盘案。5 月29 日，昆明市稽查队在五华区圆通街64 号"昆明市五华影音世界音像店"现场查获非法光碟22 套。三是"7·09"非法出版物案。昆明市文化市场稽查队在西山区前卫镇一物流公司，查获涉嫌非法出版物129 件，约5 万3 千余册（片）。四是"3·26"昭通非法印刷案。3 月25 日，根据举报，省出版物市场稽查总队与昭通市新闻出版局、昭通市昭阳区文体局在昭通市昭阳区美克印艺有限公司查获非法出版、印制的36 个品种，共计近万册的非法出版物，现场没收非法出版物2586 册，共处罚金13.4 万元。五是昆明"6·10"盗版音像制品案。6 月10 日根据群众举报，省出版物市场稽查总队联合省公安厅治安总队一处、官渡区文化市场稽查队在昆明市福德旧货市场的"昆明市正方音像店"查获涉嫌盗版及非法出版的音像制品2.7 万盒。六是"5·12"非法出版物案。5 月27 日，昆明市文化市场稽查队该队联合市、区公安部门和区文化市场稽查队，突击查处了南坝路和新南站周边四个销售非法出版物（书刊类）的黑窝点，共查获非法出版物21780 册，其中淫秽非法出版物1037 册。七是"2·21"昆明淫秽光盘案。2 月21 日，省出版物市场稽查总队与官渡区文化体育局、官渡区公安分局治安大队、福德派出所等执法部门，在摸排暗访工作的基础上，在福德旧货市场内10 余个摊点中，查获官淫秽光盘439 张、盗版光盘1941 张，并抓获6 名贩卖淫秽光盘的犯罪嫌疑人。

六、宣传舆论工作力度加大

4 月22 日，为配合好"全国侵权盗版制品及各类非法出版物云南省集中销毁活动"的开展，昆明市"扫黄打非"办和市教育局当天下午在市金康园小学举行了"拒绝盗版，从我做起"启动仪式。省、市"扫黄打非"办、市知识产权局及昆明十四个县（市）区的教育局负责人出席了启动仪式。市教育局负责人作了动员讲话，市"扫黄打非"办发放了"拒绝盗版，从我做起"的绿色书签3000 余张。当天，昆明市内所有新华书店均张贴了"拒绝盗版，从我做起"的绿色书签，在社会面上共同烘托出保护知识产权的良好气氛。同日，全省各中心城市的分会场同时举行了声势浩大的集中销毁活动，各地党委、政府分管领导出席销毁现场并作了讲话。省及各州市的主流媒体在第一时间内报道了昆明主会场和各地分会场的集中销毁情况，在全社会产生了积极的反响，其中，昆明主会场的采访报道工作由省委宣传部直接安排部署，共有15 家媒体派出记者到现场进行了采访报道。

领导讲话

在第二十二次全省"扫黄打非"工作电视电话会议上的讲话

云南省委常委、宣传部长、省"扫黄打非"领导小组组长
张田欣

刚刚结束的第二十二次全国"扫黄打非"工作电视电话会议，是一次非常重要的会议。会议对去年全国"扫黄打非"工作进行了总结，对今年的工作作出了部署和安排。现在，我就认真贯彻落实好这次会议精神，深入开展好今年我省的"扫黄打非"工作讲三点意见：

一、提高认识，明确任务，进一步增强做好"扫黄打非"工作的责任感和使命感

省委、省政府历来对"扫黄打非"工作高度重视。去年，在省委、省政府的领导下，各级党委、政府和各有关部门进一步增强了做好"扫黄打非"工作的责任感和使命感，全年围绕党的"十七大"胜利召开和迎接北京"奥运会"、"残运会"，开展了一系列"扫黄打非"专项行动，对文化市场开展了持续的专项整治，有效地遏制了非法出版物、淫秽色情出版物及有害信息的传播，有力地打击了各类非法出版物和侵权盗版活动，文化市场的管理得到了进一步加强。全年共收缴非法出版物170万册（盘），其中淫秽色情出版物5.1万册（盘、盒）；侵权盗版出版物161.8万册（盘、盒）；取缔非法出版物经营场所838个；对1815起非法活动进行了行政处罚、对4起非法活动进行了刑事处罚。为全省的经济发展、社会和谐，文化市场的繁荣稳定作出了贡献。

当前我省社会经济发展的形势总体是好的，经济发展、社会和谐、边疆稳定，文化市场的整治取得了初步的成果。文化市场的总体态势是平稳的。但同时，也应该看到，由于国际国内的诸多因素，当前"扫黄打非"斗争面临的形势依然严峻，任务更加繁重。从国际上看，随着经济的全球化的发展，文化渗透与反文化渗透的斗争越来越激烈。"西强我弱"的国际舆论格局还没有得到根本改变。文化市场意识形态的较量，一刻也没有放松过，维护国家文化安全的任务依然繁重。当前我省文化市场存在的主要问题是：违禁非法出版物和"法轮功"等邪教组织宣传品的品种数量有所增加；非法出版物传播的手法和流入我省的渠道更加隐蔽；从内地或沿海地区向我省倾销盗版图书、盗版光盘的地下通道还未完全摧毁，盗版音像制品和电子出版物在我省市场上仍占有一定的比例；淫秽色情出版物，特别是以青少年为对象的有害卡通画册和淫秽"口袋本"图书等出版物，危害社会和学生的现象还没有得到根本遏制；境外的非法宗教出版物和

"藏独"民族分裂主义出版物和宣传品，对我边境一线和藏区进行渗透的问题依然存在；盗版教材和教学辅导读物在一些州市、特别是贫困地区流入校园的问题没有得到根本改变；无证摊点和沿街兜售各类非法、盗版出版物的游商屡打不绝；小商品批发市场批发、销售非法、盗版出版物的现象屡禁不止；非法、盗版出版物的印制、运输、批发、销售向团伙化、网络化、规模化、专业化的方向发展；利用境外注册刊号在境内非法发行报刊的现象时有发现；利用互联网和现代通讯手段刊载非法出版物、盗版出版物以及传播政治谣言、淫秽色情和其他有害信息的问题依然存在。

针对存在的问题，各级党委、政府和各有关部门要不断增强"扫黄打非"工作的责任感、紧迫感和使命感，进一步增强政治意识、大局意识、责任意识、阵地意识和忧患意识，把思想和行动统一到中央的决策部署上来，不断开创"扫黄打非"工作的新局面。确保全省经济社会又快又好地发展，确保社会和谐，边疆的稳定，确保文化市场的健康有序。

二、围绕中心，突出重点，进一步加大"扫黄打非"工作力度

按照全国"扫黄打非"电视电话会议精神的要求，结合我省"扫黄打非"斗争的实际，2009年全省"扫黄打非"工作总的要求是：认真贯彻落实好全国"扫黄打非"电视电话会议精神，以党十七大和十七届三中全会精神为指导，以科学发展观为统领，以净化文化市场环境为工作主线，以保护知识产权为工作平台，以遏制非法出版物，封堵境外非法出版物和达赖集团民族分裂主义出版物和宣传品，扫除淫秽色情出版物，清除网上有害信息，严肃查处各种非法报刊为主要任务，坚持开展集中整治与加强日常监管相结合，进一步加大"扫黄打非"的工作力度，确保意识形态安全，努力维护社会和谐、边疆稳定，推动文化大发展大繁荣，为实现经济社会又好又快发展，营造良好的舆论氛围和文化环境作出贡献。

省会城市、旅游城市、各地中心城市、各旅游景点景区、重要交通集镇、各边境口岸是我省"扫黄打非"工作的重点地区。各城镇的繁华街区、学校周边、图书音像经营场所、车站（机场）等是重点部位，储存、运输、邮递、边检、网站等是重点环节。边疆民族地区和迪庆藏区要严密封堵和查缴境外非法宗教出版物和鼓吹"藏独"等危害国家统一和煽动民族分裂的非法出版物及宣传品，确保当地政治安定和社会稳定。

昆明市和各地中心城市要深入探索研究"扫黄打非"工作中出现的新情况和新问题，不断总结推广"扫黄打非"的成功经验，积极探索乡镇、社区等基层组织开展"扫黄打非"的工作新路子。确保乡镇、街道基层组织对"扫黄打非"工作有人抓，有人管。要进一步加强对图书批发场所、音像制品经营场所、机场、车站等出版物市场的监管。同时，要进一步加大对电子科技市场、电脑软件市场、大中小学校周边地区以及繁华街区、街道社区、过街天桥、地下通道的无证摊点和游商进行整治的工作力度，始终保持"扫黄打非"的高压态势，做到露头就打，使销售非法出版物的现象得到有效控制，使销售盗版出版物的现象明显减少。

按照中央的统一部署，结合云南的实际，今年的"扫黄打非"工作，要突出以下几个重点：

一是以迎接新中国成立 60 周年为抓手，把封堵和查缴非法出版物作为"扫黄打非"工作的重中之重。坚决封堵和查缴传播政治谣言，特别是诋毁我国政治制度，歪曲党史、军史，诬蔑党和国家领导人，宣扬"法轮功"等邪教，鼓吹"藏独"、"疆独"，制造思想混乱、误导民众情绪、破坏社会稳定、危害国家统一、煽动民族分裂、诬蔑社会主义制度等非法出版物。

二是坚决扫除各类非法出版物和文化垃圾。严厉打击以未成年人为主要读者对象、危害青少年身心健康的"口袋本"图书、卡通画册等有害出版物和卡片类印刷品和动漫游戏。严肃查处宣扬淫秽色情、凶杀暴力、封建迷信等非法出版物和音像制品。取缔和查处各类非法报刊，特别

是非法夹带、邮寄入境的有害报刊，利用境外注册在境内非法出版的报刊，以及"一号多刊"等形式出版的非法报刊。要加强学校周边出版物市场的监管，扫除各种有害制品和各类非法出版物和音像制品，为青少年的健康成长营造良好的文化环境。

三是积极开展好"保护知识产权、反盗版天天行动"。严厉打击走私、制售盗版音像制品、盗版电子出版物、软件，盗版教材、教辅、盗版工具书和畅销书等各类侵权盗版行为。要切实加强对我省边境一线和各口岸的监控，严厉打击盗版光盘的走私、贩私活动。加强对铁路、陆路、航空、邮政等出版物运输流通渠道的监管，坚决捣毁制售、储运侵权盗版出版物的窝点和网络。要加强对学校购买、使用教材及教辅读物情况的检查，查处组织购买、使用盗版教材及教辅读物的行为。要继续深挖非法光盘生产线。

四是加强对互联网的监管，及时屏蔽和删除利用互联网传播淫秽色情等有害信息，特别是要依法坚决查处通过互联网、移动通信工具传播政治谣言、淫秽色情信息和侵权盗版行为。深入查办以"私服"、"外挂"方式非法运营的游戏软件。

五是加强对出版、发行单位和印刷、复制企业的监管，依法查处违法违规出版、印制等非法出版活动。

三、加强领导，完善体制机制，狠抓落实，确保"扫黄打非"工作任务落到实处

最近中央领导强调，要始终坚持"扫黄打非"工作的现有体制。目前各级党委、政府统一领导，由各级"扫黄打非"工作领导小组办公室和党委宣传部门统一协调，各部门齐抓共管，社会各方面积极参与的"扫黄打非"体制和机制，是在"扫黄打非"20 年的工作实践中，不断探索并逐步形成、经过实践证明了的行之有效的领导体制和机制。对此各级党委、政府要毫不动摇地坚持下去，并在文化市场管理体制改革的过程中，认真地贯彻落实。要按照"扫黄打非"工作"只能加强，不能削弱"的要求，在坚持党委领导下的"扫黄打非"领导小组体制不变的前提下，积

极探索"扫黄打非"与文化市场综合执法有效的工作机制,并在实践中不断地完善。

各级党委、政府要按照"守土有责"的原则,充分担负起"扫黄打非"的政治责任,高度重视并切实抓好"扫黄打非"工作。各级"扫黄打非"领导小组组长是同级党委、政府"扫黄打非"工作的第一责任人,要切实履行职责。

各地各成员单位要建立"扫黄打非"考评联动机制,将"扫黄打非"工作纳入地区、部门工作目标考核体系,实行目标管理。在评选文明城市(区)、文明村镇、文明单位以及考核社会治安综合治理工作中,要适当增加"扫黄打非"工作的分值,对"扫黄打非"工作中出现重大事故的地区和单位实行"一票否决"。

各级党委、政府和各主管部门要从政治上、工作上、生活上关心"扫黄打非"干部职工,帮助他们解决实际问题,充分调动他们的积极性。要重视"扫黄打非"队伍建设,加强政策法规的教育和业务培训,不断提高这支队伍的思想政治素质和业务素质。要采取有力措施,进一步做好"扫黄打非"队伍的机构、人员、编制、经费、装备的落实工作,切实改变"扫黄打非"力量严重薄弱的局面。

要进一步加强舆论宣传,广泛利用报刊、广播、影视、展览、座谈、报告会等宣传形式,大力宣传"扫黄打非"的重要意义,揭露制黄贩黄、侵权盗版和非法出版活动的危害,宣传有关法律法规、规章制度和工作成果。宣传报道要围绕年度工作安排,有计划、有步骤、分阶段地展开。通过努力,营造有利于"扫黄打非"的社会舆论环境,动员社会各界和广大人民群众积极参与"扫黄打非"斗争。

2009 年 1 月 16 日

在 2009 年全省"扫黄打非"办公室主任会议上的讲话

云南省新闻出版(版权)局副局长　省"扫黄打非"领导小组办公室主任
艾军炳

今年大事多、热点多,重要敏感节点多,"扫黄打非"的任务十分繁重。在中央一系列"扫黄打非"工作精神的指导下,按照全国"扫黄打非"工作小组的统一部署,上半年全省的"扫黄打非"工作,一是组织开展了年初以遏制违禁非法出版物和清除网上违法有害信息,确保年初元旦、春节"两节"和全国人大、政协"两会"期间文化市场的平稳和意识形态安全为主要内容的"扫黄打非"第一阶段集中行动。二是进入 4 月份以来,组织开展了以确保"六四"期间社会稳定和进一步净化社会文化环境,清缴整治低俗音像制品为主要内容的"扫黄打非"第二阶段集中行动。

第一、第二阶段的集中行动,全省共出动执法人员 8.9 万人次,检查出版物店铺摊点 8.2 万个(次),共收缴非法出版物 108.2 万件。其中淫秽低俗音像制品 7.4 万件,取缔店档摊点 1452 个。世界知识产权日,全省共销毁侵权盗版及非法出版物 113.6 万册(盘、盒),其中昆明主会场销毁 61 万册(盘、盒)。查获了一批大案要案,特别是非法出版物案和低俗音像制品案,为全省的社会稳定,文化安全,为进一步净化社会文化环境作出了积极的贡献。

当前新中国成立 60 周年国庆在即,为确保国庆期间出版物市场的繁荣和稳定,按照中央的有关会议精神和全国"扫黄打非"办公室关于《2009 年"扫黄打非"第三阶段集中行动实施方案》的统一部署，自8月下旬至11月中旬，全国统一开展"扫黄打非"第三阶段集中行动，现我代表省"扫黄打非"领导小组办公室对我省第三阶段的"扫黄打非"工作提出以下意见。

一、统一思想，加强领导，全力做好第三阶段"扫黄打非"工作

庆祝新中国成立60周年，是今年全党全军和全国各族人民的一件大事和喜事。为此，中央领导对新中国成立60周年期间的"扫黄打非"工作专门批示要求，下半年要按照总的工作思路，力度不减，防止反弹，为庆祝新中国成立六十周年营造良好氛围。中央领导重要批示精神，是我们做好国庆期间"扫黄打非"工作的重要的指导思想。按照中央的统一部署和要求，今年下半年"扫黄打非"工作的主要目标和任务，就是要紧紧围绕新中国成立60周年的各种活动而展开，为建国60周年营造良好的文化氛围。

为了认真贯彻中央领导有关"扫黄打非"工作的一系列的指示、批示精神，全国"扫黄"办最近专门召开了会议，对国庆60周年期间的"扫黄打非"工作了研究和部署，制定了《2009年"扫黄打非"第三阶段集中行实施方案》。省"扫黄"办已将此《方案》以密码电报的形式转发到全省各州市"扫黄打非"领导小组办公室和省"扫黄打非"各成员单位。对此，各地、各部门要高度重视，把思想进一步统一到中央的要求和部署上来，进一步加强对国庆60周年期间"扫黄打非"工作的领导，确保各地、各部门国庆期间"扫黄打非"各项工作的落实，确保国庆期间出版物市场的繁荣与稳定。

二、明确任务、突出重点

按照全国"扫黄打非"工作小组办公室的统一部署，第三阶段"扫黄打非"工作的主要任务有三项：一是坚决扫除非法出版物，把封堵和查缴违禁非法出版物作为第三阶段"扫黄打非"工作的"第一任务"。二是全面清理出版物市场和查缴各类非法出版物。包括非法出版的图书、报纸、期刊、音像制品、电子出版物、网络出版物、计算机软件等。三是严厉打击盗版的教材教辅，确保大、中、小学校及学生免受盗版教材教辅的侵害，维护教材教辅市场的正常秩序。

各地各部门要根据中央的统一部署，进一步明确当前"扫黄打非"任务和目标，并结合本地的实际，突出工作重点，制定好各地、各部门"扫黄打非"第三阶段集中行动实施方案，做到精心组织、周密部署，保证"扫黄打非"各项任务的落实。省会城市、各地中心城市、各旅游城市，各边境口岸地区，仍是这次"扫黄打非"集中行动的重点地区。藏区、边境民族地区以及最近中缅边境敏感地区，要做好防止境外"藏独"民族分裂主义和其他非法出版物、宣传品对我藏区、边境民族地区、边境敏感地区的渗透，加强对出版物进口的监管。加强对入境书报刊、音像制品和软件检查的工作力度。其他地区要做好全面清查市场的各项工作，为确保国庆期间出版物市场的繁荣稳定，为国庆期间的文化安全、社会和谐和边疆的稳定作出积极贡献。

三、加强监管，强化措施

要按照"搞发动、清市场"的要求，各地各部门要进一步加强对出版物市场的监控。要广泛地宣传和发动群众，引导社会各界自觉抵制侵权盗版和各类非法出版物，积极支持和配合打击侵权盗版和各类非法出版物行动。结合本地的工作实际，进一步强化措施，加强对繁华街区、旅游景点、交通枢纽、宾馆饭店、重要机关、集贸市场、大型图书音像卖场、电脑城以及外国使领馆、公寓等区域场所的监管。要加大对学校周边文化市场及教材教辅市场的巡查力度，继续开展对低速音像制品的清缴，巩固前一阶段整治行动的成果，确保国庆期间出版物市场健康有序。

四、查办大案要案

要按照"挖线索、端窝点、办大案"的要求，继续深入地查办一批大案要案，积极推进"扫黄打非"工作不断向纵深发展。各地"扫黄"办要落实"扫黄打非"的群众举报制度，发动和鼓励群众举报，对发现的重要线索要一查到底。对跨地区案件要加强地区间配合，排除各种干扰，彻底摧毁地下非法出版物的制作、储运、发行的地下渠道，打掉犯罪团伙及其网络。对重大案件要加强协调，提高办案效率，并按照"扫黄打非"案件备案督办制度的要求，进一步完善案件督办和案情通报制度。要做好行政执法与刑事司法的衔接，充分运用刑事手段打击违法犯罪分子，形成强有力的法律威慑。各行政管理部门要进一步建立和完善出版物制作、出版、印刷（复制、储运、销售等各个环节的日常监管制度）要将有违法违规行为的单位作为检查和监管的重点。

五、加强协调，落实责任

各地各成员单位要按照"扫黄打非""守土有责、守土负责、守土尽责"的要求，进一步落实"谁主管谁负责"与"属地管理"的原则，进一步落实各地、各部门的部门职责，形成上下联动、分级负责、各部门各司其职，又相互配合、协同作战、齐抓共管的工作局面。各级"扫黄打非"领导小组办公室要加强与各地、各成员单位，特别是要加强与各行政执法单位的沟通与联系，强化各级"扫黄打非"办公室的组织、部署、协调、指导、督办的职能。进一步加强部门之间，上下之间的协调与配合，形成左右配合，上下联动，齐抓共管的工作格局。

六、加强督察，狠抓落实

第三阶段集中行动开始后，根据全国"扫黄打非"工作小组办公室的部署，中央各有关部门要联合对各地出版物市场以及制作、出版、印刷、复制、储运、销售单位及大中小学进行检查和督导。省、市"扫黄打非"办也要对辖区的"扫黄打非"工作进行检查和督导。中央和省一级对各地检查和督导的情况，要作为今年年底对各地"扫黄打非"工作进行考核评比的重要依据。集中行动期间，各地各部门要将组织、部署、查处的情况及"扫黄打非"的成果统计报表，工作总结等，按要求及时上报省"扫黄打非"领导小组办公室。

2009 年 9 月 4 日

西藏自治区

2009 年"扫黄打非"工作总结

西藏自治区"扫黄打非"办公室

2009 年，全区共出动执法人员 11508 人次，检查出版物市场店档摊点 10751 家次，共收缴各类非法出版物 358327 件，其中"藏独"反动出版物及宣传品 6314 件、淫秽色情出版物 16326 册（张）、盗版音像制品 293918 盘（张）；行政处罚 163 件，刑事处罚 10 人；取缔关闭非法店档、摊点 47 家。较好地完成了今年"扫黄打非"各项任务，进一步净化了全区出版物市场环境。

一、领导高度重视，靠前指导工作

西藏自治区党委、政府历来高度重视"扫黄打非"工作，自治区主要领导和分管领导多次作出重要批示，亲自过问并指导"扫黄打非"工作，有力地推动了全区"扫黄打非"工作顺利深入开展。

（1）2 月 17 日，自治区党委书记张庆黎在中央办公厅、国务院办公厅转发的《2009 年"扫黄打非"行动方案》上批示："一定要抓好落实。"2 月 16 日，自治区党委副书记、自治区主席向巴平措批示："尤其要积极主动地抓好要求我区牵头的'珠峰工程'。"2 月 21 日，自治区党委常委、宣传部长、"扫黄打非"工作领导小组组长崔玉英批示："请区'扫黄打非'办据此抓紧制定我区 2009 年行动方案，待领导小组研究后报区党委、政府批准下发执行"。

（2）自治区党政分管领导崔玉英、多托同志多次出席"扫黄打非"工作会议，亲自部署工作，提出明确要求。1 月 16 日，在第 22 次全国"扫黄打非"工作电视电话会议结束后，自治区党委常委、宣传部长、"扫黄打非"工作领导小组组长崔玉英专门召开了全区"扫黄打非"工作电视电话会议，作了专门部署，并提出："'扫黄打非'工作是一项政治性、政策性很强的工作，各级党委和政府及有关部门一定要高度重视，将'扫黄打非'工作作为一项重要的政治任务，纳入到议事日程。""要坚决按照谁主管、谁负责和属地管理原则，抓好部署和落实"。"要突出封堵和查缴'藏独'反动出版物及宣传品这个重点，把各次专项行动有机结合起来，精心组织、周密部署、严厉打击，认真组织实施好'珠峰工程'"。

（3）3 月 11 日，崔玉英常委在全区"扫黄打非"工作电视电话会议上，就如何贯彻落实中央办公厅和国务院办公厅《关于进一步净化社会文化环境，促进未成年人健康成长的若干意见》，再次提出："要把净化社会文化环境与严厉打击非法出版物、'藏独'反动出版物及宣传品有机结合起来，始终保持高压态势，巩固'扫黄打非'工作成果。"

（4）9 月 23 日，崔玉英常委，多托副主席出席自治区"扫黄打非"工作汇报会并讲话，安排部署国庆节前后我区出版物市场清理整治工作。会前，多托同志还亲自带队对拉萨市区出版物市场进行调研。10 月 6 日、10 月 8 日，自治区政府副主席、"扫黄打非"工作领导小组副组长多托同志两次主持召开"8·06"案件专案组专题工作会议，研究部署"8·06""藏独"反动出版物案件的调查取证工作。

（5）10 月 10 日，自治区党委书记张庆黎同志在《关于转发〈"扫黄打非·珠峰工程"座谈会纪要〉的通知》上批示：同意列确、玉英同志意见。10 月 4 日，自治区党委副书记、区人大常委会主任列确同志批示：这次座谈会议很重要，我区务必要抓好会议精神的贯彻落实工作，更好地营造良好的社会舆论环境和文化市场环境。10 月 8 日，崔玉英同志作出批示：中央确定的"珠峰工程"，直接涉及反分裂、反渗透和维稳工作。我区作为"珠峰工程"的牵头省区，将认真贯彻会议纪要精神，切实加大"珠峰工程"实施力度，坚决严厉打击"藏独"反动出版物及宣传品，确保社会稳定及文化安全。

二、围绕总体部署，突出工作重点

（一）严密封堵查缴非法出版物及反动宣传品

各级"扫黄打非"工作领导小组及有关成员单位始终把严密封堵查缴非法出版物和达赖集团反动出版物及宣传品摆在突出位置，开展工作。在面临"三大节日"、"3·14"、"3·28"等重大节庆活动和敏感日期间险情多、任务重的情况下，各地各部门以高度的政治责任感，狠抓工作落实。截获"藏独"反动出版物及宣传品 3000 多册（张）。铁路、交通、邮政管理等部门也落实了具体措施，把查缉非法出版物的工作落到实处。

（二）全力组织开展市场专项治理

一是以整治出版环节为重点，封堵查缴非法出版物和"藏独"反动出版物及宣传品的集中整治行动。二是会同新闻出版、公安、工商等部门对假报刊、假记者、假记者站、假新闻进行了集中检查。三是加强了对网络违法传播政治谣言、淫秽色情等有害信息的集中整治。四是集中开展了侵权盗版及各类非法出版物集中销毁活动，销毁侵权盗版及各类非法出版物 16 万余册（张）。五是集中开展了以清缴整治低俗音像制品为重点的专项行动，全区共收缴各类低俗有害音像制品 9700 余盘（张）。六是开展了以整治印刷、复制、运输环节的集中整治和对铁路、公路、航运、邮政等运输环节出版物的检查。七是从 10 月 10 日起在全区范围内开展了打击"藏独"反动出版物和政治性非法出版物专项行动。

（三）打击淫秽色情出版物，着力净化社会文化环境

全年共收缴淫秽色情出版物 15129 件，全区文化、公安等部门加大了对网络淫秽色情出版物、有害信息的监控和整治，共整治利用互联网传播淫秽色情等不良信息违法场所 700 多家，取缔违规经营场所 30 家，停业整顿 15 家，违规经营场所 5 家。屏蔽、删除互联网淫秽色情电影 200 多部。

（四）加大宣传力度，提升"扫黄打非"影响

充分利用"3·15"、"4·26"等宣传日，加大宣传力度，全区各级部门全年共发放各类宣传材料 5 万多份，现场咨询人员 2 万余人。新闻媒体报道、刊登"扫黄打非"工作成果 20 余次、篇。通过大力宣传，不仅提高了广大人民群众保护知识产权、提高民族创新力、坚决打击侵权盗版的意识，而且还提高了"扫黄打非"工作的社会影响力。

（五）加强对基层执法人员的培训，提高执法水平

4 月 17 日，自治区"扫黄打非"办公室、自治区新闻出版局应那曲地区文化局、那曲地区"扫黄打非"工作领导小组办公室的邀请，派专人赴该地区进行为期一天的"扫黄打非"暨文化市场行政执法人员培训，共培训出版物市场执法人员 30 余名。

（六）着眼长远，健全"扫黄打非"工作制度

各地市各有关部门在充分发挥各种已形成的"扫黄打非"工作机制的同时，注重总结经验，积极探索新的工作机制，不断健全信息报送、出版物审读、"扫黄打非"工作领导责任和责任追究等相关制度，做到了任务层层分解，责任落实到人。拉萨、日喀则、那曲、阿里和山南等地还建立了对音像市场、文化娱乐场所巡查制度、分片包干、收缴登记制度等。

（七）承办"扫黄打非·珠峰工程"座谈会

9 月 6 日，全国"扫黄打非·珠峰工程"座谈会在拉萨召开。蒋建国副署长，崔玉英常委，多托副主席等领导出席会并讲话。会议深入分析了当前西藏和其他藏区打击"藏独"反动出版物及宣传品的严峻形势和艰巨任务，交流了各相关省区当前打击"藏独"反动出版物及宣传品的基本情况，初步研究了打击"藏独"反动出版物及宣传品跨省区联席会议、情况信息交流、案件督办查办工作机制。

三、保持高压态势，查办大案要案

（一）索朗罗布利用 QQ 聊天散布有害信息案

2008 年 12 月 26 日，那曲地区公安处网监支队将利用 QQ 聊天，发布反动内容的该地区环保局公务员索朗罗布当场抓获。经审讯，索朗罗布分别在"那曲大学生"、"西藏三区·藏人博友"、"绛红色的地区"等 QQ 群中多次散布、传播"藏独"内容。2009 年 4 月，索朗罗布被那曲地区中级人民法院以涉嫌分裂国家罪判处有期徒刑三年，并处开除公职。

（二）昌都地区"8·06"非法出版物案

2009 年 8 月 7 日，昌都地区执法部门根据侦查线索仁青桑珠、其美朗加等人进行了抓捕。经查，仁青桑珠、其美郎加等人以昌都地区为重点渗透区域，通过成立协会，开展所谓的环保活动，在拉萨、昌都两地非法编印藏文期刊《清晨的钟声》、《封山禁猎——藏族环境保护》，传播境外达赖集团反动图书《救世主佛经汇编及祈祷音讯》、《达赖喇嘛的训导汇编》，散发危安分子平措旺杰撰写的反动宣传单及其他反动宣传品，接受境外非政府组织的资助，进行秘密采访，为境外组织提供情报。

领导讲话

在第二十二次全国"扫黄打非"工作电视电话会议西藏分会场上的讲话

西藏自治区党委常委、宣传部长、自治区"扫黄打非"工作领导小组组长

崔玉英

第22次全国"扫黄打非"工作电视电话会议总结了2008年工作，安排部署了2009年工作。中央政治局委员、中央宣传部部长、全国"扫黄打非"工作小组组长刘云山同志的重要讲话，对于做好2009年的"扫黄打非"工作具有十分重要的指导意义，我们一定要认真学习，深刻领会。下面，我代表西藏自治区党委、政府和区"扫黄打非"工作领导小组就贯彻落实好这次会议精神，做好2010年的"扫黄打非"工作讲三点意见。

一、认清形势，进一步增强做好"扫黄打非"工作的历史使命感和高度责任感

2008年，全区组织开展了以维护社会稳定、政治安定、文化安全为主要目标的封堵查缴违禁出版物及达赖集团反动出版物专项治理，以保护知识产权为主的打击盗版图书、期刊、教材教辅、音像制品，净化校园周边环境，清理整顿非法报刊，取缔"四假"，规范印刷业等多项专项行动，圆满完成了"扫黄打非"各项任务，为我区改革、发展、稳定大局作出了积极贡献。借此机会，我代表自治区党委、政府以及自治区"扫黄打非"工作领导小组向辛勤工作在"扫黄打非"战线的全体同志表示衷心的感谢和诚挚的问候！

在看到成绩的同时，我们要正确分析"扫黄打非"斗争面临的严峻形势。

（一）从国际环境看，西方敌对势力对我实施分化、西化的政治图谋始终没有改变

以美国为代表的西方国家从其全球战略利益出发，一直采取各种手段抑制我国发展壮大，现在更是将我国视为他们主导国际政治、经济的最大障碍，不甘心让中国特色社会主义事业顺利进行。利用西方各种敌对势力遥相呼应、大肆炒作，企图冲击我国的政治制度、削弱我党的执政根基，破坏我国的社会稳定，最终实现他们分化、西化我国的政治图谋。

（二）从境外看，达赖集团实施捣乱破坏活动一刻也没有停止

利用大量的反动出版物及宣传品实施地面渗透，企图与我争夺群众、争夺人心，大肆宣扬所谓"西藏独立"、"大藏区高度自治"等分裂国家的主张。从查获的情况看，境外敌对势力和达赖集团反动出版物及宣传品的品种多、数量大、内容杂，载体形式多样，涵盖汉、藏、英等多种文字版本。

（三）从国内看，境内外分裂分子遥相呼应，反动出版物及宣传品渗透渠道日益加剧

据目前掌握的情况看，含有"藏独"内容的反动出版物及宣传品既有通过中印、中尼边境口岸进入我区的，也有港澳台经我国沿海地区流入我区的，还有内陆省区和区内不法分子加工复制的。

（四）从区内看，一些未经批准的非法影视制作室擅自出版的情况呈上升趋势

市场监管的任务更加艰巨和复杂；对互联网出版、手机短信传播"藏独"言论、博客文章、低俗文化等有害信息的管理，目前我们还缺乏有效的技术手段；一些地下非法印刷、复制活动还没有得到根本遏制。

二、发挥主动性，打好主动仗，牢牢把握"扫黄打非"主动权

（一）要突出抓好三个关键点

（1）要以强化日常监管为主线。要不断健全完善日常监管制度，进一步提高日常监管的质量和水平，协同各有关职能执法部门防止非法出版物通过交通渠道流入我区。要加强对出版、发行单位的监管，防止各类非法出版物流入市场。要加大对印刷、复制企业源头的监管和检查。要继续探索网吧长效管理机制。

（2）要以开展集中行动和专项治理为重点。要特别注重突出全面封堵查缴政治性非法出版物和达赖集团反动出版物及宣传品，针对不同时段、不同地区的具体情况，精心组织开展一系列集中行动和专项治理，有针对性地解决存在的突出问题。

（3）要以查办大案要案为突破口。要进一步健全案件查办机制，集中优势兵力，严厉打击非法出版物的制售团伙，端掉其制作、储运窝点，摧毁其地下发行网络，铲除严重破坏出版物市场的根源。公安及行政执法部门要加强协作，充分发挥行政执法与刑事打击的有效手段，在查办大案要案方面力争取得新的突破。

（二）要做到六个"加强"

（1）加强领导，狠抓各项任务落实。各级党委、政府和有关部门要将完成今年的"扫黄打非"工作作为一项重要的政治任务来抓。主管领导要亲自抓、亲自过问，分管领导要具体抓、靠前指挥，全面掌握"扫黄打非"工作情况，协调、解决工作中的各种问题和困难。要加大投入，保障必要的经费，不断改善"扫黄打非"工作条件。

（2）加强市场清查，全力收缴各类非法出版物。要依法加强对出版物市场的清查，坚决打击游商和不法商贩的兜售行为，全面查缴违禁非法出版物、邪教组织宣传品彻底扫除淫秽色情出版物坚决收缴盗版出版物。

（3）加强配合，形成工作合力。各地（市）各有关部门要严格落实"扫黄打非"工作责任制和责任追究制，切实履行自己的职责。特别是在大案要案的查办中，各地区各部门要相互支持、密切配合，联合出击，协同作战，形成强大的工作合力，提高整体战斗力。

（4）加强宣传，营造有利于"扫黄打非"的社会舆论氛围。要进一步加大对"扫黄打非"工作的宣传力度，利用各种宣传日活动，通过展览、集中销毁、公益广告等多种形式，大力宣传"扫黄打非"工作的重大意义，努力形成全社会共同参与"扫黄打非"工作的社会舆论氛围。

（5）加强队伍建设，为"扫黄打非"工作提供有力保障。各级党委、政府要充分重视"扫黄打非"机构队伍建设，适时开展全区"扫黄打非"方针政策、法律法规业务知识培训，探索多个部门联合执法的长效管理机制，增强执法力量，强化执法能力。

（6）加强审读工作，为司法机关查办非法出版物案件提供有力鉴定。进一步加强出版物的审读工作，尤其是要加强对藏语言出版物、音像制品的审读，确保出版导向正确。对有关部门移送的的违禁出版物，要组织相关专家进行审读，及时为司法机关侦破查办非法出版物案件提供详细的审读鉴定结果。

三、健全机制，完善制度，推动"扫黄打非"工作向纵深发展

（一）建立完善预警机制

各地各有关部门要注重健全预警机制建设，要定期或不定期地对出版物市场进行明察暗访，及时解决存在的问题。同时要充分发挥人民团体、社会团体以及城市社区、街道、居委会和农牧区乡（镇）、村党组织的作用，逐步形成覆盖全区的预警网络。

（二）健全快速反应机制

各地各有关部门的执法人员要尽职尽责，坚守岗位。对于突发的重大案情，要反映灵敏、准确判断，组织力量，迅速出击，快速查办，并及时请示报告案情进展及查处情况。对于群众举报，要认真做好接待、登记，明察、暗访，并依据案情，按程序转有关部门快速办理。

（三）健全完善重大案件督办制度

各地各部门要在进一步完善案件查处机制和督办制度。确定一批重点督办案件，自治区"扫黄打非"办公室要对各地移送的非法出版物案件进行审读，并出具相关审读鉴定，确保有关部门全力出击，重点查办。要建立案件快速移交的绿色通道，确保行政机关查处的涉嫌犯罪案件能顺利移交到公安机关。

（四）健全完善信息交流制度

要加强和改进"扫黄打非"信息交流工作，加强信息共享、强化联系。要继续采取召开联席会议、座谈会，编发"扫黄打非"简报等多种形式，及时推广好的经验做法，深入探讨执法工作中的疑点难点，迅速反映日常工作的动态，推动"扫黄打非"工作顺利开展。

（五）充分发挥协调联动机制作用

认真贯彻全国"扫黄打非"办公室等中央有关部门和八省区联合召开的关于打击"藏独"反动出版物及宣传品协调联动工作会议纪要，形成"纵向到底、横向到边"的监管网络，要坚持全国"一盘棋"的思想，努力形成快速高效、协调一致、全面防控的工作格局。

2009 年 1 月 16 日

在全区"扫黄打非"工作电视电话会议上的讲话

西藏自治区党委常委、宣传部长、自治区"扫黄打非"工作领导小组组长

崔玉英

全区"扫黄打非"工作电视电话会议的主要任务是：认真学习贯彻全国净化社会文化环境的会议精神，研究分析当前形势，进一步安排部署我区当前和今后一个时期"扫黄打非"工作，强力净化社会文化环境，积极营造有利于未成年人健康成长的良好社会文化氛围。下面，我讲几点意见。

一、认清形势，把握要求，进一步增强做好"扫黄打非"工作的责任感和使命感

2008 年，全区"扫黄打非"战线围绕重大活动、重大事件，开展集中行动和专项整治，共收缴各类非法出版物 22 万余件，有效地净化了文化市场，营造了良好的社会文化环境，有力地支持了反分裂斗争工作大局，为维护西藏意识形态安全和文化安全，服务改革发展稳定作出了积极贡献。同时，我们也要清醒地看到，打击达赖集团反动出版物及宣传品的斗争形势依然严峻，净化社会文化环境，为未成年人健康成长营造良好社会文化氛围的任务依然繁重。

（一）面对反分裂斗争的严峻形势，维护社会稳定大局的任务很重

当前，全区社会局势保持基本稳定，并正朝着好的方面发展，但是，达赖集团和支持他们的西方敌对势力仍然是西藏稳定的主要威胁。特别是进入 3 月份，重要、敏感时间节点较多，维护稳定工作形势更加严峻复杂。达赖集团围绕纪念所谓"西藏起义 50 周年"，正在加紧实施一系列分裂破坏活动，正在加紧实施反动宣传和舆论攻击，而且更加侧重于对青少年的反动宣传，与我在意识形态领域开展新的较量，意识形态领域的斗争将会更加激烈。始终突出反对分裂、维护稳定这个第一责任，主动应对达赖集团新一轮分裂破坏活动，全力维护西藏稳定、确保国家安全，宣传思想文化战线和"扫黄打非"战线的任务十分繁重。

（二）面对意识形态领域渗透与反渗透尖锐复杂的斗争，封堵查缴的任务很重

随着分裂与反分裂斗争的日益推进，我们面临的形势更加严峻，任务更加艰巨。一方面，西方敌

对势力不断加大对我思想文化渗透，组织越来越周密，方式越来越多样，经常利用经济手段和利益诱惑、通过出版环节和文化市场输入其价值观，散布有害信息，对我党和国家进行造谣攻击。另一方面，达赖集团与我争夺人心、争夺群众、争夺阵地的手段更加多样、范围更加广泛，特别是加强了对我青少年的思想渗透和侵蚀。他们在西方敌对势力的支持下，利用反动出版物及宣传品向西藏和其他藏区进行思想文化渗透活动更加嚣张，对我"地面渗透"呈现出地域广、口岸多，多种语言文字、多种版本、多种类、多点发散和隐蔽快速等特点，封控查缴、主动治理的难度进一步加大。

（三）面对网络淫秽色情等有害信息的侵蚀，净化社会文化环境的任务很重

当前境外和国内有的地方网站传播毒害未成年人健康成长的有害信息时有发生，我区管控难度较大；网吧违规接纳未成年人的现象时有发生，一些未成年人通宵达旦地迷留于网上；一些不法分子为了经济利益，针对未成年人这一特殊群体仍在暗中销售有害读物的现象尚未得到有效遏制，校园周边环境还需下大力气进行整治，等等。

同时，今年是新中国成立60周年、西藏平叛和民主改革50周年，也是应对国际金融危机和拉萨"3·14"事件的后续影响的关键一年，大事多、热点多，重要敏感日期比较集中，"扫黄打非"工作挑战多、责任大、要求高。我们必须始终保持清醒，牢记职责，不断增强政治意识、大局意识、忧患意识和责任意识，在大势中定位工作，在大局下谋划大事，开拓进取，扎实工作，圆满完成"扫黄打非"、净化社会文化环境这一光荣而艰巨的任务。

二、突出重点、抓住关键，确保净化社会文化环境工作取得实效

（一）要把打击非法出版物、达赖集团反动出版物作为我区"扫黄打非"工作的重中之重，重拳出击、专项治理，全力维护我区意识形态安全和社会稳定

各级"扫黄打非"工作领导小组及各成员单位和相关部门要按照全国和自治区2009年

"扫黄打非"行动方案的部署要求，始终保持高压态势，坚决做到依法查缴、严厉打击反动出版物及宣传品，特别要注重发挥八省区协调联动机制的重要作用，形成共同打击、封堵查缴的强大合力。严防非法出版物流入市场，严密封堵互联网政治谣言传播。

（二）要进一步加大日常监管力度，坚决取缔黑网吧，全力营造未成年人健康成长的上网环境

文明办、外宣办、文化、公安、工商、通信管理等部门要加强互联网的日常监管工作力度，按照严控总量、调整存量、优化结构的要求，切实加强宏观管理，推动网吧连锁化、规模化经营。对黑网吧坚持露头就打、绝不姑息，严防黑网吧向农牧区扩散。

（三）要认真落实工作责任，着力净化荧屏声频

各级电台电视台要把为未成年人创造良好社会文化环境作为神圣职责，始终坚持把社会效益放在首位。广电部门要切实加强对广播影视节目的审查把关，确保不适合未成年人的节目不在广播电视上播出。工商部门要积极会同广电、新闻出版等部门进一步加大对不良广告的整治力度，切实做到依法依规发布广告。

（四）要把净化社会文化环境工作纳入社会治安综合治理范围，营造更加良好的校园周边环境

各级"扫黄打非"工作领导小组办公室、新闻出版、文化、公安、工商、教育等部门要加强协调和配合，认真落实有关规定，坚决清理中小学校周边的经营性网吧、书报刊亭、音像制品店、电子游艺室、歌舞厅等娱乐场所，强化日常监管，加大综合执法力度，严厉打击校园周边的游商走贩和违法违规经营者，坚决防止危害未成年人身心健康的出版物流入市场。

（五）要大力推进文化市场繁荣发展，努力为未成年人健康成长提供优秀的精神产品和文化服务

各出版单位要认真组织、策划好未成年人题材出版物的出版繁荣。财政要对未成年人题材出版物的出版给予资金扶持。新闻出版部门要进一步加大对涉及未成年人出版物的审读力度，要积极引导广大青少年多读书、读好书。要进一步加强对未成

人的爱国主义教育，努力培养未成年人热爱党、热爱祖国、热爱社会主义新西藏的爱国主义精神。

三、加强领导、协调配合，努力形成净化社会文化环境的强大合力

（一）高度重视，加强领导

各级党委政府要切实把净化社会文化环境工作作为一项义不容辞的责任，列入重要议事日程，做到守土有责、守土尽责，把本地区的事情管好。各级文明委及成员单位和各级"扫黄打非"工作领导小组及各成员单位要把净化社会文化环境，促进未成年人健康成长工作作为工作重点，细化措施，明确责任单位和责任人，切实履行好职责。

（二）抓好协调，健全机制

各级党委、政府要加强对各部门之间的协调，健全工作机制，完善工作流程，在重大问题上及时沟通，打好总体战。建立激励机制和责任追究制，实行问责，确保净化社会文化环境工作持之以恒地开展下去。充分发挥有关行业协会在净化社会文化环境中的重要作用，切实加强行业管理，规范行业行为，引导从业人员为净化社会文化环境作贡献。

（三）加强督查，狠抓落实

各级"扫黄打非"工作领导小组要加强与文明办和相关单位的联系沟通，按照中央、国务院和区党委、政府的部署要求，制定重点整治方案，明确目标任务和工作要求，从净化网络及校园周边环境入手，一项一项地抓。要加强督促检查，对危害未成年人健康成长又长期得不到解决的问题要及时披露，促使其尽快解决。

2009 年 3 月 11 日

在全国五省区"扫黄打非·珠峰工程"座谈会上的讲话

西藏自治区党委常委、宣传部长、自治区"扫黄打非"工作领导小组组长

崔玉英

这次"扫黄打非·珠峰工程"座谈会，是经中央领导同志批准，全国"扫黄打非"工作小组办公室在拉萨组织召开的一次十分重要的会议。蒋建国副署长亲自主持会议并将作重要讲话，这对西藏"扫黄打非"工作特别是实施好"珠峰工程"是极大的支持和鼓舞。刚才，多托副主席代表西藏自治区区党委、政府作了致辞，四川、云南、甘肃、青海四省区的负责同志通报了2009年以来"扫黄打非"工作情况，对下一步工作提出了很多很好的意见和建议。蒋建国副署长还将作重要讲话，西藏全区各级各相关部门一定要认真学习领会，抓好贯彻落实。下面，我代表西藏自治区党委、政府讲两点意见。

一、充分认识打击"藏独"反动出版物及宣传品工作的极端重要性

"扫黄打非"工作，特别是重点打击"藏独"反动出版物及宣传品的"珠峰工程"，关系党和国家的核心利益，关系意识形态安全，关系西藏和涉藏地区的发展稳定。大家一定要站在党和国家工作全局的高度，站在维护稳定促进发展的高度，站在反渗透、反颠覆、反分裂斗争的高度，充分认识做好这项工作的极端重要性。

总的看，西藏"扫黄打非"工作保持着主动治理的高压态势，保持了文化市场的良好环境。"扫黄打非·珠峰工程"启动以来，西藏自治区党委、政府高度重视，加强组织领导，"扫黄打非"战线牢记神圣使命，采取有效措施，强化市场监管，在封堵查缴"藏独"反动出版物及宣传品等方面做了大量工作，取得了一定成效。但是，随着达赖集团和支持他们的西方敌对势力不断加紧"藏独"反动出版物及宣传品的渗透，反地面渗透和"扫黄打非"工作的形势

更加严峻，任务十分艰巨。一是从渗透的特点和规律来看，达赖集团和支持他们的西方敌对势力总是利用重大节庆活动和敏感时间节点，进行反动大联合，不断调整策略，千方百计大肆兜售"藏独"反动出版物及宣传品。二是从渗透的内容来看，种类繁多，文字多样，数量递增，加重了反动出版物及宣传品的份量。三是从渗透的重点看，更加侧重于寺庙、农牧区和青少年，与我争夺人心、争夺群众、争夺阵地。四是从渗透的手法来看，组织越来越周密，方式越来越多样，呈现出多点发散和隐蔽快速的特点，特别是利用信教群众和非法宗教活动渗透的特点更为明显。对此，全区"扫黄打非"战线一定要有十分清醒的认识。要深刻认识达赖集团的反动本质，牢固树立起反分裂的心理长城和反渗透的地上长城，深入分析研究达赖集团和支持他们的西方敌对势力反动思想渗透的特点和规律。2008 年"3·14"事件以来，地面渗透更加猖獗，封堵清理的难度进一步加大，如何把握西藏"地面渗透"的规律和特点，采取什么措施全面封堵达赖集团的反动思想渗透，是当前面临一项重大的现实课题。全区"扫黄打非"战线一定要清醒认识所肩负的重大职责和光荣使命，采取强有力的措施，在源头上封堵、在渠道上拦阻、在市场上清理、在法制上严打，坚决打击"藏独"反动出版物及宣传品，全力维护意识形态安全，营造健康文明的文化环境。

二、突出工作重点，全力推进"扫黄打非·珠峰工程"

（一）高度重视，切实加强领导协调

各级各相关部门特别是主要领导要高度重视，加强领导协调。要把"扫黄打非"工作列入重要议事日程，纳入社会治安综合治理、精神文明创建等工作的总体部署，研究新情况，解决新问题，强化属地管理，明确部门职责，完善各项制度，严格责任追究，确保"扫黄打非"工作领导到位、任务到位、责任到位、措施到位。

（二）突出重点，狠抓落实，确保取得实效

西藏是"藏独"反动出版物及宣传品渗透的重点地区，要以当前正在开展的"扫黄打非·珠峰工程"为契机，抓好重点工作，确保取得成效。要严守入境渠道，严防境内翻印，严格清查市场，严禁网络传播，严查大案要案；要继续在印刷复制等源头管理上下功夫，重点开展打击"藏独"反动出版物及宣传品的集中行动；要把网上"扫黄打非"纳入工作的总体布局，对网站、网吧、声讯台、手机短信等实施有效监管，严查互联网有害信息传播行为，着力构建封堵网上"藏独"反动言论和有害信息的工作机制。

（三）创新工作方法，不断探索加强市场监管的新途径

全区围绕标本兼治目标，不断探索加强市场监管的有效途径，积极推进制度创新、手段创新，"扫黄打非"工作取得了新的进展。如山南地区的分片包干负责制、日喀则地区的聘请社会义务员监管制，拉萨、那曲、林芝等地的领导负责制和部门负责制，这些都是我区"扫黄打非"工作的亮点。面对我区"扫黄打非"日益繁重的监管任务，针对达赖集团和支持他们的西方敌对势力的反动渗透的新动向新特点，要及时研究探索新的工作方法，不断探索市场监管的有效途径，总结经验，改进创新，形成系统有效的工作举措。

（四）破解工作难题，不断增强工作的针对性、实效性

随着形势的不断发展，全区"扫黄打非"工作出现了许多新情况、新问题：有工作方式方法问题，有工作机制方面的问题，有法律法规不够完善的问题，有技术装备落后的问题，有经费投入不足的问题，有专业技术人才匮乏问题。大家一定要下大力气研究解决这些问题。准确把握意识形态的新动向、高新技术发展的新趋势、信息传播方式的新特点，不断提高在新形势下开展"扫黄打非"斗争的本领和能力，增强工作针对性和实效性。

2009 年 9 月 6 日

2009 年"扫黄打非"大事记

西藏自治区"扫黄打非"办公室

1 月 16 日，自治区党委常委、宣传部长、"扫黄打非"工作领导小组组长崔玉英出席第 22 次全国"扫黄打非"工作电视电话会议西藏分会场会议并作了重要讲话，对 2009 年的"扫黄打非"进行专门部署。

2 月 4 日，日喀则地区聂拉木县公安局在樟木口岸，从持证入境人员鲁某和真某某行礼中查获藏文反动图书和经书 7 册、反动音像制品 4 张。3 月 24 日，该两名犯罪嫌疑人已被我公安机关限期驱逐出境。

2 月 16 日，自治区党委副书记、自治区副主席向巴平措在中央办公厅、国务院办公厅转发的《2009 年"扫黄打非"行动方案》上批示："尤其要积极主动地抓好要求我区牵头的'珠峰工程'"。

2 月 17 日，自治区党委书记张庆黎在中央办公厅、国务院办公厅转发的《2009 年"扫黄打非"行动方案》上批示："一定要抓好落实"。

2 月 21 日，自治区党委常委、宣传部长、"扫黄打非"工作领导小组组长崔玉英批示：请区"扫黄打非"办据此抓紧制定我区 2009 年行动方案，待领导小组研究后报区党委、政府批准下发执行。

3 月 6 日，自治区党委办公厅、政府办公厅转发了《西藏自治区 2009 年"扫黄打非"行动方案》。

3 月 11 日，召开的全区"扫黄打非"工作电视电话会议学习贯彻全国净化社会文化环境会议精神，研究分析当前形势，进一步安排部署我区当前和今后一个时期"扫黄打非"工作，强力净化社会文化环境，积极营造有利于未成年人健康成长的良好社会文化氛围。

3 月 15 日，日喀则地区公安处网监支队从犯罪嫌疑人达某某的 QQ 空间查获《所有藏人请记住他》等反动文章 3 篇、"藏独"组织活动图片 40 张、达赖活动图片 45 张。

4 月 17 日，为进一步加大对基层行政执法人员依法严厉打击违禁出版物和侵权盗版出版物相关知识的培训力度，自治区"扫黄打非"办公室、自治区新闻出版局应那曲地区文化局邀请，专门派出专人赴该地区进行为期一天的"扫黄打非"暨文化市场行政执法人员培训，共培训出版物市场执法人员 30 余名。

4 月 22 日，集中开展了侵权盗版及各类非法出版物集中销毁活动。区党委常委崔玉英出席现场会，并作重要讲话。自治区副主席多托主持现场销毁仪式。在这次集中销毁活动中，全区共销毁侵权盗版及各类非法出版物 16 万余册（张）4 月 29 日至 6 月底，集中开展了以清缴整治低俗音像制品为重点的专项行动，全区共收缴各类低俗有害音像制品 9700 余盘（张）。

5 月 25 日，自治区政府副主席、"扫黄打非"工作领导小组副组长多托同志受崔玉英同志的委托，在全国"扫黄打非"工作 2009 年第一次电视电话会议西藏分会场讲话中提出："一要严厉打击非法出版物，努力维护我区意识形态安全和社会稳定。二要严厉打击侵权盗版出版物，加大对打击盗版盗印的治理力度。三要严厉打击网吧经营中的违法违规行为，积极营造未成年人健康成长的上网环境。四要严力打击校园周边不正当经营活动，努力营造良好的校园周边环境"。

在 7~9 月开展的第三阶段的集中行动中，共出动检查人员 3899 人次，检查出版物市场、店档摊点 2633 个次，共收缴各类非法出版物 85925 件，其中"藏独"反动出版物及宣传品 3723 件，淫秽色情出版物 3509 件，侵权盗版出版物 77938 件。

8 月 8 日，崔玉英常委在《关于传达贯彻中央领导同志重要批示精神的通知》上批示：迅速将中央领导重要批示传达下去，要求各级各相关部门组织学习，认真研究下半年工作，以"尚需努力"为新的起点，扎实做好下半年我区"扫黄打非"工作，并取得实效。

9月6日，全国"扫黄打非"工作小组办公室在拉萨召开了"扫黄打非·珠峰工程"座谈会。

9月22日，自治区党委常委、宣传部长、"扫黄打非"工作领导小组组长崔玉英，自治区副主席、"扫黄打非"工作领导小组副组长多托调研我区"扫黄打非"工作情况，并就国庆节前后进一步加大文化市场监管力度，为庆祝新中国成立60周年营造良好舆论氛围和文化环境提出了明确要求。

10月6日，自治区副主席多托同志主持召开"8·06"案件专题会议，及时成立了由高法院、检察院、公安、宣传、文化、新闻出版、"扫黄打非"、工商、通信管理、拉萨市政府等部门组成的自治区"8·06"专案协调小组。

10月8日，多托同志再次召开"8·06"案件协调小组全体人员会议，专门研究了工作方案，明确了7项工作任务，对各组成单位的职责进行了明确分工。同时还提出了具体工作要求。

10月8日，崔玉英常委在《关于转发〈"扫黄打非·珠峰工程"座谈会纪要〉的通知》上批示：中央确定的"珠峰"工程，直接涉及反分裂、反渗透和维稳工作。我区作为"珠峰"工程的牵头省区，将认真贯彻会议纪要精神，切实加大"珠峰"工程实施力度，坚决严厉打击

"藏独"反动出版物及宣传品，确保社会稳定及文化安全。

10月10日，在《关于转发〈"扫黄打非·珠峰工程"座谈会纪要〉的通知》上批示：这次座谈会议很重要，我区务必要抓好会议精神的贯彻落实工作，更好地营造良好的社会舆论环境和文化市场环境。

10月10日起在全区范围内开展了打击"藏独"反动出版物和违禁非法出版物专项行动。

10月14日，受多托同志委托，西藏自治区新闻出版局党组书记、局长旺堆次仁同志带领区高法、区检察院、区公安厅、区"扫黄打非"办公室组成的专案协调小组一行7人前往昌都地区协调"8·06"案件查处工作。

11月16日，列确副书记在自治区"扫黄打非"办公室呈报的《关于"8·06"专案的情况报告》上作出批示，要求各部门按照三条建议，善始善终地做好繁重的后续工作，为我区意识形态安全作出新的更大贡献。

11月16日，自治区党委副书记、人大常委会主任列确在《新闻出版总署开展整治"藏独"出版物专项行动》批示："请'扫黄打非'办结合我区实际，认真考虑我区专项行动预案，并严格按照要求组织实施，务必取得明显成效"。

11月20日，自治区党委书记张庆黎，在《新闻出版总署开展整治"藏独"出版物专项行动》和上自治区"扫黄打非"办公室呈报的《关于"8·06"专案的情况报告》作出重要批示。

陕　西　省

2009年"扫黄打非"工作总结

陕西省"扫黄打非"办公室

2009年，全省各级"扫黄打非"机构贯彻　　中央、省"扫黄打非"工作电视电话会议精神，

落实中央、省《2009年"扫黄打非"行动方案》，通过组织开展专项整治、日常监管、查办案件和宣传引导等工作，取得了新的成效和进步。据初步统计，全省共出动检查人员63925人次，检查出版物市场、店档摊点27122个次，检查印刷复制企业9862家次，收缴非法出版物600494件，其中淫秽色情出版物6452件、侵权盗版出版物202463件、非法报刊207624份，删除、屏蔽网络有害信息3163条，取缔出版物市场、店档摊点253个、印刷复制企业25家、非法网站44个。全省出版物市场秩序总体良好，全社会"扫黄打非"和拒绝盗版、保护知识产权的意识进一步增强。

一、加强年度和阶段性工作部署，增强工作的针对性、计划性、科学性

（一）认真筹备和组织年度"扫黄打非"工作电视电话会议，全面部署全省2009年"扫黄打非"工作

以精心准备《2009年全省"扫黄打非"行动方案》、省领导同志主旨讲话等会议材料为重心，认真开展调查研究、文稿起草和办会工作。确立了迎接建国60周年，进一步净化出版物市场的工作目标；明确了查缴封堵各类非法出版物、扫除淫秽色情等文化垃圾、打击各种非法出版活动三项重点任务；安排了三次集中整治行动，即：1月中旬至4月，开展打击非法出版物专项行动，5～7月，开展打击非法报刊专项行动，8～11月，开展清理出版物市场专项行动。1月16日，全省（国）"扫黄打非"工作电视电话会议召开，省委常委、宣传部长、省"扫黄打非"工作领导小组组长胡悦同志出席并讲话，省政府副省长、省"扫黄打非"工作领导小组副组长郑小明出席并主持会议。2月27日，省委办公厅、省政府办公厅转发《2009年全省"扫黄打非"行动方案》。各市区相继制定、印发本地2009年"扫黄打非"行动方案。省级各成员单位也都及时部署了本部门年度"扫黄打非"工作。

（二）有序部署全省2009年"扫黄打非"第一、第二、第三阶段集中行动，明确工作重点、主要任务、工作措施和工作要求

分阶段、有重点地组织开展各项工作，确保中央、省《2009年"扫黄打非"行动方案》的贯彻执行。按照2月15日全国各省（区、市）"扫黄打非"办主任会议要求，及时印发《2009年全省"扫黄打非"第一阶段集中行动方案》，对全省第一阶段集中行动作出部署。6月3日，印发《2009年全省"扫黄打非"第二阶段集中行动方案》，对全省5～7月"扫黄打非"工作进行安排。根据8月25日全国"扫黄打非"办主任会议要求及胡悦同志批示精神，9月7日，召开专题会议，对全省第三阶段集中行动进行部署。

二、坚持专项整治与日常监管相结合，始终保持对非法出版活动的打压态势

我们及时组织各市区、各部门查缴各类非法出版物，受理群众投诉举报事项，实地对全省11个市（区）进行检查督导，认真开展出版物市场日常监管各项工作。与此同时，按照全国"扫黄打非"办统一部署，全省还组织实施了一系列专项整治行动。

（一）"2·21"全国统一执法行动

2月19日，发出《关于开展全国统一集中行动的紧急通知》，要求全省各级"扫黄打非"机构按照全国"扫黄打非"办的要求，于2月21日，同时开展集中执法检查，同步参与"全国统一集中行动"。据不完全统计，行动期间，全省收缴盗版等非法出版物16.4万张（册、份），删除淫秽色情信息106条、色情图片20个，关闭非法市场1家、取缔关闭无证照经营店档摊点53个，停业整顿3家，没收非法经营设备6件，立案查处26起，治安处罚3人，涉嫌经销淫秽、盗版光盘移送公安机关1起，刑事拘留1人。

（二）清缴整治低俗音像制品专项行动

4月14日，省"扫黄打非"办发出《关于开展清缴整治低俗音像制品专项行动的紧急通知，对全省清缴整治低俗音像制品专项行动进行

安排部署。要求各市（区）"扫黄打非"办：在第一时间将相关要求报告当地"扫黄打非"工作领导小组主要负责人；按照属地管理和谁主管谁负责的原则，制定具体方案，认真组织实施；协调成立清缴整治低俗音像制品专项行动领导小组办公室，与"扫黄打非"工作领导小组办公室合署办公，抽调专人开展工作；主要负责人靠前指挥，加强协调和督办，确保工作落到实处；安排专人值班，保持信息畅通，按时报送工作情况。6月17日，省新闻出版局向全省各音像出版单位发出《关于开展整治低俗音像制品专项行动的通知》（陕西出音发〔2009〕1号），要求各音像出版单位，于6月22日前，对2006年以来已出版的或正在制作的音像制品进行一次全面自查。6月23日，省文化厅召开音像批发单位负责人会议，对专项行动的相关要求进行了重申，要求各单位对照清缴目录认真进行自查自纠，凡属低俗、色情音像制品的，一律下架、上缴。要求各单位建立健全进销货备查制度，严把进货关，自觉做到"严核查、清内容"，从源头上杜绝低俗音像制品上货架、进卖场，发挥音像市场批发单位的行业主导作用。7月7、8日，省"扫黄打非"办召开全省整治低俗音像制品工作座谈会，传达全国音像出版复制发行工作座谈会精神，通报全省整治低俗音像制品工作情况，推动清缴整治行动深入开展。据统计，行动期间，全省累计查缴低俗音像制品235种、3638张，各地销售低俗、淫秽色情光盘的现象明显减少，音像制品市场低俗之风明显好转。

（三）"特别整治期"专项行动

5月21日，省"扫黄打非"办召开专题会议，部署"特别整治期"专项行动，要求各级"扫黄打非"机构严格查缴各类非法出版物，屏蔽删除网上有害信息。5月25日，省"扫黄打非"工作领导小组组织各成员单位参加全国2009年第一次"扫黄打非"工作电视电话会议（陕西分会场），再次就查缴非法出版物、屏蔽删除网上有害信息工作进行安

排部署，胡悦同志出席会议并就贯彻落实全国会议精神提出明确要求。行动中，各市区坚持不定期巡查出版物市场，各级网监部门实时监测互联网，各级"扫黄打非"机构强化值班和报告制度，全省"扫黄打非"工作人员24小时开通手机，每周四各地各部门报告一周工作情况，省"扫黄打非"办随时询问督查各地各部门工作情况并坚持每周五向全国"扫黄打非"办报告。

（四）"打击手机网站制作、传播淫秽色情信息活动"专项行动

根据全国"扫黄打非"办《关于严厉打击手机网站制作、传播淫秽色情信息活动的紧急通知》，11月19日，我们发出《关于严厉打击手机网站制作、传播淫秽色情信息活动的紧急通知》，要求各市区、各部门深入调查研究，进行专项整治，加大监管和案件查办力度，对全省的手机网站进行一次全面清理，严厉查处制作、传播淫秽色情信息的手机网站，对情节严重的依法予以取缔，对涉嫌构成犯罪的立即移送公安机关立案查处，坚决遏制手机网站制作、传播淫秽色情信息活动蔓延的势头。11月26日，胡悦同志就该专项行动批示指出，此项工作十分重要，要求各相关部门按照上级要求，认真部署，认真组织，认真督查，抓好落实，抓出成效。11月27日，省"扫黄打非"办召开专题会议，再次对整治行动进行动员部署。11月30日至12月4日，省"扫黄打非"办与陕西广播电台《秦风热线》栏目组共同推出"打击手机网站制作、传播淫秽色情信息专项行动"系列访谈节目，广泛宣传动员人民群众支持参与这项整治工作。

三、坚持查办案件与宣传引导相结合，维护出版物市场秩序，营造有利于开展"扫黄打非"工作的舆论氛围

坚决查办各类涉"黄"涉"非"案件，严肃追究违法犯罪分子的法律责任，不遗余力在全行业、全系统推动形成"违法必究、执法必严"的法治心理防线。2009年，全省查办各类案件

222起，其中1人被处劳动教养1年。

开展宣传教育工作，大力倡导"拒绝低俗"、"抵制侵权盗版"、"保护未成年人"活动推动形成有利于"扫黄打非"工作深入持久开展的社会环境。4月22日，全省举办非法出版物集中销毁活动，销毁41万件侵权盗版制品及各类非法出版物，其中，书刊10万册、音像制品26万盘、报纸、卡片和单页5万份。胡悦同志出席并宣布销毁令，郑小明同志出席并发表讲话，省级各成员单位的分管领导出席活动，海关、部队、铁路、邮政、新闻出版、文化市场执法、城管执法、工商管理、公安等部门，书报刊、音像制品、电子出版物出版、印刷、发行、物流、文化、互联网等业界代表，以及大、中、小学生代表20个方队、近2000名群众参观销毁现场。销毁现场还安排了三项相关活动：一是组织观众开展"打击侵权盗版、保护知识产权"签名活动，二是发放绿书签和相关宣传资料，三是由省版权局开展版权保护咨询活动。出席销毁活动的领导、社会各界代表及围观群众在"打击侵权盗版、保护知识产权"的条幅上签字留名。销毁活动强有力地表达了党和政府、相关行业系统、社会各界扫除文化垃圾、打击侵权盗版、建设有利于未年人健康成长的社会文化环境的鲜明立场和坚定决心。

4月20日，省委宣传部、省"扫黄打非"办联合召开新闻发布会，就2009年全省非法出版物集中销毁活动有关信息，近几年来全省"扫黄打非"工作成效、出版物市场状况以及下一步工作重点进行发布。

四、加强基础工作，促进"扫黄打非"长效机制建设

（一）积极协调，促进各级政府在机构改革中强化"扫黄打非"职能

今年是地方政府机构改革的年份，加强汇报、沟通、协调，促进各级政府在机构改革中强化"扫黄打非"职能，显得十分迫切。为此，省、市两级"扫黄打非"办分别向同级"扫黄打非"工作领导小组做了专题报告，反映面临的形势任务，说明"扫黄打非"工作的重要意义和重要作用，力争进一步强化"扫黄打非"职能。

（二）明确分工，强化职责

为强化责任，在沟通协调基础上，省"扫黄打非"办对省新闻出版局各业务处室及省级成员单位之间两个层面分别进行了任务分工和责任明确。3月11日，发出《关于印发省新闻出版局（省版权局）2009年"扫黄打非"工作任务分工的通知》，将全局担负的"扫黄打非"工作任务分解给各业务处室。3月30日，发出《关于全省"扫黄打非"工作领导小组成员单位2009年任务分工的通知》，结合部门职能和工作实际，明确了省级各成员单位应承担的"扫黄打非"职责任务。

（三）加强"扫黄打非"统计工作

本着方便基层、提高质量、增强信度的原则，3月20日，印发《关于做好"扫黄打非"成果月报工作的通知》，对"扫黄打非"成果月报工作进行调整，一是由省"扫黄打非"办的数据处理时间中压缩两天，增加各市区各部门数据处理时间；二是要求同时报送《月报简要说明》。5月18日，印发《关于进一步做好〈全国"扫黄打非"工作成果月报统计表〉报送工作的通知》，新纳入部分省级"扫黄打非"成员单位，每月报送"扫黄打非"成果统计数据。

（四）探索建立出版物市场监管长效机制

"扫黄打非"是一项复杂和困难的工作，不努力则无成效，不前进则后退，绝不能满足于表面的、阶段性的成效，必须积极探索长效治理的监管机制和做法。基于此，我们依托执法监管实践，联系日常管理实际，坚持上下互动、理论与实践相结合，积极尝试建立出版物市场长效监管机制，取得了一些成效。

领导讲话

在2009年陕西省"扫黄打非"工作电视电话会议上的讲话

陕西省委常委、宣传部长、省"扫黄打非"工作领导小组组长
胡　悦

过去的一年，是党带领全国人民同心同德、顽强拼搏，成功抗击低温雨雪、冰冻灾害和四川汶川特大地震灾害，成功举办北京奥运会、残奥会，成功完成神州七号载人航天飞行任务的很不平凡的一年，也是全省"扫黄打非"工作取得显著成效和重要进展的一年。省委、省政府高度重视并进一步加强了这项工作，分管领导多次对全省"扫黄打非"做出具体批示，对省级"扫黄打非"工作领导机构进行了新的调整充实，将省检察院、省法院、省编办、省通信管理局、民航西北管理局和西安市纳入省"扫黄打非"工作领导小组，强化了刑事打击的力量，奠定了加强机构队伍建设的基础，增强了网上联合封堵的技术措施，拓展了运输环节的防控领域，加大了重点地区的工作力度；成功破获了"5·22"非法出版案，涉及编辑、印刷、发行各环节的违法分子将受到法律的制裁，在全省相关领域产生了警示效应。以上这些，都受到中宣部和全国"扫黄打非"工作小组的充分肯定，同时也为我省这项工作奠定了向纵深发展的良好基础。下面，我就贯彻落实好全国第22次电视电话会议精神和前不久召开的全国宣传部长会议精神，切实做好我省"扫黄打非"工作讲几点意见。

一、进一步提高对"扫黄打非"工作的认识，切实增强责任感和紧迫感

适应改革开放新形势要求，开展的"扫黄打非"工作，是党中央交给各级党委、政府的一项长期而艰巨的政治任务。随着改革开放的深入发展，我国政治、经济、社会、文化等各个领域发生着深刻变革，人们的生活习惯、价值观念和行为方式也发生着重大变化，肩负着净化社会文化环境，营造良好舆论氛围，确保社会主义核心价值体系引领时代潮流历史使命的"扫黄打非"工作，呈现出领域不断拓展、责任明显增大、重要性日益凸现、任务日趋繁重的新特点。

特别是今年，"扫黄打非"工作面临的形势更加复杂。国际上，西方敌对势力加紧对我进行意识形态和思想文化渗透，大肆炒作自由、民主、人权、民族、宗教等问题，对我们党和国家进行造谣攻击。同时，在国内也出现了一些噪音和杂音，那些别有用心的极少数人企图借反思改革之名，否定改革开放；打着西方自由民主的旗号，宣扬新自由主义。还有金融危机带来的暂时性经济困难，反映到人们的思想上来，使我们巩固马克思主义在意识形态领域指导地位、建设社会主义核心价值体系、发展社会主义先进文化的工作，面临着严峻挑战。

面对复杂形势和繁重任务，我们务必保持清醒头脑，增强忧患意识和责任意识，深刻认识新形势下"扫黄打非"工作的极端重要性，增强工作的紧迫感，迎难而上，锐意进取，深入扎实开展"扫黄打非"工作，努力维护改革、发展、稳定的大局。

二、统筹兼顾，突出重点，推进全省"扫黄打非"工作再上新水平

今年我国将迎来建国60周年，也是"扫黄打非"工作面临复杂形势的一年，全省"扫黄打非"将肩负重大的责任和繁重的任务。各级"扫黄打非"工作机构一定要在省委、省政府的

正确领导下，在全国"扫黄打非"工作小组和省"扫黄打非"工作领导小组的具体指导下，精心组织开展专项治理行动，切实强化日常监管，努力完成"扫黄打非"各项任务。在具体工作中，要突出以下几个重点：

一是坚决封堵查缴各种非法出版物，维护国家意识形态安全、文化安全和社会安定。要始终保持高度警惕，不断增强职业敏感性，及时甄别发现，快速封堵查缴，跟踪调查，追根溯源；要始终保持高压态势，切实做到警钟长鸣，露头就打，绝不手软，绝不给非法出版物造成一丝存留、传播、扩散和蔓延的机会。

二是坚决扫除网络淫秽色情、不良信息等文化垃圾。治理网络文化垃圾是"扫黄打非"工作的新课题，是迫切需要加强的新领域。这不仅因为网络不同于传统媒体，具有开放性、隐匿性、交互性、即时性、廉价性等特点，更是因为我们的网民主要是青少年和知识阶层。无论是从保障未成年人健康成长的角度来看，还是从抵制落后思想文化侵蚀的角度来看，网络文化垃圾的危害性都是前所未有的，务必引起高度重视，予以重点治理，确保网络"扫黄打非"工作适应时代要求。

三是统一思想认识，有效打击侵权盗版行为。打击侵权盗版、保护知识产权是提升民族创新能力、建设创新型国家的需要；是履行承诺、营造良好国际环境的新要求；是转变经济增长方式、实现又好又快发展的内在需求。要站在维护国家长远利益、实现经济可持续发展的高度，高举保护知识产权的旗帜，以"反盗版天天行动"为工作平台，扎扎实实地开展执法工作，大张旗鼓地做好宣传引导工作，积极营造尊重知识、保护创造、和谐发展的社会舆论氛围。

四是有效打击非法报刊等各种非法出版活动。近年来，非法报刊逐渐抬头，愈演愈烈，呈泛滥之势，这不能不引起我们的高度关注。报刊是出版物中生产周期较短，传播速度较快，内容与时事政治和群众生活比较贴近，具有新闻性且低廉易购的精神产品，应当纳入出版物重点监管的领域。要结合贯彻落实中办、国办《关于进一步加强和改进报刊出版管理工作的意见》，采取有效措施，切实解决多年来存在的突出问题。相关部门还要继续组织实施"治理假报刊、假记者站、假记者、假新闻专项行动"，进一步加强和改进报刊出版与发行工作，做到标本兼治、长效治理。

三、强化对"扫黄打非"工作的领导和保障

"扫黄打非"工作不可能毕其功于一役，其综合性和长期性，决定了加强领导和提供保障的必要性。

第一，充分认识"扫黄打非"是意识形态斗争的前沿阵地，是思想文化战线没有硝烟的战场。切实把"扫黄打非"工作摆上更加突出的位置。各级党委和政府特别是主要领导同志要深入学习贯彻胡锦涛同志在党的十七届三中全会上的重要讲话精神，把思想统一到讲话阐述的关于意识形态工作的重要意义上来，统一到关于对意识形态领域形势判断上来，统一到对意识形态工作的要求和部署上来。要深刻认识经济工作搞不好要出大问题，意识形态工作搞不好也要出大问题。要按照提高党的执政能力和保持党的先进性的要求，按照转变政府职能，重点加强文化建设、社会事业和市场监管的要求，进一步重视并加强"扫黄打非"工作，确保"扫黄打非"工作领导到位、责任到位、措施到位、工作到位。

第二，充分发挥各级"扫黄打非"工作领导小组的作用，为落实"扫黄打非"责任与任务提供必要保障。各级"扫黄打非"工作领导小组，是同级党委、政府组织开展"扫黄打非"工作的领导机构，担负着本地区"扫黄打非"工作的领导责任，一定要进一步加强对本地区"扫黄打非"工作的指导和帮助，定期研究"扫黄打非"工作，分析存在的矛盾和问题，主动协调解决影响本地区"扫黄打非"工作深入开展的突出问题。应当看到，全省各地"扫黄打非"工作长期存在机构不健全、人员无编制、经费无保障的突出问题，严重影响"扫黄打非"工作职能的落实，难以完成好党中央赋予我们的艰巨任务。在这里特别需要强调的是，云山同志

近日做出"防止在机构改革中弱化扫黄打非工作机构"的重要批示，各级"扫黄打非"工作领导小组和编制部门要坚决贯彻中央确立的"扫黄打非"工作只能加强、不能削弱的一贯工作方针和云山同志的重要批示精神，作为加强意识形态管理的重大举措，提请当地党委、政府高度关注，抓住机构改革的机遇，努力推动这一问题的解决，为本地区"扫黄打非"工作持续开展创造必要条件。

同志们，"扫黄打非"工作事关党和国家工作大局，事关子孙后代的健康成长，责任重大，使命光荣。让我们紧密团结在以胡锦涛同志为总书记的党中央周围，高举邓小平理论和"三个代表"重要思想伟大旗帜，全面落实科学发展观，深入贯彻党的十七大和十七届三中全会精神，认真落实省第十一次党代会和十一届三次全会的要求，振奋精神，扎实工作，不断开创我省"扫黄打非"工作新局面，为建设西部强省、构建和谐陕西作出新的贡献。

2009 年 1 月 16 日

2009 年"扫黄打非"工作大事记

陕西省"扫黄打非"办公室

1 月 16 日，2009 年陕西省"扫黄打非"工作电视电话会议召开。中共陕西省委常委、宣传部长、省"扫黄打非"工作领导小组组长胡悦出席会议并讲话，副省长、省"扫黄打非"工作领导小组副组长郑小明主持会议，省新闻出版局局长董旭阳宣读《2009 年全省"扫黄打非"行动方案》（要点），省委宣传部副部长刘斌宣读《陕西省"扫黄打非"工作领导小组关于表彰 2008 年全省"扫黄打非"工作先进集体、先进个人和办案有功集体、有功个人的决定》，省委副秘书长薛耀瑄、省政府副秘书长孟建国、省委政法委副书记刘自成、省新闻出版局副局长兼省"扫黄打非"工作领导小组办公室主任陆柯仑，省"扫黄打非"工作领导小组各成员单位负责同志，省委、省人大、省政府、省政协有关工作机构和人民团体的负责同志 100 余人在主会场参加了会议。各区市、杨凌示范区党委、政府的领导和有关部门的负责同志 500 余人分别在设立于当地的 11 个分会场参加了会议。

2 月 21 日，陕西省"扫黄打非"办举行了全省"扫黄打非"联合执法检查统一集中行动日活动。查缴盗版、非法出版物 16.4 万件，关闭非法市场 1 家，取缔无证照经营店档摊点 53 个，停业整顿 3 家，没收非法经营设备 6 件，立案查处 26 起，治安处罚 3 人，1 人劳教 1 年；删除淫秽色情信息 106 条、色情图片 20 个。

3 月 25 日，陕西省"扫黄打非"办开展了为期 25 天的全省"扫黄打非"和出版物市场检查督导工作。由省委宣传部、省新闻出版局、省公安厅、省教育厅、省工商局、省建设厅、省监察厅等部门组成 3 个联合检查组，对海关、铁路、公路货运、客运、邮寄、高速公路服务区等业务现场，出版物印刷复制、批发零售经营场所、报刊摊亭、学校及其周边文化市场进行了检查督导，通报了检查情况。并将检查结果和整改成效作为"扫黄打非"年度考核、表彰的主要依据。

4 月 20 日，陕西省"扫黄打非"办公室召开全省侵权盗版制品及各类非法出版物集中销毁活动新闻发布会。省"扫黄打非"工作领导小组成员、省委宣传部副部长薛保勤作为新闻发言人，发布了 4 月 22 日全省侵权盗版制品及各类非法出版物集中销毁活动有关情况和近几年来全省"扫黄打非"工作成效、出版物市场状况以及下一步工作重点。省"扫黄打非"工作领导小组成员兼办公室主任、省新闻出版局副局长陆柯仑主持发布会。

4 月 22 日，2009 年全国侵权盗版制品及各类非法出版物集中销毁活动陕西分活动在省体育场西广场举行。省委常委、宣传部长、省"扫黄打非"工作领导小组组长胡悦出席并宣布销毁令，副省长、省"扫黄打非"工作领导小组副组长郑小明作重要讲话。省"扫黄打非"工作领导小组成员、省新闻出版局局长董旭阳，省"扫黄打非"工作领导小组成员单位主要负责同志及各市（区）"扫黄打非"工作领导小组办公室主任出席销毁活动。省"扫黄打非"工作领导小组成员兼办公室主任、省新闻出版局副局长陆柯仑主持销毁仪式。组织文化、城管、工商、公安、海关、军区、铁路、邮政、出版、发行、印刷、期刊、报纸、物流配送等执法管理人员和业界代表及大、中、小学生等 20 个方队和社会各界群众 2 千余人共同见证了销毁活动。

5 月 21 日，陕西省"扫黄打非"工作专题会议在西安召开。省"扫黄打非"工作领导小组成员兼办公室主任、省新闻出版局副局长陆柯仑专题部署了特殊时期的"扫黄打非"工作，对查堵违禁出版物和网上"扫黄打非"工作提出了新要求。省委宣传部出版处长成立笠主持会议，通报了当前出版物市场情况和"扫黄打非"工作面临的新形势。省"扫黄打非"工作领导小组成员单位内设部门负责人，各市（区）"扫黄打非"工作领导小组办公室主任，省委外宣办、省政府新闻办、省委宣传部网管办、省公安厅网监总队，省新闻出版局报刊、图书、印刷、发行、音像网络出版、市场监管、版权等内设处室负责人参加了会议。

7 月 8 日，陕西省"扫黄打非"办公室召开全省整治低俗音像制品工作座谈会。通报全省整治低俗音像制品工作情况，总结上半年工作，部署下半年工作。省"扫黄打非"工作领导小组成员兼办公室主任、省新闻出版局副局长陆柯仑出席会议并讲话。各市（区）"扫黄打非"办公室、省"扫黄打非"工作领导小组部分成员单位分别汇报了整治低俗音像制品专项行动等工作

情况。

9 月 7 日，陕西省"扫黄打非"工作专题会议在西安召开，学习贯彻全国"扫黄打非"办公室主任会议精神，传达省委常委、宣传部长、省"扫黄打非"工作领导小组组长胡悦同志相关批示，部署第三阶段集中行动。省"扫黄打非"工作领导小组成员兼办公室主任、省新闻出版局副局长陆柯仑出席会议并讲话。

11 月 27 日，陕西省"扫黄打非"工作领导小组办公室组织召开了"全省严厉打击手机网站制作、传播淫秽色情信息活动专项行动部署会议"。省新闻出版局副局长、省"扫黄打非"工作领导小组成员兼办公室主任陆柯仑作动员讲话。省级各网络监管部门围绕开展专项行动、加强日常监管交流汇报了有关工作情况。

11 月 28～30 日，陕西省"扫黄打非"办公室与陕西人民广播电台新闻广播《秦风热线》开展了陕西"打击手机网站制作、传播淫秽色情信息"系列访谈节目，省"扫黄打非"办、省公安厅、省通信管理局、省工商局等部门的负责同志与群众互动，宣传网络"扫黄打非"政策法规，动员社会各界广泛参与、积极举报，迅速掀起了陕西打击手机网站制作、传播淫秽色情信息专项行动的热潮。

12 月 18 日，陕西省"扫黄打非"工作领导小组办公室主任联席会议召开。省"扫黄打非"办通报了 2009 年全省"扫黄打非"工作情况，由 11 个市（区）"扫黄打非"办公室主任、25 个省"扫黄打非"工作领导小组成员单位内设部门负责人组成考评组，对各市（区）、省级成员单位"扫黄打非"工作进行了考核，评选产生了 2009 年全省"扫黄打非"工作先进集体 38 个、先进个人 89 名。省新闻出版局副局长、省"扫黄打非"工作领导小组成员兼办公室主任陆柯仑作了继续深入开展打击互联网手机媒体制作、传播淫秽色情信息专项行动，谋划好全省"扫黄打非"工作的讲话。会议由省委宣传部出版处长成立笠主持。

西 安 市

2009 年"扫黄打非"工作总结

西安市"扫黄打非"办公室

今年以来，我市"扫黄打非"工作在市委、市政府的高度重视和正确领导下，面对我国今年大事喜事多、敏感问题节点多等较为严峻的"扫黄打非"工作形势，严格按照全国及省"扫黄打非"办的工作部署和要求，认真学习贯彻刘云山同志在第二十二次全国"扫黄打非"工作电视电话会议上的重要讲话精神，按照全国和省《2009 年"扫黄打非"行动方案》的要求，结合我市实际，突出重点，明确目标，严防死守，全面落实"扫黄打非"各项工作任务。以《2009 年西安市"扫黄打非"行动方案》为行动指南，全年共开展了三个阶段的集中行动，组织了六次专项整治行动，为强化我市"扫黄打非"工作，维护社会稳定，促进经济发展和精神文明建设作出了突出贡献。各区县"扫黄打非"办和各成员单位以高度的责任感和使命感，相互协作，通力配合，圆满地完成了各项工作任务。全年共出动检查人员 9395 人（次），检查各类经营场所 3503 家（次），收缴各类非法出版物 35 万余册（盘），其中侵权盗版出版物 24 万余册（盘），淫秽色情类非法出版物 11106 册（盘），取缔游商地摊和无证照店档 385 家，行政处罚 164 家，通过强有力的行政执法，加大了整治力度，使我市文化市场环境得到了明显净化。

一、高度重视，加强"扫黄打非"队伍建设

为贯彻中央领导同志关于"扫黄打非"工作"只能加强，不能削弱"的指示精神，在市委、市政府领导的高度重视下，市新闻出版局"扫黄打非"工作处年初正式成立。这支专职从事"扫黄打非"工作的队伍，不但负责制定全市"扫黄打非"行动方案，协调和组织各级执法部门开展专项行动，同时也作为一个行政管理部门，亲自参与各项整治行动，面对市场，快速反应，使全市的"扫黄打非"工作更具合理性、更有针对性，切实做到措施合理，联系广泛，配合默契，落实到位。这种切实加强队伍建设，健全机构的务实举措，取得较为明显的成效，得到了省、全国"扫黄打非"办的赞许。同时，各区县不断完善和加强"扫黄打非"组织机构建设，积极开展各种形式的培训活动，提高执法队伍综合素质和从业人员的行业自律能力，使"扫黄打非"工作在最基层得以充分落实。

二、持续开展全市"扫黄打非"集中行动和专项治理工作

（1）制定行动方案，开展第一阶段集中行动按照全国"扫黄打非"工作小组的要求，精心组织，切实落实，2 月 21 日在全市范围内开展了"扫黄打非"统一集中行动，重点对繁华街区、旅游景点、交通枢纽、集贸市场、图书音像批发零售场所进行全面集中检查，彻底清理取缔无证照经营出版物的场所、经营门店及游商地摊，坚决清理、查缴、取缔各种形式的非法报刊、盗版音像制品等非法出版物，揭开了全市"扫黄打非"第一阶段集中行动的序幕。共检查经营单位 539 家，收缴非法图书 7699 余册、非法音像制品及电子出版物 9000 余盘，其中淫秽色情类光盘 160 余盘、非法报刊 147 份；取缔游商地摊和无证经营 42 个，关停有问题的音像店及书店 11 家，停业整顿 9 家；删除网上有害信息 63 条，建议异地关闭淫秽色情网站 1 家，为全国"两会"顺利召开营造了良好舆论氛围和文化环境。

（2）精心组织，圆满完成集中销毁活动。按照全国"扫黄打非"工作小组的统一部署，4 月 22 日在全国 31 个省（区、市）统一举行了侵权盗版制品及各类非法出版物集中销毁活动。省"扫黄打非"工作领导小组决定，此次集中销毁活动陕西分会场活动在西安举办，由省"扫黄打非"办部署协调，西安市"扫黄打非"办具体承办。为此，我们克服了时间紧、任务重、人员少、后勤保障不力的诸多困难，从会场的布置、全省各地市销毁物品的送交集中、物品打包、数量清点及活动的议程都指定了专人进行落实。此次活动共有海关、部队、铁路、邮政、新闻出版、公安、工商管理、城管执法、文化市场执法部门方队，大、中、小学生方队，出版、印刷、发行、物流等行业代表方队共 20 个方队近万人参加，销毁了 41 万件侵权盗版制品及各类非法出版物。通过我们的精心组织，使销毁活动"从我做起，拒绝盗版"万人签名活动和版权宣传活动有条不紊地顺利举行，取得了预期的效果，充分展示了我省、市打击侵权盗版所取得的成果，得到了省、市领导的一致好评。

（3）以开展清缴整治低俗音像制品专项行动为重点，第二阶段集中行动全面展开 4 月 12 日至 7 月底，在全市集中开展清缴整治低俗音像制品专项行动。我们针对不同阶段的要求，多次对专项行动做出具体的部署和安排，要求各执法部门对照已下发的 701 种低俗音像制品目录，分三个阶段对市场进行反复检查，确保专项行动取得实效。并以此作为工作重点，全面部署并启动我市"扫黄打非"第二阶段行动方案。通过连续三个月的重点清理，全市共收缴低俗音像制品 4329 盘（张），发现新品种 39 种（1594 盘）。专项行动结束后，市"扫黄打非"办对全市开展清缴整治低俗音像制品专项行动的情况进行了多次暗访，分别对市新华书店图书大厦、钟楼书店、新华文轩、解放路音像城、劳动南路电子商城、南郊人人乐超市、信家电城和太平洋音像公司批发部等较大的音像制品经营场所进行了检查，可以看到大型音像制品卖场整治效果比较明显，绝大部分经营场所经营活动规范有序，我市整治低俗音像制品专项行动成效显著。

（4）突出重点，启动特别整治期行动。我们始终把封堵查缴非法出版物作为"扫黄打非"工作的重中之重，坚守"三条底线"，确保我市出版物市场不出问题。今年 5 月，全国"扫黄打非"办部署了在特别整治期，深入开展非法出版物封堵查缴工作的具体行动后，市"扫黄打非"工作领导小组主要负责同志非常重视，要求在继续清缴整治低俗音像制品的同时，立即启动封堵查缴非法出版物行动，突出重点、落实责任，确保不出问题。一旦发现，全数收缴，并务必做到追根溯源。

（5）认真开展校园及周边文化市场专项整治行动，为未成年人健康成长创造良好的文化环境。按照陕西省综治委、市综治办和市文明办的文件精神，我们从 8 月 5 日起至 9 月 25 日开展了校园及周边文化市场专项整治行动，市、区县两级"扫黄打非"办公室结合 2009 年"扫黄打非"工作安排，明确重点，积极协调、认真组织开展了专项行动。各相关部门在行动中依法取缔了学校周边兜售非法出版物的游商和无证摊点 114 个，查缴口袋本、淫秽卡通及盗版教辅等各类非法出版物 7682 册；同时，对学校及周边地区的印刷复制企业进行了彻底的清理整顿，严厉打击了非法印制、复制活动；对校园周边网吧进行了全面、彻底的清理，严格日常管理，规范经营活动。通过一个月的整治，净化了学校及周边的文化环境。

（6）迎国庆，部署实施了第三阶段集中行动。紧紧围绕为迎国庆创造良好的社会舆论氛围和文化市场环境这个工作大局，彻底净化出版物市场，维护市场良好秩序，确保文化市场和谐、稳定，9 月 10 日在全市范围内组织开展"扫黄打非"统一行动，坚决打击侵权盗版和非法出版活动，全面清理出版物市场和大力整治学校周边文化市场环境，确保学生不受侵权盗版教材教辅产品的侵害。

各相关执法部门分别对辖区内的书店、音像

店、网吧等经营场所及部分印刷企业，以及火车站、轻工市场、大雁塔北广场、纺织城、钟鼓楼广场、大学城、三桥老街、铁路小区等重点部位进行了拉网式检查，尤其对学校周边、城乡结合部、城中村等重点地段进行了彻底清查。仅9月10日当天，全市就出动检查人员157人，出动检查车辆39辆，检查经营单位120家，收缴非法图书1497余册、非法音像制品及电子出版物4141余盘、非法报刊30份、盗版教辅300余册，取缔游商地摊和无证经营24个，关停有问题店面1家。省市多家新闻媒体广泛参与，积极宣传报道了此次统一行动，进一步提高了我市"扫黄打非"工作的震慑力。

9月10日至10月10日，全市开展了国庆期间集中行动，采取召开现场会的形式，要求各部门工作一定要明确工作重点，为迎国庆切实将责任落实到位，确保国庆期间我市文化市场的稳定有序。11月中旬，第三阶段集中行动顺利结束，全市共收缴非法出版物册16245（盘），其中，各类盗版出版物14253册（盘），淫秽色情出版物1992册（盘），出动检查人员1248人次，取缔、关闭非法经营摊点、企业314家，处罚违规的店档、企业22家，查办案件24起，圆满地完成了既定的工作目标。

（7）积极开展期刊市场专项整治行动10月下旬，针对我市期刊市场品种繁杂，大量非法期刊及内容低俗期刊混杂于市场的实际情况，开展了期刊专项整治行动。加强了对邮政报刊亭配送点的检查，严守出口关。根据省"扫黄打非"办提供的线索，重点对市"书林批发市场"中十余家期刊经营者进行了集中调查，共发现《错爱》、《绯爱》、《迷情错爱》、《婚爱》、《暖爱》、《魅爱》、《幻爱》、《女色》等涉嫌非法期刊近二十个品种，且内容低俗，为此，我们及时向省"扫黄打非"办进行了情况通报，同时加强行业监管，加大执法力度，对销售非法出版物的经营行动进行严厉打击，下功夫规范期刊市场经营秩序。

三、完善长效管理机制，创新"扫黄打非"工作措施

紧紧围绕全年"扫黄打非"重点工作，组织召开了两次全市"扫黄打非"办公室主任联席会议，有针对性地部署重点工作；按照"属地管理"和"谁主管谁负责"的原则，明晰各区县"扫黄打非"的重点地段和重点监控区域，就各区县所辖出版物市场形势及存在的问题进行有针对性的分析研究，并拿出切实可行的监管办法。

充分发挥上传下达的协调和组织作用，使各成员单位各司其责，密切配合，联合执法，形成合力。坚持和完善各部门"扫黄打非"联络员制度，强调"扫黄打非"工作成果月报和日报制度的重要性和必要性，以此全面了解掌控我市"扫黄打非"工作总体进展情况。

构筑了"扫黄打非"工作相互沟通信息、交流经验、发现问题、协调指导的有效平台，通过西安市《"扫黄打非"简报》，全面反映我市"扫黄打非"工作情况和取得的成绩。莲湖区充分利用数字平台，将市场监管系统化、数字化，提高了办事效率和执法工作的透明度，从而极大地促进了我区"扫黄打非"工作的高效、有序开展。碑林区、新城区将"扫黄打非"工作延伸到社区，聘请社会各界人士做为义务监督员，共同参与"扫黄打非"工作，取得了明显的成效。

四、抓好转办督办案件落实，加大市场监管力度

抓好重大案件查处工作是加大市场监管力度，打击各类非法出版物，推动"扫黄打非"工作深入开展的重要手段。我们结合"扫黄打非"具体工作，广泛联系新闻媒体，向社会公布了举报电话，充分调动广大市民共同参与"扫黄打非"的积极性。对转办督办案件不拖不推，及时汇报案件查办情况。同时，积极发挥各成员单位市场监管作用，协调各成员单位依法执法，严厉打击各类非法出版经营活动。阎良区查缴了有损少数民族感情的图书《关山史话》；文化市场行政执法总队查处了《诗选刊》下半月刊编辑部非法从事出版、发行活动案。在董军副市长对劳动南路电子商城门前游商兜售黄碟这一严重问题做出彻查彻办重要批示后，莲湖区文化市场行政执法队对该地区进行了重点检查，清理了商城门前可疑摊贩，并长期对该地区进行监控，防止其反弹。市新闻出版局"扫黄打非"工作处与市公安局治安局特行处联合，对省"扫黄打非"办转办的"西安市智者有限责任公司"制售非法出版物案、西安文艺巷"诚诚书店"、"学友书店"销售盗版、内容低俗出版物案等多起案件进行了查处，报请省局相关管理部门吊销了违规经营者的经营许可证；查处了"非常文化公司"从事非法出版活动的经营行为，并对该公司予以坚决取缔。

9月18日，全国"扫黄打非"办通报了对我市出版物市场的暗访情况，指出我市存在一些商户涉嫌出售非法出版物的情况，为此，我们立即组织多方行政执法部门同时对西安市书林批发市场内的"金顺达图书发行有限公司"、"和成文化传播公司"、解放路"龙凤书店"、长安路"淘电影"音像店及东新科贸电脑城周边地区进行了查处，并及时将案情向省级管理部门通报并按省"扫黄打非"办的要求提请省发行处吊销严重违规经营单位的出版物经营许可证。

五、加强舆论宣传力度，使"扫黄打非"工作深入民心

在积极完成各项"扫黄打非"工作任务的同时，进一步加强舆论宣传力度，及时协调新闻单位多形式、多角度地对"扫黄打非"工作进行宣传报道。深刻揭露制黄贩黄、侵权盗版等非法出版活动的严重危害性，宣传"扫黄打非"的重大意义和取得的工作成效，增强公众自觉抵制非法出版物和盗版制品的意识。省、市电视台，中国新闻出版报、华商报、西安晚报、三秦都市报及新华网等多家媒体以多种形式宣传、报道了我市的"扫黄打非"工作情况，提高了我市"扫黄打非"工作的影响力和震慑力，调动了广大市民积极参与"扫黄打非"的积极性，使"扫黄打非"工作入民心、得民意。

同时，不断加大打击侵权盗版，保护知识产权的工作力度，并热情为知识产权拥有者排忧解难，维护他们的全法权益。为人民卫生出版社处理某民办院校使用盗版教材教辅，挽回了出版社经济损失七万余元。高等教育出版社举报一院校在网络上销售盗版教材教辅，我们积极联系当地的执法部门，对该校的违法行为进行了查处，没收其全部盗版图书。我们认真负责的工作态度，严谨周到的办事作风，赢得了"京版反盗版联盟"成员出版社的信任和赞扬。

一年来，我市"扫黄打非"工作力度不断加大，"扫黄打非"工作联动机制不断完善，各级各部门相互配合、协调组织能力不断加强，文化市场环境整治取得明显成效。同时，我们也要看到我市"扫黄打非"工作在新形势所面临的任务仍然艰巨，在机构改革中受到的影响亟待理顺。我们要在新形势下不断开拓"扫黄打非"新思路，探索"扫黄打非"新举措，扎实工作，锐意进取，为保障我市文化安全、推动文化产业的健康发展作出新的贡献！

2009年12月4日

甘 肃 省

2009年"扫黄打非"工作总结

甘肃省"扫黄打非"办公室

2009年，甘肃省"扫黄打非"战线坚决执行中央精神，深入贯彻省委省政府领导同志有关

"扫黄打非"工作的指示，以净化文化市场和网络文化环境为工作主线，扎实开展了三个阶段集中行动和一系列专项行动，为庆祝新中国成立60周年营造了良好的文化环境。全年共查缴各类非法出版物106万件，其中违禁出版物7994件，"法轮功"等邪教组织宣传品和其他非法宗教宣传品6.44万件（张），淫秽色情出版物4.68万件，侵权盗版出版物92.72万件，非法报纸期刊1.27万件；查办各类案件244起。

一、严厉查禁违禁出版物和民族宗教类非法出版物

2009年，甘肃省各地各有关部门坚持把打击政治性非法出版物作为第一任务，堵源头、清市场、防传播、抓大案，做到露头就打。省"扫黄打非"办全年内发出密码电报53份，组织对违禁非法出版物和民族宗教类非法出版物的封堵查缴工作。

5月底，省"扫黄打非"办按照全国"扫黄打非"工作专题电视电话会议部署，开展了封堵查缴非法出版物专项行动。省"扫黄打非"办查封了本省某些单位收藏的违禁出版物样品；兰州市文化市场行政执法支队破获了雷某批销非法出版物案件和"5.13"储藏批销淫秽等非法出版物大案，引起了全国"扫黄打非"办的高度关注；临夏州文化稽查大队在对临夏市某集贸市场的突击清查中，现场查缴了非法光盘《西藏叛乱真相》和其他宗教类非法光盘。

在新中国成立60周年前夕，省"扫黄打非"办部署开展第三阶段集中行动，进一步加大封堵查缴非法出版物力度。对兰州大学部分学生看看非法出版物《兰大一家人》的情况进行了查处，并及时将情况上报全国"扫黄打非"办；甘南州在全州范围内开展了为期两个月的严查封堵"藏独"非法出版物专项治理行动，取得了一定成效；兰州铁路公安局在例行检查中，查获非法光盘2226张，其中部分光盘涉及"3·14"拉萨事件。

在各地各部门共同努力和协作下，2009年全省共查办非法出版物案件100多起，涉及中央领导同志有关"扫黄打非"的重要批示及其他违禁出版物共30种，一批非法出版物大案要案相继告破，一批违法犯罪分子被依法查处，为庆祝新中国成立60周年营造了良好氛围。

二、大力打击利用互联网、移动通信终端传播淫秽色情等有害信息的行为

2009年共查办手机传播不良信息案件十多起。省"扫黄打非"办公室组织召开成员单位会议，专题部署了打击手机网站传播淫秽色情信息专项行动，取得了很好的成效。兰州市文化市场行政执法支队根据群众举报，全年破获了多起手机传播淫秽色情信息牟利案，把查获的利用销售与维修手机下载淫秽色情视频短片、图片牟利的商家依法移交公安机关立案查办；定西市公安局网监支队连续破获两起网络传播淫秽物品案，抓获犯罪嫌疑人冯某和李某，查获其在网上传播的网络小说4篇、照片600多张、视频14部等相关淫秽信息，李某以传播淫秽物品罪被法院判处有期徒刑六个月，缓刑一年；礼县文化稽查队在执法中查获一起"农村信息服务站"贩黄案，稽查人员当场按执法程序查扣了电脑及相关配套设施。

经过严厉打击，全省手机网站传播淫秽色情信息蔓延态势得到了初步遏制，专项行动取得了明显成效，中央电视台等多家新闻媒体对甘肃省专项行动成果进行了报道。

三、大力扫除淫秽色情、凶杀暴力、封建迷信等文化垃圾

按照省"扫黄打非"办的统一部署，全省各地各有关部门把净化社会文化环境作为"扫黄打非"工作的重点，大力扫除淫秽色情等文化垃圾，为未成年人健康成长营造良好的文化环境。全年共查缴各类淫秽色情出版物4.68万件。

从4月中旬至7月底，省"扫黄打非"办在全省范围内组织开展了整治清缴低俗音像制品专项行动，取得了明显成效，音像制品市场的低俗之风得到有效遏制。据统计，在这次专项行动中全省共收缴各类非法音像制品8.34万件，其中含低俗音像制品684种、2.32万件。

四、以整治盗版教材教辅读物为重点，坚决查缴各类侵权盗版制品

全省各地各有关部门在"扫黄打非"中高举保护知识产权旗帜，以整治盗版教材教辅读物为重点，坚决查缴各类侵权盗版制品。全年共收缴侵权盗版出版物 92.72 万件，其中盗版图书 28.69 万件，盗版音像制品 42.46 万件，盗版软件及电子出版物 7.43 万件，查办侵权盗版出版物案件 234 起。

为使大中小学生免受盗版和非法出版教材教辅之害，甘肃省严厉打击制售、集中购买、使用盗版和非法出版教材教辅行为。2009 年全省共收缴各类盗版教材教辅读物 14.14 万件。在省"扫黄打非"办公室的指导和督办下，一些市、县先后破获了一批盗版教辅出版物大案要案：庆阳市文化出版局根据群众举报破获了西峰区北街实验学校秦某盗印教辅读物案和正宁县燕某盗印试卷案；武威市文化出版局查获了古浪县一中、民勤县四中使用盗版教辅图书案；定西市"扫黄打非"办查获了通渭县一中、渭源县一中订购和使用盗版教辅图书案。以上盗版教辅案件当事者都受到了处罚，学校被责成清理上缴盗版图书并受到通报批评，盗版图书提供商被处以相应罚款。

五、强化案件查办督办，从严惩处违法犯罪分子

2009 年，甘肃省在狠抓"扫黄打非"案件查处方面做了大量工作，取得了显著成效。

2009 年年初，兰州市文化市场行政执法支队历经数月跟踪调查，成功捣毁一处长期向省内各地批销违禁出版物的地下窝点，抓获犯罪嫌疑人雷进朴、朱珍伟，查缴各类非法出版物 4000 余册，码洋 14 万元，该窝点批发违禁图书范围涵盖全省各市州，数量巨大。兰州市城关区人民法院以销售侵权复制品罪判处雷进朴、朱珍伟有期徒刑一年，缓刑一年，并各处罚金 2000 元。

3 月，兰州市文化市场行政执法支队又一举端掉一处设在城关区盐场路某院内的地下书刊批发窝点，抓获非法书商张某，现场查获各类非法书刊 1.57 万册，码洋总共合计 45 万元。张某已被刑事拘留。这是 2009 年甘肃省破获的最大一起批销非法出版物案。

5 月，兰州市文化市场行政执法支队捣毁设于雁西路一偏僻养牛场内的非法出版物黑窝点，抓获犯罪嫌疑人韩某，现场查抄《蚀骨销魂洞》、《寡妇的性事》等淫秽图书 48 种 3400 册，非法图书 38 种 2400 册。此案涉及的淫秽和违禁图书品种、数量之多，为甘肃省多年来少见。

与此同时，省"扫黄打非"办近两年督办的一起"贩黄"案——"1·04"汪自福贩卖淫秽光盘案，在先后经过 3 次审理之后最终得到审结。原审被告人汪自福被判处有期徒刑 10 年并处罚金一万元。此案的审结，在社会上造成了很大的反响，极大地震慑了违法犯罪分子。

据统计，2009 年全省"扫黄打非"战线共查办"扫黄打非"重点案件 21 起。在各级"扫黄打非"办公室的协调下，公安、检察、审判部门联合办案，一批重点案件的主犯受到严惩。

六、积极开展"扫黄打非"舆论宣传工作，努力营造良好社会氛围

2009 年，甘肃省"扫黄打非"办公室有计划地组织开展了一系列宣传报道活动，全年在省市级以上媒体报道 100 多篇（次），掀起多个宣传高潮。

4 月 22 日，按照全国"扫黄打非"工作小组办公室统一部署，甘肃省在兰州市东方红广场举行大规模集中销毁盗版及各类非法出版物活动，共销毁各类非法出版物 97.4 万件。随后嘉峪关市和武威市也相继组织举行了非法出版物销毁活动。

国庆前后，兰州市"扫黄打非"成果大型展览在兰州市博物馆及东方红广场等地展出，共展出展板 147 块。兰州市各界群众数万人参观展览并纷纷留言、称赞，有效地提高了社会各界参与"扫黄打非"工作的积极性。

领导讲话

在 2009 年全省"扫黄打非"工作会议上的讲话（摘要）

甘肃省副省长、省"扫黄打非"工作小组副组长

咸　辉

这次会议的主要任务是，贯彻落实中央2009 年"扫黄打非"工作电视电话会议精神，分析当前全省"扫黄打非"工作面临的形势，安排部署今年"扫黄打非"工作的任务。

下面，我讲四点意见。

一、进一步提高对"扫黄打非"工作重要性的认识

甘肃省委、省政府历来高度重视"扫黄打非"工作，一再强调"扫黄打非"工作处于意识形态斗争的前沿，只能加强，不能削弱。近年来，各地各部门按照中央和省委、省政府的统一部署要求，做了大量富有成效的工作，"扫黄打非"工作有声势、有力度，使全省文化市场始终保持了繁荣健康有序的态势，营造了良好的思想舆论氛围和文化环境，为党和国家工作大局、为全省经济社会各项事业发展作出了积极贡献。

二、明确今年"扫黄打非"工作的主要任务

按照中央要求和甘肃省 2009 年"扫黄打非"行动方案的安排，今年"扫黄打非"工作要在继续做好经常性工作的同时，突出抓好以下五项重点工作和关键环节。

（一）要始终保持对各类非法出版物的高压态势

严密查堵非法出版物始终是"扫黄打非"工作的首要任务，也是今年工作的重中之重。

（二）要深入开展网上"扫黄打非"

今年要在这方面投入更多精力，坚决整治利用网络传播淫秽色情等各类非法有害信息，集中打击网上违法犯罪活动，依法加强互联网管理，积极净化网络文化环境。

（三）要坚决打击各类侵权盗版行为

打击各种侵权盗版活动，事关政府保护知识产权的良好形象，事关社会主义市场经济秩序的维护，一定要常抓不懈。要加大对出版物市场的清查力度，加强对印刷复制源头和运输环节的监管，集中查办侵权盗版重点案件，切断各类盗版出版物流向市场的通道。

（四）要进一步打击非法报刊

非法报刊近年来有愈演愈烈之势，往往以合法形式在报刊亭等场所公开出现，传播政治谣言和低俗色情等文化垃圾，欺骗性强，社会各界和广大群众反映强烈，必须加大整治力度。要在巩固前一段报刊市场整治工作成果的基础上，继续集中治理整顿，坚决打击"四假"（假报刊、假新闻、假记者、假记者站），确保全省报刊市场健康有序发展。

三、建立健全"扫黄打非"工作长效机制

做好"扫黄打非"工作，确保取得真正实效，建立健全长效机制是关键。要加强调查研究，认真总结经验，不断完善工作机制，丰富工作手段，提高"扫黄打非"工作的整体水平。

（一）要层层建立工作责任制

各地各有关部门要把"扫黄打非"工作摆上重要工作位置，层层分解细化任务，加强督促检查，切实做到有分管领导、有工作目标、有工作措施、有专门队伍、有经费保障、有协同机构，确保各项任务落实到位。要坚持"属地管理"和"谁主管、谁负责"的原则，严格落实责任追究制度，真正做到守土有责、守土负责、

守土尽责，坚决防止有分工不负责、有责任不到位的现象发生。

（二）要建立信息预警机制

信息不灵就难打主动仗，难以给违法犯罪分子以及时准确地打击。今年，各地各有关部门要在建立信息预警机制方面加大力度，力争做到早发现、早预警、早介入，反应灵敏高效，运转协调周密，主动跟踪出击，打击准确有力。要发挥主动性，掌握主动权，打好主动仗，注意研究新情况新问题，掌握"扫黄打非"工作的新动向，增强工作的针对性。

（三）要建立大要案件查办督办机制

近几年我省在"扫黄打非"中查获了不少案件，但最后进入司法程序审判完结的并不多。今年，要在及时组织查处重大案件的同时，加大办案力度，加强案件的督办，力争及时送审判结几起案件，真正给违法犯罪分子以震慑。

四、不断夯实"扫黄打非"工作基础

（一）抓好机构队伍建设

要强化作风教育和业务培训，不断增强"扫黄打非"队伍的大局意识和政治敏锐性，提高他们的市场监管能力和执法能力。

（二）加强经费装备保障

全国"扫黄打非"工作小组办公室已将"扫黄打非"专项经费是否列入当地年度财政预算并确保落实到位，作为考核各地"扫黄打非"工作的重要指标。省委、省政府"两办"近几年转发的"扫黄打非"有关文件都明确要求，各级政府要将"扫黄打非"经费纳入同级财政预算，实行专款专用，确保"扫黄打非"工作必需的经费投入。

（三）继续抓好舆论宣传工作

要采取各种形式和手段，大力推动"扫黄打非"进社区、进农村等活动，将"扫黄打非"工作与城市社区建设、新农村建设、社会治安综合治理等工作结合起来，作为文明创建、平安创建的一项重要内容来抓。要综合运用社会宣传、专题培训、学校教育等形式，提高社会公众保护知识产权、参与"扫黄打非"的积极性，推动行业协会发挥自律和服务作用。要加强舆论监督工作，宣传文化企业自觉守法经营的先进典型，及时曝光不法经营行为，努力营造"扫黄打非"工作的良好社会氛围。

2009年2月17日

在全省"扫黄打非"工作小组
成员单位工作座谈会上的讲话（摘要）

甘肃省委常委、宣传部长、省"扫黄打非"工作小组组长
励小捷

甘肃省专门召开"扫黄打非"工作小组成员单位座谈会，这几年还是第一次。之所以召开这个会议，一是总结一下今年前8个月的工作开展情况，认真分析当前"扫黄打非"斗争形势；一是进一步明确成员单位"扫黄打非"职责，搞好今年第三阶段"扫黄打非"集中行动。

前八个月，甘肃省共查缴各类非法出版物62万件，其中违禁非法出版物、"法轮功"邪教组织宣传品和其他非法宗教宣传品等1.06万件，破获各类案件180起。工作中有不少亮点，具体表现在：一是非法出版物封堵查缴工作卓有成效，查缴了大量非法出版物，"游商"街头兜售非法出版物的现象大为减少。二是整治低俗音像制品

专项行动取得成效，音像制品领域的低俗之风得到有效遏制。三是网上"扫黄打非"工作取得进展。我省公安网监部门接连破获多起利用互联网传播淫秽物品案和利用手机等移动通信终端下载淫秽视频牟利案。四是案件查处工作取得成绩，以案件查处为突破口继续推动"扫黄打非"工作不断向纵深发展。

针对下一步工作，我在这里提几点要求。

一、认清形势、统一思想，切实提高对"扫黄打非"工作重要性和艰巨性的认识

意识形态斗争的长期性和复杂性，决定了"扫黄打非"工作是一项长期艰巨的任务，各地各成员单位要进一步加强对"扫黄打非"工作重要性、长期性、艰巨性的认识，进一步增强责任感、紧迫感、使命感，切实把思想和行动统一到中央和省上的决策部署中来，真正做到"不动摇、不懈怠、不敷衍"，全力搞好第三阶段集中行动及国庆前的"扫黄打非"和市场监管工作。

二、围绕大局，突出重点，增强工作的针对性和实效性

兰州市文化市场行政执法支队去年就破获多起高校销售盗版教材教辅案，仅在兰州大学医学院家属院某书店的库房就查获盗版教材教辅53种、9000多册，涉案码洋80多万元。今年，省"扫黄打非"办多次接到大中小学销售盗版教材教辅的群众举报。种种情况表明，校园已成为侵权盗版读物肆虐的重灾区。新闻出版部门要与"扫黄打非"部门联合，在全省开展一场围歼校园侵权盗版读物的专项检查，坚决彻底地清除校园盗版教材教辅读物，对于公开订购销售盗版教材教辅的，要依法依纪追究相关责任人的责任，特别是以前有违法违纪记录的，更要严肃处理。

三、加强领导，明确职责，严格落实责任制和责任追究制

各有关部门要将"扫黄打非"第三阶段集中行动列入重要议事日程，切实加强组织领导，完善保障措施，务必将《实施方案》确定的各项任务落到实处。各部门负责同志要经常过问"扫黄打非"工作，要给"扫黄打非"工作以实质性支持。要按照"谁主管谁负责"和属地管理的原则，进一步健全责任制，落实责任追究制度，做到"守土有责、守土负责、守土尽责"，要将任务层层分解，真正落实到具体的人，保证行动取得实效。

四、切实加强部门之间的协调配合，努力形成"扫黄打非"的工作合力

"扫黄打非"是一项系统的社会工程，需要多部门之间的紧密配合和全力协作才能搞好。目前，加强我省"扫黄打非"工作必须进一步加强各部门之间的协调和配合。当前，少数成员单位认为自己这方面的职责不重、事情不多，就不参与实际工作，也不上报工作信息和总结，没有发挥成员单位的作用。个别成员单位长时间确定不下来主管领导和联络员，工作的落实没人管。今后，我们要加强体制和机制建设，在明确各自职责的同时，努力加强部门之间的协调和配合，省"扫黄打非"办要加大对部门工作的协调、指导和工作督办，形成各部门尽职尽力、齐抓共管的"扫黄打非"工作新格局。近几年，我省在案件破获方面下了功夫，侦破了不少大案要案，但进入司法程序，最终判决的不多，常给人虎头蛇尾的印象。有些案件，拖了两年多才得到最终判决，期间多次出现周折。可见，文化市场行政执法部门前期的准备工作还不够扎实，案件的移交转送还不顺畅，司法部门之间的沟通和配合还不够，这就影响了案件查处的威慑力。省"扫黄打非"办作为一个综合性协调机构，近年在加强部门协调和配合方面，做了大量工作，取得一定成效。今后，这方面的工作还要继续加强。当然，各部门之间也要积极探索相互配合的新途径、新办法。只要机制顺了，关系近了，我们的工作才能搞好。

2009年9月23日

2009年"扫黄打非"大案要案综述

甘肃省"扫黄打非"办公室

兰州"1·12"雷进朴非法批销出版物案

一、案件线索

2008年12月份，兰州市文化市场行政执法支队在市场检查过程中，发现一个以雷进朴为首的批销非法出版物团伙的蛛丝马迹。但因其发货经常使用化名、频繁更换库房和住址，给追查破案带来极大困难。支队通过发展"线人"扩大信息来源，积极捕捉雷进朴一伙的动向和活动规律，终于摸清了其窝点位置，锁定了相关目标。

二、案情简介

朱珍伟、雷进朴二人多年来大量贩卖盗版图书。2009年1月12日，兰州市文化市场行政执法支队在兰州市城关区段家滩260号院内查获一贩卖盗版图书窝点，当场查获大量非法出版物，抓获涉案者朱珍伟、雷进朴，并于当日将此案依法移交兰州市公安局。经甘肃省新闻出版局对所查获图书依法审查认定，涉案图书中165种、3544册图书为非法出版物，码洋13.3万元。法院认为，被告人朱珍伟、雷进朴无视国法，以营利为目的销售侵权复制品，其行为均已构成销售侵权复制品罪。公诉机关指控的事实清楚，罪名成立，依法予以确认。二被告人能自愿认罪，可酌情从轻处罚。被告人朱珍伟犯销售侵权复制品罪，判处有期徒刑一年，缓刑一年，并处罚金二千元；被告人雷进朴犯销售侵权复制品罪，判处有期徒刑一年，缓刑一年，并处罚金二千元。

三、查办过程

新春伊始，历经数月跟踪调查，兰州市文化市场行政执法支队成功摧毁一处长期向省内各地批销违禁出版物的地下窝点，为新一年全省"扫黄打非"开了个好头。

2009年1月12日，兰州文化市场行政执法支队抽调直属大队办案经验丰富的队员及城关、七里河大队数名业务骨干组成特别行动小组在指定位置设伏。队员们顶着严寒蹲守3个多小时，成功抓获开着三马子来段家滩260号提货的雷进朴等人，端掉了这处地下批发窝点，查缴政治性非法图书13种、250册，淫秽色情及宣扬封建迷信图书15种、333册，共4000余册内容违禁及其他非法图书，码洋14万元。从该窝点查缴的有关进发货单据看，雷进朴一伙批发盗版图书范围涵盖甘肃省各市州，数量巨大。经与兰州市检察院沟通，该支队当日即将犯罪嫌疑人雷进朴与全部涉案图书移交兰州市公安局。

兰州市公安局对文化部门移交的案件作了研究，进一步调查，并提请省新闻出版局对盗版图书进行鉴定，出版局高度重视，立即组织人员加班鉴定，并出具了鉴定书。

2009年4月份，兰州市公安局法制科向兰州市城关区人民检察院移交案件，检察院及时受理，并及时进入核查工作。

2009年6月，兰州市城关区人民检察院向人民法院提起诉讼。

四、审判概要

兰州市城关区检察院根据公安机关移交的案件，于2009年6月份向城关区人民法院提起诉讼。法院审理查明，2009年1月12日，兰州市文化市场行政执法支队在兰州市城关区段家滩260号院内查获一贩卖盗版图书窝点，当场查获大量非法出版物，抓获涉案者朱珍伟、雷进朴，并于当日将此案依法移交兰州市公安局。

经甘肃省新闻出版局对所查获图书依法审查认定，涉案图书中165种、3544册图书为非法出版物，码洋13.3万元。朱珍伟、雷进朴对批销盗版图书的事实供认不讳。

2009年8月城关区人民法院对朱珍伟、雷进朴进行公开审判。法院认为，被告人朱珍伟、雷进朴无视国法，以营利为目的销售侵权复制品，其行为均已构成销售侵权复制品罪。公诉机关指控的事实清楚，罪名成立，依法予以确认。二被告人能自愿认罪，可酌情从轻处罚。

为维护社会市场经济秩序，保护公民知识产权不受侵犯，惩罚犯罪，依照《中华人民共和国刑法》第二百一十八条、第二十五条一款、第七十二条之规定，被告人朱珍伟犯销售侵权复制品罪，判处有期徒刑一年，缓刑一年，并处罚金二千元；被告人雷进朴犯销售侵权复制品罪，判处有期徒刑一年，缓刑一年，并处罚金二千元。

五、案件分析

2009 年，全国各级文化市场行政执法部门开展了声势浩大的"反盗版百日行动"。兰州"1.21"非法批销出版物案正是兰州市文化市场行政政法部门在开展"反盗版百日行动"中取得的阶段性成果之一。从 2008 年底发现案件线索，至 2009 年 8 月一审判决，案件前后历时仅 9 个月，时间之短、行动之快、力度之大，不仅直接彰显了

法律的威严，还彰显了兰州市文化市场行政执法部门"将盗版分子送上法庭"的强大决心。本案的成功破获，可以从中得到以下几点启示：

（1）建立市场信息员（线人）队伍是查破大案要案的有效途径。"1.12"雷进朴非法批销出版物案就是由于信息员及时提供了有价值的线索，从而为执法主动出击、顺利破案创造了直接的便利条件。

（2）建立执法部门联动协作机制是查破大案要案的有力保障。在"1.12"雷进朴非法批销出版物案的查破过程中多个部门联合行动却能分工明确、执法有力、秩序井然，流转通畅，这充分显示了兰州市文化市场执法协作机制和谐运作的强大威力。

（3）建立健全的法律法规制度是惩处违法犯罪活动的坚实基础。从市场检查到案件移送、从案件调查到审判宣判，无一不是依法有序开展推进，其过程之所以能够如此顺畅，则完全是得益于有法可依。

2009 年"扫黄打非"大事记

甘肃省"扫黄打非"办公室

1 月 12 日，历经数月跟踪调查，兰州市文化市场行政执法支队成功摧毁一处长期向省内各地批销违禁出版物的地下窝点，抓获犯罪嫌疑人雷某、朱某，查缴各类非法出版物 4000 余册，码洋 14 万元，其中政治性非法图书 13 种、250册、淫秽色情及宣扬封建迷信图书 15 种、333册。从该窝点查缴的有关进发货单据看，雷某一伙批发违禁图书，范围涵盖全省各市州，数量巨大。同年 8 月 27 日，兰州市城关区人民法院以销售侵权复制品罪判处雷某、朱某有期徒刑一年，缓刑一年，并各处罚金二千元。

1 月 16 日，第 22 次全国"扫黄打非"工作电视电话会议召开。省委常委、宣传部长、省"扫黄打非"工作小组组长励小捷出席甘肃分会

场会议并作了重要讲话。他强调今年"扫黄打非"要搞好四个方面的重点工作，并对会议后一段时间的工作重点做了安排。

2 月 17 日，全省"扫黄打非"工作会议在兰州召开。副省长、省"扫黄打非"工作小组副组长咸辉在会上指出，"扫黄打非"事关国家政治安定、社会稳定和文化安全，事关知识产权和民族创新精神的保护，事关青少年的健康成长，各级"扫黄打非"工作者一定要保持清醒头脑，增强忧患意识，增强责任感、使命感，全力抓好全省"扫黄打非"各项工作。她强调，今年各地要突出抓好五项重点工作和关键环节。咸省长的讲话，为做好今年全省"扫黄打非"工作指明了正确方向。会议还表彰了 2008 年全

省"扫黄打非"工作先进集体和先进个人。

2月25日，按照全国"扫黄打非"工作小组办公室的安排部署，省"扫黄打非"办迅即下发《关于印发2009年"扫黄打非"第一阶段集中行动方案的通知》，组织全省开展第一阶段集中行动。

3月10日，兰州市文化市场行政执法支队一举端掉一处设于城关区盐场路某院内的地下书刊批发窝点，抓获非法书商张某，现场查获各类非法书刊1.57万册，其中政治性非法书刊10种、556册，淫秽色情书刊32种、近3000册，盗版及其他非法书刊217种、1.3万册，码洋总共合计45万元。经核查进发货账目，查明张某长期从事非法书刊批销活动，辐射范围广、批销数量大。这是年初以来我省破获的最大一起批销非法出版物案。

3月17日至20日，省委常委、宣传部长、省"扫黄打非"工作小组组长励小捷在平凉、庆阳专题调研净化社会文化环境工作时强调，要坚持"扫黄打非"，把净化社会文化环境工作作为基础工程、民心工程和希望工程来抓，进一步提高思想认识，多措并举，为未成年人的健康成长创造良好的社会环境。

3月23日，省委书记、省人大主任陆浩对我省净化社会文化环境工作作出重要批示。他要求各级党委、政府按照全国净化社会文化环境工作会议精神，以促进未成年人健康成长为目标，以净化网络、网吧、荧屏声频、校园周边环境为重点，多管齐下、多措并举，坚决净化社会文化环境，建立健全长效机制，为青少年健康成长营造良好社会文化环境。

4月16日，省"扫黄打非"办公室发出紧急通知，组织全省各地开展清缴整治低俗音像制品专项行动。

4月17日，全省净化社会文化环境工作会议在兰州召开。省委常委、宣传部长、省"扫黄打非"工作小组组长励小捷在会上提出，要认真实施"四净"战役（即"净网"战役、"净吧"战役、"净屏"战役、"净边"战役），确保

净化工作取得让群众满意的成效。

4月22日，根据全国"扫黄打非"工作小组办公室统一部署，我省在兰州市东方红广场举行大规模集中销毁盗版及各类非法出版物活动，共销毁各类非法出版物97.4万件。副省长、省"扫黄打非"工作小组副组长咸辉出席销毁仪式并做了讲话。

4月23日，省"扫黄打非"办召集省"扫黄打非"工作小组成员单位负责人会议，专题研究非法出版物的封堵查缴工作。

4月份，省"扫黄打非"办和省出版物市场稽查队联合，对我省某些单位收藏的违禁出版物进行了查缴并将结果上报全国"扫黄打非"办公室。

5月13日，兰州市文化市场行政执法支队捣毁设于雁西路一偏僻养牛场内的非法出版物批销黑窝点，抓获犯罪嫌疑人韩某，现场查抄《蚀骨销魂洞》等淫秽图书48种3400册，《天安门血腥清场内幕》等非法图书38种2400册。此案涉及的淫秽等非法图书品种多、数量大，引起了全国"扫黄打非"办的高度关注。在接到全国"扫黄打非"办有关领导的批示后，我省迅速成立了以励小捷为组长，省"扫黄打非"办、省公安厅等有关部门负责人为成员的专案组，负责案件的协调督办工作。

5月18日，全国"扫黄打非"工作专题电视电话会议召开。会后，我省迅即将会议精神做了传达并按要求报告省委省政府主要领导，在省上领导作出批示之后，我省立即发文对"扫黄打非"第二阶段集中行动做了安排部署。

6月4日，省"扫黄打非"办公室发文转发全国"扫黄打非"办《2009年"扫黄打非"第二阶段集中行动实施方案》，对全省"扫黄打非"第二阶段集中行动进行了再安排再部署。

7月29日，省"扫黄打非"办召开全省整治低俗音像制品专项行动抽查汇报会。省上几家音像出版社参加会议并汇报了近几年音像出版情况，表示坚决杜绝低俗音像制品的出版发行。部分单位汇报了对音像市场检查的情况。

8月25日，励小捷同志就兰大学生中传看非法图书《兰大一家人》一书有关事宜作出批示，要求省"扫黄打非"办立即查清此事，并了解其他学校情况。按照励小捷批示精神，我省迅即对此事进行了查处，并将有关情况向全国"扫黄打非"办做了汇报。

8月31日，兰州市文化市场行政执法支队在市区查获一处以打字复印为幌子盗印高校教材的黑窝点，现场查获盗印高等教育出版社等4家出版单位的《数字逻辑电路》等高校教材10种、300多套，查扣了打印机、扫描仪、电脑主机等涉案设备。

9月1日，按照全国"扫黄打非"办《2009年"扫黄打非"第三阶段集中行动实施方案》的要求，省"扫黄打非"办及时组织全省各地积极开展第三阶段集中行动。

9月7日，兰州市文化市场行政执法支队在城区一民房内查获一处既未办理印刷许可证又无出版物准印手续而非法大批量印刷藏文、阿拉伯文图书和内部刊物的地下印刷厂，依法扣缴涉嫌非法出版物5种、1.3万册。

9月13日，兰州铁路公安局兰州公安处天水车站公安所民警在站车例行检查中，查获非法光盘2226张，其中部分光盘还涉及"3·14"拉萨事件。兰铁警方依法收缴全部非法光盘，并对二人予以治安处罚。

9月23日，省"扫黄打非"工作小组召开工作座谈会，就如何贯彻落实全国"扫黄打非"办公室主任会议精神，确保我省第三阶段集中行动扎实有效开展，确保国庆60周年期间我省文化市场稳定进行了探讨。省委常委、宣传部长、省"扫黄打非"工作小组组长励小捷出席会议并作了重要讲话。

9月份，武威市文化出版局根据群众举报查获古浪县一中、民勤县四中使用盗版教辅图书问题。在组织收缴全部盗版图书、及时协调更换正版同名图书的同时，该局责令盗版图书供应商武威博识书城停业整顿，并处罚款1.5万元；予以古浪县一中、民勤县四中各罚款1万元，并建议市教育局在全市教育系统通报批评。

10月23日，定西市安定区人民法院以犯传播淫秽物品罪判处被告人李某有期徒刑六个月，缓刑一年。据查，李某自2007年6月以来，在互联网上其QQ空间发布淫秽内容的贴图641张、贴文5篇、视频14部，点击数达3.8万次。这是该市法院判决的首例利用互联网传播淫秽物品案。

11月17日，省"扫黄打非"办发出紧急通知，组织全省开展严厉打击手机网站制作、传播淫秽色情信息专项行动。24日，省"扫黄打非"办就我省手机网站情况和制作、传播淫秽色情信息情况的调研情况上报全国"扫黄打非"办。

12月17日，省"扫黄打非"办草拟上报《甘肃省"扫黄打非"工作总结》。

12月23日，省"扫黄打非"办就全国"扫黄打非"办在对我省部分城市检查暗访中发现问题的整改情况进行了书面汇报。

创新经验

打击手机淫秽色情信息需从源头整治

甘肃省"扫黄打非"办公室

为进一步加强网络信息安全管理，依法打击利用手机媒体传播淫秽色情信息等违法行为，促进手机媒体和互联网业务持续健康发展，2009年甘肃省通信管理局组织从源头整治手机传播淫秽色情信息，经过长期摸索和实践，治理效果良好。

一、加强领导，大力宣传，落实责任

2009 年，通信管理局成立了以局长为组长，分管副局长和三家基础电信企业主管领导为副组长，省局及三家基础电信企业各相关处室负责人为成员的专项行动工作组，明确了专项行动工作目标和工作重点，全行业上下积极部署、迅速行动、通过全面清理核查、严格拨测监控、加强互联网接入管理、暂停业务合作伙伴引入等多项措施，构建信息安全防线。

通信管理局要求省内各企业对相关岗位和人员明确了目标任务和时限要求，设立专职办公室，组织现场办公，形成日报周会制度，上下联动、责任到人，层层排查，不留死角，做到事事有人管，件件有人盯。同时，加大政策宣贯力度，重点面向各自公司内部员工和各合作单位，传达贯彻中央以及通信行业监管的有关政策，从源头上杜绝违规经营行为。

二、屏蔽手机 WAP 业务，切断利益源头

通信管理局狠抓督促落实，省内各基础电信运营企业迅速行动，从源头对无线通信协议（WAP）类业务开展清理自查，其中：省电信公司配合集团公司下线违规无线通信协议（WAP）业务 45 个。省联通公司自 12 月 6 日零时起，除保留 15 家向社会公开承诺绿色上网的公司业务外，其余与联通公司合作的全网 1683 个业务全部在公司的无线通信协议（WAP）门户、电子渠道、营销系统进行屏蔽，并停止计费；本地 17 个无线通信协议（WAP）业务也全部下线，暂停计费；同时，关闭本地 2G 和 3G 手机无线通信协议（WAP）门户，并对 12 月 1 日至 5 日期间已收取的暂停服务的无线通信协议（WAP）合作类业务信息费，向用户全部作退费处理。省移动公司本省仅有一个无线通信协议（WAP）网站接入，即该公司自有"甘肃风采无线通信协议（WAP）门户网站"，为防止不良信息网站对此网站的非法链接，省移动公司安排专人进行 7×24 小时的拨测工作。

三、履行监管职能，屏蔽涉黄网站，接受社会监督

各基础电信运营企业通过拨测搜索，以及接受用户举报，对全国全网通报的境内外非法接入涉黄网站，共 1000 多个互联网网址进行屏蔽，有力地遏制了黄色信息的泛滥。

截止 5 月 20 日，省联通公司通过拨测搜索以及接受用户举报，对全国全网通报的境内外非法接入涉黄网站，共 900 多个互联网网址进行屏蔽，对本省举报的涉黄投诉 8 件（其中 7 件涉及互联网自有网站，1 件属点对点彩信内容涉黄投诉），经过核查确认后，全部进行果断处理，并及时上报相关部门；省移动 10086 热线共受理 28 起用户不良信息网站举报，经核查确认其中 6 个为不良信息网站，在第一时间完成封堵和拦截工作。

四、深入开展全面清理和重点整治工作

一是全面核查手机媒体业务，清理违规接入。对所有信息服务商（SP）进行逐一排查，主要对经营资质、业务资质、业务名称和业务内容、信息安全责任书等情况进行清理。已核查全省接入互联网单位 3000 多家，对其中未完成备案或备案已过期的，全部删除备案号或停止接入；已核查全省接入信息服务商（SP）公司 300 多家/次，资质和备案信息全部符合规定。

二是进行网吧接入和专线接入核查。组织人力、物力开展全省范围内的重点实地检查，未出现私接网站及涉黄情况；专线接入情况进行核查初步完成，所有合作单位均已签署《信息安全承诺书》。专项行动期间，省电信公司自查 16374 家专线接入用户，省联通公司自查 166 家专线接入用户，两家公司均未发现层层转包现象。

三是开展行业自律。省互联网协会倡导会员单位积极开展行业自律活动，自觉抵制淫秽色情信息的网上传播。

五、建立和完善发现处置机制

建立和完善相关流程制度，做到事前有监测、事中有处理、事后有处罚的闭环管理。

一是积极畅通举报渠道，建立快速响应通道。二是建立应急处理流程，及时消除不良影

响。各基础企业均制定《手机媒体及互联网涉黄网站应急处理流程》和《手机涉黄信息投诉处理流程》等制度，完善了紧急事件的处理机制，各公司接到任何涉及低俗内容的用户投诉后，能够立即分析核查，果断处置，并将处置结果及时上报。

六、加强技术保障措施，提高监控水平

各基础企业目前已全面严格审核域名申请者真实身份信息，初步建立域名黑名单机制，均通过在省内域名服务器（DNS 服务器）、互联网（WEB）网关和无线通信协议（WAP）网关上添加域名黑名单，对非法网站进行封堵与关停，对未备案域名不予解析，防止域名跳转，杜绝层层转接；对接入网站互联网协议（IP）地址进行双向解析，定期进行端口扫描，加强互联网协议（IP）监测，确保无违规接入。

目前，各基础企业按照各自集团的部署，均已完成网站备案管理系统企业侧系统开发及联调工作，正在积极跟踪和研究关于自动扫描和过滤的技术发展。

通过阶段性工作，甘肃省各基础企业内部相关业务的基础资料趋于完整，监督渠道和处理流程逐步顺畅，相关制度逐步完善，有效地防范了为涉黄低俗有害信息提供通道的风险。

兰 州 市

2009 年"扫黄打非"工作总结

兰州市"扫黄打非"办公室

2009 年，兰州市"扫黄打非"工作在市委市政府的领导下，在省、市有关部门的大力支持配合下，坚持以净化文化市场和网络文化环境为工作主线，按照全国"扫黄打非"工作的统一部署和要求，扎实开展了三个阶段集中行动和一系列专项行动，把专项整治、日常巡查与技术监控有效结合起来，不断加大市场监管力度，坚决封堵和查缴非法出版物，严厉打击非法报刊，全面清理网络有害信息，有力地净化了社会文化环境，推动了文化市场规范有序发展。我们主要抓了以下五个方面的工作：

一、强化领导，统一安排部署

在兰州市"扫黄打非"工作会议上，对全市"扫黄打非"工作进行了全面安排部署，制定下发了《兰州市 2009 年"扫黄打非"行动方案》、《关于进一步净化社会文化环境促进未成年人健康成长的实施办法》、《兰州市高校及中小学校周边环境专项整治行动方案》和《兰州市净化网吧专项整治方案》等文件，对 2009 年"扫黄打非"管理各项工作重点提出了总体要求，对集中行动时间和主要措施做了统一部署，进一步明确了各成员单位的工作职责和工作任务，按照"属地管理"和"谁审批谁负责"的原则，强化责任，落实到人。

二、上下联动，强化日常监管

在文化市场日常监管过程中，各成员单位采取统一与分散相结合，部门执法与联合执法相结合，定时检查与突击检查相结合的方式，认真落实"扫黄打非"集中行动各阶段工作任务。公安、工商、文化、教育、城管等部门主要负责人高度重视，亲自坐镇，率先垂范，各部门形成了交叉作战、上下联动、左右联防、联合封堵的工作格局，进一步强化了对我市文化市场的日常监管力度。据统计，2009 年全年累计出动执法检查人员 9700 余人次，

出动执法车辆 4200 台次；清理检查各类文化市场经营场所及印刷、复制企业 1.3 万余家/次，查处纠正各类违法违规经营行为 17000 余次。

三、精心组织，开展专项行动

为进一步强化文化市场监管，净化社会文化环境，我市先后组织开展了"校园周边环境综合整治行动"、打击手机网络传播淫秽色情信息专项行动、"娱乐场所专项整治"行动、"寒暑假网吧专项整治行动"等一系列专项整治行动，取得了良好的整治效果。在各专项整治行动中，破获各类大要案件 12 起，移交司法部门 11 起，移交工商部门 1 起；检查娱乐场所 1286 家/次，停业整改 26 家；取缔非法电子游戏厅 74 家（次），没收电路板 1200 余块，销毁赌博游戏机 1000 余台；检查印刷、打字复印企业 875 家/次，停业整改 29 家，取缔无证复印打字社 1 家；检查网吧 3280 家（次），处罚 26 家，停业整顿 12 家，取缔黑网吧 4 家，注销网络许可证 1 家；检查各类音像、图书经营单位 2580 家/次，其中责令停业整顿 37 家，取缔非法书报经营单位 5 家，取缔游商 1450 家；检查货运单位 215 家/次，查扣非法出版物 621 件；捣毁地下图书批销黑窝点 14 家。2009 年全年共收缴各类非法出版物 77 万余件，其中非法光碟 30 余万张，淫秽色情类图书 3.2 万余册，封建迷信类图书 2.5 万余册，恐怖灵异凶杀类图书 5.1 万余册，盗版侵权类图书 33.4 余万册，报纸 3 万份，法轮功出版物 223 册（盘）。破获涉黄、涉非出版物案件 122 起，抓获违法犯罪嫌疑人 125 人。全年共受理文化市场各类举报及市长热线转办举报 452 件，办复率 100%。通过适时开展各种专项治理行动，及时打击和遏制各种违法经营活动，全市文化市场始终保持了健康稳定的良好局面。

2009 年，兰州市文化市场行政执法支队集中力量打击利用网络、手机线上线下传播淫秽色情等有害信息行为，破获"网络传播淫秽视频案"6 起。其中"2.12"、"3.16"手机传播

淫秽信息案被文化部列为 2009 年全国文化市场重大案件；"11.19"手机传播淫秽信息案在全国"扫黄"办公布的八起案件中位列第一，也是唯一由文化市场行政执法部门破获的案件；"12.15"手机传播淫秽信息案，是目前破获数据量最大的一起手机传播淫秽色情信息案件，中央电视台全程拍摄，于 2009 年 12 月 16 日在央视新闻频道播出。这些重大案件的破获，有力地提升了我市文化市场行政执法队伍在全国文化市场行政执法队伍中的影响力。2009 年兰州市文化市场行政执法支队被评为全国"扫黄打非"先进集体。

四、广泛宣传，强化舆论导向

兰州市在"扫黄打非"工作中十分重视舆论宣传工作，利用报刊、广播、电视、互联网等媒体，对市场检查和案件查处情况及时报道，形成了强大的舆论氛围，有力地震慑了违法犯罪分子。在抓舆论宣传的同时抓教育引导，适时召开文化市场经营单位大会，向经营者宣传文化市场有关法律法规和政策规定，明确经营者的法律责任，基本形成了纵向到底、横向到边，一级抓一级，层层抓落实的责任机制。

4 月 22 日全国侵权盗版制品及各类非法出版物集中销毁活动甘肃省分会场中，销毁 97.4 万件侵权盗版制品及非法出版物，其中 89 万件侵权盗版制品及非法出版物由兰州市文化市场行政执法支队提供，占到此次全省销毁总量的 91%。

2009 年国庆节前后，市文化出版局在市博物馆和东方红广场举办了 20 年"扫黄打非"回顾展，展出展板 145 块，图片近千张、文字万余言，以近年来"扫黄打非"典型案例及日常监管工作为主要题材，图文并茂地宣传了"扫黄打非"和文化市场监管工作的重大意义，以及文化垃圾对社会特别是青少年造成的巨大危害，展期 20 天，观众数万人，取得了良好的社会效果，广大人民群众称其为"利民工程"。

青　海　省

2009 年"扫黄打非"工作总结

青海省"扫黄打非"办公室

根据全国"扫黄打非"办公室要求，青海省全年相继开展了打击非法出版物特别是涉藏反动出版物及宣传品、进一步净化社会文化环境、促进青少年健康成长、清缴整治低俗音像制品、打击侵权盗版非法出版物 4 项重点集中行动，取得了明显成效。据统计：2009 年，全省共出动执法人员 3.2 万人（次），检查各类经营场所 3.1 万（次），查缴各类非法出版物 10.93 万件，其中非法违禁出版物 3.1 万件、淫秽色情出版物 2.03 万件、侵权盗版出版物 3.4 万件、非法报纸期刊 1.8 万件、盗版教材教辅 0.6 万件，查办非法出版物案件 2 起，查处取缔违规经营单位 51 家，有效封堵网络不良信息及游戏网站 1.35 万次。工作主要内容和做法主要有以下几个方面。

一、领导高度重视

省委书记强卫、省长骆惠宁、省"扫黄打非"领导小组组长、副省长吉狄马加等省领导先后对"扫黄打非"工作作出重要批示达十五件之多。省委、省政府领导的高度重视既是对"扫黄打非"工作的关心支持，也是鞭策鼓励，对推动青海"扫黄打非"工作深入开展产生极大的促进作用。

二、精心安排部署

（1）省"扫黄打非"办公室结合我省实际，及时研究制定《青海省 2009 年"扫黄打非"行动方案》，确定"扫黄打非"工作的指导思想、主要任务、实施步骤和工作要求，对全年"扫黄打非"工作作出安排部署。

（2）针对每个阶段的工作重点，相继下发

了《关于做好"两节""两会"期间"扫黄打非"工作的通知》、《进一步净化社会文化环境，促进青少年健康成长专项行动的通知》、《关于深入开展打击涉藏反动出版物及宣传品专项行动的安排意见》等专项安排意见。

（3）分别召开了"打击藏独反动出版物及宣传品专题会议"、"全省'扫黄打非'工作 20 年总结表彰大会"、"全省重点地区'扫黄打非'工作座谈会"等重要会议。不定期召开了省"扫黄打非"办公室主任会议，研究部署专项工作。

各地区和有关成员单位按照全国和省上的统一部署，结合实际，高度重视，精心安排，狠抓落实，不断深入开展"扫黄打非"工作。

三、严厉打击涉藏反宣活动

打击非法出版物特别是宣扬"藏独"反动出版物和宣传品工作始终是青海"扫黄打非"工作的重中之重，全省始终把打击"藏独"反动出版物及宣传品作为"扫黄打非"的首要任务，保持高压态势，严密防范，严厉打击，取得了一定成效。

（1）多次召开会议研究部署。2009 年，省"扫黄打非"办公室组织召开了"全省宣传部长会议"、"全省涉藏宣传工作会议"、"全省净化社会文化环境工作会议"、"全省新闻出版工作通气会"、"全省打击涉藏反动出版物及宣传品专题会议"、"全省'扫黄打非'工作 20 年总结表彰大会"、"全省重点地区'扫黄打非'工作座谈会" 7 次重要会议，专门研究部署打击宣扬"藏独"反动出版物及宣传品工作。

（2）集中力量严查出版物市场。根据打击涉藏反动出版物及宣传品工作形势，省"扫黄打非"办公室及时下发通知，要求各地、各有关部门采取有力措施，加大对出版物市场的检查力度。各地区党委、政府高度重视打击"藏独"反动出版物及宣传品工作，主管领导专门作出批示，分管领导亲自组织召开会议，亲自安排部署查处工作，亲自带队检查市场。在打击涉藏反动出版物及宣传品专项行动中，西宁市、海东地区、海南州、海北州、黄南州、玉树州、果洛州、海西州、格尔木市部署及时，措施得力，工作成效显著。全省全年查缴涉藏反动出版物及宣传品共计1.9万件。

（3）着力查办大案要案。①查办制售涉藏非法图书案。2009年4月，涉藏非法图书在我省发现。省委书记强卫、省长骆惠宁等领导多次作出重要批示，指导案件查办工作；省委常委、宣传部长曲青山连夜召开专题会议，安排部署查处工作。省公安厅成立"11·17"专案组，抽调省、州、县三级公安机关相关部门人员全力开展侦破工作。专案组不辞辛苦，克服各种困难，行程1万多公里，历时八个月赴甘肃、四川、西藏、青海的12个藏族聚居区、108座寺院和455名僧侣群众处开展调查、取证、查缴、追捕工作，查清了其出版、印刷、发行等相关情况，成功追缴该书210册，主要犯罪嫌疑人仁某落网。②查办涉藏非法图书案。省"扫黄打非"办公室在出版物市场发现该图书后，高度重视，在第一时间向全省下发通知进行查缴。同时向省委、省政领导汇报情况。省长骆惠宁、省委常委、省纪委书记仁青加分别作出重要批示，省"扫黄打非"办公室、省纪委组成专案组，对该案件进行调查。经过专案组六个月的辛勤努力，这本书的作者、责任编辑以及出版、印刷、发行情况已基本弄清，作者已被省纪委诫勉谈话。

（4）加大审读工作力度。在全国"扫黄打非"办公室的指导和大力支持下，按照"珠峰工程"座谈会精神，省"扫黄打非"办公室组织了12名专家，分三批对全年查缴的230种藏语言音像制品和120种藏文书刊进行了审读。通过审读新发现14种音像制品有非法违禁内容，对及时发现、准确打击涉藏反动出版物及宣传品工作提供有力依据。

四、积极净化社会文化环境

全省各地按照全国和全省净化社会文化环境工作会议精神，采取多种有效措施，不断加大净化社会文化环境工作力度，认真开展整顿校园周边环境专项行动。省"扫黄打非"办公室多次协调省文明办、关工委、公安、教育、文化、新闻出版、广电、工商等部门组成联合检查组，先后对西宁、海东、六州净化社会文化环境和校园周边出版物市场整治进行了督导检查。通过整顿校园周边环境集中行动，全省共检查校园周边出版物销售摊点3000余家（次），查缴低俗、封建等非法读物3500余册、不良游戏卡片等非法宣传品7000余件，封堵"非法游戏网站"和"非法单机游戏"1万余次，安装"净网先锋"计算机管理系统320家，安装量占全省网吧总量的80%。

五、积极开展低俗音像制品专项整治

根据全国"扫黄打非"办公室的统一安排部署，省"扫黄打非"办公室积极开展低俗音像制品专项整治行动，先后三次下发了《关于开展清缴整治低俗音像制品专项行动的紧急通知》和低俗音像制品清缴目录。文化执法部门对省内7家音像制品批发单位和782家音像制品零售出租店进行了全面拉网式的反复检查，共查缴低俗、淫秽色情音像制品103种、1490余件，责令下架退货正式出版的低俗音像制品240种、2050余件。

六、注重"扫黄打非"宣传教育

教育防范是"扫黄打非"工作的基础。2009年以来，全省各地区、各有关部门通过报纸、电台等新闻媒体，大力宣传"扫黄打非"工作。

（1）通过《青海日报》、《青海法制报》、《西宁晚报》、《西海都市报》、青海电视台、青海人民广播电台等新闻媒体从多层面、多角度对"扫黄打非"工作进行了宣传报道，发表稿件20多条。

（2）省"扫黄打非"办公室连续几年与青海人民广播电台制作专题节目，宣传介绍"扫黄打非"工作，与听众互动，解答了听众的咨询、提问，增强"扫黄打非"的宣传效应，收到了良好的效果。

（3）省"扫黄打非"领导小组办公室共编发工作简报32期，其中11条信息、6张图片被中国"扫黄打非"网登载。

（4）在"3·15消费者权益日"，"4·26知识产权保护日"等时段，通过设立出版物展示台、悬挂横幅、办黑板报、摆设展板、发放宣传资料等广泛宣传打击侵权盗版，保护知识产权重大意义。

（5）4月22日，在西宁市中心广场举行了青海省2009年集中销毁侵权盗版及非法出版物活动，对2008年以来查缴的12.7万件侵权盗版及非法出版物进行公开销毁。

（6）在全省"扫黄打非"工作20年总结表彰大会上，对20年来涌现出的16个先进集体、64名先进个人进行了表彰，为长期从事"扫黄打非"工作的老同志代表颁发了荣誉证书。

（7）编辑出版了《青海"扫黄打非"二十年》一书，以进一步总结经验，推动工作。

领导讲话

在第二十二次全国"扫黄打非"电视电话会议青海分会场上的讲话

青海省"扫黄打非"领导小组专职副组长
张承伟

刚才，我们收听收看了第二十二次全国"扫黄打非"电视电话会议。中共中央政治局委员、书记处书记、中宣部部长、全国"扫黄打非"工作小组组长刘云山同志作了重要讲话；会议总结了2008年"扫黄打非"工作，安排部署了2009年"扫黄打非"工作任务；表彰了2008年全国"扫黄打非"有功集体、有功个人和先进集体、先进个人，表彰了2008年全国迎奥运保稳定"扫黄打非"先进集体。对我省受到表彰的先进集体和先进个人表示祝贺。下面我受吉狄马加副省长的委托，就贯彻好这次会议精神提三点要求。

（1）进一步认真学习，深刻领会这次电视电话会议精神。全国"扫黄打非"工作小组召开的这次电视电话会议非常重要，各成员单位及相关部门要认真组织传达学习，深刻领会会议精神，尤其要学习领会好刘云山同志的重要讲话精神，进一步提高对"扫黄打非"工作重要性的认识，把思想认识统一到这次会议精神上来。今

年是建国60周年，西藏民主改革50周年，开展好"扫黄打非"工作有其特殊意义。我们要从建设社会主义先进文化、巩固马克思主义在意识形态领域指导地位、维护国家政治安定、社会稳定和文化安全、提高党的执政能力建设、落实科学发展观、构建社会主义和谐社会的高度，充分认识做好新形势下"扫黄打非"工作的极端重要性。要从维护社会稳定的政治高度去认识打击非法出版物特别是打击"藏独"反动出版物及宣传品的极端重要性，进一步增强做好"扫黄打非"工作的责任感，不断提高工作的主动性、积极性、创造性。

（2）春节前在全省范围内开展一次集中行动。按照这次电视电话会议精神，按照前一阶段下发的《关于做好"两节""两会"期间"扫黄打非"工作的通知》和"打击'藏独'反动出版物及宣传品专题会议"精神，西宁、海东等全省各地以及省级有关部门结合本部门实际，在春节前开展一次集中整治行动，对全省出版物市场进

行一次全面清查，确保出版物市场健康有序、繁荣稳定，为全省人民喜迎新春、迎接全国"两会"的胜利召开营造良好的出版物市场环境。

（3）请省"扫黄打非"领导小组办公室根据这次电视电话会议精神，结合我省实际，尽快拟定出《青海省 2009 年"扫黄打非"行动方案》，报省委、省政府批转下发。《方案》要明确今年我省"扫黄打非"工作指导思想、目标任务，提出工作要求。

春节过后省上要召开"扫黄打非"工作 20

年总结表彰会，会议将全面总结我省 20 年"扫黄打非"工作，表彰 20 年来在"扫黄打非"战线上涌现出的先进集体和先进个人，同时对 2009 年"扫黄打非"工作要进行具体部署。

同志们，"扫黄打非"的形势越来越复杂，任务越来越艰巨，责任越来越重大，我们一定要按照中央和省委、省政府的要求，保持高度的政治责任感和使命感，努力工作，狠抓落实，继续深入开展"扫黄打非"工作。

2009 年 1 月 16 日

在全省净化社会文化环境工作会议上的讲话

青海省"扫黄打非"领导小组专职副组长
张承伟

净化社会文化环境，促进未成年人健康成长，始终是"扫黄打非"的重点工作。近年来，青海始终坚持"一手抓繁荣，一手抓管理"的方针，把维护文化市场秩序、扫除淫秽色情等有害出版物，清理整顿校园周边环境作为深入贯彻党中央、国务院《关于进一步加强和改进未成年人思想道德建设的若干意见》，进一步落实《未成年人保护法》的重要举措，认真安排，周密部署，有针对性地组织开展专项行动，取得了一定的成效。

2008 年，青海"扫黄打非"工作在省委、省政府的领导下，认真组织开展了打击整治网络淫秽色情等有害信息、迎奥运保稳定、打击非法报刊、清理整顿校园周边环境等七次专项行动，特别是 12 月份省委书记强卫，省长宋秀岩，省委常委、宣传部部长曲青山就加强校园周边环境综合治理作出重要批示后，省"扫黄打非"办公室及时下发了《关于开展清理整顿校园周边出版物市场环境专项治理行动的紧急通知》，在全省范围内开展了为时一个月的专项行动。对全省中小学校园周边小商店、小卖部、文具店、书店、报刊亭等进行了全面的专项整治，重点查缴

了校园周边淫秽色情、凶杀暴力、封建迷信、恐怖类、低级庸俗的图书、报刊、音像制品、盗版教材教辅读物以及游戏卡片、非法印刷品，取得了阶段性的重要成果。据统计，2008 年全省共出动执法人员 1.5 万人（次），查缴各类非法出版物 12.7 万余件，其中不利于青少年身心健康的非法出版物 1 万余件，为净化未成年人成长环境起到了积极的作用。但是，也要清醒地看到，目前出版物市场还存在着一些不容忽视的问题，严重危害着未成年人的健康成长。一是淫秽色情出版物屡禁不绝。在地摊、游商兜售被有效控制后，主要集中在大型超市、电子商城等场所，并且有滋生蔓延之势。二是在校园周边文具店、小百货店、综合商店销售搞笑证件、游戏卡片、少儿版"人民币"、少儿"八卦"玩具、微型少儿"卡通画册"等武打、凶杀、暴力、内容不健康的新型产品。这些违法、有害印刷品和不良玩具，严重扰乱出版、印刷管理秩序，严重危害青少年健康成长。三是盗版盗印的教辅读物仍向学校渗透，一些不法书商将质量低劣、粗制滥造的盗版教辅，以让利、给回扣等手段推向学校，不但增加了家长的经济负担、学生的课业负担，还

误人子弟，助长了不正之风。四是互联网传播淫秽色情等有害信息的现象更加突出，网吧秩序的治理和规范还需进一步加强。

今年是形势极为特殊的一年，也是净化出版物市场环境工作特别严峻的一年。在经济形势发生深刻变化的背景下，许多人亟需精神上的慰藉和知识上的补充，文化需求和文化活动异常活跃。这既可以促进正确、健康、向上的文化发展繁荣，也可以引发腐朽、丑陋、低俗文化的沉渣泛起，特别是淫秽色情、封建迷信、恐怖暴力等有害出版物和非法出版活动暗流涌动，一些不法分子为了经济利益不惜铤而走险、以身试法，严重扰乱了社会文化环境，影响了未成年人的健康成长。同时，今年敏感节点多，社会稳定压力大，敌对势力也利用非法出版物乘机作祟，甚至联合发乱。各级"扫黄打非"和新闻出版部门对此要有清醒的认识和正确的判断，要站在维护社会稳定的高度，以人为本的高度，对子孙后代负责的高度，在思想上高度重视起来，工作上积极行动起来，下大力气抓好净化未成年人出版物市场环境工作。只要这一件事情扎扎实实地做好了，人民群众高兴满意了，就为党和政府集中精力处理经济、社会发展的其他问题奠定了坚实的基础。这就是为民解难、为党分忧，义不容辞、刻不容缓，必须做好。

一、深入持久开展"扫黄打非"斗争，大力查处危害未成年人健康成长的不良出版物。各地各部门要按照省委、省政府办公厅下发的《青海省2009年"扫黄打非"行动方案》要求，继续深入开展"扫黄打非"斗争，大力查处危害未成年人健康成长的不良出版物。在内容上，重点打击淫秽色情出版物和网上有害信息，及时发现，迅即处理，防止扩散，不让其有立足之地。在载体上，要重点监管互联网出版、手机出版和互联网游戏，对有害信息做到露头就打，决不手软。在区域上，要重点管住学校特别是中小学校周边的出版物市场，对学校方圆500米以内的书店、音像店、报刊亭等实行专人负责、台账管理。重点查缴宣扬淫秽色情、凶杀暴力、低俗庸俗、封建迷信、鬼怪神灵以及伪科学内容的图书期刊、卡通画册、音像制品和游戏软件。严厉打击制售盗版教材教辅等非法出版活动，杜绝盗版教材教辅流入校园，确保学生学习文化知识的正当权益。

二、切实加强互联网、手机出版和互联网游戏监管，不断净化未成年人健康成长的网络环境。要按照新闻出版总署的要求，尽快建立互联网出版"黑名单"制度，实施互联网出版、手机出版从业人员岗位培训和持证上岗制度。进一步强化属地管理原则，建立健全符合互联网出版、手机出版监管要求的管理队伍。大力加强互联网出版监管手段建设，尽快建设互联网出版监管系统，建立出版物基础数据库，严密封堵网络不良信息，净化网络环境。

三、严格把好出版物审读、审看关。加大对涉及未成年人身心健康出版物的审读、审看力度，建立健全审读把关制度，有效整治出版物内容低俗化现象，防止不良出版物流入市场。提高面向未成年人出版物的质量，把出版物的质量检查作为出版单位等级评估的重要考核指标。重点打击以未成年人为对象、以"买卖书号"方式出版的伪劣图书。对因审查不力、把关不严而流入市场的不良出版物，依法予以收缴并追究出版单位责任。严格把好广告刊登关。把涉及影响未成年人健康成长的广告作为出版审读的重要内容，加大审查力度，严禁不利于未成年人身心健康的广告在报纸、期刊、杂志以及广播、电视和新闻网站上刊播。

四、积极推进青少年出版物市场的发展繁荣，努力为未成年人健康成长提供优秀的新闻出版产品和服务。在全省年度重点出版物选题计划中，将适度增加未成年人读物的出版选题。要求各图书、音像和电子出版单位加大未成年人思想道德建设和科学文化知识出版选题的策划力度，努力满足未成年人的精神文化需求。积极引导青少年多读书、读好书，陶冶未成年人思想道德情操。在学生寒暑假、"六一"节等节日前推荐一批优秀图书、音像、电子出版物，组织开展形式多样的节假日读书活动，积极为青少年提供丰富的、良好的、健康的精神文化食量。

青少年是祖国的未来，民族的希望。各地"扫黄打非"和新闻出版部门要充分认识净化社会文化环境的重大意义，以更加主动的态度、更加有力的措施、更加扎实的工作，贯彻落实好这次会议精神，特别是曲青山部长的重要讲话精神，进一步增强责任感、使命感和紧迫感，大力丰富出版物产品和服务，大力净化出版物市场环境，为未成年人健康成长撑起一片洁净的蓝天，为净化社会文化环境作出新的贡献。

2009 年 3 月 27 日

在 2009 年全国集中销毁侵权盗版及非法出版物活动青海分会场的讲话

青海省"扫黄打非"领导小组副组长、省文化新闻出版厅厅长

曹　萍

根据全国"扫黄打非"工作小组的统一部署，今天我省在这里与全国其他地区同时举行销毁盗版非法出版物活动，对去年以来查缴的 12.7 万件侵权盗版及非法出版物进行公开销毁，其中政治性非法出版物 1035 件，淫秽色情出版物 8700 余张，非法报刊 8800 余份，盗版出版物 9.5 万余件，非法宗教宣传品 910 件。其目的是进一步推动"反盗版天天行动"和"扫黄打非"工作的深入开展，迎接"4·26"世界知识产权日，进一步整顿和规范文化市场秩序，展示我省近一段时期"扫黄打非"取得的重大成果，警示、震慑违法犯罪分子和非法经营者。同时，向全社会展示我国政府保护知识产权原则，打击侵权盗版活动的坚定立场和所取得的成果，树立保护知识产权的良好形象，进一步增强社会各界理解、支持和参与"扫黄打非"斗争的意识。

2008 年，我省"扫黄打非"工作以全国第二十一次电视电话会议精神为指导，按照省委、省政府办公厅下发的《青海省 2008 年"扫黄打非"行动方案》的要求，坚持教育防范、布网控制、集中打击的原则，认真组织开展了七次专项行动，即"两节""两会"期间出版物市场执法检查、打击整治网络淫秽色情等有害信息、打击非法出版物特别是宣扬"藏独"非法出版物、维护社会稳定迎接北京奥运"扫黄打非"、打击利用交通运输渠道贩运非法出版物、打击非法报刊、清理整顿校园周边出版物市场环境等专项行动，取得了重要的成果。但是，出版物市场上仍然存在一些不容忽视的问题，宣扬"藏独"等政治性非法出版物有增多趋势，淫秽色情出版物特别是音像制品的淫秽色情出版物屡禁不绝，盗版盗印非法出版物仍有一定市场，网络传播不良信息、网吧接纳未成年人等问题都不同程度的存在。面对出版物市场的复杂形势和存在的问题，我们一定要增强责任意识、大局意识、忧患意识，切实坚持属地管理和谁主管、谁负责的原则，加大工作力度，不断推进"扫黄打非"工作深入开展。

今年是新中国成立 60 周年，是应对国际国内环境重大挑战、推动党和国家事业实现新发展的关键一年，是全省认真贯彻落实党的十七大、十七届三中全会精神和省第十一次党代会、省委十一届五次全会精神的重要一年，大事多、热点多、重要敏感日期比较集中，"扫黄打非"任务艰巨，全省集中销毁活动意义重大。根据中央的安排部署，年内我们将分三个阶段继续组织开展集中行动，主要任务有以下五个方面：一是严密封堵和查缴各类非法出版物、"藏独"反动出版

物及宣传品、不利于民族团结的宗教非法违禁宣传品。二是及时屏蔽和删除利用信息网络传播的各类有害信息，坚决查处利用声讯台、手机短信、上网服务经营场所传播各类有害信息的行为。三是加大校园周边环境整治力度，大力扫除淫秽色情、凶杀暴力、封建迷信等文化垃圾以及恐怖类、低级庸俗的口袋书、游戏卡片、搞笑证件等各类印刷品。四是加大市场清查力度，坚决查缴各类盗版音像制品、计算机软件、教材教辅读物和盗版畅销书。五是严肃查处取缔各种形式的非法报刊，深入追查其编辑、出版、印刷、销售等各个环节，严厉打击制售非法报刊行为。因此，我们要认真落实好 2009 年"扫黄打非"行动方案，组织开展集中行动和专项治理，坚决查堵非法出版物，坚决清除淫秽色情等文化垃圾，坚决打击各种侵权盗版行为，优化社会环境。

同志们，"扫黄打非"的形势越来越复杂，任务越来越艰巨，责任越来越重大，我们一定要按照中央和省委、省政府的要求，保持高度的政治责任感和使命感，努力工作，狠抓落实，继续深入开展"扫黄打非"工作，以优异的成绩迎接新中国成立 60 周年。

2009 年 4 月 22 日

在青海省"扫黄打非"工作 20 年总结表彰大会上的讲话（摘要）

青海省副省长、省"扫黄打非"领导小组组长
吉狄马加

今天召开的全省"扫黄打非"工作 20 年总结表彰大会，是一次重要的会议。它既是我省"扫黄打非"工作 20 年来的回顾和总结，又将成为我省"扫黄打非"工作的一个新的起点。借此机会，我谨代表省委、省政府，向受到表彰的单位和个人表示热烈祝贺！向 20 年来在全省"扫黄打非"战线上默默耕耘，无私奉献，锐意进取，付出艰辛努力的同志们，表示崇高的敬意和衷心的感谢！下面我就做好今后的工作讲三点意见：

一、认真总结经验，巩固扩大成果

我省的"扫黄打非"工作自 1989 年全面开展以来，在省委、省政府和各级党委、政府的统一领导下，在全国"扫黄打非"工作小组及其办公室的有力指导下，各级"扫黄打非"部门坚决贯彻落实党中央、国务院关于"扫黄打非"工作的方针、政策、法规、指示、部署和要求，紧紧依靠广大人民群众，密切配合，协同作战，持续深入地开展集中行动和专项治理，不断加强文化市场的日常监管，夺取了"扫黄打非"斗争的一个又一个阶段性胜利。"扫黄打非"工作始终坚持围绕中心、服务大局，努力营造积极、健康、向上的社会文化环境，为全省经济建设、政治建设、文化建设、社会建设保驾护航，发挥了重要作用，做出了特殊贡献。尤其是在刚刚过去的 2008 年，我省的"扫黄打非"有力地配合了党和国家的全局工作、青海的全局工作，在关键时刻发挥了关键作用。

总结经验的目的，是为了掌握规律性、坚持科学性、提高预见性、增强主动性，在新的高度、新的起点上更加有效地全面推进工作。上述六个方面的经验，就体现了我们对"扫黄打非"工作规律性认识的深化和把握，应当在今后的工作实践中不断丰富完善，巩固和扩大已经取得的成果。

二、认清形势，明确任务

我省"扫黄打非"20 年的奋进历程，取得了重大成果，积累了丰富经验，开拓了前进道路。实践证明：坚持不懈地开展"扫黄打非"工作，是社会主义精神文明建设、社会主义先进文化建设的迫切需要，是顺应广大人民群众强烈愿望、保护青少年一代健康成长的迫切需要，是巩固马克

思主义在意识形态领域的指导地位，维护文化安全、政治稳定、民族团结、社会进步的迫切需要。

当前，我省的文化市场总体上健康有序、繁荣稳定。但是，也还存在一些不容忽视的问题：一是非法违禁出版物仍时有发现，特别是"藏独"非法出版物和宣传品有增多的趋势，而且大多是在私下传播，查缴难度很大。二是利用互联网、手机、自制光盘等下载、传播反动歌曲、反动谣言及淫秽色情内容的情况时有发现。三是搞笑证件、游戏卡片、口袋书、少儿版人民币、少儿版八卦玩具、卡通类等内容不健康的新型产品在校园周边文具店、小百货店、综合商店中销售，品种花样不断翻新。四是淫秽色情出版物，主要是音像制品仍在市场上或明或暗地兜售传播，屡禁不绝。五是盗版盗印的"名著"、"常销书"、"畅销书"及教材教辅出现"反弹"趋势，仍有一定市场，且不易识别。同时，我们自身的工作，特别是在文化市场管理、执法队伍建设等方面，也还存在一些与新形势下"扫黄打非"不相适应的问题。

我们要把封堵和查缴非法违禁出版物，特别是封堵和查缴"藏独"非法出版物和宣传品，始终作为我省"扫黄打非"工作的首要任务。要保持高度清醒的认识：维护民族团结，反对民族分裂，保证社会政治稳定，是青海工作的大局，也是高举中国特色社会主义伟大旗帜，建设富裕文明和谐新青海的基本前提。严厉查处"藏独"等危害民族团结、祖国统一，煽动民族分裂的非法出版物和宣传品，是我省"扫黄打非"斗争的一项特殊使命。其他各项任务，在不同阶段应根据不同情况有所侧重，做到突出重点、统筹兼顾、整体推进。

三、加强领导，落实责任

第一，"扫黄打非"工作只能加强，不能削弱。这是中央确立的一贯方针，而且三令五申，各地区、各有关部门一定要切实贯彻落实。加强"扫黄打非"工作，关键在于加强领导。我们要更加深刻地认识"扫黄打非"的性质和任务，务必把握三条结论：第一条，"扫黄打非"是党

的工作，是意识形态工作，是党对意识形态工作领导的一个抓手，绝不能把它混同于一般的行政工作；第二条，"扫黄打非"的任务是维护国家安全，维护国家意识形态安全和文化安全，从事的是政治斗争，是同国内外敌对势力的斗争，是国际间的斗争，绝不能把它混同于一般的行政事务；第三条，各级"扫黄打非"办公室的职责，就是综合协调。在高层次上综合各方面情况，协调各方面力量共同行动，采取措施，解决问题，绝不能把它混同于一般的行政执法。各级党委、政府和各有关部门的领导必须保持清醒头脑，树立忧患意识，深刻认识"扫黄打非"斗争的长期性、艰巨性和极端重要性，进一步增强责任感、紧迫感、使命感，发挥主动性、掌握主动权，打好主动仗，坚定不移地把"扫黄打非"斗争深入持久地开展下去。

第二，"扫黄打非"的机构不能弱化，队伍不能撤并，工作不能停顿。去年 12 月 22 日全国"扫黄打非"工作小组下发的《实施传达贯彻中央领导同志关于在地方机构改革中防止弱化"扫黄打非"工作机构的重要批示的通知》，非常重要，非常及时，我们要坚决贯彻执行。根据我省实际，这里着重强调四点：一是"各级党委、政府统一领导，各级'扫黄打非'领导小组及其办公室组织协调，各地区联防协作，各部门齐抓共管"的领导体制和工作机制不变，要进一步加强和完善。二是各级"扫黄打非"领导小组日常工作的"扫黄打非"办公室机构设置不变。省"扫黄打非"办公室挂靠在省文化和新闻出版厅，各州、地、市、县的"扫黄打非"办公室挂靠到文化行政部门。三是从实际出发，认真解决好各级"扫黄打非"办公室的编制、经费、技术、装备等问题，从根本上扭转一些地方"扫黄打非"工作被动应付的状况。四是加快文化市场综合执法改革，并理顺"扫黄打非"与文化市场综合执法的关系。按照中央的要求："扫黄打非"领导小组及其办公室担负着确保意识形态领域安全的任务，履行部署、指导、协调、督办的职责；文化市场综合行政执

法部门担负着对文化市场的日常监管任务，依法行政。统一执法的地区要把"扫黄打非"作为文化市场综合执法的首要任务，用"扫黄打非"工作成果检验文化市场综合执法改革的成效。

第三，要进一步健全和完善"扫黄打非"工作责任制。必须重申："扫黄打非"工作要继续坚持"属地管理"和"谁主管谁负责"的原则，并做到属地管理与部门管理相衔接、主管部门与协管部门相配合，守土有责、守土负责、守土尽责。各级党委、政府和部门的"扫黄打非"领导小组组长，是同级党委、政府和部门"扫黄打非"工作的第一责任人，要切实履行职责，恪尽职守。各级"扫黄打非"办公室和"扫黄打非"领导小组成员单位，都必须认真履行好各自的职能，发挥好各自的作用，完成好各自的任务。同时，要严格执行问责制。对因工作失职、渎职造成文化市场问题突出、秩序混乱和社会影响恶劣的，要依法追究有关地区、部门负责人和相关人员的责任。总之，要通过切实有效的制度建设，确保领导到位、工作到位、责任到位、措施到位，坚持不懈地开展"扫黄打非"。

同志们，改革开放波澜壮阔，"扫黄打非"任重道远。在新的一年，我们要在省委的坚强领导下，更加紧密地团结在以胡锦涛同志为总书记的党中央周围，高举中国特色社会主义伟大旗帜，以邓小平理论和"三个代表"重要思想为指导，深入贯彻落实科学发展观，贯彻落实党的十七大、十七届三中全会精神和省第十一次党代会、省委十一届五次全会精神，努力开创我省"扫黄打非"工作的新局面，为实现我省经济社会又好又快发展，营造良好的社会文化环境。

2009 年 5 月 12 日

2009 年"扫黄打非"大事记

青海省"扫黄打非"办公室

1月6日，省"扫黄打非"领导小组在西宁市召开"打击'藏独'反动出版物及宣传品专题会议"。会议传达学习了全国"扫黄打非"办公室在西藏召开的"打击'藏独'反动出版物及宣传品协调联动工作会议"精神，听取了各州、地、市 2008 年开展"扫黄打非"暨打击"藏独"反动出版物及宣传品工作情况汇报。省"扫黄打非"领导小组专职副组长、省新闻出版局副局长张承伟传达了省委、省政府领导 2008 年对"扫黄打非"工作的重要批示，通报了全省出版物市场特别是"藏独"反动出版物及宣传品的有关情况，对开展打击"藏独"反动出版物及宣传品专项行动作了安排部署。省委宣传部副部长王向明在会议结束时作了重要讲话。各州（地、市）"扫黄打非"领导小组办公室负责人和省"扫黄打非"领导小组各成员单位负责人参加了会议。

1月16日，省"扫黄打非"办公室组织收听了第二十一次全国"扫黄打非"电视电话会议。会议结束后，省"扫黄打非"领导小组专职副组长、省新闻出版局副局长张承伟同志就贯彻落实好这次电视电话会议精神提出了具体工作要求。省"扫黄打非"领导小组成员单位负责人、省直有关部门的负责人；省"扫黄打非"领导小组办公室主任、副主任；省新闻出版局各处室负责人；西宁市、海东地区"扫黄打非"领导小组及办公室负责人参加了会议。

2月19日，省"扫黄打非"办公室召开了省"扫黄打非"办公室主任扩大会议，省委宣传部、省公安厅、省文化厅、省工商局、省广电局、省新闻出版局等部门的有关负责同志和西宁市、海东地区等重点地区"扫黄打非"办公室负责人参加了会议。省"扫黄打非"领导小组专职副组长、省新闻出版局副局长张承伟同志传达了全国"扫黄打非"办公室主任会议和蒋建国副署长重要讲话精神，提出各地区、各有关部门认真学习、贯彻落实好全国"扫黄打非"办公室主任会议精神，安排部署好第一阶段集中行动等工作要求。全省各地在 2 月 21 日迅速开展集中统一行动，拉开了 2009 年第一阶段"扫黄打非"的序幕。

2 月 27 日，省委宣传部组织召开了省"扫黄打非"工作领导小组各成员单位及相关部门领导参加的"打击"藏独"反动出版物及宣传品专项行动协调会"。会上省"扫黄打非"领导小组专职副组长、省新闻出版局副局长张承伟代表省"扫黄打非"领导小组办公室汇报了近期工作进展情况。省委宣传部副部长夏学平传达了中央和省委、省政府有关精神，分析了当前国际国内形势，通报了省内部分地区传播宣扬"藏独"反动出版物和宣传品的情况，并就深入开展打击"藏独"反动出版物及宣传品专项行动提出工作要求。文化、公安、广电等部门的负责人通报了有关情况并就深入开展这项工作谈了很好的意见和建议。

3 月 2 日，省"扫黄打非"领导小组组长、副省长吉狄马加在听取"全国净化社会文化环境工作会议"、"全国'扫黄打非'办公室主任会议"、"全国省级新闻出版局分管副局长座谈会"精神汇报后批示："按照全国会议要求，做好未成年人出版物市场监管工作，进一步净化社会文化环境。"

3 月 17 日，省委书记强卫在《关于印发李长春同志在新闻出版总署调研时讲话的通知》上批示："要认真贯彻落实好长春同志讲话精神，切实加强青海新闻出版工作。一要大力支持出版单位出版一批坚持正确导向，具有地方民族、文化特色的精品力作。二要加强对新闻出版市场的管理，坚决查处宣扬"藏独"思想和不健康的出版物。三要在政府机构改革过程中使新闻出版管理工作得到进一步加强。四要抓紧推进出版社体制机制的改革。"

4 月 2 日，省委书记强卫在有关信息简报和查处情况报告上作出重要批示。

4 月 22 日，根据全国"扫黄打非"工作小组的统一部署，省"扫黄打非"领导小组办公室在西宁中心广场举行青海省 2009 年集中销毁侵权盗版及非法出版物活动，对 2008 年以来查缴的 12.7 万件侵权盗版及非法出版物进行公开销毁。销毁活动由省"扫黄打非"领导小组专职副组长张承伟同志主持，省文化和新闻出版厅厅长曹萍，西宁市"扫黄打非"领导小组副组长、副市长王绚在会上分别讲话，经营户代表也在会上作了发言。会后，12 余万件非法出版物被运往垃圾场销毁。省"扫黄打非"领导小组各成员单位、省图书批发市场、各音像批发单位和西宁市出版物经营者等也参加了这次销毁活动。

4 月 28 日，省委宣传部、省文化和新闻出版厅联合召开"全省新闻出版工作情况通报会"。会上，省委宣传部副部长夏学平代表省委宣传部充分肯定，高度赞扬青海第一季度"扫黄打非"工作："反映迅速，措施有力，效果明显，出版物市场秩序明显好转。"

5 月 6 ~ 7 日，省"扫黄打非"领导小组专职副组长张承伟带队，省"扫黄打非"办公室会同公安、工商的部门组成联合检查组对西宁市四区三县出版物市场进行检查。共查缴低俗音像制品 30 张、恐怖类非法出版物 21 册、藏文非法出版物 12 册、非法宣传品 7020 张。

5 月 12 日，省"扫黄打非"领导小组在西宁隆重召开全省"扫黄打非"工作 20 年总结表彰大会。会议由省文化和新闻出版厅厅长曹萍主持，省"扫黄打非"领导小组专职副组长、省新闻出版局副局长张承伟代表省"扫黄打非"领导小组作了讲话，全面回顾总结了 20 年来青海省"扫黄打非"工作。省政府副秘书长王胜德宣读了《青海省 2009 年"扫黄打非"行动方案》。省委宣传部副部长王向明宣读了《青海省"扫黄打非"领导小组、青海省精神文明建设指导委员会办公室关于表彰"扫黄打非"工作 20

年先进集体和先进个人的决定》，对在青海"扫黄打非"工作20年来涌现出的16个先进集体、64名先进个人进行了表彰，为长期从事"扫黄打非"工作的老同志代表颁发了荣誉证书。会议结束时，省"扫黄打非"领导小组组长、副省长吉狄马加作了重要讲话。省委常委、宣传部长曲青山，省"扫黄打非"领导小组各成员单位负责人、办公室主任、副主任，各州、地、市"扫黄打非"领导小组负责人，西宁、海东地区各区县"扫黄打非"办公室主任、先进集体、先进个人代表，长期从事"扫黄打非"工作的退休老同志代表，省文化和新闻出版厅有关处室负责人等140人参加了会议。

5月18日，省"扫黄打非"领导小组组长、副省长吉狄马加在全国"扫黄打非"工作小组办公室有关行动通知上作出重要批示：2009年是"扫黄打非"工作极其重要的一年，任务艰巨，情况复杂，会面对许多新的问题，需要我们及时解决，绝不能让一些非法出版物的流传给社会造成负面影响，破坏经济和社会事业的正常发展。青海作为涉藏的敏感地区，要把封堵查缴"藏独"非法出版物作为重点工作来抓，形成高压态势。省"扫黄打非"各成员单位，要从讲政治的高度，加强工作力度，严密防范，力争做好此项工作。

5月25日，全国"扫黄打非"工作小组办公室召开了2009年第一次电视电话会议。会议由中宣部出版局局长张小影主持，全国"扫黄打非"工作小组副组长兼办公室主任蒋建国传达了近期中央领导对"扫黄打非"工作的重要指示，就敏感节点及迎接新中国成立60周年期间出版物市场的整治工作作了重要讲话。电视电话会议结束后，青海分会场立即召开会议，会议由省委宣传部副部长夏学平主持，省"扫黄打非"领导小组专职副组长、省文化和新闻出版厅副厅长张承伟就如何贯彻落实此次电视电话会议精神，确保专项整治工作的顺利进行作了安排部署。

5月26日，省"扫黄打非"领导小组组长、副省长吉狄马加在全国"扫黄打非"办公室有关通知上批示："请'扫黄打非'办公室根据通知精神，认真做好相关工作。要坚持属地管理的原则，要责任到人，精心组织，狠抓落实，确保这项工作能够圆满完成。"

8月4~5日，省"扫黄打非"办公室会同新闻出版、文化、工商、公安、西宁市"扫黄打非"办公室等部门对西宁市区的音像销售、复制、发行单位进行全面检查。共收缴各类非法音像制品150盘，其中《7.5新疆打砸抢烧》和《3.14达赖反恐暴力事件》非法光盘30张，低俗音像制品120张，责令下架正版低俗音像制品23种3000余张。

9月18日，全省重点地区"扫黄打非"工作座谈会在省会西宁召开。会议传达了省委、省政府领导今年以来对"扫黄打非"工作的重要批示精神、全国"扫黄打非"办公室主任会议和全国"扫黄打非·珠峰工程"工作座谈会的精神，通报了2009年前8个月全省"扫黄打非"工作和藏文非法出版物审读情况，对国庆节前开展打击"藏独"反动出版物及宣传品专项行动作了安排部署。会议由省"扫黄打非"领导小组办公室副主任李志雄主持，省"扫黄打非"领导小组专职副组长、省文化和新闻出版厅副厅长张承伟出席会议并作了重要讲话，各州、地、市"扫黄打非"领导小组办公室负责人和省"扫黄打非"领导小组各成员单位负责人参加了会议。

9月26日，省委常委、宣传部长曲青山在全国"扫黄打非"办公室《"扫黄打非·珠峰工程"座谈会纪要》上作出批示："请省'扫黄打非'办按照座谈会纪要提出的要求，抓好工作落实。青海方存在的困难要及时向全国"扫黄打非"办反映，争取支持。对'珠峰工程'的内容要结合全省的涉藏维稳工作快速进行部署。"

11月20日，省委副书记、省长骆惠宁在《青海省"扫黄打非"工作快报》第一期《我省西宁等地发现销售扩大歪曲历史事实丑化人民解放军损害我党形象的藏文图书〈我的童年〉》上作出批示。

11月24日，省委常委、省纪委书记仁青加在《青海省"扫黄打非"工作快报》第一期《我省西宁等地发现销售扩大歪曲历史事实丑化人民解放军损害我党形象的藏文图书〈我的童年〉》上作出批示。

12月1日，省"扫黄打非"领导小组组长、副省长吉狄马加在省"扫黄打非"办公室《关于严厉打击手机网站制作、传播淫秽色情信息活动的紧急通知》上批示："请'扫黄打非'领导小组办公室根据通知要求，加强统一协调，认真组织实施专项治理活动。"

西 宁 市

2009年"扫黄打非"工作总结

西宁市"扫黄打非"办公室

2009年，西宁市"扫黄打非"工作在市委、市政府的领导下，按照上级的部署和工作要求，坚持集中行动与日常监管相结合，标本兼治，突出重点，围绕省《2009年"扫黄打非"集中行动方案》，结合实际情况，集中时间、集中力量、有重点、有目的地对文化市场进行了日常检查和联合专项整治行动。按时完成了年度"扫黄打非"的各项工作任务，现将有关情况汇报如下：

一、基本情况

按照省"扫黄打非"工作领导小组的总体要求，市"扫黄打非"工作始终坚持日常检查不放松，联合行动不手软，及时协调各成员单位先后组织开展了7次专项整治，进行大规模的联合执法检查16次，共出动执法人员1689人（次），检查出版物、音像批发、零售、出租、印刷企业等经营单位2370余家，查缴各类盗版音像制品28410张、盗版教辅用书40件1500余册、非法报刊20多种15600余册，依法取缔无证经营地摊、游商26家。

二、主要工作和做法

（1）加强领导，强化措施，保证"扫黄打非"工作顺利开展。在第22次全国"扫黄打非"工作电视电话会议结束后，西宁市召开了扫黄打非"工作会议，市委常委、宣传部长、市"扫黄打非"领导小组组长杜淑品同志就如何贯彻落实好第22次全国"扫黄打非"工作电视电话会议精神做了重要讲话，副市长、市"扫黄打非"领导小组副组长王绚在会上分析了全市"扫黄打非"近20年工作情况，就贯彻落实好第22次全国"扫黄打非"工作电视电话会议精神进行了部署。市委、市政府两办印发了《2009年"扫黄打非"集中行动方案》。各级党委、政府在积极落实各项工作的同时，进一步采取措施，重新成立和补充了当地"扫黄"领导小组成员单位。

（2）全面清理各类市场，开展专项治理行动

为进一步营造健康有序的文化市场环境，保障国庆60周年，市"扫黄打非"办全年共组织开展了7次专项整治行动。

①加强保护知识产权，积极开展清缴整治低俗音像制品专项行动。在行动中，结合日常掌握的情况和群众反映的热点，2009年7月~8月在全市范围内开展一次清缴整治低俗音像制品专项行动，以校园周边、城东区汽车站周边、城西区电子城、湟中县塔尔寺周边市场为整治重点。采

取市区上下联动的方式，对全市重点地区进行整治。重点清缴低俗、暴力、淫秽光盘120盘。部分批发、销售音像制品的企业和店铺下架低俗音像制品23种3000余盘张；对销售低俗暴力的3家音像店提出了警告批评，对销售低俗音像制品积极配合下架的2店铺进行了限期纠正，要求提高正版率。

②认真组织人员、加强对印刷、复制企业的专项整治行动。在整治行动中，市"扫黄打非"办组织新闻出版、文化、工商等部门对市重点地区印刷企业和出版物市场进行了抽查。重点检查了代销、兜售、出版、复制等非法出版物及宣传品行为。严格印刷品的送审抽检制度，将78家印刷企业107种印刷品及时进行审读，收缴非法印刷品某活佛《自传》（藏版）等100册。

③精心组织、治理校园周边文化环境专项整治行动。按照市政府进一步加强校园周边环境的工作要求，针对西宁市教育局局属学校校园周边环境排查统计表的排查出的问题，以查堵含有违禁内容的非法出版物、网络淫秽色情等有害信息为重点进行了清理整治。在集中整治活动中，共检查校园周边各类文化经营场所216家（次），取缔了4家无证、无照的电玩室，没收了7台电脑。收缴各类书报刊非法出版物1200册，盗版音像制品840余盘（张），对从事违规印刷经营活动的3家企业进行了停业整改。

④重拳整治网吧，严查违法行为。市文化、公安、工商、电信、消防等部门，各司其职，通力合作，开展2次网吧专项整治行动，以打击违规接纳未成年人进入网吧为重点，进一步深化网络文化市场整治工作，加大对违规经营网吧的查处力度，建立了"横向到边，纵向到底"，上下联动的整治工作机制和快速处置制度，严格整治互联网低俗文化，净化网络环境，规范上网人员的行为。先后召开3次动员会，印发《整治互联网低俗之风专项行动工作方案》，制作文明上网警示语1000余条，向市民、网吧进行发放、张贴，对广大网民的文明行为起到积极有效的推动作用。全年检查网吧3000余家次，接到群众咨询、投诉电话和短信息34个，其中解答咨询16个；解决损害网络健康发展的各类问题和案件4起，给予停业整顿处分14家，有效地遏制了互联网低俗文化的泛滥，净化了社会文化环境。

⑤进一步加强文化娱乐市场专项整治行动，加大对违法演出的查处力度，坚决打击色情表演等违法演出行为。根据省文化和新闻出版厅、公安厅、工商行政管理局《关于开展游艺娱乐场所专项整治的通知》要求，市"扫黄打非"办公室从4月20日至6月20日，在全市范围内开展电子游艺娱乐场所专项整治行动。在专项整治中，全市共出动执法人员76人次，检查取缔无证照游艺娱乐场所9家，收缴赌机电路板20块，限期整改7家，为规范全市游艺娱乐场所工作奠定了基础。

⑥坚持打防结合，维护社会稳定，进行查堵非法出版物专项整治行动。为维护政治安定和社会稳定，确保查堵非法出版物专项整治行动顺利进行，市"扫黄打非"工作小组领导高度重视查堵非法出版物专项治理工作，迅速下发了《西宁市关于开展查堵非法出版物市场集中清查行动的通知》，对集中清查行动作出了部署，提出了要求，明确了任务，要求相关部门坚持"属地管理"和"谁主管谁负责"的原则，将查堵非法出版物作为首要任务，精心组织，狠抓落实。通过开展封堵和查缴非法出版物集中清查行动，查缴"疆独""藏独"非法出版音像制品《3·14暴力事件》《7·5新疆打砸抢暴力事件》光盘30盘（张），查缴《我的家乡与和平》等10种藏版出版物和《期盼》等18种音像盗版及非法出版物3.5万多张（本），取缔游商地摊6个，取缔销售非法出版物店（点）2个，移交公安机关部门处理1件，有效地规范了西宁出版物市场的经营秩序，取得了显著的成效。

⑦开展净化社会文化环境整治工作。将净化全市社会文化环境专项整治作为重中之重，市"扫黄打非"办公室不断加大文化市场监管工作力度。一是大力整治广播电视播媒体不良广告，进一步净化荧屏环境。整治期间，对广播电视播放的广告进行了认真的清查，对可能误导市民消费的广告内容进行了重新制作和修改；对部分描述不准确的词语进行了删减；对广告播出时间也做了相应的调整，增加了一些品牌广告、公益广告的播出比重。查处"陆四医院"、"华山医院"等有关涉性病及医药违规广告 5 起。二是为进一步加强卫星电视广播地面接收设施的管理，坚决查处涉卫地面接收设施违法活动，努力为广大人民群众营造积极、健康、向上的收视环境，根据省广电局的有关工作安排，积极会同宗教局对全市 200 多所宗教活动场所的地面卫星接受设施进行了全面检查，保证了宗教场所电视节目的收视安全。整治工作中出动执法人员 70 人次、检查商户 25 家次、共依法扣押卫星电视广播地面接收设施 14 套。

（3）建立健全"扫黄打非"的各项工作制度，大力弘扬正气，营造"扫黄打非"的良好氛围。

一年来，为进一步理顺文化市场管理体制，加强行政执法队伍和自身建设。市"扫黄打非"办先后修订了《"扫黄打非"责任制》、《"扫黄打非"领导小组工作制度》等制度，对全市 4 区 3 县"扫黄打非"工作的情况进行了 2 次调研和考核，并将西宁市文化市场管理和开展"扫黄打非"工作的一些好的做法和经验，进行了认真的总结。同时，为迎接"4·26 世界知识产权日"在 4 月 22 日召开"保护知识产权，打击盗版"销毁非法音像制品和出版物现场会，对查缴的违禁出版物 1035 件，淫秽色情出版物 8700 余张，非法报刊 8800 余份，盗版出版物 9.5 万余件，非法宗教宣传品 910 件，进行公开销毁，赢得了社会各界对"扫黄打非"斗争的理解和支持。

宁夏回族自治区

2009 年"扫黄打非"工作总结

宁夏"扫黄打非"办公室

2009 年，宁夏按照全国"扫黄打非"行动方案的总体部署，在自治区党委、政府和"扫黄打非"领导小组的领导下，全面贯彻党的十七大精神，认真落实全国、全区"扫黄打非"电视电话会议精神，以科学发展观为总揽，以净化社会文化环境为主线，以规范文化市场经营秩序为首要任务，从严查宗教类、淫秽色情类等非法出版物、非法报刊，整治低俗音像制品、删除屏蔽网上有害信息，严厉打击侵权盗版，净化社会文化环境入手，不断改进工作方法，注意总结经验，切实加强日常监管与专项治理相结合，为维护文化安全、市场秩序、民族团结、社会稳定做出了重要贡献。

一、抓住重点，落实好"扫黄打非"各项工作任务

2009 年全区"扫黄打非"工作重点任务是以封堵查处违禁出版物、宗教类非法出版物和屏蔽删除网上有害信息为首要任务，进一步集中开展专项行动和强化日常监管，明确重点区域、重点环节、重点案件，着重做了以下重点工作。

（1）坚决把打击非法违禁出版物作为"扫黄打非"工作第一任务来抓，严密封堵和查缴各类非法出版物，特别是破坏社会安定、危害国家安全、煽动民族分裂的非法出版物。明确海关要强化管理，防止境外有害出版物流入我区。各职能部门把非法出版物的运输、销售、传播、入境等各个环节作为监管重点，按照属地管理和"谁主管，谁负责"的原则，分头把关负责，做到监管及时，服务到位，不管哪个环节出现问题，都要果断采取措施加以应对。对出版物市场及重点地区（银川市及周边地区）实施重点监控和反复清查，清查范围由中心地区向城郊、乡镇延伸，最大限度地挤压游商、地摊、无证经营者的活动时间和空间。

（2）针对网络非法出版物逐渐增多的趋势，切实履行好网络出版监管职能，及时屏蔽和删除利用信息网络传播的各类有害信息，外宣、公安、通信管理和新闻出版等部门共同探索查堵网上有害信息和非法出版物常态化传播的具体措施，力求通过技术措施、行政管理、依法打击等多种手段，对网上传播非法出版物及有害信息实施全面监控和清除。

（3）大力扫除淫秽色情、凶杀暴力、封建迷信等文化垃圾，重点整治侵权盗版和非法出版教材教辅活动；重点扫除淫秽色情书刊、音像制品、卡片类印刷品及动漫游戏；重点清查学校周边的文化产品批发、零售、租赁摊点。

（4）查处取缔各种形式的非法报刊。要求各报社、期刊社加强内部管理，不允许一号多刊、一号多报扰乱市场，坚决打击利用境外刊号或私自冒名出版各类报刊。整治正规发行单位网点（报刊亭）违法违规销售非法报刊行为。继续整治假报刊、假记者站、假记者、假新闻，严厉打击假冒记者身份制造假信息、招摇撞骗、敲诈勒索、聚敛钱财和扰乱新闻采访秩序的违法活动。

二、主要工作成果

2009年，宁夏不断加大"扫黄打非"工作

力度，做到工作有部署、有检查、有总结、有报告，努力做到收缴一批非法出版物；查处一批违法违规企业；摧毁一批地下发行销售网络；严惩一批违法犯罪分子，有效地打击和遏止了各类非法出版活动。共出动执法人员5018人次，执法车辆516车次，检查各类文化经营场所6360余家次，检查各类出版物市场3500余家（次），收缴各类非法出版物近18万件，行政处罚70起，刑事处罚案件3起。

三、明确监管重点，积极开展各类专项整治行动

（一）严厉打击非法出版物、非法报刊专项行动

按照自治区"两办"转发的《自治区2009年"扫黄打非"行动方案》的统一部署，有计划、分阶段地开展了以整治出版环节为重点，以打击非法违禁出版物为首要任务，以打击非法报刊和盗版音像制品、盗版教材教辅为切入点的"扫黄打非"第一、二、三阶段集中行动。自治区"扫黄打非"工作小组办公室在每个阶段的集中方案部署后，及时组织自治区新闻出版、文化、公安、工商、文化行政执法、城管等相关部门召开协调会，对集中行动的总体要求、方法措施和工作重点进行了部署，并要求各部门要加强组织领导，精心部署，统筹执法力量，狠抓工作落实，在巩固原有"扫黄打非"工作成果的基础上，坚决防止各类非法出版物的"反弹"，确保我区出版物市场更加稳定、有序、繁荣发展。

严格按照全国"扫黄打非"办下发的有关通知要求，自治区"扫黄"办组织新闻出版、文化、公安、工商、海关、文化行政执法、城管等相关部门按照查缴书目，从查缴境内、封堵境外、清除网上、打掉地下、严查市场、杜绝炒作六个方面周密部署，特别是在重要时间节点敏感期，切实加大对非法出版物的打击力度。全区共收缴各类非法违禁出版物183套（盘），打掉制作法轮功宣传品窝点4处，收缴"法轮功"、"门徒会"、"全范围教会"等邪教宣传光盘1668

盘，邪教宣传书籍8271张（册），疆独等其他政治类非法出版物63套（盘）。

（二）开展"打四假"的专项行动

自治区"扫黄打非"办在全区范围内开展打击假报刊、假新闻、假记者、假记者站专项治理行动。行动中查获非法杂志《中国社会调查》杂志社驻宁通联处的记者以刊登批评稿件相要挟，向有关单位进行勒索。5月8日，宁夏银川市西夏区检察院以涉嫌诈骗罪正式批准逮捕非法杂志《中国社会调查》"副总编"徐淑文和宁夏联络处"主任""记者"韩全同，12月6日银川市西夏区法院已正式宣判，分别判处韩全同有期徒刑3年、徐淑文有期徒刑2年6个月；西夏区公安分局也通过公安网，对非法杂志《中国社会调查》总编、主任徐福庆进行网上追逃，这是宁夏查处的首例假记者诈骗案。

（三）组织开展了"4·22"全国侵权盗版制品及各类非法出版物宁夏分会场集中销毁活动

为迎接"4·26"世界知识产权日，推进"扫黄打非"斗争向纵深发展。4月22日上午，在银川市光明广场举行了1000余人参加的销毁活动，举行了以"打击盗版支持正版保护知识产权"为主题的签名活动。自治区领导出席销毁活动并作了重要讲话。此次销毁活动规模大、数量多，共销毁各类侵权盗版制品及非法出版物32.4万件，其中音像制品119457盘、软件及电子出版物41936张，图书报刊163003册。当天，向全区手机用户发布了218.8万条保护知识产权的公益信息。

（四）深入开展清缴整治低俗音像制品专项行动

按照《关于继续开展清理整治低俗音像制品专项行动的通知》要求，宁夏新闻出版局认真组织音像制品出版、复制、发行单位严格对照新闻出版总署关于整治低俗音像制品的"八个方面内容"进行自查，在自查中，要做到"四个坚决"：一是凡属低俗音像制品，未出版的坚决停止出版；二是已出版的坚决采取措施收回、销毁；三是正在复制的坚决停止复制；四是正在发行的坚决下架、收回。同时强调，要针对全国"扫黄打非"

办所列的701种音像制品进行重点检查。

在此次专项行动宁夏共出动执法人员949人次，检查市场、摊点464个（次）。查缴淫秽色情出版物380件、盗版音像制品7161盘、盗版图书2169册、盗版电子出版物150盘、盗版教材教辅读物120册，非法报刊10份，屏蔽删除有害信息72条。查处行政处罚案件1起，刑事案件1起，网络制售传播有害信息案件2起。

（五）开展防止"疆独"向宁夏渗透的专项调研活动

为有效防止"疆独"势力通过出版物向宁夏渗透，宁夏新闻出版局和宁夏人民出版社组成联合调研组，利用一个月的时间，采取专家访谈、实地考察和问卷调查等形式，对银川市、吴忠市和同心县等回族聚居区民族出版物市场现状、民族出版物的来源、存在的主要问题、原因分析、不安定因素、对策和措施等进行了深入调研，形成了《宁夏民族出版物市场调研报告》，提出加强对民族宗教类出版物管理的意见，并提出加大工作力度，努力用规范、健康向上的出版物占领民族宗教出版物市场的建议，报送新闻出版总署。

（六）开展了以铁路、公路、邮政等运输环节为重点的出版物专项治理行动

按照全国"扫黄打非"工作小组办公室的统一部署，组织铁路、公路、邮政等部门，加大对运输环节出版物的检查力度，特别是加强对托运站、货运站和运输企业的监管，健全出版物运输管理的联合工作机制，依法查处贩运、经营非法出版物的企业法人和责任人。通过整治，运输环节秩序明显好转，运管部门的工作人员责任心大大增强。同时鼓励吸引主流报刊和出版发行单位进入公路服务区、车站、机场开展连锁经营，也有效地杜绝了非法出版物的经营活动。

（七）开展严厉打击手机网站制作、传播淫秽色情信息活动专项治理

按照全国"扫黄打非"工作小组办公室《关于严厉打击手机网站制作、传播淫秽色情信息活动的紧急通知》要求，结合宁夏的实际，

宁夏"扫黄打非"办组织新闻出版局、公安厅、通信管理局、文化市场行政执法总队等有关单位对宁夏的手机网站和经营市场进行了拉网式的检查。这次专项治共出动执法人员 1062 人次，检查手机网站 5 家，手机图铃下载经营单位 521 家，网吧 222 家，整改问题经营单位 12 家，收缴盗版音像制品 19 套。公安侦破网络传播淫秽色情案 2 起，逮捕犯罪嫌疑人 2 名；办结网上叫卖淫秽色情光盘治安案件 1 起，抓获犯罪嫌疑人

1 名。正在侦办的刑事案件 3 起，其中两起为网络传播淫秽色情案，另一起为组织淫秽色情表演案。正在侦办的治安案件 11 起，均为网络传播淫秽色情案。

通过这次专项检查行动，有效地打击了犯罪分子的嚣张气焰，遏止了犯罪分子利用手机网站传播淫秽色情内容信息，较好地净化了宁夏的网络环境。

领导讲话

在全区侵权盗版及各类非法出版物集中销毁活动新闻发布会上的讲话

宁夏自治区新闻出版局党组副书记、副局长、自治区"扫黄打非"办公室副主任
海军

今天把大家召集在这里，举行全区侵权盗版及各类非法出版物集中销毁活动新闻发布会，是按照全国"扫黄打非"工作小组的部署召开的，宁夏与全国各地一道，于 2009 年 4 月 22 日在银川市光明广场统一举行侵权盗版及各类非法出版物集中销毁活动，这是一次规模空前的销毁侵权盗版及非法出版物活动，宁夏分会场销毁量达到 324396 件，其中，音像制品 119457 盘，软件及电子出版物 41936 张，图书报刊 163003 册。

一、这次销毁活动的意义和目的

侵权盗版和非法出版物，不仅侵犯了版权人的合法权益，削弱了以版权为基础的创造性行业的创造力和竞争力，而且扰乱了出版物市场秩序，给国家造成巨大的经济损失。如果这些行为不能得到有效遏止，不仅会影响文化市场正常秩序，甚至会抑制创作者的原创精神和创新动力。因此，对于盗版活动，我们必须高度警醒，重拳出击！

多年来，开展"扫黄打非"工作，一直将打击侵权盗版、保护知识产权作为一项重要任务，并逐年加大工作力度。这次销毁活动，就是在"4·26"世界知识产权日到来之际，再次表明自治区党委、政府打击侵权盗版，保护知识产权，推进知识创新，净化文化市场的一贯立场和坚定决心。同时也向社会各界展示我区"扫黄打非"工作取得的成果，并希望借此活动，在全社会倡扬反对盗版、使用正版，共同培育和打造良好的出版物市场环境。

二、2008 年"扫黄打非"工作取得的主要成果

2008 年是大事之年，举世瞩目的第 29 届奥运会和残奥会在北京召开，又逢中国改革开放 30 周年、宁夏回族自治区成立 50 周年华诞，也是我区"扫黄打非"工作推进新实践、展示新形象、开创新局面的一年。一年来，在自治区党委、政府和全国"扫黄打非"工作小组办公室的正确领导下，"扫黄打非"工作紧紧围绕落实科学发展观和构建和谐社会的要求，认真贯彻落

实全国和自治区第二十一次"扫黄打非"工作电视电话会议精神，按照自治区党委、政府两办转发《自治区党委宣传部、政法委、自治区"扫黄打非"工作小组办公室关于 2008 年"扫黄打非"行动方案》的通知（宁党办［2008］3号）部署，各项工作取得了突破性进展。

截止目前，全区共出动执法人员 13215 人（次），检查出版物市场 5195 家（次），店档、摊点 6242 个，印刷复制企业 1458 家（次）；取缔、关闭非法店档及游商地摊 74 个；共收缴各类非法出版物 300956 件，其中盗版图书 164500 册，政治类非法出版物 1811 件，宗教类非法出版物及宣传品 5354 件，非法报纸期刊 5170 份，淫秽色情出版物 11530 件，非法电子软件及音像制品 112600 件；媒体曝光侵权盗版案件 5 起；查处违规印刷厂 94 家；网上删除、屏蔽有害信息 47 条；处罚违规网站 27 家；移送公安机关案件 12 起；吊销许可证 9 家。查办案件 59 起，行政处罚案件 214 起（其中违禁非法出版物案件 17 起，淫秽色情出版物案件 45 起，侵权盗版案件 148 起，网上传播有害信息及侵权盗版案件 4 起）。切实净化了社会文化环境，维护了广大人民群众的合法权益，有力地推进了文化市场健康有序发展。

三、今年"扫黄打非"的主要工作

今年"扫黄打非"工作要抓好以下几个方面。

（1）认真贯彻全国、全区净化文化环境工作会议精神，加大对文化市场的监管力度，彻底清查校园周边的网吧、销售非法出版物的游商、地摊，坚决贯彻陈建国书记对网吧管理工作"一次性死亡"批示精神，处罚一批，关闭一批，停业整顿直至吊销一批违法违规经营单位。

（2）严厉查处非法出版物，营造良好的社会文化氛围。

"扫黄打非"办公室、新闻出版、文化、公安、工商等有关部门要联合行动，重点查处出版物地摊摊点。这些摊点信息广、传播快，如有非法出版物，社会影响是非常大的。力争做到发现一个、查处一个、一追到底。要把封堵查缴非法出版物作为"扫黄打非"工作的重中之重，对旨在传播政治谣言、制造思想混乱、误导民众情绪、破坏社会稳定、危害国家统一、煽动民族分裂、污蔑社会主义制度等非法出版物及邪教组织宣传品，要加大防范措施和查堵力度，确保此类出版物不流入市场。

（3）深入开展对印刷、复制盗版出版物和音像制品为重点的专项行动。

要全面清查出版物，依法收缴各类侵权盗版出版物，清理取缔销售盗版音像、计算机软件和书刊的无照经营者及游商地摊，深挖盗版制品生产、制作、仓储窝点，从根本上切断盗版制品的产供销链条。要采取有效措施，加大对出版单位和印刷、复制、发行企业的监管力度，严厉查处各类制售盗版出版物行为。要加强对出版物运输环节的监控，截断各类侵权盗版出版物的流通渠道。同时，对淫秽色情出版物，特别是淫秽色情音像制品及游戏软件、以未成年人为主要读者对象的渲染淫秽色情和凶杀暴力的卡通画册、淫秽"口袋本"图书、封建迷信、伪科学出版物等，也要进行坚决清理收缴。要加大网络上"扫黄打非"力度，坚决关闭取缔散布政治谣言、宣染淫秽色情等低俗有害文化垃圾信息的网页、网站。

（4）继续加大对重点案件的查办力度。一是对已作出处理的银川市德莫克文化交流有限公司非法发行报刊的情况向全国"扫黄打非"办公室作出书面汇报。二是对宁夏夏里巴音像有限公司、"天恩音像店"、"万碟音像店"、"东方音像店"、"虹翔音像店"、"四海音像店"、"兴隆音像店"、"协力书店"、"妙济堂药品超市"等批发、销售非法出版物的经营单位给予相应的行政处罚。

（5）积极探索打击互联网信息犯罪的有效途径。一是加强互联网监管力量，充分发挥新闻出版、文化、工商、公安等监管部门的职能作用，形成齐抓共管、信息共享的联动机制，及时发现问题、处理问题，减少不良影响。二是研发防范淫秽色情等有害信息、文化垃圾传播的技术手段。三是加强对公众的正确引导教育，实现健康上网。

（6）要加大舆论宣传力度，利用各种媒体，举办各种形式的宣传普及活动，引导社会舆论，提高社会各界对"扫黄打非"工作的认知度，增强全社会参与积极性，调动社会公众参与打击侵权盗版工作的积极性；认真对待群众举报，不放过任何一个有价值的线索，深入追查盗版出版物的制售源头，深挖团伙窝点案，力求对犯罪分子实施严厉打击，彻底铲除破坏出版物市场秩序和网上文化环境的根源。

2009 年"扫黄打非"大案要案综述

宁夏自治区"扫黄打非"办公室

非法杂志《中国社会调查》假记者诈骗案

2009 年 4～12 月，自治区"扫黄打非"办协调银川市司法部门查办了非法杂志《中国社会调查》假记者诈骗案。2009 年 12 月 16 日，银川市西夏区人民法院经公开审理后裁定，非法杂志《中国社会调查》副主编徐淑文、宁夏通联处负责人韩全同以非法占有为目的，假冒记者身份，以发布调查报告揭露企业污染行为为手段，要挟企业交付 8 万元，数额巨大，二人的行为构成敲诈勒索罪。法院一审判处韩全同有期徒刑 3 年，徐淑文有期徒刑 2 年 6 个月。

徐淑文、韩全同二人一审判决后，作为非法杂志《中国社会调查》的社长兼总编徐富庆一直在逃。2009 年底，徐富庆被公安机关列为网上追逃人员，后于 2011 年 9 月被宁夏公安部门抓捕，于 2011 年 11 月 17 日被一审法院以敲诈勒索罪判处有期徒刑 3 年。至此，涉案的三名案犯全部到案并被依法审判。

非法杂志《中国社会调查》假记者诈骗案的宣判是宁夏"扫黄打非"部门开展"打四假"活动以来取得的重要成果。在此案的侦办、审理过程中，"扫黄打非"办新闻出版部门与公检法部门积极协作，《中国新闻出版报》《银川晚报》、《新消息报》、《法治新报》、宁夏广电总台等多家媒体也对该案进行了报道，社会反响良好。

新疆维吾尔自治区

2009 年"扫黄打非"工作总结

自治区文化市场管理（扫黄打非）办公室

2009 年以来，新疆"扫黄打非"和文化市场监管工作在全国"扫黄打非"工作小组及办公室的大力帮助支持和有力指导下，在自治区党委、政府的高度重视下，按照中央"两办"转发的全国《2009 年"扫黄打非"行动方案》的部署和要求，以打击境内外"三股势力"散布的反动宣传品和出版物及其他政治性、宗教类非法出版物为重点，扎实有效地开展了各项集中整治行动，取得了较好成效，有力地维护了自治区的文化安全和社会稳定。

一、建立健全组织机构、完善统一协调的工作机制

近年来，自治区的文化市场发展较快，管理任务、管理难度大幅增加。对此，自治区党委高度重视，召开专题常委会议，解决众多实质性问题。一是建立健全机构。2009 年 1 月份专门召开常委会研究加强新疆"扫黄打非"工作机构和人员编制问题，决定调整充实自治区、地、县（市、区）三级原有的"扫黄打非"领导小组，改为文化市场管理（扫黄打非）领导小组，各级分管（扫黄打非）领导小组下设办公室（简称：文管办（扫黄办）），作为日常办事机构。自治区文化市场管理（扫黄打非）领导小组办公室设在自治区党委宣传部，编制 7 名。每个地州市党委宣传部增加 2 ~ 3 名编制，专司"扫黄打非"工作。二是加强执法力量。给全区增加了 252 个文化市场综合执法和"扫黄打非"编制，使全区文化市场综合执法人员编制增加到 776 名。三是解决交通工具。对伊犁州、喀什、和田、克州、阿克苏和乌鲁木齐等文化市场情况复杂、监管任务重的六个地州市综合执法人员每人配一辆工作用车，涉及经费 310 万元。截至目前，新疆 15 个地州市党委宣传部都成立了文化市场管理（扫黄打非）领导小组办公室，地区文化（新闻出版、版权）局成立了文化市场稽查支队，95 个县市区全部成立了文化市场稽查大队。

二、建立健全工作制度，切实增强执法管理力度

一是完善各项制度。2009 年年初，自治区文化市场管理（扫黄打非）领导小组办公室结合自治区的实际，先后制定了《自治区文化市场管理（扫黄打非）领导小组办公室职责》、《自治区文化市场监管和"扫黄打非"责任制》等八项管理制度。八项制度的制订出台，使"扫黄打非"和文化市场监管工作有法可依、有章可循。

二是切实落实责任。2009 年，按照"属地管理"和"谁主管谁负责"的原则，与各地州市文管办（扫黄办）及各成员单位签订了"扫黄打非"和文化市场监管工作责任书。相关成员单位和地县市及经营户签订了社会责任承诺书。从而把"扫黄打非"和文化市场监管工作的各项任务逐一分解、层层落实。

三是加强信息交流和宣传工作。为及时、准确、全面地掌握全区 15 个地州市和 24 个成员单位"扫黄打非"和文化市场监管工作情况，新疆文化市场管理（扫黄打非）领导小组办公室下发了《加强自治区文化市场管理和"扫黄打非"信息工作有关问题的通知》，就加强信息报送工作提出了具体要求。一年来，向全国"扫黄打非"工作小组办公室报送"扫黄打非"信息量 180 余篇（《工作简报》55 篇、《工作要情》18 篇、《情况通报》6 篇、《市场舆情》11 篇、"扫黄打非"网上发布 55 篇、其他各类信息 29 篇），开创了新疆上报信息量的先河。这些信息被《全国"扫黄打非"工作简报》采用 9 篇；《情况通报》采用 3 篇；中国"扫黄打非"网采用 40 篇；中宣部舆情局采用 3 篇；中宣部信息网采用 9 篇；区党委办公厅采用 3 篇；党委宣传部采用 43 篇。

三、规范专项行动，坚决封堵查缴非法出版物

2009 年以来，自治区党委常委、宣传部长、"扫黄打非"领导小组组长李屹先后就如何认真贯彻中央、全国"扫黄打非"办公室相关会议精神和要求，做好我区"扫黄打非"工作做了 28 次批示。根据这些批示要求，自治区文化市场管理（扫黄打非）领导小组办公室先后数次下发《关于深入开展宗教类非法出版物封堵查缴行动的通知》、《关于进一步加大对宗教类非法出版物的封堵查缴力度》等文件和通知，并先后 10 余次组织开展了清理校园周边文化市场环境、清缴整治低俗音像制品、清缴宗教类非法出版物，以及出版物重点运输环节专项检查和集中行动。

尤其是在"7·5"事件之后，根据李屹常委批示，为堵住源头，严防以"世维会"为代

表的境内外"三股势力"散布的反动宣传品及各类宗教类非法出版物流入我区，给稳定工作造成负面影响，自治区文化市场管理（扫黄打非）领导小组办公室针对文化市场暴露出的一些深层次的问题，连续下发了《关于进一步加强敏感时期文化经营场所管理工作的紧急通知》《关于在音像、图书单位开展自查自纠工作的通知》等通知，及时就敏感时期加强自治区"扫黄打非"工作做出安排部署，提出具体要求。同时根据新闻出版总署《关于进一步加强出版物管理为新疆社会大局稳定营造良好舆论环境的通知》要求和全国第三阶段"扫黄打非"工作安排，以整治"世维会"为代表的境内外"三股势力"散布的反动宣传品为切入点，分4个步骤11个方面安排部署了全区"扫黄打非"和文化市场监管工作任务。

9月28～30日，针对乌鲁木齐地区出版物流通领域的薄弱环节，自治区文化市场管理（扫黄打非）领导小组办公室组织公安、工商、文化、新闻出版对铁路、公路、民航、邮政、海关等出版物运输环节进行了一次新疆历史上最大规模范围的检查，为国庆六十周年营造了安全、健康、良好的文化氛围。

据不完全统计，2009年以来新疆共出动执法人员63603余人（次）；检查文化市场、出版物市场、点档摊点34571个（次）；检查印刷复制企业10453家（次）；收缴非法出版物总数549513件（份）。取缔关闭出版物市场、店档摊点1471个、印刷复制企业274家、非法网站5个；查办各种"扫黄打非"案件224起，有效遏制了敌对势力在文化市场的进攻，进一步净化了新疆文化市场环境，为文化安全做出了贡献。

四、建立健全督察机制，保证"扫黄打非"工作落实

2009年以来，自治区文化市场管理（扫黄打非）领导小组办公室结合实际，针对不同时期、不同阶段、不同地区、不同工作重点，组织开展了对文化市场的督察、暗访、调研，对暗访

中发现的问题及时向所属党委、政府通报，提出整改意见和建议，并限期整治。

为保证清缴低俗音像制品专项治理工作落到实处，根据全国"扫黄打非"工作小组副组长蒋建国的批示，先后10多次组织相关部门对相关地州市音像出版市场进行了暗查暗访，并以多种方式对一些重点部位进行了拉网式清查，安排专人专报工作信息，受到全国"扫黄打非"办公室的好评。

五、加强对重大案件的查办

2009年以来，新疆先后侦破"3·19"新疆首例网上传播淫秽色情画面牟利案、"6·4"通宝书店发行非法出版物案、"9·1"天山区查缴宗教类非法出版物案等具有典型性的案子，其中"9·1"天山区查缴宗教类非法出版物案受到中央领导和全国"扫黄打非"办公室的高度重视，中央政治局委员、国务委员刘延东同志，全国"扫黄打非"工作小组副组长、国家新闻出版总署党组书记、署长柳斌杰同志，全国"扫黄打非"工作小组副组长兼办公室主任、国家新闻出版总署党组副书记、副署长蒋建国同志分别作出重要批示。根据自治区"扫黄打非"重大案件奖励办法，我们分别给予"6·4"通宝书店发行非法出版物案侦破有功集体2万元的奖励、"9·1"天山区查缴宗教类非法出版物案侦破有功集体及有功人员2万元的奖励。

六、大力推动西北五省区联防协作"天山工程"工作

根据中央"两办"转发全国《2009年"扫黄打非"行动方案》的相关要求，在全国"扫黄打非"工作小组办公室的大力指导协调下，11月21日在乌鲁木齐市召开了由新疆"扫黄打非"领导小组牵头，新疆、青海、甘肃、宁夏、陕西五省区"扫黄打非"领导小组为成员单位，以查堵境内外"三股势力"散布的反动宣传品和出版物为己任的"扫黄打非·天山工程"座谈会。全国"扫黄打非"工作小组副组长兼办公室主任、新闻出版总署党组副书记、副署长蒋

建国主持会议并做重要讲话，他对新疆"扫黄打非"工作给予了高度评价和肯定，他说："学习新疆经验，要注意把握六个要点：一要像新疆的同志那样深化思想认识；二要像新疆那样加强领导；三要像新疆的同志那样明确目标；四要像新疆的同志那样落实责任；五要像新疆的同志那样强化措施；六要像新疆的同志那样给予充分的组织保障。"

领导讲话

在"扫黄打非·天山工程"座谈会上的发言

新疆维吾尔自治区党委常委、宣传部长
文化市场管理（扫黄打非）领导小组组长
李 屹

"扫黄打非·天山工程"座谈会，是全国"扫黄打非"工作小组办公室在新疆召开的一次十分重要的会议。这是对我区"扫黄打非"工作的高度重视和极大支持，充分体现了党中央、国务院、新闻出版总署和各兄弟省区对新疆的关心和厚爱。这里我就新疆实施好"扫黄打非·天山工程"作个发言。

一、实施"天山工程"具有现实和长远意义

"天山工程"是在国家新闻出版总署的指导协调下，由我区"扫黄打非"领导小组牵头，青海、甘肃、宁夏、陕西、新疆五省区"扫黄打非"领导小组为成员单位，以查堵"疆独"出版物和宣传品为己任的联防协作工程。实施"天山工程"是贯彻落实胡锦涛总书记在新疆考察时的重要讲话和在党的十七届四中全会结束时关于当前新疆形势和工作的重要讲话精神，确保新疆长治久安的一项重要举措。

（一）实施"天山工程"是维护国家文化安全的迫切需要

从国际看，西方发达国家，凭借雄厚的经济科技实力，占据优势的文化产业，大肆兜售传播资本主义的腐朽文化和价值观，对我进行"西化"、"分化"，严重威胁我国文化安全。从国内看，各种思想文化和价值观相互碰撞，各种非马克思主义思潮有所滋长，噪声杂音时有出现，腐朽思想和低俗文化的侵蚀依然存在。如何在新形势下捍卫国家的基本价值观和文化传统，保持国家在精神文化资源上的拥有权、文化发展上的主导权、文化立法和管理上的自主权，增强传播社会主义核心价值体系，有效抵御西方敌对势力的思想文化渗透、维护国家文化安全，是我们面临和要解决的一个十分重要而紧迫的课题。

（二）实施"天山工程"是加强意识形态领域反分裂斗争的迫切需要

新疆地处反分裂、反渗透斗争最前沿。加强意识形态领域反分裂斗争，遏制民族分裂势力在意识形态领域的渗透破坏活动，是争夺人心、争夺群众、争夺阵地、巩固社会主义思想基础的重要任务。如何把思想和行动统一到中央关于维护新疆稳定的各项重大决策上来，坚决堵住各种噪声、杂音及民族分裂思想、极端宗教思想的传播渠道和途径，维护祖国统一、民族团结和社会政治稳定，是我们将长期面临和要解决的一个十分重要而紧迫的课题。

（三）实施"天山工程"是维护各族群众基本文化权益的迫切需要

当前，我区出版物市场宣传民族分裂思

想、煽动宗教狂热、鼓吹"圣战"的非法出版物屡禁不止，并且有增多并向基层农牧区蔓延的趋势，甚至出现了利用互联网、移动通讯终端、声讯台等多种手段传播宗教极端思想的问题，给健康文化产品的传播带来很大影响，使各族群众享受健康文化产品的基本文化权益受到侵害。如何发展先进文化、支持健康文化、改造落后文化、抵制腐朽文化，为各族群众提供更多更好的精神文化食粮，更好地维护各族群众的基本文化权益，不断满足各族群众多层次、多方面、多样性的精神文化需求，让各族群众得到更多的文化实惠，共享文化发展成果，是我们面临和要解决的一个十分重要而紧迫的课题。

二、努力形成推进"天山工程"的强大合力

"天山工程"是一项长期的战略任务，是一项复杂的社会系统工程，直接关系新疆和涉疆省区出版物市场的正常经营秩序和健康有序发展，直接关系新疆的社会大局稳定和国家的文化安全。

（一）摆上突出位置，纳入重要日程

实施"天山工程"，新疆是东道主。我们要以守土有责、守土负责、守土尽责的高度责任感和使命感，以更坚定的决心、更有效的措施，切实把"扫黄打非·天山工程"摆上突出位置，列入各级党委、政府的重要议事日程，加强组织领导，加大投入力度，提供政策支持，切实承担起领导责任。全区各级"扫黄打非"领导小组要加强对各部门之间的协调，健全工作制度，完善工作流程，在重大问题上及时沟通、相互支持、相互配合。全区各有关部门要迅速调整工作思路，创新工作方法，按照已有部署和职责分工，细化工作措施，明确责任单位、责任人，积极主动工作，切实履行好相关职责，尽快形成各部门各负其责，全社会共同参与的领导体制和工作机制。

（二）健全工作机制，落实工作责任

确保"天山工程"落在实处，关键是要建立一整套行之有效的工作机制。一是建立区域联防联动的机制。包括协同作战工作机制和重大案件的协调、督办和配合机制等。对于跨地区的重大案件、涉及团伙网络的案件，在联防协作体系秘书处的组织协调下，通报案情，协商协调案件查处工作中的困难和问题。二是建立健全日常监管机制。针对一段时期区域范围内具有共性的非法出版物的传播动向，联合部署，集中时间、集中力量，专项统一行动，在一定时期形成强大声势，产生较大的震慑作用。三是建立情报预警机制。充分利用西北五省区出版信息网的有效信息平台，畅通信息渠道，实现区域内信息共享，及时通报专项整治行动信息、非法出版物鉴定信息、跨地区非法案件查处信息，宗教类非法出版物流通传播动态，防患于未然。

（三）加强协调配合，形成强大合力

实施"天山工程"，需要在座省区的大力支持、通力合作。在全国"扫黄打非"工作小组办公室的指导协调下，建立一个条块结合、省区联动、统一指挥、协调有力、运转高效的管理体制和运行体制，从思想和工作层面，切实形成五省区"一盘棋"、分工协作、密切配合、齐抓共管的工作格局。

这次座谈会的召开，对于进一步加强新疆思想文化阵地建设，是一次难得机遇和有力推动，新疆各级"扫黄打非"工作机构、相关单位，将认真学习贯彻好这次会议精神，首先立足把本地本单位相关职能工作做好、做到位，同时，进一步加强与兄弟协作省区的沟通联系，认真学习兄弟协作省区"扫黄打非"工作的经验和做法，共同探索打击境内外"三股势力"散布的反动宣传品和非法出版物的有效途径，共同推进"扫黄打非·天山工程"，为实现新疆的长治久安做出新的更大的贡献！

2009 年 11 月 21 日

在"扫黄打非·天山工程"座谈会上的致辞

新疆维吾尔自治区副主席

文化市场管理（扫黄打非）领导小组副组长

铁力瓦尔迪·阿布都热西提

在全国各族人民刚刚以喜悦的心情热烈庆祝了中华人民共和国成立60周年之际，今天全国"扫黄打非"工作小组和办公室的各位领导，西北五省（区）"扫黄打非"办公室的负责同志，新疆"扫黄打非"领导小组成员单位和地州市"扫黄打非"领导小组负责同志相聚新疆乌鲁木齐，举行"扫黄打非"工作"天山工程"座谈会，这是全国"扫黄打非"工作小组办公室在我区召开的一次非常重要的会议。我谨代表自治区党委和政府，对这次会议的召开表示诚挚的祝贺，对各位朋友的到来，表示热烈的欢迎，对全国"扫黄打非"工作小组办公室对我们工作的支持和信任表示衷心的感谢。

新疆，古称西域，意为中国的西部疆域。1884年，清政府正式在新疆设省，并取"故土新归"之意，改称西域为"新疆"。1949年新疆和平解放，1955年10月1日成立新疆维吾尔自治区。新疆东南连接甘肃、青海、西藏三省区，位于东经73°～97°，北纬34°～50°之间，东西最长处2000公里，南北最宽处1650公里，面积166.49平方公里，占中国国土面积的六分之一，是中国面积最大的省级行政区。从东北至西南与蒙古、俄罗斯、哈萨克斯坦、吉尔吉斯斯坦、塔吉克斯坦、阿富汗、巴基斯坦及印度八个国家接壤，边境线长5600公里，是中国边境线最长，对外开放口岸最多的省区。2008年末，全区生产总值达到4203亿元，人均生产总值19893元，财政收入817亿元，进出口总额222亿元，农牧民人均收入达到3503元。全区总人口2100万人，其中维吾尔族和其他少数民族人口占54%。新疆历史悠久，文化底蕴深厚，区域优势非常明显，特别是在当前国内能源市场供需矛盾日趋紧张的形势下，我区的资源优势和产业优势更加突显，在全国经济发展大格局中的战略地位更加突出，发展前景非常美好。

60年弹指一挥间。60年来，特别是改革开放和国家实施西部大开发战略以来，新疆宣传思想文化工作坚持以邓小平理论和"三个代表"重要思想为指导，全面贯彻落实科学发展观，坚定不移地贯彻中央关于新疆发展和稳定的总体部署，按照"高举旗帜、围绕大局、服务人民、改革创新"的总要求，始终坚持一手抓改革发展，一手抓团结稳定，坚持以经济建设为中心不动摇，坚持维护社会稳定不动摇，坚持各民族共同团结奋斗、共同繁荣发展不动摇，紧紧围绕国家深入实施西部大开发战略的宝贵机遇，大力实施稳疆兴疆，富民固边战略，做好宣传思想工作；紧紧围绕推动科学发展，深化改革开放、改善人民生活，做好宣传思想工作；紧紧围绕推进经济建设、政治建设、文化建设、社会建设和生态文明建设做好宣传思想工作，为新疆的改革发展稳定提供了强大的思想保证、精神动力和智力支持。特别是围绕乌鲁木齐"7·5"事件激烈复杂的舆论斗争，精心组织，周密计划，努力打好舆论斗争的攻坚战，为保证社会总体平稳，发挥了宣传思想文化工作主导社会舆论，统一思想，凝聚人心，凝聚力量的重要作用。

随着国际形势的变化，以"世维会"为代表的境外"三股势力"的渗透破坏也在不断变换手法，利用经济手段和利益诱惑，通过出版环节和文化市场输入价值观和"疆独"思潮，已成为以"世维会"为代表的境内外

"三股势力"对我进行颠覆、渗透、破坏的一个重要方式。我们与以"世维会"为代表的境内外"三股势力"在宣传思想文化领域渗透与反渗透、分裂与反分裂、颠覆与反颠覆的斗争将更加尖锐，更加复杂。这次召开的"扫黄打非·天山工程"座谈会是认真贯彻落实胡锦涛总书记关于维护新疆稳定的重要讲话精神，深入分析当前新疆打击政治性、民族宗教类非法出版物的严峻形势和艰巨任务，进一步研究部署打击以"世维会"为代表的境内外"三股势力"散布的反动宣传品及出版物跨省区案件督办查处工作的重要会议，充分体现了全国"扫黄打非"工作小组领导和办公室对新疆工作的高度重视。开好这次座谈会，对于进一步建立健全跨省区协调联动的长效机制，整合各种资源，形成合力，共同打击以"世维会"为代表的境内外"三股势力"散布的反动宣传品及出版物，有效抵御"三股势力"和西方敌对势力在意识形态领域的反动

思想和文化渗透，进一步净化出版物市场，确保我区意识形态和文化安全，必将起到积极的推动作用。

各位领导、各位朋友、同志们，"扫黄打非·天山工程"座谈会为我们共同打击以"世维会"为代表的境内外"三股势力"散布的反动宣传品及出版物跨省区协调联动工作架起了一座桥梁，搭建了一个新的平台。让我们更加紧密地团结在以胡锦涛同志为总书记的党中央周围，高举中国特色社会主义理论伟大旗帜，以邓小平理论和"三个代表"重要思想为指导，深入贯彻落实科学发展观，同心同德，团结奋斗，真诚合作，携手共进，充分发挥各自优势，不断加大协调联动力度，强化协调联动深度，密切协调联动关系，构筑意识形态安全的坚固防线，为维护国家统一、民族团结、维护国家安全、维护国家形象、推进发展稳定做出积极贡献！

2009 年 11 月 21 日

在2009年全国集中销毁侵权盗版及非法出版物活动新疆分会场上的讲话

新疆维吾尔自治区党委常委、宣传部长
文化市场管理（扫黄打非）领导小组组长
李　屹

根据全国"扫黄打非"办公室的统一部署，今天我们在这里举行2009年全国集中销毁侵权盗版及非法出版物新疆分会场销毁活动，展示我区打击侵权盗版及非法出版物的成果，向社会表明我区打击侵权盗版及非法出版物、维护知识产权的坚强决心。借此机会，我代表自治区党委、自治区人民政府，向长期战斗在"扫黄打非"斗争第一线的同志们表示亲切的问候并致以崇高的敬意！

2008年，自治区"扫黄打非"工作在自治区党委、政府的正确领导下，按照"打防并举、标本兼治、综合治理"的方针，以打击政治性、

宗教类非法出版物为重点，加强日常管理，集中开展了一系列专项行动，特别是围绕纪念改革开放30周年，举办北京奥运会、残奥会等，对文化市场持续进行集中治理，有效遏制了政治类、宗教类非法出版物、淫秽色情出版物及网上反动有害信息的传播，有力打击了各类侵权盗版活动，取得了显著成绩，为巩固和推进自治区改革发展稳定大局营造了良好的社会文化环境，取得了全社会的广泛拥护和赞誉。

当前，我区经济社会发展总体形势是好的，文化市场繁荣健康、平稳有序。但是，我们必

须清醒地认识到，我区地处西方敌对势力和"三股"势力对我进行分裂、渗透的前沿，地下印刷、复制、刻录、销售非法宗教宣传品的违法犯罪活动不断；利用非法出版物散布民族分裂主义思想、煽动宗教狂热问题时有出现；各种侵权盗版现象、淫秽色情文化垃圾屡打不绝；利用互联网出版物传播有害信息日益突出，"扫黄打非"工作面临的形势依然严峻。今年是一个大事多、热点多，重要敏感节点比较集中的一年。我们既要应对国际金融危机严重冲击，确保经济平稳较快发展，又要做好应对境内外敌对势力可能制造事端的准备，确保社会大局的稳定。

面对复杂形势和繁重任务，各级党委、政府和有关部门一定要从服务党和国家工作大局的高度，从建设社会主义先进文化、构建社会主义和谐社会的高度，进一步加深对"扫黄打非"斗争重要性、艰巨性、长期性的认识，进一步增强使命感、责任感、紧迫感。要始终保持高压态势，把打击宗教类非法出版物作为"扫黄打非"工作的重中之重，坚决予以封堵和查缴，严防境外流入境内，严防境内非法制售，做到严密监控、立体防范、露头就打、加大频次，追根溯源；要严厉打击各种侵权盗版

行为，持续开展文化市场清理工作，切实加强对印刷复制源头和运输环节的监管，继续深挖盗版窝点，清理非法经营者；要深入开展网上"扫黄打非"，组织更大力量，采取更有力的措施，依法加强互联网管理，坚决遏制利用互联网传播有害信息，坚决清理网上淫秽色情等文化垃圾；要认真贯彻"扫黄打非"工作"只能加强、不能削弱"的要求，加快建立完善地州市县（区市）文化市场综合执法机构，充分发挥这支队伍的作用，进一步推动自治区"扫黄打非"工作深入开展。全体"扫黄打非"战线的同志要继续保持高度警惕，不断研究新情况、掌握新动向、发现新问题、探索新方法，不辱使命、再接再厉，不断开创"扫黄打非"工作的新局面，为迎接新中国成立60周年营造良好的社会文化环境。

同志们，我国政府在打击侵权盗版及非法出版物、保护知识产权方面历来旗帜鲜明，态度坚决，推动有力。我们相信，在自治区党委、人民政府的正确领导下，在全区各有关职能部门和广大人民群众的共同努力下，我区打击侵权盗版及非法出版物，繁荣和发展出版物市场工作一定会取得更大的成绩！

2009 年 4 月 22 日

2009 年"扫黄打非"大案要案综述

自治区文化市场管理（扫黄打非）办公室

2009 年，新疆始终把抓大案要案的查处作为突破口，以此全面推进全区的"扫黄打非"工作。先后组织侦破"6·4"通宝书店发行非法出版物案和"9·1"天山区查缴宗教类非出版物案等多起重大案件。

（1）"9·1 非法出版物案"。按照自治区和乌鲁木齐市的工作部署，天山区文化体育局文化市场稽查大队对辖区内重点出版物市场进行了深

入的调查了解，经过一个月的摸排、调查，2009年9月1日，会同天山区公安分局黑甲山派出所公安干警，在黑甲山前街住宅楼内成功端掉一个地下非法出版物销售窝点，现场查缴各类非法出版物3947册。犯罪嫌疑人被天山区人民法院依法判处有期徒刑1年6个月。

（2）"3·19"传播淫秽色情案。3月19日，喀什地区公安局接到线索，称284免费电影网站

的伦理片栏目上传含有大量淫秽色情内容的视频。地区"扫黄打非"办立即会同地区公安局初查确定"284电影网站"有管理人员在喀什市活动，即指定喀什市网监科立案侦查。经查，"284网站"服务器在北京，喀什市公安干警先后分赴成都、北京进行调查取证工作，并对该网站依法关闭。

通过进一步调查发现，喀什市东门一家上网用户有重大嫌疑。该网站很有可能是该户人家中买买提明、卡米力江兄弟二人共同所为。为防止犯罪嫌疑人销毁证据，3月27日喀什市公安局网监科决定对犯罪嫌疑人实施抓捕，将买二人在家中抓获后，现场搜到两台电脑，通过现场提取电脑资料，以及对二人的讯问，证实买买提明是喀什网站制作管理员。

经审讯，嫌疑人买买提明对该案事实供认不讳，并交代了其作案过程：2008年底，四川成都某公司租用了该公司托管在北京铁通的服务器200M的虚拟空间，使用"一次搜"影视管理系统搜索互联网电源资源，制作了284免费电影网站。嫌疑人买买提明为了吸引网民点击率和获取更多的广告收入，在该网站伦理片中发布多个淫秽色情电影链接，该网站淫秽影片多达30余部，点击率10万余次，犯罪嫌疑人买买提明通过该网站广告共非法获利2800余元。因该案事实清楚，证据确凿，买某已被喀什市人民法院判处有期徒刑六年。

（3）"6·4"通宝书店发行非法出版物案。2009年6月乌鲁木齐市文化市场稽查大队在对一些重点部位、重点地区摸、排、查过程中发现，乌鲁木齐市珠江路百乐园小区附近一处库房内发现大量涉嫌盗版青少年读物。该库房原系某部队淘汰营房，面积达400平方米，顶高近20米，库存图书均为青少年读物及幼儿教辅读物，码洋近60万元。因库房内库存图书数量较大，乌鲁木齐市文化市场稽查大队当即进行了现场封存，其中被现场确认的盗版图书共计21种12000册已被先行登记保存，该批盗版图书中包括《红楼梦》等中国四大名著、《安徒生童话》、《汤姆叔叔的小屋》、《唐诗三百首》、《阅读故事》等。犯罪嫌疑人朱某被沙依巴克区人民法院依法判处有期徒刑1年。

2009年"扫黄打非"大事记

自治区文化市场管理（扫黄打非）办公室

1月13日，自治区党委常委、宣传部长李屹主持召开文化市场综合执法等问题的协调会议。

1月16日，自治区文管办（扫黄办）组织自治区"扫黄打非"领导小组各成员单位负责人、乌鲁木齐市、昌吉州文管办（扫黄办）负责人参加全国"扫黄打非"电视电话会议。

1月16～18日，自治区文管办（扫黄办）对全区"扫黄打非"和文化市场综合执法队伍编制情况进行了全面摸底，并提出了加强全区"扫黄打非"和文化市场综合执法队伍的建议意见和增变建议方案。

1月19日，常委会通过了自治区文管办（扫黄办）提出的加强全区"扫黄打非"文化市场综合执法队伍的建议。共增加252个编，重点加强乌鲁木齐市、喀什、和田、克州、伊犁、巴州、阿克苏7个地州文化稽查队伍建设，增加50辆车，上述7地州每县一辆车。

1月22日，自治区文管办（扫黄办）组织开展春节前出版物市场检查。

2月27日，自治区文管办（扫黄办）组织召开了乌鲁木齐片区"扫黄打非"工作文化市场监管第一次专题工作会议。

3月10～12日，自治区文管办（扫黄办）组织开展集中整治行动。共有40余人参与。主要采取明查暗访的形式，共走访、暗查乌鲁木齐市大、中、小学校20多所。

3月14～20日，自治区文管办（扫黄办）组织开展对全区各地州市县（区）"扫黄打非"和文化市场综合执法队伍编制情况调研摸底，根据摸底的情况，向党委领导提出了252名编制初分方案。

4月7日，自治区文管办（扫黄办）向各地州市"扫黄打非"领导小组办公室下发了《关于对学校周边文化市场环境进行专项治理的通知》。

4月8日，自治区文管办（扫黄办）向各地、州、市下发了《关于报送各级"扫黄打非"工作领导小组及其办公室通讯录的通知》。

4月9日，自治区文管办（扫黄办）向自治区"扫黄打非"领导小组各成员单位、乌鲁木齐市"扫黄打非"领导小组办公室下发了《关于对乌鲁木齐市周边学校文化市场环境进行专项治理的通知》。

4月13日，自治区文管办（扫黄办）向各地州市及成员单位下发《关于2009年全国侵权盗版制品及各类非法出版物集中销毁新疆区销毁活动的紧急通知》。

4月13～14日，自治区文管办（扫黄办）组织相关单位对乌鲁木齐市校园周边的文化经营场所进行了集中检查。

4月22日，自治区文管办（扫黄办）在乌鲁木齐市人民广场进行"2009年全国集中销毁侵权盗版及非法出版物新疆区分会场"活动。此次活动共销毁侵权盗版制品及各类非法出版物共计668214册（张）。

4月29～30日，自治区文管办（扫黄办）会同自治区文明办、关工委组织自治区"扫黄打非"成员单位对首府乌鲁木齐市的书刊、音像批发、零售经营场所，网吧以及校园周边文化市场进行了综合检查治理。

5月6日，自治区文管办（扫黄办）向各地州市及各成员单位下发了《自治区文化市场管理（扫黄打非）第二阶段工作安排》。

5月13日，自治区文管办（扫黄办）向各地州市及各成员单位下发了《关于进一步做好"扫黄打非"工作成果展月报统计表报送工作的通知》。

5月13～14日，自治区文管办（扫黄办）组织相关单位对乌鲁木齐市新市区、水磨沟区城乡结合部文化市场管理情况进行暗查。

5月22日，自治区文管办（扫黄办）向自治区"扫黄打非"领导小组各成员单位、昌吉州"扫黄打非"领导小组办公室下发了《关于召开全国"扫黄打非"工作2009年第一次电视电话会议（新疆分会场）的紧急通知》和《关于加强文化市场管理和"扫黄打非"信息工作的通知》。

5月25日，召开全国"扫黄打非"2009年第一次电视电话会议新疆分会场会议。自治区党委常委、宣传部长、自治区"扫黄打非"领导小组组长李屹参加会议并讲话。

5月26日，召开了全区报刊管理专题工作会议。

5月26日，自治区文管办（扫黄办）向全国"扫黄打非"工作小组办公室上报《关于贯彻全国"扫黄打非"工作第一次电视电话会议精神的情况报告》。

6月1～3日，自治区文管办（扫黄办）和自治区社会治安综合治理委员会办公室在全区15个地州市、95个县市区统一开展对非法出版物进行集中治理行动。

6月10日，自治区文管办（扫黄办）向各地州市及各成员单位下发了《关于上报2009年文化市场监管和"扫黄打非"半年工作总结及相关数据材料的通知》。

6月11日，自治区文管办（扫黄办）向各地州市及各成员单位下发了《关于继续开展清缴整治低俗音像制品专项行动的通知》。

6月12日，自治区文管办（扫黄办）召开自治区"扫黄打非"工作例会。

6月17日，自治区党委、政府决定对2008年"扫黄打非"先进集体和先进个人进行表彰，同时拨出专款42万元对2008年"扫黄打非"和文化市场监管工作中做出突出成绩的34个先进集体、24名先进个人进行了奖励。

6月25～26日，全国"扫黄打非"办公室和新闻出版总署在北京京西宾馆召开了全国音像出版发行工作座谈会。自治区"扫黄打非"领导小组办公室专职副主任杨少全参加了此次会议。

7月2日，自治区文管办（扫黄办）向各地州市及各成员单位下发《关于自治区文化市场监管和"扫黄打非"信息工作的情况通报》。

7月10日，自治区文管办（扫黄办）向各地州市、新闻出版局、新疆音像出版社下发了《关于在音像、图书单位开展自查自纠工作的通知》。

7月13日，自治区文管办（扫黄办）向各地州市及各成员单位转发《全国"扫黄打非"工作小组办公室慰问信的通知》。

7月14日，为全面了解和掌握"7·5"事件后首府乌鲁木齐市和周边地区文化经营场所的经营情况和人员思想状况，自治区文管办（扫黄办）组织自治区"扫黄打非"领导小组相关成员单位深入到乌鲁木齐市、昌吉州等重点区县市，了解各类文化经营场所营业情况和经营业主的思想状况，与经营业主进行了面对面的思想交流，对他们的担忧和疑虑做劝导和安抚工作。

7月31日，自治区文管办（扫黄办）采取以会代训、以会代培的方式，会同文化、新闻出版等管理部门和主管主办单位召集乌鲁木齐市音像、图书、报刊经营者召开专题会议，传达全国和自治区党委的相关文件精神。

8月5日，自治区文管办（扫黄办）召开工作例会，会议传达了《中央领导在上半年工作总结上的批示》，通报了《自治区举报互联网上网服务营业场所违法违规经营行为奖励办法》，并组织讨论。

8月13日，自治区文管办（扫黄办）向各地州市及各成员单位下发了《自治区文化市场监管和"扫黄打非"第三阶段工作安排》。

8月13日，自治区文管办（扫黄办）向各地州市及各成员单位下发了《关于下发〈自治区举报互联网上网服务营业场所违法违规经营行为奖励试行办法〉的通知》（新党宣字【09】29号）。

8月17日，自治区文管办（扫黄办）向各地州市及各成员单位下发了《关于报送文化经营场所名单的通知》，对全区文化经营场所和从业人员进行一次全面详实的摸底调查。

8月24日，自治区文化市场管理（扫黄打非）领导小组办公室专职副主任杨少全同志赴哈尔滨参加全国"扫黄打非"主任会议。

8月27日，自治区文化市场管理（扫黄打非）领导小组办公室上报参加哈尔滨全国"扫黄打非"办公室主任会议的情况报告。

9月1日，自治区文管办（扫黄办）向全国"扫黄"办上报了《关于贯彻哈尔滨工作会议情况的报告》。

9月1日，自治区文管办（扫黄办）向全国"扫黄"办上报了《自治区文化市场监管和"扫黄打非"第三阶段工作安排》。

9月1日，自治区文管办（扫黄办）向各地州市及各成员单位下发了《关于在国庆节前对自治区公共娱乐场所进行集中检查的通知》和《关于在国庆节前对出版物市场和校园周边进行集中检查的通知》。

9月7日，自治区文管办（扫黄办）向各地州市及各成员单位下发了《关于征求〈新疆维吾尔自治区文化市场监管及"扫黄打非"工作责任制〉意见的通知》。

9月15～18日，自治区文管办（扫黄办）组织相关部门的同志深入到昌吉州的阜康市、吉木萨尔县、奇台县和塔城地区的乌苏市、沙湾县，以及伊犁州的奎屯市督导、检查当地文化市场监管和"扫黄打非"第三阶段工作。

9月28～30日，自治区文管办（扫黄办）组织自治区交通厅等相关成员单位在国庆节前对乌鲁木齐出版物重点运输环节进行了专项检查。

11月5日，自治区文管办（扫黄办）下发了《关于上报2009年文化市场监管和"扫黄打非"工作总结及相关数据材料的通知》。

11 月 12 日，自治区文管办（扫黄办）向各地州市下发了第六期《关于全区部分网吧私自架设游戏服务器等问题的情况通报》。

11 月 20 ~ 23 日，全国"扫黄打非·天山工程"座谈会在乌鲁木齐市召开。自治区党委常委、宣传部长、"扫黄打非"领导小组组长李屹出席会议并讲话。全国"扫黄打非"工作小组副组长兼办公室主任、新闻出版总署党组副书记、副署长蒋建国主持会议并做重要讲话。自治区副主席、"扫黄打非"领导小组副组长铁力瓦尔迪·阿不都热西提出席会议并致辞。新疆、青海、宁夏、陕西、甘肃五省区"扫黄打非"领导小组办公室负责人还共同签署了西北五省区"扫黄打非"工作联防协作协议。

12 月 4 日，自治区文管办（扫黄办）向各地州市及各成员单位下发了《关于推荐 2009 年自治区文化市场管理（扫黄打非）先进集体、先进个人候选名单的通知》（新党宣明电【09】219 号）。

创新经验

推进文化市场综合执法，建立"扫黄打非"长效机制

自治区文化市场管理（扫黄打非）办公室

2009 年以来，新疆的"扫黄打非"工作在全国"扫黄打非"工作小组办公室大力帮助、支持下，在自治区党委、政府的高度重视和正确领导下，按照《全国 2009 年"扫黄打非"行动方案》的部署和要求，以打击"世维会"为代表的境内外"三股势力"散布的反动宣传品和出版物及其他非法出版物为重点，扎实有效地开展了各项工作和集中整治行动，取得了较好成效，有力地维护了新疆的文化安全和社会稳定。

一、完善组织机构、建立统一协调的文化市场管理工作机制

2009 年以来，新疆的文化市场得到了较快发展，但各级基层"扫黄打非"和文化市场监管工作机构不健全与新形势、新任务的要求形成较大反差，对此，自治区党委、政府高度重视，将机构建设、人员编制作为文化市场监管和"扫黄打非"工作的一项基础性、战略性任务认真地解决。一是建立健全机构。为了加强和改善党对意识形态的领导方式，新疆 2009 年 1 月份专门召开常委会研究加强自治区"扫黄打非"和文化市场监管工作机构和人员编制问题，决定调整充实自治区、地、县（市、区）三级原有的"扫黄打非"工作领导小组，改为文化市场管理（扫黄打非）领导小组，分别由党委分管副书记或党委常委、宣传部长任组长，同级政府负责此项工作的副主席、副市长、副县长分别任副组长。各级分管（扫黄打非）领导小组下设办公室（简称：文管办（扫黄办）），作为日常办事机构。为有利于与全国"扫黄打非"工作小组办公室的工作衔接，也为提高各项工作的协调力度，保证政令畅通，自治区党委、政府将自治区文化市场管理（扫黄打非）领导小组办公室由过去的虚设机构变为实体机构，办公室设在自治区党委宣传部，编制 7 名（参照公务员管理）。地县市参照自治区执行，每个地州市党委宣传部增加 2 ~ 3 名编制。从而有效改变了过去"扫黄打非"和文化市场监管工作高位"截瘫"的不利局面。二是加强执法力量，为了提高文化市场综合执法和"扫黄打非"力量，2009 年 1 月 19 日自治区党委常委会研究决定给全区增加 252 个文化市场综合执法和"扫黄打非"编制（参照公务员管理），使全区文化市场综合执法人员编制增加到 761 名。对伊犁州、喀什、和田、克州、阿克苏和乌鲁木齐等文化市场情

况复杂、监管任务重的六个地州市所属县（市、区）编制内文化市场和"扫黄打非"综合执法人员每人配一辆工作用车，涉及经费310万元。截至目前，新疆15个地州市党委宣传部都成立了文化市场管理（扫黄打非）工作领导小组办公室，地区文化（新闻出版、版权）局成立了文化市场稽查支队，95个县市区全部成立了文化市场稽查大队。

经过多年努力，新疆已逐步建立起党委总揽全局，文管办（扫黄办）组织协调，各职能部门分工合作的工作机制。

二、以建立健全制度为重点，切实增强执法规范程度

一是完善各项制度。2009年以来，新疆文化市场管理（扫黄打非）领导小组办公室针对制度建设方面的薄弱环节，结合自治区的实际，先后研究制定了《自治区文化市场管理（扫黄打非）领导小组办公室职责》、《"扫黄打非"责任追究制度》、《关于对互联网上网营业场所举报奖励办法》、《关于对非法出版物和游艺娱乐场所举报奖励办法》、《自治区文化市场监管和"扫黄打非"工作责任制》、《"扫黄打非"工作重大案件请示报告制度》、《自治区文化市场管理和"扫黄打非"例会制度》、《北疆五地州市"扫黄打非"工作联防协作机制》、《南疆五地州"扫黄打非"工作联防协作机制》等多项管理制度。这些带有全局性的文件和管理制度的制订出台，使文化市场监管和"扫黄打非"工作逐步走上了制度化、科学化、规范化的道路。

二是切实落实责任。2009年以来，新疆文化市场管理（扫黄打非）领导小组办公室按照"属地管理"和"谁主管谁负责"的原则，与各地州市文化市场管理（扫黄打非）领导小组办公室与各成员单位签订了"扫黄打非"和文化市场监管工作责任书。责任书对各地各有关部门"扫黄打非"工作的主要职责、责任目标、奖罚措施等方面做了明确规定。相关成员单位和地县市也结合各部门与经营户签订了社会责任承诺书。从而把"扫黄打非"和文化市场监管工作的各项任务落到实处。

三是加强信息交流和宣传工作。为及时、准确、全面地掌握全区15个地州市和24个成员单位"扫黄打非"和文化市场监管工作情况，新疆文化市场管理（扫黄打非）领导小组办公室下发了《加强自治区文化市场管理和"扫黄打非"信息工作有关问题的通知》，就加强信息报送工作提出了具体要求。一年来，向全国"扫黄打非"工作小组办公室报送"扫黄打非"信息量180余篇（《工作简报》55篇、《工作要情》18篇、《情况通报》6篇、《市场舆情》11篇、"扫黄打非"网上发布55篇、其他各类信息29篇），开创了新疆上报信息量的先河。这些信息被《全国"扫黄打非"工作简报》采用9篇；《情况通报》采用3篇；中国"扫黄打非"网采用40篇；中宣部舆情局采用3篇；中宣部信息网采用9篇；区党委办公厅采用3篇；党委宣传部采用43篇。

乌鲁木齐市

2009年"扫黄打非"工作总结

乌鲁木齐市文化市场管理（扫黄打非）办公室

今年以来，在市委、市政府的正确领导下，　　在上级业务主管部门的指导下，紧紧围绕我市工作大局，认真贯彻全国文化市场管理、"扫黄打非"工作会议精神，坚持以邓小平理论和"三个代表"重要思想为指导，全面落实科学发展观和构建社会主义和谐社会的重大战略思想，以规范和繁荣文化市场为中心，坚持开展文化市场集中专项治理行动，有力打击了宗教类非法出版物、淫秽色情出版物、侵权盗版等各类非法出版物，使全市的文化市场环境进一步净化，文化市场秩序进一步规范。今年共检查场所 7453 家，清理无证游戏厅 33 家，查扣电脑主机及其附属设备 205 台，销毁轮盘机等大型赌博游戏机 59 台、赌博电路板 1156 块、连线主机 43 台，吊销 5 家网吧的《网络文化准营证》，共查缴非法出版物 250891 件，其中违禁出版物 8595 件，淫秽色情出版物 36441 件，低俗音像制品 484 张，侵权盗版出版物 206371 件，非法报纸期刊 106 册；完成行政处罚案件 138 起，其中大案要案 9 起，移送公安机关刑事立案处理案件 2 起。

（一）统一思想、认清形势，继续持久深入地开展文化市场管理工作和"扫黄打非"各项斗争

2009 年，按照自治区文化市场管理和"扫黄打非"工作的总体要求和部署，结合我市实际，深入开展了各项专项治理行动，有力打击了文化市场违法违规行为和各种侵权盗版活动，有效地控制了非法出版物的传播范围，遏制了宗教类非法出版物的蔓延势头。我市不仅是全疆政治、经济、文化、科技、交通的中心，而且也是"三股势力"在新疆进行渗透、颠覆的重点地区之一。面对复杂形势和严峻挑战，我市文化市场管理和"扫黄打非"工作始终从大局出发，发挥主动性、掌握主动权，打好主动仗、及时采取切实可行的措施，坚持不懈地开展各项文化市场管理和"扫黄打非"斗争，做好首府的安全稳定工作，确保我市文化市场总体态势平稳有序、健康向上。

（二）提高认识，加大力度，始终把文化市场管理和"扫黄打非"工作作为全年工作的重中之重

我市高度重视文化市场管理和"扫黄打非"工作，每次全国和自治区相关工作会议召开以后，就专门召开会议进行传达和学习。今年专门召开会议进行学习传达的同时，结合我市工作实际，研究制定了《2009 年乌鲁木齐市"扫黄打非"工作实施方案》；先后组织开展了元旦和春节期间对全市出版物市场集中治理行动、暑期网吧专项治理行动，电子游艺娱乐场所专项整治行动、整治互联网低俗之风专项行动、清缴整治低俗音像制品专项行动、清缴整治低俗音像制品和清理校园周边文化市场环境专项行动及"庆祝祖国 60 年大庆、保证出版物市场稳定"为内容的文化市场治理暨"扫黄打非"集中行动。完善了重点区域反复查、重大问题突击查、关键时刻昼夜查、接到举报迅速查、集中行动领导带队查等制度；建立了情报、预警、发现、处置的应急控制机制，落实从进口、印刷、复制、流通到消费等环节的管理制度。

（三）完善工作机制，明确工作职责、齐抓共管，形成合力，始终保持文化市场管理和"扫黄打非"工作的有效落实

文化市场管理和"扫黄打非"工作是一项长期、艰巨的任务，做好文化市场管理和"扫黄打非"工作，关键在于强有力的领导和严格的执法。坚持每季度召开一次会议，互通情况，交流经验，听取工作汇报，指出存在问题，安排新的任务。同时，还加强了文化市场管理和"扫黄打非"工作相关法律法规的宣传力度，并组织新闻媒体对文化市场和"扫黄打非"专项治理行动进行及时采访，报道典型案件，形成了强大的舆论攻势，据不完全统计，全年共上报各类文化市场管理和"扫黄打非"信息 60 余篇。

（四）围绕主线、明确任务，突出重点，始终保持"扫黄打非"工作的高压态势

从维护全市政治稳定、民族团结、社会发展的大局出发，始终把查处政治性、宗教类非法出版物和反动宣传品作为文化市场管理和"扫黄打非"工作的重中之重，狠抓了六个方面的治理工作：一是开展农村网吧许可工作。对全市农村网吧进行了摸底，制定了《乌鲁木齐市农村

网吧市场建设的工作意见》。二是做好文化市场经营单位正版软件工作。三是开展暑期网吧专项治理行动、电子游艺娱乐场所专项整治行动、整治互联网低俗之风专项行动以及城乡集贸市场、闹市区、民营书店、音像店、游商摊点非法出版物的专项治理。四是开展了对学校周边、社区活动场所、图书音像市场、车站、机场、医院、旅游景区等重点部位的出版物店摊的集中整治。五是重点对出版发行盗版教材教辅读物、学校违规购买使用盗版教材教辅进行了整治。六是深入开展了解放南路专项治理行动，通过对二道桥、山西巷等重点地区、重点地段、重点部位进行暗访检查，取缔了一批无证经营和超范围经营出版物的店摊，查缴了一批非法编印，宣扬恐怖、凶杀、暴力、色情、愚昧迷信等内容的非法出版物，并着力查获了以"6·30"爱珊音像行经营淫秽音像制品和盗版音像制品案为代表的一批大案要案。

（五）加强监管，防患未然，始终把握文化市场管理和"扫黄打非"工作的主动权

进一步加强文化市场的监管力度，严厉打击了各类文化市场无证经营行为，尤其是针对近期以来无证游艺经营现象快速发展的势头，联合相关执法部门给予了严厉打击，有效遏止了其扩散蔓延势头。加强了对印刷复制行业的监管，坚持日常管理和集中检查相结合，严格实行《印刷业五项制度》等管理措施，对出版物印刷环节实施监管，防止非法出版物的出版印刷。加强安全生产宣传教育，面向娱乐场所、网吧、印刷经营者开展消防知识培训。积极开展专项整治行动，先后组织开展了天山1号专项行动、人员密集文化经营场所安全生产大检查、天山霹雳消防安全专项整治行动、文化行业安全生产专项整治工作以及文化新闻出版行业安全生产三项行动，全年文化市场未发生安全责任事故。

四、附　录

2009 年北京市"扫黄打非"工作成果统计表

非法出版物收缴情况		收缴非法出版物总数（1～4 相加）	1839017
		1. 违禁出版物（①～⑤相加）	813374
		①含违禁内容非法出版物	7432
		②"法轮功"邪教组织宣传品	0
		③"藏独"、"疆独"反动宣传品	0
		④非法宗教宣传品	15300
		⑤其他	790642
		2. 淫秽色情出版物	2768
		3. 侵权盗版出版物（⑥～⑨相加）	1017820
		⑥盗版音像制品	477326
		⑦盗版图书	529918
		⑧盗版电子出版物	4418
		⑨盗版教材教辅读物	6158
		4. 非法报纸期刊	11213
		5. 删除、屏蔽网络有害信息	0
市场监管情况	检查市场	出动检查人员	129898
		检查出版物市场、店档摊点	28658
		检查印刷复制企业	4570
	取缔关闭	出版物市场、店档摊点	1386
		印刷复制企业	83
		非法网站	9
查处案件情况		查办"扫黄打非"案件（1～6 相加）	125
		1. 非法出版物案件	1
		2. 淫秽色情出版物案件	2
		3. 侵权盗版出版物案件	37
		4. 网络"扫黄打非"案件（①～③相加）	8
		①网上非法出版案件	0
		②网上制售、传播有害信息案件	8
		③网络侵权盗版案件	0
		5. 整治"四假"案件	0
		6. 其他	77
		行政处理案件	177
		刑事处理案件	11
		刑事审结案件	10
		刑事处罚个人	13

注：刑事处理案件包含行政部门向司法机关移交的案件和司法机关直接立案的案件。

2009 年天津市"扫黄打非"
工作成果统计表

	收缴非法出版物总数（1～4 相加）		677137（件）
	1. 违禁出版物（①～⑤相加）		29748（件）
	①含违禁内容非法出版物		2151（件）
	②"法轮功"邪教组织宣传品		507（件）
	③"藏独"、"疆独"反动宣传品		74（件）
	④非法宗教宣传品		26999（件）
非法出版物收缴情况	⑤其他		17（件）
	2. 淫秽色情出版物		19233（件）
	3. 侵权盗版出版物（⑥～⑨相加）		624330（件）
	⑥盗版音像制品		485022（件）
	⑦盗版图书		57188（件）
	⑧盗版电子出版物		6008（件）
	⑨盗版教材教辅读物		76112（件）
	4. 非法报纸期刊		3826（份）
	5. 删除、屏蔽网络有害信息		707（条）
市场监管情况	检查市场	出动检查人员	66614（人次）
		检查出版物市场、店档摊店	23959（个次）
		检查印刷复制企业	7509（家次）
	取缔关闭	出版物市场、店档摊点	1282（个）
		印刷复制企业	6（家）
		非法网站	—（个）
查处案件情况	查处"扫黄打非"案件（1～6 相加）		415（起）
	1. 非法出版物案件		—（起）
	2. 淫秽色情出版物案件		288（起）
	3. 侵权盗版出版物案件		19（起）
	4. 网络"扫黄打非"案件（①～③相加）		101（起）
	①网上非法出版案件		—（起）
	②网上制售、传播有害信息案件		101（起）
	③网络侵权盗版案件		—（起）
	5. 整治"四假"案件		—（起）
	6. 其他		7（起）
	行政处罚案件		305（起）
	刑事处理案件		110（起）
	刑事审结案件		110（起）
	刑事处罚人数		118（人）

注：刑事处理案件包含行政部门向司法机关移交的案件和司法机关直接立案的案件。

2009 年上海市"扫黄打非"工作成果统计表

非法出版物收缴情况		收缴非法出版物总数（1～4 相加）	6830826（件）
		1. 违禁出版物（①～⑤相加）	383004（件）
		①含违禁内容非法出版物	8854（件）
		②"法轮功"邪教组织宣传品	353396（件）
		③"藏独"、"疆独"反动宣传品	0（件）
		④非法宗教宣传品	20615（件）
		⑤其他	139（件）
		2. 淫秽色情出版物	65010（件）
		3. 侵权盗版出版物（⑥～⑨相加）	6279364（件）
		⑥盗版音像制品	5721515（件）
		⑦盗版图书	528889（件）
		⑧盗版电子出版物	28938（件）
		⑨盗版教材教辅读物	22（件）
		4. 非法报纸期刊	103282（份）
		5. 删除、屏蔽网络有害信息	10968（条）
市场监管情况	检查市场	出动检查人员	91066（人次）
		检查出版物市场、店档摊点	45205（个次）
		检查印刷复制企业	21288（家次）
	取缔关闭	出版物市场、店档摊点	3651（个）
		印刷复制企业	21（家）
		非法网站	62（个）
查处案件情况		查处"扫黄打非"案件（1～6 相加）	1190（起）
		1. 非法出版物案件	0（起）
		2. 淫秽色情出版物案件	289（起）
		3. 侵权盗版出版物案件	777（起）
		4. 网络"扫黄打非"案件（①～③相加）	38（起）
		①网上非法出版案件	17（起）
		②网上制售、传播有害信息案件	0（起）
		③网络侵权盗版案件	21（起）
		5. 整治"四假"案件	0（起）
		6. 其他	89（起）
		行政处罚案件	987（起）
		刑事处理案件	40（起）
		刑事审结案件	2（起）
		刑事处罚人数	40（人）

注：刑事处理案件包含行政部门向司法机关移交的案件和司法机关直接立案的案件。

2009 年重庆市"扫黄打非"工作成果统计表

非法出版物查缴情况		收缴非法出版物总数（1~4 相加）	652595（件）
		1. 违禁出版物（①~⑤相加）	38097（件）
		①含违禁内容非法出版物	497（件）
		②"法轮功"邪教组织宣传品	3530（件）
		③"藏独"、"疆独"反动宣传品	一（件）
		④非法宗教宣传品	32344（件）
		⑤其他	1726（件）
		2. 淫秽色情出版物	82958（件）
		3. 侵权盗版出版物（⑥~⑨相加）	527383（件）
		⑥盗版音像制品	342431（件）
		⑦盗版图书	141409（件）
		⑧盗版电子出版物	16290（件）
		⑨盗版教材教辅读物	27253（件）
		4. 非法报纸期刊	31410（份）
		5. 删除、屏蔽网络有害信息	7646（条）
市场监管情况	检查市场	出动检查人员	131882（人次）
		检查出版物市场、店档摊点	105360（个次）
		检查印刷复制企业	7722（家次）
	取缔关闭	出版物市场、店档摊点	66（个）
		印刷复制企业	3（家）
		非法网站	866（个）
查处案件情况		查办"扫黄打非"案件（1~6 相加）	246（起）
		1. 非法出版物案件	2（起）
		2. 淫秽色情出版物案件	18（起）
		3. 侵权盗版出版物案件	51（起）
		4. 网络"扫黄打非"案件（①~③相加）	8（起）
		①网上非法出版案件	一（起）
		②网上制售、传播有害信息案件	4（起）
		③网络侵权盗版案件	4（起）
		5. 整治"四假"案件	一（起）
		6. 其他	161（起）
		行政处罚案件	1631（起）
		刑事处理案件	19（起）
		刑事审结案件	1（起）
		刑事处罚人数	34（人）

注：刑事处理案件包含行政部门向司法机关移交的案件和司法机关直接立案的案件。

2009 年河北省"扫黄打非"工作成果统计表

非法出版物查缴情况		收缴非法出版物总数(1~4 相加)	881483(件)
		1. 违禁出版物(①~⑤相加)	7908(件)
		①含违禁内容非法出版物	9(件)
		②"法轮功"邪教组织宣传品	1813(件)
		③"藏独"、"疆独"反动宣传品	一(件)
		④非法宗教宣传品	102(件)
		⑤其他	5984(件)
		2. 淫秽色情出版物	17247(件)
		3. 侵权盗版出版物(⑥~⑨相加)	782986(件)
		⑥盗版音像制品	444174(件)
		⑦盗版图书	232458(件)
		⑧盗版电子出版物	28153(件)
		⑨盗版教材教辅读物	78201(件)
		4. 非法报纸期刊	43342(份)
		5. 删除、屏蔽网络有害信息	2305(条)
市场监管情况	检查市场	出动检查人员	129465(人次)
		检查出版物市场、店档摊点	67084(个次)
		检查印刷复制企业	141122(家次)
	取缔关闭	出版物市场、店档摊点	3305(个)
		印刷复制企业	906(家)
		非法网站	119(个)
查处案件情况		查办"扫黄打非"案件(1~6 相加)	318(起)
		1. 非法出版物案件	1(起)
		2. 淫秽色情出版物案件	37(起)
		3. 侵权盗版出版物案件	197(起)
		4. 网络"扫黄打非"案件(①~③相加)	17(起)
		①网上非法出版案件	一(起)
		②网上制售、传播有害信息案件	16(起)
		③网络侵权盗版案件	1(起)
		5. 整治"四假"案件	15(起)
		6. 其他	51(起)
		行政处罚案件	199(起)
		刑事处理案件	30(起)
		刑事审结案件	一(起)
		刑事处罚人数	8(人)

注：刑事处理案件包含行政部门向司法机关移交的案件和司法机关直接立案的案件。

2009 年山西省"扫黄打非"工作成果统计表

非法出版物查缴情况		收缴非法出版物总数（1～4 相加）	1319315（件）
		1. 违禁出版物（①～⑤相加）	9779（件）
		①含违禁内容非法出版物	3580（件）
		②"法轮功"邪教组织宣传品	一（件）
		③"藏独"、"疆独"反动宣传品	2570（件）
		④非法宗教宣传品	3629（件）
		⑤其他	一（件）
		2. 淫秽色情出版物	18460（件）
		3. 侵权盗版出版物（⑥～⑨相加）	2881330（件）
		⑥盗版音像制品	1893004（件）
		⑦盗版图书	458900（件）
		⑧盗版电子出版物	26300（件）
		⑨盗版教材教辅读物	503126（件）
		4. 非法报纸期刊	113450（件）
		5. 删除、屏蔽网络有害信息	29700（条）
市场监管情况	检查市场	出动检查人员	62385（人次）
		检查出版物市场、店档摊点	12574（个次）
		检查印刷复制企业	10560（家次）
	取缔关闭	出版物市场、店档摊点	186（个）
		印刷复制企业	一（家）
		非法网站	一（个）
查处案件情况		查办"扫黄打非"案件（1～6 相加）	439（起）
		1. 非法出版物案件	11（起）
		2. 淫秽色情出版物案件	15（起）
		3. 侵权盗版出版物案件	357（起）
		4. 网络"扫黄打非"案件（①～③相加）	24（起）
		①网上非法出版案件	4（起）
		②网上制售、传播有害信息案件	11（起）
		③网络侵权盗版案件	9（起）
		5. 整治"四假"案件	32（起）
		6. 其他	一（起）
		行政处罚案件	409（起）
		刑事处理案件	30（起）
		刑事审结案件	8（起）
		刑事处罚人数	11（人）

注：刑事处理案件包含行政部门向司法机关移交的案件和司法机关直接立案的案件。

2009 年内蒙古自治区"扫黄打非"工作成果统计表

非法出版物收缴情况		收缴非法出版物总数（1～4 相加）	1514780（件）
		1. 违禁出版物（①～⑤相加）	305（件）
		①含违禁内容非法出版物	103（件）
		②"法轮功"邪教组织宣传品	6（件）
		③"藏独"、"疆独"反动宣传品	1（件）
		④非法宗教宣传品	—（件）
		⑤其他	195（件）
		2. 淫秽色情出版物	37770（件）
		3. 侵权盗版出版物（⑥～⑨相加）	1412500（件）
		⑥盗版音像制品	707100（件）
		⑦盗版图书	372400（件）
		⑧盗版电子出版物	273800（件）
		⑨盗版教材教辅读物	59200（件）
		4. 非法报纸期刊	64400（份）
		5. 删除、屏蔽网络有害信息	—（条）
市场监管情况	检查市场	出动检查人员	93300（人次）
		检查出版物市场、店档摊点	34512（个次）
		检查印刷复制企业	16435（家次）
	取缔关闭	出版物市场、店档摊点	1762（个）
		印刷复制企业	—（家）
		非法网站	—（个）
查处案件情况		查处"扫黄打非"案件（1～6 相加）	2387（起）
		1. 非法出版物案件	11（起）
		2. 淫秽色情出版物案件	40（起）
		3. 侵权盗版出版物案件	2338（起）
		4. 网络"扫黄打非"案件（①～③相加）	—（起）
		①网上非法出版案件	—（起）
		②网上制售、传播有害信息案件	—（起）
		③网络侵权盗版案件	—（起）
		5. 整治"四假"案件	—（起）
		6. 其他	8（起）
		行政处罚案件	2335（起）
		刑事处理案件	12（起）
		刑事审结案件	—（起）
		刑事处罚人数	—（人）

注：刑事处理案件包含行政部门向司法机关移交的案件和司法机关直接立案的案件。

2009 年辽宁省"扫黄打非"工作成果统计表

非法出版物查缴情况		收缴非法出版物总数(1~4相加)	1514780(件)
		1. 违禁出版物(①~⑤相加)	305(件)
		①含违禁内容非法出版物	103(件)
		②"法轮功"邪教组织宣传品	6(件)
		③"藏独"、"疆独"反动宣传品	1(件)
		④非法宗教宣传品	—(件)
		⑤其他	195(件)
		2. 淫秽色情出版物	37770(件)
		3. 侵权盗版出版物(⑥~⑨相加)	1412500(件)
		⑥盗版音像制品	707100(件)
		⑦盗版图书	372400(件)
		⑧盗版电子出版物	273800(件)
		⑨盗版教材教辅读物	59200(件)
		4. 非法报纸期刊	64400(份)
		5. 删除、屏蔽网络有害信息	—(条)
市场监管情况	检查市场	出动检查人员	93300(人次)
		检查出版物市场、店档摊点	34512(个次)
		检查印刷复制企业	16435(家次)
	取缔关闭	出版物市场、店档摊点	1762(个)
		印刷复制企业	—(家)
		非法网站	—(个)
查处案件情况		查办"扫黄打非"案件(1~6相加)	2387(起)
		1. 非法出版物案件	11(起)
		2. 淫秽色情出版物案件	40(起)
		3. 侵权盗版出版物案件	2338(起)
		4. 网络"扫黄打非"案件(①~③相加)	—(起)
		①网上非法出版案件	—(起)
		②网上制售、传播有害信息案件	—(起)
		③网络侵权盗版案件	—(起)
		5. 整治"四假"案件	—(起)
		6. 其他	8(起)
		行政处罚案件	2335(起)
		刑事处理案件	12(起)
		刑事审结案件	—(起)
		刑事处罚人数	—(人)

注：刑事处理案件包含行政部门向司法机关移交的案件和司法机关直接立案的案件。

2009 年吉林省"扫黄打非"工作成果统计表

非法出版物查缴情况		收缴非法出版物总数(1~4 相加)	358640(件)
		1. 违禁出版物(①~⑤相加)	一(件)
		①含违禁内容非法出版物	一(件)
		②"法轮功"邪教组织宣传品	一(件)
		③"藏独"、"疆独"反动宣传品	一(件)
		④非法宗教宣传品	一(件)
		⑤其他	一(件)
		2. 淫秽色情出版物	6040(件)
		3. 侵权盗版出版物(⑥~⑧相加)	349200(件)
		⑥盗版音像制品	224000(件)
		⑦盗版图书	106000(件)
		⑧盗版电子出版物	3800(件)
		⑨盗版教材教辅读物	15400(件)
		4. 非法报纸期刊	3400(份)
		5. 删除、屏蔽网络有害信息	一(条)
市场监管情况	检查市场	出动检查人员	10900(人次)
		检查出版物市场、店档摊点	9500(个次)
		检查印刷复制企业	3070(家次)
	取缔关闭	出版物市场、店档摊点	210(个)
		印刷复制企业	一(家)
		非法网站	一(个)
查处案件情况		查办"扫黄打非"案件(1~6 相加)	168(起)
		1. 非法出版物案件	一(起)
		2. 淫秽色情出版物案件	5(起)
		3. 侵权盗版出版物案件	158(起)
		4. 网络"扫黄打非"案件(①~③相加)	一(起)
		①网上非法出版案件	一(起)
		②网上制售、传播有害信息案件	一(起)
		③网络侵权盗版案件	一(起)
		5. 整治"四假"案件	5(起)
		6. 其他	一(起)
		行政处罚案件	一(起)
		刑事处理案件	一(起)
		刑事审结案件	一(起)
		刑事处罚人数	一(人)

注：刑事处理案件包含行政部门向司法机关移交的案件和司法机关直接立案的案件。

2009 年黑龙江省"扫黄打非"工作成果统计表

非法出版物收缴情况		收缴非法出版物总数(件)(1~7 相加)	(1)	391701
		1. 含违禁内容非法出版物(件)	(2)	3458
		2. "法轮功"邪教组织宣传品(件)	(3)	1082
		3. 非法宗教宣传品(件)	(4)	9
		4. 淫秽色情出版物(件)	(5)	3754
		5. 盗版出版物总数(件)(①~④相加)	(6)	345912
		①盗版图书(件)	(7)	218550
		②盗版音像制品(件)	(8)	7652
		③盗版教材教辅读物(件)	(9)	19800
		④盗版教软件及电子出版物(件)	(10)	19910
		6. 非法报纸期刊(份)	(11)	37486
		7. 走私光盘(万张)	(12)	0
		非法光盘生产线(条)	(13)	0
市场监管情况	检查市场	出动检查人员(人次)	(14)	22637
		检查出版物市场(个次)	(15)	17368
		检查店档摊点(个次)	(16)	19543
		检查印刷复制企业(家次)	(17)	18621
	处罚违规	店档摊点(个)	(18)	68
		印刷复制企业(家)	(19)	34
		网站(家)	(20)	5
	取缔关闭	店档摊点(个)	(21)	60
		印刷复制企业(家)	(22)	0
		非法网站(家)	(23)	0
查处案件情况	查办案件	查办案件总数(起)(1~4 相加)	(24)	52
		1. 非法出版物案件(起)	(25)	0
		2. 淫秽色情出版物案件(起)	(26)	1
		3. 侵犯盗版出版物案件(起)	(27)	51
		4. 网络"扫黄打非"案件(起)(①~③相加)	(28)	0
		①网上非法出版、经营案件(起)	(29)	0
		②网上传播有害信息案件(起)	(30)	0
		③网络侵犯盗版、"私服""外挂"案件(起)	(31)	8
	行政案件	行政处罚案件(起)	(32)	69
	刑事案件	移送司法机关案件(起)	(33)	0
		刑事审结案件(起)	(34)	0
		刑事处罚个人(人)	(35)	0

注：刑事处理案件包含行政部门向司法机关移交的案件和司法机关直接立案的案件。

2009 年江苏省"扫黄打非"
工作成果统计表

非法出版物查缴情况		收缴非法出版物总数(件)(1～4 相加)	(1)	3004987(件)
		1. 违禁出版物(①～⑤相加)	(2)	8752(件)
		①含违禁内容非法出版物	(3)	5639(件)
		②"法轮功"邪教组织宣传品	(4)	20(件)
		③"藏独"、"疆独"反动宣传品	(5)	一(件)
		④非法宗教宣传品	(6)	747(件)
		⑤其他	(7)	2346(件)
		2. 淫秽色情出版物	(8)	31428(件)
		3. 盗版出版物总数(①～④相加)	(9)	2862854(件)
		①盗版音像制品	(10)	2323931(件)
		②盗版图书	(11)	412184(件)
		③盗版软件及电子出版物	(12)	76465(件)
		④盗版教材教辅读物	(13)	50274(件)
		4. 非法报纸期刊	(14)	101595(份)
		5. 删除、屏蔽网络有害信息	(15)	358(条)
市场监管情况	检查市场	出动检查人员	(16)	72513(人次)
		检查出版物市场、店档摊点	(17)	49874(个次)
		检查印刷复制企业	(18)	15559(家次)
	取缔关闭	出版物市场、店档摊点	(19)	1966(个)
		印刷复制企业	(20)	75(家)
		非法网站	(21)	6(个)
查处案件情况		查办"扫黄打非"案件(1～6 相加)	(22)	225(起)
		1. 非法出版物案件	(23)	1(起)
		2. 淫秽色情出版物案件	(24)	21(起)
		3. 侵权盗版出版物案件	(25)	140(起)
		4. 网络"扫黄打非"案件(①～③相加)	(26)	8(起)
		①网上非法出版案件	(27)	1(起)
		②网上制售、传播有害信息案件	(28)	一(起)
		③网络侵权盗版案件	(29)	7(起)
		5. 整治"四假"案件	(30)	2(起)
		6. 其他	(31)	53(起)
		行政处罚案件(起)	(32)	167(起)
		刑事处理案件(起)	(33)	24(起)
		刑事审结案件(人)	(34)	12(起)
		刑事处罚人数	(35)	18(人)

注：刑事处理案件包含行政部门向司法机关移交的案件和司法机关直接立案的案件。

2009 年福建省"扫黄打非"工作成果统计表

非法出版物查缴情况		收缴非法出版物总数(1~4 相加)	644000(件)
		1. 违禁出版物(①~⑤相加)	57245(件)
		①含违禁内容非法出版物	1167(件)
		②"法轮功"邪教组织宣传品	78(件)
		③"藏独"、"疆独"反动宣传品	一(件)
		④非法宗教宣传品	31000(件)
		⑤其他	25000(件)
		2. 淫秽色情出版物	12000(件)
		3. 侵权盗版出版物(⑥~⑨相加)	521990(件)
		⑥盗版音像制品	374050(件)
		⑦盗版图书	123440(件)
		⑧盗版电子出版物	6850(件)
		⑨盗版教材教辅读物	17650(件)
		4. 非法报纸期刊	38690(份)
		5. 删除、屏蔽网络有害信息	14075(条)
市场监管情况	检查市场	出动检查人员	137000(人次)
		检查出版物市场、店档摊点	51000(个次)
		检查印刷复制企业	11000(家次)
	取缔关闭	出版物市场、店档摊点	1899(个)
		印刷复制企业	一(家)
		非法网站	28(个)
查处案件情况		查办"扫黄打非"案件(1~6 相加)	164(起)
		1. 非法出版物案件	一(起)
		2. 淫秽色情出版物案件	54(起)
		3. 侵权盗版出版物案件	48(起)
		4. 网络"扫黄打非"案件(①~③相加)	13(起)
		①网上非法出版案件	一(起)
		②网上制售、传播有害信息案件	13(起)
		③网络侵权盗版案件	一(起)
		5. 整治"四假"案件	1(起)
		6. 其他	48(起)
		行政处罚案件	106(起)
		刑事处理案件	58(起)
		刑事审结案件	13(起)
		刑事处罚人数	19(人)

2009 年江西省"扫黄打非"工作成果统计表

非法出版物查缴情况		收缴非法出版物总数（1～4 相加）	737245（件）
		1. 违禁出版物（（1）～（5）相加）	3541（件）
		（1）含违禁内容非法出版物	1642（件）
		（2）"法轮功"邪教组织宣传品	一（件）
		（3）"藏独"、"疆独"反动宣传品	一（件）
		（4）非法宗教宣传品	427（件）
		（5）其他	1472（件）
		2. 淫秽色情出版物	8727（件）
		3. 盗版出版物总数（①～④相加）	583640（件）
		（6）盗版音像制品	191060（件）
		（7）盗版图书	113339（件）
		（8）盗版软件及电子出版物	13119（件）
		（9）盗版教材教辅读物	266122（件）
		4. 非法报纸期刊	140190（份）
		5. 删除、屏蔽网络有害信息	1147（条）
市场监管情况	检查市场	出动检查人员	56642（人次）
		检查出版物市场、店档摊点	47201（个次）
		检查印刷复制企业	17480（家次）
	取缔关闭	出版物市场、店档摊点	808（个）
		印刷复制企业	3（家）
		非法网站	2（个）
查处案件情况		查办"扫黄打非"案件（1～6 相加）	107（起）
		1. 非法出版物案件	2（起）
		2. 淫秽色情出版物案件	2（起）
		3. 侵权盗版出版物案件	42（起）
		4. 网络"扫黄打非"案件（①～③相加）	6（起）
		①网上非法出版案件	4（起）
		②网上制售、传播有害信息案件	一（起）
		③网络侵权盗版案件	2（起）
		5. 整治"四假"案件	6（起）
		6. 其他	49（起）
		行政处罚案件（起）	104（起）
		刑事处理案件（起）	3（起）
		刑事审结案件（人）	一（起）
		刑事处罚人数	8（人）

注：刑事处理案件包含行政部门向司法机关移交的案件和司法机关直接立案的案件。

2009 年山东省"扫黄打非"
工作成果统计表

非法出版物查缴情况		收缴非法出版物总数(件)(1~4 相加)	846380(件)
		1. 违禁出版物(①~⑤相加)	16298(件)
		①含违禁内容非法出版物	330(件)
		②"法轮功"邪教组织宣传品	8(件)
		③"藏独"、"疆独"反动宣传品	一(件)
		④非法宗教宣传品	4304(件)
		⑤其他	11656(件)
		2. 淫秽色情出版物	6740(件)
		3. 盗版出版物总数(①~④相加)	783372(件)
		①盗版音像制品	381103(件)
		②盗版图书	273788(件)
		③盗版软件及电子出版物	27722(件)
		④盗版教材教辅读物	100759(件)
		4. 非法报纸期刊	90729(份)
		5. 删除、屏蔽网络有害信息	2659(条)
市场监管情况	检查市场	出动检查人员	169254(人次)
		检查出版物市场、店档摊点	59125(个次)
		检查印刷复制企业	23386(家次)
	取缔关闭	出版物市场、店档摊点	2156(个)
		印刷复制企业	225(家)
		非法网站	8(个)
查处案件情况		查办"扫黄打非"案件(1~6 相加)	723(起)
		1. 非法出版物案件	1(起)
		2. 淫秽色情出版物案件	93(起)
		3. 侵权盗版出版物案件	486(起)
		4. 网络"扫黄打非"案件(①~③相加)	28(起)
		①网上非法出版案件	一(起)
		②网上制售、传播有害信息案件	22(起)
		③网络侵权盗版案件	6(起)
		5. 整治"四假"案件	13(起)
		6. 其他	102(起)
		行政处罚案件(起)	406(起)
		刑事处理案件(起)	17(起)
		刑事审结案件(人)	一(起)
		刑事处罚人数	159(人)

注：刑事处理案件包含行政部门向司法机关移交的案件和司法机关直接立案的案件。

2009 年河南省"扫黄打非"工作成果统计表

非法出版物查缴情况		收缴非法出版物总数(1~7 相加)	2430448(件)
		1. 含违禁内容非法出版物	30124(件)
		2. "法轮功"邪教组织宣传品	11086(件)
		3. 非法宗教宣传品	14064(件)
		4. 淫秽色情出版物	28723(件)
		5. 盗版出版物总数(①~④相加)	2295232(件)
		①盗版图书	135143(件)
		②盗版音像制品	835569(件)
		③盗版教材教辅读物	654029(件)
		④盗版软件及电子出版物	670491(件)
		6. 非法报纸期刊	72798(份)
		7. 走私光盘	23513(张)
		非法光盘生产线	一(条)
市场监管情况	检查市场	出动检查人员	14649(人)
		检查出版物市场	48142(个)
		检查店档摊点	37716(个)
		检查印刷复制企业	29187(家)
	处罚违规	店档摊点	1930(个)
		印刷复制企业	404(家)
		网站	65(家)
	取缔关闭	店档摊点	2490(个)
		印刷复制企业	312(家)
		非法网站	31(家)
查处案件情况		行政处罚案件数(1~5 相加)	1858(起)
		1. 非法出版物案件	31(起)
		2. 淫秽色情出版物案件	41(起)
		3. 侵权盗版出版物案件	1608(起)
		4. 网络"扫黄打非"案件(①~③相加)	41(起)
		①网上非法出版、经营案件	12(起)
		②网上传播有害信息案件	8(起)
		③网络侵权盗版、"私服""外挂"案件	21(起)
		5. 其他	137(起)
		刑事处理案件数	57(起)
		1. 刑事审结案件	8(起)
		2. 刑事处罚个人	41(人)
		查办案件(行政＋刑事)总数	1915(起)

注：刑事处理案件包含行政部门向司法机关移交的案件和司法机关直接立案的案件。

2009 年湖北省"扫黄打非"
工作成果统计表

非法出版物查缴情况		收缴非法出版物总数(1~4 相加)	1115103(件)
		1. 违禁出版物(①~⑤相加)	7171(件)
		①含违禁内容非法出版物	403(件)
		②"法轮功"邪教组织宣传品	1593(件)
		③"藏独"、"疆独"反动宣传品	一(件)
		④非法宗教宣传品	539(件)
		⑤其他	4636(件)
		2. 淫秽色情出版物	34650(件)
		3. 侵权盗版物总数(⑥~⑧相加)	1036477(件)
		⑥盗版音像制品	684846(件)
		⑦盗版图书	214610(件)
		⑧盗版电子出版物	24554(件)
		⑨盗版教材教辅读物	112467(件)
		4. 非法报纸期刊	36805(份)
		5. 删除、屏蔽网络有害信息	35(条)
市场监管情况	检查市场	出动检查人员	68805(人次)
		检查出版物市场、店档摊点	41905(个次)
		检查印刷复制企业	12040(家次)
	取缔关闭	出版物市场、店档摊点	2359(个)
		印刷复制企业	172(家)
		非法网站	11(个)
查处案件情况		查办"扫黄打非"案件(1~6 相加)	512(起)
		1. 非法出版物案件	2(起)
		2. 淫秽色情出版物案件	103(起)
		3. 侵权盗版出版物案件	203(起)
		4. 网络"扫黄打非"案件(①~③相加)	137(起)
		①网上非法出版案件	2(起)
		②网上制售、传播有害信息案件	131(起)
		③网络侵权盗版案件	4(起)
		5. 整治"四假"案件	2(起)
		6. 其他	65(起)
		行政处罚案件	151(起)
		刑事处理案件	16(起)
		刑事审结案件	4(起)
		刑事处罚人数	23(人)

注：刑事处理案件包含行政部门向司法机关移交的案件和司法机关直接立案的案件。

2009 年湖南省"扫黄打非"
工作成果统计表

非法出版物查缴情况		收缴非法出版物总数(1~4 相加)	1675380(件)
		1. 违禁出版物(①~⑤相加)	34520(件)
		①含违禁内容非法出版物	780(件)
		②"法轮功"邪教组织宣传品	15340(件)
		③"藏独"、"疆独"反动宣传品	1230(件)
		④非法宗教宣传品	3960(件)
		⑤其他	13210(件)
		2. 淫秽色情出版物	43460(件)
		3. 侵权盗版出版物(⑥~⑨相加)	1518870(件)
		⑥盗版音像制品	805380(件)
		⑦盗版图书	461250(件)
		⑧盗版电子出版物	51010(件)
		⑨盗版教材教辅读物	201230(件)
		4. 非法报纸期刊	78530(份)
		5. 删除、屏蔽网络有害信息	31820(条)
市场监管情况	检查市场	出动检查人员	97460(人次)
		检查出版物市场、店档摊点	65380(个次)
		检查印刷复制企业	112540(家次)
	取缔关闭	出版物市场、店档摊点	1920(个)
		印刷复制企业	72(家)
		非法网站	348(个)
查处案件情况		查办"扫黄打非"案件(1~6 相加)	1812(起)
		1. 非法出版物案件	一(起)
		2. 淫秽色情出版物案件	253(起)
		3. 侵权盗版出版物案件	975(起)
		4. 网络"扫黄打非"案件(①~③相加)	70(起)
		①网上非法出版案件	一(起)
		②网上制售、传播有害信息案件	51(起)
		③网络侵权盗版案件	19(起)
		5. 整治"四假"案件	97(起)
		6. 其他	417(起)
		行政处罚案件	1245(起)
		刑事处理案件	4(起)
		刑事审结案件	一(起)
		刑事处罚人数	5(人)

注：刑事处理案件包含行政部门向司法机关移交的案件和司法机关直接立案的案件。

2009 年广东省"扫黄打非"工作成果统计表

非法出版物查缴情况		收缴非法出版物总数(1~4相加)	12356627(件)	
		1. 违禁出版物(①~⑤相加)	3313(件)	
		①含违禁内容非法出版物	3169(件)	
		②"法轮功"邪教组织宣传品	0(件)	
		③"藏独"、"疆独"反动宣传品	16(件)	
		④非法宗教宣传品	128(件)	
		⑤其他	0(件)	
		2. 淫秽色情出版物	335588(件)	
		3. 侵权盗版出版物(⑥~⑨相加)	10535963(件)	
		⑥盗版音像制品	9644661(件)	
		⑦盗版图书	539930(件)	
		⑧盗版电子出版物	263522(件)	
		⑨盗版教材教辅读物	87850(件)	
		4. 非法报纸期刊	1481763(份)	
		5. 删除、屏蔽网络有害信息	236543(条)	
市场监管情况	检查市场	出动检查人员	948651(人次)	
		检查出版物市场、店档摊点	236421(个次)	
		检查印刷复制企业	72838(家次)	
	取缔关闭	出版物市场、店档摊点	2034(个)	
		印刷复制企业	43(家)	
		非法网站	95(个)	
查处案件情况		查办"扫黄打非"案件(1~6相加)	3461(起)	
		1. 非法出版物案件	9(起)	
		2. 淫秽色情出版物案件	55(起)	
		3. 侵权盗版出版物案件	305(起)	
		4. 网络"扫黄打非"案件(①~③相加)	120(起)	
		①网上非法出版案件	15(起)	
		②网上制售、传播有害信息案件	61(起)	
		③网络侵权盗版案件	44(起)	
		5. 整治"四假"案件	21(起)	
		6. 其他	2951(起)	
		行政处罚案件	7118(起)	
		刑事处理案件	33(起)	
		刑事审结案件	21(起)	
		刑事处罚人数	50(人)	

注:刑事处理案件包含行政部门向司法机关移交的案件和司法机关直接立案的案件。

2009 年广西省"扫黄打非" 工作成果统计表

非法出版物查缴情况		收缴非法出版物总数（1～4 相加）	3252325（件）
		1. 违禁出版物（①～⑤相加）	1111096（件）
		①含违禁内容非法出版物	921（件）
		②"法轮功"邪教组织宣传品	274（件）
		③"藏独"、"疆独"反动宣传品	3（件）
		④非法宗教宣传品	6177（件）
		⑤其他	1103721（件）
		2. 淫秽色情出版物	35059（件）
		3. 侵权盗版出版物（⑥～⑨相加）	2092956（件）
		⑥盗版音像制品	1279366（件）
		⑦盗版图书	344666（件）
		⑧盗版电子出版物	42342（件）
		⑨盗版教材教辅读物	426582（件）
		4. 非法报纸期刊	439796（份）
		5. 删除、屏蔽网络有害信息	3805（条）
市场监管情况	检查市场	出动检查人员	116893（人次）
		检查出版物市场、店档摊点	107967（个次）
		检查印刷复制企业	25834（家次）
	取缔关闭	出版物市场、店档摊点	1591（个）
		印刷复制企业	68（复印店）（家）
		非法网站	57（个）
查处案件情况		查办"扫黄打非"案件（1～6 相加）	874（起）
		1. 非法出版物案件	6（起）
		2. 淫秽色情出版物案件	62（起）
		3. 侵权盗版出版物案件	613（起）
		4. 网络"扫黄打非"案件（①～③相加）	24（起）
		①网上非法出版案件	1（起）
		②网上制售、传播有害信息案件	12（起）
		③网络侵权盗版案件	11（起）
		5. 整治"四假"案件	7（起）
		6. 其他	162（起）
		行政处罚案件	640（起）
		刑事处理案件	14（起）
		刑事审结案件	1（起）
		刑事处罚人数	7（人）

注：刑事处理案件包含行政部门向司法机关移交的案件和司法机关直接立案的案件。

2009 年四川省"扫黄打非"工作成果统计表

非法出版物查缴情况		收缴非法出版物总数（1～4 相加）	2306022（件）
		1. 违禁出版物（①～⑤相加）	28759（件）
		①含违禁内容非法出版物	2073（件）
		②"法轮功"邪教组织宣传品	1600（件）
		③"藏独"、"疆独"反动宣传品	62（件）
		④非法宗教宣传品	11242（件）
		⑤其他	13782（件）
		2. 淫秽色情出版物	207603（件）
		3. 侵权盗版出版物（⑥～⑨相加）	2032375（件）
		⑥盗版音像制品	1887679（件）
		⑦盗版图书	86700（件）
		⑧盗版电子出版物	15631（件）
		⑨盗版教材教辅读物	42365（件）
		4. 非法报纸期刊	37285（份）
		5. 删除、屏蔽网络有害信息	11361（条）
市场监管情况	检查市场	出动检查人员	141087（人次）
		检查出版物市场、店档摊点	92464（个次）
		检查印刷复制企业	23742（家次）
	取缔关闭	出版物市场、店档摊点	1132（个）
		印刷复制企业	527（家）
		非法网站	270（个）
查处案件情况		查办"扫黄打非"案件（1～6 相加）	637（起）
		1. 非法出版物案件	52（起）
		2. 淫秽色情出版物案件	74（起）
		3. 侵权盗版出版物案件	129（起）
		4. 网络"扫黄打非"案件（①～③相加）	46（起）
		①网上非法出版案件	10（起）
		②网上制售、传播有害信息案件	23（起）
		③网络侵权盗版案件	13（起）
		5. 整治"四假"案件	4（起）
		6. 其他	332（起）
		行政处罚案件	370（起）
		刑事处理案件	17（起）
		刑事审结案件	3（起）
		刑事处罚人数	4（人）

注：刑事处理案件包含行政部门向司法机关移交的案件和司法机关直接立案的案件。

2009 年海南省"扫黄打非"工作成果统计表

非法出版物查缴情况	收缴非法出版物总数(1~4 相加)	482814(件)
	1. 违禁出版物(①~⑤相加)	814(件)
	①含违禁内容非法出版物	814(件)
	②"法轮功"邪教组织宣传品	一(件)
	③"藏独"、"疆独"反动宣传品	一(件)
	④非法宗教宣传品	一(件)
	⑤其他	一(件)
	2. 淫秽色情出版物	23200(件)
	3. 侵权盗版出版物(⑥~⑨相加)	453950(件)
	⑥盗版音像制品	286020(件)
	⑦盗版图书	74600(件)
	⑧盗版电子出版物	13730(件)
	⑨盗版教材教辅读物	79600(件)
	4. 非法报纸期刊	4850(张)
	5. 删除、屏蔽网络有害信息	23(条)
市场监管情况	检查市场 出动检查人员	23600(人次)
	检查出版物市场、店档摊点	13109(个次)
	检查印刷复制企业	2268(家次)
	取缔关闭 出版物市场、店档摊点	642(个)
	印刷复制企业	1(家)
	非法网站	一(个)
查处案件情况	查办"扫黄打非"案件(1~6 相加)	524(起)
	1. 非法出版物案件	一(起)
	2. 淫秽色情出版物案件	46(起)
	3. 侵权盗版出版物案件	271(起)
	4. 网络"扫黄打非"案件(①~③相加)	一(起)
	①网上非法出版案件	一(起)
	②网上制售、传播有害信息案件	一(起)
	③网络侵权盗版案件	一(起)
	5. 整治"四假"案件	1(起)
	6. 其他	206(起)
	行政处罚案件	249(起)
	刑事处理案件	3(起)
	刑事审结案件	一(起)
	刑事处罚人数	6(人)

注：刑事处理案件包含行政部门向司法机关移交的案件和司法机关直接立案的案件。

2009 年贵州省"扫黄打非"工作成果统计表

非法出版物查缴情况		收缴非法出版物总数(1~4相加)	1802537(件)
		1. 违禁出版物(①~⑤相加)	74580(件)
		①含违禁内容非法出版物	一(件)
		②"法轮功"邪教组织宣传品	一(件)
		③"藏独"、"疆独"反动宣传品	一(件)
		④非法宗教宣传品	55300(件)
		⑤其他	19280(件)
		2. 淫秽色情出版物	93347(件)
		3. 侵权盗版出版物(⑥~⑨相加)	1594823(件)
		⑥盗版音像制品	1321869(件)
		⑦盗版图书	144601(件)
		⑧盗版电子出版物	20913(件)
		⑨盗版教材教辅读物	107440(件)
		4. 非法报纸期刊	39787(份)
		5. 删除、屏蔽网络有害信息	3872(条)
市场监管情况	检查市场	出动检查人员	45748(人次)
		检查出版物市场、店档摊点	23719(个次)
		检查印刷复制企业	1965(家次)
	取缔关闭	出版物市场、店档摊点	2895(个)
		印刷复制企业	53(家)
		非法网站(黑网吧)	473(个)
查处案件情况		查办"扫黄打非"案件(1~6相加)	1765(起)
		1. 非法出版物案件	一(起)
		2. 淫秽色情出版物案件	17(起)
		3. 侵权盗版出版物案件	491(起)
		4. 网络"扫黄打非"案件(①~③相加)	73(起)
		①网上非法出版案件	5(起)
		②网上制售、传播有害信息案件	26(起)
		③网络侵权盗版案件	42(起)
		5. 整治"四假"案件	39(起)
		6. 其他	1145(起)
		行政处罚案件	1765(起)
		刑事处理案件	26(起)
		刑事审结案件	5(起)
		刑事处罚人数	27(人)

注:刑事处理案件包含行政部门向司法机关移交的案件和司法机关直接立案的案件。

2009 年西藏自治区"扫黄打非"工作成果统计表

非法出版物查缴情况		收缴非法出版物总数（1~4 相加）	358327（件）	
		1. 违禁出版物（①~⑤相加）	13245（件）	
		①含违禁内容非法出版物	6931（件）	
		②"法轮功"邪教组织宣传品	—（件）	
		③"藏独"、"疆独"反动宣传品	6314（件）	
		④非法宗教宣传品	—（件）	
		⑤其他	—（件）	
		2. 淫秽色情出版物	16326（件）	
		3. 侵权盗版出版物（⑥~⑨相加）	328756（件）	
		⑥盗版音像制品	293918（件）	
		⑦盗版图书	18132（件）	
		⑧盗版软件及电子出版物	10149（件）	
		⑨盗版教材教辅读物	6557（件）	
		4. 非法报纸期刊	8520（份）	
		5. 删除、屏蔽网络有害信息	12217（条）	
市场监管情况	检查市场	出动检查人员	11508（人次）	
		检查出版物市场、店档摊点	10751（个次）	
		检查印刷复制企业	183（家次）	
	取缔关闭	出版物市场、店档摊点	47（个）	
		印刷复制企业	—（家）	
		非法网站	—（家）	
查处案件情况		查办"扫黄打非"案件（1~6 相加）	22（起）	
		1. 非法出版物案件	10（起）	
		2. 淫秽色情出版物案件	6（起）	
		3. 侵权盗版出版物案件	3（起）	
		4. 网络"扫黄打非"案件（①~③相加）	3（起）	
		①网上非法出版案件	—（起）	
		②网上制售、传播有害信息案件	—（起）	
		③网络侵权盗版案件	—（起）	
		5. 整治"四假"案件	—（起）	
		6. 其他	—（起）	
		行政处罚案件	163（起）	
		刑事处理案件	5（起）	
		刑事审结案件	2（起）	
		刑事处罚人数	10（人）	

注：刑事处理案件包含行政部门向司法机关移交的案件和司法机关直接立案的案件。

2009 年陕西"扫黄打非"工作成果统计表

非法出版物查缴情况		收缴非法出版物总数(1~4 相加)	1196266(件)
		1. 违禁出版物(①~⑤相加)	73740(件)
		①含违禁内容非法出版物	8028(件)
		②"法轮功"邪教组织宣传品	1033(件)
		③"藏独"、"疆独"反动宣传品	(件)
		④非法宗教宣传品	63420(件)
		⑤其他	1259(件)
		2. 淫秽色情出版物	54406(件)
		3. 侵权盗版出版物(⑥~⑨相加)	1054730(件)
		⑥盗版音像制品	477853(件)
		⑦盗版图书	322694(件)
		⑧盗版电子出版物	94106(件)
		⑨盗版教材教辅读物	160077(件)
		4. 非法报纸期刊	13390(份)
		5. 删除、屏蔽网络有害信息(条)	一(条)
市场监管情况	检查市场	出动检查人员	28610(人次)
		检查出版物市场、店档摊点	23470(个次)
		检查印刷复制企业	4914(家次)
	取缔关闭	出版物市场、店档摊点	1286(个)
		印刷复制企业	7(家)
		非法网站	一(个)
查处案件情况		查办"扫黄打非"案件(1~6 相加)	254(起)
		1. 非法出版物案件	3(起)
		2. 淫秽色情出版物案件	127(起)
		3. 侵权盗版出版物案件	76(起)
		4. 网络"扫黄打非"案件(①~③相加)	10(起)
		①网上非法出版案件	(起)
		②网上制售、传播有害信息案件	10(起)
		③网络侵权盗版案件	一(起)
		5. 整治"四假"案件	10(起)
		6. 其他	28(起)
		行政处罚案件	215(起)
		刑事处理案件	3(起)
		刑事审结案件	一(起)
		刑事处罚人数	6(人)

注：刑事处理案件包含行政部门向司法机关移交的案件和司法机关直接立案的案件。

2009 年甘肃"扫黄打非"工作成果统计表

非法出版物查缴情况		收缴非法出版物总数（1~4 相加）	1196266（件）
		1. 违禁出版物（①~⑤相加）	73740（件）
		①含违禁内容非法出版物	8028（件）
		②"法轮功"邪教组织宣传品	1033（件）
		③"藏独"、"疆独"反动宣传品	一（件）
		④非法宗教宣传品	63420（件）
		⑤其他	1259（件）
		2. 淫秽色情出版物	54406（件）
		3. 侵权盗版出版物（⑥~⑨相加）	1054730（件）
		⑥盗版音像制品	477853（件）
		⑦盗版图书	322694（件）
		⑧盗版电子出版物	94106（件）
		⑨盗版教材教辅读物	160077（件）
		4. 非法报纸期刊	13390（份）
		5. 删除、屏蔽网络有害信息	一（条）
市场监管情况	检查市场	出动检查人员	28610（人次）
		检查出版物市场、店档摊点	23470（个次）
		检查印刷复制企业	4914（家次）
	取缔关闭	出版物市场、店档摊点	1286（个）
		印刷复制企业	7（家）
		非法网站	一（个）
查处案件情况		查办"扫黄打非"案件（1~6 相加）	254（起）
		1. 非法出版物案件	3（起）
		2. 淫秽色情出版物案件	127（起）
		3. 侵权盗版出版物案件	76（起）
		4. 网络"扫黄打非"案件（①~③相加）	10（起）
		①网上非法出版案件	（起）
		②网上制售、传播有害信息案件	10（起）
		③网络侵权盗版案件	一（起）
		5. 整治"四假"案件	10（起）
		6. 其他	28（起）
		行政处罚案件	215（起）
		刑事处理案件	3（起）
		刑事审结案件	一（起）
		刑事处罚人数	一（人）

注：刑事处理案件包含行政部门向司法机关移交的案件和司法机关直接立案的案件。

2009 年青海"扫黄打非"工作成果统计表

非法出版物查缴情况		收缴非法出版物总数(1~6 相加)	109300(件)
		1. 含违禁内容非法出版物	19400(件)
		2. "法轮功"邪教组织宣传品	2160(件)
		3. 非法宗教宣传品	9510(件)
		4. 淫秽色性出版物	20340(件)
		5. 盗版出版物总数(①~④相加)	40260(件)
		①盗版图书	8480(件)
		②盗版音像制品	21650(件)
		③盗版教材教辅读物	6220(件)
		④盗版软件电子出版物	3910(件)
		6. 非法报纸期刊	18040(件)
市场监管情况	检查市场	出动检查人员	32030(人)
		检查出版物市场	15995(次)
		检查店档摊点	11547(个)
		检查印刷复制企业	2458(家)
	处罚违规	店档摊点	15(个)
		印刷复制企业	2(家)
		网站	—(家)
	取缔关闭	店档摊点	31(个)
		印刷复制企业	3(家)
		非法网站	—(家)
查处案件情况		行政处罚案件数(1~5 相加)	2(起)
		1. 非法出版物案件	2(起)
		2. 淫秽色情出版物案件	—(起)
		3. 侵权盗版出版物案件	—(起)
		4. 网络"扫黄打非"案件(①~③相加)	—(起)
		①网上非法出版、经营案件	—(起)
		②网上传播有害信息案件	—(起)
		③网络侵权盗版、"私服"、"外挂"案件	—(起)
		5. 其他	—(起)
		刑事处理案件数	—(起)
		1. 弄事审结案件	—(起)
		2. 弄事处罚个人	—(起)
		查办案件(行政＋刑事)总数	2(起)

注：刑事处理案件包含行政部门向司法机关移交的案件和司法机关直接立案的案件。

2009 年新疆"扫黄打非"
工作成果统计表

非法出版物查缴情况		收缴非法出版物总数(1~4相加)	549513(件)
		1. 违禁出版物(①~⑤相加)	32503(件)
		①含违禁内容非法出版物	2756(件)
		②"法轮功"邪教组织宣传品	3762(件)
		③"藏独"、"疆独"反动宣传品	4381(件)
		④非法宗教宣传品	18345(件)
		⑤其他	3259(件)
		2. 淫秽色情出版物	58633(件)
		3. 侵权盗版出版物(⑥~⑨相加)	453009(件)
		⑥盗版音像制品	191846(件)
		⑦盗版图书	256843(件)
		⑧盗版电子出版物	3568(件)
		⑨盗版教材教辅读物	752(件)
		4. 非法报纸期刊	5368(份)
		5. 删除、屏蔽网络有害信息	1437(条)
市场监管情况	检查市场	出动检查人员	63603(人次)
		检查出版物市场、店档摊点	34571(个次)
		检查印刷复制企业	10453(家次)
	取缔关闭	出版物市场、店档摊点	1471(个)
		印刷复制企业	274(家)
		非法网站	5(个)
查处案件情况		查办"扫黄打非"案件(1~6相加)	224(起)
		1. 非法出版物案件	3(起)
		2. 淫秽色情出版物案件	52(起)
		3. 侵权盗版出版物案件	128(起)
		4. 网络"扫黄打非"案件(①~③相加)	4(起)
		①网上非法出版案件	一(起)
		②网上制售、传播有害信息案件	4(起)
		③网络侵权盗版案件	一(起)
		5. 整治"四假"案件	2(起)
		6. 其他	35(起)
		行政处罚案件	186(起)
		刑事处理案件	7(起)
		刑事审结案件	3(起)
		刑事处罚人数	4(人)

注：刑事处理案件包含行政部门向司法机关移交的案件和司法机关直接立案的案件。

全国"扫黄打非"工作小组
关于表彰 2009 年全国"扫黄打非"
先进集体和先进个人的决定

各省、自治区、直辖市"扫黄打非"工作领导小组，全国"扫黄打非"工作小组各成员单位：

2009 年，在党中央、国务院的高度重视和正确领导下，全国"扫黄打非"战线以邓小平理论和"三个代表"重要思想为指导，深入学习实践科学发展观，全面贯彻党的十七大和十七届三中、四中全会精神，认真落实中央"两办"转发的《2009 年"扫黄打非"行动方案》和中央领导同志的重要指示、批示精神，高举保护知识产权旗帜，以净化文化市场和网络文化环境为主线，始终保持对各类非法出版物和网络有害信息制售传播等违法行为的高压态势，进一步强化日常监管，扎实开展了三个阶段集中行动和一系列专项行动，在打击各类非法出版物、清缴整治低俗音像制品、打击互联网和手机传播淫秽色情信息等方面取得了突出成绩，为庆祝新中国成立 60 周年营造了良好的文化舆论环境，为维护国家文化安全、文化市场秩序、社会政治稳定做出了重要贡献。

为了肯定成绩、鼓励先进，全国"扫黄打非"工作小组决定对在 2009 年"扫黄打非"工作中涌现出来的先进集体、先进个人进行表彰、奖励，授予天津市"扫黄打非"办公室等 147 个单位全国"扫黄打非"先进集体称号，授予北京市交通执法总队副总队长黄建军等 181 位同志全国"扫黄打非"先进个人称号。

希望受表彰的单位和个人发扬成绩，再接再厉，为"扫黄打非"工作做出更大贡献。希望"扫黄打非"战线的全体同志以受表彰的单位和个人为榜样，心系全局，情系人民，恪尽职守，扎实工作，不断增强政治意识、大局意识、责任意识和服务意识，增强主动性，把握主动权，打好主动仗，切实强化日常监管，积极开展集中行动，为维护社会和谐稳定、净化未成年人成长环境、推进国家知识产权战略实施、促进社会主义文化大发展大繁荣而努力奋斗。

附件：
1. 2009 年全国"扫黄打非"先进集体名单
2. 2009 年全国"扫黄打非"先进个人名单

全国"扫黄打非"工作小组
二〇一〇年一月二十一日

附件1

2009 年全国"扫黄打非"先进集体名单

北京市"扫黄打非"办公室

北京市工商行政管理局执法检查大队

北京市公安局治安管理总队行动支队

北京市西城区"扫黄打非"办公室

北京市国家安全局"扫黄打非"专项工作组

北京海关驻邮局办事处

天津市"扫黄打非"办公室

天津市城市管理综合执法局

天津市公安局公共信息网络安全监察总队

天津市工商行政管理局检查总队

河北省委宣传部出版处

河北省公安厅治安总队行业场所管理科

河北省秦皇岛市委宣传部

山西省"扫黄打非"办公室

山西省太原市"扫黄打非"办公室

山西省临汾市文化新闻出版管理局新闻出版科

山西省公安厅治安总队

内蒙古自治区新闻出版局

内蒙古自治区赤峰市文化市场稽查队

内蒙古自治区公安厅治安总队

辽宁省社会治安综合治理委员会办公室

辽宁省锦州市文化稽查支队

辽宁省工商行政管理局公平交易处

吉林省延吉市社会文化市场管理办公室

长春海关驻机场办事处

黑龙江省"扫黄打非"办公室

黑龙江省齐齐哈尔市文化市场管理处

黑龙江省哈尔滨市公安局治安支队

哈尔滨铁路局"扫黄打非"办公室

上海市文化市场行政执法总队

上海市"孙建荣发行非法报纸网络案"专案组

上海"5.22"WAP 网站传播淫秽物品案专案组

上海"3.06"制作淫秽物品牟利及猥亵儿童案专案组

江苏省"扫黄打非"办公室

江苏省工商行政管理局经济检查总队

江苏省扬州市"扫黄打非"办公室

江苏省宿迁市泗洪县"4.19"迷失少女天堂网站传播淫秽物品牟利案专案组

浙江省宁波市文化广电新闻出版局

浙江省台州市工商行政管理局经济检查支队

浙江省杭州市"扫黄打非"办公室

宁波海关缉私局北仑缉私分局侦查科

杭州海关驻邮局办事处

安徽省委宣传部

安徽省芜湖市文化市场行政执法大队

安徽省文化厅文化市场局

福建省新闻出版局稽查队

福建省厦门市思明区"扫黄打非"办公室

福建省泉州市公安局公共信息网络安全监察处

福建省公安厅治安总队

汕头海关缉私局"11.26"专案组

江西省宜春市"扫黄打非"办公室

江西省吉安市新闻出版局

江西省庐山风景名胜区管理局"扫黄打非"办公室

山东省公安厅治安警察总队

山东省青岛市新闻出版局

山东省临沂市文化市场管理执法局

山东省济宁市人民检察院侦查监督处

河南省"扫黄打非"办公室

河南省驻马店市"扫黄打非"办公室

河南省公安厅国保总队

湖北省通信管理局

湖北省武汉市洪山区文体局

湖北省黄石市工商行政管理局公平交易分局

湖南省岳阳市"扫黄打非"办公室

湖南省通信管理局信息与安全管理处

湖南省委互联网新闻宣传办公室

广东省广州市文化广电新闻出版局

广东省公安厅国保局一处

广东省广州市公安局治安管理支队

广东省人民检察院侦查监督处

广东省揭阳市"扫黄打非"办公室

广东省通信管理局信息安全管理处

广州铁路（集团）公司"扫黄打非"办公室

深圳海关缉私局办公室综合治理科

广州海关天河车站海关

深圳海关罗湖海关

广西壮族自治区"扫黄打非"办公室

广西壮族自治区公安厅治安总队行动队

广西壮族自治区南宁市公安局治安支队

海南省儋州市公安局治安大队

海南省文化市场稽查总队

四川省公安厅治安管理总队

四川省出版物市场稽查总队

四川省南充市"扫黄打非"办公室

重庆市文化市场行政执法总队

重庆市通信管理局

重庆市公安局公共信息网络安全监察总队

重庆市渝中区文化市场行政执法大队

贵州省贵阳市中级人民法院刑事审判一庭

贵州省贵阳市工商行政管理局

云南省出版物市场稽查总队

云南省昆明市公安局公共信息网络安全监察支队

云南省公安厅治安总队

西藏自治区"扫黄打非"办公室

西藏自治区那曲地区行政公署公安处

西藏自治区拉萨市"扫黄打非"办公室

陕西省委宣传部出版处

陕西省新闻出版局出版物市场监管处

陕西省商洛市"扫黄打非"办公室

西安铁路局"扫黄打非"办公室

甘肃省兰州市文化市场行政执法支队

甘肃省通信管理局

甘肃省工商行政管理局反垄断与反不正当竞争执法处

青海省"扫黄打非"办公室

青海省海西州文体广电局

青海省海南州公安局

宁夏回族自治区文化市场行政执法总队法制监察处

宁夏回族自治区银川市新闻出版局

新疆维吾尔自治区"扫黄打非"办公室

新疆维吾尔自治区昌吉市阜康市文管办

新疆维吾尔自治区出版物市场稽查队

新疆维吾尔自治区公安厅治安总队

新疆维吾尔自治区通信管理局

乌鲁木齐铁路局"扫黄打非"办公室

中央综治办协调室

中央外宣办网络局

工业和信息化部通信保障局信息安全管理处

工业和信息化部电信管理局市场管理处

国家计算机网络应急技术处理协调中心运行二部

公安部三局一处

公安部一局三处

公安部十一局打击整治网络淫秽色情专项行动办公室

公安部光盘生产源鉴定中心

交通运输部公安局刑侦治安处

铁道部"扫黄打非"办公室

中铁快运"扫黄打非"办公室

文化部文化市场司综合执法办公室（执法指导监督处）

海关总署缉私局综合治理处

海关总署监管司行邮处

国家工商行政管理总局反垄断与反不正当竞争执法局案件督查协调处

国家广播电影电视总局网络视听节目管理司

中国民用航空局"扫黄打非"办公室

全国"扫黄打非"办公室、新闻出版总署、国家版权局联合举报中心

新华社国内部中央新闻采访中心政文采访室

光明日报社图书出版部

经济日报社总编室

中央人民广播电台中国之声

中央电视台新闻中心《焦点访谈》栏目组

中央电视台新闻中心社会新闻部记者十组

中央电视台社教中心《大家看法》栏目组

中国国际广播电台新闻中心中国报道部

中国青年报社总编室

法制日报社政文新闻部

中国新闻社政文部

中国新闻出版报社版权监管部

人民网

新华网时政新闻编辑部

附件 2

2009 年全国"扫黄打非"先进个人名单

黄建军　男　北京市交通执法总队副总队长

刘明星　男　北京市海淀区文化委员会主任

崔长平　男　北京市公安局治安管理总队行动支队三队队长

王志毅　男　北京市城市管理综合行政执法局法制处副处长

刘　勇　男　北京市朝阳区文化委员会行政执法队副队长

李　勇　男　北京市国家安全局海淀分局副主任科员

朱文君　女　北京市通信管理局信息安全管理处副处长

杨　洋　男　北京市国家安全局科长

高延军　男　北京海关首都机场海关旅检处旅检八科科长

李　明　男　天津市公安局治安管理总队总队长

贲永明　男　天津市"扫黄打非"办公室主任科员

黄佩玲　女　天津市河东区"扫黄打非"办公室主任

张耀国　男　天津市东丽区"扫黄打非"办公室主任

尹志军　男　河北省新闻出版局出版物市场监管处处长

张　宇　男　河北省衡水市武邑县副县长、县"扫黄打非"领导小组副组长

徐世奎　男　河北省通信管理局副局长

杨明明　男　山西省晋城市文化新闻出版管理局副局长

刘慧林　男　山西省"扫黄打非"稽查队队长

连志刚　男　内蒙古自治区新闻出版局副调研员

崔玉清　女　内蒙古自治区工商行政管理局公平交易处主任科员

金　阳　男　内蒙古自治区公安厅国保总队副处长

王洪义　男　辽宁省沈阳市文化市场行政执法总队总队长

刘家利　男　辽宁省鞍山市文化市场综合行政执法队队长

季晓辉　女　辽宁省抚顺市新闻出版局新闻出版处处长

高　健　男　辽宁省新闻出版局副局长、省"扫黄打非"办公室主任

赵焕成　男　沈阳铁路局党委宣传部部长

董维仁　男　吉林省新闻出版局副局长、省"扫黄打非"办公室主任

唐树东　男　吉林省公安厅治安管理总队治安案件查处支队支队长

康　彤　男　吉林省吉林市新闻出版（版权）局反非法和违禁出版物处处长、市"扫黄打非"
　　　　　　　办公室副主任

郝景文　男　黑龙江省新闻出版局反非法和违禁出版物处副处长

谷晓龙　男　黑龙江省鹤岗市文化市场稽查支队支队长

曹建国　男　黑龙江省牡丹江市新闻出版局局长

王双进　男　黑龙江省高级人民法院刑一庭副庭长

刘杰英　男　黑龙江省公安厅治安总队副总队长

杨有君　男　哈尔滨海关缉私局侦查处副主任科员

张 靖　男　上海市公安局经济犯罪侦查总队四支队支队长

赵钜俊　男　上海市金山区文化执法大队大队长、区"扫黄打非"办公室主任

谢 燕　女　上海市普陀区人民法院刑庭审判员

吴 军　男　上海市宝山区文化市场行政执法大队大队长

姚 炯　男　上海市长宁区人民检察院侦查监督科科长

罗善民　男　上海市公安局治安总队民警

戴 斌　男　上海市通信管理局信息安全处副处长

邹开伟　男　上海铁路局党委宣传部部长

王万云　男　上海海关驻邮局办事处印刷品监管科主任科员

郑泽云　男　江苏省淮安市"扫黄打非"工作领导小组副组长、市文化广电新闻出版局局长

梁一波　男　江苏省张家港市委副书记、宣传部长

王剑云　男　江苏省苏州市吴中区文化体育局副局长

戴苏生　男　江苏省公安厅治安管理局局长

赵 军　男　江苏省"扫黄打非"办公室主任科员

王茂康　男　浙江省杭州市文化广电新闻出版局副局长

高克达　男　浙江省嘉兴市公安局治安支队副支队长

董玉梅　女　浙江省湖州市文化广电新闻出版局副局长

王秀鸾　女　浙江省金华市金东区教文体局副局长

陈伟忠　男　杭州海关缉私局指挥中心主任

王子宜　男　安徽省宿州市委常委、宣传部长、市"扫黄打非"领导小组组长

徐发成　男　安徽省新闻出版局副局长

王志刚　男　安徽省淮北市"扫黄打非"办公室主任

李安林　男　安徽省公安厅治安总队副总队长

文先录　男　安徽省芜湖市工商行政管理局鸠江工商分局监督管理科科员

林禄波　男　福建省公安厅网络安全监察总队主任科员

魏有春　男　福建省厦门市文化市场稽查队稽查一组组长

吴乃章　男　福建省宁德市蕉城区工商行政管理局副局长

王 博　男　江西省国家安全厅三处副处长

王建华　男　江西省南昌市新闻出版局局长

陈 刚　男　江西省公安厅治安总队主任科员

高振江　男　山东省"扫黄打非"办公室主任科员

张金星　男　山东省济宁市新闻出版局副调研员

钟道洋　男　山东省烟台市新闻出版局出版物市场稽查队队长

李新生　男　山东省泰安市宁阳县"扫黄打非"办公室主任

韩 鹏　男　河南省开封市新闻出版局副局长

黄 牧　男　河南省鹤壁市"扫黄打非"办公室主任

张文书　男　河南省郑州市"扫黄打非"办公室副主任

李道胜　男　湖北省新闻出版局出版物发行与市场监管处副处长

陈辉保　男　湖北省武汉市江汉区"扫黄打非"办公室主任

范宏跃　男　湖北省襄樊市新闻出版局出版科科长

陈　牛　男　湖北省天门市"扫黄打非"办公室副主任

万　晓　男　武汉铁路局党委宣传部部长

田厚建　男　湖南省"扫黄打非"办公室专职副主任

徐远杰　男　湖南省岳阳市新闻出版局局长

王体泽　男　湖南省长沙市新闻出版局局长

李平军　男　湖南省娄底市新闻出版局副局长

陈　磊　男　广东省公安厅治安管理局管理与行动处科长

周宪华　男　广东省广州市文化广电新闻出版局巡视员

刘建军　男　广东省广州市公安局网监支队政委

罗川山　男　广东省惠州市文化广电新闻出版局局长

尹昌龙　男　广东省深圳市文体旅游局副局长

李瑞璋　男　广东省深圳市光明新区光明街道党工委副书记

陈永冰　男　深圳海关缉私局法制二处二科副科长

刘家君　男　黄埔海关老港缉私分局侦查科科长

陈早林　男　广州海关驻邮局办事处邮递物品监管科主任科员

黄耀斌　男　拱北海关中山海关驻中山港办事处主任科员

黄　健　男　广西壮族自治区新闻出版局副局长

黄盛全　男　广西壮族自治区贺州市"扫黄打非"工作小组副组长

袁承超　男　广西壮族自治区公安厅网监总队科长

李桂华　男　广西壮族自治区检察院侦查监督处处长

陈　鸣　女　南宁铁路局党委宣传部部长

刘华丽　女　广西壮族自治区工商行政管理局公平交易处主任科员

刘利龙　男　海南省公安厅治安总队侦察员

宋善志　男　海南省文化市场稽查总队一大队队长

张云龙　男　四川省交通厅公安处办公室主任

胡　格　男　四川省"扫黄打非"办公室副主任

许　东　男　四川省成都市新闻出版局稽查队科长

黄光友　男　四川省成都市文化局稽查队副科长

刘佳芹　女　成都海关驻邮局办事处邮件科科长

肖本华　男　四川省工商行政管理局公平交易处处长

樊　伟　男　重庆市委宣传部副部长

方来珊　男　重庆市"扫黄打非"办公室常务副主任

陈　浩　男　重庆市巴南区文化市场行政执法大队大队长

刘　平　男　贵州省新闻出版局出版物市场稽查队主任科员

张吕芳　男　贵州省遵义市正安县新闻出版局文化市场稽查大队队长

王春雷　男　贵州省贵阳市文化（新闻出版、版权）局局长、市"扫黄打非"办公室主任

占金玉　男　云南省工商行政管理局反垄断与反不当竞争执法处调研员

姚　远　男　云南省昆明市文化市场稽查队队长

周国祚　男　云南省公路运输管理局副主任

洛桑多吉　男　西藏自治区"扫黄打非"办公室主任科员

关　觉　男　西藏自治区阿里地区"扫黄打非"办公室副主任兼地区文化市场管理科科长

龚前明　男　西藏自治区公安厅治安管理总队行动支队主任科员

黄卫洪　男　陕西省西安市"扫黄打非"工作处副处长

石新娟　女　陕西省"扫黄打非"办公室专职副主任

王新民　男　陕西省西安市新闻出版局局长兼西安市"扫黄打非"办公室主任

张余胜　男　甘肃省"扫黄打非"工作小组副组长兼办公室主任

曹为民　男　甘肃省甘南州文化市场稽查队队长

李海峰　男　甘肃省武威市文化新闻出版局新闻出版科科长

朱守科　男　甘肃省公安厅治安总队总队长

李进祥　男　青海省"扫黄打非"办公室副调研员

马明生　男　青海省黄南州文体广电局局长

海　军　男　宁夏回族自治区新闻出版局党组副书记、副局长、"扫黄打非"领导小组成员兼办公室主任

闫永玲　女　宁夏回族自治区中卫市工商行政管理局公平交易局副局长

郭春宁　男　宁夏天豹汽车运输公司保卫处处长

张　龙　男　新疆维吾尔自治区天山区文化市场稽查队科员

杨少全　男　新疆维吾尔自治区文管办（扫黄办）专职副主任

阿曼吐·阿不都如苏里　男　新疆维吾尔自治区克州广电局局长

高巨平　男　新疆维吾尔自治区出版物市场稽查大队大队长

李　炜　男　中央综治办督导室处长

翟惠敏　女　中央政法委宣教室副处长

张　明　男　中央外宣办网络局干部

杨　迪　女　中央外宣办网络局干部

罗　敏　女　最高人民法院刑三庭助理审判员

赵志国　男　工业和信息化部通信保障局副局长

陆建文　男　工业和信息化部电信管理局市场管理处处长

张　新　男　工业和信息化部通信保障局信息安全管理处副处长

曹华平　男　国家计算机网络应急技术处理协调中心干部

徐　沪　男　公安部三局副局长

庄　浩　男　公安部三局一处主任科员

赵慧瑶　女　公安部一局三处主任科员

于　阳　女　公安部十一局案件侦查处主任科员

张志勇　男　公安部光盘生产源鉴定中心鉴定员

李如生　男　住房和城乡建设部城市建设司副司长

杨海英　男　住房和城乡建设部城市建设司市容环境管理处处长

郝文杰　男　铁道部政治部宣传部副调研员

崔　艳　女　铁道部运输局客运管理处处长

陈　通　男　文化部文化市场司综合执法办公室主任

刘　强　男　文化部文化市场司网络文化处处长

李晓武　男　海关总署缉私局副局长

王志芳　女　国家工商行政管理总局反垄断与反不正当竞争执法局案件督查协调处处长

杜长红　女　国家工商行政管理总局反垄断与反不正当竞争执法局案件督查协调处副处长

戴振宇　男　国家广播电影电视总局传媒机构管理司节目管理处处长

顾　杨　男　中国民用航空局公安局治安刑侦消防处副主任科员

冯永刚　男　中国民用航空局思想政治工作办公室宣传教育部副主任科员

李幼平　男　国家邮政局普遍服务司服务监督处处长

杨晓明　男　解放军总政治部宣传部新闻出版局干事

李宝中　男　国家出版基金规划管理办公室筹备小组组长

李　强　男　中国科学院科技政策与管理科学研究所助理研究员

张　贺　男　人民日报社政文部文化采访室副主编

璩　静　女　新华社国内部中央新闻采访中心政文采访室记者

庄　建　女　光明日报社图书出版部常务副主任

李　丹　女　经济日报社编辑

陆　敏　女　中央人民广播电台时政采访部记者

李　珺　女　中央电视台新闻中心社会新闻部记者

赵红梅　女　中央电视台社教中心法制专题部《大家看法》栏目主编

刘思恩　女　中国国际广播电台新闻中心中国报道部记者

刘　声　女　中国青年报社记者

朱　磊　女　法制日报社政文新闻部记者

孙自法　男　中国新闻社记者

赖名芳　女　中国新闻出版报社版权监管部主任

白　炜　女　中国文化报社文化产业部副主任

雷志龙　男　人民网教科文体部文化频道编辑

俞　玮　女　新华网编辑

张学伟　男　中国平安网主编、记者

刘　颖　女　中国"扫黄打非"网编辑

唐　伟　男　中国"扫黄打非"网编辑

图书在版编目（CIP）数据

中国扫黄打非年鉴. 2009 年卷/全国"扫黄打非"办公室编. —北京：
社会科学文献出版社，2013.12
 ISBN 978 - 7 - 5097 - 4757 - 5

Ⅰ. ①中… Ⅱ. ①全… Ⅲ. ①文化市场 – 市场管理 – 中国 – 2009 – 年鉴
Ⅳ. ①G124 – 54

中国版本图书馆 CIP 数据核字（2013）第 127814 号

中国扫黄打非年鉴（2009 年卷）

主　　办／全国"扫黄打非"办公室

出 版 人／谢寿光
出 版 者／社会科学文献出版社
地　　址／北京市西城区北三环中路甲 29 号院 3 号楼华龙大厦
邮政编码／100029

责任部门／皮书出版中心（010）59367127　　责任编辑／薛铭洁　奚亚男
电子信箱／pishubu@ ssap. cn　　　　　　　　责任校对／史晶晶　张　羡
项目统筹／梁艳玲　　　　　　　　　　　　　　责任印制／岳　阳
经　　销／社会科学文献出版社市场营销中心（010）59367081　59367089
读者服务／读者服务中心（010）59367028

印　　装／三河市东方印刷有限公司
开　　本／787mm×1092mm 1/16　　　　　印　　张／33.25
版　　次／2013 年 12 月第 1 版　　　　　　彩插印张／5
印　　次／2013 年 12 月第 1 次印刷　　　　字　　数／910 千字
书　　号／ISBN 978 – 7 – 5097 – 4757 – 5
定　　价／248.00 元